公益法人・一般法人
関係 法令集 ［第2版］

公益財団法人 公益法人協会

「第2版」はじめに

　公益法人制度改革は、平成20年12月1日の法律施行から約10年を経過し、移行が完了した公益法人・一般法人だけでなく、数多くの一般法人も新設され、さまざまな社会的課題に向けて活動しています。今や新制度の運用も軌道に乗りつつある状況にあるといえましょう。

　「第2版」の刊行にあたって、初版が刊行された平成28年3月以降に改正された法令等を最新の内容に更新し、そのうえ公益認定を目指される法人、事業や定款の変更等を検討されている法人の便宜をはかる意味で、いわゆるガイドラインやFAQなども含めてその充実をはかりました。

　一般法人は5万法人を超え、その中から公益法人を目指すところも多々ある一方で、公益法人の中でその運営ぶりを問われる法人、不祥事を起こした法人が出ています。

　新制度は、法律に基づく行政ならびに定款自治による法人の自律的運営を旨としています。特に、税制上の優遇を受け、社会的信頼にもとづいて活動する公益法人は、適正かつ透明性の高い運営を行うことが強く求められています。そのためには制度を十分理解し、法律に則り適正な運用を行う（コンプライアンス）必要があります。

よりよい法人運営のためには、法律・制度の理解が不可欠です。本書が、皆様の日々の業務や活動において参照できる一冊となり、法の趣旨である「民が担う公益」の健全な発展に寄与できれば幸いです。

平成 30 年 1 月吉日

公益財団法人 **公益法人協会**

理事長　**雨宮　孝子**

はじめに

　公益法人制度改革は、平成18年6月2日に公布されたいわゆる「公益法人制度改革3法」にはじまり、平成20年12月1日の法律施行から平成25年11月30日の移行期間の終了をもって終結を迎えました。その後約3年半を経過した現在は、新たに設立された一般法人・公益法人も増加し、新制度の運用がようやく軌道に乗りつつある状況にあるといえましょう。

　しかしながら新制度は、基礎となっている法律だけをとってみても、「一般社団法人及び一般財団法人に関する法律」が344条、「公益社団法人及び公益財団法人の認定等に関する法律」が66条、「一般社団法人及び一般財団法人に関する法律及び公益社団法人及び公益財団法人の認定等に関する法律の施行に伴う関係法律の整備等に関する法律」が458条と膨大であり、その法律の施行に伴う政省令、さらには運用のためのガイドラインや解釈に関するよくある質問（FAQ）等を入れれば、巨大なツリーというべき体系を形成しています。

　新制度は主務官庁による裁量行政から、法律に基づく行政へ移行するとともに定款自治による法人の自律的運営を眼目としているため、これを全うするためには、法人のサイドにおいてもこれらの体系を十分理解し、法律に則り適正に運用（コンプライアンスを重視）する必要があります。

　その学習のためには、これらの体系をすべて含み、さらには関連する税制や登記の扱いを一冊に包含した分かりやすい関係法令集が必要不可欠といえましょう。さらに最近は、特定非営利活動法人や公益信託等他の非営利法人制度の理解も一般法人・公益法人の特色を発揮するために必要とされているところです。

v

本書はこのようなニーズに応えるため、従前の『公益法人制度改革関係法令集』（平成21年7月初版刊行）の名称を　『公益法人・一般法人関係法令集』と改め、その内容を大幅に改定したものです。その特色は以下の通りです。

（1）　旧版の特徴であった基本となるいわゆる改革3法について、引き続き最新の法律とそれに基づく政令・省令を同一の箇所に収録し、読者の検索の便宜をはかっていること。

（2）　公益法人・一般法人に関わる法律・政令・省令はもちろんのこと、公益認定等ガイドライン、FAQ、公益法人会計基準（その運用指針を含む）ならびにその他関係資料について、平成28年2月末日までの最新時点のものをすべてカバーしていること。

（3）　新たに公益法人・一般法人の税務関係法令ならびに登記関係法令を収録し、適正な税・登記実務に対応可能せしめるとともに、他の非営利活動の法律類型である特定非営利活動法人法ならびに公益信託に関わる法律を掲載し、類似の制度と比較検討可能としていること。

　おわりに、本書が公益法人・一般法人の役職員をはじめ関係者の皆様に活用され、その法人運営が法令に則った形で運用され、ひいては民による公益が適正かつ盛んに行われることを心から期待しております。

平成28年2月吉日

公益財団法人　公益法人協会

理事長　太田　達男

目 次

第1章　公益法人制度関係法令

1．一般法人法関係法令 3

◎一般社団法人及び一般財団法人に関する法律

○一般社団法人及び一般財団法人に関する法律施行令

○一般社団法人及び一般財団法人に関する法律施行規則

・一般社団法人及び一般財団法人に関する法律　第177条、第197条、第198条及び第199条において準用する規定の書き下ろし条文

2．公益認定法関係法令 195

◎公益社団法人及び公益財団法人の認定等に関する法律

○公益社団法人及び公益財団法人の認定等に関する法律施行令

○公益社団法人及び公益財団法人の認定等に関する法律施行規則

○公益認定等委員会令

○公益認定等委員会事務局組織規則

○公益社団法人及び公益財団法人の認定等に関する法律第50条第1項に規定する合議制の機関の組織及び運営の基準を定める政令

3．整備法関係法令 271

◎一般社団法人及び一般財団法人に関する法律及び公益社団法人及び公益財団法人の認定等に関する法律の施行に伴う関係法律の整備等に関する法律（抄）

○一般社団法人及び一般財団法人に関する法律及び公益社団法人及び公益財団法人の認定等に関する法律の施行に伴う関係法律の整備等に関する法律施行令

○一般社団法人及び一般財団法人に関する法律及び公益社団法人及び公益財団法人の認定等に関する法律の施行に伴う関係法律の整備等に関する

法律施行規則

○一般社団法人及び一般財団法人に関する法律及び公益社団法人及び公益
財団法人の認定等に関する法律の施行に伴う関係法律の整備等に関する
法律の施行に伴う関係省令の整備及び経過措置に関する省令（抄）

第2章　審査基準・会計基準等

1．公益認定等に関する運用について（公益認定等ガイドライン）……… 367

　・【参考】公益目的事業のチェックポイントについて

2．新たな公益法人制度への移行等に関するよくある質問（FAQ）……… 407

3．公益法人会計基準について ……………………………………………… 621

4．「公益法人会計基準」の運用指針 ……………………………………… 637

5．関係資料 ………………………………………………………………… 685

　・公益認定のための定款について［移行認定又は移行認可の申請に当たって
　　定款の変更の案を作成するに際し特に留意すべき事項について］（内閣府公
　　益認定等委員会）

　・監督の基本的考え方（内閣府）

　・立入検査の考え方（内閣府）

　・公益認定等に関する標準処理期間について（内閣府大臣官房公益法人行政担当室）

　・外郭団体等の公益認定等に関する基本的考え方（神奈川県公益認定等審議会）

　・公益性と共益性の限界事例についての考え方～公益目的事業としての
　　研修等の考え方～（神奈川県公益認定等審議会）

第3章　公益法人税務関係法令

1．所得税法関係法令 ……………………………………………………… 731

　◎所得税法（抄）

viii

○所得税法施行令（抄）

○所得税法施行規則（抄）

2．復興特別税措置法関係法令 ………………………………………… 753

◎東日本大震災からの復興のための施策を実施するために必要な財源の
確保に関する特別措置法（抄）

3．法人税法関係法令 ………………………………………………………… 759

◎法人税法（抄）

○法人税法施行令（抄）

○法人税法施行規則（抄）

4．地方法人税法関係法令 ………………………………………………… 853

◎地方法人税法（抄）

5．消費税法関係法令 ……………………………………………………… 859

◎消費税法（抄）

○消費税法施行令（抄）

○消費税法施行規則（抄）

6．相続税法関係法令 ……………………………………………………… 937

◎相続税法（抄）

○相続税法施行令（抄）

7．租税特別措置法関係法令 …………………………………………… 947

◎租税特別措置法（抄）

○租税特別措置法施行令（抄）

○租税特別措置法施行規則（抄）

8．地方税法関係法令 ……………………………………………………… 1017

◎地方税法（抄）

○地方税法施行令（抄）

○地方法人特別税等に関する暫定措置法（抄）

第4章　参考法令

1．登記関係法令 ……………………………………………………………1057
　　◎一般社団法人等登記規則
　　○商業登記規則（抄）
2．その他法令 ……………………………………………………………1099
　　◎特定非営利活動促進法
　　◎公益信託ニ関スル法律

凡　例

1．基準日
　法令・資料等の内容は、平成29年9月30日現在。

2．収録法令等について
　本書は、公益法人・一般法人の役職員および関係者が、日常の実務において手軽に必要な条文や資料を確認できるよう、公益法人制度関連3法をはじめ関係法令や資料等を編集、収録している。
　収録法令等には、公表した機関名、公表年月日または最終改正年月日を記載し、出版後の改正との関係が分かるようにした。

3．本書の使い方
⑴　法律と政令・省令との委任関係
　・本書収録の法令は、法律とそれに基づく政令・省令との委任関係が通覧でき得るよう、委任された政令・省令等の条文を組み合わせてその下に収録している。さらに、委任関係が分かるようにするため、条文中に下線（下点線）を付している。
⑵　条文について
　・「一般社団法人及び一般財団法人に関する法律」の規定において、一般財団法人の読替条文（書き下ろし条文）がある場合は、該当条文に 読替条文 と頁数を付した。さらに、一般財団法人用に読み替えた準用規定については、点線で囲っている。

第1章
公益法人制度関係法令

公益法人関係法令集

1. 一般法人法関係法令

◎一般社団法人及び一般財団法人に関する法律
○一般社団法人及び一般財団法人に関する法律施行令
○一般社団法人及び一般財団法人に関する法律施行規則
• 一般社団法人及び一般財団法人に関する法律　第177条、第197条、
第198条及び第199条において準用する規定の書き下ろし条文

◎一般社団法人及び一般財団法人に関する法律

平成18年6月2日法律第48号

最終改正　平成26年6月27日法律第91号

目　次

第1章　総則‥‥‥‥‥‥‥‥‥‥‥‥‥‥‥‥‥‥‥‥‥‥‥‥‥‥‥12

　第1節　通則（第1条−第4条）‥‥‥‥‥‥‥‥‥‥‥‥‥‥‥12

　第2節　法人の名称（第5条−第8条）‥‥‥‥‥‥‥‥‥‥‥14

　第3節　商法の規定の不適用（第9条）‥‥‥‥‥‥‥‥‥‥‥15

第2章　一般社団法人‥‥‥‥‥‥‥‥‥‥‥‥‥‥‥‥‥‥‥‥‥15

　第1節　設立‥‥‥‥‥‥‥‥‥‥‥‥‥‥‥‥‥‥‥‥‥‥‥15

　　第1款　定款の作成（第10条−第14条）‥‥‥‥‥‥‥‥‥15

　　第2款　設立時役員等の選任及び解任（第15条−第19条）‥‥18

　　第3款　設立時理事等による調査（第20条）‥‥‥‥‥‥‥20

　　第4款　設立時代表理事の選定等（第21条）‥‥‥‥‥‥‥20

　　第5款　一般社団法人の成立（第22条）‥‥‥‥‥‥‥‥‥20

　　第6款　設立時社員等の責任（第23条−第26条）‥‥‥‥‥20

　第2節　社員‥‥‥‥‥‥‥‥‥‥‥‥‥‥‥‥‥‥‥‥‥‥‥21

　　第1款　総則（第27条−第30条）‥‥‥‥‥‥‥‥‥‥‥‥21

　　第2款　社員名簿等（第31条−第34条）‥‥‥‥‥‥‥‥‥22

　第3節　機関‥‥‥‥‥‥‥‥‥‥‥‥‥‥‥‥‥‥‥‥‥‥‥23

　　第1款　社員総会（第35条−第59条）‥‥‥‥‥‥‥‥‥‥23

　　第2款　社員総会以外の機関の設置（第60条−第62条）‥‥41

　　第3款　役員等の選任及び解任（第63条−第75条）‥‥‥‥41

　　第4款　理事（第76条−第89条）‥‥‥‥‥‥‥‥‥‥‥‥46

　　第5款　理事会（第90条−第98条）‥‥‥‥‥‥‥‥‥‥‥50

　　第6款　監事（第99条−第106条）‥‥‥‥‥‥‥‥‥‥‥55

　　第7款　会計監査人（第107条−第110条）‥‥‥‥‥‥‥‥58

　　第8款　役員等の損害賠償責任（第111条−第118条）‥‥‥60

　第4節　計算‥‥‥‥‥‥‥‥‥‥‥‥‥‥‥‥‥‥‥‥‥‥‥65

　　第1款　会計の原則（第119条）‥‥‥‥‥‥‥‥‥‥‥‥‥65

　　第2款　会計帳簿（第120条−第122条）‥‥‥‥‥‥‥‥‥65

　　第3款　計算書類等（第123条−第130条）‥‥‥‥‥‥‥‥67

　第5節　基金　‥‥‥‥‥‥‥‥‥‥‥‥‥‥‥‥‥‥‥‥‥‥79

第1款　基金を引き受ける者の募集（第131条－第140条）…………79
　　第2款　基金の返還（第141条－第145条）…………………………84
　第6節　定款の変更（第146条）………………………………………86
　第7節　事業の譲渡（第147条）………………………………………87
　第8節　解散（第148条－第151条）…………………………………87
第3章　一般財団法人……………………………………………………88
　第1節　設立……………………………………………………………88
　　第1款　定款の作成（第152条－第156条）………………………88
　　第2款　財産の拠出（第157条・第158条）………………………90
　　第3款　設立時評議員等の選任（第159条・第160条）…………92
　　第4款　設立時理事等による調査（第161条）……………………92
　　第5款　設立時代表理事の選定等（第162条）……………………92
　　第6款　一般財団法人の成立（第163条－第165条）……………93
　　第7款　設立者等の責任（第166条－第169条）…………………93
　第2節　機関……………………………………………………………94
　　第1款　機関の設置（第170条・第171条）………………………94
　　第2款　評議員等の選任及び解任（第172条－第177条）………94
　　第3款　評議員及び評議員会（第178条－第196条）……………99
　　第4款　理事、理事会、監事及び会計監査人（第197条）……… 106
　　第5款　役員等の損害賠償責任（第198条）……………………… 116
　第3節　計算（第199条）……………………………………………… 120
　第4節　定款の変更（第200条）……………………………………… 124
　第5節　事業の譲渡（第201条）……………………………………… 125
　第6節　解散（第202条－第205条）………………………………… 125
第4章　清算……………………………………………………………… 127
　第1節　清算の開始（第206条・第207条）………………………… 127
　第2節　清算法人の機関……………………………………………… 127
　　第1款　清算法人における機関の設置（第208条）……………… 127
　　第2款　清算人の就任及び解任並びに監事の退任等（第209条－第211条）… 128
　　第3款　清算人の職務等（第212条－第219条）………………… 129
　　第4款　清算人会（第220条－第223条）………………………… 133
　　第5款　理事等に関する規定の適用（第224条）………………… 138
　第3節　財産目録等（第225条－第232条）………………………… 139
　第4節　債務の弁済等（第233条－第238条）……………………… 143
　第5節　残余財産の帰属（第239条）………………………………… 145

第6節　清算事務の終了等（第240条・第241条）……………………… 145

第5章　合併………………………………………………………………… 146

　第1節　通則（第242条・第243条）……………………………………… 146

　第2節　吸収合併………………………………………………………… 146

　　第1款　吸収合併契約等（第244条・第245条）………………………… 146

　　第2款　吸収合併消滅法人の手続（第246条－第249条）……………… 147

　　第3款　吸収合併存続法人の手続（第250条－第253条）……………… 151

　第3節　新設合併………………………………………………………… 156

　　第1款　新設合併契約等（第254条・第255条）………………………… 156

　　第2款　新設合併消滅法人の手続（第256条－第258条）……………… 156

　　第3款　新設合併設立法人の手続（第259条・第260条）……………… 159

第6章　雑則………………………………………………………………… 161

　第1節　解散命令（第261条－第263条）………………………………… 161

　第2節　訴訟……………………………………………………………… 162

　　第1款　一般社団法人等の組織に関する訴え（第264条－第277条）…… 162

　　第2款　一般社団法人における責任追及の訴え（第278条－第283条）… 166

　　第3款　一般社団法人等の役員等の解任の訴え（第284条－第286条）… 169

　第3節　非訟……………………………………………………………… 169

　　第1款　総則（第287条－第295条）……………………………………… 170

　　第2款　解散命令の手続に関する特則（第296条－第298条）………… 172

　第4節　登記……………………………………………………………… 173

　　第1款　総則（第299条・第300条）……………………………………… 173

　　第2款　主たる事務所の所在地における登記（第301条－第311条）…… 173

　　第3款　従たる事務所の所在地における登記（第312条－第314条）…… 177

　　第4款　登記の嘱託（第315条）………………………………………… 179

　　第5款　登記の手続等（第316条－第330条）…………………………… 180

　第5節　公告（第331条－第333条）……………………………………… 185

第7章　罰則（第334条－第344条）……………………………………… 187

附則………………………………………………………………………… 192

細目次

○一般社団法人及び一般財団法人に関する法律施行令

平成19年3月2日政令第38号

第1条（電磁的方法による通知の承諾等）
26

第2条（書面に記載すべき事項等の電磁的方法による提供の承諾等）36

○一般社団法人及び一般財団法人に関する法律施行規則

平成19年4月20日法務省令第28号

最終改正　平成27年2月6日法務省令第6号

第1章　総則

第1条（目的）12

第2条（定義）13

第3条（子法人）13

第2章　一般社団法人

第1節　機関

第1款　社員総会

第4条（招集の決定事項）24

第5条（社員総会参考書類）31

第6条　32

第7条（議決権行使書面）32

第8条（書面による議決権行使の期限）37

第9条（電磁的方法による議決権行使の期限）37

第10条（理事等の説明義務）38

第11条（社員総会の議事録）39、40

第2款　役員等

第12条（補欠の役員の選任）42

第13条（理事会設置一般社団法人以外の一般社団法人の業務の適正を確保するための体制）46

第14条（理事会設置一般社団法人の業務の適正を確保するための体制）51

第15条（理事会の議事録）53

第16条（監査報告の作成）55

第17条（監事の調査の対象）57

第18条（会計監査報告の作成）59

第19条（報酬等の額の算定方法）61

第20条（責任の免除の決議後に受ける退職慰労金等）62

第2節　計算

第1款　総則

第21条　65

第2款　会計帳簿

第22条（会計帳簿の作成）65

第23条（資産の評価）65

第24条（負債の評価）66

第25条（のれんの評価）66

第3款　計算関係書類

第26条（計算関係書類）68

第27条（金額の表示の単位）68

第28条（成立の日の貸借対照表）68

第29条（各事業年度に係る計算書類）68

第30条（貸借対照表の区分）68

第31条（基金等）68

第32条（損益計算書の区分）69

第33条（附属明細書）69

第4款　事業報告

第34条　69

第5款　計算関係書類の監査

第1目　通則

第35条　70

第2目　会計監査人設置一般社団法人以外の監事設置一

般社団法人における監査

第36条（監査報告の内容）70

第37条（監査報告の通知期限等）70

第3目 会計監査人設置一般社団法人における監査

第38条（計算関係書類の提供）71

第39条（会計監査報告の内容）71

第40条（会計監査人設置一般社団法人の監事の監査報告の内容）72

第41条（会計監査報告の通知期限等）72

第42条（会計監査人の職務の遂行に関する事項）73

第43条（会計監査人設置一般社団法人の監事の監査報告の通知期限）73

第6款 事業報告等の監査

第44条（事業報告等の監査）74

第45条（監査報告の内容）74

第46条（監査報告の通知期限等）74

第7款 計算書類等の社員への提供及び承認の特則に関する要件

第1目 計算書類等の社員への提供

第47条 75

第2目 計算書類の承認の特則に関する要件

第48条 76

第8款 計算書類の公告等

第49条（不適正意見がある場合等における公告事項）77

第50条（金額の表示の単位）77

第51条（貸借対照表等の電磁的方法による公開の方法）77

第3節 基金

第52条（申込みをしようとする者に対して通知すべき事項）80

第53条（検査役の調査を要しない市場価格のある有価証券）83

第54条（銀行等）84

第55条（吸収合併存続一般社団法人の代替基金）86

第56条（新設合併設立一般社団法人の代替基金）86

第4節 解散

第57条 87

第3章 一般財団法人

第1節 機関

第1款 評議員会

第58条（招集の決定事項）100

第59条（理事等の説明義務）103

第60条（評議員会の議事録）104

第2款 役員等

第61条（補欠の役員の選任に関する規定の準用）96

第62条（理事会等に関する規定の準用）107

第63条（役員等の損害賠償責任に関する規定の準用）116

第2節 計算

第64条 121

第3節 解散

第65条 126

第4章 清算

第66条（清算人会設置法人以外の清算法人の業務の適正を確保するための体制）130

第67条（清算人会設置法人の業務の適正を確保するための体制）134

第68条（清算人会の議事録）135

第69条（財産目録）139

第70条（清算開始時の貸借対照表）139

第71条（各清算事務年度に係る貸借対照表）140

第72条（各清算事務年度に係る事務報告）140

第73条（清算法人の監査報告）141

第74条（決算報告）145

第5章　合併

第1節　吸収合併消滅法人の手続

第75条（吸収合併消滅法人の事前開示事項）148

第76条（計算書類に関する事項）150

第2節　吸収合併存続法人の手続

第77条（吸収合併存続法人の事前開示事項）152

第78条（資産の額等）153

第79条（計算書類に関する事項）154

第80条（吸収合併存続法人の事後開示事項）155

第3節　新設合併消滅法人の手続

第81条（新設合併消滅法人の事前開示事項）157

第82条（計算書類に関する事項）159

第4節　新設合併設立法人の手続

第83条（新設合併設立法人の事後開示事項）160

第84条　160

第6章　雑則

第1節　訴訟

第85条（責任追及の訴えの提起の請求方法）167

第86条（訴えを提起しない理由の通知方法）167

第2節　登記

第87条　174

第3節　公告

第88条　186

第4節　電磁的方法及び電磁的記録等

第1款　電磁的方法及び電磁的記録等

第89条（電磁的記録）15

第90条（電子署名）15

第91条（電磁的記録に記録された事項を表示する方法）17

第92条（電磁的方法）18

第93条（電磁的記録の備置きに関する特則）18

第94条（検査役が提供する電磁的記録）34

第95条（検査役による電磁的記録に記録された事項の提供）34

第96条（電子公告を行うための電磁的方法）186

第97条（一般社団法人及び一般財団法人に関する法律施行令に係る電磁的方法）26

第2款　情報通信の技術の利用

第98条（定義）27

第99条（保存の指定）27

第100条（保存の方法）28

第101条（縦覧等の指定）28

第102条（縦覧等の方法）29

第103条（交付等の指定）29

第104条（交付等の方法）30

第105条（交付等の承諾）30

附則　192

・一般社団法人及び一般財団法人に関する法律第177条、第197条、第198条及び第199条において準用する規定の読替条文

編注：法律公布時に参考資料として内閣府行政改革推進本部事務局公表

※　本読替条文は、上記各条に規定する読替規定に基づく読替えのほか、解釈にあたり当然に変更が加えられるべき部分（例えば、「一般社団法人」を「一般財団法人」に置き換えるなど）についても、所要の変更を加えた形で書き替えている。

・一般財団法人の理事、監事及び会計監査人の選任及び解任について準用されている規定（第177条関係）　96

・一般財団法人の理事、理事会、監事及
　び会計監査人について準用されている
　規定（第197条関係）　107
・一般財団法人の理事、監事及び会計監査
　人並びに評議員の損害賠償責任について
　準用されている規定（第198条関係）
　117
・一般財団法人の計算について準用され
　ている規定（第199条関係）　121

第1章 総 則

第1節 通 則

（趣旨）

第1条 一般社団法人及び一般財団法人の設立、組織、運営及び管理については、他の法律に特別の定めがある場合を除くほか、この法律の定めるところによる。

（目的）

則第1条 この省令は、<u>一般社団法人及び一般財団法人に関する法律</u>（平成18年法律第48号。以下「法」という。）の委任に基づく事項その他法の施行に必要な事項を定めることを目的とする。

（定義）

第2条 この法律において、次の各号に掲げる用語の意義は、当該各号に定めるところによる。

一　一般社団法人等　一般社団法人又は一般財団法人をいう。

二　大規模一般社団法人　最終事業年度（各事業年度に係る第123条第2項に規定する計算書類につき第126条第2項の承認（第127条前段に規定する場合にあっては、第124条第3項の承認）を受けた場合における当該各事業年度のうち最も遅いものをいう。）に係る貸借対照表（第127条前段に規定する場合にあっては、同条の規定により定時社員総会に報告された貸借対照表をいい、一般社団法人の成立後最初の定時社員総会までの間においては、第123条第1項の貸借対照表をいう。）の負債の部に計上した額の合計額が200億円以上である一般社団法人をいう。

三　大規模一般財団法人　最終事業年度（各事業年度に係る第199条において準用する第123条第2項に規定する計算書類につき第199条において準用する第126条第2項の承認（第199条において準用する第127条前段に規定する場合にあっては、第199条において準用する第124条第3項の承認）を受けた場合における当該各事業年度のうち最も遅いものをいう。）に係る貸借対照表（第199条において準用する第127条前段に規定する場合にあっては、同条の規定により定時評議員会に報告された貸借対照表をいい、一般財団法人の成立後最初の定時評議員会までの間においては、第199条において準用する第123条第1項の貸借対照表をいう。）の負債の部に計上した額の合計額が200億円以上である一般財団法人をいう。

四　子法人　一般社団法人又は一般財団法人がその経営を支配している法人として

法務省令で定めるものをいう。

五　吸収合併　一般社団法人又は一般財団法人が他の一般社団法人又は一般財団法人とする合併であって、合併により消滅する法人の権利義務の全部を合併後存続する法人に承継させるものをいう。

六　新設合併　2以上の一般社団法人又は一般財団法人がする合併であって、合併により消滅する法人の権利義務の全部を合併により設立する法人に承継させるものをいう。

七　公告方法　一般社団法人又は一般財団法人が公告（この法律又は他の法律の規定により官報に掲載する方法によりしなければならないものとされているものを除く。）をする方法をいう。

（定義）

則**第2条**　この省令において、「一般社団法人等」、「子法人」、「吸収合併」又は「新設合併」とは、それぞれ法第2条に規定する一般社団法人等、子法人、吸収合併又は新設合併をいう。

（子法人）

則**第3条**　法第2条第4号に規定する法務省令で定めるものは、次の各号に掲げるものとする。

一　一般社団法人等又はその1若しくは2以上の子法人が社員総会その他の団体の財務及び事業の方針を決定する機関における議決権（株式会社にあっては、株主総会において決議することができる事項の全部につき議決権を行使することができない株式についての議決権を除き、会社法（平成17年法律第86号）第879条第3項の規定により議決権を有するものとみなされる株式についての議決権を含む。以下この号において同じ。）の100分の50を超える議決権を有する他の法人

二　評議員の総数に対する次に掲げる者の数の割合が100分の50を超える他の一般財団法人

　イ　一般社団法人等又はその1若しくは2以上の子法人の役員（理事、監事、取締役、会計参与、監査役、執行役その他これらに準ずる者をいう。）又は評議員

　ロ　一般社団法人等又はその1若しくは2以上の子法人の使用人

　ハ　当該評議員に就任した日前5年以内にイ又はロに掲げる者であった者

　ニ　一般社団法人等又はその1若しくは2以上の子法人によって選任された者

　ホ　当該評議員に就任した日前5年以内に一般社団法人等又はその1若しくは2以上の子法人によって当該他の一般財団法人の評議員に選任されたことがある者

（法人格）
第3条 一般社団法人及び一般財団法人は、法人とする。

（住所）
第4条 一般社団法人及び一般財団法人の住所は、その主たる事務所の所在地にあるものとする。

第2節　法人の名称

（名称）
第5条 一般社団法人又は一般財団法人は、その種類に従い、その名称中に一般社団法人又は一般財団法人という文字を用いなければならない。
2　一般社団法人は、その名称中に、一般財団法人であると誤認されるおそれのある文字を用いてはならない。
3　一般財団法人は、その名称中に、一般社団法人であると誤認されるおそれのある文字を用いてはならない。

（一般社団法人又は一般財団法人と誤認させる名称等の使用の禁止）
第6条 一般社団法人又は一般財団法人でない者は、その名称又は商号中に、一般社団法人又は一般財団法人であると誤認されるおそれのある文字を用いてはならない。

第7条 何人も、不正の目的をもって、他の一般社団法人又は一般財団法人であると誤認されるおそれのある名称又は商号を使用してはならない。
2　前項の規定に違反する名称又は商号の使用によって事業に係る利益を侵害され、又は侵害されるおそれがある一般社団法人又は一般財団法人は、その利益を侵害する者又は侵害するおそれがある者に対し、その侵害の停止又は予防を請求することができる。

（自己の名称の使用を他人に許諾した一般社団法人又は一般財団法人の責任）
第8条 自己の名称を使用して事業又は営業を行うことを他人に許諾した一般社団法人又は一般財団法人は、当該一般社団法人又は一般財団法人が当該事業を行うものと誤認して当該他人と取引をした者に対し、当該他人と連帯して、当該取引によって生じた債務を弁済する責任を負う。

第3節　商法の規定の不適用

第9条　商法（明治32年法律第48号）第11条から第15条まで及び第19条から第24条までの規定は、一般社団法人及び一般財団法人については、適用しない。

第2章　一般社団法人

第1節　設　立

第1款　定款の作成

（定款の作成）

第10条　一般社団法人を設立するには、その社員になろうとする者（以下「設立時社員」という。）が、共同して定款を作成し、その全員がこれに署名し、又は記名押印しなければならない。

2　前項の定款は、電磁的記録（電子的方式、磁気的方式その他人の知覚によっては認識することができない方式で作られる記録であって、電子計算機による情報処理の用に供されるものとして<u>法務省令</u>で定めるものをいう。以下同じ。）をもって作成することができる。この場合において、当該電磁的記録に記録された情報については、<u>法務省令</u>で定める署名又は記名押印に代わる措置をとらなければならない。

（電磁的記録）

則**第89条**　<u>法第10条第2項</u>（法第152条第3項において準用する場合を含む。）に規定する法務省令で定めるものは、磁気ディスクその他これに準ずる方法により一定の情報を確実に記録しておくことができる物をもって調製するファイルに情報を記録したものとする。

（電子署名）

則**第90条**　次に掲げる規定に規定する法務省令で定める署名又は記名押印に代わる措置は、電子署名とする。

一　<u>法第10条第2項</u>（法第152条第3項において準用する場合を含む。）

二　<u>法第95条第4項</u>（法第197条及び第221条第5項において準用する場合を含む。）

2　前項に規定する「電子署名」とは、電磁的記録に記録することができる情報について行われる措置であって、次の要件のいずれにも該当するものをいう。

一　当該情報が当該措置を行った者の作成に係るものであることを示すためのものであること。

二 当該情報について改変が行われていないかどうかを確認することができるものであること。

（定款の記載又は記録事項）

第11条 一般社団法人の定款には、次に掲げる事項を記載し、又は記録しなければならない。

一 目的

二 名称

三 主たる事務所の所在地

四 設立時社員の氏名又は名称及び住所

五 社員の資格の得喪に関する規定

六 公告方法

七 事業年度

2 社員に剰余金又は残余財産の分配を受ける権利を与える旨の定款の定めは、その効力を有しない。

第12条 前条第1項各号に掲げる事項のほか、一般社団法人の定款には、この法律の規定により定款の定めがなければその効力を生じない事項及びその他の事項でこの法律の規定に違反しないものを記載し、又は記録することができる。

（定款の認証）

第13条 第10条第1項の定款は、公証人の認証を受けなければ、その効力を生じない。

（定款の備置き及び閲覧等）

第14条 設立時社員（一般社団法人の成立後にあっては、当該一般社団法人）は、定款を設立時社員が定めた場所（一般社団法人の成立後にあっては、その主たる事務所及び従たる事務所）に備え置かなければならない。

2 設立時社員（一般社団法人の成立後にあっては、その社員及び債権者）は、設立時社員が定めた時間（一般社団法人の成立後にあっては、その業務時間）内は、いつでも、次に掲げる請求をすることができる。ただし、第2号又は第4号に掲げる請求をするには、設立時社員（一般社団法人の成立後にあっては、当該一般社団法人）の定めた費用を支払わなければならない。

一 定款が書面をもって作成されているときは、当該書面の閲覧の請求

二 前号の書面の謄本又は抄本の交付の請求

三　定款が電磁的記録をもって作成されているときは、当該電磁的記録に記録された事項を法務省令で定める方法により表示したものの閲覧の請求

四　前号の電磁的記録に記録された事項を電磁的方法（電子情報処理組織を使用する方法その他の情報通信の技術を利用する方法であって法務省令で定めるものをいう。以下同じ。）であって設立時社員（一般社団法人の成立後にあっては、当該一般社団法人）の定めたものにより提供することの請求又はその事項を記載した書面の交付の請求

3　定款が電磁的記録をもって作成されている場合であって、従たる事務所における前項第3号及び第4号に掲げる請求に応じることを可能とするための措置として法務省令で定めるものをとっている一般社団法人についての第1項の規定の適用については、同項中「主たる事務所及び従たる事務所」とあるのは、「主たる事務所」とする。

（電磁的記録に記録された事項を表示する方法）

第91条　次に掲げる規定に規定する法務省令で定める方法は、次に掲げる規定の電磁的記録に記録された事項を紙面又は映像面に表示する方法とする。

一　法第14条第2項第3号

二　法第32条第2項第2号

三　法第50条第6項第2号

四　法第52条第5項

五　法第57条第4項第2号

六　法第58条第3項第2号

七　法第97条第2項第2号（法第197条において準用する場合を含む。）

八　法第107条第2項第2号（法第197条において準用する場合を含む。）

九　法第121条第1項第2号（法第199条において準用する場合を含む。）

十　法第129条第3項第3号（法第199条において準用する場合を含む。）

十一　法第156条第2項第3号

十二　法第193条第4項第2号

十三　法第194条第3項第2号

十四　法第223条第2項第2号

十五　法第229条第2項第3号

十六　法第246条第3項第3号

十七　法第250条第3項第3号

十八　法第253条第3項第3号

十九　法第256条第3項第3号

第1章　公益法人制度関係法令

二十　法第260条第3項第3号
　（電磁的方法）
則第92条　法第14条第2項第4号に規定する電子情報処理組織を使用する方法その
　他の情報通信の技術を利用する方法であって法務省令で定めるものは、次に掲げる
　方法とする。
　一　電子情報処理組織を使用する方法のうちイ又はロに掲げるもの
　　イ　送信者の使用に係る電子計算機と受信者の使用に係る電子計算機とを接続す
　　　る電気通信回線を通じて送信し、受信者の使用に係る電子計算機に備えられた
　　　ファイルに記録する方法
　　ロ　送信者の使用に係る電子計算機に備えられたファイルに記録された情報の内
　　　容を電気通信回線を通じて情報の提供を受ける者の閲覧に供し、当該情報の提
　　　供を受ける者の使用に係る電子計算機に備えられたファイルに当該情報を記録
　　　する方法
　二　磁気ディスクその他これに準ずる方法により一定の情報を確実に記録しておく
　　ことができる物をもって調製するファイルに情報を記録したものを交付する方法
　2　前項各号に掲げる方法は、受信者がファイルへの記録を出力することにより書面
　を作成することができるものでなければならない。
　　（電磁的記録の備置きに関する特則）
則第93条　次に掲げる規定に規定する法務省令で定める措置は、一般社団法人等の
　使用に係る電子計算機を電気通信回線で接続した電子情報処理組織を使用する方法
　であって、当該電子計算機に備えられたファイルに記録された情報の内容を電気通
　信回線を通じて一般社団法人等の従たる事務所において使用される電子計算機に備
　えられたファイルに当該情報を記録するものによる措置とする。
　一　法第14条第3項
　二　法第57条第3項
　三　法第129条第2項（法第199条において準用する場合を含む。）
　四　法第156条第3項
　五　法第193条第3項

第2款　設立時役員等の選任及び解任

（設立時役員等の選任）
第15条　定款で設立時理事（一般社団法人の設立に際して理事となる者をいう。以
　下この章、第278条及び第318条第2項において同じ。）を定めなかったときは、設
　立時社員は、第13条の公証人の認証の後遅滞なく、設立時理事を選任しなければな

18

らない。

2　設立しようとする一般社団法人が次の各号に掲げるものである場合において、定款で当該各号に定める者を定めなかったときは、設立時社員は、第13条の公証人の認証の後遅滞なく、これらの者を選任しなければならない。

一　監事設置一般社団法人（監事を置く一般社団法人又はこの法律の規定により監事を置かなければならない一般社団法人をいう。以下同じ。）　設立時監事（一般社団法人の設立に際して監事となる者をいう。以下この章、第254条第6号及び第318条第2項第3号において同じ。）

二　会計監査人設置一般社団法人（会計監査人を置く一般社団法人又はこの法律の規定により会計監査人を置かなければならない一般社団法人をいう。以下同じ。）　設立時会計監査人（一般社団法人の設立に際して会計監査人となる者をいう。次条第2項及び第318条第2項第4号において同じ。）

第16条　設立しようとする一般社団法人が理事会設置一般社団法人（理事会を置く一般社団法人をいう。以下同じ。）である場合には、設立時理事は、3人以上でなければならない。

2　第65条第1項又は第68条第1項若しくは第3項の規定により成立後の一般社団法人の理事、監事又は会計監査人となることができない者は、それぞれ設立時理事、設立時監事又は設立時会計監査人（以下この款において「設立時役員等」という。）となることができない。

（設立時役員等の選任の方法）

第17条　設立時役員等の選任は、設立時社員の議決権の過半数をもって決定する。

2　前項の場合には、設立時社員は、各1個の議決権を有する。ただし、定款で別段の定めをすることを妨げない。

（設立時役員等の解任）

第18条　設立時社員は、一般社団法人の成立の時までの間、設立時役員等を解任することができる。

（設立時役員等の解任の方法）

第19条　設立時役員等の解任は、設立時社員の議決権の過半数（設立時監事を解任する場合にあっては、3分の2以上に当たる多数）をもって決定する。

2　第17条第2項の規定は、前項の場合について準用する。

第３款　設立時理事等による調査

第20条　設立時理事（設立しようとする一般社団法人が監事設置一般社団法人である場合にあっては、設立時理事及び設立時監事。次項において同じ。）は、その選任後遅滞なく、一般社団法人の設立の手続が法令又は定款に違反していないことを調査しなければならない。

2　設立時理事は、前項の規定による調査により、一般社団法人の設立の手続が法令若しくは定款に違反し、又は不当な事項があると認めるときは、設立時社員にその旨を通知しなければならない。

第４款　設立時代表理事の選定等

第21条　設立時理事は、設立しようとする一般社団法人が理事会設置一般社団法人である場合には、設立時理事の中から一般社団法人の設立に際して代表理事（一般社団法人を代表する理事をいう。以下この章及び第301条第２項第６号において同じ。）となる者（以下この条及び第318条第２項において「設立時代表理事」という。）を選定しなければならない。

2　設立時理事は、一般社団法人の成立の時までの間、設立時代表理事を解職することができる。

3　前２項の規定による設立時代表理事の選定及び解職は、設立時理事の過半数をもって決定する。

第５款　一般社団法人の成立

第22条　一般社団法人は、その主たる事務所の所在地において設立の登記をすることによって成立する。

第６款　設立時社員等の責任

（設立時社員等の損害賠償責任）

第23条　設立時社員、設立時理事又は設立時監事は、一般社団法人の設立についてその任務を怠ったときは、当該一般社団法人に対し、これによって生じた損害を賠償する責任を負う。

2　設立時社員、設立時理事又は設立時監事がその職務を行うについて悪意又は重大な過失があったときは、当該設立時社員、設立時理事又は設立時監事は、これによって第三者に生じた損害を賠償する責任を負う。

（設立時社員等の連帯責任）

第24条 設立時社員、設立時理事又は設立時監事が一般社団法人又は第三者に生じた損害を賠償する責任を負う場合において、他の設立時社員、設立時理事又は設立時監事も当該損害を賠償する責任を負うときは、これらの者は、連帯債務者とする。

（責任の免除）

第25条 第23条第1項の規定により設立時社員、設立時理事又は設立時監事の負う責任は、総社員の同意がなければ、免除することができない。

（一般社団法人不成立の場合の責任）

第26条 一般社団法人が成立しなかったときは、設立時社員は、連帯して、一般社団法人の設立に関してした行為についてその責任を負い、一般社団法人の設立に関して支出した費用を負担する。

第2節　社　員

第1款　総　則

（経費の負担）

第27条 社員は、定款で定めるところにより、一般社団法人に対し、経費を支払う義務を負う。

（任意退社）

第28条 社員は、いつでも退社することができる。ただし、定款で別段の定めをすることを妨げない。

2　前項ただし書の規定による定款の定めがある場合であっても、やむを得ない事由があるときは、社員は、いつでも退社することができる。

（法定退社）

第29条 前条の場合のほか、社員は、次に掲げる事由によって退社する。

一　定款で定めた事由の発生

二　総社員の同意

三　死亡又は解散

四　除名

（除名）

第30条　社員の除名は、正当な事由があるときに限り、社員総会の決議によってすることができる。この場合において、一般社団法人は、当該社員に対し、当該社員総会の日から1週間前までにその旨を通知し、かつ、社員総会において弁明する機会を与えなければならない。

2　除名は、除名した社員にその旨を通知しなければ、これをもって当該社員に対抗することができない。

第2款　社員名簿等

（社員名簿）

第31条　一般社団法人は、社員の氏名又は名称及び住所を記載し、又は記録した名簿（以下「社員名簿」という。）を作成しなければならない。

（社員名簿の備置き及び閲覧等）

第32条　一般社団法人は、社員名簿をその主たる事務所に備え置かなければならない。

2　社員は、一般社団法人の業務時間内は、いつでも、次に掲げる請求をすることができる。この場合においては、当該請求の理由を明らかにしてしなければならない。

一　社員名簿が書面をもって作成されているときは、当該書面の閲覧又は謄写の請求

二　社員名簿が電磁的記録をもって作成されているときは、当該電磁的記録に記録された事項を<u>法務省令</u>で定める方法により表示したものの閲覧又は謄写の請求

3　一般社団法人は、前項の請求があったときは、次のいずれかに該当する場合を除き、これを拒むことができない。

一　当該請求を行う社員（以下この項において「請求者」という。）がその権利の確保又は行使に関する調査以外の目的で請求を行ったとき。

二　請求者が当該一般社団法人の業務の遂行を妨げ、又は社員の共同の利益を害する目的で請求を行ったとき。

三　請求者が社員名簿の閲覧又は謄写によって知り得た事実を利益を得て第三者に通報するため請求を行ったとき。

四　請求者が、過去2年以内において、社員名簿の閲覧又は謄写によって知り得た事実を利益を得て第三者に通報したことがあるものであるとき。

則**第91条**参照（17頁）。

（社員に対する通知等）

第33条 一般社団法人が社員に対してする通知又は催告は、社員名簿に記載し、又は記録した当該社員の住所（当該社員が別に通知又は催告を受ける場所又は連絡先を当該一般社団法人に通知した場合にあっては、その場所又は連絡先）にあてて発すれば足りる。

2 前項の通知又は催告は、その通知又は催告が通常到達すべきであった時に、到達したものとみなす。

3 前2項の規定は、第39条第1項の通知に際して社員に書面を交付し、又は当該書面に記載すべき事項を電磁的方法により提供する場合について準用する。この場合において、前項中「到達したもの」とあるのは、「当該書面の交付又は当該事項の電磁的方法による提供があったもの」と読み替えるものとする。

（社員に対する通知の省略）

第34条 一般社団法人が社員に対してする通知又は催告が5年以上継続して到達しない場合には、一般社団法人は、当該社員に対する通知又は催告をすることを要しない。

2 前項の場合には、同項の社員に対する一般社団法人の義務の履行を行う場所は、一般社団法人の住所地とする。

第3節　機　関

第1款　社員総会

（社員総会の権限）

第35条 社員総会は、この法律に規定する事項及び一般社団法人の組織、運営、管理その他一般社団法人に関する一切の事項について決議をすることができる。

2 前項の規定にかかわらず、理事会設置一般社団法人においては、社員総会は、この法律に規定する事項及び定款で定めた事項に限り、決議をすることができる。

3 前2項の規定にかかわらず、社員総会は、社員に剰余金を分配する旨の決議をすることができない。

4 この法律の規定により社員総会の決議を必要とする事項について、理事、理事会その他の社員総会以外の機関が決定することができることを内容とする定款の定めは、その効力を有しない。

第1章 公益法人制度関係法令

（社員総会の招集）

第36条 定時社員総会は、毎事業年度の終了後一定の時期に招集しなければならない。

2 社員総会は、必要がある場合には、いつでも、招集することができる。

3 社員総会は、次条第2項の規定により招集する場合を除き、理事が招集する。

（社員による招集の請求）

第37条 総社員の議決権の10分の1（5分の1以下の割合を定款で定めた場合にあっては、その割合）以上の議決権を有する社員は、理事に対し、社員総会の目的である事項及び招集の理由を示して、社員総会の招集を請求することができる。

2 次に掲げる場合には、前項の規定による請求をした社員は、裁判所の許可を得て、社員総会を招集することができる。

一 前項の規定による請求の後遅滞なく招集の手続が行われない場合

二 前項の規定による請求があった日から6週間（これを下回る期間を定款で定めた場合にあっては、その期間）以内の日を社員総会の日とする社員総会の招集の通知が発せられない場合

（社員総会の招集の決定）

第38条 理事（前条第2項の規定により社員が社員総会を招集する場合にあっては、当該社員。次条から第42条までにおいて同じ。）は、社員総会を招集する場合には、次に掲げる事項を定めなければならない。

一 社員総会の日時及び場所

二 社員総会の目的である事項があるときは、当該事項

三 社員総会に出席しない社員が書面によって議決権を行使することができることとするときは、その旨

四 社員総会に出席しない社員が電磁的方法によって議決権を行使することができることとするときは、その旨

五 前各号に掲げるもののほか、**法務省令**で定める事項

2 理事会設置一般社団法人においては、前条第2項の規定により社員が社員総会を招集するときを除き、前項各号に掲げる事項の決定は、理事会の決議によらなければならない。

（招集の決定事項）

則**第4条** **法第38条第1項第5号**に規定する法務省令で定める事項は、次に掲げる事項とする。

一 法第38条第1項第3号又は第4号に掲げる事項を定めたときは、次に掲げる事

項（定款にロ及びハに掲げる事項についての定めがある場合又はこれらの事項の決定を理事に委任する旨を決定した場合における当該事項を除く。）

イ　第5条第1項の規定により社員総会参考書類（法第41条第1項に規定する社員総会参考書類をいう。以下この款において同じ。）に記載すべき事項

ロ　特定の時（社員総会の日時以前の時であって、法第39条第1項ただし書の規定により通知を発した日から2週間を経過した日以後の時に限る。）をもって書面による議決権の行使の期限とする旨を定めるときは、その特定の時

ハ　特定の時（社員総会の日時以前の時であって、法第39条第1項ただし書の規定により通知を発した日から2週間を経過した日以後の時に限る。）をもって電磁的方法（法第14条第2項第4号に規定する電磁的方法をいう。以下同じ。）による議決権の行使の期限とする旨を定めるときは、その特定の時

二　法第50条第1項の規定による代理人による議決権の行使について、代理権（代理人の資格を含む。）を証明する方法、代理人の数その他代理人による議決権の行使に関する事項を定めるとき（定款に当該事項についての定めがある場合を除く。）は、その事項

三　第1号に規定する場合以外の場合において、次に掲げる事項が社員総会の目的である事項であるときは、当該事項に係る議案の概要（議案が確定していない場合にあっては、その旨）

イ　役員等（法第111条第1項に規定する役員等をいう。以下この節及び第86条第2号において同じ。）の選任

ロ　役員等の報酬等（法第89条に規定する報酬等をいう。第58条第2号において同じ。）

ハ　事業の全部の譲渡

ニ　定款の変更

ホ　合併

（社員総会の招集の通知）

第39条　社員総会を招集するには、理事は、社員総会の日の1週間（理事会設置一般社団法人以外の一般社団法人において、これを下回る期間を定款で定めた場合にあっては、その期間）前までに、社員に対してその通知を発しなければならない。ただし、前条第1項第3号又は第4号に掲げる事項を定めた場合には、社員総会の日の2週間前までにその通知を発しなければならない。

2　次に掲げる場合には、前項の通知は、書面でしなければならない。

一　前条第1項第3号又は第4号に掲げる事項を定めた場合

> 二　一般社団法人が理事会設置一般社団法人である場合
>
> 3　理事は、前項の書面による通知の発出に代えて、**政令**で定めるところにより、社員の承諾を得て、電磁的方法により通知を発することができる。この場合において、当該理事は、同項の書面による通知を発したものとみなす。
>
> 4　前2項の通知には、前条第1項各号に掲げる事項を記載し、又は記録しなければならない。

（電磁的方法による通知の承諾等）

第1条　次に掲げる規定により電磁的方法（一般社団法人及び一般財団法人に関する法律（以下「法」という。）第14条第2項第4号に規定する電磁的方法をいう。以下同じ。）により通知を発しようとする者（次項において「通知発出者」という。）は、**法務省令**で定めるところにより、あらかじめ、当該通知の相手方に対し、その用いる電磁的方法の種類及び内容を示し、書面又は電磁的方法による承諾を得なければならない。

一　**法第39条第3項**

二　**法第182条第2項**

2　前項の規定による承諾を得た通知発出者は、同項の相手方から書面又は電磁的方法により電磁的方法による通知を受けない旨の申出があったときは、当該相手方に対し、当該通知を電磁的方法によって発してはならない。ただし、当該相手方が再び同項の規定による承諾をした場合は、この限りでない。

（一般社団法人及び一般財団法人に関する法律施行令に係る電磁的方法）

第97条　**一般社団法人及び一般財団法人に関する法律施行令**（平成19年政令第38号）**第1条第1項**又は**第2条第1項**の規定の規定により示すべき電磁的方法の種類及び内容は、次に掲げるものとする。

一　次に掲げる方法のうち、送信者が使用するもの

　イ　電子情報処理組織を使用する方法のうち次に掲げるもの

　　⑴　送信者の使用に係る電子計算機と受信者の使用に係る電子計算機とを接続する電気通信回線を通じて送信し、受信者の使用に係る電子計算機に備えられたファイルに記録する方法

　　⑵　送信者の使用に係る電子計算機に備えられたファイルに記録された情報の内容を電気通信回線を通じて情報の提供を受ける者の閲覧に供し、当該情報の提供を受ける者の使用に係る電子計算機に備えられたファイルに当該情報を記録する方法

　ロ　磁気ディスクその他これに準ずる方法により一定の情報を確実に記録しておくことができる物をもって調製するファイルに情報を記録したものを交付する

方法

二　ファイルへの記録の方式

（定義）

則**第98条**　この款において使用する用語は、民間事業者等が行う書面の保存等における情報通信の技術の利用に関する法律（平成16年法律第149号。以下この款において「電子文書法」という。）において使用する用語の例による。

（保存の指定）

則**第99条**　電子文書法第３条第１項の主務省令で定める保存は、次に掲げる保存とする。

一　法第50条第５項の規定による代理権を証明する書面の保存

二　法第51条第３項の規定による議決権行使書面の保存

三　法第57条第２項の規定による社員総会の議事録の保存

四　法第57条第３項の規定による社員総会の議事録の写しの保存

五　法第58条第２項の規定による同条第１項の書面の保存

六　法第97条第１項（法第197条において準用する場合を含む。）の規定による議事録等（法第97条第１項（法第197条において準用する場合を含む。）に規定する議事録等をいう。第101条第７号及び第８号において同じ。）の保存

七　法第120条第２項（法第199条において準用する場合を含む。）の規定による会計帳簿及び資料の保存

八　法第123条第４項（法第199条において準用する場合を含む。）の規定による計算書類（法第123条第２項（法第199条において準用する場合を含む。）に規定する計算書類をいう。）及びその附属明細書の保存

九　法第129条第１項（法第199条において準用する場合を含む。）の規定による計算書類等（法第129条第１項（法第199条において準用する場合を含む。）に規定する計算書類等をいう。以下この款において同じ。）の保存

十　法第129条第２項（法第199条において準用する場合を含む。）の規定による計算書類等の写しの保存

十一　法第193条第２項の規定による評議員会の議事録の保存

十二　法第193条第３項の規定による評議員会の議事録の写しの保存

十三　法第194条第２項の規定による同条第１項の書面の保存

十四　法第223条第１項の規定による議事録等（同項に規定する議事録等をいう。第101条第14号及び第15号において同じ。）の保存

十五　法第225条第４項の規定による財産目録等（同条第１項に規定する財産目録等をいう。）の保存

十六　法第227条第３項の規定による貸借対照表及びその附属明細書の保存

十七　法第229条第1項の規定による貸借対照表等（同項に規定する貸借対照表等をいう。以下この款において同じ。）の保存

十八　法第241条第1項及び第3項の規定による帳簿資料（同条第1項に規定する帳簿資料をいう。）の保存

十九　法第253条第2項の規定による同条第1項の書面の保存

二十　法第260条第2項の規定による同項の書面の保存

（保存の方法）

則**第100条**　民間事業者等が、電子文書法第3条第1項の規定に基づき、前条各号に掲げる保存に代えて当該保存すべき書面に係る電磁的記録の保存を行う場合には、当該書面に記載されている事項をスキャナ（これに準ずる画像読取装置を含む。）により読み取ってできた電磁的記録を民間事業者等の使用に係る電子計算機に備えられたファイル又は磁気ディスクその他これに準ずる方法により一定の事項を確実に記録しておくことができる物をもって調製するファイルにより保存する方法により行わなければならない。

2　民間事業者等が前項の規定による電磁的記録の保存を行う場合には、必要に応じ電磁的記録に記録された事項を出力することにより、直ちに明瞭かつ整然とした形式で、その使用に係る電子計算機その他の機器に表示することができるための措置及び書面を作成することができるための措置を講じなければならない。

（縦覧等の指定）

則**第101条**　電子文書法第5条第1項の主務省令で定める縦覧等は、次に掲げる縦覧等とする。

一　法第14条第2項第1号の規定による定款の縦覧等

二　法第32条第2項第1号の規定による社員名簿の縦覧等

三　法第50条第6項第1号の規定による代理権を証明する書面の縦覧等

四　法第51条第4項の規定による議決権行使書面の縦覧等

五　法第57条第4項第1号の規定による社員総会の議事録又はその写しの縦覧等

六　法第58条第3項第1号の規定による同条第2項の書面の縦覧等

七　法第97条第2項第1号（法第197条において準用する場合を含む。）の規定による議事録等の縦覧等

八　法第97条第3項（法第197条において準用する場合を含む。）の規定による議事録等の縦覧等

九　法第121条第1項第1号（法第199条において準用する場合を含む。）の規定による会計帳簿又はこれに関する資料の縦覧等

十　法第129条第3項第1号（法第199条において準用する場合を含む。）の規定による計算書類等又はその写しの縦覧等

十一　法第156条第2項第1号の規定による定款の縦覧等

十二　法第193条第4項第1号の規定による評議員会の議事録又はその写しの縦覧
等

十三　法第194条第3項第1号の規定による同条第2項の書面の縦覧等

十四　法第223条第2項第1号の規定による議事録等の縦覧等

十五　法第223条第4項の規定による議事録等の縦覧等

十六　法第229条第2項第1号の規定による貸借対照表等の縦覧等

十七　法第246条第3項第1号の規定による同条第1項の書面の縦覧等

十八　法第250条第3項第1号の規定による同条第1項の書面の縦覧等

十九　法第253条第3項第1号の規定による同条第1項の書面の縦覧等

二十　法第256条第3項第1号の規定による同条第1項の書面の縦覧等

二十一　法第260条第3項第1号の規定による同条第2項の書面の縦覧等

（縦覧等の方法）

則**第102条**　民間事業者等が、電子文書法第5条第1項の規定に基づき、前条各号に
掲げる縦覧等に代えて当該縦覧等をすべき書面に係る電磁的記録の縦覧等を行う場
合は、民間事業者等の事務所に備え置く電子計算機の映像面に当該縦覧等に係る事
項を表示する方法又は電磁的記録に記録されている当該事項を記載した書面を縦覧
等に供する方法により行わなければならない。

（交付等の指定）

則**第103条**　電子文書法第6条第1項の主務省令で定める交付等は、次に掲げる交付
等とする。

一　法第14条第2項第2号の規定による定款の謄本又は抄本の交付等

二　法第46条第6項の規定による同条第4項の書面の写しの交付等

三　法第86条第7項（法第197条において準用する場合を含む。）の規定による法第
86条第5項（法第197条において準用する場合を含む。）の書面の写しの交付等

四　法第129条第3項第2号（法第199条において準用する場合を含む。）の規定に
よる計算書類等の謄本又は抄本の交付等

五　法第137条第6項の規定による同条第4項の書面の写しの交付等

六　法第156条第2項第2号の規定による定款の謄本又は抄本の交付等

七　法第187条第6項の規定による同条第4項の書面の写しの交付等

八　法第229条第2項第2号の規定による貸借対照表等の謄本又は抄本の交付等

九　法第246条第3項第2号の規定による同条第1項の書面の謄本又は抄本の交付等

十　法第250条第3項第2号の規定による同条第1項の書面の謄本又は抄本の交付等

十一　法第253条第3項第2号の規定による同条第1項の書面の謄本又は抄本の交
付等

十二　法第256条第3項第2号の規定による同条第1項の書面の謄本又は抄本の交付等

十三　法第260条第3項第2号の規定による同条第2項の書面の謄本又は抄本の交付等

（交付等の方法）

則**第104条**　民間事業者等が、電子文書法第6条第1項の規定に基づき、前条各号に掲げる交付等に代えて当該交付等をすべき書面に係る電磁的記録の交付等を行う場合は、次に掲げる方法により行わなければならない。

一　電子情報処理組織を使用する方法のうちイ又はロに掲げるもの

　　イ　民間事業者等の使用に係る電子計算機と交付等の相手方の使用に係る電子計算機とを接続する電気通信回線を通じて送信し、受信者の使用に係る電子計算機に備えられたファイルに記録する方法

　　ロ　民間事業者等の使用に係る電子計算機に備えられたファイルに記録された当該交付等に係る事項を電気通信回線を通じて交付等の相手方の閲覧に供し、当該相手方の使用に係る電子計算機に備えられたファイルに当該事項を記録する方法（電子文書法第6条第1項に規定する方法による交付等を受ける旨の承諾又は受けない旨の申出をする場合にあっては、民間事業者等の使用に係る電子計算機に備えられたファイルにその旨を記録する方法）

二　磁気ディスクその他これに準ずる方法により一定の事項を確実に記録しておくことができる物をもって調製するファイルに当該交付等に係る事項を記録したものを交付する方法

2　前項に掲げる方法は、交付等の相手方がファイルへの記録を出力することにより書面を作成することができるものでなければならない。

（交付等の承諾）

則**第105条**　民間事業者等が行う書面の保存等における情報通信の技術の利用に関する法律施行令（平成17年政令第8号）第2条第1項の規定により示すべき方法の種類及び内容は、次に掲げる事項とする。

一　前条第1項に規定する方法のうち民間事業者等が使用するもの

二　ファイルへの記録の方式

（招集手続の省略）

第40条　前条の規定にかかわらず、社員総会は、社員の全員の同意があるときは、招集の手続を経ることなく開催することができる。ただし、第38条第1項第3号又は第4号に掲げる事項を定めた場合は、この限りでない。

（社員総会参考書類及び議決権行使書面の交付等）

第41条 理事は、第38条第1項第3号に掲げる事項を定めた場合には、第39条第1項の通知に際して、<u>法務省令</u>で定めるところにより、社員に対し、議決権の行使について参考となるべき事項を記載した書類（以下この款において「社員総会参考書類」という。）及び社員が議決権を行使するための書面（以下この款において「議決権行使書面」という。）を交付しなければならない。

2 理事は、第39条第3項の承諾をした社員に対し同項の電磁的方法による通知を発するときは、前項の規定による社員総会参考書類及び議決権行使書面の交付に代えて、これらの書類に記載すべき事項を電磁的方法により提供することができる。ただし、社員の請求があったときは、これらの書類を当該社員に交付しなければならない。

（社員総会参考書類）

則第5条 <u>法第41条第1項</u>又は<u>第42条第1項</u>の規定により交付すべき社員総会参考書類に記載すべき事項は、次に掲げる事項とする。

一 議案

二 理事が提出する議案にあっては、その提案の理由（法第251条第2項に規定する場合における説明すべき内容を含む。）

三 社員が法第45条第1項の規定による請求に際して通知した提案の理由がある場合にあっては、当該提案の理由又はその概要

四 議案につき法第102条の規定により社員総会に報告すべき調査の結果があるときは、その結果の概要

2 社員総会参考書類には、前項に定めるもののほか、社員の議決権の行使について参考となると認める事項を記載することができる。

3 同一の社員総会に関して社員に対して提供する社員総会参考書類に記載すべき事項のうち、他の書面に記載している事項又は電磁的方法により提供する事項がある場合には、これらの事項は、社員に対して提供する社員総会参考書類に記載することを要しない。この場合においては、他の書面に記載している事項又は電磁的方法により提供する事項があることを明らかにしなければならない。

4 同一の社員総会に関して社員に対して提供する招集通知（法第39条第2項又は第3項の規定による通知をいう。以下この章において同じ。）又は法第125条の規定により社員に対して提供する事業報告の内容とすべき事項のうち、社員総会参考書類に記載している事項がある場合には、当該事項は、社員に対して提供する招集通知又は同条の規定により社員に対して提供する事業報告の内容とすることを要しない。

第1章　公益法人制度関係法令

則**第6条**　法第38条第1項第3号及び第4号に掲げる事項を定めた一般社団法人が行った社員総会参考書類の交付（当該交付に代えて行う電磁的方法による提供を含む。）は、<u>法第41条第1項</u>及び<u>第42条第1項</u>の規定による社員総会参考書類の交付とする。

2　理事は、社員総会参考書類に記載すべき事項について、招集通知を発出した日から社員総会の前日までの間に修正をすべき事情が生じた場合における修正後の事項を社員に周知させる方法を当該招集通知と併せて通知することができる。

（議決権行使書面）

則**第7条**　<u>法第41条第1項</u>の規定により交付すべき議決権行使書面（同項に規定する議決権行使書面をいう。以下同じ。）に記載すべき事項又は<u>法第42条第3項</u>若しくは<u>第4項</u>の規定により電磁的方法により提供すべき議決権行使書面に記載すべき事項は、次に掲げる事項とする。

一　各議案についての賛否（棄権の欄を設ける場合にあっては、棄権を含む。）を記載する欄

二　議決権の行使の期限

三　議決権を行使すべき社員の氏名又は名称（法第48条第1項ただし書に規定する場合にあっては、行使することができる議決権の数を含む。）

第42条　理事は、第38条第1項第4号に掲げる事項を定めた場合には、第39条第1項の通知に際して、<u>法務省令</u>で定めるところにより、社員に対し、社員総会参考書類を交付しなければならない。

2　理事は、第39条第3項の承諾をした社員に対し同項の電磁的方法による通知を発するときは、前項の規定による社員総会参考書類の交付に代えて、当該社員総会参考書類に記載すべき事項を電磁的方法により提供することができる。ただし、社員の請求があったときは、社員総会参考書類を当該社員に交付しなければならない。

3　理事は、第1項に規定する場合には、第39条第3項の承諾をした社員に対する同項の電磁的方法による通知に際して、<u>法務省令</u>で定めるところにより、社員に対し、議決権行使書面に記載すべき事項を当該電磁的方法により提供しなければならない。

4　理事は、第1項に規定する場合において、第39条第3項の承諾をしていない社員から社員総会の日の1週間前までに議決権行使書面に記載すべき事項の電磁的方法による提供の請求があったときは、<u>法務省令</u>で定めるところにより、直ちに、当該社員に対し、当該事項を電磁的方法により提供しなければならない。

則**第5条～第7条**参照（31～32頁）。

1. 一般法人法関係法令

（社員提案権）

第43条 社員は、理事に対し、一定の事項を社員総会の目的とすることを請求することができる。

2 前項の規定にかかわらず、理事会設置一般社団法人においては、総社員の議決権の30分の1（これを下回る割合を定款で定めた場合にあっては、その割合）以上の議決権を有する社員に限り、理事に対し、一定の事項を社員総会の目的とすることを請求することができる。この場合において、その請求は、社員総会の日の6週間（これを下回る期間を定款で定めた場合にあっては、その期間）前までにしなければならない。

第44条 社員は、社員総会において、社員総会の目的である事項につき議案を提出することができる。ただし、当該議案が法令若しくは定款に違反する場合又は実質的に同一の議案につき社員総会において総社員の議決権の10分の1（これを下回る割合を定款で定めた場合にあっては、その割合）以上の賛成を得られなかった日から3年を経過していない場合は、この限りでない。

第45条 社員は、理事に対し、社員総会の日の6週間（これを下回る期間を定款で定めた場合にあっては、その期間）前までに、社員総会の目的である事項につき当該社員が提出しようとする議案の要領を社員に通知すること（第39条第2項又は第3項の通知をする場合にあっては、その通知に記載し、又は記録すること）を請求することができる。ただし、理事会設置一般社団法人においては、総社員の議決権の30分の1（これを下回る割合を定款で定めた場合にあっては、その割合）以上の議決権を有する社員に限り、当該請求をすることができる。

2 前項の規定は、同項の議案が法令若しくは定款に違反する場合又は実質的に同一の議案につき社員総会において総社員の議決権の10分の1（これを下回る割合を定款で定めた場合にあっては、その割合）以上の賛成を得られなかった日から3年を経過していない場合には、適用しない。

（社員総会の招集手続等に関する検査役の選任）

第46条 一般社団法人又は総社員の議決権の30分の1（これを下回る割合を定款で定めた場合にあっては、その割合）以上の議決権を有する社員は、社員総会に係る招集の手続及び決議の方法を調査させるため、当該社員総会に先立ち、裁判所に対し、検査役の選任の申立てをすることができる。

2 前項の規定による検査役の選任の申立てがあった場合には、裁判所は、これを不

第1章　公益法人制度関係法令

適法として却下する場合を除き、検査役を選任しなければならない。

3　裁判所は、前項の検査役を選任した場合には、一般社団法人が当該検査役に対して支払う報酬の額を定めることができる。

4　第2項の検査役は、必要な調査を行い、当該調査の結果を記載し、又は記録した書面又は電磁的記録（**法務省令**で定めるものに限る。）を裁判所に提供して報告をしなければならない。

5　裁判所は、前項の報告について、その内容を明瞭にし、又はその根拠を確認するため必要があると認めるときは、第2項の検査役に対し、更に前項の報告を求めることができる。

6　第2項の検査役は、第4項の報告をしたときは、一般社団法人（検査役の選任の申立てをした者が当該一般社団法人でない場合にあっては、当該一般社団法人及びその者）に対し、同項の書面の写しを交付し、又は同項の電磁的記録に記録された事項を**法務省令**で定める方法により提供しなければならない。

（検査役が提供する電磁的記録）

則**第94条**　次に掲げる規定に規定する法務省令で定めるものは、商業登記規則（昭和39年法務省令第23号）第36条第1項に規定する磁気ディスク（電磁的記録に限る。）及び次に掲げる規定により電磁的記録の提供を受ける者が定める電磁的記録とする。

一　**法第46条第4項**

二　**法第86条第5項**（法第197条において準用する場合を含む。）

三　**法第137条第4項**

四　**法第187条第4項**

（検査役による電磁的記録に記録された事項の提供）

則**第95条**　次に掲げる規定（以下この条において「検査役提供規定」という。）に規定する法務省令で定める方法は、電磁的方法のうち、検査役提供規定により当該検査役提供規定の電磁的記録に記録された事項の提供を受ける者が定めるものとする。

一　**法第46条第6項**

二　**法第86条第7項**（法第197条において準用する場合を含む。）

三　**法第137条第6項**

四　**法第187条第6項**

（裁判所による社員総会招集等の決定）

第47条　裁判所は、前条第4項の報告があった場合において、必要があると認めるときは、理事に対し、次に掲げる措置の全部又は一部を命じなければならない。

一　一定の期間内に社員総会を招集すること。

二　前条第4項の調査の結果を社員に通知すること。

2　裁判所が前項第1号に掲げる措置を命じた場合には、理事は、前条第4項の報告の内容を同号の社員総会において開示しなければならない。

3　前項に規定する場合には、理事（監事設置一般社団法人にあっては、理事及び監事）は、前条第4項の報告の内容を調査し、その結果を第1項第1号の社員総会に報告しなければならない。

（議決権の数）

第48条　社員は、各1個の議決権を有する。ただし、定款で別段の定めをすることを妨げない。

2　前項ただし書の規定にかかわらず、社員総会において決議をする事項の全部につき社員が議決権を行使することができない旨の定款の定めは、その効力を有しない。

（社員総会の決議）

第49条　社員総会の決議は、定款に別段の定めがある場合を除き、総社員の議決権の過半数を有する社員が出席し、出席した当該社員の議決権の過半数をもって行う。

2　前項の規定にかかわらず、次に掲げる社員総会の決議は、総社員の半数以上であって、総社員の議決権の3分の2（これを上回る割合を定款で定めた場合にあっては、その割合）以上に当たる多数をもって行わなければならない。

一　第30条第1項の社員総会

二　第70条第1項の社員総会（監事を解任する場合に限る。）

三　第113条第1項の社員総会

四　第146条の社員総会

五　第147条の社員総会

六　第148条第3号及び第150条の社員総会

七　第247条、第251条第1項及び第257条の社員総会

3　理事会設置一般社団法人においては、社員総会は、第38条第1項第2号に掲げる事項以外の事項については、決議をすることができない。ただし、第55条第1項若しくは第2項に規定する者の選任又は第109条第2項の会計監査人の出席を求めることについては、この限りでない。

（議決権の代理行使）

第50条　社員は、代理人によってその議決権を行使することができる。この場合に

おいては、当該社員又は代理人は、代理権を証明する書面を一般社団法人に提出しなければならない。

2　前項の代理権の授与は、社員総会ごとにしなければならない。

3　第1項の社員又は代理人は、代理権を証明する書面の提出に代えて、<u>政令</u>で定めるところにより、一般社団法人の承諾を得て、当該書面に記載すべき事項を電磁的方法により提供することができる。この場合において、当該社員又は代理人は、当該書面を提出したものとみなす。

4　社員が第39条第3項の承諾をした者である場合には、一般社団法人は、正当な理由がなければ、前項の承諾をすることを拒んではならない。

5　一般社団法人は、社員総会の日から3箇月間、代理権を証明する書面及び第3項の電磁的方法により提供された事項が記録された電磁的記録をその主たる事務所に備え置かなければならない。

6　社員は、一般社団法人の業務時間内は、いつでも、次に掲げる請求をすることができる。

一　代理権を証明する書面の閲覧又は謄写の請求

二　前項の電磁的記録に記録された事項を<u>法務省令</u>で定める方法により表示したものの閲覧又は謄写の請求

（書面に記載すべき事項等の電磁的方法による提供の承諾等）

🈔**第2条**　次に掲げる規定に規定する事項を電磁的方法により提供しようとする者（次項において「提供者」という。）は、<u>法務省令</u>で定めるところにより、あらかじめ、当該事項の提供の相手方に対し、その用いる電磁的方法の種類及び内容を示し、書面又は電磁的方法による承諾を得なければならない。

一　<u>法第50条第3項</u>

二　<u>法第52条第1項</u>

三　<u>法第133条第3項</u>

2　前項の規定による承諾を得た提供者は、同項の相手方から書面又は電磁的方法により電磁的方法による事項の提供を受けない旨の申出があったときは、当該相手方に対し、当該事項の提供を電磁的方法によってしてはならない。ただし、当該相手方が再び同項の規定による承諾をした場合は、この限りでない。

🈔**第97条**参照（26頁）。

🈔**第91条**参照（17頁）。

1．一般法人法関係法令

（書面による議決権の行使）

第51条 書面による議決権の行使は、議決権行使書面に必要な事項を記載し、法務省令で定める時までに当該記載をした議決権行使書面を一般社団法人に提出して行う。

2　前項の規定により書面によって行使した議決権の数は、出席した社員の議決権の数に算入する。

3　一般社団法人は、社員総会の日から3箇月間、第1項の規定により提出された議決権行使書面をその主たる事務所に備え置かなければならない。

4　社員は、一般社団法人の業務時間内は、いつでも、第1項の規定により提出された議決権行使書面の閲覧又は謄写の請求をすることができる。

（書面による議決権行使の期限）

則第8条　法第51条第1項に規定する法務省令で定める時は、社員総会の日時の直前の業務時間の終了時（第4条第1号ロに掲げる事項についての定めがある場合にあっては、同号ロの特定の時）とする。

（電磁的方法による議決権の行使）

第52条　電磁的方法による議決権の行使は、政令で定めるところにより、一般社団法人の承諾を得て、法務省令で定める時までに議決権行使書面に記載すべき事項を、電磁的方法により当該一般社団法人に提供して行う。

2　社員が第39条第3項の承諾をした者である場合には、一般社団法人は、正当な理由がなければ、前項の承諾をすることを拒んではならない。

3　第1項の規定により電磁的方法によって行使した議決権の数は、出席した社員の議決権の数に算入する。

4　一般社団法人は、社員総会の日から3箇月間、第1項の規定により提供された事項を記録した電磁的記録をその主たる事務所に備え置かなければならない。

5　社員は、一般社団法人の業務時間内は、いつでも、前項の電磁的記録に記録された事項を法務省令で定める方法により表示したものの閲覧又は謄写の請求をすることができる。

令第2条参照（36頁）。

（電磁的方法による議決権行使の期限）

則第9条　法第52条第1項に規定する法務省令で定める時は、社員総会の日時の直前の業務時間の終了時（第4条第1号ハに掲げる事項についての定めがある場合にあっては、同号ハの特定の時）とする。

第1章　公益法人制度関係法令

則第91条参照（17頁）。

（理事等の説明義務）

第53条　理事（監事設置一般社団法人にあっては、理事及び監事）は、社員総会に
おいて、社員から特定の事項について説明を求められた場合には、当該事項につい
て必要な説明をしなければならない。ただし、当該事項が社員総会の目的である事
項に関しないものである場合、その説明をすることにより社員の共同の利益を著し
く害する場合その他正当な理由がある場合として<u>法務省令</u>で定める場合は、この限
りでない。

（理事等の説明義務）

則**第10条**　<u>法第53条</u>に規定する法務省令で定める場合は、次に掲げる場合とする。

　一　社員が説明を求めた事項について説明をするために調査をすることが必要であ
　　る場合（次に掲げる場合を除く。）

　　イ　当該社員が社員総会の日より相当の期間前に当該事項を一般社団法人に対し
　　　て通知した場合

　　ロ　当該事項について説明をするために必要な調査が著しく容易である場合

　二　社員が説明を求めた事項について説明をすることにより一般社団法人その他の
　　者（当該社員を除く。）の権利を侵害することとなる場合

　三　社員が当該社員総会において実質的に同一の事項について繰り返して説明を求
　　める場合

　四　前3号に掲げる場合のほか、社員が説明を求めた事項について説明をしないこ
　　とにつき正当な理由がある場合

（議長の権限）

第54条　社員総会の議長は、当該社員総会の秩序を維持し、議事を整理する。

2　社員総会の議長は、その命令に従わない者その他当該社員総会の秩序を乱す者を
退場させることができる。

（社員総会に提出された資料等の調査）

第55条　社員総会においては、その決議によって、理事、監事及び会計監査人が当
該社員総会に提出し、又は提供した資料を調査する者を選任することができる。

2　第37条の規定により招集された社員総会においては、その決議によって、一般社
団法人の業務及び財産の状況を調査する者を選任することができる。

（延期又は続行の決議）

第56条　社員総会においてその延期又は続行について決議があった場合には、第38条及び第39条の規定は、適用しない。

（議事録）

第57条　社員総会の議事については、<u>法務省令</u>で定めるところにより、議事録を作成しなければならない。

2　一般社団法人は、社員総会の日から10年間、前項の議事録をその主たる事務所に備え置かなければならない。

3　一般社団法人は、社員総会の日から5年間、第1項の議事録の写しをその従たる事務所に備え置かなければならない。ただし、当該議事録が電磁的記録をもって作成されている場合であって、従たる事務所における次項第2号に掲げる請求に応じることを可能とするための措置として<u>法務省令</u>で定めるものをとっているときは、この限りでない。

4　社員及び債権者は、一般社団法人の業務時間内は、いつでも、次に掲げる請求をすることができる。

一　第1項の議事録が書面をもって作成されているときは、当該書面又は当該書面の写しの閲覧又は謄写の請求

二　第1項の議事録が電磁的記録をもって作成されているときは、当該電磁的記録に記録された事項を<u>法務省令</u>で定める方法により表示したものの閲覧又は謄写の請求

（社員総会の議事録）

則**第11条**　<u>法第57条第1項</u>の規定による社員総会の議事録の作成については、この条の定めるところによる。

2　社員総会の議事録は、書面又は電磁的記録（法第10条第2項に規定する電磁的記録をいう。第6章第4節第2款を除き、以下同じ。）をもって作成しなければならない。

3　社員総会の議事録は、次に掲げる事項を内容とするものでなければならない。

一　社員総会が開催された日時及び場所（当該場所に存しない理事、監事、会計監査人又は社員が社員総会に出席した場合における当該出席の方法を含む。）

二　社員総会の議事の経過の要領及びその結果

三　次に掲げる規定により社員総会において述べられた意見又は発言があるときは、その意見又は発言の内容の概要

イ　法第74条第1項（同条第4項において準用する場合を含む。）

第1章　公益法人制度関係法令

　　ロ　法第74条第2項（同条第4項において準用する場合を含む。）
　　ハ　法第102条
　　ニ　法第105条第3項
　　ホ　法第109条第1項
　　ヘ　法第109条第2項
　四　社員総会に出席した理事、監事又は会計監査人の氏名又は名称
　五　社員総会の議長が存するときは、議長の氏名
　六　議事録の作成に係る職務を行った者の氏名

則**第93条**参照（18頁）。
則**第91条**参照（17頁）。

（社員総会の決議の省略）

第58条　理事又は社員が社員総会の目的である事項について提案をした場合において、当該提案につき社員の全員が書面又は電磁的記録により同意の意思表示をしたときは、当該提案を可決する旨の社員総会の決議があったものとみなす。

2　一般社団法人は、前項の規定により社員総会の決議があったものとみなされた日から10年間、同項の書面又は電磁的記録をその主たる事務所に備え置かなければならない。

3　社員及び債権者は、一般社団法人の業務時間内は、いつでも、次に掲げる請求をすることができる。

一　前項の書面の閲覧又は謄写の請求

二　前項の電磁的記録に記録された事項を<u>法務省令</u>で定める方法により表示したものの閲覧又は謄写の請求

4　第1項の規定により定時社員総会の目的である事項のすべてについての提案を可決する旨の社員総会の決議があったものとみなされた場合には、その時に当該定時社員総会が終結したものとみなす。

則**第11条**

4　次の各号に掲げる場合には、社員総会の議事録は、当該各号に定める事項を内容とするものとする。

一　<u>法第58条第1項</u>の規定により社員総会の決議があったものとみなされた場合　次に掲げる事項

イ　社員総会の決議があったものとみなされた事項の内容

ロ　イの事項の提案をした者の氏名又は名称

ハ　社員総会の決議があったものとみなされた日

40

ニ　議事録の作成に係る職務を行った者の氏名
二　法第59条の規定により社員総会への報告があったものとみなされた場合　次に掲げる事項
イ　社員総会への報告があったものとみなされた事項の内容
ロ　社員総会への報告があったものとみなされた日
ハ　議事録の作成に係る職務を行った者の氏名

則第91条参照（17頁）。

（社員総会への報告の省略）

第59条　理事が社員の全員に対して社員総会に報告すべき事項を通知した場合において、当該事項を社員総会に報告することを要しないことにつき社員の全員が書面又は電磁的記録により同意の意思表示をしたときは、当該事項の社員総会への報告があったものとみなす。

則第11条第4項参照（40頁）。

第2款　社員総会以外の機関の設置

（社員総会以外の機関の設置）

第60条　一般社団法人には、1人又は2人以上の理事を置かなければならない。

2　一般社団法人は、定款の定めによって、理事会、監事又は会計監査人を置くことができる。

（監事の設置義務）

第61条　理事会設置一般社団法人及び会計監査人設置一般社団法人は、監事を置かなければならない。

（会計監査人の設置義務）

第62条　大規模一般社団法人は、会計監査人を置かなければならない。

第3款　役員等の選任及び解任　　　【財団】 読替条文 96頁

（選任）

第63条　役員（理事及び監事をいう。以下この款において同じ。）及び会計監査人は、社員総会の決議によって選任する。

2　前項の決議をする場合には、法務省令で定めるところにより、役員が欠けた場合

第1章　公益法人制度関係法令

又はこの法律若しくは定款で定めた役員の員数を欠くこととなるときに備えて補欠
の役員を選任することができる。

（補欠の役員の選任）

則第12条　**法第63条第2項**の規定による補欠の役員（同条第1項に規定する役員を
いう。以下この条において同じ。）の選任については、この条の定めるところによ
る。

2　法第63条第2項に規定する決議により補欠の役員を選任する場合には、次に掲げ
る事項も併せて決定しなければならない。

一　当該候補者が補欠の役員である旨

二　当該候補者を1人又は2人以上の特定の役員の補欠の役員として選任するとき
は、その旨及び当該特定の役員の氏名

三　同一の役員（2人以上の役員の補欠として選任した場合にあっては、当該2以
上の役員）につき2人以上の補欠の役員を選任するときは、当該補欠の役員相互
間の優先順位

四　補欠の役員について、就任前にその選任の取消しを行う場合があるときは、そ
の旨及び取消しを行うための手続

3　補欠の役員の選任に係る決議が効力を有する期間は、定款に別段の定めがある場
合を除き、当該決議後最初に開催する定時社員総会の開始の時までとする。ただし、
社員総会の決議によってその期間を短縮することを妨げない。

（一般社団法人と役員等との関係）

第64条　一般社団法人と役員及び会計監査人との関係は、委任に関する規定に従う。

（役員の資格等）　　　　　　　　　　　　　【財団】 **読替条文** 96頁

第65条　次に掲げる者は、役員となることができない。

一　法人

二　成年被後見人若しくは被保佐人又は外国の法令上これらと同様に取り扱われて
いる者

三　この法律若しくは会社法（平成17年法律第86号）の規定に違反し、又は民事再
生法（平成11年法律第225号）第255条、第256条、第258条から第260条まで若し
くは第262条の罪、外国倒産処理手続の承認援助に関する法律（平成12年法律第
129号）第65条、第66条、第68条若しくは第69条の罪、会社更生法（平成14年法
律第154号）第266条、第267条、第269条から第271条まで若しくは第273条の罪若

しくは破産法（平成16年法律第75号）第265条、第266条、第268条から第272条まで若しくは第274条の罪を犯し、刑に処せられ、その執行を終わり、又はその執行を受けることがなくなった日から2年を経過しない者

四　前号に規定する法律の規定以外の法令の規定に違反し、禁錮以上の刑に処せられ、その執行を終わるまで又はその執行を受けることがなくなるまでの者（刑の執行猶予中の者を除く。）

2　監事は、一般社団法人又はその子法人の理事又は使用人を兼ねることができない。

3　理事会設置一般社団法人においては、理事は、3人以上でなければならない。

（理事の任期）　【財団】 読替条文 97頁

第66条　理事の任期は、選任後2年以内に終了する事業年度のうち最終のものに関する定時社員総会の終結の時までとする。ただし、定款又は社員総会の決議によって、その任期を短縮することを妨げない。

（監事の任期）　【財団】 読替条文 97頁

第67条　監事の任期は、選任後4年以内に終了する事業年度のうち最終のものに関する定時社員総会の終結の時までとする。ただし、定款によって、その任期を選任後2年以内に終了する事業年度のうち最終のものに関する定時社員総会の終結の時までとすることを限度として短縮することを妨げない。

2　前項の規定は、定款によって、任期の満了前に退任した監事の補欠として選任された監事の任期を退任した監事の任期の満了する時までとすることを妨げない。

3　前2項の規定にかかわらず、監事を置く旨の定款の定めを廃止する定款の変更をした場合には、監事の任期は、当該定款の変更の効力が生じた時に満了する。

（会計監査人の資格等）　【財団】 読替条文 97頁

第68条　会計監査人は、公認会計士（外国公認会計士（公認会計士法（昭和23年法律第103号）第16条の2第5項に規定する外国公認会計士をいう。）を含む。以下同じ。）又は監査法人でなければならない。

2　会計監査人に選任された監査法人は、その社員の中から会計監査人の職務を行うべき者を選定し、これを一般社団法人に通知しなければならない。この場合においては、次項第2号に掲げる者を選定することはできない。

3　次に掲げる者は、会計監査人となることができない。

一　公認会計士法の規定により、第123条第2項に規定する計算書類について監査をすることができない者

第1章　公益法人制度関係法令

二　一般社団法人の子法人若しくはその理事若しくは監事から公認会計士若しくは
　　監査法人の業務以外の業務により継続的な報酬を受けている者又はその配偶者
三　監査法人でその社員の半数以上が前号に掲げる者であるもの

（会計監査人の任期） 【財団】 読替条文 97頁

第69条　会計監査人の任期は、選任後1年以内に終了する事業年度のうち最終のも
のに関する定時社員総会の終結の時までとする。

2　会計監査人は、前項の定時社員総会において別段の決議がされなかったときは、
当該定時社員総会において再任されたものとみなす。

3　前2項の規定にかかわらず、会計監査人設置一般社団法人が会計監査人を置く旨
の定款の定めを廃止する定款の変更をした場合には、会計監査人の任期は、当該定
款の変更の効力が生じた時に満了する。

（解任）

第70条　役員及び会計監査人は、いつでも、社員総会の決議によって解任すること
ができる。

2　前項の規定により解任された者は、その解任について正当な理由がある場合を除
き、一般社団法人に対し、解任によって生じた損害の賠償を請求することができる。

（監事による会計監査人の解任） 【財団】 読替条文 98頁

第71条　監事は、会計監査人が次のいずれかに該当するときは、その会計監査人を
解任することができる。

一　職務上の義務に違反し、又は職務を怠ったとき。

二　会計監査人としてふさわしくない非行があったとき。

三　心身の故障のため、職務の執行に支障があり、又はこれに堪えないとき。

2　前項の規定による解任は、監事が2人以上ある場合には、監事の全員の同意に
よって行わなければならない。

3　第1項の規定により会計監査人を解任したときは、監事（監事が2人以上ある場
合にあっては、監事の互選によって定めた監事）は、その旨及び解任の理由を解任
後最初に招集される社員総会に報告しなければならない。

（監事の選任に関する監事の同意等） 【財団】 読替条文 98頁

第72条　理事は、監事がある場合において、監事の選任に関する議案を社員総会に
提出するには、監事（監事が2人以上ある場合にあっては、その過半数）の同意を

得なければならない。

2　監事は、理事に対し、監事の選任を社員総会の目的とすること又は監事の選任に関する議案を社員総会に提出することを請求することができる。

（会計監査人の選任等に関する議案の内容の決定）　　　【財団】　読替条文 98頁

第73条　監事設置一般社団法人においては、社員総会に提出する会計監査人の選任及び解任並びに会計監査人を再任しないことに関する議案の内容は、監事が決定する。

2　監事が2人以上ある場合における前項の規定の適用については、同項中「監事が」とあるのは、「監事の過半数をもって」とする。

（監事等の選任等についての意見の陳述）　　　【財団】　読替条文 98頁

第74条　監事は、社員総会において、監事の選任若しくは解任又は辞任について意見を述べることができる。

2　監事を辞任した者は、辞任後最初に招集される社員総会に出席して、辞任した旨及びその理由を述べることができる。

3　理事は、前項の者に対し、同項の社員総会を招集する旨及び第38条第1項第1号に掲げる事項を通知しなければならない。

4　第1項の規定は会計監査人について、前2項の規定は会計監査人を辞任した者及び第71条第1項の規定により会計監査人を解任された者について、それぞれ準用する。この場合において、第1項中「社員総会において、監事の選任若しくは解任又は辞任について」とあるのは「会計監査人の選任、解任若しくは不再任又は辞任について、社員総会に出席して」と、第2項中「辞任後」とあるのは「解任後又は辞任後」と、「辞任した旨及びその理由」とあるのは「辞任した旨及びその理由又は解任についての意見」と読み替えるものとする。

（役員等に欠員を生じた場合の措置）　　　【財団】　読替条文 99頁

第75条　役員が欠けた場合又はこの法律若しくは定款で定めた役員の員数が欠けた場合には、任期の満了又は辞任により退任した役員は、新たに選任された役員（次項の一時役員の職務を行うべき者を含む。）が就任するまで、なお役員としての権利義務を有する。

2　前項に規定する場合において、裁判所は、必要があると認めるときは、利害関係人の申立てにより、一時役員の職務を行うべき者を選任することができる。

3　裁判所は、前項の一時役員の職務を行うべき者を選任した場合には、一般社団法

人がその者に対して支払う報酬の額を定めることができる。

4　会計監査人が欠けた場合又は定款で定めた会計監査人の員数が欠けた場合におい
て、遅滞なく会計監査人が選任されないときは、監事は、一時会計監査人の職務を
行うべき者を選任しなければならない。

5　第68条及び第71条の規定は、前項の一時会計監査人の職務を行うべき者について
準用する。

　　　第4款　理　事

（業務の執行）

第76条　理事は、定款に別段の定めがある場合を除き、一般社団法人（理事会設置
一般社団法人を除く。以下この条において同じ。）の業務を執行する。

2　理事が2人以上ある場合には、一般社団法人の業務は、定款に別段の定めがある
場合を除き、理事の過半数をもって決定する。

3　前項の場合には、理事は、次に掲げる事項についての決定を各理事に委任するこ
とができない。

一　従たる事務所の設置、移転及び廃止

二　第38条第1項各号に掲げる事項

三　理事の職務の執行が法令及び定款に適合することを確保するための体制その他
一般社団法人の業務の適正を確保するために必要なものとして**法務省令**で定める
体制の整備

四　第114条第1項の規定による定款の定めに基づく第111条第1項の責任の免除

4　大規模一般社団法人においては、理事は、前項第3号に掲げる事項を決定しなけ
ればならない。

（理事会設置一般社団法人以外の一般社団法人の業務の適正を確保するための体制）

則**第13条**　<u>法第76条第3項第3号</u>に規定する法務省令で定める体制は、次に掲げる
体制とする。

一　理事の職務の執行に係る情報の保存及び管理に関する体制

二　損失の危険の管理に関する規程その他の体制

三　理事の職務の執行が効率的に行われることを確保するための体制

四　使用人の職務の執行が法令及び定款に適合することを確保するための体制

2　理事が2人以上ある一般社団法人である場合には、前項に規定する体制には、業
務の決定が適正に行われることを確保するための体制を含むものとする。

3　監事設置一般社団法人（法第15条第2項第1号に規定する監事設置一般社団法人

をいう。次項において同じ。）以外の一般社団法人である場合には、第1項に規定する
体制には、理事が社員に報告すべき事項の報告をするための体制を含むものとする。

4　監事設置一般社団法人である場合には、第1項に規定する体制には、次に掲げる
体制を含むものとする。

一　監事がその職務を補助すべき使用人を置くことを求めた場合における当該使用
人に関する事項

二　前号の使用人の理事からの独立性に関する事項

三　監事の第1号の使用人に対する指示の実効性の確保に関する事項

四　理事及び使用人が監事に報告をするための体制その他の監事への報告に関する
体制

五　前号の報告をした者が当該報告をしたことを理由として不利な取扱いを受けな
いことを確保するための体制

六　監事の職務の執行について生ずる費用の前払又は償還の手続その他の当該職務
の執行について生ずる費用又は債務の処理に係る方針に関する事項

七　その他監事の監査が実効的に行われることを確保するための体制

（一般社団法人の代表）　【財団】 読替条文 108頁

第77条　理事は、一般社団法人を代表する。ただし、他に代表理事その他一般社団
法人を代表する者を定めた場合は、この限りでない。

2　前項本文の理事が2人以上ある場合には、理事は、各自、一般社団法人を代表する。

3　一般社団法人（理事会設置一般社団法人を除く。）は、定款、定款の定めに基づ
く理事の互選又は社員総会の決議によって、理事の中から代表理事を定めることが
できる。

4　代表理事は、一般社団法人の業務に関する一切の裁判上又は裁判外の行為をする
権限を有する。

5　前項の権限に加えた制限は、善意の第三者に対抗することができない。

（代表者の行為についての損害賠償責任）　【財団】 読替条文 108頁

第78条　一般社団法人は、代表理事その他の代表者がその職務を行うについて第三
者に加えた損害を賠償する責任を負う。

（代表理事に欠員を生じた場合の措置）　【財団】 読替条文 108頁

第79条　代表理事が欠けた場合又は定款で定めた代表理事の員数が欠けた場合には、
任期の満了又は辞任により退任した代表理事は、新たに選定された代表理事（次項

第1章　公益法人制度関係法令

の一時代表理事の職務を行うべき者を含む。）が就任するまで、なお代表理事としての権利義務を有する。

2　前項に規定する場合において、裁判所は、必要があると認めるときは、利害関係人の申立てにより、一時代表理事の職務を行うべき者を選任することができる。

3　裁判所は、前項の一時代表理事の職務を行うべき者を選任した場合には、一般社団法人がその者に対して支払う報酬の額を定めることができる。

（理事の職務を代行する者の権限）　【財団】 読替条文 108頁

第80条　民事保全法（平成元年法律第91号）第56条に規定する仮処分命令により選任された理事又は代表理事の職務を代行する者は、仮処分命令に別段の定めがある場合を除き、一般社団法人の常務に属しない行為をするには、裁判所の許可を得なければならない。

2　前項の規定に違反して行った理事又は代表理事の職務を代行する者の行為は、無効とする。ただし、一般社団法人は、これをもって善意の第三者に対抗することができない。

（一般社団法人と理事との間の訴えにおける法人の代表）

第81条　第77条第4項の規定にかかわらず、一般社団法人が理事（理事であった者を含む。以下この条において同じ。）に対し、又は理事が一般社団法人に対して訴えを提起する場合には、社員総会は、当該訴えについて一般社団法人を代表する者を定めることができる。

（表見代表理事）　【財団】 読替条文 108頁

第82条　一般社団法人は、代表理事以外の理事に理事長その他一般社団法人を代表する権限を有するものと認められる名称を付した場合には、当該理事がした行為について、善意の第三者に対してその責任を負う。

（忠実義務）　【財団】 読替条文 108頁

第83条　理事は、法令及び定款並びに社員総会の決議を遵守し、一般社団法人のため忠実にその職務を行わなければならない。

（競業及び利益相反取引の制限）　【財団】 読替条文 108頁

第84条　理事は、次に掲げる場合には、社員総会において、当該取引につき重要な事実を開示し、その承認を受けなければならない。

一　理事が自己又は第三者のために一般社団法人の事業の部類に属する取引をしようとするとき。

二　理事が自己又は第三者のために一般社団法人と取引をしようとするとき。

三　一般社団法人が理事の債務を保証することその他理事以外の者との間において一般社団法人と当該理事との利益が相反する取引をしようとするとき。

2　民法（明治29年法律第89号）第108条の規定は、前項の承認を受けた同項第2号の取引については、適用しない。

（理事の報告義務）　【財団】 読替条文 109頁

第85条　理事は、一般社団法人に著しい損害を及ぼすおそれのある事実があることを発見したときは、直ちに、当該事実を社員（監事設置一般社団法人にあっては、監事）に報告しなければならない。

（業務の執行に関する検査役の選任）　【財団】 読替条文 109頁

第86条　一般社団法人の業務の執行に関し、不正の行為又は法令若しくは定款に違反する重大な事実があることを疑うに足りる事由があるときは、総社員の議決権の10分の1（これを下回る割合を定款で定めた場合にあっては、その割合）以上の議決権を有する社員は、当該一般社団法人の業務及び財産の状況を調査させるため、裁判所に対し、検査役の選任の申立てをすることができる。

2　前項の申立てがあった場合には、裁判所は、これを不適法として却下する場合を除き、検査役を選任しなければならない。

3　裁判所は、前項の検査役を選任した場合には、一般社団法人が当該検査役に対して支払う報酬の額を定めることができる。

4　第2項の検査役は、その職務を行うため必要があるときは、一般社団法人の子法人の業務及び財産の状況を調査することができる。

5　第2項の検査役は、必要な調査を行い、当該調査の結果を記載し、又は記録した書面又は電磁的記録（法務省令で定めるものに限る。）を裁判所に提供して報告をしなければならない。

6　裁判所は、前項の報告について、その内容を明瞭にし、又はその根拠を確認するため必要があると認めるときは、第2項の検査役に対し、更に前項の報告を求めることができる。

7　第2項の検査役は、第5項の報告をしたときは、一般社団法人及び検査役の選任の申立てをした社員に対し、同項の書面の写しを交付し、又は同項の電磁的記録に記録された事項を法務省令で定める方法により提供しなければならない。

第1章　公益法人制度関係法令

則第94条参照（34頁）。

則第95条参照（34頁）。

（裁判所による社員総会招集等の決定）　【財団】 読替条文 109頁

第87条　裁判所は、前条第5項の報告があった場合において、必要があると認める
　　ときは、理事に対し、次に掲げる措置の全部又は一部を命じなければならない。

　一　一定の期間内に社員総会を招集すること。

　二　前条第5項の調査の結果を社員に通知すること。

2　裁判所が前項第1号に掲げる措置を命じた場合には、理事は、前条第5項の報告
　　の内容を同号の社員総会において開示しなければならない。

3　前項に規定する場合には、理事（監事設置一般社団法人にあっては、理事及び監
　　事）は、前条第5項の報告の内容を調査し、その結果を第1項第1号の社員総会に
　　報告しなければならない。

（社員による理事の行為の差止め）　【財団】 読替条文 110頁

第88条　社員は、理事が一般社団法人の目的の範囲外の行為その他法令若しくは定
　　款に違反する行為をし、又はこれらの行為をするおそれがある場合において、当該
　　行為によって当該一般社団法人に著しい損害が生ずるおそれがあるときは、当該理
　　事に対し、当該行為をやめることを請求することができる。

2　監事設置一般社団法人における前項の規定の適用については、同項中「著しい損
　　害」とあるのは、「回復することができない損害」とする。

（理事の報酬等）　【財団】 読替条文 110頁

第89条　理事の報酬等（報酬、賞与その他の職務執行の対価として一般社団法人等
　　から受ける財産上の利益をいう。以下同じ。）は、定款にその額を定めていないと
　　きは、社員総会の決議によって定める。

第5款　理事会　【財団】 読替条文 110頁

（理事会の権限等）

第90条　理事会は、すべての理事で組織する。

2　理事会は、次に掲げる職務を行う。

　一　理事会設置一般社団法人の業務執行の決定

　二　理事の職務の執行の監督

50

三　代表理事の選定及び解職

3　理事会は、理事の中から代表理事を選定しなければならない。

4　理事会は、次に掲げる事項その他の重要な業務執行の決定を理事に委任することができない。

一　重要な財産の処分及び譲受け

二　多額の借財

三　重要な使用人の選任及び解任

四　従たる事務所その他の重要な組織の設置、変更及び廃止

五　理事の職務の執行が法令及び定款に適合することを確保するための体制その他一般社団法人の業務の適正を確保するために必要なものとして<u>法務省令</u>で定める体制の整備

六　第114条第1項の規定による定款の定めに基づく第111条第1項の責任の免除

5　大規模一般社団法人である理事会設置一般社団法人においては、理事会は、前項第5号に掲げる事項を決定しなければならない。

（理事会設置一般社団法人の業務の適正を確保するための体制）

則第14条　<u>法第90条第4項第5号</u>に規定する法務省令で定める体制は、次に掲げる体制とする。

一　理事の職務の執行に係る情報の保存及び管理に関する体制

二　損失の危険の管理に関する規程その他の体制

三　理事の職務の執行が効率的に行われることを確保するための体制

四　使用人の職務の執行が法令及び定款に適合することを確保するための体制

五　監事がその職務を補助すべき使用人を置くことを求めた場合における当該使用人に関する事項

六　前号の使用人の理事からの独立性に関する事項

七　監事の第5号の使用人に対する指示の実効性の確保に関する事項

八　理事及び使用人が監事に報告をするための体制その他の監事への報告に関する体制

九　前号の報告をした者が当該報告をしたことを理由として不利な取扱いを受けないことを確保するための体制

十　監事の職務の執行について生ずる費用の前払又は償還の手続その他の当該職務の執行について生ずる費用又は債務の処理に係る方針に関する事項

十一　その他監事の監査が実効的に行われることを確保するための体制

第1章 公益法人制度関係法令

（理事会設置一般社団法人の理事の権限）　【財団】 読替条文 111頁

第91条　次に掲げる理事は、理事会設置一般社団法人の業務を執行する。

一　代表理事

二　代表理事以外の理事であって、理事会の決議によって理事会設置一般社団法人
　の業務を執行する理事として選定されたもの

2　前項各号に掲げる理事は、3箇月に1回以上、自己の職務の執行の状況を理事会
　に報告しなければならない。ただし、定款で毎事業年度に4箇月を超える間隔で2
　回以上その報告をしなければならない旨を定めた場合は、この限りでない。

（競業及び理事会設置一般社団法人との取引等の制限）　【財団】 読替条文 111頁

第92条　理事会設置一般社団法人における第84条の規定の適用については、同条第
　1項中「社員総会」とあるのは、「理事会」とする。

2　理事会設置一般社団法人においては、第84条第1項各号の取引をした理事は、当
　該取引後、遅滞なく、当該取引についての重要な事実を理事会に報告しなければな
　らない。

（招集権者）　【財団】 読替条文 111頁

第93条　理事会は、各理事が招集する。ただし、理事会を招集する理事を定款又は
　理事会で定めたときは、その理事が招集する。

2　前項ただし書に規定する場合には、同項ただし書の規定により定められた理事
　（以下この項及び第101条第2項において「招集権者」という。）以外の理事は、招
　集権者に対し、理事会の目的である事項を示して、理事会の招集を請求することが
　できる。

3　前項の規定による請求があった日から5日以内に、その請求があった日から2週
　間以内の日を理事会の日とする理事会の招集の通知が発せられない場合には、その
　請求をした理事は、理事会を招集することができる。

（招集手続）　【財団】 読替条文 111頁

第94条　理事会を招集する者は、理事会の日の1週間（これを下回る期間を定款で
　定めた場合にあっては、その期間）前までに、各理事及び各監事に対してその通知
　を発しなければならない。

2　前項の規定にかかわらず、理事会は、理事及び監事の全員の同意があるときは、
　招集の手続を経ることなく開催することができる。

（理事会の決議）

【財団】 読替条文 111頁

第95条 理事会の決議は、議決に加わることができる理事の過半数（これを上回る割合を定款で定めた場合にあっては、その割合以上）が出席し、その過半数（これを上回る割合を定款で定めた場合にあっては、その割合以上）をもって行う。

2 前項の決議について特別の利害関係を有する理事は、議決に加わることができない。

3 理事会の議事については、<u>法務省令</u>で定めるところにより、議事録を作成し、議事録が書面をもって作成されているときは、出席した理事（定款で議事録に署名し、又は記名押印しなければならない者を当該理事会に出席した代表理事とする旨の定めがある場合にあっては、当該代表理事）及び監事は、これに署名し、又は記名押印しなければならない。

4 前項の議事録が電磁的記録をもって作成されている場合における当該電磁的記録に記録された事項については、<u>法務省令</u>で定める署名又は記名押印に代わる措置をとらなければならない。

5 理事会の決議に参加した理事であって第3項の議事録に異議をとどめないものは、その決議に賛成したものと推定する。

（理事会の議事録）

則第15条 <u>法第95条第3項</u>の規定による理事会の議事録の作成については、この条の定めるところによる。

2 理事会の議事録は、書面又は電磁的記録をもって作成しなければならない。

3 理事会の議事録は、次に掲げる事項を内容とするものでなければならない。

一 理事会が開催された日時及び場所（当該場所に存しない理事、監事又は会計監査人が理事会に出席した場合における当該出席の方法を含む。）

二 理事会が次に掲げるいずれかのものに該当するときは、その旨

イ 法第93条第2項の規定による理事の請求を受けて招集されたもの

ロ 法第93条第3項の規定により理事が招集したもの

ハ 法第101条第2項の規定による監事の請求を受けて招集されたもの

ニ 法第101条第3項の規定により監事が招集したもの

三 理事会の議事の経過の要領及びその結果

四 決議を要する事項について特別の利害関係を有する理事があるときは、当該理事の氏名

五 次に掲げる規定により理事会において述べられた意見又は発言があるときは、その意見又は発言の内容の概要

イ 法第92条第2項

第1章　公益法人制度関係法令

　　　ロ　法第100条

　　　ハ　法第101条第１項

　　六　法第95条第３項の定款の定めがあるときは、代表理事（法第21条第１項に規定
　　　する代表理事をいう。第19条第２号ロにおいて同じ。）以外の理事であって、理
　　　事会に出席したものの氏名

　　七　理事会に出席した会計監査人の氏名又は名称

　　八　理事会の議長が存するときは、議長の氏名

４　次の各号に掲げる場合には、理事会の議事録は、当該各号に定める事項を内容と
　するものとする。

　　一　法第96条の規定により理事会の決議があったものとみなされた場合　次に掲げ
　　　る事項

　　　イ　理事会の決議があったものとみなされた事項の内容

　　　ロ　イの事項の提案をした理事の氏名

　　　ハ　理事会の決議があったものとみなされた日

　　　ニ　議事録の作成に係る職務を行った理事の氏名

　　二　法第98条第１項の規定により理事会への報告を要しないものとされた場合　次
　　　に掲げる事項

　　　イ　理事会への報告を要しないものとされた事項の内容

　　　ロ　理事会への報告を要しないものとされた日

　　　ハ　議事録の作成に係る職務を行った理事の氏名

則 **第90条**参照（15頁）。

（理事会の決議の省略）　　　　　　　　　　　　　　【財団】 読替条文 112頁

第96条　理事会設置一般社団法人は、理事が理事会の決議の目的である事項について
　提案をした場合において、当該提案につき理事（当該事項について議決に加わるこ
　とができるものに限る。）の全員が書面又は電磁的記録により同意の意思表示をし
　たとき（監事が当該提案について異議を述べたときを除く。）は、当該提案を可決
　する旨の理事会の決議があったものとみなす旨を定款で定めることができる。

（議事録等）　　　　　　　　　　　　　　　　　　【財団】 読替条文 112頁

第97条　理事会設置一般社団法人は、理事会の日（前条の規定により理事会の決議が
　あったものとみなされた日を含む。）から10年間、第95条第３項の議事録又は前条の
　意思表示を記載し、若しくは記録した書面若しくは電磁的記録（以下この条におい
　て「議事録等」という。）をその主たる事務所に備え置かなければならない。

1．一般法人法関係法令

2　社員は、その権利を行使するため必要があるときは、裁判所の許可を得て、次に掲げる請求をすることができる。

一　前項の議事録等が書面をもって作成されているときは、当該書面の閲覧又は謄写の請求

二　前項の議事録等が電磁的記録をもって作成されているときは、当該電磁的記録に記録された事項を<u>法務省令</u>で定める方法により表示したものの閲覧又は謄写の請求

3　債権者は、理事又は監事の責任を追及するため必要があるときは、裁判所の許可を得て、第1項の議事録等について前項各号に掲げる請求をすることができる。

4　裁判所は、前2項の請求に係る閲覧又は謄写をすることにより、当該理事会設置一般社団法人に著しい損害を及ぼすおそれがあると認めるときは、前2項の許可をすることができない。

則**第91条**参照（17頁）。

（理事会への報告の省略）　　　　　　　　　　　　【財団】 読替条文 113頁

第98条　理事、監事又は会計監査人が理事及び監事の全員に対して理事会に報告すべき事項を通知したときは、当該事項を理事会へ報告することを要しない。

2　前項の規定は、第91条第2項の規定による報告については、適用しない。

第6款　監　事　　　　　　　　　　　　　　　　【財団】 読替条文 113頁

（監事の権限）

第99条　監事は、理事の職務の執行を監査する。この場合において、監事は、<u>法務省令</u>で定めるところにより、監査報告を作成しなければならない。

2　監事は、いつでも、理事及び使用人に対して事業の報告を求め、又は監事設置一般社団法人の業務及び財産の状況の調査をすることができる。

3　監事は、その職務を行うため必要があるときは、監事設置一般社団法人の子法人に対して事業の報告を求め、又はその子法人の業務及び財産の状況の調査をすることができる。

4　前項の子法人は、正当な理由があるときは、同項の報告又は調査を拒むことができる。

（監査報告の作成）

則**第16条**　<u>法第99条第1項</u>の規定により法務省令で定める事項については、この条の定めるところによる。

55

2 監事は、その職務を適切に遂行するため、次に掲げる者との意思疎通を図り、情報の収集及び監査の環境の整備に努めなければならない。この場合において、理事又は理事会は、監事の職務の執行のための必要な体制の整備に留意しなければならない。

一 当該一般社団法人の理事及び使用人

二 当該一般社団法人の子法人の理事、取締役、会計参与、執行役、業務を執行する社員、会社法第598条第1項の職務を行うべき者その他これらの者に相当する者及び使用人

三 その他監事が適切に職務を遂行するに当たり意思疎通を図るべき者

3 前項の規定は、監事が公正不偏の態度及び独立の立場を保持することができなくなるおそれのある関係の創設及び維持を認めるものと解してはならない。

4 監事は、その職務の遂行に当たり、必要に応じ、当該一般社団法人の他の監事、当該一般社団法人の子法人の監事、監査役その他これらの者に相当する者との意思疎通及び情報の交換を図るよう努めなければならない。

（理事への報告義務） 【財団】 読替条文 113頁

第100条 監事は、理事が不正の行為をし、若しくは当該行為をするおそれがあると認めるとき、又は法令若しくは定款に違反する事実若しくは著しく不当な事実があると認めるときは、遅滞なく、その旨を理事（理事会設置一般社団法人にあっては、理事会）に報告しなければならない。

（理事会への出席義務等） 【財団】 読替条文 113頁

第101条 監事は、理事会に出席し、必要があると認めるときは、意見を述べなければならない。

2 監事は、前条に規定する場合において、必要があると認めるときは、理事（第93条第1項ただし書に規定する場合にあっては、招集権者）に対し、理事会の招集を請求することができる。

3 前項の規定による請求があった日から5日以内に、その請求があった日から2週間以内の日を理事会の日とする理事会の招集の通知が発せられない場合は、その請求をした監事は、理事会を招集することができる。

（社員総会に対する報告義務） 【財団】 読替条文 113頁

第102条 監事は、理事が社員総会に提出しようとする議案、書類その他法務省令で定めるものを調査しなければならない。この場合において、法令若しくは定款に違

1. 一般法人法関係法令

反し、又は著しく不当な事項があると認めるときは、その調査の結果を社員総会に報告しなければならない。

（監事の調査の対象）
則第17条　法第102条に規定する法務省令で定めるものは、電磁的記録その他の資料とする。

（監事による理事の行為の差止め）　【財団】読替条文 114頁
第103条　監事は、理事が監事設置一般社団法人の目的の範囲外の行為その他法令若しくは定款に違反する行為をし、又はこれらの行為をするおそれがある場合において、当該行為によって当該監事設置一般社団法人に著しい損害が生ずるおそれがあるときは、当該理事に対し、当該行為をやめることを請求することができる。
2　前項の場合において、裁判所が仮処分をもって同項の理事に対し、その行為をやめることを命ずるときは、担保を立てさせないものとする。

（監事設置一般社団法人と理事との間の訴えにおける法人の代表）　【財団】読替条文 114頁
第104条　第77条第4項及び第81条の規定にかかわらず、監事設置一般社団法人が理事（理事であった者を含む。以下この条において同じ。）に対し、又は理事が監事設置一般社団法人に対して訴えを提起する場合には、当該訴えについては、監事が監事設置一般社団法人を代表する。
2　第77条第4項の規定にかかわらず、次に掲げる場合には、監事が監事設置一般社団法人を代表する。
　一　監事設置一般社団法人が第278条第1項の訴えの提起の請求（理事の責任を追及する訴えの提起の請求に限る。）を受ける場合
　二　監事設置一般社団法人が第280条第3項の訴訟告知（理事の責任を追及する訴えに係るものに限る。）並びに第281条第2項の規定による通知及び催告（理事の責任を追及する訴えに係る訴訟における和解に関するものに限る。）を受ける場合

（監事の報酬等）　【財団】読替条文 114頁
第105条　監事の報酬等は、定款にその額を定めていないときは、社員総会の決議によって定める。
2　監事が2人以上ある場合において、各監事の報酬等について定款の定め又は社員総会の決議がないときは、当該報酬等は、前項の報酬等の範囲内において、監事の

第1章　公益法人制度関係法令

協議によって定める。

3　監事は、社員総会において、監事の報酬等について意見を述べることができる。

（費用等の請求）　　　　　　　　　　　　　　　　　　　【財団】 読替条文 114頁

第106条　監事がその職務の執行について監事設置一般社団法人に対して次に掲げる請求をしたときは、当該監事設置一般社団法人は、当該請求に係る費用又は債務が当該監事の職務の執行に必要でないことを証明した場合を除き、これを拒むことができない。

一　費用の前払の請求

二　支出した費用及び支出の日以後におけるその利息の償還の請求

三　負担した債務の債権者に対する弁済（当該債務が弁済期にない場合にあっては、相当の担保の提供）の請求

第7款　会計監査人　　　　　　　　　　　【財団】 読替条文 114頁

（会計監査人の権限等）

第107条　会計監査人は、次節の定めるところにより、一般社団法人の計算書類（第123条第2項に規定する計算書類をいう。第117条第2項第1号イにおいて同じ。）及びその附属明細書を監査する。この場合において、会計監査人は、法務省令で定めるところにより、会計監査報告を作成しなければならない。

2　会計監査人は、いつでも、次に掲げるものの閲覧及び謄写をし、又は理事及び使用人に対し、会計に関する報告を求めることができる。

一　会計帳簿又はこれに関する資料が書面をもって作成されているときは、当該書面

二　会計帳簿又はこれに関する資料が電磁的記録をもって作成されているときは、当該電磁的記録に記録された事項を法務省令で定める方法により表示したもの

3　会計監査人は、その職務を行うため必要があるときは、会計監査人設置一般社団法人の子法人に対して会計に関する報告を求め、又は会計監査人設置一般社団法人若しくはその子法人の業務及び財産の状況の調査をすることができる。

4　前項の子法人は、正当な理由があるときは、同項の報告又は調査を拒むことができる。

5　会計監査人は、その職務を行うに当たっては、次のいずれかに該当する者を使用してはならない。

一　第68条第3項第1号又は第2号に掲げる者

58

1．一般法人法関係法令

二　会計監査人設置一般社団法人又はその子法人の理事、監事又は使用人である者

三　会計監査人設置一般社団法人又はその子法人から公認会計士又は監査法人の業務以外の業務により継続的な報酬を受けている者

（会計監査報告の作成）

則**第18条**　法第107条第1項の規定により法務省令で定める事項については、この条の定めるところによる。

2　会計監査人は、その職務を適切に遂行するため、次に掲げる者との意思疎通を図り、情報の収集及び監査の環境の整備に努めなければならない。ただし、会計監査人が公正不偏の態度及び独立の立場を保持することができなくなるおそれのある関係の創設及び維持を認めるものと解してはならない。

一　当該一般社団法人の理事及び使用人

二　当該一般社団法人の子法人の理事、取締役、会計参与、執行役、業務を執行する社員、会社法第598条第1項の職務を行うべき者その他これらの者に相当する者及び使用人

三　その他会計監査人が適切に職務を遂行するに当たり意思疎通を図るべき者

則**第91条**参照（17頁）。

（監事に対する報告）　【財団】 読替条文 115頁

第108条　会計監査人は、その職務を行うに際して理事の職務の執行に関し不正の行為又は法令若しくは定款に違反する重大な事実があることを発見したときは、遅滞なく、これを監事に報告しなければならない。

2　監事は、その職務を行うため必要があるときは、会計監査人に対し、その監査に関する報告を求めることができる。

（定時社員総会における会計監査人の意見の陳述）　【財団】 読替条文 115頁

第109条　第107条第1項に規定する書類が法令又は定款に適合するかどうかについて会計監査人が監事と意見を異にするときは、会計監査人（会計監査人が監査法人である場合にあっては、その職務を行うべき社員。次項において同じ。）は、定時社員総会に出席して意見を述べることができる。

2　定時社員総会において会計監査人の出席を求める決議があったときは、会計監査人は、定時社員総会に出席して意見を述べなければならない。

第1章　公益法人制度関係法令

（会計監査人の報酬等の決定に関する監事の関与）　【財団】 読替条文 115頁

第110条　理事は、会計監査人又は一時会計監査人の職務を行うべき者の報酬等を定める場合には、監事（監事が２人以上ある場合にあっては、その過半数）の同意を得なければならない。

第8款　役員等の損害賠償責任　【財団】 読替条文 117頁

（役員等の一般社団法人に対する損害賠償責任）

第111条　理事、監事又は会計監査人（以下この款及び第301条第２項第11号において「役員等」という。）は、その任務を怠ったときは、一般社団法人に対し、これによって生じた損害を賠償する責任を負う。

2　理事が第84条第１項の規定に違反して同項第１号の取引をしたときは、当該取引によって理事又は第三者が得た利益の額は、前項の損害の額と推定する。

3　第84条第１項第２号又は第３号の取引によって一般社団法人に損害が生じたときは、次に掲げる理事は、その任務を怠ったものと推定する。

一　第84条第１項の理事

二　一般社団法人が当該取引をすることを決定した理事

三　当該取引に関する理事会の承認の決議に賛成した理事

（一般社団法人に対する損害賠償責任の免除）　【財団】 読替条文 117頁

第112条　前条第１項の責任は、総社員の同意がなければ、免除することができない。

（責任の一部免除）　【財団】 読替条文 117頁

第113条　前条の規定にかかわらず、役員等の第111条第１項の責任は、当該役員等が職務を行うにつき善意でかつ重大な過失がないときは、第１号に掲げる額から第２号に掲げる額（第115条第１項において「最低責任限度額」という。）を控除して得た額を限度として、社員総会の決議によって免除することができる。

一　賠償の責任を負う額

二　当該役員等がその在職中に一般社団法人から職務執行の対価として受け、又は受けるべき財産上の利益の１年間当たりの額に相当する額として**法務省令**で定める方法により算定される額に、次のイからハまでに掲げる役員等の区分に応じ、当該イからハまでに定める数を乗じて得た額

イ　代表理事　6

ロ　代表理事以外の理事であって、次に掲げるもの　4

60

(1) 理事会の決議によって一般社団法人の業務を執行する理事として選定されたもの

(2) 当該一般社団法人の業務を執行した理事（(1)に掲げる理事を除く。）

(3) 当該一般社団法人の使用人

ハ　理事（イ及びロに掲げるものを除く。）、監事又は会計監査人　2

2　前項の場合には、理事は、同項の社員総会において次に掲げる事項を開示しなければならない。

一　責任の原因となった事実及び賠償の責任を負う額

二　前項の規定により免除することができる額の限度及びその算定の根拠

三　責任を免除すべき理由及び免除額

3　監事設置一般社団法人においては、理事は、第111条第1項の責任の免除（理事の責任の免除に限る。）に関する議案を社員総会に提出するには、監事（監事が2人以上ある場合にあっては、各監事）の同意を得なければならない。

4　第1項の決議があった場合において、一般社団法人が当該決議後に同項の役員等に対し退職慰労金その他の**法務省令**で定める財産上の利益を与えるときは、社員総会の承認を受けなければならない。

（報酬等の額の算定方法）

則第19条　**法第113条第1項第2号**に規定する法務省令で定める方法により算定される額は、次に掲げる額の合計額とする。

一　役員等がその在職中に報酬、賞与その他の職務執行の対価（当該役員等が当該一般社団法人の使用人を兼ねている場合における当該使用人の報酬、賞与その他の職務執行の対価を含む。）として一般社団法人から受け、又は受けるべき財産上の利益（次号に定めるものを除く。）の額の事業年度（次のイからハまでに掲げる場合の区分に応じ、当該イからハまでに定める日を含む事業年度及びその前の各事業年度に限る。）ごとの合計額（当該事業年度の期間が1年でない場合にあっては、当該合計額を1年当たりの額に換算した額）のうち最も高い額

イ　法第113条第1項の社員総会の決議を行った場合　当該社員総会の決議の日

ロ　法第114条第1項の規定による定款の定めに基づいて責任を免除する旨の同意（理事会設置一般社団法人（法第16条第1項に規定する理事会設置一般社団法人をいう。）にあっては、理事会の決議。ロにおいて同じ。）を行った場合　当該同意のあった日

ハ　法第115条第1項の契約を締結した場合　責任の原因となる事実が生じた日（2以上の日がある場合にあっては、最も遅い日）

二　イに掲げる額をロに掲げる数で除して得た額

イ　次に掲げる額の合計額

(1)　当該役員等が当該一般社団法人から受けた退職慰労金の額

(2)　当該役員等が当該一般社団法人の使用人を兼ねていた場合における当該使用人としての退職手当のうち当該役員等を兼ねていた期間の職務執行の対価である部分の額

(3)　(1)又は(2)に掲げるものの性質を有する財産上の利益の額

ロ　当該役員等がその職に就いていた年数（当該役員等が次に掲げるものに該当する場合における次に定める数が当該年数を超えている場合にあっては、当該数）

(1)　代表理事　6

(2)　代表理事以外の理事であって、次に掲げるもの　4

(i)　理事会の決議によって一般社団法人の業務を執行する理事として選定されたもの

(ii)　当該一般社団法人の業務を執行した理事（(i)に掲げる理事を除く。）

(iii)　当該一般社団法人の使用人

(3)　理事（(1)及び(2)に掲げるものを除く。）、監事又は会計監査人　2

（責任の免除の決議後に受ける退職慰労金等）

規**第20条**　法第113条第4項（法第114条第5項及び第115条第5項において準用する場合を含む。）に規定する法務省令で定める財産上の利益とは、次に掲げるものとする。

一　退職慰労金

二　当該役員等が当該一般社団法人の使用人を兼ねていたときは、当該使用人としての退職手当のうち当該役員等を兼ねていた期間の職務執行の対価である部分

三　前2号に掲げるものの性質を有する財産上の利益

（理事等による免除に関する定款の定め）　　【財団】 読替条文 118頁

第114条　第112条の規定にかかわらず、監事設置一般社団法人（理事が2人以上ある場合に限る。）は、第111条第1項の責任について、役員等が職務を行うにつき善意でかつ重大な過失がない場合において、責任の原因となった事実の内容、当該役員等の職務の執行の状況その他の事情を勘案して特に必要と認めるときは、前条第1項の規定により免除することができる額を限度として理事（当該責任を負う理事を除く。）の過半数の同意（理事会設置一般社団法人にあっては、理事会の決議）によって免除することができる旨を定款で定めることができる。

2　前条第3項の規定は、定款を変更して前項の規定による定款の定め（理事の責任

を免除することができる旨の定めに限る。）を設ける議案を社員総会に提出する場合、同項の規定による定款の定めに基づく責任の免除（理事の責任の免除に限る。）についての理事の同意を得る場合及び当該責任の免除に関する議案を理事会に提出する場合について準用する。

3　第1項の規定による定款の定めに基づいて役員等の責任を免除する旨の同意（理事会設置一般社団法人にあっては、理事会の決議）を行ったときは、理事は、遅滞なく、前条第2項各号に掲げる事項及び責任を免除することに異議がある場合には一定の期間内に当該異議を述べるべき旨を社員に通知しなければならない。ただし、当該期間は、1箇月を下ることができない。

4　総社員（前項の責任を負う役員等であるものを除く。）の議決権の10分の1（これを下回る割合を定款で定めた場合にあっては、その割合）以上の議決権を有する社員が同項の期間内に同項の異議を述べたときは、一般社団法人は、第1項の規定による定款の定めに基づく免除をしてはならない。

5　前条第4項の規定は、第1項の規定による定款の定めに基づき責任を免除した場合について準用する。

（責任限定契約）

【財団】【読替条文】119頁

第115条　第112条の規定にかかわらず、一般社団法人は、理事（業務執行理事（代表理事、代表理事以外の理事であって理事会の決議によって一般社団法人の業務を執行する理事として選定されたもの及び当該一般社団法人の業務を執行したその他の理事をいう。次項及び第141条第3項において同じ。）又は当該一般社団法人の使用人でないものに限る。）、監事又は会計監査人（以下この条及び第301条第2項第12号において「非業務執行理事等」という。）の第111条第1項の責任について、当該非業務執行理事等が職務を行うにつき善意でかつ重大な過失がないときは、定款で定めた額の範囲内であらかじめ一般社団法人が定めた額と最低責任限度額とのいずれか高い額を限度とする旨の契約を非業務執行理事等と締結することができる旨を定款で定めることができる。

2　前項の契約を締結した非業務執行理事等が当該一般社団法人の業務執行理事又は使用人に就任したときは、当該契約は、将来に向かってその効力を失う。

3　第113条第3項の規定は、定款を変更して第1項の規定による定款の定め（同項に規定する理事と契約を締結することができる旨の定めに限る。）を設ける議案を社員総会に提出する場合について準用する。

4　第1項の契約を締結した一般社団法人が、当該契約の相手方である非業務執行理事等が任務を怠ったことにより損害を受けたことを知ったときは、その後最初に招

集される社員総会において次に掲げる事項を開示しなければならない。

一　第113条第2項第1号及び第2号に掲げる事項

二　当該契約の内容及び当該契約を締結した理由

三　第111条第1項の損害のうち、当該非業務執行理事等が賠償する責任を負わないとされた額

5　第113条第4項の規定は、非業務執行理事等が第1項の契約によって同項に規定する限度を超える部分について損害を賠償する責任を負わないとされた場合について準用する。

（理事が自己のためにした取引に関する特則） 【財団】 読替条文 119頁

第116条　第84条第1項第2号の取引（自己のためにした取引に限る。）をした理事の第111条第1項の責任は、任務を怠ったことが当該理事の責めに帰することができない事由によるものであることをもって免れることができない。

2　前3条の規定は、前項の責任については、適用しない。

（役員等の第三者に対する損害賠償責任） 【財団】 読替条文 120頁

第117条　役員等がその職務を行うについて悪意又は重大な過失があったときは、当該役員等は、これによって第三者に生じた損害を賠償する責任を負う。

2　次の各号に掲げる者が、当該各号に定める行為をしたときも、前項と同様とする。ただし、その者が当該行為をすることについて注意を怠らなかったことを証明したときは、この限りでない。

一　理事　次に掲げる行為

　イ　計算書類及び事業報告並びにこれらの附属明細書に記載し、又は記録すべき重要な事項についての虚偽の記載又は記録

　ロ　基金（第131条に規定する基金をいう。）を引き受ける者の募集をする際に通知しなければならない重要な事項についての虚偽の通知又は当該募集のための当該一般社団法人の事業その他の事項に関する説明に用いた資料についての虚偽の記載若しくは記録

　ハ　虚偽の登記

　ニ　虚偽の公告（第128条第3項に規定する措置を含む。）

二　監事　監査報告に記載し、又は記録すべき重要な事項についての虚偽の記載又は記録

三　会計監査人　会計監査報告に記載し、又は記録すべき重要な事項についての虚偽の記載又は記録

（役員等の連帯責任）

【財団】 **読替条文** 120頁

第118条　役員等が一般社団法人又は第三者に生じた損害を賠償する責任を負う場合において、他の役員等も当該損害を賠償する責任を負うときは、これらの者は、連帯債務者とする。

【財団】 **読替条文** 121頁

第4節　計　算

第1款　会計の原則

第119条　一般社団法人の会計は、その行う事業に応じて、一般に公正妥当と認められる会計の慣行に従うものとする。

則第21条　この節の用語の解釈及び規定の適用に関しては、一般に公正妥当と認められる会計の基準その他の会計の慣行をしん酌しなければならない。

第2款　会計帳簿

【財団】 **読替条文** 121頁

（会計帳簿の作成及び保存）

第120条　一般社団法人は、<u>法務省令</u>で定めるところにより、適時に、正確な会計帳簿を作成しなければならない。

2　一般社団法人は、会計帳簿の閉鎖の時から10年間、その会計帳簿及びその事業に関する重要な資料を保存しなければならない。

（会計帳簿の作成）

則第22条　<u>法第120条第1項</u>の規定により作成すべき会計帳簿に付すべき資産、負債及び純資産の価額その他会計帳簿の作成に関する事項（法第141条第2項第2号の規定により法務省令で定めるべき事項を含む。）については、この款の定めるところによる。

2　会計帳簿は、書面又は電磁的記録をもって作成しなければならない。

（資産の評価）

則第23条　資産については、この省令又は法以外の法令に別段の定めがある場合を除き、会計帳簿にその取得価額を付さなければならない。

2　償却すべき資産については、事業年度の末日（事業年度の末日以外の日において評価すべき場合にあっては、その日。以下この款において同じ。）において、相当の償却をしなければならない。

3　次の各号に掲げる資産については、事業年度の末日において当該各号に定める価格を付すべき場合には、当該各号に定める価格を付さなければならない。

一 事業年度の末日における時価がその時の取得原価より著しく低い資産（当該資産の時価がその時の取得原価まで回復すると認められるものを除く。）　事業年度の末日における時価

二 事業年度の末日において予測することができない減損が生じた資産又は減損損失を認識すべき資産　その時の取得原価から相当の減額をした額

4　取立不能のおそれのある債権については、事業年度の末日においてその時に取り立てることができないと見込まれる額を控除しなければならない。

5　債権については、その取得価額が債権金額と異なる場合その他相当の理由がある場合には、適正な価格を付すことができる。

6　次に掲げる資産については、事業年度の末日においてその時の時価又は適正な価格を付すことができる。

一 事業年度の末日における時価がその時の取得原価より低い資産

二 前号に掲げる資産のほか、事業年度の末日においてその時の時価又は適正な価格を付すことが適当な資産

（負債の評価）

則第24条　負債については、この省令又は法以外の法令に別段の定めがある場合を除き、会計帳簿に債務額を付さなければならない。

2　次に掲げる負債については、事業年度の末日においてその時の時価又は適正な価格を付すことができる。

一 将来の費用又は損失（収益の控除を含む。以下この号において同じ。）の発生に備えて、その合理的な見積額のうち当該事業年度の負担に属する金額を費用又は損失として繰り入れることにより計上すべき引当金

二 前号に掲げる負債のほか、事業年度の末日においてその時の時価又は適正な価格を付すことが適当な負債

（のれんの評価）

則第25条　のれんは、有償で譲り受け、又は合併により取得した場合に限り、資産又は負債として計上することができる。

（会計帳簿の閲覧等の請求）　　　　　　　　　　　【財団】 読替条文 121頁

第121条　総社員の議決権の10分の1（これを下回る割合を定款で定めた場合にあっては、その割合）以上の議決権を有する社員は、一般社団法人の業務時間内は、いつでも、次に掲げる請求をすることができる。この場合においては、当該請求の理由を明らかにしてしなければならない。

一 会計帳簿又はこれに関する資料が書面をもって作成されているときは、当該書

面の閲覧又は謄写の請求

　二　会計帳簿又はこれに関する資料が電磁的記録をもって作成されているときは、当該電磁的記録に記録された事項を**法務省令**で定める方法により表示したものの閲覧又は謄写の請求

2　一般社団法人は、前項の請求があったときは、次のいずれかに該当する場合を除き、これを拒むことができない。

　一　当該請求を行う社員（以下この項において「請求者」という。）がその権利の確保又は行使に関する調査以外の目的で請求を行ったとき。

　二　請求者が当該一般社団法人の業務の遂行を妨げ、又は社員の共同の利益を害する目的で請求を行ったとき。

　三　請求者が当該一般社団法人の業務と実質的に競争関係にある事業を営み、又はこれに従事するものであるとき。

　四　請求者が会計帳簿又はこれに関する資料の閲覧又は謄写によって知り得た事実を利益を得て第三者に通報するため請求を行ったとき。

　五　請求者が、過去2年以内において、会計帳簿又はこれに関する資料の閲覧又は謄写によって知り得た事実を利益を得て第三者に通報したことがあるものであるとき。

則第91条参照（17頁）。

（会計帳簿の提出命令） 　【財団】 読替条文 122頁

第122条　裁判所は、申立てにより又は職権で、訴訟の当事者に対し、会計帳簿の全部又は一部の提出を命ずることができる。

第3款　計算書類等　【財団】 読替条文 122頁

（計算書類等の作成及び保存）

第123条　一般社団法人は、**法務省令**で定めるところにより、その成立の日における貸借対照表を作成しなければならない。

2　一般社団法人は、**法務省令**で定めるところにより、各事業年度に係る計算書類（貸借対照表及び損益計算書をいう。以下この款において同じ。）及び事業報告並びにこれらの附属明細書を作成しなければならない。

3　計算書類及び事業報告並びにこれらの附属明細書は、電磁的記録をもって作成することができる。

4　一般社団法人は、計算書類を作成した時から10年間、当該計算書類及びその附属

第1章 公益法人制度関係法令

明細書を保存しなければならない。

（計算関係書類）

則第26条 法第123条第1項及び第2項の規定により作成すべき計算関係書類（次に掲げるものをいう。以下この節において同じ。）については、この款の定めるところによる。ただし、他の法令に別段の定めがある場合は、この限りでない。

一　成立の日における貸借対照表

二　各事業年度に係る計算書類（法第123条第2項に規定する計算書類をいう。以下この節において同じ。）及びその附属明細書

（金額の表示の単位）

則第27条 計算関係書類に係る事項の金額は、1円単位、1,000円単位又は100万円単位をもって表示するものとする。

（成立の日の貸借対照表）

則第28条 法第123条第1項の規定により作成すべき貸借対照表は、一般社団法人の成立の日における会計帳簿に基づき作成しなければならない。

（各事業年度に係る計算書類）

則第29条 各事業年度に係る計算書類及びその附属明細書の作成に係る期間は、当該事業年度の前事業年度の末日の翌日（当該事業年度の前事業年度がない場合にあっては、成立の日）から当該事業年度の末日までの期間とする。この場合において、当該期間は、1年（事業年度の末日を変更する場合における変更後の最初の事業年度については、1年6箇月）を超えることができない。

2　法第123条第2項の規定により作成すべき各事業年度に係る計算書類及びその附属明細書は、当該事業年度に係る会計帳簿に基づき作成しなければならない。

（貸借対照表の区分）

則第30条 貸借対照表は、次に掲げる部に区分して表示しなければならない。この場合において、第3号に掲げる部については、純資産を示す適当な名称を付すことができる。

一　資産

二　負債

三　純資産

2　前項各号に掲げる部は、適当な項目に細分することができる。この場合において、当該各項目については、資産、負債又は純資産を示す適当な名称を付さなければならない。

（基金等）

則第31条 基金（法第131条に規定する基金をいう。以下この章において同じ。）の

総額及び代替基金（法第144条第1項の規定により計上された金額をいう。以下この章において同じ。）は、貸借対照表の純資産の部（前条第1項後段の規定により純資産を示す適当な名称を付したものを含む。）に計上しなければならない。

2　基金の返還に係る債務の額は、貸借対照表の負債の部に計上することができない。

（損益計算書の区分）

則**第32条**　損益計算書は、収益若しくは費用又は利益若しくは損失について、適当な部又は項目に区分して表示しなければならない。

（附属明細書）

則**第33条**　各事業年度に係る計算書類の附属明細書には、次に掲げる事項のほか、貸借対照表及び損益計算書の内容を補足する重要な事項を表示しなければならない。

一　重要な固定資産の明細

二　引当金の明細

則**第34条**　<u>法第123条第2項</u>の規定により作成すべき事業報告及びその附属明細書については、この条の定めるところによる。ただし、他の法令に別段の定めがある場合は、この限りでない。

2　事業報告は、次に掲げる事項をその内容としなければならない。

一　当該一般社団法人の状況に関する重要な事項（計算書類及びその附属明細書の内容となる事項を除く。）

二　法第76条第3項第3号及び第90条第4項第5号に規定する体制の整備についての決定又は決議があるときは、その決定又は決議の内容の概要及び当該体制の運用状況の概要

3　事業報告の附属明細書は、事業報告の内容を補足する重要な事項をその内容としなければならない。

（計算書類等の監査等）　【財団】 読替条文 122頁

第124条　監事設置一般社団法人においては、前条第2項の計算書類及び事業報告並びにこれらの附属明細書は、<u>法務省令</u>で定めるところにより、監事の監査を受けなければならない。

2　前項の規定にかかわらず、会計監査人設置一般社団法人においては、次の各号に掲げるものは、<u>法務省令</u>で定めるところにより、当該各号に定める者の監査を受けなければならない。

一　前条第2項の計算書類及びその附属明細書　監事及び会計監査人

第1章　公益法人制度関係法令

　二　前条第2項の事業報告及びその附属明細書　監事

3　理事会設置一般社団法人においては、第1項又は前項の監査を受けた計算書類及び事業報告並びにこれらの附属明細書は、理事会の承認を受けなければならない。

則**第35条**　法第124条第1項及び第2項の規定による監査（計算関係書類（成立の日における貸借対照表を除く。以下この款において同じ。）に係るものに限る。以下この款において同じ。）については、この款の定めるところによる。

2　前項に規定する監査には、公認会計士法（昭和23年法律第103号）第2条第1項に規定する監査のほか、計算関係書類に表示された情報と計算関係書類に表示すべき情報との合致の程度を確かめ、かつ、その結果を利害関係者に伝達するための手続を含むものとする。

（監査報告の内容）

則**第36条**　監事（会計監査人設置一般社団法人（法第15条第2項第2号に規定する会計監査人設置一般社団法人をいう。以下この節において同じ。）の監事を除く。以下この目において同じ。）は、計算関係書類を受領したときは、次に掲げる事項を内容とする監査報告を作成しなければならない。

　一　監事の監査の方法及びその内容

　二　計算関係書類が当該一般社団法人の財産及び損益の状況をすべての重要な点において適正に表示しているかどうかについての意見

　三　監査のため必要な調査ができなかったときは、その旨及びその理由

　四　追記情報

　五　監査報告を作成した日

2　前項第4号に規定する「追記情報」とは、次に掲げる事項その他の事項のうち、監事の判断に関して説明を付す必要がある事項又は計算関係書類の内容のうち強調する必要がある事項とする。

　一　正当な理由による会計方針の変更

　二　重要な偶発事象

　三　重要な後発事象

（監査報告の通知期限等）

則**第37条**　特定監事は、次に掲げる日のいずれか遅い日までに、特定理事に対し、各事業年度に係る計算書類及びその附属明細書についての監査報告の内容を通知しなければならない。

　一　当該計算書類の全部を受領した日から4週間を経過した日

　二　当該計算書類の附属明細書を受領した日から1週間を経過した日

　三　特定理事及び特定監事が合意により定めた日があるときは、その日

2　計算関係書類については、特定理事が前項の規定による監査報告の内容の通知を
　受けた日に、監事の監査を受けたものとする。

3　前項の規定にかかわらず、特定監事が第1項の規定により通知をすべき日までに
　同項の規定による監査報告の内容の通知をしない場合には、当該通知をすべき日
　に、計算関係書類については、監事の監査を受けたものとみなす。

4　第1項及び第2項に規定する「特定理事」とは、次の各号に掲げる場合の区分に
　応じ、当該各号に定める者をいう。

　一　第1項の規定による通知を受ける理事を定めた場合　当該通知を受ける理事と
　　して定められた理事

　二　前号に掲げる場合以外の場合　監査を受けるべき計算関係書類の作成に関する
　　職務を行った理事

5　第1項及び第3項に規定する「特定監事」とは、次の各号に掲げる場合の区分に
　応じ、当該各号に定める者をいう。

　一　2人以上の監事が存する場合において、第1項の規定による監査報告の内容の
　　通知をすべき監事を定めたとき　当該通知をすべき監事として定められた監事

　二　2人以上の監事が存する場合において、第1項の規定による監査報告の内容の
　　通知をすべき監事を定めていないとき　すべての監事

　三　前2号に掲げる場合以外の場合　監事

（計算関係書類の提供）

則第38条　計算関係書類を作成した理事は、会計監査人に対して計算関係書類を提
　供しようとするときは、監事に対しても計算関係書類を提供しなければならない。

（会計監査報告の内容）

則第39条　会計監査人は、計算関係書類を受領したときは、次に掲げる事項を内容
　とする会計監査報告を作成しなければならない。

　一　会計監査人の監査の方法及びその内容

　二　計算関係書類が当該一般社団法人の財産及び損益の状況をすべての重要な点に
　　おいて適正に表示しているかどうかについての意見があるときは、次のイからハ
　　までに掲げる意見の区分に応じ、当該イからハまでに定める事項

　　イ　無限定適正意見　監査の対象となった計算関係書類が一般に公正妥当と認め
　　　られる会計の慣行に準拠して、当該計算関係書類に係る期間の財産及び損益の
　　　状況をすべての重要な点において適正に表示していると認められる旨

　　ロ　除外事項を付した限定付適正意見　監査の対象となった計算関係書類が除外
　　　事項を除き一般に公正妥当と認められる会計の慣行に準拠して、当該計算関係
　　　書類に係る期間の財産及び損益の状況をすべての重要な点において適正に表示
　　　していると認められる旨並びに除外事項

ハ　不適正意見　監査の対象となった計算関係書類が不適正である旨及びその理由

三　前号の意見がないときは、その旨及びその理由

四　追記情報

五　会計監査報告を作成した日

2　前項第4号に規定する「追記情報」とは、次に掲げる事項その他の事項のうち、会計監査人の判断に関して説明を付す必要がある事項又は計算関係書類の内容のうち強調する必要がある事項とする。

一　正当な理由による会計方針の変更

二　重要な偶発事象

三　重要な後発事象

（会計監査人設置一般社団法人の監事の監査報告の内容）

則**第40条**　会計監査人設置一般社団法人の監事は、計算関係書類及び会計監査報告（次条第3項に規定する場合にあっては、計算関係書類）を受領したときは、次に掲げる事項を内容とする監査報告を作成しなければならない。

一　監事の監査の方法及びその内容

二　会計監査人の監査の方法又は結果を相当でないと認めたときは、その旨及びその理由（次条第3項に規定する場合にあっては、会計監査報告を受領していない旨）

三　重要な後発事象（会計監査報告の内容となっているものを除く。）

四　会計監査人の職務の遂行が適正に実施されることを確保するための体制に関する事項

五　監査のため必要な調査ができなかったときは、その旨及びその理由

六　監査報告を作成した日

（会計監査報告の通知期限等）

則**第41条**　会計監査人は、次に掲げる日のいずれか遅い日までに、特定監事及び特定理事に対し、各事業年度に係る計算書類及びその附属明細書についての会計監査報告の内容を通知しなければならない。

一　当該計算書類の全部を受領した日から4週間を経過した日

二　当該計算書類の附属明細書を受領した日から1週間を経過した日

三　特定理事、特定監事及び会計監査人の間で合意により定めた日があるときは、その日

2　計算関係書類については、特定監事及び特定理事が前項の規定による会計監査報告の内容の通知を受けた日に、会計監査人の監査を受けたものとする。

3　前項の規定にかかわらず、会計監査人が第1項の規定により通知をすべき日まで

に同項の規定による会計監査報告の内容の通知をしない場合には、当該通知をすべき日に、計算関係書類については、会計監査人の監査を受けたものとみなす。

4　第１項及び第２項に規定する「特定理事」とは、次の各号に掲げる場合の区分に応じ、当該各号に定める者をいう（第43条において同じ。）。

一　第１項の規定による通知を受ける理事を定めた場合　当該通知を受ける理事として定められた理事　。

二　前号に掲げる場合以外の場合　監査を受けるべき計算関係書類の作成に関する職務を行った理事

5　第１項及び第２項に規定する「特定監事」とは、次の各号に掲げる場合の区分に応じ、当該各号に定める者をいう（以下この目において同じ。）。

一　２人以上の監事が存する場合において、第１項の規定による会計監査報告の内容の通知を受ける監事を定めたとき　当該通知を受ける監事として定められた監事

二　２人以上の監事が存する場合において、第１項の規定による会計監査報告の内容の通知を受ける監事を定めていないとき　すべての監事

三　前２号に掲げる場合以外の場合　監事

（会計監査人の職務の遂行に関する事項）

則第42条　会計監査人は、前条第１項の規定による特定監事に対する会計監査報告の内容の通知に際して、当該会計監査人についての次に掲げる事項（当該事項に係る定めがない場合にあっては、当該事項を定めていない旨）を通知しなければならない。ただし、すべての監事が既に当該事項を知っている場合は、この限りでない。

一　独立性に関する事項その他監査に関する法令及び規程の遵守に関する事項

二　監査、監査に準ずる業務及びこれらに関する業務の契約の受任及び継続の方針に関する事項

三　会計監査人の職務の遂行が適正に行われることを確保するための体制に関するその他の事項

（会計監査人設置一般社団法人の監事の監査報告の通知期限）

則第43条　会計監査人設置一般社団法人の特定監事は、次に掲げる日のいずれか遅い日までに、特定理事及び会計監査人に対し、計算関係書類に係る監査報告の内容を通知しなければならない。

一　会計監査報告を受領した日（第41条第３項に規定する場合にあっては、同項の規定により監査を受けたものとみなされた日）から１週間を経過した日

二　特定理事及び特定監事の間で合意により定めた日があるときは、その日

2　計算関係書類については、特定理事及び会計監査人が前項の規定による監査報告の内容の通知を受けた日に、監事の監査を受けたものとする。

73

第1章　公益法人制度関係法令

3　前項の規定にかかわらず、特定監事が第1項の規定により通知をすべき日までに同項の規定による監査報告の内容の通知をしない場合には、当該通知をすべき日に、計算関係書類については、監事の監査を受けたものとみなす。

（事業報告等の監査）
則第44条　法第124条第1項及び第2項の規定による監査（事業報告及びその附属明細書に係るものに限る。以下この款において同じ。）については、この款の定めるところによる。

（監査報告の内容）
則第45条　監事は、事業報告及びその附属明細書を受領したときは、次に掲げる事項を内容とする監査報告を作成しなければならない。
一　監事の監査の方法及びその内容
二　事業報告及びその附属明細書が法令又は定款に従い当該一般社団法人の状況を正しく示しているかどうかについての意見
三　当該一般社団法人の理事の職務の遂行に関し、不正の行為又は法令若しくは定款に違反する重大な事実があったときは、その事実
四　監査のため必要な調査ができなかったときは、その旨及びその理由
五　第34条第2項第2号に掲げる事項（監査の範囲に属さないものを除く。）がある場合において、当該事項の内容が相当でないと認めるときは、その旨及びその理由
六　監査報告を作成した日

（監査報告の通知期限等）
則第46条　特定監事は、次に掲げる日のいずれか遅い日までに、特定理事に対し、監査報告の内容を通知しなければならない。
一　事業報告を受領した日から4週間を経過した日
二　事業報告の附属明細書を受領した日から1週間を経過した日
三　特定理事及び特定監事の間で合意により定めた日があるときは、その日
2　事業報告及びその附属明細書については、特定理事が前項の規定による監査報告の内容の通知を受けた日に、監事の監査を受けたものとする。
3　前項の規定にかかわらず、特定監事が第1項の規定により通知をすべき日までに同項の規定による監査報告の内容の通知をしない場合には、当該通知をすべき日に、事業報告及びその附属明細書については、監事の監査を受けたものとみなす。
4　第1項及び第2項に規定する「特定理事」とは、次の各号に掲げる場合の区分に応じ、当該各号に定める者をいう。
一　第1項の規定による通知を受ける理事を定めた場合　当該通知を受ける理事として定められた理事

二　前号に掲げる場合以外の場合　事業報告及びその附属明細書の作成に関する職務を行った理事
5　第1項及び第3項に規定する「特定監事」とは、次の各号に掲げる場合の区分に応じ、当該各号に定める者をいう。
　　一　2人以上の監事が存する場合において、第1項の規定による監査報告の内容の通知をすべき監事を定めたとき　当該通知をすべき監事として定められた監事
　　二　2人以上の監事が存する場合において、第1項の規定による監査報告の内容の通知をすべき監事を定めていないとき　すべての監事
　　三　前2号に掲げる場合以外の場合　監事

（計算書類等の社員への提供）　【財団】【読替条文】123頁

第125条　理事会設置一般社団法人においては、理事は、定時社員総会の招集の通知に際して、<u>法務省令</u>で定めるところにより、社員に対し、前条第3項の承認を受けた計算書類及び事業報告並びに監査報告（同条第2項の規定の適用がある場合にあっては、会計監査報告を含む。）を提供しなければならない。

【則】**第47条**　<u>法第125条</u>の規定による計算書類及び事業報告並びに監査報告（会計監査人設置一般社団法人にあっては、会計監査報告を含む。以下この条において「提供計算書類等」という。）の提供に関しては、この条の定めるところによる。

2　定時社員総会の招集通知を次の各号に掲げる方法により行う場合にあっては、提供計算書類等は、当該各号に定める方法により提供しなければならない。
　　一　書面の提供　次のイ又はロに掲げる場合の区分に応じ、当該イ又はロに定める方法
　　　イ　提供計算書類等が書面をもって作成されている場合　当該書面に記載された事項を記載した書面の提供
　　　ロ　提供計算書類等が電磁的記録をもって作成されている場合　当該電磁的記録に記録された事項を記載した書面の提供
　　二　電磁的方法による提供　次のイ又はロに掲げる場合の区分に応じ、当該イ又はロに定める方法
　　　イ　提供計算書類等が書面をもって作成されている場合　当該書面に記載された事項の電磁的方法による提供
　　　ロ　提供計算書類等が電磁的記録をもって作成されている場合　当該電磁的記録に記録された事項の電磁的方法による提供

3　理事は、計算書類又は事業報告の内容とすべき事項について、定時社員総会の招集通知を発出した日から定時社員総会の前日までの間に修正をすべき事情が生じた

第1章　公益法人制度関係法令

場合における修正後の事項を社員に周知させる方法を当該招集通知と併せて通知することができる。

（計算書類等の定時社員総会への提出等） 【財団】 読替条文 123頁

第126条　次の各号に掲げる一般社団法人においては、理事は、当該各号に定める計算書類及び事業報告を定時社員総会に提出し、又は提供しなければならない。

一　監事設置一般社団法人（理事会設置一般社団法人及び会計監査人設置一般社団法人を除く。）　第124条第1項の監査を受けた計算書類及び事業報告

二　会計監査人設置一般社団法人（理事会設置一般社団法人を除く。）　第124条第2項の監査を受けた計算書類及び事業報告

三　理事会設置一般社団法人　第124条第3項の承認を受けた計算書類及び事業報告

四　前3号に掲げるもの以外の一般社団法人　第123条第2項の計算書類及び事業報告

2　前項の規定により提出され、又は提供された計算書類は、定時社員総会の承認を受けなければならない。

3　理事は、第1項の規定により提出され、又は提供された事業報告の内容を定時社員総会に報告しなければならない。

（会計監査人設置一般社団法人の特則） 【財団】 読替条文 123頁

第127条　会計監査人設置一般社団法人については、第124条第3項の承認を受けた計算書類が法令及び定款に従い一般社団法人の財産及び損益の状況を正しく表示しているものとして<u>法務省令</u>で定める要件に該当する場合には、前条第2項の規定は、適用しない。この場合においては、理事は、当該計算書類の内容を定時社員総会に報告しなければならない。

規**第48条**　<u>法第127条</u>に規定する法務省令で定める要件は、次のいずれにも該当することとする。

一　法第127条に規定する計算書類についての会計監査報告の内容に第39条第1項第2号イに定める事項が含まれていること。

二　前号の会計監査報告に係る監査報告の内容として会計監査人の監査の方法又は結果を相当でないと認める意見がないこと。

三　法第127条に規定する計算書類が第43条第3項の規定により監査を受けたものとみなされたものでないこと。

（貸借対照表等の公告）　　　　　　　　　　　【財団】 読替条文 123頁

第128条　一般社団法人は、**法務省令**で定めるところにより、定時社員総会の終結後遅滞なく、貸借対照表（大規模一般社団法人にあっては、貸借対照表及び損益計算書）を公告しなければならない。

2　前項の規定にかかわらず、その公告方法が第331条第1項第1号又は第2号に掲げる方法である一般社団法人は、前項に規定する貸借対照表の要旨を公告することで足りる。

3　前項の一般社団法人は、**法務省令**で定めるところにより、定時社員総会の終結後遅滞なく、第1項に規定する貸借対照表の内容である情報を、定時社員総会の終結の日後5年を経過する日までの間、継続して電磁的方法により不特定多数の者が提供を受けることができる状態に置く措置をとることができる。この場合においては、前2項の規定は、適用しない。

（不適正意見がある場合等における公告事項）

則**第49条**　次の各号のいずれかに該当する場合において、会計監査人設置一般社団法人が**法第128条第1項**又は**第2項**の規定による公告（同条第3項に規定する措置を含む。以下この条において同じ。）をするときは、当該各号に定める事項を当該公告において明らかにしなければならない。

一　会計監査人が存しない場合（法第75条第4項の一時会計監査人の職務を行うべき者が存する場合を除く。）　会計監査人が存しない旨

二　第41条第3項の規定により監査を受けたものとみなされた場合　その旨

三　当該公告に係る計算書類についての会計監査報告に不適正意見がある場合　その旨

四　当該公告に係る計算書類についての会計監査報告が第39条第1項第3号に掲げる事項を内容としているものである場合　その旨

（金額の表示の単位）

則**第50条**　貸借対照表の要旨又は損益計算書の要旨に係る事項の金額は、100万円単位又は10億円単位をもって表示するものとする。

2　前項の規定にかかわらず、一般社団法人の財産又は損益の状態を的確に判断することができなくなるおそれがある場合には、貸借対照表の要旨又は損益計算書の要旨に係る事項の金額は、適切な単位をもって表示しなければならない。

（貸借対照表等の電磁的方法による公開の方法）

則**第51条**　**法第128条第3項**の規定による措置は、第92条第1項第1号ロに掲げる方法のうち、インターネットに接続された自動公衆送信装置（公衆の用に供する電気通信回線に接続することにより、その記録媒体のうち自動公衆送信の用に供する部

第1章 公益法人制度関係法令

分に記録され、又は当該装置に入力される情報を自動公衆送信する機能を有する装置をいう。以下同じ。）を使用する方法によって行わなければならない。

（計算書類等の備置き及び閲覧等） 【財団】 読替条文 124頁

第129条 一般社団法人は、計算書類等（各事業年度に係る計算書類及び事業報告並びにこれらの附属明細書（第124条第1項又は第2項の規定の適用がある場合にあっては、監査報告又は会計監査報告を含む。）をいう。以下この条において同じ。）を、定時社員総会の日の1週間（理事会設置一般社団法人にあっては、2週間）前の日（第58条第1項の場合にあっては、同項の提案があった日）から5年間、その主たる事務所に備え置かなければならない。

2 一般社団法人は、計算書類等の写しを、定時社員総会の日の1週間（理事会設置一般社団法人にあっては、2週間）前の日（第58条第1項の場合にあっては、同項の提案があった日）から3年間、その従たる事務所に備え置かなければならない。ただし、計算書類等が電磁的記録で作成されている場合であって、従たる事務所における次項第3号及び第4号に掲げる請求に応じることを可能とするための措置として<u>法務省令</u>で定めるものをとっているときは、この限りでない。

3 社員及び債権者は、一般社団法人の業務時間内は、いつでも、次に掲げる請求をすることができる。ただし、第2号又は第4号に掲げる請求をするには、当該一般社団法人の定めた費用を支払わなければならない。

一 計算書類等が書面をもって作成されているときは、当該書面又は当該書面の写しの閲覧の請求

二 前号の書面の謄本又は抄本の交付の請求

三 計算書類等が電磁的記録をもって作成されているときは、当該電磁的記録に記録された事項を<u>法務省令</u>で定める方法により表示したものの閲覧の請求

四 前号の電磁的記録に記録された事項を電磁的方法であって一般社団法人の定めたものにより提供することの請求又はその事項を記載した書面の交付の請求

🔵第93条参照（18頁）。

🔵第91条参照（17頁）。

（計算書類等の提出命令） 【財団】 読替条文 124頁

第130条 裁判所は、申立てにより又は職権で、訴訟の当事者に対し、計算書類及びその附属明細書の全部又は一部の提出を命ずることができる。

第5節　基　金

第1款　基金を引き受ける者の募集

（基金を引き受ける者の募集等に関する定款の定め）

第131条　一般社団法人（一般社団法人の成立前にあっては、設立時社員。次条から第134条まで（第133条第1項第1号を除く。）及び第136条第1号において同じ。）は、基金（この款の規定により一般社団法人に拠出された金銭その他の財産であって、当該一般社団法人が拠出者に対してこの法律及び当該一般社団法人と当該拠出者との間の合意の定めるところに従い返還義務（金銭以外の財産については、拠出時の当該財産の価額に相当する金銭の返還義務）を負うものをいう。以下同じ。）を引き受ける者の募集をすることができる旨を定款で定めることができる。この場合においては、次に掲げる事項を定款で定めなければならない。

一　基金の拠出者の権利に関する規定

二　基金の返還の手続

（募集事項の決定）

第132条　一般社団法人は、前条の募集をしようとするときは、その都度、次に掲げる事項（以下この款において「募集事項」という。）を定めなければならない。

一　募集に係る基金の総額

二　金銭以外の財産を拠出の目的とするときは、その旨並びに当該財産の内容及びその価額

三　基金の拠出に係る金銭の払込み又は前号の財産の給付の期日又はその期間

2　設立時社員は、募集事項を定めようとするときは、その全員の同意を得なければならない。

（基金の申込み）

第133条　一般社団法人は、第131条の募集に応じて基金の引受けの申込みをしようとする者に対し、次に掲げる事項を通知しなければならない。

一　一般社団法人の名称

二　募集事項

三　金銭の払込みをすべきときは、払込みの取扱いの場所

四　前3号に掲げるもののほか、**法務省令**で定める事項

2　第131条の募集に応じて基金の引受けの申込みをする者は、次に掲げる事項を記

載した書面を一般社団法人に交付しなければならない。

一　申込みをする者の氏名又は名称及び住所

二　引き受けようとする基金の額

3　前項の申込みをする者は、同項の書面の交付に代えて、政令で定めるところにより、一般社団法人の承諾を得て、同項の書面に記載すべき事項を電磁的方法により提供することができる。この場合において、当該申込みをした者は、同項の書面を交付したものとみなす。

4　一般社団法人は、第1項各号に掲げる事項について変更があったときは、直ちに、その旨及び当該変更があった事項を第2項の申込みをした者（以下この款において「申込者」という。）に通知しなければならない。

5　一般社団法人が申込者に対してする通知又は催告は、第2項第1号の住所（当該申込者が別に通知又は催告を受ける場所又は連絡先を当該一般社団法人に通知した場合にあっては、その場所又は連絡先）にあてて発すれば足りる。

6　前項の通知又は催告は、その通知又は催告が通常到達すべきであった時に、到達したものとみなす。

（申込みをしようとする者に対して通知すべき事項）

則**第52条**　法第133条第1項第4号に規定する法務省令で定める事項は、次に掲げる事項とする。

一　基金の拠出者の権利に関する規定

二　基金の返還の手続

三　定款に定められた事項（法第133条第1項第1号から第3号まで及び前2号に掲げる事項を除く。）であって、当該一般社団法人に対して基金の引受けの申込みをしようとする者が当該者に対して通知することを請求した事項

2　前項の規定にかかわらず、設立時社員（法第10条第1項に規定する設立時社員をいう。以下同じ。）が法第133条第1項の規定による通知をする場合には、同項第4号に規定する法務省令で定める事項は、次に掲げる事項とする。

一　定款の認証の年月日及びその認証をした公証人の氏名

二　法第11条第1項第1号及び第3号から第7号までに掲げる事項

三　前項第1号及び第2号に掲げる事項

四　定款に定められた事項（法第133条第1項第1号から第3号まで及び前3号に掲げる事項を除く。）であって、当該設立時社員に対して基金の引受けの申込みをしようとする者が当該者に対して通知することを請求した事項

令**第2条**参照（36頁）。

（基金の割当て）

第134条 一般社団法人は、申込者の中から基金の割当てを受ける者を定め、かつ、その者に割り当てる基金の額を定めなければならない。この場合において、一般社団法人は、当該申込者に割り当てる基金の額を、前条第2項第2号の額よりも減額することができる。

2 一般社団法人は、第132条第1項第3号の期日（同号の期間を定めた場合にあっては、その期間の初日）の前日までに、申込者に対し、当該申込者に割り当てる基金の額を通知しなければならない。

（基金の申込み及び割当てに関する特則）

第135条 前2条の規定は、基金を引き受けようとする者がその総額の引受けを行う契約を締結する場合には、適用しない。

（基金の引受け）

第136条 次の各号に掲げる者は、当該各号に定める基金の額について基金の引受人となる。

一 申込者 一般社団法人の割り当てた基金の額

二 前条の契約により基金の総額を引き受けた者 その者が引き受けた基金の額

（金銭以外の財産の拠出）

第137条 一般社団法人（一般社団法人の成立前にあっては、設立時社員。第6項において同じ。）は、第132条第1項第2号に掲げる事項を定めたときは、募集事項の決定の後遅滞なく、同号の財産（以下「現物拠出財産」という。）の価額を調査させるため、裁判所に対し、検査役の選任の申立てをしなければならない。

2 前項の申立てがあった場合には、裁判所は、これを不適法として却下する場合を除き、検査役を選任しなければならない。

3 裁判所は、前項の検査役を選任した場合には、一般社団法人が当該検査役に対して支払う報酬の額を定めることができる。

4 第2項の検査役は、必要な調査を行い、当該調査の結果を記載し、又は記録した書面又は電磁的記録（**法務省令**で定めるものに限る。）を裁判所に提供して報告をしなければならない。

5 裁判所は、前項の報告について、その内容を明瞭にし、又はその根拠を確認するため必要があると認めるときは、第2項の検査役に対し、更に前項の報告を求めることができる。

第1章　公益法人制度関係法令

6　第2項の検査役は、第4項の報告をしたときは、一般社団法人に対し、同項の書面の写しを交付し、又は同項の電磁的記録に記録された事項を**法務省令**で定める方法により提供しなければならない。

7　裁判所は、第4項の報告を受けた場合において、現物拠出財産について定められた第132条第1項第2号の価額（第2項の検査役の調査を経ていないものを除く。）を不当と認めたときは、これを変更する決定をしなければならない。

8　基金の引受人（現物拠出財産を給付する者に限る。第10項第2号において同じ。）は、前項の決定により現物拠出財産の価額の全部又は一部が変更された場合には、当該決定の確定後1週間以内に限り、その基金の引受けの申込み又は第135条の契約に係る意思表示を取り消すことができる。

9　前各項の規定は、次の各号に掲げる場合には、当該各号に定める事項については、適用しない。

一　現物拠出財産について定められた第132条第1項第2号の価額の総額が500万円を超えない場合　当該現物拠出財産の価額

二　現物拠出財産のうち、市場価格のある有価証券（金融商品取引法（昭和23年法律第25号）第2条第1項に規定する有価証券をいい、同条第2項の規定により有価証券とみなされる権利を含む。以下同じ。）について定められた第132条第1項第2号の価額が当該有価証券の市場価格として**法務省令**で定める方法により算定されるものを超えない場合　当該有価証券についての現物拠出財産の価額

三　現物拠出財産について定められた第132条第1項第2号の価額が相当であることについて弁護士、弁護士法人、公認会計士、監査法人、税理士又は税理士法人の証明（現物拠出財産が不動産である場合にあっては、当該証明及び不動産鑑定士の鑑定評価。以下この号において同じ。）を受けた場合　当該証明を受けた現物拠出財産の価額

四　現物拠出財産が一般社団法人に対する金銭債権（弁済期が到来しているものに限る。）であって、当該金銭債権について定められた第132条第1項第2号の価額が当該金銭債権に係る負債の帳簿価額を超えない場合　当該金銭債権についての現物拠出財産の価額

10　次に掲げる者は、前項第3号に規定する証明をすることができない。

一　理事、監事又は使用人（一般社団法人の成立前にあっては、設立時社員、設立時理事又は設立時監事）

二　基金の引受人

三　業務の停止の処分を受け、その停止の期間を経過しない者

四　弁護士法人、監査法人又は税理士法人であって、その社員の半数以上が第1号

> 又は第2号に掲げる者のいずれかに該当するもの

則**第94条**参照（34頁）。

則**第95条**参照（34頁）。

（検査役の調査を要しない市場価格のある有価証券）

則**第53条** 法第137条第9項第2号に規定する法務省令で定める方法は、次に掲げる額のうちいずれか高い額をもって同号に規定する有価証券の価格とする方法とする。

一 法第132条第1項第2号の価額を定めた日（以下この条において「価額決定日」という。）における当該有価証券を取引する市場における最終の価格（当該価額決定日に売買取引がない場合又は当該価額決定日が当該市場の休業日に当たる場合にあっては、その後最初にされた売買取引の成立価格）

二 価額決定日において当該有価証券が公開買付け等（金融商品取引法（昭和23年法律第25号）第27条の2第6項（同法第27条の22の2第2項において準用する場合を含む。）に規定する公開買付け及びこれに相当する外国の法令に基づく制度をいう。以下この号において同じ。）の対象であるときは、当該価額決定日における当該公開買付け等に係る契約における当該有価証券の価格

（基金の拠出の履行）

第138条 基金の引受人（現物拠出財産を給付する者を除く。）は、第132条第1項第3号の期日又は同号の期間内に、一般社団法人（一般社団法人の成立前にあっては、設立時社員）が定めた銀行等（銀行（銀行法（昭和56年法律第59号）第2条第1項に規定する銀行をいう。）、信託会社（信託業法（平成16年法律第154号）第2条第2項に規定する信託会社をいう。第248条第5項において同じ。）その他これに準ずるものとして法務省令で定めるものをいう。第157条第2項において同じ。）の払込みの取扱いの場所において、それぞれの基金の払込金額の全額を払い込まなければならない。

2 基金の引受人（現物拠出財産を給付する者に限る。）は、第132条第1項第3号の期日又は同号の期間内に、それぞれの基金の払込金額に相当する現物拠出財産を給付しなければならない。ただし、一般社団法人の成立前に給付すべき場合において、設立時社員全員の同意があるときは、登記、登録その他の権利の設定又は移転を第三者に対抗するために必要な行為は、一般社団法人の成立後にすることを妨げない。

3 基金の引受人は、第1項の規定による払込み又は前項の規定による給付（以下この款において「拠出の履行」という。）をする債務と一般社団法人に対する債権とを相殺することができない。

4　基金の引受人が拠出の履行をしないときは、基金の引受けは、その効力を失う。

（銀行等）

則**第54条**　法第138条第1項に規定する法務省令で定めるものは、次に掲げるものとする。

一　農業協同組合法（昭和22年法律第132号）第10条第1項第3号の事業を行う農業協同組合又は農業協同組合連合会

二　水産業協同組合法（昭和23年法律第242号）第11条第1項第4号、第87条第1項第4号、第93条第1項第2号又は第97条第1項第2号の事業を行う漁業協同組合、漁業協同組合連合会、水産加工業協同組合又は水産加工業協同組合連合会

三　信用協同組合又は中小企業等協同組合法（昭和24年法律第181号）第9条の9第1項第1号の事業を行う協同組合連合会

四　信用金庫又は信用金庫連合会

五　労働金庫又は労働金庫連合会

六　農林中央金庫

（基金の拠出者となる時期）

第139条　基金の引受人は、次の各号に掲げる場合には、当該各号に定める日に、拠出の履行をした基金の拠出者となる。

一　第132条第1項第3号の期日を定めた場合　当該期日

二　第132条第1項第3号の期間を定めた場合　拠出の履行をした日

2　前項の規定にかかわらず、一般社団法人の成立前に基金を引き受ける者の募集をした場合には、一般社団法人の成立の時に、拠出の履行をした基金の拠出者となる。

（引受けの無効又は取消しの制限）

第140条　民法第93条ただし書及び第94条第1項の規定は、基金の引受けの申込み及び割当て並びに第135条の契約に係る意思表示については、適用しない。

2　基金の引受人は、前条の規定により基金の拠出者となった日から1年を経過した後は、錯誤を理由として基金の引受けの無効を主張し、又は詐欺若しくは強迫を理由として基金の引受けの取消しをすることができない。

第2款　基金の返還

（基金の返還）

第141条　基金の返還は、定時社員総会の決議によって行わなければならない。

2　一般社団法人は、ある事業年度に係る貸借対照表上の純資産額が次に掲げる金額の合計額を超える場合においては、当該事業年度の次の事業年度に関する定時社員総会の日の前日までの間に限り、当該超過額を返還の総額の限度として基金の返還をすることができる。

一　基金（第144条第1項の代替基金を含む。）の総額

二　**法務省令**で定めるところにより資産につき時価を基準として評価を行っている場合において、その時価の総額がその取得価額の総額を超えるときは、時価を基準として評価を行ったことにより増加した貸借対照表上の純資産額

3　前項の規定に違反して一般社団法人が基金の返還をした場合には、当該返還を受けた者及び当該返還に関する職務を行った業務執行者（業務執行理事その他当該業務執行理事の行う業務の執行に職務上関与した者をいう。次項及び第5項において同じ。）は、当該一般社団法人に対し、連帯して、違法に返還された額を弁済する責任を負う。

4　前項の規定にかかわらず、業務執行者は、その職務を行うについて注意を怠らなかったことを証明したときは、同項の責任を負わない。

5　第3項の業務執行者の責任は、免除することができない。ただし、第2項の超過額を限度として当該責任を免除することについて総社員の同意がある場合は、この限りでない。

6　第2項の規定に違反して基金の返還がされた場合においては、一般社団法人の債権者は、当該返還を受けた者に対し、当該返還の額を当該一般社団法人に対して返還することを請求することができる。

則第23条参照（65頁）。

（基金の返還に係る債権の取得の禁止）

第142条　一般社団法人は、次に掲げる場合に限り、自己を債務者とする基金の返還に係る債権を取得することができる。

一　合併又は他の法人の事業の全部の譲受けによる場合

二　一般社団法人の権利の実行に当たり、その目的を達成するために必要な場合

三　無償で取得する場合

2　一般社団法人が前項第1号又は第2号に掲げる場合に同項の債権を取得したときは、民法第520条本文の規定にかかわらず、当該債権は消滅しない。この場合においては、一般社団法人は、当該債権を相当の時期に他に譲渡しなければならない。

（基金利息の禁止）

第143条　基金の返還に係る債権には、利息を付することができない。

（代替基金）

第144条　基金の返還をする場合には、返還をする基金に相当する金額を代替基金として計上しなければならない。

2　前項の代替基金は、取り崩すことができない。

3　合併により消滅する一般社団法人が代替基金を計上している場合において、合併後存続する一般社団法人又は合併により設立する一般社団法人が当該合併に際して代替基金として計上すべき額については、<u>法務省令</u>で定める。

　　（吸収合併存続一般社団法人の代替基金）

則**第55条**　<u>法第144条第3項</u>の規定により吸収合併存続一般社団法人（吸収合併後存続する一般社団法人をいう。以下この条において同じ。）が当該合併に際して代替基金として計上すべき額は、次に掲げる額の合計額とする。

一　吸収合併の直前の吸収合併存続一般社団法人の代替基金の額

二　吸収合併の直前の吸収合併消滅一般社団法人（吸収合併により消滅する一般社団法人をいう。）の代替基金の額の範囲内で、吸収合併存続一般社団法人が定めた額

　　（新設合併設立一般社団法人の代替基金）

則**第56条**　<u>法第144条第3項</u>の規定により新設合併設立一般社団法人（新設合併により設立する一般社団法人をいう。）が当該合併に際して代替基金として計上すべき額は、新設合併の直前の各新設合併消滅一般社団法人（新設合併により消滅する一般社団法人をいう。以下この条において同じ。）の代替基金の額の合計額の範囲内で、新設合併消滅一般社団法人が定めた額とする。

（破産法の適用の特例）

第145条　一般社団法人が破産手続開始の決定を受けた場合においては、基金の返還に係る債権は、破産法第99条第1項に規定する劣後的破産債権及び同条第2項に規定する約定劣後破産債権に後れる。

第6節　定款の変更

第146条　一般社団法人は、その成立後、社員総会の決議によって、定款を変更する

ことができる。

第7節　事業の譲渡

第147条　一般社団法人が事業の全部の譲渡をするには、社員総会の決議によらなければならない。

第8節　解　散

（解散の事由）

第148条　一般社団法人は、次に掲げる事由によって解散する。

一　定款で定めた存続期間の満了

二　定款で定めた解散の事由の発生

三　社員総会の決議

四　社員が欠けたこと。

五　合併（合併により当該一般社団法人が消滅する場合に限る。）

六　破産手続開始の決定

七　第261条第1項又は第268条の規定による解散を命ずる裁判

（休眠一般社団法人のみなし解散）

第149条　休眠一般社団法人（一般社団法人であって、当該一般社団法人に関する登記が最後にあった日から5年を経過したものをいう。以下この条において同じ。）は、法務大臣が休眠一般社団法人に対し2箇月以内に法務省令で定めるところによりその主たる事務所の所在地を管轄する登記所に事業を廃止していない旨の届出をすべき旨を官報に公告した場合において、その届出をしないときは、その2箇月の期間の満了の時に、解散したものとみなす。ただし、当該期間内に当該休眠一般社団法人に関する登記がされたときは、この限りでない。

2　登記所は、前項の規定による公告があったときは、休眠一般社団法人に対し、その旨の通知を発しなければならない。

則第57条　法第149条第1項の届出（以下この条において単に「届出」という。）は、書面でしなければならない。

2　前項の書面には、次に掲げる事項を記載し、一般社団法人の代表者又は代理人が記名押印しなければならない。

一　当該一般社団法人の名称及び主たる事務所並びに代表者の氏名及び住所

二　代理人によって届出をするときは、その氏名及び住所

　三　まだ事業を廃止していない旨

　四　届出の年月日

　五　登記所の表示

3　代理人によって届出をするには、第1項の書面にその権限を証する書面を添付しなければならない。

4　第1項又は前項の書面に押印すべき一般社団法人の代表者の印鑑は、法第330条において準用する商業登記法（昭和38年法律第125号）第20条第1項の規定により提出したものでなければならない。ただし、法第149条第2項の規定による通知に係る書面を提出して届出をする場合は、この限りでない。

（一般社団法人の継続）

第150条　一般社団法人は、第148条第1号から第3号までに掲げる事由によって解散した場合（前条第1項の規定により解散したものとみなされた場合を含む。）には、第4章の規定による清算が結了するまで（同項の規定により解散したものとみなされた場合にあっては、解散したものとみなされた後3年以内に限る。）、社員総会の決議によって、一般社団法人を継続することができる。

（解散した一般社団法人の合併の制限）

第151条　一般社団法人が解散した場合には、当該一般社団法人は、当該一般社団法人が合併後存続する一般社団法人となる合併をすることができない。

第3章　一般財団法人

第1節　設　立

第1款　定款の作成

（定款の作成）

第152条　一般財団法人を設立するには、設立者（設立者が2人以上あるときは、その全員）が定款を作成し、これに署名し、又は記名押印しなければならない。

2　設立者は、遺言で、次条第1項各号に掲げる事項及び第154条に規定する事項を定めて一般財団法人を設立する意思を表示することができる。この場合においては、遺言執行者は、当該遺言の効力が生じた後、遅滞なく、当該遺言で定めた事項を記載した定款を作成し、これに署名し、又は記名押印しなければならない。

3　第10条第2項の規定は、前2項の定款について準用する。

（定款の記載又は記録事項）
第153条　一般財団法人の定款には、次に掲げる事項を記載し、又は記録しなければならない。
一　目的
二　名称
三　主たる事務所の所在地
四　設立者の氏名又は名称及び住所
五　設立に際して設立者（設立者が2人以上あるときは、各設立者）が拠出をする財産及びその価額
六　設立時評議員（一般財団法人の設立に際して評議員となる者をいう。以下同じ。）、設立時理事（一般財団法人の設立に際して理事となる者をいう。以下この節及び第319条第2項において同じ。）及び設立時監事（一般財団法人の設立に際して監事となる者をいう。以下この節、第254条第7号及び同項において同じ。）の選任に関する事項
七　設立しようとする一般財団法人が会計監査人設置一般財団法人（会計監査人を置く一般財団法人又はこの法律の規定により会計監査人を置かなければならない一般財団法人をいう。以下同じ。）であるときは、設立時会計監査人（一般財団法人の設立に際して会計監査人となる者をいう。以下この節及び第319条第2項第6号において同じ。）の選任に関する事項
八　評議員の選任及び解任の方法
九　公告方法
十　事業年度
2　前項第5号の財産の価額の合計額は、300万円を下回ってはならない。
3　次に掲げる定款の定めは、その効力を有しない。
一　第1項第8号の方法として、理事又は理事会が評議員を選任し、又は解任する旨の定款の定め
二　設立者に剰余金又は残余財産の分配を受ける権利を与える旨の定款の定め

第154条　前条第1項各号に掲げる事項のほか、一般財団法人の定款には、この法律の規定により定款の定めがなければその効力を生じない事項及びその他の事項でこの法律の規定に違反しないものを記載し、又は記録することができる。

第1章　公益法人制度関係法令

（定款の認証）

第155条　第152条第1項及び第2項の定款は、公証人の認証を受けなければ、その効力を生じない。

（定款の備置き及び閲覧等）

第156条　設立者（一般財団法人の成立後にあっては、当該一般財団法人）は、定款を設立者が定めた場所（一般財団法人の成立後にあっては、その主たる事務所及び従たる事務所）に備え置かなければならない。

2　設立者（一般財団法人の成立後にあっては、その評議員及び債権者）は、設立者が定めた時間（一般財団法人の成立後にあっては、その業務時間）内は、いつでも、次に掲げる請求をすることができる。ただし、債権者が第2号又は第4号に掲げる請求をするには、設立者（一般財団法人の成立後にあっては、当該一般財団法人）の定めた費用を支払わなければならない。

一　定款が書面をもって作成されているときは、当該書面の閲覧の請求

二　前号の書面の謄本又は抄本の交付の請求

三　定款が電磁的記録をもって作成されているときは、当該電磁的記録に記録された事項を**法務省令**で定める方法により表示したものの閲覧の請求

四　前号の電磁的記録に記録された事項を電磁的方法であって設立者（一般財団法人の成立後にあっては、当該一般財団法人）の定めたものにより提供することの請求又はその事項を記載した書面の交付の請求

3　定款が電磁的記録をもって作成されている場合であって、従たる事務所における前項第3号及び第4号に掲げる請求に応じることを可能とするための措置として**法務省令**で定めるものをとっている一般財団法人についての第1項の規定の適用については、同項中「主たる事務所及び従たる事務所」とあるのは、「主たる事務所」とする。

則**第91条**参照（17頁）。

則**第93条**参照（18頁）。

第2款　財産の拠出

（財産の拠出の履行）

第157条　設立者（第152条第2項の場合にあっては、遺言執行者。以下この条、第161条第2項、第166条から第168条まで、第200条第2項、第319条第3項及び第7章において同じ。）は、第155条の公証人の認証の後遅滞なく、第153条第1項第5

90

号に規定する拠出に係る金銭の全額を払い込み、又は同号に規定する拠出に係る金銭以外の財産の全部を給付しなければならない。ただし、設立者が定めたとき（設立者が2人以上あるときは、その全員の同意があるとき）は、登記、登録その他権利の設定又は移転を第三者に対抗するために必要な行為は、一般財団法人の成立後にすることを妨げない。

2　前項の規定による払込みは、設立者が定めた銀行等の払込みの取扱いの場所においてしなければならない。

（贈与又は遺贈に関する規定の準用）

第158条　生前の処分で財産の拠出をするときは、その性質に反しない限り、民法の贈与に関する規定を準用する。

2　遺言で財産の拠出をするときは、その性質に反しない限り、民法の遺贈に関する規定を準用する。

○民 法（明治29年政令第89号）

（贈与）

第549条　贈与は、当事者の一方が自己の財産を無償で相手方に与える意思を表示し、相手方が受諾をすることによって、その効力を生ずる。

（書面によらない贈与の撤回）

第550条　書面によらない贈与は、各当事者が撤回することができる。ただし、履行の終わった部分については、この限りでない。

（贈与者の担保責任）

第551条　贈与者は、贈与の目的である物又は権利の瑕疵又は不存在について、その責任を負わない。ただし、贈与者がその瑕疵又は不存在を知りながら受贈者に告げなかったときは、この限りでない。

2　負担付贈与については、贈与者は、その負担の限度において、売主と同じく担保の責任を負う。

（定期贈与）

第552条　定期の給付を目的とする贈与は、贈与者又は受贈者の死亡によって、その効力を失う。

（負担付贈与）

第553条　負担付贈与については、この節に定めるもののほか、その性質に反しない限り、双務契約に関する規定を準用する。

（死因贈与）

第1章　公益法人制度関係法令

第554条　贈与者の死亡によって効力を生ずる贈与については、その性質に反しない
　　限り、遺贈に関する規定を準用する。

第3款　設立時評議員等の選任

第159条　定款で設立時評議員、設立時理事又は設立時監事を定めなかったときは、
　　第157条第1項の規定による払込み又は給付（以下「財産の拠出の履行」という。）
　　が完了した後、遅滞なく、定款で定めるところにより、これらの者を選任しなけれ
　　ばならない。
2　設立しようとする一般財団法人が会計監査人設置一般財団法人である場合におい
　　て、定款で設立時会計監査人を定めなかったときは、財産の拠出の履行が完了した後、
　　遅滞なく、定款で定めるところにより、設立時会計監査人を選任しなければならない。

第160条　設立時評議員及び設立時理事は、それぞれ3人以上でなければならない。
2　第173条第1項において準用する第65条第1項の規定又は第177条において準用する
　　第65条第1項若しくは第68条第1項若しくは第3項の規定により成立後の一般財団法
　　人の評議員、理事、監事又は会計監査人となることができない者は、それぞれ設立時
　　評議員、設立時理事、設立時監事又は設立時会計監査人となることができない。

第4款　設立時理事等による調査

第161条　設立時理事及び設立時監事は、その選任後遅滞なく、次に掲げる事項を調
　　査しなければならない。
　　一　財産の拠出の履行が完了していること。
　　二　前号に掲げる事項のほか、一般財団法人の設立の手続が法令又は定款に違反し
　　　　ていないこと。
2　設立時理事及び設立時監事は、前項の規定による調査により、同項各号に掲げる
　　事項について法令若しくは定款に違反し、又は不当な事項があると認めるときは、
　　設立者にその旨を通知しなければならない。

第5款　設立時代表理事の選定等

第162条　設立時理事は、設立時理事の中から一般財団法人の設立に際して代表理事
　　（一般財団法人を代表する理事をいう。第302条第2項第6号において同じ。）とな
　　る者（以下この条及び第319条第2項において「設立時代表理事」という。）を選定
　　しなければならない。

2　設立時理事は、一般財団法人の成立の時までの間、設立時代表理事を解職することができる。

3　前2項の規定による設立時代表理事の選定及び解職は、設立時理事の過半数をもって決定する。

第6款　一般財団法人の成立

（一般財団法人の成立）

第163条　一般財団法人は、その主たる事務所の所在地において設立の登記をすることによって成立する。

（財産の帰属時期）

第164条　生前の処分で財産の拠出をしたときは、当該財産は、一般財団法人の成立の時から当該一般財団法人に帰属する。

2　遺言で財産の拠出をしたときは、当該財産は、遺言が効力を生じた時から一般財団法人に帰属したものとみなす。

（財産の拠出の無効又は取消しの制限）

第165条　設立者（第152条第2項の場合にあっては、その相続人）は、一般財団法人の成立後は、錯誤を理由として財産の拠出の無効を主張し、又は詐欺若しくは強迫を理由として財産の拠出の取消しをすることができない。

第7款　設立者等の責任

（設立者等の損害賠償責任）

第166条　設立者、設立時理事又は設立時監事は、一般財団法人の設立についてその任務を怠ったときは、当該一般財団法人に対し、これによって生じた損害を賠償する責任を負う。

2　設立者、設立時理事又は設立時監事がその職務を行うについて悪意又は重大な過失があったときは、当該設立者、設立時理事又は設立時監事は、これによって第三者に生じた損害を賠償する責任を負う。

（設立者等の連帯責任）

第167条　設立者、設立時理事又は設立時監事が一般財団法人又は第三者に生じた損害を賠償する責任を負う場合において、他の設立者、設立時理事又は設立時監事も

当該損害を賠償する責任を負うときは、これらの者は、連帯債務者とする。

（責任の免除）
第168条 第166条第1項の規定により設立者、設立時理事又は設立時監事の負う責任は、総評議員の同意がなければ、免除することができない。

（一般財団法人不成立の場合の責任）
第169条 一般財団法人が成立しなかったときは、第152条第1項の設立者は、連帯して、一般財団法人の設立に関してした行為についてその責任を負い、一般財団法人の設立に関して支出した費用を負担する。

第2節 機 関

第1款 機関の設置

（機関の設置）
第170条 一般財団法人は、評議員、評議員会、理事、理事会及び監事を置かなければならない。
2 一般財団法人は、定款の定めによって、会計監査人を置くことができる。

（会計監査人の設置義務）
第171条 大規模一般財団法人は、会計監査人を置かなければならない。

第2款 評議員等の選任及び解任

（一般財団法人と評議員等との関係）
第172条 一般財団法人と評議員、理事、監事及び会計監査人との関係は、委任に関する規定に従う。
2 理事は、一般財団法人の財産のうち一般財団法人の目的である事業を行うために不可欠なものとして定款で定めた基本財産があるときは、定款で定めるところにより、これを維持しなければならず、かつ、これについて一般財団法人の目的である事業を行うことを妨げることとなる処分をしてはならない。

（評議員の資格等）
第173条 第65条第1項の規定は、評議員について準用する。
2 評議員は、一般財団法人又はその子法人の理事、監事又は使用人を兼ねることが

できない。

3　評議員は、3人以上でなければならない。

（評議員の任期）

第174条　評議員の任期は、選任後4年以内に終了する事業年度のうち最終のものに関する定時評議員会の終結の時までとする。ただし、定款によって、その任期を選任後6年以内に終了する事業年度のうち最終のものに関する定時評議員会の終結の時まで伸長することを妨げない。

2　前項の規定は、定款によって、任期の満了前に退任した評議員の補欠として選任された評議員の任期を退任した評議員の任期の満了する時までとすることを妨げない。

（評議員に欠員を生じた場合の措置）

第175条　この法律又は定款で定めた評議員の員数が欠けた場合には、任期の満了又は辞任により退任した評議員は、新たに選任された評議員（次項の一時評議員の職務を行うべき者を含む。）が就任するまで、なお評議員としての権利義務を有する。

2　前項に規定する場合において、裁判所は、必要があると認めるときは、利害関係人の申立てにより、一時評議員の職務を行うべき者を選任することができる。

3　裁判所は、前項の一時評議員の職務を行うべき者を選任した場合には、一般財団法人がその者に対して支払う報酬の額を定めることができる。

（理事、監事又は会計監査人の解任）

第176条　理事又は監事が次のいずれかに該当するときは、評議員会の決議によって、その理事又は監事を解任することができる。

一　職務上の義務に違反し、又は職務を怠ったとき。

二　心身の故障のため、職務の執行に支障があり、又はこれに堪えないとき。

2　会計監査人が第71条第1項各号のいずれかに該当するときは、評議員会の決議によって、その会計監査人を解任することができる。

（一般社団法人に関する規定の準用）

第177条　前章第3節第3款（第64条、第67条第3項及び第70条を除く。）の規定は、一般財団法人の理事、監事及び会計監査人の選任及び解任について準用する。この場合において、これらの規定（第66条ただし書を除く。）中「社員総会」とあるのは「評議員会」と、第66条ただし書中「定款又は社員総会の決議によって」とあるのは「定款によって」と、第68条第3項第1号中「第123条第2項」とあるのは「第

第1章　公益法人制度関係法令

199条において準用する第123条第2項」と、第74条第3項中「第38条第1項第1号」とあるのは「第181条第1項第1号」と読み替えるものとする。

（補欠の役員の選任に関する規定の準用）

則**第61条**　第12条の規定は、<u>法第177条</u>において準用する法第63条第2項の規定により法務省令で定めるべき事項について準用する。この場合において、第12条第3項中「社員総会」とあるのは「評議員会」と読み替えるものとする。

【一般財団法人】読替条文（法第177条関係）

○一般財団法人の理事、監事及び会計監査人の選任及び解任について準用されている規定

（選任）

財**第63条**　役員（理事及び監事をいう。以下この款において同じ。）及び会計監査人は、評議員会の決議によって選任する。

2　前項の決議をする場合には、法務省令で定めるところにより、役員が欠けた場合又はこの法律若しくは定款で定めた役員の員数を欠くこととなるときに備えて補欠の役員を選任することができる。

（役員の資格等）

財**第65条**　次に掲げる者は、役員となることができない。

一　法人

二　成年被後見人若しくは被保佐人又は外国の法令上これらと同様に取り扱われている者

三　この法律若しくは会社法（平成17年法律第86号）の規定に違反し、又は民事再生法（平成11年法律第225号）第255条、第256条、第258条から第260条まで若しくは第262条の罪、外国倒産処理手続の承認援助に関する法律（平成12年法律第129号）第65条、第66条、第68条若しくは第69条の罪、会社更生法（平成14年法律第154号）第266条、第267条、第269条から第271条まで若しくは第273条の罪若しくは破産法（平成16年法律第75号）第265条、第266条、第268条から第272条まで若しくは第274条の罪を犯し、刑に処せられ、その執行を終わり、又はその執行を受けることがなくなった日から2年を経過しない者

四　前号に規定する法律の規定以外の法令の規定に違反し、禁錮以上の刑に処せられ、その執行を終わるまで又はその執行を受けることがなくなるまでの者（刑の執行猶予中の者を除く。）

2　監事は、一般財団法人又はその子法人の理事又は使用人を兼ねることができない。

3　理事は、3人以上でなければならない。

　　（理事の任期）

財**第66条**　理事の任期は、選任後2年以内に終了する事業年度のうち最終のものに関する定時評議員会の終結の時までとする。ただし、定款によって、その任期を短縮することを妨げない。

　　（監事の任期）

財**第67条**　監事の任期は、選任後4年以内に終了する事業年度のうち最終のものに関する定時評議員会の終結の時までとする。ただし、定款によって、その任期を選任後2年以内に終了する事業年度のうち最終のものに関する定時評議員会の終結の時までとすることを限度として短縮することを妨げない。

2　前項の規定は、定款によって、任期の満了前に退任した監事の補欠として選任された監事の任期を退任した監事の任期の満了する時までとすることを妨げない。

　　（会計監査人の資格等）

財**第68条**　会計監査人は、公認会計士（外国公認会計士（公認会計士法（昭和23年法律第103号）第16条の2第5項に規定する外国公認会計士をいう。）を含む。以下同じ。）又は監査法人でなければならない。

2　会計監査人に選任された監査法人は、その社員の中から会計監査人の職務を行うべき者を選定し、これを一般財団法人に通知しなければならない。この場合においては、次項第2号に掲げる者を選定することはできない。

3　次に掲げる者は、会計監査人となることができない。

　一　公認会計士法の規定により、第199条において準用する第123条第2項に規定する計算書類について監査をすることができない者

　二　一般財団法人の子法人若しくはその理事若しくは監事から公認会計士若しくは監査法人の業務以外の業務により継続的な報酬を受けている者又はその配偶者

　三　監査法人でその社員の半数以上が前号に掲げる者であるもの

　　（会計監査人の任期）

財**第69条**　会計監査人の任期は、選任後1年以内に終了する事業年度のうち最終のものに関する定時評議員会の終結の時までとする。

2　会計監査人は、前項の定時評議員会において別段の決議がされなかったときは、当該定時評議員会において再任されたものとみなす。

3　前2項の規定にかかわらず、会計監査人設置一般財団法人が会計監査人を置く旨の定款の定めを廃止する定款の変更をした場合には、会計監査人の任期は、当該定款の変更の効力が生じた時に満了する。

（監事による会計監査人の解任）

財**第71条**　監事は、会計監査人が次のいずれかに該当するときは、その会計監査人を解任することができる。

　一　職務上の義務に違反し、又は職務を怠ったとき。

　二　会計監査人としてふさわしくない非行があったとき。

　三　心身の故障のため、職務の執行に支障があり、又はこれに堪えないとき。

2　前項の規定による解任は、監事が2人以上ある場合には、監事の全員の同意によって行われなければならない。

3　第1項の規定により会計監査人を解任したときは、監事（監事が2人以上ある場合にあっては、監事の互選によって定めた監事）は、その旨及び解任の理由を解任後最初に招集される評議員会に報告しなければならない。

（監事の選任に関する監事の同意等）

財**第72条**　理事は、監事の選任に関する議案を評議員会に提出するには、監事（監事が2人以上ある場合にあっては、その過半数）の同意を得なければならない。

2　監事は、理事に対し、監事の選任を評議員会の目的とすること又は監事の選任に関する議案を評議員会に提出することを請求することができる。

（会計監査人の選任等に関する議案の内容の決定）

財**第73条**　監事設置一般社団法人においては、社員総会に提出する会計監査人の選任及び解任並びに会計監査人を再任しないことに関する議案の内容は、監事が決定する。

2　監事が2人以上ある場合における前項の規定の適用については、同項中「監事が」とあるのは、「監事の過半数をもって」とする。

（監事等の選任等についての意見の陳述）

財**第74条**　監事は、評議員会において、監事の選任若しくは解任又は辞任について意見を述べることができる。

2　監事を辞任した者は、辞任後最初に招集される評議員会に出席して、辞任した旨及びその理由を述べることができる。

3　理事は、前項の者に対し、同項の評議員会を招集する旨及び第181条第1項第1号に掲げる事項を通知しなければならない。

4　第1項の規定は会計監査人について、前2項の規定は会計監査人を辞任した者及び第177条において準用する第71条第1項の規定により会計監査人を解任された者について、それぞれ準用する。この場合において、第1項中「評議員会において、監事の選任若しくは解任又は辞任について」とあるのは「会計監査人の選任、解任若しくは不再任又は辞任について、評議員会に出席して」と、第2項中「辞任後」とあるのは「解任後又は辞任後」と、「辞任した旨及びその理由」とあるのは「辞

任した旨及びその理由又は解任についての意見」と読み替えるものとする。（役員等に欠員を生じた場合の措置）

財第75条 役員が欠けた場合又はこの法律若しくは定款で定めた役員の員数が欠けた場合には、任期の満了又は辞任により退任した役員は、新たに選任された役員（次項の一時役員の職務を行うべき者を含む。）が就任するまで、なお役員としての権利義務を有する。

2 前項に規定する場合において、裁判所は、必要があると認めるときは、利害関係人の申立てにより、一時役員の職務を行うべき者を選任することができる。

3 裁判所は、前項の一時役員の職務を行うべき者を選任した場合には、一般財団法人がその者に対して支払う報酬の額を定めることができる。

4 会計監査人が欠けた場合又は定款で定めた会計監査人の員数が欠けた場合において、遅滞なく会計監査人が選任されないときは、監事は、一時会計監査人の職務を行うべき者を選任しなければならない。

5 第177条において準用する第68条及び第177条において準用する第71条の規定は、前項の一時会計監査人の職務を行うべき者について準用する。

第3款　評議員及び評議員会

（評議員会の権限等）

第178条 評議員会は、すべての評議員で組織する。

2 評議員会は、この法律に規定する事項及び定款で定めた事項に限り、決議をすることができる。

3 この法律の規定により評議員会の決議を必要とする事項について、理事、理事会その他の評議員会以外の機関が決定することができることを内容とする定款の定めは、その効力を有しない。

（評議員会の招集）

第179条 定時評議員会は、毎事業年度の終了後一定の時期に招集しなければならない。

2 評議員会は、必要がある場合には、いつでも、招集することができる。

3 評議員会は、次条第2項の規定により招集する場合を除き、理事が招集する。

（評議員による招集の請求）

第180条 評議員は、理事に対し、評議員会の目的である事項及び招集の理由を示して、評議員会の招集を請求することができる。

第1章　公益法人制度関係法令

2　次に掲げる場合には、前項の規定による請求をした評議員は、裁判所の許可を得
て、評議員会を招集することができる。

一　前項の規定による請求の後遅滞なく招集の手続が行われない場合

二　前項の規定による請求があった日から6週間（これを下回る期間を定款で定め
た場合にあっては、その期間）以内の日を評議員会の日とする評議員会の招集の
通知が発せられない場合

（評議員会の招集の決定）

第181条　評議員会を招集する場合には、理事会の決議によって、次に掲げる事項を
定めなければならない。

一　評議員会の日時及び場所

二　評議員会の目的である事項があるときは、当該事項

三　前2号に掲げるもののほか、<u>法務省令</u>で定める事項

2　前項の規定にかかわらず、前条第2項の規定により評議員が評議員会を招集する
場合には、当該評議員は、前項各号に掲げる事項を定めなければならない。

（招集の決定事項）

則第58条　<u>法第181条第1項第3号</u>に規定する法務省令で定める事項は、評議員会の
目的である事項に係る議案（当該目的である事項が議案となるものを除く。）の概
要（議案が確定していない場合にあっては、その旨）とする。

（評議員会の招集の通知）

第182条　評議員会を招集するには、理事（第180条第2項の規定により評議員が評
議員会を招集する場合にあっては、当該評議員。次項において同じ。）は、評議員
会の日の1週間（これを下回る期間を定款で定めた場合にあっては、その期間）前
までに、評議員に対して、書面でその通知を発しなければならない。

2　理事は、前項の書面による通知の発出に代えて、<u>政令</u>で定めるところにより、評
議員の承諾を得て、電磁的方法により通知を発することができる。この場合におい
て、当該理事は、同項の書面による通知を発したものとみなす。

3　前2項の通知には、前条第1項各号に掲げる事項を記載し、又は記録しなければ
ならない。

政第1条参照（26頁）。

100

（招集手続の省略）

第183条 前条の規定にかかわらず、評議員会は、評議員の全員の同意があるときは、招集の手続を経ることなく開催することができる。

（評議員提案権）

第184条 評議員は、理事に対し、一定の事項を評議員会の目的とすることを請求することができる。この場合において、その請求は、評議員会の日の4週間（これを下回る期間を定款で定めた場合にあっては、その期間）前までにしなければならない。

第185条 評議員は、評議員会において、評議員会の目的である事項につき議案を提出することができる。ただし、当該議案が法令若しくは定款に違反する場合又は実質的に同一の議案につき評議員会において議決に加わることができる評議員の10分の1（これを下回る割合を定款で定めた場合にあっては、その割合）以上の賛成を得られなかった日から3年を経過していない場合は、この限りでない。

第186条 評議員は、理事に対し、評議員会の日の4週間（これを下回る期間を定款で定めた場合にあっては、その期間）前までに、評議員会の目的である事項につき当該評議員が提出しようとする議案の要領を第182条第1項又は第2項の通知に記載し、又は記録して評議員に通知することを請求することができる。

2 前項の規定は、同項の議案が法令若しくは定款に違反する場合又は実質的に同一の議案につき評議員会において議決に加わることができる評議員の10分の1（これを下回る割合を定款で定めた場合にあっては、その割合）以上の賛成を得られなかった日から3年を経過していない場合には、適用しない。

（評議員会の招集手続等に関する検査役の選任）

第187条 一般財団法人又は評議員は、評議員会に係る招集の手続及び決議の方法を調査させるため、当該評議員会に先立ち、裁判所に対し、検査役の選任の申立てをすることができる。

2 前項の規定による検査役の選任の申立てがあった場合には、裁判所は、これを不適法として却下する場合を除き、検査役を選任しなければならない。

3 裁判所は、前項の検査役を選任した場合には、一般財団法人が当該検査役に対して支払う報酬の額を定めることができる。

4 第2項の検査役は、必要な調査を行い、当該調査の結果を記載し、又は記録した書面又は電磁的記録（<u>法務省令</u>で定めるものに限る。）を裁判所に提供して報告を

しなければならない。

5　裁判所は、前項の報告について、その内容を明瞭にし、又はその根拠を確認するため必要があると認めるときは、第2項の検査役に対し、更に前項の報告を求めることができる。

6　第2項の検査役は、第4項の報告をしたときは、一般財団法人（検査役の選任の申立てをした者が当該一般財団法人でない場合にあっては、当該一般財団法人及びその者）に対し、同項の書面の写しを交付し、又は同項の電磁的記録に記録された事項を**法務省令**で定める方法により提供しなければならない。

則**第94条**参照（34頁）。
則**第95条**参照（34頁）。

（裁判所による評議員会招集等の決定）

第188条　裁判所は、前条第4項の報告があった場合において、必要があると認めるときは、理事に対し、次に掲げる措置の全部又は一部を命じなければならない。

一　一定の期間内に評議員会を招集すること。

二　前条第4項の調査の結果を評議員に通知すること。

2　裁判所が前項第1号に掲げる措置を命じた場合には、理事は、前条第4項の報告の内容を同号の評議員会において開示しなければならない。

3　前項に規定する場合には、理事及び監事は、前条第4項の報告の内容を調査し、その結果を第1項第1号の評議員会に報告しなければならない。

（評議員会の決議）

第189条　評議員会の決議は、議決に加わることができる評議員の過半数（これを上回る割合を定款で定めた場合にあっては、その割合以上）が出席し、その過半数（これを上回る割合を定款で定めた場合にあっては、その割合以上）をもって行う。

2　前項の規定にかかわらず、次に掲げる評議員会の決議は、議決に加わることができる評議員の3分の2（これを上回る割合を定款で定めた場合にあっては、その割合）以上に当たる多数をもって行わなければならない。

一　第176条第1項の評議員会（監事を解任する場合に限る。）

二　第198条において準用する第113条第1項の評議員会

三　第200条の評議員会

四　第201条の評議員会

五　第204条の評議員会

六　第247条、第251条第１項及び第257条の評議員会

3　前２項の決議について特別の利害関係を有する評議員は、議決に加わることができない。

4　評議員会は、第181条第１項第２号に掲げる事項以外の事項については、決議をすることができない。ただし、第191条第１項若しくは第２項に規定する者の選任又は第197条において準用する第109条第２項の会計監査人の出席を求めることについては、この限りでない。

（理事等の説明義務）

第190条　理事及び監事は、評議員会において、評議員から特定の事項について説明を求められた場合には、当該事項について必要な説明をしなければならない。ただし、当該事項が評議員会の目的である事項に関しないものである場合その他正当な理由がある場合として<u>法務省令</u>で定める場合は、この限りでない。

（理事等の説明義務）

則**第59条**　<u>法第190条</u>に規定する法務省令で定める場合は、次に掲げる場合とする。

一　評議員が説明を求めた事項について説明をするために調査をすることが必要である場合（次に掲げる場合を除く。）

　イ　当該評議員が評議員会の日より相当の期間前に当該事項を一般財団法人に対して通知した場合

　ロ　当該事項について説明をするために必要な調査が著しく容易である場合

二　評議員が説明を求めた事項について説明をすることにより一般財団法人その他の者（当該評議員を除く。）の権利を侵害することとなる場合

三　評議員が当該評議員会において実質的に同一の事項について繰り返して説明を求める場合

四　前３号に掲げる場合のほか、評議員が説明を求めた事項について説明をしないことにつき正当な理由がある場合

（評議員会に提出された資料等の調査）

第191条　評議員会においては、その決議によって、理事、監事及び会計監査人が当該評議員会に提出し、又は提供した資料を調査する者を選任することができる。

2　第180条の規定により招集された評議員会においては、その決議によって、一般財団法人の業務及び財産の状況を調査する者を選任することができる。

第1章　公益法人制度関係法令

（延期又は続行の決議）
第192条　評議員会においてその延期又は続行について決議があった場合には、第181条及び第182条の規定は、適用しない。

（議事録）
第193条　評議員会の議事については、法務省令で定めるところにより、議事録を作成しなければならない。

2　一般財団法人は、評議員会の日から10年間、前項の議事録をその主たる事務所に備え置かなければならない。

3　一般財団法人は、評議員会の日から5年間、第1項の議事録の写しをその従たる事務所に備え置かなければならない。ただし、当該議事録が電磁的記録をもって作成されている場合であって、従たる事務所における次項第2号に掲げる請求に応じることを可能とするための措置として法務省令で定めるものをとっているときは、この限りでない。

4　評議員及び債権者は、一般財団法人の業務時間内は、いつでも、次に掲げる請求をすることができる。

一　第1項の議事録が書面をもって作成されているときは、当該書面又は当該書面の写しの閲覧又は謄写の請求

二　第1項の議事録が電磁的記録をもって作成されているときは、当該電磁的記録に記録された事項を法務省令で定める方法により表示したものの閲覧又は謄写の請求

（評議員会の議事録）
則第60条　法第193条第1項の規定による評議員会の議事録の作成については、この条の定めるところによる。

2　評議員会の議事録は、書面又は電磁的記録をもって作成しなければならない。

3　評議員会の議事録は、次に掲げる事項を内容とするものでなければならない。

一　評議員会が開催された日時及び場所（当該場所に存しない理事、監事、会計監査人又は評議員が評議員会に出席した場合における当該出席の方法を含む。）

二　評議員会の議事の経過の要領及びその結果

三　決議を要する事項について特別の利害関係を有する評議員があるときは、当該評議員の氏名

四　次に掲げる規定により評議員会において述べられた意見又は発言があるときは、その意見又は発言の内容の概要

イ　法第177条において準用する法第74条第1項（法第177条において準用する法

104

第74条第4項において準用する場合を含む。）

　　ロ　法第177条において準用する法第74条第2項（法第177条において準用する法第74条第4項において準用する場合を含む。）

　　ハ　法第197条において準用する法第102条

　　ニ　法第197条において準用する法第105条第3項

　　ホ　法第197条において準用する法第109条第1項

　　ヘ　法第197条において準用する法第109条第2項

　五　評議員会に出席した評議員、理事、監事又は会計監査人の氏名又は名称

　六　評議員会の議長が存するときは、議長の氏名

　七　議事録の作成に係る職務を行った者の氏名

4　次の各号に掲げる場合には、評議員会の議事録は、当該各号に定める事項を内容とするものとする。

　一　法第194条第1項の規定により評議員会の決議があったものとみなされた場合　次に掲げる事項

　　イ　評議員会の決議があったものとみなされた事項の内容

　　ロ　イの事項の提案をした者の氏名

　　ハ　評議員会の決議があったものとみなされた日

　　ニ　議事録の作成に係る職務を行った者の氏名

　二　法第195条の規定により評議員会への報告があったものとみなされた場合　次に掲げる事項

　　イ　評議員会への報告があったものとみなされた事項の内容

　　ロ　評議員会への報告があったものとみなされた日

　　ハ　議事録の作成に係る職務を行った者の氏名

則第93条参照（18頁）。

則第91条参照（17頁）。

（評議員会の決議の省略）

第194条　理事が評議員会の目的である事項について提案をした場合において、当該提案につき評議員（当該事項について議決に加わることができるものに限る。）の全員が書面又は電磁的記録により同意の意思表示をしたときは、当該提案を可決する旨の評議員会の決議があったものとみなす。

2　一般財団法人は、前項の規定により評議員会の決議があったものとみなされた日から10年間、同項の書面又は電磁的記録をその主たる事務所に備え置かなければならない。

3　評議員及び債権者は、一般財団法人の業務時間内は、いつでも、次に掲げる請求
をすることができる。
一　前項の書面の閲覧又は謄写の請求
二　前項の電磁的記録に記録された事項を**法務省令**で定める方法により表示したも
ののの閲覧又は謄写の請求
4　第1項の規定により定時評議員会の目的である事項のすべてについての提案を可
決する旨の評議員会の決議があったものとみなされた場合には、その時に当該定時
評議員会が終結したものとみなす。

則第91条参照（17頁）。

（評議員会への報告の省略）
第195条　理事が評議員の全員に対して評議員会に報告すべき事項を通知した場合に
おいて、当該事項を評議員会に報告することを要しないことにつき評議員の全員が
書面又は電磁的記録により同意の意思表示をしたときは、当該事項の評議員会への
報告があったものとみなす。

（評議員の報酬等）
第196条　評議員の報酬等の額は、定款で定めなければならない。

第4款　理事、理事会、監事及び会計監査人

第197条　前章第3節第4款（第76条、第77条第1項から第3項まで、第81条及び第
88条第2項を除く。）、第5款（第92条第1項を除く。）、第6款（第104条第2項を
除く。）及び第7款の規定は、一般財団法人の理事、理事会、監事及び会計監査人
について準用する。この場合において、これらの規定（第83条及び第84条第1項を
除く。）中「社員総会」とあるのは「評議員会」と、第83条中「定款並びに社員総
会の決議」とあるのは「定款」と、第84条第1項中「社員総会」とあるのは「理事
会」と、第85条中「社員（監事設置一般社団法人にあっては、監事）」とあるのは「監
事」と、第86条第1項中「総社員の議決権の10分の1（これを下回る割合を定款で
定めた場合にあっては、その割合）以上の議決権を有する社員」とあり、並びに同
条第7項、第87条第1項第2号及び第88条第1項中「社員」とあるのは「評議員」
と、同項中「著しい損害」とあるのは「回復することができない損害」と、第90条
第4項第6号中「第114条第1項」とあるのは「第198条において準用する第114条
第1項」と、「第111条第1項」とあるのは「第198条において準用する第111条第1

項」と、第97条第2項中「社員は、その権利を行使するため必要があるときは、裁判所の許可を得て」とあるのは「評議員は、一般財団法人の業務時間内は、いつでも」と、同条第4項中「前2項の請求」とあるのは「前項の請求」と、「前2項の許可」とあるのは「同項の許可」と、第104条第1項中「第77条第4項及び第81条」とあるのは「第77条第4項」と、第107条第1項中「第123条第2項」とあるのは「第199条において準用する第123条第2項」と、「第117条第2項第1号イ」とあるのは「第198条において準用する第117条第2項第1号イ」と、同条第5項第1号中「第68条第3項第1号」とあるのは「第177条において準用する第68条第3項第1号」と読み替えるものとする。

（理事会等に関する規定の準用）

則**第62条**　第14条から第18条までの規定は、<u>法第197条</u>において準用する法第90条第4項第5号、第95条第3項、第99条第1項、第102条及び第107条第1項の規定により法務省令で定めるべき事項について準用する。この場合において、第15条第3項第2号イ中「法第93条第2項」とあるのは「法第197条において準用する法第93条第2項」と、同号ロ中「法第93条第3項」とあるのは「法第197条において準用する法第93条第3項」と、同号ハ中「法第101条第2項」とあるのは「法第197条において準用する法第101条第2項」と、同号ニ中「法第101条第3項」とあるのは「法第197条において準用する法第101条第3項」と、同項第5号イ中「法第92条第2項」とあるのは「法第197条において準用する法第92条第2項」と、同号ロ中「法第100条」とあるのは「法第197条において準用する法第100条」と、同号ハ中「法第101条第1項」とあるのは「法第197条において準用する法第101条第1項」と、同項第6号中「法第95条第3項」とあるのは「法第197条において準用する法第95条第3項」と、「法第21条第1項」とあるのは「法第162条第1項」と、「第19条第2号ロ」とあるのは「第63条において準用する第19条第2号ロ」と、同条第4項第1号中「法第96条」とあるのは「法第197条において準用する法第96条」と、同項第2号中「法第98条第1項」とあるのは「法第197条において準用する法第98条第1項」と、第16条第2項及び第4項並びに第18条第2項中「一般社団法人」とあるのは「一般財団法人」と、読み替えるものとする。

【一般財団法人】読替条文（法第197条関係）

○一般財団法人の理事、理事会、監事及び会計監査人について準用されている規定

（一般財団法人の代表）

財**第77条**

4　代表理事は、一般財団法人の業務に関する一切の裁判上又は裁判外の行為をする権限を有する。

5　前項の権限に加えた制限は、善意の第三者に対抗することができない。

（代表者の行為についての損害賠償責任）

財**第78条**　一般財団法人は、代表理事その他の代表者がその職務を行うについて第三者に加えた損害を賠償する責任を負う。

（代表理事に欠員を生じた場合の措置）

財**第79条**　代表理事が欠けた場合又は定款で定めた代表理事の員数が欠けた場合には、任期の満了又は辞任により退任した代表理事は、新たに選定された代表理事（次項の一時代表理事の職務を行うべき者を含む。）が就任するまで、なお代表理事としての権利義務を有する。

2　前項に規定する場合において、裁判所は、必要があると認めるときは、利害関係人の申立てにより、一時代表理事の職務を行うべき者を選任することができる。

3　裁判所は、前項の一時代表理事の職務を行うべき者を選任した場合には、一般財団法人がその者に対して支払う報酬の額を定めることができる。

（理事の職務を代行する者の権限）

財**第80条**　民事保全法（平成元年法律第91号）第56条に規定する仮処分命令により選任された理事又は代表理事の職務を代行する者は、仮処分命令に別段の定めがある場合を除き、一般財団法人の常務に属しない行為をするには、裁判所の許可を得なければならない。

2　前項の規定に違反して行った理事又は代表理事の職務を代行する者の行為は、無効とする。ただし、一般財団法人は、これをもって善意の第三者に対抗することができない。

（表見代表理事）

財**第82条**　一般財団法人は、代表理事以外の理事に理事長その他一般財団法人を代表する権限を有するものと認められる名称を付した場合には、当該理事がした行為について、善意の第三者に対してその責任を負う。

（忠実義務）

財**第83条**　理事は、法令及び定款を遵守し、一般財団法人のため忠実にその職務を行わなければならない。

（競業及び利益相反取引の制限）

財**第84条**　理事は、次に掲げる場合には、理事会において、当該取引につき重要な

事実を開示し、その承認を受けなければならない。

一　理事が自己又は第三者のために一般財団法人の事業の部類に属する取引をしようとするとき。

二　理事が自己又は第三者のために一般財団法人と取引をしようとするとき。

三　一般財団法人が理事の債務を保証することその他理事以外の者との間において一般財団法人と当該理事との利益が相反する取引をしようとするとき。

2　民法（明治29年法律第89号）第108条の規定は、前項の承認を受けた同項第2号の取引については、適用しない。

（理事の報告義務）

財**第85条**　理事は、一般財団法人に著しい損害を及ぼすおそれのある事実があることを発見したときは、直ちに、当該事実を監事に報告しなければならない。

（業務の執行に関する検査役の選任）

財**第86条**　一般財団法人の業務の執行に関し、不正の行為又は法令若しくは定款に違反する重大な事実があることを疑うに足りる事由があるときは、評議員は、当該一般財団法人の業務及び財産の状況を調査させるため、裁判所に対し、検査役の選任の申立てをすることができる。

2　前項の申立てがあった場合には、裁判所は、これを不適法として却下する場合を除き、検査役を選任しなければならない。

3　裁判所は、前項の検査役を選任した場合には、一般財団法人が当該検査役に対して支払う報酬の額を定めることができる。

4　第2項の検査役は、その職務を行うため必要があるときは、一般財団法人の子法人の業務及び財産の状況を調査することができる。

5　第2項の検査役は、必要な調査を行い、当該調査の結果を記載し、又は記録した書面又は電磁的記録（法務省令で定めるものに限る。）を裁判所に提供して報告をしなければならない。

6　裁判所は、前項の報告について、その内容を明瞭にし、又はその根拠を確認するため必要があると認めるときは、第2項の検査役に対し、更に前項の報告を求めることができる。

7　第2項の検査役は、第5項の報告をしたときは、一般財団法人及び検査役の選任の申立てをした評議員に対し、同項の書面の写しを交付し、又は同項の電磁的記録に記録された事項を法務省令で定める方法により提供しなければならない。

（裁判所による評議員会招集等の決定）

財**第87条**　裁判所は、前条第5項の報告があった場合において、必要があると認めるときは、理事に対し、次に掲げる措置の全部又は一部を命じなければならない。

一　一定の期間内に評議員会を招集すること。

第1章　公益法人制度関係法令

二　前条第5項の調査の結果を評議員に通知すること。

2　裁判所が前項第1号に掲げる措置を命じた場合には、理事は、前条第5項の報告の内容を同号の評議員会において開示しなければならない。

3　前項に規定する場合には、理事及び監事は、前条第5項の報告の内容を調査し、その結果を第1項第1号の評議員会に報告しなければならない。

　（評議員による理事の行為の差止め）

財第88条　評議員は、理事が一般財団法人の目的の範囲外の行為その他法令若しくは定款に違反する行為をし、又はこれらの行為をするおそれがある場合において、当該行為によって当該一般財団法人に回復することができない損害が生ずるおそれがあるときは、当該理事に対し、当該行為をやめることを請求することができる。

　（理事の報酬等）

財第89条　理事の報酬等（報酬、賞与その他の職務執行の対価として一般社団法人人等から受ける財産上の利益をいう。以下同じ。）は、定款にその額を定めていないときは、評議員会の決議によって定める。

　（理事会の権限等）

財第90条　理事会は、すべての理事で組織する。

2　理事会は、次に掲げる職務を行う。

一　一般財団法人の業務執行の決定

二　理事の職務の執行の監督

三　代表理事の選定及び解職

3　理事会は、理事の中から代表理事を選定しなければならない。

4　理事会は、次に掲げる事項その他の重要な業務執行の決定を理事に委任することができない。

一　重要な財産の処分及び譲受け

二　多額の借財

三　重要な使用人の選任及び解任

四　従たる事務所その他の重要な組織の設置、変更及び廃止

五　理事の職務の執行が法令及び定款に適合することを確保するための体制その他一般財団法人の業務の適正を確保するために必要なものとして法務省令で定める体制の整備

六　第198条において準用する第114条第1項の規定による定款の定めに基づく第198条において準用する第111条第1項の責任の免除

5　大規模一般財団法人においては、理事会は、前項第5号に掲げる事項を決定しなければならない。

110

（理事の権限）

財**第91条**　次に掲げる理事は、一般財団法人の業務を執行する。

一　代表理事

二　代表理事以外の理事であって、理事会の決議によって一般財団法人の業務を執行する理事として選定されたもの

2　前項各号に掲げる理事は、3箇月に1回以上、自己の職務の執行の状況を理事会に報告しなければならない。ただし、定款で毎事業年度に4箇月を超える間隔で2回以上その報告をしなければならない旨を定めた場合にはこの限りでない。

財**第92条**

2　第197条において準用する第84条第1項各号の取引をした理事は、当該取引後、遅滞なく、当該取引についての重要な事実を理事会に報告しなければならない。

（招集権者）

財**第93条**　理事会は、各理事が招集する。ただし、理事会を招集する理事を定款又は理事会で定めたときは、その理事が招集する。

2　前項ただし書に規定する場合には、同項ただし書の規定により定められた理事（以下この項及び第197条において準用する第101条第2項において「招集権者」という。）以外の理事は、招集権者に対し、理事会の目的である事項を示して、理事会の招集を請求することができる。

3　前項の規定による請求があった日から5日以内に、その請求があった日から2週間以内の日を理事会の日とする理事会の招集の通知が発せられない場合は、その請求をした理事は、理事会を招集することができる。

（招集手続）

財**第94条**　理事会を招集する者は、理事会の日の1週間（これを下回る期間を定款で定めた場合にあっては、その期間）前までに、各理事及び各監事に対してその通知を発しなければならない。

2　前項の規定にかかわらず、理事会は、理事及び監事の全員の同意があるときは、招集の手続を経ることなく開催することができる。

（理事会の決議）

財**第95条**　理事会の決議は、議決に加わることができる理事の過半数（これを上回る割合を定款で定めた場合にあっては、その割合以上）が出席し、その過半数（これを上回る割合を定款で定めた場合にあっては、その割合以上）をもって行う。

2　前項の決議について特別の利害関係を有する理事は、議決に加わることができない。

3　理事会の議事については、法務省令で定めるところにより、議事録を作成し、議

事録が書面をもって作成されているときは、出席した理事（定款で議事録に署名し、又は記名押印しなければならない者を当該理事会に出席した代表理事とする旨の定めがある場合にあっては、当該代表理事）及び監事は、これに署名し、又は記名押印しなければならない。

4　前項の議事録が電磁的記録をもって作成されている場合における当該電磁的記録に記録された事項については、法務省令で定める署名又は記名押印に代わる措置をとらなければならない。

5　理事会の決議に参加した理事であって第3項の議事録に異議をとどめないものは、その決議に賛成したものと推定する。

（理事会の決議の省略）

財**第96条**　一般財団法人は、理事が理事会の決議の目的である事項について提案をした場合において、当該提案につき理事（当該事項について議決に加わることができるものに限る。）の全員が書面又は電磁的記録により同意の意思表示をしたとき（監事が当該提案について異議を述べたときを除く。）は、当該提案を可決する旨の理事会の決議があったものとみなす旨を定款で定めることができる。

（議事録等）

財**第97条**　一般財団法人は、理事会の日（前条の規定により理事会の決議があったものとみなされた日を含む。）から10年間、第197条において準用する第95条第3項の議事録又は前条の意思表示を記載し、若しくは記録した書面若しくは電磁的記録（以下この条において「議事録等」という。）をその主たる事務所に備え置かなければならない。

2　評議員は、一般財団法人の業務時間内は、いつでも、次に掲げる請求をすることができる。

一　前項の議事録等が書面をもって作成されているときは、当該書面の閲覧又は謄写の請求

二　前項の議事録等が電磁的記録をもって作成されているときは、当該電磁的記録に記録された事項を法務省令で定める方法により表示したものの閲覧又は謄写の請求

3　債権者は、理事又は監事の責任を追及するため必要があるときは、裁判所の許可を得て、第1項の議事録等について前項各号に掲げる請求をすることができる。

4　裁判所は、前項の請求に係る閲覧又は謄写をすることにより、当該一般財団法人に著しい損害を及ぼすおそれがあると認めるときは、同項の許可をすることができない。

1. 一般法人法関係法令

（理事会への報告の省略）

㊶**第98条** 理事、監事又は会計監査人が理事及び監事の全員に対して理事会に報告すべき事項を通知したときは、当該事項を理事会へ報告することを要しない。

2 前項の規定は、第197条において準用する第91条第2項の規定による報告については、適用しない。

（監事の権限）

㊶**第99条** 監事は、理事の職務の執行を監査する。この場合において、監事は、法務省令で定めるところにより、監査報告を作成しなければならない。

2 監事は、いつでも、理事及び使用人に対して事業の報告を求め、又は一般財団法人の業務及び財産の状況の調査をすることができる。

3 監事は、その職務を行うため必要があるときは、一般財団法人の子法人に対して事業の報告を求め、又はその子法人の業務及び財産の状況の調査をすることができる。

4 前項の子法人は、正当な理由があるときは、同項の報告又は調査を拒むことができる。

（理事会への報告義務）

㊶**第100条** 監事は、理事が不正の行為をし、若しくは当該行為をするおそれがあると認めるとき、又は法令若しくは定款に違反する事実若しくは著しく不当な事実があると認めるときは、遅滞なく、その旨を理事会に報告しなければならない。

（理事会への出席義務等）

㊶**第101条** 監事は、理事会に出席し、必要があると認めるときは、意見を述べなければならない。

2 監事は、前条に規定する場合において、必要があると認めるときは、理事（第197条において準用する第93条第1項ただし書に規定する場合にあっては、招集権者）に対し、理事会の招集を請求することができる。

3 前項の規定による請求があった日から5日以内に、その請求があった日から2週間以内の日を理事会の日とする理事会の招集の通知が発せられない場合は、その請求をした監事は、理事会を招集することができる。

（評議員会に対する報告義務）

㊶**第102条** 監事は、理事が評議員会に提出しようとする議案、書類その他法務省令で定めるものを調査しなければならない。この場合において、法令若しくは定款に違反し、又は著しく不当な事項があると認めるときは、その調査の結果を評議員会に報告しなければならない。

（監事による理事の行為の差止め）

財**第103条**　監事は、理事が一般財団法人の目的の範囲外の行為その他法令若しくは定款に違反する行為をし、又はこれらの行為をするおそれがある場合において、当該行為によって当該一般財団法人に著しい損害が生ずるおそれがあるときは、当該理事に対し、当該行為をやめることを請求することができる。

2　前項の場合において、裁判所が仮処分をもって同項の理事に対し、その行為をやめることを命ずるときは、担保を立てさせないものとする。

（一般財団法人と理事との間の訴えにおける法人の代表）

財**第104条**　第197条において準用する第77条第4項の規定にかかわらず、一般財団法人が理事（理事であった者を含む。以下この条において同じ。）に対し、又は理事が一般財団法人に対して訴えを提起する場合には、当該訴えについては、監事が一般財団法人を代表する。

（監事の報酬等）

財**第105条**　監事の報酬等は、定款にその額を定めていないときは、評議員会の決議によって定める。

2　監事が2人以上ある場合において、各監事の報酬等について定款の定め又は評議員会の決議がないときは、当該報酬等は、前項の報酬等の範囲内において、監事の協議によって定める。

3　監事は、評議員会において、監事の報酬等について意見を述べることができる。

（費用等の請求）

財**第106条**　監事がその職務の執行について一般財団法人に対して次に掲げる請求をしたときは、当該一般財団法人は、当該請求に係る費用又は債務が当該監事の職務の執行に必要でないことを証明した場合を除き、これを拒むことができない。

一　費用の前払の請求

二　支出した費用及び支出の日以後におけるその利息の償還の請求

三　負担した債務の債権者に対する弁済（当該債務が弁済期にない場合にあっては、相当の担保の提供）の請求

（会計監査人の権限等）

財**第107条**　会計監査人は、次節の定めるところにより、一般財団法人の計算書類（第199条において準用する第123条第2項に規定する計算書類をいう。第198条において準用する第117条第2項第1号イにおいて同じ。）及びその附属明細書を監査する。この場合において、会計監査人は、法務省令で定めるところにより、会計監査報告を作成しなければならない。

2　会計監査人は、いつでも、次に掲げるものの閲覧及び謄写をし、又は理事及び使

用人に対し、会計に関する報告を求めることができる。

一　会計帳簿又はこれに関する資料が書面をもって作成されているときは、当該書面

二　会計帳簿又はこれに関する資料が電磁的記録をもって作成されているときは、当該電磁的記録に記録された事項を法務省令で定める方法により表示したもの

3　会計監査人は、その職務を行うため必要があるときは、会計監査人設置一般財団法人の子法人に対して会計に関する報告を求め、又は会計監査人設置一般財団法人若しくはその子法人の業務及び財産の状況の調査をすることができる。

4　前項の子法人は、正当な理由があるときは、同項の報告又は調査を拒むことができる。

5　会計監査人は、その職務を行うに当たっては、次のいずれかに該当する者を使用してはならない。

一　第177条において準用する第68条第3項第1号又は第2号に掲げる者

二　会計監査人設置一般財団法人又はその子法人の理事、監事又は使用人である者

三　会計監査人設置一般財団法人又はその子法人から公認会計士又は監査法人の業務以外の業務により継続的な報酬を受けている者

（監事に対する報告）

財**第108条**　会計監査人は、その職務を行うに際して理事の職務の執行に関し不正の行為又は法令若しくは定款に違反する重大な事実があることを発見したときは、遅滞なく、これを監事に報告しなければならない。

2　監事は、その職務を行うため必要があるときは、会計監査人に対し、その監査に関する報告を求めることができる。

（定時評議員会における会計監査人の意見の陳述）

財**第109条**　第197条において準用する第107条第1項に規定する書類が法令又は定款に適合するかどうかについて会計監査人が監事と意見を異にするときは、会計監査人（会計監査人が監査法人である場合にあっては、その職務を行うべき社員。次項において同じ。）は、定時評議員会に出席して意見を述べることができる。

2　定時評議員会において会計監査人の出席を求める決議があったときは、会計監査人は、定時評議員会に出席して意見を述べなければならない。

（会計監査人の報酬等の決定に関する監事の関与）

財**第110条**　理事は、会計監査人又は一時会計監査人の職務を行うべき者の報酬等を定める場合には、監事（監事が2人以上ある場合にあっては、その過半数）の同意を得なければならない。

第1章　公益法人制度関係法令

第5款　役員等の損害賠償責任

第198条　前章第3節第8款（第117条第2項第1号ロを除く。）の規定は、一般財団法人の理事、監事及び会計監査人並びに評議員の損害賠償責任について準用する。この場合において、これらの規定中「社員総会」とあるのは「評議員会」と、第111条第1項中「理事、監事又は会計監査人（以下この款及び第301条第2項第11号において「役員等」という。）」とあるのは「理事、監事若しくは会計監査人（以下この款及び第302条第2項第9号において「役員等」という。）又は評議員」と、同条第2項中「第84条第1項」とあるのは「第197条において準用する第84条第1項」と、同条第3項中「第84条第1項第2号」とあるのは「第197条において準用する第84条第1項第2号」と、同項第1号中「第84条第1項」とあるのは「第197条において準用する第84条第1項」と、第112条中「総社員」とあるのは「総評議員」と、第114条第2項中「についての理事の同意を得る場合及び当該責任の免除に関する議案」とあるのは「に関する議案」と、同条第3項中「社員」とあるのは「評議員」と、同条第4項中「総社員（前項の責任を負う役員等であるものを除く。）の議決権の10分の1（これを下回る割合を定款で定めた場合にあっては、その割合）以上の議決権を有する社員が同項」とあるのは「総評議員の10分の1（これを下回る割合を定款で定めた場合にあっては、その割合）以上の評議員が前項」と、第115条第1項中「第301条第2項第12号」とあるのは「第302条第2項第10号」と、第116条第1項中「第84条第1項第2号」とあるのは「第197条において準用する第84条第1項第2号」と、第117条第1項及び第118条中「役員等」とあるのは「役員等又は評議員」と、第117条第2項第1号ニ中「第128条第3項」とあるのは「第199条において準用する第128条第3項」と読み替えるものとする。

（役員等の損害賠償責任に関する規定の準用）

則第63条　第19条及び第20条の規定は、法第198条において準用する法第113条第1項第2号及び第4項（法第198条において準用する法第114条第5項及び第115条第5項において準用する場合を含む。）の規定により法務省令で定めるべき事項について準用する。この場合において、これらの規定（第19条第1号ロを除く。）中「一般社団法人」とあるのは「一般財団法人」と、第19条第1号イ中「社員総会」とあるのは「評議員会」と、同号ロ中「法第114条第1項」とあるのは「法第198条において準用する法第114条第1項」と、「同意（理事会設置一般社団法人（法第16条第1項に規定する理事会設置一般社団法人をいう。）にあっては、理事会の決議。ロにおいて同じ。）」とあるのは「理事会の決議」と、「当該同意のあった日」とあるのは「当該決議のあった日」と、同号ハ中「法第115条第1項」とあるのは「法第198条において準用する法第115条第1項」と読み替えるものとする。

【一般財団法人】読替条文（法第198条関係）

○一般財団法人の理事、監事及び会計監査人並びに評議員の損害賠償責任について準用されている規定

（役員等又は評議員の一般財団法人に対する損害賠償責任）

財**第111条**　理事、監事若しくは会計監査人（以下この款及び第302条第2項第9号において「役員等」という。）又は評議員は、その任務を怠ったときは、一般財団法人に対し、これによって生じた損害を賠償する責任を負う。

2　理事が第197条において準用する第84条第1項の規定に違反して同項第1号の取引をしたときは、当該取引によって理事又は第三者が得た利益の額は、前項の損害の額と推定する。

3　第197条において準用する第84条第1項第2号又は第3号の取引によって一般財団法人に損害が生じたときは、次に掲げる理事は、その任務を怠ったものと推定する。

一　第197条において準用する第84条第1項の理事

二　一般財団法人が当該取引をすることを決定した理事

三　当該取引に関する理事会の承認の決議に賛成した理事

（一般財団法人に対する損害賠償責任の免除）

財**第112条**　前条第1項の責任は、総評議員の同意がなければ、免除することができない。

（責任の一部免除）

財**第113条**　前条の規定にかかわらず、役員等の第198条において準用する第111条第1項の責任は、当該役員等が職務を行うにつき善意でかつ重大な過失がないときは、第1号に掲げる額から第2号に掲げる額（第198条において準用する第115条第1項において「最低責任限度額」という。）を控除して得た額を限度として、評議員会の決議によって免除することができる。

一　賠償の責任を負う額

二　当該役員等がその在職中に一般財団法人から職務執行の対価として受け、又は受けるべき財産上の利益の1年間当たりの額に相当する額として法務省令で定める方法により算定される額に、次のイからハまでに掲げる役員等の区分に応じ、当該イからハまでに定める数を乗じて得た額

イ　代表理事　6

ロ　代表理事以外の理事であって、次に掲げるもの　4

（1）理事会の決議によって一般財団法人の業務を執行する理事として選定され

たもの

　　(2)　当該一般財団法人の業務を執行した理事（(1)に掲げる理事を除く。）

　　(3)　当該一般財団法人の使用人

　ハ　理事（イ及びロに掲げるものを除く。）、監事又は会計監査人　2

2　前項の場合には、理事は、同項の評議員会において次に掲げる事項を開示しなければならない。

　一　責任の原因となった事実及び賠償の責任を負う額

　二　前項の規定により免除することができる額の限度及びその算定の根拠

　三　責任を免除すべき理由及び免除額

3　理事は、第198条において準用する第111条第1項の責任の免除（理事の責任の免除に限る。）に関する議案を評議員会に提出するには、監事（監事が2人以上ある場合にあっては、各監事）の同意を得なければならない。

4　第1項の決議があった場合において、一般財団法人が当該決議後に同項の役員等に対し退職慰労金その他の法務省令で定める財産上の利益を与えるときは、評議員会の承認を受けなければならない。

　　（理事会による免除に関する定款の定め）

⃞財**第114条**　第198条において準用する第112条の規定にかかわらず、一般財団法人は、第198条において準用する第111条第1項の責任について、役員等が職務を行うにつき善意でかつ重大な過失がない場合において、責任の原因となった事実の内容、当該役員等の職務の執行の状況その他の事情を勘案して特に必要と認めるときは、前条第1項の規定により免除することができる額を限度として理事会の決議によって免除することができる旨を定款で定めることができる。

2　前条第3項の規定は、定款を変更して前項の規定による定款の定め（理事の責任を免除することができる旨の定めに限る。）を設ける議案を評議員会に提出する場合、同項の規定による定款の定めに基づく責任の免除（理事の責任の免除に限る。）に関する議案を理事会に提出する場合について準用する。

3　第1項の規定による定款の定めに基づいて役員等の責任を免除する旨の理事会の決議を行ったときは、理事は、遅滞なく、前条第2項各号に掲げる事項及び責任を免除することに異議がある場合には一定の期間内に当該異議を述べるべき旨を評議員に通知しなければならない。ただし、当該期間は、1箇月を下ることができない。

4　総評議員の10分の1（これを下回る割合を定款で定めた場合にあっては、その割合）以上の評議員が前項の期間内に同項の異議を述べたときは、一般財団法人は、第1項の規定による定款の定めに基づく免除をしてはならない。

5　前条第4項の規定は、第1項の規定による定款の定めに基づき責任を免除した場

合について準用する。

（責任限定契約）

財**第115条**　第198条において準用する第112条の規定にかかわらず、一般財団法人は、理事（業務執行理事（代表理事、代表理事以外の理事であって理事会の決議によって一般財団法人の業務を執行する理事として選定されたもの及び当該一般財団法人の業務を執行したその他の理事をいう。次項及び第141条第3項において同じ。）又は当該一般財団法人の使用人でないものに限る。）、監事又は会計監査人（以下この条及び第302条第2項第10号において「非業務執行理事等」という。）の第198条において準用する第111条第1項の責任について、当該非業務執行理事等が職務を行うにつき善意でかつ重大な過失がないときは、定款で定めた額の範囲内であらかじめ一般財団法人が定めた額と最低責任限度額とのいずれか高い額を限度とする旨の契約を非業務執行理事等と締結することができる旨を定款で定めることができる。

2　前項の契約を締結した非業務執行理事等が当該一般財団法人の業務執行理事又は使用人に就任したときは、当該契約は、将来に向かってその効力を失う。

3　第198条において準用する第113条第3項の規定は、定款を変更して第1項の規定による定款の定め（同項に規定する理事と契約を締結することができる旨の定めに限る。）を設ける議案を評議員会に提出する場合について準用する。

4　第1項の契約を締結した一般財団法人が、当該契約の相手方である非業務執行理事等等が任務を怠ったことにより損害を受けたことを知ったときは、その後最初に招集される評議員会において次に掲げる事項を開示しなければならない。

一　第198条において準用する第113条第2項第1号及び第2号に掲げる事項

二　当該契約の内容及び当該契約を締結した理由

三　第198条において準用する第111条第1項の損害のうち、当該非業務執行理事等が賠償する責任を負わないとされた額

5　第198条において準用する第113条第4項の規定は、非業務執行理事等が第1項の契約によって同項に規定する限度を超える部分について損害を賠償する責任を負わないとされた場合について準用する。

（理事が自己のためにした取引に関する特則）

財**第116条**　第197条において準用する第84条第1項第2号の取引（自己のためにした取引に限る。）をした理事の第198条において準用する第111条第1項の責任は、任務を怠ったことが当該理事の責めに帰することができない事由によるものであることをもって免れることができない。

2　前3条の規定は、前項の責任については、適用しない。

（役員等又は評議員の第三者に対する損害賠償責任）

119

第1章　公益法人制度関係法令

財**第117条**　役員等又は評議員がその職務を行うについて悪意又は重大な過失があったときは、当該役員等又は評議員は、これによって第三者に生じた損害を賠償する責任を負う。

2　次の各号に掲げる者が、当該各号に定める行為をしたときも、前項と同様とする。ただし、その者が当該行為をすることについて注意を怠らなかったことを証明したときは、この限りでない。

一　理事　次に掲げる行為

　イ　計算書類及び事業報告並びにこれらの附属明細書に記載し、又は記録すべき

　　　重要な事項についての虚偽の記載又は記録

　ハ　虚偽の登記

　ニ　虚偽の公告（第199条において準用する第128条第3項に規定する措置を含む。）

二　監事　監査報告に記載し、又は記録すべき重要な事項についての虚偽の記載又は記録

三　会計監査人　会計監査報告に記載し、又は記録すべき重要な事項についての虚偽の記載又は記録

（役員等及び評議員の連帯責任）

財**第118条**　役員等又は評議員が一般財団法人又は第三者に生じた損害を賠償する責任を負う場合において、他の役員等又は評議員も当該損害を賠償する責任を負うときは、これらの者は、連帯債務者とする。

第3節　計　算

第199条　前章第4節（第121条第1項後段及び第2項並びに第126条第1項第1号、第2号及び第4号を除く。）の規定は、一般財団法人の計算について準用する。この場合において、これらの規定中「社員総会」とあるのは「評議員会」と、第121条第1項中「総社員の議決権の10分の1（これを下回る割合を定款で定めた場合にあっては、その割合）以上の議決権を有する社員」とあり、及び第129条第3項中「社員」とあるのは「評議員」と、第125条中「社員に」とあるのは「評議員に」と、第129条第1項及び第2項中「第58条第1項」とあるのは「第194条第1項」と、同条第3項ただし書中「第2号」とあるのは「債権者が第2号」と読み替えるものとする。

120

則第64条　前章第2節（第31条を除く。）の規定は、法第199条において準用する法第
120条第1項、第123条第1項及び第2項、第124条第1項及び第2項、第125条、第
127条並びに第128条第1項及び第3項の規定により法務省令で定めるべき事項につ
いて準用する。この場合において、これらの規定（第36条第1項、第40条、第43条
第1項及び第49条を除く。）中「一般社団法人」とあるのは「一般財団法人」と、第
26条第2号中「法第123条第2項」とあるのは「法第199条において準用する法第123
条第2項」と、第34条第2項第2号中「法第76条第3項第3号及び第90条第4項第
5号」とあるのは「法第197条において準用する法第90条第4項第5号」と、「決定
又は決議」とあるのは「決議」と、第36条第1項中「会計監査人設置一般社団法人（法
第15条第2項第2号に規定する会計監査人設置一般社団法人」とあるのは「会計監
査人設置一般財団法人（法第153条第1項第7号に規定する会計監査人設置一般財団
法人」と、同項第2号中「当該一般社団法人」とあるのは「当該一般財団法人」と、
第40条、第43条第1項及び第49条中「会計監査人設置一般社団法人」とあるのは「会
計監査人設置一般財団法人」と、第47条第2項及び第3項中「社員総会」とあるの
は「評議員会」と、同条第2項中「招集通知」とあるのは「招集通知（法第182条第
1項又は第2項の規定による通知をいう。次項において同じ。）」と、同条第3項中
「社員に」とあるのは「評議員に」と、第49条第1号中「法第75条第4項」とあるの
は「法第177条において準用する法第75条第4項」と読み替えるものとする。

【一般財団法人】読替条文（法第199条関係）

○一般財団法人の計算について準用されている規定

財第119条　一般財団法人の会計は、その行う事業に応じて、一般に公正妥当と認め
られる会計の慣行に従うものとする。
　（会計帳簿の作成及び保存）
財第120条　一般財団法人は、法務省令で定めるところにより、適時に、正確な会計
帳簿を作成しなければならない。
2　一般財団法人は、会計帳簿の閉鎖の時から10年間、その会計帳簿及びその事業に
関する重要な資料を保存しなければならない。
　（会計帳簿の閲覧等の請求）
財第121条　評議員は、一般財団法人の業務時間内は、いつでも、次に掲げる請求を
することができる。この場面においては、当該請求の理由を明らかにしてしなけれ
ばならない。
一　会計帳簿又はこれに関する資料が書面をもって作成されているときは、当該書

121

第1章　公益法人制度関係法令

面の閲覧又は謄写の請求

二　会計帳簿又はこれに関する資料が電磁的記録をもって作成されているときは、当該電磁的記録に記録された事項を法務省令で定める方法により表示したものの閲覧又は謄写の請求

2　一般財団法人は、前項の請求があったときは、次のいずれかに該当する場合を除き、これを拒むことができない。

一　当該請求を行う社員（以下この項において「請求者」という。）がその権利の確保又は行使に関する調査以外の目的で請求を行ったとき。

二　請求者が当該一般財団法人の業務の遂行を妨げ、又は社員の共同の利益を害する目的で請求を行ったとき。

三　請求者が当該一般財団法人の業務と実質的に競争関係にある事業を営み、又はこれに従事するものであるとき。

四　請求者が会計帳簿又はこれに関する資料の閲覧又は謄写によって知り得た事実を利益を得て第三者に通報するため請求を行ったとき。

五　請求者が、過去2年以内において、会計帳簿又はこれに関する資料の閲覧又は謄写によって知り得た事実を利益を得て第三者に通報したことがあるものであるとき。

（会計帳簿の提出命令）

財**第122条**　裁判所は、申立てにより又は職権で、訴訟の当事者に対し、会計帳簿の全部又は一部の提出を命ずることができる。

（計算書類等の作成及び保存）

財**第123条**　一般財団法人は、法務省令で定めるところにより、その成立の日における貸借対照表を作成しなければならない。

2　一般財団法人は、法務省令で定めるところにより、各事業年度に係る計算書類（貸借対照表及び損益計算書をいう。以下この款において同じ。）及び事業報告並びにこれらの附属明細書を作成しなければならない。

3　計算書類及び事業報告並びにこれらの附属明細書は、電磁的記録をもって作成することができる。

4　一般財団法人は、計算書類を作成した時から10年間、当該計算書類及びその附属明細書を保存しなければならない。

（計算書類等の監査等）

財**第124条**　前条第2項の計算書類及び事業報告並びにこれらの附属明細書は、法務省令で定めるところにより、監事の監査を受けなければならない。

2　前項の規定にかかわらず、会計監査人設置一般財団法人においては、次の各号に

122

掲げるものは、法務省令で定めるところにより、当該各号に定める者の監査を受けなければならない。

一　前条第2項の計算書類及びその附属明細書　監事及び会計監査人

二　前条第2項の事業報告及びその附属明細書　監事

3　第1項又は前項の監査を受けた計算書類及び事業報告並びにこれらの附属明細書は、理事会の承認を受けなければならない。

（計算書類等の評議員への提供）

財第125条　理事は、定時評議員会の招集の通知に際して、法務省令で定めるところにより、評議員に対し、前条第3項の承認を受けた計算書類及び事業報告並びに監査報告（同条第2項の規定の適用がある場合にあっては、会計監査報告を含む。）を提供しなければならない。

（計算書類等の定時評議員会への提出等）

財第126条　理事は、第199条において準用する第124条第3項の承認を受けた計算書類及び事業報告を定時評議員会に提出し、又は提供しなければならない。

2　前項の規定により提出され、又は提供された計算書類は、定時評議員会の承認を受けなければならない。

3　理事は、第1項の規定により提出され、又は提供された事業報告の内容を定時評議員会に報告しなければならない。

（会計監査人設置一般財団法人の特則）

財第127条　会計監査人設置一般財団法人については、第199条において準用する第124条第3項の承認を受けた計算書類が法令及び定款に従い一般財団法人の財産及び損益の状況を正しく表示しているものとして法務省令で定める要件に該当する場合には、前条第2項の規定は、適用しない。この場合においては、理事は、当該計算書類の内容を定時評議員会に報告しなければならない。

（貸借対照表等の公告）

財第128条　一般財団法人は、法務省令で定めるところにより、定時評議員会の終結後遅滞なく、貸借対照表（大規模一般財団法人にあっては、貸借対照表及び損益計算書）を公告しなければならない。

2　前項の規定にかかわらず、その公告方法が第331条第1項第1号又は第2号に掲げる方法である一般財団法人は、前項に規定する貸借対照表の要旨を公告することで足りる。

3　前項の一般財団法人は、法務省令で定めるところにより、定時評議員会の終結後遅滞なく、第1項に規定する貸借対照表の内容である情報を、定時評議員会の終結の日後5年を経過する日までの間、継続して電磁的方法により不特定多数の者が提

供を受けることができる状態に置く措置をとることができる。この場合において
は、前２項の規定は、適用しない。

（計算書類等の備置き及び閲覧等）

財**第129条** 一般財団法人は、計算書類等（各事業年度に係る計算書類及び事業報告
並びにこれらの附属明細書（第199条において準用する第124条第１項又は第２項の
規定の適用がある場合にあっては、監査報告又は会計監査報告を含む。）をいう。
以下この条において同じ。）を、定時評議員会の日の２週間前の日（第194条第１項
の場合にあっては、同項の提案があった日）から５年間、その主たる事務所に備え
置かなければならない。

2 一般財団法人は、計算書類等の写しを、定時評議員会の日の２週間前の日（第
194条第１項の場合にあっては、同項の提案があった日）から３年間、その従たる
事務所に備え置かなければならない。ただし、計算書類等が電磁的記録で作成され
ている場合であって、従たる事務所における次項第３号及び第４号に掲げる請求に
応じることを可能とするための措置として法務省令で定めるものをとっているとき
は、この限りでない。

3 評議員及び債権者は、一般財団法人の業務時間内は、いつでも、次に掲げる請求
をすることができる。ただし、債権者が第２号又は第４号に掲げる請求をするには、
当該一般財団法人の定めた費用を支払わなければならない。

一 計算書類等が書面をもって作成されているときは、当該書面又は当該書面の写
しの閲覧の請求

二 前号の書面の謄本又は抄本の交付の請求

三 計算書類等が電磁的記録をもって作成されているときは、当該電磁的記録に記
録された事項を法務省令で定める方法により表示したものの閲覧の請求

四 前号の電磁的記録に記録された事項を電磁的方法であって一般財団法人の定め
たものにより提供することの請求又はその事項を記載した書面の交付の請求

（計算書類等の提出命令）

財**第130条** 裁判所は、申立てにより又は職権で、訴訟の当事者に対し、計算書類及
びその附属明細書の全部又は一部の提出を命ずることができる。

第４節　定款の変更

第200条 一般財団法人は、その成立後、評議員会の決議によって、定款を変更する
ことができる。ただし、第153条第１項第１号及び第８号に掲げる事項に係る定款

の定めについては、この限りでない。

2　前項ただし書の規定にかかわらず、設立者が同項ただし書に規定する定款の定めを評議員会の決議によって変更することができる旨を第152条第1項又は第2項の定款で定めたときは、評議員会の決議によって、前項ただし書に規定する定款の定めを変更することができる。

3　一般財団法人は、その設立の当時予見することのできなかった特別の事情により、第1項ただし書に規定する定款の定めを変更しなければその運営の継続が不可能又は著しく困難となるに至ったときは、裁判所の許可を得て、評議員会の決議によって、同項ただし書に規定する定款の定めを変更することができる。

第5節　事業の譲渡

第201条　一般財団法人が事業の全部の譲渡をするには、評議員会の決議によらなければならない。

第6節　解　散

（解散の事由）

第202条　一般財団法人は、次に掲げる事由によって解散する。

一　定款で定めた存続期間の満了

二　定款で定めた解散の事由の発生

三　基本財産の滅失その他の事由による一般財団法人の目的である事業の成功の不能

四　合併（合併により当該一般財団法人が消滅する場合に限る。）

五　破産手続開始の決定

六　第261条第1項又は第268条の規定による解散を命ずる裁判

2　一般財団法人は、前項各号に掲げる事由のほか、ある事業年度及びその翌事業年度に係る貸借対照表上の純資産額がいずれも300万円未満となった場合においても、当該翌事業年度に関する定時評議員会の終結の時に解散する。

3　新設合併により設立する一般財団法人は、前項に規定する場合のほか、第199条において準用する第123条第1項の貸借対照表及びその成立の日の属する事業年度に係る貸借対照表上の純資産額がいずれも300万円未満となった場合においても、当該事業年度に関する定時評議員会の終結の時に解散する。

第1章　公益法人制度関係法令

（休眠一般財団法人のみなし解散）

第203条　休眠一般財団法人（一般財団法人であって、当該一般財団法人に関する登記が最後にあった日から5年を経過したものをいう。以下この条において同じ。）は、法務大臣が休眠一般財団法人に対し2箇月以内に**法務省令**で定めるところによりその主たる事務所の所在地を管轄する登記所に事業を廃止していない旨の届出をすべき旨を官報に公告した場合において、その届出をしないときは、その2箇月の期間の満了の時に、解散したものとみなす。ただし、当該期間内に当該休眠一般財団法人に関する登記がされたときは、この限りでない。

2　登記所は、前項の規定による公告があったときは、休眠一般財団法人に対し、その旨の通知を発しなければならない。

則**第65条**　<u>法第203条第1項</u>の届出（以下この条において単に「届出」という。）は、書面でしなければならない。

2　前項の書面には、次に掲げる事項を記載し、一般財団法人の代表者又は代理人が記名押印しなければならない。

一　当該一般財団法人の名称及び主たる事務所並びに代表者の氏名及び住所

二　代理人によって届出をするときは、その氏名及び住所

三　まだ事業を廃止していない旨

四　届出の年月日

五　登記所の表示

3　代理人によって届出をするには、第1項の書面にその権限を証する書面を添付しなければならない。

4　第1項又は前項の書面に押印すべき一般財団法人の代表者の印鑑は、法第330条において準用する商業登記法第20条第1項の規定により提出したものでなければならない。ただし、法第203条第2項の規定による通知に係る書面を提出して届出をする場合は、この限りでない。

（一般財団法人の継続）

第204条　一般財団法人は、次に掲げる場合には、次章の規定による清算が結了するまで（第2号に掲げる場合にあっては、解散したものとみなされた後3年以内に限る。）、評議員会の決議によって、一般財団法人を継続することができる。

一　第202条第2項又は第3項の規定による解散後、清算事務年度（第227条第1項に規定する清算事務年度をいう。）に係る貸借対照表上の純資産額が300万円以上となった場合

126

二　前条第1項の規定により解散したものとみなされた場合

（解散した一般財団法人の合併の制限）

第205条　一般財団法人が解散した場合には、当該一般財団法人は、当該一般財団法人が合併後存続する一般財団法人となる合併をすることができない。

第4章　清　算

第1節　清算の開始

（清算の開始原因）

第206条　一般社団法人又は一般財団法人は、次に掲げる場合には、この章の定めるところにより、清算をしなければならない。

一　解散した場合（第148条第5号又は第202条第1項第4号に掲げる事由によって解散した場合及び破産手続開始の決定により解散した場合であって当該破産手続が終了していない場合を除く。）

二　設立の無効の訴えに係る請求を認容する判決が確定した場合

三　設立の取消しの訴えに係る請求を認容する判決が確定した場合

（清算法人の能力）

第207条　前条の規定により清算をする一般社団法人又は一般財団法人（以下「清算法人」という。）は、清算の目的の範囲内において、清算が結了するまではなお存続するものとみなす。

第2節　清算法人の機関

第1款　清算法人における機関の設置

第208条　清算法人には、1人又は2人以上の清算人を置かなければならない。

2　清算法人は、定款の定めによって、清算人会又は監事を置くことができる。

3　第206条各号に掲げる場合に該当することとなった時において大規模一般社団法人又は大規模一般財団法人であった清算法人は、監事を置かなければならない。

4　第2章第3節第2款及び前章第2節第1款（評議員及び評議員会に係る部分を除く。）の規定は、清算法人については、適用しない。

第1章　公益法人制度関係法令

第2款　清算人の就任及び解任並びに監事の退任等

（清算人の就任）

第209条　次に掲げる者は、清算法人の清算人となる。

一　理事（次号又は第3号に掲げる者がある場合を除く。）

二　定款で定める者

三　社員総会又は評議員会の決議によって選任された者

2　前項の規定により清算人となる者がないときは、裁判所は、利害関係人の申立てにより、清算人を選任する。

3　前2項の規定にかかわらず、第148条第7号又は第202条第1項第6号に掲げる事由によって解散した清算法人については、裁判所は、利害関係人若しくは法務大臣の申立てにより又は職権で、清算人を選任する。

4　第1項及び第2項の規定にかかわらず、第206条第2号又は第3号に掲げる場合に該当することとなった清算法人については、裁判所は、利害関係人の申立てにより、清算人を選任する。

5　第64条及び第65条第1項の規定は清算人について、同条第3項の規定は清算人会設置法人（清算人会を置く清算法人をいう。以下同じ。）について、それぞれ準用する。この場合において、同項中「理事は」とあるのは、「清算人は」と読み替えるものとする。

（清算人の解任）

第210条　清算一般社団法人（一般社団法人である清算法人をいう。以下同じ。）の清算人（前条第2項から第4項までの規定により裁判所が選任したものを除く。）は、いつでも、社員総会の決議によって解任することができる。

2　清算一般財団法人（一般財団法人である清算法人をいう。以下同じ。）の清算人（前条第2項から第4項までの規定により裁判所が選任したものを除く。）が次のいずれかに該当するときは、評議員会の決議によって、その清算人を解任することができる。

一　職務上の義務に違反し、又は職務を怠ったとき。

二　心身の故障のため、職務の執行に支障があり、又はこれに堪えないとき。

3　重要な事由があるときは、裁判所は、利害関係人の申立てにより、清算人を解任することができる。

4　第75条第1項から第3項までの規定は、清算人について準用する。

128

（監事の退任等）

第211条　清算法人の監事は、当該清算法人が監事を置く旨の定款の定めを廃止する定款の変更をした場合には、当該定款の変更の効力が生じた時に退任する。

2　次の各号に掲げる規定は、当該各号に定める清算法人については、適用しない。

　一　第67条（第177条において準用する場合を含む。）　清算法人

　二　第174条　清算一般財団法人

第3款　清算人の職務等

（清算人の職務）

第212条　清算人は、次に掲げる職務を行う。

　一　現務の結了

　二　債権の取立て及び債務の弁済

　三　残余財産の引渡し

（業務の執行）

第213条　清算人は、清算法人（清算人会設置法人を除く。次項において同じ。）の業務を執行する。

2　清算人が2人以上ある場合には、清算法人の業務は、定款に別段の定めがある場合を除き、清算人の過半数をもって決定する。

3　前項の場合には、清算人は、次に掲げる事項についての決定を各清算人に委任することができない。

　一　従たる事務所の設置、移転及び廃止

　二　第38条第1項各号に掲げる事項

　三　第181条第1項各号に掲げる事項

　四　清算人の職務の執行が法令及び定款に適合することを確保するための体制その他清算法人の業務の適正を確保するために必要なものとして**法務省令**で定める体制の整備

4　第81条から第85条まで、第88条及び第89条の規定は、清算人（同条の規定については、第209条第2項から第4項までの規定により裁判所が選任したものを除く。）について準用する。この場合において、第81条中「第77条第4項」とあるのは「第214条第7項において準用する第77条第4項」と、同条、第84条第1項及び第89条中「社員総会」とあるのは「社員総会又は評議員会」と、第82条中「代表理事」とあるのは「代表清算人（第214条第1項に規定する代表清算人をいう。）」と、第83

第1章　公益法人制度関係法令

条中「並びに社員総会の決議」とあるのは「（清算一般社団法人にあっては、法令
及び定款並びに社員総会の決議）」と、第85条及び第88条第1項中「社員」とある
のは「社員又は評議員」と、第85条及び第88条第2項中「監事設置一般社団法人」
とあるのは「監事設置清算法人（第214条第5項に規定する監事設置清算法人をい
う。）」と読み替えるものとする。

（清算人会設置法人以外の清算法人の業務の適正を確保するための体制）

則**第66条**　法第213条第3項第4号に規定する法務省令で定める体制は、次に掲げる
体制とする。

一　清算人の職務の執行に係る情報の保存及び管理に関する体制

二　損失の危険の管理に関する規程その他の体制

三　使用人の職務の執行が法令及び定款に適合することを確保するための体制

2　清算人が2人以上ある清算法人（法第207条に規定する清算法人をいう。以下同
じ。）である場合には、前項に規定する体制には、業務の決定が適正に行われるこ
とを確保するための体制を含むものとする。

3　監事設置清算法人（法第214条第6項に規定する監事設置清算法人をいう。以下こ
の章において同じ。）以外の清算法人である場合には、第1項に規定する体制には、
清算人が社員又は評議員に報告すべき事項の報告をするための体制を含むものとす
る。

4　監事設置清算法人である場合には、第1項に規定する体制には、次に掲げる体制
を含むものとする。

一　監事がその職務を補助すべき使用人を置くことを求めた場合における当該使用
人に関する体制

二　前号の使用人の清算人からの独立性に関する事項

三　監事の第1号の使用人に対する指示の実効性の確保に関する事項

四　清算人及び使用人が監事に報告をするための体制その他の監事への報告に関す
る体制

五　前号の報告をした者が当該報告をしたことを理由として不利な取扱いを受けな
いことを確保するための体制

六　監事の職務の執行について生ずる費用の前払又は償還の手続その他の当該職務
の執行について生ずる費用又は債務の処理に係る方針に関する事項

七　その他監事の監査が実効的に行われることを確保するための体制

130

（清算法人の代表）

第214条 清算人は、清算法人を代表する。ただし、他に代表清算人（清算法人を代表する清算人をいう。以下同じ。）その他清算法人を代表する者を定めた場合は、この限りでない。

2 前項本文の清算人が２人以上ある場合には、清算人は、各自、清算法人を代表する。

3 清算法人（清算人会設置法人を除く。）は、定款、定款の定めに基づく清算人（第209条第２項から第４項までの規定により裁判所が選任したものを除く。以下この項において同じ。）の互選又は社員総会若しくは評議員会の決議によって、清算人の中から代表清算人を定めることができる。

4 第209条第１項第１号の規定により理事が清算人となる場合において、代表理事（一般社団法人等を代表する理事をいう。以下この項、第261条第１項第３号、第289条第２号、第293条第１号、第305条、第315条第１項第２号イ及び第320条第１項において同じ。）を定めていたときは、当該代表理事が代表清算人となる。

5 裁判所は、第209条第２項から第４項までの規定により清算人を選任する場合には、その清算人の中から代表清算人を定めることができる。

6 前条第４項において準用する第81条の規定、次項において準用する第77条第４項の規定及び第220条第８項の規定にかかわらず、監事設置清算法人（監事を置く清算法人又はこの法律の規定により監事を置かなければならない清算法人をいう。以下同じ。）が清算人（清算人であった者を含む。以下この項において同じ。）に対し、又は清算人が監事設置清算法人に対して訴えを提起する場合には、当該訴えについては、監事が監事設置清算法人を代表する。

7 第77条第４項及び第５項並びに第79条の規定は代表清算人について、第80条の規定は民事保全法第56条に規定する仮処分命令により選任された清算人又は代表清算人の職務を代行する者について、それぞれ準用する。

（清算法人についての破産手続の開始）

第215条 清算法人の財産がその債務を完済するのに足りないことが明らかになったときは、清算人は、直ちに破産手続開始の申立てをしなければならない。

2 清算人は、清算法人が破産手続開始の決定を受けた場合において、破産管財人にその事務を引き継いだときは、その任務を終了したものとする。

3 前項に規定する場合において、清算法人が既に債権者に支払い、又は残余財産の帰属すべき者に引き渡したものがあるときは、破産管財人は、これを取り戻すことができる。

（裁判所の選任する清算人の報酬）

第216条　裁判所は、第209条第2項から第4項までの規定により清算人を選任した場合には、清算法人が当該清算人に対して支払う報酬の額を定めることができる。

（清算人の清算法人に対する損害賠償責任）

第217条　清算人は、その任務を怠ったときは、清算法人に対し、これによって生じた損害を賠償する責任を負う。

2　清算人が第213条第4項において準用する第84条第1項の規定に違反して同項第1号の取引をしたときは、当該取引により清算人又は第三者が得た利益の額は、前項の損害の額と推定する。

3　第213条第4項において準用する第84条第1項第2号又は第3号の取引によって清算法人に損害が生じたときは、次に掲げる清算人は、その任務を怠ったものと推定する。

一　第213条第4項において準用する第84条第1項の清算人

二　清算法人が当該取引をすることを決定した清算人

三　当該取引に関する清算人会の承認の決議に賛成した清算人

4　第112条及び第116条第1項の規定は、清算人の第1項の責任について準用する。この場合において、第112条中「総社員」とあるのは「総社員又は総評議員」と、第116条第1項中「第84条第1項第2号」とあるのは「第213条第4項において準用する第84条第1項第2号」と読み替えるものとする。

（清算人の第三者に対する損害賠償責任）

第218条　清算人がその職務を行うについて悪意又は重大な過失があったときは、当該清算人は、これによって第三者に生じた損害を賠償する責任を負う。

2　清算人が、次に掲げる行為をしたときも、前項と同様とする。ただし、当該清算人が当該行為をすることについて注意を怠らなかったことを証明したときは、この限りでない。

一　第225条第1項に規定する財産目録等並びに第227条第1項の貸借対照表及び事務報告並びにこれらの附属明細書に記載し、又は記録すべき重要な事項についての虚偽の記載又は記録

二　虚偽の登記

三　虚偽の公告

四　基金を引き受ける者の募集をする際に通知しなければならない重要な事項についての虚偽の通知又は当該募集のための当該清算一般社団法人の事業その他の事

項に関する説明に用いた資料についての虚偽の記載若しくは記録

（清算人等の連帯責任）

第219条　清算人、監事又は評議員が清算法人又は第三者に生じた損害を賠償する責任を負う場合において、他の清算人、監事又は評議員も当該損害を賠償する責任を負うときは、これらの者は、連帯債務者とする。

2　前項の場合には、第118条（第198条において準用する場合を含む。）の規定は、適用しない。

第4款　清算人会

（清算人会の権限等）

第220条　清算人会は、すべての清算人で組織する。

2　清算人会は、次に掲げる職務を行う。

　一　清算人会設置法人の業務執行の決定

　二　清算人の職務の執行の監督

　三　代表清算人の選定及び解職

3　清算人会は、清算人の中から代表清算人を選定しなければならない。ただし、他に代表清算人があるときは、この限りでない。

4　清算人会は、その選定した代表清算人及び第214条第4項の規定により代表清算人となった者を解職することができる。

5　第214条第5項の規定により裁判所が代表清算人を定めたときは、清算人会は、代表清算人を選定し、又は解職することができない。

6　清算人会は、次に掲げる事項その他の重要な業務執行の決定を清算人に委任することができない。

　一　重要な財産の処分及び譲受け

　二　多額の借財

　三　重要な使用人の選任及び解任

　四　従たる事務所その他の重要な組織の設置、変更及び廃止

　五　清算人の職務の執行が法令及び定款に適合することを確保するための体制その他清算法人の業務の適正を確保するために必要なものとして**法務省令**で定める体制の整備

7　次に掲げる清算人は、清算人会設置法人の業務を執行する。

　一　代表清算人

第1章　公益法人制度関係法令

二　代表清算人以外の清算人であって、清算人会の決議によって清算人会設置法人の業務を執行する清算人として選定されたもの

8　第213条第4項において読み替えて準用する第81条に規定する場合には、清算人会は、同条の規定による社員総会又は評議員会の定めがある場合を除き、同条の訴えについて清算人会設置法人を代表する者を定めることができる。

9　第7項各号に掲げる清算人は、3箇月に1回以上、自己の職務の執行の状況を清算人会に報告しなければならない。ただし、定款で毎事業年度に4箇月を超える間隔で2回以上その報告をしなければならない旨を定めた場合は、この限りでない。

10　第92条の規定は、清算人会設置法人について準用する。この場合において、同条第1項中「第84条」とあるのは「第213条第4項において読み替えて準用する第84条」と、「社員総会」とあるのは「社員総会又は評議員会」と、「「理事会」とあるのは「「清算人会」と、同条第2項中「第84条第1項各号」とあるのは「第213条第4項において準用する第84条第1項各号」と、「理事は」とあるのは「清算人は」と、「理事会に」とあるのは「清算人会に」と読み替えるものとする。

（清算人会設置法人の業務の適正を確保するための体制）

則第67条　法第220条第6項第5号に規定する法務省令で定める体制は、次に掲げる体制とする。

一　清算人の職務の執行に係る情報の保存及び管理に関する体制

二　損失の危険の管理に関する規程その他の体制

三　使用人の職務の執行が法令及び定款に適合することを確保するための体制

2　清算人会設置法人（法第209条第5項に規定する清算人会設置法人をいう。次項において同じ。）が、監事設置清算法人以外のものである場合には、前項に規定する体制には、清算人が社員又は評議員に報告すべき事項の報告をするための体制を含むものとする。

3　清算人会設置法人が、監事設置清算法人である場合には、第1項に規定する体制には、次に掲げる体制を含むものとする。

一　監事がその職務を補助すべき使用人を置くことを求めた場合における当該使用人に関する体制

二　前号の使用人の清算人からの独立性に関する事項

三　監事の第1号の使用人に対する指示の実効性の確保に関する事項

四　清算人及び使用人が監事に報告をするための体制その他の監事への報告に関する体制

五　前号の報告をした者が当該報告をしたことを理由として不利な取扱いを受けないことを確保するための体制

六　監事の職務の執行について生ずる費用の前払又は償還の手続その他の当該職務の執行について生ずる費用又は債務の処理に係る方針に関する事項

七　その他監事の監査が実効的に行われることを確保するための体制

（清算人会の運営）

第221条　清算人会は、各清算人が招集する。ただし、清算人会を招集する清算人を定款又は清算人会で定めたときは、その清算人が招集する。

2　前項ただし書に規定する場合には、同項ただし書の規定により定められた清算人（以下この項及び次条第2項において「招集権者」という。）以外の清算人は、招集権者に対し、清算人会の目的である事項を示して、清算人会の招集を請求することができる。

3　前項の規定による請求があった日から5日以内に、その請求があった日から2週間以内の日を清算人会の日とする清算人会の招集の通知が発せられない場合には、その請求をした清算人は、清算人会を招集することができる。

4　第94条の規定は、清算人会設置法人における清算人会の招集について準用する。この場合において、同条第1項中「各理事及び各監事」とあるのは「各清算人（監事設置清算法人（第214条第6項に規定する監事設置清算法人をいう。次項において同じ。）にあっては、各清算人及び各監事）」と、同条第2項中「理事及び監事」とあるのは「清算人（監事設置清算法人にあっては、清算人及び監事）」と読み替えるものとする。

5　第95条及び第96条の規定は、清算人会設置法人における清算人会の決議について準用する。この場合において、第95条第1項中「理事の」とあるのは「清算人の」と、同条第2項中「理事」とあるのは「清算人」と、同条第3項中「理事（」とあるのは「清算人（」と、「代表理事」とあるのは「代表清算人」と、同条第5項中「理事であって」とあるのは「清算人であって」と、第96条中「理事が」とあるのは「清算人が」と、「理事（」とあるのは「清算人（」と読み替えるものとする。

6　第98条の規定は、清算人会設置法人における清算人会への報告について準用する。この場合において、同条第1項中「理事、監事又は会計監査人」とあるのは「清算人又は監事」と、「理事及び監事」とあるのは「清算人（監事設置清算法人（第214条第6項に規定する監事設置清算法人をいう。）にあっては、清算人及び監事）」と、同条第2項中「第91条第2項」とあるのは「第220条第9項」と読み替えるものとする。

（清算人会の議事録）

則**第68条**　法第221条第5項において準用する法第95条第3項の規定による清算人会

の議事録の作成については、この条の定めるところによる。

2　清算人会の議事録は、書面又は電磁的記録をもって作成しなければならない。

3　清算人会の議事録は、次に掲げる事項を内容とするものでなければならない。

一　清算人会が開催された日時及び場所（当該場所に存しない清算人、監事、社員又は評議員が清算人会に出席した場合における当該出席の方法を含む。）

二　清算人会が次に掲げるいずれかのものに該当するときは、その旨

イ　法第221条第2項の規定による清算人の請求を受けて招集されたもの

ロ　法第221条第3項の規定により清算人が招集したもの

ハ　法第222条第1項の規定による社員又は評議員の請求を受けて招集されたもの

ニ　法第222条第3項において準用する法第221条第3項の規定により社員又は評議員が招集したもの

ホ　法第101条第2項（法第197条において準用する場合を含む。）の規定による監事の請求を受けて招集されたもの

ヘ　法第101条第3項（法第197条において準用する場合を含む。）の規定により監事が招集したもの

三　清算人会の議事の経過の要領及びその結果

四　決議を要する事項について特別の利害関係を有する清算人があるときは、その氏名

五　次に掲げる規定により清算人会において述べられた意見又は発言があるときは、その意見又は発言の内容の概要

イ　法第100条（法第197条において準用する場合を含む。）

ロ　法第101条第1項（法第197条において準用する場合を含む。）

ハ　法第220条第10項において準用する法第92条第2項

ニ　法第222条第4項

六　法第221条第5項において準用する法第95条第3項の定款の定めがあるときは、代表清算人（法第214条第1項に規定する代表清算人をいう。）以外の清算人であって、清算人会に出席したものの氏名

七　清算人会に出席した社員又は評議員の氏名又は名称

八　清算人会の議長が存するときは、議長の氏名

4　次の各号に掲げる場合には、清算人会の議事録は、当該各号に定める事項を内容とするものとする。

一　法第221条第5項において準用する法第96条の規定により清算人会の決議があったものとみなされた場合　次に掲げる事項

イ　清算人会の決議があったものとみなされた事項の内容

ロ　イの事項の提案をした清算人の氏名

ハ　清算人会の決議があったものとみなされた日

　　ニ　議事録の作成に係る職務を行った清算人の氏名

　二　法第221条第6項において準用する法第98条第1項の規定により清算人会への
　　報告を要しないものとされた場合　次に掲げる事項

　　イ　清算人会への報告を要しないものとされた事項の内容

　　ロ　清算人会への報告を要しないものとされた日

　　ハ　議事録の作成に係る職務を行った清算人の氏名

（社員又は評議員による招集の請求）

第222条　清算人会設置法人（監事設置清算法人を除く。）の社員又は評議員は、清
　算人が清算人会設置法人の目的の範囲外の行為その他法令若しくは定款に違反する
　行為をし、又はこれらの行為をするおそれがあると認めるときは、清算人会の招集
　を請求することができる。

2　前項の規定による請求は、清算人（前条第1項ただし書に規定する場合にあって
　は、招集権者）に対し、清算人会の目的である事項を示して行わなければならない。

3　前条第3項の規定は、第1項の規定による請求があった場合について準用する。

4　第1項の規定による請求を行った社員又は評議員は、当該請求に基づき招集さ
　れ、又は前項において準用する前条第3項の規定により招集した清算人会に出席
　し、意見を述べることができる。

（議事録等）

第223条　清算人会設置法人は、清算人会の日（第221条第5項において準用する第
　　96条の規定により清算人会の決議があったものとみなされた日を含む。）から10年
　　間、同項において準用する第95条第3項の議事録又は第221条第5項において準
　　用する第96条の意思表示を記載し、若しくは記録した書面若しくは電磁的記録（以
　　下この条において「議事録等」という。）をその主たる事務所に備え置かなければ
　　ならない。

2　社員又は評議員は、清算法人の業務時間内は、いつでも、次に掲げる請求をする
　ことができる。ただし、社員については、その権利を行使するため必要があるとき
　に限る。

　一　前項の議事録等が書面をもって作成されているときは、当該書面の閲覧又は謄
　　写の請求

　二　前項の議事録等が電磁的記録をもって作成されているときは、当該電磁的記録
　　に記録された事項を**法務省令**で定める方法により表示したものの閲覧又は謄写の

第1章　公益法人制度関係法令

請求

3　監事設置清算法人である清算一般社団法人における前項の規定の適用については、同項中「清算法人の業務時間内は、いつでも」とあるのは、「裁判所の許可を得て」とする。

4　債権者は、清算人又は監事の責任を追及するため必要があるときは、裁判所の許可を得て、第1項の議事録等について第2項各号に掲げる請求をすることができる。

5　裁判所は、第3項の規定により読み替えて適用する第2項各号に掲げる請求又は前項の請求に係る閲覧又は謄写をすることにより、当該清算人会設置法人に著しい損害を及ぼすおそれがあると認めるときは、第3項の規定により読み替えて適用する第2項の許可又は前項の許可をすることができない。

則**第91条**参照（17頁）。

第5款　理事等に関する規定の適用

第224条　清算法人については、第65条第2項、第72条及び第74条第3項（これらの規定を第177条において準用する場合を含む。）並びに第87条及び第2章第3節第6款（第104条第1項を除き、これらの規定を第197条において準用する場合を含む。）の規定中理事、理事会又は理事会設置一般社団法人に関する規定は、それぞれ清算人、清算人会又は清算人会設置法人に関する規定として清算人、清算人会又は清算人会設置法人に適用があるものとする。

2　清算一般社団法人については、第2章第3節第1款及び第137条第10項の規定中理事、理事会又は理事会設置一般社団法人に関する規定は、それぞれ清算人、清算人会又は清算人会を置く清算一般社団法人に関する規定として清算人、清算人会又は清算人会を置く清算一般社団法人に適用があるものとする。

3　清算一般財団法人については、第153条第3項第1号、第173条第2項及び前章第2節第3款の規定中理事又は理事会に関する規定は、それぞれ清算人又は清算人会に関する規定として清算人又は清算人会に適用があるものとする。この場合において、第181条第1項中「理事会の決議によって」とあるのは「清算人は」と、「定めなければならない」とあるのは「定めなければならない。ただし、清算人会を置く清算一般財団法人（第210条第2項に規定する清算一般財団法人をいう。）においては、当該事項の決定は、清算人会の決議によらなければならない」とする。

1. 一般法人法関係法令

第3節　財産目録等

（財産目録等の作成等）

第225条　清算人（清算人会設置法人にあっては、第220条第7項各号に掲げる清算
人）は、その就任後遅滞なく、清算法人の財産の現況を調査し、<u>法務省令</u>で定める
ところにより、第206条各号に掲げる場合に該当することとなった日における財産
目録及び貸借対照表（以下この条及び次条において「財産目録等」という。）を作
成しなければならない。

2　清算人会設置法人においては、財産目録等は、清算人会の承認を受けなければな
らない。

3　清算人は、財産目録等（前項の規定の適用がある場合にあっては、同項の承認を
受けたもの）を社員総会又は評議員会に提出し、又は提供し、その承認を受けなけ
ればならない。

4　清算法人は、財産目録等を作成した時からその主たる事務所の所在地における清
算結了の登記の時までの間、当該財産目録等を保存しなければならない。

（財産目録）

則**第69条**　<u>法第225条第1項</u>の規定により作成すべき財産目録については、この条の
定めるところによる。

2　前項の財産目録に計上すべき財産については、その処分価格を付すことが困難な
場合を除き、法第206条各号に掲げる場合に該当することとなった日における処分
価格を付さなければならない。この場合において、清算法人の会計帳簿については、
財産目録に付された価格を取得価額とみなす。

3　第1項の財産目録は、次に掲げる部に区分して表示しなければならない。この場
合において、第1号及び第2号に掲げる部は、その内容を示す適当な名称を付した
項目に細分することができる。

一　資産

二　負債

三　正味資産

（清算開始時の貸借対照表）

則**第70条**　<u>法第225条第1項</u>の規定により作成すべき貸借対照表については、この条
の定めるところによる。

2　前項の貸借対照表は、財産目録に基づき作成しなければならない。

3　第1項の貸借対照表は、次に掲げる部に区分して表示しなければならない。この
場合において、第3号に掲げる部については、純資産を示す適当な名称を付すこと

ができる。

一　資産

二　負債

三　純資産

4　前項各号に掲げる部は、適当な項目に細分することができる。この場合において、当該各項目については、資産、負債又は純資産を示す適当な名称を付さなければならない。

5　処分価格を付すことが困難な資産がある場合には、第1項の貸借対照表には、当該資産に係る財産評価の方針を注記しなければならない。

（財産目録等の提出命令）

第226条　裁判所は、申立てにより又は職権で、訴訟の当事者に対し、財産目録等の全部又は一部の提出を命ずることができる。

（貸借対照表等の作成及び保存）

第227条　清算法人は、<u>法務省令</u>で定めるところにより、各清算事務年度（第206条各号に掲げる場合に該当することとなった日の翌日又はその後毎年その日に応当する日（応当する日がない場合にあっては、その前日）から始まる各1年の期間をいう。）に係る貸借対照表及び事務報告並びにこれらの附属明細書を作成しなければならない。

2　前項の貸借対照表及び事務報告並びにこれらの附属明細書は、電磁的記録をもって作成することができる。

3　清算法人は、第1項の貸借対照表を作成した時からその主たる事務所の所在地における清算結了の登記の時までの間、当該貸借対照表及びその附属明細書を保存しなければならない。

　　（各清算事務年度に係る貸借対照表）

則**第71条**　<u>法第227条第1項</u>の規定により作成すべき貸借対照表は、各清算事務年度（同項に規定する各清算事務年度をいう。第73条第2項において同じ。）に係る会計帳簿に基づき作成しなければならない。

2　前条第3項及び第4項の規定は、前項の貸借対照表について準用する。

3　法第227条第1項の規定により作成すべき貸借対照表の附属明細書は、貸借対照表の内容を補足する重要な事項をその内容としなければならない。

　　（各清算事務年度に係る事務報告）

則**第72条**　<u>法第227条第1項</u>の規定により作成すべき事務報告は、清算に関する事務

の執行の状況に係る重要な事項をその内容としなければならない。

2　法第227条第1項の規定により作成すべき事務報告の附属明細書は、事務報告の
内容を補足する重要な事項をその内容としなければならない。

（貸借対照表等の監査等）

第228条　監事設置清算法人においては、前条第1項の貸借対照表及び事務報告並び
にこれらの附属明細書は、<u>法務省令</u>で定めるところにより、監事の監査を受けなけ
ればならない。

2　清算人会設置法人においては、前条第1項の貸借対照表及び事務報告並びにこれ
らの附属明細書（前項の規定の適用がある場合にあっては、同項の監査を受けたも
の）は、清算人会の承認を受けなければならない。

（清算法人の監査報告）

則**第73条**　<u>法第228条第1項</u>の規定による監査については、この条の定めるところに
よる。

2　清算法人の監事は、各清算事務年度に係る貸借対照表及び事務報告並びにこれら
の附属明細書を受領したときは、次に掲げる事項を内容とする監査報告を作成しな
ければならない。

一　監事の監査の方法及びその内容

二　各清算事務年度に係る貸借対照表及びその附属明細書が当該清算法人の財産の
状況をすべての重要な点において適正に表示しているかどうかについての意見

三　各清算事務年度に係る事務報告及びその附属明細書が法令又は定款に従い当該
清算法人の状況を正しく示しているかどうかについての意見

四　清算人の職務の遂行に関し、不正の行為又は法令若しくは定款に違反する重大
な事実があったときは、その事実

五　監査のため必要な調査ができなかったときは、その旨及びその理由

六　監査報告を作成した日

3　特定監事は、第71条第1項の貸借対照表及び前条第1項の事務報告の全部を受領
した日から4週間を経過した日（特定清算人（次の各号に掲げる場合の区分に応じ、
当該各号に定める者をいう。以下この条において同じ。）及び特定監事の間で合意
した日がある場合にあっては、当該日）までに、特定清算人に対して、監査報告の
内容を通知しなければならない。

一　この項の規定による通知を受ける清算人を定めた場合　当該通知を受ける清算
人として定められた清算人

二　前号に掲げる場合以外の場合　第71条第1項の貸借対照表及び前条第1項の事

141

第1章　公益法人制度関係法令

務報告並びにこれらの附属明細書の作成に関する職務を行った清算人

4　第71条第1項の貸借対照表及び前条第1項の事務報告並びにこれらの附属明細書については、特定清算人が前項の規定による監査報告の内容の通知を受けた日に、監事の監査を受けたものとする。

5　前項の規定にかかわらず、特定監事が第3項の規定により通知をすべき日までに同項の規定による監査報告の内容の通知をしない場合には、当該通知をすべき日に、第71条第1項の貸借対照表及び前条第1項の事務報告並びにこれらの附属明細書については、監事の監査を受けたものとみなす。

6　第3項及び前項に規定する「特定監事」とは、次の各号に掲げる場合の区分に応じ、当該各号に定める者とする。

一　2人以上の監事が存する場合において、第3項の規定による監査報告の内容の通知をすべき監事を定めたとき　当該通知をすべき監事として定められた監事

二　2人以上の監事が存する場合において、第3項の規定による監査報告の内容の通知をすべき監事を定めていないとき　すべての監事

三　前2号に掲げる場合以外の場合　監事

（貸借対照表等の備置き及び閲覧等）

第229条　次の各号に掲げる清算法人は、第227条第1項に規定する各清算事務年度に係る貸借対照表及び事務報告並びにこれらの附属明細書（前条第1項の規定の適用がある場合にあっては、監査報告を含む。以下この条において「貸借対照表等」という。）を、当該各号に定める日からその主たる事務所の所在地における清算結了の登記の時までの間、その主たる事務所に備え置かなければならない。

一　清算一般社団法人　定時社員総会の日の1週間前の日（第58条第1項の場合にあっては、同項の提案があった日）

二　清算一般財団法人　定時評議員会の日の1週間前の日（第194条第1項の場合にあっては、同項の提案があった日）

2　社員、評議員及び債権者は、清算法人の業務時間内は、いつでも、次に掲げる請求をすることができる。ただし、社員及び債権者が第2号又は第4号に掲げる請求をするには、当該清算法人の定めた費用を支払わなければならない。

一　貸借対照表等が書面をもって作成されているときは、当該書面の閲覧の請求

二　前号の書面の謄本又は抄本の交付の請求

三　貸借対照表等が電磁的記録をもって作成されているときは、当該電磁的記録に記録された事項を法務省令で定める方法により表示したものの閲覧の請求

四　前号の電磁的記録に記録された事項を電磁的方法であって清算法人の定めたも

のにより提供することの請求又はその事項を記載した書面の交付の請求

📖第91条参照（17頁）。

（貸借対照表等の提出等）
第230条　次の各号に掲げる清算法人においては、清算人は、当該各号に定める貸借
対照表及び事務報告を定時社員総会又は定時評議員会に提出し、又は提供しなけれ
ばならない。
　一　監事設置清算法人（清算人会設置法人を除く。）　第228条第１項の監査を受け
　　た貸借対照表及び事務報告
　二　清算人会設置法人　第228条第２項の承認を受けた貸借対照表及び事務報告
　三　前２号に掲げるもの以外の清算法人　第227条第１項の貸借対照表及び事務報
　　告
2　前項の規定により提出され、又は提供された貸借対照表は、定時社員総会又は定
時評議員会の承認を受けなければならない。
3　清算人は、第１項の規定により提出され、又は提供された事務報告の内容を定時
社員総会又は定時評議員会に報告しなければならない。

（貸借対照表等の提出命令）
第231条　裁判所は、申立てにより又は職権で、訴訟の当事者に対し、第227条第１
項の貸借対照表及びその附属明細書の全部又は一部の提出を命ずることができる。

（適用除外）
第232条　第２章第４節第３款（第123条第４項、第128条第３項、第129条及び第130
条を除き、第199条において準用する場合を含む。）の規定は、清算法人については、
適用しない。

第４節　債務の弁済等

（債権者に対する公告等）
第233条　清算法人は、第206条各号に掲げる場合に該当することとなった後、遅滞
なく、当該清算法人の債権者に対し、一定の期間内にその債権を申し出るべき旨を
官報に公告し、かつ、知れている債権者には、各別にこれを催告しなければならな
い。ただし、当該期間は、２箇月を下ることができない。

2　前項の規定による公告には、当該債権者が当該期間内に申出をしないときは清算から除斥される旨を付記しなければならない。

（債務の弁済の制限）

第234条　清算法人は、前条第1項の期間内は、債務の弁済をすることができない。この場合において、清算法人は、その債務の不履行によって生じた責任を免れることができない。

2　前項の規定にかかわらず、清算法人は、前条第1項の期間内であっても、裁判所の許可を得て、少額の債権、清算法人の財産につき存する担保権によって担保される債権その他これを弁済しても他の債権者を害するおそれがない債権に係る債務について、その弁済をすることができる。この場合において、当該許可の申立ては、清算人が2人以上あるときは、その全員の同意によってしなければならない。

（条件付債権等に係る債務の弁済）

第235条　清算法人は、条件付債権、存続期間が不確定な債権その他その額が不確定な債権に係る債務を弁済することができる。この場合においては、これらの債権を評価させるため、裁判所に対し、鑑定人の選任の申立てをしなければならない。

2　前項の場合には、清算法人は、同項の鑑定人の評価に従い同項の債権に係る債務を弁済しなければならない。

3　第1項の鑑定人の選任の手続に関する費用は、清算法人の負担とする。当該鑑定人による鑑定のための呼出し及び質問に関する費用についても、同様とする。

（基金の返還の制限）

第236条　基金の返還に係る債務の弁済は、その余の清算一般社団法人の債務の弁済がされた後でなければ、することができない。

（債務の弁済前における残余財産の引渡しの制限）

第237条　清算法人は、当該清算法人の債務を弁済した後でなければ、その財産の引渡しをすることができない。ただし、その存否又は額について争いのある債権に係る債務についてその弁済をするために必要と認められる財産を留保した場合は、この限りでない。

（清算からの除斥）

第238条　清算法人の債権者（知れている債権者を除く。）であって第233条第1項の

期間内にその債権の申出をしなかったものは、清算から除斥される。

2　前項の規定により清算から除斥された債権者は、引渡しがされていない残余財産に対してのみ、弁済を請求することができる。

第5節　残余財産の帰属

第239条　残余財産の帰属は、定款で定めるところによる。

2　前項の規定により残余財産の帰属が定まらないときは、その帰属は、清算法人の社員総会又は評議員会の決議によって定める。

3　前2項の規定により帰属が定まらない残余財産は、国庫に帰属する。

第6節　清算事務の終了等

（清算事務の終了等）

第240条　清算法人は、清算事務が終了したときは、遅滞なく、<u>法務省令</u>で定めるところにより、決算報告を作成しなければならない。

2　清算人会設置法人においては、決算報告は、清算人会の承認を受けなければならない。

3　清算人は、決算報告（前項の規定の適用がある場合にあっては、同項の承認を受けたもの）を社員総会又は評議員会に提出し、又は提供し、その承認を受けなければならない。

4　前項の承認があったときは、任務を怠ったことによる清算人の損害賠償の責任は、免除されたものとみなす。ただし、清算人の職務の執行に関し不正の行為があったときは、この限りでない。

（決算報告）

則**第74条**　<u>法第240条第1項</u>の規定により作成すべき決算報告は、次に掲げる事項を内容とするものでなければならない。この場合において、第1号及び第2号に掲げる事項については、適切な項目に細分することができる。

一　債権の取立て、資産の処分その他の行為によって得た収入の額

二　債務の弁済、清算に係る費用の支払その他の行為による費用の額

三　残余財産の額（支払税額がある場合には、その税額及び当該税額を控除した後の財産の額）

2　前項第3号に掲げる事項については、残余財産の引渡しを完了した日を注記しなければならない。

第1章　公益法人制度関係法令

（帳簿資料の保存）

第241条　清算人（清算人会設置法人にあっては、第220条第7項各号に掲げる清算人）は、清算法人の主たる事務所の所在地における清算結了の登記の時から10年間、清算法人の帳簿並びにその事業及び清算に関する重要な資料（以下この条において「帳簿資料」という。）を保存しなければならない。

2　裁判所は、利害関係人の申立てにより、前項の清算人に代わって帳簿資料を保存する者を選任することができる。この場合においては、同項の規定は、適用しない。

3　前項の規定により選任された者は、清算法人の主たる事務所の所在地における清算結了の登記の時から10年間、帳簿資料を保存しなければならない。

4　第2項の規定による選任の手続に関する費用は、清算法人の負担とする。

第5章　合　併

第1節　通　則

（合併契約の締結）

第242条　一般社団法人又は一般財団法人は、他の一般社団法人又は一般財団法人と合併をすることができる。この場合においては、合併をする法人は、合併契約を締結しなければならない。

（合併の制限）

第243条　次の各号に掲げる場合には、合併後存続する一般社団法人若しくは一般財団法人又は合併により設立する一般社団法人若しくは一般財団法人は、それぞれ当該各号に定める種類の法人でなければならない。

一　合併をする法人が一般社団法人のみである場合　一般社団法人

二　合併をする法人が一般財団法人のみである場合　一般財団法人

2　前項各号に掲げる場合以外の場合において、合併をする一般社団法人が合併契約の締結の日までに基金の全額を返還していないときは、合併後存続する法人又は合併により設立する法人は、一般社団法人でなければならない。

第2節　吸収合併

第1款　吸収合併契約等

146

1．一般法人法関係法令

（吸収合併契約）

第244条　一般社団法人又は一般財団法人が吸収合併をする場合には、吸収合併契約において、次に掲げる事項を定めなければならない。

　一　吸収合併後存続する一般社団法人又は一般財団法人（以下「吸収合併存続法人」という。）及び吸収合併により消滅する一般社団法人又は一般財団法人（以下「吸収合併消滅法人」という。）の名称及び住所

　二　吸収合併がその効力を生ずる日（以下この節において「効力発生日」という。）

（吸収合併の効力の発生等）

第245条　吸収合併存続法人は、効力発生日に、吸収合併消滅法人の権利義務を承継する。

2　吸収合併消滅法人の吸収合併による解散は、吸収合併の登記の後でなければ、これをもって第三者に対抗することができない。

3　前2項の規定は、第248条若しくは第252条の規定による手続が終了していない場合又は吸収合併を中止した場合には、適用しない。

第2款　吸収合併消滅法人の手続

（吸収合併契約に関する書面等の備置き及び閲覧等）

第246条　吸収合併消滅法人は、吸収合併契約備置開始日から効力発生日までの間、吸収合併契約の内容その他法務省令で定める事項を記載し、又は記録した書面又は電磁的記録をその主たる事務所に備え置かなければならない。

2　前項に規定する「吸収合併契約備置開始日」とは、次に掲げる日のいずれか早い日をいう。

　一　一般社団法人である吸収合併消滅法人にあっては、次条の社員総会の日の2週間前の日（第58条第1項の場合にあっては、同項の提案があった日）

　二　一般財団法人である吸収合併消滅法人にあっては、次条の評議員会の日の2週間前の日（第194条第1項の場合にあっては、同項の提案があった日）

　三　第248条第2項の規定による公告の日又は同項の規定による催告の日のいずれか早い日

3　吸収合併消滅法人の社員、評議員及び債権者は、吸収合併消滅法人に対して、その業務時間内は、いつでも、次に掲げる請求をすることができる。ただし、社員及び債権者が第2号又は第4号に掲げる請求をするには、当該吸収合併消滅法人の定めた費用を支払わなければならない。

147

第1章　公益法人制度関係法令

一　第1項の書面の閲覧の請求

二　第1項の書面の謄本又は抄本の交付の請求

三　第1項の電磁的記録に記録された事項を<u>法務省令</u>で定める方法により表示したものの閲覧の請求

四　第1項の電磁的記録に記録された事項を電磁的方法であって吸収合併消滅法人の定めたものにより提供することの請求又はその事項を記載した書面の交付の請求

（吸収合併消滅法人の事前開示事項）

則**第75条**　<u>法第246条第1項</u>に規定する法務省令で定める事項は、次に掲げる事項とする。

一　吸収合併存続法人（法第244条第1号に規定する吸収合併存続法人をいう。以下この章において同じ。）の定款の定め

二　吸収合併存続法人についての次に掲げる事項

　　イ　最終事業年度（法第2条第2号又は第3号に規定する最終事業年度をいう。以下この章において同じ。）に係る計算書類等（最終事業年度がない場合にあっては、吸収合併存続法人の成立の日における貸借対照表）の内容

　　ロ　最終事業年度の末日（最終事業年度がない場合にあっては、吸収合併存続法人の成立の日）後に重要な財産の処分、重大な債務の負担その他の法人財産（一般社団法人等の財産をいう。以下この章において同じ。）の状況に重要な影響を与える事象が生じたときは、その内容（吸収合併契約備置開始日（法第246条第2項に規定する吸収合併契約備置開始日をいう。以下この項において同じ。）後吸収合併の効力が生ずる日までの間に新たな最終事業年度が存することとなる場合にあっては、当該新たな最終事業年度の末日後に生じた事象の内容に限る。）

三　吸収合併消滅法人（法第244条第1号に規定する吸収合併消滅法人をいう。以下この章において同じ。）（清算法人を除く。以下この号において同じ。）についての次に掲げる事項

　　イ　吸収合併消滅法人において最終事業年度の末日（最終事業年度がない場合にあっては、吸収合併消滅法人の成立の日）後に重要な財産の処分、重大な債務の負担その他の法人財産の状況に重要な影響を与える事象が生じたときは、その内容（吸収合併契約備置開始日後吸収合併の効力が生ずる日までの間に新たな最終事業年度が存することとなる場合にあっては、当該新たな最終事業年度の末日後に生じた事象の内容に限る。）

　　ロ　吸収合併消滅法人において最終事業年度がないときは、吸収合併消滅法人の

成立の日における貸借対照表

四 吸収合併が効力を生ずる日以後における吸収合併存続法人の債務（法第248条第1項の規定により吸収合併について異議を述べることができる債権者に対して負担する債務に限る。）の履行の見込みに関する事項

五 吸収合併契約備置開始日後、前各号に掲げる事項に変更が生じたときは、変更後の当該事項

2 前項第2号イに規定する「計算書類等」とは、次の各号に掲げる一般社団法人等の区分に応じ、当該各号に定めるものをいう（以下この章において同じ。）。

一 一般社団法人 各事業年度に係る計算書類（法第123条第2項に規定する計算書類をいう。）及び事業報告（法第124条第1項又は第2項の規定の適用がある場合にあっては、監査報告又は会計監査報告を含む。）

二 一般財団法人 各事業年度に係る計算書類（法第199条において準用する法第123条第2項に規定する計算書類をいう。）、事業報告及び監査報告（法第199条において準用する法第124条第2項の規定の適用がある場合にあっては、会計監査報告を含む。）

則第91条参照（17頁）。

（吸収合併契約の承認）

第247条 吸収合併消滅法人は、効力発生日の前日までに、社員総会又は評議員会の決議によって、吸収合併契約の承認を受けなければならない。

（債権者の異議）

第248条 吸収合併消滅法人の債権者は、吸収合併消滅法人に対し、吸収合併について異議を述べることができる。

2 吸収合併消滅法人は、次に掲げる事項を官報に公告し、かつ、知れている債権者には、各別にこれを催告しなければならない。ただし、第4号の期間は、1箇月を下ることができない。

一 吸収合併をする旨

二 吸収合併存続法人の名称及び住所

三 吸収合併消滅法人及び吸収合併存続法人の計算書類（第123条第2項（第199条において準用する場合を含む。）に規定する計算書類をいう。以下同じ。）に関する事項として**法務省令**で定めるもの

四 債権者が一定の期間内に異議を述べることができる旨

3 前項の規定にかかわらず、吸収合併消滅法人が同項の規定による公告を、官報の

第1章　公益法人制度関係法令

ほか、第331条第1項の規定による定めに従い、同項第2号又は第3号に掲げる方法によりするときは、前項の規定による各別の催告は、することを要しない。

4　債権者が第2項第4号の期間内に異議を述べなかったときは、当該債権者は、当該吸収合併について承認をしたものとみなす。

5　債権者が第2項第4号の期間内に異議を述べたときは、吸収合併消滅法人は、当該債権者に対し、弁済し、若しくは相当の担保を提供し、又は当該債権者に弁済を受けさせることを目的として信託会社等（信託会社及び信託業務を営む金融機関（金融機関の信託業務の兼営等に関する法律（昭和18年法律第43号）第1条第1項の認可を受けた金融機関をいう。）をいう。以下同じ。）に相当の財産を信託しなければならない。ただし、当該吸収合併をしても当該債権者を害するおそれがないときは、この限りでない。

6　前各項の規定は、基金の返還に係る債権の債権者については、適用しない。

（計算書類に関する事項）

則**第76条**　法第248条第2項第3号に規定する法務省令で定めるものは、同項の規定による公告の日又は同項の規定による催告の日のいずれか早い日における次の各号に掲げる場合の区分に応じ、当該各号に定めるものとする。

一　最終事業年度に係る貸借対照表又はその要旨につき公告対象法人（法第248条第2項第3号の一般社団法人等をいう。以下この条において同じ。）が法第128条第1項又は第2項（これらの規定を法第199条において準用する場合を含む。）の規定により公告をしている場合（法第331条第1項第4号に掲げる方法により公告をしている場合を除く。）　次に掲げるもの

イ　官報で公告をしているときは、当該官報の日付及び当該公告が掲載されている頁

ロ　時事に関する事項を掲載する日刊新聞紙で公告をしているときは、当該日刊新聞紙の名称、日付及び当該公告が掲載されている頁

ハ　電子公告（法第331条第1項第3号に規定する電子公告をいう。以下同じ。）により公告をしているときは、法第301条第2項第15号イ又は第302条第2項第13号イに掲げる事項

二　最終事業年度に係る貸借対照表につき公告対象法人が法第128条第3項（法第199条において準用する場合を含む。）に規定する措置を執っている場合　法第301条第2項第13号又は第302条第2項第11号に掲げる事項

三　公告対象法人につき最終事業年度がない場合　その旨

四　公告対象法人が清算法人である場合　その旨

五　前各号に掲げる場合以外の場合　最終事業年度に係る貸借対照表の要旨の内容

2 第50条の規定は、前項第5号の貸借対照表の要旨について準用する。

（吸収合併の効力発生日の変更）

第249条 吸収合併消滅法人は、吸収合併存続法人との合意により、効力発生日を変更することができる。

2 前項の場合には、吸収合併消滅法人は、変更前の効力発生日（変更後の効力発生日が変更前の効力発生日前の日である場合にあっては、当該変更後の効力発生日）の前日までに、変更後の効力発生日を公告しなければならない。

3 第1項の規定により効力発生日を変更したときは、変更後の効力発生日を効力発生日とみなして、第245条及びこの款の規定を適用する。

第3款 吸収合併存続法人の手続

（吸収合併契約に関する書面等の備置き及び閲覧等）

第250条 吸収合併存続法人は、吸収合併契約備置開始日から効力発生日後6箇月を経過する日までの間、吸収合併契約の内容その他**法務省令**で定める事項を記載し、又は記録した書面又は電磁的記録をその主たる事務所に備え置かなければならない。

2 前項に規定する「吸収合併契約備置開始日」とは、次に掲げる日のいずれか早い日をいう。

一 一般社団法人である吸収合併存続法人にあっては、次条第1項の社員総会の日の2週間前の日（第58条第1項の場合にあっては、同項の提案があった日）

二 一般財団法人である吸収合併存続法人にあっては、次条第1項の評議員会の日の2週間前の日（第194条第1項の場合にあっては、同項の提案があった日）

三 第252条第2項の規定による公告の日又は同項の規定による催告の日のいずれか早い日

3 吸収合併存続法人の社員、評議員及び債権者は、吸収合併存続法人に対して、その業務時間内は、いつでも、次に掲げる請求をすることができる。ただし、社員及び債権者が第2号又は第4号に掲げる請求をするには、当該吸収合併存続法人の定めた費用を支払わなければならない。

一 第1項の書面の閲覧の請求

二 第1項の書面の謄本又は抄本の交付の請求

三 第1項の電磁的記録に記録された事項を**法務省令**で定める方法により表示したものの閲覧の請求

四　第1項の電磁的記録に記録された事項を電磁的方法であって吸収合併存続法人の定めたものにより提供することの請求又はその事項を記載した書面の交付の請求

（吸収合併存続法人の事前開示事項）

囲**第77条**　法第250条第1項に規定する法務省令で定める事項は、次に掲げる事項とする。

一　吸収合併消滅法人（清算法人を除く。）についての次に掲げる事項

　イ　最終事業年度に係る計算書類等（最終事業年度がない場合にあっては、吸収合併消滅法人の成立の日における貸借対照表）の内容

　ロ　最終事業年度の末日（最終事業年度がない場合にあっては、吸収合併消滅法人の成立の日）後に重要な財産の処分、重大な債務の負担その他の法人財産の状況に重要な影響を与える事象が生じたときは、その内容（吸収合併契約備置開始日（法第250条第2項に規定する吸収合併契約備置開始日をいう。以下この条において同じ。）後吸収合併の効力が生ずる日までの間に新たな最終事業年度が存することとなる場合にあっては、当該新たな最終事業年度の末日後に生じた事象の内容に限る。）

二　吸収合併消滅法人（清算法人に限る。）が法第225条第1項の規定により作成した貸借対照表

三　吸収合併存続法人についての次に掲げる事項

　イ　吸収合併存続法人において最終事業年度の末日（最終事業年度がない場合にあっては、吸収合併存続法人の成立の日）後に重要な財産の処分、重大な債務の負担その他の法人財産の状況に重要な影響を与える事象が生じたときは、その内容（吸収合併契約備置開始日後吸収合併の効力が生ずる日までの間に新たな最終事業年度が存することとなる場合にあっては、当該新たな最終事業年度の末日後に生じた事象の内容に限る。）

　ロ　吸収合併存続法人において最終事業年度がないときは、吸収合併存続法人の成立の日における貸借対照表

四　吸収合併が効力を生ずる日以後における吸収合併存続法人の債務（法第252条第1項の規定により吸収合併について異議を述べることができる債権者に対して負担する債務に限る。）の履行の見込みに関する事項

五　吸収合併契約備置開始日後吸収合併が効力を生ずる日までの間に、前各号に掲げる事項に変更が生じたときは、変更後の当該事項

囲**第91条**参照（17頁）。

1．一般法人法関係法令

（吸収合併契約の承認）

第251条　吸収合併存続法人は、効力発生日の前日までに、社員総会又は評議員会の決議によって、吸収合併契約の承認を受けなければならない。

2　吸収合併存続法人が承継する吸収合併消滅法人の債務の額として**法務省令**で定める額が吸収合併存続法人が承継する吸収合併消滅法人の資産の額として**法務省令**で定める額を超える場合には、理事は、前項の社員総会又は評議員会において、その旨を説明しなければならない。

（資産の額等）

則第78条　**法第251条第2項**に規定する債務の額として法務省令で定める額は、第1号に掲げる額から第2号に掲げる額を減じて得た額とする。

　一　吸収合併の直後に吸収合併存続法人の貸借対照表の作成があったものとする場合における当該貸借対照表の負債の部に計上すべき額

　二　吸収合併の直前に吸収合併存続法人の貸借対照表の作成があったものとする場合における当該貸借対照表の負債の部に計上すべき額

2　**法第251条第2項**に規定する資産の額として法務省令で定める額は、第1号に掲げる額から第2号に掲げる額を減じて得た額とする。

　一　吸収合併の直後に吸収合併存続法人の貸借対照表の作成があったものとする場合における当該貸借対照表の資産の部に計上すべき額

　二　吸収合併の直前に吸収合併存続法人の貸借対照表の作成があったものとする場合における当該貸借対照表の資産の部に計上すべき額

（債権者の異議）

第252条　吸収合併存続法人の債権者は、吸収合併存続法人に対し、吸収合併について異議を述べることができる。

2　吸収合併存続法人は、次に掲げる事項を官報に公告し、かつ、知れている債権者には、各別にこれを催告しなければならない。ただし、第4号の期間は、1箇月を下ることができない。

　一　吸収合併をする旨

　二　吸収合併消滅法人の名称及び住所

　三　吸収合併存続法人及び吸収合併消滅法人の計算書類に関する事項として**法務省令**で定めるもの

　四　債権者が一定の期間内に異議を述べることができる旨

3　前項の規定にかかわらず、吸収合併存続法人が同項の規定による公告を、官報の

153

第1章　公益法人制度関係法令

ほか、第331条第1項の規定による定めに従い、同項第2号又は第3号に掲げる方法によりするときは、前項の規定による各別の催告は、することを要しない。

4　債権者が第2項第4号の期間内に異議を述べなかったときは、当該債権者は、当該吸収合併について承認をしたものとみなす。

5　債権者が第2項第4号の期間内に異議を述べたときは、吸収合併存続法人は、当該債権者に対し、弁済し、若しくは相当の担保を提供し、又は当該債権者に弁済を受けさせることを目的として信託会社等に相当の財産を信託しなければならない。ただし、当該吸収合併をしても当該債権者を害するおそれがないときは、この限りでない。

6　前各項の規定は、基金の返還に係る債権の債権者については、適用しない。

（計算書類に関する事項）

則第79条　法第252条第2項第3号に規定する法務省令で定めるものは、同項の規定による公告の日又は同項の規定による催告の日のいずれか早い日における次の各号に掲げる場合の区分に応じ、当該各号に定めるものとする。

一　最終事業年度に係る貸借対照表又はその要旨につき公告対象法人（法第252条第2項第3号の一般社団法人等をいう。以下この条において同じ。）が法第128条第1項又は第2項（これらの規定を法第199条において準用する場合を含む。）の規定により公告をしている場合（法第331条第1項第4号に掲げる方法により公告をしている場合を除く。）　次に掲げるもの

　イ　官報で公告をしているときは、当該官報の日付及び当該公告が掲載されている頁

　ロ　時事に関する事項を掲載する日刊新聞紙で公告をしているときは、当該日刊新聞紙の名称、日付及び当該公告が掲載されている頁

　ハ　電子公告により公告をしているときは、法第301条第2項第15号イ又は第302条第2項第13号イに掲げる事項

二　最終事業年度に係る貸借対照表につき公告対象法人が法第128条第3項（法第199条において準用する場合を含む。）に規定する措置を執っている場合　法第301条第2項第13号又は第302条第2項第11号に掲げる事項

三　公告対象法人につき最終事業年度がない場合　その旨

四　公告対象法人が清算法人である場合　その旨

五　前各号に掲げる場合以外の場合　最終事業年度に係る貸借対照表の要旨の内容

2　第50条の規定は、前項第5号の貸借対照表の要旨について準用する。

（吸収合併に関する書面等の備置き及び閲覧等）

第253条　吸収合併存続法人は、効力発生日後遅滞なく、吸収合併により吸収合併存続法人が承継した吸収合併消滅法人の権利義務その他の吸収合併に関する事項として**法務省令**で定める事項を記載し、又は記録した書面又は電磁的記録を作成しなければならない。

2　吸収合併存続法人は、効力発生日から6箇月間、前項の書面又は電磁的記録をその主たる事務所に備え置かなければならない。

3　吸収合併存続法人の社員、評議員及び債権者は、吸収合併存続法人に対して、その業務時間内は、いつでも、次に掲げる請求をすることができる。ただし、社員及び債権者が第2号又は第4号に掲げる請求をするには、当該吸収合併存続法人の定めた費用を支払わなければならない。

一　第1項の書面の閲覧の請求

二　第1項の書面の謄本又は抄本の交付の請求

三　第1項の電磁的記録に記録された事項を**法務省令**で定める方法により表示したものの閲覧の請求

四　第1項の電磁的記録に記録された事項を電磁的方法であって吸収合併存続法人の定めたものにより提供することの請求又はその事項を記載した書面の交付の請求

（吸収合併存続法人の事後開示事項）

則第80条　法第253条第1項に規定する法務省令で定める事項は、次に掲げる事項とする。

一　吸収合併が効力を生じた日

二　吸収合併消滅法人における法第248条の規定による手続の経過

三　吸収合併存続法人における法第252条の規定による手続の経過

四　吸収合併により吸収合併存続法人が吸収合併消滅法人から承継した重要な権利義務に関する事項

五　法第246条第1項の規定により吸収合併消滅法人が備え置いた書面又は電磁的記録に記載又は記録がされた事項（吸収合併契約の内容を除く。）

六　法第306条第1項の変更の登記をした日

七　前各号に掲げるもののほか、吸収合併に関する重要な事項

則第91条参照（17頁）。

第1章　公益法人制度関係法令

第3節　新設合併

第1款　新設合併契約等

（新設合併契約）

第254条　2以上の一般社団法人又は一般財団法人が新設合併をする場合には、新設合併契約において、次に掲げる事項を定めなければならない。

　一　新設合併により消滅する一般社団法人又は一般財団法人（以下「新設合併消滅法人」という。）の名称及び住所

　二　新設合併により設立する一般社団法人又は一般財団法人（以下「新設合併設立法人」という。）の目的、名称及び主たる事務所の所在地

　三　前号に掲げるもののほか、新設合併設立法人の定款で定める事項

　四　新設合併設立法人の設立に際して理事となる者の氏名

　五　新設合併設立法人が会計監査人設置一般社団法人又は会計監査人設置一般財団法人であるときは、その設立に際して会計監査人となる者の氏名又は名称

　六　新設合併設立法人が監事設置一般社団法人であるときは、設立時監事の氏名

　七　新設合併設立法人が一般財団法人であるときは、設立時評議員及び設立時監事の氏名

（新設合併の効力の発生）

第255条　新設合併設立法人は、その成立の日に、新設合併消滅法人の権利義務を承継する。

第2款　新設合併消滅法人の手続

（新設合併契約に関する書面等の備置き及び閲覧等）

第256条　新設合併消滅法人は、新設合併契約備置開始日から新設合併設立法人の成立の日までの間、新設合併契約の内容その他法務省令で定める事項を記載し、又は記録した書面又は電磁的記録をその主たる事務所に備え置かなければならない。

2　前項に規定する「新設合併契約備置開始日」とは、次に掲げる日のいずれか早い日をいう。

　一　一般社団法人である新設合併消滅法人にあっては、次条の社員総会の日の2週間前の日（第58条第1項の場合にあっては、同項の提案があった日）

　二　一般財団法人である新設合併消滅法人にあっては、次条の評議員会の日の2週間前の日（第194条第1項の場合にあっては、同項の提案があった日）

　三　第258条第2項の規定による公告の日又は同項の規定による催告の日のいずれ

156

か早い日

3　新設合併消滅法人の社員、評議員及び債権者は、新設合併消滅法人に対して、その業務時間内は、いつでも、次に掲げる請求をすることができる。ただし、社員及び債権者が第2号又は第4号に掲げる請求をするには、当該新設合併消滅法人の定めた費用を支払わなければならない。

一　第1項の書面の閲覧の請求

二　第1項の書面の謄本又は抄本の交付の請求

三　第1項の電磁的記録に記録された事項を法務省令で定める方法により表示したものの閲覧の請求

四　第1項の電磁的記録に記録された事項を電磁的方法であって新設合併消滅法人の定めたものにより提供することの請求又はその事項を記載した書面の交付の請求

（新設合併消滅法人の事前開示事項）

則第81条　法第256条第1項に規定する法務省令で定める事項は、次に掲げる事項とする。

一　他の新設合併消滅法人（法第254条第1号に規定する新設合併消滅法人をいう。以下この章において同じ。）（清算法人を除く。以下この号において同じ。）についての次に掲げる事項

　　イ　最終事業年度に係る計算書類等（最終事業年度がない場合にあっては、他の新設合併消滅法人の成立の日における貸借対照表）の内容

　　ロ　他の新設合併消滅法人において最終事業年度の末日（最終事業年度がない場合にあっては、他の新設合併消滅法人の成立の日）後に重要な財産の処分、重大な債務の負担その他の法人財産の状況に重要な影響を与える事象が生じたときは、その内容（新設合併契約備置開始日（法第256条第2項に規定する新設合併契約備置開始日をいう。以下この条において同じ。）後新設合併の効力が生ずる日までの間に新たな最終事業年度が存することとなる場合にあっては、当該新たな最終事業年度の末日後に生じた事象の内容に限る。）

二　他の新設合併消滅法人（清算法人に限る。）が法第225条第1項の規定により作成した貸借対照表

三　当該新設合併消滅法人（清算法人を除く。以下この号において同じ。）についての次に掲げる事項

　　イ　当該新設合併消滅法人において最終事業年度の末日（最終事業年度がない場合にあっては、当該新設合併消滅法人の成立の日）後に重要な財産の処分、重大な債務の負担その他の法人財産の状況に重要な影響を与える事象が生じたときは、その内容（新設合併契約備置開始日後新設合併の効力が生ずる日までの

第1章　公益法人制度関係法令

間に新たな最終事業年度が存することとなる場合にあっては、当該新たな最終
事業年度の末日後に生じた事象の内容に限る。)

ロ　当該新設合併消滅法人において最終事業年度がないときは、当該新設合併消
滅法人の成立の日における貸借対照表

四　新設合併が効力を生ずる日以後における新設合併設立法人(法第254条第2号
に規定する新設合併設立法人をいう。第83条第3号において同じ。)の債務(他
の新設合併消滅法人から承継する債務を除き、法第258条第1項の規定により新
設合併について異議を述べることができる債権者に対して負担する債務に限る。)
の履行の見込みに関する事項

五　新設合併契約備置開始日後、前各号に掲げる事項に変更が生じたときは、変更
後の当該事項

則第91条参照(17頁)。

(新設合併契約の承認)

第257条　新設合併消滅法人は、社員総会又は評議員会の決議によって、新設合併契
約の承認を受けなければならない。

(債権者の異議)

第258条　新設合併消滅法人の債権者は、新設合併消滅法人に対し、新設合併につい
て異議を述べることができる。

2　新設合併消滅法人は、次に掲げる事項を官報に公告し、かつ、知れている債権者
には、各別にこれを催告しなければならない。ただし、第4号の期間は、1箇月を
下ることができない。

一　新設合併をする旨

二　他の新設合併消滅法人及び新設合併設立法人の名称及び住所

三　新設合併消滅法人の計算書類に関する事項として**法務省令**で定めるもの

四　債権者が一定の期間内に異議を述べることができる旨

3　前項の規定にかかわらず、新設合併消滅法人が同項の規定による公告を、官報の
ほか、第331条第1項の規定による定めに従い、同項第2号又は第3号に掲げる方
法によりするときは、前項の規定による各別の催告は、することを要しない。

4　債権者が第2項第4号の期間内に異議を述べなかったときは、当該債権者は、当
該新設合併について承認をしたものとみなす。

5　債権者が第2項第4号の期間内に異議を述べたときは、新設合併消滅法人は、当
該債権者に対し、弁済し、若しくは相当の担保を提供し、又は当該債権者に弁済を

受けさせることを目的として信託会社等に相当の財産を信託しなければならない。ただし、当該新設合併をしても当該債権者を害するおそれがないときは、この限りでない。

6　前各項の規定は、基金の返還に係る債権の債権者については、適用しない。

（計算書類に関する事項）

則**第82条**　**法第258条第２項第３号**に規定する法務省令で定めるものは、同項の規定による公告の日又は同項の規定による催告の日のいずれか早い日における次の各号に掲げる場合の区分に応じ、当該各号に定めるものとする。

一　最終事業年度に係る貸借対照表又はその要旨につき公告対象法人（法第258条第２項第３号の一般社団法人等をいう。以下この条において同じ。）が法第128条第１項又は第２項（これらの規定を法第199条において準用する場合を含む。）の規定により公告をしている場合（法第331条第１項第４号に掲げる方法により公告をしている場合を除く。）　次に掲げるもの

イ　官報で公告をしているときは、当該官報の日付及び当該公告が掲載されている頁

ロ　時事に関する事項を掲載する日刊新聞紙で公告をしているときは、当該日刊新聞紙の名称、日付及び当該公告が掲載されている頁

ハ　電子公告により公告をしているときは、法第301条第２項第15号イ又は第302条第２項第13号イに掲げる事項

二　最終事業年度に係る貸借対照表につき公告対象法人が法第128条第３項（法第199条において準用する場合を含む。）に規定する措置を執っている場合　法第301条第２項第13号又は第302条第２項第11号に掲げる事項

三　公告対象法人につき最終事業年度がない場合　その旨

四　公告対象法人が清算法人である場合　その旨

五　前各号に掲げる場合以外の場合　最終事業年度に係る貸借対照表の要旨の内容

2　第50条の規定は、前項第５号の貸借対照表の要旨について準用する。

第３款　新設合併設立法人の手続

（設立の特則）

第259条　第２章第１節（第11条（第１項第４号を除く。）、第12条、第14条、第16条、第４款及び第５款を除く。）の規定は、一般社団法人である新設合併設立法人の設立については、適用しない。

2　第３章第１節（第153条第１項第１号から第３号まで及び第８号から第10号まで

第1章　公益法人制度関係法令

並びに第3項、第154条、第156条、第160条、第5款並びに第163条を除く。）の規定は、一般財団法人である新設合併設立法人の設立については、適用しない。

3　新設合併設立法人の定款は、新設合併消滅法人が作成する。

（新設合併に関する書面等の備置き及び閲覧等）

第260条　新設合併設立法人は、その成立の日後遅滞なく、新設合併により新設合併設立法人が承継した新設合併消滅法人の権利義務その他の新設合併に関する事項として法務省令で定める事項を記載し、又は記録した書面又は電磁的記録を作成しなければならない。

2　新設合併設立法人は、その成立の日から6箇月間、前項の書面又は電磁的記録及び新設合併契約の内容その他法務省令で定める事項を記載し、又は記録した書面又は電磁的記録をその主たる事務所に備え置かなければならない。

3　新設合併設立法人の社員、評議員及び債権者は、新設合併設立法人に対して、その業務時間内は、いつでも、次に掲げる請求をすることができる。ただし、社員及び債権者が第2号又は第4号に掲げる請求をするには、当該新設合併設立法人の定めた費用を支払わなければならない。

一　前項の書面の閲覧の請求

二　前項の書面の謄本又は抄本の交付の請求

三　前項の電磁的記録に記録された事項を法務省令で定める方法により表示したものの閲覧の請求

四　前項の電磁的記録に記録された事項を電磁的方法であって新設合併設立法人の定めたものにより提供することの請求又はその事項を記載した書面の交付の請求

（新設合併設立法人の事後開示事項）

則**第83条**　法第260条第1項に規定する法務省令で定める事項は、次に掲げる事項とする。

一　新設合併が効力を生じた日

二　法第258条の規定による手続の経過

三　新設合併により新設合併設立法人が新設合併消滅法人から承継した重要な権利義務に関する事項

四　前3号に掲げるもののほか、新設合併に関する重要な事項

則**第84条**　法第260条第2項に規定する法務省令で定める事項は、法第256条第1項の規定により新設合併消滅法人が備え置いた書面又は電磁的記録に記載又は記録がされた事項（新設合併契約の内容を除く。）とする。

則**第91条**参照（17頁）。

第6章　雑　則

第1節　解散命令

（解散命令）

第261条　裁判所は、次に掲げる場合において、公益を確保するため一般社団法人等の存立を許すことができないと認めるときは、法務大臣又は社員、評議員、債権者その他の利害関係人の申立てにより、一般社団法人等の解散を命ずることができる。

一　一般社団法人等の設立が不法な目的に基づいてされたとき。

二　一般社団法人等が正当な理由がないのにその成立の日から1年以内にその事業を開始せず、又は引き続き1年以上その事業を休止したとき。

三　業務執行理事（代表理事、代表理事以外の理事であって理事会の決議によって一般社団法人等の業務を執行する理事として選定されたもの及び当該一般社団法人等の業務を執行したその他の理事をいう。）が、法令若しくは定款で定める一般社団法人等の権限を逸脱し若しくは濫用する行為又は刑罰法令に触れる行為をした場合において、法務大臣から書面による警告を受けたにもかかわらず、なお継続的に又は反復して当該行為をしたとき。

2　社員、評議員、債権者その他の利害関係人が前項の申立てをしたときは、裁判所は、一般社団法人等の申立てにより、同項の申立てをした者に対し、相当の担保を立てるべきことを命ずることができる。

3　一般社団法人等は、前項の規定による申立てをするには、第1項の申立てが悪意によるものであることを疎明しなければならない。

4　民事訴訟法（平成8年法律第109号）第75条第5項及び第7項並びに第76条から第80条までの規定は、第2項の規定により第1項の申立てについて立てるべき担保について準用する。

（一般社団法人等の財産に関する保全処分）

第262条　裁判所は、前条第1項の申立てがあった場合には、法務大臣若しくは社員、評議員、債権者その他の利害関係人の申立てにより又は職権で、同項の申立てにつき決定があるまでの間、一般社団法人等の財産に関し、管理人による管理を命ずる処分（次項において「管理命令」という。）その他の必要な保全処分を命ずることができる。

2　裁判所は、管理命令をする場合には、当該管理命令において、管理人を選任しな

ければならない。

3 裁判所は、法務大臣若しくは社員、評議員、債権者その他の利害関係人の申立てにより又は職権で、前項の管理人を解任することができる。

4 裁判所は、第2項の管理人を選任した場合には、一般社団法人等が当該管理人に対して支払う報酬の額を定めることができる。

5 第2項の管理人は、裁判所が監督する。

6 裁判所は、第2項の管理人に対し、一般社団法人等の財産の状況の報告をし、かつ、その管理の計算をすることを命ずることができる。

7 民法第644条、第646条、第647条及び第650条の規定は、第2項の管理人について準用する。この場合において、同法第646条、第647条及び第650条中「委任者」とあるのは、「一般社団法人又は一般財団法人」と読み替えるものとする。

（官庁等の法務大臣に対する通知義務）

第263条　裁判所その他の官庁、検察官又は吏員は、その職務上第261条第1項の申立て又は同項第3号の警告をすべき事由があることを知ったときは、法務大臣にその旨を通知しなければならない。

第2節　訴　訟

第1款　一般社団法人等の組織に関する訴え

（一般社団法人等の組織に関する行為の無効の訴え）

第264条　次の各号に掲げる行為の無効は、当該各号に定める期間に、訴えをもってのみ主張することができる。

一　一般社団法人等の設立　一般社団法人等の成立の日から2年以内

二　一般社団法人等の吸収合併　吸収合併の効力が生じた日から6箇月以内

三　一般社団法人等の新設合併　新設合併の効力が生じた日から6箇月以内

2 次の各号に掲げる行為の無効の訴えは、当該各号に定める者に限り、提起することができる。

一　前項第1号に掲げる行為　設立する一般社団法人等の社員等（社員、評議員、理事、監事又は清算人をいう。以下この款において同じ。）

二　前項第2号に掲げる行為　当該行為の効力が生じた日において吸収合併をする一般社団法人等の社員等であった者又は吸収合併存続法人の社員等、破産管財人若しくは吸収合併について承認をしなかった債権者

三　前項第3号に掲げる行為　当該行為の効力が生じた日において新設合併をする

一般社団法人等の社員等であった者又は新設合併設立法人の社員等、破産管財人若しくは新設合併について承認をしなかった債権者

（社員総会等の決議の不存在又は無効の確認の訴え）

第265条　社員総会又は評議員会（以下この款及び第315条第1項第1号ロにおいて「社員総会等」という。）の決議については、決議が存在しないことの確認を、訴えをもって請求することができる。

2　社員総会等の決議については、決議の内容が法令に違反することを理由として、決議が無効であることの確認を、訴えをもって請求することができる。

（社員総会等の決議の取消しの訴え）

第266条　次に掲げる場合には、社員等は、社員総会等の決議の日から3箇月以内に、訴えをもって当該決議の取消しを請求することができる。当該決議の取消しにより社員等（第75条第1項（第177条及び第210条第4項において準用する場合を含む。）又は第175条第1項の規定により理事、監事、清算人又は評議員としての権利義務を有する者を含む。）となる者も、同様とする。

一　社員総会等の招集の手続又は決議の方法が法令若しくは定款に違反し、又は著しく不公正なとき。

二　社員総会等の決議の内容が定款に違反するとき。

三　社員総会の決議について特別の利害関係を有する社員が議決権を行使したことによって、著しく不当な決議がされたとき。

2　前項の訴えの提起があった場合において、社員総会等の招集の手続又は決議の方法が法令又は定款に違反するときであっても、裁判所は、その違反する事実が重大でなく、かつ、決議に影響を及ぼさないものであると認めるときは、同項の規定による請求を棄却することができる。

（一般社団法人等の設立の取消しの訴え）

第267条　次の各号に掲げる場合には、当該各号に定める者は、一般社団法人等の成立の日から2年以内に、訴えをもって一般社団法人等の設立の取消しを請求することができる。

一　社員又は設立者が民法その他の法律の規定により設立に係る意思表示を取り消すことができるとき　当該社員又は設立者

二　設立者がその債権者を害することを知って一般財団法人を設立したとき　当該債権者

第1章　公益法人制度関係法令

（一般社団法人等の解散の訴え）

第268条　次に掲げる場合において、やむを得ない事由があるときは、総社員の議決権の10分の1（これを下回る割合を定款で定めた場合にあっては、その割合）以上の議決権を有する社員又は評議員は、訴えをもって一般社団法人等の解散を請求することができる。

一　一般社団法人等が業務の執行において著しく困難な状況に至り、当該一般社団法人等に回復することができない損害が生じ、又は生ずるおそれがあるとき。

二　一般社団法人等の財産の管理又は処分が著しく失当で、当該一般社団法人等の存立を危うくするとき。

（被告）

第269条　次の各号に掲げる訴え（以下この節において「一般社団法人等の組織に関する訴え」と総称する。）については、当該各号に定める者を被告とする。

一　一般社団法人等の設立の無効の訴え　設立する一般社団法人等

二　一般社団法人等の吸収合併の無効の訴え　吸収合併存続法人

三　一般社団法人等の新設合併の無効の訴え　新設合併設立法人

四　社員総会等の決議が存在しないこと又は社員総会等の決議の内容が法令に違反することを理由として当該決議が無効であることの確認の訴え　当該一般社団法人等

五　社員総会等の決議の取消しの訴え　当該一般社団法人等

六　第267条第1号の規定による一般社団法人等の設立の取消しの訴え　当該一般社団法人等

七　第267条第2号の規定による一般財団法人の設立の取消しの訴え　当該一般財団法人及び同号の設立者

八　一般社団法人等の解散の訴え　当該一般社団法人等

（訴えの管轄）

第270条　一般社団法人等の組織に関する訴えは、被告となる一般社団法人等の主たる事務所の所在地を管轄する地方裁判所の管轄に専属する。

（担保提供命令）

第271条　一般社団法人等の組織に関する訴えであって、社員が提起することができるものについては、裁判所は、被告の申立てにより、当該一般社団法人等の組織に関する訴えを提起した社員に対し、相当の担保を立てるべきことを命ずることがで

164

きる。ただし、当該社員が理事、監事又は清算人であるときは、この限りでない。

2　前項の規定は、一般社団法人等の組織に関する訴えであって、債権者が提起することができるものについて準用する。

3　被告は、第1項（前項において準用する場合を含む。）の申立てをするには、原告の訴えの提起が悪意によるものであることを疎明しなければならない。

（弁論等の必要的併合）

第272条　同一の請求を目的とする一般社団法人等の組織に関する訴えに係る2以上の訴訟が同時に係属するときは、その弁論及び裁判は、併合してしなければならない。

（認容判決の効力が及ぶ者の範囲）

第273条　一般社団法人等の組織に関する訴えに係る請求を認容する確定判決は、第三者に対してもその効力を有する。

（無効又は取消しの判決の効力）

第274条　一般社団法人等の組織に関する訴え（第269条第1号から第3号まで、第6号及び第7号に掲げる訴えに限る。）に係る請求を認容する判決が確定したときは、当該判決において無効とされ、又は取り消された行為（当該行為によって一般社団法人等が設立された場合にあっては、当該設立を含む。）は、将来に向かってその効力を失う。

（合併の無効判決の効力）

第275条　次の各号に掲げる行為の無効の訴えに係る請求を認容する判決が確定したときは、当該行為をした一般社団法人等は、当該行為の効力が生じた日後に当該各号に定める一般社団法人等が負担した債務について、連帯して弁済する責任を負う。

一　一般社団法人等の吸収合併　吸収合併存続法人

二　一般社団法人等の新設合併　新設合併設立法人

2　前項に規定する場合には、同項各号に掲げる行為の効力が生じた日後に当該各号に定める一般社団法人等が取得した財産は、当該行為をした一般社団法人等の共有に属する。

3　前2項に規定する場合には、各一般社団法人等の第1項の債務の負担部分及び前項の財産の共有持分は、各一般社団法人等の協議によって定める。

4　各一般社団法人等の第1項の債務の負担部分又は第2項の財産の共有持分につい

第1章　公益法人制度関係法令

て、前項の協議が調わないときは、裁判所は、各一般社団法人等の申立てにより、第1項各号に掲げる行為の効力が生じた時における各一般社団法人等の財産の額その他一切の事情を考慮して、これを定める。

（設立の無効又は取消しの判決の効力）
第276条　一般社団法人の設立の無効又は取消しの訴えに係る請求を認容する判決が確定した場合において、その無効又は取消しの原因が一部の社員のみにあるときは、他の社員の全員の同意によって、当該一般社団法人を継続することができる。この場合においては、当該原因がある社員は、退社したものとみなす。
2　前項前段の規定は、一般財団法人の設立の無効又は取消しの訴えに係る請求を認容する判決が確定した場合について準用する。この場合において、同項中「社員」とあるのは、「設立者」と読み替えるものとする。

（原告が敗訴した場合の損害賠償責任）
第277条　一般社団法人等の組織に関する訴えを提起した原告が敗訴した場合において、原告に悪意又は重大な過失があったときは、原告は、被告に対し、連帯して損害を賠償する責任を負う。

第2款　一般社団法人における責任追及の訴え
（責任追及の訴え）
第278条　社員は、一般社団法人に対し、書面その他の法務省令で定める方法により、設立時社員、設立時理事、役員等（第111条第1項に規定する役員等をいう。第3項において同じ。）又は清算人の責任を追及する訴え（以下この款において「責任追及の訴え」という。）の提起を請求することができる。ただし、責任追及の訴えが当該社員若しくは第三者の不正な利益を図り又は当該一般社団法人に損害を加えることを目的とする場合は、この限りでない。
2　一般社団法人が前項の規定による請求の日から60日以内に責任追及の訴えを提起しないときは、当該請求をした社員は、一般社団法人のために、責任追及の訴えを提起することができる。
3　一般社団法人は、第1項の規定による請求の日から60日以内に責任追及の訴えを提起しない場合において、当該請求をした社員又は同項の設立時社員、設立時理事、役員等若しくは清算人から請求を受けたときは、当該請求をした者に対し、遅滞なく、責任追及の訴えを提起しない理由を書面その他の法務省令で定める方法により通知しなければならない。

4　第１項及び第２項の規定にかかわらず、同項の期間の経過により一般社団法人に回復することができない損害が生ずるおそれがある場合には、第１項の社員は、一般社団法人のために、直ちに責任追及の訴えを提起することができる。ただし、同項ただし書に規定する場合は、この限りでない。

5　第２項又は前項の責任追及の訴えは、訴訟の目的の価額の算定については、財産権上の請求でない請求に係る訴えとみなす。

6　社員が責任追及の訴えを提起したときは、裁判所は、被告の申立てにより、当該社員に対し、相当の担保を立てるべきことを命ずることができる。

7　被告が前項の申立てをするには、責任追及の訴えの提起が悪意によるものであることを疎明しなければならない。

（責任追及の訴えの提起の請求方法）

則第85条　法第278条第１項の法務省令で定める方法は、次に掲げる事項を記載した書面の提出又は当該事項の電磁的方法による提供とする。

一　被告となるべき者

二　請求の趣旨及び請求を特定するのに必要な事実

（訴えを提起しない理由の通知方法）

則第86条　法第278条第３項の法務省令で定める方法は、次に掲げる事項を記載した書面の提出又は当該事項の電磁的方法による提供とする。

一　一般社団法人が行った調査の内容（次号の判断の基礎とした資料を含む。）

二　請求対象者（設立時社員、設立時理事（法第15条第１項に規定する設立時理事をいう。）、役員等又は清算人であって、法第278条第１項の規定による請求に係る前条第１号に掲げる者をいう。次号において同じ。）の責任又は義務の有無についての判断及びその理由

三　請求対象者に責任又は義務があると判断した場合において、責任追及の訴え（法第278条第１項に規定する責任追及の訴えをいう。）を提起しないときは、その理由

（訴えの管轄）

第279条　責任追及の訴えは、一般社団法人の主たる事務所の所在地を管轄する地方裁判所の管轄に専属する。

（訴訟参加）

第280条　社員又は一般社団法人は、共同訴訟人として、又は当事者の一方を補助す

第1章　公益法人制度関係法令

るため、責任追及の訴えに係る訴訟に参加することができる。ただし、不当に訴訟
手続を遅延させることとなるとき、又は裁判所に対し過大な事務負担を及ぼすこと
となるときは、この限りでない。

2　監事設置一般社団法人が、理事及び清算人並びにこれらの者であった者を補助す
るため、責任追及の訴えに係る訴訟に参加するには、監事（監事が2人以上ある場
合にあっては、各監事）の同意を得なければならない。

3　社員は、責任追及の訴えを提起したときは、遅滞なく、一般社団法人に対し、訴
訟告知をしなければならない。

4　一般社団法人は、責任追及の訴えを提起したとき、又は前項の訴訟告知を受けた
ときは、遅滞なく、その旨を社員に通知しなければならない。

（和解）

第281条　民事訴訟法第267条の規定は、一般社団法人が責任追及の訴えに係る訴訟
における和解の当事者でない場合には、当該訴訟における訴訟の目的については、
適用しない。ただし、当該一般社団法人の承認がある場合は、この限りでない。

2　前項に規定する場合において、裁判所は、一般社団法人に対し、和解の内容を通
知し、かつ、当該和解に異議があるときは2週間以内に異議を述べるべき旨を催告
しなければならない。

3　一般社団法人が前項の期間内に書面により異議を述べなかったときは、同項の規
定による通知の内容で社員が和解をすることを承認したものとみなす。

4　第25条、第112条（第217条第4項において準用する場合を含む。）及び第141条第
5項（同項ただし書に規定する超過額を超えない部分について負う責任に係る部分
に限る。）の規定は、責任追及の訴えに係る訴訟における和解をする場合には、適
用しない。

（費用等の請求）

第282条　責任追及の訴えを提起した社員が勝訴（一部勝訴を含む。）した場合にお
いて、当該責任追及の訴えに係る訴訟に関し、必要な費用（訴訟費用を除く。）を
支出したとき又は弁護士若しくは弁護士法人に報酬を支払うべきときは、当該一般
社団法人に対し、その費用の額の範囲内又はその報酬額の範囲内で相当と認められ
る額の支払を請求することができる。

2　責任追及の訴えを提起した社員が敗訴した場合であっても、悪意があったときを
除き、当該社員は、当該一般社団法人に対し、これによって生じた損害を賠償する
義務を負わない。

3 　前2項の規定は、第280条第1項の規定により同項の訴訟に参加した社員につい
　て準用する。

（再審の訴え）

第283条　責任追及の訴えが提起された場合において、原告及び被告が共謀して責任
　追及の訴えに係る訴訟の目的である一般社団法人の権利を害する目的をもって判決
　をさせたときは、一般社団法人又は社員は、確定した終局判決に対し、再審の訴え
　をもって、不服を申し立てることができる。

2 　前条の規定は、前項の再審の訴えについて準用する。

第3款　一般社団法人等の役員等の解任の訴え

（一般社団法人等の役員等の解任の訴え）

第284条　理事、監事又は評議員（以下この款において「役員等」という。）の職務
　の執行に関し不正の行為又は法令若しくは定款に違反する重大な事実があったにも
　かかわらず、当該役員等を解任する旨の議案が社員総会又は評議員会において否決
　されたときは、次に掲げる者は、当該社員総会又は評議員会の日から30日以内に、
　訴えをもって当該役員等の解任を請求することができる。

一 　総社員（当該請求に係る理事又は監事である社員を除く。）の議決権の10分の
　　1 （これを下回る割合を定款で定めた場合にあっては、その割合）以上の議決権
　　を有する社員（当該請求に係る理事又は監事である社員を除く。）

二 　評議員

（被告）

第285条　前条の訴え（次条及び第315条第1項第1号ニにおいて「一般社団法人等
　の役員等の解任の訴え」という。）については、当該一般社団法人等及び前条の役
　員等を被告とする。

（訴えの管轄）

第286条　一般社団法人等の役員等の解任の訴えは、当該一般社団法人等の主たる事
　務所の所在地を管轄する地方裁判所の管轄に専属する。

第3節　非　訟

第1章　公益法人制度関係法令

第1款　総　則

（非訟事件の管轄）

第287条　この法律の規定による非訟事件（次項に規定する事件を除く。）は、一般社団法人等の主たる事務所の所在地を管轄する地方裁判所の管轄に属する。

2　第275条第4項の申立てに係る事件は、同条第1項各号に掲げる行為の無効の訴えの第一審の受訴裁判所の管轄に属する。

（疎明）

第288条　この法律の規定による許可の申立てをする場合には、その原因となる事実を疎明しなければならない。

（陳述の聴取）

第289条　裁判所は、この法律の規定による非訟事件についての裁判のうち、次の各号に掲げる裁判をする場合には、当該各号に定める者の陳述を聴かなければならない。ただし、不適法又は理由がないことが明らかであるとして申立てを却下する裁判をするときは、この限りでない。

一　この法律の規定により一般社団法人等が作成し、又は備え置いた書面又は電磁的記録についての閲覧又は謄写の許可の申立てについての裁判　当該一般社団法人等

二　第75条第2項（第177条において準用する場合を含む。）、第79条第2項（第197条において準用する場合を含む。）若しくは第175条第2項の規定により選任された一時理事、監事、代表理事若しくは評議員の職務を行うべき者、清算人、第210条第4項において準用する第75条第2項若しくは第214条第7項において準用する第79条第2項の規定により選任された一時清算人若しくは代表清算人の職務を行うべき者、検査役又は第262条第2項の管理人の報酬の額の決定　当該一般社団法人等（報酬を受ける者が監事を置く一般社団法人等を代表する者である場合において、他に当該一般社団法人等を代表する者が存しないときは、監事）及び報酬を受ける者

三　第137条第7項の規定による裁判　当該一般社団法人（一般社団法人の成立前にあっては、設立時社員）及び現物拠出財産を給付する者

四　清算人の解任についての裁判　当該清算人

五　第261条第1項の規定による裁判　当該一般社団法人等

六　第275条第4項の申立てについての裁判　同項に規定する行為をした一般社団法人等

1．一般法人法関係法令

（理由の付記）
第290条　この法律の規定による非訟事件についての裁判には、理由を付さなければ
ならない。ただし、次に掲げる裁判については、この限りでない。
一　前条第2号に掲げる裁判
二　第293条各号に掲げる裁判

（即時抗告）
第291条　次の各号に掲げる裁判に対しては、当該各号に定める者に限り、即時抗告
をすることができる。
一　第262条第1項の規定による保全処分についての裁判　利害関係人
二　第289条各号に掲げる裁判　申立人及び当該各号に定める者（同条第2号及び
　　第3号に掲げる裁判にあっては、当該各号に定める者）

（原裁判の執行停止）
第292条　前条の即時抗告は、執行停止の効力を有する。ただし、第289条第2号か
ら第4号までに掲げる裁判に対するものについては、この限りでない。

（不服申立ての制限）
第293条　次に掲げる裁判に対しては、不服を申し立てることができない。
一　第289条第2号に規定する一時理事、監事、代表理事若しくは評議員の職務を
　　行うべき者、清算人、代表清算人、同号に規定する一時清算人若しくは代表清算
　　人の職務を行うべき者、検査役、第235条第1項の鑑定人又は第241条第2項の帳
　　簿資料の保存をする者の選任又は選定の裁判
二　第262条第2項の管理人の選任又は解任についての裁判
三　第262条第6項の規定による裁判
四　この法律の規定による許可の申立てを認容する裁判（第289条第1号に掲げる
　　裁判を除く。）

（非訟事件手続法の規定の適用除外）
第294条　この法律の規定による非訟事件については、非訟事件手続法（平成23年法
律第51号）第40条及び第57条第2項第2号の規定は、適用しない。

（最高裁判所規則）
第295条　この法律に定めるもののほか、この法律の規定による非訟事件の手続に関

171

し必要な事項は、最高裁判所規則で定める。

第2款　解散命令の手続に関する特則

（法務大臣の関与）

第296条　裁判所は、第261条第1項の申立てについての裁判をする場合には、法務大臣に対し、意見を求めなければならない。

2　法務大臣は、裁判所が前項の申立てに係る事件について審問をするときは、当該審問に立ち会うことができる。

3　裁判所は、法務大臣に対し、第1項の申立てに係る事件が係属したこと及び前項の審問の期日を通知しなければならない。

4　第1項の申立てを却下する裁判に対しては、第291条第2号に定める者のほか、法務大臣も、即時抗告をすることができる。

（一般社団法人等の財産に関する保全処分についての特則）

第297条　裁判所が第262条第1項の保全処分をした場合には、非訟事件の手続の費用は、一般社団法人等の負担とする。当該保全処分について必要な費用も、同様とする。

2　前項の保全処分又は第262条第1項の規定による申立てを却下する裁判に対して即時抗告があった場合において、抗告裁判所が当該即時抗告を理由があると認めて原裁判を取り消したときは、その抗告審における手続に要する裁判費用及び抗告人が負担した前審における手続に要する裁判費用は、一般社団法人等の負担とする。

第298条　利害関係人は、裁判所書記官に対し、第262条第6項の報告又は計算に関する資料の閲覧を請求することができる。

2　利害関係人は、裁判所書記官に対し、前項の資料の謄写又はその正本、謄本若しくは抄本の交付を請求することができる。

3　前項の規定は、第1項の資料のうち録音テープ又はビデオテープ（これらに準ずる方法により一定の事項を記録した物を含む。）に関しては、適用しない。この場合において、これらの物について利害関係人の請求があるときは、裁判所書記官は、その複製を許さなければならない。

4　法務大臣は、裁判所書記官に対し、第1項の資料の閲覧を請求することができる。

5　民事訴訟法第91条第5項の規定は、第1項の資料について準用する。

第4節 登 記

第1款 総 則

（登記の効力）

第299条 この法律の規定により登記すべき事項は、登記の後でなければ、これを
もって善意の第三者に対抗することができない。登記の後であっても、第三者が正
当な事由によってその登記があることを知らなかったときは、同様とする。

2 故意又は過失によって不実の事項を登記した者は、その事項が不実であることを
もって善意の第三者に対抗することができない。

（登記の期間）

第300条 この法律の規定により登記すべき事項のうち官庁の許可を要するものの登
記の期間については、その許可書の到達した日から起算する。

第2款 主たる事務所の所在地における登記

（一般社団法人の設立の登記）

第301条 一般社団法人の設立の登記は、その主たる事務所の所在地において、次に
掲げる日のいずれか遅い日から2週間以内にしなければならない。

一 第20条第1項の規定による調査が終了した日

二 設立時社員が定めた日

2 前項の登記においては、次に掲げる事項を登記しなければならない。

一 目的

二 名称

三 主たる事務所及び従たる事務所の所在場所

四 一般社団法人の存続期間又は解散の事由についての定款の定めがあるときは、
その定め

五 理事の氏名

六 代表理事の氏名及び住所

七 理事会設置一般社団法人であるときは、その旨

八 監事設置一般社団法人であるときは、その旨及び監事の氏名

九 会計監査人設置一般社団法人であるときは、その旨及び会計監査人の氏名又は
名称

十 第75条第4項の規定により選任された一時会計監査人の職務を行うべき者を置
いたときは、その氏名又は名称

第1章　公益法人制度関係法令

十一　第114条第1項の規定による役員等の責任の免除についての定款の定めがあるときは、その定め

十二　第115条第1項の規定による非業務執行理事等が負う責任の限度に関する契約の締結についての定款の定めがあるときは、その定め

十三　第128条第3項の規定による措置をとることとするときは、同条第1項に規定する貸借対照表の内容である情報について不特定多数の者がその提供を受けるために必要な事項であって<u>法務省令</u>で定めるもの

十四　公告方法

十五　前号の公告方法が電子公告（第331条第1項第3号に規定する電子公告をいう。以下この号及び次条第2項第13号において同じ。）であるときは、次に掲げる事項

　イ　電子公告により公告すべき内容である情報について不特定多数の者がその提供を受けるために必要な事項であって<u>法務省令</u>で定めるもの

　ロ　第331条第2項後段の規定による定款の定めがあるときは、その定め

則第87条　次の各号に掲げる規定に規定する法務省令で定めるものは、当該各号に定める行為をするために使用する自動公衆送信装置のうち当該行為をするための用に供する部分をインターネットにおいて識別するための文字、記号その他の符号又はこれらの結合であって、情報の提供を受ける者がその使用に係る電子計算機に入力することによって当該情報の内容を閲覧し、当該電子計算機に備えられたファイルに当該情報を記録することができるものとする。

一　<u>法第301条第2項第13号</u>　法第128条第3項の規定による措置

二　<u>法第301条第2項第15号イ</u>　一般社団法人が行う電子公告

三　<u>法第302条第2項第11号</u>　法第199条において準用する法第128条第3項の規定による措置

四　<u>法第302条第2項第13号イ</u>　一般財団法人が行う電子公告

2　次の各号に掲げる規定に規定する場合には、当該各号に定める規定に掲げる事項であって、決算公告（法第128条第1項（法第199条において準用する場合を含む。）の規定による公告をいう。以下この項において同じ。）の内容である情報の提供を受けるためのものを、当該事項であって決算公告以外の公告の内容である情報の提供を受けるためのものと別に登記することができる。

一　<u>法第301条第2項第15号</u>　同号イ

二　<u>法第302条第2項第13号</u>　同号イ

1．一般法人法関係法令

（一般財団法人の設立の登記）

第302条　一般財団法人の設立の登記は、その主たる事務所の所在地において、次に掲げる日のいずれか遅い日から2週間以内にしなければならない。

一　第161条第1項の規定による調査が終了した日

二　設立者が定めた日

2　前項の登記においては、次に掲げる事項を登記しなければならない。

一　目的

二　名称

三　主たる事務所及び従たる事務所の所在場所

四　一般財団法人の存続期間又は解散の事由についての定款の定めがあるときは、その定め

五　評議員、理事及び監事の氏名

六　代表理事の氏名及び住所

七　会計監査人設置一般財団法人であるときは、その旨及び会計監査人の氏名又は名称

八　第177条において準用する第75条第4項の規定により選任された一時会計監査人の職務を行うべき者を置いたときは、その氏名又は名称

九　第198条において準用する第114条第1項の規定による役員等の責任の免除についての定款の定めがあるときは、その定め

十　第198条において準用する第115条第1項の規定による非業務執行理事等が負う責任の限度に関する契約の締結についての定款の定めがあるときは、その定め

十一　第199条において準用する第128条第3項の規定による措置をとることとするときは、同条第1項に規定する貸借対照表の内容である情報について不特定多数の者がその提供を受けるために必要な事項であって**法務省令**で定めるもの

十二　公告方法

十三　前号の公告方法が電子公告であるときは、次に掲げる事項

イ　電子公告により公告すべき内容である情報について不特定多数の者がその提供を受けるために必要な事項であって**法務省令**で定めるもの

ロ　第331条第2項後段の規定による定款の定めがあるときは、その定め

則第87条参照（174頁）。

（変更の登記）

第303条　一般社団法人等において第301条第2項各号又は前条第2項各号に掲げる

第1章　公益法人制度関係法令

事項に変更が生じたときは、2週間以内に、その主たる事務所の所在地において、変更の登記をしなければならない。

（他の登記所の管轄区域内への主たる事務所の移転の登記）

第304条　一般社団法人等がその主たる事務所を他の登記所の管轄区域内に移転したときは、2週間以内に、旧所在地においては移転の登記をし、新所在地においては次の各号に掲げる法人の区分に応じ当該各号に定める事項を登記しなければならない。

一　一般社団法人　第301条第2項各号に掲げる事項

二　一般財団法人　第302条第2項各号に掲げる事項

2　新所在地における登記においては、一般社団法人等の成立の年月日並びに主たる事務所を移転した旨及びその年月日をも登記しなければならない。

（職務執行停止の仮処分等の登記）

第305条　一般社団法人等の理事、監事、代表理事若しくは評議員の職務の執行を停止し、若しくはその職務を代行する者を選任する仮処分命令又はその仮処分命令を変更し、若しくは取り消す決定がされたときは、その主たる事務所の所在地において、その登記をしなければならない。

（吸収合併の登記）

第306条　一般社団法人等が吸収合併をしたときは、その効力が生じた日から2週間以内に、その主たる事務所の所在地において、吸収合併消滅法人については解散の登記をし、吸収合併存続法人については変更の登記をしなければならない。

2　吸収合併による変更の登記においては、吸収合併をした旨並びに吸収合併消滅法人の名称及び主たる事務所をも登記しなければならない。

（新設合併の登記）

第307条　2以上の一般社団法人等が新設合併をするときは、次に掲げる日のいずれか遅い日から2週間以内に、その主たる事務所の所在地において、新設合併消滅法人については解散の登記をし、新設合併設立法人については設立の登記をしなければならない。

一　第257条の社員総会又は評議員会の決議の日

二　第258条の規定による手続が終了した日

三　新設合併消滅法人が合意により定めた日

2　新設合併による設立の登記においては、新設合併をした旨並びに新設合併消滅法

176

人の名称及び主たる事務所をも登記しなければならない。

（解散の登記）

第308条　第148条第1号から第4号まで又は第202条第1項第1号から第3号まで、第2項若しくは第3項の規定により一般社団法人等が解散したときは、2週間以内に、その主たる事務所の所在地において、解散の登記をしなければならない。

2　解散の登記においては、解散の旨並びにその事由及び年月日を登記しなければならない。

（継続の登記）

第309条　第150条、第204条又は第276条の規定により一般社団法人等が継続したときは、2週間以内に、その主たる事務所の所在地において、継続の登記をしなければならない。

（清算人等の登記）

第310条　第209条第1項第1号に掲げる者が清算人となったときは、解散の日から2週間以内に、その主たる事務所の所在地において、次に掲げる事項を登記しなければならない。

一　清算人の氏名

二　代表清算人の氏名及び住所

三　清算法人が清算人会を置くときは、その旨

四　清算一般財団法人が監事を置くときは、その旨

2　清算人が選任されたときは、2週間以内に、その主たる事務所の所在地において、前項各号に掲げる事項を登記しなければならない。

3　第303条の規定は前2項の規定による登記について、第305条の規定は清算人又は代表清算人について、それぞれ準用する。

（清算結了の登記）

第311条　清算が結了したときは、清算法人は、第240条第3項の承認の日から2週間以内に、その主たる事務所の所在地において、清算結了の登記をしなければならない。

第3款　従たる事務所の所在地における登記

第1章　公益法人制度関係法令

（従たる事務所の所在地における登記）

第312条　次の各号に掲げる場合（当該各号に規定する従たる事務所が主たる事務所の所在地を管轄する登記所の管轄区域内にある場合を除く。）には、当該各号に定める期間内に、当該従たる事務所の所在地において、従たる事務所の所在地における登記をしなければならない。

　一　一般社団法人等の設立に際して従たる事務所を設けた場合（次号に掲げる場合を除く。）　主たる事務所の所在地における設立の登記をした日から2週間以内

　二　新設合併設立法人が新設合併に際して従たる事務所を設けた場合　第307条第1項各号に掲げる日のいずれか遅い日から3週間以内

　三　一般社団法人等の成立後に従たる事務所を設けた場合　従たる事務所を設けた日から3週間以内

2　従たる事務所の所在地における登記においては、次に掲げる事項を登記しなければならない。ただし、従たる事務所の所在地を管轄する登記所の管轄区域内に新たに従たる事務所を設けたときは、第3号に掲げる事項を登記すれば足りる。

　一　名称

　二　主たる事務所の所在場所

　三　従たる事務所（その所在地を管轄する登記所の管轄区域内にあるものに限る。）の所在場所

3　従たる事務所の所在地において前2項の規定により前項各号に掲げる事項を登記する場合には、一般社団法人等の成立の年月日並びに従たる事務所を設置した旨及びその年月日をも登記しなければならない。

4　第2項各号に掲げる事項に変更が生じたときは、3週間以内に、当該従たる事務所の所在地において、変更の登記をしなければならない。

（他の登記所の管轄区域内への従たる事務所の移転の登記）

第313条　一般社団法人等がその従たる事務所を他の登記所の管轄区域内に移転したときは、旧所在地（主たる事務所の所在地を管轄する登記所の管轄区域内にある場合を除く。）においては3週間以内に移転の登記をし、新所在地（主たる事務所の所在地を管轄する登記所の管轄区域内にある場合を除く。以下この項において同じ。）においては4週間以内に前条第2項各号に掲げる事項を登記しなければならない。ただし、従たる事務所の所在地を管轄する登記所の管轄区域内に新たに従たる事務所を移転したときは、新所在地においては、同項第3号に掲げる事項を登記すれば足りる。

2　従たる事務所の所在地において前項の規定により前条第2項各号に掲げる事項を

178

登記する場合には、一般社団法人等の成立の年月日並びに従たる事務所を移転した旨及びその年月日をも登記しなければならない。

（従たる事務所における変更の登記等）
第314条　第306条第1項、第307条第1項及び第311条に規定する場合には、これらの規定に規定する日から3週間以内に、従たる事務所の所在地においても、これらの規定に規定する登記をしなければならない。ただし、第306条第1項に規定する変更の登記は、第312条第2項各号に掲げる事項に変更が生じた場合に限り、するものとする。

第4款　登記の嘱託

第315条　次に掲げる場合には、裁判所書記官は、職権で、遅滞なく、一般社団法人等の主たる事務所（第1号ロに規定する場合であって当該決議によって第312条第2項各号に掲げる事項についての登記がされているときにあっては、主たる事務所及び当該登記に係る従たる事務所）の所在地を管轄する登記所にその登記を嘱託しなければならない。

一　次に掲げる訴えに係る請求を認容する判決が確定したとき。
　イ　一般社団法人等の設立の無効又は取消しの訴え
　ロ　社員総会等の決議した事項についての登記があった場合における次に掲げる訴え
　　(1)　社員総会等の決議が存在しないこと又は社員総会等の決議の内容が法令に違反することを理由として当該決議が無効であることの確認の訴え
　　(2)　社員総会等の決議の取消しの訴え
　ハ　一般社団法人等の解散の訴え
　ニ　一般社団法人等の役員等の解任の訴え
二　次に掲げる裁判があったとき。
　イ　第75条第2項（第177条において準用する場合を含む。）、第79条第2項（第197条において準用する場合を含む。）又は第175条第2項の規定による一時理事、監事、代表理事又は評議員の職務を行うべき者の選任の裁判
　ロ　第210条第4項において準用する第75条第2項又は第214条第7項において準用する第79条第2項の規定による一時清算人又は代表清算人の職務を行うべき者の選任の裁判
　ハ　イ又はロに掲げる裁判を取り消す裁判

第1章　公益法人制度関係法令

　　ニ　清算人又は代表清算人の選任又は選定の裁判を取り消す裁判
　　ホ　清算人の解任の裁判
　三　次に掲げる裁判が確定したとき。
　　イ　前号ホに掲げる裁判を取り消す裁判
　　ロ　第261条第1項の規定による一般社団法人等の解散を命ずる裁判
2　次の各号に掲げる訴えに係る請求を認容する判決が確定した場合には、裁判所書記官は、職権で、遅滞なく、各一般社団法人等の主たる事務所の所在地を管轄する登記所に当該各号に定める登記を嘱託しなければならない。
　一　一般社団法人等の吸収合併の無効の訴え　吸収合併存続法人についての変更の登記及び吸収合併消滅法人についての回復の登記
　二　一般社団法人等の新設合併の無効の訴え　新設合併設立法人についての解散の登記及び新設合併消滅法人についての回復の登記
3　前項に規定する場合において、同項各号に掲げる訴えに係る請求の目的に係る合併により第312条第2項各号に掲げる事項についての登記がされているときは、各一般社団法人等の従たる事務所の所在地を管轄する登記所にも前項各号に定める登記を嘱託しなければならない。

第5款　登記の手続等

（登記簿）
第316条　登記所に、一般社団法人登記簿及び一般財団法人登記簿を備える。

（添付書面の通則）
第317条　登記すべき事項につき社員全員の同意又はある理事若しくは清算人の一致を要するときは、申請書にその同意又は一致があったことを証する書面を添付しなければならない。
2　登記すべき事項につき社員総会、評議員会、理事会又は清算人会の決議を要するときは、申請書にその議事録を添付しなければならない。
3　登記すべき事項につき第58条第1項、第96条（第197条及び第221条第5項において準用する場合を含む。）又は第194条第1項の規定により社員総会、理事会、清算人会又は評議員会の決議があったものとみなされる場合には、申請書に、前項の議事録に代えて、当該場合に該当することを証する書面を添付しなければならない。

（一般社団法人の設立の登記の申請）
第318条　一般社団法人の設立の登記は、当該一般社団法人を代表すべき者の申請に

よってする。

2　一般社団法人の設立の登記の申請書には、法令に別段の定めがある場合を除き、次に掲げる書面を添付しなければならない。

一　定款

二　設立時理事が設立時代表理事を選定したときは、これに関する書面

三　設立時理事、設立時監事及び設立時代表理事が就任を承諾したことを証する書面

四　設立時会計監査人を選任したときは、次に掲げる書面

イ　就任を承諾したことを証する書面

ロ　設立時会計監査人が法人であるときは、当該法人の登記事項証明書。ただし、当該登記所の管轄区域内に当該法人の主たる事務所がある場合を除く。

ハ　設立時会計監査人が法人でないときは、その者が公認会計士であることを証する書面

3　登記すべき事項につき設立時社員全員の同意又はある設立時社員の一致を要するときは、前項の登記の申請書にその同意又は一致があったことを証する書面を添付しなければならない。

（一般財団法人の設立の登記の申請）

第319条　一般財団法人の設立の登記は、当該一般財団法人を代表すべき者の申請によってする。

2　一般財団法人の設立の登記の申請書には、法令に別段の定めがある場合を除き、次に掲げる書面を添付しなければならない。

一　定款

二　財産の拠出の履行があったことを証する書面

三　設立時評議員、設立時理事及び設立時監事の選任に関する書面

四　設立時代表理事の選定に関する書面

五　設立時評議員、設立時理事、設立時監事及び設立時代表理事が就任を承諾したことを証する書面

六　設立時会計監査人を選任したときは、次に掲げる書面

イ　設立時会計監査人の選任に関する書面

ロ　就任を承諾したことを証する書面

ハ　設立時会計監査人が法人であるときは、当該法人の登記事項証明書。ただし、当該登記所の管轄区域内に当該法人の主たる事務所がある場合を除く。

ニ　設立時会計監査人が法人でないときは、その者が公認会計士であることを証

する書面

3　登記すべき事項につき設立者全員の同意又はある設立者の一致を要するときは、前項の登記の申請書にその同意又は一致があったことを証する書面を添付しなければならない。

（理事等の変更の登記の申請）

第320条　理事、監事又は代表理事の就任による変更の登記の申請書には、就任を承諾したことを証する書面を添付しなければならない。

2　評議員の就任による変更の登記の申請書には、その選任に関する書面及び就任を承諾したことを証する書面を添付しなければならない。

3　会計監査人の就任による変更の登記の申請書には、次に掲げる書面を添付しなければならない。

一　就任を承諾したことを証する書面

二　会計監査人が法人であるときは、当該法人の登記事項証明書。ただし、当該登記所の管轄区域内に当該法人の主たる事務所がある場合を除く。

三　会計監査人が法人でないときは、その者が公認会計士であることを証する書面

4　会計監査人が法人であるときは、その名称の変更の登記の申請書には、前項第2号に掲げる書面を添付しなければならない。ただし、同号ただし書に規定する場合は、この限りでない。

5　第1項から第3項までに規定する者の退任による変更の登記の申請書には、これを証する書面を添付しなければならない。

（一時会計監査人の職務を行うべき者の変更の登記の申請）

第321条　第75条第4項（第177条において準用する場合を含む。）の一時会計監査人の職務を行うべき者の就任による変更の登記の申請書には、次に掲げる書面を添付しなければならない。

一　その選任に関する書面

二　就任を承諾したことを証する書面

三　その者が法人であるときは、当該法人の登記事項証明書。ただし、前条第3項第2号ただし書に規定する場合を除く。

四　その者が法人でないときは、その者が公認会計士であることを証する書面

2　前条第4項及び第5項の規定は、一時会計監査人の職務を行うべき者の登記について準用する。

（吸収合併による変更の登記の申請）

第322条 吸収合併による変更の登記の申請書には、次に掲げる書面を添付しなければならない。

一　吸収合併契約書

二　第252条第２項の規定による公告及び催告（同条第３項の規定により公告を官報のほか第331条第１項の規定による定めに従い同項第２号又は第３号に掲げる方法によってした場合にあっては、これらの方法による公告）をしたこと並びに異議を述べた債権者があるときは、当該債権者に対し弁済し若しくは相当の担保を提供し若しくは当該債権者に弁済を受けさせることを目的として相当の財産を信託したこと又は当該吸収合併をしても当該債権者を害するおそれがないことを証する書面

三　吸収合併消滅法人の登記事項証明書。ただし、当該登記所の管轄区域内に吸収合併消滅法人の主たる事務所がある場合を除く。

四　第247条の規定による吸収合併契約の承認があったことを証する書面

五　吸収合併消滅法人において第248条第２項の規定による公告及び催告（同条第３項の規定により公告を官報のほか第331条第１項の規定による定めに従い同項第２号又は第３号に掲げる方法によってした場合にあっては、これらの方法による公告）をしたこと並びに異議を述べた債権者があるときは、当該債権者に対し弁済し若しくは相当の担保を提供し若しくは当該債権者に弁済を受けさせることを目的として相当の財産を信託したこと又は当該吸収合併をしても当該債権者を害するおそれがないことを証する書面

（新設合併による設立の登記の申請）

第323条 新設合併による設立の登記の申請書には、次に掲げる書面を添付しなければならない。

一　新設合併契約書

二　定款

三　第318条第２項第２号から第４号まで又は第319条第２項第４号、第５号及び第６号（イを除く。）に掲げる書面

四　新設合併消滅法人の登記事項証明書。ただし、当該登記所の管轄区域内に新設合併消滅法人の主たる事務所がある場合を除く。

五　第257条の規定による新設合併契約の承認があったことを証する書面

六　新設合併消滅法人において第258条第２項の規定による公告及び催告（同条第

第1章　公益法人制度関係法令

3項の規定により公告を官報のほか第331条第1項の規定による定めに従い同項
第2号又は第3号に掲げる方法によってした場合にあっては、これらの方法によ
る公告）をしたこと並びに異議を述べた債権者があるときは、当該債権者に対し
弁済し若しくは相当の担保を提供し若しくは当該債権者に弁済を受けさせること
を目的として相当の財産を信託したこと又は当該新設合併をしても当該債権者を
害するおそれがないことを証する書面

（解散の登記の申請）

第324条　定款で定めた解散の事由又は第202条第1項第3号、第2項若しくは第3
項に規定する事由の発生による解散の登記の申請書には、その事由の発生を証する
書面を添付しなければならない。

2　代表清算人の申請に係る解散の登記の申請書には、その資格を証する書面を添付
しなければならない。ただし、当該代表清算人が第209条第1項第1号の規定によ
り清算人となったもの（第214条第4項に規定する場合にあっては、同項の規定に
より代表清算人となったもの）であるときは、この限りでない。

（継続の登記の申請）

第325条　一般社団法人等の設立の無効又は取消しの訴えに係る請求を認容する判決
が確定した場合において、第276条第1項（同条第2項において準用する場合を含
む。以下この条において同じ。）の規定により一般社団法人等を継続したときは、
継続の登記の申請書には、その判決の謄本及び第276条第1項の同意があったこと
を証する書面を添付しなければならない。

（清算人の登記の申請）

第326条　清算人の登記の申請書には、定款を添付しなければならない。

2　第209条第1項第2号又は第3号に掲げる者が清算人となった場合の清算人の登
記の申請書には、就任を承諾したことを証する書面を添付しなければならない。

3　裁判所が選任した者が清算人となった場合の清算人の登記の申請書には、その選
任及び第310条第1項第2号に掲げる事項を証する書面を添付しなければならない。

（清算人に関する変更の登記の申請）

第327条　裁判所が選任した清算人に関する第310条第1項第2号に掲げる事項の変更の
登記の申請書には、変更の事由を証する書面を添付しなければならない。

2　清算人の退任による変更の登記の申請書には、これを証する書面を添付しなけれ

ばならない。

（清算結了の登記の申請）

第328条　清算結了の登記の申請書には、第240条第3項の規定による決算報告の承認があったことを証する書面を添付しなければならない。

（従たる事務所の所在地における登記の申請）

第329条　主たる事務所及び従たる事務所の所在地において登記すべき事項について従たる事務所の所在地においてする登記の申請書には、主たる事務所の所在地においてした登記を証する書面を添付しなければならない。この場合においては、他の書面の添付を要しない。

（商業登記法の準用）

第330条　商業登記法（昭和38年法律第125号）第1条の3から第5条まで、第7条から第15条まで、第17条から第27条まで、第33条、第49条から第52条まで、第72条、第82条、第83条及び第132条から第148条までの規定は、一般社団法人等に関する登記について準用する。この場合において、これらの規定（同法第27条及び第33条第1項中「本店」とある部分を除く。）中「商号」とあるのは「名称」と、「本店」とあるのは「主たる事務所」と、「支店」とあるのは「従たる事務所」と、同法第1条の3及び第24条第1号中「営業所」とあるのは「事務所」と、同法第27条及び第33条第1項中「営業所（会社にあつては、本店。以下この条において同じ。）の」とあり、並びに同法第27条並びに第33条第1項第4号及び第2項中「営業所の」とあるのは「主たる事務所の」と、同条第1項第4号中「営業所を」とあるのは「主たる事務所を」と、同法第72条中「会社法第472条第1項本文」とあるのは「一般社団法人及び一般財団法人に関する法律（平成18年法律第48号）第149条第1項本文又は第203条第1項本文」と読み替えるものとする。

一般社団法人等登記規則（1059頁）。

第5節　公　告

（公告方法）

第331条　一般社団法人等は、公告方法として、次に掲げる方法のいずれかを定めることができる。

第1章　公益法人制度関係法令

　　一　官報に掲載する方法

　　二　時事に関する事項を掲載する日刊新聞紙に掲載する方法

　　三　電子公告（公告方法のうち、電磁的方法により不特定多数の者が公告すべき内容である情報の提供を受けることができる状態に置く措置であって**法務省令**で定めるものをとる方法をいう。以下同じ。）

　　四　前3号に掲げるもののほか、不特定多数の者が公告すべき内容である情報を認識することができる状態に置く措置として**法務省令**で定める方法

2　一般社団法人等が前項第3号に掲げる方法を公告方法とする旨を定款で定める場合には、その定款には、電子公告を公告方法とする旨を定めれば足りる。この場合においては、事故その他やむを得ない事由によって電子公告による公告をすることができない場合の公告方法として、同項第1号又は第2号に掲げる方法のいずれかを定めることができる。

　（電子公告を行うための電磁的方法）

〔則〕**第96条**　**法第331条第1項第3号**に規定する措置であって法務省令で定めるものは、第92条第1項第1号ロに掲げる方法のうち、インターネットに接続された自動公衆送信装置を使用するものによる措置とする。

〔則〕**第88条**　**法第331条第1項第4号**に規定する措置として法務省令で定める方法は、当該一般社団法人等の主たる事務所の公衆の見やすい場所に掲示する方法とする。

2　前項の方法による公告は、次の各号に掲げる公告の区分に応じ、当該各号に定める日までの間、継続してしなければならない。

　　一　法第128条第1項（法第199条において準用する場合を含む。）の規定による公告　当該公告の開始後1年を経過する日

　　二　法第249条第2項の規定による公告　同項の変更前の効力発生日（法第244条第2号に規定する効力発生日をいう。以下この号において同じ。）（変更後の効力発生日が変更前の効力発生日前の日である場合にあっては、当該変更後の効力発生日）

　（電子公告の公告期間）

第332条　一般社団法人等が電子公告により公告をする場合には、次の各号に掲げる公告の区分に応じ、当該各号に定める日までの間、継続して電子公告による公告をしなければならない。

　　一　第128条第1項の規定による公告　同項の定時社員総会の終結の日後5年を経過する日

二　第199条において準用する第128条第1項の規定による公告　同項の定時評議員会の終結の日後5年を経過する日

三　公告に定める期間内に異議を述べることができる旨の公告　当該期間を経過する日

四　第249条第2項の規定による公告　同項の変更前の効力発生日（変更後の効力発生日が変更前の効力発生日前の日である場合にあっては、当該変更後の効力発生日）

（電子公告の中断及び電子公告調査機関に関する会社法の規定の準用）

第333条　一般社団法人等が電子公告によりこの法律又は他の法律の規定による公告をする場合については、会社法第940条第3項、第941条、第946条、第947条、第951条第2項、第953条及び第955条の規定を準用する。この場合において、同法第940条第3項中「前2項の規定にかかわらず、これらの」とあるのは「一般社団法人及び一般財団法人に関する法律（平成18年法律第48号）第332条の規定にかかわらず、同条の」と、同法第941条中「この法律又は他の法律の規定による公告（第440条第1項」とあるのは「一般社団法人及び一般財団法人に関する法律又は他の法律の規定による公告（一般社団法人及び一般財団法人に関する法律第128条第1項（同法第199条において準用する場合を含む。）」と、同法第946条第3項中「商号」とあるのは「名称」と読み替えるものとする。

第7章　罰　則

（理事等の特別背任罪）

第334条　次に掲げる者が、自己若しくは第三者の利益を図り又は一般社団法人等に損害を加える目的で、その任務に背く行為をし、当該一般社団法人等に財産上の損害を加えたときは、7年以下の懲役若しくは500万円以下の罰金に処し、又はこれを併科する。

一　設立時社員

二　設立者

三　設立時理事（一般社団法人等の設立に際して理事となる者をいう。第342条において同じ。）又は設立時監事（一般社団法人等の設立に際して監事となる者をいう。同条において同じ。）

四　理事、監事又は評議員

五　民事保全法第56条に規定する仮処分命令により選任された理事、監事又は評議

員の職務を代行する者

六　第75条第2項（第177条において準用する場合を含む。）、第79条第2項（第197条において準用する場合を含む。）又は第175条第2項の規定により選任された一時理事、監事、代表理事又は評議員の職務を行うべき者

七　事業に関するある種類又は特定の事項の委任を受けた使用人

八　検査役

2　次に掲げる者が、自己若しくは第三者の利益を図り又は清算法人に損害を加える目的で、その任務に背く行為をし、当該清算法人に財産上の損害を加えたときも、

前項と同様とする。

一　清算人

二　民事保全法第56条に規定する仮処分命令により選任された清算人の職務を代行する者

三　第210条第4項において準用する第75条第2項又は第214条第7項において準用する第79条第2項の規定により選任された一時清算人又は代表清算人の職務を行うべき者

3　前2項の罪の未遂は、罰する。

（法人財産の処分に関する罪）

第335条　前条第1項第4号から第7号までに掲げる者が、次のいずれかに該当する場合には、3年以下の懲役若しくは100万円以下の罰金に処し、又はこれを併科する。

一　法令又は定款の規定に違反して、基金の返還をしたとき。

二　一般社団法人等の目的の範囲外において、投機取引のために一般社団法人等の財産を処分したとき。

（虚偽文書行使等の罪）

第336条　次に掲げる者が、基金を引き受ける者の募集をするに当たり、一般社団法人の事業その他の事項に関する説明を記載した資料若しくは当該募集の広告その他の当該募集に関する文書であって重要な事項について虚偽の記載のあるものを行使し、又はこれらの書類の作成に代えて電磁的記録の作成がされている場合における当該電磁的記録であって重要な事項について虚偽の記録のあるものをその募集の事務の用に供したときは、3年以下の懲役若しくは100万円以下の罰金に処し、又はこれを併科する。

一　第334条第1項第1号又は第3号から第7号までに掲げる者

二 基金を引き受ける者の募集の委託を受けた者

（理事等の贈収賄罪）
第337条 次に掲げる者が、その職務に関し、不正の請託を受けて、財産上の利益を収受し、又はその要求若しくは約束をしたときは、5年以下の懲役又は500万円以下の罰金に処する。
　一 第334条第1項各号又は第2項各号に掲げる者
　二 会計監査人又は第75条第4項（第177条において準用する場合を含む。）の規定により選任された一時会計監査人の職務を行うべき者
2 前項の利益を供与し、又はその申込み若しくは約束をした者は、3年以下の懲役又は300万円以下の罰金に処する。
3 第1項の場合において、犯人の収受した利益は、没収する。その全部又は一部を没収することができないときは、その価額を追徴する。

（国外犯）
第338条 第334条、第335条及び前条第1項の罪は、日本国外においてこれらの罪を犯した者にも適用する。
2 前条第2項の罪は、刑法（明治40年法律第45号）第2条の例に従う。

（法人における罰則の適用）
第339条 第334条第1項、第336条又は第337条第1項に規定する者が法人であるときは、これらの規定及び第334条第3項の規定は、その行為をした理事その他業務を執行する者に対してそれぞれ適用する。

（虚偽記載等の罪）
第340条 第333条において準用する会社法第955条第1項の規定に違反して、同項に規定する調査記録簿等に同項に規定する電子公告調査に関し法務省令で定めるものを記載せず、若しくは記録せず、若しくは虚偽の記載若しくは記録をし、又は調査記録簿等を保存しなかった者は、30万円以下の罰金に処する。

（両罰規定）
第341条 法人の代表者又は法人若しくは人の代理人、使用人その他の従業者が、その法人又は人の業務に関し、前条の違反行為をしたときは、行為者を罰するほか、その法人又は人に対しても、同条の罰金刑を科する。

（過料に処すべき行為）

第342条 設立時社員、設立者、設立時理事、設立時監事、設立時評議員、理事、監事、評議員、会計監査人若しくはその職務を行うべき社員、清算人、民事保全法第56条に規定する仮処分命令により選任された理事、監事、評議員若しくは清算人の職務を代行する者、第334条第1項第6号に規定する一時理事、監事、代表理事若しくは評議員の職務を行うべき者、同条第2項第3号に規定する一時清算人若しくは代表清算人の職務を行うべき者、第337条第1項第2号に規定する一時会計監査人の職務を行うべき者又は検査役は、次のいずれかに該当する場合には、100万円以下の過料に処する。ただし、その行為について刑を科すべきときは、この限りでない。

一　この法律の規定による登記をすることを怠ったとき。

二　この法律の規定による公告若しくは通知をすることを怠ったとき、又は不正の公告若しくは通知をしたとき。

三　この法律の規定による開示をすることを怠ったとき。

四　この法律の規定に違反して、正当な理由がないのに、書類若しくは電磁的記録に記録された事項を法務省令で定める方法により表示したものの閲覧若しくは謄写又は書類の謄本若しくは抄本の交付、電磁的記録に記録された事項を電磁的方法により提供すること若しくはその事項を記載した書面の交付を拒んだとき。

五　この法律の規定による調査を妨げたとき。

六　官庁又は社員総会若しくは評議員会に対し、虚偽の申述を行い、又は事実を隠蔽したとき。

七　定款、社員名簿、議事録、財産目録、会計帳簿、貸借対照表、損益計算書、事業報告、事務報告、第123条第2項（第199条において準用する場合を含む。）若しくは第227条第1項の附属明細書、監査報告、会計監査報告、決算報告又は第246条第1項、第250条第1項、第253条第1項、第256条第1項若しくは第260条第2項の書面若しくは電磁的記録に記載し、若しくは記録すべき事項を記載せず、若しくは記録せず、又は虚偽の記載若しくは記録をしたとき。

八　第14条第1項、第32条第1項、第50条第5項、第51条第3項、第52条第4項、第57条第2項若しくは第3項、第58条第2項、第97条第1項（第197条において準用する場合を含む。）、第129条第1項若しくは第2項（第199条において準用する場合を含む。）、第156条第1項、第193条第2項若しくは第3項、第194条第2項、第223条第1項、第229条第1項、第246条第1項、第250条第1項、第253条第2項、第256条第1項又は第260条第2項の規定に違反して、帳簿又は書類若しくは電磁的記録を備え置かなかったとき。

九　第36条第1項若しくは第179条第1項の規定又は第47条第1項第1号、第87条

第1項第1号（第197条において準用する場合を含む。）若しくは第188条第1項第1号の規定による裁判所の命令に違反して、社員総会又は評議員会を招集しなかったとき。

十　第43条又は第184条の規定による請求があった場合において、その請求に係る事項を社員総会又は評議員会の目的としなかったとき。

十一　正当な理由がないのに、社員総会又は評議員会において、社員又は評議員の求めた事項について説明をしなかったとき。

十二　第72条第2項（第177条において準用する場合を含む。）の規定による請求があった場合において、その請求に係る事項を社員総会若しくは評議員会の目的とせず、又はその請求に係る議案を社員総会若しくは評議員会に提出しなかったとき。

十三　理事、監事、評議員又は会計監査人がこの法律又は定款で定めたその員数を欠くこととなった場合において、その選任（一時会計監査人の職務を行うべき者の選任を含む。）の手続をすることを怠ったとき。

十四　第92条第2項（第197条及び第220条第10項において準用する場合を含む。）の規定に違反して、理事会又は清算人会に報告せず、又は虚偽の報告をしたとき。

十五　第142条第1項の規定に違反して自己を債務者とする基金の返還に係る債権を取得したとき、又は同条第2項の規定に違反して当該債権を相当の時期に他に譲渡することを怠ったとき。

十六　第144条第1項の規定に違反して代替基金を計上せず、又は同条第2項の規定に違反して代替基金を取り崩したとき。

十七　第215条第1項の規定に違反して、破産手続開始の申立てを怠ったとき。

十八　清算の結了を遅延させる目的で、第233条第1項の期間を不当に定めたとき。

十九　第234条第1項の規定に違反して、債務の弁済をしたとき。

二十　第237条の規定に違反して、清算法人の財産を引き渡したとき。

二十一　第248条第2項若しくは第5項、第252条第2項若しくは第5項又は第258条第2項若しくは第5項の規定に違反して、吸収合併又は新設合併をしたとき。

二十二　第333条において準用する会社法第941条の規定に違反して、同条の規定による調査を求めなかったとき。

第343条　次のいずれかに該当する者は、100万円以下の過料に処する。

一　第333条において準用する会社法第946条第3項の規定に違反して、報告をせず、又は虚偽の報告をした者

二　正当な理由がないのに、第333条において準用する会社法第951条第2項各号又

は第955条第2項各号に掲げる請求を拒んだ者

第344条 次のいずれかに該当する者は、20万円以下の過料に処する。
　一　第5条第2項の規定に違反して、一般財団法人であると誤認されるおそれのある文字をその名称中に用いた者
　二　第5条第3項の規定に違反して、一般社団法人であると誤認されるおそれのある文字をその名称中に用いた者
　三　第6条の規定に違反して、一般社団法人又は一般財団法人であると誤認されるおそれのある文字をその名称又は商号中に用いた者
　四　第7条第1項の規定に違反して、他の一般社団法人又は一般財団法人であると誤認されるおそれのある名称又は商号を使用した者

　　　　附　則
　（施行期日）
1　この法律は、公布の日から起算して2年6月を超えない範囲内において<u>政令</u>で定める日〔平成20年12月1日〕から施行する。
　（経過措置の原則）
2　この法律の規定（罰則を除く。）は、他の法律に特別の定めがある場合を除き、この法律の施行前に生じた事項にも適用する。
　（検討）
3　政府は、この法律の施行後適当な時期において、この法律の施行の状況を勘案し、必要があると認めるときは、この法律の規定について検討を加え、その結果に基づいて必要な措置を講ずるものとする。

　　　　附　則（平成26年6月27日法律第91号）　抄
　この法律は、会社法の一部を改正する法律の施行の日〔平成27年5月1日〕から施行する。

🈔**附則**（平成21年7月22日法務省令第36号）
　（施行期日）
🈔**第1条**　この省令は、平成21年8月1日から施行する。
　（子法人に関する経過措置）
🈔**第2条**　この省令の施行の際現に一般社団法人及び一般財団法人に関する法律（平成18年法律第48号。以下「法」という。）第113条第1項第2号ロ（法第198条にお

いて読み替えて準用する場合を含む。）に規定する外部理事である者は、この省令の施行により外部理事に該当しなくなるものであっても、この省令の施行後最初に開催される定時社員総会又は定時評議員会の終結の時までの間は、外部理事であるものとみなす。

2　この省令の施行の際現に法第115条第1項（法第198条において読み替えて準用する場合を含む。）に規定する外部監事である者は、この省令の施行により外部監事に該当しなくなるものであっても、この省令の施行後最初に開催される定時社員総会又は定時評議員会の終結の時までの間は、外部監事であるものとみなす。

3　この省令の施行の際現に、一般社団法人又は一般財団法人の監事である者であって、旧子法人（この省令による改正前の一般社団法人及び一般財団法人に関する法律施行規則第3条に規定する法人をいう。次項において同じ。）以外の子法人の理事又は使用人を兼ねているものは、当該監事の任期が終了するまでの間は、この省令の施行の日（以下「施行日」という。）以後も当該理事又は使用人を兼ねることができる。

4　この省令の施行の際現に、一般財団法人の評議員である者であって、旧子法人以外の子法人の理事、監事又は使用人（以下この項において「理事等」という。）を兼ねているものは、当該評議員の任期が終了するまでの間は、施行日以後も当該理事等を兼ねることができる。

　　（社員総会参考書類に関する経過措置）

則第3条　施行日以後にその末日が到来する事業年度のうち最初のものに係る定時社員総会より前に開催される社員総会に係る社員総会参考書類については、なお従前の例による。

　　（評議員会の招集の決定事項に関する経過措置）

則第4条　施行日以後にその末日が到来する事業年度のうち最初のものに係る定時評議員会より前に開催される評議員会を招集する場合において法第181条第1項第3号の規定により定めるべき事項については、なお従前の例による。

則附則（平成27年2月6日法務省令第6号）　抄

　　（施行期日）

則第1条　この省令は、会社法の一部を改正する法律の施行の日〔平成27年5月1日〕から施行する。

　　（一般社団法人及び一般財団法人に関する法律施行規則の一部改正に伴う経過措置）

則第4条　施行日前にその末日が到来した事業年度のうち最終のものに係る一般社団法人又は一般財団法人の事業報告の記載又は記録については、なお従前の例による。

第1章 公益法人制度関係法令

2 施行日以後にその末日が到来する事業年度のうち最初のものに係る一般社団法人
又は一般財団法人の事業報告に係る第4条の規定による改正後の一般社団法人及び
一般財団法人に関する法律施行規則第34条第2項第2号（同令第64条において準用
する場合を含む。）の規定の適用については、同号中「運用状況」とあるのは、「運
用状況（会社法の一部を改正する法律（平成26年法律第90号）の施行の日以後のも
のに限る。）」とする。

２．公益認定法関係法令

◎公益社団法人及び公益財団法人の認定等に関する法律
○公益社団法人及び公益財団法人の認定等に関する法律施行令
○公益社団法人及び公益財団法人の認定等に関する法律施行規則
○公益認定等委員会令
○公益認定等委員会事務局組織規則
○公益社団法人及び公益財団法人の認定等に関する法律第50条第１項
　に規定する合議制の機関の組織及び運営の基準を定める政令

◎公益社団法人及び公益財団法人の認定等に関する法律

平成18年6月2日法律第49号

最終改正　平成26年6月13日法律第69号

目　次

第1章　総則（第1条—第3条）……………………………………………………… 201

第2章　公益法人の認定等 ……………………………………………………………… 201

　第1節　公益法人の認定（第4条—第13条）…………………………………… 201

　第2節　公益法人の事業活動等 ……………………………………………………… 215

　　第1款　公益目的事業の実施等（第14条—第17条）……………………… 215

　　第2款　公益目的事業財産（第18条）……………………………………… 223

　　第3款　公益法人の計算等の特則（第19条—第23条）………………… 225

　　第4款　合併等（第24条—第26条）………………………………………… 231

　第3節　公益法人の監督（第27条—第31条）…………………………………… 234

第3章　公益認定等委員会及び都道府県に置かれる合議制の機関 ………… 241

　第1節　公益認定等委員会 …………………………………………………………… 241

　　第1款　設置及び組織（第32条—第42条）………………………………… 241

　　第2款　諮問等（第43条—第46条）………………………………………… 243

　　第3款　雑則（第47条—第49条）…………………………………………… 245

　第2節　都道府県に置かれる合議制の機関（第50条—第55条）…………… 248

第4章　雑則（第56条—第61条）…………………………………………………… 251

第5章　罰則（第62条—第66条）…………………………………………………… 252

附則（抄）………………………………………………………………………………… 253

　別表（第2条関係）…………………………………………………………………… 257

細目次

○公益社団法人及び公益財団法人の認定等に関する法律施行令

平成19年9月7日政令第276号

最終改正　平成28年3月31日政令第103号

第1条（特別の利益を与えてはならない法人の関係者）204

第2条（特定の個人又は団体の利益を図る活動を行う者）205

第3条（公益法人の社会的信用を維持する上でふさわしくない事業）206

第4条（理事と特別の関係がある者）206

第5条（他の同一の団体において相互に密接な関係にある者）206

第6条（会計監査人を置くことを要しない公益法人の基準）207

第7条（他の団体の意思決定に関与することができる株式その他の財産を保有することができる場合）208

第8条（公益目的取得財産残額に相当する額の財産の贈与を受けることができる法人）208

○公益社団法人及び公益財団法人の認定等に関する法律施行規則

平成19年9月7日内閣府令第68号

最終改正　平成26年3月3日内閣府令第13号

第1章　公益法人の認定

第1節　公益認定の基準

第1条（法人が事業活動を支配する法人等）205

第2条（会員に類するもの）205

第3条（報酬等の支給の基準に定める事項）207

第4条（他の団体の意思決定に関与することができる財産）208

第2節　公益認定の申請等の手続

第5条（公益認定の申請）210

第6条（警察庁長官等からの意見聴取）211

第7条（軽微な変更）213

第8条（変更の認定の申請）213

第9条（他の公益法人との合併に伴う変更の認定等に係る関係行政庁への通知）214

第10条（公益法人関係事務の引継ぎ）214

第11条（変更の届出）215

第2章　公益法人の事業活動等

第1節　計算

第1款　総則

第12条　216

第2款　公益目的事業比率

第13条（費用額の算定）216

第14条（引当金）216

第15条（財産の譲渡損等）217

第16条（土地の使用に係る費用額）217

第16条の2（融資に係る費用額）217

第17条（無償の役務の提供等に係る費用額）217

第18条（特定費用準備資金）218

第19条（関連する費用額の配賦）219

第3款　遊休財産額の保有の制限

第20条（公益目的事業の実施に要した費用の額に準ずる額）220

第21条（遊休財産額の保有の上限額）220

第22条（遊休財産額）220

第4款　公益目的事業財産

第23条（正当な理由がある場合）223

第24条（収益事業等から生じた収益に乗じる割合）224

第25条（公益目的事業の用に供するものである旨の表示の方法）224

第26条（公益目的事業を行うことにより取得し、又は公益目的事業を行うために保有していると認められる財産）224

　第2節　財産目録等

第27条（事業年度開始前までに作成し備え置くべき書類）226

第28条（事業年度経過後3箇月以内に作成し備え置くべき書類）227

第29条（収支予算書、財産目録及びキャッシュ・フロー計算書）227

第30条（収支予算書の区分）227

第31条（財産目録の区分）228

第32条（キャッシュ・フロー計算書の区分）228

第33条（備置き等すべき財産目録及びキャッシュ・フロー計算書）229

第34条（電磁的記録）229

第35条（電磁的記録に記録された事項を表示する方法）229

第36条（従たる事務所において電磁的記録により財産目録等を閲覧に供するための措置）229

第37条（事業計画書等の提出）230

第38条（事業報告等の提出）230

第39条（閲覧の方法）230

第40条（会計監査人が監査する書類）231

第41条（合併等の届出）231

第42条（合併による地位の承継の認可）233

第43条（合併による地位の承継の認可に係る関係行政庁への通知）233

第44条（解散の届出等）234

　第3章　報告及び検査

第45条（報告）235

第46条（職員の身分証明書の様式）235

　第4章　公益目的取得財産残額

第47条（認定取消し等の後に確定した公租公課）237

第48条（各事業年度の末日における公益目的取得財産残額）238

第49条（公益認定の取消し等の場合における公益目的取得財産残額）239

第50条（公益目的取得財産残額の変動の報告）240

第50条の2（認定取消法人等の計算書類及びその附属明細書に相当する書類の作成）240

第51条（公益目的取得財産残額に相当する財産の贈与に係る契約成立の報告）240

　第5章　公示及び公表

第52条（公示の方法）212

第53条（公表の方法）235

附則　254

　　様式

第1号　公益認定申請書　258

第2号　変更認定申請書　259

第3号　変更届出書　260

第4号　事業計画書等に係る提出書　261

第5号　事業報告等に係る提出書　262

第6号　合併等届出書　263

第7号　合併による地位の承継の認可申請書　264

第8号　解散届出書　265

199

第9号　残余財産引渡見込届出書　266

第10号　清算結了届出書　267

第11号　身分証明書　268

第12号　公益目的取得財産残額の変動額
　　報告書　269

第13号　贈与契約成立報告書　270

○公益認定等委員会令

平成19年政令第64号

第1条（専門委員）　246

第2条（部会）　246

第3条（議事）　246

第4条（事務局次長）　246

第5条（事務局の内部組織の細目）　247

第6条（委員会の運営）　247

○公益認定等委員会事務局組織規則

平成19年内閣府令第22号

第1条（事務局に置く課等）　247

第2条（総務課の所掌事務）　247

第3条（審査監督官の職務）　247

第4条（企画官）　248

○公益社団法人及び公益財団法人の認定等に関する法律第50条第1項に規定する合議制の機関の組織及び運営の基準を定める政令

平成18年政令第303号

第1条（趣旨）　248

第2条（組織）　248

第3条（委員の任命）　248

第4条（委員の任期）　248

第5条（職権の行使）　248

第6条（委員の身分保障）　248

第7条（委員の服務）　249

第8条（委員長）　249

第9条（専門委員）　249

第10条（部会）　249

第11条（議事）　249

第1章　総　則

（目的）

第1条　この法律は、内外の社会経済情勢の変化に伴い、民間の団体が自発的に行う公益を目的とする事業の実施が公益の増進のために重要となっていることにかんがみ、当該事業を適正に実施し得る公益法人を認定する制度を設けるとともに、公益法人による当該事業の適正な実施を確保するための措置等を定め、もって公益の増進及び活力ある社会の実現に資することを目的とする。

（定義）

第2条　この法律において、次の各号に掲げる用語の意義は、当該各号に定めるところによる。

一　公益社団法人　第4条の認定を受けた一般社団法人をいう。

二　公益財団法人　第4条の認定を受けた一般財団法人をいう。

三　公益法人　公益社団法人又は公益財団法人をいう。

四　公益目的事業　学術、技芸、慈善その他の公益に関する別表各号に掲げる種類の事業であって、不特定かつ多数の者の利益の増進に寄与するものをいう。

（行政庁）

第3条　この法律における行政庁は、次の各号に掲げる公益法人の区分に応じ、当該各号に定める内閣総理大臣又は都道府県知事とする。

一　次に掲げる公益法人　内閣総理大臣

　イ　2以上の都道府県の区域内に事務所を設置するもの

　ロ　公益目的事業を2以上の都道府県の区域内において行う旨を定款で定めるもの

　ハ　国の事務又は事業と密接な関連を有する公益目的事業であって<u>政令</u>で定めるものを行うもの

二　前号に掲げる公益法人以外の公益法人　その事務所が所在する都道府県の知事

　🔒法第3条1号ハに関する政令は未制定。

第2章　公益法人の認定等

第1節　公益法人の認定

（公益認定）

第4条 公益目的事業を行う一般社団法人又は一般財団法人は、行政庁の認定を受けることができる。

（公益認定の基準）

第5条 行政庁は、前条の認定（以下「公益認定」という。）の申請をした一般社団法人又は一般財団法人が次に掲げる基準に適合すると認めるときは、当該法人について公益認定をするものとする。

一　公益目的事業を行うことを主たる目的とするものであること。

二　公益目的事業を行うのに必要な経理的基礎及び技術的能力を有するものであること。

三　その事業を行うに当たり、社員、評議員、理事、監事、使用人その他の政令で定める当該法人の関係者に対し特別の利益を与えないものであること。

四　その事業を行うに当たり、株式会社その他の営利事業を営む者又は特定の個人若しくは団体の利益を図る活動を行うものとして政令で定める者に対し、寄附その他の特別の利益を与える行為を行わないものであること。ただし、公益法人に対し、当該公益法人が行う公益目的事業のために寄附その他の特別の利益を与える行為を行う場合は、この限りでない。

五　投機的な取引、高利の融資その他の事業であって、公益法人の社会的信用を維持する上でふさわしくないものとして政令で定めるもの又は公の秩序若しくは善良の風俗を害するおそれのある事業を行わないものであること。

六　その行う公益目的事業について、当該公益目的事業に係る収入がその実施に要する適正な費用を償う額を超えないと見込まれるものであること。

七　公益目的事業以外の事業（以下「収益事業等」という。）を行う場合には、収益事業等を行うことによって公益目的事業の実施に支障を及ぼすおそれがないものであること。

八　その事業活動を行うに当たり、第15条に規定する公益目的事業比率が100分の50以上となると見込まれるものであること。

九　その事業活動を行うに当たり、第16条第2項に規定する遊休財産額が同条第1項の制限を超えないと見込まれるものであること。

十　各理事について、当該理事及びその配偶者又は3親等内の親族（これらの者に準ずるものとして当該理事と政令で定める特別の関係がある者を含む。）である理事の合計数が理事の総数の3分の1を超えないものであること。監事についても、同様とする。

十一　他の同一の団体（公益法人又はこれに準ずるものとして政令で定めるものを除く。）の理事又は使用人である者その他これに準ずる相互に密接な関係にあるものとして政令で定める者である理事の合計数が理事の総数の３分の１を超えないものであること。監事についても、同様とする。

十二　会計監査人を置いているものであること。ただし、毎事業年度における当該法人の収益の額、費用及び損失の額その他の政令で定める勘定の額がいずれも政令で定める基準に達しない場合は、この限りでない。

十三　その理事、監事及び評議員に対する報酬等（報酬、賞与その他の職務遂行の対価として受ける財産上の利益及び退職手当をいう。以下同じ。）について、内閣府令で定めるところにより、民間事業者の役員の報酬等及び従業員の給与、当該法人の経理の状況その他の事情を考慮して、不当に高額なものとならないような支給の基準を定めているものであること。

十四　一般社団法人にあっては、次のいずれにも該当するものであること。

　イ　社員の資格の得喪に関して、当該法人の目的に照らし、不当に差別的な取扱いをする条件その他の不当な条件を付していないものであること。

　ロ　社員総会において行使できる議決権の数、議決権を行使することができる事項、議決権の行使の条件その他の社員の議決権に関する定款の定めがある場合には、その定めが次のいずれにも該当するものであること。

　　(1)　社員の議決権に関して、当該法人の目的に照らし、不当に差別的な取扱いをしないものであること。

　　(2)　社員の議決権に関して、社員が当該法人に対して提供した金銭その他の財産の価額に応じて異なる取扱いを行わないものであること。

　ハ　理事会を置いているものであること。

十五　他の団体の意思決定に関与することができる株式その他の内閣府令で定める財産を保有していないものであること。ただし、当該財産の保有によって他の団体の事業活動を実質的に支配するおそれがない場合として政令で定める場合は、この限りでない。

十六　公益目的事業を行うために不可欠な特定の財産があるときは、その旨並びにその維持及び処分の制限について、必要な事項を定款で定めているものであること。

十七　第29条第１項若しくは第２項の規定による公益認定の取消しの処分を受けた場合又は合併により法人が消滅する場合（その権利義務を承継する法人が公益法人であるときを除く。）において、公益目的取得財産残額（第30条第２項に規定する公益目的取得財産残額をいう。）があるときは、これに相当する額の財産を

当該公益認定の取消しの日又は当該合併の日から1箇月以内に類似の事業を目的とする他の公益法人若しくは次に掲げる法人又は国若しくは地方公共団体に贈与する旨を定款で定めているものであること。

イ　私立学校法（昭和24年法律第270号）第3条に規定する学校法人

ロ　社会福祉法（昭和26年法律第45号）第22条に規定する社会福祉法人

ハ　更生保護事業法（平成7年法律第86号）第2条第6項に規定する更生保護法人

ニ　独立行政法人通則法（平成11年法律第103号）第2条第1項に規定する独立行政法人

ホ　国立大学法人法（平成15年法律第112号）第2条第1項に規定する国立大学法人又は同条第3項に規定する大学共同利用機関法人

ヘ　地方独立行政法人法（平成15年法律第118号）第2条第1項に規定する地方独立行政法人

ト　その他イからヘまでに掲げる法人に準ずるものとして政令で定める法人

十八　清算をする場合において残余財産を類似の事業を目的とする他の公益法人若しくは前号イからトまでに掲げる法人又は国若しくは地方公共団体に帰属させる旨を定款で定めているものであること。

※**本条各号の下点線に対応する公益認定等ガイドライン（㋕Ⅰ－1～Ⅰ－16）の該当箇所については、「第2章　審査基準・会計基準等」の371頁～383頁を参照。**

第5条第3号関係

（特別の利益を与えてはならない法人の関係者）

㋿**第1条**　公益社団法人及び公益財団法人の認定等に関する法律（以下「法」という。）第5条第3号の政令で定める法人の関係者は、次に掲げる者とする。

一　当該法人の理事、監事又は使用人

二　当該法人が一般社団法人である場合にあっては、その社員又は基金（一般社団法人及び一般財団法人に関する法律（平成18年法律第48号。第6条において「一般社団・財団法人法」という。）第131条に規定する基金をいう。）の拠出者

三　当該法人が一般財団法人である場合にあっては、その設立者又は評議員

四　前3号に掲げる者の配偶者又は3親等内の親族

五　前各号に掲げる者と婚姻の届出をしていないが事実上婚姻関係と同様の事情にある者

六　前2号に掲げる者のほか、第1号から第3号までに掲げる者から受ける金銭その他の財産によって生計を維持する者

七　第2号又は第3号に掲げる者が法人である場合にあっては、その法人が事業活動を支配する法人又はその法人の事業活動を支配する者として内閣府令で定める

もの

（法人が事業活動を支配する法人等）

圓第1条　公益社団法人及び公益財団法人の認定等に関する法律施行令（以下「令」という。）第1条第7号の法人が事業活動を支配する法人として内閣府令で定めるものは、当該法人が他の法人の財務及び営業又は事業の方針の決定を支配している場合における当該他の法人（以下「子法人」という。）とする。

2　令第1条第7号の法人の事業活動を支配する者として内閣府令で定めるものは、一の者が当該法人の財務及び営業又は事業の方針の決定を支配している場合における当該一の者とする。

3　前2項に規定する「財務及び営業又は事業の方針の決定を支配している場合」とは、次に掲げる場合をいう。

　一　一の者又はその一若しくは二以上の子法人が社員総会その他の団体の財務及び営業又は事業の方針を決定する機関における議決権の過半数を有する場合

　二　第1項に規定する当該他の法人又は前項に規定する当該法人が一般財団法人である場合にあっては、評議員の総数に対する次に掲げる者の数の割合が100分の50を超える場合

　　イ　一の法人又はその一若しくは二以上の子法人の役員（理事、監事、取締役、会計参与、監査役、執行役その他これらに準ずる者をいう。）又は評議員

　　ロ　一の法人又はその一若しくは二以上の子法人の使用人

　　ハ　当該評議員に就任した日前5年以内にイ又はロに掲げる者であった者

　　ニ　一の者又はその一若しくは二以上の子法人によって選任された者

　　ホ　当該評議員に就任した日前5年以内に一の者又はその一若しくは二以上の子法人によって当該法人の評議員に選任されたことがある者

第5条第4号関係

（特定の個人又は団体の利益を図る活動を行う者）

圀第2条　法第5条第4号の政令で定める特定の個人又は団体の利益を図る活動を行う者は、次に掲げる者とする。

　一　株式会社その他の営利事業を営む者に対して寄附その他の特別の利益を与える活動（公益法人に対して当該公益法人が行う公益目的事業のために寄附その他の特別の利益を与えるものを除く。）を行う個人又は団体

　二　社員その他の構成員又は会員若しくはこれに類するものとして内閣府令で定める者（以下この号において「社員等」という。）の相互の支援、交流、連絡その他の社員等に共通する利益を図る活動を行うことを主たる目的とする団体

（会員に類するもの）

圓第2条　令第2条第2号の会員又はこれに類するもの（以下この条において「会員等」という。）として内閣府令で定める者は、特定の者から継続的に若しくは反復

第1章　公益法人制度関係法令

して資産の譲渡若しくは貸付け若しくは役務の提供を受ける者又は特定の者の行う会員等相互の支援、交流、連絡その他その対象が会員等である活動に参加する者とする。

第5条第5号関係

(公益法人の社会的信用を維持する上でふさわしくない事業)

㋹**第3条**　法第5条第5号の政令で定める公益法人の社会的信用を維持する上でふさわしくない事業は、次に掲げる事業とする。

一　投機的な取引を行う事業

二　利息制限法(昭和29年法律第100号)第1条の規定により計算した金額を超える利息の契約又は同法第4条第1項に規定する割合を超える賠償額の予定をその内容に含む金銭を目的とする消費貸借による貸付けを行う事業

三　風俗営業等の規制及び業務の適正化等に関する法律(昭和23年法律第122号)第2条第5項に規定する性風俗関連特殊営業

第5条第10号関係

(理事と特別の関係がある者)

㋹**第4条**　法第5条第10号の政令で定める理事と特別の関係がある者は、次に掲げる者とする。

一　当該理事と婚姻の届出をしていないが事実上婚姻関係と同様の事情にある者

二　当該理事の使用人

三　前2号に掲げる者以外の者であって、当該理事から受ける金銭その他の財産によって生計を維持しているもの

四　前2号に掲げる者の配偶者

五　第1号から第3号までに掲げる者の3親等内の親族であって、これらの者と生計を一にするもの

第5条第11号関係

(他の同一の団体において相互に密接な関係にある者)

㋹**第5条**　法第5条第11号の政令で定める相互に密接な関係にある者は、次に掲げる者とする。

一　当該他の同一の団体の理事以外の役員(法人でない団体で代表者又は管理人の定めのあるものにあっては、その代表者又は管理人)又は業務を執行する社員である者

二　次に掲げる団体においてその職員(国会議員及び地方公共団体の議会の議員を除く。)である者

イ　国の機関

206

ロ　地方公共団体

ハ　独立行政法人通則法（平成11年法律第103号）第2条第1項に規定する独立
行政法人

ニ　国立大学法人法（平成15年法律第112号）第2条第1項に規定する国立大学
法人又は同条第三項に規定する大学共同利用機関法人

ホ　地方独立行政法人法（平成15年法律第118号）第2条第1項に規定する地方
独立行政法人

ヘ　特殊法人（特別の法律により特別の設立行為をもって設立された法人であっ
て、総務省設置法（平成11年法律第91号）第4条第1項第9号の規定の適用を
受けるものをいう。第8条第1号において同じ。）又は認可法人（特別の法律
により設立され、かつ、その設立に関し行政官庁の認可を要する法人をいう。）

※「公益法人又はこれに準ずるものとして政令で定めるもの」は未制定。

第5条第12号関係

（会計監査人を置くことを要しない公益法人の基準）

令第6条　法第5条第12号ただし書の政令で定める勘定の額は次の各号に掲げるも
のとし、同条第12号ただし書の政令で定める基準は当該各号に掲げる勘定の額に応
じ当該各号に定める額とする。

一　一般社団法人にあっては一般社団・財団法人法第2条第2号に規定する最終事
業年度、一般財団法人にあっては同条第3号に規定する最終事業年度に係る損益
計算書の収益の部に計上した額の合計額　1,000億円

二　前号の損益計算書の費用及び損失の部に計上した額の合計額　1,000億円

三　一般社団法人にあっては一般社団・財団法人法第2条第2号の貸借対照表、一
般財団法人にあっては同条第3号の貸借対照表の負債の部に計上した額の合計額
50億円

第5条第13号関係

（報酬等の支給の基準に定める事項）

則第3条　公益社団法人及び公益財団法人の認定等に関する法律（平成18年法律第49
号。以下「法」という。）第5条第13号に規定する理事、監事及び評議員（以下「理
事等」という。）に対する報酬等の支給の基準においては、理事等の勤務形態に応
じた報酬等の区分及びその額の算定方法並びに支給の方法及び形態に関する事項を
定めるものとする。

第5条第15号関係

**（他の団体の意思決定に関与することができる株式その他の財産を保有すること
ができる場合）**

第1章　公益法人制度関係法令

令**第7条**　法第5条第15号ただし書の政令で定める場合は、株主総会その他の団体の財務及び営業又は事業の方針を決定する機関における議決権の過半数を有していない場合とする。

（他の団体の意思決定に関与することができる財産）
則**第4条**　法第5条第15号の内閣府令で定める財産は、次に掲げる財産とする。
一　株式
二　特別の法律により設立された法人の発行する出資に基づく権利
三　合名会社、合資会社、合同会社その他の社団法人の社員権（公益社団法人に係るものを除く。）
四　民法（明治29年法律第89号）第667条第1項に規定する組合契約、投資事業有限責任組合契約に関する法律（平成10年法律第90号）第3条第1項に規定する投資事業有限責任組合契約又は有限責任事業組合契約に関する法律（平成17年法律第40号）第3条第1項に規定する有限責任事業組合契約に基づく権利（当該公益法人が単独で又はその持分以上の業務を執行する組合員であるものを除く。）
五　信託契約に基づく委託者又は受益者としての権利（当該公益法人が単独の又はその事務の相当の部分を処理する受託者であるものを除く。）
六　外国の法令に基づく財産であって、前各号に掲げる財産に類するもの

第5条第17号関係

（公益目的取得財産残額に相当する額の財産の贈与を受けることができる法人）
令**第8条**　法第5条第17号トの政令で定める法人は、次に掲げる法人とする。
一　特殊法人（株式会社であるものを除く。）
二　前号に掲げる法人以外の法人のうち、次のいずれにも該当するもの
　イ　法令の規定により、当該法人の主たる目的が、学術、技芸、慈善、祭祀、宗教その他の公益に関する事業を行うものであることが定められていること。
　ロ　法令又は定款その他の基本約款（ホにおいて「法令等」という。）の規定により、各役員について、当該役員及びその配偶者又は3親等内の親族である役員の合計数が役員の総数の3分の1を超えないことが定められていること。
　ハ　社員その他の構成員に剰余金の分配を受ける権利を与えることができないものであること。
　ニ　社員その他の構成員又は役員及びこれらの者の配偶者又は3親等内の親族に対して特別の利益を与えないものであること。
　ホ　法令等の規定により、残余財産を当該法人の目的に類似する目的のために処分し、又は国若しくは地方公共団体に帰属させることが定められていること。

208

（欠格事由）

第６条 前条の規定にかかわらず、次のいずれかに該当する一般社団法人又は一般財団法人は、公益認定を受けることができない。

一 その理事、監事及び評議員のうちに、次のいずれかに該当する者があるもの

　イ 公益法人が第29条第１項又は第２項の規定により公益認定を取り消された場合において、その取消しの原因となった事実があった日以前１年内に当該公益法人の業務を行う理事であった者でその取消しの日から５年を経過しないもの

　ロ この法律、一般社団法人及び一般財団法人に関する法律（平成18年法律第48号。以下「一般社団・財団法人法」という。）若しくは暴力団員による不当な行為の防止等に関する法律（平成３年法律第77号）の規定（同法第32条の３第７項及び第32条の11第１項の規定を除く。）に違反したことにより、若しくは刑法（明治40年法律第45号）第204条、第206条、第208条、第208条の２第１項、第222条若しくは第247条の罪若しくは暴力行為等処罰に関する法律（大正15年法律第60号）第１条、第２条若しくは第３条の罪を犯したことにより、又は国税若しくは地方税に関する法律中偽りその他不正の行為により国税若しくは地方税を免れ、納付せず、若しくはこれらの税の還付を受け、若しくはこれらの違反行為をしようとすることに関する罪を定めた規定に違反したことにより、罰金の刑に処せられ、その執行を終わり、又は執行を受けることがなくなった日から５年を経過しない者

　ハ 禁錮以上の刑に処せられ、その刑の執行を終わり、又は刑の執行を受けることがなくなった日から５年を経過しない者

　ニ 暴力団員による不当な行為の防止等に関する法律第２条第６号に規定する暴力団員（以下この号において「暴力団員」という。）又は暴力団員でなくなった日から５年を経過しない者（第６号において「暴力団員等」という。）

二 第29条第１項又は第２項の規定により公益認定を取り消され、その取消しの日から５年を経過しないもの

三 その定款又は事業計画書の内容が法令又は法令に基づく行政機関の処分に違反しているもの

四 その事業を行うに当たり法令上必要となる行政機関の許認可等（行政手続法（平成５年法律第88号）第２条第３号に規定する許認可等をいう。以下同じ。）を受けることができないもの

五 国税又は地方税の滞納処分の執行がされているもの又は当該滞納処分の終了の日から３年を経過しないもの

六 暴力団員等がその事業活動を支配するもの

第1章　公益法人制度関係法令

（公益認定の申請）

第7条　公益認定の申請は、<u>内閣府令</u>で定めるところにより、次に掲げる事項を記載した申請書を行政庁に提出してしなければならない。

一　名称及び代表者の氏名

二　公益目的事業を行う都道府県の区域（定款に定めがある場合に限る。）並びに主たる事務所及び従たる事務所の所在場所

三　その行う公益目的事業の種類及び内容

四　その行う収益事業等の内容

2　前項の申請書には、次に掲げる書類を添付しなければならない。

一　定款

二　事業計画書及び収支予算書

三　事業を行うに当たり法令上行政機関の許認可等を必要とする場合においては、当該許認可等があったこと又はこれを受けることができることを証する書類

四　当該公益目的事業を行うのに必要な経理的基礎を有することを明らかにする財産目録、貸借対照表その他の<u>内閣府令</u>で定める書類

五　第5条第13号に規定する報酬等の支給の基準を記載した書類

六　前各号に掲げるもののほか、<u>内閣府令</u>で定める書類

（公益認定の申請）

則第5条　<u>法第7条第1項</u>の規定により公益認定の申請をしようとする一般社団法人又は一般財団法人は、様式第1号により作成した申請書を行政庁に提出しなければならない。

2　<u>法第7条第2項第4号</u>の内閣府令で定める書類は、次に掲げる書類とする。

一　第31条第1項から第3項までの規定の例により作成した次号に規定する貸借対照表の貸借対照表日における財産目録

二　一般社団法人にあっては一般社団法人及び一般財団法人に関する法律（平成18年法律第48号。以下「一般社団・財団法人法」という。）第2条第2号の貸借対照表及びその附属明細書、一般財団法人にあっては同条第3号の貸借対照表及びその附属明細書

三　事業計画書及び収支予算書に記載された予算の基礎となる事実を明らかにする書類

四　前3号に掲げるもののほか、公益目的事業を行うのに必要な経理的基礎を有することを明らかにする書類

3　<u>法第7条第2項第6号</u>の内閣府令で定める書類は、次に掲げる書類とする。

一　登記事項証明書

210

二　理事等の氏名、生年月日及び住所を記載した書類

三　前項各号に掲げるもののほか、法第5条各号に掲げる基準に適合することを説明した書類

四　理事等が法第6条第1号イからニまでのいずれにも該当しないことを説明した書類

五　法第6条第2号から第4号まで及び第6号のいずれにも該当しないことを説明した書類

六　滞納処分に係る国税及び地方税の納税証明書

七　前各号に掲げるもののほか、行政庁が必要と認める書類

（公益認定に関する意見聴取）

第8条　行政庁は、公益認定をしようとするときは、次の各号に掲げる事由の区分に応じ、当該事由の有無について、当該各号に定める者の意見を聴くものとする。

一　第5条第1号、第2号及び第5号並びに第6条第3号及び第4号に規定する事由（事業を行うに当たり法令上行政機関の許認可等を必要とする場合に限る。）　当該行政機関（以下「許認可等行政機関」という。）

二　第6条第1号ニ及び第6号に規定する事由　行政庁が内閣総理大臣である場合にあっては警察庁長官、都道府県知事である場合にあっては警視総監又は道府県警察本部長（以下「警察庁長官等」という。）

三　第6条第5号に規定する事由　国税庁長官、関係都道府県知事又は関係市町村長（以下「国税庁長官等」という。）

（警察庁長官等からの意見聴取）

則**第6条**　行政庁は、法第8条第2号（法第11条第4項、第25条第4項及び一般社団法人及び一般財団法人に関する法律及び公益社団法人及び公益財団法人の認定等に関する法律の施行に伴う関係法律の整備等に関する法律（平成18年法律第50号。以下「整備法」という。）第104条において準用する場合を含む。）の規定により警察庁長官等の意見を聴こうとするときは、あらかじめ、当該意見聴取に係る法人について法第6条各号に該当するか否かの調査（法第8条第1号及び第3号の規定による意見聴取を含む。）を行うものとする。

2　行政庁は、前項の調査の結果、当該法人について法第6条第1号ニ又は第6号に該当する疑いがあると認める場合にあっては、その理由を付して警察庁長官等の意見を聴くものとする。

（名称等）

第1章　公益法人制度関係法令

第9条　公益認定を受けた一般社団法人又は一般財団法人は、その名称中の一般社団法人又は一般財団法人の文字をそれぞれ公益社団法人又は公益財団法人と変更する定款の変更をしたものとみなす。

2　前項の規定による名称の変更の登記の申請書には、公益認定を受けたことを証する書面を添付しなければならない。

3　公益社団法人又は公益財団法人は、その種類に従い、その名称中に公益社団法人又は公益財団法人という文字を用いなければならない。

4　公益社団法人又は公益財団法人でない者は、その名称又は商号中に、公益社団法人又は公益財団法人であると誤認されるおそれのある文字を用いてはならない。

5　何人も、不正の目的をもって、他の公益社団法人又は公益財団法人であると誤認されるおそれのある名称又は商号を使用してはならない。

6　公益法人については、一般社団・財団法人法第5条第1項の規定は、適用しない。

（公益認定の公示）

第10条　行政庁は、公益認定をしたときは、<u>内閣府令</u>で定めるところにより、その旨を公示しなければならない。

（公示の方法）

則**第52条**　<u>法第10条</u>（法第11条第4項及び第25条第4項において準用する場合を含む。）、<u>第13条第2項</u>、<u>第24条第2項</u>、<u>第26条第4項</u>、<u>第28条第4項</u>及び<u>第29条第4項</u>（整備法第109条第3項において準用する場合を含む。）の公示は、インターネットの利用その他の適切な方法により行うものとする。

（変更の認定）

第11条　公益法人は、次に掲げる変更をしようとするときは、行政庁の認定を受けなければならない。ただし、<u>内閣府令</u>で定める軽微な変更については、この限りでない。

一　公益目的事業を行う都道府県の区域（定款で定めるものに限る。）又は主たる事務所若しくは従たる事務所の所在場所の変更（従たる事務所の新設又は廃止を含む。）

二　公益目的事業の種類又は内容の変更

三　収益事業等の内容の変更

2　前項の変更の認定を受けようとする公益法人は、<u>内閣府令</u>で定めるところにより、変更に係る事項を記載した申請書を行政庁に提出しなければならない。

212

3　前項の申請書には、<u>内閣府令</u>で定める書類を添付しなければならない。

4　第5条及び第6条（第2号を除く。）の規定は第1項各号に掲げる変更の認定について、第8条第1号（吸収合併に伴い当該変更の認定をする場合にあっては、同条各号）の規定は同項第2号及び第3号に掲げる変更の認定について、前条の規定は同項の変更の認定をしたときについて、それぞれ準用する。

（軽微な変更）

則第7条　<u>法第11条第1項</u>ただし書の内閣府令で定める軽微な変更は、次に掲げる変更とする。

一　行政庁が内閣総理大臣である公益法人の公益目的事業を行う都道府県の区域の変更（定款で定めるものに限る。）又は事務所の所在場所の変更（従たる事務所の新設又は廃止を含む。）であって、当該変更後の公益目的事業を行う区域又は事務所の所在場所が2以上の都道府県の区域内であるもの

二　行政庁が都道府県知事である公益法人の事務所の所在場所の変更（従たる事務所の新設又は廃止を含む。）であって、当該変更前及び変更後の事務所の所在場所が同一の都道府県の区域内であるもの

三　公益目的事業又は収益事業等の内容の変更であって、公益認定を受けた法第7条第1項の申請書（当該事業について変更の認定を受けている場合にあっては、当該変更の認定のうち最も遅いものに係る次条第1項の申請書）の記載事項の変更を伴わないもの

（変更の認定の申請）

則第8条　<u>法第11条第1項</u>の変更の認定を受けようとする公益法人は、様式第2号により作成した申請書を行政庁に提出しなければならない。

2　前項の申請書には、法第7条第2項各号に掲げる書類のうち、変更に係るもの及び次に掲げる書類を添付しなければならない。

一　当該変更を決議した理事会の議事録の写し

二　当該変更が合併又は事業の譲渡に伴う変更である場合には、その契約書の写し

三　前2号に掲げるもののほか、行政庁が必要と認める書類

3　法第11条第1項の変更の認定を受けた公益法人は、遅滞なく、定款及び登記事項証明書（当該変更の認定に伴い変更がある場合に限る。）を行政庁に提出しなければならない。

4　前項の公益法人は、当該変更の認定が合併に伴うものである場合にあっては、当該合併の日から3箇月以内に、当該合併により消滅する公益法人に係る次に掲げる書類を行政庁に提出しなければならない。

一　当該合併の日の前日の属する事業年度開始の日から当該合併の日の前日までの

第1章　公益法人制度関係法令

期間に係る第28条第1項第2号並びに第38条第1項第2号及び第3号に掲げる書類

二　前号の期間に係る貸借対照表及び損益計算書並びにこれらの附属明細書、財産目録並びに第28条第1項第1号に掲げる書類を作成するとするならば、これらの書類に記載し、又は記録すべき事項を記載した書類

（他の公益法人との合併に伴う変更の認定等に係る関係行政庁への通知）

則第9条　法第11条第1項の変更の認定の申請を受けた行政庁は、直ちに、当該変更の認定の申請が他の公益法人との合併に伴うものである場合にあっては当該他の公益法人を所管する行政庁、事業の譲渡に伴うものであって当該譲渡を受ける者が公益法人である場合若しくは当該譲渡をする者が公益法人である場合にあっては当該公益法人を所管する行政庁にその旨を通知するものとする。

2　前項の規定による通知を受けた行政庁は、当該通知に係る合併又は事業の譲渡に関し、法第11条第1項の変更の認定の申請に対する処分をし、又は法第13条第1項若しくは法第24条第1項第1号若しくは第2号の届出を受けたときは、直ちに、その旨を第1項の規定による通知をした行政庁に通知するものとする。

3　第1項の規定による通知をした行政庁は、同項の通知に係る変更の認定の申請に対する処分をしたときは、直ちに、その旨を同項の通知を受けた行政庁（法第11条第1項の変更の認定の申請を受けた行政庁を除く。）に通知するものとする。

第12条　行政庁の変更を伴う変更の認定に係る前条第2項の申請書は、変更前の行政庁を経由して変更後の行政庁に提出しなければならない。

2　前項の場合において、当該変更の認定をしたときは、変更後の行政庁は、<u>内閣府令</u>で定めるところにより、遅滞なく、変更前の行政庁から事務の引継ぎを受けなければならない。

（公益法人関係事務の引継ぎ）

則第10条　法第12条第2項（法第25条第4項において準用する場合を含む。）の規定による事務の引継ぎは、行政庁の変更を伴う変更の認定（法第25条第4項において準用する場合にあっては、認可。以下この条において同じ。）を受けた公益法人に係る法の規定に基づく事務（以下「公益法人関係事務」という。）について行うものとする。

2　行政庁（次項において「変更後の行政庁」という。）は、行政庁の変更を伴う変更の認定の申請に対する処分をしたときは、直ちに、その旨を変更前の行政庁（法第25条第4項において準用する場合であって、合併により消滅する公益法人が2以上ある場合にあっては、それぞれの公益法人を所管する行政庁。以下この条におい

て同じ。）に通知するものとする。

3　前項の規定により、変更の認定をした旨の通知を受けた変更前の行政庁は、次に掲げる事項を行わなければならない。

一　公益法人関係事務に関する帳簿及び書類（電磁的記録を含む。）を変更後の行政庁に引き継ぐこと。

二　その他変更後の行政庁が必要と認める事項

（変更の届出）

第13条　公益法人は、次に掲げる変更（合併に伴うものを除く。）があったときは、<u>内閣府令</u>で定めるところにより、遅滞なく、その旨を行政庁に届け出なければならない。

一　名称又は代表者の氏名の変更

二　第11条第1項ただし書の<u>内閣府令</u>で定める軽微な変更

三　定款の変更（第11条第1項各号に掲げる変更及び前2号に掲げる変更に係るものを除く。）

四　前3号に掲げるもののほか、<u>内閣府令</u>で定める事項の変更

2　行政庁は、前項第1号に掲げる変更について同項の規定による届出があったときは、<u>内閣府令</u>で定めるところにより、その旨を公示しなければならない。

（変更の届出）

則**第11条**　<u>法第13条第1項</u>の規定による変更の届出をしようとする公益法人は、様式第3号により作成した届出書を行政庁に提出しなければならない。

2　<u>法第13条第1項第4号</u>の内閣府令で定める事項は、次に掲げる事項とする。

一　理事等（代表者を除く。）又は会計監査人の氏名若しくは名称

二　法第5条第13号に規定する報酬等の支給の基準

三　法第6条第4号に規定する許認可等

3　第1項の届出書には、<u>法第7条第2項各号</u>に掲げる書類のうち、変更に係るものを添付しなければならない。

則**第52条**参照（212頁）。

第2節　公益法人の事業活動等

第1款　公益目的事業の実施等

（公益目的事業の収入）

第14条　公益法人は、その公益目的事業を行うに当たり、当該<u>公益目的事業の実施</u>

第1章　公益法人制度関係法令

に要する適正な費用を償う額を超える収入を得てはならない。

則第12条　この節、次節及び第4章の用語の解釈及び規定の適用に関しては、一般に公正妥当と認められる公益法人の会計の基準その他の公益法人の会計の慣行をしん酌しなければならない。

ガⅠ－5＜公益目的事業の収入＞参照（373頁）。

（公益目的事業比率）

第15条　公益法人は、毎事業年度における公益目的事業比率（第1号に掲げる額の同号から第3号までに掲げる額の合計額に対する割合をいう。）が100分の50以上となるように公益目的事業を行わなければならない。

一　公益目的事業の実施に係る費用の額として内閣府令で定めるところにより算定される額

二　収益事業等の実施に係る費用の額として内閣府令で定めるところにより算定される額

三　当該公益法人の運営に必要な経常的経費の額として内閣府令で定めるところにより算定される額

（費用額の算定）

則第13条　法第15条第1号の公益目的事業の実施に係る費用の額として内閣府令で定めるところにより算定される額（以下「公益実施費用額」という。）、同条第2号の収益事業等の実施に係る費用の額として内閣府令で定めるところにより算定される額（以下「収益等実施費用額」という。）及び同条第3号の当該公益法人の運営に必要な経常的経費の額として内閣府令で定めるところにより算定される額（以下「管理運営費用額」という。）の算定については、この節に定めるところによる。

2　公益法人の各事業年度の公益実施費用額、収益等実施費用額及び管理運営費用額（以下「費用額」という。）は、別段の定めのあるものを除き、次の各号に掲げる費用額の区分に応じ、当該各号に定める額とする。

一　公益実施費用額　当該事業年度の損益計算書に計上すべき公益目的事業に係る事業費の額

二　収益等実施費用額　当該事業年度の損益計算書に計上すべき収益事業等に係る事業費の額

三　管理運営費用額　当該事業年度の損益計算書に計上すべき管理費の額

（引当金）

則第14条　各事業年度において取り崩すべきこととなった引当金勘定の金額又は取

り崩した引当金勘定の金額（前事業年度までに既に取り崩すべきこととなったものを除く。以下「引当金の取崩額」という。）は、事業その他の業務又は活動（以下「事業等」という。）の区分に応じ、当該事業年度の費用額から控除する。

（財産の譲渡損等）

則**第15条** 公益法人が財産を譲渡した場合には、当該譲渡に係る損失（当該財産の原価の額から対価の額を控除して得た額をいう。）は、当該公益法人の各事業年度の費用額に算入しない。

2 前項の規定にかかわらず、公益法人が各事業年度において商品（販売の目的をもって所有する土地、建物その他の不動産を含む。）又は製品を譲渡した場合には、これらの財産の原価の額を、その事業等の区分に応じ、当該事業年度の費用額に算入する。

3 公益法人がその有する財産の評価換えをしてその帳簿価額を減額した場合には、その減額した部分の額は、当該公益法人の各事業年度の費用額に算入しない。

4 前3項に定めるもののほか、公益法人が財産を運用することにより生じた損失の額（当該財産について譲渡することとなった財産の額から当該財産について得ることとなった財産の額を控除して得た額をいう。）は、当該公益法人の各事業年度の費用額に算入しない。

（土地の使用に係る費用額）

則**第16条** 公益法人が各事業年度の事業等を行うに当たり、自己の所有する土地を使用した場合には、当該土地の賃借に通常要する賃料の額から当該土地の使用に当たり実際に負担した費用の額を控除して得た額を、その事業等の区分に応じ、当該事業年度の費用額に算入することができる。

2 前項の規定を適用した公益法人は、正当な理由がある場合を除き、前項の規定を毎事業年度継続して適用しなければならない。

（融資に係る費用額）

則**第16条の2** 公益法人は各事業年度において無利子又は低利の資金の貸付けがあるときは、当該貸付金につき貸付金と同額の資金を借入れをして調達した場合の利率により計算した利子の額と、当該貸付金につき当該貸付金に係る利率により計算した利子の額の差額を、その事業等の区分に応じ、当該事業年度の費用額に算入することができる。

2 前項の規定を適用した公益法人は、正当な理由がある場合を除き、前項の規定を毎事業年度継続して適用しなければならない。

（無償の役務の提供等に係る費用額）

則**第17条** 公益法人が各事業年度において無償により当該法人の事業等に必要な役務の提供（便益の供与及び資産の譲渡を含むものとし、資産として計上すべきもの

を除く。以下同じ。）を受けたときは、必要対価の額（当該役務の提供を受けた時における当該役務と同等の役務の提供を受けるために必要な対価の額をいう。以下この条において同じ。）を、その事業等の区分に応じ、当該事業年度の費用額に算入することができる。

2　公益法人が各事業年度において当該法人の事業等に必要な役務に対して支払った対価の額が当該役務に係る必要対価の額に比して低いときは、当該対価の額と当該必要対価の額との差額のうち実質的に贈与又は無償の提供若しくは供与を受けたと認められる額を、その事業等の区分に応じ、当該事業年度の費用額に算入することができる。

3　前2項の規定を適用した公益法人は、正当な理由がある場合を除き、これらの規定を毎事業年度継続して適用しなければならない。

4　第1項又は第2項の規定を適用した公益法人は、役務の提供があった事実を証するもの及び必要対価の額の算定の根拠を記載又は記録したものを当該事業年度終了の日から起算して10年間、保存しなければならない。

　　（特定費用準備資金）

則第18条　公益法人が各事業年度の末日において特定費用準備資金（将来の特定の活動の実施のために特別に支出する費用（事業費又は管理費として計上されることとなるものに限るものとし、引当金の引当対象となるものを除く。以下この条において同じ。）に係る支出に充てるために保有する資金（当該資金を運用することを目的として保有する財産を含む。以下同じ。）をいう。以下同じ。）を有する場合には、その事業等の区分に応じ、第1号の額から第2号の額を控除して得た額を当該事業年度の費用額に算入する。

　一　当該事業年度の末日における当該資金の額又は同日における積立限度額（当該資金の目的である活動の実施に要する費用の額として必要な最低額をいう。以下同じ。）のうちいずれか少ない額

　二　当該事業年度の前事業年度の末日における当該資金の額又は同日における積立限度額のうちいずれか少ない額

2　前項の規定の適用を受けた公益法人は、前項の適用を受けた事業年度以後の各事業年度において、その事業等の区分に応じ、前項第2号の額から第1号の額を控除して得た額を当該事業年度の費用額から控除する。

3　第1項に規定する特定費用準備資金は、次に掲げる要件のすべてを満たすものでなければならない。

　一　当該資金の目的である活動を行うことが見込まれること。

　二　他の資金と明確に区分して管理されていること。

　三　当該資金の目的である支出に充てる場合を除くほか、取り崩すことができない

ものであること又は当該場合以外の取崩しについて特別の手続が定められていること。

　　四　積立限度額が合理的に算定されていること。

　　五　第3号の定め並びに積立限度額及びその算定の根拠について法第21条の規定の例により備置き及び閲覧等の措置が講じられていること。

4　特定費用準備資金（この項の規定により取り崩すべきこととなったものを除く。以下この条において同じ。）を有する公益法人は、次の各号に掲げる場合の区分に応じ、当該各号に定める額に相当する資金を取り崩さなければならない。

　　一　当該資金の目的の支出がなされた場合当該資金の額のうち当該支出の額に達するまでの額

　　二　各事業年度終了の時における積立限度額が当該資金の額を下回るに至った場合当該事業年度終了の時における当該資金の額のうちその下回る部分の額

　　三　正当な理由がないのに当該資金の目的である活動を行わない事実があった場合その事実があった日における当該資金の額

5　前項第3号の場合にあっては、当該事業年度以後の各事業年度の末日における積立限度額は零とする。

6　公益法人が他の公益法人が消滅する合併を行った事業年度においては、当該他の公益法人の当該合併の日の前日における特定費用準備資金の額及び同日における積立限度額は、第1項第2号の特定費用準備資金の額及び積立限度額にそれぞれ加算する。

（関連する費用額の配賦）

[則]**第19条**　公益実施費用額と収益等実施費用額とに関連する費用額及びこれらと管理運営費用額とに関連する費用額は、適正な基準によりそれぞれの費用額に配賦しなければならない。ただし、配賦することが困難な費用額については、当該費用額が公益実施費用額と収益等実施費用額とに関連する費用額である場合にあっては収益等実施費用額とし、当該費用額が公益実施費用額又は収益等実施費用額と管理運営費用額とに関連する費用額である場合にあっては管理運営費用額とすることができる。

[ガ]Ⅰ－7＜公益目的事業比率＞参照（375頁）。

（遊休財産額の保有の制限）

第16条　公益法人の毎事業年度の末日における遊休財産額は、公益法人が当該事業年度に行った公益目的事業と同一の内容及び規模の公益目的事業を翌事業年度においても引き続き行うために必要な額として、当該事業年度における公益目的事業の

実施に要した費用の額（その保有する資産の状況及び事業活動の態様に応じ当該費用の額に準ずるものとして内閣府令で定めるものの額を含む。）を基礎として内閣府令で定めるところにより算定した額を超えてはならない。

2 前項に規定する「遊休財産額」とは、公益法人による財産の使用若しくは管理の状況又は当該財産の性質にかんがみ、公益目的事業又は公益目的事業を行うために必要な収益事業等その他の業務若しくは活動のために現に使用されておらず、かつ、引き続きこれらのために使用されることが見込まれない財産として内閣府令で定めるものの価額の合計額をいう。

（公益目的事業の実施に要した費用の額に準ずる額）

則第20条 法第16条第1項の公益目的事業の実施に要した費用の額に準ずるものとして内閣府令で定めるものの額は、第18条第1項の規定により公益実施費用額に算入した額とする。

（遊休財産額の保有の上限額）

則第21条 法第16条第1項の内閣府令で定めるところにより算定した額は、第1号から第3号までに掲げる額の合計額から第4号から第6号までに掲げる額の合計額を控除して得た額とする。

一 当該事業年度の損益計算書に計上すべき公益目的事業に係る事業費の額

二 前号の額のほか、第15条第2項の規定により当該事業年度の公益実施費用額に算入することとなった額

三 第18条第1項の規定により当該事業年度の公益実施費用額に算入することとなった額

四 第14条の規定により、当該事業年度の公益実施費用額から控除することとなった引当金の取崩額

五 第1号の額のうち、第15条第1項、第3項又は第4項の規定により公益実施費用額に算入しないこととなった額

六 第18条第2項の規定により公益実施費用額から控除することとなった額

2 事業年度が1年でない場合における前項の規定の適用については、同項中「控除して得た額」とあるのは、「控除して得た額を当該事業年度の月数で除し、これに12を乗じて得た額」とする。

3 前項の月数は、暦に応じて計算し、1月に満たないときはこれを1月とし、1月に満たない端数を生じたときは切り捨てる。

（遊休財産額）

則第22条 法第16条第2項の内閣府令で定めるものの価額の合計額の算定については、この条に定めるところによる。

2 公益法人の各事業年度の遊休財産額は、当該事業年度の資産の額から次に掲げる額の合計額を控除して得た額とする。

一 負債（基金（一般社団・財団法人法第131条に規定する基金をいう。第31条第4項において同じ。）を含む。以下この条において同じ。）の額

二 控除対象財産の帳簿価額の合計額から対応負債の額を控除して得た額

3 前項第2号に規定する「控除対象財産」は、公益法人が当該事業年度の末日において有する財産のうち次に掲げるいずれかの財産（引当金（一般社団法人及び一般財団法人に関する法律施行規則（平成19年法務省令第28号。以下「一般社団・財団法人法施行規則」という。）第24条第2項第1号に規定する引当金をいう。以下この条において同じ。）に係る支出に充てるために保有する資金を除く。）であるものをいう。

一 第26条第3号に規定する公益目的保有財産

二 公益目的事業を行うために必要な収益事業等その他の業務又は活動の用に供する財産

三 前2号に掲げる特定の財産の取得又は改良に充てるために保有する資金（当該特定の財産の取得に要する支出の額の最低額に達するまでの資金に限る。）

四 特定費用準備資金（積立限度額に達するまでの資金に限る。）

五 寄附その他これに類する行為によって受け入れた財産（当該財産を処分することによって取得した財産を含む。次号において同じ。）であって、当該財産を交付した者の定めた使途に従って使用し、若しくは保有しているもの

六 寄附その他これに類する行為によって受け入れた財産であって、当該財産を交付した者の定めた使途に充てるために保有している資金

4 前項第3号に掲げる財産については、第18条第3項から第5項までの規定を準用する。この場合において、同条第3項中「第1項に規定する特定費用準備資金」とあり、及び同条第4項中「特定費用準備資金」とあるのは「第22条第3項第3号の資金」と、同条第3項第1号中「活動を行う」とあるのは「財産を取得し、又は改良する」と、同項第4号及び第5号、同条第4項第2号並びに第5項中「積立限度額」とあるのは「当該資金の目的である財産の取得又は改良に必要な最低額」と、同条第4項第3号中「活動を行わない」とあるのは「財産を取得せず、又は改良しない」と読み替えるものとする。

5 第3項第5号の財産は、次の各号に掲げる場合の区分に応じ、当該各号に定める事項について、法第21条の規定の例により備置き及び閲覧等の措置が講じられているものでなければならない。同項第6号の財産についても、同様とする。

一 当該財産が広く一般に募集されたものである場合次に掲げる事項

イ 広く一般に募集されたものである旨

ロ　募集の期間

ハ　受け入れた財産の額（当該財産が金銭以外のものである場合にあっては、当該財産の受け入れた時における価額。以下この項において同じ。）の合計額

ニ　募集の方法

ホ　募集に係る財産の使途として定めた内容

ヘ　ハの財産のうちに金銭以外のものがある場合には、当該金銭以外の財産（その額が重要でないものを除く。次号ホにおいて同じ。）の内容

二　前号以外の場合次に掲げる事項

イ　当該財産を交付した者の個人又は法人その他の団体の別（当該者が国若しくは地方公共団体又はこれらの機関である場合にあっては、これらの者の名称）

ロ　当該財産を受け入れることとなった日（当該財産が寄附により受け入れたものである場合にあっては、当該財産を受け入れた日）

ハ　受け入れた財産の額の合計額

ニ　当該財産を交付した者の定めた使途の内容

ホ　ハの財産のうちに金銭以外のものがある場合には、当該金銭以外の財産の内容

6　第3項第6号の財産については、第18条第3項（第1号、第4号及び第5号を除く。）の規定を準用する。この場合において、同条第3項中「第1項に規定する特定費用準備資金」とあるのは、「第22条第3項第6号の資金」と読み替えるものとする。

7　第2項第2号に規定する「対応負債の額」は、次に掲げる額の合計額をいう。

一　各控除対象財産に対応する負債の額の合計額

二　控除対象財産の帳簿価額の合計額から前号の額及び指定正味財産の額（控除対象財産に係るものに限る。以下この条において同じ。）を控除して得た額に次のイの額のイ及びロの額の合計額に対する割合を乗じて得た額

イ　負債の額から引当金勘定の金額及び各資産に対応する負債の額の合計額を控除して得た額

ロ　総資産の額から負債の額及び指定正味財産の額の合計額を控除して得た額

8　前項の規定にかかわらず、公益法人は、前項の対応負債の額を控除対象財産の帳簿価額の合計額から指定正味財産の額を控除して得た額に、第1号の額の同号及び第2号の額の合計額に対する割合を乗じて得た額とすることができる。

一　負債の額から引当金勘定の金額を控除して得た額

二　総資産の額から負債の額及び指定正味財産の額の合計額を控除して得た額

⑦Ⅰ－8＜遊休財産額の保有の制限＞参照（379頁）。

2．公益認定法関係法令

（寄附の募集に関する禁止行為）
第17条　公益法人の理事若しくは監事又は代理人、使用人その他の従業者は、寄附の募集に関して、次に掲げる行為をしてはならない。
一　寄附の勧誘又は要求を受け、寄附をしない旨の意思を表示した者に対し、寄附の勧誘又は要求を継続すること。
二　粗野若しくは乱暴な言動を交えて、又は迷惑を覚えさせるような方法で、寄附の勧誘又は要求をすること。
三　寄附をする財産の使途について誤認させるおそれのある行為をすること。
四　前3号に掲げるもののほか、寄附の勧誘若しくは要求を受けた者又は寄附者の利益を不当に害するおそれのある行為をすること。

第2款　公益目的事業財産

第18条　公益法人は、次に掲げる財産（以下「公益目的事業財産」という。）を公益目的事業を行うために使用し、又は処分しなければならない。ただし、<u>内閣府令</u>で定める正当な理由がある場合は、この限りでない。
一　公益認定を受けた日以後に<u>寄附を受けた財産</u>（寄附をした者が公益目的事業以外のために使用すべき旨を定めたものを除く。）
二　公益認定を受けた日以後に交付を受けた補助金その他の財産（財産を交付した者が公益目的事業以外のために使用すべき旨を定めたものを除く。）
三　公益認定を受けた日以後に行った<u>公益目的事業に係る活動の対価として得た財産</u>
四　公益認定を受けた日以後に行った収益事業等から生じた収益に<u>内閣府令</u>で定める割合を乗じて得た額に相当する財産
五　前各号に掲げる財産を支出することにより取得した財産
六　第5条第16号に規定する財産（前各号に掲げるものを除く。）
七　公益認定を受けた日の前に取得した財産であって同日以後に<u>内閣府令</u>で定める方法により公益目的事業の用に供するものである旨を表示した財産
八　前各号に掲げるもののほか、当該公益法人が公益目的事業を行うことにより取得し、又は公益目的事業を行うために保有していると認められるものとして<u>内閣府令</u>で定める財産

（正当な理由がある場合）
則**第23条**　<u>法第18条</u>ただし書の内閣府令で定める正当な理由がある場合は、次に掲げる場合とする。
一　善良な管理者の注意を払ったにもかかわらず、財産が滅失又はき損した場合

二　財産が陳腐化、不適応化その他の理由によりその価値を減じ、当該財産を廃棄することが相当な場合

三　法第5条第17号に規定する者（以下この号において「国等」という。）からの補助金その他国等が反対給付を受けないで交付した財産（特定の公益目的事業を行うために使用すべき旨を定めて交付したものに限る。）の全部又は一部に相当する額の財産を、当該公益目的事業の終了その他の事由により、当該公益目的事業のために使用する見込みがないことを理由に、当該国等に対して返還する場合

（収益事業等から生じた収益に乗じる割合）

則第24条　法第18条第4号の内閣府令で定める割合は、100分の50とする。

（公益目的事業の用に供するものである旨の表示の方法）

則第25条　法第18条第7号の内閣府令で定める方法は、財産目録、貸借対照表又はその附属明細書において、財産の勘定科目をその他の財産の勘定科目と区分して表示する方法とする。

2　継続して公益目的事業の用に供するために保有している財産以外の財産については、前項の方法による表示をすることができない。

（公益目的事業を行うことにより取得し、又は公益目的事業を行うために保有していると認められる財産）

則第26条　法第18条第8号の内閣府令で定める財産は、次に掲げる財産とする。

一　公益社団法人にあっては、公益認定を受けた日以後に徴収した経費（一般社団・財団法人法第27条に規定する経費をいい、実質的に対価その他の事業に係る収入等と認められるものを除く。第48条第3項第1号ホにおいて同じ。）のうち、その徴収に当たり使途が定められていないものの額に100分の50を乗じて得た額又はその徴収に当たり公益目的事業に使用すべき旨が定められているものの額に相当する財産

二　公益認定を受けた日以後に行った吸収合併により他の公益法人の権利義務を承継した場合にあっては、当該他の公益法人の当該合併の前日における公益目的取得財産残額（同日において当該他の公益法人の公益認定を取り消された場合における公益目的取得財産残額に準ずる額をいう。第48条において同じ。）に相当する財産

三　公益認定を受けた日以後に公益目的保有財産（第6号及び第7号並びに法第18条第5号から第7号までに掲げる財産をいう。以下同じ。）から生じた収益の額に相当する財産

四　公益目的保有財産を処分することにより得た額に相当する財産

五　公益目的保有財産以外の財産とした公益目的保有財産の額に相当する財産

六　前各号に掲げる財産を支出することにより取得した財産

七　公益認定を受けた日以後に第１号から第５号まで及び法第18条第１号から第４号までに掲げる財産以外の財産を支出することにより取得した財産であって、同日以後に前条の規定により表示したもの

　八　法第18条各号及び前各号に掲げるもののほか、当該法人の定款又は社員総会若しくは評議員会において、公益目的事業のために使用し、又は処分する旨を定めた額に相当する財産

[ガ]Ⅰ－17＜公益目的事業財産＞（383頁）参照。

第３款　公益法人の計算等の特則

（収益事業等の区分経理）

第19条　収益事業等に関する会計は、公益目的事業に関する会計から区分し、各収益事業等ごとに特別の会計として経理しなければならない。

[ガ]Ⅰ－18＜収益事業等の区分経理＞（384頁）参照。

（報酬等）

第20条　公益法人は、第５条第13号に規定する報酬等の支給の基準に従って、その理事、監事及び評議員に対する報酬等を支給しなければならない。

2　公益法人は、前項の報酬等の支給の基準を公表しなければならない。これを変更したときも、同様とする。

[ガ]Ⅰ－12＜役員等の報酬等の支給基準＞（382頁）参照。

（財産目録の備置き及び閲覧等）

第21条　公益法人は、毎事業年度開始の日の前日までに（公益認定を受けた日の属する事業年度にあっては、当該公益認定を受けた後遅滞なく）、内閣府令で定めるところにより、当該事業年度の事業計画書、収支予算書その他の内閣府令で定める書類を作成し、当該事業年度の末日までの間、当該書類をその主たる事務所に、その写しをその従たる事務所に備え置かなければならない。

2　公益法人は、毎事業年度経過後３箇月以内に（公益認定を受けた日の属する事業年度にあっては、当該公益認定を受けた後遅滞なく）、内閣府令で定めるところにより、次に掲げる書類を作成し、当該書類を５年間その主たる事務所に、その写しを３年間その従たる事務所に備え置かなければならない。

　一　財産目録

第1章　公益法人制度関係法令

　二　役員等名簿（理事、監事及び評議員の氏名及び住所を記載した名簿をいう。以下同じ。）

　三　第5条第13号に規定する報酬等の支給の基準を記載した書類

　四　前3号に掲げるもののほか、内閣府令で定める書類

3　第1項に規定する書類及び前項各号に掲げる書類は、電磁的記録（電子的方式、磁気的方式その他人の知覚によっては認識することができない方式で作られる記録であって、電子計算機による情報処理の用に供されるものとして内閣府令で定めるものをいう。以下同じ。）をもって作成することができる。

4　何人も、公益法人の業務時間内は、いつでも、第1項に規定する書類、第2項各号に掲げる書類、定款、社員名簿及び一般社団・財団法人法第129条第1項（一般社団・財団法人法第199条において準用する場合を含む。）に規定する計算書類等（以下「財産目録等」という。）について、次に掲げる請求をすることができる。この場合においては、当該公益法人は、正当な理由がないのにこれを拒んではならない。

　一　財産目録等が書面をもって作成されているときは、当該書面又は当該書面の写しの閲覧の請求

　二　財産目録等が電磁的記録をもって作成されているときは、当該電磁的記録に記録された事項を内閣府令で定める方法により表示したものの閲覧の請求

5　前項の規定にかかわらず、公益法人は、役員等名簿又は社員名簿について当該公益法人の社員又は評議員以外の者から同項の請求があった場合には、これらに記載され又は記録された事項中、個人の住所に係る記載又は記録の部分を除外して、同項の閲覧をさせることができる。

6　財産目録等が電磁的記録をもって作成されている場合であって、その従たる事務所における第4項第2号に掲げる請求に応じることを可能とするための措置として内閣府令で定めるものをとっている公益法人についての第1項及び第2項の規定の適用については、第1項中「その主たる事務所に、その写しをその従たる事務所」とあるのは「その主たる事務所」と、第2項中「その主たる事務所に、その写しを3年間その従たる事務所」とあるのは「その主たる事務所」とする。

　　（事業年度開始前までに作成し備え置くべき書類）
則**第27条**　法第21条第1項の内閣府令で定める書類は、当該事業年度に係る次に掲げる書類とする。

　一　事業計画書

　二　収支予算書

　三　資金調達及び設備投資の見込みを記載した書類

（事業年度経過後３箇月以内に作成し備え置くべき書類）

則**第28条**　法第21条第２項第４号の内閣府令で定める書類は、次に掲げる書類とする。

一　キャッシュ・フロー計算書（作成している場合又は法第５条第12号の規定により会計監査人を設置しなければならない場合に限る。）

二　運営組織及び事業活動の状況の概要及びこれらに関する数値のうち重要なものを記載した書類

2　前項各号に掲げる書類は、公益認定を受けた後遅滞なく法第21条第２項各号に掲げる書類を作成する場合にあっては、作成を要しない。

（収支予算書、財産目録及びキャッシュ・フロー計算書）

則**第29条**　法第21条第１項の規定により作成すべき収支予算書並びに同条第２項の規定により作成すべき財産目録及びキャッシュ・フロー計算書については、次条から第33条までに定めるところによる。

（収支予算書の区分）

則**第30条**　第27条第２号の収支予算書は、次に掲げる区分を設けて表示しなければならない。この場合において、各区分（第２号に掲げる区分を除く。）は、適当な項目に細分することができる。

一　経常収益

二　事業費

三　管理費

四　経常外収益

五　経常外費用

2　事業費に係る区分には、次に掲げる項目を設けなければならない。この場合において、各項目は、適当な項目に細分することができる。

一　公益目的事業に係る事業費

二　収益事業等に係る事業費

3　第１項第１号、第４号及び第５号に掲げる区分については、公益目的事業に係る額を明らかにしなければならない。

4　第１項第４号及び第５号に掲げる区分については、経常外収益又は経常外費用を示す適当な名称を付すことができる。

5　収支予算書の各項目については、当該項目の内容を示す適当な名称を付さなければならない。

6　公益法人が一般社団・財団法人法第123条第２項（一般社団・財団法人法第199条において準用する場合を含む。）の規定により作成する損益計算書については、前各項の規定の例による。

（財産目録の区分）

第1章　公益法人制度関係法令

則第31条　法第21条第2項第1号の財産目録は、次に掲げる部に区分して表示しなければならない。

　　この場合において、負債の部は、適当な項目に細分することができる。

一　資産の部

二　負債の部

2　資産の部は、次に掲げる項目に区分しなければならない。この場合において、各項目は、適当な項目に細分することができる。

一　流動資産

二　固定資産

3　財産目録の各項目については、当該項目の内容を示す適当な名称を付さなければならない。この場合において、公益目的保有財産については第25条第1項の方法により表示しなければならない。

4　公益法人が一般社団・財団法人法第123条（一般社団・財団法人法第199条において準用する場合を含む。）の規定により作成する貸借対照表については、前3項の規定の例による。この場合において、純資産の部については、次に掲げる項目に区分するものとする。

一　基金

二　指定正味財産

三　一般正味財産

　　（キャッシュ・フロー計算書の区分）

則第32条　第28条第1項第1号のキャッシュ・フロー計算書には、次の各号に掲げる区分を設けてキャッシュ・フローの状況を記載しなければならない。この場合において、各区分は、適当な項目に細分することができる。

一　事業活動によるキャッシュ・フロー

二　投資活動によるキャッシュ・フロー

三　財務活動によるキャッシュ・フロー

四　現金及び現金同等物の増加額又は減少額

五　現金及び現金同等物の期首残高

六　現金及び現金同等物の期末残高

2　事業活動によるキャッシュ・フローの区分においては、直接法又は間接法により表示しなければならない。

3　現金及び現金同等物に係る換算差額が発生した場合は、第1項各号に掲げる区分とは別に、表示するものとする。

4　キャッシュ・フロー計算書の各項目については、当該項目の内容を示す適当な名称を付さなければならない。

２．公益認定法関係法令

（備置き等すべき財産目録及びキャッシュ・フロー計算書）

則**第33条**　法第21条第２項第１号に掲げる財産目録及び第28条第１項第１号に掲げるキャッシュ・フロー計算書は、定時社員総会又は定時評議員会（一般社団・財団法人法第127条の規定（一般社団・財団法人法第199条において準用する場合を含む。）の適用がある場合にあっては、理事会）の承認を受けなければならない。

2　一般社団・財団法人法第124条から第127条まで（これらの規定を一般社団・財団法人法第199条において準用する場合を含む。）及び一般社団・財団法人法施行規則第35条から第48条までの規定（これらの規定を一般社団・財団法人法施行規則第64条において準用する場合を含む。）は、公益法人が前項の財産目録及びキャッシュ・フロー計算書に係る同項の承認を受けるための手続について準用する。

（電磁的記録）

則**第34条**　法第21条第３項の内閣府令で定めるものは、磁気ディスクその他これに準ずる方法により一定の情報を確実に記録しておくことができる物をもって調製するファイルに情報を記録したものとする。

（電磁的記録に記録された事項を表示する方法）

則**第35条**　法第21条第４項第２号の内閣府令で定める方法は、当該電磁的記録に記録された事項を紙面又は出力装置の映像面に表示する方法とする。

（従たる事務所において電磁的記録により財産目録等を閲覧に供するための措置）

則**第36条**　法第21条第６項の内閣府令で定めるものは、公益法人の使用に係る電子計算機を電気通信回線で接続した電子情報処理組織を使用する方法であって、当該電子計算機に備えられたファイルに記録された情報の内容を電気通信回線を通じて公益法人の従たる事務所において使用される電子計算機に備えられたファイルに当該情報を記録する方法とする。

（財産目録等の提出及び公開）

第22条　公益法人は、毎事業年度の経過後３箇月以内（前条第１項に規定する書類については、毎事業年度開始の日の前日まで）に、<u>内閣府令</u>で定めるところにより、財産目録等（定款を除く。）を行政庁に提出しなければならない。

2　行政庁は、公益法人から提出を受けた財産目録等について閲覧又は謄写の請求があった場合には、<u>内閣府令</u>で定めるところにより、その閲覧又は謄写をさせなければならない。

3　前項の規定にかかわらず、行政庁は、役員等名簿又は社員名簿について同項の請求があった場合には、これらに記載された事項中、個人の住所に係る記載の部分を除外して、その閲覧又は謄写をさせるものとする。

第1章 公益法人制度関係法令

（事業計画書等の提出）

則**第37条** 法第22条第1項の規定による法第21条第1項に規定する書類の提出は、同項に規定する書類を添付した様式第4号による提出書を行政庁に提出してするものとし、同項に規定する書類について理事会（社員総会又は評議員会の承認を受けた場合にあっては、当該社員総会又は評議員会）の承認を受けたことを証する書類を併せて添付するものとする。

（事業報告等の提出）

則**第38条** 法第22条第1項の規定による財産目録等（法第21条第1項に規定する書類及び定款を除く。以下この項において同じ。）の提出は、財産目録等を添付した様式第5号による提出書を行政庁に提出してするものとし、次に掲げる書類を併せて添付するものとする。

一 第5条第3項第6号に掲げる書類

二 次に掲げる事項を記載した書類

　　イ 第28条第1項第2号に掲げる書類に記載された事項及び数値の計算の明細

　　ロ その他参考となるべき事項

三 前2号に掲げるもののほか、行政庁が公益法人の事業の適正な運営を確保するために必要と認める書類

2 公益認定を受けた日の属する事業年度に係る前項に規定する書類のうち、一般社団・財団法人法第129条第1項（一般社団・財団法人法第199条において準用する場合を含む。）に規定する計算書類等については、当該事業年度の開始の日から公益認定を受けた日の前日までの期間と公益認定を受けた日から当該事業年度の末日までの期間とに分けて作成するものとする。

（閲覧の方法）

則**第39条** 法第22条第2項の規定による閲覧又は謄写は、行政庁が定める場所において行うものとする。

2 行政庁は、前項に規定する場所をインターネットの利用その他の適切な方法により公表しなければならない。

（会計監査人の権限等）

第23条 公益法人の会計監査人は、一般社団・財団法人法第107条第1項（一般社団・財団法人法第197条において準用する場合を含む。）の規定によるもののほか、財産目録その他の内閣府令で定める書類を監査する。この場合において、会計監査人は、会計監査報告に当該監査の結果を併せて記載し、又は記録しなければならない。

2．公益認定法関係法令

（会計監査人が監査する書類）
則**第40条**　法第23条の内閣府令で定める書類は、次に掲げる書類とする。
一　財産目録
二　キャッシュ・フロー計算書

　　　　第4款　合併等

（合併等の届出）
第24条　公益法人は、次に掲げる行為をしようとするときは、<u>内閣府令</u>で定めるところにより、あらかじめ、その旨を行政庁に届け出なければならない。
一　合併（当該合併に関し第11条第1項の変更の認定の申請をする場合又は次条第一項の認可の申請をする場合を除く。）
二　事業の全部又は一部の譲渡（当該事業の譲渡に関し第11条第1項の変更の認定の申請をする場合を除く。）
三　公益目的事業の全部の廃止
2　行政庁は、前項の規定による届出があったときは、<u>内閣府令</u>で定めるところにより、その旨を公示しなければならない。

（合併等の届出）
則**第41条**　<u>法第24条第1項</u>の規定による届出をしようとする公益法人は、様式第6号により作成した届出書を行政庁に提出しなければならない。
2　前項の届出書には、次に掲げる行為の区分に応じ、当該各号に定める書類を添付しなければならない。
一　法第24条第1項第1号に掲げる合併合併契約書の写し及び当該合併を決議した理事会の議事録の写し
二　法第24条第1項第2号に掲げる事業の譲渡譲渡契約書の写し及び当該譲渡を決議した理事会の議事録の写し
三　法第24条第1項第3号に掲げる公益目的事業の全部の廃止当該廃止を決議した理事会の議事録の写し
3　法第24条第1項第1号の規定による届出をし、当該届出に係る合併により存続する公益法人は、当該合併により法第13条第1項各号に掲げる変更があるときは、遅滞なく、当該変更があった旨を記載した書類及び当該変更に係る法第7条第2項各号に掲げる書類を行政庁に提出しなければならない。
4　前項の公益法人は、当該合併の日から3箇月以内に、当該合併により消滅する公益法人に係る第8条第4項各号に掲げる書類を行政庁に提出しなければならない。
則**第52条**参照（212頁）。

231

第1章　公益法人制度関係法令

（合併による地位の承継の認可）

第25条　公益法人が合併により消滅する法人となる新設合併契約を締結したときは、当該公益法人（当該公益法人が2以上ある場合にあっては、その1）は、当該新設合併により設立する法人（以下この条において「新設法人」という。）が当該新設合併により消滅する公益法人の地位を承継することについて、行政庁の認可を申請することができる。

2　行政庁は、新設法人が次に掲げる要件に適合すると認めるときは、前項の認可をするものとする。

一　第5条各号に掲げる基準に適合するものであること。

二　第6条各号のいずれかに該当するものでないこと。

3　第1項の認可があった場合には、新設法人は、その成立の日に、当該新設合併により消滅する公益法人の地位を承継する。

4　第7条、第8条、第10条及び第12条の規定は、第1項の認可について準用する。この場合において、第7条第1項中「次に掲げる事項」とあるのは「次に掲げる事項（第1号に掲げる事項については新設合併により消滅する公益法人及び新設合併により設立する法人（以下この条において「新設法人」という。）に係るもの、第2号から第4号までに掲げる事項については新設法人に係るもの）」と、同項第2号中「定款」とあるのは「定款の案」と、同条第2項中「次に掲げる書類」とあるのは「次に掲げる書類（第1号の定款の案及び第2号から第5号までに掲げる書類については、新設法人に係るもの）」と、同項第1号中「定款」とあるのは「新設合併契約書及び定款の案」と、第12条第1項中「前条第2項」とあるのは「第25条第4項において準用する第7条第1項」と読み替えるものとする。

5　第1項の認可を受けて合併により消滅する公益法人の地位を承継する新設法人についての第18条及び第30条第2項の規定の適用については、第18条第1号から第4号までの規定中「公益認定を受けた日」とあるのは「その成立の日」と、同条第5号中「前各号」とあるのは「前各号及び第7号」と、同条第7号中「公益認定を受けた日の前に取得した財産であって同日以後に<u>内閣府令</u>で定める方法により公益目的事業の用に供するものである旨を表示した財産」とあるのは「その成立の際に合併により消滅する公益法人から承継した財産であって、当該消滅する公益法人の公益目的事業財産であったもの」と、第30条第2項第1号中「が取得した」とあるのは「が合併により承継し、又は取得した」と、「第18条第6号に掲げる財産にあっては、」とあるのは「第25条第5項の規定により読み替えて適用する第18条第7号に掲げる財産にあっては、合併により消滅する公益法人が」と、「もの」とあるのは「もの（当該公益法人が同日以後に第18条第7号の<u>内閣府令</u>で定めるところにより公益目的事業の用に供するものである旨を表示したものを除く。）」と、同項第2

号中「公益認定を受けた日」とあるのは「その成立の日」と、同項第3号中「公益認定を受けた日」とあるのは「その成立の日」と、「定めるもの」とあるのは「定めるもの並びに合併により消滅する公益法人が公益認定を受けた日以後にその公益目的事業を行うために費消し、又は譲渡した公益目的事業財産以外の財産及び同日以後に当該公益法人がその公益目的事業の実施に伴い負担した公租公課の支払その他内閣府令で定めるもの」とする。

（合併による地位の承継の認可）

則第42条 　法第25条第1項の認可を受けようとする公益法人は、様式第7号により作成した申請書を行政庁に提出しなければならない。

2 　前項の申請書には、法第25条第4項において準用する法第7条第2項第1号から第5号までに掲げる書類のほか、次に掲げる書類を添付しなければならない。

　一 　新設合併により消滅する公益法人の当該合併を決議した理事会の議事録の写し

　二 　新設合併により消滅する公益法人に係る第5条第3項第6号に掲げる書類

　三 　新設法人に係る第5条第3項第2号から第5号まで及び第7号に掲げる書類

3 　法第25条第1項の認可を受けて設立した公益法人は、その成立後遅滞なく、定款及び登記事項証明書を行政庁に提出しなければならない。

4 　前項の公益法人は、その成立の日から起算して3箇月以内に、当該合併により消滅する公益法人に係る第8条第4項各号に掲げる書類を行政庁に提出しなければならない。

（合併による地位の承継の認可に係る関係行政庁への通知）

則第43条 　法第25条第1項の認可の申請を受けた行政庁は、当該認可の申請が他の公益法人との合併に伴うものである場合には、直ちに、当該他の公益法人を所管する行政庁に通知するものとする。

2 　前項の規定による通知を受けた行政庁は、当該通知に係る合併に関し、法第24条第1項第1号の届出を受けたときは、直ちに、その旨を前項の規定による通知をした行政庁に通知するものとする。

3 　第1項の規定による通知をした行政庁は、同項の通知に係る認可の申請に対する処分をしたときは、直ちに、その旨を同項の通知を受けた行政庁に通知するものとする。

（解散の届出等）

第26条 　公益法人が合併以外の理由により解散をした場合には、その清算人（解散が破産手続開始の決定による場合にあっては、破産管財人）は、当該解散の日から

第1章　公益法人制度関係法令

1箇月以内に、その旨を行政庁に届け出なければならない。

2　清算人は、一般社団・財団法人法第233条第1項の期間が経過したときは、遅滞なく、残余財産の引渡しの見込みを行政庁に届け出なければならない。当該見込みに変更があったときも、同様とする。

3　清算人は、清算が結了したときは、遅滞なく、その旨を行政庁に届け出なければならない。

4　行政庁は、第1項又は前項の規定による届出があったときは、内閣府令で定めるところにより、その旨を公示しなければならない。

（解散の届出等）

則**第44条**　法第26条第1項から第3項までの届出をしようとする公益法人は、次項各号に掲げる届出の区分に応じ、様式第8号から第10号までにより作成した届出書を行政庁に提出しなければならない。

2　前項の届出書には、次の各号に掲げる届出の区分に応じ、当該各号に定める書類を添付しなければならない。

一　法第26条第1項の届出解散及び清算人の登記をしたことを証する登記事項証明書

二　法第26条第2項の届出当該残余財産の引渡しを受ける法人が法第5条第17号イからトまでに掲げる法人である場合にあっては、その旨を証する書類

三　法第26条第3項の届出清算の結了の登記をしたことを証する登記事項証明書及び一般社団・財団法人法第240条第1項に規定する決算報告

則**第52条**参照（212頁）。

第3節　公益法人の監督

（報告及び検査）

第27条　行政庁は、公益法人の事業の適正な運営を確保するために必要な限度において、内閣府令で定めるところにより、公益法人に対し、その運営組織及び事業活動の状況に関し必要な報告を求め、又はその職員に、当該公益法人の事務所に立ち入り、その運営組織及び事業活動の状況若しくは帳簿、書類その他の物件を検査させ、若しくは関係者に質問させることができる。

2　前項の規定による立入検査をする職員は、その身分を示す証明書を携帯し、関係者の請求があったときは、これを提示しなければならない。

3　第1項の規定による立入検査の権限は、犯罪捜査のために認められたものと解し

てはならない。

（報告）

則**第45条**　公益法人は、行政庁から法第27条第1項の規定により報告を求められたときは、報告書を提出しなければならない。

2　行政庁は、前項の報告を求めるときは、報告書の様式及び提出期限その他必要な事項を明示するものとする。

（職員の身分証明書の様式）

則**第46条**　法第27条第2項の証明書は、様式第11号によるものとする。

（勧告、命令等）

第28条　行政庁は、公益法人について、次条第2項各号のいずれかに該当すると疑うに足りる相当な理由がある場合には、当該公益法人に対し、期限を定めて、必要な措置をとるべき旨の勧告をすることができる。

2　行政庁は、前項の勧告をしたときは、内閣府令で定めるところにより、その勧告の内容を公表しなければならない。

3　行政庁は、第1項の勧告を受けた公益法人が、正当な理由がなく、その勧告に係る措置をとらなかったときは、当該公益法人に対し、その勧告に係る措置をとるべきことを命ずることができる。

4　行政庁は、前項の規定による命令をしたときは、内閣府令で定めるところにより、その旨を公示しなければならない。

5　行政庁は、第1項の勧告及び第3項の規定による命令をしようとするときは、次の各号に掲げる事由の区分に応じ、当該事由の有無について、当該各号に定める者の意見を聴くことができる。

　一　第5条第1号、第2号若しくは第5号、第6条第3号若しくは第4号又は次条第2項第3号に規定する事由（事業を行うに当たり法令上許認可等行政機関の許認可等を必要とする場合に限る。）　許認可等行政機関

　二　第6条第1号ニ又は第6号に規定する事由　警察庁長官等

　三　第6条第5号に規定する事由　国税庁長官等

（公表の方法）

則**第53条**　法第28条第2項、第44条第1項（法第52条並びに整備法第134条及び第139条において準用する場合を含む。）及び第46条第2項（法第54条において準用する場合を含む。）の公表は、インターネットの利用その他の適切な方法により行うものとする。

第1章　公益法人制度関係法令

則第52条参照（212頁）。

（公益認定の取消し）

第29条　行政庁は、公益法人が次のいずれかに該当するときは、その公益認定を取り消さなければならない。

　一　第6条各号（第2号を除く。）のいずれかに該当するに至ったとき。

　二　偽りその他不正の手段により公益認定、第11条第1項の変更の認定又は第25条第1項の認可を受けたとき。

　三　正当な理由がなく、前条第3項の規定による命令に従わないとき。

　四　公益法人から公益認定の取消しの申請があったとき。

2　行政庁は、公益法人が次のいずれかに該当するときは、その公益認定を取り消すことができる。

　一　第5条各号に掲げる基準のいずれかに適合しなくなったとき。

　二　前節の規定を遵守していないとき。

　三　前2号のほか、法令又は法令に基づく行政機関の処分に違反したとき。

3　前条第5項の規定は、前2項の規定による公益認定の取消しをしようとする場合について準用する。

4　行政庁は、第1項又は第2項の規定により公益認定を取り消したときは、<u>内閣府令</u>で定めるところにより、その旨を公示しなければならない。

5　第1項又は第2項の規定による公益認定の取消しの処分を受けた公益法人は、その名称中の公益社団法人又は公益財団法人という文字をそれぞれ一般社団法人又は一般財団法人と変更する定款の変更をしたものとみなす。

6　行政庁は、第1項又は第2項の規定による公益認定の取消しをしたときは、遅滞なく、当該公益法人の主たる事務所及び従たる事務所の所在地を管轄する登記所に当該公益法人の名称の変更の登記を嘱託しなければならない。

7　前項の規定による名称の変更の登記の嘱託書には、当該登記の原因となる事由に係る処分を行ったことを証する書面を添付しなければならない。

則第52条参照（212頁）。

（公益認定の取消し等に伴う贈与）

第30条　行政庁が前条第1項若しくは第2項の規定による公益認定の取消しをした場合又は公益法人が合併により消滅する場合（その権利義務を承継する法人が公益法人であるときを除く。）において、第5条第17号に規定する定款の定めに従い、

当該公益認定の取消しの日又は当該合併の日から1箇月以内に公益目的取得財産残額に相当する額の財産の贈与に係る書面による契約が成立しないときは、内閣総理大臣が行政庁である場合にあっては国、都道府県知事が行政庁である場合にあっては当該都道府県が当該公益目的取得財産残額に相当する額の金銭について、同号に規定する定款で定める贈与を当該公益認定の取消しを受けた法人又は当該合併により消滅する公益法人の権利義務を承継する法人（第4項において「認定取消法人等」という。）から受ける旨の書面による契約が成立したものとみなす。当該公益認定の取消しの日又は当該合併の日から1箇月以内に当該公益目的取得財産残額の一部に相当する額の財産について同号に規定する定款で定める贈与に係る書面による契約が成立した場合における残余の部分についても、同様とする。

2　前項に規定する「公益目的取得財産残額」とは、第1号に掲げる財産から第2号に掲げる財産を除外した残余の財産の価額の合計額から第3号に掲げる額を控除して得た額をいう。

一　当該公益法人が取得したすべての公益目的事業財産（第18条第6号に掲げる財産にあっては、公益認定を受けた日前に取得したものを除く。）

二　当該公益法人が公益認定を受けた日以後に公益目的事業を行うために費消し、又は譲渡した公益目的事業財産

三　公益目的事業財産以外の財産であって当該公益法人が公益認定を受けた日以後に公益目的事業を行うために費消し、又は譲渡したもの及び同日以後に公益目的事業の実施に伴い負担した公租公課の支払その他<u>内閣府令</u>で定めるものの額の合計額

3　前項に規定する額の算定の細目その他公益目的取得財産残額の算定に関し必要な事項は、内閣府令で定める。

4　行政庁は、第1項の場合には、認定取消法人等に対し、前2項の規定により算定した公益目的取得財産残額及び第1項の規定により当該認定取消法人等と国又は都道府県との間に当該公益目的取得財産残額又はその一部に相当する額の金銭の贈与に係る契約が成立した旨を通知しなければならない。

5　公益法人は、第5条第17号に規定する定款の定めを変更することができない。

（認定取消し等の後に確定した公租公課）

則第47条　<u>法第30条第2項第3号</u>で規定する内閣府令で定めるものは、当該公益法人が公益認定を受けた日以後の公益目的事業の実施に伴い負担すべき公租公課であって、同条第1項の公益認定の取消しの日又は合併の日以後に確定したものとする。

（各事業年度の末日における公益目的取得財産残額）

則第48条 公益法人は、毎事業年度、当該事業年度の末日における公益目的取得財産残額（同日において公益認定を取り消された場合における公益目的取得財産残額に準ずる額をいう。以下この条において同じ。）を算定しなければならない。

2 前項に規定する当該事業年度の末日における公益目的取得財産残額は、次に掲げる額の合計額とする。

一 当該事業年度の末日における公益目的増減差額

二 当該事業年度の末日における公益目的保有財産の帳簿価額の合計額

3 前項第1号に規定する当該事業年度の末日における公益目的増減差額は、当該事業年度の前事業年度の末日における公益目的増減差額（公益認定を受けた日の属する事業年度又は法第25条第1項の認可を受けて設立した法人の成立の日の属する事業年度（以下「認定等事業年度」という。）にあっては、零）に第1号の額を加算し、第2号の額を減算して得た額とする。

一 次に掲げる額の合計額

イ 当該事業年度（認定等事業年度にあっては、公益認定を受けた日又は法第25条第1項の認可を受けて設立した法人の成立の日（チにおいて「認定等の日」という。）から事業年度の末日までの期間。以下この項において同じ。）中に寄附を受けた財産（寄附をした者が公益目的事業以外のために使用すべき旨を定めたものを除く。）の額（当該財産が金銭以外の財産である場合にあっては、当該財産の受け入れた時における価額。以下この項において同じ。）

ロ 当該事業年度中に交付を受けることとなった補助金その他の財産（財産を交付する者が公益目的事業以外のために使用すべき旨を定めたものを除く。）の額

ハ 当該事業年度中に行った公益目的事業に係る活動の対価の額

ニ 当該事業年度の各収益事業等から生じた収益の額に100分の50を乗じて得た額

ホ 公益社団法人にあっては、当該事業年度中に社員が支払った経費のうち、その徴収に当たり使用すべき旨の定めがないものの額に100分の50を乗じて得た額及びその徴収に当たり公益目的事業に使用すべき旨が定められたものの額

ヘ 当該事業年度において、合併により他の公益法人の権利義務を承継した場合にあっては、当該他の公益法人の当該合併の前日における公益目的取得財産残額

ト 当該事業年度中に公益目的保有財産から生じた収益の額

チ 当該事業年度の開始の日の前日における公益目的保有財産の帳簿価額の合計額（認定等事業年度にあっては、認定等の日における法第18条第6号に掲げる財産（公益認定を受けた日前に取得したもの（当該財産が合併により消滅した公益法人から承継したものである場合にあっては、当該消滅した公益法人が公益認定を受けた日前に取得した財産であって、当該消滅した公益法人において法第18条第6号に掲げる財産であったもの）と認められるものに限る。以下同

じ。）の帳簿価額の合計額。次号ニにおいて同じ。）から当該事業年度の末日における公益目的保有財産の帳簿価額の合計額を控除して得た額

リ　当該事業年度において、法第18条第6号に掲げる財産の改良に要した額

ヌ　当該事業年度の引当金の取崩額

ル　イからヌまでに掲げるもののほか、定款又は社員総会若しくは評議員会の定めにより当該事業年度において公益目的事業財産となった額

二　次に掲げる額の合計額

イ　当該事業年度の第21条第1項第1号の額に同項第2号の額を加算し、同項第5号の額を減算して得た額

ロ　イに掲げるもののほか、当該事業年度において公益目的保有財産について生じた費用及び損失（法第18条ただし書の正当な理由がある場合に生じたものに限る。ハにおいて同じ。）の額

ハ　イ及びロに掲げるもののほか、当該事業年度において公益目的事業の実施に伴って生じた経常外費用の額

ニ　当該事業年度の末日における公益目的保有財産の帳簿価額の合計額から当該事業年度の開始の日の前日における公益目的保有財産の帳簿価額の合計額を控除して得た額

ホ　イからニまでに掲げるもののほか、当該事業年度において他の公益法人に対し、当該他の公益法人の公益目的事業のために寄附した財産の価額

4　前項第1号ヘに規定する合併により消滅する公益法人の当該合併の日の前日における公益目的取得財産残額は、次に掲げる額の合計額とする。この場合においては、当該合併の日の前日を当該事業年度の末日とみなして算定し、財産目録並びに貸借対照表及び損益計算書並びにこれらの附属明細書によるものについては、第8条第4項第2号に掲げる書類によるものとする。第50条第3項においても、同様とする。

一　当該合併の日の前日における公益目的増減差額

二　当該合併の日の前日における公益目的保有財産の価額の合計額

（公益認定の取消し等の場合における公益目的取得財産残額）

則**第49条**　行政庁が法第29条第1項又は第2項の規定による公益認定の取消しをした場合又は公益法人が合併により消滅する場合（その権利義務を承継する法人が公益法人である場合を除く。）における**法第30条第2項**の公益目的取得財産残額は、次に掲げる額の合計額（その額が零を下回る場合にあっては、零）とする。

一　法第22条の規定により提出された財産目録等に係る事業年度のうち最も遅いもの（次号及び次条において「最終提出事業年度」という。）の末日における公益目的増減差額

二　最終提出事業年度の末日において公益目的保有財産（法第18条第6号に掲げる

財産を除く。次条において同じ。）であった財産の当該公益認定の取消しの日又は合併の日の前日（以下「取消し等の日」という。）における価額の合計額

（公益目的取得財産残額の変動の報告）

則**第50条**　認定取消法人等は、取消し等の日における公益目的取得財産残額が前条の額と異なるときは、同日（公益法人が合併により消滅する場合にあっては、当該合併の日。第51条において同じ。）から3箇月以内に、様式第12号による報告書を行政庁に提出しなければならない。

2　前項の報告書には、次に掲げる書類を添付しなければならない。

一　最終提出事業年度の末日の翌日から取消し等の日までの公益目的増減差額の変動の明細を明らかにした書類

二　取消し等の日における公益目的保有財産の価額の根拠を記載した書類

三　前項の報告書及び前2号の書類に記載された事実を証する書類

3　第1項に規定する取消し等の日における公益目的取得財産残額は、次に掲げる額の合計額（その額が零を下回る場合にあっては、零）とする。

一　取消し等の日における公益目的増減差額

二　取消し等の日における公益目的保有財産の価額の合計額

4　行政庁は、取消し等の日における公益目的取得財産残額が前条の額と異なると認めるときは、前条の額を増額し、又は減額する。

（認定取消法人等の計算書類及びその附属明細書に相当する書類の作成）

則**第50条の2**　認定取消法人等は、取消し等の日の属する事業年度の開始の日から取消し等の日までの期間に係る一般社団・財団法人法第123条第2項（一般社団・財団法人法第199条において準用する場合を含む。）に規定する計算書類及びその附属明細書に記載し、又は記録すべき事項を記載した書類を作成しなければならない。

2　認定取消法人等は、前条第1項に掲げる場合においては、前条第2項に掲げる書類に加え、前項に掲げる書類を添付しなければならない。

（公益目的取得財産残額に相当する財産の贈与に係る契約成立の報告）

則**第51条**　認定取消法人等は、取消し等の日から1箇月以内に法第5条第17号に規定する定款の定めに従い、財産の贈与に係る書面による契約が成立したときは、取消し等の日から3箇月以内に、様式第13号による報告書を行政庁に提出しなければならない。

2　前項の報告書には次に掲げる書類を添付しなければならない。

一　各契約に係る契約書の写し

二　各契約に係る贈与の相手方となる法人が法第5条第17号イからトまでに掲げる法人に該当する場合にあっては、その旨を証する書類

3　取消し等の日から3箇月以内に認定取消法人等から第1項の報告書の提出がない

場合には、同項に規定する契約が成立しなかったものとみなす。

（行政庁への意見）

第31条 次の各号に掲げる者は、公益法人についてそれぞれ当該各号に定める事由があると疑うに足りる相当な理由があるため、行政庁が公益法人に対して適当な措置をとることが必要であると認める場合には、行政庁に対し、その旨の意見を述べることができる。

一　許認可等行政機関　第5条第1号、第2号若しくは第5号に掲げる基準に適合しない事由又は第6条第3号若しくは第4号若しくは第29条第2項第3号に該当する事由（事業を行うに当たり法令上許認可等行政機関の許認可等を必要とする場合に限る。）

二　警察庁長官等　第6条第1号ニ又は第6号に該当する事由

三　国税庁長官等　第6条第5号に該当する事由

第3章　公益認定等委員会及び都道府県に置かれる合議制の機関

第1節　公益認定等委員会

第1款　設置及び組織

（設置及び権限）

第32条 内閣府に、公益認定等委員会（以下「委員会」という。）を置く。

2　委員会は、この法律によりその権限に属させられた事項を処理する。

（職権の行使）

第33条 委員会の委員は、独立してその職権を行う。

（組織）

第34条 委員会は、委員7人をもって組織する。

2　委員は、非常勤とする。ただし、そのうちの4人以内は、常勤とすることができる。

（委員の任命）

第35条 委員は、人格が高潔であって、委員会の権限に属する事項に関し公正な判断をすることができ、かつ、法律、会計又は公益法人に係る活動に関して優れた識見を有する者のうちから、両議院の同意を得て、内閣総理大臣が任命する。

241

2　委員の任期が満了し、又は欠員が生じた場合において、国会の閉会又は衆議院の解散のために両議院の同意を得ることができないときは、内閣総理大臣は、前項の規定にかかわらず、同項に定める資格を有する者のうちから、委員を任命することができる。

3　前項の場合においては、任命後最初の国会で両議院の事後の承認を得なければならない。この場合において、両議院の事後の承認を得られないときは、内閣総理大臣は、直ちにその委員を罷免しなければならない。

（委員の任期）

第36条　委員の任期は、３年とする。ただし、補欠の委員の任期は、前任者の残任期間とする。

2　委員は、再任されることができる。

3　委員の任期が満了したときは、当該委員は、後任者が任命されるまで引き続きその職務を行うものとする。

（委員の身分保障）

第37条　委員は、委員会により、心身の故障のため職務の執行ができないと認められた場合又は職務上の義務違反その他委員たるに適しない非行があると認められた場合を除いては、在任中、その意に反して罷免されることがない。

（委員の罷免）

第38条　内閣総理大臣は、委員が前条に規定する場合に該当するときは、その委員を罷免しなければならない。

（委員の服務）

第39条　委員は、職務上知ることのできた秘密を漏らしてはならない。その職を退いた後も同様とする。

2　委員は、在任中、政党その他の政治的団体の役員となり、又は積極的に政治運動をしてはならない。

3　常勤の委員は、在任中、内閣総理大臣の許可のある場合を除くほか、報酬を得て他の職務に従事し、又は営利事業を営み、その他金銭上の利益を目的とする業務を行ってはならない。

（委員の給与）

第40条 委員の給与は、別に法律で定める。

（委員長）

第41条 委員会に、委員長を置き、委員の互選によりこれを定める。

2 委員長は、会務を総理し、委員会を代表する。

3 委員長に事故があるときは、あらかじめその指名する委員が、その職務を代理する。

（事務局）

第42条 委員会の事務を処理させるため、委員会に事務局を置く。

2 事務局に、事務局長のほか、所要の職員を置く。

3 事務局長は、委員長の命を受けて、局務を掌理する。

第2款 諮問等

（委員会への諮問）

第43条 内閣総理大臣は、次に掲げる場合には、第8条又は第28条第5項（第29条第3項において準用する場合を含む。）の規定による許認可等行政機関の意見（第6条第3号及び第4号に該当する事由の有無に係るものを除く。）を付して、委員会に諮問しなければならない。ただし、委員会が諮問を要しないものと認めたものについては、この限りでない。

一 公益認定の申請、第11条第1項の変更の認定の申請又は第25条第1項の認可の申請に対する処分をしようとする場合（申請をした法人が第6条各号のいずれかに該当するものである場合及び行政手続法第7条の規定に基づきこれらの認定を拒否する場合を除く。）

二 第28条第1項の勧告、同条第3項の規定による命令又は第29条第1項若しくは第2項の規定による公益認定の取消し（以下「監督処分等」という。）をしようとする場合（次に掲げる場合を除く。）

　イ 監督処分等を受ける公益法人が第29条第1項第1号又は第4号のいずれかに該当するものである場合

　ロ 第13条第1項若しくは第24条第1項の規定による届出又は第22条第1項の規定による財産目録等の提出をしなかったことを理由として監督処分等をしようとする場合

　ハ 第46条第1項の勧告に基づいて監督処分等をしようとする場合

2 内閣総理大臣は、次に掲げる場合には、委員会に諮問しなければならない。ただ

第1章　公益法人制度関係法令

し、委員会が諮問を要しないものと認めたものについては、この限りでない。

　一　第5条第3号から第5号まで、第10号、第11号、第12号ただし書、第15号ただ
　　し書及び第17号ト、第51条において読み替えて準用する第43条第1項ただし書及
　　び第3項ただし書並びに別表第23号の政令の制定又は改廃の立案をしようとする
　　場合並びに第5条第13号及び第15号、第7条第1項並びに第2項第4号及び第6
　　号、第11条第2項及び第3項、第13条第1項（第2号を除く。）、第15号各号、第
　　16条、第18条ただし書並びに第4号、第7号及び第8号、第21条第1項及び第2
　　項、第23条、第24条第1項、第27条第1項、第30条第2項第3号（第25条第5項
　　の規定により読み替えて適用する場合を含む。）及び第3項、次条第1項並びに
　　第46条第2項の内閣府令の制定又は改廃をしようとする場合
　二　第60条の規定による指示を行おうとする場合
3　内閣総理大臣は、第1項第1号に規定する処分、第28条第3項の規定による命令
　又は第29条第1項第2号若しくは第3号若しくは第2項の規定による公益認定の取
　消しについての審査請求〔平成28年4月1日～〕に対する裁決をしようとする場合
　には、次に掲げる場合を除き、委員会に諮問しなければならない。ただし、委員会
　が諮問を要しないものと認めたものについては、この限りでない。
　一　審査請求が不適法であるとして却下する場合
　二　審査請求をした一般社団法人若しくは一般財団法人又は公益法人が第6条各号
　　のいずれかに該当するものである場合
　三　第1項第2号イ又はロに規定する理由による監督処分等についての審査請求で
　　ある場合

（答申の公表等）

第44条　委員会は、諮問に対する答申をしたときは、<u>内閣府令</u>で定めるところによ
　り、その内容を公表しなければならない。
2　委員会は、前項の答申をしたときは、内閣総理大臣に対し、当該答申に基づいて
　とった措置について報告を求めることができる。

則**第53条**参照（235頁）。

（内閣総理大臣による送付等）

第45条　内閣総理大臣は、第13条第1項、第24条第1項又は第26条第1項から第3
　項までの規定による届出に係る書類の写し及び第22条第1項の規定により提出を受
　けた財産目録等の写しを委員会に送付しなければならない。

2 内閣総理大臣は、第31条の規定により許認可等行政機関が述べた意見（公益法人が第6条第3号又は第4号に該当する事由に係る意見を除く。）を委員会に通知しなければならない。

3 内閣総理大臣は、委員会に諮問しないで次に掲げる措置を講じたときは、その旨を委員会に通知しなければならない。

一 公益認定の申請、第11条第1項の変更の認定の申請又は第25条第1項の認可の申請に対する処分（行政手続法第7条の規定に基づく拒否を除く。）

二 監督処分等（次条第1項の勧告に基づく監督処分等を除く。）

三 第43条第2項第1号の政令の制定又は改廃の立案及び同号の内閣府令の制定又は改廃

四 第43条第3項に規定する審査請求〔平成28年4月1日〜〕に対する決定（審査請求が不適法であることによる却下の裁決を除く。）

五 第60条の規定による指示

（委員会による勧告等）

第46条 委員会は、前条第1項若しくは第2項の場合又は第59条第1項の規定に基づき第27条第1項の規定による報告の徴収、検査又は質問を行った場合には、公益法人が第29条第1項第2号若しくは第3号又は第2項各号のいずれかに該当するかどうかを審査し、必要があると認めるときは、第28条第1項の勧告若しくは同条第3項の規定による命令又は第29条第1項若しくは第2項の規定による公益認定の取消しその他の措置をとることについて内閣総理大臣に勧告をすることができる。

2 委員会は、前項の勧告をしたときは、<u>内閣府令</u>で定めるところにより、当該勧告の内容を公表しなければならない。

3 委員会は、第1項の勧告をしたときは、内閣総理大臣に対し、当該勧告に基づいてとった措置について報告を求めることができる。

則**第53条**参照（235頁）。

第3款 雑 則

（資料提出その他の協力）

第47条 委員会は、その事務を処理するため必要があると認めるときは、関係行政機関の長、関係地方公共団体の長その他の関係者に対し、資料の提出、意見の開陳、説明その他の必要な協力を求めることができる。

第1章　公益法人制度関係法令

（事務の処理状況の公表）
第48条　委員会は、毎年、その事務の処理状況を公表しなければならない。

（政令への委任）
第49条　この節に規定するもののほか、委員会に関し必要な事項は、<u>政令</u>で定める。

○公益認定等委員会令（平成19年政令第64号）

（専門委員）
第1条　公益認定等委員会（以下「委員会」という。）に、専門の事項を調査させるため必要があるときは、専門委員を置くことができる。

2　専門委員は、当該専門の事項に関して十分な知識又は経験を有する者のうちから、内閣総理大臣が任命する。

3　専門委員は、その者の任命に係る当該専門の事項に関する調査が終了したときは、解任されるものとする。

4　専門委員は、非常勤とする。

（部会）
第2条　委員会は、その定めるところにより、部会を置くことができる。

2　部会に属すべき委員及び専門委員は、委員長が指名する。

3　部会に部会長を置き、当該部会に属する委員の互選により選任する。

4　部会長は、当該部会の事務を掌理する。

5　部会長に事故があるときは、当該部会に属する委員のうちから部会長があらかじめ指名する者が、その職務を代理する。

（議事）
第3条　委員会は、委員長が招集する。

2　委員会は、委員の過半数が出席しなければ、会議を開き、議決をすることができない。

3　委員会の議事は、出席した委員の過半数で決し、可否同数のときは、委員長の決するところによる。

4　前3項の規定は、部会の議事について準用する。

（事務局次長）
第4条　委員会の事務局に、事務局次長1人（関係のある他の職を占める者をもって充てられるものとする。）を置く。

2　事務局次長は、事務局長を助け、局務を整理する。

（事務局の内部組織の細目）

第5条 前条に定めるもののほか、委員会の事務局の内部組織の細目は、**内閣府令**で定める。

（委員会の運営）

第6条 この政令に定めるもののほか、議事の手続その他委員会の運営に関し必要な事項は、委員長が委員会に諮って定める。

○公益認定等委員会事務局組織規則（平成19年内閣府令第22号）

最終改正 平成23年4月1日内閣府令第18号

（事務局に置く課等）

第1条 公益認定等委員会（以下「委員会」という。）の事務局に総務課並びに審査監督官7人（関係のある他の職を占める者をもって充てられるものとする。）及び企画官1人を置く。

（総務課の所掌事務）

第2条 総務課は、次に掲げる事務をつかさどる。

一 委員長の官印及び委員会印の保管に関すること。

二 局務の総合調整に関すること。

三 委員会の人事に関すること。

四 委員会の所掌に係る会計及び会計の監査に関すること。

五 委員会所属の物品の管理に関すること。

六 公文書類の接受、発送、編集及び保存に関すること。

七 委員会の保有する情報の公開に関すること。

八 委員会の保有する個人情報の保護に関すること。

九 広報に関すること。

十 公益社団法人及び公益財団法人の認定等に関する法律（平成18年法律第49号）並びに一般社団法人及び一般財団法人に関する法律及び公益社団法人及び公益財団法人の認定等に関する法律の施行に伴う関係法律の整備等に関する法律（平成18年法律第50号）（以下これらを「認定法等」という。）に掲げる事項に係る内閣総理大臣からの諮問についての調査審議、認定法等の規定に基づく報告の徴収、検査又は質問並びに内閣総理大臣への勧告に関すること（審査監督官の所掌に属するものを除く。）。

十一 前各号に掲げるもののほか、局務で他の所掌に属しないものに関すること。

（審査監督官の職務）

第3条 審査監督官は、命を受けて、認定法等に掲げる事項に係る内閣総理大臣からの諮問についての調査審議、認定法等の規定に基づく報告の徴収、検査又は質問及び内閣総理大臣への勧告に関する事務を分掌する。

第1章　公益法人制度関係法令

（企画官）

第4条　企画官は、命を受けて、局務のうち特定事項の調査、企画及び立案を行う。

第2節　都道府県に置かれる合議制の機関

（設置及び権限）

第50条　都道府県に、この法律によりその権限に属させられた事項を処理するため、審議会その他の合議制の機関（以下単に「合議制の機関」という。）を置く。

2　合議制の機関の組織及び運営に関し必要な事項は、政令で定める基準に従い、都道府県の条例で定める。

○公益社団法人及び公益財団法人の認定等に関する法律第50条第1項に規定する合議制の機関の組織及び運営の基準を定める政令（平成18年政令第303号）

（趣旨）

第1条　公益社団法人及び公益財団法人の認定等に関する法律（以下「法」という。）第50条第1項に規定する合議制の機関（以下単に「合議制の機関」という。）の組織及び運営の基準に関しては、この政令の定めるところによる。

（組織）

第2条　合議制の機関は、委員3人以上をもって組織するものとする。

（委員の任命）

第3条　委員は、人格が高潔であって、合議制の機関の権限に属する事項に関し公正な判断をすることができ、かつ、法律、会計又は公益法人に係る活動に関して優れた識見を有する者のうちから、都道府県知事が任命するものとする。

（委員の任期）

第4条　委員の任期は、1年以上3年を超えない範囲内とし、再任されることを妨げないものとする。

（職権の行使）

第5条　委員は、独立してその職権を行うものとする。

（委員の身分保障）

第6条　委員は、合議制の機関により、心身の故障のため職務の執行ができないと認められた場合又は職務上の義務違反その他委員たるに適しない非行があると認められた場合を除いては、在任中、その意に反して罷免されることがないものとする。

248

（委員の服務）

第7条 委員は、職務上知ることのできた秘密を漏らしてはならないものとする。その職を退いた後も同様とするものとする。

2 委員は、在任中、政党その他の政治的団体の役員となり、又は積極的に政治運動をしてはならないものとする。

（委員長）

第8条 合議制の機関に委員長を置くものとし、委員の互選によりこれを定めるものとする。

2 委員長は、会務を総理し、合議制の機関を代表するものとする。

3 委員長に事故があるときは、あらかじめその指名する委員が、その職務を代理するものとする。

（専門委員）

第9条 合議制の機関に、専門の事項を調査させるため必要があるときは、専門委員を置くことができるものとする。

2 専門委員は、当該専門の事項に関して十分な知識又は経験を有する者のうちから、都道府県知事が任命するものとする。

（部会）

第10条 合議制の機関は、その定めるところにより、部会を置くことができるものとする。

2 部会に属すべき委員及び専門委員は、委員長が指名するものとする。

3 部会に部会長を置き、当該部会に属する委員の互選により選任するものとする。

4 部会長は、当該部会の事務を掌理するものとする。

5 部会長に事故があるときは、当該部会に属する委員のうちから部会長があらかじめ指名する者が、その職務を代理するものとする。

（議事）

第11条 合議制の機関の会議は、委員長が招集するものとする。

2 合議制の機関は、委員の過半数が出席しなければ、会議を開き、議決をすることができないものとする。

3 合議制の機関の議事は、出席した委員の過半数で決し、可否同数のときは、委員長の決するところによるものとする。

4 前3項の規定は、部会の議事について準用するものとする。

（合議制の機関への諮問）

第51条 第43条（第2項を除く。）の規定は、都道府県知事について準用する。この

場合において、同条第1項中「付して、委員会」とあるのは「付して、第50条第1項に規定する合議制の機関（以下この条において単に「合議制の機関」という。）」と、同項ただし書中「委員会が」とあるのは「合議制の機関が<u>政令</u>で定める基準に従い」と、同項第2号ハ中「第46条第1項」とあるのは「第54条において準用する第46条第1項」と、同条第3項中「委員会に」とあるのは「合議制の機関に」と、同項ただし書中「委員会が」とあるのは「合議制の機関が<u>政令</u>で定める基準に従い」と読み替えるものとする。

㊇法第51条に関する政令は未制定。

（答申の公表等）

第52条 第44条の規定は、合議制の機関について準用する。この場合において、同条第2項中「内閣総理大臣」とあるのは、「都道府県知事」と読み替えるものとする。

（都道府県知事による通知等）

第53条 都道府県知事は、第60条の規定による指示が当該都道府県知事に対して行われた場合には、その旨を合議制の機関に通知しなければならない。

2 第45条（第3項第3号及び第5号を除く。）の規定は、都道府県知事について準用する。この場合において、同条第1項中「委員会」とあるのは「第50条第1項に規定する合議制の機関（以下この条において単に「合議制の機関」という。）」と、同条第2項及び第3項中「委員会」とあるのは「合議制の機関」と、同項第2号中「次条第1項」とあるのは「第54条において準用する次条第1項」と、同項第4号中「第43条第3項」とあるのは「第51条において準用する第43条第3項」と読み替えるものとする。

（合議制の機関による勧告等）

第54条 第46条の規定は、合議制の機関について準用する。この場合において、同条第1項中「前条第1項若しくは第2項」とあるのは「第53条第2項において準用する前条第1項若しくは第2項」と、「第59条第1項」とあるのは「第59条第2項」と、同項及び同条第3項中「内閣総理大臣」とあるのは「都道府県知事」と読み替えるものとする。

（資料提出その他の協力）

第55条 第47条の規定は、合議制の機関について準用する。

第4章 雑 則

（協力依頼）

第56条 行政庁は、この法律の施行のため必要があると認めるときは、官庁、公共団体その他の者に照会し、又は協力を求めることができる。

（情報の提供）

第57条 内閣総理大臣及び都道府県知事は、公益法人の活動の状況、公益法人に対して行政庁がとった措置その他の事項についての調査及び分析を行い、必要な統計その他の資料の作成を行うとともに、公益法人に関するデータベースの整備を図り、国民にインターネットその他の高度情報通信ネットワークの利用を通じて迅速に情報を提供できるよう必要な措置を講ずるものとする。

（税制上の措置）

第58条 公益法人が行う公益目的事業に係る活動が果たす役割の重要性にかんがみ、当該活動を促進しつつ適正な課税の確保を図るため、公益法人並びにこれに対する寄附を行う個人及び法人に関する所得課税に関し、所得税、法人税及び相続税並びに地方税の課税についての必要な措置その他所要の税制上の措置を講ずるものとする。

（権限の委任等）

第59条 内閣総理大臣は、第27条第1項の規定による権限（第6条各号に掲げる一般社団法人又は一般財団法人に該当するか否かの調査に関するものを除く。次項において同じ。）を委員会に委任する。

2　行政庁が都道府県知事である場合には、第27条第1項中「行政庁」とあるのは「第50条第1項に規定する合議制の機関」と、「その職員」とあるのは「その庶務をつかさどる職員」とする。

（都道府県知事への指示）

第60条 内閣総理大臣は、この法律及びこれに基づく命令の規定による事務の実施に関して地域間の均衡を図るため特に必要があると認めるときは、都道府県知事に対し、第28条第1項の勧告若しくは同条第3項の規定による命令又は第29条第2項の規定による公益認定の取消しその他の措置を行うべきことを指示することができる。

第1章　公益法人制度関係法令

（政令への委任）

第61条　この法律に定めるもののほか、この法律の実施のため必要な事項は、<u>政令</u>で定める。

　🔔法第61条に関する政令は未制定。

第5章　罰　則

第62条　次のいずれかに該当する者は、6月以下の懲役又は50万円以下の罰金に処する。

　一　偽りその他不正の手段により公益認定、第11条第1項の変更の認定又は第25条第1項の認可を受けた者

　二　第11条第1項の変更の認定を受けないで同項第1号又は第2号に掲げる変更（行政庁の変更を伴うこととなるものに限る。）をした者

　三　第11条第1項の変更の認定を受けないで同項第2号又は第3号に掲げる変更（第29条第2項第1号に該当することとなるものに限る。）をした者

第63条　次のいずれかに該当する者は、50万円以下の罰金に処する。

　一　第9条第4項の規定に違反して、公益社団法人又は公益財団法人であると誤認されるおそれのある文字をその名称又は商号中に用いた者

　二　第9条第5項の規定に違反して、他の公益社団法人又は公益財団法人であると誤認されるおそれのある名称又は商号を使用した者

第64条　次のいずれかに該当する者は、30万円以下の罰金に処する。

　一　第7条第1項（第25条第4項において準用する場合を含む。）の申請書又は第7条第2項各号（第25条第4項において準用する場合を含む。）に掲げる書類に虚偽の記載をして提出した者

　二　第11条第2項の申請書又は同条第3項の書類に虚偽の記載をして提出した者

　三　第21条第1項又は第2項の規定に違反して、書類又は電磁的記録を備え置かず、又はこれらに記載し、若しくは記録すべき事項を記載せず、若しくは記録せず、若しくは虚偽の記載若しくは記録をした者

第65条　法人（法人でない団体で代表者又は管理人の定めのあるものを含む。以下この項において同じ。）の代表者若しくは管理人又は法人若しくは人の代理人、使用人

その他の従業者が、その法人又は人の業務に関し、前3条の違反行為をしたときは、行為者を罰するほか、その法人又は人に対しても、各本条の罰金刑を科する。

2　法人でない団体について前項の規定の適用がある場合には、その代表者又は管理人が、その訴訟行為につき法人でない団体を代表するほか、法人を被告人又は被疑者とする場合の刑事訴訟に関する法律の規定を準用する。

第66条　次のいずれかに該当する場合においては、公益法人の理事、監事又は清算人は、50万円以下の過料に処する。

一　第13条第1項、第24条第1項又は第26条第1項若しくは第2項の規定による届出をせず、又は虚偽の届出をしたとき。

二　第22条第1項の規定に違反して、財産目録等を提出せず、又はこれに虚偽の記載をして提出したとき。

三　第27条第1項（第59条第2項の規定により読み替えて適用する場合を含む。以下この号において同じ。）の報告をせず、若しくは虚偽の報告をし、又は第27条第1項の規定による検査を拒み、妨げ、若しくは忌避し、若しくは同項の規定による質問に対して答弁をせず、若しくは虚偽の答弁をしたとき。

　　附　則　抄

（施行期日）

1　この法律は、一般社団・財団法人法の施行の日〔平成20年12月1日〕から施行する。ただし、次の各号に掲げる規定は、当該各号に定める日から施行する。

一　第35条第1項中両議院の同意を得ることに関する部分　公布の日

二　第3章（第35条第1項（両議院の同意を得ることに関する部分に限る。）、第43条第1項、第2項第2号及び第3項、第45条第1項、第2項並びに第3項第1号、第2号、第4号及び第5号、第46条、第48条並びに第51条から第54条までを除く。）及び次項の規定　公布の日から起算して1年6月を超えない範囲内において政令で定める日〔平成19年4月1日〕

（検討）

3　政府は、この法律の施行後適当な時期において、この法律の施行の状況を勘案し、必要があると認めるときは、この法律の規定について検討を加え、その結果に基づいて必要な措置を講ずるものとする。

　附　則（平成26年6月13日法律第69号）抄

（施行期日）

第1条 この法律は、行政不服審査法（平成26年法律第68号）の施行の日〔平成28年4月1日〕から施行する。

則**附　則**

（施行期日）

1　この府令は、法の施行の日（平成20年12月1日）から施行する。

（移行公益法人の公益目的事業を行うことにより取得し、又は公益目的事業を行うために保有していると認められる財産の特例）

2　整備法第106条第1項の登記（以下「移行登記」という。）をした公益法人（以下「移行公益法人」という。）については、第26条各号に掲げる財産のほか、整備法第44条の認定の申請に添付された貸借対照表に係る貸借対照表日において当該移行公益法人が有していた財産のうち、次に掲げる財産を第26条の規定による財産とする。

一　公益目的事業の用に供する財産

二　前号に掲げる財産の取得又は改良に充てるために保有する資金

三　前号に掲げるもののほか、公益目的事業に充てるために保有する資金

3　前項第1号の規定による財産を有していた移行公益法人に対する第26条第3号の規定の適用については、同号中「第6号及び第7号」とあるのは、「第6号、第7号及び附則第2項第1号」とする。

4　移行公益法人は、移行登記をした日の属する事業年度経過後3箇月以内に、次に掲げる事項を記載した書類及び整備法第113条の規定により読み替えて適用する法第21条第2項の規定により作成した財産目録を行政庁に提出しなければならない。

一　移行登記をした日において有する財産のうち、附則第2項第1号の規定による財産（移行登記をした日までに附則第2項第2号の規定による資金により取得し、かつ、当該資金の目的の用に供する財産を含む。）の帳簿価額の合計額

二　移行登記をした日において有する資金のうち、附則第2項第2号及び第3号の規定による資金の額の合計額

三　移行登記をした日までに附則第2項第1号の規定による財産を譲渡した場合にあっては、当該譲渡により得た額

四　移行登記をした日までに附則第2項第1号の規定による財産が滅失し、又はき損した場合に生じた当該財産に係る損害をてん補するために交付された財産があるときにあっては、当該交付された財産の額

五　移行登記をした日までに附則第2項第2号又は第3号の規定による資金を当該資金の目的以外の目的のために取り崩した場合にあっては、当該取り崩した額

（移行登記をした日の属する事業年度の末日における公益目的取得財産残額）

5　移行登記をした日の属する事業年度における移行公益法人に対する第48条第３項の規定の適用については、同項第１号イ及びチ中「認定等事業年度」とあるのは「整備法第106条第１項の登記をした日の属する事業年度」と、同号イ中「公益認定を受けた日又は法第25条第１項の認可を受けて設立した法人の成立の日（チにおいて「認定等の日」という。）」とあり、及び同号チ中「認定等の日」とあるのは「当該登記をした日」と、同項各号列記以外の部分中「公益認定を受けた日の属する事業年度又は法第25条第１項の認可を受けて設立した法人の成立の日の属する事業年度（以下「認定事業年度」という。）にあっては、零」とあるのは「整備法第106条第１項の登記をした日の属する事業年度にあっては、附則第４項各号に掲げる額の合計額」と、同項第１号チ中「（公益認定を受けた」とあるのは「（当該登記をした」と、「が公益認定を受けた日」とあるのは「が公益認定を受けた日又は当該登記をした日」とする。

（公益認定の取消し等の場合における公益目的取得財産残額の特例）

6　移行登記をした日から附則第４項に規定する書類の提出があるまでの間における移行公益法人に対する第49条の規定の適用については、同条の規定にかかわらず、同条第１号の額を附則第２項第２号及び第３号の規定による資金の額の合計額とし、同条第２号の額を附則第２項第１号の規定による財産の同条第２号に規定する取消し等の日における価額の合計額とする。

（共用財産）

7　附則第２項第１号の規定による財産で公益目的事業以外の用にも供するもの（以下「共用財産」という。）については、当該共用財産の公益目的事業の用に供する割合に応じて、附則第２項から前項までの規定を適用する。

8　附則第２項第２号の規定による資金のうち、将来において当該資金により取得し、かつ、当該資金の目的の用に供する財産が共用財産であると見込まれるものについては、当該資金を共用財産とみなす。

9　附則第７項に規定する割合は、整備法第44条の認定の申請において配賦された公益実施費用額の当該共用財産に係る費用額に対する割合（同条の認定において当該割合と異なる割合とされた場合にあっては、当該異なる割合）とする。

10　附則第８項に規定する資金に対する前項の規定の適用については、同項中「配賦された」とあるのは「附則第２項第２号の規定による資金により、当該資金の目的の用に供する財産を取得したとするならば、第19条の規定により配賦することとなる」と、「公益実施費用額」とあるのは「公益実施費用額の見込額」と、「当該共用財産に係る費用額」とあるのは「当該財産に係る費用額の見込額」と、「（同条の認定において当該割合と異なる割合とされた場合にあっては、当該異なる割合）とす

第1章　公益法人制度関係法令

る。」とあるのは「とする。ただし、当該配賦が困難な場合については、第19条の規定にかかわらず、当該財産の割合は、100分の100とする。」とする。

（共用財産に係る財産目録の表示の特例）

11　共用財産を有する移行公益法人に対する第31条第3項の規定の適用については、同項中「方法」とあるのは、「方法（附則第7項に規定する共用財産にあっては、財産目録において当該共用財産である旨及び当該共用財産に係る同項に規定する割合を明らかにする方法）」とする。

別表（第2条関係）

一　学術及び科学技術の振興を目的とする事業

二　文化及び芸術の振興を目的とする事業

三　障害者若しくは生活困窮者又は事故、災害若しくは犯罪による被害者の支援を目的とする事業

四　高齢者の福祉の増進を目的とする事業

五　勤労意欲のある者に対する就労の支援を目的とする事業

六　公衆衛生の向上を目的とする事業

七　児童又は青少年の健全な育成を目的とする事業

八　勤労者の福祉の向上を目的とする事業

九　教育、スポーツ等を通じて国民の心身の健全な発達に寄与し、又は豊かな人間性を涵養することを目的とする事業

十　犯罪の防止又は治安の維持を目的とする事業

十一　事故又は災害の防止を目的とする事業

十二　人種、性別その他の事由による不当な差別又は偏見の防止及び根絶を目的とする事業

十三　思想及び良心の自由、信教の自由又は表現の自由の尊重又は擁護を目的とする事業

十四　男女共同参画社会の形成その他のより良い社会の形成の推進を目的とする事業

十五　国際相互理解の促進及び開発途上にある海外の地域に対する経済協力を目的とする事業

十六　地球環境の保全又は自然環境の保護及び整備を目的とする事業

十七　国土の利用、整備又は保全を目的とする事業

十八　国政の健全な運営の確保に資することを目的とする事業

十九　地域社会の健全な発展を目的とする事業

二十　公正かつ自由な経済活動の機会の確保及び促進並びにその活性化による国民生活の安定向上を目的とする事業

二十一　国民生活に不可欠な物資、エネルギー等の安定供給の確保を目的とする事業

二十二　一般消費者の利益の擁護又は増進を目的とする事業

二十三　前各号に掲げるもののほか、公益に関する事業として<u>政令</u>で定めるもの

令 附則別表23号に関する政令は未制定。

第1章　公益法人制度関係法令

様式第1号（第5条第1項関係）

年　月　日

　殿

　　　　　　　　　　　法人の名称
　　　　　　　　　　　代表者の氏名　　　　　　　印

公益認定申請書

　公益社団法人及び公益財団法人の認定等に関する法律第5条に規定する公益認定
を受けたいので、同法第7条第1項の規定により、下記のとおり申請します。

記

1　主たる事務所の所在場所

2　従たる事務所の所在場所

3　公益目的事業を行う都道府県の区域

4　公益目的事業の種類及び内容

5　収益事業等の内容

（備考）
　1　用紙の大きさは、日本工業規格A列4番とすること。
　2　3には、定款に定めがある場合にのみ記載すること。

様式第2号（第8条第1項関係）

年　月　日

　　殿

法人の名称
代表者の氏名　　　　　　　印

変更認定申請書

　公益社団法人及び公益財団法人の認定等に関する法律第11条第1項に規定する変更の認定を受けたいので、同条第2項の規定により、下記のとおり申請します。

記

変更に係る事項	区分	変更後	変更前
変更の理由			
変更予定年月日	年　月　日		

（備考）
1　用紙の大きさは、日本工業規格A列4番とすること。
2　「変更に係る事項」の欄には、それぞれの変更事項について、変更前及び変更後の事項を記載すること。なお、枠内に記載しきれないときは、当該様式の例により作成した書面に記載し、この申請書に添付すること。
3　「区分」の欄には、変更の区分を以下の分類に従い、その記号を記載すること。
　ア　公益目的事業を行う都道府県の区域（定款で定めるものに限る。）又は主たる事務所若しくは従たる事務所の所在場所の変更
　イ　公益目的事業の種類又は内容の変更
　ウ　収益事業等の内容の変更

様式第3号（第11条第1項関係）

年　月　日

　　殿

法人の名称
代表者の氏名　　　　　　　　印

変更届出書

　公益社団法人及び公益財団法人の認定等に関する法律第13条第1項に掲げる変更をしたので、同項の規定により、下記のとおり届け出ます。

記

変更に係る事項	区分	変更後	変更前
変更の理由			
変更年月日		年　月　日	

（備考）
1　用紙の大きさは、日本工業規格A列4番とすること。
2　「変更に係る事項」の欄には、それぞれの変更事項について、変更前及び変更後の事項を記載すること。なお、枠内に記載しきれないときは、当該様式の例により作成した書面に記載し、この申請書に添付すること。
3　「区分」の欄には、変更の区分を以下の分類に従い、その記号を記載すること。
　ア　名称又は代表者の氏名の変更
　イ　公益社団法人及び公益財団法人の認定等に関する法律施行規則（以下「規則」という。）第7条第1号に掲げる都道府県の区域の変更又は事務所の所在場所の変更
　ウ　規則第7条第2号に掲げる事務所の所在場所の変更
　エ　規則第7条第3号に掲げる公益目的事業又は収益事業等の内容の変更
　オ　公益社団法人及び公益財団法人の認定等に関する法律第13条第1項第3号に掲げる定款の変更
　カ　理事（代表者を除く。）、監事、評議員又は会計監査人の氏名若しくは名称の変更
　キ　理事、監事及び評議員に対する報酬等の支給の基準の変更
　ク　事業に必要な許認可等の変更

様式第４号（第37条関係）

年　月　日

殿

法人の名称
代表者の氏名　　　　　　印

事業計画書等に係る提出書

　下記に掲げる事業計画書等について、公益社団法人及び公益財団法人の認定等に関する法律第22条第１項の規定により、提出します。

記

1　事業計画書

2　収支予算書

3　資金調達及び設備投資の見込みを記載した書類

4　1から3までに掲げる書類について理事会（社員総会又は評議員会の承認を受けた場合にあっては、当該社員総会又は評議員会）の承認を受けたことを書する書類

（備考）
用紙の大きさは、日本工業規格A列４番とすること。

第1章　公益法人制度関係法令

様式第5号（第38条関係）

年　月　日

殿

法人の名称
代表者の氏名　　　　　　　印

事業報告等に係る提出書

　下記に掲げる財産目録等について、公益社団法人及び公益財団法人の認定等に関する法律第22条第1項の規定により、提出します。

記

1　財産目録

2　役員名簿等

3　理事、監事及び評議員に対する報酬等の支給の基準を記載した書類

4　社員名簿

5　一般社団法人及び一般財団法人に関する法律第129条第1項（同法第199条において準用する場合を含む。）に規定する計算書類等

6　キャッシュ・フロー計算書

7　公益社団法人及び公益財団法人の認定等に関する法律施行規則第28条第1項第2号に掲げる書類

8　公益社団法人及び公益財団法人の認定等に関する法律施行規則第38条第2号及び第3号に掲げる書類

9　滞納処分に係る国税及び地方税の納税証明書

（備考）
　1　用紙の大きさは、日本工業規格A列4番とすること。
　2　6の提出は、作成している場合又は公益社団法人及び公益財団法人の認定等に関する法律第5条第12号の規定により会計監査人を設置しなければならない場合に限る。

262

２．公益認定法関係法令

様式第６号（第41条第１項関係）

年　月　日

　　殿

法人の名称
代表者の氏名　　　　　　　　　印

合併等届出書

　公益社団法人及び公益財団法人の認定等に関する法律第24条第１項に掲げる行為
を行いたいので、同項の規定により、下記のとおり届け出ます。

記

１　行為を行う日

２　行為の種類

３　行為の内容

（備考）
　１　用紙の大きさは、日本工業規格A列４番とすること。
　２　２には、行為の種類を以下の分類に従い、その記号を記入すること。
　　ア　公益社団法人及び公益財団法人の認定等に関する法律第24条第１項第１号
　　　　に掲げる合併
　　イ　公益社団法人及び公益財団法人の認定等に関する法律第24条第１項第２号
　　　　に掲げる事業の譲渡
　　ウ　公益目的事業の全部の廃止

第1章　公益法人制度関係法令

様式第7号（第42条第1項関係）

年　月　日

殿

法人の名称
代表者の氏名　　　　　　　　印

合併による地位の承継の認可申請書

　公益社団法人及び公益財団法人の認定等に関する法律第25条第1項に規定する認可を受けたいので、同条第4項の規定により、下記のとおり申請します。

記

1　新設合併により消滅する公益法人の名称及び代表者の氏名

2　新設法人の名称及び代表者の氏名

3　新設法人の主たる事務所の所在場所

4　新設法人の従たる事務所の所在場所

5　新設法人が公益目的事業を行う都道府県の区域

6　新設法人が行う公益目的事業の種類及び内容

7　新設法人が行う収益事業等の内容

（備考）
　1　用紙の大きさは、日本工業規格A列4番とすること。
　2　1は、当該公益法人が2以上ある場合には、その全てにつき記載すること。
　3　5には、新設法人の定款の案に定めがある場合にのみ記載すること。

264

２．公益認定法関係法令

様式第８号（第44条第１項関係）

年　月　日

　　殿

法人の名称
代表者の氏名　　　　　　　印

解散届出書

　一般社団法人及び一般財団法人に関する法律第148条（第202条）に掲げる事由により公益社団法人（公益財団法人）を解散したので、公益社団法人及び公益財団法人の認定等に関する法律第26条第１項の規定により、下記のとおり届け出ます。

記

１　解散の日

２　解散の事由

３　清算人の連絡先

（備考）
　１　用紙の大きさは、日本工業規格A列４番とすること。
　２　２には、解散の事由を以下の分類に従い、その記号を記入すること。
　（公益社団法人の場合）
　ア　定款で定めた存続期間の満了
　イ　定款で定めた解散の事由の発生
　ウ　社員総会の決議
　エ　社員が欠けたこと。
　オ　破産手続開始の決定
　カ　一般社団法人及び一般財団法人に関する法律第148条第７号に掲げる解散
　　を命ずる裁判
　（公益財団法人の場合）
　キ　定款で定めた存続期間の満了
　ク　定款で定めた解散の事由の発生
　ケ　基本財産の滅失その他の事由による一般財団法人の目的である事業の成功
　　の不能
　コ　破産手続開始の決定
　サ　一般社団法人及び一般財団法人に関する法律第202条第７号に掲げる解散
　　を命ずる裁判

様式第9号（第44条第1項関係）

年　月　日

　　　　殿

法人の名称
代表者の氏名　　　　　　　印

残余財産引渡見込届出書

　　年　月　日付けで解散した（法人の名称）について、一般社団法人及び一般財団法人に関する法律第233条第1項の期間が経過したので、公益社団法人及び公益財団法人の認定等に関する法律第26条第2項の規定により、残余財産の引渡しの見込みについて、下記のとおり届け出ます。

記

1　資産の状況及び回収の見込み

2　債務の状況（基金の返還に係るものを含む）

3　残余財産の見込み額

4　残余財産の引渡しを受ける法人又は国若しくは地方公共団体

（備考）
　1　用紙の大きさは、日本工業規格A列4番とすること。
　2　残余財産の引渡しの見込みに変更があったときも、遅滞なく、この届出書により届け出ること。ただし、変更箇所の変更前及び変更後の記載の違いを明らかにすること。

様式第10号（第44条第1項関係）

年　月　日

殿

法人の名称
代表者の氏名　　　　　　　印

清算結了届出書

　　年　月　日付けで解散した（法人の名称）の解散に係る清算が結了したので、公益社団法人及び公益財団法人の認定等に関する法律第26条第3項の規定により、下記のとおり届け出ます。

記

1　残余財産の額

2　残余財産の帰属先

（備考）
　用紙の大きさは、日本工業規格A列4番とすること。

第1章 公益法人制度関係法令

様式第11号（第46条関係）

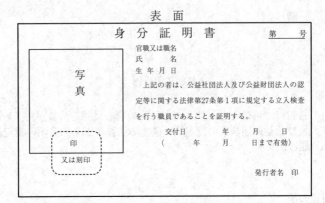

（備考） 規格は、縦5.4cm×横8.5cmとする。

様式第12号（第50条第1項関係）

年　月　日

殿

法人の名称
代表者の氏名　　　　　　　　印

公益目的取得財産残額の変動額報告書

　公益目的取得財産残額について、財産目録等の最終提出事業年度末の額から変動したので、公益社団法人及び公益財団法人の認定等に関する法律施行規則第50条第1項により、下記のとおり報告します。

記

	取消し等の日の額 （　年　月　日）	最終提出事業年度末日の額 （　年　月　日）	差引変動額
公益目的増減差額	円	円	円
公益目的保有財産の価額の合計額	円	円	円
公益目的取得財産残額	円	円	円

（備考）
　用紙の大きさは、日本工業規格A列4番とすること。

第1章　公益法人制度関係法令

様式第13号（第51条第1項関係）

年　月　日

殿

法人の名称
代表者の氏名　　　　　　印

贈与契約成立報告書

　公益目的取得財産残額について、下記のとおり贈与契約が成立したので、公益社団法人及び公益財団法人の認定等に関する法律施行規則第51条第1項により、報告します。

記

1　取消し等の日

2　贈与契約の相手方
　　名　称
　　代表者
　　住　所
　　連絡先

3　贈与した公益目的取得財産残額に相当する財産の額

4　履行方法

5　履行期日

（備考）
　用紙の大きさは、日本工業規格A列4番とすること。

270

3. 整備法関係法令

◎一般社団法人及び一般財団法人に関する法律及び公益社団法人及び
公益財団法人の認定等に関する法律の施行に伴う関係法律の整備等
に関する法律（抄）

○一般社団法人及び一般財団法人に関する法律及び公益社団法人及び
公益財団法人の認定等に関する法律の施行に伴う関係法律の整備等
に関する法律施行令

○一般社団法人及び一般財団法人に関する法律及び公益社団法人及び
公益財団法人の認定等に関する法律の施行に伴う関係法律の整備等
に関する法律施行規則

○一般社団法人及び一般財団法人に関する法律及び公益社団法人及び
公益財団法人の認定等に関する法律の施行に伴う関係法律の整備等
に関する法律の施行に伴う関係省令の整備及び経過措置に関する省
令（抄）

◎一般社団法人及び一般財団法人に関する法律及び公益社団法人及び公益財団法人の認定等に関する法律の施行に伴う関係法律の整備等に関する法律（抄）

平成18年6月2日法律第50号
最終改正　平成26年6月13日法律第69号

目　次

第1章　中間法人法の廃止、民法の一部改正等 ……………………………… 277
　第1節　中間法人法の廃止（第1条）……………………………………… 277
　第2節　中間法人法の廃止に伴う経過措置 ……………………………… 277
　　第1款　有限責任中間法人に関する経過措置（第2条―第23条） ……… 277
　　第2款　無限責任中間法人に関する経過措置（第24条―第37条） ……… 283
　第3節　民法及び民法施行法の一部改正（第38条・第39条）（略）……… 287
　第4節　民法及び民法施行法の一部改正に伴う経過措置 ……………… 287
　　第1款　社団法人、財団法人等の存続等（第40条―第47条） ………… 287
　　第2款　経過措置及び一般社団・財団法人法の特則 ………………… 290
　　　第1目　特例民法法人に関する経過措置及び
　　　　　　　一般社団・財団法人法の特則（第48条―第79条）………… 290
　　　第2目　特例社団法人に関する経過措置及び
　　　　　　　一般社団・財団法人法の特則（第80条―第88条）………… 305
　　　第3目　特例財団法人に関する経過措置及び
　　　　　　　一般社団・財団法人法の特則（第89条―第94条）………… 307
　　第3款　特例民法法人の業務の監督（第95条―第97条）………………… 310
　　第4款　公益社団法人又は公益財団法人への移行（第98条―第114条）………… 311
　　第5款　通常の一般社団法人又は
　　　　　　一般財団法人への移行（第115条―第132条）………………… 317
　　第6款　雑則（第133条―第143条）………………………………………… 338
　　第7款　罰則（第144条―第152条）………………………………………… 342
　第5節　非訟事件手続法の一部改正（第153条）（略）…………………… 344
　第6節　法人の登記に関する経過措置（第154条―第160条）…………… 344
第2章～第13章　（略）……………………………………………………………… 346
附則……………………………………………………………………………………… 346

273

細目次

○一般社団法人及び一般財団法人に関する法律及び公益社団法人及び公益財団法人の認定等に関する法律の施行に伴う関係法律の整備等に関する法律施行令

平成19年9月7日政令第277号

第1条（合併の認可の申請の方法）298
第2条（合併の認可の申請書の添付書類）
　　　298
第3条（合併消滅特例民法法人の事前開示事項）301
第4条（合併存続特例民法法人の事前開示事項）302
第5条（合併存続特例民法法人が承継する債務及び資産の額等）303
第6条（合併存続特例民法法人の事後開示事項）303
附則　347

○一般社団法人及び一般財団法人に関する法律及び公益社団法人及び公益財団法人の認定等に関する法律の施行に伴う関係法律の整備等に関する法律施行規則

平成19年9月7日内閣府令第69号
最終改正　平成25年1月23日内閣府令第1号

第1章　特例民法法人の計算書類等の作成に関する特則
第1節　総則
第1条　293
第2節　計算書類等の作成に係る期間
第2条　293

第3節　計算書類
第3条（計算書類）294
第4条（金額の表示の単位）294
第5条（計算書類に係る会計帳簿）294
第6条（貸借対照表の区分）294
第7条（基金等）294
第8条（損益計算書の区分）294
第9条（附属明細書）295
第4節　事業報告
第10条　295
第2章　公益社団法人又は公益財団法人への移行
第11条（移行の認定の申請）312
第12条（移行の登記の届出）314
第13条（旧主務官庁からの事務の引継ぎ）315
第3章　通常の一般社団法人又は一般財団法人への移行
第1節　公益目的支出計画における計算の総則
第1款　公益目的財産額
第14条　319
第2款　公益の目的のための支出及び収入
第15条（整備法第119条第2項第1号ハに規定する支出）319
第16条（整備法第119条第2項第1号の支出の額）320
第17条（整備法第119条第2項第1号の支出をした事業に係る収入の額）320
第18条（実施事業資産の評価損益）320
第19条から第21条まで　削除　321
第22条（関連する費用等）321
第3款　公益目的財産残額
第23条　321

第2節　公益目的支出計画の作成

第24条（整備法第119条第1項に規定する額）321

第25条（公益目的支出計画の作成）322

第26条（公益の目的のための支出を確保するために必要な事項）322

第3節　通常の一般社団法人・一般財団法人への移行の認可

第1款　通常の一般社団法人・一般財団法人への移行の認可の申請

第27条（移行の認可の申請）323

第28条（申請時の公益目的財産額）323

第29条（公益目的財産額及びその計算を記載した書類）324

第30条（財務内容を示す書類）324

第31条（整備法第45条の認可の申請の添付書類）324

第32条（添付を省略することができる書類）325

第2款　公益目的財産額の確定

第33条　325

第4節　公益目的支出計画の実施が完了したことの確認

第34条　326

第5節　公益目的支出計画の変更の届出等

第35条（公益目的支出計画における軽微な変更）327

第36条（公益目的支出計画の変更の認可の申請）327

第37条（公益目的支出計画の変更等の届出）328

第38条（合併の届出）329

第39条（認可行政庁の決定）331

第40条（公益法人と合併をした場合の届出）331

第6節　公益目的支出計画実施報告書の作成等

第41条（公益目的支出計画実施報告書）332

第42条（移行法人の計算書類）332

第43条（公益目的支出計画実施報告書の監査）333

第44条（公益目的支出計画実施報告書の社員等への提供）334

第45条（閲覧又は謄写）335

第46条（電磁的記録に記録された事項を表示する方法）335

第7節　雑則

第47条（職員の身分証明書の様式）335

第48条（残余財産の処分の承認の申請）336

第49条（移行法人が公益法人の認定を受けた場合の届出）337

第4章　公示等の方法

第50条　315

附則　347

様式

第1号　移行認定申請書　348

第2号　移行登記完了届出書　349

第3号　移行認可申請書　350

第4号　公益目的支出計画実施完了確認請求書　351

第5号　公益目的支出計画変更認可請求書　352

第6号　公益目的支出計画等変更届出書　353

第7号　解散届出書　354

第8号　合併届出書　355

275

第9号　合併により公益目的支出計画の
　　　実施が完了したことの確認を受けた
　　　とみなされた旨の届出書　357
第10号　身分証明書　358
第11号　残余財産帰属先承認申請書　359
第12号　公益認定届出書　360

○一般社団法人及び一般財団法人に関する
法律及び公益社団法人及び公益財団法人
の認定等に関する法律の施行に伴う関係
法律の整備等に関する法律の施行に伴う
関係省令の整備及び経過措置に関する省
令（抄）

第1章　関係省令の整備　（略）
第2章　経過措置
第9条（旧有限責任中間法人の基金の総額
　　　の登記等に関する経過措置）　361
第10条（特例無限責任中間法人の登記の取
　　　扱手続に関する経過措置）　361
第11条（特例社団法人及び特例財団法人の
　　　登記の取扱手続に関する経過措置）
　　　362
第12条　362
第13条（従たる事務所の所在地における登
　　　記等に関する経過措置）　362
第14条　363
第15条（電子情報処理組織によって取り扱
　　　わない登記事務に関する特例）
　　　363

第1章　中間法人法の廃止、民法の一部改正等

第1節　中間法人法の廃止

第1条　中間法人法（平成13年法律第49号）は、廃止する。

第2節　中間法人法の廃止に伴う経過措置

第1款　有限責任中間法人に関する経過措置

（旧有限責任中間法人の存続）

第2条　前条の規定による廃止前の中間法人法（以下「旧中間法人法」という。）の規定による有限責任中間法人であってこの法律の施行の際現に存するもの（以下「旧有限責任中間法人」という。）は、この法律の施行の日（以下「施行日」という。）以後は、この款の定めるところにより、一般社団法人及び一般財団法人に関する法律（平成18年法律第48号。以下「一般社団・財団法人法」という。）の規定による一般社団法人として存続するものとする。

2　前項の場合においては、旧有限責任中間法人の定款を同項の規定により存続する一般社団法人の定款とみなす。

（名称に関する特則）

第3条　前条第1項の規定により存続する一般社団法人については、一般社団・財団法人法第5条第1項の規定は、施行日の属する事業年度の終了後最初に招集される定時社員総会の終結の時までは、適用しない。ただし、施行日以後に名称の変更をする定款の変更をした場合は、この限りでない。

2　前条第1項の規定により存続する一般社団法人が一般社団・財団法人法第5条第1項の規定に違反したときは、20万円以下の過料に処する。

（旧有限責任中間法人の設立手続等の効力）

第4条　旧有限責任中間法人の設立、基金増加又は合併について施行日前に行った社員総会の決議その他の手続は、施行日前にこれらの行為の効力が生じない場合には、その効力を失う。

（定款の記載等に関する経過措置）

第1章　公益法人制度関係法令

第5条　旧有限責任中間法人の定款における旧中間法人法第10条第3項各号に掲げる事項（基金（代替基金を含む。以下この項において同じ。）の総額を除く。）の記載又は記録はこれに相当する第2条第1項の規定により存続する一般社団法人の定款における一般社団・財団法人法第11条第1項各号及び第131条各号に掲げる事項の記載又は記録とみなし、旧有限責任中間法人の定款における基金の総額の記載又は記録は第2条第1項の規定により存続する一般社団法人の定款に記載又は記録がないものとみなす。

2　第2条第1項の規定により存続する一般社団法人の定款には、監事を置く旨及び一般社団・財団法人法第131条に規定する基金を引き受ける者の募集をすることができる旨の定めがあるものとみなす。

3　旧有限責任中間法人の定款における理事会を置く旨の定めは、一般社団・財団法人法に規定する理事会を置く旨の定めとしての効力を有しない。

（定款の備置き及び閲覧等に関する特則）
第6条　第2条第1項の規定により存続する一般社団法人は、一般社団・財団法人法第14条第2項各号に掲げる請求に応じる場合には、当該請求をした者に対し、定款に記載又は記録がないものであっても、前条第2項の規定により定款に定めがあるものとみなされる事項を示さなければならない。

（社員名簿に関する経過措置）
第7条　旧有限責任中間法人の社員名簿は、一般社団・財団法人法第31条に規定する社員名簿とみなす。

（社員総会の権限及び手続に関する経過措置）
第8条　施行日前に社員総会の招集の手続が開始された場合におけるその社員総会に相当する第2条第1項の規定により存続する一般社団法人の社員総会の権限及び手続については、なお従前の例による。

（社員総会の決議に関する経過措置）
第9条　施行日前に旧有限責任中間法人の社員総会が旧中間法人法の規定に基づいてした理事又は監事の選任その他の事項に関する決議は、当該決議があった日に、第2条第1項の規定により存続する一般社団法人の社員総会が一般社団・財団法人法の相当規定に基づいてした決議とみなす。

3．整備法関係法令

（会計監査人の設置義務に関する規定の適用除外）

第10条　第2条第1項の規定により存続する一般社団法人については、一般社団・財団法人法第62条の規定は、施行日の属する事業年度の終了後最初に招集される定時社員総会の終結の時までは、適用しない。

（理事及び理事会の権限等に関する規定の適用除外）

第11条　第2条第1項の規定により存続する一般社団法人については、次の各号に掲げる規定は、当該各号に定める日までは、適用しない。

一　一般社団・財団法人法第76条第4項　前条の定時社員総会の終結の日から3箇月を経過する日

二　一般社団・財団法人法第90条第5項　前条の定時社員総会の終結後最初に開催される理事会の終結の日

（理事等の資格等に関する経過措置）

第12条　一般社団・財団法人法第65条第1項（一般社団・財団法人法第209条第5項において準用する場合を含む。）の規定の適用については、旧中間法人法の規定（この款の規定によりなお従前の例によることとされる場合における旧中間法人法の規定を含む。）に違反し、刑に処せられた者は、一般社団・財団法人法の規定に違反し、刑に処せられたものとみなす。

2　一般社団・財団法人法第65条第1項第3号（一般社団・財団法人法第209条第5項において準用する場合を含む。）の規定は、この法律の施行の際現に旧有限責任中間法人の理事、監事又は清算人である者が施行日前に犯した同号に規定する民事再生法（平成11年法律第225号）、外国倒産処理手続の承認援助に関する法律（平成12年法律第129号）、会社更生法（平成14年法律第154号）又は破産法（平成16年法律第75号）の罪により刑に処せられた場合におけるその者の第2条第1項の規定により存続する一般社団法人の理事、監事又は清算人としての継続する在任については、適用しない。

（理事等の任期に関する経過措置）

第13条　この法律の施行の際現に旧有限責任中間法人の理事又は監事である者の任期については、なお従前の例による。

（役員等の行為に関する経過措置）

第14条　ある者が旧有限責任中間法人の理事、監事又は清算人として施行日前にし

第1章　公益法人制度関係法令

た又はすべきであった旧中間法人法又は旧中間法人法において準用する第244条の
規定による改正前の会社法（平成17年法律第86号。第21条において「旧会社法」と
いう。）に規定する行為については、当該行為をした又はすべきであった日に、そ
れぞれその者が第2条第1項の規定により存続する一般社団法人の理事、監事又は
清算人としてした又はすべきであった一般社団・財団法人法の相当規定に規定する
行為とみなす。

（業務の執行に関する検査役の選任に関する経過措置）

第15条　一般社団・財団法人法第86条の規定の適用については、施行日前に旧有限
責任中間法人がした業務の執行は、当該業務の執行の日に、第2条第1項の規定に
より存続する一般社団法人がしたものとみなす。

（理事等の損害賠償責任に関する経過措置）

第16条　旧有限責任中間法人の理事、監事又は清算人の施行日前の行為に基づく損
害賠償責任については、なお従前の例による。

（計算書類の作成等に関する経過措置）

第17条　旧有限責任中間法人が旧中間法人法の規定に基づいて施行日前に作成した
会計帳簿、計算書類その他の会計又は経理に関する書類は、その作成の日に、第2
条第1項の規定により存続する一般社団法人が一般社団・財団法人法の相当規定に
基づいて作成したものとみなす。

2　施行日前にその末日が到来した事業年度のうち最終のものに係る旧中間法人法第
59条第2項各号に掲げる書類及びこれらの附属明細書の作成、監査及び承認の方法
については、なお従前の例による。

3　第1項の規定は、前項の規定により作成した旧中間法人法第59条第2項各号に掲
げる書類及びこれらの附属明細書について準用する。

4　一般社団・財団法人法第128条第1項の規定は、第2条第1項の規定により存続
する一般社団法人が第1項（前項において準用する場合を含む。）の規定により一
般社団・財団法人法の相当規定に基づいて作成したものとみなされた貸借対照表
（第2条第1項の規定により存続する一般社団法人が一般社団・財団法人法第2条
第2号の大規模一般社団法人である場合にあっては、貸借対照表及び損益計算書）
については、適用しない。

（基金に関する経過措置）

第18条　この法律の施行の際現に存する基金又は代替基金は、それぞれ一般社団・財団法人法第131条に規定する基金又は一般社団・財団法人法第144条第1項の代替基金とみなす。

2　前条第2項の規定によりなお従前の例によることとされる旧中間法人法第59条第3項の承認に基づく基金の返還については、なお従前の例による。

（旧有限責任中間法人が解散した場合における法人の継続及び清算に関する経過措置）

第19条　施行日前に生じた旧中間法人法第81条第1項各号に掲げる事由により旧有限責任中間法人が解散した場合における第2条第1項の規定により存続する一般社団法人の継続及び清算については、なお従前の例による。ただし、継続及び清算に関する登記の登記事項（施行日前に清算人の登記をした場合にあっては、主たる事務所の所在地における登記事項のうち清算人及び代表清算人の氏名及び住所を除く。）については、一般社団・財団法人法の定めるところによる。

（有限責任中間法人の組織に関する訴え等に関する経過措置）

第20条　施行日前に提起された、旧有限責任中間法人の設立の無効若しくは取消しの訴え、社員総会の決議の不存在若しくは無効の確認の訴え、社員総会の決議の取消しの訴え、理事若しくは監事の解任の訴え、基金増加の無効の訴え、旧有限責任中間法人の解散を求める訴え又は合併の無効の訴えについては、なお従前の例による。

2　施行日前に社員が旧中間法人法49条第1項前段（旧中間法人法第58条第2項及び第91条第3項において準用する場合を含む。）の訴えの提起を請求した場合における当該訴えについては、なお従前の例による。

3　施行日前に提起された旧有限責任中間法人の設立の無効又は取消しの訴えに係る請求を認容する判決が確定した場合における第2条第1項の規定により存続する一般社団法人の清算については、なお従前の例による。ただし、清算に関する登記の登記事項については、一般社団・財団法人法の定めるところによる。

（非訟事件に関する経過措置）

第21条　施行日前に申立て又は裁判があった旧中間法人法又は旧中間法人法において準用する旧会社法の規定による非訟事件（清算に関する事件を除く。）の手続については、なお従前の例による。

第1章　公益法人制度関係法令

（登記に関する経過措置）

第22条　旧中間法人法の規定による旧有限責任中間法人の登記は、一般社団・財団法人法の相当規定による第2条第1項の規定により存続する一般社団法人の登記とみなす。

2　第2条第1項の規定により存続する一般社団法人については、施行日に、その主たる事務所の所在地において、監事設置一般社団法人である旨の登記がされたものとみなす。

3　主たる事務所の所在地における理事、代表理事及び監事の登記の登記事項については、第3条第1項ただし書の定款の変更に基づく名称の変更の登記をするまでの間は、なお従前の例による。

4　旧有限責任中間法人は、前項の名称の変更の登記をするときは、当該登記と同時に、当該旧有限責任中間法人の理事、代表理事及び監事の全員について一般社団・財団法人法第301条第2項第5号、第6号及び第8号（監事の氏名に限る。）に掲げる事項の登記をしなければならない。

5　旧有限責任中間法人の理事又は清算人は、前項の規定に違反した場合には、100万円以下の過料に処する。

（登記の手続に関する経過措置）

第23条　一般社団・財団法人法附則第2項の規定は、旧中間法人法において準用する商業登記法（昭和38年法律第125号）の規定によって生じた効力を妨げない。

2　施行日前にした旧中間法人法において準用する商業登記法の規定による処分、手続その他の行為は、この条に別段の定めがある場合を除き、一般社団・財団法人法の相当規定又は一般社団・財団法人法第330条において準用する商業登記法の相当規定によってしたものとみなす。

3　施行日前にされた登記の申請に係る登記に関する手続については、なお従前の例による。

4　施行日前に登記すべき事項が生じた場合における登記の申請書に添付すべき資料については、なお従前の例による。

5　この法律の施行の際現に登記所に備えられている旧中間法人法第150条の中間法人登記簿（旧有限責任中間法人に関するものに限る。）は、一般社団・財団法人法第316条の一般社団法人登記簿とみなす。

6　この法律の施行の際現に存する旧中間法人法第151条第1項において準用する商業登記法第49条第1項の規定による指定は、一般社団・財団法人法第330条において準用する商業登記法第49条第1項の規定による指定とみなす。

7 登記官は、第2条第1項の規定により存続する一般社団法人について、職権で、その主たる事務所の所在地において、監事設置一般社団法人である旨の登記をしなければならない。

8 第19条及び第20条第3項の規定によりなお従前の例によることとされる場合における旧有限責任中間法人の継続及び清算に関する登記その他の登記の申請その他の登記に関する手続については、なお従前の例による。

9 前各項に定めるもののほか、第1条の規定による中間法人法の廃止に伴う登記に関する手続について必要な経過措置は、**法務省令**で定める。

則法第23条第9項に関する省令は未制定。

第2款　無限責任中間法人に関する経過措置

（旧無限責任中間法人の存続）

第24条 旧中間法人法の規定による無限責任中間法人であってこの法律の施行の際現に存するもの（以下「旧無限責任中間法人」という。）は、施行日以後は、この款の定めるところにより、一般社団・財団法人法の規定による一般社団法人として存続するものとする。

2 前項の場合においては、旧無限責任中間法人の定款を同項の規定により存続する一般社団法人の定款とみなす。

（名称に関する特則）

第25条 前条第1項の規定により存続する一般社団法人は、一般社団・財団法人法第5条第1項の規定にかかわらず、その名称中に無限責任中間法人という文字を用いなければならない。

2 前項の規定によりその名称中に無限責任中間法人という文字を用いる前条第1項の規定により存続する一般社団法人（以下「特例無限責任中間法人」という。）は、その名称中に特例無限責任中間法人以外の一般社団法人であると誤認されるおそれのある文字を用いてはならない。

3 特例無限責任中間法人以外の一般社団法人は、その名称中に、特例無限責任中間法人であると誤認されるおそれのある文字を用いてはならない。

4 次のいずれかに該当する者は、20万円以下の過料に処する。

一 第2項の規定に違反して、特例無限責任中間法人以外の一般社団法人であると誤認されるおそれのある文字をその名称中に用いた者

第1章　公益法人制度関係法令

二　前項の規定に違反して、特例無限責任中間法人であると誤認されるおそれのある文字をその名称中に用いた者

（旧無限責任中間法人の設立手続等の効力）

第26条　旧無限責任中間法人の設立又は合併について施行日前に行った総社員の同意その他の手続は、施行日前にこれらの行為の効力が生じない場合には、その効力を失う。

（特例無限責任中間法人に関する経過措置）

第27条　特例無限責任中間法人に関する次に掲げる事項については、なお従前の例による。

一　登記及び登記の手続

二　解散命令

三　定款の記載又は記録事項

四　設立の無効又は取消しの訴え

五　社員の資格の得喪

六　社員、退社した社員又は自己を社員であると誤認させる行為をした者の責任

七　業務の執行

八　法人の代表

九　事業譲渡

十　事業の遂行の状況について社員が行う報告又は特例無限責任中間法人の業務及び財産の状況の調査

十一　社員がする旧中間法人法第106条第1項各号に規定する取引の制限

十二　貸借対照表の作成及び保存並びに提出命令

十三　定款の変更

十四　解散事由及び解散法人の継続

十五　解散を求める訴え

十六　清算

（破産法の準用）

第28条　破産法第16条第2項の規定は、存立中の特例無限責任中間法人について準用する。

（一般社団・財団法人法の適用除外）

第29条　特例無限責任中間法人については、一般社団・財団法人法第14条、第23条から第25条まで、第２章第２節第２款、同章第３節、第121条、第124条から第129条まで、同章第５節及び第５章の規定は、適用しない。

（一般社団法人への名称変更）

第30条　特例無限責任中間法人は、第25条第１項の規定にかかわらず、施行日から起算して１年を経過する日までの間、この款の定めるところにより、その名称中に一般社団法人という文字を用いる名称の変更をすることができる。

（特例無限責任中間法人の通常の一般社団法人への移行）

第31条　特例無限責任中間法人が前条の規定による名称の変更（以下この款において「移行」という。）をしようとする場合には、総社員の同意によって、次に掲げる事項を定めなければならない。

一　移行後の一般社団法人の一般社団・財団法人法第11条第１項第１号から第３号まで及び第５号から第７号までに掲げる事項

二　前号に掲げるもののほか、移行後の一般社団法人の定款で定める事項

三　移行後の一般社団法人の理事の氏名

四　移行後の一般社団法人が監事設置一般社団法人であるときは、監事の氏名

五　移行後の一般社団法人が会計監査人設置一般社団法人であるときは、会計監査人の氏名又は名称

（債権者の異議）

第32条　前条の場合には、当該特例無限責任中間法人の債権者は、当該特例無限責任中間法人に対し、移行について異議を述べることができる。

2　前項の特例無限責任中間法人は、前条各号に掲げる事項を定めた日から２週間以内に、移行をする旨及び債権者が一定の期間内に異議を述べることができる旨を官報に公告し、かつ、知れている債権者には、各別にこれを催告しなければならない。ただし、債権者が異議を述べることができる期間は、１箇月を下ることができない。

3　債権者が前項の期間内に異議を述べなかったときは、当該債権者は、移行について承認をしたものとみなす。

4　債権者が第２項の期間内に異議を述べたときは、第１項の特例無限責任中間法人は、当該債権者に対し、弁済し、若しくは相当の担保を提供し、又は当該債権者に弁済を受けさせることを目的として信託会社等（信託会社（信託業法（平成16年法

律第154号）第2条第2項に規定する信託会社をいう。）及び信託業務を営む金融機関（金融機関の信託業務の兼営等に関する法律（昭和18年法律第43号）第1条第1項の認可を受けた金融機関をいう。）をいう。第70条第6項において同じ。）に相当の財産を信託しなければならない。ただし、当該移行をしても当該債権者を害するおそれがないときは、この限りでない。

5　第1項の特例無限責任中間法人の社員（定款によって特例無限責任中間法人の業務を行うべき社員を定めているときは、当該社員に限る。）が、第2項又は前項の規定に違反したときは、100万円以下の過料に処する。

（移行の登記）

第33条　前条の規定による手続が終了したときは、特例無限責任中間法人は、その主たる事務所の所在地においては2週間以内に、その従たる事務所の所在地においては3週間以内に、当該特例無限責任中間法人については解散の登記をし、移行後の一般社団法人については設立の登記をしなければならない。

2　移行後の一般社団法人についてする登記においては、特例無限責任中間法人の成立の年月日、特例無限責任中間法人の名称並びに名称の変更をした旨及びその年月日をも登記しなければならない。

（移行の効力の発生等）

第34条　移行は、前条第1項の設立の登記（主たる事務所の所在地におけるものに限る。）をすることによって、その効力を生ずる。

2　移行をする特例無限責任中間法人は、前項の登記の日に、第31条第1号及び第2号に掲げる事項についての定めに従い、当該事項に係る定款の変更をしたものとみなす。

（移行の登記の申請）

第35条　前条第1項の登記の申請書には、次に掲げる書面を添付しなければならない。

一　第31条各号に掲げる事項を定めたことを証する書面

二　定款（前条第2項の変更が記載されたもの）

三　移行後の一般社団法人の理事（移行後の一般社団法人が監事設置一般社団法人である場合にあっては、理事及び監事）が就任を承諾したことを証する書面

四　移行後の一般社団法人の会計監査人を定めたときは、一般社団・財団法人法第318条第2項第4号に掲げる書面

五　第32条第2項の規定による公告及び催告をしたこと並びに異議を述べた債権者があるときは、当該債権者に対し弁済し若しくは相当の担保を提供し若しくは当該債権者に弁済を受けさせることを目的として相当の財産を信託したこと又は当該移行をしても当該債権者を害するおそれがないことを証する書面

第36条　移行をした特例無限責任中間法人についての解散の登記の申請と移行後の一般社団法人についての設立の登記の申請とは、同時にしなければならない。

2　前項の解散の登記の申請については、旧中間法人法第151条において準用する商業登記法の申請書の添付書面に関する規定は、適用しない。

3　登記官は、第1項の登記の申請のいずれかにつき商業登記法第24条各号のいずれかに掲げる事由があるときは、これらの申請を共に却下しなければならない。

（特例無限責任中間法人のみなし解散）

第37条　特例無限責任中間法人が施行日から起算して1年を経過する日までに第33条第1項の登記の申請をしないときは、当該特例無限責任中間法人は、その日が経過した時に解散したものとみなす。

2　前項の規定により解散した場合には、次に掲げる者が清算人となる。

一　社員（次号又は第3号に掲げる者がある場合を除き、定款によって特例無限責任中間法人の業務を行うべき社員を定めているときは、当該社員に限る。）

二　定款に定める者

三　社員の過半数によって選任された者

3　商業登記法第72条の規定は、第1項の規定による解散の登記について準用する。

第3節　民法及び民法施行法の一部改正

（民法の一部改正）

第38条　略

（民法施行法の一部改正）

第39条　略

第4節　民法及び民法施行法の一部改正に伴う経過措置

第1款　社団法人、財団法人等の存続等

（社団法人及び財団法人の存続）

第40条　第38条の規定による改正前の民法（以下「旧民法」という。）第34条の規定により設立された社団法人又は財団法人であってこの法律の施行の際現に存するものは、施行日以後は、この節の定めるところにより、それぞれ一般社団・財団法人法の規定による一般社団法人又は一般財団法人として存続するものとする。

2　前項の場合においては、同項の社団法人の定款を同項の規定により存続する一般社団法人の定款と、同項の財団法人の寄附行為を同項の規定により存続する一般財団法人の定款とみなす。

（民法施行法社団法人及び民法施行法財団法人の存続）

第41条　第39条の規定による改正前の民法施行法（以下この節において「旧民法施行法」という。）第19条第2項の認可を受けた法人であってこの法律の施行の際現に存するもの（以下この節において、当該法人のうち社団であるものを「民法施行法社団法人」、財団であるものを「民法施行法財団法人」という。）は、施行日以後は、この節の定めるところにより、それぞれ一般社団・財団法人法の規定による一般社団法人又は一般財団法人として存続するものとする。

2　前項の場合においては、旧民法施行法第19条第2項の認可を受けた書面を前項の規定により存続する一般社団法人又は一般財団法人の定款とみなす。

（名称に関する特則）

第42条　第40条第1項又は前条第1項の規定により存続する一般社団法人又は一般財団法人であって第106条第1項（第121条第1項において読み替えて準用する場合を含む。）の登記をしていないもの（以下それぞれ「特例社団法人」又は「特例財団法人」という。）については、一般社団・財団法人法第5条第1項の規定は、適用しない。

2　特例社団法人又は特例財団法人（以下「特例民法法人」と総称する。）については、公益社団法人及び公益財団法人の認定等に関する法律（平成18年法律第49号。以下この節及び附則第1項において「公益法人認定法」という。）第9条第4項の規定は、適用しない。

3　特例社団法人は、その名称中に、一般社団法人又は公益社団法人若しくは公益財団法人という文字を用いてはならない。

4　特例財団法人は、その名称中に、一般財団法人又は公益財団法人若しくは公益社団法人という文字を用いてはならない。

5　特例社団法人でない者は、その名称又は商号中に、特例社団法人であると誤認さ

れるおそれのある文字を用いてはならない。

6　特例財団法人でない者は、その名称又は商号中に、特例財団法人であると誤認されるおそれのある文字を用いてはならない。

（旧民法第34条の許可の申請等に関する経過措置）

第43条　施行日前に旧民法第34条の許可の申請があった場合において、施行日の前日までに当該申請に対する処分がされないときは、当該申請は、同日に、却下されたものとみなす。

2　施行日前に旧民法第34条の許可を受けた場合における設立の登記については、なお従前の例による。

（公益社団法人又は公益財団法人への移行）

第44条　公益法人認定法第2条第4号に規定する公益目的事業（以下この節において単に「公益目的事業」という。）を行う特例社団法人又は特例財団法人は、施行日から起算して5年を経過する日までの期間（以下この節において「移行期間」という。）内に、第4款の定めるところにより、行政庁の認定を受け、それぞれ公益法人認定法の規定による公益社団法人又は公益財団法人となることができる。

（通常の一般社団法人又は一般財団法人への移行）

第45条　特例社団法人又は特例財団法人は、移行期間内に、第5款の定めるところにより、行政庁の認可を受け、それぞれ通常の一般社団法人又は一般財団法人となることができる。

（移行期間の満了による解散等）

第46条　移行期間内に第44条の認定又は前条の認可を受けなかった特例民法法人は、移行期間の満了の日に解散したものとみなす。ただし、第44条の認定又は前条の認可の申請があった場合において、移行期間の満了の日までに当該申請に対する処分がされないときは、この限りでない。

2　前項本文の場合には、第96条第1項に規定する旧主務官庁（以下この款及び次款において単に「旧主務官庁」という。）は、前項本文の日後遅滞なく、同項本文の規定により解散したものとみなされた特例民法法人の主たる事務所の所在地を管轄する登記所に解散の登記を嘱託しなければならない。

第1章　公益法人制度関係法令

（行政庁）

第47条　この節における行政庁は、次の各号に掲げる特例民法法人の区分に応じ、当該各号に定める内閣総理大臣又は都道府県知事とする。

一　次に掲げる特例民法法人　内閣総理大臣

　イ　2以上の都道府県の区域内に事務所を設置するもの

　ロ　第44条の認定を受ける特例民法法人にあっては、公益目的事業を2以上の都道府県の区域内において行う旨を定款又は第103条第2項第2号の定款の変更の案で定めるもの

　ハ　第45条の認可を受ける特例民法法人（第119条第1項に規定する公益目的支出計画において同条第2項第1号イ又はハに規定する事業を定めるものに限る。）にあっては、当該事業を2以上の都道府県の区域内において行う旨を定款又は第120条第2項第2号の定款の変更の案で定めるもの

　ニ　第45条の認可を受ける特例民法法人（ハに掲げるもの以外のものに限る。）にあっては、同条の認可の申請の際における旧主務官庁が旧民法第84条の2第1項に規定する都道府県の執行機関でないもの

　ホ　ロに規定する特例民法法人にあっては公益目的事業、ハに規定する特例民法法人にあっては第119条第2項第1号イ又はハに規定する事業が国の事務又は事業と密接な関連を有する事業であって政令で定めるものであるもの

二　前号に掲げる特例民法法人以外の特例民法法人　その事務所が所在する都道府県の知事

🈔法第47条第1号ホに関する政令は未制定。

第2款　経過措置及び一般社団・財団法人法の特則

第1目　特例民法法人に関する経過措置及び一般社団・財団法人法の特則

（理事及び監事に関する経過措置）

第48条　この法律の施行の際現に旧社団法人（第40条第1項に規定する社団法人又は民法施行法社団法人をいう。以下この章において同じ。）又は旧財団法人（同項に規定する財団法人又は民法施行法財団法人をいう。以下この章において同じ。）に置かれている理事又は監事は、それぞれ一般社団・財団法人法第63条第1項（一般社団・財団法人法第177条において準用する場合を含む。）の規定によって選任された理事又は監事とみなす。

2　特例民法法人の理事（理事会を置く特例民法法人が選任するものを除く。）の選

290

任及び解任、資格並びに任期については、なお従前の例による。

3　この法律の施行の際現に監事を置くこととしていた特例民法法人の監事（次に掲げる特例民法法人が選任するものを除く。）についても、前項と同様とする。

　一　理事会を置く特例社団法人（以下この款において「理事会設置特例社団法人」という。）

　二　会計監査人を置く特例社団法人（以下この款において「会計監査人設置特例社団法人」という。）

　三　評議員を置く特例財団法人（以下この款において「評議員設置特例財団法人」という。）

4　旧社団法人又は旧財団法人が定款（旧民法施行法第19条第2項の認可を受けた書面を含む。以下この項及び第80条において同じ。）若しくは寄附行為（旧民法施行法第19条第2項の認可を受けた書面を含む。以下この項及び第89条において同じ。）、定款若しくは寄附行為の定めに基づく理事の互選又は社員総会の決議によって定めた当該法人を代表する理事は、一般社団・財団法人法に規定する代表理事の地位を有しない。

(理事の代理行為の委任等に関する経過措置)

第49条　特例民法法人（理事会を置く特例民法法人を除く。以下この条において同じ。）の理事の代理行為の委任及び特例民法法人と理事との利益が相反する取引の制限については、なお従前の例による。

(理事及び理事会に関する規定の適用除外)

第50条　特例民法法人については、一般社団・財団法人法第76条第4項、第86条から第89条まで及び第90条第5項（これらの規定を一般社団・財団法人法第197条において準用する場合を含む。）の規定は、適用しない。

2　理事会を置かない特例民法法人については、一般社団・財団法人法第80条から第83条まで及び第85条（これらの規定を一般社団・財団法人法第197条において準用する場合を含む。）の規定は、適用しない。

(理事及び監事の行為に関する経過措置)

第51条　ある者が旧社団法人又は旧財団法人の理事又は監事として施行日前にした又はすべきであった旧民法に規定する行為については、当該行為をした又はすべきであった日に、それぞれその者が第40条第1項又は第41条第1項の規定により存続する一般社団法人又は一般財団法人の理事又は監事としてした又はすべきであった

一般社団・財団法人法の相当規定に規定する行為とみなす。

（監事の権限に関する経過措置）
第52条　この法律の施行の際現に監事を置くこととしていた特例民法法人の監事（次に掲げる特例民法法人が選任するものを除く。）の職務及び権限（第61条第1項及び第2項、第87条第3項の規定により適用する一般社団・財団法人法第124条第1項及び第2項並びに一般社団・財団法人法第75条（一般社団・財団法人法第177条において準用する場合を含む。）の規定によるものを除く。）については、なお従前の例による。
一　理事会設置特例社団法人
二　会計監査人設置特例社団法人
三　評議員設置特例財団法人

（会計監査人の権限等に関する特則）
第53条　特例民法法人の会計監査人の権限及び社員総会における意見の陳述については、一般社団・財団法人法第107条第1項（一般社団・財団法人法第197条において準用する場合を含む。）中「会計監査人は、次節の定めるところにより」とあるのは「会計監査人は」と、「計算書類（第123条第2項に規定する計算書類をいう。第117条第2項第1号イにおいて同じ。）」とあるのは「財産目録並びに基金を引き受ける者の募集をする特例社団法人（一般社団法人及び一般財団法人に関する法律及び公益社団法人及び公益財団法人の認定等に関する法律の施行に伴う関係法律の整備等に関する法律第42条第1項に規定する特例社団法人をいう。）の貸借対照表」と、「会計監査人は、法務省令で定めるところにより」とあるのは「会計監査人は」と、一般社団・財団法人法第109条第1項中「に規定する書類」とあるのは「の貸借対照表及びその附属明細書」と、「定時社員総会」とあるのは「社員総会」とする。

（会計監査人の設置義務に関する規定の適用除外）
第54条　特例民法法人については、一般社団・財団法人法第62条及び第171条の規定は、適用しない。

（理事及び監事の損害賠償責任に関する経過措置）
第55条　特例民法法人の理事又は監事の行為に基づく損害賠償責任については、なお従前の例による。

（会計帳簿の作成に関する特則）

第56条　特例民法法人の会計帳簿の作成における一般社団・財団法人法第120条第1項（一般社団・財団法人法第199条において準用する場合を含む。）の規定の適用については、一般社団・財団法人法第120条第1項中「法務省令で定めるところにより、適時に」とあるのは、「適時に」とする。

（会計帳簿に関する規定の適用除外）

第57条　特例民法法人については、一般社団・財団法人法第120条第2項、第121条及び第122条（これらの規定を一般社団・財団法人法第199条において準用する場合を含む。）の規定は、適用しない。

（財産目録の作成等に関する経過措置）

第58条　特例民法法人の財産目録の作成及び備置きについては、なお従前の例による。

（計算書類等に関する規定の適用除外）

第59条　特例民法法人については、一般社団・財団法人法第123条第2項及び第124条から第130条まで（これらの規定を一般社団・財団法人法第199条において準用する場合を含む。）の規定は、適用しない。

（計算書類等の作成及び保存に関する特則）

第60条　第44条の認定又は第45条の認可の申請をする特例民法法人は、<u>内閣府令で</u>定めるところにより、計算書類（貸借対照表及び損益計算書をいう。以下この節において同じ。）及び事業報告並びにこれらの附属明細書を作成しなければならない。

2　前項の計算書類及び事業報告並びにこれらの附属明細書は、電磁的記録（一般社団・財団法人法第10条第2項に規定する電磁的記録をいう。以下この節において同じ。）をもって作成することができる。

㊁**第1条**　この章及び第3章の用語の解釈及び規定の適用に関しては、一般に公正妥当と認められる会計の基準その他の会計の慣行をしん酌しなければならない。

㊁**第2条**　特例民法法人は、<u>一般社団法人及び一般財団法人に関する法律及び公益社団法人及び公益財団法人の認定等に関する法律の施行に伴う関係法律の整備等に関する法律</u>（平成18年法律第50号。以下「整備法」という。）<u>第60条第1項</u>の計算書類及び事業報告並びにこれらの附属明細書の作成に当たっては、事業年度を定めるものとする。ただし、整備法第106条第1項（整備法第121条第1項において読み替

えて準用する場合を含む。）の登記（以下「移行の登記」という。）をしたときは、当該登記をした日の前日を事業年度の末日とするよう定めるものとする。

2　前項の事業年度は、1年を超えることができない。

（計算書類）

則**第3条**　整備法第60条第1項の規定により作成すべき計算書類及びその附属明細書については、この節の定めるところによる。ただし、この府令又は他の法令に別段の定めがある場合は、この限りでない。

（金額の表示の単位）

則**第4条**　計算書類及びその附属明細書に係る事項の金額は、1円単位をもって表示しなければならない。

（計算書類に係る会計帳簿）

則**第5条**　計算書類及びその附属明細書は、当該事業年度に係る会計帳簿に基づき作成しなければならない。

（貸借対照表の区分）

則**第6条**　貸借対照表は、次に掲げる部に区分して表示しなければならない。この場合において、第3号に掲げる部については、純資産を示す適当な名称を付すことができる。

一　資産

二　負債

三　純資産

2　前項各号に掲げる部は、適当な項目に細分することができる。この場合において、当該各項目については、資産、負債又は純資産を示す適当な名称を付さなければならない。

（基金等）

則**第7条**　基金（一般社団法人及び一般財団法人に関する法律（平成18年法律第48号。以下「一般社団・財団法人法」という。）第131条に規定する基金をいう。以下同じ。）の総額及び代替基金（一般社団・財団法人法第144条第1項の規定により計上された金額をいう。）は、貸借対照表の純資産の部（前条第1項後段の規定により純資産を示す適当な名称を付したものを含む。以下同じ。）に計上しなければならない。

2　基金の返還に係る債務の額は、貸借対照表の負債の部に計上することができない。

（損益計算書の区分）

則**第8条**　損益計算書は、収益若しくは費用又は利益若しくは損失について、適当な部又は項目に区分して表示しなければならない。

（附属明細書）

則**第9条** 計算書類の附属明細書には、次に掲げる事項のほか、貸借対照表及び損益計算書の内容を補足する重要な事項を表示しなければならない。

　一　重要な固定資産の明細

　二　引当金の明細

則**第10条**　**整備法第60条第1項**の規定により作成すべき事業報告及びその附属明細書については、この条の定めるところによる。ただし、他の法令に別段の定めがある場合は、この限りでない。

2　事業報告は、次に掲げる事項をその内容としなければならない。

　一　当該特例民法法人の状況に関する重要な事項（計算書類及びその附属明細書の内容となる事項を除く。）

　二　一般社団・財団法人法第76条第3項第3号及び第90条第4項第5号（一般社団・財団法人法第197条において準用する場合を含む。次項第2号において同じ。）に規定する体制の整備についての決定又は決議があるときは、その決定又は決議の内容の概要

3　事業報告の附属明細書は、次に掲げる事項をその内容としなければならない。

　一　事業報告の内容を補足する重要な事項

　二　前項第2号に掲げるもののほか、当該事業年度の開始の日までに一般社団・財団法人法第第76条第3項第3号又は第90条第4項第5号に規定する体制の整備に相当する決定又は決議がある場合にあっては、その決定又は決議の内容の概要

（計算書類等の監査等に関する特則）

第61条　監事を置く特例民法法人においては、前条第1項の計算書類及び事業報告並びにこれらの附属明細書は、監事の監査を受けなければならない。

2　前項の規定にかかわらず、会計監査人を置く特例民法法人においては、次の各号に掲げるものは、当該各号に定める者の監査を受けなければならない。

　一　前条第1項の計算書類及びその附属明細書　監事及び会計監査人

　二　前条第1項の事業報告及びその附属明細書　監事

3　理事会を置く特例民法法人においては、第1項又は前項の監査を受けた計算書類及び事業報告並びにこれらの附属明細書は、理事会の承認を受けなければならない。

（計算書類等の社員総会への提出等に関する特則）

第62条　次の各号に掲げる特例社団法人においては、理事は、当該各号に定める計算書類及び事業報告を社員総会に提出し、又は提供しなければならない。

　一　監事設置特例社団法人（理事会設置特例社団法人及び会計監査人設置特例社団

法人を除く。）　前条第１項の監査を受けた計算書類及び事業報告

　二　会計監査人設置特例社団法人（理事会設置特例社団法人を除く。）　前条第２項の監査を受けた計算書類及び事業報告

　三　理事会設置特例社団法人　前条第３項の承認を受けた計算書類及び事業報告

　四　前３号に掲げるもの以外の特例社団法人　第60条第１項の計算書類及び事業報告

２　前項の規定により提出され、又は提供された計算書類は、社員総会の承認を受けなければならない。

３　理事は、第１項の規定により提出され、又は提供された事業報告の内容を社員総会に報告しなければならない。

４　第１項（第３号に係る部分に限る。）及び前２項の規定は、評議員設置特例財団法人について準用する。この場合において、これらの規定中「社員総会」とあるのは、「評議員会」と読み替えるものとする。

（解散の事由に関する特則）

第63条　特例民法法人の解散については、一般社団・財団法人法第148条第７号及び第202条第１項第６号中「第261条第１項又は第268条の規定による解散を命ずる裁判」とあるのは、「一般社団法人及び一般財団法人に関する法律及び公益社団法人及び公益財団法人の認定等に関する法律の施行に伴う関係法律の整備等に関する法律第96条第２項の規定による解散命令」とする。

（休眠一般社団法人及び休眠一般財団法人のみなし解散等に関する規定の適用除外）

第64条　特例民法法人については、一般社団・財団法人法第149条、第150条、第202条第２項、第203条及び第204条の規定は、適用しない。

（清算に関する経過措置）

第65条　特例民法法人の清算については、なお従前の例による。

２　前項の規定にかかわらず、一般社団・財団法人法第131条の規定により基金を引き受ける者の募集を行った特例社団法人については、一般社団・財団法人法第236条の規定を適用する。

（特例民法法人の合併）

第66条　特例民法法人は、他の特例民法法人と合併（吸収合併に限る。）をすることができる。この場合においては、一般社団・財団法人法第242条、第244条第２号、

第246条第2項第3号、第247条から第249条まで、第250条第2項第3号、第251条第1項及び第252条の規定は、適用しない。

2 合併をする特例民法法人は、吸収合併契約を締結しなければならない。

（特例民法法人の吸収合併契約の承認に関する特則）

第67条 合併をする特例社団法人は、第69条第1項の認可の申請前に、社員総会の決議によって、吸収合併契約の承認を受けなければならない。この場合において、社員総会の決議は、総社員の4分の3（定款の変更の要件についてこれと異なる割合を定款で定めた場合にあっては、その割合）以上に当たる多数をもって行わなければならない。

2 合併をする特例財団法人（評議員設置特例財団法人を除く。）は、第69条第1項の認可の申請前に、定款に定款の変更に関する定めがある場合にあっては当該定め（旧主務官庁の認可を要する旨の定めがあるときは、これを除く。）の例により、定款に定款の変更に関する定めがない場合にあっては旧主務官庁の承認を受けて理事の定める手続により、吸収合併契約の承認を受けなければならない。

3 合併をする評議員設置特例財団法人は、第69条第1項の認可の申請前に、評議員会の決議によって、吸収合併契約の承認を受けなければならない。この場合において、評議員会の決議は、議決に加わることができる評議員の3分の2（これを上回る割合を定款で定めた場合にあっては、その割合）以上に当たる多数をもって行わなければならない。

（特例民法法人の合併に伴う定款の変更に関する特則）

第68条 特例民法法人の合併に伴い定款の変更をする場合においては、旧主務官庁の認可を要しない。

（特例民法法人の合併の認可）

第69条 特例民法法人の合併は、合併後存続する特例民法法人（以下この目において「合併存続特例民法法人」という。）の当該合併後の業務の監督を行う旧主務官庁（以下この条及び第72条第2項において「合併後旧主務官庁」という。）の認可を受けなければ、その効力を生じない。

2 前項の認可の申請は、政令で定めるところにより、合併をする特例民法法人が、次に掲げる事項を記載した申請書をそれぞれ合併後旧主務官庁に提出してしなければならない。

一 申請をする特例民法法人の代表者の氏名

二　合併をする特例民法法人の名称及び主たる事務所の所在場所

　　三　合併存続特例民法法人が名称又は主たる事務所の所在場所を変更する場合に
　　　あっては、変更後のこれらの事項

　3　前項の申請書には、次に掲げる書類を添付しなければならない。

　　一　吸収合併契約書

　　二　吸収合併契約の承認を受けたことを証する書面

　　三　合併をする特例民法法人の定款

　　四　合併存続特例民法法人の定款の案

　　五　前各号に掲げるもののほか、政令で定める書類

　4　合併をする特例民法法人の業務の監督を行う旧主務官庁（以下この条及び第72条
　　第2項において「合併前旧主務官庁」という。）と合併後旧主務官庁とが異なる場
　　合においては、第2項の申請書は、合併前旧主務官庁を経由して提出しなければな
　　らない。

　5　合併前旧主務官庁は、前項の規定により第2項の申請書を受理したときは、その
　　意見を付して、速やかに、これを合併後旧主務官庁に送付しなければならない。

　　　（合併の認可の申請の方法）

🜂第1条　一般社団法人及び一般財団法人に関する法律及び公益社団法人及び公益財
　　団法人の認定等に関する法律の施行に伴う関係法律の整備等に関する法律（以下
　　「整備法」という。）第69条第1項の認可の申請は、合併をする特例民法法人の合
　　併前旧主務官庁（同条第4項に規定する合併前旧主務官庁をいう。次項において同
　　じ。）が同一である場合には、合併をする特例民法法人が共同してすることができ
　　る。

　2　整備法第69条第2項の申請書には、前項の規定により同条第1項の認可の申請を
　　共同してする場合を除き、同条第2項各号に掲げる事項のほか、合併の相手方とな
　　る特例民法法人の合併前旧主務官庁の名称を記載しなければならない。

　　　（合併の認可の申請書の添付書類）

🜂第2条　整備法第69条第3項第5号の政令で定める書類は、次に掲げる書類とす
　　る。

　　一　第5条第1項各号に掲げる額及び同条第2項各号に掲げる額を記載した書類

　　二　合併後の事業活動の内容を記載した書類

　　三　前2号に掲げるもののほか、合併後旧主務官庁（整備法第69条第1項に規定す
　　　る合併後旧主務官庁をいう。以下同じ。）が別に定める書類

（特例民法法人の合併に伴う債権者の異議に関する特則）

第70条　合併により消滅する特例民法法人（以下この条において「合併消滅特例民法法人」という。）の債権者は、合併消滅特例民法法人に対し、合併について異議を述べることができる。

2　合併消滅特例民法法人は、前条第1項の認可があったときは、当該認可の通知のあった日から2週間以内に、財産目録及び貸借対照表（次項及び第148条第2号において「財産目録等」という。）を作成し、その主たる事務所に備え置かなければならない。

3　債権者は、次項の規定による公告の日又は同項の規定による催告の日のいずれか早い日から同項第3号の期間の満了の日までの間、合併消滅特例民法法人に対して、その業務時間内は、次に掲げる請求をすることができる。ただし、第2号又は第4号に掲げる請求をするには、当該合併消滅特例民法法人の定めた費用を支払わなければならない。

　一　財産目録等が書面をもって作成されているときは、当該書面又は当該書面の写しの閲覧の請求

　二　前号の書面の謄本又は抄本の交付の請求

　三　財産目録等が電磁的記録をもって作成されているときは、当該電磁的記録に記録された事項を一般社団・財団法人法第246条第3項第3号の法務省令で定める方法により表示したものの閲覧の請求

　四　前号の電磁的記録に記録された事項を電磁的方法（一般社団・財団法人法第14条第2項第4号に規定する電磁的方法をいう。第85条において同じ。）であって合併消滅特例民法法人の定めたものにより提供することの請求又はその事項を記載した書面の交付の請求

4　合併消滅特例民法法人は、第2項の期間内に、次に掲げる事項を官報に公告し、かつ、知れている債権者には、各別にこれを催告しなければならない。ただし、第3号の期間は、2箇月を下ることができない。

　一　合併をする旨

　二　合併存続特例民法法人の名称及び住所

　三　債権者が一定の期間内に異議を述べることができる旨

5　債権者が前項第3号の期間内に異議を述べなかったときは、当該債権者は、当該合併について承認をしたものとみなす。

6　債権者が第4項第3号の期間内に異議を述べたときは、合併消滅特例民法法人は、当該債権者に対し、弁済し、若しくは相当の担保を提供し、又は当該債権者に弁済を受けさせることを目的として信託会社等に相当の財産を信託しなければなら

第1章　公益法人制度関係法令

ない。ただし、当該合併をしても当該債権者を害するおそれがないときは、この限りでない。

7　前各項の規定は、基金の返還に係る債権の債権者については、適用しない。

第71条　前条の規定は、合併存続特例民法法人について準用する。この場合において、同条第4項第2号中「合併存続特例民法法人」とあるのは、「合併消滅特例民法法人」と読み替えるものとする。

（特例民法法人の合併の時期等）

第72条　特例民法法人の合併は、合併存続特例民法法人の主たる事務所の所在地において一般社団・財団法人法第306条第1項の登記をすることによって、その効力を生ずる。

2　合併存続特例民法法人は、一般社団・財団法人法第306条第1項の登記をしたときは、遅滞なく、当該合併存続特例民法法人の登記事項証明書を添付して合併前旧主務官庁及び合併後旧主務官庁にその旨を届け出なければならない。

（特例民法法人の合併に関する特則）

第73条　特例民法法人の合併については、一般社団・財団法人法第245条第1項、第246条第1項、第250条第1項並びに第253条第1項及び第2項中「効力発生日」とあるのは「吸収合併の登記の日」と、一般社団・財団法人法第246条第1項、第250条第1項、第251条第2項及び第253条第1項中「法務省令」とあるのは「政令」と、一般社団・財団法人法第246条第2項及び第250条第2項中「次に掲げる日のいずれか早い日」とあるのは「次に掲げる日」と、一般社団・財団法人法第246条第2項第1号中「次条」とあるのは「一般社団法人及び一般財団法人に関する法律及び公益社団法人及び公益財団法人の認定等に関する法律の施行に伴う関係法律の整備等に関する法律（以下「整備法」という。）第67条第1項」と、同項第2号中「にあっては、次条」とあるのは「のうち、評議員を置かないものにあっては整備法第67条第2項の規定により吸収合併契約の承認を受ける日の2週間前の日、評議員を置くものにあっては同条第3項」と、同条第3項中「いつでも」とあるのは「いつでも（債権者にあっては、整備法第70条第4項の規定による公告の日又は同項の規定による催告の日のいずれか早い日からに限る。）」と、一般社団・財団法人法第250条第2項第1号中「次条第1項」とあるのは「整備法第67条第1項」と、同項第2号中「にあっては、次条第1項」とあるのは「のうち、評議員を置かないものにあっては整備法第67条第2項の規定により吸収合併契約の承認を受ける日の2週間前の

300

日、評議員を置くものにあっては同条第3項」と、同条第3項中「いつでも」とあるのは「いつでも（債権者にあっては、整備法第71条において読み替えて準用する整備法第70条第4項の規定による公告の日又は同項の規定による催告の日のいずれか早い日からに限る。）」と、一般社団・財団法人法第251条第2項中「前項」とあるのは「整備法第67条第1項又は第3項」とする。

（合併消滅特例民法法人の事前開示事項）

令第3条　整備法第73条の規定により読み替えて適用する一般社団法人及び一般財団法人に関する法律（以下「一般社団・財団法人法」という。）第246条第1項の政令で定める事項は、次に掲げる事項とする。

一　合併消滅特例民法法人（整備法第70条第1項に規定する合併消滅特例民法法人をいう。以下同じ。）及び合併存続特例民法法人（整備法第69条第1項に規定する合併存続特例民法法人をいう。以下同じ。）の定款の定め

二　合併消滅特例民法法人及び合併存続特例民法法人についての次に掲げる事項

　　イ　整備法第58条の規定によりなお従前の例により作成した最終の財産目録の内容

　　ロ　整備法第70条第2項（整備法第71条において準用する場合を含む。）の規定により作成した財産目録及び貸借対照表の内容

　　ハ　一般社団・財団法人法第131条の規定により基金を引き受ける者の募集をした特例社団法人である場合にあっては、整備法第87条第2項の規定により作成した一般社団・財団法人法第123条第2項の貸借対照表の内容

　　ニ　イからハまでに規定する財産目録又は貸借対照表を作成した日に監事又は会計監査人を置いている場合にあっては、これらの書類に対する監査又は会計監査の結果

　　ホ　イからハまでに規定する財産目録又は貸借対照表の作成基準日（特定の日における財産目録又は貸借対照表を作成した場合における当該日をいう。以下同じ。）後に重要な財産の処分、重大な債務の負担その他の合併をする特例民法法人の財産の状況に重要な影響を与える事実（吸収合併契約備置開始日（一般社団・財団法人法第246条第2項に規定する吸収合併契約備置開始日をいう。第6号において同じ。）後吸収合併の登記の日までの間に新たにイに規定する財産目録又はハに規定する貸借対照表を作成した場合にあっては、これらの書類の作成基準日後に生じたものに限る。）が生じたときは、その内容

三　吸収合併の登記の日以後における合併存続特例民法法人の債務（整備法第70条第1項の規定により合併について異議を述べることができる債権者に対して負担するものに限る。）の履行の見込みに関する事項

第1章　公益法人制度関係法令

　四　整備法第69条第1項の認可の申請をした後にあっては、同条第2項の申請書及び同条第3項各号に掲げる書類に記載した事項

　五　整備法第69条第1項の認可を受けた後にあっては、当該認可を受けたことを証する情報

　六　吸収合併契約備置開始日後、前各号に掲げる事項に変更が生じたときは、変更後の当該事項

（合併存続特例民法法人の事前開示事項）

第4条　整備法第73条の規定により読み替えて適用する一般社団・財団法人法第250条第1項の政令で定める事項は、次に掲げる事項とする。

　一　合併存続特例民法法人の定款の定め

　二　合併消滅特例民法法人及び合併存続特例民法法人についての次に掲げる事項

　　イ　整備法第58条の規定によりなお従前の例により作成した最終の財産目録の内容

　　ロ　整備法第70条第2項（整備法第71条において準用する場合を含む。）の規定により作成した財産目録及び貸借対照表の内容

　　ハ　一般社団・財団法人法第131条の規定により基金を引き受ける者の募集をした特例社団法人である場合にあっては、整備法第87条第2項の規定により作成した一般社団・財団法人法第123条第2項の貸借対照表の内容

　　ニ　イからハまでに規定する財産目録又は貸借対照表を作成した日に監事又は会計監査人を置いている場合にあっては、これらの書類に対する監査又は会計監査の結果

　　ホ　イからハまでに規定する財産目録又は貸借対照表の作成基準日後に重要な財産の処分、重大な債務の負担その他の合併をする特例民法法人の財産の状況に重要な影響を与える事実（吸収合併契約備置開始日（一般社団・財団法人法第250条第2項に規定する吸収合併契約備置開始日をいう。第6号において同じ。）後吸収合併の登記の日までの間に新たにイに規定する財産目録又はハに規定する貸借対照表を作成した場合にあっては、これらの書類の作成基準日後に生じたものに限る。）が生じたときは、その内容

　三　吸収合併の登記の日以後における合併存続特例民法法人の債務（整備法第71条において準用する整備法第70条第1項の規定により合併について異議を述べることができる債権者に対して負担するものに限る。）の履行の見込みに関する事項

　四　整備法第69条第1項の認可の申請をした後にあっては、同条第2項の申請書及び同条第3項各号に掲げる書類に記載した事項

　五　整備法第69条第1項の認可を受けた後にあっては、当該認可を受けたことを証する情報

302

六　吸収合併契約備置開始日後吸収合併の登記の日までの間に、前各号に掲げる事項に変更が生じたときは、変更後の当該事項

（合併存続特例民法法人が承継する債務及び資産の額等）

㋲**第5条**　整備法第73条の規定により読み替えて適用する一般社団・財団法人法第251条第2項に規定する債務の額として政令で定める額は、第1号に掲げる額から第2号に掲げる額を減じて得た額とする。

一　合併の直後における合併存続特例民法法人の貸借対照表を作成するとするならば当該貸借対照表の負債の部に計上すべき額

二　合併の直前における合併存続特例民法法人の貸借対照表を作成するとするならば当該貸借対照表の負債の部に計上すべき額

2　整備法第73条の規定により読み替えて適用する一般社団・財団法人法第251条第2項に規定する資産の額として政令で定める額は、第1号に掲げる額から第2号に掲げる額を減じて得た額とする。

一　合併の直後における合併存続特例民法法人の貸借対照表を作成するとするならば当該貸借対照表の資産の部に計上すべき額

二　合併の直前における合併存続特例民法法人の貸借対照表を作成するとするならば当該貸借対照表の資産の部に計上すべき額

（合併存続特例民法法人の事後開示事項）

㋲**第6条**　整備法第73条の規定により読み替えて適用する一般社団・財団法人法第253条第1項の政令で定める事項は、次に掲げる事項とする。

一　吸収合併の登記をした日

二　合併消滅特例民法法人及び合併存続特例民法法人における整備法第70条（整備法第71条において準用する場合を含む。）の規定による手続の経過

三　合併により合併存続特例民法法人が合併消滅特例民法法人から承継した重要な権利義務に関する事項

四　整備法第73条の規定により読み替えて適用する一般社団・財団法人法第246条第1項の規定により合併消滅特例民法法人が備え置いた書面又は電磁的記録に記載又は記録がされた事項（吸収合併契約の内容を除く。）

五　前各号に掲げるもののほか、合併に関する重要な事項

（解散命令に関する規定の適用除外）

第74条　特例民法法人については、一般社団・財団法人法第6章第1節の規定は、適用しない。

第1章　公益法人制度関係法令

（訴訟に関する規定の適用除外）

第75条　特例民法法人については、一般社団・財団法人法第6章第2節（吸収合併の無効の訴えに係る部分を除く。）の規定は、適用しない。

（非訟事件に関する経過措置）

第76条　施行日前に申立てがあった第153条の規定による改正前の非訟事件手続法（明治31年法律第14号）の規定による非訟事件（清算に関する事件を除く。次項において同じ。）の手続については、なお従前の例による。

2　この節の規定によりなお従前の例によることとされる場合における非訟事件の手続についても、前項と同様とする。

（登記に関する経過措置）

第77条　旧民法の規定による旧社団法人及び旧財団法人の登記は、一般社団・財団法人法の相当規定（次条の規定により読み替えて適用する場合を含む。）による特例民法法人の登記とみなす。

2　この法律の施行の際現にされている特例民法法人の登記（旧民法第46条第1項第4号に掲げる事項に限る。）については、なお従前の例による。

3　特例社団法人が一般社団・財団法人法第77条第3項の規定により代表理事を定め、又は理事会を置く旨の定款の変更をするまでの間における当該特例社団法人の登記については、一般社団・財団法人法第301条第2項第5号中「氏名」とあるのは、「氏名及び住所」とし、同項第6号の規定は、適用しない。

4　この法律の施行の際現に監事を置くこととしていた特例社団法人（理事会設置特例社団法人及び会計監査人設置特例社団法人を除く。）については、一般社団・財団法人法第301条第2項第8号の規定は、適用しない。

5　特例財団法人（評議員設置特例財団法人を除く。）の登記については、一般社団・財団法人法第302条第2項第5号中「評議員、理事及び監事の氏名」とあるのは、「理事の氏名及び住所」とし、同項第6号の規定は、適用しない。

6　第65条第1項の規定にかかわらず、特例民法法人の解散及び清算に関する登記の登記事項（施行日前に解散をした場合にあっては清算結了の旨を除き、施行日前に清算人の登記をした場合にあっては清算人及び代表清算人の氏名及び住所並びに監事を置く旨を除く。）については、一般社団・財団法人法の定めるところによる。

（登記に関する特則）

第78条　特例民法法人の登記については、一般社団・財団法人法第306条第1項中「そ

の効力が生じた日」とあるのは、「一般社団法人及び一般財団法人に関する法律及び公益社団法人及び公益財団法人の認定等に関する法律の施行に伴う関係法律の整備等に関する法律（以下この項において「整備法」という。）第70条の規定による手続が終了した日又は整備法第71条において読み替えて準用する整備法第70条の規定による手続が終了した日のいずれか遅い日」とする。

（公告に関する規定の適用除外）

第79条 特例民法法人については、一般社団・財団法人法第6章第5節の規定は、適用しない。

第2目　特例社団法人に関する経過措置及び一般社団・財団法人法の特則

（定款の記載等に関する経過措置）

第80条 旧社団法人の定款における旧民法第37条第1号から第3号まで及び第6号に掲げる事項（同条第3号に掲げる事項にあっては、主たる事務所に係る部分に限る。）の記載は、それぞれ第40条第1項又は第41条第1項の規定により存続する一般社団法人の定款における一般社団・財団法人法第11条第1項第1号から第3号まで及び第5号に掲げる事項の記載とみなす。

2　特例社団法人については、一般社団・財団法人法第11条第1項第6号及び第7号の規定は、適用しない。

3　旧社団法人の定款における理事会又は会計監査人を置く旨の定めは、それぞれ一般社団・財団法人法に規定する理事会又は会計監査人を置く旨の定めとしての効力を有しない。

4　旧社団法人の定款における監事を置く旨の定めは、一般社団・財団法人法に規定する監事を置く旨の定めとみなす。

5　社員総会の決議によって監事を置く旧社団法人の定款には、監事を置く旨の定めがあるものとみなす。

（定款の備置き及び閲覧に関する規定の適用除外）

第81条 特例社団法人については、一般社団・財団法人法第14条の規定は、適用しない。

（社員名簿に関する経過措置）

第1章　公益法人制度関係法令

第82条　旧社団法人の社員名簿は、一般社団・財団法人法第31条に規定する社員名簿とみなす。

2　特例社団法人の社員名簿の記載又は記録事項及び閲覧については、なお従前の例による。

3　特例社団法人については、一般社団・財団法人法第33条及び第34条の規定は、適用しない。

（社員総会の権限及び手続に関する経過措置）

第83条　施行日前に社員総会の招集の手続が開始された場合におけるその社員総会に相当する第40条第1項又は第41条第1項の規定により存続する一般社団法人の社員総会の権限及び手続については、なお従前の例による。

（社員総会の決議に関する経過措置）

第84条　施行日前に旧社団法人の社員総会が旧民法の規定に基づいてした決議は、当該決議があった日に、第40条第1項又は第41条第1項の規定により存続する一般社団法人の社員総会が一般社団・財団法人法の相当規定に基づいてした決議とみなす。

（社員の議決権等に関する経過措置）

第85条　特例社団法人の社員の議決権、社員総会の決議及び議決権の行使（電磁的方法により行使する場合を除く。）については、なお従前の例による。ただし、理事会設置特例社団法人については、一般社団・財団法人法第49条第3項の規定を適用する。

（社員総会の権限等に関する特則）

第86条　特例社団法人の社員総会の権限、招集、理事等の説明義務及び決議の省略については、一般社団・財団法人法第35条第1項、第2項及び第4項中「この法律」とあるのは「この法律及び一般社団法人及び一般財団法人に関する法律及び公益社団法人及び公益財団法人の認定等に関する法律の施行に伴う関係法律の整備等に関する法律」と、同条第1項及び第2項中「及び」とあるのは「並びに」と、一般社団・財団法人法第36条第1項中「毎事業年度の終了後一定の時期に」とあるのは「少なくとも毎年1回」と、一般社団・財団法人法第37条第1項中「議決権の10分の1（5分の1以下の割合を定款で定めた場合にあっては、その割合）以上の議決権を有する」とあるのは「5分の1（これと異なる割合を定款で定めた場合にあっては、その割合）以上の」と、「事項及び招集の理由」とあるのは「事項」と、一般社団・

306

財団法人法第39条第1項中「1週間（理事会設置一般社団法人以外の一般社団法人において、これを下回る期間を定款で定めた場合にあっては、その期間）前」とあるのは「5日前」と、「対して」とあるのは「対して、定款で定めた方法に従って」と、同条第4項中「前条第1項各号」とあるのは「前条第1項第1号、第2号及び第4号」と、一般社団・財団法人法第53条中「理事（監事設置一般社団法人にあっては、理事及び監事）」とあるのは「理事会若しくは会計監査人を置く特例社団法人（一般社団法人及び一般財団法人に関する法律及び公益社団法人及び公益財団法人の認定等に関する法律の施行に伴う関係法律の整備等に関する法律第42条第1項に規定する特例社団法人をいう。以下この条において同じ。）又は施行日以後に監事を置いた特例社団法人の理事及び監事」と、一般社団・財団法人法第58条第1項中「理事又は社員」とあるのは「理事」とする。

2　特例社団法人については、一般社団・財団法人法第37条第2項、第38条第1項第3号及び第5号、第43条から第47条まで、第55条並びに第57条の規定は、適用しない。

（基金を引き受ける者の募集に関する特則）

第87条　特例社団法人の基金を引き受ける者の募集については、一般社団・財団法人法第131条中「次に掲げる事項」とあるのは、「次に掲げる事項及び事業年度」とする。

2　一般社団・財団法人法第131条の規定により基金を引き受ける者の募集をした特例社団法人は、第59条の規定にかかわらず、当該募集をした日の属する事業年度以降の各事業年度に係る一般社団・財団法人法第123条第2項の貸借対照表及びその附属明細書を作成しなければならない。

3　前項の規定により作成された貸借対照表及びその附属明細書については、第59条の規定にかかわらず、一般社団・財団法人法第124条から第127条まで及び第129条の規定を適用する。

4　第2項の規定により貸借対照表及びその附属明細書を作成した特例社団法人は、第60条第1項の貸借対照表及びその附属明細書を作成することを要しない。

（定款の変更に関する経過措置）

第88条　特例社団法人の定款の変更については、なお従前の例による。

第3目　特例財団法人に関する経過措置及び一般社団・財団法人法の特則

第1章　公益法人制度関係法令

（定款の記載等に関する経過措置）

第89条　旧財団法人の寄附行為における旧民法第37条第1号から第3号までに掲げる事項（同号に掲げる事項にあっては、主たる事務所に係る部分に限る。）の記載は、それぞれ第40条第1項又は第41条第1項の規定により存続する一般財団法人の定款における一般社団・財団法人法第153条第1項第1号から第3号までに掲げる事項の記載とみなす。

2　特例財団法人については、一般社団・財団法人法第153条第1項第8号から第10号までの規定は、適用しない。

3　前項の規定にかかわらず、評議員設置特例財団法人は、一般社団・財団法人法第153条第1項第8号に掲げる事項を定款で定めなければならない。

4　旧財団法人の寄附行為における評議員、評議員会、理事会又は会計監査人を置く旨の定めは、それぞれ一般社団・財団法人法に規定する評議員、評議員会、理事会又は会計監査人を置く旨の定めとしての効力を有しない。

5　旧財団法人の寄附行為における監事を置く旨の定めは、一般社団・財団法人法に規定する監事を置く旨の定めとみなす。

6　旧財団法人の寄附行為における基本財産に関する定めは、一般社団・財団法人法第172条第2項の基本財産に関する定めとしての効力を有しない。

7　特例財団法人の定款の記載については、一般社団・財団法人法第154条中「この法律」とあるのは「この法律及び一般社団法人及び一般財団法人に関する法律及び公益社団法人及び公益財団法人の認定等に関する法律の施行に伴う関係法律の整備等に関する法律」と、「及び」とあるのは「並びに」とする。

（定款の備置き及び閲覧に関する規定の適用除外）

第90条　特例財団法人については、一般社団・財団法人法第156条の規定は、適用しない。

（機関の設置に関する特則）

第91条　一般社団・財団法人法第177条において準用する一般社団・財団法人法第65条第3項の規定にかかわらず、理事会を置かない特例財団法人には、1人又は2人以上の理事を置かなければならない。

2　監事を置いていない特例財団法人は、評議員、評議員会、理事会及び監事を置く定款の変更をすることができる。

3　監事を置いている特例財団法人は、評議員、評議員会及び理事会を置く定款の変更をすることができる。

4　会計監査人を置く特例財団法人は、前2項の規定による定款の変更により評議員、評議員会、理事会及び監事を置くものでなければならない。

5　第2項又は第3項の規定により変更した定款の定めは、これを変更することができない。

6　特例財団法人については、一般社団・財団法人法第170条第1項の規定は、適用しない。

（最初の評議員の選任に関する特則）
第92条　特例財団法人が最初の評議員を選任するには、旧主務官庁の認可を受けて理事が定めるところによる。

（評議員会の権限等に関する特則）
第93条　特例財団法人の評議員会の権限については、一般社団・財団法人法第178条第2項及び第3項中「この法律」とあるのは「この法律及び一般社団法人及び一般財団法人に関する法律及び公益社団法人及び公益財団法人の認定等に関する法律の施行に伴う関係法律の整備等に関する法律」と、同条第2項中「及び」とあるのは「並びに」とする。

2　特例財団法人については、一般社団・財団法人法第180条第2項、第187条及び第188条の規定は、適用しない。

（定款の変更に関する経過措置）
第94条　特例財団法人（評議員設置特例財団法人を除く。次項及び第3項において同じ。）については、一般社団・財団法人法第200条の規定は、適用しない。

2　その定款に定款の変更に関する定めがある特例財団法人は、当該定めに従い、定款の変更をすることができる。

3　その定款に定款の変更に関する定めがない特例財団法人は、理事（清算中の特例財団法人にあっては、清算人）の定めるところにより、定款の変更に関する定めを設ける定款の変更をすることができる。

4　評議員設置特例財団法人の定款の変更については、一般社団・財団法人法第200条第2項中「設立者が同項ただし書」とあるのは「同項ただし書」と、「旨を第152条第1項又は第2項の」とあるのは「旨を」と、「前項ただし書に」とあるのは「同項ただし書に」とする。

5　評議員設置特例財団法人については、一般社団・財団法人法第200条第3項の規定は、適用しない。

第1章　公益法人制度関係法令

6　特例財団法人の定款の変更は、旧主務官庁の認可を受けなければ、その効力を生じない。

第3款　特例民法法人の業務の監督

（特例民法法人の業務の監督に関する経過措置）

第95条　特例民法法人の業務の監督（設立の許可の取消し及び解散の命令に係るものを除き、定款の変更の認可、解散した特例民法法人の財産の処分の許可、解散及び清算人に係る届出並びに清算結了の届出に係るものを含む。）については、なお従前の例による。

（解散命令）

第96条　前条の規定によりなお従前の例により特例民法法人の業務の監督を行う行政機関（以下この節において「旧主務官庁」という。）は、特例民法法人がその目的以外の事業をし、若しくは設立の許可若しくは旧民法施行法第19条第2項の認可を受けた条件若しくは旧主務官庁の監督上の命令に違反し、その他公益を害すべき行為をした場合又は特例民法法人が移行期間の満了の日までに第109条第1項の規定により第44条の認定を取り消された場合若しくは第131条第1項の規定若しくは同条第2項において読み替えて準用する第109条第1項の規定により第45条の認可を取り消された場合において、必要があると認めるときは、当該特例民法法人に対して、期限を定めて、必要な措置をとるべきことを命ずることができる。

2　旧主務官庁は、特例民法法人が前項の規定による命令に違反した場合又は当該命令をしてもその改善を期待することができないことが明らかな場合であって、他の方法により監督の目的を達することができないときは、当該特例民法法人の解散を命ずることができる。特例民法法人が正当な理由がないのに引き続き3年（施行日前の期間を含む。）以上その事業を休止したときも、同様とする。

3　前項の規定による命令を行おうとする場合において理事が欠けているとき又はその所在が知れないときは、旧主務官庁は、当該命令の通知に代えてその要旨を官報に掲載することができる。

4　前項の場合においては、当該命令は、官報に掲載した日から20日を経過した日にその効力を生ずる。

（解散の登記の嘱託）

第97条　旧主務官庁は、前条第2項の規定による命令をしたときは、遅滞なく、当該特例民法法人の主たる事務所の所在地を管轄する登記所に解散の登記を嘱託しな

310

け_れ_ばならない。

第4款　公益社団法人又は公益財団法人への移行

（公益法人認定法による公益認定の申請の制限）

第98条　特例民法法人は、公益法人認定法第7条の規定による公益認定の申請をすることができない。

（移行の認定の申請）

第99条　公益目的事業を行う特例民法法人は、第44条の認定の申請をすることができる。

2　第45条の認可の申請をした特例民法法人は、同条の認可をしない処分を受けた後でなければ、前項の申請をすることができない。

（認定の基準）

第100条　行政庁は、第44条の認定の申請をした特例民法法人（以下この款及び第133条第2項において「認定申請法人」という。）が次に掲げる基準に適合すると認めるときは、当該認定申請法人について第44条の認定をするものとする。

一　第103条第2項第2号の定款の変更の案の内容が一般社団・財団法人法及び公益法人認定法並びにこれらに基づく命令の規定に適合するものであること。

二　公益法人認定法第5条各号に掲げる基準に適合するものであること。

（欠格事由）

第101条　公益法人認定法第6条（第1号イ及び第2号を除く。）の規定は、第44条の認定について準用する。

2　第95条の規定によりなお従前の例によることとされる旧主務官庁の監督上の命令に違反している特例民法法人は、第44条の認定を受けることができない。

（定款の変更に関する特則）

第102条　第44条の認定を受けようとする特例民法法人が第106条第1項の登記をすることを停止条件としてしたその種類に従いその名称中に公益社団法人又は公益財団法人という文字を用いることとする定款の変更及び第100条各号に掲げる基準に適合するものとするために必要な定款の変更については、旧主務官庁の認可を要しない。

第1章　公益法人制度関係法令

（認定の申請手続）

第103条　第44条の認定の申請は、内閣府令で定めるところにより、公益法人認定法第7条第1項各号に掲げる事項を記載した申請書を、行政庁に提出してしなければならない。

2　前項の申請書には、次に掲げる書類を添付しなければならない。

一　公益法人認定法第7条第2項第1号から第5号までに掲げる書類

二　定款の変更の案（認定申請法人において定款の変更について必要な手続を経ているものに限る。）

三　前2号に掲げるもののほか、内閣府令で定める書類

（移行の認定の申請）

則第11条　整備法第44条の認定を受けようとする特例民法法人は、様式第1号の申請書に整備法第103条第2項に規定する書類を添付して、行政庁に提出しなければならない。

2　前項の特例民法法人に対する公益社団法人及び公益財団法人の認定等に関する法律施行規則（平成19年内閣府令第68号。以下「公益法人認定法施行規則」という。）第5条第2項の規定の適用については、同項第1号中「次号に規定する貸借対照表の貸借対照表日」とあるのは「一般社団法人及び一般財団法人に関する法律及び公益社団法人及び公益財団法人の認定等に関する法律の施行に伴う関係法律の整備等に関する法律（以下この号及び次号において「整備法」という。）第44条の認定の申請をする日の属する事業年度の前事業年度（合併をする特例民法法人にあっては、一般社団法人及び一般財団法人に関する法律（平成18年法律第48号）第306条第1項の登記をする日の属する事業年度以後のものに限る。次号において同じ。）の末日（特例民法法人（合併をする特例民法法人を除く。）が同日から起算して3箇月以内に整備法第44条の認定の申請をする場合において同日における財産目録を作成していないときにあっては、同日の属する事業年度の前事業年度の末日。次号において同じ。）」と、同項第2号中「一般社団法人にあっては一般社団法人及び一般財団法人に関する法律（平成18年法律第48号。以下「一般社団・財団法人法」という。）第2条第2号の貸借対照表、一般財団法人にあっては同条第3号の」とあるのは「整備法第44条の認定の申請をする日の属する事業年度の前事業年度の末日における」とする。

3　整備法第103条第2項第3号の内閣府令で定める書類は、次に掲げる書類とする。

一　公益法人認定法施行規則第5条第3項第1号、第3号及び第6号に規定する書類

312

二 整備法第106条第1項の設立の登記において登記をする予定の理事及び監事（特例財団法人である認定申請法人（整備法第100条に規定する認定申請法人をいう。以下この項において同じ。）にあっては、理事、監事及び評議員。次号において「役員等就任予定者」という。）の氏名、生年月日及び住所を記載した書類

三 役員等就任予定者が公益社団法人及び公益財団法人の認定等に関する法律（平成18年法律第49号。以下「公益法人認定法」という。）第6条第1号ロからニまでのいずれにも該当しないことを説明した書類

四 公益法人認定法第6条第3号、第4号及び第6号のいずれにも該当しないことを説明した書類

五 整備法第101条第2項に該当しないことを説明した書類

六 認定申請法人において定款の変更について必要な手続を経ていることを証する書類

七 整備法第44条の認定の申請をする日の属する事業年度の前事業年度（合併をする特例民法法人にあっては、一般社団・財団法人法第306条第1項の登記をする日の属する事業年度以後のものに限る。）の事業報告及びその附属明細書

八 公益法人認定法施行規則附則第2項の規定による財産（次号に掲げるものを除く。）の明細を記載した書類

九 公益法人認定法施行規則附則第7項に規定する共用財産の明細及び当該財産に係る同項に規定する割合の算定の根拠を記載した書類

十 前各号に掲げるもののほか、行政庁が必要と認める書類

4 特例民法法人（合併をする特例民法法人を除く。）が前項第7号に規定する事業年度の前事業年度の末日から起算して3箇月以内に整備法第44条の認定の申請をする場合において当該事業年度に係る事業報告及びその附属明細書を作成していないときにおける同号の規定の適用については、同号中「限る。）」とあるのは、「限る。）の前事業年度」とする。

（認定に関する意見聴取）

第104条 公益法人認定法第8条の規定は、行政庁が第44条の認定をしようとする場合について準用する。この場合において、公益法人認定法第8条第1号中「第6条第3号及び第4号」とあるのは「一般社団法人及び一般財団法人に関する法律及び公益社団法人及び公益財団法人の認定等に関する法律の施行に伴う関係法律の整備等に関する法律（以下この条において「整備法」という。）第101条第1項において準用する第6条第4号」と、同条第2号中「第6条第1号ニ」とあるのは「整備法第101条第1項において準用する第6条第1号ニ」と、同条第3号中「第6条第5

第1章　公益法人制度関係法令

号」とあるのは「整備法第101条第1項において準用する第6条第5号」と読み替えるものとする。

2　行政庁は、第44条の認定をしようとするときは、第101条第1項において準用する公益法人認定法第6条第3号の規定及び第101条第2項に規定する事由の有無について、旧主務官庁の意見を聴くものとする。

（旧主務官庁への通知）

第105条　行政庁は、第103条第1項の申請書の提出を受け、又は第44条の認定をし、若しくはしない処分をしたときは、直ちに、その旨を旧主務官庁に通知しなければならない。

（移行の登記）

第106条　特例民法法人が第44条の認定を受けたときは、その主たる事務所の所在地においては2週間以内に、その従たる事務所の所在地においては3週間以内に、当該特例民法法人については解散の登記をし、名称の変更後の公益法人（公益法人認定法第2条第3号に規定する公益法人をいう。以下この章において同じ。）については設立の登記をしなければならない。この場合においては、一般社団・財団法人法第303条の規定は、適用しない。

2　第44条の認定を受けた特例民法法人は、前項の規定により解散の登記及び設立の登記をしたときは、内閣府令で定めるところにより、遅滞なく、行政庁及び旧主務官庁に、その旨を届け出なければならない。

　（移行の登記の届出）

則**第12条**　整備法第106条第2項の届出をしようとする特例民法法人は、様式第2号の届出書に同条第1項の設立の登記に係る登記事項証明書を添付して、行政庁及び旧主務官庁に提出しなければならない。

（特例民法法人の公益法人への移行）

第107条　第44条の認定を受けた特例民法法人については、同条の認定を公益法人認定法第4条の認定とみなして、前条第1項の登記をした日以後、公益法人認定法の規定（公益法人認定法第9条第1項及び第2項を除く。）を適用する。

（認定の公示等）

第108条　行政庁は、第106条第2項の規定による届出があったときは、内閣府令で

314

定めるところにより、その旨を公示しなければならない。

2　行政庁は、前項に規定する場合には、内閣府令で定めるところにより、遅滞なく、旧主務官庁から事務の引継ぎを受けなければならない。

則第50条　公益法人認定法施行規則第52条の規定は整備法第108条第1項の公示について、公益法人認定法施行規則第53条の規定は整備法第136条第2項（整備法第141条において準用する場合を含む。）の公表について、それぞれ準用する。

（旧主務官庁からの事務の引継ぎ）

則第13条　整備法第108条第2項の規定による事務の引継ぎは、行政庁が必要と認める事項について行うものとする。

（登記を怠ることによる認定の取消し）

第109条　行政庁は、第44条の認定を受けた特例民法法人が、当該認定を受けた日から起算して30日を経過しても第106条第2項の規定による届出をしない場合において、行政庁が相当の期間を定めて同条第1項の登記をすべき旨を催告したにもかかわらず、当該登記をしないときは、その認定を取り消さなければならない。

2　行政庁は、前項の規定により認定を取り消したときは、遅滞なく、その旨を旧主務官庁に通知しなければならない。

3　公益法人認定法第29条第4項の規定は、第1項の規定による認定の取消しについて準用する。

4　移行期間の満了の日後に第1項の規定により第44条の認定を取り消す処分の通知を受けた特例民法法人は、当該通知を受けた日に解散したものとみなす。

5　前項の場合において、旧主務官庁は、第2項の規定による通知を受けたときは、遅滞なく、前項の処分を受けた特例民法法人の主たる事務所の所在地を管轄する登記所に解散の登記を嘱託しなければならない。

（移行期間満了後の認定をしない処分）

第110条　移行期間の満了の日後に第44条の認定をしない処分の通知を受けた認定申請法人は、当該通知を受けた日に解散したものとみなす。

2　前項の場合において、旧主務官庁は、第105条の規定による通知を受けたときは、遅滞なく、同項の処分を受けた認定申請法人の主たる事務所の所在地を管轄する登記所に解散の登記を嘱託しなければならない。

（計算書類等の作成等に関する経過措置）

第1章　公益法人制度関係法令

第111条　第106条第1項の登記をした公益法人が、当該登記をした日前に、第60条第1項の規定に基づいて作成した計算書類及び事業報告並びにこれらの附属明細書（第61条の規定の適用がある場合にあっては、監査報告又は会計監査報告を含む。）は、その作成の日に、当該法人が一般社団・財団法人法の相当規定に基づいて作成したものとみなす。

2　第106条第1項の登記をした日前にその末日が到来した事業年度のうち最終のものに係る計算書類及び事業報告並びにこれらの附属明細書の作成の方法については、第60条第1項の<u>内閣府令</u>で定めるところによる。

3　第61条、第62条及び第1項の規定は、前項の計算書類及び事業報告並びにこれらの附属明細書について準用する。

4　一般社団・財団法人法第128条第1項（一般社団・財団法人法第199条において準用する場合を含む。）の規定は、第1項（前項において準用する場合を含む。）の規定により一般社団・財団法人法の相当規定に基づいて作成したものとみなされた貸借対照表（第106条第1項の登記をした法人が一般社団・財団法人法第2条第2号の大規模一般社団法人又は同条第3号の大規模一般財団法人である場合にあっては、貸借対照表及び損益計算書）については、適用しない。

則第2条～第10条参照（293頁～295頁）。

（移行の登記をした公益財団法人に関する経過措置）

第112条　第106条第1項の登記をした公益財団法人の定款の変更については、一般社団・財団法人法第200条第2項中「設立者が同項ただし書」とあるのは「同項ただし書」と、「旨を第152条第1項又は第2項の定款で定めたとき」とあるのは「旨を一般社団法人及び一般財団法人に関する法律及び公益社団法人及び公益財団法人の認定等に関する法律の施行に伴う関係法律の整備等に関する法律（次項において「整備法」という。）第106条第1項の登記の日以前に定款で定めているとき」と、同条第3項中「その設立の」とあるのは「整備法第106条第1項の登記をした」とする。

2　一般社団・財団法人法第202条第2項の規定は、第106条第1項の登記をした公益財団法人については、当該登記をした日の属する事業年度から適用する。

（公益目的事業財産等に関する特則）

第113条　第106条第1項の登記をした公益法人については、公益法人認定法第18条第1号から第4号まで及び第7号並びに第21条第1項及び第2項中「公益認定を受

316

けた日」とあるのは「一般社団法人及び一般財団法人に関する法律及び公益社団法人及び公益財団法人の認定等に関する法律の施行に伴う関係法律の整備等に関する法律第106条第1項の登記をした日」と、同条第1項及び第2項中「公益認定を受けた後」とあるのは「登記をした日以後」とする。

(認定の取消し等に伴う贈与に関する特則)

第114条 第106条第1項の登記をした公益法人については、公益法人認定法第30条第2項各号中「公益認定を受けた日」とあるのは、「一般社団法人及び一般財団法人に関する法律及び公益社団法人及び公益財団法人の認定等に関する法律の施行に伴う関係法律の整備等に関する法律第106条第1項の登記をした日」とする。

第5款 通常の一般社団法人又は一般財団法人への移行

(移行の認可の申請)

第115条 特例民法法人は、第45条の認可の申請をすることができる。

2 第44条の認定の申請をした特例民法法人は、同条の認定をしない処分を受けた後でなければ、前項の申請をすることができない。

(移行期間満了後における認可の申請の特例)

第116条 前条第2項の規定にかかわらず、第44条の認定の申請をした特例民法法人は、移行期間の満了の日後において当該申請に対する処分がされていないときに限り、第45条の認可の申請をすることができる。

2 前項の規定により第45条の認可の申請があった場合において、第44条の認定をする処分があったときは、当該申請は、取り下げられたものとみなす。

3 第1項の規定により第45条の認可の申請を受けた行政庁は、第44条の認定の申請の取下げがあった後又は同条の認定をしない処分をした後遅滞なく、第45条の認可の申請に対する審査を開始しなければならない。

4 第1項の規定により第45条の認可の申請をした特例民法法人については、次の各号に掲げる場合には、当該各号に定める規定は、適用しない。

一 第44条の認定の申請を取り下げた場合 第46条第1項本文

二 第44条の認定をしない処分の通知を受けた場合 第110条第1項

(認可の基準)

第117条 行政庁は、第45条の認可の申請をした特例民法法人（以下この款において「認可申請法人」という。）が次に掲げる基準に適合すると認めるときは、当該認可

第1章　公益法人制度関係法令

申請法人について同条の認可をするものとする。

一　第120条第2項第2号の定款の変更の案の内容が一般社団・財団法人法及びこれに基づく命令の規定に適合するものであること。

二　第119条第1項に規定する公益目的財産額が<u>内閣府令</u>で定める額を超える認可申請法人にあっては、同項に規定する公益目的支出計画が<u>適正</u>であり、かつ、当該認可申請法人が当該公益目的支出計画を確実に実施すると見込まれるものであること。

※**本条の下点線に対応する公益認定等ガイドライン（ガⅡ－1、Ⅱ－2）の該当箇所については、「第2章　審査基準・会計基準等」の385頁〜390頁を参照。**
則第24条参照（321頁）。

（定款の変更に関する特則）

第118条　第102条の規定は、第45条の認可を受けようとする特例民法法人の定款の変更について準用する。この場合において、第102条中「第106条第1項」とあるのは「第121条第1項において読み替えて準用する第106条第1項」と、「公益社団法人又は公益財団法人」とあるのは「一般社団法人又は一般財団法人」と、「第100条各号」とあるのは「第117条各号」と読み替えるものとする。

（公益目的支出計画の作成）

第119条　第45条の認可を受けようとする特例民法法人は、当該認可を受けたときに解散するものとした場合において旧民法第72条の規定によれば当該特例民法法人の目的に類似する目的のために処分し、又は国庫に帰属すべきものとされる残余財産の額に相当するものとして当該特例民法法人の貸借対照表上の純資産額を基礎として<u>内閣府令</u>で定めるところにより算定した額が<u>内閣府令</u>で定める額を超える場合には、<u>内閣府令</u>で定めるところにより、当該算定した額（以下この款において「公益目的財産額」という。）に相当する金額を公益の目的のために支出することにより零とするための計画（以下この款において「公益目的支出計画」という。）を作成しなければならない。

2　公益目的支出計画においては、次に掲げる事項を定めなければならない。

一　<u>公益の目的のための次に掲げる支出</u>

イ　公益目的事業のための支出

ロ　公益法人認定法第5条第17号に規定する者に対する寄附

ハ　第45条の認可を受けた後も継続して行う不特定かつ多数の者の利益の増進に

寄与する目的に関する事業のための支出（イに掲げるものを除く。）その他の<u>内閣府令</u>で定める支出

二　公益目的財産額に相当する金額から前号の支出の額（当該支出をした事業に係る収入があるときは、<u>内閣府令</u>で定めるところにより、これを控除した額に限る。）を控除して得た額（以下この款において「公益目的財産残額」という。）が零となるまでの各事業年度ごとの同号の支出に関する計画

三　前号に掲げるもののほか、第１号の支出を確保するために必要な事項として<u>内閣府令</u>で定める事項

則**第14条**　<u>整備法第119条第１項</u>に規定する公益目的財産額は、第２条第１項ただし書の事業年度（事業年度に関する規定を定める他の法律の規定により移行の登記をした日の属する事業年度の開始の日から移行の登記をした日までの期間が当該法人の事業年度とみなされる場合にあっては、当該期間）の末日（以下「算定日」という。）における貸借対照表の純資産の部に計上すべき額に第１号に掲げる額を加算し、第２号、第３号及び第４号に掲げる額を減算して得た額とする。

一　特例民法法人が算定日において次に掲げる資産（以下「時価評価資産」という。）を有する場合の当該時価評価資産の算定日における時価が算定日における帳簿価額を超える場合のその超える部分の額

　　イ　土地又は土地の上に存する権利

　　ロ　有価証券

　　ハ　書画、骨とう、生物その他の資産のうち算定日における帳簿価額と時価との差額が著しく多額である資産

二　特例民法法人が算定日において時価評価資産を有する場合の当該時価評価資産の算定日における帳簿価額が算定日における時価を超える場合のその超える部分の額

三　基金の額

四　前号に掲げるもののほか、貸借対照表の純資産の部に計上すべきもののうち支出又は保全が義務付けられていると認められるものの額

2　前項の規定により貸借対照表の純資産の部に加算され、又は減算された時価評価資産については、この章の規定の適用に当たっては、当該時価評価資産の帳簿価額は、当該加算された額が増額され、又は当該減算された額が減額されたものとみなす。

（整備法第119条第２項第１号ハに規定する支出）

則**第15条**　<u>整備法第119条第２項第１号ハ</u>に規定する内閣府令で定める支出は、特例民法法人が整備法第45条の認可を受けた後も継続して行う不特定かつ多数の者の利益の増進に寄与する目的に関する事業のための支出（同号イに掲げるものを除く。）

とする。

（整備法第119条第２項第１号の支出の額）

則**第16条** 移行法人の各事業年度の<u>整備法第119条第２項第１号</u>の支出の額（以下「公益目的支出の額」という。）は、この府令に別段の定めのあるものを除き、次に掲げる額の合計額とする。

一 当該事業年度の損益計算書に計上すべき当該移行法人が整備法第45条の認可を受けた公益目的支出計画（整備法第125条第１項の変更の認可を受けたときは、その変更後の公益目的支出計画）に記載した整備法第119条第２項第１号イ又はハに規定する事業（以下「実施事業」という。）に係る事業費の額

二 当該事業年度において支出をした整備法第119条第２項第１号ロに規定する寄附（以下「特定寄附」という。）の額（当該支出に付随して発生した費用の額を含む。）

三 前２号に掲げるもののほか、当該事業年度の損益計算書に計上すべき実施事業に係る経常外費用の額

（整備法第119条第２項第１号の支出をした事業に係る収入の額）

則**第17条** 移行法人の各事業年度の<u>整備法第119条第２項第２号</u>の規定により公益目的支出の額から控除すべき実施事業に係る収入の額（以下「実施事業収入の額」という。）は、この府令に別段の定めのあるものを除き、次に掲げる額の合計額とする。ただし、実施事業に係る金融資産から生じた収益の額又は指定正味財産（移行の登記をした日の前日までに受け入れたものに限る。）から一般正味財産に振り替えることによって生じた収益の額のうち行政庁が適当と認めるものについては、実施事業収入の額としないことができる。

一 当該事業年度の損益計算書に計上すべき実施事業に係る収益の額

二 当該事業年度の損益計算書に計上すべき実施事業に係る資産（以下「実施事業資産」という。）から生じた収益の額

2 前項各号の収益の額の算定に当たっては、当該収益の発生に伴って受け入れる資産が金銭以外のものである場合には、当該資産の額は、受け入れた時における時価によるものとする。

（実施事業資産の評価損益）

則**第18条** 移行法人がその有する実施事業資産の評価換えをして、その帳簿価額を減額し、又は増額した場合には、その減額し、又は増額した部分の額は、その移行法人の各事業年度の公益目的支出の額又は実施事業収入の額に算入しない。

2 前項の場合において、同項に規定する実施事業資産の評価換えにより減額され、又は増額された額を公益目的支出の額又は実施事業収入の額に算入されなかった実施事業資産の帳簿価額は、その評価換えをした日の属する事業年度以後の各事業年度の公益目的支出の額又は実施事業収入の額の計算上、その減額又は増額がされな

3．整備法関係法令

かったものとみなす。

則第19条〜第21条　削除

（関連する費用等）

則第22条　移行法人の事業費と管理費とに関連する費用の額は、適正な基準により
それぞれの費用の額に配賦しなければならない。ただし、配賦することが困難なも
のについては、その全部を管理費に係る費用の額とすることができる。

2　移行法人の実施事業と実施事業以外の事業とに関連する事業費の額は、適正な基
準によりそれぞれの事業費の額に配賦しなければならない。ただし、配賦すること
が困難なものについては、その全部を実施事業以外の事業に係る事業費の額とする
ことができる。

3　移行法人の実施事業等（実施事業及び特定寄附をいう。以下同じ。）と実施事業
等以外の業務その他の活動とに関連する収益の額は、適正な基準によりそれぞれの
収益の額に配賦しなければならない。ただし、配賦することが困難なものについて
は、前項の規定により実施事業以外の事業に係る事業費の額とされたものに対応す
ることが明らかな収益の額にあっては実施事業等以外の業務その他の活動に係る収
益の額とし、それ以外の収益の額にあっては実施事業等に係る収益の額とすること
ができる。

則第23条　移行法人の各事業年度の末日における公益目的財産残額は、当該移行法
人の公益目的財産額から当該事業年度の末日における公益目的収支差額を減算して
得た額（公益目的収支差額が零を下回る場合にあっては、減算する額は零）とする。

2　前項に規定する公益目的収支差額は、各事業年度の前事業年度の末日における公
益目的収支差額（移行の登記をした日の属する事業年度にあっては、零）に当該事
業年度の公益目的支出の額を加算して得た額から、当該事業年度の実施事業収入の
額を減算して得た額とする。

3　前項の規定にかかわらず、次の各号に掲げる法人の合併をした日の属する事業年
度の末日における公益目的収支差額は、これらの法人の当該事業年度の末日におけ
る公益目的収支差額に当該合併により消滅する移行法人の当該各号に定める日の前
日における公益目的収支差額を加算して得た額とする。

一　整備法第126条第1項第1号又は第2号に規定する合併をする場合の合併後存
続する法人当該合併がその効力を生じた日

二　整備法第126条第1項第3号に規定する合併をする場合の合併により設立する
法人当該合併により設立する法人の成立の日

（整備法第119条第1項に規定する額）

則第24条　整備法第119条第1項に規定する内閣府令で定める額は、零とする。

（公益目的支出計画の作成）

第1章　公益法人制度関係法令

則**第25条**　公益目的支出計画においては、次に掲げる事項を定めなければならない。この場合において、第3号から第9号までに掲げる事項にあっては、特例民法法人が整備法第45条の認可の申請をする日の属する事業年度の開始の日に移行の登記をしたものと仮定したときにおける当該事業年度から公益目的財産残額が零となると見込まれる事業年度までの各事業年度におけるこれらの事項を記載しなければならない。

一　名称及び主たる事務所の所在場所

二　公益目的財産額

三　実施事業等

四　実施事業を行う場所の名称及び所在場所並びに役務を提供する相手方

五　特定寄附の相手方の名称及び主たる事務所の所在場所並びに使途を特定して寄附をする場合にあっては、当該使途

六　各事業年度の公益目的支出の額の見込み及びその明細

七　各事業年度の実施事業収入の額の見込み及びその明細

八　各事業年度の末日における公益目的収支差額の見込み

九　各事業年度の末日における公益目的財産残額の見込み

十　公益目的財産残額が零となると見込まれる事業年度の末日

十一　算定日における時価評価資産の明細

十二　公益目的支出計画を実施している間における合併の予定の有無及び合併を予定する場合においては、合併がその効力を生ずる予定年月日

十三　次条に掲げる事項

　（公益の目的のための支出を確保するために必要な事項）

則**第26条**　<u>整備法第119条第2項第3号</u>に規定する内閣府令で定める事項は、次に掲げる事項とする。

一　実施事業のために必要な施設、人員等実施事業が確実に実施されることを確保するために必要な事項

二　特定寄附のために必要な財源等特定寄附が確実に実施されることを確保するために必要な事項

ガ Ⅱ－1＜公益目的支出計画が「適正」であることについて＞参照（385頁）。

（認可の申請手続等）

第120条　第45条の認可の申請は、<u>内閣府令</u>で定めるところにより、次に掲げる事項を記載した申請書を行政庁に提出してしなければならない。

一　名称及び代表者の氏名

322

二　主たる事務所及び従たる事務所の所在場所

2　前項の申請書には、次に掲げる書類を添付しなければならない。

一　定款

二　定款の変更の案（認可申請法人において定款の変更について必要な手続を経ているものに限る。）

三　公益目的財産額及びその計算を記載した**内閣府令**で定める書類

四　財産目録、貸借対照表その他の認可申請法人の財務内容を示す書類として**内閣府令**で定めるもの

五　前条第１項の規定により公益目的支出計画を作成しなければならない認可申請法人にあっては、公益目的支出計画を記載した書類

六　前各号に掲げるもののほか、**内閣府令**で定める書類

3　前項の規定にかかわらず、第45条の認可の申請が第116条第１項の規定によりされたものである場合には、第１項の申請書には、**内閣府令**で定める書類の添付を省略することができる。

4　行政庁は、認可申請法人が作成した公益目的支出計画が第117条第２号に掲げる基準に適合するかどうかを判断するために必要な場合には、当該認可申請法人の事業活動の内容について、旧主務官庁の意見を聴くものとする。

5　行政庁は、第１項の申請書の提出を受け、又は第45条の認可をし、若しくはしない処分をしたときは、直ちに、その旨を旧主務官庁に通知しなければならない。

（移行の認可の申請）

則**第27条**　整備法第45条の認可を受けようとする特例民法法人は、様式第３号の申請書に**整備法第120条第２項**に規定する書類を添付して、行政庁に提出しなければならない。

（申請時の公益目的財産額）

則**第28条**　整備法第45条の認可の申請をする特例民法法人に対する第14条の規定の適用については、整備法第45条の認可の申請をする日の属する事業年度の前事業年度（合併をする特例民法法人にあっては、一般社団・財団法人法第306条第１項の登記をする日の属する事業年度以後のものに限る。以下「申請直前事業年度」という。）の末日を算定日とみなす。

2　特例民法法人（合併をする特例民法法人を除く。）が申請直前事業年度の末日から起算して３箇月以内に整備法第45条の認可の申請をする場合において当該申請直前事業年度に係る計算書類及び事業報告並びにこれらの附属明細書を作成していないときにおける前項、第30条第１項第２号及び第31条第３号の規定の適用については、前項中「いう。）」とあるのは「いう。）の前事業年度」と、第30条第１項第２

323

第1章　公益法人制度関係法令

号及び第31条第3号中「申請直前事業年度」とあるのは「申請直前事業年度の前事業年度」とする。

（公益目的財産額及びその計算を記載した書類）

則第29条　整備法第120条第2項第3号の内閣府令で定める書類は、次に掲げる事項を記載した書類とする。

一　公益目的財産額

二　算定日における貸借対照表の純資産の部に計上すべき額

三　各時価評価資産の算定日における帳簿価額並びに時価及びその算定方法

四　算定日における引当金の明細

五　算定日における第14条第1項第4号に規定するものの明細

（財務内容を示す書類）

則第30条　整備法第120条第2項第4号の内閣府令で定める書類は、次に掲げる書類とする。

一　算定日における財産目録並びに貸借対照表及びその附属明細書

二　申請直前事業年度の損益計算書及びその附属明細書

2　一般社団・財団法人法第131条の規定により基金を引き受ける者の募集をした特例社団法人については、一般社団法人及び一般財団法人に関する法律施行規則（平成19年法務省令第28号。以下「一般社団・財団法人法施行規則」という。）第27条の規定にかかわらず、前項各号に掲げる書類（財産目録を除く。）に係る事項の金額は、1円単位をもって表示しなければならない。

3　前項の規定は、第1項第1号の財産目録に係る事項の金額の表示について準用する。

（整備法第45条の認可の申請の添付書類）

則第31条　整備法第120条第2項第6号の内閣府令で定める書類は、次に掲げる書類とする。

一　登記事項証明書

二　時価評価資産の算定日における時価の算定の根拠を明らかにする書類

三　申請直前事業年度の事業報告及びその附属明細書

四　認可申請法人（整備法第117条に規定する認可申請法人をいう。）において定款の変更について必要な手続を経ていることを証する書類

五　事業計画書及び収支予算書

六　整備法第124条の確認を受けるまでの間の収支の見込みを記載した書類

七　前2号に掲げるもののほか、整備法第117条第2号に掲げる基準に適合することを説明した書類

八　前各号に掲げるもののほか、行政庁が必要と認める書類

3．整備法関係法令

（添付を省略することができる書類）

則**第32条**　整備法第120条第3項に規定する内閣府令で定める書類は、次に掲げる書類とする。

一　定款

二　登記事項証明書（整備法第44条の認定の申請をした際に添付した登記事項証明書に変更がない場合に限る。）

則**第33条**　第29条第1号の額が第24条に規定する額を超える特例民法法人が移行の登記をしたときは、当該移行の登記をした日から起算して3箇月以内に、次に掲げる書類を行政庁に提出しなければならない。

一　第14条に規定する公益目的財産額及び第29条の規定の例によりその計算を記載した書類

二　算定日における貸借対照表及びその附属明細書

2　第30条第2項の規定は、前項第2号に掲げる書類に係る事項の金額の表示について準用する。

3　行政庁は、第1項第1号の公益目的財産額に誤りがないと認めるときは、当該額を当該移行法人の公益目的財産額とする旨を当該移行法人に通知するものとする。

4　前項の場合において、第1項第1号の公益目的財産額が第24条に規定する額以下であるときにあっては、行政庁は、当該移行法人について整備法第123条第1項の規定の適用がない旨を併せて通知するものとする。

ガⅡ－3＜公益目的財産額の確定について＞（390頁）参照。

（認定に関する規定の準用）

第121条　第106条の規定は、第45条の認可を受けた場合の登記について準用する。この場合において、第106条第1項中「公益法人（公益法人認定法第2条第3号に規定する公益法人をいう。以下この章において同じ。）」とあるのは、「一般社団法人又は一般財団法人」と読み替えるものとする。

2　第110条の規定は、移行期間の満了の日後に第45条の認可をしない処分の通知を受けた認可申請法人について準用する。この場合において、第110条第2項中「第105条」とあるのは、「第120条第5項」と読み替えるものとする。

3　第111条の規定は、第1項において読み替えて準用する第106条第1項の登記をした一般社団法人及び一般財団法人について準用する。

（移行の登記をした一般財団法人に関する経過措置）

第122条　前条第1項において読み替えて準用する第106条第1項の登記をした一般

第1章 公益法人制度関係法令

財団法人の定款の変更については、一般社団・財団法人法第200条第2項中「設立者が同項ただし書」とあるのは「同項ただし書」と、「旨を第152条第1項又は第2項の定款で定めたとき」とあるのは「旨を一般社団法人及び一般財団法人に関する法律及び公益社団法人及び公益財団法人の認定等に関する法律の施行に伴う関係法律の整備等に関する法律（以下この条において「整備法」という。）第121条第1項において読み替えて準用する整備法第106条第1項の登記の日以前に定款で定めているとき」と、同条第3項中「その設立の」とあるのは「整備法第121条第1項において読み替えて準用する整備法第106条第1項の登記をした」とする。

2　一般社団・財団法人法第202条第2項の規定は、前条第1項において読み替えて準用する第106条第1項の登記をした一般財団法人については、当該登記をした日の属する事業年度から適用する。

（移行法人の義務等）

第123条　第121条第1項において読み替えて準用する第106条第1項の登記をした一般社団法人又は一般財団法人であってその作成した公益目的支出計画の実施について次条の確認を受けていないもの（以下この節において「移行法人」という。）は、同条の確認を受けるまで、公益目的支出計画（第125条第1項の変更の認可を受けたときは、その変更後のもの。以下この款において同じ。）に定めたところに従って第119条第2項第1号の支出をしなければならない。

2　第45条の認可をした行政庁（以下この節において「認可行政庁」という。）は、移行法人の公益目的支出計画の履行を確保するために必要な範囲内において、移行法人を監督するものとする。

（公益目的支出計画の実施が完了したことの確認）

第124条　移行法人は、第119条第2項第1号の支出により公益目的財産残額が零となったときは、内閣府令で定めるところにより、認可行政庁に公益目的支出計画の実施が完了したことの確認を求めることができる。

則**第34条**　整備法第124条の確認を受けようとする移行法人は、様式第4号の請求書に公益目的財産残額が零となった事業年度に係る整備法第127条第3項に規定する書類（整備法第127条第2項の規定により読み替えて準用する一般社団・財団法人法第124条第1項（一般社団・財団法人法第199条において準用する場合を含む。）の規定の適用がある場合にあっては、公益目的支出計画実施報告書に係る監査報告を含む。）を添付して、認可行政庁に提出しなければならない。

（公益目的支出計画の変更の認可等）

第125条　移行法人は、公益目的支出計画の変更（<u>内閣府令</u>で定める軽微な変更を除く。）をしようとするときは、<u>内閣府令</u>で定めるところにより、認可行政庁の認可を受けなければならない。

2　第117条（第2号に係る部分に限る。）の規定は、前項の変更の認可について準用する。

3　移行法人は、次に掲げる場合には、<u>内閣府令</u>で定めるところにより、遅滞なく、その旨を認可行政庁に届け出なければならない。

一　名称若しくは住所又は代表者の氏名を変更したとき。

二　公益目的支出計画について第1項の<u>内閣府令</u>で定める軽微な変更をしたとき。

三　定款で残余財産の帰属に関する事項を定めたとき又はこれを変更したとき。

四　定款で移行法人の存続期間若しくは解散の事由を定めたとき又はこれらを変更したとき。

五　解散（合併による解散を除く。）をしたとき。

（公益目的支出計画における軽微な変更）

則第35条　整備法第125条第1項の内閣府令で定める軽微な変更は、次に掲げる変更とする。

一　実施事業を行う場所の名称又は所在場所のみの変更

二　特定寄附の相手方の名称又は主たる事務所の所在場所のみの変更

三　各事業年度の公益目的支出の額又は実施事業収入の額の変更で、次のいずれにも該当しないもの

イ　各事業年度の公益目的支出の額が公益目的支出計画に定めた公益目的支出の額の見込みを下回る変更で、当該変更により公益目的支出計画が第25条第10号に規定する日（次号において「完了予定年月日」という。）に完了しなくなることが明らかであるもの

ロ　各事業年度の実施事業収入の額が公益目的支出計画に定めた実施事業収入の額の見込みを上回る変更で、当該変更により公益目的支出計画が完了予定年月日に完了しなくなることが明らかであるもの

四　合併の予定の変更又は当該合併がその効力を生ずる予定年月日の変更

（公益目的支出計画の変更の認可の申請）

則第36条　整備法第125条第1項の変更の認可を受けようとする移行法人は、様式第5号の申請書に次に掲げる書類を添付して、認可行政庁に提出しなければならない。

一　公益目的支出計画の変更の案

第1章　公益法人制度関係法令

　二　公益目的支出計画の変更について必要な手続を経ていることを証する書類

　三　第31条第5号から第7号までに掲げる書類のうち、変更に係るもの

　四　前各号に掲げるもののほか、行政庁が必要と認める書類

　（公益目的支出計画の変更等の届出）

則**第37条**　整備法第125条第3項第1号から第4号までに掲げる場合のいずれかに該当して同項の届出をしようとする移行法人は、様式第6号の届出書に当該変更を証する書類を添付して、認可行政庁に提出しなければならない。

2　整備法第125条第3項第5号に掲げる場合に該当して同項の届出をしようとする移行法人は、様式第7号の届出書に解散の事由を明らかにする書類を添付して、認可行政庁に提出しなければならない。

3　第1項の規定にかかわらず、第35条第3号に掲げる変更があった場合にあっては、移行法人は、当該事業年度の公益目的支出計画実施報告書に同号に掲げる変更があった旨を明示して提出すれば足りる。

4　移行法人が前項の公益目的支出計画実施報告書を提出したときは、当該移行法人が整備法第125条第3項の規定による届出をしたものとみなす。

　（合併をした場合の届出等）

第126条　移行法人が合併をした場合には、合併後存続する法人（公益法人を除く。以下この項、次項及び第4項において同じ。）又は合併により設立する法人（公益法人を除く。次項から第4項までにおいて同じ。）は、<u>内閣府令</u>で定めるところにより、次の各号に掲げる合併の場合の区分に応じ、当該各号に定める認可行政庁に合併をした旨を届け出なければならない。

　一　移行法人が吸収合併をした場合であって合併後存続する法人が移行法人であるとき　当該移行法人に係る認可行政庁及び合併により消滅する移行法人がある場合にあっては、当該移行法人に係る認可行政庁

　二　移行法人が吸収合併をした場合であって合併後存続する法人が移行法人以外の法人であるとき　合併により消滅する移行法人に係る認可行政庁

　三　移行法人が新設合併をした場合　合併により消滅する移行法人に係る認可行政庁

2　前項の規定による届出には、次に掲げる書類を添付しなければならない。

　一　合併後存続する法人又は合併により設立する法人の定款

　二　合併をする移行法人の最終事業年度（一般社団法人である移行法人にあっては一般社団・財団法人法第2条第2号に規定する最終事業年度をいい、一般財団法人である移行法人にあっては同条第3号に規定する最終事業年度をいう。次号に

おいて同じ。）に係る貸借対照表その他の財務内容を示す書類として**内閣府令**で定めるもの

三　合併をする移行法人の最終事業年度に係る次条第1項に規定する公益目的支出計画実施報告書

四　前3号に掲げるもののほか、**内閣府令**で定める書類

3　第1項第2号又は第3号に掲げる場合における同項の規定による届出をした一般社団法人又は一般財団法人は、同項第2号に掲げる場合にあっては当該吸収合併がその効力を生ずる日以後、同項第3号に掲げる場合にあっては合併により設立する法人の成立の日以後、同項第2号又は第3号に定める認可行政庁（認可行政庁が2以上あるときは、これらの認可行政庁が**内閣府令**で定めるところにより協議して定める一の認可行政庁）を認可行政庁とする移行法人とみなして、第123条から第130条まで及び第132条の規定を適用する。

4　移行法人が合併をした場合における合併後存続する法人又は合併により設立する法人についての公益目的財産額は、合併をする移行法人の公益目的財産額の合計額とする。

5　次の各号に掲げる場合にあっては、合併により消滅する移行法人は、当該各号に定める日において第124条の確認を受けたものとみなす。

一　移行法人が吸収合併をした場合であって合併後存続する法人が公益法人であるとき　当該吸収合併がその効力を生ずる日

二　移行法人が新設合併をした場合であって合併により設立する法人が公益法人であるとき　当該新設合併により設立する法人の成立の日

6　前項の場合には、合併後存続する公益法人又は合併により設立する公益法人は、遅滞なく、**内閣府令**で定めるところにより、当該合併により消滅した移行法人が第124条の確認を受けたものとみなされた旨を当該移行法人に係る従前の認可行政庁に届け出なければならない。

（合併の届出）

則第38条　**整備法第126条第1項**の届出をしようとする移行法人は、次の各号に掲げる合併の場合の区分に応じ、当該各号に定める日から起算して3箇月以内に、様式第8号の届出書に同条第2項に規定する書類を添付して、同条第1項各号に定める認可行政庁に提出しなければならない。

一　移行法人が吸収合併をした場合当該吸収合併がその効力を生じた日

二　移行法人が新設合併をした場合当該新設合併により設立する法人の成立の日

2　**整備法第126条第2項第2号**の内閣府令で定める書類は、次の各号に掲げる移行法人の区分に応じ、当該各号に定める書類とする。

第1章　公益法人制度関係法令

　一　合併後存続する移行法人次に掲げる書類

　　イ　整備法第126条第2項第2号に規定する最終事業年度（ロにおいて単に「最
　　　終事業年度」という。）の末日における貸借対照表及びその附属明細書（一般
　　　社団・財団法人法第124条第1項又は第2項（これらの規定を一般社団・財団
　　　法人法第199条において準用する場合を含む。ロにおいて同じ。）の規定の適用
　　　がある場合にあっては、監査報告又は会計監査報告を含む。次号において同
　　　じ。）

　　ロ　最終事業年度の損益計算書及びその附属明細書（一般社団・財団法人法第
　　　124条第1項又は第2項の規定の適用がある場合にあっては、監査報告又は会
　　　計監査報告を含む。次号において同じ。）

　二　合併により消滅する移行法人前項各号に定める日の属する事業年度の開始の日
　　から同項各号に定める日の前日までの期間に係る貸借対照表及び損益計算書並び
　　にこれらの附属明細書を作成するとするならばこれらの書類に記載し、又は記録
　　すべき内容を記載した書類

3　一般社団・財団法人法施行規則第27条の規定にかかわらず、前項第1号に定める
　書類に係る事項の金額は、1円単位をもって表示しなければならない。

4　前項の規定は、第2項第2号に定める書類に係る事項の金額の表示について準用
　する。

5　整備法第126条第2項第4号の内閣府令で定める書類は、次に掲げる書類とす
　る。

　一　次のイ又はロに掲げる合併の場合の区分に応じ、当該イ又はロに定める書類

　　イ　吸収合併の場合吸収合併契約書の写し及び一般社団・財団法人法第247条又
　　　は第251条第1項の規定による吸収合併契約の承認があったことを証する書類

　　ロ　新設合併の場合新設合併契約書の写し及び一般社団・財団法人法第257条の
　　　規定による新設合併契約の承認があったことを証する書類

　二　合併後存続する法人又は合併により設立する法人の登記事項証明書

　三　合併後存続する法人又は合併により設立する法人の整備法第124条の確認を受
　　けるまでの間の収支の見込みを明らかにする書類

　四　合併により消滅する移行法人の定款及び当該移行法人が解散したことが記載さ
　　れた登記事項証明書

　五　合併により消滅する移行法人の第1項各号に掲げる合併の場合の区分に応じ、当
　　該各号に定める日の前日までの公益目的支出計画の実施の状況を明らかにする書類
　　（第41条の規定の例により作成した書類をいう。第49条第3号において同じ。）

　六　前各号に定めるもののほか、認可行政庁が必要と認める書類

　　（認可行政庁の決定）

330

則第39条 整備法第126条第1項第2号又は第3号に掲げる場合であって当該合併により消滅する移行法人に係る認可行政庁が2以上あるときにおいては、これらの認可行政庁間の協議により同条第3項の規定により移行法人とみなされる一般社団法人又は一般財団法人（以下この条において「みなされる移行法人」という。）に係る一の認可行政庁を定めるものとする。

2　前項の協議が調わないときは、次に掲げる場合の区分に応じ、当該各号に定める認可行政庁をみなされる移行法人に係る一の認可行政庁とする。

一　当該合併により消滅する移行法人に係る吸収合併がその効力を生じた日又は新設合併により設立する法人の成立の日の前日（以下この項において「基準日」という。）における公益目的財産残額が異なる場合当該合併により消滅する移行法人のうち基準日における公益目的財産残額が最も多い移行法人に係る認可行政庁

二　前号の規定により認可行政庁が決定しない場合当該合併により消滅する移行法人のうち、公益目的財産額が最も少ない移行法人に係る認可行政庁

三　前2号の規定によっても認可行政庁が決定しない場合基準日における公益目的支出計画の完了予定年月日が最も遅い移行法人に係る認可行政庁

（公益法人と合併をした場合の届出）

則第40条 整備法第126条第6項の規定による届出をしようとする公益法人は、様式第9号の届出書に同条第2項各号に掲げる書類（第38条第5項第3号に掲げる書類を除く。）を添付して、当該合併により消滅した移行法人に係る従前の認可行政庁に提出するものとする。

（公益目的支出計画実施報告書の作成及び提出等）

第127条 移行法人は、各事業年度ごとに、内閣府令で定めるところにより、公益目的支出計画の実施の状況を明らかにする書類（以下この節において「公益目的支出計画実施報告書」という。）を作成しなければならない。

2　一般社団・財団法人法第123条第3項及び第4項、第124条第1項及び第3項、第125条並びに第126条第1項及び第3項（これらの規定を一般社団・財団法人法第199条において準用する場合を含む。）の規定は、移行法人の公益目的支出計画実施報告書について準用する。この場合において、一般社団・財団法人法第124条第1項及び第125条中「法務省令」とあるのは、「内閣府令」と読み替えるものとする。

3　移行法人は、毎事業年度の経過後3箇月以内に、当該事業年度の一般社団・財団法人法第129条第1項（一般社団・財団法人法第199条において準用する場合を含む。）に規定する計算書類等及び公益目的支出計画実施報告書を認可行政庁に提出しなければならない。

第1章　公益法人制度関係法令

4　認可行政庁は、移行法人から提出を受けた公益目的支出計画実施報告書について閲覧又は謄写の請求があった場合には、内閣府令で定めるところにより、その閲覧又は謄写をさせなければならない。

5　移行法人は、次の各号に掲げる移行法人の区分に応じ、公益目的支出計画実施報告書を、当該各号に定める日から5年間、その主たる事務所に備え置かなければならない。

一　一般社団法人である移行法人　定時社員総会の日の1週間（理事会を置く移行法人にあっては、2週間）前の日（一般社団・財団法人法第58条第1項の場合にあっては、同項の提案があった日）

二　一般財団法人である移行法人　定時評議員会の日の2週間前の日（一般社団・財団法人法第194条第1項の場合にあっては、同項の提案があった日）

6　何人も、移行法人の業務時間内は、いつでも、公益目的支出計画実施報告書について、次に掲げる請求をすることができる。この場合においては、当該移行法人は、正当な理由がないのにこれを拒んではならない。

一　公益目的支出計画実施報告書が書面をもって作成されているときは、当該書面又は当該書面の写しの閲覧の請求

二　公益目的支出計画実施報告書が電磁的記録をもって作成されているときは、当該電磁的記録に記録された事項を内閣府令で定める方法により表示したものの閲覧の請求

（公益目的支出計画実施報告書）

則第41条　整備法第127条第1項の規定により作成すべき公益目的支出計画実施報告書には、次に掲げる事項を記載しなければならない。

一　当該事業年度の実施事業等の状況

二　当該事業年度の公益目的支出の額及びその明細

三　当該事業年度の実施事業収入の額及びその明細

四　算定日に有していた時価評価資産の当該事業年度の末日における状況

五　当該事業年度の引当金の明細

六　当該事業年度の第14条第1項第4号に規定するものの明細

七　公益目的財産額

八　当該事業年度の末日における公益目的収支差額

九　当該事業年度の末日における公益目的財産残額

（移行法人の計算書類）

則第42条　整備法第127条第3項の規定により提出する貸借対照表は、実施事業資産を区分して明らかにしなければならない。

332

2 　整備法第127条第3項の規定により提出する損益計算書は、次に掲げる区分を設けて表示するとともに、各区分において実施事業等に係る額を明らかにしなければならない。この場合において、各区分は、適当な項目に細分することができる。

一　経常収益

二　事業費

三　管理費

四　経常外収益

五　経常外費用

3 　前項第4号及び第5号に掲げる項目については、それぞれ経常外収益又は経常外費用を示す適当な名称を付すことができる。

4 　第38条第3項の規定は、第1項の貸借対照表及び第2項の損益計算書並びにこれらの附属明細書に係る事項の金額の表示について準用する。

ガ Ⅱ－4＜移行法人の計算書類について＞（390頁）参照。

（公益目的支出計画実施報告書の監査）

則 **第43条**　整備法第127条第2項において読み替えて準用する一般社団・財団法人法第124条第1項（一般社団・財団法人法第199条において準用する場合を含む。）の規定による監査については、この条の定めるところによる。

2 　監事は、公益目的支出計画実施報告書を受領したときは、次に掲げる事項を内容とする監査報告を作成しなければならない。

一　監事の監査の方法及びその内容

二　公益目的支出計画実施報告書が法令又は定款に従い当該移行法人の公益目的支出計画の実施の状況を正しく示しているかどうかについての意見

三　監査のため必要な調査ができなかったときは、その旨及びその理由

四　監査報告を作成した日

3 　特定監事は、次に掲げる日のいずれか遅い日までに、特定理事に対し、監査報告の内容を通知しなければならない。

一　公益目的支出計画実施報告書を受領した日から4週間を経過した日

二　特定理事及び特定監事の間で合意により定めた日があるときは、その日

4 　公益目的支出計画実施報告書については、特定理事が前項の規定による監査報告の内容の通知を受けた日に、監事の監査を受けたものとする。

5 　前項の規定にかかわらず、特定監事が第3項の規定により通知をすべき日までに同項の規定による監査報告の内容の通知をしない場合には、当該通知をすべき日に、公益目的支出計画実施報告書については、監事の監査を受けたものとみなす。

6 　第3項及び第4項に規定する「特定理事」とは、次の各号に掲げる場合の区分に応じ、当該各号に定める者をいう。

第1章　公益法人制度関係法令

一　第3項の規定による通知を受ける理事を定めた場合　当該通知を受ける理事として定められた理事

二　前号に掲げる場合以外の場合　公益目的支出計画実施報告書の作成に関する職務を行った理事

7　第3項及び第5項に規定する「特定監事」とは、次の各号に掲げる場合の区分に応じ、当該各号に定める者をいう。

一　2以上の監事が存する場合において、第3項の規定による監査報告の内容の通知をすべき監事を定めたとき　当該通知をすべき監事として定められた監事

二　2以上の監事が存する場合において、第3項の規定による監査報告の内容の通知をすべき監事を定めていないとき　すべての監事

三　前2号に掲げる場合以外の場合　監事

8　監査報告は、整備法第127条第3項の規定により提出する公益目的支出計画実施報告書に添付しなければならない。

（公益目的支出計画実施報告書の社員等への提供）

則**第44条**　整備法第127条第2項において読み替えて準用する一般社団・財団法人法第125条（一般社団・財団法人法第199条において準用する場合を含む。）の規定による公益目的支出計画実施報告書の提供に関しては、この条の定めるところによる。

2　一般社団法人である移行法人が定時社員総会の招集通知を次の各号に掲げる方法により行う場合にあっては、公益目的支出計画実施報告書は、当該各号に定める方法により提供しなければならない。

一　書面の提供　次のイ又はロに掲げる場合の区分に応じ、当該イ又はロに定める方法

イ　公益目的支出計画実施報告書が書面をもって作成されている場合　当該書面に記載された事項を記載した書面の提供

ロ　公益目的支出計画実施報告書が電磁的記録をもって作成されている場合　当該電磁的記録に記録された事項を記載した書面の提供

二　電磁的方法による提供　次のイ又はロに掲げる場合の区分に応じ、当該イ又はロに定める方法

イ　公益目的支出計画実施報告書が書面をもって作成されている場合　当該書面に記載された事項の電磁的方法による提供

ロ　公益目的支出計画実施報告書が電磁的記録をもって作成されている場合　当該電磁的記録に記録された事項の電磁的方法による提供

3　一般社団法人である移行法人の理事は、公益目的支出計画実施報告書の内容とすべき事項について、定時社員総会の招集通知を発出した日から定時社員総会の前日

３．整備法関係法令

までの間に修正をすべき事情が生じた場合における修正後の事項を社員に周知させ
る方法を、当該招集通知と併せて通知することができる。

4　前2項の規定は、一般財団法人である移行法人について準用する。この場合にお
いて、第2項各号列記以外の部分及び前項中「社員総会の招集通知」とあるのは「評
議員会の招集通知（一般社団・財団法人法第182条第1項又は第2項の規定による
通知をいう。）」と、前項中「社員総会の前日」とあるのは「評議員会の前日」と、「社
員に」とあるのは「評議員に」と読み替えるものとする。

（閲覧又は謄写）

則**第45条**　整備法第127条第4項の規定による閲覧又は謄写は、認可行政庁が定める
閲覧所において行うものとする。

2　認可行政庁は、前項に規定する閲覧所の場所をインターネットの利用その他の適
切な方法により公示しなければならない。

（電磁的記録に記録された事項を表示する方法）

則**第46条**　整備法第127条第6項第2号の内閣府令で定める方法は、当該電磁的記録
に記録された事項を紙面又は出力装置の映像面に表示する方法とする。

（報告及び検査）

第128条　認可行政庁は、移行法人が次のいずれかに該当すると疑うに足りる相当な
理由があるときは、この款の規定の施行に必要な限度において、移行法人に対し、
その業務若しくは財産の状況に関し報告を求め、又はその職員に、当該移行法人の
事務所に立ち入り、その業務若しくは財産の状況若しくは帳簿、書類その他の物件
を検査させ、若しくは関係者に質問させることができる。

一　正当な理由がなく、第119条第2項第1号の支出をしないこと。

二　各事業年度ごとの第119条第2項第1号の支出が、公益目的支出計画に定めた
支出に比して著しく少ないこと。

三　公益目的財産残額に比して当該移行法人の貸借対照表上の純資産額が著しく少
ないにもかかわらず、第125条第1項の変更の認可を受けず、将来における公益
目的支出計画の実施に支障が生ずるおそれがあること。

2　前項の規定による立入検査をする職員は、その身分を示す<u>証明書</u>を携帯し、関係
者の請求があったときは、これを提示しなければならない。

3　第1項の規定による立入検査の権限は、犯罪捜査のために認められたものと解し
てはならない。

（職員の身分証明書の様式）

則**第47条**　整備法第128条第2項の証明書は、様式第10号によるものとする。

第1章　公益法人制度関係法令

（勧告及び命令）

第129条　認可行政庁は、移行法人が前条第1項各号のいずれかに該当すると認める
ときは、当該移行法人に対し、期限を定めて、必要な措置をとるべき旨の勧告をす
ることができる。

2　認可行政庁は、前項の勧告を受けた移行法人が、正当な理由がなく、その勧告に
係る措置をとらなかったときは、当該移行法人に対し、その勧告に係る措置をとる
べきことを命ずることができる。

（移行法人の清算時の残余財産の帰属の制限）

第130条　移行法人が清算をする場合において、公益目的財産残額があるときは、当
該移行法人の残余財産のうち当該公益目的財産残額に相当する額の財産（当該残余
財産の額が当該公益目的財産残額を下回っているときは、当該残余財産）について
は、一般社団・財団法人法第239条の規定にかかわらず、内閣府令で定めるところ
により、認可行政庁の承認を受けて、公益法人認定法第5条第17号に規定する者に
帰属させなければならない。

（残余財産の処分の承認の申請）

則第48条　移行法人が清算をする場合において公益目的財産残額があるときには、
当該移行法人は、当該移行法人の残余財産の額が確定した後、当該残余財産の引渡
しをするまでの間に整備法第130条の規定による残余財産の処分の承認を受けなけ
ればならない。

2　整備法第130条の規定により残余財産の処分の承認を受けようとする移行法人
は、様式第11号の申請書に次に掲げる書類を添付して、認可行政庁に提出しなけれ
ばならない。

一　残余財産の処分方法及びその理由を記載した書類

二　残余財産の確定した日における公益目的財産残額及びその計算を明らかにする
書類

三　一般社団・財団法人法第239条第2項の規定により残余財産を帰属させる法人
を定める場合にあっては、当該帰属させる法人を定めた社員総会又は評議員会の
議事録（社員総会又は評議員会の決議があったものとみなされる場合にあって
は、当該場合に該当することを証する書面）

四　残余財産を帰属させる法人の登記事項証明書（残余財産の帰属先が国又は地方
公共団体である場合を除く。）

五　残余財産を帰属させる法人が公益法人認定法第5条第17号トに掲げる法人であ
る場合にあっては、その旨を証する書類

336

六　前各号に定めるもののほか、認可行政庁が必要と認める書類

（認可の取消し）

第131条　認可行政庁は、第45条の認可を受けた認可申請法人が、偽りその他不正の手段により当該認可を受けたときは、その認可を取り消さなければならない。この場合において、同条の認可を取り消す処分を受けた当該認可申請法人は、特例民法法人とみなす。

2　第109条第1項の規定は、第45条の認可を受けた特例民法法人について準用する。この場合において、同項中「第106条第2項」とあるのは、「第121条第1項において準用する第106条第2項」と読み替えるものとする。

3　第109条第2項の規定は、第1項の規定又は前項において読み替えて準用する同条第1項の規定により認可を取り消した場合について準用する。

4　移行期間の満了の日後に第1項の規定又は第2項において読み替えて準用する第109条第1項の規定により第45条の認可を取り消す処分の通知を受けた特例民法法人は、当該通知を受けた日に解散したものとみなす。

5　第109条第5項の規定は、旧主務官庁が第3項において準用する同条第2項の規定による通知を受けた場合について準用する。この場合において、同条第5項中「前項」とあるのは、「第131条第4項」と読み替えるものとする。

（移行法人が公益法人の認定を受けた場合の特則）

第132条　移行法人が公益法人認定法第4条の認定を受けた場合には、当該認定を受けた日において第124条の確認を受けたものとみなす。

2　前項の場合には、公益法人認定法第4条の認定を受けた公益法人は、<u>内閣府令</u>で定めるところにより、遅滞なく、第124条の確認を受けたものとみなされた旨を従前の認可行政庁に届け出なければならない。

（移行法人が公益法人の認定を受けた場合の届出）

則第49条　整備法第132条第2項の規定による届出をしようとする公益法人は、様式第12号の届出書に次に掲げる書類を添付して、認可行政庁に提出しなければならない。

一　登記事項証明書

二　公益法人認定法第4条の認定を受けたことを証する書類

三　公益法人認定法第4条の認定を受けた日の前日までの公益目的支出計画の実施の状況を明らかにする書類

四　前各号に定めるもののほか、認可行政庁が必要と認める書類

第1章　公益法人制度関係法令

第6款　雑　則

（委員会への諮問等）

第133条　公益法人認定法第32条第1項に規定する公益認定等委員会（以下この款において「委員会」という。）は、公益法人認定法の規定によりその権限に属させられた事項を処理するほか、この款の規定によりその権限に属させられた事項を処理する。

2　内閣総理大臣は、第44条の認定の申請に対する処分をしようとする場合（認定申請法人が第101条第1項において準用する公益法人認定法第6条各号（第1号イ及び第2号を除く。）のいずれかに該当するものである場合及び第101条第2項に規定するものである場合並びに行政手続法（平成5年法律第88号）第7条の規定に基づき当該認定を拒否する場合を除く。）には、第104条第1項において読み替えて準用する公益法人認定法第8条の規定による同条第1号に規定する許認可等行政機関の意見（第101条第1項において準用する公益法人認定法第6条第4号に該当する事由の有無に係るものを除く。）を付して、委員会に諮問しなければならない。ただし、委員会が諮問を要しないものと認めたものについては、この限りでない。

3　内閣総理大臣は、次に掲げる場合には、委員会に諮問しなければならない。ただし、委員会が諮問を要しないものと認めたものについては、この限りでない。

一　第45条の認可の申請又は第125条第1項の変更の認可の申請に対する処分をしようとする場合（行政手続法第7条の規定に基づきこれらの認可を拒否する場合を除く。）

二　第129条第2項の規定による命令又は第131条第1項の規定による認可の取消しをしようとする場合（次に掲げる場合を除く。）

　イ　第125条第3項若しくは第126条第1項の規定による届出又は第127条第3項の規定による計算書類等及び公益目的支出計画実施報告書の提出をしなかったことを理由としてこれらの処分をしようとする場合

　ロ　第136条第1項の勧告に基づいてこれらの処分をしようとする場合

三　第138条第2項において読み替えて準用する前項ただし書、この項ただし書及び次項ただし書の政令の制定又は改廃の立案をしようとする場合並びに第60条第1項、第103条第1項及び第2項第3号、第117条第2号、第119条第1項並びに第2項第1号ハ、第2号及び第3号、第120条第1項、第2項第3号、第4号及び第6号並びに第3項、第125条第1項（軽微な変更を定める<u>内閣府令</u>に係る部分を除く。）及び第3項（第2号を除く。）、第126条第1項並びに第2項第2号及び第4号、第127条第1項、同条第2項において読み替えて準用する一般社団・財団法人法第124条第1項及び第125条、次条及び第139条において準用する公益

338

法人認定法第44条第１項並びに第136条第２項（第141条において準用する場合を含む。）の内閣府令の制定又は改廃をしようとする場合

4　内閣総理大臣は、第２項若しくは前項第１号に規定する処分又は同項第２号に規定する命令若しくは認可の取消しについての審査請求〔平成28年４月１日〜〕に対する裁決をしようとする場合には、次に掲げる場合を除き、委員会に諮問しなければならない。ただし、委員会が諮問を要しないものと認めたものについては、この限りでない。

一　審査請求が不適法であるとして却下する場合

二　審査請求をした特例民法人が第101条第１項において準用する公益法人認定法第６条各号のいずれかに該当するものである場合又は第101条第２項に規定するものである場合

三　前項第２号イに規定する理由による処分についての審査請求である場合

囲**第35条**参照（327 頁）。

（答申の公表等）

第134条　公益法人認定法第44条の規定は、前条第２項から第４項までの規定による諮問に対する答申について準用する。

（内閣総理大臣による送付等）

第135条　内閣総理大臣は、第125条第３項、第126条第１項若しくは第６項又は第132条第２項の規定による届出に係る書類の写し並びに第127条第３項の規定により提出を受けた計算書類等及び公益目的支出計画実施報告書の写しを委員会に送付しなければならない。

2　内閣総理大臣は、委員会に諮問しないで次に掲げる措置を講じたときは、その旨を委員会に通知しなければならない。

一　第44条の認定の申請に対する処分（行政手続法第７条の規定に基づく拒否を除く。）

二　第45条の認可の申請又は第125条第１項の変更の認可の申請に対する処分（行政手続法第７条の規定に基づく拒否を除く。）

三　第129条第２項の規定による命令又は第131条第１項の規定による認可の取消し（次条第１項の勧告に基づく命令又は認可の取消しを除く。）

四　第133条第３項第３号の政令の制定又は改廃の立案及び同号の内閣府令の制定又は改廃

五　第133条第４項に規定する審査請求に対する裁決（審査請求が不適法であるこ

339

第1章　公益法人制度関係法令

とによる却下の裁決を除く。）

（委員会による勧告等）

第136条　委員会は、前条第1項若しくは第2項（第1号及び第4号を除く。）の場合又は第143条第1項の規定に基づき第128条第1項の規定による報告の徴収、検査若しくは質問を行った場合には、移行法人が第117条第2号に掲げる基準に適合するかどうかを審査し、必要があると認めるときは、第129条第1項の勧告若しくは同条第2項の規定による命令又は第131条第1項の規定による認可の取消しその他の措置をとることについて内閣総理大臣に勧告をすることができる。

2　委員会は、前項の勧告をしたときは、<u>内閣府令</u>で定めるところにより、当該勧告の内容を公表しなければならない。

3　委員会は、第1項の勧告をしたときは、内閣総理大臣に対し、当該勧告に基づいてとった措置について報告を求めることができる。

則第50条参照（315頁）。

（資料提出その他の協力）

第137条　公益法人認定法第47条の規定は、この款の規定により委員会の権限に属させられた事務を処理する場合について準用する。

（合議制の機関への諮問等）

第138条　公益法人認定法第50条第1項に規定する合議制の機関（以下この款において単に「合議制の機関」という。）は、同項の規定によりその権限に属させられた事項を処理するほか、この款の規定によりその権限に属させられた事項を処理する。

2　第133条第2項、第3項（第3号を除く。）及び第4項の規定は、都道府県知事について準用する。この場合において、同条第2項中「委員会に」とあるのは「第138条第1項に規定する合議制の機関（以下この条において単に「合議制の機関」という。）に」と、同項ただし書中「委員会が」とあるのは「合議制の機関が<u>政令</u>で定める基準に従い」と、同条第3項中「委員会に」とあるのは「合議制の機関に」と、同項ただし書中「委員会が」とあるのは「合議制の機関が<u>政令</u>で定める基準に従い」と、同項第2号ロ中「第136条第1項」とあるのは「第141条において読み替えて準用する第136条第1項」と、同条第4項中「委員会に」とあるのは「合議制の機関に」と、同項ただし書中「委員会が」とあるのは「合議制の機関が<u>政令</u>で定める基準に従い」と読み替えるものとする。

340

⊕法第138条第2項に関する政令は未制定。

（答申の公表等）

第139条　公益法人認定法第44条の規定は、合議制の機関について準用する。この場合において、同条第2項中「内閣総理大臣」とあるのは、「都道府県知事」と読み替えるものとする。

（都道府県知事による通知等）

第140条　第135条（第2項第4号を除く。）の規定は、都道府県知事について準用する。この場合において、同条第1項中「委員会」とあるのは「第138条第1項に規定する合議制の機関（以下この条において単に「合議制の機関」という。）」と、同条第2項中「委員会」とあるのは「合議制の機関」と、同項第3号中「次条第1項」とあるのは「第141条において読み替えて準用する次条第1項」と、同項第5号中「第133条第4項」とあるのは「第138条第2項において読み替えて準用する第133条第4項」と読み替えるものとする。

（合議制の機関による勧告等）

第141条　第136条の規定は、合議制の機関について準用する。この場合において、同条第1項中「前条第1項若しくは第2項（第1号及び第4号を除く。）」とあるのは「第140条において読み替えて準用する前条第1項又は第2項（第1号を除く。）」と、「第143条第1項の規定に基づき」とあるのは「第143条第2項の規定により読み替えて適用する」と、同項及び同条第3項中「内閣総理大臣」とあるのは「都道府県知事」と読み替えるものとする。

（資料提出その他の協力）

第142条　公益法人認定法第47条の規定はこの款の規定により合議制の機関の権限に属させられた事務を処理する場合について、公益法人認定法第56条の規定はこの節の規定の施行について、それぞれ準用する。

（権限の委任等）

第143条　内閣総理大臣は、第128条第1項の規定による権限を委員会に委任する。

2　認可行政庁が都道府県知事である場合には、第128条第1項中「認可行政庁」とあるのは「第138条第1項に規定する合議制の機関」と、「その職員」とあるのは「その庶務をつかさどる職員」とする。

341

第7款　罰　則

第144条　次のいずれかに該当する者は、6月以下の懲役又は50万円以下の罰金に処する。

一　偽りその他不正の手段により第44条の認定、第45条の認可又は第125条第1項の変更の認可を受けた者

二　第129条第2項の規定による命令に違反した者

第145条　次のいずれかに該当する者は、50万円以下の罰金に処する。

一　第42条第3項の規定に違反して、公益社団法人又は公益財団法人という文字をその名称中に用いた者

二　第42条第4項の規定に違反して、公益財団法人又は公益社団法人という文字をその名称中に用いた者

第146条　第103条第1項の申請書若しくは同条第2項各号に掲げる書類又は第120条第1項の申請書若しくは同条第2項各号に掲げる書類に虚偽の記載をして提出した者は、30万円以下の罰金に処する。

第147条　法人の代表者又は法人若しくは人の代理人、使用人その他の従業者が、その法人又は人の業務に関し、前3条の違反行為をしたときは、行為者を罰するほか、その法人又は人に対しても、各本条の罰金刑を科する。

第148条　特例民法法人の理事又は監事は、次のいずれかに該当する場合には、100万円以下の過料に処する。

一　第60条第1項の規定に違反して、計算書類及び事業報告並びにこれらの附属明細書に記載し、若しくは記録すべき事項を記載せず、若しくは記録せず、又は虚偽の記載若しくは記録をしたとき。

二　第70条第2項（第71条において準用する場合を含む。）の規定に違反して、財産目録等を備え置かず、又は財産目録等に虚偽の記載若しくは記録をしたとき。

三　正当な理由がないのに、第70条第3項各号（第71条において準用する場合を含む。）に掲げる請求を拒んだとき。

四　第70条第4項又は第6項（これらの規定を第71条において準用する場合を含む。）の規定に違反したとき。

五　第106条第1項（第121条第1項において読み替えて準用する場合を含む。）の規定による登記をすることを怠ったとき。

第149条 移行法人の理事、監事又は清算人は、次のいずれかに該当する場合には、100万円以下の過料に処する。

一　第127条第1項の規定に違反して、公益目的支出計画実施報告書に記載し、若しくは記録すべき事項を記載せず、若しくは記録せず、又は虚偽の記載若しくは記録をしたとき。

二　第127条第5項の規定に違反して、公益目的支出計画実施報告書を備え置かなかったとき。

三　正当な理由がないのに、第127条第6項各号に掲げる請求を拒んだとき。

第150条　特例民法法人の理事又は監事は、第72条第2項又は第106条第2項（第121条第1項において準用する場合を含む。）の規定による届出をせず、又は虚偽の届出をしたときは、50万円以下の過料に処する。

第151条　移行法人又は公益法人の理事、監事又は清算人は、次のいずれかに該当する場合には、50万円以下の過料に処する。

一　第125条第3項、第126条第1項若しくは第6項又は第132条第2項の規定による届出をせず、又は虚偽の届出をしたとき。

二　第127条第3項の規定に違反して、一般社団・財団法人法第129条第1項（一般社団・財団法人法第199条において準用する場合を含む。）に規定する計算書類等又は公益目的支出計画実施報告書を提出せず、又はこれに虚偽の記載をして提出したとき。

三　第128条第1項の報告をせず、若しくは虚偽の報告をし、又は同項の規定による検査を拒み、妨げ、若しくは忌避し、若しくは同項の規定による質問に対して答弁をせず、若しくは虚偽の答弁をしたとき。

第152条　次のいずれかに該当する者は、20万円以下の過料に処する。

一　第42条第3項の規定に違反して、一般社団法人という文字をその名称中に用いた者

二　第42条第4項の規定に違反して、一般財団法人という文字をその名称中に用いた者

三　第42条第5項の規定に違反して、特例社団法人であると誤認されるおそれのある文字をその名称又は商号中に用いた者

四　第42条第6項の規定に違反して、特例財団法人であると誤認されるおそれのある文字をその名称又は商号中に用いた者

第1章　公益法人制度関係法令

第5節　非訟事件手続法の一部改正

第153条　略

第6節　法人の登記に関する経過措置

（法人の登記）

第154条　一般社団・財団法人法第6章第4節の規定は、この節に別段の定めがある場合を除き、施行日前に生じた事項にも適用する。ただし、前条による改正前の非訟事件手続法（以下「旧非訟事件手続法」という。）の規定によって生じた効力を妨げない。

2　施行日前にした旧非訟事件手続法の規定又は旧非訟事件手続法第124条において準用する商業登記法の規定による処分、手続その他の行為は、この条に別段の定めがある場合を除き、一般社団・財団法人法の相当規定又は一般社団・財団法人法第330条において準用する商業登記法の相当規定によってしたものとみなす。

3　第43条第2項又は第48条第2項の規定によりなお従前の例によることとされる場合における特例民法法人の設立又は理事に関する登記の申請その他の登記に関する手続については、なお従前の例による。

4　施行日前にされた登記の申請に係る登記に関する手続については、なお従前の例による。

5　施行日前に登記すべき事項が生じた場合における登記の申請書に添付すべき資料については、なお従前の例による。

6　特例財団法人が登記すべき事項につき第94条第2項の定めによる手続又は同条第3項により理事若しくは清算人の定める手続を要するときは、申請書にこれらの手続があったことを証する書面を添付しなければならない。

7　特例民法法人の合併による変更の登記については、一般社団・財団法人法第322条第2号中「第252条第2項」とあるのは「一般社団法人及び一般財団法人に関する法律及び公益社団法人及び公益財団法人の認定等に関する法律の施行に伴う関係法律の整備等に関する法律（以下この条において「整備法」という。）第71条において読み替えて準用する整備法第70条第4項」と、同号及び同条第5号中「催告（同条第3項の規定により公告を官報のほか第331条第1項の規定による定めに従い同項第2号又は第3号に掲げる方法によってした場合にあっては、これらの方法による公告）」とあるのは「催告」と、同条第4号中「第247条」とあるのは「整備法第67条」と、同条第5号中「第248条第2項」とあるのは「整備法第70条第4項」とする。

（登記簿）

第155条　この法律の施行の際現に登記所に備えられている旧非訟事件手続法第119条に規定する法人登記簿のうち、旧社団法人に係る部分及び旧財団法人に係る部分は、それぞれ一般社団・財団法人法第316条に規定する一般社団法人登記簿及び一般財団法人登記簿とみなす。

（法務大臣の指定）

第156条　この法律の施行の際現に存する旧非訟事件手続法第124条において準用する商業登記法第49条第1項の規定による指定は、一般社団・財団法人法第330条において準用する商業登記法第49条第1項の規定による指定とみなす。

（移行の登記）

第157条　第106条第1項（第121条第1項において読み替えて準用する場合を含む。）の設立の登記においては、特例民法法人の成立の年月日、特例民法法人の名称並びに名称を変更した旨及びその年月日をも登記しなければならない。

（移行の登記の申請）

第158条　前条の登記の申請書には、次に掲げる書面を添付しなければならない。

一　第44条の認定又は第45条の認可を受けたことを証する書面

二　定款

三　新たに選任する評議員、理事又は監事がいる場合は、第92条の認可を受けたことを証する書面及び当該者が就任を承諾したことを証する書面

四　前条の登記をする者が次のイ又はロに掲げるものである場合において、新たに選任する会計監査人がいるときは、当該イ又はロに定める書面

　イ　特例社団法人　一般社団・財団法人法第318条第2項第4号に掲げる書面

　ロ　特例財団法人　一般社団・財団法人法第319条第2項第6号に掲げる書面

第159条　第44条の認定又は第45条の認可を受けた特例民法法人についての解散の登記の申請と名称の変更後の公益法人又は一般社団法人若しくは一般財団法人についての設立の登記の申請とは、同時にしなければならない。

2　前項の解散の登記の申請については、一般社団・財団法人法第330条において準用する商業登記法の申請書の添付書面に関する規定は、適用しない。

3　登記官は、第1項の登記の申請のいずれかにつき一般社団・財団法人法第330条

第1章　公益法人制度関係法令

において準用する商業登記法第24条各号のいずれかに掲げる事由があるときは、これらの申請を共に却下しなければならない。

（法務省令への委任）
第160条　第154条から前条までに定めるもののほか、法人の登記に関する手続について必要な経過措置は、**法務省令**で定める。

⟐法第160条に関する省令は未制定。

第2章～第13章　（略）

　　　　附　則

　この法律は、一般社団・財団法人法の施行の日〔平成20年12月1日〕から施行する。

　　　　附　則（平成21年4月30日法律第29号）抄

（施行期日）
第1条　この法律は、公布の日から起算して3月を超えない範囲内において政令で定める日から施行する。
（一般社団法人及び一般財団法人に関する法律及び公益社団法人及び公益財団法人の認定等に関する法律の施行に伴う関係法律の整備等に関する法律の一部改正に伴う経過措置）
第26条　前条の規定による改正前の一般社団法人及び一般財団法人に関する法律及び公益社団法人及び公益財団法人の認定等に関する法律の施行に伴う関係法律の整備等に関する法律（以下この条において「整備法」という。）第362条の規定により一般社団法人及び一般財団法人に関する法律（平成18年法律第48号）の規定に違反し、刑に処せられたものとみなされた整備法第1条の規定による廃止前の中間法人法（平成13年法律第49号）の規定（整備法第1章第2節の規定によりなお従前の例によることとされる場合における整備法第1条の規定による廃止前の中間法人法の規定を含む。）に違反し、刑に処せられた者は、新研究組合法第24条（新研究組合法第60条において準用する場合を含む。）の規定の適用については、一般社団法人及び一般財団法人に関する法律の規定に違反し、刑に処せられたものとみなす。

　　　　附　則（平成26年6月13日法律第69号）　抄

346

（施行期日）

第1条 この法律は、行政不服審査法（平成26年法律第68号）の施行の日〔平成28年4月1日〕から施行する。

令**附 則**

この政令は、整備法の施行の日（平成20年12月1日）から施行する。

則**附 則**

この府令は、整備法の施行の日（平成20年12月1日）から施行する。

則**附 則** （平成25年1月23日内閣府令第1号）

（施行期日）

1 この府令は、公布の日から施行する。

（経過措置）

2 この府令の施行前に一般社団法人及び一般財団法人に関する法律及び公益社団法人及び公益財団法人の認定等に関する法律の施行に伴う関係法律の整備等に関する法律第121条第1項において読み替えて準用する同法第106条第1項の登記をした移行法人の最終事業年度（一般社団法人である移行法人にあっては一般社団法人及び一般財団法人に関する法律（平成18年法律第48号）第2条第2号に規定する最終事業年度をいい、一般財団法人である移行法人にあっては同条第3号に規定する最終事業年度をいう。）に係る公益目的収支差額について、この府令による改正後の規則の規定に基づき算定した額がこの府令による改正前の規則の規定に基づき算定した額を上回るときは、当該上回る額については、当該最終事業年度の公益目的支出の額に加算することができる。

3 前項の規定による措置は、この府令の施行後3年以内に終了する事業年度に係る公益目的収支差額に限り、行うことができる。

第1章　公益法人制度関係法令

様式第1号（第11条第1項関係）

年　月　日

　　　　　殿

　　　　　　　　　　　　　　　法人の名称
　　　　　　　　　　　　　　　代表者の氏名　　　　　印

移行認定申請書

　一般社団法人及び一般財団法人に関する法律及び公益社団法人及び公益財団法人の認定等に関する法律の施行に伴う関係法律の整備等に関する法律第44条の規定による認定を受けたいので、同法第103条の規定により、下記のとおり申請します。

記

1　主たる事務所の所在場所
2　従たる事務所の所在場所
3　公益目的事業を行う都道府県の区域
4　公益目的事業の種類及び内容
5　収益事業等の内容
6　認定を受けた後の法人の名称
7　旧主務官庁の名称
　（備考）
　1　用紙の大きさは、日本工業規格A列4番とすること。
　2　3には、定款に定めがある場合にのみ記載すること。
　3　6には、公益社団法人・公益財団法人の別を含めて記載すること。
　4　旧主務官庁が複数ある場合にあっては、すべての旧主務官庁を記載すること。

348

3．整備法関係法令

様式第２号（第12条第１項関係）

年　月　日

　　殿

法人の名称
代表者の氏名　　　　　　　印

移行登記完了届出書

　年　月　日付けで解散の登記及び設立の登記を完了したので、一般社団法人及び一般財団法人に関する法律及び公益社団法人及び公益財団法人の認定等に関する法律の施行に伴う関係法律の整備等に関する法律第106条第２項の規定により、届け出ます。

（備考）
　用紙の大きさは、日本工業規格A列４番とすること。

349

第1章　公益法人制度関係法令

様式第3号（第27条関係）

年　月　日

殿

法人の名称

代表者の氏名　　　　　　印

移行認可申請書

　一般社団法人及び一般財団法人に関する法律及び公益社団法人及び公益財団法人の認定等に関する法律の施行に伴う関係法律の整備等に関する法律第45条の規定による認定を受けたいので、同法第120条の規定により、下記のとおり申請します。

記

1　主たる事務所の所在場所

2　従たる事務所の所在場所

3　認定を受けた後の法人の名称

4　旧主務官庁の名称

（備考）

　1　用紙の大きさは、日本工業規格A列4番とすること。

　2　3には、一般社団法人・一般財団法人の区別を含めて記載すること。

　3　旧主務官庁が複数ある場合にあっては、すべての旧主務官庁を記載すること。

3．整備法関係法令

様式第４号（第34条関係）

年　月　日

殿

法人の名称
代表者の氏名　　　　　　　印

公益目的支出計画実施完了確認請求書

　公益目的支出計画の実施が下記の日に完了したので、一般社団法人及び一般財団法人に関する法律及び公益社団法人及び公益財団法人の認定等に関する法律の施行に伴う関係法律の整備等に関する法律第124条の規定により、公益目的支出計画の実施が完了したことの確認を請求します。

記

公益目的支出計画の実施が完了した日
（備考）
用紙の大きさは、日本工業規格Ａ列４番とすること。

351

様式第5号（第36条関係）

年　月　日

殿

法人の名称
代表者の氏名　　　　　　　印

公益目的支出計画変更認可申請書

　公益目的支出計画の変更の認可を受けたいので、一般社団法人及び一般財団法人に関する法律及び公益社団法人及び公益財団法人の認定等に関する法律の施行に伴う関係法律の整備等に関する法律第125条第1項の規定により、下記のとおり申請します。

記

変更内容		
変更に係る事項	変更後	変更前
変更予定年月日	年　月　日	

（備考）

1　用紙の大きさは、日本工業規格A列4番とすること。

2　「変更に係る事項」の欄には、それぞれの変更事項について、変更前及び変更後の事項を記載すること。なお、枠内に記載しきれないときは、当該様式の例により作成した書面に記載し、この申請書に添付すること。

様式第6号（第37条第1項関係）

年　月　日

殿

法人の名称
代表者の氏名　　　　　　　印

公益目的支出計画等変更届出書

　一般社団法人及び一般財団法人に関する法律及び公益社団法人及び公益財団法人の認定等に関する法律の施行に伴う関係法律の整備等に関する法律第125条第3項に掲げる変更をしたので、同項の規定により、下記のとおり届け出ます。

記

変更内容		
変更に係る事項	変更後	変更前
変更年月日	年　月　日	

（備考）

1　用紙の大きさは、日本工業規格A列4番とすること。

2　「変更に係る事項」の欄には、それぞれの変更事項について、変更前及び変更後の事項を記載すること。なお、枠内に記載しきれないときは、当該様式の例により作成した書面に記載し、この申請書に添付すること。

第1章　公益法人制度関係法令

様式第7号（第37条第2項関係）

年　月　日

殿

法人の名称

清算人の氏名　　　　　　印

解散届出書

　下記のとおり一般社団法人（一般財団法人）を解散したので、一般社団法人及び一般財団法人に関する法律及び公益社団法人及び公益財団法人の認定等に関する法律の施行に伴う関係法律の整備等に関する法律第125条第3項の規定により、下記のとおり届け出ます。

記

1　解散の日

2　解散の事由

3　清算人の連絡先

（備考）

　用紙の大きさは、日本工業規格A列4番とすること。

様式第8号（第38条第1項関係）

年　月　日

　　　　殿

法人の名称

代表者の氏名　　　　　　印

合併届出書

　下記のとおり合併したので、一般社団法人及び一般財団法人に関する法律及び公益社団法人及び公益財団法人の認定等に関する法律の施行に伴う関係法律の整備等に関する法律第126条第1項の規定により、届け出ます。

記

合併後存続する法人又は合併により設立する法人	名称	
	主たる事務所の所在場所	
	従たる事務所の所在場所	
	代表者の氏名	
	公益目的財産額	
	公益目的収支差額	
	公益目的支出計画の変更の予定の有無	有・無 概要（　　　　　　　　　　）
合併により消滅する法人	名称	
	住所	
	代表者の氏名	
	公益目的財産額	
	公益目的収支差額	
その他	合併の種類	
	吸収合併がその効力を生ずる日	
	新設合併により設立する法人の設立の日	

（備考）

1 　用紙の大きさは、日本工業規格A列4番とすること。

2 　「名称」の欄には、法人の種別（公益社団法人・一般財団法人等）も記載すること。

3 　合併により消滅する法人が複数ある場合にあっては、「合併により消滅する法人」の欄を適宜追加して記入すること。

4 　「合併の種類」の欄には、吸収合併・新設合併の別を記載すること。

様式第９号（第40条関係）

年　月　日

殿

法人の名称

代表者の氏名　　　　　　　印

　合併により公益目的支出計画の実施が完了したことの確認を受けた
　とみなされた旨の届出書

　下記のとおり合併し、当該合併により消滅した移行法人が公益目的支出計画の
実施が完了したことの確認を受けたとみなされたので、一般社団法人及び一般財
団法人に関する法律及び公益社団法人及び公益財団法人の認定等に関する法律の
施行に伴う関係法律の整備等に関する法律第126条第６項の規定により、下記の
とおり届け出ます。

記

吸収合併後存続する公益法人	住所	
	当該合併がその効力を生ずる日	年　月　日
新設合併により設立する公益法人	住所	
	当該合併がその効力を生ずる日	年　月　日
合併に係る移行法人	名称	
	住所	
	公益目的財産額	
	公益目的収支差額	

（備考）

1　用紙の大きさは、日本工業規格Ａ列４番とすること。

2　「名称」の欄には、法人の種別も記載すること。

3　合併に係る法人が複数ある場合にあっては、「合併に係る移行法人」の欄
　を適宜追加して記入すること。

第1章 公益法人制度関係法令

様式第10号（第47条関係）

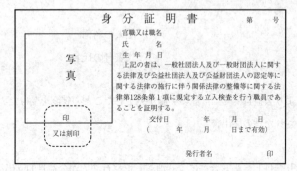

（表　面）

（裏　面）

　一般社団法人及び一般財団法人に関する法律及び公益社団法人及び公益財団法人の
認定等に関する法律の施行に伴う関係法律の整備等に関する法律抜粋

第128条　認可行政庁は、移行法人が次のいずれかに該当すると疑うに足りる相当な理由があるときは、この款の規定の施行に必要な限度において、移行法人に対し、その業務若しくは財産の状況に関し報告を求め、又はその職員に、当該移行法人の事務所に立ち入り、その業務若しくは財産の状況若しくは帳簿、書類その他の物件を検査させ、若しくは関係者に質問させることができる。

一　正当な理由がなく、第119条第2項第1号の支出をしないこと。

二　各事業年度ごとの第119条第2項第1号の支出が、公益目的支出計画に定めた支出に比して著しく少ないこと。

三　公益目的財産残額に比して当該移行法人の貸借対照表上の純資産額が著しく少ないにもかかわらず、第125条第1項の変更の認可を受けず、将来における公益目的支出計画の実施に支障が生ずるおそれがあること。

2　前項の規定による立入検査をする職員は、その身分を示す証明書を携帯し、関係者の請求があったときは、これを提示しなければならない。

3　第1項の規定による立入検査の権限は、犯罪捜査のために認められたものと解してはならない。

第143条　内閣総理大臣は、第128条第1項の規定による権限を委員会に委任する。

2　認可行政庁が都道府県知事である場合には、第128条第1項中「認可行政庁」とあるのは「第138条第1項に規定する合議制の機関」と、「その職員」とあるのは「その庶務をつかさどる職員」とする。

（備考）　規格は、縦5.4cm×横8.5cmとする。

様式第11号（第48条第2項関係）

年　月　日

　　　殿

法人の名称

清算人の氏名　　　　　　印

残余財産帰属先承認申請書

　一般社団法人及び一般財団法人に関する法律及び公益社団法人及び公益財団法人の認定等に関する法律の施行に伴う関係法律の整備等に関する法律第130条の規定により残余財産の帰属先に関する承認を受けたいので、下記のとおり申請します。

記

1　解散の届出をした日

2　残余財産の確定した日における公益目的財産残額

3　残余財産の額

4　帰属させる財産の内容

5　残余財産のうち最終事業年度の公益目的財産残額に相当する財産の帰属先に関する次の事項

　（1）　帰属先となる法人の住所

　（2）　対象となる法人の名称

　（3）　対象となる法人の種別

（備考）

　用紙の大きさは、日本工業規格A列4番とすること。

第1章　公益法人制度関係法令

様式第12号（第49条関係）

年　月　日

殿

　　　　　　　　法人の名称

　　　　　　　　清算人の氏名　　　　　　　印

公益認定届出書

　公益社団法人及び公益財団法人の認定等に関する法律第4条の認定を受けたの
で、一般社団法人及び一般財団法人に関する法律及び公益社団法人及び公益財団
法人の認定等に関する法律の施行に伴う関係法律の整備等に関する法律第132条
第2項の規定により、下記のとおり届け出ます。

記

1　認定を受けた日
2　認定を受ける前の移行法人の名称
（備考）

　用紙の大きさは、日本工業規格A列4番とすること。

3．整備法関係法令

○一般社団法人及び一般財団法人に関する法律及び公益社団法人及び公益財団法人の認定等に関する法律の施行に伴う関係法律の整備等に関する法律の施行に伴う関係省令の整備及び経過措置に関する省令（抄）

第1条～第8条　（略）
（旧有限責任中間法人の基金の総額の登記等に関する経過措置）
第9条　この省令の施行の際現にされている次に掲げる登記は、登記官が職権で抹消する記号を記録しなければならない。
　一　旧有限責任中間法人（一般社団法人及び一般財団法人に関する法律及び公益社団法人及び公益財団法人の認定等に関する法律の施行に伴う関係法律の整備等に関する法律（以下「整備法」という。）第2条第1項に規定する旧有限責任中間法人をいう。以下同じ。）の基金（代替基金を含む。）の総額の登記
　二　旧有限責任中間法人の基金の拠出者の権利に関する規定の登記
　三　旧有限責任中間法人の基金の返還の手続の登記
　四　旧有限責任中間法人の理事（解散後にあっては、清算人）の共同代表に関する規定の登記
　五　旧社団法人（整備法第48条第1項に規定する旧社団法人をいう。以下同じ。）又は旧財団法人（同項に規定する旧財団法人をいう。以下同じ。）の資産の総額の登記
　六　旧社団法人又は旧財団法人の出資の方法の登記
2　登記官は、整備法第23条第7項の規定により職権で登記をするときは、登記記録に整備法の規定により記録した旨及びその年月日を記録して登記官の識別番号を記録しなければならない。
（特例無限責任中間法人の登記の取扱手続に関する経過措置）
第10条　特例無限責任中間法人（整備法第25条第2項に規定する特例無限責任中間法人をいう。以下この条において同じ。）が整備法第30条の規定により名称の変更をした場合の名称の変更後の一般社団法人についてする登記において、整備法第33条第2項の規定により登記すべき事項（特例無限責任中間法人の成立の年月日を除く。）は、登記記録中登記記録区に記録しなければならない。
2　前項に規定する場合の特例無限責任中間法人についてする解散の登記は、登記記録中登記記録区にしなければならない。
3　前項に規定する登記をしたときは、その登記記録を閉鎖しなければならない。
（特例社団法人及び特例財団法人の登記の取扱手続に関する経過措置）

361

第11条　特例社団法人（整備法第42条第1項に規定する特例社団法人をいう。次条において同じ。）又は特例財団法人（同項に規定する特例財団法人をいう。次条において同じ。）の名称を登記するときは、整備法第154条第3項又は第4項の規定によりなお従前の例によることとされる場合以外の場合においても、当該記録にそれぞれ社団法人又は財団法人の文字を付記しなければならない。ただし、当該法人の名称中にこれらの文字が用いられているときは、この限りでない。

第12条　特例社団法人又は特例財団法人が整備法第44条の規定により公益社団法人及び公益財団法人の認定等に関する法律（平成18年法律第49号）による公益社団法人又は公益財団法人となった場合の名称の変更後の公益社団法人についてする登記において、整備法第157条の規定により登記すべき事項（特例社団法人及び特例財団法人の成立の年月日を除く。）は、登記記録中登記記録区に記録しなければならない。

2　前項に規定する場合の特例社団法人及び特例財団法人についてする解散の登記は、登記記録中登記記録区にしなければならない。

3　前項に規定する登記をしたときは、その登記記録を閉鎖しなければならない。

4　前3項の規定は、特例社団法人又は特例財団法人が整備法第45条の規定により通常の一般社団法人又は一般財団法人となった場合の名称の変更後の一般社団法人又は一般財団法人についてする設立の登記並びに特例社団法人及び特例財団法人についてする解散の登記について準用する。

（従たる事務所の所在地における登記等に関する経過措置）

第13条　第9条第1項の規定にかかわらず、登記官は、職権で、この省令の施行の際現にされている旧有限責任中間法人、旧社団法人又は旧財団法人の従たる事務所の所在地における登記（名称、主たる事務所、従たる事務所（当該登記所の管轄区域内にあるものに限る。）及び法人の成立の年月日の登記並びに登記記録区にされた登記を除く。）を抹消する記号を記録しなければならない。

2　前項の規定は、損害保険料率算出団体、国家公務員職員団体、地方公務員職員団体、混合連合団体、酒造組合、酒造組合連合会、酒造組合中央会、酒販組合、酒販組合連合会、酒販組合中央会、宗教法人、消費生活協同組合、消費生活協同組合連合会、農業共済組合、農業共済組合連合会、漁船保険組合、漁船保険中央会、会員商品取引所、投資事業有限責任組合契約、有限責任事業組合契約、金融商品会員制法人、自主規制法人、独立行政法人等登記令（昭和39年政令第28号）第1条に規定する独立行政法人等及び組合等登記令（昭和39年政令第29号）第1条に規定する組合等について準用する。

3　登記官は、整備法第325条第2項若しくは第335条第2項又は一般社団法人及び一般財団法人に関する法律等の施行に伴う関係政令の整備等に関する政令（平成19年

政令第39号。以下「整備政令」という。）第24条第２項若しくは第26条第２項の規定により職権で参事その他の代理人の登記を移記するときは、主たる事務所の所在地における登記の登記記録にあっては整備法又は整備政令の規定により登記を移記した旨及びその年月日を記録し、従たる事務所の所在地における登記の登記記録にあっては整備法又は整備政令の規定により登記を移記した旨及びその年月日を記録して当該代理人の登記を抹消する記号を記録し、登記官の識別番号を記録しなければならない。

4　前項に規定する場合において、当該代理人が登記所に印鑑を提出した者であるときは、従たる事務所の所在地を管轄する登記所の登記官は、当該印鑑に係る記録をその主たる事務所の所在地を管轄する登記所に移送しなければならない。この場合において、当該印鑑に係る記録を移送したときは、当該登記官は、当該印鑑に係る記録にその旨を記録しなければならない。

第14条　旧有限責任中間法人、旧社団法人、旧財団法人、損害保険料率算出団体、国家公務員職員団体、地方公務員職員団体、混合連合団体、酒造組合、酒造組合連合会、酒造組合中央会、酒販組合、酒販組合連合会、酒販組合中央会、宗教法人、消費生活協同組合、消費生活協同組合連合会、農業共済組合、農業共済組合連合会、漁船保険組合、漁船保険中央会、会員商品取引所、投資事業有限責任組合、有限責任事業組合、金融商品会員制法人、自主規制法人、独立行政法人等登記令第１条に規定する独立行政法人等又は組合等登記令第１条に規定する組合等が主たる事務所を他の登記所の管轄区域内に移転した場合の新所在地及び旧所在地における登記の申請書が施行日前に旧所在地を管轄する登記所に提出された場合におけるこれらの登記に関する手続については、なお従前の例による。

　　　（電子情報処理組織によって取り扱わない登記事務に関する特例）

第15条　登記事務を電子情報処理組織によって取り扱わない場合については、この省令による改正後の法人登記規則その他の省令の規定の例による。ただし、登記簿、登記用紙、印鑑ファイルの記録及び登記用紙と同一の用紙をもってする登記の申請書の様式に関する事項については、商業登記規則等の一部を改正する省令（平成17年法務省令第19号）による改正前の法人登記規則その他の省令の規定の例による。

2　前項に規定する場合における第９条、第10条、第12条及び第13条の規定の適用については、これらの規定中「登記記録」とあるのは「登記用紙」と、「登記官の識別番号を記録」とあるのは「押印」と、「抹消する記号を記録」とあるのは「朱抹」と、「印鑑に係る記録」とあるのは「印鑑ファイルの記録」とし、第10条第１項、第12条第１項及び第13条第１項中「登記記録区」とあるのは「「登記用紙を起こした事由及び年月日」欄」とし、第10条第２項中「登記記録区」とあるのは「「その他の事項」欄」とする。

第2章

審査基準・会計基準等

1. 公益認定等ガイドライン
（公益法人等に関する運用について）

○公益認定等に関する運用について（公益認定等ガイドライン）

平成20年4月10日内閣府公益認定等委員会

最終改訂　平成25年1月23日内閣府公益認定等委員会

目　次

I　公益法人認定法第5条等について（公益社団法人・公益財団法人関係）……… 371

　1．認定法第5条第1号関係＜法人の主たる目的＞……………………………… 371

　2．認定法第5条第2号関係＜経理的基礎及び技術的能力＞…………………… 371

　3．認定法第5条第3号、第4号関係＜特別の利益＞…………………………… 372

　4．認定法第5条第5号関係＜投機的な取引を行う事業＞……………………… 373

　5．認定法第5条第6号、第14条関係＜公益目的事業の収入＞………………… 373

　6．認定法第5条第7号関係＜公益目的事業の実施に支障を及ぼす

　　　おそれ＞……………………………………………………………………………… 375

　7．認定法第5条第8号、第15条関係＜公益目的事業比率＞…………………… 375

　8．認定法第5条第9号、第16条関係＜遊休財産額の保有の制限＞…………… 379

　9．認定法第5条第10号関係＜理事と特別の関係がある者＞………………… 381

　10．認定法第5条第11号関係＜同一の団体の範囲＞……………………………… 381

　11．認定法第5条第12号関係＜会計監査人の設置＞……………………………… 381

　12．認定法第5条第13号、第20条関係＜役員等の報酬等の支給基準＞………… 382

　13．認定法第5条第14号イ関係＜社員の資格得喪に関する条件＞……………… 382

　14．認定法第5条第15号関係＜他の団体の意思決定に関与することが

　　　できる財産＞………………………………………………………………………… 382

　15．認定法第5条第16号関係＜不可欠特定財産＞………………………………… 382

　16．認定法第5条第17号、第18号関係＜財産の贈与、帰属先＞………………… 383

　17．認定法第18条関係＜公益目的事業財産＞……………………………………… 383

　18．認定法第19条関係＜収益事業等の区分経理＞………………………………… 384

　　※公益認定法第5条参照（202頁）

369

Ⅱ　整備法第119条に規定する公益目的支出計画等について

　（一般社団法人・一般財団法人への移行関係）……………………………… 385

　1．公益目的支出計画が「適正」であることについて

　　　（整備法第117条第2号関係）………………………………………………… 385

　2．公益目的支出計画を確実に実施すると見込まれることについて

　　　（整備法第117条第2号関係）………………………………………………… 389

　3．公益目的財産額の確定について（整備規則第33条関係）…………………… 390

　4．移行法人の計算書類について（整備規則第42条関係）……………………… 390

　　※整備法第119条参照（318頁）

【参考】公益目的事業のチェックポイントについて ………………………………… 391

　第1　公益目的事業のチェックポイントの性格………………………………… 391

　第2　「不特定かつ多数の者の利益の増進に寄与するもの」の

　　　事実認定に当たっての留意点………………………………………………… 392

　1．事業区分ごとの公益目的事業のチェックポイント………………………… 392

　2．上記の事業区分に該当しない事業についてチェックすべき点…………… 401

　【補足】横断的注記 ……………………………………………………………… 402

　【別紙】公益目的事業について ………………………………………………… 404

　【別添】事業区分ごとの事業名の例 …………………………………………… 405

Ⅰ　公益法人認定法第５条等について（公益社団法人・公益財団法人関係）

　公益社団法人及び公益財団法人の認定等に関する法律（以下「認定法」）、同法施行令（以下「認定令」）及び同法施行規則（以下「認定規則」）に基づく公益認定の申請に関し、認定法第５条に規定する公益認定の基準及び関連する規定についての運用を明らかにし、もって認定法の円滑な施行を図ることを目的としている。

　具体的案件における審査及び監督処分等については、法令に照らし、個々の案件毎に判断する。なお、個別に説明を求めても、法人からの申請内容が具体性を欠く場合には、内容が不明確であるために、結果として不認定となることがありうる。

１．認定法第５条第１号関係＜法人の主たる目的＞

　認定法第５条第１号の「主たる目的とするものであること」とは、法人が、認定法第２条第４号で定義される「公益目的事業」の実施を主たる目的とするということである。定款で定める法人の事業又は目的に根拠がない事業は、公益目的事業として認められないことがありうる。申請時には、認定法第５条第８号の公益目的事業比率の見込みが50％以上であれば本号は満たすものと判断する。

２．認定法第５条第２号関係＜経理的基礎及び技術的能力＞

《経理的基礎》

　認定法第５条第２号の「公益目的事業を行うのに必要な経理的基礎」とは、①財政基盤の明確化、②経理処理、財産管理の適正性、③情報開示の適正性とする。

(1)　財政基盤の明確化

①　貸借対照表、収支（損益）予算書等より、財務状態を確認し、法人の事業規模を踏まえ、必要に応じて今後の財務の見通しについて追加的に説明を求める。

②　寄附金収入については、寄付金の大口拠出上位５者の見込み、会費収入については積算の根拠、借入れの予定があればその計画について、情報を求め、法人の規模に見合った事業実施のための収入が適切に見積もられているか確認する。

(2)　経理処理・財産管理の適正性

　財産の管理、運用について法人の役員が適切に関与すること、開示情報や行政庁への提出資料の基礎として十分な会計帳簿を備え付けること[注1]、不適正な経理を行わないこと[注2]とする。

(注１)　法人が備え付ける会計帳簿は、事業の実態に応じ法人により異なるが、例えば仕訳帳、総勘定元帳、予算の管理に必要な帳簿、償却資産その他の資産台帳、得意先元帳、仕入先元帳等の補助簿が考えられる。区分経理が求められる場合には、帳簿から経理区分が判別できるようにする。

第2章　審査基準・会計基準等

（注2）法人の支出に使途不明金があるもの、会計帳簿に虚偽の記載があるものその他の不適正な経理とする。

(3)　情報開示の適正性

①　外部監査を受けているか、そうでない場合には費用及び損失の額又は収益の額が1億円以上の法人については監事（2人以上の場合は少なくとも1名、以下同じ）を公認会計士又は税理士が務めること、当該額が1億円未満の法人については営利又は非営利法人の経理事務を例えば5年以上従事した者等が監事を務めることが確認されれば、適切に情報開示が行われるものとして取り扱う。

②　上記①は、これを法人に義務付けるものではなく、このような体制にない法人においては、公認会計士、税理士又はその他の経理事務の精通者が法人の情報開示にどのように関与するのかの説明をもとに、個別に判断する。

《技術的能力》

認定法第5条第2号の「公益目的事業を行うのに必要な」「技術的能力」とは、事業実施のための技術、専門的人材や設備などの能力の確保とする。

申請時には、例えば検査検定事業においては、人員や検査機器の能力の水準の設定とその確保が「公益目的事業のチェックポイント」に掲げられていることから、検査検定事業を行う法人は、本号の技術的能力との関係において、当該チェックポイントを満たすことが必要となる。法人の中核的事業においてチェックポイントで掲げられた技術的能力が欠如していると判断される場合には、公益法人として不認定となることもありうる。

また、事業を行うに当たり法令上許認可等を必要とする場合においては、認定法第7条第2項第3号の「書類」の提出をもって技術的能力を確認する。

事業に必要な技術的能力は、法人自らが全てを保有していることを求めているものではない。しかし、実態として自らが当該事業を実施しているとは評価されない程度にまで事業に必要な資源を外部に依存しているときには、技術的能力を備えていないものと判断される場合もありうる。

3．認定法第5条第3号、第4号関係＜特別の利益＞

認定法第5条第3号、第4号の「特別の利益」とは、利益を与える個人又は団体の選定や利益の規模が、事業の内容や実施方法等具体的事情に即し、社会通念に照らして合理性を欠く不相当な利益の供与その他の優遇がこれに当たり、申請時には、提出書類等から判断する。

なお、寄附を行うことが直ちに特別の利益に該当するものではない。また、「その事業を行うに当たり」とは、公益目的事業の実施に係る場合に限られない。

認定後においては、確定的に利益が移転するに至らなくとも、そのおそれがあると認められる場合には報告徴収（認定法第27条第1項）を求めうる。

4．認定法第5条第5号関係＜投機的な取引を行う事業＞

認定令第3条（認定法第5条第5号の「公益法人の社会的信用を維持する上でふさわしくない」事業について定めるもの）第1号の「投機的な取引を行う事業」に該当するかどうかは、取引の規模、内容等具体的事情によるが、例えばポートフォリオ運用の一環として行う公開市場等を通じる証券投資等はこれに該当しない。

5．認定法第5条第6号、第14条関係＜公益目的事業の収入＞

(1) 判定方法

認定法第5条第6号の「公益目的事業に係る収入がその実施に要する適正な費用を償う額を超えない」（認定法第14条にて同旨の規定）（以下「収支相償」）かどうかについては、二段階で判断する。まず第一段階では、公益目的事業単位で事業に特に関連付けられる収入と費用とを比較し、次に第二段階で、第一段階を満たす事業の収入、費用も含め、公益目的事業を経理する会計全体の収入、費用を比較する。

申請時には、認定法第7条第2項第2号により提出する収支予算書の対象事業年度に係る見込み額を計算し、認定規則第5条第3項（認定法第7条第2項第6号の書類を定めるもの）第3号の「書類」に記載する。認定後においては、認定規則第28条第1項（認定法第21条第2項第4号の書類を定めるもの）第2号の「運営組織及び事業活動の概要及びこれらに関する数値のうち重要なものを記載した書類」に実績値を記載する。

① 第一段階においては、公益性が認められる公益目的事業（公益目的事業のチェックポイントにおける事業の単位と同様の考え方に基づいて、事業の目的や実施の態様等から関連する事業もまとめたものを含む）を単位として、当該事業に関連付けられた収入と費用とを比較する。当該事業に関連付けられた収入と費用は、法人の損益計算書(正味財産増減計算書)におけるそれぞれ当該事業に係る経常収益、経常費用とする。収入が費用を上回る場合には、当該事業に係る特定費用準備資金への積立て額として整理する。

② 第二段階においては、第一段階の収支相償を満たす事業に係る経常収益及び経常費用に加え、公益目的事業に係る会計に属するが、特定の事業と関連付けられない公益に係るその他の経常収益及び経常費用を合計し、特定費用準備資金、公益目的保有財産等に係る一定の調整計算を行った上で収支を比較する。

この段階において、法人が収益事業等を行っている場合には、収益事業等の利益から公益目的事業財産に繰入れた額も収入に含めるが、当該繰入れが認定法第18条第4号に基づく利益額の50％の繰入れか、認定規則第26条7号、8号に基づく利益

額の50％超の繰入れかに応じて、2つの計算方法がある（下記(2)、(3)）。また、法人が収益事業等を行っていない場合は、下記(2)に準ずる。なお、収益事業等会計から公益目的事業会計への繰入れは、内部振替であり、公益目的事業比率（認定法第15条）の算定上、当該収益事業等の事業費には含まれない。

③　費用は「適正な」範囲である必要から、謝金、礼金、人件費等について不相当に高い支出を公益目的事業の費用として計上することは適当ではない。なお、公益目的事業に付随して収益事業等を行っている場合に、その収益事業等に係る費用、収益を収支相償の計算に含めることはできない。

(2)　収益事業等の利益額[注1]の50％を繰入れる場合

①　以下の合計額を収入とする。

　i　損益計算書上の公益目的事業の会計に係る経常収益

　ii　公益目的事業に係る特定費用準備資金（認定規則第18条）の当期取崩し額

　iii　損益計算書上の収益事業等会計から公益目的事業会計への資産繰入れ額（実物資産を繰入れた場合は帳簿価額相当額[注2]）[注3]

　（注1）収益事業等における利益から、管理費のうち収益事業等に按分される額を控除した額。

　（注2）収益事業等からの利益を実物資産で繰入れる場合には、繰入時の実物資産の帳簿価額に相当する額が収益事業等の資産から公益目的事業財産となり、同額を支出して、当該実物資産を取得するものと見なす。この場合の当該実物資産は公益目的保有財産となる（認定法第18条第5号）。

　（注3）法人が収益事業等を行っていない場合にはiiiは除かれる。

②　以下の合計額を費用とする。

　i　損益計算書上の公益目的事業の会計に係る経常費用

　ii　公益目的事業に係る特定費用準備資金の当期積立て額

③　上記①と②の額を比較する。

(3)　収益事業等の利益額を50％を超えて繰入れる場合

①　収入として以下の合計額を算出する。

　i　損益計算書上の公益目的事業の会計に係る経常収益

　ii　公益目的事業に係る特定費用準備資金の当期取崩し額[注]

　iii　公益目的保有財産の取得又は改良に充てるために保有する資金（認定規則第22条第3項）（以下「公益資産取得資金」）の当期取崩し額[注]

　iv　公益目的保有財産の当期売却収入（帳簿価額＋売却損益）

　（注）資金積立て時に、収支相償の計算上、費用として算入した額の合計額。

②　費用として以下の合計額を算出する。

　i　損益計算書上の（公益目的事業の会計に係る経常費用－公益目的保有財産に係

る減価償却費）

ⅱ 公益目的事業に係る特定費用準備資金の当期積立て額（上限あり(注)）

ⅲ 公益資産取得資金の当期積立て額（上限あり(注)）

ⅳ 公益目的保有財産の当期取得支出

(注)「（各資金の積立て限度額－前期末の当該資金の残高）／目的支出予定時までの残存年数」として計算される額。

③ （②－①）の額について収益事業等から資産を繰入れる（利益の100％を上限、実物資産を繰入れた場合は帳簿価額相当額(注)）。

(注) 収益事業等からの利益を実物資産で繰入れる場合には、繰入時の実物資産の帳簿価額に相当する額が収益事業等の資産から公益目的事業財産となり、同額を支出して、当該実物資産を取得するものと見なす。この場合の当該実物資産は公益目的保有財産となる（認定法第18条第5号、認定規則第26条第7号）。

④ 計算書類の作成に当たっては、損益計算書及び貸借対照表の内訳表において、収益事業等に関する会計（収益事業等会計）は、公益目的事業に関する会計（公益目的事業会計）、管理業務やその他の法人全般に係る事項（公益目的事業や収益事業等に属さない事項）に関する会計（法人会計）とは区分して表示する。

(4) 剰余金の扱いその他

① ある事業年度において剰余が生じる場合において、公益目的保有財産に係る資産取得、改良に充てるための資金に繰入れたり、当期の公益目的保有財産の取得に充てたりする場合には、本基準は満たされているものとして扱う。このような状況にない場合は、翌年度に事業の拡大等により同額程度の損失となるようにする。

② 事業の性質上特に必要がある場合には、個別の事情について案件毎に判断する。また、この収支相償の判定により、著しく収入が超過し、その超過する収入の解消が図られていないと判断される時は報告を求め、必要に応じ更なる対応を検討する。

6. 認定法第5条第7号関係＜公益目的事業の実施に支障を及ぼすおそれ＞

認定法第5条第7号の「収益事業等を行うことによって公益目的事業の実施に支障を及ぼすおそれ」とは、収益事業等への資源配分や事業内容如何により公益目的事業の円滑な実施に支障が生じる可能性が生じることであり、申請時には、公益認定の申請書や事業計画書等の添付書類の内容から総合的に判断する。

7. 認定法第5条第8号、第15条関係＜公益目的事業比率＞

認定法第5条第8号及び第15条の「公益目的事業比率」は、申請時には、認定法第7条第2項第2号により提出する収支予算書の対象事業年度に係る見込み額を計算し、認

定規則第5条第3項（認定法第7条第2項第6号の書類を定めるもの）第3号の「書類」に記載する。認定後においては、認定規則第28条第1項（認定法第21条第2項第4号の書類を定めるもの）第2号の「運営組織及び事業活動の概要及びこれらに関する数値のうち重要なものを記載した書類」に実績値を記載する。

(1) 事業費と管理費

① 認定規則第13条（認定法第15条の公益目的事業比率の算定のための費用の額を定めるもの）第2項の「事業費」「管理費」の定義は次のとおりとする。

　i　事業費：当該法人の事業の目的のために要する費用

　ii　管理費：法人の事業を管理するため、毎年度経常的に要する費用

　（管理費の例示）

　　総会・評議員会・理事会の開催運営費、登記費用、理事・評議員・監事報酬、会計監査人監査報酬。

　（事業費に含むことができる例示）

　　専務理事等の理事報酬、事業部門の管理者の人件費は、公益目的事業への従事割合に応じて公益目的事業費に配賦することができる。

　　管理部門(注)で発生する費用（職員の人件費、事務所の賃借料、光熱水費等）は、事業費に算入する可能性のある費用であり、法人の実態に応じて算入する。

　（注）管理部門とは、法人本部における総務、会計、人事、厚生等の業務を行う部門である。

② 認定規則第19条（認定規則第13条第2項の「事業費」及び「管理費」のいずれにも共通して発生する関連費用の配賦について定めるもの）の「適正な基準によりそれぞれの費用額に配賦しなければならない」については、以下の配賦基準を参考に配賦する。

　（配賦基準）

配賦基準	適用される共通費用
建物面積比	地代、家賃、建物減価償却費、建物保険料等
職員数比	福利厚生費、事務用消耗品費等
従事割合	給料、賞与、賃金、退職金、理事報酬等
使用割合	備品減価償却費、コンピューターリース代等

(2) 土地の使用に係る費用額

　認定規則第16条（認定法第15条の公益目的事業比率の費用額に法人の判断により土地の使用に係る費用額の算入を可能とするもの(注1)）の「土地の賃借に通常要する賃料の額」の算定方法については、①不動産鑑定士等の鑑定評価、②固定資産税の課税標準額を用いた倍率方式(注2)、③賃貸事例比較方式や利回り方式など法人の選択に委ねる。

　ただし算定の根拠については、認定規則第38条第2号イ「第28条第1項第2号に掲げ

る書類に記載された事項及び数値の計算の明細」において明らかにする必要がある。

（注1）本条に基づいて事業比率の算定上、費用額に追加的に算入できるのは、上記
の算定方法により得られた「土地の賃借に通常要する賃料の額から当該土地の
使用に当たり実際に負担した費用の額を控除」（認定規則第16条第1項）した額
である。

（注2）倍率は、一般には3倍以内とする。

(3) 融資に係る費用額

認定規則第16条の2（認定法第15条の公益目的事業比率の費用額に法人の判断により
融資に係る費用額の算入を可能とするもの）の「借入れをして調達した場合の利率」に
ついては、前事業年度末の長期プライムレートその他の市場貸出金利を用いるものとす
る。

(4) 無償の役務の提供等に係る費用額

① 認定規則第17条（認定法第15条の公益目的事業比率の費用額に法人の判断により
無償の役務提供等に係る費用額の算入を可能とするもの）の「役務」等は、次の条
件を満たすものを対象とする。

　i　その提供等が法人の事業等の実施に不可欠であること

　ii　法人は提供等があることを予め把握しており、法人の監督下において提供等が
なされること

　iii　通常、市場価値を有するものであること

　（注）理事、監事、評議員については報酬等支給の基準の定めに従うことになり、
無報酬の理事等の理事等としての職務の遂行は、費用に算入可能な「役務」
には含まれない。

② 認定規則第17条の「必要対価の額」は、役務の提供を受けた法人において当該役
務の提供に関して通常負担すべき額をいい、合理的な算定根拠に拠るか、役務等の
提供地における最低賃金に基づいて計算する。

③ 認定規則第17条第4項の「役務の提供があった事実を証するもの及び必要対価の
額の算定の根拠」については、法人において、提供者の住所、氏名、日時、役務等
の内容、単価とその根拠、法人の事業との関係、提供者署名を記載した書類を作成
するものとし、その概要を認定規則第38条第2号イ「第28条第1項第2号に掲げる
書類に記載された事項及び数値の計算の明細」に記載する。

(5) 特定費用準備資金

認定規則第18条（認定法第15条の公益目的事業比率の費用額に法人の判断により特定
費用準備資金への繰入れ額の算入を可能とするもの）の「特定費用準備資金」について
は、以下のように取扱う。

① 第1号の「資金の目的である活動を行うことが見込まれること」とは、活動の内

第2章　審査基準・会計基準等

容及び時期が費用として擬制できる程度に具体的なものであることを要する。法人において関連する事業をまとめて一の事業単位として経理を区分する際に、その事業単位で設定することも、その事業単位の中の個々の事業で設定することも可能である。活動時期が単年度である必要はないが、法人の規模、実績等に比して実現の見込みが低い事業や実施までに例えば10年の長期を超えるような事業は、積立て対象として適当ではない。繰越金、予備費等、将来の単なる備えとして積み立てる場合は本要件を満たさない。法人の定款からは根拠付けられない活動は適当ではなく、また当該特定の活動の実施に当たっては、変更の認定（認定法第11条）等を要する可能性があることに留意する。

② 「他の資金と明確に区分して管理されて」（第2号）おり、「目的である支出に充てる場合を除くほか、取り崩すことができないものであること又は当該場合以外の取崩しについて特別の手続が定められていること」（同第3号）との関係において、当該資金は、貸借対照表、財産目録上は、資金単位でどの事業に関する資金かが判別できる程度に具体性をもって、また資金が複数ある場合には相互の違いが明確になるよう適宜の名称を付した上（例：○○事業人材育成積立資産）、目的、取崩しの要件等を定めた貸借対照表上の特定資産として計上されることを要する。

　また、実施時期が近づくことに伴う見積もりの精緻化などその目的や性格が変わらない範囲での資金の見直しや当該事業の予期せざる損失への充当を除き、資金の目的である事業の内容の変更として変更認定を受けた場合に、資金を取り崩して他の事業に使用することができる。

③ 資金について、止むことを得ざる理由に基づくことなく複数回、計画が変更され、実質的に同一の資金が残存し続けるような場合は、「正当な理由がないのに当該資金の目的である活動を行わない事実があった場合」（同第4項第3号）に該当し、資金は取崩しとなる。

（上記(2)～(5)に係る注）法人が、公益目的事業比率に関する上記(2)～(5)の調整項目のうちある項目を公益目的事業について適用する場合には、公益目的事業以外の事業や管理運営に係る業務においても適用することとなる。例えば公益目的事業において自己所有地に係るみなし費用額を算入した場合に、収益事業等においても自己所有地を使用しているときは、当該収益事業等についてもみなし費用額を算入する。複数の事業等で使用している土地については、面積比など適正な基準により、それぞれの事業等に配賦する（認定規則第16条第1項、同第19条）。また、(2)～(5)はそれぞれ別個の調整項目であり、ある項目を適用した場合に、他の項目も適用しなければならないということではない。

378

8．認定法第5条第9号、第16条関係＜遊休財産額の保有の制限＞

　認定法第5条第9号の遊休財産額の保有の制限は、申請時には、認定法第7条第2項第2号により提出する収支予算書の対象事業年度に係る見込み額を計算し、認定規則第5条第3項（認定法第7条第2項第6号の書類を定めるもの）第3号の「書類」に記載する。認定後においては、認定規則第28条第1項（認定法第21条第2項第4号の書類を定めるもの）第2号の「運営組織及び事業活動の概要及びこれらに関する数値のうち重要なものを記載した書類」に実績値を記載する。

　認定規則第22条（認定法第16条の「遊休財産額」を定めるもの）第3項において「遊休財産額」から除外される財産として「控除対象財産」を定めているが、これについては以下のように取扱う。

(1)　公益目的保有財産（同1号）

① 　継続して公益目的事業の用に供するために保有する財産（認定規則第25条第2項）であるが、断続的であっても、長期間継続して使用している場合は継続して用に供するものとする。

② 　対象となる財産は事業の用に供する範囲に限定される。他の事業等と共用する財産については、法人において区分、分離可能な範囲で財産を確定し、表示する。その際には、

　・ 　可能であれば物理的に特定する（例：建物1階介助浴室、脱衣室部分）。

　・ 　物理的な特定が困難な場合には、一の事業の資産として確定し、減価償却費等の関連費用は使用割合等適正な基準により按分する。

　金融資産については、貸借対照表において基本財産又は特定資産として計上し、範囲を確定する。

③ 　財産目録には、公益目的保有財産は、財産の勘定科目をその他の財産の勘定科目と区分して表示することとなっており（認定規則第31条第3項、同25条第1項）、具体的には「公益」の勘定区分の下で財産の名称、面積等、所在場所（物理的特定が可能な場合に限る）、帳簿価額、事業との関連性、不可欠特定財産である場合にはその旨と取得時期と認定時期との関係を明らかにして表示を行うものとする。

④ 　公益認定の申請書には、各公益目的事業に主として利用する財産の名称、所在場所、面積、帳簿価額等を記載することで、当該財産をどの公益目的事業の用に供するかを明らかにする。

第2章　審査基準・会計基準等

例1：財産目録の記載例

貸借対照表科目	場所・物量等	使用目的等	金額
（流動資産） ・・・・ （固定資産） （基本財産）			
土地	○○㎡ ××市▽▽町3－5－1	公益目的保有財産であり、○○事業の施設に使用している。	××××
美術品	絵画○点（詳細明細）	公益目的保有財産であり、○○事業に供している。認定前に取得した不可欠特定財産である。	××××
・・・・			
資産合計			
・・・・			

例2：公益目的保有財産の明細（財産目録の明細）

財産種別	公益認定前取得 不可欠特定財産	公益認定後取得 不可欠特定財産	その他の 公益目的保有財産	使用事業
土地			○○㎡ ××市▽▽町3－5－1 ×××円	○○事業
建物				
美術品	○○像 　　　×××円 ○○○図 　　　×××円			○○事業
・・・				
合計	×××円		×××円	

(2)　公益目的事業を行うために必要な収益事業等その他の業務又は活動の用に供する財産（同2号）

公益目的事業の財源確保のため又は公益目的事業に付随して行う収益事業等の用に供する固定資産、公益目的事業や当該収益事業等の管理業務の用に供する固定資産とする。利用効率が低いため、財源確保に実質的に寄与していない固定資産は該当しない。管理業務に充てるために保有する金融資産については、合理的な範囲内において、貸借対照表において基本財産又は特定資産として計上されるものが該当する。

(3)　上記(1)、(2)の特定の財産の取得又は改良に充てるために保有する資金（同3号）

①　特定費用準備資金に関する規定の準用に関し（認定規則第22条第4項）、「資金の目的である財産を取得し、又は改良することが見込まれること」（読替え後の認定規則第18条第3項第1号）については、取得又は改良の対象とその時期が具体的なものであることを要する。減価償却引当資産は、対象が具体的であれば本号の資金に該当する。

380

② 「資金の目的である財産の取得又は改良に必要な最低額が合理的に算定されていること」（読替え後の同第4号）については、市場調達価格とする。

③ 資金について、止むことを得ざる理由に基づくことなく複数回、計画が変更され、実質的に同一の資金が残存し続けるような場合は、「正当な理由がないのに当該資金の目的である財産を取得せず、又は改良しない事実があった場合」（同条第4項第3号）に該当し、資金は取崩しとなる。

(4) 寄附等によって受け入れた財産で、財産を交付した者の定めた使途に従って使用又は保有されているもの（同5号）

例えば、賃貸し、その賃貸事業利益を公益目的事業費に充てる旨定めがあって寄附された建物を、その定めに従い使用収益している場合が該当する。また、定められたとおりの「使用」の実態がない場合には、遊休財産と判断することがありうる。

(5) 寄附等によって受け入れた財産で、財産を交付した者の定めた使途に充てるために保有している資金（同6号）

例えば、研究用設備を購入する旨定めがあって寄附されたが、研究が初期段階のため購入時期が到来するまで保有している資金が該当する。

なお、負債性引当金に準ずる内容の準備金は、遊休財産額の計算では引当金と同様の取り扱いとする。

9．認定法第5条第10号関係＜理事と特別の関係がある者＞

認定令第4条（認定法第5条第10号の理事と「特別の関係がある者」を定めるもの）に掲げる者については、社会通念に照らして判断する。

10．認定法第5条第11号関係＜同一の団体の範囲＞

認定法第5条第11号の「他の同一の団体」については、人格、組織、規則などから同一性が認められる団体毎に判断する。

11．認定法第5条第12号関係＜会計監査人の設置＞

(1) 認定法第5条第12号の適用を受けて会計監査人を置くものとされる法人については、公益認定時に会計監査人が置かれていることが必要である。

(2) 一般社団・財団法人が一般社団・財団法人法第123条第2項に基づく最初の計算書類を作成するまでの間に公益認定の申請を行う場合の認定令第6条（会計監査人の設置に係る認定法第5条第12号の「勘定の額」及び「基準」を定めるもの）の申請時の適用については、同条第1号、第2号の規定は適用されない。特例民法法人は、整備規則第11条第2項に規定する事業年度に係る損益計算書（正味財産増減計算書）を認

定規則第5条第2項第3号の「書類」として添付するが、認定令第6条第1号、第2号については、同損益計算書上の対応する各勘定の額に基づいて適用する。同条第3号については、同じく整備規則第11条第2項に規定する事業年度に係る認定規則第5条第2項第2号の貸借対照表の負債の部に計上した額の合計額に基づき、適用する。

12. 認定法第5条第13号、第20条関係＜役員等の報酬等の支給基準＞

認定法第5条第13号の支給の基準を定めるべき「報酬等」は、法人の理事、監事又は評議員としての職務遂行の対価に限られ、当該法人の使用人として受ける財産上の利益は含まれない。また、実費支給の交通費等は報酬等に含まれず、使用人等と並んで等しく受ける当該法人の通常の福利厚生も含まれない。

13. 認定法第5条第14号イ関係＜社員の資格得喪に関する条件＞

認定法第5条第14号イの「社員の資格の得喪」に関する定款の定めにおいて「不当な条件」を付しているかどうかについては、社会通念にしたがい判断する。当該法人の目的、事業内容に照らして当該条件に合理的な関連性及び必要性があれば、不当な条件には該当しない。例えば、専門性の高い事業活動を行っている法人において、その専門性の維持、向上を図ることが法人の目的に照らして必要であり、その必要性から合理的な範囲で社員資格を一定の有資格者等に限定したり、理事会の承認等一定の手続き的な要件を付したりすることは、不当な条件に該当しない。

14. 認定法第5条第15号関係＜他の団体の意思決定に関与することができる財産＞

ある株式会社の議決権の過半数の株式を保有している場合には、例えば無議決権株にするか議決権を含めて受託者に信託することにより、本基準を満たすことが可能である。

15. 認定法第5条第16号関係＜不可欠特定財産＞

(1) 認定法第5条第16号の「公益目的事業を行うために不可欠な特定の財産」（以下「不可欠特定財産」）は、法人の目的、事業と密接不可分な関係にあり、当該法人が保有、使用することに意義がある特定の財産をさす。例えば、一定の目的の下に収集、展示され、再収集が困難な美術館の美術品や、歴史的文化的価値があり、再生不可能な建造物等が該当する。当該事業に係る不可欠特定財産がある場合には、全て申請時にその旨を定めておく必要がある。

(2) 財団法人における不可欠特定財産に係る定款の定めは、基本財産としての定め（一般社団・財団法人法第172条第2項）も兼ね備えるものとする。一般社団法人においては、基本財産に関する法令上の定めはないが、不可欠特定財産がある場合には、計

算書類上、基本財産として表示する。

(3) 法人において不可欠特定財産と定めても、結果として公益目的事業に認定されなかった事業の用に供されていたり、不可欠特定であるとは認めらなかったりした場合には、当該財産は不可欠特定財産とはならない。そのため、公益認定の申請書においてどの事業の用に供するか明らかにする必要がある。

(4) 財産目録には、基本財産かつ不可欠特定財産である旨、また公益認定前に取得した財産については、その旨もあわせて記載する。

(注) 金融資産や通常の土地・建物は、処分又は他目的への利用の可能性などから必ずしも上記のような不可欠特定という性質はないと考えられることから、法人において基本財産として定めることは可能であるが、不可欠特定財産には該当しない。

16. 認定法第5条第17号、第18号関係＜財産の贈与、帰属先＞

認定法第5条第17号の定款の定めは、申請時には、第17号に掲げる者とのみ定めることで足る。

17. 認定法第18条関係＜公益目的事業財産＞

(1) 法人が受けた財産が、「寄附を受けた財産」（認定法第18条第1号）、「公益目的事業に係る活動の対価として得た財産」（同第3号）のいずれに該当するかについては、その名目を問わず、受け入れた法人における当該財産の実質に応じて区分する。

(2) 認定法第18条第1号、第2号括弧書きの「公益目的事業以外のために使用すべき旨を定めたもの」については、法人が受けた財産の一部について公益目的事業以外への使用が定められている場合も含まれる。またこの定めは、公益目的事業以外への使用が明らかであれば足り、使途が個別具体的に定められている必要はないが、一部を公益目的事業以外のために使用する旨を定める場合には、「一部」について具体性をもって定められる必要がある。

(3) 認定規則第26条（認定法第18条第8号の財産を定めるもの）第1号の「徴収した経費」については、その徴収に当たり公益目的事業以外のために使用すべき旨、定められているものの額に相当する財産は、公益目的事業財産には含まれない。また徴収に当たっての、例えば、「法人の運営に充てるため」のような一般的な定めは、「その徴収に当たり使途が定められていないもの」とする。更に、上記(2)と同様、一部を公益目的事業以外のために使用する旨を定める際には、「〇割」、「〇分の1」程度には、その「一部」について具体性をもって定められる必要がある。なお、経費徴収の根拠は定款の定めに基づくことが必要であるが、具体的な使途については理事会決議に基づく内部規定に委任することが可能である。この場合、行政庁との関係においては、当該規定は定款の一部とみなし、提出（認定法第7条第2項第1号）、届出（認定法

第2章　審査基準・会計基準等

第13条第1項第3号）を行う。社団法人において、会員の中から選挙によって選ばれた者のみを社員とする場合の社員以外の会員が支払う会費は、社員から徴収する経費に準じて公益目的事業財産の額を計算する。返還を予定しない入会金についても同様である。

(4)　公益目的事業のみを実施する法人は、寄附を受けた財産や公益目的事業に係る活動の対価として得た財産のうち、適正な範囲内の管理費相当額については、公益目的事業財産には含まれないものと整理することができる。

(5)　公益目的事業以外のために使用する寄附金、経費収入等については、受け入れの際の指定された使途に応じ、管理業務に関する会計又は収益事業等に関する会計の区分に直接収益計上する。

18.　認定法第19条関係＜収益事業等の区分経理＞

(1)　認定法第19条の「各収益事業等ごとに特別の会計として経理する」際の事業単位については、当該法人の収益事業等のうち、まず①収益事業と②その他の事業(注)を区分し、次に必要に応じ、事業の内容、設備・人員、市場等により、更に区分する。①は関連する小規模事業又は付随的事業を含めて「○○等事業」とすることができる。②については、一事業として取り上げる程度の事業規模や継続性がないもの（雑収入・雑費程度の事業や臨時収益・臨時費用に計上されるような事業）はまとめて「その他事業」とすることができる。

(注)　①の「収益事業」とは、一般的に利益を上げることを事業の性格とする事業である。②の「その他の事業」には、法人の構成員を対象として行う相互扶助等の事業が含まれる。例えば、構成員から共済掛金の支払を受け、共済事故の発生に関し、共済金を交付する事業、構成員相互の親睦を深めたり、連絡や情報交換を行ったりなど構成員に共通する利益を図る事業などは②その他の事業である。

(2)　計算書類の作成について、①損益計算書（正味財産増減計算書）は、内訳表において会計を公益目的事業に関する会計（公益目的事業会計）、収益事業等に関する会計（収益事業等会計）及び管理業務やその他の法人全般に係る事項（公益目的事業や収益事業等に属さない事項）に関する会計（法人会計）の3つに区分し、更に上記(1)の区分に応じて収益事業等ごとに表示する。内訳表においては公益目的事業も事業ごとに表示する。認定法第7条第2項第2号の「収支予算書」の作成も同様とする。②貸借対照表は、収益事業等から生じた収益のうち50％を超えて公益目的事業財産に繰り入れる法人については、内訳表において会計を公益目的事業に関する会計（公益目的事業会計）、収益事業等に関する会計（収益事業等会計）及び管理業務やその他の法人全般に係る事項（公益目的事業や収益事業等に属さない事項）に関する会計（法人会計）の3つに区分して表示する。

384

Ⅱ　整備法第119条に規定する公益目的支出計画等について
（一般社団法人・一般財団法人への移行関係）

　一般社団法人及び一般財団法人に関する法律及び公益社団法人及び公益財団法人の認定等に関する法律の施行に伴う関係法律の整備等に関する法律（以下「整備法」）及び同法施行規則（以下「整備規則」）に基づく移行認可の申請に関し、整備法第117条第2号に規定する移行認可の基準及び関連する規定のうち公益目的支出計画に関するものについての運用を明らかにし、もって法の円滑な施行を図ることを目的としている。

　具体的案件における審査及び監督処分等については、法令に照らし、個々の案件ごとに判断する。なお、個別に説明を求めても、法人からの申請内容が具体性を欠く場合には、内容が不明確であるために、結果として不認可となることがありうる。

1．公益目的支出計画が「適正」であることについて（整備法第117条第2号関係）

　公益目的支出計画が「適正」であることについては、以下の事項を確認する。

(1)　公益目的支出計画に記載された実施事業等 (注) について、整備法第119条第2項第1号の「イ」、「ロ」又は「ハ」に該当していること

(2)　実施事業等を行うに当たり、特別の利益を与えないものであること

(3)　実施事業を行うのに必要な技術的能力を有していること

(4)　公益目的支出計画における公益目的財産額の算定などの計算が整備法及び整備規則に則って行われていること

　なお、公益目的支出計画に記載する実施事業等について、認可申請を行う法人（以下「法人」）は、公益目的支出計画に実施事業等ごとに記載することを要し、それぞれについて内容、収益・費用に関する額等について記載する。収益事業や共益的事業など実施事業に該当しない部分が含まれている場合にはこれを区分し、実施事業に該当する部分について記述することを要する。

(注)　実施事業 (注1) 及び特定寄附 (注2) をいう（以下同じ。）。

（注1）整備法第119条第2項第1号イ又はハに規定する事業をいう（以下同じ。）。

（注2）同号ロに規定する寄附をいう（以下同じ。）。

　また、公益目的支出計画の実施期間については、社員等を含む法人の関係者の意思を尊重することが適切であると考えられるため、法人において定めた期間で認める。

　ただし、明らかに法人の実施事業等の遂行能力と比較して、設定された公益目的支出計画の実施期間が不相応に長期であると考えられる場合は是正を求めることもあり得る。

(1)　公益目的支出計画に記載された実施事業等について、整備法第119条第2項第1号

第2章　審査基準・会計基準等

の「イ」、「ロ」又は「ハ」に該当していることについて

　　申請において、実施事業等については事業区分ごとに内容及び収益・費用に関する額等が記載されており、整備法第119条第2項第1号「イ」、「ロ」又は「ハ」に該当することを要する。また、実施事業について定款に位置づけられていることを要する。

ⅰ　「イ」として記載した支出（事業）について

　　当該事業が公益目的事業であるかどうかは、公益社団法人及び公益財団法人の認定等に関する法律（以下「認定法」）における公益目的事業と同様に判断する。

ⅱ　「ロ」として記載した支出について

　　当該支出（特定寄附）の相手方が、認定法第5条第17号に掲げるもののいずれかに該当することを確認する（同号の「ト」として同法施行令第8条に該当する場合は、その条件を満たすものであることを確認する。）。

ⅲ　「ハ」として記載した支出（事業）について

　　当該事業が、旧主務官庁の監督下において公益に関する事業と位置づけられており、「ハ」に該当するかどうかについて、整備法第120条第4項に基づき、行政庁は事業内容等必要な資料を添えて旧主務官庁に対し意見聴取を行うものとし、原則として旧主務官庁の意見を尊重する。

　　ただし、旧主務官庁の意見において公益に関する事業であるとされたものが、指導監督基準等において公益に関する事業としてはふさわしくないとされた事業に相当すると考えられる場合においては、当該旧主務官庁の意見にかかわらず、実施事業と認めないこともありうる。この場合には、整備法第120条第5項に基づき行政庁が当該旧主務官庁に通知する文書に、その旨及び理由を記載する。なお、移行後において実施事業として「ハ」の事業を新たに追加することはできない。

⑵　実施事業等を行うに当たり、特別の利益を与えないものであることについて

　　実施事業等を行うに当たり「特別の利益」（認定法と同様の考え方とする。）を与えることとなる事業又は寄附は、実施事業等とは認められない。（Ⅰ-3「認定法第5条第3号、第4号関係＜特別の利益＞」（372頁）参照）

⑶　実施事業を行うのに必要な技術的能力を有していることについて

　　実施事業を行うために必要な許認可等の有無を確認するほか、当該実施事業に必要な「技術的能力」（認定法と同様の考え方とする。）を法人が有しない場合は、その事業は実施事業とは認められない。（Ⅰ-2の「《技術的能力》」（372頁）参照）

⑷　公益目的支出計画における公益目的財産額の算定などの計算が整備法及び整備規則に則って行われていることについて

①　公益目的財産額の算定方法について（整備法第119条第1項関係）

（資産の評価について）

　　公益目的財産額の算定に必要な資産の評価に当たっては、過大な費用をかけるこ

とは適当でないと考えられるため、以下のとおりとする。

i　土地の評価方法について

　　例えば、固定資産税評価額や不動産鑑定士が鑑定した価額などが考えられる。

　　法人の保有する資産であって、移行後において当該法人が長期にわたり継続的に事業を行う場合にそれらの事業に継続して使用することが確実な資産（建物等の減価償却資産を含む。）については、当該資産が継続して使用されることを前提に算定した額を評価額とすることができる。

　　なお、土地及び建物を一体として評価する場合であっても、土地に係る算定額と建物に係る算定額を区分することが可能な場合は、それらを区分して申請することができる。

ii　減価償却資産の評価方法について

　　建物等の減価償却資産については、時価評価資産に含めないものとする。ただし、不動産鑑定士による鑑定評価を妨げない。

iii　有価証券の評価方法について

　　上場されていることにより市場価格が容易に把握できる場合は、市場価格を用いた時価評価を行うものとする。市場性がない場合であっても評価を行うことが可能な場合は時価評価とする。

　　なお、市場性がなく評価が困難な場合は当該有価証券の取得価額又は帳簿価額とする。

iv　美術品等その他の資産の評価方法について

　　法人において移行後も引き続き実施事業に使用するものは、時価評価が可能であっても帳簿価額とすることを認める。

　　継続的に実施事業に使用する予定がないもの、売却の予定があるものについては、時価評価を行う。ただし、帳簿価額と時価との差額が著しく多額でないと法人において判断する場合や時価評価を行うことが困難な場合は、帳簿価額とすることを認める。

（引当金等について）

　　負債（資産の控除を含む。）として計上されている引当金（引当金に準ずるものを含む。）については、公益目的財産額の算定から控除する。

　　また、会費等の積み立てによる準備金等（法令等により将来の支出又は不慮の支出に備えて設定することが要請されているもの）については、負債として計上されていない場合であっても、法人において合理的な算定根拠を示すことが可能である場合には、引当金と同様に公益目的財産額の算定から除くことができる。

※　退職給付会計の導入に伴う会計基準変更時差異 [注] の扱いについて

費用処理期間を定めて当該期間にわたり費用処理を行っている法人にあっては、当該未処理額についても公益目的財産額の算定から控除することができる（この場合、未処理額の算定根拠などの資料の提出を求める。）。

なお、公益目的財産額の算定時に控除した未処理額について、移行後の各事業年度における費用処理の額は公益目的支出の額に算入しない。

（注）会計基準変更時において本来計上すべき引当金額の満額と実際に計上している引当金の差額をいう。

会計基準変更時差異は、平成18年4月1日以降15年以内の一定の年数にわたり定額法により費用処理をすることとなる。

② 実施事業等に係る収入と支出について（整備法第119条第2項第1号、2号関係）

i 公益目的支出の額について

整備規則第16条に規定する「公益目的支出の額」のうち、同条第1号の「実施事業に係る事業費」とは、実施事業の目的のために要する費用とする。

また、事業費に含むことができるものの取扱いについては、認定法と同様の考え方とする。（Ⅰ-7の「(1) 事業費と管理費」（376頁）参照）

実施事業資産についても、当該実施事業資産を複数の用途に供している場合には、認定法と同様の考え方とし、当該用途に応じて区分するものとする。（「Ⅰ-8の「(1) 公益目的保有財産」（379頁）参照）

同条第2号の「当該事業年度において支出をした特定寄附の額」について、整備規則第14条第1項第1号に規定する時価評価資産を寄附した場合には、当該資産の算定日（移行の登記の前日）における時価をもって特定寄附の額とする。

ii 実施事業収入の額について

整備規則第17条第1項に規定する「実施事業収入の額」のうち同項第1号の「実施事業に係る収益」とは、原則として次のとおりとする。

一 実施事業の実施に係る対価としての収益（入場料、手数料等）

二 使途が実施事業に特定されている収益

三 法人においてルールを設定し、実施事業収入と定めた収益

また、同項第2号の「実施事業資産から生じた収益」とは、例えば実施事業資産の売却益などが該当する。

なお、使途が実施事業に特定されている積立金（基金）の運用益について、実施事業の財源を実施事業に係る収益又は実施事業資産から生じた収益とした場合には公益目的支出計画が終了しないと予想される場合には、実施事業に係る収益又は実施事業資産から生じた収益としないことができる。

このほか、使途の制約の解除、減価償却の実施及び災害等による消滅により、

使途が実施事業に特定されている指定正味財産を費消した場合には、その費消した指定正味財産額が実施事業の費用に計上される一方で、その費消した指定正味財産を一般正味財産へ振り替えることに伴って費用と同額が実施事業の収益に計上されることにより、公益目的財産額が減少しないという現象を避けるため、使途が実施事業に特定されている指定正味財産（移行の登記をした日の前日までに受け入れたものに限る。）について、使途の制約の解除、減価償却の実施及び災害等による消滅により、当該指定正味財産を一般正味財産へ振り替えることに伴って生じる収益については、実施事業に係る収益又は実施事業資産から生じた収益としないことができる。

※　法人が公益目的支出計画に記載する「実施事業等」については、支出の総額が収入の総額を上回ることを要する。

　　なお、複数の実施事業等を盛り込む場合であり、それらの実施事業のうちいくつかの実施事業については、支出額が収入額を上回らないものであっても上記を満たす限り可能とする。

※　一般社団法人及び一般財団法人に関する法律及び公益社団法人及び公益財団法人の認定等に関する法律の施行に伴う関係法律の整備等に関する法律施行規則の一部を改正する内閣府令（平成25年内閣府令第1号。以下「改正規則」という。）の施行（施行期日：平成25年1月23日）前に移行登記をした法人については、改正規則附則第2項に規定する経過措置を適用することにより、過年度において収益として計上されていた指定正味財産から一般正味財産への振替額の合計額（以下「過年度分」という。）を公益目的財産残額から控除することができる。具体的には、改正前の規定に基づき算出した公益目的収支差額と、改正後の規定に基づき算出した公益目的収支差額とを比較し、前者より後者の方が大きい場合は、その差額分について、改正規則の施行日以降、最初に到来する事業年度、その翌事業年度又はその翌々事業年度に係る公益目的支出計画実施報告書別紙2中「当該事業年度の公益目的支出の額」に加算することにより過年度分を公益目的財産残額から控除することができる。

2．公益目的支出計画を確実に実施すると見込まれることについて
（整備法第117条第2号関係）

　法人が「公益目的支出計画を確実に実施すると見込まれること」とは、実施事業等以外の事業及び管理運営を含む法人活動全般について、その財務的な影響により実施事業等のための資金が不足するなど公益目的支出計画の安定的な実施が妨げられることがないと見込まれることとする。

申請時には、法人全体の直近1年間の事業計画書及び公益目的支出計画実施期間における当該法人全体の収支の見込みを記載した書類により確認する。収支の見込みには、多額の借入れや施設の更新、高額財産の取得・処分など法人全体の財務に大きな影響を与える活動についても含むこととし、計画があれば当該申請書類に記載する。

なお、申請時には、公益目的支出計画に記載する事業以外の事業について、申請をする法人の全体の事業のうち主な事業について記載することとする。

これらの見通しから「確実に実施すると見込まれるもの」と認めないこともありうる。

移行後においては、多額の借入れ等や資産運用方針の大幅な変更などを行うことにより申請時の収支の見込みが変更される場合には、事前に行政庁に届け出ることを求める。

なお、これらの活動により公益目的支出計画が当初の実施期間内に完了しないこととなる場合には、あらかじめ整備法第125条第1項に規定する公益目的支出計画の変更認可を受けなければならない。

3．公益目的財産額の確定について（整備規則第33条関係）

算定日（移行の登記の前日）の公益目的財産額の確定（確定時）における時価評価資産の評価に関し、法人が移行認可の申請時の公益目的財産額の算定（申請時）の際に、不動産鑑定士が鑑定した価額等を用いていた場合は、これらの評価額を確定時の算定における資産の評価額とすることができる。

また、申請時の算定と確定時の算定の公益目的財産額が異なる場合は、公益目的財産額と併せて公益目的支出計画の実施期間を確定する。

なお、ここでいう公益目的支出計画の実施期間の確定は、整備法第125条第1項の公益目的支出計画の変更には該当しない。

4．移行法人の計算書類について（整備規則第42条関係）

移行法人が行政庁に提出する計算書類の作成について、損益計算書（正味財産増減計算書）は、内訳表において実施事業等に関する会計（実施事業等会計）を他と区分し、更に実施事業等ごとに表示する。整備規則第31条第5号の「収支予算書」の作成も同様とする。

> 1．公益認定等ガイドライン

参　考

公益目的事業のチェックポイントについて

〔構成〕
第1　公益目的事業のチェックポイントの性格
第2　「不特定かつ多数の者の利益の増進に寄与するもの」の事実認定に当たっての留意点
1．事業区分ごとの公益目的事業のチェックポイント
(1)検査検定、(2)資格付与、(3)講座、セミナー、育成、(4)体験活動等、(5)相談、助言、(6)調査、資料収集、(7)技術開発、研究開発、(8)キャンペーン、〇〇月間、(9)展示会、〇〇ショー、(10)博物館等の展示、(11)施設の貸与、(12)資金貸付、債務保証等、(13)助成（応募型）、(14)表彰、コンクール、(15)競技会、(16)自主公演、(17)主催公演
2．上記の事業区分に該当しない事業についてチェックすべき点
【補足】横断的注記

第1　公益目的事業のチェックポイントの性格

認定法第2条第4号に定める公益目的事業の定義は、
A（学術、技芸、慈善その他の公益に関する別表各号に掲げる種類の事業）であって、
B（不特定かつ多数の者の利益の増進に寄与するもの）
という構成をとっており、公益目的事業か否かについては、AであってBとなっているかを判断することとなる（別紙）。

このうちAの部分については認定法の別表各号で明示しているため、Bの部分、すなわち「不特定かつ多数の者の利益の増進に寄与するもの」という事実があるかどうかを認定するに当たっての留意点として、第2の1．に公益目的事業のチェックポイントを掲げる。

なお、法人の行う事業が公益目的事業か否かについては、認定法第5条各号の基準への適合性を審査するに際して、有識者で構成される公益認定等委員会（都道府県にあっては、当該都道府県に置かれた合議制の機関）において判断することとなる。本チェックポイントは、これに適合しなければ直ちに公益目的事業としないというような基準ではなく、上記Bの事実認定に当たっての留意点であり、公益目的事業か否かについては本チェックポイントに沿っているかを勘案して判断することとなる。

また、本チェックポイントは、事業が不特定かつ多数の者の利益の増進に寄与するものであることを説明するために、法人がどのような点について明らかにすればよい

391

第2章　審査基準・会計基準等

かを示す意義もある。

第2　「不特定かつ多数の者の利益の増進に寄与するもの」の事実認定に当たっての留意点

1．事業区分ごとの公益目的事業のチェックポイント

以下、事業の特性に応じた(1)〜(17)の事業区分ごとに、公益目的事業のチェックポイントを掲げる。

なお、(1)〜(17)は法人の行う多種多様な事業の中から典型的な事業について整理したものであり、各事業区分について、事業報告書等に記載されている事業名を別添に付す。

また、これ以外の事業は公益目的事業ではないということではなく、これ以外の事業についてのチェックすべき点については、「2．上記の事業区分に該当しない事業についてチェックすべき点」に掲げる。

(1)　検査検定

ここでいう「検査検定」は、申請に応じて、主として製品等の安全性、性能等について、一定の基準に適合しているかの検査を行い、当該基準に適合していれば当該製品の安全性等を認証する事業のことである。

法人の事業名としては、検査、検定、認証等としている。

公益目的事業としての「検査検定」は、製品等の安全性、性能等について適切に確認することを趣旨としている必要がある。また、審査の質が低いと却って不特定多数の者の利益を害しかねない。

したがって、審査の公正性や質が確保されているかに着目して事実認定するのが有効であると考えられる。

このため、公益目的事業のチェックポイントは以下のとおり。

①　当該検査検定が不特定多数の者の利益の増進に寄与することを主たる目的として位置付け、適当な方法で明らかにしているか。

②　当該検査検定の基準を公開しているか。

③　当該検査検定の機会が、一般に開かれているか。

④　検査検定の審査に当たって公正性を確保する仕組みが存在しているか。（例：個別審査に当たって申請者と直接の利害関係を有する者の排除、検定はデータなど客観的方法による決定）

⑤　検査検定に携わる人員や検査機器についての必要な能力の水準を設定し、その水準に適合していることを確認しているか。（例：検査機器の定期的点検と性能向上／能力評価の実施／法令等により求められる能力について許認可を受けている）

1．公益認定等ガイドライン

(2) 資格付与

　ここでいう「資格付与」は、申請者の技能・技術等について、一定の水準に達しているかの試験を行い、達していれば申請者に対して資格を付与する事業のことである。

　法人の事業名としては、技能検定、資格認定等としている。文化及び芸術の振興に係るものについては、「(3)　講座、セミナー、育成」を適用する。

　公益目的事業としての「資格付与」は、技能・技術等について、一定の水準に達しているかについて適切に確認することを趣旨としている必要がある。

　したがって、審査の公正性や質が確保されているかに着目して事実認定するのが有効であると考えられる。

　このため、公益目的事業のチェックポイントは以下のとおり。

① 　当該資格付与が不特定多数の者の利益の増進に寄与することを主たる目的として位置付け、適当な方法で明らかにしているか。

② 　当該資格付与の基準を公開しているか。

③ 　当該資格付与の機会が、一般に開かれているか。

　（注）ただし、高度な技能・技術等についての資格付与の場合、質を確保するため、レベル・性格等に応じた合理的な参加の要件を定めることは可。

④ 　資格付与の審査に当たって公正性を確保する仕組みが存在しているか。（例：個別審査に当たって申請者と直接の利害関係を有する者の排除）

⑤ 　資格付与の審査に当たって専門家が適切に関与しているか。

(3) 講座、セミナー、育成

　ここでいう「講座、セミナー、育成」は、受講者を募り、専門的知識・技能等の普及や人材の育成を行う事業のことである。

　法人の事業名としては、講座、講習、セミナー、育成等としている。防災研修など社会的な課題への対処、文化、芸術等の振興を目的とした専門的知識・技能の講座等があげられる。

　公益目的事業としての「講座、セミナー、育成」は、専門的知識・技能等の普及や人材の育成を行うことを趣旨としている必要がある。

　したがって、その事業内容につき一定の質が確保されているか等に着目して事実認定するのが有効であると考えられる。

　このため、公益目的事業のチェックポイントは以下のとおり。

① 　当該講座、セミナー、育成（以下「講座等」）が不特定多数の者の利益の増進に寄与することを主たる目的として位置付け、適当な方法で明らかにしているか。

② 　当該講座等を受講する機会が、一般に開かれているか。

　（注）ただし、高度な専門的知識・技能等を育成するような講座等の場合、質を確

第2章　審査基準・会計基準等

保するため、レベル・性格等に応じた合理的な参加の要件を定めることは可。

③　当該講座等及び専門的知識・技能等の確認行為（受講者が一定のレベルに達した
かについて必要に応じて行う行為）に当たって、専門家が適切に関与しているか。

（注）専門的知識の普及を行うためのセミナー、シンポジウムの場合には、確認行
為については問わない。

④　講師等に対して過大な報酬が支払われることになっていないか。

[(4)] 体験活動等

ここでいう「体験活動等」は、公益目的のテーマを定め、比較的短期間の体験を通
じて啓発、知識の普及等を行う事業のことである。

法人の事業名としては、○○体験、○○教室等としている。

公益目的事業としての「体験活動等」は、公益目的として設定されたテーマについ
て体験を通じた啓発・普及活動を趣旨としている必要がある。

したがって、本来の公益目的と異なり、業界団体の販売促進や共同宣伝になってい
ないか等に着目して事実認定するのが有効であると考えられる。

このため、公益目的事業のチェックポイントは以下のとおり。

①　当該体験活動等が不特定多数の者の利益の増進に寄与することを主たる目的とし
て位置付け、適当な方法で明らかにしているか。

②　公益目的として設定されたテーマを実現するためのプログラムになっているか。

（例：テーマで謳っている公益目的と異なり、業界団体の販売促進や共同宣伝になっ
ていないか）

③　体験活動に専門家が適切に関与しているか。

[(5)] 相談、助言

ここでいう「相談、助言」は、相談に応じて、助言や斡旋その他の支援を行う事業
のことである。

法人の事業名としては、相談、助言、苦情処理等としている。支援を行うに当たっ
ては専門家を派遣することもある。

公益目的事業としての「相談、助言」は、問題を抱える者に対して適切に助言等の
支援を行うことを趣旨としている必要がある。

したがって、助言の質の確保に着目して事実認定するのが有効であると考えられ
る。

このため、公益目的事業のチェックポイントは以下のとおり。

①　当該相談、助言が不特定多数の者の利益の増進に寄与することを主たる目的とし
て位置付け、適当な方法で明らかにしているか。

1．公益認定等ガイドライン

② 当該相談、助言を利用できる機会が一般に開かれているか。

③ 当該相談、助言には専門家が適切に関与しているか。（例：助言者の資格要件を定めて公開している）

(6) 調査、資料収集

ここでいう「調査、資料収集」は、あるテーマを定めて、法人内外の資源を活用して、意識や実態等についての調査、資料収集又は当該調査の結果その他の必要な情報を基に分析を行う事業のことである。

法人の事業名としては、調査、統計、資料収集等としている。

公益目的事業としての「調査、資料収集」は、原則として、その結果が社会に活用されることを趣旨としている必要がある。

したがって、結果の取扱いに着目して事実認定するのが有効であると考えられる。

このため、公益目的事業のチェックポイントは以下のとおり。

① 当該調査、資料収集が不特定多数の者の利益の増進に寄与することを主たる目的として位置付け、適当な方法で明らかにしているか。

② 当該調査、資料収集の名称や結果を公表していなかったり、内容についての外部からの問合せに答えないということはないか。

（注）ただし、受託の場合、個人情報保護、機密性その他の委託元のやむを得ない理由で公表できない場合があり、この場合は、当該理由の合理性について個別にその妥当性を判断する。

③ 当該調査、資料収集に専門家が適切に関与しているか。

④ 当該法人が外部に委託する場合、そのすべてを他者に行わせること（いわゆる丸投げ）はないか。

(7) 技術開発、研究開発

ここでいう「技術開発、研究開発」は、あるテーマを定めて、法人内外の資源を活用して技術等の開発を行う事業のことである。なお、成果については、成果の発表や論文の発表を行うとともに、知的財産権の取得を行うのが一般的である。

法人の事業名としては、技術開発、研究開発、研究、システム開発等としている。

公益目的事業としての「技術開発、研究開発」は、原則として、その成果が社会に活用されることを趣旨としている必要がある。

したがって、成果の普及をしているかに着目して事実認定するのが有効であると考えられる。

このため、公益目的事業のチェックポイントは、「(6) 調査、資料収集」のチェックポイントと同じ。

395

第2章　審査基準・会計基準等

(8)　キャンペーン、○○月間

　ここでいう「キャンペーン、○○月間」は、ポスター、新聞その他の各種広報媒体等を活用し、一定期間に集中して、特定のテーマについて対外的な啓発活動を行う事業のことである。

　法人の事業名としては、キャンペーン、○○運動、○○月間等としている。

　各種広報媒体等とは、ポスター、リーフレット、新聞、テレビ、ラジオ、車内広告、電光掲示板等。なお、キャンペーンの手段として特定の機関等に対する要望・提案を行う場合がある。

　公益目的事業としての「キャンペーン、○○月間」は、公益目的として設定されたテーマについて啓発・普及を行うことを趣旨としている必要がある。

　したがって、その趣旨から逸れて、販売促進や共同宣伝を行うのが主眼となっていないか、キャンペーンの一環として要望・提案を行う場合に、メリットが特定多数の者に限定されるような内容となっていないかに着目して事実認定するのが有効であると考えられる。

　このため、公益目的事業のチェックポイントは以下のとおり。

① 　当該キャンペーンが不特定多数の者の利益の増進に寄与することを主たる目的として位置付け、適当な方法で明らかにしているか。

② 　公益目的として設定されたテーマを実現するプログラムになっているか。（例：テーマで謳っている公益目的と異なり、業界団体の販売促進や共同宣伝になっていないか）

③ （要望・提案を行う場合には、）要望・提案の内容を公開しているか。

(9)　展示会、○○ショー

　ここでいう「展示会、○○ショー」は、展示という手段により、特定のテーマについて対外的な啓発・普及活動を行う事業（文化及び芸術の振興に係る事業を除く。）のことである。比較的短期間であるため、法人が会場を借り上げ、ブースを出展者に貸す場合が多い。

　法人の事業名としては、展示会、博覧会、ショー、フェア等としている。

　公益目的事業としての「展示会、○○ショー」は、公益目的として設定されたテーマについて啓発・普及を行うことを趣旨としている必要がある。

　したがって、その趣旨から逸れて、販売促進や共同宣伝を行うのが主眼となっていないか、また、出展者を選定するに当たって公正性が確保されているかに着目して事実認定するのが有効であると考えられる。

　このため、公益目的事業のチェックポイントは以下のとおり。

① 　当該展示会が不特定多数の者の利益の増進に寄与することを主たる目的として位

置付け、適当な方法で明らかにしているか。

② 公益目的として設定されたテーマを実現するプログラムになっているか。（例：テーマに沿ったシンポジウムやセミナーを開催／出展者にはテーマに沿った展示を厳守させている／テーマで謳っている公益目的と異なり、業界団体の販売促進や共同宣伝になっていないか^(注)／入場者を特定の利害関係者に限っていないか）

（注）公益目的と異なるプログラムになっていないかを確認する趣旨であり、公益目的と異なっていない限り、製品等の紹介も認め得る。

③ （出展者を選定する場合、）出展者の資格要件を公表するなど、公正に選定しているか。（例：出展料に不当な差別がないか）

⑽ 博物館等の展示

ここでいう「博物館等の展示」は、歴史、芸術、民俗、産業、自然科学等に関する資料を収集・保管し、展示を行う事業のことである。

法人の事業名としては、○○館、コレクション、常設展示、企画展等としている。

公益目的事業としての「博物館等の展示」は、歴史、芸術、民俗、産業、自然科学等に関する資料に直接接する機会を不特定多数の者に与えることを趣旨としている必要がある。

したがって、テーマを適切に定めるとともに、展示内容にそのテーマを反映させているか、一定の質が確保されているか等に着目して事実認定するのが有効であると考えられる。

このため、公益目的事業のチェックポイントは以下のとおり。

① 当該博物館等の展示が不特定多数の者の利益の増進に寄与することを主たる目的として位置付け、適当な方法で明らかにしているか。

② 公益目的として設定されたテーマを実現するプログラムになっているか。（例：テーマに沿った展示内容／出展者にはテーマに沿った展示を厳守させている／テーマで謳っている公益目的とは異なり、業界団体の販売促進や共同宣伝になっていないか）

③ 資料の収集・展示について専門家が関与しているか。

④ 展示の公開がほとんど行われず、休眠化していないか。

⑾ 施設の貸与

ここでいう「施設の貸与」は、公益目的のため、一定の施設を個人、事業者等に貸与する事業のことである。

法人の事業名としては、○○施設の貸与、○○施設の利用等としている。

（注１）施設を効率的に利用する等の理由から公益目的以外で貸与するとともに、

397

第2章　審査基準・会計基準等

　　　貸与以外でも例えば公益目的の主催公演で使用することも多いが、この場合
　　　には、法人は公益目的での貸与（公益目的事業）、公益目的以外での貸与、
　　　公益目的の主催公演を区別した上で、費用及び収益を配賦する必要がある。
　　　配賦後の公益目的事業に係る費用が、公益目的事業費となる。
　（注２）公益目的での貸与を区別するに当たり、以下の点に注意する必要がある。
　　　　・　公益的な活動をしている法人に貸与する場合であっても、当該法人の収益
　　　　　事業、共益事業等のために貸与する場合は、公益目的での貸与とならない。
　　　　・　定款で定める事業又は目的に根拠がない事業は、公益目的事業と認めら
　　　　　れないことがあり得る。

　公益目的事業としての「施設の貸与」は、施設を貸与することによって公益目的を
実現しようということを趣旨としている必要がある。
　したがって、公益目的として設定された使用目的に沿った貸与がされるか等に着目
して事実認定するのが有効であると考えられる。
　このため、公益目的事業のチェックポイントは以下のとおり。
①　当該施設の貸与が不特定多数の者の利益の増進に寄与することを主たる目的とし
　て位置付け、適当な方法で明らかにしているか。
②　公益目的での貸与は、公益目的以外の貸与より優先して先行予約を受け付けるな
　どの優遇をしているか。

⑿　資金貸付、債務保証等

　ここでいう「資金貸付、債務保証等」は、公益目的で個人や事業者に対する資金貸
付や債務保証等を行う事業のことである。
　法人の事業名としては、資金貸付、融資、債務保証、信用保証等としている。また、
資金貸付、債務保証のほか、設備導入の援助（リース、割賦販売）等も含む。
　公益目的事業としての「資金貸付、債務保証等」は、公益目的として設定された事
業目的に沿って資金貸付、債務保証等を行うことを趣旨としている必要がある。
　したがって、事業目的として公益の増進を掲げていても実質的には構成員の共通の
利益に奉仕するに過ぎないものになっていないかに着目して事実認定するのが有効で
あると考えられる。
　このため、公益目的事業のチェックポイントは以下のとおり。
①　当該資金貸付、債務保証等が不特定多数の者の利益の増進に寄与することを主た
　る目的として位置付け、適当な方法で明らかにしているか。
②　資金貸付、債務保証等の条件が、公益目的として設定された事業目的に合致して
　いるか。
③　対象者（貸付を受ける者その他の債務者となる者）が一般に開かれているか。

④　債務保証の場合、保証の対象が社員である金融機関が行った融資のみに限定されていないか。

⑤　資金貸付、債務保証等の件数、金額等を公表しているか。（対象者名の公表に支障がある場合、その公表は除く。）

⑥　当該資金貸付、債務保証等に専門家の適切な関与があるか。

⒀　助成（応募型）

　ここでいう「助成（応募型）」は、応募・選考を経て、公益目的で、個人や団体に対して資金を含む財産価値のあるものを原則として無償で提供する事業のことである。

　法人の事業名としては、助成、給付、奨学金等としている。奨学金の場合には、無利息・長期分割返還の貸与も含む。

　公益目的事業としての「助成（応募型）」は、原則として財産価値あるものの無償提供である。また、その事業の流れは、助成の対象となるべき事業・者の設定及び対象者の選考の二段階である。

　したがって、この二段階で、公正性が確保されているかに着目して事実認定するのが有効であると考えられる。

　このため、公益目的事業のチェックポイントは以下のとおり。

①　当該助成が不特定多数の者の利益の増進に寄与することを主たる目的として位置付け、適当な方法で明らかにしているか。

②　応募の機会が、一般に開かれているか。

③　助成の選考が公正に行われることになっているか。（例：個別選考に当たって直接の利害関係者の排除）

④　専門家など選考に適切な者が関与しているか。

⑤　助成した対象者、内容等を公表しているか。（個人名又は団体名の公表に支障がある場合、個人名又は団体名の公表は除く。）

⑥　（研究や事業の成果があるような助成の場合、）助成対象者から、成果についての報告を得ているか。

⒁　表彰、コンクール

　ここでいう「表彰、コンクール」は、作品・人物等表彰の候補を募集し、選考を経て、優れた作品・人物等を表彰する事業のことである。

　法人の事業名としては、表彰、コンクール、○○賞等としている。なお、部内の者に対する表彰（職員の永年勤続表彰等）もあるが、ここでは対象から除く。

　公益目的事業としての「表彰、コンクール」は、適切な選考を通じて、優れた作品・

第2章　審査基準・会計基準等

人物等を顕彰することを趣旨としている必要がある。

　したがって、選考の質や公正性が確保されているかに着目して事実認定するのが有効であると考えられる。

　このため、公益目的事業のチェックポイントは以下のとおり。

① 　当該表彰、コンクールが不特定多数の者の利益の増進に寄与することを主たる目的として位置付け、適当な方法で明らかにしているか。

② 　選考が公正に行われることになっているか。（例：個別選考に当たっての直接の利害関係者の排除）

③ 　選考に当たって専門家が適切に関与しているか。

④ 　表彰、コンクールの受賞者・作品、受賞理由を公表しているか。

⑤ 　表彰者や候補者に対して当該表彰に係る金銭的な負担（応募者から一律に徴収する審査料は除く。）を求めてないか。

⒂　競技会

　ここでいう「競技会」は、スポーツ等の競技を行う大会を開催する事業のことである。

　法人の事業名としては、競技会、競技大会、○○大会等としている。

　公益目的事業としての「競技会」は、競技者に対して技能の向上の機会を提供するとともに、当該競技の普及を図ることによってスポーツ等を振興することを趣旨としている必要がある。

　したがって、競技会の質を維持・向上するような工夫がなされているかに着目して事実認定するのが有効であると考えられる。

　このため、公益目的事業のチェックポイントは以下のとおり。

① 　当該競技会が不特定多数の者の利益の増進に寄与することを主たる目的として位置付け、適当な方法で明らかにしているか。

② 　公益目的として設定した趣旨に沿った競技会となっているか。（例：親睦会のような活動にとどまっていないか）

③ 　出場者の選定や競技会の運営について公正なルールを定め、公表しているか。

⒃　自主公演

　ここでいう「自主公演」は、法人が、自らの専門分野について制作又は練習した作品を演じ、又は演奏する事業のことである。

　法人の事業名としては、公演、興行、演奏会等としている。芸術の鑑賞機会の提供のみならず、高齢者、障害者が芸術等に触れ、癒される機会を提供すること等の福祉的なものも含まれる。

　公益目的事業としての「自主公演」は、法人の専門分野の公演により、芸術等の振

興や不特定多数の者に対する芸術等に触れる機会の提供を行うことを趣旨としている必要がある。

したがって、公益目的として設定された趣旨を実現できるよう、質の確保・向上の努力が行われているかに着目して事実認定するのが有効であると考えられる。

(注) 本事業区分の場合、特に当該事業が認定法の別表各号（例えば「文化及び芸術の振興を目的とする事業」）に該当するかが重要であるが、実質的に判断することとなる。

このため、公益目的事業のチェックポイントは以下のとおり。

① 当該自主公演が不特定多数の者の利益の増進に寄与することを主たる目的として位置付け、適当な方法で明らかにしているか。

② 公益目的として設定された趣旨を実現できるよう、質の確保・向上の努力が行われているか。

(17) 主催公演

ここでいう「主催公演」は、法人が、主として外部制作の公演の選定を行い、主催者として当該公演を実施する事業のことである。

法人の事業名としては、主催公演、主催コンサート等としている。芸術の鑑賞機会の提供のみならず、高齢者、障害者が芸術等に触れ、癒される機会を提供すること等の福祉的なものも含まれる。

公益目的事業としての「主催公演」は、外部制作の公演を活用して、芸術等の振興や不特定多数の者に対する芸術等に触れる機会の提供を行うことを趣旨としている必要がある。

したがって、公益目的として設定された事業目的に沿った公演作品を適切に企画・選定することになっているかに着目して事実認定するのが有効であると考えられる。

このため、公益目的事業のチェックポイントは以下のとおり。

① 当該主催公演が不特定多数の者の利益の増進に寄与することを主たる目的として位置付け、適当な方法で明らかにしているか。

② 公益目的として設定された事業目的に沿った公演作品を適切に企画・選定するためのプロセスがあるか。（例：企画・選定の方針等の適切な手続が定められている／（地域住民サービスとして行われる場合）企画段階で地域住民のニーズの把握に努めている）

③ 主催公演の実績（公演名、公演団体等）を公表しているか。

2. 上記の事業区分に該当しない事業についてチェックすべき点

1. のチェックポイントは、概ね以下に集約され、1. の事業区分に該当しない事

業についても、これを参考にチェックするのが有効であろう。

① 事業目的（趣旨：不特定多数でない者の利益の増進への寄与を主たる目的に掲げていないかを確認する趣旨。）

② 事業の合目的性（趣旨：事業の内容や手段が事業目的を実現するのに適切なものになっているかを確認する趣旨。）

　　ア　受益の機会の公開（例　受益の機会が、一般に開かれているか）

　　イ　事業の質を確保するための方策（例　専門家が適切に関与しているか）

　　ウ　審査・選考の公正性の確保（例　当該事業が審査・選考を伴う場合、審査・選考が公正に行われることとなっているか）

　　エ　その他（例　公益目的として設定した事業目的と異なり、業界団体の販売促進、共同宣伝になっていないか）

　　(注)　②（事業の合目的性）ア～エは例示であり、事業の特性に応じてそれぞれ事実認定上の軽重には差がある。

【補足】横断的注記

(1)　事業の単位（どのように事業をまとめるか）は、事業の実態等から類似、関連するものであれば、適宜まとめることは構わないが、以下の点に留意する必要がある。

・事業のまとめ方によっては、当該事業が複数の事業区分に該当することもあり得る。その場合、該当する複数の事業区分を適用する。（例えば、一定期間のセミナーの後、試験合格者に資格を付与する事業の場合、「講座、セミナー、育成」と「資格付与」の両方の事業区分を適用する。）

・また、収益事業等は明確に区分する必要がある。（例えば、博物館で売店事業や食堂事業を営む場合、当該事業は博物館事業とは区分する必要がある。）

・ここでの事業の単位が、収支相償の第一段階の事業の単位となる。

(2)　事業に付随して行われる会議は、当該事業の一環と整理して構わない。

　　（例えば、公益目的事業に係る会議（例：公益目的事業と認められるセミナーに必要な企画を行う会議）に要する費用は、公益目的事業の費用に含まれ得る。）

(3)　各用語の解説

ア　「機会が、一般に開かれているか」：共益的に行われるものを除く趣旨である。

　　受益の機会が特定多数の者（例えば、社団法人の社員）に限定されている場合は原則として共益と考えられる。

　　ただし、機会が限定されている場合でも、例えば別表各号の目的に直接貢献するといった合理的な理由がある場合、不特定かつ多数の者の利益の増進に寄与するという事実認定をし得る。（例：特定の資格等を有する者の大半で構成される法人における講習による人材の育成が学術の振興に直接貢献すると考えられる場合、受講

者が社員に限定されていても、公益目的事業とし得る。)

イ 「専門家が適切に関与しているか」：ここでいう「専門家」とは、事業の内容に応じて、企画、指導、審査等を行うのに必要な知識、技術、知見等を教育、訓練、経験等によって備えている者をいう。

　チェックを行う趣旨は、事業目的を実現するための質が確保されているかを確認するためである。

　その関与の形態としては、必ずしも法人で雇用している必要はなく、事業を遂行するに当たって適切な関与の方法であればよい。

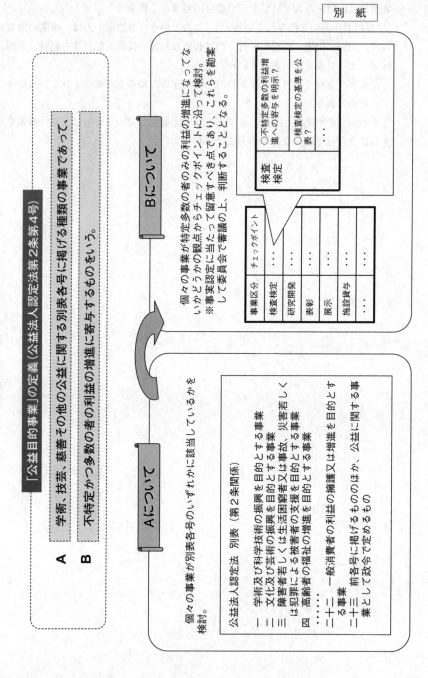

1．公益認定等ガイドライン

別添

事業区分ごとの事業名の例

	事業区分	事業名の例（事業報告書等に記載されているもの）
1	検査検定	検査・検定、検査、検定、認証
2	資格付与	技能検定、技術検定、資格認定
3	講座、セミナー、育成	講座、講習、セミナー、シンポジウム、人材育成、育成、研修会、学術集会、学術講演会
4	体験活動等	イベント、体験、体験教室、ツアー、観察会
5	相談、助言	相談、相談対応、相談会、指導、コンサルタント、助言、苦情処理
6	調査、資料収集	調査研究、調査、統計、資料収集、情報収集、データベース作成、分析
7	技術開発、研究開発	研究開発、技術開発、システム開発、ソフト開発、研究、試験研究
8	キャンペーン、○○月間	キャンペーン、普及啓発、週間、月間、キャラバン、政策提言
9	展示会、○○ショー	展示会、博覧会、ショー、○○展、フェア、フェスタ、フェスティバル
10	博物館等の展示	○○館、コレクション、常設展示場、常設展示
11	施設の貸与	施設（又は会館、ホール、会議室）管理、施設の管理運営、施設の維持経営
12	資金貸付、債務保証等	融資、ローン、債務保証、信用保証、リース
13	助成（応募型）	助成、無償奨学金、支援、補助、補助金、援助、利子補給、家賃補助、無償貸与、無償貸付、無償レンタル
14	表彰、コンクール	表彰、○○賞、○○大賞、コンクール、コンクール大会、審査、コンテスト、グランプリ、展覧会
15	競技会	競技大会、○○賞、試合、大会、○○カップ、○○杯、○○オーブン
16	自主公演	公演、興行、演奏会
17	主催公演	主催公演、主催コンサート

２．新たな公益法人制度への移行等に関するよくある質問（FAQ）

更新履歴

平成28年6月
追加：問Ⅵ－4－②、問Ⅵ－4－③、問Ⅵ－4－④
修正：問Ⅵ－④－1（旧Ⅳ－4）

平成27年4月
追加：問Ⅴ－2－⑥、問Ⅴ－2－⑦、問Ⅴ－3－⑥、問Ⅵ－2－⑤、問Ⅵ－2－⑥、問Ⅵ－2－⑦、問Ⅵ－4
修正：問Ⅴ－1－①、問Ⅴ－1－②、問Ⅴ－2－③、問Ⅴ－2－⑤、問Ⅴ－3－②、問Ⅴ－3－⑤、問Ⅴ－4－①（旧②）、問Ⅴ－4－⑤（旧⑥）、問Ⅴ－4－⑦（旧⑧）、問Ⅴ－4－⑧（旧⑨）、問Ⅴ－6－②、問Ⅴ－6－④、問Ⅵ－1－②、問Ⅵ－1－⑥、問Ⅵ－3（旧②）、問Ⅵ－5－③、問Ⅹ－4－②
形式修正（問番号ズレ含む）：問Ⅴ－2－②、問Ⅴ－2－④、問Ⅴ－3－③、問Ⅴ－3－④、問Ⅴ－4－②（旧③）、問Ⅴ－4－③（旧④）、問Ⅴ－4－④（旧⑤）、問Ⅴ－4－⑥（旧⑦）、問Ⅴ－4－⑨（旧⑩）、問Ⅴ－4－⑩（旧⑪）、問Ⅴ－4－⑪（旧⑬）、問Ⅴ－4－⑬（旧⑮）、問Ⅴ－5－①、問Ⅴ－5－②（旧③）、問Ⅴ－8－①、問Ⅴ－9－①、問Ⅵ－1－①、問Ⅵ－2－①、問Ⅵ－2－②、問Ⅵ－2－④、問Ⅵ－5－①、問Ⅵ－5－②
削除：旧問Ⅴ－4－①、旧問Ⅴ－4－⑫、旧問Ⅴ－5－②、旧問Ⅵ－3－①、旧問Ⅵ－4－①～⑥、旧問Ⅵ－5－④

平成27年3月
追加：問Ⅺ－2－①
修正：問Ⅹ－1－①、問Ⅺ－1－①

平成26年3月
追加：問Ⅵ－1－⑥

平成25年6月
追加：問Ⅸ－⑬

平成24年11月
追加：問Ⅰ－9－⑤の2
修正：問Ⅰ－9－④、問Ⅰ－9－⑤

平成24年8月
追加：問Ⅴ－4－⑦、問Ⅴ－4－⑧、問Ⅴ－4－⑨、問Ⅴ－4－⑩、問Ⅴ－4－⑪、問Ⅴ－4－⑫、問Ⅴ－4－⑬、問Ⅴ－4－⑭、問Ⅴ－4－⑮、問Ⅴ－8－①、問Ⅴ－8－②
修正：問Ⅴ－4－⑤

平成23年9月
追加：問Ⅸ－⑫

平成22年12月
修正：問Ⅲ－1－①、問Ⅶ－②

平成22年3月
追加：問Ⅴ－6－⑥
修正：問Ⅴ－6－③、問Ⅵ－3－②

平成22年1月
追加：問Ⅸ－⑪
修正：問Ⅸ－③、問Ⅸ－①

平成21年12月
追加：問Ⅰ－3－⑪

平成21年11月
修正：問Ⅱ－4－⑥、問Ⅱ－7－⑤

平成21年9月
修正：問Ⅱ－4－②
追加：問Ⅸ－⑨、問Ⅸ－⑩

平成21年8月
修正：問Ⅰ－1－③、Ⅰ－4－⑧、Ⅱ－1－②、Ⅱ－2－①、Ⅱ－3－①、Ⅱ－3－②、Ⅱ－7－⑤

平成21年6月
修正：問Ⅱ－1－②

平成21年4月
追加：問Ⅰ－3－⑩、Ⅱ－4－⑦

平成21年3月
修正：問Ⅷ－2－②、Ⅵ－4－⑥
追加：問Ⅰ－1－④

平成21年1月
追加：問Ⅴ－6－⑤

平成20年12月
修正：問Ⅹ－3－①
追加：問Ⅱ－7－⑤、Ⅺ－1－①、Ⅺ－1－②

平成20年11月
修正：問Ⅰ－3－②、Ⅰ－5－②、Ⅰ－7－①、Ⅱ－1－①、Ⅱ－1－⑤、Ⅱ－2－①、Ⅴ－2－②、Ⅴ－2－③、Ⅴ－2－④、Ⅴ－2－⑤、Ⅴ－3－③、Ⅴ－4－③、Ⅵ－4－③、Ⅵ－4－⑤、Ⅷ－1－③、Ⅹ－1－①、Ⅹ－2－③
追加：問Ⅰ－3－⑨、Ⅰ－4－⑧、Ⅱ－4－⑥、Ⅱ－7－④、Ⅲ－1－②、Ⅴ－5－①、Ⅴ－5－②、Ⅴ－5－③、Ⅵ－2－②、Ⅵ－2－④、Ⅵ－3－2、Ⅵ－4－⑥、Ⅹ－2－⑤、Ⅹ－2－⑥、Ⅹ－3－③、Ⅹ－3－④、Ⅹ－3－⑤、Ⅹ－3－⑥、Ⅹ－4－②

○新たな公益法人制度への移行等に関するよくある質問（FAQ）

（平成28年6月版　内閣府）

目　次

Ⅰ．公益申請、移行の認定・認可申請手続に関するもの

問Ⅰ-1-①（公益社団・財団法人と一般社団・財団法人の位置付け）………… 416

問Ⅰ-1-②（公益社団・財団法人と一般社団・財団法人の違い）……………… 416

問Ⅰ-1-③（特例民法法人と民法34条法人との違い）…………………………… 418

問Ⅰ-1-④（一般法人移行時の旧主務官庁の設立許可の取消方法）…………… 419

問Ⅰ-1-⑤（法人格のない任意団体）…………………………………………… 420

問Ⅰ-1-⑥（法人格のない任意団体）…………………………………………… 420

問Ⅰ-1-⑦（小規模社団法人）…………………………………………………… 421

問Ⅰ-1-⑧（新規財団法人）……………………………………………………… 421

問Ⅰ-1-⑨（有限責任中間法人）………………………………………………… 422

問Ⅰ-1-⑩（有限責任中間法人が公益認定を申請する場合）………………… 423

問Ⅰ-2-①（定款変更手続）……………………………………………………… 424

問Ⅰ-2-②（定款変更手続）……………………………………………………… 425

問Ⅰ-2-③（施行日前における定款の変更の案の決議の可否）……………… 426

問Ⅰ-3-①（従来の寄附行為の名称）…………………………………………… 427

問Ⅰ-3-②（モデル定款案の提示）……………………………………………… 427

問Ⅰ-3-③（定款の変更の案における設立者の定め）………………………… 428

問Ⅰ-3-④（必要的記載事項の範囲）…………………………………………… 428

問Ⅰ-3-⑤（定款で使用できる用語）…………………………………………… 429

問Ⅰ-3-⑥（財団法人の設立者）………………………………………………… 430

問Ⅰ-3-⑦（従来の寄附行為中の変更が禁止されている条項の扱い）……… 431

問Ⅰ-3-⑧（法人の名称、定款の目的の変更）………………………………… 433

問Ⅰ-3-⑨（一般法人が公益認定の申請を行う場合の定款審査）…………… 435

問Ⅰ-3-⑩（公告方法）…………………………………………………………… 436

問Ⅰ-3-⑪（定款の変更の案の作成）…………………………………………… 437

問Ⅰ-4-①（申請時期）…………………………………………………………… 445

問Ⅰ-4-②（申請の回数）………………………………………………………… 446

問Ⅰ-4-③（申請の順序）………………………………………………………… 447

問Ⅰ-4-④（新規設立一般社団・財団法人の公益認定申請）………………… 447

問Ⅰ-4-⑤（移行期間終了後の公益認定申請）………………………………… 447

問Ⅰ-4-⑥（移行期間満了後の申請の取扱い）………………………………… 448

問Ⅰ－4－⑦（電子申請）‥‥‥‥‥‥‥‥‥‥‥‥‥‥‥‥‥‥‥‥‥‥ 448

問Ⅰ－4－⑧（新制度施行直後の申請）‥‥‥‥‥‥‥‥‥‥‥‥‥‥‥ 449

問Ⅰ－5－①（申請書類のフォーマット）‥‥‥‥‥‥‥‥‥‥‥‥‥‥ 452

問Ⅰ－5－②（移行申請書類に表記する役員等）‥‥‥‥‥‥‥‥‥‥‥ 452

問Ⅰ－6－①（審査に要する時間）‥‥‥‥‥‥‥‥‥‥‥‥‥‥‥‥‥ 453

問Ⅰ－7－①（財団法人における移行時の純資産）‥‥‥‥‥‥‥‥‥‥ 453

問Ⅰ－8－①（現在の主務官庁との関係）‥‥‥‥‥‥‥‥‥‥‥‥‥‥ 454

問Ⅰ－8－②（現在の主務官庁との関係）‥‥‥‥‥‥‥‥‥‥‥‥‥‥ 454

問Ⅰ－9－①（公益認定申請先行政庁）‥‥‥‥‥‥‥‥‥‥‥‥‥‥‥ 455

問Ⅰ－9－②（公益認定申請先行政庁）‥‥‥‥‥‥‥‥‥‥‥‥‥‥‥ 457

問Ⅰ－9－③（公益目的事業の実施区域の定め方）‥‥‥‥‥‥‥‥‥‥ 457

問Ⅰ－9－④（公益認定申請先行政庁による審査基準の違い）‥‥‥‥‥ 458

問Ⅰ－9－⑤（都道府県による判断の違い）‥‥‥‥‥‥‥‥‥‥‥‥‥ 459

問Ⅰ－9－⑤の2（同種・同系列法人についての行政庁間の判断の違い）‥‥‥ 460

問Ⅰ－10－①（過去の実績の評価）‥‥‥‥‥‥‥‥‥‥‥‥‥‥‥‥‥ 461

問Ⅰ－10－②（公益認定等委員会との関係）‥‥‥‥‥‥‥‥‥‥‥‥‥ 462

問Ⅰ－10－③（特例民法法人の法人名等）‥‥‥‥‥‥‥‥‥‥‥‥‥‥ 462

Ⅱ．役員等の選任

問Ⅱ－1－①（役員の資格）‥‥‥‥‥‥‥‥‥‥‥‥‥‥‥‥‥‥‥‥ 463

問Ⅱ－1－②（役員等の補欠選任）‥‥‥‥‥‥‥‥‥‥‥‥‥‥‥‥‥ 464

問Ⅱ－1－③（監事の選任）‥‥‥‥‥‥‥‥‥‥‥‥‥‥‥‥‥‥‥‥ 465

問Ⅱ－1－④（代表理事の直接選挙）‥‥‥‥‥‥‥‥‥‥‥‥‥‥‥‥ 467

問Ⅱ－1－⑤（施行日前における理事会等における代表理事等の選定の可否）‥‥‥ 468

問Ⅱ－2－①（最初の評議員の選任方法）‥‥‥‥‥‥‥‥‥‥‥‥‥‥ 474

問Ⅱ－3－①（最初の代表理事、業務執行理事、会計監査人の選任）‥‥‥ 476

問Ⅱ－3－②（移行と同時に代表理事や評議員を置く場合の手続）‥‥‥‥ 482

問Ⅱ－4－①（新制度の理事、監事、評議員の任期）‥‥‥‥‥‥‥‥‥ 483

問Ⅱ－4－②（移行をまたぐ任期の取扱い）‥‥‥‥‥‥‥‥‥‥‥‥‥ 484

問Ⅱ－4－③（理事の任期）‥‥‥‥‥‥‥‥‥‥‥‥‥‥‥‥‥‥‥‥ 486

問Ⅱ－4－④（理事の任期）‥‥‥‥‥‥‥‥‥‥‥‥‥‥‥‥‥‥‥‥ 488

問Ⅱ－4－⑤（理事の任期）‥‥‥‥‥‥‥‥‥‥‥‥‥‥‥‥‥‥‥‥ 488

問Ⅱ－4－⑥（任期の起算点）‥‥‥‥‥‥‥‥‥‥‥‥‥‥‥‥‥‥‥ 489

問Ⅱ－4－⑦（移行の登記を停止条件とした役員の交代）‥‥‥‥‥‥‥ 490

問Ⅱ－5－①（新制度の理事、監事、評議員の定数）‥‥‥‥‥‥‥‥‥ 491

問Ⅱ－5－②（役員等の定数）‥‥‥‥‥‥‥‥‥‥‥‥‥‥‥‥‥‥‥ 492

問Ⅱ－6－①（代理人の出席等）・・・493

問Ⅱ－6－②（テレビ会議）・・・494

問Ⅱ－7－①（決議の省略）・・・495

問Ⅱ－7－②（総会の年間開催回数）・・・・・・・・・・・・・・・・・・・・・・・・・・・・・・・・・・・・・・496

問Ⅱ－7－③（監事が出席しない理事会）・・・・・・・・・・・・・・・・・・・・・・・・・・・・・・・・496

問Ⅱ－7－④（社員総会における議決権の代理行使、書面による議決権の行使）・・・497

問Ⅱ－7－⑤（社員総会及び評議員会の議事録への記名押印）・・・・・・・・・・・・・・・・・・498

Ⅲ．支部・合併等

問Ⅲ－1－①（支部等の組織形態）・・499

問Ⅲ－1－②（支部等の組織運営）・・500

問Ⅲ－2－①（特例民法法人）・・・501

Ⅳ．公益認定基準（機関設計・運営に関するもの）

問Ⅳ－1－①（特別の利益）・・502

問Ⅳ－2－①（役員の3分の1規定）・・・・・・・・・・・・・・・・・・・・・・・・・・・・・・・・・・・・503

問Ⅳ－2－②（役員の3分の1規定）・・・・・・・・・・・・・・・・・・・・・・・・・・・・・・・・・・・503

問Ⅳ－2－③（役員の3分の1規定）・・・・・・・・・・・・・・・・・・・・・・・・・・・・・・・・・・・504

問Ⅳ－3－(1)－①（代議員制）・・505

問Ⅳ－3－(1)－②（代議員制）・・506

問Ⅳ－3－(2)－①（社員資格に関する他の制限）・・・・・・・・・・・・・・・・・・・・・・・・・506

問Ⅳ－3－(2)－②（社員資格に関する他の制限）・・・・・・・・・・・・・・・・・・・・・・・・・507

Ⅴ．公益認定基準（財務・会計に関するもの）

問Ⅴ－1－①（経理的基礎・技術的能力）・・・・・・・・・・・・・・・・・・・・・・・・・・・・・・・・508

問Ⅴ－1－②（経理的基礎・技術的能力）・・・・・・・・・・・・・・・・・・・・・・・・・・・・・・・・510

問Ⅴ－2－①（収支相償）・・510

問Ⅴ－2－②（収支相償）・・511

問Ⅴ－2－③（収支相償）・・514

問Ⅴ－2－④（収支相償）・・515

問Ⅴ－2－⑤（収支相償）・・516

問Ⅴ－2－⑥（収支相償）・・518

問Ⅴ－2－⑦（収支相償）・・520

問Ⅴ－3－①（公益目的事業比率）・・・・・・・・・・・・・・・・・・・・・・・・・・・・・・・・・・・・・・・521

問Ⅴ－3－②（公益目的事業比率）・・・・・・・・・・・・・・・・・・・・・・・・・・・・・・・・・・・・・・・521

問Ⅴ－3－③（公益目的事業比率）・・・・・・・・・・・・・・・・・・・・・・・・・・・・・・・・・・・・・・・523

問Ⅴ－3－④（公益目的事業比率）……………………………… 523

問Ⅴ－3－⑤（公益目的事業比率）……………………………… 525

問Ⅴ－3－⑥（公益目的事業比率）……………………………… 525

問Ⅴ－4－①（遊休財産額）………………………………………… 526

問Ⅴ－4－②（遊休財産額）………………………………………… 526

問Ⅴ－4－③（遊休財産額）………………………………………… 532

問Ⅴ－4－④（遊休財産額）………………………………………… 533

問Ⅴ－4－⑤（遊休財産額）………………………………………… 534

問Ⅴ－4－⑥（遊休財産額）………………………………………… 537

問Ⅴ－4－⑦（遊休財産額）………………………………………… 539

問Ⅴ－4－⑧（遊休財産額）………………………………………… 540

問Ⅴ－4－⑨（遊休財産額）………………………………………… 541

問Ⅴ－4－⑩（遊休財産額）………………………………………… 541

問Ⅴ－4－⑪（遊休財産額）………………………………………… 542

問Ⅴ－4－⑫（遊休財産額）………………………………………… 543

問Ⅴ－4－⑬（遊休財産額）………………………………………… 545

問Ⅴ－5－①（会計監査人設置基準）…………………………… 545

問Ⅴ－5－②（会計監査人設置基準）…………………………… 546

問Ⅴ－6－①（役員に対する報酬等）…………………………… 547

問Ⅴ－6－②（役員に対する報酬等）…………………………… 548

問Ⅴ－6－③（役員に対する報酬等）…………………………… 549

問Ⅴ－6－④（役員に対する報酬等）…………………………… 549

問Ⅴ－6－⑤（監事の報酬等）……………………………………… 550

問Ⅴ－6－⑥（役員等に対する報酬等）………………………… 551

問Ⅴ－7－①（株式保有の制限）…………………………………… 552

問Ⅴ－8－①（法人会計の黒字）…………………………………… 553

問Ⅴ－8－②（法人会計の黒字）…………………………………… 554

問Ⅴ－9－①（残余財産処分）……………………………………… 555

問Ⅴ－9－②（残余財産処分）……………………………………… 555

Ⅵ. 移行後の公益社団法人・公益財団法人の運営

問Ⅵ－1－①（公益目的事業財産）………………………………… 555

問Ⅵ－1－②（公益目的事業財産）………………………………… 556

問Ⅵ－1－③（公益目的事業財産）………………………………… 557

問Ⅵ－1－④（公益目的事業財産）………………………………… 558

問Ⅵ－1－⑤（公益目的事業財産）………………………………… 558

問Ⅵ－1－⑥（公益目的事業財産）……………………………………… 559
問Ⅵ－2－①（区分経理）……………………………………………… 560
問Ⅵ－2－②（区分経理）……………………………………………… 561
問Ⅵ－2－③（区分経理）……………………………………………… 561
問Ⅵ－2－④（区分経理）……………………………………………… 562
問Ⅵ－2－⑤（区分経理）……………………………………………… 564
問Ⅵ－2－⑥（区分経理）……………………………………………… 565
問Ⅵ－2－⑦（区分経理）……………………………………………… 566
問Ⅵ－3（定款における基本財産、不可欠特定財産の定め方）……… 568
問Ⅵ－4－①（会計基準）……………………………………………… 569
問Ⅵ－4－②（会計基準）……………………………………………… 569
問Ⅵ－4－③（会計基準）……………………………………………… 571
問Ⅵ－4－④（会計基準）……………………………………………… 573
問Ⅵ－5－①（作成すべき書類等）…………………………………… 573
問Ⅵ－5－②（作成すべき書類等）…………………………………… 575
問Ⅵ－5－③（作成すべき書類等）…………………………………… 576

Ⅶ. 欠格事由・認定取消し（公益法人認定法第6条、第29条関係）
問Ⅶ－①（欠格事由）…………………………………………………… 576
問Ⅶ－②（欠格事由）…………………………………………………… 577

Ⅷ. 公益目的事業（基本的事項）
問Ⅷ－1－①（公益目的事業か否かの判断①）……………………… 579
問Ⅷ－1－②（公益目的事業か否かの判断②）……………………… 580
問Ⅷ－1－③（公益目的事業か否かの判断③）……………………… 580
問Ⅷ－1－④（公益目的事業か否かの判断④）……………………… 581
問Ⅷ－2－①（事業区分）……………………………………………… 583
問Ⅷ－2－②（事業のまとめ方）……………………………………… 584
問Ⅷ－2－③（対象となる事業）……………………………………… 585

Ⅸ. 公益目的事業（各論）
問Ⅸ－①（行政機関からの受託事業等）……………………………… 586
問Ⅸ－②（調査報告書、学会誌等の発行）…………………………… 587
問Ⅸ－③（施設の貸与）………………………………………………… 588
問Ⅸ－④（公益的な活動を行う法人の支援）………………………… 589
問Ⅸ－⑤（特定地域に限定された事業）……………………………… 590

問IX−⑥（特定の弱者を救済する事業）……………………………………… 590
問IX−⑦（墓地の管理）…………………………………………………………… 591
問IX−⑧（法令に基づく事業）………………………………………………… 592
問IX−⑨（特定の学校の在学生への奨学金）……………………………… 593
問IX−⑩（医療事業）……………………………………………………………… 593
問IX−⑪（上部団体への負担金等について）……………………………… 594
問IX−⑫（介護事業、訪問看護事業及び看護学校事業）……………… 594
問IX−⑬（共済事業）……………………………………………………………… 595

X．公益目的支出計画に関するもの

問X−1−①（実施期間の上限）………………………………………………… 596
問X−1−②（公益目的支出計画は法人の解散を意味するのか）…………… 597
問X−1−③（「確実に実施」の判断）………………………………………… 602
問X−2−①（土地等の相当規模の資産を保有している法人）…………… 603
問X−2−②（ボランティア活動の取扱い）………………………………… 604
問X−2−③（継続事業）………………………………………………………… 604
問X−2−④（公益目的支出計画に記載することができる公益事業）……… 605
問X−2−⑤（委託費等の取扱い）…………………………………………… 606
問X−2−⑥（特定寄附の相手方）…………………………………………… 607
問X−3−①（引当金等）………………………………………………………… 608
問X−3−②（移行後も継続的に使用する資産の評価方法）……………… 610
問X−3−③（土地の上に存する権利の評価方法）………………………… 611
問X−3−④（有価証券の評価方法）………………………………………… 611
問X−3−⑤（実施事業資産の減損、評価損益）…………………………… 612
問X−3−⑥（金銭以外の財産の拠出を受けた場合の基金の取扱い）……… 613
問X−4−①（公益目的財産額と貸借対照表との関係）…………………… 614
問X−4−②（移行法人の計算書類）………………………………………… 614

XI．変更認定・認可・届出手続に関するもの

問XI−1−①（変更の認定と変更の届出）…………………………………… 615
問XI−1−②（変更の認可と変更の届出）…………………………………… 618
問XI−2−①（代表者の変更）………………………………………………… 620

第2章　審査基準・会計基準等

問 I－1－①　（公益社団・財団法人と一般社団・財団法人の位置付け）
　現在民法第34条の公益法人の許可を受けていますが、新制度では公益目的事業を行う法人は必ず公益社団・財団法人の認定を受けないといけないのでしょうか。逆に言うと、一般社団・財団法人は公益目的事業を行ってはならないのでしょうか。

答

1　今回の公益法人制度改革の最大の目的のひとつは、「民による公益の増進」です。公益目的事業を費用で計って50％以上行う公益社団・財団法人はもちろんのこと、非営利部門に属する一般社団・財団法人も「民による公益」の重要な担い手と考えられます。

2　公益認定を受けるかどうかは、法人の自主的な判断に任されています。公益目的事業を行う一般社団・財団法人は、行政庁（内閣総理大臣又は都道府県知事。以下同じ。）の認定を受けることができるとされています（公益法人認定法第4条）が、公益認定の申請を行うことは義務ではありません。

3　一般社団法人・財団法人が行う事業には制限がなく、一般社団・財団法人は原則として行政庁の監督なしに自律的な法人運営を行うことができます。もちろん公益目的事業を行っていただくことは何ら差し支えなく、事業全体の中での割合の如何にかかわらず、公益目的事業を積極的に行っていただきたいと考えています。

(参照条文) 整備法第44条、第45条、公益法人認定法第4条、第5条

問 I－1－②　（公益社団・財団法人と一般社団・財団法人の違い）
　公益社団・財団法人と一般社団・財団法人の違いは何ですか。また、それぞれのメリット・デメリットは何ですか。

答

1　今回の公益法人制度改革では、現在の公益法人の許可制度では一体となっている法人の設立と法人の公益性の認定を分離して、登記のみで設立できる一般社団・財団法人の制度を創設するとともに、公益目的事業を行う一般社団・財団法人は公益認定を受けることができることとし、公益認定を受けた一般社団・財団法人を公益社団・財団法人と呼ぶこととしました。

2　したがって、両者の違いは、公益認定を受けているか否かということになりますが、

416

実体面では次のような相違点があります。

比較事項	一般社団・財団法人	公益社団・財団法人（注5）
成立・認定の要件	設立の登記（注1）。	公益法人認定法第5条の認定基準に適合すること。公益法人認定法第6条の欠格要件に該当しないこと。
実施できる事業	適法であれば制限なし（注2）。	適法であれば制限なし。ただし、公益目的事業を費用で計って50％以上の比率で実施する必要あり。
遵守事項	一般社団・財団法人法の規律のみ（注3）。	一般社団・財団法人法の規律に加え、収支相償、公益目的事業比率50％以上、遊休財産規制、一定の財産の公益目的事業への使用・処分、理事等の報酬等の支給基準の公表、財産目録等の備置き・閲覧・行政庁への提出等。
監督	業務・運営全体についての一律的監督なし（注4）。	行政庁（委員会）による報告徴収、立入検査、勧告・命令、認定の取消しあり。
税制	一部の一般社団・財団法人について収益事業のみに課税するなどの措置が定められている。	すべての公益社団・財団法人が特定公益増進法人（注6）となり、公益法人認定法上の公益目的事業は法人税法上の収益事業から除外され非課税となるなどの措置が定められている。

（注1） 特例民法法人（平成20年12月1日以降存続する現行の公益法人）から一般社団・財団法人に移行する場合は、行政庁の認可が必要です。

（注2）・（注3）・（注4） 公益目的支出計画を実施している一般社団・財団法人については、計画に定めた事業を確実に実施する必要があります。また、公益目的支出計画の確実な実施を確保するために必要な範囲内で整備法に基づく行政庁の監督が行われます。

（注5） 公益社団・財団法人の実施できる事業、遵守事項、監督については、公益法人認定法で定められています。

（注6） その法人への寄附について、寄附者の税制上の優遇措置（損金算入等）が認められている法人です。

3　両者のメリット・デメリットは、法人の規模、事業などによって異なってくると考えられます。一般論として説明すれば、

(1) 公益社団・財団法人は、行政庁の監督の下、税制上の優遇措置を多く受けつつ主に公益目的事業を実施していきたい法人が選択するのに向いている場合が多い

(2) 一般社団・財団法人は、比較的自由な立場で、非営利部門において、可能な範

第2章 審査基準・会計基準等

囲で公益目的事業を含む様々な事業を実施していきたい法人が選択するのに向いている場合が多い

と考えられます。民間非営利部門において「民による公益の増進」に寄与していこうとする団体にとって、いずれも有力な選択肢になるものと考えます。

問 I-1-③ (特例民法法人と民法34条法人との違い)
　現行の民法34条法人は、特例民法法人になると、どのような扱いになるのでしょうか。

答

1　特例民法法人は基本的には現行の公益法人と変わりません。具体的には、
　(1)　直ちに定款の内容、法人の機関、登記等を変更する必要はありません（注）。
　(2)　名称はこれまでどおり（「社団法人〜」、「財団法人〜」）でかまいません。
　(3)　新制度の法人に移行するまでの間は、これまでの所管官庁（旧主務官庁）が監督します。
　(4)　決算公告の義務はなく、旧主務官庁の指導監督によるディスクロージャーを継続します。
　(5)　特例財団法人は、純資産の総額が300万円未満でも存続できます。

2　1のとおり、新法の施行（平成20年12月1日）により、直ちに対応しなければならない事項はありませんが、新制度の法人に移行するまでに一般社団・財団法人法や公益法人認定法に適合するように所要の準備を進めていく必要があります。

3　なお、特例民法法人は、新制度の法人に移行する前に、次のとおり一般社団・財団法人法の機関を置くことができます。
　(1)　特例社団法人：理事会、会計監査人
　(2)　特例財団法人：評議員、評議員会、理事会、会計監査人

4　このほか、新制度の法人に移行する前に、特例社団法人は、新制度の基金（一般社団・財団法人法第131条の基金）を募集することができます。また、特例民法法人は、特例民法法人とのみ合併することができます。

　(注) 1　なお、旧民法において登記すべき事項とされていたもののうち、①資産の総額（旧民法第46条第1項第6号）、②出資の方法を定めたときは、その方法（旧民法第46条第1項第7号）については、特例民法法人が登記すべき事項とはされていません（一般

418

社団・財団法人法第301条第2項、第302条第2項）ので、新法の施行日（平成20年12月1日）以降に、特例民法法人が資産の総額に変更を生じ、又は出資の方法を変更したとしても、当該変更の登記を申請することを要しません（新法施行の際現にされていた登記は、登記官の職権により抹消されています）。

2　また、旧民法では、従たる事務所の所在地においても、主たる事務所の所在地と同一の事項を登記すべきものとされていました（旧民法第46条第1項、第2項）が、特例民法法人は、従たる事務所の所在地において、①名称、②主たる事務所の所在地、③従たる事務所（その所在地を管轄する登記所の管轄区域内にあるものに限る。）のみを登記することとされています（一般社団・財団法人法第312条第2項）。したがって、新法の施行後は、①から③まで以外の登記すべき事項については、特例民法法人がその主たる事務所の所在地において変更の登記をしても、従たる事務所の所在地においては変更の登記をすることを要しません（新法施行の際現にされていた登記は、登記官の職権により抹消されています）。

問Ⅰ−1−④（一般法人移行時の旧主務官庁の設立許可の取消方法）
　一般法人に移行する場合に、○○省の法人設立の許可を取消すにはどうすればいいのですか。

答

1　一般法人への移行申請をする場合は、旧主務官庁に法人設立の許可の取消申請をする必要はありません。

2　なお、移行認可を受けた特例民法法人は、特例民法法人の解散の登記と一般社団（財団）法人の設立の登記をすることになります。

　この登記をしたときには、遅滞なく行政庁と旧主務官庁にその旨を届け出ることが必要です。

(注)　解散の登記と設立登記とありますが、これは登記制度において、旧法人登記簿から新法人登記簿に転記する際に「解散・設立」という手続を踏むものであり、実際に解散行為、設立行為があるわけではありません。したがって、法人は移行の登記の前後において、名称等は変更されますが、法人としては同一性を持って存続することになります。

(参照条文)　整備法第121条第1項、第106条

419

第2章　審査基準・会計基準等

問Ⅰ－1－⑤　(法人格のない任意団体)

　現在法人格のない任意団体として活動していますが、すべての団体が一般社団・財団法人あるいは公益社団・財団法人にならなければならないのでしょうか。

答

1　非営利部門の任意団体が、そのまま任意団体として活動を続けるか、一般社団・財団法人となって法人格を取得するかどうか、一般社団法人が公益認定を受け公益社団・財団法人となるかどうかは、当該団体の判断に任されています。

2　団体が将来どのような活動を行っていくことになるのか、そのためにもっともふさわしい形態は何かを慎重に検討の上、団体の将来の在り方を決定してください。

問Ⅰ－1－⑥　(法人格のない任意団体)

　現在は法人格のない団体ですが、今後は、一般社団・財団法人になりたいと考えています。どのようにすればいいのでしょうか。また公益認定を受けるためにはどうすればいいのでしょうか。

答

1　現在法人格のない団体が一般社団・財団法人になりたい場合は、一般法人法の施行後(平成20年12月1日以降)、法定の手続きに従って一般社団・財団法人を設立することになります。具体的には、一般法人法の規定に従い定款を作成し、公証人の認証を受け、設立時の理事、監事(及び会計監査人)を選任します。その上で、主たる事務所の所在地において設立の登記をすることによって成立します(一般社団・財団法人法第10条～第22条、第152条～第156条)。

2　公益法人は、公益認定を受けた一般社団・財団法人ですので、公益認定の申請に当たっては、まずは一般社団・財団法人としての設立の登記を済ませておかなければなりません。その上で、自らが一般社団・財団法人であることを証する書類(登記事項証明書)を添付の上、行政庁に公益認定の申請をすることとなります(公益法人認定法施行規則第5条第3項第1号)。公益認定を受けるためには、公益法人認定法第5条の公益認定基準に適合するとともに、同法第6条の欠格事由に該当しないことが必要です。

420

2．新たな公益法人制度への移行等に関するよくある質問（FAQ）

問 I－1－⑦（小規模社団法人）

　社団法人は社員2名以上でなければならないと聞きましたが、うちは規模が小さく社員1人で精一杯です。小規模の法人についても社員2名以上を求めるのは厳しいと思います。

答

1　一般社団法人の設立に際しては、一般社団法人の基本的規則及びその内容を記載した書面である定款を、その社員になろうとする者（設立時社員）が共同して作成しなければなりません（一般社団・財団法人法第10条第1項）。ここで、「共同して」とは、「2人以上で」という意味ですので、設立時の社員は必ず2名以上必要となります。

2　他方、設立後においては、社員が1人となったことにより必ずしも法人の目的事業の遂行が不可能になるとは限らないうえ、他の社員の死亡等により社員が1人となった場合にただちに法人が解散することとすると法人の継続性が不安定になり不都合となります。

　よって、社員が1人となったことは解散原因とはされておらず、社員が欠けたこと（零となったこと）を解散原因としています（一般社団・財団法人法第148条第4号）。

3　なお、ここでいう社員とは一般社団・財団法上の社員のことをいい、法人の構成員として社員総会において法人の基本的な意思決定に関与するものの、常時法人の業務運営に関与する者ではありません。また、社員とは、いわゆる従業員とも異なるものです。社員2名以上とは従業員を2名以上雇用しなければならないということではなく、常勤の従業員を求めるものでもありません。

(参照条文) 一般社団・財団法人法第10条、第148条第4号

問 I－1－⑧（新規財団法人）

　新たに一般財団法人を作るときの設立者は何人であればいいのでしょうか。

答

1　1人以上であれば何人でもかまいません。

　設立者が2人以上いる場合には、その全員で定款を作成し、署名することになります（記名押印も可）。

2　財産の拠出をしないで設立者となることはできないため、設立者が複数いる場合に

421

第2章　審査基準・会計基準等

は、必ずその全員が財産の拠出をする必要があります（一般社団・財団法人法第153
条第1項第5号、第157条第1項参照）。

3　なお、遺言による設立（一般社団・財団法人法第152条第2項）については、複数
人が共同ですることはできないと考えられます。

(参照条文) 一般社団・財団法人法第152条第1項・第2項、第153条第1項第5号、第157条第
1項

問Ⅰ-1-⑨（有限責任中間法人）
　有限責任中間法人は一般社団法人になると聞いていますが、20年12月以降法人
は何らの手続きをしなくてよいのでしょうか。

答

1　一般社団法人制度への移行

　既存の有限責任中間法人については、一般社団・財団法人法の施行日（平成20年12
月1日）に、何らの手続を要せず、当然に、一般社団法人となり、原則として、一般
社団・財団法人法の適用を受けることとなります（整備法第2条第1項）。

　また、既存の有限責任中間法人の定款、社員、理事及び監事は、施行日に一般社団
法人の定款、社員、理事及び監事となり、改めて定款を作り直したり、理事及び監事
を選任し直したりする必要はありません。

2　名称の変更

　前記1により一般社団法人となった有限責任中間法人は、施行日の属する事業年度
が終了した後、最初に招集される定時社員総会の終結の時までに、その名称に「一般
社団法人」という文字を使用する旨の定款の変更を行う必要があるので、その旨の社
員総会の決議を得る必要があります。例えば、4月1日から3月末までを事業年度
（会計年度）としている有限責任中間法人であれば、平成21年春に行う定時社員総会
が終わるまでに、定款を変更して、法人の名称を「一般社団法人」に変更することに
なります（整備法第3条第1項）。

3　登記

　既存の有限責任中間法人の登記は、特段の登記申請を要せず、当然に、一般社団と
しての登記になります。

　ただし、前記2の名称の変更を行った場合には、その旨の登記申請をする必要があ

ります。

(注) 無限責任中間法人を含む中間法人の詳細は、法務省ホームページ（http://www.moj.go.jp/Minji/minji124.html）の「一般社団法人及び一般財団法人に関する法律の施行に伴う中間法人法の廃止について」等を参照願います。

(参照条文) 整備法第2条、第3条

問Ⅰ－1－⑩ （有限責任中間法人が公益認定を申請する場合）
有限責任中間法人が、新制度施行後、直ちに公益社団法人に移行したい場合には、どうしたらいいのでしょうか。

答

1 有限責任中間法人が、新制度の施行後、直ちに公益認定（公益法人認定法第4条）を受けて公益社団法人に移行するためには、公益認定基準（同法第5条）に適合するとともに、欠格事由（同法第6条）に該当しないことが必要です。

2 そのため、公益認定の基準に適合させるため（注）、新制度の施行後直ちに臨時社員総会を開催するなどして（考え方）、理事会を置く旨の定めを設けるなどの必要な定款の変更の手続き等を行う必要があります（補足）。

(注) 既存の有限責任中間法人については、一般社団・財団法人法の施行日（平成20年12月1日）に、何らの手続を要せず、そのまま一般社団法人として存続し（整備法第2条第1項）、定款、社員、理事及び監事は、施行日に一般社団法人の定款、社員、理事及び監事となりますので、公益認定の申請をせず、一般社団法人として活動する場合には、本文に記載されているような公益認定のための手続きを行う必要はありません（問Ⅰ－1－⑨（有限責任中間法人）参照）。

(考え方) 新制度の施行日（平成20年12月1日）よりも前に、有限責任中間法人が、中間法人法（平成13年法律第49号）の規定に基づき、一般社団・財団法人法等の公益法人関連三法の施行を停止条件としてその名称中に一般社団法人という文字を用いることとする定款変更をしたり、法の施行又は移行の登記等を停止条件として理事会や会計監査人を置く旨の定款変更をしたりする等、公益法人関連三法の規定に基づく内容を定める定款変更をすることも可能と考えられます。施行日よりも前に、法の施行等を停止条件とした定款変更をしておくことにより、施行日後、直ちに公益認定の申請をすることが容易になります。ただし、中間法

423

第2章　審査基準・会計基準等

人法の規定に基づく社員総会の決議事項のうち、中間法人法に根拠規定が存在しないものについては、施行日前は決議の前提を欠くので、決議することはできないものと考えられます。例えば、社員総会の決議による会計監査人の選任は、社員総会の決議の根拠規定が中間法人法にはなく、施行日前の社員総会はこれを決議する権限を有しないことから、仮に、その決議の効力の発生を施行日以後としたとしても、そのような決議をすることはできないものと考えられます。そのため、会計監査人を選任することとする場合には、法の施行後の社員総会の決議により、会計監査人を選任することとなります。

(補足)　公益社団法人になる場合には、理事会が必置の機関となります（公益法人認定法第5条第14号ハ）が、この点、旧有限責任中間法人の定款に「理事会を置く」旨の定めがあったとしても、その定めは、一般社団・財団法人法に規定する理事会を置く旨の定めとしての効力を有しないこととされています（整備法第5条第3項）。そのため、定款変更の手続をして、理事会を置く旨の定めを設ける必要があります（一般社団・財団法人法第60条第2項）。なお、理事会を設置することとした一般社団法人は、監事を置く旨の定めを定款に設けて監事を置かなければいけません（一般社団・財団法人法第60条第2項、第61条）が、旧有限責任中間法人の定款には、施行日以降、監事を置く旨の定めがあるものとみなされます（整備法第5条第2項）。そのため、改めて「監事を置く」旨の定款変更をする必要はありません。また、公益社団法人になる場合には、例えば、会計監査人を必ず設置しなければならない場合の「会計監査人を置く旨の定め」（一般社団・財団法人法第170条第2項、公益法人認定法第5条第12号本文）、「公益目的事業を行うために不可欠な特定の財産」（不可欠特定財産）がある場合の定め（公益法人認定法第5条第16号）、清算をする場合の残余財産の帰属先の定め（一般社団・財団法人法第239条第1項、公益法人認定法第5条第18号）、公益認定の取消しの処分を受けた場合等の公益目的取得財産残額の贈与の定め（公益法人認定法第5条第17号）等を定款に設ける必要があります。

問I－2－①　（定款変更手続）
　特例社団法人は、移行認定や移行認可を申請する際に定款の変更の案を添付しなければならないようですが、そうすると申請までに社員総会を開催する必要があるのでしょうか。

答

1　特例民法人が、移行認定や移行認可の申請をするに当たっては、事前に、整備法第103条第2項第2号又は第120条第2項第2号に規定する「定款の変更の案」を、法人として有効に作成しておく必要があります。ここでいう「定款の変更の案」とは、

424

2．新たな公益法人制度への移行等に関するよくある質問（FAQ）

現行の定款について、「公益社団法人」、「公益財団法人」、「一般社団法人」又は「一般財団法人」という文字を用いる名称の変更、その他必要に応じて一般社団・財団法人法に適合するための機関等の変更、移行認定の認定基準に適合するための所要の変更をしようとする案であって、その変更は、整備法第106条第1項（第121条第1項において準用する場合を含みます）の移行の登記をすることを停止条件として効力を生ずるものです。

2　この「定款の変更の案」は、通常の定款の変更と同様、特例社団法人にあっては社員総会の決議（民法第38条第1項）を経て、認定申請法人又は認可申請法人として有効に意思決定されている必要があります。なお、「定款の変更の案」のための意思決定については、旧主務官庁の認可は不要です（整備法第88条、第102条（第118条において準用する場合を含む。））。

（参照条文） 整備法第88条、第102条、第103条第2項第2号、第106条第1項、第118条、第120条第2項第2号、第121条第1項、旧民法第38条

問Ⅰ－2－②（定款変更手続）
　移行認定や移行認可を申請する場合の定款の変更の案については、主務官庁の許可が必要になるのでしょうか。

答
1　不要です。

2　特例民法法人が、移行認定や移行認可の申請をするに当たり、事前に作成する「定款の変更の案」については、法人内部の意思決定に加え、さらに、通常の定款変更と同様に旧主務官庁の認可を受けることを要するかが問題となりますが、これについては、
① この「定款の変更の案」における変更は、移行登記がなされることをもって効力を生ずるものであることから、通常の定款変更の効力要件たる旧主務官庁の認可は必須ではないこと
② この「定款の変更の案」が新法に適合するかどうかを審査するのは、移行認定又は移行認可をする行政庁とするのが最もふさわしいこと
③ 一方で、「定款の変更の案」について旧主務官庁を制度的に関与させることとすると、旧主務官庁が新公益法人への移行に多大な影響力を及ぼし得ることとなり、旧主務官庁制の廃止という改革の趣旨に鑑み適当ではないこと
④ 現行民法法人については、可能な限り簡易な手続による円滑な移行の要請がある

第2章　審査基準・会計基準等

　　こと

　から、旧主務官庁の認可（整備法第88条、民法第38条第2項、整備法第94条第6項、第95条参照）は要しないこととされています（整備法第102条（第118条において準用される場合を含む））。

（参照条文） 整備法第88条、第94条第6項、第95条、第102条、旧民法第38条

問Ⅰ-2-③　（施行日前における定款の変更の案の決議の可否）
　　現行の民法法人が、施行日前である平成20年6月に開催する通常総会において、移行の登記をすることを停止条件として、新法の規定に基づく内容を定める定款の変更の案の決議を行うことは可能ですか。

答

1　現行の民法法人が、新法に適合するものとするために必要な定款の変更の手続については、通常、新法施行日（平成20年12月1日）以降に行うことになりますが、施行日より前に行うことも認められるものと考えます。

2　現行の社団法人が、施行日前である平成20年6月に開催する通常総会において、整備法第106条第1項（同法第121条第1項で準用する場合を含む。）の移行の登記を停止条件として一般社団・財団法人法及び公益法人認定法の規定に基づき設けることのできる定款の定めを設ける定款の変更の案の決議を行うことは可能と考えられます。
　　これは、寄附行為に寄附行為の変更に関する規定を置く現行の財団法人についても同様です。

3　移行の登記を停止条件とした定款の変更の案の決議（整備法第102条）の内容のうち、名称の変更や機関の設置に係わるものとしては、次のようなものがあります。
　①　その名称中に「一般社団法人」若しくは「一般財団法人」又は「公益社団法人」若しくは「公益財団法人」という文字を用いること
　②　一般社団・財団法人法上の理事会を置く旨の定め
　③　一般社団・財団法人法上の会計監査人を置く旨の定め

4　なお、上記②について、定款変更を行って理事会を置くことができても、実際に代表理事を施行日前に選任することはできません。また、上記③についても、実際に会計監査人を施行日前に選任することはできませんので、ご留意願います。（問Ⅱ-1-⑤参照）

（**参照条文**）整備法第102条、第106条第１項、第121条第１項、第118条

問Ⅰ－３－①　（従来の寄附行為の名称）
　現在の財団法人の寄附行為は、新制度では社団法人と同様に定款という名称に一本化されるのでしょうか。

答

１　そのとおりです。

２　公益法人制度改革に関する有識者会議の非営利法人ワーキング・グループ「非営利法人制度の創設に関する試案」においては、①財団法人の根本規則及びそれを表した書面を、民法では「寄附行為」（民法第39条）と称する一方で、財団法人の設立行為もまた「寄附行為」と称しており（民法第41条及び第42条）、多義的に使用され分かりにくくなっていること、②「寄附」や「行為」の文字から「根本規則及びそれを表した書面」をイメージしにくい言葉であるとの指摘があったことから、「寄附行為」の語を改めることが提言されていました。そのため、一般社団・財団法人法においては、一般財団法人の根本規則を「定款」として規定しています。

（**参照条文**）一般社団・財団法人法第152条第１項、旧民法第39条、第41条、第42条

問Ⅰ－３－②　（モデル定款案の提示）
　公益社団・財団法人への移行を考えていますが、モデル定款案を示してください。また、それはいつごろになりますか。

答

　移行認定申請の便宜を考慮して、定款の定めの例を盛り込んだ「移行認定のための「定款変更の案」作成の案内」を作成し、20年10月に公表しましたので、公益法人information（https://www.koeki-info.go.jp/）でご参照ください。

　なお、移行認可を受けようとする際にも参考となるように解説しておりますので併せてご参照ください。

第2章　審査基準・会計基準等

> **問Ⅰ-3-③　（定款の変更の案における設立者の定め）**
> 　特例財団法人が移行認定、移行認可を申請する際に行政庁に提出する定款の変更の案においては、財団の設立者は誰と定めればよいのでしょうか。

答

　特例財団法人が移行認定、移行認可を申請する際に行政庁に提出する定款の変更の案において、「設立者の氏名又は名称」や「住所」を記載する必要はありませんが、法人において任意に「設立者の氏名又は名称」や「住所」を記載することは差し支えありません。

　なお、任意に設立者の氏名等を記載する場合については、民法法人として設立した際の設立者を記載することとなります。

(参照条文) 一般社団・財団法人法第153条第1項第4号

> **問Ⅰ-3-④　（必要的記載事項の範囲）**
> 　特例民法法人が新制度の公益社団・財団法人または一般社団・財団法人に移行するための認定・認可の申請を行うに当たって作成する定款の変更の案に、一般社団・財団法人法の観点から必ず記載しなければならない事項（必要的記載事項）の範囲は、どうなりますか。

答

1　特例社団法人の場合

　一般社団・財団法人法第11条第1項各号に列挙された事項（①目的、②名称、③主たる事務所の所在地、④社員の資格の得喪に関する規定、⑤公告方法、⑥事業年度）が必要的記載事項になります。ただし、同項各号に列挙された事項のうち、「設立時社員の氏名又は名称及び住所」（同項第4号）については、必要的記載事項とはしない取扱いとなります。法人が任意で「設立時社員の氏名又は名称」や「住所」を記載することは差し支えありません。

2　特例財団法人の場合

　一般社団・財団法人法第153条第1項各号に列挙された事項（①目的、②名称、③主たる事務所の所在地、④評議員の選任及び解任の方法、⑤公告方法、⑥事業年度）が必要的記載事項になります。ただし、同項各号に列挙された事項のうち、以下のものについては、必要的記載事項とはしない取扱いとなります。

　特例財団法人が移行認定、移行認可を申請する際に行政庁に提出する定款の変更の

案において、「設立者の氏名又は名称」や「住所」（一般社団・財団法人法第153条第1項第4号）、「設立に際して設立者（設立者が2人以上あるときは、各設立者）が拠出をする財産及びその価額」（同項第5号）は記載する必要はありませんが、法人が任意で記載することは差し支えありません。

　また、同項第6号及び第7号の「設立時評議員、設立時理事、設立時監事の選任に関する事項」や「設立時会計監査人の選任に関する事項」については、特例財団法人にはそれに該当する者がいないため記載する必要はありません。

（補足） 本文は、一般社団・財団法人法の観点からの必要的記載事項の範囲を説明したものです。これに対して、特例社団法人が認定を受けて公益社団法人になる場合には、例えば、理事会が必置の機関となります（公益法人認定法第5条第14号ハ）。そのため、「理事会を設置する旨の定め」（一般社団・財団法人法第60条第2項）が、事実上、定款の必要的記載事項となります。また、特例民法法人が認可を受ける場合に特例社団法人及び特例財団法人に共通する事実上の定款の必要的記載事項としては、例えば、会計監査人を必ず設置しなければならない場合の「会計監査人を置く旨の定め」（一般社団・財団法人法第170条第2項、公益法人認定法第5条第12号本文）、「公益目的事業を行うために不可欠な特定の財産」（不可欠特定財産）がある場合の定め（公益法人認定法第5条第16号）、清算をする場合の残余財産の帰属先の定め（一般社団・財団法人法第239条第1項、公益法人認定法第5条第18号）、公益認定の取消しの処分を受けた場合等の公益目的取得財産残額の贈与の定め（公益法人認定法第5条第17号）等があります。

（参照条文） 一般社団・財団法人法第11条第1項、第60条第2項、第61条、第153条第1項、第170条第2項、第239条第1項、公益法人認定法第5条

問Ⅰ-3-⑤　（定款で使用できる用語）
　「社員総会」、「代表理事」、「業務を執行する理事」など、法律上の名称ではないが従来使用してきた名称（具体的には、総会、理事長、専務理事など）を定款の中で使用することは可能でしょうか。

答

1　可能です。ただし、以下のように、御質問にある名称を定款で使う場合には、一般社団・財団法人法における「法律上の名称」と、定款で使用する名称がどのような関係にあるのかを、定款を読む人が分かるようにして下さい。

2　まず、定款で「総会」という名称を使用した場合ですが、定款で使っている「総会」

429

第2章　審査基準・会計基準等

という名称の会議が、一般社団・財団法人法における「社員総会」や「評議員会」に該当するものか否かを定款を読む人が分かるようにすべきです。

3　次に、定款で「理事長」という名称を使用した場合ですが、定款で使っている「理事長」という名称の人が、一般社団・財団法人法における「代表理事」（注）に該当するのか否かを定款を読む人が分かるようにすべきです。

4　最後に、定款で「専務理事」という名称を使用した場合ですが、定款で使っている「専務理事」という名称の人が、一般社団・財団法人法における「代表理事」に該当するのか否か、あるいは「業務を執行する理事」（注）に該当するのか否か、それとも「理事」に該当するのか否かを定款を読む人が分かるようにすべきです。

（注）「代表理事」とは、法人を代表する理事のことをいいます。「業務を執行する理事」とは、法人の業務を執行する権限を有する理事のことをいいます。

（考え方）　仮に、代表権のない者に対して、法人を代表する権限を有するかのような紛らわしい名称（例えば「理事長」のような名称）をつけた場合には、その者がした行為については、たとえその者に法人を代表する権限がなかったとしても、法人は善意の第三者に対してその責任を負わなければなりません（一般社団・財団法人法第82条（第197条において準用する場合を含む））ので注意が必要です。

（参照条文）一般社団・財団法人法第21条第1項、第91条第1項、第82条

問 I－3－⑥　（財団法人の設立者）
　法人は、一般財団法人の設立者になれるのでしょうか。

答
1　法人は、一般財団法人の設立者になることが可能です。

2　一般財団法人の設立者とは、財産を拠出して一般財団法人を設立する者のことをいいます。設立者は自然人だけでなく法人でもよいこととされています。
　ただし、法人については、その性質上、一般社団・財団法人法第153条第2項の遺言による設立をすることはできません。

（参照条文）一般社団・財団法人法第152条第1項・第2項、第153条第1項第4号

2. 新たな公益法人制度への移行等に関するよくある質問（FAQ）

問Ⅰ－3－⑦　（従来の寄附行為中の変更が禁止されている条項の扱い）
　　現行の民法第34条に基づく財団法人の寄附行為の中に特定の条項を変更しては
ならない旨の規定がある場合で、当該規定を変更しなければ新制度の公益社団・財
団法人または一般社団・財団法人に移行することができず、当該条項を改正（変更）
せざるを得ない場合の対応はどのようにすればいいでしょうか。

答

1　御質問のような場合には、特例財団法人の定款（寄附行為）の定め方や機関設計に
　従い、次の三つの方法のうち、いずれかの方法により当該条項を変更することができ
　るものと考えられます（考え方）。

2　一つ目の方法は、評議員を設置しない特例財団法人のうち、定款（寄附行為）の中
　に、「定款（寄附行為）の変更に関する定め」がある特例財団法人が選択することが
　できる方法です。
　　この場合は、その定めに従って、「特定の条項の変更を禁止する」旨の規定を削除
　又は変更するとともに当該条項を新制度に適合させる内容に変更する定款変更の手続
　を行い、主務官庁の認可を受けることとなります（整備法第94条第1項、第2項及び
　第6項）。

3　二つ目の方法は、評議員を設置しない特例財団法人のうち、定款（寄附行為）の中
　に、「定款（寄附行為）の変更に関する定め」がない特例財団法人が選択することが
　できる方法です。
　　この場合は、まず、理事が定める手続に従って、「定款の変更に関する定め」を設
　ける定款の変更をすることになります。その上で、新たな「定款の変更に関する定め」
　に従い、「特定の条項の変更を禁止する」旨の規定を削除又は変更するとともに当該
　条項を新制度に適合させる内容に変更する定款の変更をすることとなります。この場
　合には、いずれの定款の変更についても主務官庁の認可を受ける必要があります（整
　備法第94条第1項、第3項及び第6項）。

4　三つ目の方法は、新制度における評議員を設置した特例財団法人が選択することが
　できる方法です。
　　この場合は、新制度における評議員会で、「特定の条項の変更を禁止する」旨の規
　定を削除又は変更するとともに当該条項を新制度に適合させる内容に変更する旨の決
　議をした上で（一般社団・財団法人法第200条第1項本文、第189条第2項第3号）、
　主務官庁の認可を受けることとなります（整備法第94条第6項）。

第2章　審査基準・会計基準等

5　仮に、変更が禁止されている「特定の条項」が、「目的」のように一般社団・財団法人法第200条第1項ただし書において原則として変更することができないとされている事項であったとしても、上記の方法のいずれかにより、定款の定めを変更することができます。

なお、（考え方）に記載したとおり、三つ目の方法の場合には、まず「目的」や「評議員の選任及び解任の方法」についても「評議員会の決議によって変更することができる」旨を定款に定めた上で、当該条項を変更することとなります（整備法第94条第4項において読み替えて適用する一般社団・財団法人法第200条第2項）。

（考え方）　新制度（一般社団・財団法人法）では、定款は評議員会の特別決議で変更することができるものの、「目的」と「評議員の選任及び解任の方法」については原則として変更することができないこととされています（一般社団・財団法人法第200条第1項、第189条第2項第3号）。これは、一般財団法人における「目的」と「評議員の選任及び解任の方法」の重要性に配慮した規定ですが、一般社団・財団法人法は、このような重要な事項であっても、例外として、二つの場合に変更することができることとしています。

一つは、設立者が、「評議員会の決議によって変更することができる」と定款に定めた場合で、もう一つは、設立の当時予見することのできなかった特別の事情により「目的」又は「評議員の選任及び解任の方法」についての定款の定めを変更しなければその運営の継続が不可能又は著しく困難となるに至った場合において裁判所の許可を得たときです（一般社団・財団法人法第200条第2項及び第3項）。

このように、新制度（一般社団・財団法人法）では、「目的」のように極めて重要な事項についての定款の定めであっても、定款に変更することができる旨の定めがあるか、一定の厳しい要件の下で裁判所の許可があればその定めを変更することができることとされています。

他方、現行の財団法人（特例財団法人）が移行の登記をするまでの間に適用される整備法では、特例財団法人のうち、（新制度における）評議員を設置しない特例財団法人の場合には、一般社団・財団法人法の定款変更についての上記の規定（一般社団・財団法人法第200条）は適用されないこととされ（整備法第94条第1項）、（新制度における）評議員を設置した特例財団法人の場合には、一定の厳しい要件の下での裁判所の許可を得て定款を変更する方法（一般社団・財団法人法第200条第3項）の規定が適用されないこととされています（整備法第94条第5項）。

そのため、本文記載のように、特例財団法人の定款（寄附行為）の中に「特定の条項を変更してはならない」旨の規定がある場合であっても、その規定を削除又は変更して当該条項を変更しなければ認定又は認可を受けられず解散しなければならなくなるような場合等には、その規定を変更することができます。

具体的には、評議員を設置しない特例財団法人で「定款（寄附行為）の変更に関する定めがある特例財団法人」であればその変更に関する定めに従って当該規定を削除又は変更して当該条項を変更する定款変更の手続を行い主務官庁の認可を受けることにより（整備法第94条第2項）、また、「定款（寄附行為）の変更に関する定めがない特例財団法人」であっても、理事が定める手続に従い法人内部で定款に定款の変更に関する定めを設けることについての決議を行うとともに（整備法第94条第6項により主務官庁の認可が必要です）、新たな定款の変更に関する定めに従い当該規定を削除又は変更する定款の変更（この定款の変更についても整備法第94条第6項により主務官庁の認可が必要です）をすることにより、当該条項を変更することができます（整備法第94条第3項）。

また、（新制度における）評議員を設置した特例財団法人については、評議員会で当該規定を削除又は変更する決議をした上で、主務官庁の認可を得て当該規定を削除又は変更する定款変更をすることができます（一般社団・財団法人法第200条第1項本文、第189条第2項第3号、整備法第94条第6項）。

この場合において、当該条項が「目的」又は「評議員の選任及び解任の方法」の場合には、まず、「目的」や「評議員の選任及び解任の方法」についても「評議員会の決議によって変更することができる」旨を定款に定めた上で、当該条項を変更することとなります（一般社団・財団法人法第200条第1項ただし書、整備法第94条第4項において読み替えて適用する一般社団・財団法人法第200条第2項）。

なお、整備法第102条所定の場合（第118条において準用する場合を含む。）には主務官庁の認可は不要です。

また、移行の登記をした後に「目的」又は「評議員の選任及び解任の方法」の定款の定めを変更する場合には、「目的」や「評議員の選任及び解任の方法」についても「評議員会の決議によって変更することができる」と定款に定めた場合か、一定の厳しい要件の下で裁判所の許可を得た場合に限られますので、移行に当たって特例財団法人が定款の変更方法の定めを設ける場合にはこの点に留意する必要があります（整備法第112条第1項、第122条第1項）。

（参照条文） 一般社団・財団法人法第189条第2項第3号、第200条、整備法第94条、第112条第1項、第122条第1項

問Ⅰ-3-⑧　（法人の名称、定款の目的の変更）
　公益社団・財団法人または一般社団・財団法人に移行するための認定・認可の申請に当たって法人の名称、定款の目的を変更することは可能でしょうか。

答

1 いずれも可能です。

2 特例社団法人の場合は、総社員の四分の三以上の同意を得た上で（定款に別段の定めがある場合にはその要件を充足した上で）、主務官庁の認可を受けることにより法人の名称、定款の目的を変更することが可能です（整備法第88条、民法第38条、民法第37条第1号及び第2号参照）。

3 特例財団法人の場合は、特例財団法人の定款（寄附行為）の定め方や機関設計に従い、次の三つの方法のうち、いずれかの方法により法人の名称や目的を変更することができます。
  i 新制度における評議員を設置せず、定款の変更に関する定めがある特例財団法人の場合は、その定めに従い、名称や目的を変更する定款変更を行い、主務官庁の認可を受けます（整備法第94条第1項、第2項及び第6項）。
  ii 新制度における評議員を設置せず、定款の変更に関する定めがない特例財団法人の場合は、理事が定める手続に従って定款の変更に関する定めを設ける定款の変更を行い、その上で、新たな定款の変更に関する定めに従い、名称や目的を変更する定款変更を行います。いずれの定款の変更についても主務官庁の認可を受ける必要があります（整備法第94条第1項、第3項及び第6項）。
  iii 新制度における評議員を設置した特例財団法人の場合は、新制度における評議員会の特別決議で名称を変更する定款変更を行います（一般社団・財団法人法第200条第1項本文、第189条第2項第3号）。目的を変更する定款変更を行う場合には、まず、「目的」を「評議員会の決議によって変更することができる」旨を定款に定めた上で、当該条項を変更することとなります（一般社団・財団法人法第200条第1項ただし書、整備法第94条第4項において読み替えて適用する一般社団・財団法人法第200条第2項）。いずれの定款の変更についても主務官庁の認可を受ける必要があります（整備法第94条第6項）。

4 なお、移行の登記を停止条件として「定款の変更の案」により定款の変更をすることを前提として認定又は認可の申請をする場合には、主務官庁の認可は不要です（整備法第102条（第118条において準用する場合を含む。））。（注）

（注）　新制度における評議員を設置せず、定款の変更に関する定めがない特例財団法人が、理事が定める手続に従って定款の変更に関する定めを設ける定款の変更を行う場合の当該定款の変更には、主務官庁の認可が必要です（整備法第94条第3項及び第6項）。

（参照条文）一般社団・財団法人法第189条第2項第3号、第200条、整備法第88条、第94条、第102条、第118条、旧民法第38条

問Ⅰ-3-⑨　（一般法人が公益認定の申請を行う場合の定款審査）
　新規に設立した一般社団・財団法人が公益認定を受けようとする場合、定款の内容が「留意事項」に沿ったものである必要はありますか。

答

1　特例民法法人が移行認定又は移行認可を受けるためには、その定款の変更の案の内容が、一般社団・財団法人法等の規定に適合するものであることが必要とされています（整備法第100条第1号、第117条第1号）。

　これは、新制度に移行する旧民法34条法人（特例民法法人）に対し、旧制度から大きく変革した新制度の趣旨を徹底させるため、移行に際しては、その定款の内容を行政庁が審査することにより、移行に伴う定款変更等の手続の確実性及びその内容の明確性を確保するとともに、移行に伴う紛争及び不正行為を防止することを図ったものと考えられます。「移行認定又は移行認可の申請に当たって定款の変更の案を作成するに際し特に留意すべき事項について」（「留意事項」）は、そのような整備法の趣旨を踏まえて作成されることとされたものです。

2　このように、「留意事項」は、特例民法法人が新制度上の法人に移行する際に特に留意すべき事項を取り上げたものですが、「留意事項」で取り上げられたものの中には、移行に限らず、新制度に基づいて設立される通常の一般社団法人もしくは一般財団法人又は公益社団法人もしくは公益財団法人の組織、運営及び管理についても同様に当てはまる事項が含まれています。

3　そのため、新規に設立された通常の一般社団法人又は一般財団法人が公益認定の申請をする場合においても、「留意事項」に示された考え方及び内容が当てはまるときは、「留意事項」と同様の考え方及び内容に基づいて審査を行うことになると考えられます（注）。

　（注）　公益法人認定法上、一般社団法人又は一般財団法人は、その定款の内容が法令等に違反しているものであるときは、公益認定を受けることができないこととされています（同法第6条第3号）。

（参照条文）公益法人認定法第6条第3号、整備法第100条第1号、第117条第1号

435

第2章　審査基準・会計基準等

> **問Ⅰ－3－⑩　（公告方法）**
> 公告方法は定款（の変更の案）にどのように規定すればいいのでしょうか。

答

1　公告方法は、旧民法法人の定款又は寄附行為においては、必要的記載事項ではありませんでしたが、新制度（一般社団・財団法人法）では、定款の必要的記載事項とされています（一般社団・財団法人法第11条第1項第6号、第153条第1項第9号）（注1）。

2　一般社団・財団法人法では、この公告方法について、
　①　官報に掲載する方法
　②　時事に関する事項を掲載する日刊新聞紙に掲載する方法
　③　電子公告
　④　主たる事務所の公衆の見やすい場所に掲示する方法
のいずれかを定款（の変更の案）で定める必要があるとされています（一般社団・財団法人法第331条第1項、同施行規則第88条第1項）。
　　その際には、①から④までのいずれか一つの方法を定めることで足りますが、「官報及び○○県において発行する○○新聞」のように重畳的に定めることも可能です。一方、「官報又は電子公告」のように選択的に定めることはできず、また、「貸借対照表の公告は電子公告、それ以外は官報」のように、公告対象事項を任意に細分化して、各事項につきそれぞれの公告方法を定めることもできないと解されています（注2）。

3　②の方法を定款で定める場合には、一種又は数種の新聞を特定するか、特定できるように記載するかしなければならず、また、その発行地も特定することが望ましいと考えられています。

4　また、③の方法を公告方法とする旨を定款で定める場合に限り、事故その他やむを得ない事由によって電子公告による公告をすることができない場合の公告方法として、①又は②の方法のいずれかを定款で定めることができます（一般社団・財団法人法第331条第2項）（注3）。

　（注1）　特例民法法人についても、旧民法法人と同様に定款の必要的記載事項とはされていません（整備法第80条第2項、第89条第2項）。
　（注2）　①又は②の方法を定款で定める場合には、貸借対照表（大規模一般社団法人又は大規模一般財団法人にあっては、貸借対照表及び損益計算書）の公告に代えて、継続して電磁的方法により不特定多数の者が提供を受けることができる状態に置く措置をとることが

できますが、当該措置（電磁的開示）をとることを定款で規定する必要はありません（一般社団・財団法人法第128条第3項）。

　当該措置（電磁的開示）は、電子公告による貸借対照表等の公告と実質上同様のものですが、法令上の「電子公告」（同法第331条第1項第3号）ではありません。そのため、公告方法を①又は②の方法とする法人が、当該措置（電磁的開示）をとることを任意に定款に記載する場合であっても、例えば、「貸借対照表（及び損益計算書）については、一般社団・財団法人法第128条第3項に規定する措置により開示する。」旨を記載することはできますが、他方で、「貸借対照表（及び損益計算書）の公告については電子公告で行う。」旨を定めることはできません。なお、当該措置（電磁的開示）をとる場合には、具体的なホームページのアドレスを登記する必要があります（同法第301条第2項第15号、第302条第2項第13号、同法施行規則第87条第1項）。

(注3)　③以外の方法を定款で定める場合には、事故その他やむを得ない事由によって当該方法による公告をすることができない場合の公告方法を定めることはできません。

　また、電子公告による公告をすることができない場合の公告方法として、④の方法を定めることはできませんので注意が必要です。

(参照条文)　一般社団・財団法人法第11条第1項第6号、第128条、第153条第1項第9号、第301条第1項・第2項第15号～第17号、第302条第1項・第2項第13号～第15号、第331条、同法施行規則第87条、第88条第1項、整備法第80条第2項、第89条第2項

問Ⅰ－3－⑪（定款の変更の案の作成）
　定款の変更の案を作成する際に、気を付けた方がいいことはありますか。

答

1　新制度においては、主務官庁制を廃止して、一般社団・財団法人法の要件を満たせば、登記のみで一般社団・財団法人を設立することができる準則主義を採用するにあたり、法人自らが責任を持って自主的・自律的に運営を行っていけるよう、法律でガバナンスに関する様々な事項が明確に定められました。定款の変更の案の作成については、これらの一般社団・財団法人法の規律を踏まえて行っていただく必要があります。

2　内閣府では、定款の変更の案を作成するに当たって特に留意していただきたい事項について、「移行認定又は移行認可の申請に当たって定款の変更の案を作成するに際し特に留意すべき事項について」（平成20年10月10日内閣府公益認定等委員会）を決定し、公表しています。

　また、定款の変更の案の定めの例やその解説を、「移行認定のための「定款の変更

437

第2章　審査基準・会計基準等

の案」作成の案内」として公表しています。

3　新制度において各法人が目指すガバナンスの在り方は、法人の設立の経緯や、事業
の内容、規模等に応じて様々であり、また、定款の変更の案を作成するに当たって参
照すべき関係法令の規定やＦＡＱ等は多岐にわたることから、窓口相談等でも、定款
の変更の案について毎日多数のご質問をいただいているところです。
　　そこで、上記の「留意事項」で取り扱っている事項以外で、特にお問い合わせの多
い点や、注意していただきたい点について、考え方や、①法令、②公益認定等ガイド
ライン、③ＦＡＱ等のどこを参照したらいいかなどを、別紙のとおり取りまとめまし
たのでご参照ください。

(別 紙)

1　定款の記載事項

(問) 定款に必ず記載しなければいけない事項はありますか。

(答) 定款の記載事項の種類や内容については、「移行認定のための「定款の変更の
　　案」作成の案内」の冒頭の＜凡例＞に記載していますのでご参照ください。また、
　　以下のＦＡＱ等でも説明しています。

　　(1) 「設立時社員の氏名又は名称及び住所」、「設立者の氏名又は名称及び住所」な
　　　どの取扱いについては、問Ⅰ－3－③、問Ⅰ－3－④で説明しています。

　　(2) 新制度では、「公告方法」が、定款の必要的記載事項とされていますが、その
　　　記載方法について、問Ⅰ－3－⑩で詳しく説明しています。

　　(3) 「事業年度」については、通常の事業年度の定め以外に、移行の登記をした際に、
　　　その前後で事業年度を区分する旨の定めが必要となります（整備法規則第2条）。

　　(4) 移行と同時に代表理事又は会計監査人を置く場合には、氏名を定款に直接記載
　　　することが必要となります（問Ⅱ－3－①②）。

　　(5) 旧民法では、「事務所」が必要的記載事項とされていましたが、一般社団・財
　　　団法人法では、「主たる事務所」が必要的記載事項とされていますので、定款の
　　　変更の案には「主たる事務所」として記載してください（旧民法第37条第3号、
　　　一般社団・財団法人法第11条第1項第3号、第153条第1項第3号）。

2　法人の名称、目的

(問) 移行の際に、定款の変更の案で、法人の名称、目的（法人が行う事業）を変更す
　　ることはできますか。

(答)

　1　いずれも可能です（問Ⅰ－3－⑧）。

438

2．新たな公益法人制度への移行等に関するよくある質問（FAQ）

2　法人の名称を変更する場合、関係法令等により、法人の名称に用いることができない文字等があります（例えば、括弧「（」など。）ので、必要に応じて行政庁にご相談ください。

3　定款に根拠がない事業は、公益目的事業として認められないことがありますので、明確かつ具体的に定めていただく必要がありますが、会計上又は申請書類の事業のまとめ方と定款上の事業の記載との対応関係が明らかとなるのであれば、必ずしも個別（1対1）に対応している必要はありません（公益認定等ガイドラインI－1、問Ⅷ－1－④、問Ⅷ－2－②）。

3　社員

（問）社員の資格の得喪の定め方について気を付けた方がいいことはありますか。

（答）

1　公益法人は、社員の資格の得喪に関して、法人の目的に照らし、不当に差別的な取扱いをする条件その他の不当な条件を付していないものでなければなりません（公益認定等ガイドラインI－13、問Ⅱ－1－①、問Ⅳ－3－(2)－①②）。

2　社員の資格の得喪に関する規定は、一般社団・財団法人法上の必要的記載事項ですので、その実質的内容の根幹となる部分については、必ず定款に定めておいてください。

　　例えば、定款には、単に「法人の目的に賛同した者」や「社員総会で定めた基準に適合する者」とのみ記載し、下位規則等で「○○の資格を有すること」といったような実質的な要件を定めるのは、適当でないと考えられます（一般社団・財団法人法第11条第1項第5号）。

4　社員総会、評議員会

（問）これまで、社員総会の定足数を、社員の過半数とし、出席社員の3分の2以上の賛成により、定款の変更ができることとしていたのですが、新制度でも同様の運用をすることができますか。

（答）旧民法では、定款の変更には、総社員の4分の3以上の同意が必要とされていましたが、定款で別段の定めを置くこともできることとされていました（旧民法第38条）。

　　一方、新制度では、定款の変更や合併契約の承認等には、社員総会又は評議員会の特別決議が必要であり、社員総会の場合には、総社員の半数以上が賛成し、かつ、賛成の社員が有する議決権が総社員の議決権の3分の2（これを上回る割合を定款で定めた場合にあっては、その割合）以上である必要があり、また、評議員会の場合には、特別の利害関係を有する評議員を除く評議員の3分の2（これを上回る割

439

第2章　審査基準・会計基準等

合を定款で定めた場合にあっては、その割合）以上の賛成が必要となります（一般
社団・財団法人法第49条第2項、第189条第2項）。

　したがって、定款の変更等について、お示しのような決議要件を定款に定めるこ
とはできません。

（問）社員総会、評議員会の議事録への記名押印について、一般社団・財団法人法上の
　決まりはありますか。

（答）一般社団・財団法人法及び同法施行規則では、社員総会及び評議員会の議事録へ
　の記名押印は、特に必要とされていませんが、問II－7－⑤で詳しく説明していま
　すので、こちらをご参照ください。

（問）今まで通り、不正があった場合に、監事が社員総会を招集することができる旨の
　規定を定款に置くことはできますか。

（答）

1　一般社団・財団法人法では、監事が社員総会又は評議員会を招集することはでき
　ません（一般社団・財団法人法第36条3項、第179条第3項）。

2　旧民法では、監事は、業務の執行等について、法令又は定款に違反し、又は著し
　く不当な事項があると認めるときは、総会に報告することとされ、この報告をする
　ために必要があるときは、総会を招集することとされていましたが、新制度では、
　理事が不正の行為をしたなどの場合、監事は、理事会（理事会を設置していない一
　般社団法人の場合は理事）に報告することとされ、当該報告のために理事会の招集
　を請求したにもかかわらず、招集がなされない場合には、自ら理事会を招集するこ
　とができることとされています（旧民法第59条、一般社団・財団法人法第100条、
　第101条）。

（問）社員総会における議決権の代理行使を制限することはできますか。

（答）旧民法では、議決権の代理行使について定款で別段の定めをすることができるこ
　ととされており、議決権の代理行使を禁じたり、「やむを得ない事由がある場合」
　に限定したりすることもできると解されていました（旧民法第65条）。

　一方、一般社団・財団法人法には、定款で別段の定めをすることができる旨の規
　定は置かれておらず、合理的な理由なく、議決権の代理行使を制限する定款の定め
　については、無効と解される場合があります（問II－7－④）。

（問）社員総会（評議員会）で決議できる事項は、招集の際に理事会においてあらかじ
　め定めたものに限られるのですか。

440

（答）理事会を設置していない一般社団法人を除き、原則として、社員総会は、あらかじめ定められた「社員総会の目的である事項」（議題）以外の事項については、決議をすることができません。

　　　ただし、議案については、このような制限はなく、あらかじめ定められた「社員総会の目的である事項」（議題）の範囲内であれば、社員が、社員総会の議場において、議案を提出することもできます（評議員会の場合も同様です。一般社団・財団法人法第44条、第49条第３項、第185条、第189条第４項。）。

<u>5　役員等</u>

（問）移行の際に、理事や監事の任期を変更する必要はあるのでしょうか。

（答）新制度では、一般社団・財団法人法に理事、監事及び評議員の任期についての規定が置かれており、定款に任期を定める場合には、法定の任期の範囲内で定めていただく必要があります。

(1)　理事の任期を「２年」の確定期間とする定款の定めは適当ではないと考えられます（問Ⅱ－4－④）。

(2)　増員された評議員又は監事の任期を、現任者の残任期間とすることにより、法定の任期の下限を超えて任期を短縮することはできません。一方で、補欠の評議員、理事又は監事の任期を前任者の残任期間としたり、増員された理事の任期を現任者の残任期間とすることは可能です（問Ⅱ－1－②、一般社団・財団法人法第66条、第67条、第174条）。

(3)　多くの特例民法法人では、定款において「役員は、辞任又は任期満了後においても、後任者が就任するまでは、その職務を行わなければならない。」といった定めを置くことにより、後任者が就任しない場合には任期を伸長することとしていました。

　　　新制度では、定款で定めた役員の員数が欠けた場合などには、任期の満了又は辞任により退任した役員は、新たに選任された役員が就任するまで、なお役員としての権利義務を有することとされていますが、これ以外の場合に、後任者が就任しないことをもって、職務を行わせることは、法定の任期の上限を超えて任期を伸長することになり、適当ではないと考えられます（評議員の場合も同様です。一般社団・財団法人法第75条、第175条）。

(4)　この他、移行をまたぐ任期の取扱いや、移行の登記を停止条件として役員が交代する場合の任期の取扱いなどについて、問Ⅱ－4－①～⑦で詳しく説明していますので、ご参照ください。

（問）移行後に会計監査人を置くかどうかまだ検討中なので、どちらにでも対応できる

第2章 審査基準・会計基準等

よう、定款の変更の案では、「会計監査人を置くことができる。」といった定めに
しておいても差し支えないでしょうか。

（答）会計監査人の設置、一般社団法人における理事会、監事の設置については、相対
　　的記載事項（定款の定めがなければその効力を生じない事項）であり、設置するか
　　どうかが明らかにならない定め方はできません（一般社団・財団法人法第60条第2
　　項、第170条第2項）。

（問）役員の資格を制限することはできますか。

（答）例えば、一般社団法人の定款において、理事又は監事の資格を「社員に限る。」
　　こともできます（問Ⅱ-1-①）。
　　　ただし、定款による役員の資格の制限は、不合理なものであってはならないと解
　　されており、例えば、「社員総会は、○○協会の事務局長の地位にある者を理事に
　　選任する。」、「理事は、設立者が指名した者の中から評議員会で選任する。」などと
　　定めて、社員総会又は評議員会以外の者（機関）に事実上の決定権（拒否権）を与
　　えることはできません（留意事項Ⅱ-5）。

（問）役員の報酬等については、どのように定めればいいでしょうか。

（答）役員の報酬等については、問Ⅴ-6-①～⑤で詳しく説明していますので、ご参
　　照ください。特に、定款又は社員総会（評議員会）の決議によって監事の報酬等の
　　総額のみを定めた場合、各監事の報酬等は、当該総額の範囲内で、監事の協議に
　　よって定めることとされており、理事（又は理事会）が決定することはできない点
　　に注意が必要です（問Ⅴ-6-⑤）。

（問）理事の権限を定款に記載する際に気を付けなければいけないことはありますか。

（答）

1　旧民法では、理事は、法人のすべての事務について法人を代表することとされて
　　いましたが、新制度においては、（理事会を設置していない一般社団法人を除き、）
　　代表理事が法人を代表し、代表理事及び理事会の決議によって業務を執行する理事
　　として選定された業務執行理事が、法人の業務を執行することとされており、その
　　他の理事は、理事会への出席等を通じて法人運営に関与することとなります。した
　　がって、例えば、上記の代表理事及び業務執行理事以外の理事が「業務を執行する」
　　旨の定款の定めは適当でないと考えられます（旧民法第53条第1項、一般社団・財
　　団法人法第77条、第91条第1項）。

2　重要な使用人の選任及び解任などの法人の重要な業務執行の決定については、理
　　事や法律上の機関でない任意の機関に決定を委任することができないこととされて

442

います。したがって、例えば、代表理事が、理事会の決議によらずに、重要な使用人に該当する者の選任及び解任を行う旨を定款で定めることはできません（問Ⅲ－1－②、一般社団・財団法人法第90条第4項）。

（問）新制度において、代表理事に事故があった場合に、他の代表理事でない理事に職務を代行させることはできますか。

（答）「代表理事に事故があった場合に、代表理事があらかじめ定める順番で理事が代表理事の職務を代行する。」旨の定款の定めについては、理事会の代表理事の選定権限を奪い、（将来の）代表理事の選定を代表理事が行うことを許容するものとなるため無効です（留意事項Ⅱ－7の注3）。

　あらかじめ順番を理事会で定めることとする場合であっても、代表理事でない理事が、代表理事の職務を行うことはできませんし、仮に、理事会において代表理事を予選する旨の規定であると解したとしても、「代表理事に事故があった場合」について、どのような場合に該当するのかが不明確で疑義を生ずることとなるなどの問題があり、また、予選については、無制限に許容されるべきものではないと解されることなどから、適当でないと考えられます。

　なお、旧民法においては、理事は、法人のすべての事務について法人を代表することとされており、多くの法人では、定款等により各理事の権限の分担等を内部的に定めていましたが、これと同様に、一般社団・財団法人法においても、代表理事を複数名選定し、内部的に権限の分担を定める運用をすることはできます（旧民法第53条第1項、留意事項Ⅱ－7の注4）。

（問）一般財団法人において、評議員会が役員としてふさわしくない行為があったと認めた者を、自由に解任することはできますか。

（答）一般財団法人の理事及び監事は、①職務上の義務に違反し、又は職務を怠ったとき、②心身の故障のため、職務の執行に支障があり、又はこれに堪えないとき、のいずれかに該当するときに、評議員会の決議によって解任することができることとされています。

　一般社団・財団法人法は、理事及び監事に対する評議員会の適正な監督権限を確保しつつ、評議員会の権限が強大になり過ぎないようにするため、解任事由を限定していると考えられることから、法定の解任事由に該当しない場合に、評議員会が役員を解任することができる旨を定款で定めることはできないと解されます（一般社団・財団法人法第176条）。

（問）理事、監事及び評議員の損害賠償責任の免除について定款で定めるに当たって、

第2章　審査基準・会計基準等

気を付けなければいけないことはありますか。

（答）理事及び監事の損害賠償責任については、一般社団・財団法人法第112条から第115条（一般財団法人については、第198条において読み替えて準用。）において、①総社員又は総評議員の同意による免除、②社員総会又は評議員会の特別決議による一部免除、③理事会の決議（理事会を設置していない一般社団法人の場合には、理事の過半数の同意）による一部免除、④外部役員との責任限定契約、が定められており、このうち、③と④については、相対的記載事項（定款の定めがなければその効力を生じない事項）です。

　一方、評議員の損害賠償責任については、①のみで、②〜④は規定されていませんので、注意が必要です。

（注）なお、「公益法人information」の「関連リンク」に、一般財団法人に読み替えて準用される一般社団法人に関する規定の書き下ろし文へのリンクを掲載していますのでご参照ください。

6　理事会

（問）理事会の決議方法について、これまで通り「可否同数のときは、議長の決するところによる。」旨を定めることはできますか。

（答）従来の民法法人に置かれていた評議員会、理事会は、主務官庁の指導監督や法人の判断により置かれている任意の機関でしたが、新制度の評議員会、理事会は、法律に定める機関となり、決議要件についても、一般社団・財団法人法に定められています。

　一般社団・財団法人法においては、特定の理事（評議員）にのみ2個の議決権を与えることとなるような定款の定めは無効と解され、また、仮に、当初の議決に議長が加わらないこととしている場合であっても、当初の議決において、議長たる理事（評議員）を除く出席理事（出席評議員）の過半数の賛成で決議が成立する旨を定めた場合には、一般社団・財団法人法に定められている決議要件を緩和するものとなり、無効であると考えられます（留意事項Ⅱ−8の注2、一般社団・財団法人法第95条第1項、第189条第1項。）。

　なお、可否同数の場合について特に定款で定めていなくても、採決に当たって、議長である理事（評議員）が自らの議決権の行使を一旦留保した上で、可否同数のときにその議決権を行使することは、基本的に問題ないと考えられます。

（問）理事会の議事録に記名押印する者について、一般社団・財団法人法上の決まりはありますか。

（答）理事会の議事録には、出席した理事及び監事の全員が記名押印しなければならな

いこととされていますが、定款で、記名押印すべき出席理事を、出席した代表理事と定めることもでき、この場合には、出席した代表理事及び監事の全員が記名押印しなければなりません。問Ⅱ－7－⑤の（注1）で詳しく説明していますので、ご参照ください。

7　財産及び会計

（問）新制度において、基本財産や不可欠特定財産は、定款にどのような形で定めればいいのでしょうか。

（答）問Ⅵ－3－②で詳しく説明していますので、ご参照ください。

8　その他

（問）財団法人の場合に、特に気を付けた方がいいことはありますか。

（答）一般財団法人は、設立者の定めた目的を実現すべき法人であり、その運営、管理の根幹部分について、設立者の意思が尊重される仕組みとされています。

　　　例えば、一般財団法人の定款における「目的」（法人が行う事業）、「評議員の選任及び解任の方法」については、設立者が設立に際して作成した定款にこれらの事項を変更することができる旨を定めている場合を除き、変更できないこととされています。特例民法法人についても、移行時の定款の変更の案にこれらを定めなければ、特別な事情があって裁判所の許可を得ない限り変更することができなくなりますので、注意が必要です（一般社団・財団法人法第200条、整備法第112条第1項、第122条第1項）。

　　　また、一般財団法人は、一般社団法人の場合とは異なり、設立後に評議員会の決議などの法人の機関の意思決定によって自主的に解散することはできないこととされており、例えば、「この法人は、○○のときには、評議員会の決議によって解散することができる。」旨を定款で定めることはできないと考えられます（一般社団・財団法人法第202条）。

（問）定款の変更の案に、特例民法法人の解散手続きや、移行後の法人の設立総会について定めておく必要はありますか。

（答）必要ありません。問Ⅰ－1－④で詳しく説明していますので、ご参照ください。

問Ⅰ－4－①　（申請時期）
　特例民法法人が新制度の公益社団・財団法人または一般社団・財団法人に移行するための認定・認可の時期は、法人が選択してよいのでしょうか。

第2章　審査基準・会計基準等

答

1　一般社団・財団法人法の施行日（平成20年12月1日）に既に設立されている民法法人で新制度の公益法人又は一般社団・財団法人に移行していない法人は、「特例民法法人」として存続します。

2　この特例民法法人は、一般社団・財団法人法の施行後5年の移行期間（平成20年12月1日から平成25年11月30日まで）内であれば、いつでも公益法人への移行認定（整備法第44条）又は一般社団・財団法人への移行認可（同法第45条）を受けることができます。したがって、各法人にとって適当な時期を選択し、移行認定・認可の申請をすることになります。もっとも、行政庁の審査期間は、その時の当該行政庁における申請件数、申請法人の事業内容その他の事情によるところが大きいため、法人の見込みどおりの期間で移行認定・認可がなされない場合もあり得ます。また、審査期間は場合によっては長期に及ぶものも想定されます。

3　特例民法法人が移行期間内に公益法人又は一般社団・財団法人に移行しなければ、移行期間が満了した時点で解散したものとみなされます（同法第46条）。特例民法法人は、移行認定と移行認可の申請を同時に行うことはできませんが（整備法第99条第2項、同法第115条第2項）、移行期間の満了の日後において、公益認定の申請に対する処分がされていない場合には、移行認可の申請を行うことができます。

4　なお、上記のとおり、原則として移行認定・認可の申請の時期は法人が自由に選択できますが、特例民法法人が合併をした場合は（整備法第66条）、合併後存続する法人の財務状況を行政庁が適切に把握できるよう、合併をした事業年度の決算書が社員総会等で承認された後でなければ移行認定・認可の申請ができないこととされています（整備規則第11条第2項、第28条第1項）。

問I−4−②　（申請の回数）
　移行認定や移行認可を申請して不認定となった場合に、再度申請ができるのでしょうか。申請回数に制限はあるのでしょうか。

答

　申請回数に制限はありません。不認定の場合、行政庁より申請者に対し、その理由を包括的に示すことになりますので、申請者は、その理由について検討した上で、移行期間中は何回でも申請することができます。再申請の際に前回の不認定の事実が不利益に取り扱われることはありませんし、公益認定が不認定となった後に移行認可を

申請したり、その逆も可能です。

問Ⅰ－4－③　（申請の順序）
　　特例民法人が一旦、一般社団・財団法人に移行した後に、公益認定を申請することはできるのでしょうか。

答
　　可能です。公益法人認定法に基づき、他の一般社団・財団法人と同じ手続で申請し、同じ基準で審査されます。移行法人の公益目的支出計画（整備法第119条）は、公益認定を受けた場合には、認定を受けた日にその実施が完了したものとみなされます（整備法第132条）。

問Ⅰ－4－④　（新規設立一般社団・財団法人の公益認定申請）
　　新制度の下で公益法人を設立したいが、一般社団・財団法人の設立の登記を行った直後に、公益法人の認定申請を行うことは可能でしょうか。

答
1　公益認定の申請は、一般社団・財団法人であれば、その設立の時期にかかわらず行うことが可能です（公益法人認定法第5条柱書）。もっとも、公益認定の申請の際には、法人の成立の日における貸借対照表や財産目録等の書類のほか、申請法人が一般社団・財団法人であることを行政庁において確認するために登記事項証明書を提出する必要がありますので（公益法人認定法施行規則第5条第2項、第3項第1号）、少なくともこれらの書類を作成又は取得した後でないと公益社団・財団法人の認定申請を行うことはできません。

2　なお、上記のほか、認定申請には各種書類の提出が必要ですが（公益法人認定法第7条、公益法人認定法施行規則第5条）、設立直後の法人が、事業の実績がないために申請に必要な書類の提出が困難となることはありません。

問Ⅰ－4－⑤　（移行期間終了後の公益認定申請）
　　特例民法人が新制度の公益法人または一般社団・財団法人に移行するための認定・認可の申請が可能な時期（平成20年12月1日から25年11月30日までの移行期間）終了後、それまでに設立された一般社団・財団法人が公益認定の申請を行うことは可能でしょうか。

第2章　審査基準・会計基準等

答

1　「移行期間」（平成20年12月1日から25年11月30日まで。整備法第44条）とは、一般社団・財団法人法の施行日（平成20年12月1日）に既に設立されている民法法人（特例民法法人）が、新制度の公益法人又は一般社団・財団法人に移行するための申請をし、その申請に対する処分（移行認定・認可）を受けることができる期間にすぎません。

2　したがって、一般社団・財団法人として新たに設立された法人は、その設立が移行期間中であるか否かにかかわらず、この移行期間終了後も、認定法の規定に従い公益認定の申請を行うことができます。

問Ⅰ－4－⑥　（移行期間満了後の申請の取扱い）
　特例民法法人が新制度の公益法人への移行の認定申請を行いましたが、5年間（平成20年12月1日から25年11月30日までの移行期間）を過ぎても、行政庁から回答がないことが考えられます。5年経過後に認定不可の回答があった場合には、当該法人は解散になるのでしょうか。

答

1　残念ながら、ご質問のとおり5年の経過期間（平成20年12月1日から25年11月30日まで）終了後に行政庁からの回答がなされ、その内容が認定を不可とするものである場合には、当該法人は解散となります。

2　ただし、特例民法法人が公益社団・財団法人への移行の認定申請を行い、5年の経過期間が過ぎたにもかかわらず行政庁からの回答がない場合には、併せて、一般社団・財団法人への移行の認可申請を行うことができることとなっています。

3　このため、移行の認定申請の結果に不安がある場合には、上記2の手続も併せて活用されることをお勧めします。

(参照条文) 整備法第46条第1項、第116条

問Ⅰ－4－⑦　（電子申請）
　公益認定等に係る手続について、電子申請ができるのでしょうか。

答

1　電子申請を可能とするシステム開発を進めています。

2　システムでは、「インターネットに接続する環境があれば、いつでも、どこからでも申請ができる。」という一般的なメリットのほか、次のような機能を提供する予定です。

① 申請書様式の入力フォーマット

財務関係書類では、数値を入力すれば、結果が自動計算されます。

② 申請の手引き

『申請の手引き』（注）を適宜参照しながら、申請書を作成できるように、『申請の手引き』の該当箇所へのリンクを可能とします。

③ 簡易な入力チェック

申請書の作成時に、簡易な入力チェックが自動で行われますので、記入ミスなどを防止でき、補正の対応等の手間が省けます。

④ 処理状況の確認

申請された申請書の処理状況を、いつでも確認することができます。

3　公益認定等に係る各種手続については、利便性に優れた電子申請をお奨めします。

4　なお、電子申請を利用するためには、法人の名称等の必要事項をあらかじめ入力する手続きが必要となりますが、手続後は、ログインID及びパスワードによる簡易な認証だけで電子申請が利用可能となります。

電子申請を利用するための手続の詳細については、あらためてお知らせします。

（注） 公益認定等に係る申請書等を作成する際の手引きとして利用できるように、申請書等に記載すべき項目、内容及び留意事項等を説明した解説書

問Ⅰ－4－⑧　（新制度施行直後の申請）

平成20年12月1日の新制度施行後、すぐに移行認定又は移行認可の申請を行うことはできますか。

答

1　移行認定又は移行認可の申請を行うに当たっては、各法人において、全ての申請書類を揃えた上で、行政庁に申請していただくのが原則ですが、新制度施行後すぐに揃えることが難しい申請書類について、その一部が揃っていなくても（又は一部の記載がなされていなくても）、下記の2から4までの方法により申請することができることとしています。この場合、各法人のおいては、当初の申請の後にできるだけ速やかに追加書類を提出するようにしてください。

第2章　審査基準・会計基準等

　なお、全ての申請書類が揃わないと審査できない事項があるため、全ての申請書類を揃えた後に申請を行う場合と比べて移行認定又は移行認可の処分がなされる時期が必ずしも早くなるとは限りませんので、ご了承ください。

2　現行の民法法人が、新法に適合するものとするために必要な定款の変更の手続については、通常、新法施行日（平成20年12月１日）以降に行うことになりますが、施行日より前に行うことも認められるものと考えられます。

　ただし、現行の民法法人が、施行日前に、移行の登記をすることを停止条件として、新制度の代表理事を選定しておくことはできません。

　すなわち、移行と同時に（一般社団・財団法人法上の）理事会を設置して最初の代表理事の選定を行おうとする場合には、代表理事の就任予定者の氏名を直接定款の変更の案（の附則）に記載することとなりますが、新制度施行前に定款の変更の案の決議を行う場合には、これらを定款の変更の案に記載することができないこととなります。

　そこで、このような場合の移行認定又は移行認可の申請に当たっては、定款の変更の案の決議がなされていれば、申請時に代表理事の選定（定款の変更の案への氏名の記載）がなされていなくても、申請自体は可能としています。この場合、申請法人にあっては、当初の申請時には、いずれの理事が代表理事となるかが記載されていない役員等就任予定者の名簿（移行認定の場合のみ。以下同じ。）及び最初の代表理事の氏名が記載されていない定款の変更の案を提出し、その後、代表理事の選定（代表理事の氏名を定款に記載する定款の変更の案の決議）を行った上で、行政庁に対して、代表理事についての記載がなされている役員等就任予定者の名簿及び定款の変更の案、（２回目の）定款の変更に関し必要な手続を経ていることを証する書類（社員総会、理事会、評議員会の議事録等）を提出するようにしてください。

3　移行と同時に会計監査人を設置する場合についても上記の代表理事の場合と概ね同様の取扱いとなりますが、この場合には役員等就任予定者の名簿ではなく「会計監査人の氏名又は名称」を記載することとされている申請書類の別紙１（移行認定の場合のみ）を提出していただくこととなります。

4　また、現行の財団法人にあっては、施行日以後に最初の評議員の選任方法について、旧主務官庁の認可を受けることになりますが（整備法第92条）、申請時に旧主務官庁の認可をまだ受けておらず、最初の評議員の選任がなされていなくても、申請自体は可能です。

　この場合、申請法人にあっては、当初の申請時には、最初の評議員の氏名が記載されていない役員等就任予定者の名簿を提出し、その後、旧主務官庁の認可を受けて最

450

初の評議員の選任を行った上で、最初の評議員の氏名が記載された役員等就任予定者の名簿、最初の評議員の選任方法に関する旧主務官庁の認可書の写しを提出するようにしてください。（問Ⅰ－２－③、問Ⅱ－１－⑤、問Ⅱ－３－①参照）

＜新制度施行直後に申請する場合の手続の流れの一例＞
　　(注) 移行と同時に評議員、評議員会、代表理事及び会計監査人を設置しようとする旧民法法人（財団法人）が新制度施行直後に移行認定を申請する場合の例

● 　現行寄附行為の変更の手続に則って、移行の登記を停止条件とした定款の変更の案の決議を行う。
　・定款の変更の案（の附則）に最初の代表理事及び会計監査人の氏名（名称）は記載せず。

-------------------- 新制度施行（平成20年12月1日）----------------------

● 　旧主務官庁に最初の評議員の選任方法についての認可を申請。

● 　行政庁に対して移行認定を申請
　・役員等就任予定者の名簿には、いずれの理事が代表理事の就任予定者であるかの記載はせず、また、最初の評議員の氏名も記載せず。
　・最初の代表理事等の氏名（名称）が記載されていない定款の変更の案を提出。
　・別紙1(4)「会計監査人の氏名又は名称」については記載せず。
　・最初の評議員の選任方法に関する旧主務官庁の認可書の写しは添付せず。

● 　旧主務官庁から最初の評議員の選任方法についての認可を受けて、最初の評議員を選任。

● 　寄附行為（定款）の定款変更の手続に則って、移行を停止条件とした定款の変更の案に、最初の代表理事及び会計監査人の氏名（名称）を追加する決議を行う。

● 　行政庁に対して、追加書類を提出。
　・最初の評議員及び代表理事についての記載がなされた役員等就任予定者の名簿
　・最初の代表理事及び会計監査人の氏名（名称）を記載した定款の変更の案
　・（2回目の）定款の変更に関し必要な手続を経ていることを証する書類
　・会計監査人の氏名（名称）を記載した別紙1
　・最初の評議員の選任方法に関する旧主務官庁の認可書の写し

● 　行政庁から移行認定等の処分。

第２章　審査基準・会計基準等

問Ⅰ－５－①　（申請書類のフォーマット）
　　特例民法法人が新制度の公益社団・財団法人または一般社団・財団法人に移行するための認定・認可の申請書類のフォーマットはいつ公表されるのでしょうか。

答

1　移行認定及び移行認可に係る申請書類の様式は、ホームページ上で公表しています。

2　なお、新規の公益認定に係る申請書類の様式と、これらの記載方法等について解説した『申請の手引き』についても公表しておりますのでご活用ください。
　　→最新版については、https://www.koeki-info.go.jp/ を御覧下さい。

問Ⅰ－５－②　（移行申請書類に表記する役員等）
　　特例民法法人が公益法人への移行認定や一般社団・財団法人への移行認可を申請する場合の、代表者名、申請時の理事等の定め方、申請中に理事が交代した場合の後任の選任等、移行に際しての役員等についてはどのように定めればいいのでしょうか。

答

1　理事や監事といった役員についてはこれまでも民法に規定がありましたが、理事会や評議員などの定款又は寄附行為によって多くの法人で置かれていた機関については、法律上の規定がありませんでした。一般社団・財団法人法では、理事会が法人の業務執行の決定等を行う機関として、代表理事が法人を代表して業務を執行する理事として、また一般財団法人にあっては評議員や評議員会が理事の選任等をする機関としてそれぞれ法定されました。移行認定や移行認可の申請に当たっては、一般社団・財団法人法の規定に従い、定款の変更の案にこれらの機関を置く旨を定めることが必要となります（一般社団・財団法人法第90条）。

2　公益法人は必ず理事会を置かなければならないため（公益法人認定法第５条第14号ハ）、特例民法法人が移行認定を申請する場合は、最初の代表理事を選定する必要があります。代表理事は原則として理事会で選定しますが（一般社団・財団法人法第90条第３項）、移行と同時に理事会等の機関を置く場合は、代表理事も同時に置かなければならないため、通常の方法のように理事会で選定することができません。したがって、最初の代表理事については、例外的に、定款の変更の案の附則に就任予定者の氏名を記載する方法により選定することになります。

　　なお、特例社団法人が移行認可の申請をする場合で移行に際して理事会を置かない

452

場合は、代表理事を置く必要はありませんので、上記のような対応は不要です。

3　一方、移行認定や移行認可の申請に先立って理事会等の機関を置く場合は（整備法第91条）、その旨の定款変更をした後、その変更の登記までの間に理事会を開催し、最初の代表理事を理事会において選定することになります。なお、この場合の定款変更は、旧主務官庁の認可を受けて行うことになります（整備法第88条、第94条第6項、民法第38条）。

4　移行認定の申請に当たっては、移行後に役員等（理事、監事、評議員）に就任する予定の者を決めて、その名簿を提出する必要がありますが（整備法施行規則第11条第3項第2号）、通常は申請時の役員等か、申請後、認定を受けるまでの間に任期満了により退任が想定される者がいる場合にはその後任者を名簿に記載することになります。この際、移行の登記の時点から役員等に選任したい候補者がいる場合は、移行の登記を停止条件として選任することも可能です。なお、申請中に何らかの事情で理事の交代があった場合は、その後任は従来の方法により選任することになります。この場合は、遅滞なく、行政庁に対してその旨の届出が必要です。

問 I −6−①　（審査に要する時間）
　公益認定、移行認定・認可を申請してから、どれ位の時間で認定を受けられるのでしょうか。

答

　申請を受け付けた行政庁において、その時にどの程度の件数を抱えているかによりますが、行政機関への意見聴取等の手続が必要なことから、少なくとも数ヶ月はかかるものとお考え下さい。

問 I −7−①　（財団法人における移行時の純資産）
　特例財団法人が公益法人への移行認定、一般社団・財団法人への移行認可を申請する場合、法人の純資産が300万円に満たなくても認定、認可を受けられるのでしょうか。債務超過の場合はどうなのでしょうか。

答

1　純資産額が300万円に満たない場合であっても移行認定・認可の申請をすることは可能です。しかし、認定・認可を受けた後の事業年度において2期連続して純資産額が300万円未満となった場合には解散事由となります（一般社団・財団法人法第202条第2項）。

第2章　審査基準・会計基準等

2　ただし債務超過にある法人が公益法人への移行認定を申請する場合には、申請時に
「経理的基礎を有すること」が認定基準としてあり（公益法人認定法第5条第2号、
公益認定等ガイドラインI 2(1)）、法人の財務状態を確認することとしていますので、
債務超過の法人は本基準を満たさないと判断されることになるでしょう。

問I-8-①　（現在の主務官庁との関係）
　現在の主務官庁や許認可等を受けている官庁との関係は、今後どうなるのでしょ
うか。

答

1　新制度では、従来の主務官庁による指導・監督の体制が廃止され、内閣総理大臣又
は都道府県知事が行政庁となります（公益法人認定法第3条）、ただし、特例民法法
人は、移行認定又は移行認可を受けて公益法人又は一般社団・財団法人になるまでは、
指導監督基準その他の規則等に従い、従来どおり現在の主務官庁の指導監督に服する
ことになります。

2　一方、新制度への移行後の許認可等行政機関との関係については、基本的には従来
どおりの指導・監督関係が継続されることが想定されますが、具体的な取扱いについ
ては各許認可等機関に個別にご相談ください。

3　なお、行政庁は、公益法人への移行認定に当たっては、旧主務官庁及び許認可等行
政機関の意見を聴くものとされており（整備法第104条）、また一般社団・財団法人へ
の移行認可に当たっては、必要に応じ旧主務官庁の意見を聴くこととなっています
（整備法第120条第4項）。このように、移行認定又は移行認可の審査に当たっては、
主務官庁や許認可等を受けている官庁による指導監督の状況が、定められた意見聴取
の手続きを経て行政庁に集められることとなります。

問I-8-②　（現在の主務官庁との関係）
　特例民法法人が新制度の公益社団・財団法人または一般社団・財団法人に移行す
るための認定・認可の申請を行うに当たって、定款の変更の案や移行の手続、申請
書類等について現在の主務官庁が指導・指示を行うのでしょうか。

答

1　現在の公益法人の主務官庁は、平成20年12月1日以降旧主務官庁として引き続き特
例民法法人の指導・監督を行うこととなります（整備法第95条、第96条）。

2. 新たな公益法人制度への移行等に関するよくある質問（FAQ）

2　しかし、特例民法法人が新制度の法人に移行するための認定・認可の申請に当たって行う定款の変更については、旧主務官庁の許可を要しないこととされています（整備法第102条、第118条）。また、申請書類について、旧主務官庁を経由して行う等の規定は置かれていません。

3　したがって、法的には、定款の変更の案や移行の手続、申請書類等については、現在の主務官庁が指導・指示を行うことにはなりませんが、新制度の法人に移行した後も、法人が行う事業について旧主務官庁との関係が継続する場合が多いと考えられること、移行認定・認可に当たって旧主務官庁の意見を聴く場合がある（整備法第104条第2項（旧主務官庁の監督上の命令への違反の有無等）、第120条第4項（公益目的支出計画が適正で確実に実施されるかどうかの確認等））ことから、旧主務官庁と必要に応じて相談しつつ移行の手続を進めていくことが必要だと考えます。

（参照条文） 整備法第95条、第96条第1項・第2項、第102条、第118条、第104条第2項、第120条第4項

問Ⅰ－9－①　（公益認定申請先行政庁）
　　公益認定の申請先が内閣総理大臣か都道府県知事かは、どのようにして決まるのでしょうか。

答

1　これまでのいわゆる主務官庁制においては、主務官庁の裁量により公益性の判断等に差が生じ、不透明になりうること、法人の目的・事業によっては主務官庁が確定するまでに多大な労力や時間を要すること等の問題点が指摘されていました。

2　新たな公益法人制度では、所管の行政庁は法人及び行政庁の双方にとって外形的に判断できる基準が望ましいとの考えの下、法人の事務所が所在する場所と事業を行う地理的範囲とに着目して、内閣総理大臣か都道府県知事かの所管を定めることとしています（公益法人認定法第3条）。

3　具体的には、現在の主務官庁が国の機関か地方自治体かにかかわらず、①2以上の都道府県の区域内に事務所を設置する公益法人、②公益目的事業の実施区域を定款で定める場合に2以上の都道府県の区域内において行う旨を定める公益法人は内閣総理大臣、それ以外の公益法人はその事務所が所在する都道府県の知事が行政庁となります。また、公益目的事業を国内のほか海外でも実施する旨定款で定める公益法人は、

455

第2章　審査基準・会計基準等

内閣総理大臣が行政庁となります。

4　この場合において、法人の事務所や事業を行う地理的範囲の意義については次のような考え方に基づきます。

(1)　事務所の意義

　　法人登記では、主たる事務所及び従たる事務所を登記することとなっていますので（一般社団・財団法人法第301条第2項第3号、同302条第2項第3号）、従たる事務所が他の都道府県に設置されているかどうかは、法人登記の記載に基づき判断します。定款、事業報告、パンフレット、ホームページ等において、支部、駐在所、その他の施設等の記載がある場合でも、所管を決定する際の判断基準とはしません。また、登記上の従たる事務所が事業の拠点としての実質を備えていない場合（例えば単なる倉庫程度）に限って、その旨の説明を付していただくことによって、従たる事務所を設けていないものとして申請することができます。なお、海外の事務所は法人登記の対象ではないので、所管の行政庁に係る判断の材料にはなりません。

(2)　事業を行う地理的範囲の意義

　　事務所が一の都道府県の区域内だけにとどまる場合であっても、例えば芸術団体で他の都道府県でも興行している法人、学術団体や産業団体で他の都道府県からも幅広く社員、会員を組織し、全国規模又は広域での学術や産業の発展を図るなど、達成すべき目的が一の都道府県内に限定されない法人は、2以上の都道府県において事業を実施するものと考えられますので、定款で他の都道府県を含めて公益目的事業の実施区域を定めるようにして下さい。

　　一方で、公益目的事業を2以上の都道府県で行う定款の定めのある法人について、当該定めが実態を伴わない場合には（注）、実態に合わせた申請の指導を行います。

　(注)　ネットワークを通じて他の都道府県の居住者もアクセスが可能である情報提供事業、他の都道府県の居住者も購入が可能な物品頒布事業、他の都道府県の居住者も来場し又は利用が可能な展示又は施設運営事業など、事業の受益者が他の都道府県に存在していても、法人自らが県境を越えて他の都道府県で事業を実施しているとは評価されない場合、法人の事業計画書の内容等から他の都道府県で事業を行わないことが明白である場合、他の都道府県における事業が単発的であったり不確定であったりする場合、他の都道府県において共催事業を行うとしていても共催の実態がない場合などが考えられます。海外も含めて事業区域を定めている法人についても同様の考え方で判断します。

2．新たな公益法人制度への移行等に関するよくある質問（FAQ）

（**参照条文**）公益法人認定法第3条第1号

問Ⅰ－9－②　（公益認定申請先行政庁）
　現在は主務官庁が県知事なのですが、他の県にも事務所があります。新制度では公益認定の申請先は内閣総理大臣になってしまうのでしょうか。

答

1　新たな公益法人制度では、外形的に判断される基準により、所管の行政庁を定めることとしており（公益法人認定法第3条）、①2以上の都道府県の区域内に事務所を設置するか、②公益目的事業を2以上の都道府県の区域内において行う旨を定款で定める公益法人は内閣総理大臣、それ以外の公益法人はその事務所が所在する都道府県の知事が申請先となります。

2　事務所は法人の活動にとって拠点となるものであり、法人登記において、主たる事務所及び従たる事務所の所在場所は登記事項となっています（一般社団・財団法人法第301条第2項第3号）。

3　お尋ねの件については、登記された主たる事務所及び従たる事務所が2以上の都道府県の区域にわたるか否かにより判断されます。したがって他県の事務所が、貴法人の事業の活動拠点としての実質を備え、法人登記において従たる事務所として登記されているものであれば、申請先は内閣総理大臣となります。

（**参照条文**）公益法人認定法第3条第1号、一般社団・財団法人法第11条第1項第3号、第301条第1項・第2項第3号

問Ⅰ－9－③　（公益目的事業の実施区域の定め方）
　定款で公益目的事業の実施区域を定める場合には、どのように定めればいいのでしょうか。

答

1　新たな公益法人制度では、外形的に判断される基準により、所管の行政庁を定めることとしており（公益法人認定法第3条）、公益目的事業の実施区域に着目すると、2以上の都道府県の区域内において公益目的事業を実施することを定款で定める法人の申請先は内閣総理大臣、これ以外の法人の申請先は事業を実施する都道府県知事となっています（公益法人認定法第3条1号ロ）。

457

第2章　審査基準・会計基準等

2　法人が行う公益目的事業の実施区域についての定めは定款の必要的記載事項ではありませんが（一般社団・財団法人法第11条参照）（注）、上述のとおり定款上の事業の実施区域の定めによって申請先が異なってきますので、定款において明らかにしておくのが望ましいでしょう。

　　(注)　定款の必要的記載事項とは、その全てを定款に記載しなければならない事項であり、一つでも記載を欠くと定款の効力が生じないというもの。

3　公益目的事業の実施区域の定め方の例としては、事業を定める部分において、「前条（前項）の事業は＜例1：日本全国、例2：○○地方、例3：○○県、・・・及び○○県、例4：○○市、例5：本邦及び海外＞において行うものとする。」といった記載が考えられます。

4　なお、定款上の記載にかかわらず、公益目的事業の実施の実態が伴わなかったり不明確であったりするときには、実態に応じた申請を指導することがありますので、ご承知置き下さい。例えば、単発的に実施する事業や時期又は場所の見通しが立っていない事業についての事業区域に他県も含めている場合には、行政庁を決める際には原則として、2以上の都道府県について定めがあるものとはみなされません。共催事業等について共催等の名義貸しのみであったり、申請時に事業計画書等の提出書類から当該区域において事業を行わないことが明白であったりする場合も同様です。また、事後的にそのような状況が確認されれば、実態に沿うよう公益目的事業の変更の認定（公益法人認定法第11条第1項）を申請するよう指導することを通じて、行政庁の変更がなされることも考えられます。

問Ⅰ−9−④　（公益認定申請先行政庁による審査基準の違い）
　　公益認定の申請先が国か都道府県かで、審査に違いがあるのでしょうか。

答

1　新たな公益法人制度では、主務官庁制を廃止し、法人を所管する行政庁については、2以上の都道府県の区域内に事務所を設置する公益法人、公益目的事業を2以上の都道府県の区域内において行う旨を定款で定める公益法人の所管は内閣総理大臣とし、それ以外の公益法人はその事務所が所在する都道府県知事の所管とするよう、内閣総理大臣と都道府県知事の分担について定めをおいています（公益法人認定法第3条）。

2　公益認定については、公益法人認定法が認定の要件を詳細に法定するとともに、国

及び都道府県の全行政庁が公益認定等ガイドライン（注）を審査基準としています。申請法人についての具体的な認定の判断は、内閣府又は都道府県に置かれる民間有識者から成る合議制の機関（内閣府の場合は「公益認定等委員会」）の意見に基づいて行われますが、この点に関しては、制度の運用に当たって、国と都道府県とで重大な方針の食い違いや不均衡が生じることのないよう、国と都道府県の間で相互に緊密な連携を図ることとしています。

（注）「公益認定等に関する運用について（公益認定等ガイドライン）」（平成20年4月11日内
　　閣府公益認定等委員会決定、10月10日改正）

3　このように、今回の制度改革により、行政庁については、外形的に判断される基準に基づいて内閣総理大臣か都道府県知事かに振り分けられ、同じように民間有識者から成る合議制の判断主体が、同じ審査基準を用いて公益認定等を行っていく仕組みに改められています。したがって、公益認定の申請先が国か都道府県かによって、審査基準に違いがあるわけではありません。

（参照条文） 公益法人認定法第3条

問Ⅰ－9－⑤　（都道府県による判断の違い）
　　公益認定の申請先が都道府県である場合、都道府県によって、異なる公益認定が行われる可能性はないのでしょうか。

答

1　旧制度の下では、公益法人の設立許可要件について、民法の条文上は詳細な規定がなく、主務官庁の裁量に委ねられる部分が多くありました。これに対して、新制度の下では、公益認定法上に、公益認定の要件について詳細な基準が法定されています（公益認定法第5条各号）。

2　もとより、各都道府県における個々の事案の判断については、条例で設置される民間有識者から成る合議制の機関が事案の内容を審査し、その判断が尊重されることとなります。しかしながら、合議制の機関については、政令が定める組織及び運営の基準に従い設置されるものであり、また、全都道府県を通じて、同じ審査基準（注）が採用されています。
　　加えて、制度の運用に当たっては、国と都道府県の間又は都道府県の間で重大な方針の食い違いや不均衡が生じることのないよう、国と各都道府県の間で相互に緊密な

第2章　審査基準・会計基準等

連携を図っていくこととしています。

(注)「公益認定等に関する運用について（公益認定等ガイドライン）」（平成20年4月11日内閣府公益認定等委員会決定、10月10日改正）

3　さらに、地域間の均衡を図るため特に必要がある場合には、内閣総理大臣は、都道府県知事に対して勧告、命令、公益認定の取消しその他の措置を行うことを指示することができるとされています（公益法人認定法第60条）。

　内閣総理大臣によるこの指示権は、地域間で認定制度の運用に許容し難い著しい格差が生じ、制度に対する信頼や公平が損なわれること等を回避するための例外的な措置です。しかしながら、こうした事後の是正措置の規定も含めて、上述のとおり同一の法令と同一の審査基準、同様の判断主体という制度が採用されたことにより、都道府県が違っても、同様の事案について同様の判断が行われていくようにするための制度的な枠組みが設けられています。

(参照条文) 公益法人認定法第60条

問Ⅰ-9-⑤の2　（同種・同系列法人についての行政庁間の判断の違い）
　同様の事業を行っている同種類似の法人や、全国的な同系列の県単位法人であれば、申請先が国であれ都道府県であれ、またどの都道府県であっても、公益認定について異なる判断結果となることはないと考えてよいのでしょうか。

答

1　公益認定に当たっては、公益法人認定法の定める法定の認定要件の下で、公益認定等ガイドライン（注）という同一の審査基準が各行政庁によって採用されています。また、政令の定める基準に従って設置される民間有識者から成る合議制の機関（国の場合は、公益法人認定法により設置される内閣府公益認定等委員会）という同様の主体が判断を行うという制度が採用されています。

　旧制度の下では、公益法人の設立許可要件について民法の条文に詳細な規定がなく、主務官庁の裁量に委ねられる部分が多くあったことに比べると、新制度においては、国及び都道府県を通じて、公益認定の判断に係る共通の枠組みが設けられています。

(注)「公益認定等に関する運用について（公益認定等ガイドライン）」（平成20年4月11日内閣府公益認定等委員会決定、10月10日改正）

460

2．新たな公益法人制度への移行等に関するよくある質問（FAQ）

2 ところで、一般に、全国的に同系列の法人であったり、同様の事業を行っている一見したところ同種類似の法人である場合であっても、それぞれが独立の法人格を有し組織として主体的に活動している以上、具体的な活動方針や事業内容に違いがあることが通常ですし、また、各法人の財務状況や人的基盤等も同様とは限りません。さらに、その法人が活動している各地域の社会経済状況の違いから、それぞれの法人が担う当該地域における公益増進への意味合いや寄与度等にも違いがあり得るところでしょう。

　各行政庁の合議制の機関は、個別事案について、法令と審査基準に従い、以上のような点を確認しつつ、具体的な審査を行い、判断をしていくことになります。

3 統一的な仕組みと判断基準の下で、合議制の機関に公益認定の審査と判断を委ねている以上、個別具体の審査に係る判断については、第一義的に各合議制の機関の判断を尊重することになります。もちろん地域間で認定制度の運用に許容し難い著しい格差が生じている場合など、公益法人認定法令等による事務の実施に関して地域間の均衡を図るため特に必要がある場合には、内閣総理大臣は、都道府県知事に対して勧告、命令、公益認定の取消しその他の措置を行うことを指示することができます（公益法人認定法第60条）。ただし、これはあくまで例外的な事態に対応するための措置であり、また、事後の是正措置の仕組みであって、直接に公益認定の判断を統一するための規定ではありません。

　この点に関して、国と都道府県の間又は都道府県の間で重大な方針の食い違いや不均衡が生じることのないよう、相互に緊密な連携を図っていくこととしています。

問Ⅰ－10－①　（過去の実績の評価）
　長年にわたり公益法人として活動してきましたが、新制度でも公益認定を受けたいと考えています。公益法人への移行認定の審査の際に、このような今までの活動実績は評価されないのでしょうか。

答

1 公益認定の基準は、既存、新設を問わず申請法人に対して等しく適用になります。これは公益認定に際し、特に新設の法人を不利に扱わないようにするためです。

2 一方で、現行の公益法人の活動実績を評価する仕組みも設けています。例えば、申請時に過年度の事業報告を提出するとともに（整備法施行規則第11条第3項第8号）、過年度の損益計算書（正味財産増減計算書）の提出があれば、新設法人のように予算の積算根拠の提出までは不要の取扱いをすることとしています。また、例えば経理的

461

第2章　審査基準・会計基準等

基礎を有すること（公益法人認定法第5条第2号）に関して、過去の実績を基に申請
書に記載するなど、認定基準を満たすことの説明材料として過去の実績を活用するこ
とで、行政庁においても判断がし易くなると考えます。

3　さらに、申請法人が許認可等事業を行う場合には許認可等行政機関から、旧主務官
庁の監督上の命令違反等の有無について旧主務官庁から、行政庁は意見を聴取します
ので（整備法第104条）、その意見聴取を通じて公益法人の活動実績を評価することに
なります。

問I－10－②　（公益認定等委員会との関係）
　特例民法法人が新制度の公益社団・財団法人または一般社団・財団法人に移行す
るための認定・認可申請後、公益認定等委員会で申請内容について直接説明できな
いでしょうか。また、申請が認められなかった場合、直接公益認定等委員会から説
明を聞くことは可能でしょうか。

答

1　公益認定等委員会における認定・認可の申請の審査は、申請書類を基に行っていく
ことを想定しています。また、申請書類に記載された事項が認定後の監督の前提にな
ることから、所要の事項が申請書類の中で文書で整理されていることが、法人にとっ
ても、委員会にとっても重要です。法人としての考えも申請書類の中で適切に説明い
ただきたいと考えます。しかし、申請書類で判断できないことについて、例えば委員
会の指示により事務局が法人関係者から説明を伺うことも例外的にあり得ることは否
定しません。

2　申請が認められなかった場合には、その理由を申請者に対し示すことになります
（行政手続法第8条）が、公益認定等委員会から申請者に対して直接説明を行うこと
は、予定していません。

(参照条文) 公益法人認定法第47条、行政手続法第8条

問I－10－③　（特例民法法人の法人名等）
　平成20年12月1日から一般法人に移行するまでの間は、特例民法法人であると
聞いています。特例民法法人である場合の法人の名称や個人の名刺（役職名）は従
来の法人のとおりでいいのですか。

462

2．新たな公益法人制度への移行等に関するよくある質問（FAQ）

答

1　特例民法法人の期間中は、従来から使用している法人の名称や個人の名刺（役職名）はそのまま使用することができます。

2　現在の公益法人は、平成20年12月１日から一般社団法人・一般財団法人として、存続することになり、基本的には一般社団・一般財団法人法が適用されますが、広範な経過措置が設けられており、平成20年12月１日の法の施行によりただちに対応しなければならない事項はないようになっています。

3　平成20年12月１日以降、現在の公益法人は、法律上は「特例民法法人」となりますが、名称はこれまでどおり「社団法人〜」、「財団法人〜」でかまいませんし、個人の名刺（役職名）もそのまま使用することができます。

（参照条文） 整備法第42条

問Ⅱ－１－①　（役員の資格）
　　定款で役員は社員に限る旨規定することは可能でしょうか。さらに、社員を一定年齢の者に限ることとし、社員資格を失えば役員は退任するという運用は可能ですか。

答

1　一般社団法人の定款で、役員（理事と監事）の資格を「社員に限る」と規定することは可能です。

2　また、一般社団法人の定款で、「社員を一定年齢の者に限る」こととすることも可能です。さらに、社員の資格を失った場合には役員の地位を失うこととすることも可能です。

3　なお、他の社員と同様の入会の手続等を経ずに一律に役員を社員とすることについては、
　① 役員が社員総会の決議によっていつでも解任することができる一方で、社員については、定款で定めた事由の発生等の一定の事由によってのみ退社することとされており、役員が解任された場合に社員の資格を喪失させることとするかを定款においてどう定めるかなど、一般社団・財団法人法でそれぞれ別個に規定されている社員に関する規律と役員に関する規律との間で疑義が生じる可能性があること
　② 社員総会の監督を受けるべき役員が、役員としての立場を基礎として社員とな

463

第2章 審査基準・会計基準等

り、社員総会において議決権を行使できることとなるなど、一般社団・財団法人法において定められている法人のガバナンスに関する種々規定との関係で疑義を生ずる可能性があること
などの点で注意が必要です。

特に、公益法人は、社員の資格の得喪に関して、当該法人の目的に照らし、不当に差別的な取扱いをする条件その他の不当な条件を付していないことが求められており（公益法人認定法第5条14号イ）、役員を、他の社員と同様の入会の手続等を経ずに一律に社員とする旨の定款の定めは、特段の事情がない限り、不当な条件に該当するものと考えられます。

問Ⅱ－1－②　（役員等の補欠選任）
　新制度において、理事、監事、評議員の補欠をあらかじめ選任しておくことは認められますか。

答

1　理事及び監事については、欠員が生じた場合に備えて補欠を選任しておくことができ（一般社団・財団法人法第63条第2項（第177条において準用する場合を含む））、評議員についても、定款でその方法について定めを設けることによって（一般社団・財団法人法第153条第1項第8号参照）補欠を選任しておくことが可能と考えられます。

2　なお、その際、二人以上の「補欠の役員」を選任するときは、「補欠の役員」相互間の優先順位なども併せて決定しなければならないこととされています（一般社団・財団法人法施行規則第12条第2項第5号、第61条。「補欠の評議員」を二人以上選任しておくときも、補欠の評議員相互間の優先順位などを併せて決定しておくこととなるでしょう。）。

（補足）　「補欠」については、一般社団・財団法人法第67条第2項及び第174条第2項において、定款によって任期を前任者の残存任期の満了する時までとすることができることとされていますが、この場合の「補欠」には、上記のように前任者の任期中に補欠者をあらかじめ選任しておく場合だけでなく、前任者が（任期の満了前に）退任した後に、補欠者を選任する場合も該当しうると解されます。

（参照条文）　一般社団・財団法人法第63条、第67条、第174条、同法施行規則第12条、第61条

464

2．新たな公益法人制度への移行等に関するよくある質問（FAQ）

問Ⅱ－1－③　（監事の選任）
　　一般社団法人又は一般財団法人の監事はどのような人がふさわしいですか。**監事として選任する人は誰でもいいのですか。**

答

1　監事は、理事の職務の執行を監査し、理事が作成した計算書類及び事業報告並びにこれらの附属明細書を監査するとともに、その職務の遂行のため、いつでも、理事及び使用人に対し事業の報告を求め、法人の業務及び財産の状況を調査することができるなどの広範な権限を与えられており（一般社団・財団法人法（以下「法」という。）第99条、第124条第1項（第197条及び第199条において準用する場合を含む。以下同じ。））、法人の運営が適正に行われるための重要な役割を担っています。

　　また、このような重要な役割を担う監事が、その権限を有効かつ適切に行使して職務を遂行するため、重要な業務執行の決定が行われ、代表理事や業務執行理事から法人の業務執行の状況が報告される理事会にも監事が出席し、必要があると認めるときは意見を述べなければならないこととされています（法第101条第1項）。

　　このようにして、監事は、理事会への出席義務を果たして法人の業務運営状況を把握し、法令・定款に違反する決議や著しく不当な決議等が行われるのを監視するとともに、理事や使用人に事業の報告を求め、業務及び財産の状況を調査できる権限（法第99条第2項）を行使して、年間を通して理事の職務の執行を監査する職責を負い（同条第1項）、計算書類等の会計監査のみならず事業報告も含む業務監査も行って監査報告を作成しなければいけません（法第99条第1項、第124条第1項・第2項第2号）。

　　また、監事は、理事が不正の行為をするおそれや、法令・定款違反の事実、著しく不当な事実があれば遅滞なくその旨を理事会に報告する義務を負い（法第102条）、法人に著しい損害が生ずるおそれがある場合には差し止め請求をし（法第103条）、社員総会ではその議案等を調査し、法令・定款に違反したり著しく不当な事項があるときは社員総会（評議員会）に報告する義務を負う（法第102条）とともに社員（評議員）に対して説明義務を負い（法第53条、法第190条）、理事と法人との間の訴訟や理事に対する責任追及の訴え（代表訴訟）では法人を代表することとなります（法第104条）。監事がこれらの職務を怠れば、善管注意義務違反（法第64条、法第172条、民法第644条）となり、任務懈怠により法人（法第111条）又は第三者（法第117条）に損害が発生すれば、理事らと共に連帯して損害を賠償する義務を負います（法第118条）。

2　このように、監事は法人の役員として、法人の運営が適正に行われるための重要な

465

第2章　審査基準・会計基準等

職責を担うため、監事として選任する者としては、以下の条件のいずれかを充たす者が望ましいといえます（補足）。

i　法人の業務運営に一定の知見を有し、業務監査能力を備えている。

ii　会計制度に一定の知見を有し、計算書類の監査能力を備えている。

iii　関係法令に一定の知見を有し、理事（会）の職務の執行（決定）等が法令に違反しないよう監視できる能力を備えている。

　上記の各分野について一定の知見を有する監事が1名で足りない場合には、複数名の監事を選任することにより、各分野ごとに一定の知見を有した者が監事の中に少なくとも1名はいるという状態がもっとも望ましい状態といえます（注）。

（補足）　一般社団・財団法人法における監事の欠格事由としては、①法人、②成年被後見人若しくは被保佐人又は外国の法令上これらと同様に取り扱われている者、③一般社団・財団法人法、会社法、倒産法（民事再生法、会社更生法、破産法等）に違反する所定の罪を犯し、刑に処せられ、その執行を終わり、又はその執行を受けることがなくなった日から二年を経過しない者、④③以外の法令の規定に違反し、禁錮以上の刑に処せられ、その執行を終わるまで又はその執行を受けることがなくなるまでの者（刑の執行猶予中の者を除く。）が規定されているため（一般社団・財団法人法第65条第1項）、これに該当するものは監事になることができません。

　また、監事は、自らが監事を務める法人または子法人の理事又は使用人を兼ねることができないこととされています（同条第2項）ので、当該法人の理事や従業員が監事を兼ねることはできません。

　さらに、公益法人の監事については、①公益認定を取り消された場合において、その取消しの原因となった事実があった日以前一年内に当該公益法人の業務を行う理事であった者でその取消しの日から五年を経過しないもの、②公益法人認定法、一般社団・財団法人法、暴力団員による不当な行為の防止等に関する法律、傷害罪、暴行罪、脅迫罪、背任罪等の所定の罪に違反したことにより、罰金の刑に処せられ、その執行を終わり、又は執行を受けることがなくなった日から5年を経過しない者、③禁錮以上の刑に処せられ、その刑の執行を終わり、又は刑の執行を受けることがなくなった日から五年を経過しない者、④暴力団員による不当な行為の防止等に関する法律第2条第6号に規定する暴力団員又は暴力団員でなくなった日から五年を経過しない者のいずれかに該当する場合には、当該法人が公益認定を受けることができないこととされています（公益法人認定法第6条第1号）。

（注）　公益法人にあっては、公益認定の基準の1つとして、公益目的事業を行うのに必要な経理的基礎を有することが挙げられており（公益法人認定法第5条第2号）、これは、①財政基盤の明確化、②経理処理、財産管理の適正性、③情報開示の適正性により判断するこ

ととされています。このうち、情報開示の適正性については、外部監査をうけていない法人であって、費用及び損失の額又は収益の額が1億円以上の法人については監事（2人以上の場合は少なくとも1名）を公認会計士又は税理士が務めるもの、当該額が1億円未満の法人については営利又は非営利法人の経理事務を例えば5年以上従事した者等が監事を務めることが確認された場合は、適切に情報開示が行われるものとして取り扱うこととされています（公益認定等に関する運用について（公益認定ガイドライン）Ⅰ－2.）。このルールは法人に義務づけたものではありませんが、各法人にあってはこの趣旨を踏まえ、経理事務に精通した者を監事とすることが望ましいと考えます（問Ⅴ－1－①（経理的基礎・技術的能力）及び問Ⅴ－1－②（経理的基礎・技術的能力）参照）。

(参照条文) 一般社団・財団法人法第53条、第64条、第65条第1項・第2項、第94条第1項、第99条第1項・第2項、第100条、第101条第1項、第102条、第103条第1項、第104条、第111条第1項、第117条第1項・第2項第2号、第124条、第172条第1項、第190条、公益法人認定法第5条第2号、第6条第1号、民法第644条

問Ⅱ－1－④ （代表理事の直接選挙）
　新制度において代表理事を社員総会で社員が直接選挙することは可能ですか。

答

1　理事会を設置していない一般社団法人の場合
　理事会を設置していない一般社団法人は、社員総会で代表理事を選定することが可能です（一般社団・財団法人法第77条第3項）。

2　理事会を設置している一般社団法人の場合
　(1)　理事会を設置している一般社団法人の代表理事は、理事会で選定及び解職することとされています（一般社団・財団法人法第90条第2項第3号及び第3項）。そのため、理事会を設置している一般社団法人の代表理事は理事会で選定することが原則です。
　(2)　他方、理事会を設置している一般社団法人の社員総会は、一般社団・財団法人法に規定する事項及び定款で定めた事項に限り、決議をすることができることとされており（一般社団・財団法人法第35条第2項）、その定款で定めることができる事項の内容については特に制限が設けられていません。そのため、理事会の決議事項を社員総会の決議事項とする旨の定款の定めを置くことも可能と考えられ、定款にその旨の定めを置くことにより、代表理事を社員総会で直接選定することも可能になります。

第2章　審査基準・会計基準等

(3)　もっとも、法が、代表理事を選定及び解職する権限を理事会に付与した趣旨は、理事会による代表理事の職務執行の監督権限（一般社団・財団法人法第90条第2項第2号等参照）の実効性を確保するためと考えられます。そのため、このような法の趣旨に配慮し、理事会が代表理事を選定及び解職するという原則を維持しつつ、代表理事の選定の過程に社員総会を関与させる方法も代表理事の選定方法の一つとして考えられます。

　　例えば、定款の定めにより、「理事会は、代表理事を選定及び解職する。この場合において、理事会は、社員総会の決議により代表理事候補者を選出し、理事会において当該候補者を選定する方法によることができる。」旨の定めや、「理事会は、代表理事を選定及び解職する。この場合において、理事会は、社員総会にこれを付議した上で、その決議の結果を参考にすることができる。」旨の定めを置いた場合には、理事会が最終的に責任を持って代表理事の選定及び解職をすることができることとなります。

(注)　代表理事を複数置いていない場合には、代表理事を解職したときは、代わりの新しい代表理事を選定することとなります（問Ⅱ-5-②（役員等の定数）参照）。

(参照条文)　一般社団・財団法人法第35条第2項、第77条第3項、第90条第2項・第3項

問Ⅱ-1-⑤　（施行日前における理事会等における代表理事等の選定の可否）
　　現行の民法法人が、施行日前に、移行の登記をすることを停止条件として、現行の理事会、社員総会又は評議員会で代表理事を選定しておくことは可能ですか。会計監査人を選任しておくことについてはどうですか。

答

1　できません。
　　現行の社団法人又は財団法人が置く当該法人を代表する理事（理事長等）は、民法上の機関ではなく、当該法人の定款又は寄附行為によって定められた事実上の機関に過ぎないことから、これについては一般社団・財団法人法に規定する代表理事としての地位は認められないこととなります（整備法第48条第4項参照）。

2　現行の民法法人が、新法に適合するものとするために必要な定款の変更の手続については、通常、新法施行日（平成20年12月1日）以降に行うことになりますが、施行日より前に行うことも認められるものと考えます（問Ⅰ-2-③参照）。ただし、現行民法上に根拠規定が存在しない決議事項については、そもそも施行日前の理事会、

社員総会又は評議員会は、これを決議する権限を有しておらず、そのための手続もないことから、仮に、その決議の効力の発生を法の施行日又は移行の登記をする日としたとしても、そのような決議自体ができないこととなります。

すなわち、理事会を置く旨の定款の変更の案の決議は、定款変更自体が現行民法の規定に根拠があるため認められますが、具体的な（新法上の）代表理事の選定は現行民法に根拠がないことから無効となります。

以上のことから、施行日前に新法上の代表理事を選定することはできないこととなります。

この取扱いは、会計監査人の選定についても同様です。

3　なお、移行認定（又は移行認可）の申請に当たっては、定款の変更の案の決議がなされていれば、申請時に代表理事の選定がなされていなくても、申請自体は可能です。この場合、申請法人にあっては、申請後に代表理事の選定を行い、行政庁に対して役員等就任予定者の氏名等を記載した書類に代表理事を追加したものを速やかに提出するようにしてください。

4　また、現行の財団法人にあっては、施行日以後に最初の評議員の選任方法について、旧主務官庁の認可を受けることになりますが（整備法92条）、申請時に旧主務官庁の認可をまだ受けておらず、最初の評議員の選任がなされていなくても、申請自体は可能です。ただし、行政庁においては、最初の評議員についての欠格事由（公益法人認定法第6条第1号）に該当するかどうかの審査が必要となりますので、申請法人にあっては、申請後に最初の評議員の選任を行い、行政庁に対して役員等就任予定者の氏名等を記載した書類に（最初の）評議員を追加したものを速やかに提出するようにしてください。

なお、最初の評議員の選任方法については、施行日後に旧主務官庁の認可を受けることになりますが（整備法第92条）、施行日後速やかに認可を受けることを希望する場合は迅速に手続きが完了するように旧主務官庁と連携をとっておくことが望ましく、事前に相談しておくことも有益と思われます。

内閣府としても、主務官庁及び都道府県に対し、最初の評議員の選任方法についての法人からの認可申請に対し、迅速かつ適切に審査するよう当FAQの末尾に添付している＜参考＞のとおり要請しました。

（参照条文） 整備法第48条第4項、第80条第3項、第89条第4項、第92条

第2章　審査基準・会計基準等

＜参考＞

事　務　連　絡
平成20年10月14日

各 府 省 公 益 法 人 担 当 官 殿
各 都 道 府 県 公 益 法 人 担 当 者 　殿
各都道府県教育委員会公益法人担当者　　殿

内閣府大臣官房新公益法人行政準備室

特例財団法人における最初の評議員の選任について

　本年12月1日から新たな公益法人制度が施行されますが、一般社団法人及び一般財団法人に関する法律及び公益社団法人及び公益財団法人の認定等に関する法律の施行に伴う関係法律の整備等に関する法律（平成18年法律第50号）第92条（最初の評議員の選任に関する特則）に定める認可事務の取扱いに際して、参考と思われる事項（最初の評議員の選任についての考え方）をまとめたので送付します。

　本件については、所管の財団法人から施行日（平成20年12月1日）以前から相談等が予想されますので、適切に指導いただきますとともに、施行日後の認可手続についても、速やかに事務処理いただくよう配意願います。

（参考添付）
　1　その他参考事項
　2　ＦＡＱの写し（問Ⅱ－1－⑤、問Ⅱ－2－①）

┌──────────────────────┐
│【問い合わせ先】　　　　　　　　　　　　　　│
│内閣府大臣官房新公益法人行政準備室　　　│
│　担当　上村（03-5403-9548）　　　│
│　　　　小池（03-5403-9538）　　　│
└──────────────────────┘

最初の評議員の選任方法についての考え方

1　評議員の人選の重要性
　新制度の「評議員」は、一般財団法人の運営がその目的から逸脱していないかを監督する重要な立場にあることから、適正な財団運営が確保されるためには、広範で強

470

い権限を付与されている評議員の人選が非常に重要となります。

2 公益財団法人に移行する特例財団法人について

認定法では、法人の関係者や営利事業者等に特別の利益を与えないことが公益認定の基準として設けられており（公益法人認定法第5条第3号・第4号）、その趣旨は、特別な利益の提供につながる蓋然性があるようなものは、公益法人としては回避すべきであるとするものです。

このため、例えば、評議員の選解任を評議員会の決議で行うこととした場合において、最初の評議員の人選が特定の団体や勢力の関係者で占められたときには、その後の評議員の選任も当該特定の団体や勢力の関係者によって占められることとなり、当該法人の運営が特定の団体や勢力の利益に偏る蓋然性が高くなることが考えられます。

このような事態を回避するためには、評議員の選解任をするための任意の機関として、中立的な立場にある者が参加する機関を設置し、この機関の決定にしたがって評議員を選解任する方法等が考えられます。

なお、最初の評議員の選任方法については、中立的な立場にある者が参加する機関を設置し、この機関の決定にしたがって行う方法に限られるというものではありません。当該法人と密接な関係にある者ばかりが評議員に選任されることのないことが担保できる方法（例えば、一定の知見を有する中立的な立場の法人（事業体）に、法人の評議員の選定を委託しているような場合）も可能と考えられますので、法人の特性等に照らし合わせて適切に指導願います。

3 通常の一般財団法人に移行する特例財団法人について

上記2ほどの事情はありませんが、法人法における評議員の選任方法の規定の趣旨を踏まえ、適切に指導願います。

＜その他参考事項＞

整備法第92条に基づく最初の評議員の選任方法の認可に当たっての具体的な審査方法等については、各主務官庁において定められるものですが、特に多くのご質問を頂いている事項についての考え方をご参考までにお知らせします。

1 **中立的な立場にある者が参加する機関（評議員選定委員会等）を設置し、この機関の決定に従って最初の評議員を選任する場合について**

各旧主務官庁において、具体的な評議員の選任方法の案と、当該案についての理事会議事録等を提出させて審査することを想定しています。

471

第2章　審査基準・会計基準等

（例）

財団法人○○会における最初の評議員の選任方法（案）

1　最初の評議員の選任は、当法人に評議員選定委員会を設置して、当該委員会において行う。

2　評議員選定委員会は、現行寄付行為上の評議員1名、監事1名、事務局員1名、次項の定めに基づいて選任された外部委員2名の合計5名で構成する。

3　評議員選定委員会の外部委員は、次のいずれにも該当しない者を理事会において選任する。

(1)　この法人又は関連団体（主要な取引先及び重要な利害関係を有する団体を含む。）の業務を執行する者又は使用人

(2)　過去に前号に規定する者となったことがある者

(3)　(1)又は(2)に該当する者の配偶者、三親等内の親族、使用人（過去に使用人となった者も含む。）

4　評議員選定委員会に提出する評議員候補者は、理事会又は現行寄付行為上の評議員会がそれぞれ推薦することができる。評議員選定委員会の運営についての詳細は、理事会において定める。

5　評議員選定委員会に評議員候補者を推薦する場合には、次に掲げる事項のほか、当該候補者を評議員として適任と判断した理由を委員に説明しなければならない。

(1)　当該候補者の経歴

(2)　当該候補者を候補者とした理由

(3)　当該候補者と当該法人及び役員等（理事、監事及び現行寄付行為上の評議員）との関係

(4)　当該候補者の兼職状況

6　評議員選定委員会の決議は、委員の過半数が出席し、その過半数をもって行う。ただし、外部委員の1名以上が出席し、かつ、外部委員の1名以上が賛成することを要する。

（注）

1　この選任方法の例では、中立的な立場の者の条件として、「この法人又は関連団体（主要な取引先及び重要な利害関係を有する団体を含む。）の業務を執行する者又は使用人でないこと」としておりますが、下記のような考え方を想定しています。

・関連団体

　　当該法人が他の団体（法人、会社、組合その他これらに準ずる事業体を含む。）の財務及び事業の方針の決定に対して重要な影響を与えることができる場合における当該他の団体のほか、主要な取引先及び重要な利害関係を有する団体を含む。

・主要な取引先

　　主要な取引先に該当するか否かは、当該法人の事業の内容、性質、規模、取引の内容等の具体的な事情を前提として個別に判断されることとなるが、メインバンクや売上高の大きな部分を占める販売先は通常これに該当する。

・重要な利害関係

472

当該法人との間で契約関係、補助金の交付、立入検査等の監督指導などの関係にある団体などを想定している。

・団体

法人（外国法人を含む。）、会社（外国会社を含む。）、組合（外国における組合に相当するものを含む。）その他これらに準ずる事業体をいう。（なお、認定法5条11号において、国の場合には、一般的には事務分掌の単位である省庁単位で、都道府県は各都道府県単位でそれぞれ考えることとされている。）

・業務を執行する者

公益法人、理事会を設置する一般社団法人及び一般財団法人の場合は代表理事及び業務執行理事をいい、理事会を設置していない一般社団法人の場合は全ての理事をいう。

他の法人形態の場合には、業務執行権限の有無等により判断される。例えば、株式会社の場合には、取締役であっても、業務執行権のない取締役（取締役会設置会社におけるいわゆる平取締役や社外取締役）はこれに該当しない。

・使用人

雇用契約を締結する従業員に限らず、委任契約を締結する顧問や相談役も含まれる場合がある。

2 評議員選任のための機関の構成員数については、法人の事業の内容、性質、規模等により個別に判断されることになると考えていますが、会議体として多様な意見を反映することができ（この例では、構成員5名を想定していますが、例えば、構成員3名の場合であっても、全員が中立的な者（外部委員）であるとき等は特に問題ないものと考えられます。）、かつ、中立的な立場の者（外部委員）が複数名以上参加することが望ましいと考えられます。なお、上記の選任方法の例の6にあるように、中立的な立場にいる者（外部委員）が少数である場合に、中立的な立場にいる者の賛成が全く得られていないにもかかわらず、選任決議が成立することがないようにすることが望ましいと考えられます。

2 一定の知見を有する中立的な立場の法人（事業体）に委ねる場合

中立的な立場の法人（事業体）としては、例えば、特定の分野の団体を束ねる連合体、協議会といったような団体であって、ある程度中立的と認められるような団体等を想定しています。そのため、上記の選任方法の例にある「重要な利害関係」を有する法人（事業体）に評議員の選任を委ねることは相当でないと考えられます。

中立的な立場の法人（事業体）に評議員の選任を委ねることとする場合、①当該団体の事業等の概要、②当該団体における選任方法、③当該団体との関係（役職員の兼職状況、法人との間での補助金・助成金の交付の有無、契約等の状況等）、④当該団体に選定を委ねることとした理由等を、理事会議事録等とともに提出させて審査することを想定しています。

第2章　審査基準・会計基準等

問Ⅱ－2－①　（最初の評議員の選任方法）
　　新制度の最初の評議員（候補）の選任方法はどうなっていますか。特に、理事
　（会）が個別の評議員を選任するよう定めることは可能でしょうか。

答

1　最初の評議員の選任方法（概略）

　　特例財団法人が最初の評議員を選任するには、旧主務官庁の認可を受けて理事が定
めるところによることとされています（整備法第92条）。

　　そのため、特例財団法人は、理事が定め、旧主務官庁の認可を受けた「選任方法」
に従って（新制度上の）評議員を選任することとなります（注）（補足）。

　　その際、当該「選任方法」に従って選任された者を明確にする観点から、最初の評
議員の氏名を、定款又は定款の変更の案（整備法第102条）に記載することも有用な
取扱いと考えられます。

2　理事（会）が個別の評議員を選任するよう定めることの可否

　　御質問のように、最初の評議員を選任する方法として、「理事（会）が個別の評議
員を選任する」と定めることは、被監督者（理事）が監督者（評議員）を選任するこ
ととなり、評議員会の理事に対する監督が十分に果たされなくなるおそれがあること
から許されないものと考えられます（一般社団・財団法人法第153条第3項第1号参
照）。

3　最初の評議員の選任方法（考え方）

　　新制度（一般社団・財団法人法）における「評議員」は、一般財団法人の運営がそ
の目的から逸脱していないかを監督する重要な立場にあります。

　　すなわち、新制度においては、財団法人の運営の適正を確保するため、「評議員」
の資格を有している者に対し評議員会の議決権を与え、理事、監事、会計監査人の選
解任権、報酬等の決定権を与えて役員等の人事権を独占させた上、決算の承認、定款
の変更など法人運営における重要事項の最終的な意思決定権も付与しています。さら
に、評議員には、理事の違法行為の差止請求権、役員等の解任の訴えの提訴権など法
人の適切な業務運営を確保するための種々の権利も付与されています。そのため、新
制度においては、評議員が、人事権等の重要な権利を適切に行使することにより、初
めて一般財団法人の適正な運営が確保される仕組みとなっています。

　　特に、税制上の優遇措置を受けることとなる公益財団法人の業務運営が公正に行われ
るためには、広範で強い権限を付与されている評議員の人選が非常に重要となります。
公益財団法人の運営が、特定の団体や勢力の利益に偏るおそれがなく、不特定かつ多数

2. 新たな公益法人制度への移行等に関するよくある質問（FAQ）

の者の利益のために適正かつ公正に行われるためには、評議員の人選に際しては、一般的な法人の業務運営に一定の知見を有しているだけでなく、当該法人の運営の公正さに疑いを生じさせない立場にある者であることも強く期待されます。

　さらに、新制度においては、評議員は広範かつ強大な権限を有するだけでなく、4年間の任期が保障されており、自らの意思で辞任しない限りは原則としてその地位を失うことはないなど、その独立性も強く保障されています。

　そのため、例えば、評議員の選任及び解任を「評議員会の決議で行う」こととすると、「最初の評議員」の人選が特定の団体や勢力の関係者で占められた場合には、以後の評議員の選任も当該特定の団体や勢力の関係者によって占められることとなり、公正かつ適切な法人の業務運営を確保するために設けられた新制度の仕組みが有効に機能しないおそれがあります。

　以上のように、認定を受けて公益財団法人に移行する特例財団法人が新制度上の最初の評議員の選任方法を決める場合には、当該法人と相互に密接な関係にある者ばかりが評議員に選任されることのないようにする必要があります。「最初の評議員」の人選が特定の団体や勢力の利益に偏った方法でされた場合には、当該公益財団法人の事業が行われるに当たり、当該特定の団体や勢力に対し特別の利益が与えられるおそれが高いものともなりかねません（公益法人認定法第5条第3号等参照）。そのため、最初の評議員を選任する際には、そのための任意の機関として、中立的な立場にある者が参加する機関を設置し、この機関の決定に従って（最初の）評議員を選任することが望ましいといえます（考え方）。

　最初の評議員の選任方法を認可する（整備法第92条）に際しては、このような考え方を踏まえ、公益財団法人の運営が特定の団体や勢力の利益に偏るおそれがなく、法人の運営の公正さに疑いを生じさせることとならない適切な選任方法となるように指導監督するよう、内閣府から主務官庁及び都道府県に対し要請しています。（要請の内容については、ＦＡＱ問Ⅱ－1－⑤を参照ください。）

(注)　特例財団法人が、移行前に評議員を選任する場合には、併せて、評議員、評議員会、理事会（監事を置いていない場合は監事も含みます。）を置く旨の定款の変更をすることとなります（整備法第91条第2項及び第3項）。

(補足)　新制度の評議員の人数は3人が下限であり、法律上の上限はありません。新制度の評議員の適切な人数については一概に言えませんが、法人の事業規模から見て余りに少数であれば、理事の監督等法人の適正な運営を確保することが困難になるおそれがあります。

　他方、余りに多数であれば、評議員会の運営が法人にとって負担になります（評議員会への代理出席や書面による議決権行使は認められません。問Ⅱ－6－①（代理人の出席等）

475

第2章　審査基準・会計基準等

参照）。いずれの場合においても、評議員会の機能が形骸化し、特定の評議員の専横を招くおそれがあります。そのため、評議員の定数は法人の事業の規模、性質、内容等に応じ、適切な数とする必要があります（問Ⅱ−5−①（新制度の理事、監事、評議員の定数）参照）。

(考え方)（最初の）評議員を選任する任意の機関に参加する中立的な立場にある者に対しては、当該法人の関係者から、評議員候補者の経歴、評議員候補者とした理由、当該候補者と当該法人及び役員等との関係、兼職状況等、候補者が評議員として適任と判断した理由を説明することとなります。

(参照条文)　一般社団・財団法人法第63条、第88条第1項、第89条、第105条第1項、第126条、第153条、第173条第2項・第3項、第176条、第177条、第178条、第189条第1項・第2項、第197条、第199条、第284条第2号、公益法人認定法第5条第3号、整備法第89条第4項、第91条第2項・第3項、第92条、同法施行規則第11条第3項第2号

問Ⅱ−3−①　（最初の代表理事、業務執行理事、会計監査人の選任）
　新制度の最初の代表理事、業務執行理事、会計監査人の選任について教えてください。

答

1　最初の代表理事ないし代表理事の就任予定者の選定

(1)　新法の施行日における特例民法法人の理事の権限
　　新法の施行日には、全ての特例民法法人が、「理事会」（法律上の正式な理事会）を設置していない状態となります（整備法第80条第3項、第89条第4項）。そのため、新法の施行日の時点では、各特例民法法人の各理事が、それぞれ法人を代表する権限を有することとなります（補足）。

(補足)

1　施行日前の「理事」及び「代表理事」の法的地位
　　新法の施行日前の社団法人又は財団法人の理事は、原則として法人のすべての事務について、法人を代表する権限を有し（民法第53条本文）、この権限に加えた制限は、善意の第三者に対抗することができないこととされています（同法第54条）。
　　そのため、新法の施行日前に「代表理事」を設けている法人は、代表理事以外の理事の代表権を定款等で内部的に制限しているに過ぎないものとされています。
　　しかし、社団法人又は財団法人が、新法の施行日前に、

①　定款又は寄附行為によって「代表理事」を定めている場合

476

② 定款又は寄附行為の定めに基づく理事の互選により「代表理事」を定めている場合
③ 社員総会の決議によって「代表理事」を定めている場合
のいずれの場合においても、新法の施行日後は、一般社団・財団法人法に規定する「代表理事」の地位を有しないこととされています（整備法第48条第4項）。

2 施行日前の「理事会」の法的地位
　新法の施行日前に、社団法人又は財団法人の定款又は寄附行為に「理事会を置く」旨の定めがあったとしても、そのような定款（寄附行為）の定めは、新法の施行日後は、一般社団・財団法人法に規定する「理事会を置く」旨の定めとしての効力を有しないこととされています（整備法第80条第3項、第89条第4項）。
　そのため、本文記載のとおり、新法の施行日には、いったん、全ての特例民法法人が、
① 全ての理事が法人を代表する権限を有し（一般社団・財団法人法第77条第1項）、
② 「理事会」（法律上の正式な理事会）を設置していない状態
となります。

(2) 最初の代表理事の選定方法（移行の登記前に代表理事を選定する場合）
　このように、理事会を設置していない特例民法法人が、移行の登記前に理事の中から一般社団・財団法人法上の「代表理事」（法人を代表する理事であって、法人の業務に関する一切の裁判上又は裁判外の行為をする権限を有する者）を選定する場合には、以下の①から④の場合に応じて、それぞれの方法で代表理事を選定することができます。

① 理事会を設置していない特例社団法人が、移行の前に、理事会を設置せずに理事の中から代表理事を選定する場合
　→以下のiからⅲの方法により、代表理事を選定することができます（一般社団・財団法人法第77条第3項。なお、整備法第77条第3項参照）。
　ⅰ 定款の定めにより代表理事を選定する方法（整備法第88条、民法第38条の規定に従い、定款に代表理事の氏名を記載するための定款変更手続が必要です。）
　ⅱ 定款の定めに基づく理事の互選による方法（ⅰと同様、整備法第88条、民法第38条の規定に従い、定款に「代表理事の選定方法は理事の互選による」旨を記載するための定款変更手続が必要であり、定款変更の効力発生後、理事の互選により代表理事を選定することとなります）
　ⅲ 社員総会の決議によって、理事の中から代表理事を定める方法

② 理事会を設置していない特例社団法人が、移行の前に、理事会を設置して代表

第2章　審査基準・会計基準等

理事を選定する場合

→理事会を設置する定款変更を行い（整備法第88条、民法第38条。監事を設置していない場合には理事会と併せて監事を設置する必要があります。）、理事会において代表理事を選定することができます（一般社団・財団法人法第90条第2項第3号）（注）。

(注)　法が明文で予定している方法ではありませんが、②の場合にも、定款変更により、定款に代表理事の氏名を直接記載する方法で代表理事を選定することも可能と考えられます。

③　理事会を設置していない特例財団法人が、移行の前に、理事会を設置せずに理事の中から代表理事を選定しようとする場合

→このような場合は、理事の中から代表理事を選定する明文の根拠を欠くため、代表理事を選定することはできないものと考えられます（注）。

(注)　③の場合には、各理事が特例財団法人を代表し（各自代表。整備法第77条第5項参照）、理事の全員が代表権を有していることとなります。なお、仮に、理事会を設置していない特例財団法人が、特定の理事を代表理事とし、その氏名を定款に記載するような定款変更手続をしたとしても、それは他の理事の代表権を内部的に制限しているに過ぎず、他の理事の代表権に加えた制限は、善意の第三者に対抗することができないものと考えられます。また、定款に氏名を記載した当該特定の理事のみを代表理事として登記することもできないもの（整備法第77条第5項）と考えられます。

④　理事会を設置していない特例財団法人が、移行の前に、理事会を設置して代表理事を選定する場合

→理事会を設置する定款変更を行い（注1）、理事会において代表理事を選定することができます（一般社団・財団法人法第90条第2項第3号、第197条）（注2）。

(注1)　理事会を設置する場合には、併せて、評議員、評議員会及び監事を置く定款の変更をすることとなります（整備法第91条第2項、第3項）。定款変更手続は、整備法第94条第2項又は第3項、第6項の規定に従います。

(注2)　法が明文で予定している方法ではありませんが、④の場合にも、定款変更により、定款に代表理事の氏名を直接記載する方法で代表理事を選定することも可能と考えられます。

478

2. 新たな公益法人制度への移行等に関するよくある質問（FAQ）

(3) 代表理事の就任予定者の選定方法（移行と同時に代表理事を選定する場合）

　理事会を設置していない特例民法法人が、移行の登記までに一般社団・財団法人法上の「代表理事」を選定せず、移行の登記と同時に（移行の登記をすることを停止条件として）最初の代表理事を選定することとする場合には（注1）、定款の変更の案（の附則）に、代表理事（就任予定者）の氏名を直接記載する方法により代表理事を選定することができます（問Ⅰ－5－②（移行申請書類に表記する役員等）参照）（注2）。

（注1）　公益法人及び一般財団法人は理事会を設置しなければならないため、移行認定を申請する特例民法法人及び移行認可を申請する特例財団法人のうち、移行と同時に理事会を置くこととする法人は、代表理事も同時に置かなければならないこととなります。

　　また、特例社団法人が移行認可の申請をする場合において、移行と同時に理事会を置くこととするときも、同様に代表理事を移行と同時に置かなければなりませんが、移行に際して理事会を置かない一般社団法人となる場合には、代表理事を置く必要はありません。

　　なお、移行の前に「理事会」を設置する場合には、併せて、移行の前に代表理事を選定する必要があります。

（注2）　移行認定（又は移行認可）の申請に当たっては、定款の変更の案の決議がなされていれば、申請時に代表理事の就任予定者の選定がなされていなくても、申請自体は可能です。このような場合には、申請法人にあっては、申請後に所定の定款変更手続を行い最初の代表理事の氏名を定款変更の案（の附則）に記載して代表理事の就任予定者の選定を行い、行政庁に対して役員等就任予定者の氏名等を記載した書類に代表理事を追加したものを速やかに提出するようにして下さい（申請時点で代表理事の就任予定者の選定がなされていなくても差し支えありませんが、当然のことながら、遅くとも、認定・認可の判断時までには代表理事の就任予定者が選定されている必要があります。）（問Ⅱ－1－⑤（施行日前における理事会等における代表理事等の選定の可否）参照）。

2　最初の業務執行理事ないし業務執行理事の就任予定者の選定

(1) 最初の業務執行理事の選定方法（移行の登記前に業務執行理事を選定する場合）

　上記の1(1)記載のとおり、新法の施行日には、全ての特例民法法人が、「理事会」を設置していない状態となります。そのため、新法の施行日の時点では、各特例民法法人の各理事が、それぞれ法人の業務の執行をする権限を有することとなると考えられます（一般社団・財団法人法第76条第1項）。

　このような理事会を設置していない特例民法法人が、移行の登記前に理事の中から業務執行権を有する者（以下「業務執行理事」といいます。（補足））を選定する

第2章　審査基準・会計基準等

場合には、以下の①又は②の場合に応じて、それぞれの方法で業務執行理事を選定することができます。

（補足）

1　業務の執行とは、法人の何らかの事務を行うということではなく、法人の目的である具体的事業活動に関与することを意味します。本文記載のとおり、理事会を設置しない法人の場合には原則として全ての理事が業務執行権を有することとなりますが、理事会を設置した場合には、代表理事及び理事会で業務執行をする理事として選定された理事が業務執行権を有し、他の理事は業務執行権を有しないこととなります。

2　また、理事の業務執行権は、対外的な代表行為を行う権限ではないため、業務執行権を有する理事が必ず法人の代表権を有するものではありません（一般社団・財団法人法第91条第1項第2号の規定により理事会で選定される「法人の業務を執行する理事」は代表権を有しません）。

　理事が業務執行権を有していることは登記事項ともされていません（業務執行理事であることは登記事項ではありません）。

①　理事会を設置していない特例民法法人が、移行の前に、理事会を設置せずに理事の中から業務執行理事を選定する場合（業務執行理事を一部の理事に限りたい場合）には、定款にその旨を記載することにより、理事の中から業務執行理事を選定すること（業務執行理事を一部の理事に限定すること（注1））ができると考えられます（一般社団・財団法人法第76条第1項）（注2）。

（注1）　①の場合の「業務執行理事を選定する」ための定款の定めは、要するに、業務執行権を有する全ての理事の中から、特例の理事だけに業務執行権を付与することとするものであり、「業務執行理事を選定する」というよりも、業務執行理事以外の理事の業務執行権を定款で内部的に制限しているに過ぎないものとも言えます。

（注2）　特例社団法人であれば整備法第88条、民法第38条の規定に従い、特例財団法人であれば整備法第94条第2項又は第3項、第6項の規定に従い、それぞれ所定の定款変更手続が必要です。

②　理事会を設置していない特例民法法人が、移行の前に、理事会を設置して業務執行理事を選定する場合には、理事会を設置する定款変更を行い（注1）、理事会において業務執行理事を選定することができます（一般社団・財団法人法第91条第1項第2号、第197条）（注2）。

（注1）　特例社団法人の場合には、整備法第88条、民法第38条の規定に従い定款変更手続を経る必要がありますが、監事を設置していない場合には理事会と併せて監事を設置する必要があります。

　　　　また、特例財団法人の場合には、理事会の設置と併せて、評議員、評議員会及び監事を置く定款の変更をすることとなります（整備法第91条第2項、第3項）。定款変更手続は、整備法第94条第2項又は第3項、第6項の規定に従います。

（注2）　法が明文で予定している方法ではありませんが、②の場合にも、定款変更により、定款に業務執行理事の氏名を直接記載する方法で業務執行理事を選定することも可能と考えられます。

(2)　業務執行理事の就任予定者の選定方法（移行と同時に業務執行理事を選定する場合）

　　　理事会を設置していない特例民法法人が、移行の登記前に一般社団・財団法人法上の業務執行理事を選定せず、移行の登記と同時に（移行の登記をすることを停止条件として）最初の業務執行理事を選定することとする場合には（注）、定款の変更の案（の附則）に、業務執行理事（就任予定者）の氏名を直接記載する方法により業務執行理事を選定することができます。

（注）　移行と同時に理事会を設置する法人が、移行と同時に業務執行理事を選定しない場合には、代表理事のみが業務執行権を有することとなります（一般社団・財団法人法第91条第1項第1号）。この場合には、移行後の理事会で、他の理事の中から業務執行理事を選定すれば、代表理事以外の理事も業務執行理事となることができます。このように、最初の代表理事の選定の場合と異なり、移行後の最初の業務執行理事については、移行の登記と同時に最初の業務執行理事を選定しなければならないものではないことに留意する必要があります。

3　最初の会計監査人の選任

①　特例民法法人が、移行の前に、会計監査人を置く場合には、会計監査人を置く定款の変更を行い（注1）、特例社団法人であれば社員総会、特例財団法人であれば（新制度上の）評議員会において最初の会計監査人を選任することとなります。

②　特例民法法人が、移行期間中に会計監査人を置かず、移行と同時に会計監査人を置くこととする場合には、定款に会計監査人の氏名や名称を直接記載する方法で最初の会計監査人を選任することができます。

（注1）　監事を置いていない特例社団法人が、移行前に会計検査人を置く場合には、併せ

481

第2章　審査基準・会計基準等

　て、監事を置く定款の変更をする必要があります（一般社団・財団法人法第60条第2項、第61条）。

　　また、特例財団法人が、移行前に会計監査人を置く場合には、評議員、評議員会、理事会（監事を置いていない場合は監事も含みます。）を置く旨の定款の変更をする必要があります（整備法第91条第4項）。

（注2）　法が明文で予定している方法ではありませんが、①の場合にも、定款変更により、定款に会計監査人の氏名や名称を直接記載する方法で会計監査人を選任することも可能と考えられます。

（参照条文）　一般社団・財団法人法第63条第1項、第76条第1項・第2項、第77条、第90条第2項第3号・第3項、第91条第1項、第197条、整備法第48条第4項、第77条第3項・第5項、第80条第3項、第88条、第89条第4項、第91条、第94条、第102条、旧民法第38条、第53条、第54条

問Ⅱ-3-②　（移行と同時に代表理事や評議員を置く場合の手続）
　移行と同時に代表理事や評議員を置く場合の手続はどうなりますか。

答

1　代表理事について

　特例民法法人が、移行期間中に新制度上の「代表理事」を置かず、移行と同時に「代表理事」を置く場合の手続は、定款の変更の案（整備法第102条）に最初の代表理事の氏名を直接記載する方法で選定することができます。

2　評議員について

　特例財団法人が最初の評議員を選任するには、旧主務官庁の認可を受けて理事が定めるところにより選任することとされています（整備法第92条）。

　特例財団法人が、移行期間中に新制度上の「評議員」を置かず、移行と同時に「評議員」を置く場合の手続は、理事が定め、旧主務官庁の認可を受けた「選任方法」に従って（新制度上の）評議員を選任することとなります。

　その際、当該「選任方法」に従って選任された者を明確にする観点から、「最初の評議員」の氏名を、定款の変更の案（整備法第102条（整備法第118条において準用する場合を含む。））に記載することも有用な取扱いと考えられます。

　なお、新制度上の最初の評議員の選任方法を決める場合については、問Ⅱ-2-①（最初の評議員の選任方法）を御参照下さい。

2．新たな公益法人制度への移行等に関するよくある質問（FAQ）

（参照条文）一般社団・財団法人法第77条第3項、第90条第2項第3号、整備法第48条第4項、第89条第4項、第92条、第102条

問Ⅱ−4−①　（新制度の理事、監事、評議員の任期）
　新制度の理事、監事、評議員の任期について説明してください。

答

1　理事の任期

　理事の任期は、選任後2年以内に終了する事業年度のうち最終のものに関する定時社員総会（定時評議員会）の終結の時までとされます（一般社団・財団法人法第66条第1項、第177条）。ただし、定款又は社員総会の決議によって短縮することが可能です（一般社団・財団法人法第66条第1項ただし書）が、伸ばすことはできません。

　任期の終期が「定時社員総会（定時評議員会）の終結の時まで」とされているのは、社員総会（評議員会）で選任されることに鑑み、次の選任の前に任期切れとなり欠員状態が生じるのを防ぐためです。

　例えば、4月1日から3月末までを事業年度（会計年度）としている法人で、定時総会を毎年6月末に行っている法人の理事の任期を例にしますと、平成21年6月末の定時総会で理事を選任した場合の理事の任期は平成23年6月末の定時総会までの2年間となりますが、平成21年3月中旬に行った臨時総会で理事を選任した場合の理事の任期は平成22年6月末の定時総会までの1年3か月間余となり、平成21年4月中旬に行った臨時総会で理事を選任した場合の理事の任期は平成23年6月末までの2年3か月間余となります。

2　監事の任期

　監事の任期は、原則として、選任後4年以内に終了する事業年度のうち最終のものに関する定時社員総会（定時評議員会）の終結の時までとされます（一般社団・財団法人法第67条第1項本文、第177条）。監事の任期は、定款によって、選任後二年以内に終了する事業年度のうち最終のものに関する定時社員総会（定時評議員会）の終結の時までを限度として短縮することができます（一般社団・財団法人法第67条第1項（第177条において準用する場合を含む））が、伸ばすことはできません。監事の任期が理事の任期より長期となることが原則とされているのは、理事の職務の執行を監査する監事の地位を強化し、その独立性を担保する趣旨からです。

3　評議員の任期

　評議員の任期は、原則として、選任後4年以内に終了する事業年度のうち最終のも

483

第2章　審査基準・会計基準等

のに関する定時評議員会の終結の時までとされます（一般社団・財団法人法第174条
第1項）。理事の任期よりも長期とすることにより、その地位を安定的なものとする
趣旨からです。さらに、定款で「4年」を「6年」まで伸長することができます（同
項ただし書）が短縮することはできません。これは、監事の任期よりも長期とするこ
とを可能とする趣旨からです。

（参照条文）　一般社団・財団法人法第66条、第67条第1項、第174条第1項

問Ⅱ-4-②　（移行をまたぐ任期の取扱い）
　　特例民法法人が公益社団・財団法人又は一般社団・財団法人に移行したときに在
任していた理事、監事の（残りの）任期はどのような扱いになりますか。

答

1　移行の登記をした特例民法法人の理事及び監事の任期は、一般社団・財団法人法の
任期の規定に従うこととなります。

2　特例民法法人の理事や監事の任期については、民法法人のときと同様とする旨の規
定が設けられています（注1）（整備法第48条第2項・第3項）。
　　これに対し、特例民法法人が公益社団法人・財団法人又は一般社団法人・財団法人
に移行した場合の理事または監事の任期については、特段の規定が設けられていない
ため、この場合には、移行前に選任された理事または監事の任期についても、一般社
団・財団法人法上の理事または監事の任期に関する規律が適用されることとなります。
　　その結果、特例民法法人の理事または監事のうち、その選任後の期間が通常の公益
社団法人・財団法人又は一般社団法人・財団法人の理事または監事の任期の範囲内で
ある者にあっては、移行によりその任期が満了することはありませんが、選任後の期
間がすでに一般社団・財団法人法上の理事または監事の任期を超過している者にあっ
ては、移行と同時に任期が満了することとなります（注2）。

3　一般社団・財団法人法における理事または監事の任期は、「選任後2年（監事は4年）
以内に終了する事業年度のうち最終のものに関する定時社員総会（定時評議員会）の
終結の時まで」（一般社団・財団法人法第66条、第67条。第177条において準用する場
合を含む。）とされていますが、移行の登記のときに在任していた理事、監事について、
一般社団・財団法人法上の任期を計算する際、移行の登記の前日を末日とする特例民
法法人としての最後の事業年度が、「選任後2年（監事は4年）以内に終了する事業
年度のうち最終のもの」に該当する場合（注3）の任期の計算については次のように

484

2．新たな公益法人制度への移行等に関するよくある質問（FAQ）

なります。
① 特例民法法人としての最後の事業年度終了後（移行の登記後）、一定の時期（注4）に社員総会（評議員会）を開催して、決算の承認を行う場合には、当該社員総会（評議員会）を定時社員総会（定時評議員会）と見なして任期を計算することとなります（注5）。
② 特例民法法人としての最後の事業年度の決算の承認について、一定の時期に社員総会が開催されない場合（注6）には、当該「一定の時期」（注4）が経過したときに、任期が満了することとなります（注7）（注8）。

　なお、決算の承認を行う社員総会等の開催時期が「一定の時期」に該当するかどうかの判断が難しい場合など、任期の計算に疑義が生じるようなときには、定款の変更の案に、移行の登記をしたときの役員の任期の特則を設けるなどの方法（問Ⅱ－4－⑦参照）により対応することも考えられます。

(注1) 新制度の理事会を設置した特例民法法人が理事を選任した場合や新制度の評議員を置く特例財団法人が監事を選任した場合等は、その理事又は監事の任期は新制度の任期の規定に従うこととなります（整備法第48条第2項かっこ書き・第3項第1号から第3号）。
(注2) 例えば、理事の任期を、旧定款では選任されてから3年間、定款の変更の案では「選任後2年以内に終了する事業年度のうち最終のものに関する定時社員総会の終結の時まで」としている法人が、平成22年10月に移行の登記をした際の、20年6月に選任された理事の場合など。

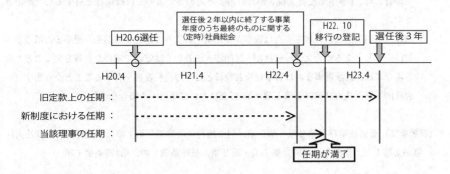

(注3) 例えば、理事の任期を、旧定款では4月から翌々年3月までの2年間、定款の変更の案では「選任後2年以内に終了する事業年度のうち最終のものに関する定時社員総会の終結の時まで」としている法人が、平成22年10月に移行の登記をした際の、21年3月に選任されて同年4月から就任していた理事の場合など。
(注4) 当該「一定の時期」としては、定款の変更の案で定めた又は当該法人が慣例として開

催することとしている定時社員総会（定時評議員会）の開催時期（年度終了後のどのくらいの時期に開催しているか。）などが考えられます。

（注5） 上記の（注3）の理事の場合には、以下のとおりの任期となります。

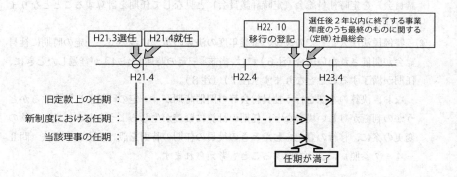

（注6） 移行認可を受けた場合の公益目的財産額の確定（整備法規則第33条）や、法人税に係る確定申告等のため、移行後所定の期間内に決算の承認を行うことが必要となる場合があります。

（注7） 例えば、定款の変更の案に、定時社員総会の開催時期を「事業年度終了後3か月以内」と定めている法人にあっては、特例民法法人としての最後の事業年度終了後3か月を経過したときに任期が満了することとなります（なお、定款の変更の案において、4月1日から翌年3月末までを事業年度とした上で、定時社員総会の開催時期を「6月」と定めている場合には、「事業年度終了後3か月以内」と定めているのとほぼ同様に解することができます。）。

（注8） 特例民法法人の理事または監事が任期満了によって退任する結果、理事または監事が欠けることとなる場合又は一般社団・財団法人法若しくは定款で定めた員数を欠くこととなる場合には、当該理事または監事はなお役員としての権利義務を有することとなります（一般社団・財団法人法第75条第1項（第177条において準用する場合を含む。））。

（**参照条文**） 整備法第48条第2項・第3項、同法施行規則第33条第1項、一般社団・財団法人法第36条第1項、第66条、第67条第1項・第2項、第75条第1項、第179条第1項

問Ⅱ－4－③ （理事の任期）
　現行定款上、理事の任期が3年となっている法人で移行直前に再任された理事は、就任後3年間理事であり続けることはできますか。

答

２．新たな公益法人制度への移行等に関するよくある質問（FAQ）

1　できません。

　　特例民法法人の理事の任期は、移行の登記をするまでは旧制度の任期が適用されます（補足）（整備法第48条第２項）ので、現行定款上理事の任期が３年となっている法人の理事の任期は、移行の登記をするまでは３年の任期になります。しかし、特例民法法人が認定又は認可を受けて移行の登記をした後は、理事の任期は一般社団・財団法人法の任期の規定に従うことになります。

　　具体例は、以下のようになります。

2　まず、一般社団・財団法人法の理事の任期は、選任後２年以内に終了する事業年度のうち最終のものに関する定時社員総会（定時評議員会）の終結の時までとされています（一般社団・財団法人法第66条）。

　　そのため、例えば、４月１日から３月末までを事業年度（会計年度）としている法人で、定時総会を毎年６月末に行っている法人の場合の理事の法定の任期は、平成21年６月末の定時総会で理事を選任した理事の任期は平成23年６月末の定時総会までの２年間となりますが、平成21年３月中旬に行った臨時総会で理事を選任した場合の理事の任期は平成22年６月末の定時総会までの１年３か月余となり、平成21年４月中旬に行った臨時総会で理事を選任した場合の理事の任期は平成23年６月末までの２年３月余となります。

　　ですから、この法人が、例えば、平成21年６月末の定時総会で理事を選任し、その直ぐ後の平成21年７月末に認定を受けて移行の登記をした場合には、その理事の任期は、一般社団・財団法人法の任期の規定に従い、平成23年６月末の定時総会の終結の時までとなります（平成24年６月末までの３年間の任期とはなりません）。

（補足）　新制度の理事会を設置した特例民法法人が理事を選任した場合には、その理事の任期は新制度の任期の規定に従うこととなります。そのため、その場合には、定款で理事の任期を３年としても任期は短縮されます。

（考え方）　新制度において、理事の任期は定款又は社員総会の決議によって短縮することができます（一般社団・財団法人法第66条（第177条において準用する場合を含む））が、伸ばすことはできません。そのため、移行後は理事の任期を３年に伸ばすことはできず、移行直前に任期が３年として選任された理事についても、移行の登記後は、選任後２年以内に終了する事業年度のうち最終のものに関する定時社員総会（定時評議員会）の終結の時までが任期となります。

（参照条文）　一般社団・財団法人法第66条、整備法第48条第２項

第2章　審査基準・会計基準等

問Ⅱ−4−④　（理事の任期）
　理事の任期を「2年」の確定期間とする定款の規定は許されるでしょうか。

答

1　そのような規定を設けることは適当ではありません。

2　理事の任期は、選任後2年以内に終了する事業年度のうち最終のものに関する定時
　社員総会（評議員会）の終結の時までであり、定款又は社員総会の決議によって短縮
　することが可能とされています（一般社団・財団法人法第66条第1項、第177条）が
　伸ばすことはできません。

　　このため、理事の任期を「2年」とする規定を設けた場合、定時社員総会（評議員
　会）で理事を選任した場合は特段の問題はないものの、他方で、例えば、年度末の臨
　時総会で理事を選任した場合（3月末決算の法人が3月中旬の臨時総会で理事を選任
　した場合）には、理事の法定の最長の任期を伸長することとなり、その限度で無効な
　規定と解されるおそれがあります。

　　したがって、そのような規定を設けることは適当ではないと思われます。

(参照条文) 一般社団・財団法人法第66条

問Ⅱ−4−⑤　（理事の任期）
　理事の任期を3年と定めている特例民法法人が、認定・認可を受けたときに既に
　2年を経過していた場合に、理事の任期はどうなりますか。

答

1　御質問の場合における理事の任期は、一般社団・財団法人法第66条本文（第177条
　において準用する場合を含む。）の任期を経過していれば、移行の登記と同時に終了
　することになります。

2　特例民法法人の理事の任期は、移行の登記をするまでは旧制度の任期が適用されま
　す（整備法第48条第2項）（補足）。そのため、現行の定款において、理事の任期が3
　年となっている法人の理事の任期は、移行の登記をするまでは3年の任期になりま
　す。しかし、特例民法法人が認定又は認可を受けて移行の登記をした後は、理事の任
　期は一般社団・財団法人法の任期の規定（一般社団・財団法人法第66条（第177条に
　おいて準用する場合を含む。））に従うこととなります。

（補足） 新制度の理事会を設置した特例民法法人が理事を選任した場合には、その理事の任期は新制度の理事の任期の規定（一般社団・財団法人法第66条（第177条において準用する場合を含む。））に従うこととなります。そのため、その場合には、定款で理事の任期を3年としても任期は短縮されます（問Ⅱ－4－②（移行をまたぐ任期の取扱い）、問Ⅱ－4－③（理事の任期）参照）。

3　その結果、特例民法法人の理事のうち、移行の登記をした時点において、選任後二年以内に終了する事業年度のうち最終のものに関する定時社員総会の終結の時（一般社団・財団法人法第66条（第177条において準用する場合を含む。））よりも長く在任している理事については、移行の登記と同時に任期が満了して退任することとなります（問Ⅱ－4－②（移行をまたぐ任期の取扱い）、問Ⅱ－4－（理事の任期）及び問Ⅱ－4－③（理事の任期）参照）（考え方）。

（考え方） 特例民法法人の理事が任期満了によって退任する結果、役員が欠けることとなる場合又は法若しくは定款で定めた理事の員数を欠くこととなる場合には、当該理事はなお理事としての権利義務を有することとなります（一般社団・財団法人法第75条第1項（第177条において準用する場合を含む。））。

（参照条文） 一般社団・財団法人法第66条、第75条第1項、整備法第48条第2項

問Ⅱ－4－⑥　（任期の起算点）
　新制度の理事及び監事の任期の起算点はいつですか。
　理事及び監事の選任に際し、選任決議の効力発生時期を遅らせたり、就任承諾日を遅らせることにより、任期の起算点を遅らせることはできますか。

答

1　新制度の理事及び監事の任期の起算点は、いずれも「選任時」（選任決議をした時）となります（一般社団・財団法人法第66条、第67条、第177条）。

　　ある者が一般社団法人又は一般財団法人の理事又は監事となるには、社員総会ないし評議員会による選任行為（選任決議）と被選任者の就任承諾とが必要となります（同法第64条、第320条第1項等参照）が、任期の起算点を「就任時」とすると、就任承諾は被選任者の意向に委ねられる結果、社員総会ないし評議員会の選任決議と就任承諾との間に長期間の隔たりがある場合などにおいて、任期の終期が社員総会ないし評議員会の意思に反する事態が生じかねないため、任期の起算点は、社員総会ないし評議員会のコントロールが及ぶ「選任時」とされています。

第2章　審査基準・会計基準等

2　なお、例えば、事業年度末が3月末の法人が、3月下旬に開催した臨時社員総会で
理事の選任決議を行い、その選任決議の効力発生時期を6月1日とする場合のよう
に、社員総会ないし評議員会の決議で、選任決議の効力発生時期を遅らせたとしても、
任期の起算点については、選任決議の日と解すべきものとされています（注）。

　また、例えば、事業年度末が3月末の法人が、3月下旬に開催した臨時社員総会で
理事の選任決議を行い、当該理事の就任承諾が6月1日になされたとしても、任期の
起算点については、選任決議の日となります。

(注) 1　社員総会ないし評議員会の決議で、選任決議の効力発生時期を遅らせたとしても、
　　　　理事又は監事への就任には、選任行為に加え、就任承諾が必要であることに変わりは
　　　　ないため、理事又は監事の選任登記を申請する際には、就任を承諾したことを証する
　　　　ものの添付が必要となります（一般社団・財団法人法第320条第1項）。

　　　　　なお、理事又は監事の任期の起算点は選任日となりますが、登記の原因日付は、
　　　　就任の承諾をした日が原因日付とされています。

　　　2　また、特例民法法人が、移行と同時に（移行の登記をすることを停止条件として）
　　　　就任する最初の評議員、理事、監事又は会計監査人（以下「評議員等」といいます。）
　　　　を選任した場合（例えば、移行と同時に評議員を設置する特例財団法人が、旧主務官
　　　　庁の認可を受けた方法により、移行と同時に就任する最初の評議員を選任した場合）
　　　　には、当該評議員等の任期の起算点（始期）は、一般社団法人又は一般財団法人の設
　　　　立の場合の評議員等の任期の取扱いに準じて、選任行為時ではなく、移行の登記時に
　　　　なると考えられます。

(参照条文) 一般社団・財団法人法第64条、第66条、第67条第1項、第320条第1項・第2項・
　第5項

問Ⅱ－4－⑦　（移行の登記を停止条件とした役員の交代）
　特例民法法人が公益社団・財団法人又は一般社団・財団法人に移行する際に、理
事及び監事が交代することはできますか。

答

1　旧民法法人の役員（理事及び監事）は、それぞれ一般社団・財団法人法の規定によっ
て選任されたものとみなされることとされており（整備法第48条第1項）、特例民法
法人の役員は、移行と同時に任期が満了する場合（問Ⅱ－4－②参照）などを除き、
移行後も引き続き役員を務めることとなります。

490

2. 新たな公益法人制度への移行等に関するよくある質問（FAQ）

2 一方、移行を機に、役員の数を減らしたり、メンバーを交代したいと考える場合には、以下の3及び4の方法により、移行の登記の際に、それまでの役員が退任し、又は新たな役員が就任することも可能です。

3 移行の登記の際に就任する役員の選任については、特例民法法人が社員総会等において理事又は監事を選任する際に、移行の登記を停止条件として、選任の決議をすることにより、行うことができます。

4 移行の登記の際に役員が退任するには、
① 特例民法法人の現行の定款を変更し、移行の登記の時に役員が退任（任期が満了）する旨を定める方法（注）
② 定款の変更の案において、移行の登記の時に、それまで役員であった者が退任（任期が満了）する旨を定める方法（注）
③ 移行の登記を停止条件とした辞任届を作成し、移行の登記を停止条件として役員が辞任する方法
などが考えられます。

（注） 移行の登記の時に退任する役員についても、一般社団・財団法人法の任期に関する規律が適用されますので、退任する監事の任期が、「選任後2年以内に終了する事業年度のうち最終のものに関する定時社員総会（定時評議員会）の終結の時まで」という法定の最短の任期を下回ることになるような場合には、このような定めを置くことはできません（一般社団・財団法人法第67条第1項）。

（参照条文） 一般社団・財団法人法第67条第1項、整備法第48条第1項

問Ⅱ-5-① （新制度の理事、監事、評議員の定数）
　新制度の理事、監事、評議員の定数の下限、上限はあるのでしょうか。また、何人程度が適当ですか。

答
1 新制度の理事、監事、評議員の人数の法律上の上限はありません。

2 新制度の理事の人数の下限は、理事会を設置しない一般社団法人であれば1人が下限になり（一般社団・財団法人法第60条第1項）、理事会を設置する法人であれば3人が下限になります（一般社団・財団法人法第65条第3項）。

第2章　審査基準・会計基準等

3　新制度の監事は、理事会や会計監査人を設置しない一般社団法人であれば置かない
　 こともできますが（一般社団・財団法人法第61条）、理事会を設置する法人であれば
　 その人数の下限は1人が下限になります。

4　新制度の評議員の人数の下限は、3人が下限になります（一般社団・財団法人法第
　 173条第3項）。

5　理事等の適切な人数については一概に言えませんが、一般論として言えば、例えば、
　 理事の定数は、法人の事業規模から見て余りに少数であれば、法人の適正な運営を確
　 保することが困難になるおそれがあります。一方、余りに多数であれば、理事会の運
　 営が法人にとって負担になります。いずれの場合においても、理事会の機能が形骸化
　 し、特定の理事の専横を招くおそれがあります。
　　 また、事業内容によっては、理事の間で職務の分担が必要であったり、一定の有識
　 者等を理事に加える等の配慮が必要な場合もあります。このため、理事の定数は法人
　 の事業の規模、性質、内容等に応じ、適切な数とする必要があるでしょう。

(参照条文)　一般社団・財団法人法第60条第1項、第61条、第65条第3項、第173条第3項

問Ⅱ−5−②　（役員等の定数）
　 代表理事を複数置くことは可能ですか。

答

1　可能です。

2　理事会設置一般社団法人以外の一般社団法人にあっては、理事の中から代表理事を
　 定めないときは、各理事が代表理事となります（一般社団・財団法人法第77条第2項）
　 が、一般社団法人は、次のいずれかにより、理事の中から代表理事を定めることがで
　 きるとされています（同条第3項）。
　 a　定款
　 b　定款の定めに基づく理事の互選
　 c　社員総会の決議
　　 また、理事会設置一般社団法人および一般財団法人にあっては、理事会の決議によ
　 り、理事の中から代表理事を選定しなければならないこととされています（一般社
　 団・財団法人法第90条第3項、第197条）。
　　 代表理事を置く場合、その員数については一般法人法上は特段の規定はなく、定款

492

で任意に定めることが可能です（もちろん理事の員数を超えることはできません）。

3　代表理事は、一般社団法人の業務に関する一切の裁判上または裁判外の行為をすることができるなどの広範な権限を付与されており（一般社団・財団法人法第77条第4項）、この権限に内部的に制限を加えたとしても、取引の安全の観点から、これをもって善意の第三者に対抗することはできないこととされており（同条第5項）、また、一般社団法人は、代表理事がその職務を行うについて第三者に与えた損害を賠償する責を負うこととされていますので（一般社団・財団法人法第78条）、代表理事を複数置くときは、これらの点にも留意が必要です。

　なお、定款で定めた代表理事の員数が欠けた場合には、任期の満了または辞任により退任した代表理事は、新たに選任された代表理事が就任するまで、なお代表理事としての権利義務を負うこととされています（一般社団・財団法人法第79条第1項）。

(参照条文) 一般社団・財団法人法第77条、第78条、第79条第1項、第90条第3項

問Ⅱ－6－①　（代理人の出席等）
　理事会、評議員会において代理人を出席させ、議決権を代理行使させることはできますか。また、理事会、評議員会において書面投票や電子投票をすることはできますか。

答

1　いずれもできません。理由は以下のとおりです。

2　理事は、その個人的な能力や資質に着目し、法人運営を委任されている者であることから（一般社団・財団法人法第64条、第172条第1項、民法第644条）、自ら理事会に出席し、議決権を行使することが求められます。また、理事会における協議と意見交換に参加していない者が、その情報を知る前に、事前に書面投票や電子投票を行うということは、責任ある議決権の行使とはなりません。したがって、理事会が開催された場合には、社員総会について認められているような、議決権の代理行使および書面又は電磁的方法による議決権の行使（一般社団・財団法人法第38条第1項第3号・第4号参照）は認められていません。

　また、評議員についても、理事と同様、個人的な能力や資質に着目して委任を受けた者であり、評議員会が執行機関に対する牽制・監督を行う機関として十分にその機能を果たすためには、その運営につき、理事会と同様の規律に従うことが相当とされ、議決権の代理行使および書面又は電磁的方法による議決権の行使は認められてい

493

第2章　審査基準・会計基準等

ません。

3　もっとも、円滑な法人運営のため、一般社団・財団法人法においては、定款に定め
　を設けることにより、理事会の決議の目的である事項につき、理事全員が同意し、か
　つ、監事が異議を述べないときに限り、書面又は電磁的方法により決議することがで
　きるものとされています（一般社団・財団法人法第96条、第197条）。例えば、電子メー
　ルにより理事会決議を行う場合、メールにより議案の内容を理事と監事の全員に伝達
　し、事務方が理事全員から議案に同意する旨の電子メールを受け取り、監事に異議が
　ないことを確認した上で、理事会決議の議事録を作成することにより手続きは完了し
　ます（もっとも、一堂に会した理事会とは異なるので、例えば、他人のなりすましに
　よる議案への同意のメール送信のおそれを排除するため、後に無効とならないよう、
　同意表明が本人の意思に基づくものか電話などで確認しておくことも有効です。）。こ
　のような方法を活用することにより、すべての理事の意向に基づく理事会決議を、機
　動的に行うことが可能となります。

(参照条文) 一般社団・財団法人法第64条、第95条第1項、第96条、第172条第1項、第189条第
　1項、民法第644条

問Ⅱ−6−②　（テレビ会議）
　　事会、評議員会のテレビ会議での開催は認められますか。

答

1　遠方に所在する等の理由により現に理事会の開催場所に赴くことができない理事が
　当該理事会決議に参加するための方策として、テレビ会議や電話会議の方法による会
　議をすることも可能です。

2　テレビ会議や電話会議のように、出席者間の協議と意見交換が自由にでき、相手方
　の反応がよく分かるようになっている場合、すなわち、各出席者の音声や映像が即時
　に他の出席者に伝わり、適時的確な意見表明が互いにできる仕組みになっており、出
　席者が一堂に会するのと同等の相互に充分な議論を行うことができるという環境であ
　れば、テレビ会議や電話会議の方法で理事会や評議員会を開催することも許容される
　と考えられています。

3　なお、理事会又は評議員会を行った場合は、議事録を作成することとされています
　（一般社団・財団法人法第95条第3項、第193条第1項）。

２．新たな公益法人制度への移行等に関するよくある質問（FAQ）

　　例えば、テレビ会議で理事会又は評議員会を開催し法定の議事録を作成する場合には、テレビ会議システムを用いて理事会（評議員会）を開催した旨の記述や、テレビ会議システムにより、出席者の音声と映像が即時に他の出席者に伝わり、適時的確な意見表明が互いにできる仕組みとなっていることが確認されて、議案の審議に入った旨の記述をすることが考えられます（一般社団法人及び一般財団法人に関する法律施行規則第15条第３項第１号かっこ書き、第60条第３項第１号かっこ書き参照）。

（参照条文） 一般社団・財団法人法第95条第３項、第193条第１項、同法施行規則第15条第３項、第60条第３項

問Ⅱ－７－①　（決議の省略）
　社員総会の決議の省略は、理事会や評議員会における決議の省略とどのように違うのですか。

答

１　一般社団・財団法人法においては、理事または社員が社員総会の目的である事項について提案をした場合において、社員の全員が書面または電磁的記録により同意の意思表示をしたときは、その提案を可決する旨の社員総会の決議があったものとみなされます（一般社団・財団法人法第58条第１項）。

　　また、評議員会については、理事が評議員会の目的である事項について提案をした場合において、議決に加わることのできる評議員全員の書面または電磁的記録による同意の意思表示があった場合は、その提案を可決する旨の評議員会の決議があったものとみなされます（一般社団・財団法人法第194条第１項）。

　　さらに、理事会については、あらかじめ定款に定めを設けることにより、理事会の決議の目的である事項につき、議決に加わることのできる理事全員の書面又は電磁的記録による同意の意思表示がなされ、かつ、監事が異議を述べないときに限り、その提案を可決する旨の理事会の決議があったものとみなされます（一般社団・財団法人法第96条、第197条）。

２　以上のことから、相違点は次のようになります。

　①　社員総会の決議を省略する場合には、利害関係を有する社員を含む社員の同意が必要であるのに対して、評議員会又は理事会の決議を省略する場合には、利害関係のある評議員又は理事については同意の対象から除かれます。

　②　理事会の決議を省略する場合には、定款にその旨の規定が必要とされるのに対して、社員総会又は評議員会の決議を省略する場合には、定款の規定がなくとも可能

495

第2章　審査基準・会計基準等

です。

③　社員総会又は評議員会の決議を省略する場合には、社員又は評議員の同意のみで足りるのに対して、理事会の決議を省略する場合には、理事の同意に加えて監事が異議を述べないことが要件とされています。

(参照条文)　一般社団・財団法人法第58条第1項、第96条、第194条第1項

問Ⅱ－7－②　(総会の年間開催回数)
　現行の主務官庁の指導で年間2回社員総会を開催していますが、一般社団法人に移行するとした場合に、定款を変更すれば総会の開催回数を減らすことはできますか。

答

1　社員総会は法律上、年に1回、事業年度の終了後一定の時期に定時社員総会を開催することが必要とされています。

2　また、定款の変更を行うなど必要がある場合には、いつでも社員総会を招集することができます。

(考え方)　一般社団法人は、各事業年度について貸借対照表等の計算書類を作成しなければならず、この計算書類は、定時社員総会の承認により確定されることになります。また、役員等の選任も定時社員総会において行われるのが通常であることから、年に1回、定時社員総会を開催することになります。

(参照条文)　一般社団・財団法人法第36条第1項・第2項、第123条第2項、第126条第1項・第2項

問Ⅱ－7－③　(監事が出席しない理事会)
　新制度において、監事は理事会に出席しなければいけないのですか。

答

1　監事は理事会に出席する必要があります。

　また、監事は、理事会に出席するだけでなく、必要があると認めるときは理事会で意見を述べなければならないこととされています(一般社団・財団法人法第101条第1項(第197条において準用する場合を含む。)。これは、以下のような考え方によります。

2　監事は、理事の職務の執行を監査し、理事が作成した計算書類及び事業報告並びに
これらの附属明細書を監査するとともに、その職務の遂行のため、いつでも、理事及
び使用人に対し事業の報告を求め、法人の業務及び財産の状況を調査することができ
るなどの広範な権限を与えられており（一般社団・財団法人法第99条、第124条第1
項（第197条及び第199条において準用する場合を含む。））、法人の運営が適正に行わ
れるための重要な役割を担っています。

　このような重要な役割を担う監事が、その権限を有効かつ適切に行使して職務を遂
行するためには、重要な業務執行の決定が行われ、代表理事や業務執行理事から法人
の業務執行の状況が報告される理事会に自らも出席し、法人の業務運営状況を把握し
て、法令・定款に違反する決議や著しく不当な決議等が行われるのを監視するととも
に、監査を実効あるものにする必要があります。

　そのため、法は、監事は理事会に出席しなければならないこととするとともに、監
事の出席の機会を担保するため、理事会を招集する際には、原則として会日から1週
間前に、監事に対しても招集通知を発出しなければならないとしています（一般社団・
財団法人法第101条第1項、第94条第1項（第197条において準用する場合を含む。））。

3　仮に、入院などの正当な理由がないのに監事が理事会を欠席し、そのことにより理
事の監督や監査が不十分になってしまい、これによって法人やその関係者が損害を受
けた場合には、監事は、職務上の義務違反として損害賠償責任を負うこともあります
（一般社団・財団法人法第111条第1項及び第117条第1項（第198条において準用する
場合を含む。））。

(参照条文) 一般社団・財団法人法第94条第1項、第99条第1項・第2項、第100条、第101条第
　1項、第111条第1項、第117条第1項・第2項第2号、第124条第1項

問Ⅱ－7－④　（社員総会における議決権の代理行使、書面による議決権の行使）
　　社員総会において社員が議決権の代理行使や書面による議決権の行使をすること
ができない旨を定款で定めることはできますか。

答

1　一般社団・財団法人法において、社員総会における社員の議決権は、代理人によっ
て行使することができることとされています（一般社団・財団法人法第50条第1項）。

　したがって、社員が代理人による議決権の行使をすることができない旨の定款の定
めは無効となります。

第2章　審査基準・会計基準等

2　また、社員総会において書面によって議決権を行使できることとするかについては、理事会（理事会を設置していない社団法人の場合は理事、また、社員が社員総会を招集する場合は当該社員）が、社員総会を招集するときに定めることとされています（電磁的方法による議決権の行使も同様、一般社団・財団法人法第38条、第51条）。

　　したがって、例えば、社員総会において社員が書面により議決権を行使することが一切できない旨を定款で定めることは、書面による議決権の行使の可否について理事会等において定めることとしている一般社団・財団法人法の規定との関係において疑義を生じる可能性があります。

(参照条文) 一般社団・財団法人法第38条、第50条第1項、第51条第1項

問Ⅱ－7－⑤　（社員総会及び評議員会の議事録への記名押印）
　　社員総会及び評議員会の議事録には、理事、監事又は評議員が記名押印する必要がありますか。

答

1　社員総会（又は評議員会）の議事録は、社員総会（又は評議員会）が開催された日時及び場所、社員総会（又は評議員会）の議事の経過の要領及びその結果、社員総会（又は評議員会）に出席した理事、監事、（評議員、）会計監査人の氏名又は名称等を内容とするものでなければならないとされています（一般社団・財団法人法第57条第1項、同第193条第1項、一般社団・財団法人法施行規則第11条3項、同第60条3項）。

　　ただし、社員総会（又は評議員会）の議事録は、社員総会（又は評議員会）の記録・証拠にすぎず、理事会の議事録のように出席理事等の署名又は記名押印から生ずる特別の法的効果（一般社団・財団法人法第95条第5項参照）はないことから、一般社団・財団法人法及び一般社団・財団法人法施行規則では、理事等の議事録への記名押印は、特に必要とされていません（注1）。

2　しかし、議事録の原本を明らかにし、改ざんを防止する観点、登記申請代理の委任者と受任者との間のトラブルを防止する観点等から、社員総会（又は評議員会）の議事録についても、議事録作成者が常に記名押印を行うことが望ましいものと思われます。

　　また、このような観点だけでなく、関係法令の規定（注2）等を考慮すれば、社員総会については議長及び出席した理事、評議員会については出席した評議員及び理事（及び議長）が記名押印をすることが有用な取扱いと考えられます。

498

2. 新たな公益法人制度への移行等に関するよくある質問（FAQ）

（注1）　理事会の議事録には、出席した理事及び監事が記名押印しなければならないこととされています。定款で、記名押印すべき出席理事を、出席した代表理事と定めることもできます（一般社団・財団法人法第95条第3項）が、このような定款の定めを設けた場合であっても、代表理事が出席しなかったときには、出席した理事と監事の全員が記名押印しなければならず、また、複数名の代表理事が出席した場合、出席した代表理事の全員（及び出席した監事の全員）が記名押印しなければなりません。

（注2）　一般社団法人等登記規則により、社員総会（評議員会）の決議により代表理事（各自代表の理事を含む。）を定めた場合には、いわゆる議事録署名人が定められたか否かにかかわらず、その議事録に変更前の代表理事が届出印を押印していない限り、議長及び出席理事の全員が議事録に押印しなければならず、代表理事の変更の登記申請書に当該押印に係る市町村長作成の印鑑証明書を添付するものとされています（一般社団法人等登記規則第3条において準用する商業登記規則第61条第4項第1号）。

（参照条文）　一般社団・財団法人法第57条第1項、第95条第3項・第5項、第193条第1項、同法施行規則第11条第3項、第60条第3項、商業登記規則第61条第4項第1号、一般社団法人等登記規則第3条

問Ⅲ－1－①　（支部等の組織形態）
　　現在は人格なき社団を法人の支部と位置づけているものの、本部と支部は別経理にしていますが、引き続き人格なき社団を支部と位置づけて公益認定を申請することはできますか。

答

1　公益認定は法人について行うものであり、そのための認定基準（公益法人認定法第5条各号）は法人全体に対して適用になり、認定の効果は法人全体に及びます。人格なき社団についても法人の一部として公益認定を受けるのであれば、人格なき社団を定款上、法人の支部と位置づけて申請する必要がありますが、その際には、支部の事業、経理は本部と一体のものとして、公益目的事業比率（同法第5条第8号）、遊休財産額の見込み（同第9号）などを計算するとともに、各事業年度に係る計算書類（損益計算書及び貸借対照表）は法人全体のものを作成しなければなりません。したがって、例えば本部から支部への交付金は法人の事業費として計上することはできません。

2　また法人は、個別の事業の内容や収支を明らかにする必要があり、支部の事業のうち、本部や他の支部と共通のものではなく、支部独自のものがある場合には、申請書や各事業年度の事業報告書においては当該事業を記載するとともに、計算書類の内訳

第2章　審査基準・会計基準等

において事業の収支を明らかにする必要があります。

3　なお、人格なき社団を定款上、支部と定めずに（＝申請法人とは法人格を異にする
　ものと位置づけて）公益認定を受けた場合に、当該支部は、
　①　「公益社団法人○○協会××支部」など、公益法人であると誤認されるおそれの
　　ある名称を用いることはできませんが（公益法人認定法第9条第4項）、
　②　不正目的での名称使用（認定法第9条第5項）に該当しないことが確認可能な
　　場合は、「○○協会××支部」など、法人の支部としての名称を名乗ることは可能
　　です。

（補足）①に関し、特例民法法人でないものは、その名称又は商号中に、特例民法法人と誤認
　されるおそれのある文字を用いることはできないので（整備法第42条第5項・第6項）、「社
　団法人○○協会××支部」という名称も不可です。

（参照条文）公益法人認定法第9条第4項・第5項、整備法第42条第5項・第6項

問Ⅲ－1－②　（支部等の組織運営）
　　定款の定めにより、各支部において理事会から独立して事業を運営するため、支
　部に所属する会員のみによる選挙で支部の役員を選任し、支部毎に役員会を設置す
　ることはできますか。

答
1　一般社団・財団法人法では、法人のガバナンスを確保するため、法人の重要事項の
　意思決定、業務執行の決定、職務の執行を行う機関として、社員総会、評議員会、理
　事会、代表理事、業務執行理事などの機関を法定し、その構成員、招集手続、決議方
　法、権限、瑕疵ある決議の内容や手続の是正方法等についてそれぞれ詳細な規律を設
　けるとともに、機関相互の権限関係を規定することにより適正な法人運営がなされる
　よう図られています。
　　このようなことから、法人の運営に際し、法律に根拠のない任意の機関（会議体）
　を設けて運営する場合には、当該機関の名称、構成及び権限を明確にし、法律上の機
　関である社員総会、評議員会、理事会等の権限を奪うことのないように留意する必要
　があります（留意事項Ⅱ－2）。

2　一般社団・財団法人法の規定により社員総会（又は評議員会）の決議を必要とする
　事項について、理事、理事会その他の社員総会（又は評議員会）以外の機関が決定す

500

2．新たな公益法人制度への移行等に関するよくある質問（FAQ）

ることができることを内容とする定款の定めは、その効力を有しないこととされており（一般社団・財団法人法第35条第4項、第178条3項）、例えば、定款の定めにより（一般社団・財団法人法上の）役員に該当する支部長については、社員総会（又は評議員会）の決議により選任する必要があります。

3 財団法人及び理事会を設置している社団法人の業務執行の決定は、理事会が行うこととされており、このうち重要な使用人の選任及び解任などの重要な業務執行の決定については、理事に委任することができないこととされています（一般社団・財団法人法第90条第2項第1号、同条第4項）。

　したがって、例えば、支部長が法人の役員ではなく「重要な使用人」に該当するときは、理事会において選任することとなります。

　また、重要な業務執行の決定に該当しない業務執行の決定の場合であっても、定款の定めにより法律に根拠のない任意の機関を設けて決定させ、理事会が関与できないこととして、理事会の権限を奪うことは許されません。

4 なお、社員総会（又は評議員会）が役員を選任するに当たって、又は理事会が重要な使用人を選任するに当たって、支部の会員の意見を参考にすることができる旨を定款等で定めることは可能です（留意事項Ⅱ－5）。

（参照条文） 一般社団・財団法人法第35条第4項、第90条第2項・第4項、第178条第3項

問Ⅲ－2－①　（特例民法法人）
　特例民法法人の合併について教えてください。

答

1 従来は公益法人同士が合併するという制度は民法上はありませんでした。一方の法人を解散して、財産を他方の法人に贈与して、事実上の合併を行っていました。

2 今般、5年間の移行期間に限って、特例民法法人の吸収合併を行うことを可能としました。また、特例社団法人と特例財団法人の合併も可能としたところです。

3 なお、特例民法法人の合併については、旧主務官庁の認可を受けることが必要です。

4 この特例民法法人の合併の制度の活用によって、単独では、移行の認定や認可を受けることが困難である特例民法法人が、合併により財政的基盤などを整え、円滑に移

行することも可能になる場合もありえると考えています。

＜特例民法法人の合併の流れ＞

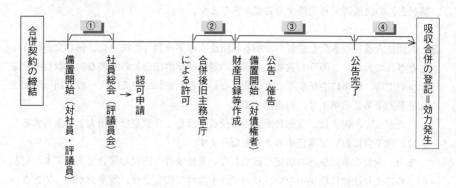

①　＝　吸収合併契約備置開始日は社員総会等（承認の日）の２週間前の日
②　＝　認可の通知のあった日から２週間以内
③　＝　２箇月を下ることができない。
④　＝　完了日から２週間以内

問Ⅳ－１－①　（特別の利益）
　　他の法人に助成金、補助金を出すことは特別の利益にあたるのでしょうか。

答

1　公益法人の財産は、不特定かつ多数の者の利益の増進に寄与することを目的として、公益目的事業に使用されるべきものであり、公益法人から他の団体等に社会通念上不相当な利益が移転し、受入先において財産を営利事業や特定の者のために使用されることは適当ではありません。また、公益法人が寄附により受け入れた財産を社員、理事等の法人の関係者や営利事業を営む者等の特定の者の利益のために利用されることが認められると、公益法人に対する信頼が損なわれ、国民からの寄附の停滞を招くおそれもあります。
　　このようなことを防止するため、法人の関係者や営利事業者等に特別の利益を与えないことが公益認定の基準として設けられています（公益法人認定法第５条第３号、第４号）。

2　特別の利益とは、利益を与える個人又は団体の選定や利益の規模が、事業の内容や

実施方法等具体的事情に即し、社会通念に照らして合理性を欠く不相当な利益の供与その他の優遇がこれに当たり、申請時には、提出書類等から判断されます（公益認定等ガイドラインⅠ3.参照）。

3　公益法人認定法第5条第4号では、「寄附その他の特別の利益」と定められていますが、寄附を行うことが直ちに特別の利益に該当するものではありません。他の法人への助成金や補助金についても、それをもって直ちに特別の利益に該当するものではなく、上記2.の不相当な利益の供与に当たるもののみ問題となります。

問Ⅳ－2－①　（役員の3分の1規定）
　　同一の団体の理事、使用人等で理事等の3分の1を超える数を占めてはならないという基準について伺います。この同一の団体には国の機関が含まれることが規定されていますが、この場合の国の機関とは省庁単位で考えるということでいいのでしょうか。

答
1　他の同一の団体の理事、使用人等である理事の合計数が理事の総数の3分の1を超えてはならないという認定基準（公益法人認定法第5条第11号）は、公益法人が他の同一の団体の利益に基づいて運営がなされることを回避するためのものです。同一の団体とは、基本的には法人格を同じくする単位で考えますが、国の機関についてはどこまでを同一ととらえるかは、基準の趣旨に照らすと、当該法人の目的、事業との関係において利害を同じくする範囲と考えられます。

2　したがって、国の機関については、一般的には事務分掌の単位である省庁単位でしょうが、法人の目的、事業が国全般に関係する場合には国の機関全体で考えることとなります。

問Ⅳ－2－②　（役員の3分の1規定）
　　監事が1～2人の場合の法人では、同一の団体の理事、使用人等で監事の総数の3分の1を超えてはならないという基準の運用はどのように考えたらいいのでしょうか。監事が2人の場合に別の団体から1人ずつ監事を受け入れたとしても必ず3分の1を超えてしまうように思うのですが。

答
1　公益法人が特定の利害を代表する集団から支配されるような場合には、不特定かつ

第2章　審査基準・会計基準等

多数の者の利益の増進に寄与するという公益法人本来の目的に反した業務運営が行われるおそれがあるため、他の同一の団体（公益法人を除く。）の関係者が理事及び監事に占める割合について、各々の総数の3分の1を超えてはならないという制限が設けられています（公益法人認定法第5条第11号）。

2　公益法人は必ず理事会を置く必要があるため（公益法人認定法第5条第14号ハ）、理事は必ず3人以上いることになりますが、監事は1人〜2人の場合も考えられます。公益法人認定法第5条第11号では、監事の「合計数」が、監事の総数の3分の1を超えてはならないとされているため、監事が1人〜2人しかいない場合は、監事1人で常に監事の総数の3分の1を超えた状態になってしまうように見えます。

3　また、監事の総数が2人の場合に別の団体からそれぞれ1人ずつ監事を受け入れたとしても、各々の団体に属する者は1人であり、「合計数」を観念することができません。したがって、この場合は本基準に抵触することはありません。監事の総数が1人の場合も、同様に「合計数」を観念することができないため、本基準が問題となることはありません。一方、監事の総数が2人の場合に他の同一の団体から2人の監事を受け入れたときは、監事の「合計数」が2人となり、監事の総数の3分の1を超えてしまうため本基準に適合しないことになります。また、監事の総数が3人の場合に別の団体から監事をそれぞれ2人及び1人を受け入れた場合も、そのうち一方の団体の合計数（2人）が監事の総数の3分の2となり、上限の3分の1を超えてしまうため、本基準に適合しないことになります。

問Ⅳ−2−③　（役員の3分の1規定）
　「他の同一の団体」には権利能力なき社団は含まれるのでしょうか、またその範囲はどのように考えたらいいのでしょうか。

答

1　「他の同一の団体」の対象となる団体は、法人格の有無を問わないため、権利能力なき社団もこれに含まれます。

2　この権利能力なき社団かどうかは、①団体としての組織をそなえ、②多数決の原理が行われ、③構成員の変更にもかかわらず団体そのものが存続し、④その組織によって代表の方法、総会の運営、財産の管理その他団体としての主要な点が確定している（参考：最判昭和39年10月15日）という基準に該当するかどうかで判断されます。

504

2．新たな公益法人制度への移行等に関するよくある質問（FAQ）

問Ⅳ－3－⑴－① （代議員制）

社員（会員）数が何万人と多いため、現在は社員総会の代わりに、社員から代議員を選び、代議員会で役員選挙、予算決算の承認等、法人としての基本的な意思決定を行っていますが、新制度ではこのような代議員制度を継続できるのでしょうか。

答

1　特例社団法人が移行の認定・認可を受けて公益社団法人又は一般社団法人になるためには、その定款の変更の案の内容が、一般社団・財団法人法等の規定に適合するものでなければなりません（整備法第117条第1号）。社員の資格に関しては、定款に「社員の資格の得喪に関する規定」を定めなければならないこととされています（一般社団・財団法人法第11条第1項第5号）が、その具体的な定め方についての制約は特に規定されていないため、一般法人法の諸規定の趣旨に反しない限り、一般社団法人の自治に委ねられていると考えられます。

2　一般社団・財団法人法の諸規定に反すると評価されるか否かは、個別具体的な事例ごとに判断されることになります。例えば、特例社団法人が一般社団法人に移行するに際し、殊更に従来の「社員」の範囲を大幅に狭めることにより、民法法人のときに社員としての資格を有していた構成員の大半から「社員」の資格を奪った上、事実上、一般社団・財団法人法において「社員」に保障されている各種の権利を行使することができる者の範囲を極めて限定したものとするものと評価される場合には、一般社団・財団法人法が一般社団法人の適正な運営のために社員に各種の権利（社員総会の議決権、理事の違法行為の差止め請求権等）を保障した趣旨に反するものに該当し、したがって、当該定款の変更の案の内容が一般社団・財団法人法の規定に適合するものといえないと判断されることもあり得ます。

3　したがって、特例社団法人が公益社団法人又は一般社団法人に移行するに際し、従来から社員の地位を有している者の中から会費を支払う者として「会員」という資格を設けた上、その資格を有する者（会員）の中から一般社団・財団法人法上の「社員」を定めるという規定を定款に設けることにより、従来の「社員」の範囲を変更し、移行に伴い「社員」となる者の範囲が大幅に狭まることとなるような場合には、一般社団・財団法人法の諸規定の趣旨に反するものと評価されることのないように留意する必要があります。一方、たとえば次のような規定が設けられている場合には、当該定款の変更の案の内容は、上記の意味において、一般社団・財団法人法等の諸規定（公益法人認定法第5条第14号イ）の趣旨に反するとはいえないと考えられます。

① 「社員」（代議員）を選出するための制度の骨格（定数、任期、選出方法、欠員措

第2章　審査基準・会計基準等

置等）が定められていること。

② 各会員について、「社員」を選出するための選挙（代議員選挙）で等しく選挙権及び被選挙権が保障されていること。

③ 「社員」を選出するための選挙（代議員選挙）が理事及び理事会から独立して行われていること。

④ 選出された「社員」（代議員）が責任追及の訴え、社員総会決議取消しの訴え等法律上認められた各種訴権を行使中の場合には、その間、当該社員（代議員）の任期が終了しないこととしていること。

⑤ 会員に「社員」と同等の情報開示請求権を付与すること。

4 なお上記の考え方に沿って、会員のうち一定の者（代議員）を社員とする定款の定めをおく公益社団法人においては、会員が支払う会費収入をどのような考え方で公益目的事業財産に組み入れるのかが問題となりえます。この場合において、代議員以外の会員が支払う会費を代議員が支払う会費と分けて考える理由がないことから、代議員が支払う会費と同様に、徴収にあたり目的を定めなければ半分が公益目的事業財産となり、目的を定めればそれに従うということになります。

問IV−3−(1)−②　（代議員制）
代議員制をとる公益社団法人における会費の扱いはどうなりますか。

答

　　問IV−3−(1)−1の答に沿って、会員のうち一定の者（代議員）を社員とする定款の定めをおく公益社団法人においては、会員が支払う会費収入をどのような考え方で公益目的事業財産に組み入れるのかが問題となりえます。この場合において、代議員以外の会員が支払う会費を代議員が支払う会費と分けて考える理由がないことから、代議員が支払う会費と同様に、徴収にあたり目的を定めなければ半分が公益目的事業財産となり、目的を定めればそれに従うということになります（公益法人認定法施行規則第26条第1号）。

問IV−3−(2)−①　（社員資格に関する他の制限）
会費の納入額により社員の議決権数に差を設けることはできますか。また、個人・法人とで社員の議決権数に差を設けることはどうですか。

答

1 公益社団法人の社員は、社員総会の構成員として、役員の選任・解任、計算書類の承

認など法人の組織、運営に関する基本的事項について議決権を行使します。社員が有する議決権は原則一個であり、定款に別段の定めをした場合には議決権に差異を設けることも許容されていますが（一般社団・財団法人法第48条第1項）、不当に差別的な差異を設けると、議決権行使の結果が一定の傾向を有することで、当該法人が、不特定かつ多数の者の利益の増進に寄与するという公益法人本来の目的に反した業務運営を行うおそれが生じることから、社員が有する議決権について不当に差別的な取扱いをしないことが認定基準として定められています（公益法人認定法第5条第14号ロ(1)）。

2　同様に、社員が法人に提供する財産額に応じて社員の議決権に差異を設けると、資力を有する一部の社員によって社員総会の運営が恣意的になされるおそれが大きくなることから、社員が法人に対して提供した金銭その他の財産の価額に応じて議決権について異なる取扱いをしないことが認定基準として定められています（公益法人認定法第5条第14号ロ(2)）。

3　このようなことから、会費の納入額により社員の議決権数に差を設けることは認められません。また、個人と法人とで社員の議決権数に差を設けることについても、同様に認められません。

問Ⅳ−3−(2)−②　（社員資格に関する他の制限）
　社員の資格を○○士など一定の有資格者に限定することは問題でしょうか。

答

1　公益社団法人が、社員資格の得喪に関して不当に差別的な取扱いをするような条件（社員資格を合理的な理由なく特定の要件を満たす者に限定している等）を設けている場合には、社員総会の構成員である社員の意思が一定の傾向を有することで、当該法人が、不特定かつ多数の者の利益の増進に寄与するという公益法人本来の目的に反した業務運営を行うおそれが生じます。

2　「社員資格の得喪」に関する定款の定めにおいて「不当な条件」を付しているかどうかについては（公益法人認定法第5条第14号イ）、社会通念に従い判断されます。当該法人の目的、事業内容に照らして当該条件に合理的な関連性及び必要性があれば、不当な条件には該当しません。

3　したがって、専門性の高い事業活動を行っている法人において、その専門性の維持、向上を図ることが法人の目的に照らして必要である場合は、その必要性から合理的な

第 2 章　審査基準・会計基準等

範囲で社員資格を○○士のように一定の有資格者等に限定したり、理事会の承認等一定の手続き的な要件を付したりすることは、不当な条件に該当しません（公益認定等ガイドライン I 13. 参照）。

問 V － 1 －①　（経理的基礎・技術的能力）
　経理的基礎及び技術的能力について具体的に説明してほしい。例えば経理事務の精通者とは具体的に何か。

答

1　公益法人は、税制優遇を受けて活動を行う社会的存在であり、法人の自律的な運営の下で継続的に公益目的事業を行うことが期待されています。

　特に、当該法人が適切に会計処理を行うことができる能力を備えていることは、法人の適正な事業運営を支えるとともに、情報開示と相俟って事業運営の透明性を高め、法人に対する外部の信頼性を確保する前提となります。

　このため、公益目的事業を行うのに必要な経理的基礎及び技術的能力を有するものであることを、認定基準として定めています（公益法人認定法第 5 条第 2 号）。

2　経理的基礎

　①財政基盤の明確化、②経理処理、財産管理の適正性、③情報開示の適正性の 3 つの要素から構成されます（公益認定等ガイドライン I － 2.）。申請時に、それぞれどのように審査するかは次のとおりです。

(1)　財政基盤の明確化

①　申請に際して貸借対照表、収支（損益）予算書等が提出されますので、これらより資産・負債の状況や事業収支の見込みなど財務状態を確認します。法人の事業規模により、必要に応じて今後の財務の見通しについて追加的に説明を求めることがあります。

②　特に収入見込みについては、法人の規模に見合った事業実施のための収入が適切に見積もられているかを確認するために、寄附金収入については、寄付金の大口拠出上位 5 者の見込み、会費収入については会員数などの積算の根拠、借入れの予定があればその計画について、申請書の添付書類（公益法人認定法施行規則第 5 条第 2 項第 4 号）に記載していただきます。

(2)　経理処理・財産管理の適正性

　経理処理、財産管理の適正性の一般的な意味としては、①法人の財産の管理、運用について理事、監事が適切に関与する体制がとられていること、②開示情報や行政庁への提出資料の基礎となる十分な会計帳簿を備え付けていること、③法人の支

508

出に使途不明金がないこと、会計帳簿に虚偽の記載がないことその他の不適正な経理を行わないことです（公益認定等ガイドラインⅠ－２.）。

(3) 情報開示の適正性

① 　外部監査を受ける場合はそれでよく、外部監査を受けない場合においては、費用及び損失の額又は収益の額が１億円以上の法人については監事（２人以上の場合は少なくとも１名、以下同じ）に公認会計士又は税理士がいること、当該額が１億円未満の法人については監事に企業やその他の非営利法人の経理事務を例えば５年以上従事した者がいれば、適切に情報開示が行われるものとして取り扱います。法人の計算書類が監事によってしっかりと監査を受けることは、法人が外部への説明責任を果たす意味からも重要となりますので、この経理事務の経験者については、５年というのは一つの目安であり、形式的に簿記検定など関連資格の保有者を定めることはしませんが、会計について専門的知識があり監事の職務を果たせる人に監事をお願いしてください。

② 　ただし、監事に上記①のような者をおくことを法人に義務付けるものではありません。このような体制にない法人においては、公認会計士、税理士又はその他の経理事務の精通者が法人の情報開示にどのように関与するのかという説明を申請書の添付書類に記載していただきます。経理事務の精通者については、形式的に企業会計の従事年数なり、一定の資格者なりを定めることはしませんし、有償無償も問いませんが、どのような者が会計に関与しているかの説明をもとに個別に判断します。

3　技術的能力

技術的能力の一般的な意味としては、事業実施のための技術、専門的人材や設備などの能力の確保です（公益認定等ガイドラインⅠ－２.）

例えば「公益目的事業のチェックポイント」の検査検定事業においては、人員や検査機器の能力の水準の設定とその確保が掲げられています。このように「公益目的事業のチェックポイント」に技術的能力と関係があるポイントが掲げられている事業については、本号の技術的能力との関係において、申請時には当該チェックポイントを満たすことが必要となります。法人の中核的事業においてチェックポイントで掲げられた技術的能力が欠知していると判断される場合には、公益法人として不認定となることもありえます。また、事業を行うにあたり法令上許認可等を必要とする場合には、申請時に添付する当該許認可等があったこと等証する書類でもって技術的能力を確認します。

このほか、公益法人として、法令、定款等を遵守して法人運営を行い、及び公益目的事業を実施しなければならないことは当然であり、不祥事の発生に対して適切な対

第2章　審査基準・会計基準等

応措置が採られていない場合や、定款の定めに従った法人運営がされていない場合にも、技術的能力を有すると認められないと判断されることがあります。

問Ⅴ－1－②　（経理的基礎・技術的能力）
　　出えん企業の経理担当者に法人の経理を担当してもらっているが、経理的基礎を満たしていると考えてよいでしょうか。

答

1　　公益法人は、税制優遇を受けて活動を行う社会的存在であり、法人の各機関が法令の規定に則り期待される役割を適切に果たすとともに、透明性の高い業務運営を行うことが求められます。

2　このため、経理的基礎を有することが認定基準として定められており、その一要素として情報開示の適正性が確保される必要があります。そのためには、外部監査を受けるか、又は監事が会計監査の責務を着実に果たす必要があります。

3　そこで、外部監査を受ける必要のない法人について、費用及び損失の額又は収益の額が1億円以上の公益法人については公認会計士又は税理士が、当該額が1億円未満の法人については企業等での経理事務に通じた者が監事の中にいる場合には、情報開示の適正性確保は満たされるものと扱うことにしています（公益認定等ガイドラインⅠ－2.(3)参照）。

4　これは、監事に上記のような者を置くことを義務付けるものではありませんが、法人において、上記と同等以上の情報開示の適正性が確保されていることについて、個別に代替措置を説明していただくことが必要となります。

問Ⅴ－2－①　（収支相償）
　　収支相償の第一段階は事業毎に判定とのことですが。どういう単位で事業を考えればいいのでしょうか。

答

1　公益性が認められる公益目的事業を、事業の目的や実施の態様等から関連する事業としてまとめたものを収支相償の第一段階における一の事業単位とします。

2　事業のくくり方としては、「公益目的事業のチェックポイント」における同一の事

510

業区分に属するものをまとめたり、例えば調査研究とその成果についてのシンポジウム、競技会の開催と出場選手の強化育成、同一場所で開催されるセミナーと展示会というように、「公益目的事業のチェックポイント」の事業区分をまたぐ場合であっても相互に関連する事業については一の事業にまとめることが可能です。

問Ⅴ−2−②　（収支相償）
　収支相償の計算方法として収益事業等からの利益の繰入額が50％の場合と50％を超える場合の二つの方法があるようですが、両者の違いがわかりません。

答

1　法人が収益事業等を行う場合において、どの法人も収益事業等から生じた収益（利益）の50％は公益目的事業財産に繰入れなければなりませんが（公益法人認定法第18条第4号）、法人によっては、公益目的事業の財源確保のために必要がある場合には自発的に50％を超えて繰入れることができます（公益法人認定法施行規則第26条第7号及び第8号）。このように利益の50％を超える繰入れは、法人において公益のために必要であるとの判断に基づいて行うものであることから、利益の繰入れが50％か50％超かによって収支相償の計算方法を変えることとしたものです（公益認定等ガイドラインⅠ−5.参照）。

　（注）　収支相償の計算方法
　　①　収益事業等からの利益の50％を繰入れる場合
　　　　第一段階の収支相償を満たした各公益目的事業に直接関連する費用と収益に加え、公益目的事業の会計に属するその他の収益で各事業に直接関連付けられない収益、公益目的事業に係る特定費用準備資金への積立て額と取崩し額、更に収益事業等を行っている法人については、収益事業等から生じた利益の50％を加算して収支を比較します。剰余が生じる場合には、公益目的事業のための資産の取得や翌年度の事業費に充てるなど、公益のために使用することになります。
　　②　収益事業等からの利益を50％を超えて繰入れる場合
　　　　収益事業等から生じた利益の50％超を公益目的事業財産に繰入れる場合（公益法人認定法施行規則26条第7号及び第8号）とは、公益目的事業のために法人において特に繰入れの必要があると決定された場合ですが、決定にあたっては計画性をもって繰入れていただくことが適切です。そのため公益目的事業に必要な全ての資金収支とその見通しを立ててもらい、不足分を収益事業等の利益から100％を上限に繰入れるという枠組みにしています。
　　　　まず事業費以外に公益目的事業のための資金需要としては資産の取得又は改良

第2章　審査基準・会計基準等

（資本的支出）があることから、当期の公益目的保有財産に係る取得支出とその売却収入、及び将来の公益目的保有財産の取得又は改良に充てるための資産取得資金（公益法人認定法施行規則第22条第3項第3号）への積立て額と取崩し額を公益目的事業が属する会計の費用、収益にそれぞれ加えます。その際に、公益目的事業費には公益目的保有財産に係る減価償却費が含まれていますが、これは財産の取得支出や資産取得資金の積立て額と機能が重複することから、減価償却費は控除します。

　また特定費用準備資金への積立て額と取崩し額を加えます。ただし、この資産取得資金と特定費用準備資金は将来の事業のための資金でありますから、計画性をもって積立てと取崩しを行ってもらうため、この収支相償の計算上は、今後積立てなければならない見込み金額を積立てる年数で除した額を限度として積立て額を算入します。

　このように公益目的事業に関するすべての資金の出入りを足し合わせて収支を比較するということにしています。

2　法人の公益目的事業、収益事業等の状況や計画は事業年度毎に異なりますので、法人において50％か50％超かは毎事業年度、選択することが可能です。

3　なお、収益事業等の利益の50％超を公益目的事業財産に繰入れた場合には、繰入れた事業年度末の貸借対照表は公益目的事業と収益事業等とに区分経理（公益法人認定法第19条）を行わなければなりません。一旦50％超の繰入れを行った場合には、その後の繰入れが50％に留まった時にでも、継続性の観点から区分経理を維持していただくことが適当です。

512

2．新たな公益法人制度への移行等に関するよくある質問（FAQ）

参 考

収支相償対照表
（収益事業等からの利益の繰入れが50％の場合）

費　　用	収　　入
公益目的事業に係る 経常費用	公益目的事業に係る 経常収益
	公益に係るその他の経常収益
公益に係るその他の経常費用	公益目的事業に係る 特定費用準備資金取崩し額
公益目的事業に係る 特定費用準備資金積立て額	収益事業等の利益を公益に繰入れた額 （利益の50％）

収入超過の場合には
公益目的保有財産の取得支出や公益資産取得資金への繰入れ、
翌事業年度の事業拡大等による同額程度の損失とする等
解消するための扱いを説明

収支相償対照表
（収益事業等からの利益の繰入れが50％超の場合）

費　　用	収　　入
公益目的事業に係る 経常費用 （減価償却費を除く）	公益目的事業に係る 経常収益
	公益に係るその他の経常収益
公益に係るその他の経常費用	公益目的保有財産の売却収入 （簿価＋売却損益）
公益目的保有財産の取得支出	公益目的事業に係る 特定費用準備資金取崩し額 （過去に費用として算入した額の合計額）
公益目的事業に係る 特定費用準備資金積立て額 （所要資金額－前期末資金残高）／ 積立期間残存年数　を限度）	公益資産取得資金取崩し額 （過去に費用として算入した額の合計額）
公益資産取得資金積立て額 （所要資金額－前期末資金残高）／ 積立期間残存年数　を限度）	収益事業等の利益を公益に繰入れた額 （利益の100％を上限）

513

第2章　審査基準・会計基準等

問Ⅴ－2－③　（収支相償）

　公益目的事業に係る収入は費用を上回ってはならないという基準に従うと、収支がゼロか損失を計上しなければならず、公益目的事業を継続的に実施できなくなってしまうのではないでしょうか。特に、金融資産の運用によって運営する法人では、規模が縮小する一方となるのではないでしょうか。

答

1　公益目的事業に係る収入がその実施に要する適正な費用を償う額を超えないという基準（公益法人認定法第5条第6号及び第14条）は、公益目的事業は不特定かつ多数の者の利益の増進に寄与するものであり（公益法人認定法第2条第4号）、無償又は低廉な価格設定などによって受益者の範囲を可能な限り拡大することが求められることから設けられたものであり、公益法人が税制優遇を受ける前提となる基準です。

2　一方で、事業は年度により収支に変動があり、また長期的な視野に立って行う必要があることから、本基準に基づいて単年度で必ず収支が均衡することまで求めることはしません。仮にある事業において収入が費用を上回った場合には、将来の当該事業の拡充等に充てるための特定費用準備資金（公益法人認定法施行規則第18条、問Ⅴ－3－④参照）への積立てをもって費用とみなすこと等によって、中長期では収支が均衡することが確認されれば、本基準は充たすものとしています。

　なお、公益法人が財政基盤を拡大する手法としては、寄附金を募集することが第一に想定されますが、金融資産の運用によって事業を行う公益法人が、事業の拡大をするために、公益目的保有財産として金融資産を取得することも考えられます。

3　また、意図的又は法人運営上の認識不足によって多額の剰余金が出たような場合（注1）は別として、ある年度において剰余金が生じたことのみをもって、「勧告」を受けたり、公益認定を取り消されたりすることはありません（注2）。

　（注1） 例えば、剰余金が出ることを前提とした事業計画（予算）を立て、事業計画どおり剰余金が出た場合、年度の前半に多額の剰余金が出ることが客観的に明白であったにもかかわらず、何ら対応を採らないような場合など

　（注2） ただし、剰余金が生じた理由、解消方策等について確認するため、報告を求められること等はあり得ます。

4　上記のような仕組みを活用しつつ、計画性をもって公益目的事業を実施していただくことにより、継続的な事業運営は確保されるものと考えます。

514

2．新たな公益法人制度への移行等に関するよくある質問（FAQ）

問Ⅴ－2－④　（収支相償）
　収支相償を二段階でやる理由を教えて下さい。また、第一段階と第二段階の関係についてもお願いします。

答

1　公益目的事業については、事業に係る収入はその実施に要する適正な費用を償う額を超えないことが定められているため（公益法人認定法第5条第6号）、まず、第一段階として事業単位で収支を見ることが必要となります。しかし、必ずしも特定の事業に係る収支には含まれないものの、なお法人の公益活動に属する収支が存在するため、次の段階として法人の公益活動全体の収支を見ることとしたものです。その際には毎年度、その年に実際に受けた収入がかかった費用を必ず下回るようにすることは困難と考えられるため、収入が費用を上回った場合でも特定費用準備資金に積み立てることなどで費用とみなし、収支相償を満たすものと取り扱うこととしたものです。このような扱いをとることで、法人は財産を公益目的に現在使うか、将来使うかの選択が可能となります。

2　第一段階は具体的には、公益目的事業（公益目的事業のチェックポイントにおける事業の単位と同様の考え方に基づいて、事業の目的や実施の態様等から関連する事業もまとめたものを含む）を単位として、これに直接関連する収入（経常収益）と費用（経常費用）とを比較します。収入が費用を上回る場合には、当該事業に係る特定費用準備資金への積立て額として整理します。
（なお、法人の行う事業が一つしかない場合には、第一段階を省略し、次の第二段階のみの判断とします。）

3　上記1で述べたように、公益目的事業のために法人が得る収入は、特に事業に関連付けられた経常収益に限りません。特定の事業に関連付けられていない経常収益（公益のためとして一般的に受ける寄附金等）も公益目的事業に適切に使用されているかを判断するため、第一段階の収支相償を満たした各事業に係る経常収益と経常費用に加え、次の段階として、公益目的事業の会計に属するその他の経常収益で各事業に直接関連付けられないものや、公益目的事業に係る特定費用準備資金への積立て額と取崩し額、更に収益事業等を行っている法人については、収益事業等から生じた利益のうち公益目的事業財産に繰入れる額も加えて収支を比較します（計算方法は問Ⅴ－2－②参照）。

515

第2章　審査基準・会計基準等

問V－2－⑤（収支相償）

　収支相償を計算した結果、収入が費用を上回って剰余金が出た場合はどうすれば よいのでしょうか。また、この剰余金は遊休財産となるのでしょうか。

答

1　収支相償の計算においては、公益目的事業に係る収入と公益目的事業に要する費用 を比較することになりますが、その際には原則として各事業年度において収支が均衡 することが求められます。しかしながら、ある事業年度において収入が費用を上回る 場合であっても、公益目的事業拡充等に充てるための特定費用準備資金として計画的 に積み立てること等で、中長期的には収支が均衡することが確認されれば、収支相償 の基準は充たすものとされます。（ＦＡＱ問V－2－③参照）。

2(1)　収支相償は二段階で判断され、まず、第一段階として各事業単位で収支を見るこ とになります（ＦＡＱ問V－2－④参照）。第一段階において収入が費用を上回る 場合には、その額はその事業の発展や受益者の範囲の拡充に充てられるべきもので あり、当該事業に係る特定費用準備資金として計画的に積み立てることによって、 収支相償の基準を充たすものとなります（ガイドラインⅠ－5.(1)①参照）。

(2)　当該事業に係る特定費用準備資金を積み立てた上でも、予想外の事情の変化等に よって剰余金が生じる場合もあり得ます。このような場合でも、この剰余金が連年 にわたって発生し続けるものではなく、当該事業を通じて短期的に解消される見込 みのあるものであれば、収支相償の基準を充たすものとして弾力的に取扱うことも あり得ます（ガイドラインⅠ－5.(4)②参照）。

(3)　具体的には、剰余金が生じた理由及び当該剰余金を短期的に解消する具体的な計 画について説明していただくことが必要です。この場合の短期的とは原則として翌 事業年度ですが、その次の事業年度までかけて解消せざるを得ない場合には、その 計画を説明していただくことで収支相償の基準を充たすものとして取扱うこともあ り得ます。また、この剰余金は当該事業において用いられるべきものですので、翌 事業年度の収支相償の計算では前事業年度の剰余金の額を当該事業に係る収入の額 に加算していただくことになります。

3(1)　第二段階では、第一段階の収支相償を充たす各公益目的事業に加え、必ずしも特 定の事業に係る収支には含まれないものの、なお法人の公益活動に属する収支も加 味し、法人の公益活動全体の収支を見ることになります。その際、収益事業等から の利益の50％超を公益目的事業財産に繰入れる場合には、仮に収入が費用を上回っ ている場合であっても、特定費用準備資金への積立て等を加えた公益目的事業に関

516

する全ての資金収支では不足分が生じていることが前提となっていますので、剰余金が生じることはありません（FAQ問Ⅴ-2-②参照）。

(2) 第二段階において収益事業等の利益の50％を公益目的事業財産に繰り入れる場合において、収入が費用を上回る場合には、その額は公益活動全体の拡大・発展に充てられるべきものですので、公益目的事業に係る特定費用準備資金として計画的に積み立てていただくことになります。ここで剰余が生じる場合において、公益目的保有財産となる実物資産の取得又は改良に充てるための資金（資産取得資金）への積立てを行うか、当期の公益目的保有財産の取得に充てたりする場合には、収支相償の基準を充たすものとして扱います。このような状況にない場合には、翌事業年度に事業の拡大等により同額程度の損失となるように、剰余金の具体的な処理方法を説明していただくことになります（ガイドラインⅠ-5.(4)①）。

(注) 第二段階において生じる剰余金には、第一段階で生じた剰余金があればその分も含まれていますので、第二段階における剰余金の処理の説明にあたり、この相当額については「当該金額については第一段階の説明のとおり」としていただくことで足ります。

4 遊休財産額の保有の制限との関係では、収入が費用を上回った場合でも、上回る額を公益目的保有財産の取得、特定費用準備資金や資産取得資金への積立てのように使途が定まった控除対象財産（公益法人認定法施行規則第22条第3項）として整理している限りは遊休財産に該当しません。したがって、これらに該当しない剰余金の額は、遊休財産額の計算において控除の対象とはなりません。

＜参考　剰余金が発生した場合に必要な措置＞
特定費用準備資金を積み立てられない場合または特定費用準備資金を積み立てても剰余金が生じた場合には、次のいずれかの対応を取っていただく必要があります。

(1) 公益目的保有財産に係る資産取得資金への繰入れ
資産取得資金は、資金の目的である財産の取得又は改良が具体的に見込まれること、資金ごとに他の資金と区分して管理されていること、算定の根拠が公表されていることといった要件を充たす必要があります（公益法人認定法施行規則第18条第3項から第5項まで及び第22条第4項）。
なお、資金の目的である財産は、公益目的保有財産に限られます。

(2) 当期の公益目的保有財産の取得
取得する資産が金融資産の場合には、将来の公益目的事業を実施するために、当該公益目的保有財産を取得する必要性・合理性がある場合に限られます。
過去に取り崩した公益目的保有財産への充当というだけでは、必要性があるとは認

第2章　審査基準・会計基準等

られません。

(3)　翌事業年度における剰余金の解消についての説明

　　原則として、翌事業年度において、事業の拡大や、対価の引下げを行うことにより剰余金と同程度の損失を出すことについて、具体的にご説明いただく必要があります。

　　なお、事業の性質上、翌事業年度においては必ず剰余金と同程度の損失が生じることについて、具体的に説明できる場合には、そのような説明でも構いません。

(4)　その他、個別の事情についての説明

　　(1)から(3)のほか、事業の性質上特に必要のある場合には、個別の事情についてご説明いただくことも可能です（ガイドラインⅠ－5.(4)①、②）。

　　ただし、基本的に、過去に生じた赤字の補填、借入金の返済等については、剰余金の解消方策として認められません。

問Ⅴ－2－⑥（収支相償）

収支相償の剰余金解消計画は、必ず翌事業年度で解消するものが必要でしょうか。

答

1　収支相償は、公益目的事業に係る収入と公益目的事業に要する費用を比較することになりますが、原則として、各事業年度において収支が均衡することが求められています。ある事業年度において収入が費用を上回ったことのみをもって、直ちに報告徴収等監督措置の対象となるわけではありませんが、剰余金が生じた場合には、翌事業年度までに解消するように発生した剰余金の使い道を説明することが必要です。

2　具体的には、剰余金の発生年度の事業報告書の別表A(1)の「※第二段階における剰余金の扱い」欄に、翌事業年度における解消が実現可能であることが分かる程度に具体的な剰余金の解消計画の内容を記載することが求められます。特に、法人の事業費に比して多額の剰余金がある場合には、事業拡大の達成可能性の観点から具体的で現実的な資金の使い道（事業費の費目）について十分に説明して下さい。また、事後的には、解消計画に従って剰余金が解消されたことについて、説明を求められることもあります。

3　ただし、発生した剰余金が翌事業年度における解消計画で適切に費消することができないことについて特別の事情や合理的な理由がある場合（注1）（注2）には、使い道についてしっかりと検討した上で、より計画的に資金を活用し、効果的に公益目的事業を実施することが、公益の増進を目的とする公益法人認定法の趣旨に沿うもの

と考えられます。

このため、次のア〜ウを前提に、収支相償の剰余金解消計画を1年延長する取扱いが認められます。なお、この場合において、行政庁は、必要に応じて特別の事情や合理的理由、資金使途の内容等について確認することになります。

ア：事業報告書の別表A(1)の「※第二段階における剰余金の扱い」欄には発生した剰余金が翌事業年度における解消計画で適切に費消することができないことについて特別の事情や合理的な理由を示すとともに、剰余金の解消計画立案のための検討のスケジュールを具体的に示すことが求められる。

イ：翌事業年度に翌々事業年度の事業計画を提出する際に、機関決定された剰余金の解消計画を提出し、翌々事業年度において剰余金を解消するまでの具体的な資金使途について説明することが求められる。

なお、財務面から計画達成を担保するため、当該剰余金に見合う資金について、貸借対照表において特定資産として表示することが必要となる。

ウ：翌々事業年度の事業報告において、剰余金が解消計画に従って解消されたか否かについて、資金の使い道を説明することが求められる。

（注1）合理的な理由とは、平年度における法人の事業規模に照らし、翌事業年度だけで剰余金を解消するには困難が伴うといった事情がある場合、例えば2年をかけて段階的に事業拡大を図ることが考えられます。

（注2）事業が恒常的に相当の黒字を産む構造になっている場合は、合理的な理由には含まれません。

<参考　収支相償の剰余金の取扱い>

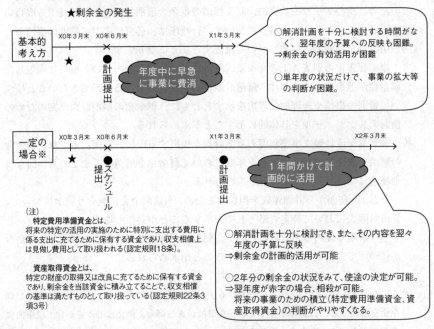

※ 一定の場合とは、特別な事情や合理的な理由がある場合をいう。

問Ⅴ－2－⑦（収支相償）
収支相償の剰余金が生じた場合に、公益目的保有財産としての金融資産の取得は認められますか。

答

1　例えば、金融資産の運用益を財源として事業を行っている公益財団法人においては、公益目的保有財産としての金融資産を取得することが、事業の拡大を図るために必要な措置であると考えられます。

2　しかし、金融資産の取得が無制限に認められる場合には、公益目的保有財産の積み増しに伴って事業の拡大が適切になされなければ、内部留保を無制限に積み増していく結果になり、収支相償や遊休財産額の保有制限に関する制度の趣旨を潜脱するおそれがあります。

2．新たな公益法人制度への移行等に関するよくある質問（FAQ）

3　このため、剰余金の解消のために公益目的保有財産としての金融資産を取得することについては、合理的な理由がある場合に限って認められることとしています。審査に当たっては、例えば以下の①〜④の内容を確認することにより、金融資産を取得することの必要性と合理性について確認することになります。

① 事業拡大に関して、実物資産ではなくて金融資産を取得して業務を拡大する必要性が明確なこと

② 事業拡大の内容は具体的になっており、それが事業計画等として法人において機関決定等（理事会等の承認、決定）を受けていること

③ 運用する金融資産について、その内容及びこれから生じる運用益の見込額が妥当であること並びに運用益が事業拡大の財源として合理的に説明できるものであること（拡大する費用と運用益のバランスが適当であること）

④ その他、事業の財源として、剰余金を用いることについて望ましい理由があること

問Ⅴ－3－①　（公益目的事業比率）
　収益事業からの利益を全額公益目的事業に充てると定めた場合には、その収益事業を公益目的事業に含めて公益目的事業比率を計算することはできないのでしょうか。

答

　法人の行う個々の事業が公益目的事業となるかどうかは、不特定かつ多数の利益の増進に寄与するもの（公益法人認定法第2条第4号）などの要件に照らして判断され、その事業から上がる利益をどのように使うかは関係がありません。したがって、利益を全額公益目的事業に充てることを定めたとしても、その定めをもって事業に公益性が備わることはなく、そういった使途の定めをもって収益事業を公益目的事業に含めて公益目的事業比率を計算することはできません。

問Ⅴ－3－②　（公益目的事業比率）
　事業費と管理費への配賦や共通する経費の配賦は適正な基準により行うとのことですが、具体的にどのような基準であればよいのでしょうか。

答

1　公益目的事業比率の計算で用いる公益実施費用額、収益等実施費用額及び管理運営費用額は、損益計算書に計上される事業費及び管理費を基礎に算定しますが、この損益計算書上の事業費、管理費はそれぞれ

⑴　事業費：当該法人の事業の目的のために要する費用

521

(2) 管理費：法人の事業を管理するため、毎年度経常的に要する費用

と定義しています（公益認定等ガイドラインⅠ7.(1)）。例えば、管理者の人件費であっても、事業との関連性に応じて事業費に配賦することができます。以下に挙げているような費用は、適正な配賦基準のもとで事業費に算入することができます。

（事業費に含むことができる費用の例示）

　専務理事等の理事報酬、事業部門の管理者の人件費は、公益目的事業への従事割合に応じて公益目的事業費に配賦することができます。

　管理部門 (注) で発生する費用（職員の人件費、事務所の賃借料、光熱水費等）は、事業費に算入する可能性のある費用であり、法人の実態に応じて算入することができます。

(注) 管理部門とは、法人本部における総務、会計、人事、厚生等の業務を行う部門をいいます。

2　事業費と管理費に共通して発生する費用をどのように事業費と管理費に配賦するかについては、例えば以下のような配賦基準が考えられますが、これ以外に適当と判断した基準があればそれを採用していただいて構いません。いずれにせよ過去の活動実績、関連費用のデータなどから法人において合理的と考える程度の配賦割合を決めてもらえればよく、その算定根拠を詳細かつ具体的に記載することは求めていませんし、法人においてデータ採取等のために多大な事務負担をかけていただくことはありません。

配賦基準	適用される共通費用
建物面積比	地代、家賃、建物減価償却費、建物保険料等
職員数比	福利厚生費、事務用消耗品費等
従事割合	給料、賞与、賃金、退職金、理事報酬等
使用割合	備品減価償却費、コンピューターリース代等

3　なお、この事業費、管理費への配賦の問題ではありませんが、理事、使用人等に対する不相当な福利厚生費その他の支出は、剰余金の分配を行わないという非営利法人としての性質（一般社団・財団法人法第11条第2項）を潜脱し、特別の利益の供与（公益法人認定法第5条第3号）として認定基準に抵触する可能性があることに注意する必要があります。

2．新たな公益法人制度への移行等に関するよくある質問（FAQ）

問Ⅴ－3－③　（公益目的事業比率）
　奨学金事業を行う法人の場合、貸付支出を事業費に含めないと、公益目的事業比率を充たせなくなってしまうのではないか。

答

1　公益法人は公益目的事業の実施を主たる目的とすることから（公益法人認定法第5条第1号）、法人の全事業規模に占める公益目的事業の規模は過半を占める必要があります。事業規模を計る指標として公益目的事業比率が定義され、その算定にあたっては費用で計ることが定められました（公益法人認定法第5条第8号及び第15条）。

2　奨学金事業の場合、奨学金の募集、審査、貸出し、債権管理、回収までの奨学金事業の全サイクルにわたり発生する人件費、事務経費その他諸経費は、奨学金事業に係る事業費と考えられます。また管理費と共通する経費については、適正な基準で事業費に配賦することができます（公益法人認定法施行規則第19条、ガイドラインⅠ－7(1)）。奨学金の貸出についても貸付支出が行われた時点では当該貸付額は費用とはなりませんが、貸倒れ損失が発生すれば費用となります。

3　また、無利子又は低利による貸付けをしている場合は、当該貸付金と同額の資金の借入れをして調達した場合の利率（前事業年度末の長期プライムレートその他の市場貸出金利）により計算した利子の額と、当該貸付けに係る利率により計算した利子の額の差額をみなし費用として計算し、公益目的事業比率に算入することも可能です（公益法人認定法施行規則第16条の2、ガイドラインⅠ－7(3)）。

4　このような費用を算定することにより、奨学金事業においてもその事業規模を適切に公益目的事業比率に反映させることが可能と考えます。

問Ⅴ－3－④　（公益目的事業比率）
　法人が保有する資金のうち、どういうものが特定費用準備資金に当てはまるのかがわかりません。利用方法について教えて下さい。

答

1　将来の特定の事業費、管理費に特別に支出するために積み立てる資金で、新規事業の開始、既存事業の拡大、数年周期で開催するイベントや記念事業等の費用が対象となります。

523

第2章　審査基準・会計基準等

2　特定費用準備資金への繰入れは、会計上は本来、貸借取引となるのですが、公益目的事業比率や収支相償といった認定基準においては、この繰入れを費用とみなして取り扱うこととしています。また特定費用準備資金を取り崩した時には、取崩しは費用額の減算や収入にみなすこととなります。

3　特定費用準備資金への繰入れについては、次の要件をすべて充たしていなければなりません（公益法人認定法施行規則第18条第3項、公益認定等ガイドラインⅠ－7.(5)②）。
①　資金の目的である活動を行うことが見込まれること。
②　資金の目的毎に他の資金と明確に区分して管理され、貸借対照表の特定資産に計上していること。
③　資金の目的である支出に充てる場合を除くほか、取り崩すことができないものであること又は目的外で取り崩す場合に理事会の決議を要するなど特別の手続きが定められていること（注）。
④　積立限度額が合理的に算定されていること。
⑤　特別の手続きの定め、積立限度額、その算定根拠について事業報告に準じた備置き、閲覧等の措置が講じられていること。

(注)　目的外取崩しの特別な手続とは、例えば定款に「特定費用準備資金の管理は別途、理事会で定める手続による」と定め、目的外取崩しは理事会決議に委ねるということが考えられます。

4　例えば予備費等、将来の一般的な備えや資金繰りのために保有している資金は上記3の要件を充たさないため、該当しません（問Ⅴ－4－②参照）。将来の収支の変動に備えて法人が自主的に積み立てる資金（基金）については、過去の実績や事業環境の見通しを踏まえて、活動見込みや限度額の見積もりが可能など要件を満たす限りで特定費用準備資金を用いることができます。

5　一事業年度の特定費用準備資金への繰入額は計画に定めた積立限度額の範囲内であれば、特に制限はありません。ただし収支相償の計算においては収益事業等の利益の50％超を公益目的事業財産に繰入れる場合には、積立て期間内で計画的に積立てる計算が必要になりますのでご注意ください（公益認定等ガイドラインⅠ－5.(3)②(注)）。

524

2．新たな公益法人制度への移行等に関するよくある質問（FAQ）

問V－3－⑤　（公益目的事業比率）
　法人が、地震、火災等災害時に備えて積み立てる資金は、特定費用準備資金の対象となるのでしょうか。

答

1　法人が地震等の災害時に当該法人の施設、事業所等の復旧、復興に充てるために積み立てる資金は、その資金の目的である活動をいつ行うのかという具体的な見込みを立てることが一般的には困難です。したがって、災害時に備えて法人の施設、事業所等の復旧、復興に充てるために積み立てる資金については、目的と金額の合理的な見積りが難しいことから、特定費用準備資金の要件を充たすことは難しいものと考えられます（問V－3－④参照）。

2　ただし、特定費用準備資金として積み立てられない場合でも、当該法人の施設、事業所等の復旧、復興に充てるための資金を合理的に見積もった範囲で貸借対照表上の特定資産として表示する場合には、公益目的事業に必要な活動の用に供する財産（公益法人認定法施行規則第22条第3項第2号）として、遊休財産額の対象から除外されます。

3　また、災害救援等を事業として定款に位置付けている法人が災害等発生時の緊急支援のための備えを過去の実績や類例等から合理的に見積ることができる場合には、特定費用準備資金の要件を充たすことになります。

問V－3－⑥　（公益目的事業比率）
　事業費と管理費の概念をもう少し詳しく教えてください。

答

1　事業費とは、事業の目的のために要する費用と定義づけられ、管理費とは、法人の事業を管理するため、毎年度経常的に要する費用と定義づけられています（公益法人会計基準運用指針12⑵、ガイドラインI－7⑴参照）。

2　具体的には、事業費は、当該事業に跡付けることができる費用であって、例えば、事業に従事する職員の給与手当等の人件費、事業に関連して発生する旅費交通費、事業の実施会場の賃借料等の経費が該当します。また、業務執行理事に対する役員報酬のうち、事業へ従事することへの対価であると認められる部分についても事業費に該当します。

525

第2章　審査基準・会計基準等

3　一方、管理費は、当該事業に跡付けることができない経常的な費用であり、換言すれば、法人の事業活動にかかわらず、法人が存続していく上で、必要な経常的な費用です。例えば、個別の事業実施に直接かかわりのない役員報酬や管理部門の経理担当職員の給料手当等の人件費、社員総会・評議員会・理事会の開催費用、理事・評議員・監事報酬や税務申告に係る税理士報酬、会計監査に係る監査報酬等は、法人が存続していくために必要な経常的費用と考えられるので、管理費に該当します。

問Ⅴ－4－①　（遊休財産額）

　　今まで内部留保として計算された金額は、新制度での機動的な法人運営のためには、自由に使える資金が必要であり、遊休財産額として規制される趣旨がわかりません。

答

1　公益法人は、公益目的事業を適正に実施する法人として、税制優遇を受けながら活動する社会的存在です。公益法人の財産が公益目的事業に使用され、公益が増進すると見込まれるからこそ、国民は寄附等を行うのであり、公益法人に税制上の優遇措置が講じられているといえます。

2　もとより、社会経済情勢の変化や、法人に関する状況の変化等に対応しつつ、適切に公益目的事業を実施していくためには、ある程度、自由に使用することができる財産を有することは必要です。

3　しかし、具体的に公益目的事業に使用される見込みがない財産が公益法人に過大に蓄積された場合には、財産の死蔵につながり、税制優遇等の趣旨に反するほか、寄附等をした国民の期待にも反することになりかねません。

4　このため、認定基準においては、公益目的事業又は公益目的事業に必要なその他の活動に使うことが具体的に定まっていない財産（遊休財産額）の保有は、一年分の公益目的事業費相当額を超えてはならないとしているものです（公益法人認定法第16条、問Ⅴ－4－③参照）。

問Ⅴ－4－②　（遊休財産額）

　　公益目的保有財産や特定費用準備資金など法令上の各種財産、資金概念の意味や相互の関係、遊休財産額との関連をわかりやすく教えてください。

答

526

2．新たな公益法人制度への移行等に関するよくある質問（FAQ）

1　公益法人認定法では、法人が公益に使うべき財産を**①公益目的事業財産**として定めていますが、これは法人が公益目的事業のために受け取った寄附金、補助金、事業収入等の全ての財産が含まれます。そこから公益目的事業の実施のために使った財産を差し引いた残りが**⑤公益目的取得財産残額**であり、引き続き公益に充てるべき財産となります。この公益目的取得財産残額は、資金として保有すると**④公益目的増減差額**であり、固定資産として保有すれば**②公益目的保有財産**となります。更に公益目的保有財産のうち、事業に不可欠特定のものがあれば一定の手続を経て**③不可欠特定財産**となります。

　一方で、公益法人認定法における**⑥遊休財産額**とは、公益目的事業に限らず、公益目的事業以外のその他の必要な活動に使うことが具体的に定まっていない財産を指します。具体的な計算方法は、法人の財産の中で目的、用途が具体的に定まっている財産を**⑦控除対象財産**とし、法人の純資産からこの控除対象財産を差し引いた金額となります。

　この**⑦控除対象財産**に分類される財産は、遊休財産額には含まれませんが、まず、**②公益目的保有財産**は控除対象財産です。また、公益目的に限らず、特定の事業の実施又は特定の資産の取得、改良に充てるために、一定の要件を充たしつつ積み立てる資金を、それぞれ**⑧特定費用準備資金**、**⑨資産取得資金**として定めていますが、これらも控除対象財産です。

　なお、遊休財産額は一年分の公益目的事業費相当額を保有の上限としていますが、その考え方は、仮に法人の収入源が途絶えた場合においても一年程度は公益目的事業が実施できるよう、特段の使途の定めがない財産を保有することを認めたものです（問Ⅴ－4－①参照）。

2　これらの公益法人認定法で定める各種の財産、資産概念について、それぞれ説明すると次のとおりです。

①　公益目的事業財産（公益法人認定法第18条、公益法人認定法施行規則第26条、ガイドラインⅠ-17.）

　　公益目的事業に関して得た寄附金、補助金、対価収入等の財産で、公益目的事業のために使用、処分しなければなりません。特定の目的、使途が定まっていなければ**⑥遊休財産額**となる可能性があります。

②　公益目的保有財産（公益法人認定法第18条第5号から第7号まで、公益法人認定法施行規則第26条第6号及び第7号、ガイドラインⅠ-8.(1)）

　　①公益目的事業財産の一部であり、次の固定資産が該当します。

　・**①公益目的事業財産**を支出することで得た財産

527

第2章　審査基準・会計基準等

・③不可欠特定財産

・法人自ら公益目的に使用すると定めた財産

　貸借対照表等では固定資産に区分して表示され、対象資産が金融資産の場合には基本財産又は特定資産として表示します。また、継続して公益目的事業のために使用しなければなりません。

③　不可欠特定財産（公益法人認定法第5条第16号及び第18条第6号、ガイドラインⅠ－15.)

　　②公益目的保有財産の一部で、公益目的事業を行うための不可欠で特定の財産に限られます。貸借対照表上では基本財産として表示しますが、通常の土地、建物のように買換え可能なものや金融資産は該当しません。なお、認定前に取得した不可欠特定財産は、取消し時の**⑤公益目的取得財産残額**から除かれます。

　　不可欠特定財産は、定款にその旨、維持及び処分の制限を定めることが認定基準となっています。

④　公益目的増減差額（公益法人認定法施行規則第48条第3項）

　　公益に充てられるべき資金（流動資産）であり、当該事業年度中に増加した**①公益目的事業財産**から当該年度の公益目的事業費等を差し引いた額が、前事業年度末からの公益目的増減差額の変動額になります。

⑤　公益目的取得財産残額（公益法人認定法第30条、公益法人認定法施行規則第48条）

　　毎事業年度末における**①公益目的事業財産**の未使用残高です。認定取消し時には残高に相当する金額を、法で定める適格な法人のうち、定款で定める者に贈与しなければなりません。**④公益目的増減差額**と**②公益目的保有財産**の合計額で、毎事業年度末、計算し、行政庁に報告します。

⑥　遊休財産額（公益法人認定法第5条第9号及び第16条、公益法人認定法施行規則第20条から第22条まで、ガイドラインⅠ－8.)

　　遊休財産額の算出方法としては、その法人の純資産額（総資産－総負債）から**⑦控除対象財産**（対応する負債の額を除く）を引いた残額を遊休財産額としていますが（公益法人認定法施行規則第22条）、実質的には、特定の目的、使途を持たずに保有している財産がこれに該当します。1年分の事業費相当額まで保有することができます。

⑦　控除対象財産（公益法人認定法施行規則第22条第3項、ガイドラインⅠ－8.)

528

法人の資産のうち、⑥**遊休財産額**から除かれる一定の用途を持った財産で、以下のものが列挙されています。なお、引当資産は見合いの引当金とともに、遊休財産額の計算過程において控除されるため、遊休財産額には含まれません。

・②**公益目的保有財産**
・公益目的事業を行うために必要な収益事業等や管理運営に供する財産
・⑧**特定費用準備資金**
・⑨**資産取得資金**
・寄附等によって受け入れた財産で、財産を交付した者の定めた使途に従って使用又は保有されているもの及び定めた使途に充てるために保有している資金

⑧　特定費用準備資金（公益法人認定法施行規則第18条、ガイドラインⅠ－7.(5)）
　　将来の特定の事業費、管理費に充てるため、法人の任意で積み立てる資金で、貸借対照表上の特定資産として計上します。資金の目的となる事業の種類は問いませんが、一定の要件を充たすとともに事業毎に積み立てる必要があります（公益法人認定法施行規則第18条第3項、問Ⅴ－3－④参照）。
　　特定費用準備資金は次の各認定基準等と関係があります。
　　・収支相償（公益法人認定法第5条第6号及び第14条、ガイドラインⅠ－5、問Ⅴ－2－④参照）
　　　公益目的事業に係る特定費用準備資金に積み立てた金額がある場合には、その積立て額を収支相償の計算上は費用とみなして、事業に関する費用の額に加算します。収益事業等の利益の50％を公益目的事業財産に繰入れる場合には、目的に沿った積立ては必要ですが、積立て期間内に計画的に積み立てる計算までは必要ありません。
　　・公益目的事業比率（公益法人認定法第5条第8号及び第15条）
　　　特定費用準備資金に繰り入れた金額がある場合には、その繰入額を費用とみなして事業等の区分に応じてそれぞれの経常費用に加算します。
　　・遊休財産（公益法人認定法第5条第9号及び第16条、公益法人認定法施行規則第21条第3号及び第22条第3項第4号）
　　　公益目的事業に係る特定費用準備資金に繰り入れた金額がある場合には、その繰入額を費用とみなし、遊休財産額の上限額である一年分の公益目的事業費相当額に加算します。

⑨　資産取得資金（公益法人認定法施行規則第22条第3項第3号）
　　特定の財産の取得又は改良に充てるため、法人の任意で積み立てる資金で、貸借対照表上の特定資産として計上します。資金の目的となる財産が供される事業の種

第2章　審査基準・会計基準等

類は問いませんが、特定費用準備資金と同様の要件を充たすとともに、同一の財産を公益目的事業及び収益事業等で共同して用いる場合には、事業区分別に積み立てる必要があります（公益法人認定法施行規則第22条第4項）。

資産取得資金は、次の各認定基準等と関係があります。

・収支相償（（公益法人認定法第5条第6号及び第14条、ガイドラインⅠ-5.）

　　公益目的事業に係る資産取得資金に積み立てた金額がある場合には、その積立て額を収支相償の計算上は費用とみなして、事業に関する費用の額に加算します。収益事業等の利益の50％を公益目的事業財産に繰り入れる場合には、目的に沿った積立ては必要ですが、積立て期間内に計画的に積み立てる計算までは必要ありません。

530

2．新たな公益法人制度への移行等に関するよくある質問（FAQ）

法人の財産と控除対象財産の関係

財産目録の例（抜粋）

この表は法人の財産の一部を整理したものであり、全ての財産を示しているものではありません。

貸借対照表科目	（財産の科目）	財産の使途・保有目的	控除対象財産（丸付き数字は規則23条該当号）
（流動資産）	現金預金	特に使途の定めがないもの	―
（固定資産）（基本財産）	土地・建物等	公益目的事業実施のために保有	①公益目的保有財産
		公益目的事業を支える収益事業等財産	②収益事業・管理活動財産
	○○基金（預金・有価証券等）	公益目的事業に果実を充当	①公益目的保有財産
		管理費に果実を充当（適正な範囲に限る）	②収益事業・管理活動財産
特定資産	美術品コレクション	美術館展示に不可欠な特定の財産	①公益目的保有財産（不可欠特定財産）
		公益目的事業実施のために保有	①公益目的保有財産
		管理費に収益を充当（適正な範囲に限る）	②収益事業・管理活動財産
		寄附を受けた財産で寄附者の定めた使途に従っているもの	③寄附等によって受け入れた財産で寄附した者の定めた使途に充てている財産
	預金・有価証券等	公益目的事業に果実を充当	①公益目的保有財産
		管理費に果実を充当（適正な範囲に限る）	②収益事業・管理活動財産
	修繕積立金（資産取得資金）	公益に使う建物の大規模修繕のために積み立てているもの	③資産取得資金
	○○事業実施積立資産（特定費用準備資金）	公益目的事業拡充に備え積み立てているもの	④特定費用準備資金
その他固定資産	土地 建物 構築物	公益目的事業を支える収益事業等財産	②収益事業・管理活動財産
		その他	―

一般社団・財団法人法：財団法人である各事業を行うために不可欠なものとして定款で定めたもの（維持義務と処分制限あり）

公益法人会計基準：定款において基本財産と定められた資産

公益法人会計基準：特定の目的のために使途等に制約を課した資産

※①②⑤の財産でも継続して事業の用に供している場合等には、控除対象財産に該当しません。

第2章　審査基準・会計基準等

問Ⅴ－4－③　（遊休財産額）

　　収支の変動に備えて積み立てている財政基盤確保のための募金（基金）、基本財産
からの運用益を積み立てている運用財産、減価償却引当資産、建物の修繕積立金、
土地取得のための積立金等は遊休財産となるのでしょうか

答

1　遊休財産となるかどうかは、財産に付けられる名前によってではなく、財産の用途
によって判断されることになります。公益法人認定法においては、法人の資産から負
債を控除した純資産の中で、次の控除対象財産（公益法人認定法施行規則第22条第3
項）の要件に合致する財産に相当するものは遊休財産額には含まれません（問Ⅴ－4
－②参照）。

①　公益目的保有財産

②　公益目的事業を行うために必要な収益事業等や管理運営に供する財産

③　資産取得資金

④　特定費用準備資金

⑤　寄附等によって受け入れた財産で、財産を交付した者の定めた使途に従って使用
　又は保有されているもの及び定めた使途に充てるために保有している資金

2　基本財産からの運用益を積み立てている運用財産は、単に積み立てているだけで
は、上記のいずれにも該当しないため遊休財産額に含まれます。運用益を管理業務に
充てるため又は公益目的事業に充てるために保有する金融資産として、適正な範囲に
限った上で、それぞれ上記①又は②の財産として貸借対照表上の特定資産に計上する
ものは、遊休財産額には入りません（公益認定等ガイドラインⅠ－8．(1)(2)）。

　　また、予備費などの将来の単なる備えや資金繰りのために保有している資金も遊休
財産に含まれます。将来の収支の変動に備えて法人が自主的に積み立てる財政基盤確
保のための資金（基金）は、過去の実績や事業環境の見通しを勘案して、活動見込み
や限度額の見積もりが可能など、④特定費用準備資金の要件を満たす限りで、遊休財
産額からは除外されます（問Ⅴ－3－④参照）。

3　減価償却引当資産、建物の修繕積立金、土地取得のための積立金は、特定の財産の
取得又は改良に充てるための上記③資産取得資金の要件（公益法人認定法施行規則第
22条第4項）を満たしていれば、遊休財産額には含まれません。

532

2. 新たな公益法人制度への移行等に関するよくある質問（FAQ）

問Ⅴ－4－④ （遊休財産額）
特定費用準備資金と資産取得資金の違いを教えてください。

答

1 特定費用準備資金（公益法人認定法施行規則第18条）は、将来の特定の事業費、管理費に特別に支出するために積み立てる資金です。将来、費用として支出することが予定されていることから、公益目的事業比率の算定上、前倒し的に積立額をみなし費用として算入することが可能なほか、資金の使途が具体的に定まっていることから遊休財産額から除外されます。

2 資産取得資金（公益法人認定法施行規則第22条第3項第3号）は、将来、公益目的事業やその他の必要な事業、活動に用いる実物資産を取得又は改良するために積み立てる資金です。資産の取得又は改良を行った時点では資金から実物資産に振り替わるだけであるため、費用で計る公益目的事業比率の算定には積立額を算入することはできませんが、資金の使途が具体的に定まっていることから遊休財産額から除外されます。

3 両資金とも、資金の目的である活動の実施や財産の取得又は改良が具体的に見込まれていること、資金毎に他の資金と区分して管理されていること、積立て限度額が合理的に算定されていること、算定の根拠が公表されていることといった要件を充たす必要があります（公益法人認定法施行規則第18条第3項及び第22条第4項、問Ⅴ－3－④、問Ⅴ－4－②参照）。

4 例えば、将来の事業計画として、施設等の整備を行ないつつ事業の拡充を計画している場合には、そういった施設等の資産の整備は、資産取得資金の積立対象ともなりうるところ、それらも一体のものとして特定費用準備資金に計上、管理することができます。なお、特定費用準備資金を取り崩して事業を実施した事業年度においては、事業費から資金の取崩し額を控除して公益目的事業比率を算定しますが（公益法人認定法施行規則第18条第2項及び第4項第1号）、資産の取得等も一体のものとして特定費用準備資金を利用した場合には、資金のうち資産の取得等に充てられた分は費用にはならない一方、資産の取得等分も含めた資金の取崩し額は全額、事業費から控除して公益目的事業比率を算定することになるため、同比率が実際より引き下げられる結果となることに注意が必要です。

5 特定の事業と結びつくことがなく、法人の事業全体に係るインフラ整備としての設備の取得や更新、本部のある建物の修繕のための積立金は資産取得資金として計上す

第2章　審査基準・会計基準等

ることが適当です。

問Ⅴ－4－⑤　（遊休財産額）

遊休財産額の計算方法について詳しく教えてください。

答

1　遊休財産額は、その法人の純資産額（資産の額－負債の額）から控除対象財産（使途の定めがある財産として公益法人認定法施行規則第22条第3項に列挙されている財産。ただし、対応する負債の額を除く）を差し引いた残額です。ここでは控除対象財産から対応する負債の額を控除する計算方法について説明します。

2　まず、控除対象財産から対応する負債を除く計算をするのは、借入金等によって資産を取得しているような場合には、負債が二重で減算されることになってしまうからです。例えば法人の総資産500、総負債200、控除対象財産200のうち100は借入金で取得、他の資産は全て目的の定めがない資金として保有するといった下記の例の場合、対応負債である借入金を考慮しないで遊休財産額を計算すると、

$$\underset{\text{総資産}}{500} - \underset{\text{総負債}}{200} - \underset{\text{控除対象財産}}{200} = 100$$

となり、目的の定めのない資金を200保有しているという実態から離れた結果になります。したがって控除対象財産から対応する負債の額を除くことによって、

$$\underset{\text{総資産}}{500} - \underset{\text{総負債}}{200} - (\underset{\text{控除対象財産}}{200} - \underset{\text{対応負債}}{100}) = 200$$

となり、負債の二重控除を排除するわけです。

貸借対照表

目的の定めのない資金 （遊休財産額） 300	借入金 200
控除対象財産 200	純資産額 300

534

2．新たな公益法人制度への移行等に関するよくある質問（FAQ）

3　公益法人認定法施行規則第22条に定める対応負債の額は、上記の例による控除対象財産に直接対応する負債と、資産との対応関係が明らかでないその他の負債のうち控除対象財産に係る負債と認められるものを合計した額としています。これらを踏まえ、具体的な計算例を示すと次のとおりです。

貸借対照表

資産	金額	負債・正味財産	金額
流動資産		負債	
現金預金	40	未払金	20
固定資産		借入金	40
基本資産		その他	20
土地	80	賞与引当金	20
建物	40	負債合計	100
その他固定資産		正味財産	
その他	90	指定正味財産	70
		一般正味財産	80
資産合計	250	負債・正味財産合計	250

※　控除対象財産は公益目的保有財産とした土地 及び建物

資産の各科目との対応関係が明らかな負債の額 ⎰ 未払金は翌期首に現金預金から支払うもの
借入金は次の資産の取得に充てている（建物１０、その他資産３０）

控除対象財産に対応する負債

《個別対応方式》（認定規則第22条第7項）

　まず、控除対象財産と個別の対応関係が明らかな負債を特定する。控除対象財産より、負債との個別の対応関係が明らかな額と指定正味財産から充当される額とを控除した財産額の中には、資産の各科目との対応関係が明らかでない負債に係るものが含まれうるが、これを資産の各科目との対応関係が明らかでない負債の額と一般正味財産額との割合に基づいて算出する。

資産　　　負債　　控除対象財産(A)　対応負債(B)　遊休財産額
$$250 - 100 - (120 - 18) = 48$$

対応負債(B)　控除対象財産に対応する負債　控除対象財産(A)　控除対象財産に対応する負債　指定正味財産
$$18 = 10 + (120 - 10 - 70) \times$$

負債　引当金　各資産に対応する負債の合計額　　一般正味財産
$$\{⑦100 - 20 - (20 + 10 + 30)\} / (⑦ + 80)$$

535

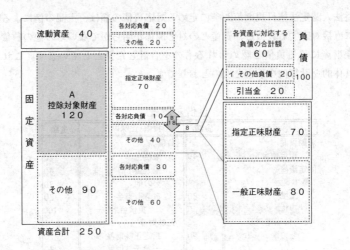

《簡便方式》（認定規則第22条第8項）

　控除対象財産と個別の対応関係がある負債を特定する作業は行わない。控除対象財産より、指定正味財産から充当される額を控除した財産額の中には負債に係るものが含まれうるが、これを負債の額と一般正味財産額との割合に基づいて算出する。

$$\underset{資　産}{250} - \underset{負　債}{100} - (\underset{控除対象財産(A)}{120} - \underset{対応負債(B)}{25}) = \underset{遊休財産額}{55}$$

$$\underset{対応負債(B)}{25} = (\underset{控除対象財産(A)}{120} - \underset{指定正味財産}{70}) \times \underset{①}{(\underset{負　債}{100} - \underset{引当金}{20})} / (① + \underset{一般正味財産}{80})$$

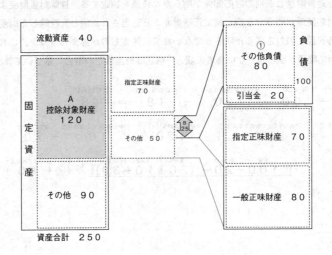

２．新たな公益法人制度への移行等に関するよくある質問（FAQ）

問Ⅴ－４－⑥　（遊休財産額）

　控除対象財産のうち、いわゆる１号財産、５号財産及び６号財産はそれぞれどのような財産なのでしょうか。

答

1　控除対象財産のうち、１号財産、５号財産及び６号財産は、以下のような財産が該当します。

①　１号財産（公益法人認定法施行規則第22条第３項第１号）

　１号財産とは、公益法人認定法施行規則第22条第３項第１号に規定する公益目的保有財産を指します。

　公益目的保有財産は、公益目的事業財産の一部であり、次の固定資産が該当します。

ア　公益目的事業財産を支出することで得た財産（公益法人認定法第18条第５号、公益法人認定法施行規則第26条第６号）

イ　不可欠特定財産（公益法人認定法第18条第６号）

ウ　法人自ら公益目的に使用すると定めた財産（公益法人認定法第18条第７号、公益法人認定法施行規則第26条第７号）

　(注) 上記アからウまでに掲げるもののほか、特例民法法人から移行した公益法人については移行認定申請時に有していた財産のうち公益目的事業の用に供する財産に該当するものは、公益法人認定法施行規則附則第2項第1号及び第3項の規定により、公益目的保有財産となります（仮に、公益目的事業の用に供する財産であるにもかかわらず、認定申請法人が公益目的保有財産と位置付けなかった場合であっても、当該財産は公益目的保有財産となりますので御留意ください（※)。)。

　（※）例えば、仮に、認定申請法人が、金融資産の運用益を奨学金交付の財源としている一方で、元本たる金融資産そのものは公益目的保有財産に位置付けていない場合であっても、当該金融資産が奨学金交付事業の用に供する財産であると認められる場合には、公益目的保有財産となります。また、金融資産以外の資産の事例ですが、認定申請法人が、保有する建物に係る減価償却費を公益目的事業会計の費用に計上する一方で、認定申請法人が当該建物そのものを公益目的保有財産に位置付けていない場合も、当該建物が公益目的事業の用に供する財産であると認められる場合には、公益目的保有財産となります。

　公益目的保有財産は、継続して公益目的事業のために使用しなければなりません。また、公益目的保有財産は、貸借対照表等では固定資産に区分して表示し、対象資産が金融資産の場合には基本財産又は特定資産として表示するとともに、財産

537

第2章　審査基準・会計基準等

目録には、財産の勘定科目をその他の財産の勘定科目と区分して表示する必要があります（公益法人認定法施行規則第25条及び第31条第3項、ガイドラインⅠ－8.(1)）。

② 5号財産（公益法人認定法施行規則第22条第3項第5号）

5号財産とは、公益法人認定法施行規則第22条第3項第5号に規定する寄附その他これに類する行為によって受け入れた財産（当該財産を処分することによって取得した財産を含む。）であって、当該財産を交付した者の定めた使途に従って使用し、若しくは保有しているものを指します。

例えば、賃貸し、その賃貸事業利益を公益目的事業費に充てる旨定めがあって、公益認定を受けた日以後に寄附された建物を、その定めに従い使用収益している場合が該当します。定められたとおりの「使用」の実態がない場合には、遊休財産と判断することがあり得ますので、留意が必要です（ガイドラインⅠ－8.(4)）。

また、5号財産は、当該財産を交付した者の個人又は法人その他の団体の別（当該財産が広く一般に公募されたものである場合にあっては、その旨）、当該財産を受け入れることとなった日（当該財産が広く一般に公募されたものである場合にあっては、募集期間）、受け入れた財産の合計額、当該財産の使途の内容等について、公益法人認定法第21条の規定の例により備置き及び閲覧の措置が講じられているものでなければなりません（公益法人認定法施行規則第22条第5項）。

③ 6号財産（公益法人認定法施行規則第22条第3項第6号）

6号財産とは、公益法人認定法施行規則第22条第3項第6号に規定する寄附その他これに類する行為によって受け入れた財産であって、当該財産を交付した者の定めた使途に充てるために保有している資金を指します。

例えば、事業財源に充てることが寄附者によって指定されているが、当年度の事業財源は確保されているため、翌年度以降に事業費として支出される預金であったり、研究用設備を購入する旨定めがあって寄附されたが、研究が初期段階のため購入時期が到来するまで保有している資金であったり、あるいは、寄附者等から売却して事業資金に充てることが指定されて寄附された国債等といった有価証券が該当すると考えられます。

このように、6号財産は、一般的には、寄附者等の定めた使途に充てるために、言わば待機しているような資金が主として想定されます。

また、6号財産は、上記②のとおり、5号財産と同様の備置き及び閲覧の措置が講じられているものでなければなりません（公益法人認定法施行規則第22条第5項）。さらに、6号財産は、他の資金と明確に区分して管理されていること、当該

2．新たな公益法人制度への移行等に関するよくある質問（FAQ）

資金の目的である支出に充てる場合を除くほか、取り崩すことができないものであること又は当該場合以外の取崩しについて特別の手続が定められていることを満たすものでなければなりません（公益法人認定法施行規則第22条第6項において準用する第18条第3項第2号及び第3号）。

2　なお、上記は基本的な考え方を示したものですので、実際に、保有する財産を1号財産、5号財産又は6号財産のいずれに整理すべきかについては、個々の具体的な事例に即して判断することとなります。

問V−4−⑦　（遊休財産額）

　控除対象財産のうち、1号財産（公益目的保有財産）に該当する金融資産は、取り崩すことはできないのでしょうか。また、やむを得ず将来にわたり取り崩していくこととした場合、当該金融資産を控除対象財産にすることはできないのでしょうか。

答

1　1号財産（公益目的保有財産）は、継続して公益目的事業の用に供するために保有する財産です（公益法人認定法施行規則第25条第2項等）。このことに鑑みれば、1号財産に該当する金融資産については、原則として、これを取り崩すことなく、その果実を継続的に公益目的事業の財源に充てることを目的として保有すべきものであると考えられます。

（注1）　また、こうした1号財産の基本的性格に鑑み、1号財産のうち金融資産に該当するものは、貸借対照表において基本財産又は特定資産として計上することとされています（ガイドラインI−8.(1)）。

2　しかし、景気の停滞等を原因として、法人が公益目的事業を継続していく上で、当該金融資産を取り崩して事業財源に充てる以外に方法がないなど、やむを得ない場合には、当該金融資産を取り崩すことは否定されません。

　なお、例えば、今後数年間にわたって、当該金融資産を取り崩して公益目的事業の財源を確保せざるを得ない状況にある場合には、1号財産から特定費用準備資金などに区分替えを行うことが考えられます。特定費用準備資金に区分替えをした場合には、資金の目的である活動の内容及び時期が費用として擬制できる程度に具体的なものであり、かつ、資金単位でどの事業に関する資金かが判別できる程度に具体性をもって貸借対照表の特定資産として計上する等、特定費用準備資金としての適格性を

第2章　審査基準・会計基準等

満たす必要があります（ガイドラインⅠ−7.(5)参照）。

3　また、取崩しを行おうとする場合には、定款等の内部規程において、取崩しに係る規程をあらかじめ整備し、当該内部規程に従い、理事会、社員総会、評議員会等の機関決定を経る必要があります。このほか、取崩し後の法人の経理的基礎を確認するため、以降の事業計画や財務の見通しについて御説明いただく場合がありますので御留意ください。

(注2)　公益認定を受ける前に取得した財産のうち、認定を受けた日以後に、法人が公益目的事業の用に供するものである旨を表示した財産は、公益目的保有財産に該当し、継続して公益目的事業の用に供するために保有することが必要とされています（公益法人認定法第18条第7号、公益法人認定法施行規則第25条）。

問Ⅴ−4−⑧（遊休財産額）
　控除対象財産のうち、2号財産（公益目的事業を行うために必要な収益事業等その他の業務又は活動の用に供する財産）とした金融資産は、取り崩すことができないのでしょうか。

答

1　2号財産（公益目的事業を行うために必要な収益事業等その他の業務又は活動の用に供する財産）に該当する金融資産については、原則として、これを取り崩すことなく、その果実を継続的に収益事業等や法人管理の財源に充てることを目的として保有すべきものであると考えられます。

(注1)　こうした2号財産の基本的性格に鑑み、2号財産のうち金融資産に該当するものは、貸借対照表において基本財産又は特定資産として計上することとされています（ガイドラインⅠ−8.(2)）。

(注2)　管理業務に充てる実態がないことが明らかな場合には、2号財産とは認められず、遊休財産とみなされることもあり得ます。

2　しかし、2号財産に該当する金融資産は、管理業務に充てるために合理的な範囲内で計上されるものである（ガイドラインⅠ−8.(2)）ため、経営環境の変化等により、管理費等の財源が不足する場合には、例外的に取り崩して使用することも可能です。その場合は、定款等の内部規程に従い、理事会、社員総会、評議員会等の機関決定が必要です。なお、取崩し後の法人の経理的基礎を確認するため、以降の事業計画や財

540

2．新たな公益法人制度への移行等に関するよくある質問（FAQ）

務の見通しについて御説明いただく場合があります。

問Ⅴ－4－⑨（遊休財産額）

　　保有株式の配当を公益目的事業費のほか、法人運営に必要な管理費の財源にも充てている法人に関して、移行認定又は公益認定の申請に当たり、当該保有株式を1号財産（公益目的保有財産）と2号財産（公益目的事業を行うために必要な収益事業等その他の業務又は活動の用に供する財産）に振り分ける際、どのような考え方で配分すべきでしょうか。

答

1　金融資産の2号財産への振り分けについては、ガイドラインⅠ－8.(2)において、「管理業務に充てるために保有する金融資産については、合理的な範囲内において、貸借対照表において基本財産又は特定資産として計上されるものが該当する」とされていることから、合理的な範囲内で行う必要があります。

2　何が合理的な範囲内であるかは、法人ごとに異なると考えられるため、一概には例示できませんが、公益法人は公益の増進を目的とする法人であり、公益目的事業に充てるべき財源を最大限に活用して無償又は低廉な価格設定などによって受益者の範囲を可能な限り拡大すること、また、公益目的事業や収益事業等及び管理業務のために現に使用せず、かつ、今後も使用する見込みがない多額の財産を蓄積しないことが求められていますから、このような観点を踏まえつつ、個々の法人の抱える諸事情を総合的に勘案して判断する必要があります。行政庁は、認定後の監督においても、その判断となる合理性を確認することがありますのであらかじめ御留意ください。

問Ⅴ－4－⑩（遊休財産額）

　　公益法人が、金融資産の1号財産（公益目的保有財産）と2号財産（公益目的事業を行うために必要な収益事業等その他の業務又は活動の用に供する財産）の配分割合を変更することは可能でしょうか。

答

1　事業環境の変化により、当初控除対象財産の区分で想定していた1号財産（公益目的保有財産）と2号財産（公益目的事業を行うために必要な収益事業等その他の業務又は活動の用に供する財産）の配分割合が適応しない状態となることがあります。このような場合には、現在の資産の区分状況によって、その対応方法が異なります。

541

第2章　審査基準・会計基準等

① 2号財産から1号財産に振り替える場合

2号財産から1号財産への振替は、適時に行うことが可能です。

② 1号財産から2号財産に振り替える場合

1号財産から2号財産への振替は、不可能ではありませんが、安易に認められるべきものでもありません。1号財産は、公益目的事業のために使用又は処分することが義務付けられている公益目的事業財産に当たるからです（公益法人認定法第18条本文）。ただし、例えば、金融資産である1号財産を2号財産に振り替えること以外に、法人管理の財源不足を補う方法がない場合には、1号財産から2号財産への振替も許容することができると考えますが、安易な振替となっていないかどうか注意する必要があります。

また、1号財産から2号財産に振り替えた財産額は、振替後も公益目的取得財産残額（公益認定が取り消された場合に、類似の事業を目的とする他の公益法人等に対して贈与する財産の額）の算定に含めることとなりますので、御留意ください（公益法人認定法施行規則第26条第5号）。

2　なお、上記の振替を行う際には、あらかじめ必要な機関決定等を行ってください。

問Ⅴ－4－⑪　（遊休財産額）

寄附者の定めた使途がある公益目的事業に係る資金があるのですが、控除対象財産のうち、いわゆる1号財産、5号財産、6号財産のいずれに整理したらよいか分かりません。どのような考え方で整理したらよいのでしょうか。

答

寄附者の使途の指定の内容を確認の上、基本的には以下のような考え方を参考に整理してください（寄附者の使途の指定の確認については、問Ⅴ－4－⑫参照）。

ただし、実際には多種多様な事例が考えられ、以下の考え方が直接当てはまらない場合も考えられることから、個々の具体的な事例に即して判断することとなります。

1　認定前に寄附者から取得した財産である場合

① 認定前に、寄附者により、当該資金の運用益を具体的な公益目的事業の財源に充てる旨の指定がかけられている場合

通常は1号財産（公益目的保有財産）に該当します。

1号財産は、継続して公益目的事業のために使用しなければならないこととされています。この場合、運用益を具体的な公益目的事業の財源に充てる旨の指定がか

542

けられているため、その元本は、継続して公益目的事業のために使用するものということができることから、通常は1号財産に該当します。

② 認定前に、寄附者により、当該資金の元本を取り崩して、具体的な公益目的事業の財源に充てる旨の指定がかけられており、元本の全部又は一部が残存している場合

6号財産に該当します。

当該資金の元本の全部又は一部が取り崩されずになお残っている場合、その残っている元本は、交付者の定めた使途に充てるために保有している資金に当たるものということができることから、6号財産に整理します。

2 認定後に寄附者から取得した財産である場合

5号財産又は6号財産に該当します。

寄附を受けた当該資金のうち、その運用益を既に公益目的事業の財源として、寄附者の指定した使途に従って使用しているものは5号財産に該当します。一方で、例えば、寄附者により、元本を研究助成に充てることとされているが、現時点では使用されておらず、言わば待機している資金は6号財産に該当します。

(注) 認定後に寄附者から取得した財産は、上記のとおり5号財産又は6号財産に整理され、直接1号財産に整理されることはありません。1号財産に整理されるケースとしては、例えば、一旦5号財産又は6号財産に整理された財産を支出することにより別の財産を取得した場合が考えられます（公益法人認定法第18条第5号）。なお、5号財産又は6号財産に整理できるのは、寄附について具体的な使途の指定があることが前提になりますので、御留意ください。

問Ⅴ－4－⑫（遊休財産額）

寄附者の使途の指定は、どの程度具体的になされている必要があるのでしょうか。過去にされた寄附で、指定が十分に明確ではない場合には、どのように対応すればよいでしょうか。確認作業が膨大となることが見込まれる場合や、寄附者が死亡している場合の対応方法も含め、教えてください。

答

1 使途の制約については、例えば、「公益目的事業の○○事業に充当して欲しい」や「奨学金事業の奨学金の財源に充当して欲しい」と具体的に表現される必要があり、「公益目的事業に使ってほしい」というだけでは、一般的には、使途の制約があるとは認められません。寄附を受ける時点で、寄附者の意思を十分に確認し、明確にしてもらうことが必要です。

第2章　審査基準・会計基準等

　特に、管理費や収益事業にも使用できる形では、使途の制約があるとは言えません。必ず、「寄附金のうち○％は管理費の財源とし、△％は公益目的事業の○○事業に充当し、×％は公益目的事業の◇◇事業に充当して欲しい」というような形で区分して、指定をすることが必要です。

　(注) 指定正味財産を財源とする基本財産の運用益は、一般には、運用益の発生した当該事業
　　　年度の費用に充当することを期待していると考えられ、具体的な使途の制約があるものに
　　　ついてのみ、指定正味財産として取扱うことが適当です。

2　過去にされた寄附であって、寄附契約書の記載が十分でない場合は、寄附の際の募集要項や、寄附当時の理事会等の議事録その他寄附者の意思が確認できる文書を通じて使途の確認を行っていただく必要があります。

3　寄附者の意思を確認できる文書が無かったり、当該文書を探し出すのに膨大な作業が発生したりするような場合、あるいは寄附者の死亡により確認が困難であることなども考えられます。寄附者が生存している場合には、改めて当該寄附者の意思を確認するか、寄附者が亡くなっている場合には、当該寄附者の意思を関係者に聴くことによって、使途を明確化することができるときは、当該寄附者の意思により明確に使途に制約がかけられているとみなしても差し支えないものと考えられます。または、既に定められている法人内部の寄附金に関する規程等によって寄附者の意思の範囲内で具体的な事業を特定されているか、具体的な事業に配分することができるときには、当該寄附者の意思により明確に使途に制約がかけられているものとみなしても差し支えないものと考えられます。その場合には、法人におけるこれまでの当該寄附の取扱いから、寄附者の意思を合理的に推定できる場合には、理事会での確認等をもって、使途の確認に代替できると考えられます。

4　また、審査に当たっては、寄附者の意思が確認できる文書、使途の確認の代替手段としての理事会の議事録等を提出していただくことがありますので、御留意ください。

２．新たな公益法人制度への移行等に関するよくある質問（FAQ）

問Ⅴ－４－⑬　（遊休財産額）

　　寄附者から、○○地方で３年に一度行われる伝統芸能行事を保存するための資金に使ってほしいとの使途の指定を受けて、当該資金の寄附を受けました。当社団では、従来から、当該資金を取り崩して、当該伝統芸能行事への助成財源に充てるとともに、法人運営の管理費の財源にも充ててきたところです。移行認定の申請に当たり、当該資金を６号財産（交付者の定めた使途に充てるために保有している資金）に整理しようと思うのですが、この場合、当該資金を公益目的事業会計に係る部分と法人会計に係る部分とに分けなければならないのでしょうか。

答

1　御質問の社団のように、現在実質的に公益目的事業と法人運営の管理財源の両方に充てている資金は、そのままでは公益目的事業財産とそれ以外の財産に区分されていないことになります。仮に当該資金全体を公益目的事業財産として整理すると、管理費に使用することはできません。

2　したがって、当該資金については、公益目的事業に係る部分と法人会計に係る部分とに区分する必要があります。

3　公益目的事業財産とそれ以外の財産との区分けについては、公益目的事業のうち伝統芸能行事保存のための事業に利用される部分と、法人の管理運営の財源とする部分とを分割することについて、寄附者等の意思を確認（寄附者等の死亡により確認が困難な場合には、法人におけるこれまでの当該寄附の取扱いから寄附者等の意図を合理的に推定）した上で、それぞれに６号財産（交付者の定めた使途に充てるために保有している資金）として整理する必要があります。

（注）公益法人においては、公益目的事業財産という財産区分があります。公益目的事業財産は、公益目的事業に使用しなければならず、更に、公益目的取得財産残額を毎事業年度末に算定しなければなりません（公益法人認定法第18条、公益法人認定法施行規則第48条第１項）。
　　　このため、公益目的事業に使用する財産とそれ以外の事業や管理費に使用する財産とは区分しておく必要があります。

問Ⅴ－５－①　（会計監査人設置基準）

　　公益法人は会計監査人を設置しなければならないのでしょうか。

答

545

第2章　審査基準・会計基準等

1　公益法人には、一般社団・財団法人以上に適正な財産の使用や会計処理が求められます。そのため、法は認定基準において、会計監査人を置くものであることを要求しています（公益法人認定法第5条第12号）。

2　しかしながら、会計監査人の設置が費用負担を伴うものであること等にかんがみ、一定の基準に達しない法人については会計監査人の設置を義務付けないこととしています。具体的には、①収益の額が1,000億円未満、②費用及び損失の額の合計額が1,000億円未満、③負債の額が50億円未満、の全ての要件を充たす場合には会計監査人の設置は義務付けられません（公益法人認定法施行令第6条）。

　　(注)　負債の額が200億円を上回る場合には、一般社団・財団法人であっても会計監査人の設置が義務付けられています（一般社団・財団法人法第2条、第62条及び第171条）。

3　上記の基準により法令上会計監査人を置くことが義務付けられていない場合であっても、会計監査人を設置すれば、公益法人認定法第5条第2号により求められる経理的基礎の要件の情報開示の適正性を充たすことになります（ガイドライン I − 2．(3)①）。

4　なお、会計監査人を設置するためには、実際にその選任を行う必要があることはもちろんですが、その前提として定款に会計監査人を置く旨を定めることが必要となります。公益認定を申請する場合には、定款の定めや具体的な会計監査人の選定についてもあらかじめ十分検討しておくことが必要です。

問 V − 5 −②（会計監査人設置基準）
　　公益認定を受けて公益法人として活動したいと考えていますが、会計監査人は認定を受けたら直ちに設置しなければならないのでしょうか。

答

1　公益法人は、一定の除外要件に該当する場合を除き、会計監査人を置くことが義務付けられており、一般社団・財団法人が認定を受ける場合には、公益認定を受けた日から会計監査人を置くことが必要となります。

2　また、法人が定款によって認定を受けた日の前日で事業年度を区切る場合を除き、監査対象となる期間は公益認定を受けた日の属する事業年度の開始日に遡ることとなります。監査対象年度の途中で会計監査人を選任することは、実際上は相当困難と思

われます。法人が定款によって事業年度を区切ることとした場合でも、監査対象となる事業年度は通常の事業年度の途中から始まることになるため、実際の会計監査人の選任は難しくなるおそれがあります。

3　したがって、公益認定を受けようとする場合には、申請を行う予定の事業年度の当初から定款の定めにより会計監査人を設置、選任しておくこと等により、法令に違反することとならないよう十分検討しておくことが必要です。

参　考　「公益認定」に係る会計監査人の選任時期について

一般法人が公益認定を受けて公益法人になるにあたり、公益認定の処分が事業年度途中になされた場合、公益認定の処分の日を含む事業年度開始の日に遡り、当該事業年度に係わる計算書類等が会計監査人監査の対象となる。そのため、外部監査人の設置を今まで行っていなかった法Ⅰにおいては、会計監査人を見つけることが事実上、難しいことが想定される。

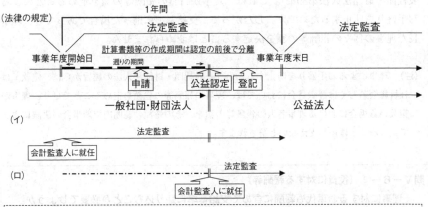

(イ)公益認定を申請する予定の事業年度については、設置の基準にかかわらず、定款の定めにより、当初から会計監査人を選任・設置しておく
(ロ)定款の定めにより公益認定を受けた日において事業年度を区切る

問Ⅴ－6－①（役員に対する報酬等）
　役員等報酬等支給基準について、「理事の報酬額は理事長が理事会の承認を得て定める」のような支給基準とすることは可能でしょうか。

答

第2章　審査基準・会計基準等

1　公益法人の理事等の報酬等が、民間事業者の役員の報酬等や公益法人の経理の状況
に照らし、不当に高額な場合には、法人の非営利性を潜脱するおそれがあり、適当で
はありません。このため、理事等に対する報酬等が不当に高額なものとならないよう
支給の基準を定めていることを公益認定の基準とした上（公益法人認定法第5条第13
号）、当該支給基準は公表するとともに、その基準に従って報酬等を支給することを
定めています（公益法人認定法第20条）。更に、この支給基準は、理事等の勤務形態
に応じた報酬等の区分、金額の算定方法、支給の方法等が明らかになるよう定める必
要があります（公益法人認定法施行規則第3条）。

2　支給基準において理事等各人の報酬額まで定める必要はありませんが、ご質問いた
だいたような定め方では報酬科目や算定方法が明らかにされず、認定基準を満たして
いないものと考えます。

3　なお、理事の報酬等の支給基準ではありませんが、報酬等の額については、定款で
定めていないときは、社員総会又は評議員会の決議により定めることが必要です（一
般社団・財団法人法第89条）。これは、理事が自らの報酬等の額を定めることによる
お手盛りを防止するためです。したがって、支給基準に則った場合であっても、理事
長が理事の個々の報酬等の額を決定することは認められません。

（注）　理事によるお手盛りを防止するという一般社団・財団法人法の趣旨からは、定款又は
　　　社員総会若しくは評議員会においては、理事の報酬等の総額を定めることで足り、理事が
　　　複数いる場合における理事各人の報酬等の額を、その総額の範囲内で理事会の決議によっ
　　　て定めることは差し支えないと解されます。

問Ⅴ－6－②（役員に対する報酬等）
理事に対するお車代も報酬に含めて支給基準に盛り込むことが必要でしょうか。

答

　　理事、監事、評議員に対する報酬等とは、報酬、賞与その他の職務遂行の対価とし
て受ける財産上の利益及び退職手当と定められていますので（公益法人認定法第5条
第13号）、理事に対して、交通費実費相当額をお車代として支給する場合には、報酬
等には該当しません。

　　「お車代」という名称であっても、交通費実費相当額を超えて支給する場合には、
支給基準に盛り込むことが必要です。

2．新たな公益法人制度への移行等に関するよくある質問（FAQ）

問Ⅴ－6－③　（役員に対する報酬等）

　　非常勤理事や評議員に対して給与は支給できるのでしょうか。非常勤理事や評議員は現在は無報酬ですが、報酬等の支給基準を定めるという基準の意味は報酬を支給しなければならないということなのでしょうか。

答

1　公益法人の理事等の報酬等が、民間事業者の役員の報酬等や公益法人の経理の状況に照らし、不当に高額な場合には、法人の非営利性を潜脱するおそれがあり、適当ではありません。このため、理事等に対する報酬等が不当に高額なものとならないよう支給の基準を定めていることが公益認定の基準とされています（公益法人認定法第5条第13号）。

2　ただし、報酬等の支給基準を定めるといっても、報酬等の支給を義務付ける趣旨ではなく、無報酬でも問題ありません。その場合は、報酬等の支給基準において無報酬である旨を定めることになります。

3　逆に、非常勤理事や評議員に対し、職務遂行の対価として、各々の責任に見合った報酬等を支給することも可能です。非常勤理事や評議員に対して、職務遂行の対価として支給する日当や、交通費実費相当額を超えて支給するお車代等は、本基準でいう報酬等に含まれます。

4　定款で「原則」無報酬であるとしながらも、常勤役員等に対して支給することも「できる」と規定する場合には、支給する場合の基準について定めておくことが必要です。定款で支給ができる旨の規定はあるものの、当面の間は役員報酬を支給する予定がないような場合は、支給基準において無報酬である旨を定めたうえ、支給する場合の基準は省略しても構いません（この場合は、将来支給することとなった場合には支給基準の改訂が必要になります。）。

問Ⅴ－6－④　（役員に対する報酬等）

　　報酬等支給基準は理事会で決定する必要がありますか。

答

1　公益法人の理事等の報酬等が、民間事業者の役員の報酬等や公益法人の経理の状況に照らし、不当に高額な場合には、法人の非営利性を潜脱するおそれがあり、適当ではありません。このため、理事等に対する報酬等が不当に高額なものとならないよう

第2章　審査基準・会計基準等

支給の基準を定めていることが公益認定の基準とされています（公益法人認定法第5条第13号）。

2　この報酬等支給基準については、理事、監事に係る分については①社員総会又は評議員会で決定する方法と、②社員総会又は評議員会においては、報酬等の総額を定めることとし、支給基準は理事については理事会で、監事が複数いる場合は監事の協議によって決定する方法の2通りがあり得ます（一般社団・財団法人法第89条及び第105条）。理事会が自分たちの報酬等の額を自由に定めることによるお手盛りを防止する趣旨から理事会だけで自由に決定することはできませんが、社員総会又は評議員会において報酬等の総額を定められている場合には、具体的な金額の算定方法等に係る基準について理事会又は監事の協議で決定することは可能です。

3　一方、評議員は、理事及び理事会を監督・牽制する役割を担っており、監督される側である理事からの独立性を確保する必要があります。このため、評議員の報酬等の額は、定款で定めることとされており（一般社団・財団法人法第196条）、その支給基準についても、定款又は評議員会のいずれかで決定することになります。

問V－6－⑤（監事の報酬等）
　監事の報酬等は、どのように決めればいいのでしょうか。

答

　監事が、ガバナンス上の重要な役割（問Ⅱ－7－③参照）を適切に果たしていくためには、理事からの独立性を確保する必要があり、一般社団・財団法人法では、監事の報酬等について、定款の定め又は社員総会（評議員会）の決議によってその額を定めることとされています（一般社団・財団法人法第105条）。

　具体的には、監事は、社員総会において、個人的な能力、資質等が信頼できるとの判断の下に選任されるものであり、その適正な報酬を確保する必要があることから、定款の定め又は社員総会（評議員会）の決議において、各監事の報酬等の具体的な金額を決定することが望ましいと考えられます。

　なお、そのような定め方をせずに、次のような方法で監事の報酬等を定めることは許されないものと考えられますので注意が必要です。

① 　監事の報酬等と理事の報酬等とを一括してその総額を定めること

② 　監事の報酬等の総額のみを定め、各監事の報酬等は、理事（又は理事会）が決定すること

③ 　各監事の報酬等の上限額等を定め、その範囲内で理事（又は理事会）が各監事の

2．新たな公益法人制度への移行等に関するよくある質問（FAQ）

　報酬等の具体的な金額を決定すること

（参照条文） 一般社団・財団法人法第105条

問Ⅴ－6－⑥（役員等に対する報酬等）
　報酬等支給基準について、どのような支給の基準を定める必要がありますか。

答
　公益法人の役員等に対する報酬等の支給の基準については、公益法人認定法施行規則第3条において、次の4つの事項につき定める必要があるとされています（注1）。

（注1） 対象は、社団法人については理事及び監事、財団法人については理事、監事及び評議員であるため、これらを漏れなく定めていることが必要です。

① 理事等の勤務形態に応じた報酬等の区分
　理事等の勤務形態に応じた報酬等の区分とは、常勤役員、非常勤役員の報酬の別等をいい、例えば、常勤理事への月例報酬、非常勤理事への理事会等への出席の都度支払う日当等（注2）になります。

（注2） 非常勤の理事等に対する日当等が、交通費実費相当額を超える場合は、報酬等に該当する場合があります。

② その額の算定方法
　その額の算定方法とは、報酬等の算定の基礎となる額、役職、在職年数等により構成される基準等をいい、どのような過程をたどってその額が算定されるかが第三者にとって理解できるものとなっている必要があります。
　例えば、役職に応じた一人あたりの上限額を定めたうえ、各理事の具体的な報酬金額については理事会が、監事や評議員については社員総会（評議員会）が決定するといった規定は、許容されるものと考えられます（国等他団体の俸給表等を準用している場合、準用する給与規程（該当部分の抜粋も可）を支給基準の別紙と位置づけ、支給基準と一体のものとして行政庁に提出していただくことになります。）。
　一方、社員総会（評議員会）の決議によって定められた総額の範囲内において決定するという規定や、単に職員給与規程に定める職員の支給基準に準じて支給するというだけの規定では、どのような算定過程から具体的な報酬額が決定されるのかを第三者が理解することは困難であり、認定基準を満たさないものと考えられます。

551

第2章 審査基準・会計基準等

　また、退職慰労金について、退職時の月例報酬に在職年数に応じた支給率を乗じて算出した額を上限に各理事については理事会が、監事や評議員については社員総会（評議員会）が決定するという方法も許容されるものと考えられます。（問Ⅴ－6－④及び⑤参照）

　なお、いずれの報酬につきましても、不当に高額なものとならないよう支給の基準を定めていただく必要があります。

③　支給の方法

　支給の方法とは、支給の時期（毎月か出席の都度か、各月または各年のいつ頃か）や支給の手段（銀行振込みか現金支給か）等をいいます。

④　支給の形態

　支給の形態とは、現金・現物の別等をいいます。ただし、「現金」「通貨」といった明示的な記載がなくとも、報酬額につき金額の記載しかないなど金銭支給であることが客観的に明らかな場合は、「現金」等の記載は特段なくても構いません。

(参照条文) 公益法人認定法施行規則第3条、公益法人認定法第5条第13号

問Ⅴ－7－①（株式保有の制限）
　他の団体の意思決定に関与することができる財産と信託契約との関係について教えてください。

答

1　公益法人が株式等の保有を通じて営利法人等の事業を実質的に支配することにより、公益目的事業比率が50％以上という認定基準を潜脱することを防ぐため、公益法人による他の団体の意思決定に関与することができる財産の保有を制限する認定基準を設けています。

2　保有制限の対象に信託契約に基づく委託者又は受託者の権利を含めているのは、委託者又は受託者としての権利に他の団体の意思決定に関与することができる権利が含まれる場合が考えられるためです。したがって信託についての意思決定に関与する場合を想定しているものではなく、公益法人が株式等を信託する場合に株式等の議決権を委託者又は受益者以外のものに無条件に付与する場合には、その範囲において意思決定に関与することができる財産には含まれません。

2．新たな公益法人制度への移行等に関するよくある質問（FAQ）

問Ⅴ－8－①（法人会計の黒字）
　公益認定申請のため、別表G（収支予算の事業別区分経理の内訳表）を作成しているのですが、法人会計が黒字になるような予算は認められないのでしょうか。

答

1　法人会計の財源を確保した結果、法人会計が黒字になることがありますが、そのことのみをもって、直ちに公益法人認定法との関係で問題が生ずるものではありません。例えば、将来において管理部門の設備投資が予定されている場合など管理部門強化のための財源が必要となるような場合には、合理的な計画の下に、必要な範囲で法人会計を黒字とすることはあり得ます。

2　他方で、公益法人は、公益目的事業の実施に当たり無償又は低廉な価格設定などによって受益者の範囲を可能な限り拡大すること、また、公益目的事業や収益事業等及び管理業務のために現に使用せず、かつ、今後も使用する見込みがない多額の財産を蓄積しないことが求められています。このため、例えば、上記1のような合理的な理由もないにもかかわらず、法人会計に多額の黒字が恒常的に発生するような状態は、適切ではないと考えられます。

3　こうした考えの下、審査の段階では、法人に対し、必要に応じ、寄附者等の定めた法人会計への配分割合、賛助会費又は会費（経費）に係る規程に定める法人会計への配分割合やそのように定めた法人の考え方など事実関係等の確認をさせていただくことがありますので、御留意ください。また、事後の監督において、法人会計に多額の黒字が恒常的に計上されている場合その他必要と認められる場合には、法人会計の黒字について、その合理的理由や公益目的事業への影響等を確認させていただくことがあるほか、必要に応じ見直しを求める場合もあります。

　(注) 公益認定申請のための別表G（収支予算の事業別区分経理の内訳表）は、公益目的事業会計、収益事業等会計及び法人会計に区分しなければなりません（ガイドラインⅠ－18.(2)参照）。このうち法人会計の区分は、管理業務やその他の法人全般に係る事項を処理するものです。法人会計は損益を獲得することを目的とするものではなく、基本的には収支均衡を図るべきものといえます。

　　法人会計の財源としては、寄附（公益財団法人の賛助会費を含む。）、公益社団法人の会費（経費）のほか、基本財産や特定資産の運用益などが考えられます。これらの財源は、一般に管理業務だけでなく公益目的事業にも充てられますので、寄附や会費（経費）については、寄附者や会費規程によって、両事業への配分割合が定められます（公益社団法人

553

第2章　審査基準・会計基準等

の会費（経費）については、使途が定められていない場合には会費（経費）の半分を公益
目的事業に使用することとされています。）。

　また、基本財産や特定資産の運用益については、法人が、その元本たる基本財産や特定
資産の一部を、合理的な範囲内において管理業務に充てるために保有する金融資産（2号
財産）として整理することで、運用益を法人会計の財源として確保することができます。

問Ⅴ－8－②（法人会計の黒字）
　公益目的事業のみを実施している場合において、寄附を受けた財産や公益目的事
業に係る活動の対価として得た財産を公益目的事業会計と法人会計に配分する場合、
法人会計が黒字になるように配分することは可能でしょうか。

答

1　公益目的事業のみを実施する法人は、寄附を受けた財産や公益目的事業に係る活動
　の対価として得た財産のうち、適正な範囲内の管理費相当額については、公益目的事
　業財産には含まれないものと整理することができます（ガイドラインⅠ－17.(4)）。こ
　れは、公益目的事業を行っている法人に管理費の原資がなくなるのを防ぐためです。

2　この場合に、何が「適正な範囲内」であるのかは、法人の個別事情により異なると
　考えられます。例えば、将来において管理部門の設備投資が予定されている場合など
　管理部門強化のための財源が必要となるような場合には、合理的な計画の下で必要な
　範囲で法人会計を黒字としたとしても適正な範囲内であると考えることも可能と考え
　られます。

3　他方で、公益法人は、公益目的事業の実施に当たり無償又は低廉な価格設定などに
　よって受益者の範囲を可能な限り拡大すること、また、管理業務のために現に使用せ
　ず、かつ、今後も使用する見込みがない多額の財産を蓄積しないことが求められてい
　ます。このため、上記2のような合理的な理由もないにもかかわらず、法人会計に多
　額の黒字が恒常的に発生するような状態は、適切ではないと考えられます。

4　こうした考えの下、審査の段階では、法人に対し、必要に応じ、公益目的事業会計
　と法人会計への配分の考え方等について、必要な確認等をさせていただくことがあり
　ますので、御留意ください。

　また、事後の監督において、法人会計に多額の黒字が恒常的に計上されている場合
　その他必要と認められる場合には、法人会計の黒字について、その合理的理由や公益
　目的事業への影響等を確認させていただくことがあるほか、必要に応じ見直しを求め

る場合もあります。

問Ⅴ－9－①（残余財産処分）
　公益法人の残余財産の帰属先を複数の公益法人に定めることはできますか。

答

1　公益法人の残余財産の帰属先は、法令で適格な者を定めていますが（公益法人認定法第5条第18号及び第17号、公益法人認定法施行令第8条）、適格と定められた者に属する限り、具体的な帰属先が単数である必要はなく、複数指定することが可能です。

2　その法人と類似の事業を目的とする公益法人は財産帰属先として適格であると定められていることから、類似事業を目的とする公益法人であれば、複数を定めることは差し支えありません。

問Ⅴ－9－②（残余財産処分）
　一般社団・財団法人を新たに設立して公益法人の残余財産の帰属先として指定することはできますか。

答

1　公益法人が清算をする場合の残余財産は、引き続き公益的な活動に使用される必要があり、法令で一定の要件を満たす公益的な活動を行う者を帰属先とするよう定めています（公益法人認定法第5条第18号及び第17号、公益法人認定法施行令第8条）。

2　一般社団・財団法人はその行う事業に格別の制限がなく、法令や公序良俗に反しない限り、あらゆる事業を目的とすることが可能です。したがって、残余財産の帰属先として適格な者を定める公益法人認定法施行令第8条第2項イの「主たる目的が公益に関する事業を行うものであることが法令で定められている」という要件は満たさないことから、一般社団・財団法人を帰属先として指定することはできません。

問Ⅵ－1－①（公益目的事業財産）
　財団法人で賛助会費を集めていますが、その会費収入の扱いは、社団法人の社員が支払う会費と同様に、目的を定めていなければ半分が公益目的事業財産になるという理解でよいのでしょうか。

第2章　審査基準・会計基準等

答

1　公益財団法人の会員が払う会費は、公益社団法人の社員が社員たる資格に伴って定
款で定めるところにより支払ういわゆる会費（一般社団・財団法人法第27条）とは性
格が異なり、認定法上は基本的には寄附金に該当するものと考えられます。

2　したがって賛助会費を徴収するに当たり、目的を定めなければ全額が公益目的事業
財産になりますが（公益法人認定法第18条第1号）、一定割合を管理費に充てるなど
公益目的事業以外への使途を明らかにすれば、その定めた割合に従います。

問Ⅵ－1－②（公益目的事業財産）
　法人の管理費の財源はどこに求めたらよいのでしょうか。またその経理方法はど
うすればよいのでしょうか。

答

1　管理費については、法人の事業を管理するために、毎年度経常的に要する費用であ
り、ガイドラインに従い、適切に配賦等を行うこととなります（問Ⅴ－3－②参照）。

2　事業費に配賦してもなお残る管理費（一般管理費）については、財源となりうる収
入源としては、寄附金、補助金、収益事業等からの利益、会費収入、管理費に充てる
ものとして合理的な範囲で保有し特定資産に計上する金融資産からの運用益が考えら
れます。ただし、寄附金については管理費に充てる割合を明らかにして募集するか、
寄附者から同様の指定を受けておく必要があります。補助金については、交付者によ
る使途の指定が必要です。収益事業等からの利益は、50％は公益目的事業財産に組み
入れる必要がありますが、組み入れた後、残余の使い道は法人の任意です。社団法人
の社員から徴収する会費収入は、徴収にあたり使途を定めなければ50％を公益目的事
業財産に組み入れる必要がありますが、残余の使い道は法人の任意となりますし、管
理費に充てる割合を定めて徴収すれば、その割合に従って管理費に充てることができ
ます。また、公益目的事業しか行わない法人については、使途の定めがなく受け入れ
た寄附金や公益目的事業に係る対価収入から、適正な範囲で管理費に割り振ることが
可能です（問Ⅵ－1－③参照）。

3　公益法人は事業ごとの区分経理の方法として、原則として、公益目的事業に関する
会計（公益目的事業会計）、収益事業等に関する会計（収益事業等会計）、管理業務に
関する会計（法人会計）の3つに会計を区分したものを損益計算書の内訳表で表示し
ていただくことにしていますが（公益法人会計基準の運用指針13　様式2－3）、寄

附金、会費収入、財産運用益等を管理費に充当する場合には、管理業務に係る会計（法人会計）の経常収益に直接計上するようにして下さい。収益事業等からの利益を管理費に充てる場合には、収益事業等会計から法人会計への他会計振替として経理するようにして下さい（公益法人会計基準の運用指針13　様式2－3参照）。（公益目的事業しか行わない法人における会計区分の特例については、問Ⅵ－1－③、Ⅵ－2－⑦参照）

問Ⅵ－1－③（公益目的事業財産）
　公益目的事業しか行わない法人は、管理費の捻出のためには収益事業を行わなければならないのでしょうか。

答

1　公益法人が公益目的事業に関して得た財産は公益目的事業を行うために使用、処分しなければなりません（公益法人認定法第18条参照）。公益目的事業しか行わない法人の法人運営上必要な管理業務は、広い意味で公益目的事業を行うためと評価できるため、公益目的事業に関して得た財産から管理業務に充てるものは、合理的な範囲で公益目的事業財産に組み入れないことができます。例えば、寄附金（公益法人認定法第18条第1号）や公益目的事業の対価収入（同第3号）は、必要な範囲で管理費に割り振ることが可能です。

2　したがって、従来公益目的事業に係る収入で管理費もまかなっていた法人が、管理費の捻出のため新たに収益事業を開始しなければならなくなることは、基本的にはないものと考えています。

3　公益目的事業しか行わない法人が寄附金、対価収入の一部を合理的な範囲で管理費に充てる場合の経理の方法については、原則として、管理費に割り振る収益は管理業務に係る会計（法人会計）の経常収益に直接計上し、残余を公益目的事業に係る会計（公益目的事業会計）の経常収益に計上するようにして下さい（問Ⅵ－1－②、公益法人会計基準の運用指針13　様式2－3参照）。

4　管理費に割り振る収益は、法人会計の収益に直接計上しますので、収支相償の判定（公益法人認定法第5条第6号）においても公益目的事業に関する収入からは除かれることとなります。

5　なお、公益目的事業しか行わない法人に限っては、法人会計区分の作成に関する業

第2章　審査基準・会計基準等

務量を勘案して、同区分の作成を省略することができます。ただし、法人会計区分を作成しない場合は、管理費の財源については、管理費相当額の収益とみなさざるを得ないため、法人会計区分がある場合のような管理費と管理費の財源である収益の差額としての黒字はなくなることに留意する必要があります。法人会計区分を作成しないという選択をする場合には、財務状況等を十分に考慮して行ってください。

問Ⅵ－1－④（公益目的事業財産）
　一般社団法人の社員は会費を支払わなければならないのでしょうか。

答

1　法人がどういう者を会員、準会員、特別会員などとして定め、これらの者から会費を徴収するのかどうか、徴収する場合に金額をどのように設定するかは、法人の判断に委ねられます。

2　したがって社団法人において、社員権を有する者である社員は、入社に伴い自動的に会費支払い義務が生じるわけではありません。法人が定款において、事業活動で経常的に生じる費用としての経費の全部又は一部を、社員から徴収する旨を定める場合に、社員は定められた費用を支払う義務を負います。この場合において公益法人認定法との関係では、社員が支払う経費の額に応じて社員の議決権に差を設けることはできず（公益法人認定法第5条第14号ロ）、また徴収にあたり使途を定めていなければ半分が公益目的事業財産になります（公益法人認定法施行規則第26条第1号）。

問Ⅵ－1－⑤（公益目的事業財産）
　一般社団法人について法律上認められている基金は拠出者への返還義務がありますが、公益目的事業財産に含めなければならないのでしょうか。

答

1　基金制度は、剰余金の分配を目的としないという一般社団法人の基本的性格を維持しつつ、その活動の原資となる資金を調達し、その財産的基礎の維持を図るための制度で、法人の任意で設けることができます（一般社団・財団法人法第131条）。

2　基金として受け入れた財産は拠出者への返還義務があるため、寄附金、補助金など公益目的事業財産に含まれうる財産のいずれにも該当しないことから（公益法人認定法第18条各号）、公益目的事業財産にはなりません。

558

3 遊休財産額（公益法人認定法第16条）を算出するにあたっては、基金は負債に含めて計算しますので、法人の資産から負債を控除した上で、使途に拘束がかかっていない財産額を算定するという遊休財産額の計算方法では、基金は遊休財産額には含まれないことになります（公益法人認定法施行規則第22条第2項第1号）。

4 なお、基金は、貸借対照表上は純資産の部に計上します（一般社団・財団法施行規則第31条）。

問Ⅵ－1－⑥（公益目的事業財産）
　公益目的事業財産に区分されている国等からの補助金等を返還することはできますか。また、その経理方法はどうすればよいのでしょうか。

答

1 公益目的事業財産は、内閣府令で定める正当な理由がある場合を除き、公益目的事業のために使用又は処分しなければならないとされています（公益法人認定法第18条、公益法人認定法施行規則第23条）。

2 国等（注1）から特定の公益目的事業を行うために交付された補助金等について、当該公益目的事業の終了その他の事由により（注2）当該公益目的事業に使用する見込みがなくなった場合には、もはや公益目的事業財産として法人内にとどめさせる合理的な理由に欠けることとなります。このような場合に、法人の意思決定により当該補助金等を支出元に返還することが、公益目的事業財産の使用又は処分に係る例外である「正当な理由」として公益法人認定法施行規則第23条第3号に規定されています（注3）。

3 国等に補助金等の返還に係る経理方法は、一般的には、正味財産増減計算書において一般正味財産増減の部の経常外費用に計上するか、指定正味財産増減の部で直接減額することになると考えられます（注4）。また、定期提出書類の別表H(1)の「1．公益目的増減差額」については17欄（公益目的事業の実施に伴って生じた経常外費用の額）に記載することが考えられます。

（注1）国、地方公共団体など公益認定法第5条第17号に掲げる法人が対象となります。
（注2）「その他の事由」としては、例えば、公益目的事業の実施期間は終了していないものの、当該事業の需要が今後も見込まれず、よって、当該事業に使用するために交付された補助金等を使用する見込みもない場合などを想定しています。

第2章　審査基準・会計基準等

（注3） 平成26年内閣府令第13号により、公益法人認定法施行規則が一部改正され、第23条第3号が追加されました。

（注4） 改正後の公益法人認定法施行規則第23条第3号の対象となる財産は、特定の公益目的事業のために交付された補助金等であるため、当該補助金等は指定正味財産に区分されていることが通常想定されます。補助金等の返還に係る会計処理については、公益法人会計基準等では明示されていませんが、当該事象を反映する会計処理としては、正味財産増減計算書において当該金額を指定正味財産増減の部から一般正味財産増減の部の経常外収益に振り替え、同額を経常外費用として処理するか、指定正味財産増減の部において当該金額を直接減額する処理をするのが適当と考えられます。

（参照条文） 公益法人認定法第5条、第18条、公益法人認定法施行規則第23条

問Ⅵ－2－①（区分経理）
　収益事業等は事業ごとに区分経理しなければならないとのことですが、どういう単位で事業を分ける必要があるのでしょうか。

答

1 公益法人は公益目的事業比率（公益法人認定法第5条第8号）を達成する範囲内で、収益事業等を行うことが可能ですが、これは、基本的に、公益目的事業を支えるために行われるべきものであり、収益事業等から生じる利益の50％は公益目的事業に使用しなければなりません（公益法人認定法第18条第4号他）。そのため、収益事業等の収支を明らかにしておく必要があることから、その会計は公益目的事業から区分して収益事業等ごとに経理することとしています（公益法人認定法第19条）。

2 このような収益事業等の位置づけに照らし、事業の分け方としては、まず①収益事業と②その他の事業（法人の構成員を対象として行う相互扶助等の事業を含む）に区分します。

3 次に、法人の事業の実態に応じて区分する必要があれば、上記2で区分した事業を、更に事業内容、設備・人員、市場等により区分します。事業運営上、意義や必要性がない場合にまで区分することを求めているものではありません。

4 なお、事業の実態と法人経営の視点から、事業を区分して経理をすることは、収益事業等に限らず、公益目的事業にも共通する要請です。

5 このように区分経理した結果の表示としては、法人が事業年度毎に作成する損益計算書においてはその内訳表で、収益事業等に関する会計（収益事業等会計）は公益目的事業に関する会計（公益目的事業会計）や管理業務に関する会計（法人会計）と区分し、更に上記の区分に応じて収益事業等ごとに表示します。公益法人認定法第7条第2項第2号の収支予算書の作成も同様です。事業を区分した際の各事業名は、事業報告書に概要を記載する各事業との対応関係が明確になるようわかりやすい表示が求められます。

6 また、収益事業等から生じた利益の50％を超えて公益目的事業財産に繰り入れる法人においては、貸借対照表の内訳表で、収益事業等会計は公益目的事業会計、法人会計（管理業務に関する会計）とは区分して表示します（公益法人認定等ガイドラインⅠ-18）。

問Ⅵ-2-②（区分経理）
　公益認定の申請書や認定後の事業報告に記載する公益目的事業の単位は、計算書類で区分経理を行う事業の単位と一致している必要がありますか。

答

1 公益目的事業のチェックポイントに記載する場合や収支相償の第一段階の計算を行う場合の事業は、事業の実態等から類似、関連するものを適宜まとめたものを単位とします（公益目的事業のチェックポイント【補足】(1)、FAQ問Ⅴ-2-①参照）。

2 損益計算書（正味財産増減計算書）の内訳表において区分経理を行う際には、事業の実態等に応じて事業を区分することになります（ガイドラインⅠ-18）。

3 補助金の交付を受けて行う事業は補助金単位で区分経理を行うことがありますが、そのような場合は別として、行政庁への申請又は報告の様式に記載する事業の単位と計算書類で表示する事業の単位とは、ともに法人が作成し、行政庁に提出するものであること、特に認定後の事業報告と計算書類は法人の事務所において備え置き、閲覧の対象となることから、両者の対応関係がわかるように整理されている必要があります。

問Ⅵ-2-③（区分経理）
　共通費用は必ず配賦しなければならないのでしょうか。

第2章　審査基準・会計基準等

答

1　事業費と管理費とに関連する費用で配賦することが困難な費用は管理費に配賦することができます。事業費のうち公益目的事業に係る事業費と収益事業等に係る事業費とに関連する費用で配賦することが困難な費用は、収益事業等に係る事業費に配賦することができます（公益法人認定法施行規則第19条）。

2　公益目的事業に係る事業費で各事業に配賦することが困難な費用は、公益目的事業に関する会計の中で「共通」の会計区分を設けて配賦することができます。収益事業等に係る事業費で収益事業とその他の事業とに配賦することが困難な費用は、収益事業に係る費用に配賦することができます。収益事業又はその他の事業のそれぞれにおいて、各事業に配賦することが困難な費用はそれぞれの会計の中で「共通」の会計区分を設けて配賦することができます。

問Ⅵ−2−④（区分経理）

　区分経理を行い、他の会計区分における収益又は利益を振り替える会計区分間の取引が発生した場合には、正味財産増減計算書内訳表の他会計振替額の欄に計上することになりますか。

答

1　他会計振替額は、正味財産増減計算書内訳表における経常外増減の部の下に表示されており、基本的には利益ベースでの振替を会計区分間で行う場合に表示することが考えられています。したがって、収益事業等から生じる利益を公益目的事業会計に繰り入れる場合には、他会計振替額を用いることになります。

562

2．新たな公益法人制度への移行等に関するよくある質問（FAQ）

正味財産増減計算書内訳表
平成X年4月1日から平成X+1年3月31日まで

（単位：千円）

科　　目	公益目的事業会計	収益事業等会計	法人会計	内部取引消去	合計
	A事業	B事業			
Ⅰ一般正味財産増減の部					
1.経常増減の部					
（1）経常収益					
…					
2.経常外増減の部					
（1）経常外収益					
…					
（2）経常外費用					
当期経常外増減額					
他会計振替額					
当期一般正味財産増減額					

2　また、収益事業等会計で発生した利益を管理費の財源に充当する場合にも、他会計振替額を用いて財源を振り替えることとなります（問Ⅵ－1－②参照）。

3　ご質問のうち、他の会計区分における収益についての取扱いはその科目により異なります。例えば、会費収入など法人内のルールにより、会計区分への配賦の基準が決まっている場合には、振替ではなく、直接各会計の経常収益区分に計上することとなります。

4　各事業対価収入のほか、各事業に発生する収益については直接内訳表の経常収益区分に計上することになりますが、法人に共通的に発生する可能性のある収益科目については、例えば以下の（表1）に示した方法によることとなります。

（表1）　直接区分の基準

経常収益科目	配賦方法
寄附金収入	使途の定めにより配賦。なお、公益目的事業のみを実施する法人は、一部を合理的な範囲で管理費の不足相当分に配賦することができる。

563

補助金収入	使途の定めにより配賦
会費収入	・徴収に当たり使途を定めた場合には使途の定めにより配賦 ・使途の定めのないものは50％を公益目的事業に配賦
財産運用益	・資産の区分方法に従う。
公益目的事業対価収入	公益目的事業のみを実施する法人は、一部を合理的な範囲で管理費の不足相当分に配賦することができる。

問Ⅵ−2−⑤（区分経理）

　正味財産増減計算書内訳表における正味財産の期首残高及び期末残高は事業区分ごとに記載するのでしょうか。

答

1　正味財産増減計算書内訳表における正味財産の期首及び期末残高の表示方法については、運用上、貸借対照表の作成単位に合わせることになります。

2　貸借対照表内訳表を作成する法人においては、会計区分は、公益目的事業会計区分、収益事業等会計区分、法人会計区分に分けた貸借対照表内訳表を作成します。そのため、正味財産増減計算書内訳表においても、公益目的事業会計区分、収益事業等会計区分、法人会計区分の単位で正味財産の期首及び期末残高を表示することになります。なお、事業区分ごとの正味財産の期首及び期末残高の記載は要しません。会計区分ごとに貸借対照表の単位と一致させ、事業区分が細分化されている場合には「小計」欄に記載すれば足ります。

3　貸借対照表内訳表を作成していない法人においては、正味財産増減計算書内訳表の合計欄に法人全体の正味財産の期首及び期末残高を表示することになります。

4　ただし、必要に応じて事業区分ごとに正味財産の期首残高及び期末残高を表示することもできます。より詳細な表示をすることになりますので、情報開示の観点からは、より好ましいものと考えます。

2．新たな公益法人制度への移行等に関するよくある質問（FAQ）

問Ⅵ－2－⑥（区分経理）

「他会計振替額」は「公益法人会計基準の運用指針」12．財務諸表の科目の取扱要領に「正味財産増減計算書内訳表に表示した収益事業等からの振替額」と記載されていますが、収益事業等から公益目的事業会計への利益を繰り入れる場合にのみ用いられるのでしょうか。

答

1　「他会計振替額」は「公益法人会計基準の運用指針」12．財務諸表の科目の取扱要領に「正味財産増減計算書内訳表に表示した収益事業等からの振替額」と記載されているように、通常は収益事業等から公益目的事業会計への利益の50％又は50％超の繰入れに用いられる場合と収益事業等から法人会計に充てる場合に用いられます（ＦＡＱ問Ⅵ－1－②）。

　これに加えて、以下の図表にあるように、公益法人においては、ⅰ法人会計から公益目的事業会計への振替、ⅱ収益事業等会計と法人会計間の振替も行うことができます。

2　他の会計区分における利益を振り替える会計区分間の取引が発生した場合、正味財産増減計算書内訳表上、「当期経常外増減額」と「当期一般正味財産増減額」の間に「他会計振替額」として表示します。「他会計振替額」は会計区分間の資産及び負債の移動（内部貸借取引を除く。）を意味しており、収益・費用の按分を処理する科目ではありません。

　なお、公益法人認定法第18条の規定により、公益目的事業会計から収益事業等会計又は法人会計への振替はできません（一般社団法人及び一般財団法人については各会計間の振替は可能）（なお、公益目的事業しか行わない法人については、問Ⅵ－1－③参照）。

3　法人会計から公益目的事業会計への振替は、公益法人認定法施行規則第26条第8号に定められる定款又は社員総会若しくは評議員会において、公益目的事業のために使用し、又は処分する旨を定めた額に相当する財産として振り替えることになります。（決算承認の社員総会又は評議員会でも可能です）

4　各会計間の振替の可否は、以下の図表のとおりです。

565

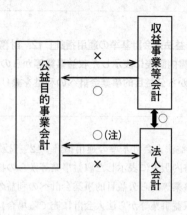

(注) 公益法人認定法施行規則第26条第8号に定められる定款又は社員総会若しくは評議員会において、公益目的事業のために使用し、又は処分する旨を定めた額に相当する財産の移動は可能。
(出典：日本公認会計士協会非営利法人委員会研究資料第4号)

(参考) 他会計振替の考え方、振替額の計算方法、計算事例等については、日本公認会計士協会から公表されている「非営利法人委員会研究資料第4号」に記載があります。

問Ⅵ−2−⑦（区分経理）
公益目的事業しか行わない法人は、正味財産増減計算書内訳表における法人会計区分の作成は省略できますか。

答

1 公益法人が収益事業等を行う場合は、その利益の50％は、公益目的事業を行うために使用しなければならないこととされています（公益法人認定法第18条、公益法人認定法施行規則第24条）。収益事業等を実施する法人について、法人会計区分を廃止すると、公益目的事業会計に繰り入れた利益が公益法人の運営に必要な経常的経費（管理費）に充てられる可能性があります。このため、公益法人認定法第18条の趣旨を損なうこととなるため、法人会計区分は省略できません。

2 公益目的事業しか行わない法人については、このような問題がないため、法人会計区分の作成を省略することができます。この場合、法人は、作成に係る業務量のみでなく財務状況の観点も含め、作成するか省略するか決めることになります。

3 法人会計区分を作成しない場合は、管理費の財源については、管理費相当額の収益とみなさざるを得ないため、法人会計区分がある場合のような管理費と管理費の財源である収益の差額としての黒字はなくなることに留意する必要があります。

（注1）一方、法人会計区分を作成する場合は、同区分で経理が適正になされていれば、黒字が生じていても、運用上認められることとなります。例えば、管理費の財源として金融資産を2号財産として合理的な範囲内で保有した結果、その運用状況が良好であったことから黒字が生じる等が考えられます。

（注2）法人会計区分を作成しない場合で、金融資産を2号財産として保有している場合においては、管理費相当額を超えて収益があったときには、決算時において公益目的事業財産に繰り入れられたとみなすことになります。法人運営のために使用すべきと定められた会費等も同様の取り扱いとなります。

4 法人会計区分を作成しない場合、公益目的事業会計区分内において事業費と管理費は明確に区分表示しなければなりません。公益目的事業がひとつの場合には、正味財産増減計算書内訳表の作成も省略できます。

なお、一度、法人会計区分を作成しないこととした場合には、継続的な情報提供を行う見地から、次年度以降も継続的に作成しないこととなります。

ただし、収益事業等を追加した場合には区分が必要となる等、合理的な理由が説明可能であれば、変更することは可能です。

5 法人会計区分の作成の省略は、公益目的事業比率の計算、収支相償の計算及び遊休財産の保有制限の計算には影響ありません。公益目的事業比率は、公益目的事業区分において事業費と管理費が区分されていますので、計算可能です。また収支相償の計算は、公益目的事業会計区分に計上された収益から管理費相当額を差し引いた差額を「収入」として、「費用」は、公益目的事業費をもって収支を判定することとなります。さらに遊休財産規制上の上限額は、公益目的事業会計区分の事業費1年分です。

6 ガイドラインⅠ-17（公益法人認定法第18条）に、公益目的事業財産から除く財産についての定めがあります。公益法人認定法第18条各号の項目ごとに定めているところですが、法人会計区分を作成しない場合には、公益目的取得財産残額の計算において、項目ごとではなく、管理費相当額を公益目的事業財産以外のために使用する財産とみなし、当該金額を除く取扱いとします。

第2章　審査基準・会計基準等

問Ⅵ-3（定款における基本財産、不可欠特定財産の定め方）
　新制度の基本財産についての定款の定めは、「評議員会で基本財産とすることを決議した財産」といった定め方でもいいのでしょうか。

答

1　一般社団・財団法人法上の基本財産とは、財団法人の目的である事業を行うために不可欠なものとして定款で定めた財産です。

2　定款に基本財産を定めるに当たっては、どの財産が基本財産となっているのかを、ある程度具体的に判別できるような方法で定款に記載することが望ましいと思われますが、その定め方については、原則として各法人における種々の事情に応じて任意であると考えられます（注1）。

3　一方、「公益目的事業を行うために不可欠な特定の財産」（不可欠特定財産）があるときは、その旨並びにその維持及び処分の制限について、必要な事項を定款で定めているものであることが公益認定の基準の一つとなっています（公益法人認定法第5条第16号）。
　この不可欠特定財産は、法人の目的、事業と密接不可分な関係にあって、当該法人が保有、使用することに意義がある「特定の」財産である（注2）ことから、不可欠特定財産がある旨の定款の定めについては、財産種別や場所・物量等を列記するなどの方法により、どの財産が不可欠特定財産に該当するのかが分かるように定款に具体的に記載する必要があります（注3）。
　なお、財団法人における不可欠特定財産に係る定款の定めは、基本財産としての定めを兼ね備えるものとなります（ガイドラインⅠ-15.）。

（注1）　ただし、例えば、単に「毎年度の財産目録に基本財産として表示する財産」とだけ定款に定める場合、「「公益法人会計基準」の運用指針」（平成20年4月11日内閣府公益認定等委員会）において、基本財産は「定款において基本財産と定められた資産」とされていることから、相互に参照する結果となるため、適当ではないと考えられます。

（注2）　金融資産や通常の土地・建物は、不可欠特定財産には該当しません（ガイドラインⅠ-15.）。

（注3）　各財産を一点ごとに特定するような方法で記載する必要がありますが、著しく多量の財産を定める場合には、財産の形状・性質などに着目した一定の分類ごとにまとめて記載し、それぞれの数量を記載することも可能と考えられます（この場合、行政庁から個別の財産の目録等の提出をお願いすることがあります。）。

2．新たな公益法人制度への移行等に関するよくある質問（FAQ）

（参照条文）一般社団・財団法人法第172条、公益法人認定法第5条

問Ⅵ－4－①（会計基準）
　公益法人、移行法人、他いくつかの法人類型がありますが、それぞれ会計基準は、どれを使ったらよいでしょうか。

答

1　公益法人、移行法人、公益目的支出計画を完了した一般法人、公益認定申請を予定している一般法人、公益認定申請を予定していない一般法人といくつか法人類型が考えられます。いずれも、分配を目的としない、非営利法人であることから、適用する会計基準について、以下のような基本的な考え方に従い、個々の法人が適用する会計基準を選択することが可能であると思われます。

2　一般社団・財団法人法第119条及び第199条により、一般法人の会計は、その行う事業に応じて、「一般に公正妥当と認められる会計の慣行に従うものとする」とされています。会計の慣行は、特定の法人により「公正妥当」と主張されるだけでなく、明文化されるなど、広く流布し受け入れられていると客観的に判断できる必要があり、そのような会計の慣行として、公益法人会計基準、企業会計基準など各種の「会計基準」とそれぞれの下の慣行があります。

3　その際、公益法人をはじめ、一般法人は、利潤の獲得と分配を目的とする法人ではないことを踏まえ、通常は、公益法人会計基準を企業会計基準より優先して適用することになるものと考えられます。

4　なお、移行法人が適用する会計基準については、平成20年会計基準が、運用上、法令等により必要とされている提出書類の作成の際に便利であると考えられます。

5　また、公益目的支出計画の完了後の一般法人は、行政庁に対する説明責任等はなくなりますが、現に平成20年会計基準を適用している場合、一定期間適用し続けていたことを踏まえ、引き続き適用することについて合理性があると考えられます。

問Ⅵ－4－②（会計基準）
　公益法人における個別の企業会計基準の適用について教えてください。

第2章　審査基準・会計基準等

答

1　企業会計基準は、企業や会計を取り巻く社会環境の変化に敏感に対応して見直しが行われてきており、平成20年会計基準が設定された後にも、新たな社会状況等に対応して、個別の企業会計基準が設定・改正されています。

　このような個別の企業会計基準の中には、公益法人に直ちに適用できないものも含まれていますが、それぞれの基準の趣旨や内容に照らし、公益法人にも適用すべきものは、「一般に公正妥当と認められる会計の慣行」として、当該基準に従うことが適当と考えられます。

2　公益法人の自己規律の確保、関係者への情報の開示、行政庁による監督の必要性等の観点から、法人における運営実務上の負担にも配慮しつつ個別に検討した結果、個別の企業会計基準の公益法人への適用の要否は以下のとおりです。

① 退職給付に関する会計基準
② リース取引に関する会計基準
③ 工事契約に関する会計基準
④ 資産除去債務に関する会計基準
⑤ 賃貸等不動産の時価等の開示に関する会計基準

　公益法人が行う会計処理及び注記をこれらの基準によることに支障はなく、また、準拠すべき他の方法もみられないことから、これらの基準は公益法人にも適用されます。

⑥ 棚卸資産の評価に関する会計基準

　平成20年会計基準も、棚卸資産の時価が取得価額よりも下落した場合には時価をもって貸借対照表価額とすることとしており、本基準と実質的な相違はないことから、棚卸資産の評価については現行のままとなります。

⑦ 固定資産の減損に係る会計基準

　平成20年会計基準は、本基準とは別に、公益法人等の特性を考慮して、固定資産の時価が帳簿価額から概ね50％を超えて下落している場合には時価（使用価値が時価を超える場合、取得価額から減価償却累計額を控除した価額を超えない限りにおいて使用価値も可）をもって貸借対照表価額とする「強制評価減」を採用しています。

　現在においても、この方法の改正を必要とする事情変更はみられないことから、固定資産の減損については現行のままとします。

⑧ 金融商品に関する会計基準

　問Ⅵ－4－③を参照ください。

⑨ 会計上の変更及び誤謬の訂正に関する会計基準

570

2. 新たな公益法人制度への移行等に関するよくある質問（FAQ）

問Ⅵ-4-④を参照ください。

3 個別の会計基準の適用時期等について

平成28年4月1日以降に開始される事業年度から適用することとなります（ただし、それ以前からの実施を妨げないものとします。）。

また、公益法人が会計監査を受けている場合の取扱いについては、別途、日本公認会計士協会が検討することとなっていますので、その結果を参照してください。

4 公益法人の会計基準は、今後とも、新たな社会状況等に適切に対応していくことが必要です。

問Ⅵ-4-③（会計基準）

公益法人において「金融商品に関する会計基準」を適用する場合の留意事項について教えてください。

答

1 平成20年会計基準の設定当時においては、本基準が公益法人にも適用されることが前提とされていました。その後、本基準は改正され、①「金融商品の状況に関する事項」（金融商品の内容やリスク、リスク管理体制など）、②「金融商品の時価等に関する事項」（金融商品の時価の算定方法に関する説明）についても注記することとされましたが、これらの注記を公益法人に適用するか否かについては、平成20年会計基準では必ずしも明らかではありません。

2 金融商品の状況に関する事項

公益法人の中には、金融商品による運用益などを財源としている法人も多く、金融商品の運用次第では法人運営に相当のリスクをもたらすおそれがある法人にとって、金融商品の内容とそのリスク、リスク管理体制など金融商品の状況に関する情報を開示することは、法人の内部統制の確立を図る効果を及ぼすことが期待されるとともに、寄附者に対し法人の受託責任を果たす上でも、意義が大きいものと考えられます。

本基準にいう「金融商品」としては、多岐にわたるものが定義されていますが、公益法人の適切な運営を図る観点からは、そのうち、法人の資産運用の手段として用いられる「株式その他の出資証券、公社債等の有価証券及びデリバティブ取引（先物取引、先渡取引、オプション取引、スワップ取引及びこれらに類似する取引）」について、その運用次第では法人運営に相当のリスクをもたらすおそれがあると法人が判断した場合、平成20年会計基準に財務諸表の注記事項として定められた「(17) その他公益法

571

第2章　審査基準・会計基準等

人の資産（中略）の状況を明らかにするために必要な事項」の一環として、その内容
とリスク、リスク管理体制等に関する事項を注記することが求められます。

具体的な注記例としては、次ページを参照してください（編注：下記「金融商品の
状況に関する注記例」を指す）。

3　金融商品の時価等に関する事項

平成20年会計基準においては、公益法人の性格等を踏まえ、満期保有目的の債券に
ついては時価を注記するとともに、満期保有目的の債券並びに子会社株式及び関連会
社株式以外の有価証券については時価をもって貸借対照表価額とすることとされてい
る（子会社株式及び関連会社株式については取得価額とされており、これは企業会計
と同様です。）ことから、金融商品の時価等については現行のままとなります。

金融商品の状況に関する注記例

1　金融商品に対する取組方針

当法人は、公益目的事業の財源の相当部分を運用益によって賄うため、債券、
株式、投資信託により資産運用する。なお、デリバティブ取引は行わない方針で
ある。

2　金融商品の内容及びそのリスク　※

投資有価証券は、債券、株式、投資信託であり、発行体の信用リスク、市場価
格の変動リスクにさらされている。

3　金融商品に係るリスク管理体制

①　資産運用規程に基づく取引

金融商品の取引は、当法人の資産運用規程に基づき行う。

②　信用リスクの管理

債券については、発行体の状況を定期的に把握し、理事会に報告する。

③　市場リスクの管理

株式については時価を定期的に把握し、理事会に報告する。

投資信託については、関連する市場の動向を把握し、運用状況を理事会に報
告する。

※　ここに掲げたリスクのほか、例えば、中途解約が著しく制約されているため、
満期到来まで資金化することが極めて困難となる流動性リスクが発生する金融商
品、デリバティブが組み込まれた金融商品、為替リスクが発生する金融商品等に
ついても、リスクの内容、リスク管理体制を注記する。

572

2．新たな公益法人制度への移行等に関するよくある質問（FAQ）

問Ⅵ－4－④（会計基準）
　公益法人は、「会計上の変更及び誤謬の訂正に関する会計基準」を適用しなければならないでしょうか。

答

1　平成20年会計基準は、貸借対照表及び正味財産増減計算書で前年度金額を開示することとしていますが、その注解14「一般正味財産増減の部における経常外増減に属する項目について」には、「一般正味財産増減の部における経常外増減に属する項目には、臨時的項目及び過年度修正項目がある。」と定めており、過去の財務諸表に遡及した処理を求めていません。

2　本基準は、会計理論の観点からは、期間比較可能性と法人間の比較可能性を向上し、関係者の意思決定に当たっての財務諸表の有用性を高める上で意義があり、このことは、営利法人、非営利法人いずれにも当てはまることから、個別の公益法人がその会計処理に当たってこれを採用することは、有益と考えられます。

3　一方で、本基準が全ての会社にとって唯一の会計慣行であるとまでは言えないこと、中小企業、学校法人、独立行政法人等にも本基準の適用が求められていないこと、平成20年会計基準によって処理すれば、本基準を適用しなくとも財務諸表の将来に亘る適正性が担保されること、少人数の職員により運営されている公益法人が多いこと等を踏まえると、現時点では、公益法人について、本基準によらない会計処理も公正妥当と認められる会計慣行と言えます。

4　このため、本基準を自主的に適用することは全く問題ありませんが、公益法人が、必ず本基準を適用しなければならない訳ではありません。

問Ⅵ－5－①（作成すべき書類等）
　公益法人は定期的にどういう書類を作成し、備え置かなければならないのでしょうか。また一般社団・財団法人についてはどうでしょうか。

答

1　公益社団法人は、定款及び社員名簿を、公益財団法人は定款をそれぞれ作成し、常時、備え置く必要があります（一般社団・財団法人法第14条、第31条、第32条第1項及び第156条）。また、毎事業年度開始の日の前日までに、事業計画書、収支予算書、資金調達及び設備投資の見込みを記載した書類を作成し、その事業年度の末日までの間備え置く

573

第2章 審査基準・会計基準等

必要があります（公益法人認定法第21条第1項、公益法人認定法施行規則第27条）。

2 また、毎事業年度経過後3ヶ月以内に、財産目録、役員等名簿、役員等報酬等の支給の基準、キャッシュ・フロー計算書（注1）、運営組織及び事業活動の状況の概要及びこれらに関する数値のうち重要なものを記載した書類を作成し、その後5年間備え置く必要があります（公益法人認定法第21条第2項、公益法人認定法施行規則第28条）。

3 さらに、適時に正確な会計帳簿を作成する必要があり（一般社団・財団法人法第120条第1項及び第199条）、定時社員総会又は定時評議員会の2週間前の日から5年間、各事業年度に係る計算書類（貸借対照表及び損益計算書）及び事業報告並びにこれらの附属明細書（以下「計算書類等」）、監査報告、会計監査報告（注2）を備え置くとともに（一般社団・財団法人法第123条第2項、第129条及び第199条）、定時社員総会又は定時評議員会終結後は遅滞なく、貸借対照表（負債額が200億円以上の大規模一般法人については貸借対照表及び損益計算書）を公告する必要があります（一般社団・財団法人法第128条及び第199条）（注3）。

（注1） キャッシュフロー計算書を作成しなければならない法人は、会計監査人の設置が義務付けられている法人のみです（公益法人認定法施行規則第28条第1項第1号）。

（注2） 会計監査報告については、会計監査人を置いていない法人にあっては作成、備置きは不要です。

（注3） 貸借対照表の要旨の公告で足りる場合や、法人が貸借対照表の公告義務を負わない場合もあります（一般社団・財団法人法第128条第2項及び第3項並びに第199条）。

4 一般社団・財団法人は、定款及び社員法人における社員名簿の作成及び常時備置き、会計帳簿の作成、各事業年度に係る計算書類等、監査報告及び会計監査報告の備置きと決算公告の必要があることは公益社団・財団法人と同様ですが、それ以上の定めは置かれていません。なお、理事会を置いていない一般社団法人については、計算書類等、監査報告及び会計監査報告（会計監査人を置いている法人に限ります）を定時社員総会の1週間前の日から5年間備え置けばよいとされています（一般社団・財団法人法第129条第1項及び第199条）。

5 なお、公益法人を含め、社員総会、理事会、評議員会の議事録を作成し、備え置く必要があります（一般社団・財団法人法第57条、第95条第3項、第97条第1項、第193条及び第197条）。

2. 新たな公益法人制度への移行等に関するよくある質問（FAQ）

問Ⅵ－5－②（作成すべき書類等）
　公益法人は、法令上作成し、備え置くべきこととされている書類について、社員
又は評議員から閲覧請求があった場合に、常に閲覧させなければならないのでしょ
うか。

答

1　公益法人が法令上、作成し、備え置くべきこととされている書類（問Ⅵ－5－①参
　照）のうち、定款については、社員、評議員及び債権者に対して閲覧を拒否すること
　ができません（一般社団・財団法人法第14条第2項及び第156条第2項）。社団法人の
　社員名簿については、正当な理由がない限り閲覧を拒否することができません。
　　会計帳簿又はこれに関する資料については、一定の議決権を有する社員及び評議員が
　閲覧の請求をすることができ、社員に対しては一般社団・財団法人法第32条第3項に掲
　げる場合を除き閲覧を拒否することはできず、評議員に対しては理由のいかんを問わ
　ず、閲覧を拒否することはできません（一般社団・財団法人法第121条及び第199条）。
　　計算書類等、監査報告及び会計監査報告については、社員、評議員及び債権者に対し
　て閲覧を拒否することはできず、その他の者に対しては正当な理由がない限り閲覧を拒
　否することができません（公益法人認定法第21条第4項）。財産目録、役員等名簿等そ
　れ以外の書類についても、正当な理由がない限り閲覧を拒否することができません。

2　一般社団・財団法人が法令上、作成し、備え置くべきこととされている書類（問Ⅵ
　－5－①参照）のうち、定款については、社員、評議員及び債権者に対して閲覧を拒
　否することができず、社団法人の社員名簿については、社員にのみ閲覧請求権があり
　ますが、社員の権利の確保又は行使に関する調査以外の目的で請求を行ったとき、法
　人の業務の遂行を妨げ又は社員の共同の利益を害する目的で請求を行ったときなど一
　定の事由に該当する場合を除き閲覧を拒否することができません（一般社団・財団法
　人法第32条第3項）。
　　また、会計帳簿については社員又は評議員に閲覧請求権があり、計算書類等、監査
　報告及び会計監査報告については、社員、評議員及び債権者に閲覧請求権があり、こ
　れについて拒否することができるかどうかについては公益法人と同様です。

3　なお、公益法人を含め、社員総会、理事会及び評議員会の議事録については、社員、
　評議員及び債権者が閲覧の請求をすることができ、これを拒否することはできません
　（ただし、理事会については、社員又は債権者が閲覧の請求をする場合には裁判所の
　許可が必要です（一般社団・財団法人法第57条第4項、第97条第2項から第4項まで、
　第193条第4項及び第197条））。

第2章　審査基準・会計基準等

問Ⅵ－5－③（作成すべき書類等）
　公益法人は、事業年度途中で補正予算を組む場合、行政庁に提出する必要がある
のでしょうか。

答

1　公益法人が、法律上、行政庁に提出することとされている予算は、事業年度開始前
に作成し、備置く収支予算書であり、事業年度途中で組んだ補正予算をすべて行政庁
に提出することまでは求められていません（公益法人認定法第21条第1項）。

2　ただし、事業内容の変更等に伴い補正予算を組む場合において、変更認定申請をし、
又は変更届出をするときは、変更に係る事業計画書及び収支予算書を行政庁に提出す
る必要があります（公益認定法施行規則第8条第2項及び第11条第3項）。

3　なお、事業年度経過後に、作成し、備え置かなければならない計算書類等は、補正
予算による修正を経た後の事業計画に対する実績に基づいて作成することとなります
し、行政庁に報告する公益目的事業比率なども、補正予算の実行を踏まえた実績を基
礎に計算する必要があります。

問Ⅶ－①（欠格事由）
　暴力団員等が理事等であったり、事業活動を支配したりすることが欠格事由となっ
ていますが、どうやって審査をするのですか。

答

1　新たな公益法人制度では、公益法人の名称の使用など公益認定に伴う法律上の効果
を付与するにふさわしくないものとして、一定の欠格事由（これに該当する場合には、
たとえ公益認定の基準を満たしていても公益認定を受けられない事由）を設けていま
す（公益法人認定法第6条）。

2　このうち、公益法人が暴力団員等に利用されることを排除するため、理事、監事及
び評議員に暴力団員等がいること、事業活動が暴力団員等により支配されていること
を欠格事由としています（同条第1号ニ及び第6号）。そしてこれら欠格事由に該当
するかを審査するに際しては、行政庁が内閣総理大臣の場合には警察庁長官、行政庁
が都道府県知事の場合には、警視総監又は道府県警察本部長に意見を聴くこととして
います（公益法人認定法第8条第2号）。

576

（注） 行政庁より警察庁長官等に対する意見聴取の仕組みが設けられたのは、公益法人に関しては、①認定取消し後は行政庁による一般的な指揮監督権が及ばないため、公益法人である期間中に不当にあげた利益の不当な利用を予防する必要があること、②公益法人という名称の独占的使用が認められており、高い社会的信用を得て多額の寄附金を募ることが可能であること、③モノ、サービスによる反対給付を行うことなく、寄附金受領により容易に資金獲得、蓄積が可能であること、④認定取消し後も一般社団・財団法人として実質的に事業継続が可能であること等の特徴を有するためです。

（参照条文） 公益法人認定法第6条第1号・第6項

問Ⅶ−②（欠格事由）

公益法人認定法第6条第1号イの規定によると、ある公益法人（甲法人）の理事Aが他の公益法人（乙法人）の理事、監事又は評議員を兼務している場合、甲法人の公益認定が取り消されると、乙法人も公益認定の取消し事由（欠格事由）に該当し、認定取消しが連鎖していくことになるのではないでしょうか。

答

1　公益法人認定法第6条第1号イの規定の趣旨は、甲法人が公益認定の取消しを受けたことについて責任を有する者が乙法人の理事、監事又は評議員に就任すると、公益法人としての適正な運営等に支障があることから、乙法人の公益認定を取り消そうというものであり、認定取消しを無制限に連鎖させることを意図するものではありません。

2　同規定にいう「業務を行う理事」とは、取消し原因となった事実に係る「業務」の執行を担当する理事です。

3　したがって、
①理事Aが甲法人の業務を執行する理事ではない場合、又は、
②業務を執行する理事であっても取消原因となった事実に関する「業務」以外の執行を担当していた場合
など、甲法人の認定取消し原因となった事実に係る業務の執行を担当する理事であった者が乙法人の理事、監事又は評議員の中に存在しない場合、乙法人は欠格事由に該当しないこととなりますので、その公益認定が取り消されることはありません（下図参考）。

（補足1）　一般社団・財団法人法では、「代表理事」及び「業務を執行する理事として理事会

で選定された理事」を、法人の業務を執行する理事として定めています（第91条第1項）が、公益法人認定法第6条第1号イの「業務を行う理事」に該当するかどうかは、単に法人の業務を執行する理事であるというだけではなく、取消し原因となった事実に係る業務の執行を担当していたかどうかについても勘案して判断することになります。なお、申請により甲法人が認定取消しになった（公益法人認定法第29条第1項第4号）場合は、取消し原因となった事実に係る業務が観念し難いため、乙法人の公益認定が取り消されるものではありません。

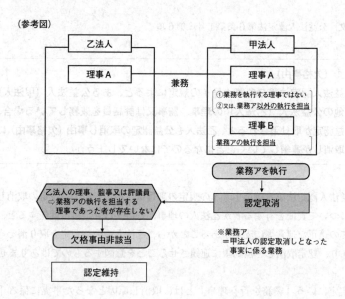

（参考図）

（補足2）一般社団・財団法人法では、理事は、法人に著しい損害を与えるおそれのある事実を発見したときは、当該事実を社員又は監事に報告する義務を負い（第85条）、報告を怠った場合は法人に対して損害賠償責任を負うこととされています（第111条第1項）。したがって、上図において、理事Bが乙法人の理事、監事又は評議員を兼務している場合は、理事Bは乙法人に対して当該事実を報告する必要があります。

（補足3）また、公益認定の取消しの際は、行政手続法に基づく事前の聴聞が必要であり（行政手続法第13条第1項第1号イ）、甲法人の認定取消しが一気に行われるわけではありません。

（参照条文）公益法人認定法第6条第1号、一般社団・財団法人法第85条、第91条第1項、第111第1項

２．新たな公益法人制度への移行等に関するよくある質問（FAQ）

問Ⅷ－１－①（公益目的事業か否かの判断①）
　　公益目的事業か否かは、どのように判断するのでしょうか。（○○事業は公益目的事業でしょうか。）

答

1　公益目的事業につきましては、公益法人認定法第２条第４号に「学術、技芸、慈善その他の公益に関する別表各号に掲げる種類の事業であって、不特定かつ多数の者の利益の増進に寄与するものをいう。」と定義されています。

　　つまり、

　A　「学術、技芸、慈善その他の公益に関する別表各号に掲げる種類の事業」

であって、

　B　「不特定かつ多数の者の利益の増進に寄与するもの」

という構成をとっています。

2　このため、公益目的事業か否かについては、

　A　公益法人認定法別表各号のいずれかに該当するかという点と、

　B　不特定かつ多数の者の利益の増進に寄与するものとなっているかという点

を判断することとなります。なお、定款で定める法人の事業又は目的に根拠がない事業は、公益目的事業として認められないことがあり得ますのでご注意ください。

（不特定かつ多数の者の利益の増進に寄与する事実があるかどうかについて、申請者側において、どのような点を記載すればよいのかは、ホームページに「公益目的事業のチェックポイント」を掲げていますのでご参照ください。）

3　この判断については、有識者で構成される公益認定等委員会（都道府県にあっては、当該都道府県に置かれた合議制の機関）において判断することとなります。

（補足１）　別表各号については、単一の号に該当するとは限らず、複数の号に該当することがあり得る。

（補足２）　「不特定かつ多数の者の利益の増進に寄与するもの」というのは、「もって～に資する」「結果として～に資する」という間接的な説明ではなく、事実に即して説明していただく必要があります。

（補足３）　「公益目的事業のチェックポイント」は、これに適合しなければ直ちに公益目的事業としないというような基準ではなく、上記Bの事実認定に当たっての留意点であり、公益目的事業か否かについては本チェックポイントに沿っているかを勘案して判断すること

第2章　審査基準・会計基準等

となります。

（**参照条文**）公益法人認定法第2条第4号、別表

（**参照すべき「公益認定等ガイドライン、公益目的事業のチェックポイント」**）371頁、391頁、404頁（別紙）

問Ⅷ－1－②（公益目的事業か否かの判断②）
　事業が認定法別表各号に該当すれば、公益目的事業と認められますか。

答

1　公益目的事業の定義は、

　A　「学術、技芸、慈善その他の公益に関する別表各号に掲げる種類の事業」

であって、

　B　「不特定かつ多数の者の利益の増進に寄与するもの」

という構成をとっています。

2　このため、公益目的事業か否かについては、

　A　公益法人認定法別表各号のいずれかに該当するかという点（注）だけではなく、

　B　不特定かつ多数の者の利益の増進に寄与するものとなっているかという点を併せて審査することとなります。

　（**注**）　例えば、ある事業が、その目的に着目したとき、食糧の安定供給の確保を目的としていれば、別表第21号の「国民生活に不可欠な物資、エネルギー等の安定供給の確保を目的とする事業」に該当していると考えられます。このように別表各号に該当しているかは、事業の目的に着目して判断することとなります。

　（**補足**）　公益目的事業か否かの判断についての基本的事項については、問Ⅷ－1－①をご参照ください。

（**参照条文**）公益法人認定法第2条第4号、別表

（**参照すべき「公益目的事業のチェックポイント」**）391頁、404頁（別紙）

問Ⅷ－1－③（公益目的事業か否かの判断③）
　現在、法人税法上の収益事業とされている事業は、全て公益目的事業とはならないのでしょうか。

580

2．新たな公益法人制度への移行等に関するよくある質問（FAQ）

答
1　新制度では、法人税法上の収益事業でない事業が公益目的事業であるということではなく、公益目的事業か否かは、

A　「学術、技芸、慈善その他の公益に関する別表各号に掲げる種類の事業」
であって、

B　「不特定かつ多数の者の利益の増進に寄与するもの」
かどうかについて、認定法に則り公益認定等委員会等において判断されるものです。

2　したがって、法人の行う事業が、法人税法において収益事業として列挙されている事業に該当する場合であっても、認定法における公益目的事業と認定されることもあり得ます。

（補足1）　公益目的事業か否かの判断についての基本的事項については、問Ⅷ－1－①をご参照ください。

（補足2）　なお、公益法人認定法には「収益事業等」という語が用いられていますが、これは「公益目的事業以外の事業」（公益法人認定法第5条第7号）の意味で用いられており、法人税法上の収益事業とは直接関係がありません。

（参照条文）公益法人認定法第2条第4号、第5条第7号、別表
（参照すべき「公益認定等ガイドライン、公益目的事業のチェックポイント」）371頁、391頁、404頁（別紙）

問Ⅷ－1－④（公益目的事業か否かの判断④）
　事業について、別表各号に該当しているかの判断はどのように行うのですか。

答
1　公益目的事業の定義は、

A　学術、技芸、慈善その他の公益に関する別表各号に掲げる種類の事業
であって、

B　不特定かつ多数の者の利益の増進に寄与するもの
ですので、当然、事業の目的や内容から、別表のどの号に該当しているのかを判断することとなります。

2　上記判断に当たり、定款上の事業や目的が抽象的である場合などには、当該事業が定款上の事業や目的に根拠があるかの判定ができません（公益認定等ガイドラインⅠ

581

第2章　審査基準・会計基準等

1参照）。このため、定款における事業や目的に関する規定は、公益目的事業に即して明確で具体的に定められているのが適当です。

（補足1）　公益目的事業か否かの判断についての基本的事項については問Ⅷ－1－①をご参照ください。

（補足2）　現在一般に公益と考えられているような事業であれば、別表各号のいずれかに該当するものと考えられますが、これは現在公益法人が行っている事業について別表該当性を判断しないということを意味するものではありません。

（補足3）　定款上の目的は公益目的事業を列挙して定める必要はありませんが、以下の例に掲げる程度に、主な公益目的事業に即して定めるのが適当です。

（定款の目的の望ましい例）

例1：「この法人は、在宅療養中の患者が安心して療養生活を過ごせるよう訪問看護事業等を行い、もって県民の健康と福祉の向上に寄与することを目的とする。」

例2：「この法人は、○○地域の大学の在学生で成績優秀で向学心を有する者のうち、経済的事情により就学が困難な者に対する学資の支給等を行うことにより、青少年の健全育成に貢献することを目的とする。」

（補足4）　申請書類には、申請者が該当すると考える別表の号及び該当理由を記載する欄があります。

「事業の種類（別表の号）」の欄には、別表各号のうち、原則最も関連の深いと考える号を記載してください。なお、複数の号に該当すると考える場合、複数選択いただいて構いませんが、該当理由を記入する欄には、可能な限り、最も関連の深い号との関連性も併せて記載してください。

また、該当理由を記載する欄には、当該事業の目的と、それが別表の号にどのように関連するかを簡潔に記入してください。

（別表各号への該当理由の望ましい記入例1　（最も関連の深い号のみを記載する例））

事業の種類 （別表の号）	（本事業が、左欄に記載した事業の種類に該当すると考える理由を記載してください。）
第1号	本事業は、○○分野の研究の充実を図るために研究者に対し研究助成金を支給するものであり、当該分野の研究を通じて学術の振興に寄与することから、「学術及び科学技術の振興を目的とする事業」に該当すると考える。

（別表各号への該当理由の望ましい記入例1　（複数の号を記載する例））

事業の種類 （別表の号）	（本事業が、左欄に記載した事業の種類に該当すると考える理由を記載してください。）

582

第7号	本事業は、児童が自然と触れあう自然体験教室を企画・開催するものであり、豊かな情操を育む経験を児童に与えることから、「児童の健全な育成を目的とする事業」に該当すると考える。
第16号	当法人は児童の健全な育成を法人の目的としているため、本事業は、第7号が最も関連が深いが、児童の時期に自然に触れ合うことを通じて、環境を大切にする感性を育むことも目的としており、「地球環境の保全を目的とする事業」にも該当すると考える。

(参照条文) 公益法人認定法第2条第4号・別表、第5条第1号

(参照すべき「公益認定等ガイドライン」) Ⅰ1　371頁

(参照すべき「公益目的事業のチェックポイント」) 391頁

問Ⅷ−2−①（事業区分）

　行っている事業が、「公益目的事業のチェックポイント」の事業区分にないのですが、公益目的事業と認められないのでしょうか。また、行っている事業は、17項目ある事業区分に全て当てはめないといけないのですか？

答

1　事業区分で掲げた事業は、法人の行う多種多様な事業の中から典型的な事業について整理したものです。このため、多くの事業はいずれかの事業区分に当てはまると考えていますが、事業区分に当てはまらない事業は公益目的事業ではないということではありません。

2　公益目的事業か否かについては、事業区分に当てはまる事業であるか否かを問わず、

　A　「学術、技芸、慈善その他の公益に関する別表各号に掲げる種類の事業」
であって、

　B　「不特定かつ多数の者の利益の増進に寄与するもの」
かどうかについて審査することとなります。

3　事業区分に当てはまらない事業について、不特定かつ多数の者の利益の増進に寄与するものかどうかについては、ホームページに掲載している「公益目的事業のチェックポイント」の「2．事業区分に該当しない事業についてチェックすべき点」に掲げていますのでご参照ください。

(補足)　公益目的事業か否かの判断についての基本的事項については、問Ⅷ−1−①をご参

583

第2章　審査基準・会計基準等

照ください。

（**参照条文**）　公益法人認定法第2条第4号、別表
（**参照すべき「公益目的事業のチェックポイント」**）　391頁、401頁、402頁

問Ⅷ－2－②（事業のまとめ方）
　　多数の事業を行っていますが、申請に際しての事業のまとめ方は法人の判断でよ
ろしいですか。（ひとつの事業の中に、様々な事業が混在していますが、事業を分割
する必要がありますか。）

答

1　事業については、事業の実態等から類似、関連するものであれば、適宜まとめるこ
　とも可能です。

2　ただし、事業をまとめるに際しては以下の点に留意して下さい。
　①　事業をまとめた結果、複数の事業区分に該当することもあり得ます。その場合に
　　は、該当する複数の事業区分のチェックポイントを用いて説明いただく必要があり
　　ますのでご注意ください。（例えば、一定期間のセミナーの後、試験合格者に資格
　　を付与する事業の場合、「講座、セミナー、育成」と「資格付与」の両方の事業区
　　分のチェックポイントを用いてください。）
　②　収益事業等は明確に区分する必要があります。
　③　申請書類においては、事業をまとめた理由（類似、関連するものと整理できる理
　　由）を記載してください。

　（**注**）　上記2②の「収益事業等」とは、「公益目的事業以外の事業」（公益法人認定法第5条
　　　第7号）の意味で用いられており、法人税法上の収益事業とは直接関係ありません。

　（**補足1**）　事業をまとめる方法としては、例えば、伝統芸能の継承・発展という目的を達成す
　　　る手段として公演事業や人材養成事業、普及啓発事業を行っている場合にこれらの事業を
　　　一まとまりの事業とするように、ある一つの目的を達成するための手段として整理できる
　　　ような複数の事業を一まとまりの事業としてまとめる方法があります。（例参照）
　　　　なお、事業区分は不特定多数の者の利益の増進に寄与するものであるかの事実認定のた
　　　めに便宜上整理したものですので、事業区分に沿ってまとめていただく必要はありません。
　（**補足2**）　申請書類の事業は定款や事業計画等の事業と完全に一致している必要はありませ
　　　んが、定款上の事業や事業計画書等と対応関係が明らかとなるように定めてください。

584

(参照条文) 公益法人認定法第2条第4号、第5条第6号
(参照すべき「公益認定等ガイドライン」) Ⅰ1及び5　371頁、373頁
(参照すべき「公益目的事業のチェックポイント」)【補足】横断的注記(1)

例　事業を細分化すると(1)～(4)のような事業となるが、(1)～(4)は、事業目的が同じであるため、申請書類では以下のような一つの事業としてまとめることも可能。

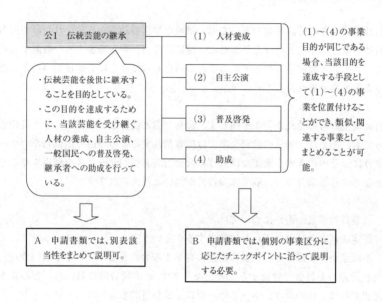

問Ⅷ－2－③（対象となる事業）

法人の行っている事業は全て公益目的事業とそれ以外（収益事業等）に分ける必要があるのでしょうか。それとも、主な事業だけで構いませんか。

答

申請いただく事業は、主な事業だけでなく、法人の行っている全ての事業になります。したがって、全ての事業について公益目的事業とそれ以外（収益事業等）に分けた上で、それらの内容等を明確にしていただくことが必要です。

(注)　「収益事業等」とは、「公益目的事業以外の事業」（公益法人認定法第5条第7号）の意味で用いられており、法人税法上の収益事業のことを指すものではありません。

第2章　審査基準・会計基準等

(**参照条文**)　公益法人認定法第5条第7号、第7条

問Ⅸ－①（行政機関からの受託事業等）

　行政機関から受託した事業（指定管理者含む）は、公益目的事業と認められますか。また、営利企業も参加する一般競争入札等を経て受託した事業は、公益目的事業と認められないですか。

答

1　行政機関からの受託事業であっても、単純な業務委託もあり、それだけで直ちに公益目的事業ということにはなりません。逆に、営利企業も参加する一般競争入札等を経ていても、一般競争入札等であることのみをもって直ちに公益目的事業としないということもありません。

2　行政機関からの受託か否かを問わず、営利企業と競合しているような事業の場合であっても、例えば、通常の営利企業では採算割れする等の理由で提供しないサービスのように、その法人の事業がなければ、社会的弱者等がサービスを利用することが困難となるような場合は、一般的に公益性が高いと考えられます。

3　公益目的事業か否かについては、
　A　認定法別表各号のいずれかに該当するかという点と、
　B　不特定かつ多数の者の利益の増進に寄与するものとなっているかという点
を公益認定等委員会で判断することとなります。（申請者側において、どのような点を記載すればよいのかは、ホームページに「公益目的事業のチェックポイント」を掲載していますのでご参照ください。）

（**考え方**）　従来は行政機関が直接実施していた事業であっても、民間事業者の創意工夫を適切に反映させることにより、より良質かつ低廉な公共サービスを実現するため、いわゆる「市場化テスト」が実施され、行政機関から委託された公益法人について過去に見直した際にも、官民の役割分担や規制改革の推進を基本的な考えとして改革が行われたところです。

　さらに、認定法と同時に成立した整備法においても、法令に基づく事業を定めた個別法にある「民法第34条の規定により設立された法人」との規定を「公益社団法人又は（及び）公益財団法人」と改正するのではなく、原則として「一般社団法人又は（及び）一般財団法人」と改正していますように、法令に基づく事業であるからと言って直ちに公益目的事業という前提ではありません。

　行政機関からの受託事業については、こうした諸般の改革や法律の整理の趣旨とも整合

2．新たな公益法人制度への移行等に関するよくある質問（FAQ）

性をもって考える必要があり、行政機関からの受託だからと言って直ちに公益目的事業となるということはありません。

（補足1） 公益目的事業か否かの判断についての基本的事項については、問Ⅷ－1－①をご参照ください。

（補足2） 法人として、その事業を通じて社会にどのように貢献しようとしているのか、そのためにどのような工夫をしているかを説明していただくこととなります。

（補足3） 営利企業が行う事業と競合する場合、そのことのみをもって不認定とするものではありませんが、

　　ア　収支相償等の認定基準を満たさない（例えば、人件費等について不相当に高い支出が費用として計上され、費用が適正な範囲ではない。）。

　　イ　別表各号への該当性が疑わしい（営利企業の行う事業との違いが見あたらないと判断する場合、認定法第2条の別表各号に該当しないと判断する余地があります。）。

といった状態になっている可能性がありますので、これらの点について説明していただくことになります。

（参照条文） 公益法人認定法第2条第4号、別表
（参照すべき「公益目的事業のチェックポイント」） 391頁、404頁（別紙）

問Ⅸ－②　（調査報告書、学会誌等の発行）
　　調査報告書、学会誌等の発行が公益目的事業か否かは、どのように判断するのですか。

答

1　公益目的事業であるためには「不特定かつ多数の者の利益の増進に寄与するもの」である必要があります。したがって、発行物が、何らかの公益目的事業についての情報を普及するための手段として発行されるものであれば、当該発行も当該公益目的事業の一環と整理することが可能です。

2　本体の公益目的事業には調査など様々なものがありますが、例えば、調査の場合であれば、「公益目的事業のチェックポイント」の第2の1の「(6)調査、資料収集」をご参照ください。

3　また、例えば、学会誌の発行の場合には、論文の選考という事業が本体事業で、選考した論文を普及する発行が密接不可分になっている場合、この論文の選考が公益目

587

第2章　審査基準・会計基準等

的事業か否かという点をチェックすることとなります。これについては、優れたもの
を選考する際に適用する「⒁表彰、コンクール」をご参照ください。

(補足1)　公益目的事業か否かの判断についての基本的事項については、問Ⅷ－1－①をご
参照ください。
(補足2)　発行物によって広く情報が普及されることが望ましいが、その分野を専攻する研
究者の大半で構成される法人における学会誌の発行が学術の振興に直接貢献すると考えら
れる場合、配布が社員に限定されていても、上記1の「普及」に当たるものと考えられる。

(参照条文)　公益法人認定法第2条第4号、別表
(参照すべき「公益目的事業のチェックポイント」) 395頁、399頁、404頁（別紙）

問Ⅸ－③（施設の貸与）
　施設の貸与事業を行っていますが、公益目的事業と認められますか。

答

1　施設の貸与を行っている場合には、①当該施設貸与の目的は何であり、その目的と
なる事業が別表のどの号の事業に該当するか、②上記①の目的に照らして合理的な活
動への貸与か否か（貸与先のどのような活動のために貸与するか）という視点で整理
いただくのが適当です。
　なお、定款で定める法人の事業又は目的に根拠がない事業は公益目的事業と認めら
れない場合がありますので、万一、現在の定款では公益目的での貸与が読み込めない
場合、定款を変更するのが望ましいと思われますので、ご注意ください（公益認定等
ガイドラインⅠ1.参照。）。

2　施設を効率的に利用する等の理由から公益目的以外で貸与することも多くありま
す。
　この場合には、公益目的での貸与（公益目的事業）と公益目的以外での貸与（収益
事業等）を区別した上で、費用及び収益を公益目的事業会計と収益事業等会計に計上
してください。
　公益目的事業会計に計上しうるのは、目的に照らして合理的な活動のための貸与で
あり、例えば、芸術振興を目的とした施設をオペラやクラシックのために貸与する場
合などです。なお、必ずしも営利企業への貸与が排除されるわけではありません。
　一方、収益事業等会計に計上するのが適当なのは、目的に照らして合理的とは言い
難い活動のための貸与であり、例えば、芸術振興を目的とした施設を株主総会等のた

めに貸与する場合などです。また、公益的な活動をしている法人に貸与する場合で
あっても当該法人の収益事業、共益事業等のために貸与する場合は、収益事業等会計
に計上するのが適当です。

（補足１）「公益目的事業のチェックポイント」の第２の１の「⑾施設の貸与」をご参照くだ
さい。

なお、費用としては、施設の維持管理に必要な経費として、減価償却費、光熱水道費、
人件費等が挙げられます。これらの総費用を使用頻度等に応じて按分していただくこと
となります。
（補足２） 公益目的事業か否かの判断についての基本的事項については、問Ⅷ－１－①をご
参照ください。

（参照条文） 公益法人認定法第２条第４号、別表
（参照すべき「公益認定等ガイドライン」、「公益目的事業のチェックポイント」） 371頁、391頁、
397頁、404頁（別紙）

問Ⅸ－④（公益的な活動を行う法人の支援）
　社会福祉法人、学校法人、宗教法人等を支援する事業は、公益目的事業と認めら
れますか。

答

１　社会福祉法人、学校法人、宗教法人等は、「学術、技芸、慈善、祭祀、宗教その他
の公益を目的とする法人」（民法（注）第33条第２項）について特別法の定めに基づ
く法人です。支援の態様にもよりますが、こうした法人の公益的な活動を支援してい
るということは、こうした法人の活動を通じて社会に公益を生み出していると考えら
れますので、支援している内容を申請の際に説明していただくことになります。

２　ただし、こうした法人の収益事業、共益事業等を支援する場合は公益目的事業とはな
らないので、この場合は収益事業等として公益目的事業とは明確に区分してください。

（注） 整備法による改正後の民法
（補足） 公益目的事業か否かの判断についての基本的事項については、問Ⅷ－１－①をご参
照ください。

（参照条文） 民法第33条第２項、公益法人認定法第２条第４号、別表

589

第2章　審査基準・会計基準等

(参照すべき「公益目的事業のチェックポイント」) 401頁、404頁 (別紙)

問Ⅸ－⑤ (特定地域に限定された事業)

　特定地域に限定された事業は、不特定かつ多数の者の利益の増進に寄与するものと認められないのでしょうか。

答

1　不特定かつ多数の者の利益の増進に寄与するには、できるだけ多くの人が事業の恩恵を受けることができるのがよいのは言うまでもありません。

2　ただ、公益目的を達成するために必要な合理的な限定であれば、特定地域に限定するのは認められます。なお、目的に照らして対象者に不当な差別を設けて限定している場合、公益目的事業と認められませんので、ご注意ください。

　(補足1)　公益目的事業か否かの判断についての基本的事項については、問Ⅷ－1－①をご参照ください。

　(補足2)　このケースの別表各号の代表的な例としては、3号　障害者若しくは生活困窮者又は事故、災害若しくは犯罪による被害者の支援を目的とする事業、4号　高齢者の福祉の増進を目的とする事業、7号　児童又は青少年の健全な育成を目的とする事業、犯罪の防止又は治安の維持を目的とする事業、11号　事故又は災害の防止を目的とする事業、12号　人種、性別その他の事由による不当な差別又は偏見の防止及び根絶を目的とする事業などが挙げられる。

(参照条文) 公益法人認定法第2条第4号、別表
(参照すべき「公益目的事業のチェックポイント」) 402頁、404頁 (別紙)

問Ⅸ－⑥ (特定の弱者を救済する事業)

　特定の弱者を救済するのは、不特定かつ多数の者の利益の増進に寄与するものと認められるでしょうか。

答

1　例えば、現に発病しているのが小数に限定されるような難病の患者を救済する事業であっても、潜在的には、不特定多数の者が同じ病気になる可能性があるという合理的な理由による限定であるため、不特定かつ多数の者の利益の増進に寄与するものとなり得ます。

590

2　このように特定の弱者の救済については、現時点で受益者が特定されていても、潜在的に不特定多数の者が当該特定された弱者になる可能性がある場合には、不特定多数の者の利益の増進に寄与する場合があります。

（補足１）　公益目的事業か否かの判断についての基本的事項については、問Ⅷ－１－①をご参照ください。

（補足２）　このケースの別表各号の代表的な例としては、3号　障害者若しくは生活困窮者又は事故、災害若しくは犯罪による被害者の支援を目的とする事業、4号　高齢者の福祉の増進を目的とする事業、7号　児童又は青少年の健全な育成を目的とする事業、犯罪の防止又は治安の維持を目的とする事業、11号　事故又は災害の防止を目的とする事業、12号　人種、性別その他の事由による不当な差別又は偏見の防止及び根絶を目的とする事業などが挙げられる。

（参照条文）公益法人認定法第2条第4号、別表
（参照すべき「公益目的事業のチェックポイント」）402頁、404頁（別紙）

問Ⅸ－⑦　（墓地の管理）
　　墓地を管理するのが与えられた使命である法人ですが、墓地管理は公益目的事業と考えてよいでしょうか。

答

1　墓地管理については、「公益目的事業のチェックポイント」の事業区分にはありませんので、不特定かつ多数の者の利益の増進に寄与するものであるかの事実認定については「2　上記の事業区分に該当しない事業についてチェックすべき点」を用いていただくことになり、その際、例えば、墓地使用の機会が一般に開かれているか（当該墓地の使用について宗派その他で差別を設けていないなど）等を説明していただくことになります。

2　墓地管理に伴って様々な事業を行っている場合、収益事業等については公益目的事業とは明確に区分の上、地代等を含む費用面でみて公益目的事業比率が50/100以上となっている必要がありますので、ご注意ください。

（補足）　公益目的事業か否かの判断についての基本的事項については問Ⅷ－１－①、事業のまとめ方については、問Ⅷ－２－②をご参照ください。

第2章　審査基準・会計基準等

(参照条文) 公益法人認定法第2条第4号、第5条第8号、第15条、別表
(参照すべき「公益目的事業のチェックポイント」) 392頁、402頁、404頁（別紙）

問Ⅸ－⑧（法令に基づく事業）
　○○法に基づく法定検査を行っているが、公益目的事業と認められるでしょうか。

答

1　法令に基づく事業であっても、それだけで直ちに公益目的事業ということにはなりません。

　なお、この点に関連しては、認定法と同時に成立した整備法においては、法令に基づく事業を定めた個別の法律の「民法第34条の規定により設立された法人」という規定を、原則として「一般社団法人又は（及び）一般財団法人」と改正していることに留意してください。

2　公益目的事業か否かについては、
　A　認定法別表各号のいずれかに該当するかという点と、
　B　不特定かつ多数の者の利益の増進に寄与するものとなっているかという点
　を判断することとなります。（申請者側において、どのような点を記載すればよいのかは、ホームページに「公益目的事業のチェックポイント」の案を掲載していますのでご参照ください。）

　(注)　公益社団法人とは、一般社団法人のうち公益認定を受けた一般社団法人であり、公益財団法人も同様ですので、1の「一般社団法人」・「一般財団法人」の語には、公益認定を受けた「公益社団法人」・「公益財団法人」の意味も含まれています。
　(補足)　公益目的事業か否かの判断についての基本的事項については、問Ⅷ－1－①をご参照ください。また、検査の場合の不特定かつ多数の利益の増進に寄与するものかどうかについては、「公益目的事業のチェックポイント」第2の1の「(1)検査検定」をご参照ください。

(参照条文) 整備法第2章、公益法人認定法第2条第4号、別表
(参照すべき「公益目的事業のチェックポイント」) 391頁、404頁（別紙）

2．新たな公益法人制度への移行等に関するよくある質問（FAQ）

問IX－⑨（特定の学校の在学生への奨学金）
　特定の学校の在学生向けに奨学金事業を行っていますが、不特定かつ多数の者の利益の増進に寄与するものと認められるでしょうか。

答

1　不特定かつ多数の者の利益の増進に寄与するには、できるだけ多くの人が事業の恩恵を受けることができるのがよいのは言うまでもありません。

2　ただ、奨学金の応募の機会が特定の学校の在学生であっても、当該奨学金を給付又は貸与される在学生は入学の機会が不特定多数の者に開かれていることにかんがみ、不特定かつ多数の者の利益の増進に寄与するものとの事実認定が行えないということではありません。

（補足）　公益目的事業か否かの判断についての基本的事項については問VIII－1－①をご参照ください。

（参照条文）公益法人認定法第2条第4号、別表
（参照すべき「公益目的事業のチェックポイント」）391頁、398頁、399頁

問IX－⑩（医療事業）
　医療事業について公益目的事業であるか否かは、どのように判断されるのですか。

答

1　法人の行う医療事業が公益目的事業であるか否かの判断においては、法人が当該医療事業を通じて、どのように社会に貢献しようとしているか、即ち当該医療事業の目的及び内容に公益目的事業としての特徴があるかに着眼して判断されることになります。したがって、上記の判断に資するよう、当該医療事業の特徴を説明してください。

2　なお、例えば、特別の利益供与の禁止（公益法人認定法第5条第3号及び第4号）、収支相償（同条第6号）、理事の親族制限（同条第10号）といった認定基準に適合している必要がありますので、当然ではありますが、この点についても注意が必要です。

（補足）　公益目的事業か否かの判断についての基本的事項については問VIII－1－①をご参照ください。

593

第2章　審査基準・会計基準等

(参照条文) 公益法人認定法第2条第4号・別表1・3・4・6・19号、第5条第3・4・6・10号
(参照すべき「公益認定等ガイドライン」) Ⅰ3、5、9
(参照すべき「公益目的事業のチェックポイント」) 401・402頁

問Ⅸ−⑪ （上部団体への負担金等について）
　下部団体が上部団体へ支払う負担金等は、公益目的事業費として認められますか。

答

1　下部団体が上部団体に支払う会費その他これに類似する負担金等は、原則として管理費となります。

2　ただし、特定の事業のために拠出される負担金であって、公益目的事業である助成事業に係る費用と判断できる場合、公益目的事業費とすることができます。なお、具体的にどのような事業のために拠出されたのかについては、事後の監督で確認することがあり得ますので、関係書類を保存していただく必要があります。

　(補足)　公益目的事業か否かの判断についての基本的事項については、問Ⅷ−1−①をご参照ください。

(参照すべき「公益認定等ガイドライン」、「公益目的事業のチェックポイント」) 375頁、399頁

問Ⅸ−⑫ （介護事業、訪問看護事業及び看護学校事業）
　介護事業、訪問看護事業及び看護学校事業について、公益目的事業であるか否かは、どのように判断されるのですか。

答

1　法人の行う介護事業、訪問看護事業及び看護学校事業が公益目的事業であるか否かの判断においては、法人が当該事業を通じて、どのように社会に貢献しようとしているか、即ち当該事業の目的及び内容に公益目的事業としての特徴があるかに着眼して判断されることとなります。したがって、上記の判断に資するよう、当該事業の特徴を説明してください。

2　なお、介護事業や訪問看護事業は、営利事業が参入している事業ではありますが、そのことをもって直ちに公益目的事業に当たらないと判断するものではありません。また、介護事業や訪問看護事業だからといって、直ちに公益目的事業と判断するもの

594

でもありません。公益目的事業に当たるか否かは、例えば、採算割れする等の理由で通常の営利企業が提供しない介護サービスを法人が提供するなど、各法人が行う事業の特徴を勘案の上、個別に判断されることとなります。

問IX−⑬（共済事業）

　いわゆる共済事業は、共益的な事業であって、公益目的事業としては認められることはないのでしょうか。

答

1　公益認定等ガイドラインにおいては、事業の区分経理に関連して、「「その他事業」には、法人の構成員を対象として行う相互扶助等の事業が含まれる。例えば、構成員から共済掛金の支払を受け、共済事故の発生に関し、共済金を交付する事業、構成員相互の親睦を深めたり、連絡や情報交換を行ったりなど構成員に共通する利益を図る事業などは②その他の事業である」（I 18.(1)注書き）とされています。また、「受益の機会が特定多数の者（例えば、社団法人の社員）に限定されている場合は原則として共益と考えられる」（「公益目的事業のチェックポイントについて」【補足】横断的注記(3)ア）とされています。

2　いわゆる共済事業には多種多様なものがありますが、それらの事業について、公益目的事業に該当するか否かについて判断する際には、上記のガイドラインの記述に留意する必要があると考えられます。ただし、例えば、対象を社団法人の社員のように法人運営に関わる者に限定することなく、広く一般の者（地域の住民、児童、生徒、保護者等）が加入可能であり、実際に加入しているような場合には、上記ガイドラインの記述にある「法人の構成員を対象とする相互扶助等の事業」に該当するものではないと考えられます。

3　また、公益認定等ガイドラインにおいては、受益の「機会が限定されている場合でも、例えば別表各号の目的に直接貢献するといった合理的な理由がある場合、不特定かつ多数の者の利益の増進に寄与するという事実認定をし得る」（「公益目的事業のチェックポイントについて」【補足】横断的注記(3)ア）とされています。したがって、共済事業の内容、事業形態等によっては、単に加入者の福祉の向上のみを目的とした事業ではなく、公益法人認定法別表各号のいずれかの目的に貢献し、不特定多数の者の利益の増進に寄与するものと認められる場合もあり得ることにも留意する必要があります。

第2章　審査基準・会計基準等

4　いずれにせよ、共済事業には様々な種類のものがありますので、公益目的事業であるか否かについては、個々の具体的事例に即して判断することとなります。

（**注1**）不特定多数性については、共済事業の性質上、その対象は加入者に特定される形をとることになりますが、実質的に誰でも加入できる場合には、不特定かつ多数の者の利益の増進に寄与するもの（公益法人認定法第2条第4号）と認められる場合もあり得ると考えられます。（例えば、ＰＴＡ・青少年教育団体共済法に基づく共済事業では、広く地域の児童、生徒、保護者等を対象とすることが想定されています。）

（**注2**）法人の中には、保険業法上の認可特定保険業に当たる事業を実施しているものもあります。これらの事業が公益目的事業に該当するか否かについて検討する際、不特定多数性については上記2ただし書き及び注1の考え方が参考になりますが、これらの事業は、その内容、事業形態等は様々であることから、その他の点については個々の具体的事例に即して判断することとなります。

問Ｘ－1－①（実施期間の上限）

　土地等の相当規模の資産を保有しているため、現在実施している事業のうち、現在の主務官庁が公益事業として認めている事業の全てを公益目的支出計画の実施事業としても200年を超えるような計画となります。公益目的支出計画の実施期間に対して上限などはあるのでしょうか。また、一度認可を受けた後の期間の延長は、認められるのでしょうか。

答

1　公益目的支出計画については、整備法第117条第2号において、「適正」であり、かつ、「確実に実施すると見込まれる」ことが求められています。変更認可の場合も、整備法第125条の規定により、同じ基準に拠ることになります。

2　このため、公益目的支出計画の実施期間については、社員等を含む法人の関係者の意思を尊重し、法人において定めた期間で認めることを基本としつつも、法の定める適正性や確実な実施の見込みの観点から問題がないことが求められます。法人の財政状況などから考えて、計画の期間が不相応に長期であると考えられる場合には、期間について再考が求められることがあります。

3　また、移行認可後に公益目的支出計画の期間を延長する場合には、一旦、当初の公益目的支出計画の期間は法人の判断を尊重して決定されていることを踏まえれば、その確実な実施が求められるところであり、変更にはやむを得ない事情や合理的な理由

が必要です。

　変更認可は、延長にはやむを得ない事情があり合理的な対応であるのかどうか、及び延長された期間の全体を通じて確実な実施の見込まれるものであるかどうかの2点が確認された上でなされる必要があります。この2点が確認できない場合は、期間の変更の再考が求められることもあることに注意が必要です。

（注）　設定された期間について「不相応に長期であると考えられる場合」とは、例えば、法人が現在実施している公益に関する事業の規模（額）と比較して、公益目的支出計画における実施事業の規模（額）が極めて低い場合に、そのようにせざるを得ない特段の事由がないときが考えられます。

【参照すべきガイドラインの抜粋等】
1．公益目的支出計画が「適正」であることについて（整備法第117条第2号関係）
（中略）
　また、公益目的支出計画の実施期間については、社員等を含む法人の関係者の意思を尊重することが適切であると考えられるため、法人において定めた期間で認める。
　ただし、明らかに法人の実施事業等の遂行能力と比較して、設定された公益目的支出計画の実施期間が不相応に長期であると考えられる場合は是正を求めることもあり得る。

（参照条文）　整備法第117条、第119条、第125条

問Ｘ－1－②（公益目的支出計画は法人の解散を意味するのか）
　公益目的支出計画を完了させるということは、法人の純資産（正味財産）である公益目的財産額を全額公益目的に関する事業に使用することになるので、法人を解散せざるを得なくなることになりませんか。

答

1　ご質問のようなご心配はいりません。この公益目的支出計画は、法人の純資産を消費して零にすることを要求するものではありません。

2　法人が保有している純資産の全額を国や地方公共団体に寄附することも可能ですが、別添資料（「一般社団・財団法人に移行する際のモデルケース」）に記載しているように、公益的な事業について支出が収入を上回る事業について、公益目的支出計画に記載する実施事業として継続することによって、この計画を完了するという選択肢もあります。

第2章　審査基準・会計基準等

　　このようなケースでは、公益目的支出計画がスタートした時点と完了した時点を比べて法人が保有している資産が減少するとは限りません（収益事業の実施により法人の純資産の額が増加していることもあり得ます。）。

3　したがって、別添資料のモデルケースをよくご覧いただいて、法人としてのプランを考えていただきたいと思います。

※　一般財団・社団法人に移行する際のモデルケース
1　別添資料の1ページ目をご覧ください。
　①　博物館を運営している法人を想定した資料です。法人の事業としては、博物館運営事業、研修会、図録販売、オフィス賃貸事業の4つの事業を実施しています。そのうち、博物館運営と研修会、図録販売の3つが旧主務官庁により公益に関する事業と認められているとします。オフィス賃貸事業は収益事業とされています。
　②　この3つの公益に関する事業について、
　　　博物館運営事業は、1500万円の赤字、
　　　研修会事業は、5百万円の赤字、
　　　図録販売事業は、50万円の黒字、
　　となっています。
　　　また、収益事業であるオフィス賃貸事業は、4千万円の黒字です。
　③　これらの3つの公益に関する事業のうち、赤字の事業の2つを公益目的支出計画に記載しています。そうすると、公益目的のための支出は2千万円となります。
　　　公益目的のための支出：2000万円〔（2300万円－800万円）＋（700万円－200万円）〕
　　　この法人は、黒字事業であるオフィス賃貸事業の4千万円分の収益により、上記の公益に関する事業の赤字分を補って運営しています。
　④　公益目的財産額が1億4千万円で、公益目的に関する支出が毎年2千万円ですから、計画の実施期間は、
　　　公益目的財産額1億4千万円÷公益目的のための支出2千万円＝<u>7年</u>
　　となります。

3　別添資料の2ページ目をご覧ください。
　　この法人の公益目的財産額は7年間で零になりますが、法人の資産全体では、グラフの波線部をご覧いただければお分かりのとおり、増加しています（この法人の場合は、収益事業であるオフィス賃貸業の賃借料を改善することにより収入を増やしています。）。このように公益目的支出計画は、法人に純資産を取り崩して公益に関する事業を行うことを求める制度ではありません。

2．新たな公益法人制度への移行等に関するよくある質問（FAQ）

　ただし、公益目的支出計画の計画期間中は、公益に関する事業である博物館運営事業などを止めることはできません。公益目的支出計画を変更する場合には、行政庁の認可を得る必要があります。

第2章　審査基準・会計基準等

公益目的支出計画　モデル例　別添資料

1．公益目的支出計画の策定
（1）公益目的財産額の算定

《貸借対照表》

（資産）	（負債）
預　金 2000 万円	借入金　4000 万円
不動産 1000 万円	（純資産）
	純資産−1000 万円

《公益目的財産額及びその計算を記載した書類》

（資産）	（負債）
預　金　　　　　 2000 万円	借入金　4000 万円
不動産※1 6000 万円	（純資産）
	純資産　1 億 4 千万円

※当該評価額は時価評価したもの（簿価は 1000 万円）

⇒**公益目的財産額　1 億 4 千万円**…　**（ア）**

（2）公益目的支出計画に記載する事業の決定
《移行前の事業》
①博物館運営〔現行の公益事業〕　　赤字額　1500 万円

（費用）		（収益）	
維持管理費	2100 万円	入館料収入　800 万円	
減価償却費	200 万円		

②研修会〔現行の公益事業〕　　　　赤字額　500 万円

（費用）		（収益）	
テキスト代	450 万円	参加料収入　200 万円	
講　師　代	250 万円		

③図録販売〔現行の公益事業〕　　　黒字額　50 万円

（費用）		（収益）	
印刷費	50 万円	販売収入　100 万円	

④オフィス賃貸〔収益事業〕　　　　黒字額　4000 万円

（費用）		（収益）	
維持管理費	3000 万円	賃貸料収入　7000 万円	

⇒公益目的支出計画に記載する事業として**博物館運営及び研修会**を選択（公益事業のうち**赤字事業**）

2．公益目的支出計画の実施
《損益計算書》

（費用）		（収益）	
事業費			
博物館運営	2300 万円	入館料収入	800 万円
研修会	700 万円	参加料収入	200 万円
図録販売	50 万円	販売収入	100 万円
オフィス賃貸	3000 万円	賃貸料収入	8000 万円
管理費	2050 万円		
利　益	1000 万円		
計	9100 万円	計	9100 万円

⇒**公益目的のための支出：2000 万円**〔（2300 万円−800 万円）＋（700 万円−200 万円）〕…（イ）
⇒計画の実施期間
　　公益目的財産額 1 億 4 千万円（ア）÷公益目的のための支出 2000 万円（イ）
　　＝**7 年**

※　計画の実施期間中は、計画に沿って事業を実施しているかなどを毎年度行政庁（内閣総理大臣又は
　　都道府県知事）に報告。計画通り公益目的のための支出を完了すれば、行政庁からの監督は終了。

600

2．新たな公益法人制度への移行等に関するよくある質問（FAQ）

現行の公益法人が一般社団法人・一般財団法人に移行する場合の公益目的支出計画について

モデル例

法人の実際の純資産の額
（収益事業により資産を増加させることも可能）

純資産額 1億7千万円

純資産額 2億円

各事業年度における不特定多数の者の利益の増進に寄与する目的のための事業・公益法人等への寄附により公益目的財産額から減額する金額（この場合2千万円）

（例示）
公益目的財産額
1億4千万円

公益目的支出計画事業（本文中の赤字「公益事業）
公益目的支出計画事業の決定
（年間2千万円の赤字公益事業）

1億4千万円 ÷ 2千万円 ＝ 7（年）
↓
公益目的支出計画 ⇒ 7 年 間

1億2千万円
1億円
8千万円
6千万円
4千万円
2千万円
0

公益目的財産残額

公益目的財産額
→法人の純資産額を基礎として算定した額

移行登記

特例民法法人　移行法人
一般社団法人・一般財団法人

（行政庁の監督終了）

7年間

施行日
（H20.12.1）

民法法人

第2章　審査基準・会計基準等

問Ⅹ－1－③（「確実に実施」の判断）

　一般社団・財団法人への移行の認可の申請において、公益目的支出計画の計画期間中の法人の収支を審査すると聞いていますが、遠い将来まで見通すことは困難です。どのようにすればいいですか。

答

1　ご質問にあるとおり法人の収支見通しについては審査をします。

　　ただし、公益目的支出計画の計画期間中において、毎年度同様の事業が継続されると見込まれる場合は、1年間分の収支の見込みを申請書に記載し、その後については同様である旨を明示していただければ結構です。

2　なお、移行の申請を行う際に、法人全体の財務状況に影響を及ぼす活動（多額の借入や施設の更新等）を予定している場合には、その旨を記載していただくことが必要です。

【考え方】

　一般法人への移行の認可の要件は、公益目的支出計画が「適正」で「確実」であることです。この「確実」であることの審査にあたっては、当該法人の収支の見込みなどを基に審査することにより、公益目的支出計画の計画期間中において、この計画が当初の予定どおりに財政的に支障なく継続的に実施できるかを審査することとしています。

　ただし、公益目的支出計画については期間などについて法人の判断に委ねていることもあり、毎年度同様の事業を繰り返す場合には、1年間分の収支の見込みを申請書に記載し、後は「以下、同様」としていただければ結構です。

【参照すべきガイドラインの抜粋等】

1．公益目的支出計画が「適正」であることについて（整備法第117条第2号関係）

(中略)

　　また、公益目的支出計画の実施期間については、社員等を含む法人の関係者の意思を尊重することが適切であると考えられるため、法人において定めた期間で認める。

　　ただし、明らかに法人の実施事業等の遂行能力と比較して、設定された公益目的支出計画の実施期間が不相応に長期であると考えられる場合は是正を求めることもあり得る。

2．公益目的支出計画を確実に実施すると見込まれることについて（整備法第117条第2号関係）

　　法人が「公益目的支出計画を確実に実施すると見込まれること」とは、実施事業等以外

２．新たな公益法人制度への移行等に関するよくある質問（FAQ）

の事業及び管理運営を含む法人活動全般について、その財務的な影響により実施事業等のための資金が不足するなど公益目的支出計画の安定的な実施が妨げられることがないと見込まれることとする。

申請時には、法人全体の直近１年間の事業計画書及び公益目的支出計画実施期間における当該法人全体の収支の見込みを記載した書類により確認する。収支の見込みには、多額の借入れや施設の更新、高額財産の取得・処分など法人全体の財務に大きな影響を与える活動についても含むこととし、計画があれば当該申請書類に記載する。これらの見通しから「確実に実施すると見込まれるもの」と認めないこともありうる。

（以下略）

問Ｘ－２－①（土地等の相当規模の資産を保有している法人）
　土地等の相当規模の資産を保有している法人ですが、毎年特段の収入がなく、事業を行う財源がないため公益目的支出計画を作成する目処が立ちません。どのようにすればいいですか。

答

１　法人が保有している土地等の資産について、当該法人がその資産を保有・管理していることそのものが、仮に現在の主務官庁によって公益に関する事業と認められるのであれば、その資産に係る固定資産税の支出も公益目的支出計画の内容とすることができます。現行の資産の保有（管理）が公益に関する事業と認められるかどうかについて、主務官庁とご相談ください。

２　また、その結果として、公益目的支出計画の計画期間が長期になることも差し支えありません。

【参照すべきガイドラインの抜粋等】

　また、公益目的支出計画の実施期間については、社員等を含む法人の関係者の意思を尊重することが適切であると考えられるため、法人において定めた期間で認める。

　ただし、明らかに法人の実施事業等の遂行能力と比較して、設定された公益目的支出計画の実施期間が不相応に長期であると考えられる場合は是正を求めることもあり得る。

第2章 審査基準・会計基準等

問X－2－②（ボランティア活動の取扱い）
　公益認定法人については、ボランティア活動そのものを公益目的に要する経費とできると聞いていますが、一般社団・財団法人については公益目的支出計画における支出と認められるのですか。

答

1　残念ながら認められません。

2　整備法上、公益目的支出計画は、本来公益目的に消費するべき財産（公益目的財産額）について継続的に実際に消費することを求めているため、公益法人認定法における公益目的事業比率の計算におけるボランティアの取扱いとは異なります。

問X－2－③（継続事業）
　これまで実施していた継続事業は、公益目的支出計画の内容とすることができるのですか。また、移行認可の申請時に公益目的支出計画の対象事業としなかった事業を移行後に新たに追加することはできるのでしょうか。

答

1　法人が従来から実施している事業であり、現在の主務官庁が公益に関する事業と認めれば、原則として、この事業を公益目的支出計画の対象事業として、公益目的支出計画を作成することができます。

2　ただし、主務官庁が公益に関する事業であるとした事業であっても、公益法人の指導監督基準などにより公益に関する事業としてはふさわしくないとされている事業に相当すると考えられる場合には、当該主務官庁の考えにかかわらず、公益に関する事業とは認められないことがあります。
　この場合には、当該事業を公益目的支出計画の対象事業として、公益目的支出計画を作成することができません。

3　一般社団・財団法人への移行後は、事業の公益性の判断を含めて主務官庁の監督がなくなり、公益目的支出計画の履行を確保するために必要な範囲内において行政庁による監督が行われることになります。また、整備法第119条第2項第1号ハに規定する事業は、「移行認可を受けた後も継続して行う不特定かつ多数の者の利益の増進に寄与する目的に関する事業」であり、移行認可の申請時に公益目的支出計画の対象事業としなかった事業を移行後に新たに追加することはできません。

604

２．新たな公益法人制度への移行等に関するよくある質問（FAQ）

　なお、これを整備法第119条第２項第１号イに規定する事業（公益目的事業）として公益目的支出計画の対象事業に追加することは可能です。

【参照すべきガイドラインの抜粋等】
⑴　公益目的支出計画に記載された実施事業等について、整備法第119条第２項第１号の「イ」、「ロ」又は「ハ」に該当していることについて
ⅲ　「ハ」として記載した支出（事業）について

　　　当該事業が、旧主務官庁の監督下において公益に関する事業と位置づけられており、「ハ」に該当するかどうかについて、整備法第120条第４項に基づき、行政庁は事業内容等必要な資料を添えて旧主務官庁に対し意見聴取を行うものとし、原則として旧主務官庁の意見を尊重する。

　　　ただし、旧主務官庁の意見において公益に関する事業であるとされたものが、指導監督基準等において公益に関する事業としてはふさわしくないとされた事業に相当すると考えられる場合においては、当該旧主務官庁の意見にかかわらず、実施事業と認めないこともありうる。この場合には、整備法第120条第５項に基づき行政庁が当該旧主務官庁に通知する文書に、その旨及び理由を記載する。なお、移行後において実施事業として「ハ」の事業を新たに追加することはできない。

○「公益法人の設立許可及び指導監督基準」（平成８年９月20日閣議決定）

　１．目的
　　公益法人は、積極的に不特定多数の者の利益の実現を目的とするものでなければならず、次のようなものは、公益法人として適当でない。
　⑴　同窓会、同好会等構成員相互の親睦、連絡、意見交換等を主たる目的とするもの
　⑵　特定団体の構成員又は特定職域の者のみを対象とする福利厚生、相互救済等を主たる目的とするもの
　⑶　後援会等特定個人の精神的、経済的支援を目的とするもの

問Ⅹ－２－④　（公益目的支出計画に記載することができる公益事業）
　複数の公益事業を行っている法人ですが、公益目的支出計画に記載することができる公益事業とはどのようなものですか。

答
１　今日まで様々な公益的な事業を行ってきた法人は、一般法人に移行するに際しては

第2章　審査基準・会計基準等

それら事業のすべてを公益目的支出計画に記載することも可能ですし、一部の事業を取り上げて公益目的支出計画に記載することもできます。

2　ただし、支出の総額が収入の総額を上回っていることが必要です（別添資料「一般社団・財団法人に移行する際のモデルケース」を参照願います。）。

3　また、新たに始める公益目的事業や公的な団体への財産の寄附も公益目的支出計画の対象として記載できます。

【参照すべきガイドラインの抜粋等】
(1)　公益目的支出計画に記載された実施事業等について、整備法第119条第2項第1号の「イ」、「ロ」又は「ハ」に該当していることについて
　　申請において、実施事業等については事業区分ごとに内容及び収益・費用に関する額等が記載されており、整備法第119条第2項第1号「イ」、「ロ」又は「ハ」に該当することを要する。また、実施事業について定款に位置づけられていることを要する。

(中略)

※　法人が公益目的支出計画に記載する「実施事業等」については、支出の総額が収入の総額を上回ることを要する。
　　なお、複数の実施事業等を盛り込む場合であり、それらの実施事業のうちいくつかの実施事業については、支出額が収入額を上回らないものであっても上記を満たす限り可能とする。

問X−2−⑤（委託費等の取扱い）
　国や地方公共団体から委託費等の交付を受けて公益に関する事業を行っている公益法人ですが、一般社団・財団法人に移行するためには、公益に関する事業などを記載した公益目的支出計画を作成しなければならないと聞いています。この場合に、財源となっている委託費等の収入は、同計画に記載することとなる公益に関する事業に係る収益となるのでしょうか。

答
1　公益目的支出計画の対象となる事業（実施事業）に係る収入の取扱いについては、「実施事業の対価としての収益」や「使途が実施事業に特定された収益」については、当該実施事業に係る収益となります。

2　したがって、例えば委託費で行っている事業を実施事業とするのであれば、一般的

2．新たな公益法人制度への移行等に関するよくある質問（FAQ）

に、実施事業を行うことへの対価となるものですので、その実施事業に係る収益となります。

3 なお、支出額と委託費等による収益額が一致している場合は、支出額が収入額を上回らないため、公益目的財産額が減少しないことがあり得ますので注意が必要です（法人が一部経費を負担（持ち出し）して実施事業を行う場合には、支出が収入を上回ることになるため、公益目的財産額が減少することは当然です。）。

【参照すべきガイドラインの抜粋等】
　② 実施事業等に係る収入と支出について（整備法第119条第2項第1号、2号関係）
　　　　　　　　　　　　　　　　　（中略）
　ⅱ　実施事業収入の額について
　　　整備規則第17条第1項に規定する「実施事業収入の額」のうち同項第1号の「実施事業に係る収益」とは、原則として次のとおりとする。
　　一　実施事業の実施に係る対価としての収益（入場料、手数料等）
　　二　使途が実施事業に特定されている収益
　　三　法人においてルールを設定し、実施事業収入と定めた収益
　　　なお、使途が実施事業に特定されている積立金（基金）の運用益について、実施事業の財源を実施事業に係る収益とした場合には公益目的支出計画が終了しないと予想される場合には、実施事業に係る収益としないことができる。

　　　同項第2号の「実施事業資産から生じた収益」とは、例えば実施事業資産の売却益などが該当する。
　　　なお、使途が実施事業に特定されている積立金（基金）の運用益について、実施事業の財源を実施事業資産から生じた収益とした場合には公益目的支出計画が終了しないと予想される場合には、実施事業資産から生じた収益としないことができる。

問Ⅹ-2-⑥（特定寄附の相手方）
　　特定寄附の相手方は、公益法人であればどこでもよいでしょうか。

答
1 特定寄附の相手方は「類似の事業を目的としている」ことが必要です。

（注） ここでいう「事業」とは、認定法別表（第2条関係）各号に掲げる事業のことであり、特定寄附を行う法人の事業（別表○号）と相手方の法人の事業（別表○号）は必ずしも同

607

第2章　審査基準・会計基準等

　　一である必要はありませんが、それらにある程度類似性が認められることが必要です。

2　なお、具体的な特定寄附の相手方としては、国又は地方公共団体以外では、類似の
　事業を目的とする他の公益法人、学校法人、社会福祉法人、更生保護法人、独立行政
　法人、国立大学法人、大学共同利用機関法人、地方独立行政法人、特殊法人（株式会
　社を除く。）、法令の規定により、当該法人の主たる目的が公益に関する事業を行うも
　のであることや残余財産を当該法人の目的に類似する目的のために処分し、又は国若
　しくは地方公共団体に帰属させることなど一定の要件を満たす公益的な活動を行う者
　があります。

3　特定寄附の相手方との類似性（類似の事業を目的とするものであること）について
　は、個々の案件ごとに確認することになりますので、申請時に、特定寄附の相手方の
　定款や登記事項証明書の提出が必要となる場合があります。

（**参照条文**）公益法人認定法第5条第17号、同法施行令第8条

【参照すべきガイドラインの抜粋等】
⑴　公益目的支出計画に記載された実施事業等について、整備法第119条第2項第1号の
　「イ」、「ロ」又は「ハ」に該当していることについて
　ⅱ　「ロ」として記載した支出について
　　当該支出（特定寄附）の相手方が、認定法第5条第17号に掲げるもののいずれかに該
　　当することを確認する（同号の「ト」として同法施行令第8条に該当する場合は、その
　　条件を満たすものであることを確認する。）。

問X−3−①（引当金等）
　引当金等について、将来的に取り崩して支出することが見通せるものについては、
公益目的財産額の算定の対象から除くことはできないのですか。

答
1　適正な期間損益計算を行い、負債（資産の控除を含む。）として計上されている引
　当金（一般社団・財団法人法施行規則第23条第4項又は第24条第2項第1号の規定に
　より計上する引当金参照）については、整備法施行規則第14条を改正（平成20年4月
　25日）し、純資産額に引当金を加算しないこととしました。したがって、当該引当金
　は負債として取り扱われることとなり、純資産（正味財産）には含まれず、公益目的
　財産額の算定にも含まれないということになります。また、「引当金に準ずるもの」

608

については、公益認定等ガイドラインにおいて引当金と同様に取り扱う旨を提示しているところです。

2 上記1の引当金（引当金に準ずるものを含む。）以外に、負債として計上されていない「会費等の積み立てによる準備金等（法令等により将来の支出又は不慮の支出に備えて設定することが要請されているもの）」の取扱いについては、一定のルールに基づき、公益目的財産額の算定の対象から除くことができる旨を公益認定等ガイドラインで提示しているところです。

なお、「法令等」の「等」については、通達又は通知を意味します。

(参照条文) 一般社団・財団法人法施行規則第23条第4項、第24条第2項第1号、整備法施行規則第14条

【参照すべきガイドラインの抜粋等】

(4) 公益目的支出計画における公益目的財産額の算定などの計算が整備法及び整備規則に則って行われていることについて

① 公益目的財産額の算定方法について（整備法第119条第1項関係）

（引当金等について）

負債（資産の控除を含む。）として計上されている引当金（引当金に準ずるものを含む。）については、公益目的財産額の算定から控除する。

また、会費等の積み立てによる準備金等（法令等により将来の支出又は不慮の支出に備えて設定することが要請されているもの）については、負債として計上されていない場合であっても、法人において合理的な算定根拠を示すことが可能である場合には、引当金と同様に公益目的財産額の算定から除くことができる。

※ 退職給付会計の導入に伴う会計基準変更時差異（注）の扱いについて

費用処理期間を定めて当該期間にわたり費用処理を行っている法人にあっては、当該未処理額についても公益目的財産額の算定から控除することができる（この場合、未処理額の算定根拠などの資料の提出を求める。）。

なお、公益目的財産額の算定時に控除した未処理額について、移行後の各事業年度における費用処理の額は公益目的支出の額に算入しない。

(注) 会計基準変更時において本来計上すべき引当金額の満額と実際に計上している引当金の差額をいう。

会計基準変更時差異は、平成18年4月1日以降15年以内の一定の年数にわたり定額法により費用処理をすることとなる。

第2章 審査基準・会計基準等

問Ｘ－３－②（移行後も継続的に使用する資産の評価方法）
　　公益目的財産額の算定における土地の評価方法に関して、「継続して使用されることを前提に算定した額を評価額とすることができる」とありますが、これはどのようなことですか。

答

1　法人の保有する土地の評価方法については、公益認定等ガイドライン（以下「ガイドライン」という。）にあるように固定資産税評価額や不動産鑑定士が鑑定した額などが考えられます。

2　このうち、不動産鑑定士による鑑定について、法人が一般社団・財団法人に移行した後においても引き続き保有する資産（不動産）を従前と同様に非営利活動に使用する場合には、当該法人が移行後も円滑に非営利活動を継続することを可能とする観点から、資産を非営利活動に継続使用することを前提に不動産鑑定士が算定した額をもって評価額とすることができることとしました。

3　内閣府大臣官房新公益法人行政準備室は社団法人日本不動産鑑定協会（以下「鑑定協会」という。）にガイドラインの内容を伝え、ガイドラインを踏まえた資産の適切な評価のあり方について検討を行うよう要請しました。

4　鑑定協会においては当室の要請に応え検討を重ね、「公益目的財産（不動産）の時価評価に係る当面の対応について　～「長期にわたり事業に継続して使用することが確実な資産」関連～」（以下「文書」という。）を取りまとめていただいたところです。
　※　この文書については、鑑定協会の HP に掲載されています。
　　（http://www.fudousan-kanteishi.or.jp/japanese/info_j/20080513.html）

5　なお、この文書により非営利活動に継続的に使用する資産を評価したものであれば、ガイドラインに基づいて算定された評価となります。

【参照すべき公益認定等ガイドラインの抜粋等】
　①　公益目的財産額の算定方法について（整備法第119条第1項関係）
　　（資産の評価について）
　　　公益目的財産額の算定に必要な資産の評価に当たっては、過大な費用をかけることは適当でないと考えられるため、以下のとおりとする。

610

2．新たな公益法人制度への移行等に関するよくある質問（FAQ）

　ⅰ　土地の評価方法について

　　　例えば、固定資産税評価額や不動産鑑定士が鑑定した価額などが考えられる。

　　　法人の保有する資産であって、移行後において当該法人が長期にわたり継続的に事業を行う場合にそれらの事業に継続して使用することが確実な資産（建物等の減価償却資産を含む。）については、当該資産が継続して使用されることを前提に算定した額を評価額とすることができる。

　　　なお、土地及び建物を一体として評価する場合であっても、土地に係る算定額と建物に係る算定額を区分することが可能な場合は、それらを区分して申請することができる。

　ⅱ　減価償却資産の評価方法について

　　　建物等の減価償却資産については、時価評価資産に含めないものとする。ただし、不動産鑑定士による鑑定評価を妨げない。

問Ⅹ－3－③（土地の上に存する権利の評価方法）
　借地権（建物の所有を目的とする地上権又は土地の賃借権）などの権利を設定し、公益法人会計基準に定めのある財産目録に記載しているが、これらの時価評価については、どのような方法が考えられるのでしょうか。

答

　借地権など「土地の上に存する権利」の評価方法については、土地の評価方法と同様、例えば、不動産鑑定士が鑑定した価額のほか、公正妥当と認められる税法上の評価方法により法人自らが算定した価額が考えられます。

問Ⅹ－3－④（有価証券の評価方法）
　有価証券のうち、満期保有目的の債券について償却原価法を採用している場合には、帳簿価額を時価とすることは可能でしょうか。

答

1　満期保有目的の債券について、市場性があるものは、市場価格を用いた時価評価をしていただきます。

2　市場性がなく評価が困難な場合は、取得価額又は帳簿価額での評価ができます。その際に、満期保有目的の債券について償却原価法（注）を採用している場合には、当

第2章　審査基準・会計基準等

該帳簿価額を時価とすることも可能です。

(注)　「償却原価法」とは、満期保有目的の債券を債券金額より低い価額又は高い価額で取得
した場合において、取得価額と債券金額との差額の性格が金利の調整と認められるときは、
当該差額に相当する金額を償還期に至るまで毎期一定の方法で取得価額に加減し、当該加
減額を受取利息に含めて処理する方法をいう。

【参照すべきガイドラインの抜粋等】

(4)　公益目的支出計画における公益目的財産額の算定などの計算が整備法及び整備規則に
則って行われていることについて

①　公益目的財産額の算定方法について（整備法第119条第1項関係）

ⅲ　有価証券の評価方法について

上場されていることにより市場価格が容易に把握できる場合は、市場価格を用いた
時価評価を行うものとする。市場性がない場合であっても評価を行うことが可能な場
合は時価評価とする。

なお、市場性がなく評価が困難な場合は当該有価証券の取得価額又は帳簿価額とす
る。

問X－3－⑤（実施事業資産の減損、評価損益）
　実施事業資産として保有する有価証券や不動産の時価が著しく下落した場合の減
損、評価損益については、公益目的支出計画上、どのように取り扱われるのでしょ
うか。

答

1　公益目的支出計画を実施する法人（移行法人）において、移行後に実施事業資産と
して保有する「満期保有目的の債券（注2）」、「子会社株式及び関連会社株式（注3）」、
「その他有価証券（注4）のうち市場価格のないもの」や「不動産」の時価が著しく
下落した場合の減損については、当該減損が発生した事業年度の経常外費用に減損損
失として計上した場合には、当該事業年度の公益目的支出の額に算入されます（整備
法施行規則第16条第3号）。

2　上記以外の「売買目的有価証券（注1）」又は「その他有価証券（注4）のうち市
場価格のあるもの」の評価損益については、当該評価損益が発生した事業年度の公益
目的支出の額又は実施事業収入の額に算入せず（整備法施行規則第18条）、当該資産
の売却時において売却損益を公益目的支出計画に反映することとします。

612

2．新たな公益法人制度への移行等に関するよくある質問（FAQ）

　なお、売却価額と比較する原価額は、公益目的財産額の算定日に保有していた有価証券にあっては公益目的財産額の算定日における時価とし、公益目的財産額の算定日以降に取得した有価証券にあっては取得価額とします。

（注1）「売買目的有価証券」とは、時価の変動により利益を得ることを目的として保有する有価証券をいう。

（注2）「満期保有目的の債券」とは、満期まで所有する意思をもって保有する社債その他の債券をいう。

（注3）「子会社株式」とは、当該法人が営利企業の議決権の過半数を保有している場合の当該営利企業の株式をいう。また、「関連会社株式」とは、当該法人が営利企業の議決権の20％以上50％以下を保有している場合の当該営利企業の株式をいう。

（注4）「その他有価証券」とは、子会社株式及び関連会社株式といった明確な性格を有する株式以外の有価証券であって、売買目的又は満期保有目的といった保有目的が明確に認められない有価証券をいう。

（参照条文） 整備法施行規則第16条、第17条、第18条

問X－3－⑥（金銭以外の財産の拠出を受けた場合の基金の取扱い）
　基金として土地や有価証券など金銭以外の財産の拠出を受けた場合には、当該資産を公益目的財産額の算定において時価評価しなければならないのでしょうか。

答

1　特例社団法人が一般社団・財団法人法第131条の基金を引き受ける者の募集をした場合、その総額は、貸借対照表の純資産の部に計上されるものの、法人が基金の拠出者に対して同条の規定により返還義務を負うことから、公益目的財産額の算定においては、貸借対照表上の純資産額から基金の総額を控除することとしています。

2　基金として土地や有価証券など金銭以外の財産の拠出を受けた場合であっても、拠出額（金銭以外の財産については、拠出時の財産の評価額）を限度とした金銭の返還義務を負うこととなるため、金銭以外の財産を受け入れた時の取得価額をもって公益目的財産額の算定日における時価とみなすこととします。

（参照条文） 一般社団・財団法人法第131条、同法施行規則第31条、整備法第87条第1項

613

第2章　審査基準・会計基準等

問X－4－①（公益目的財産額と貸借対照表との関係）

　一般社団・財団法人に移行する場合には、土地などを時価評価することとされていますが、会計基準に基づき法人の財務諸表（貸借対照表）を作り直さなければならないのですか。

答

1　ご質問の時価評価については、あくまでも公益目的財産額を算定するために必要とされているものです。

2　このため、一般社団・財団法人に移行しようとする場合について、法人の貸借対照表上の資産を時価評価して、貸借対照表を作り直す必要はありません。

(参照条文) 整備法第60条、同法施行規則第14条

問X－4－②（移行法人の計算書類）

　移行法人が作成すべき計算書類（貸借対照表及び損益計算書（正味財産増減計算書））について、作成する上での留意点を教えてください。また、実施事業資産を貸借対照表に注記する場合の記載方法を教えてください。

答

1　移行法人は毎事業年度経過後に公益目的支出計画実施報告書と併せて計算書類等（貸借対照表、損益計算書等）を行政庁に提出しなければなりません。

2　行政庁において、毎事業年度、公益目的支出計画が適正かつ確実に実施されていることを確認するために、公益目的支出計画に記載する実施事業等（実施事業及び特定寄附）については、その状況を把握する必要があることから、損益計算書（正味財産増減計算書）の内訳表において、実施事業等に関する会計（実施事業等会計）を他と区分した上で、更に事業等ごとに区分する必要があります。

　また、実施事業等以外の事業（その他事業）のうち主なもの（事業規模の大きいもの）についても、公益目的支出計画が確実に実施されていることを確認するため、損益計算書の内訳表において、主な事業ごとに収支の状況（収益及び費用）を明らかにしていただく方が望ましいといえます。その他事業は、必要に応じて事業の内容、目的等により関連するものを一つの事業単位としてまとめることは可能です。

　更に、法人全体の事業費と管理費に関連する費用は適正な基準によりそれぞれに配賦しなければならず、実施事業とその他事業に関連する事業費も同様に配賦しなけれ

614

２．新たな公益法人制度への移行等に関するよくある質問（FAQ）

ばなりません。

　これらのことから、移行法人が作成する損益計算書（正味財産増減計算書）は、内訳表において、実施事業等に関する会計（実施事業等会計）、その他事業に関する会計（その他会計）及び法人の管理業務やその他の法人全般に係る事項に関する会計（法人会計）の３つに区分した上で、実施事業等は事業等ごとに表示し、その他事業のうち主なものは事業ごとに表示することが適当であると考えます。

3　移行法人は、貸借対照表において実施事業資産（実施事業に係る資産）を区分して明らかにする必要があります。なぜならば、実施事業資産から発生する損益は、公益目的支出の額又は実施事業収入の額として公益目的財産額に反映させる必要があるからです。

　例えば、実施事業に供している機械等の固定資産を除却した場合、除却に係る損益は、公益目的支出計画に反映することになりますので、区分しておくことで実施事業に係る支出または収入が明らかになります。

4　実施事業資産を区分する方法として例えば、

①　損益計算書（正味財産増減計算書）同様、内訳表において実施事業等会計、その他会計及び法人会計の３つに区分することにより、明示する方法や、

②　貸借対照表に実施事業資産を注記する方法が考えられます。

5　貸借対照表に実施事業資産を注記する方法を選択した場合には、以下の記載例が考えられます。このような記載により、実施事業資産は明示されるものと考えられます。

（記載例）

貸借対照表に対する注記

　××．実施事業資産は以下のとおりである。

基本財産	投資有価証券	500
その他固定資産	土　　地	200
	建　　物	100

問XI－１－①　（変更の認定と変更の届出）

　公益法人において、事業の内容の変更を行うときに、変更の認定を受けなければならない場合と、変更の届出を行わなければならない場合について、教えてください。

第2章　審査基準・会計基準等

答

1　法人の活動は、法令及び定款の定める目的の範囲内である必要があります。また、
公益法人の場合は、これに加えて、公益法人認定法の定める公益認定基準を充たした
ものである必要があります（公益認定基準の何れかに適合しなくなった場合は、公益
認定を取り消される場合があります）。

2　公益法人は、事業の種類や内容に変更が生じた場合であっても、公益認定基準を充
たしている必要があり、この点を確認するため、変更認定及び変更届出の手続があり
ます。
　公益法人の事業の内容の変更に関し、公益法人認定法及び公益法人認定法施行規則
は、以下のとおり規定しています。

変更認定を要する場合 （公益法人認定法第11条第1項第2号・ 第3号）	・公益目的事業の種類（注1）又は内容の 　変更（軽微な変更を除く） ・収益事業等の内容の変更（軽微な変更 　を除く）
変更届出で済む場合 （公益法人認定法第13条第1項第2号、 公益法人認定法施行規則第7条第3号）	・公益目的事業又は収益事業等の内容の 　変更で、認定を受けた申請書（注2）の 　記載事項の変更を伴わないもの

（注1） 公益目的事業の種類とは、公益法人認定法別表で該当する号のことをいいます。この
　　　該当する号が変わる場合は、変更認定を受ける必要があります。
（注2） 移行認定申請書（整備法施行規則様式第1号）及び変更認定申請書（公益法人認定法
　　　施行規則様式第2号）を含みます。

3　公益認定は、認定申請書の記載内容を前提として受けています。申請書の記載事項
の変更を伴わない場合は、認定基準適合性に変わりがないと考えられることから、変
更届出で済むことと整理されています。

4　このような制度趣旨を踏まえると、事業の日程や財務数値など毎年度変動すること
が一般的に想定されるような事項の変更については、「公益目的事業の種類又は内容
の変更」及び「収益事業等の内容の変更」には当たらず、変更の認定及び変更の届出
を行う必要はありません。
　また、公益目的事業の内容の変更の場合において、事業の公益性についての判断が
明らかに変わらず、申請書に参考情報として記載されているに過ぎない事項の変更と
考えられる場合は、申請書の記載事項の変更を伴わないものとして、変更の届出を行

616

うこととなります。

5　なお、事業の公益性についての判断に影響があるか否かは、具体的な事業内容によって異なるので、一律の基準を設定することは困難です。しかし、ある事業が公益目的事業に該当するか否かの判断は「公益目的事業のチェックポイント」を踏まえつつ判断することとされていますので、事業の公益性についての判断に影響があるか否かについても、チェックポイントが参考になります。

　例えば、チェックポイントの事業区分を異にする事業を追加（注）する場合や、チェックポイント区分は同じであっても、チェックポイントにおける説明が異なる事業を追加する場合は、改めてチェックポイントに沿って公益性の判断を行う必要があることから、変更認定が必要となります。逆に、事業の追加や内容の変更により、受益の対象や規模が拡大したとしても、チェックポイントの事業区分が変わらず、チェックポイントに沿った説明に実質的な変更がないような場合には、届出で済む可能性があります。

(注)「事業の追加」とは、既存事業に一部追加する場合と新規の事業として立ち上げる場合との両方を含みます。以下同じ。

6　収益事業等の内容の変更の場合は、事業の公益性の確認は不要ですが、公益目的事業の実施に支障を及ぼすおそれがないかなど認定基準の適合性を確認する必要があります。

　例えば、新たに事業を追加する場合には、公益目的事業の実施（公益法人認定法第5条第7号）への影響等を確認する必要があります。また、縮小・廃止の場合には、経理的基礎（同条第2号）に影響することが考えられます。公益目的事業比率（同条第8号及び第15条）等を判断するために、特に必要と考えられて収益事業等の規模が申請書に記載されている場合には、当該記載内容の変更に伴う規模の変更等について確認する必要がありますので、このような場合にも変更認定が必要となります。

　なお、収益事業等の内容の変更の場合において、認定基準への適合性についての判断が変わることが想定されず、申請書に参考情報として記載されているに過ぎない事項の変更と考えられる場合には、申請書の記載事項の変更を伴わないものとして、変更の届出をすることとなります。

7　事業の内容を変更しようとする場合に、変更の認定を受けるべきか、変更の届出を行うべきかなど、なお判断に迷う場合は、事前に行政庁にご相談ください。

第2章　審査基準・会計基準等

【公益目的事業の変更等に関して変更認定を必要とする典型例】

　以下の場合は、基本的に変更認定が必要となります。なお、これらの場合以外であっても、申請書の記載内容等に照らして公益性についての判断に影響がある場合には、変更認定が必要となります。

公益目的事業の統合・再編	・事業（事業番号）の統合（公1～公3を公1に統合） ・事業（事業番号）の再編（公1～公3を公1・公2に再編、公2の事業の一部を公1に組替えなど） ※収益事業等とされている事業を公益目的事業とし、又は公益目的事業とされている事業を収益事業等と整理しなおす場合も、変更認定が必要です。
公益目的事業の変更	・申請書別紙2の「〔3〕事業の公益性について」の記載内容（公益法人認定法別表に該当する理由、チェックポイントに該当する旨の説明等）を変更する場合
公益目的事業の追加	・新たに事業番号を付して事業の追加を行う場合（従前の公1に加え、公2を追加する場合） ・事業番号の追加は伴わないがチェックポイントの事業区分が異なる事業を新たに追加する場合（公1の事業として、従来の「検査検定」事業に加え、新たに「講座、セミナー、育成」の事業を追加する場合など） ・申請書別紙2の「〔3〕事業の公益性について」の記載内容（公益法人認定法別表に該当する理由の説明、チェックポイントに該当する旨の説明等）が異なる事業を追加する場合 ・定款の目的・事業を変更して事業を追加する場合
公益目的事業の廃止	・事業の廃止により、事業番号が削減される場合（従前の公3を廃止する場合など）

問XI－1－②　（変更の認可と変更の届出）

　公益目的支出計画の変更が生じるときに、変更の認可を受けなければならない場合と、変更の届出を行わなければならない場合について、教えてください。

答

1　変更の認可を受けることが必要な場合

　移行法人が、公益目的支出計画の変更を行う場合には、内閣府令で定める軽微な変更を除き、予め変更の認可を受ける必要があります（整備法第125条第1項）。そのうち、実施事業等（注1）の内容や、公益目的支出計画の完了予定年月日（公益目的財産残額が零となると見込まれる事業年度の末日）に関して変更が生じる場合は、以下

2．新たな公益法人制度への移行等に関するよくある質問（FAQ）

の扱いによります。

(1) 実施事業等の内容等の変更

① 公益目的支出計画に記載した実施事業等のうち、公益目的事業の内容に関して変更が生じる場合については、認定法における考え方と同様の考え方に基づくものとします（問Ⅺ－1－①参照）。

② 継続事業の内容に関して変更が生じる場合は、事業の目的・性格等の同一性が認められる場合を除き、変更の認可が必要です。移行後においては継続事業の追加は認められておりません（ガイドラインⅡ1⑴ⅲ参照）ので、公益目的支出計画には変更後の事業を「公益目的事業」として記載する必要があります。

③ 実施事業や特定寄附を新たに追加する場合や廃止する場合も、変更の認可を受ける必要があります。

(2) 公益目的支出計画の完了予定年月日の変更

各事業年度の公益目的支出の額や実施事業収入の額が変更になることにより、公益目的支出計画が完了予定年月日に完了しなくなることが明らかであるものは、変更の認可を受ける必要があります（整備法施行規則第35条第3号）。

2 変更の届出を行うことが必要な場合

移行法人が、公益目的支出計画の変更を行う場合に、変更の届出が必要になるのは以下の場合です。

(1) 公益目的支出計画の軽微な変更

移行法人が、以下に示す公益目的支出計画の軽微な変更を行った場合は、遅滞なく、その旨を認可行政庁に届け出なければなりません。（整備法第125条第3項第2号、整備法施行規則第35条）

一 実施事業を行う場所の名称又は所在場所のみの変更

二 特定寄附の相手方の名称又は主たる事務所の所在場所のみの変更

三 事業年度の公益目的支出の額や実施事業収入の額が変更になる場合であっても、公益目的支出計画が予定どおりに完了することが見込まれるもの（注2）

四 合併の予定の変更又は当該合併がその効力を生ずる予定年月日の変更

(2) 事業に必要な許認可等の変更

実施事業を行うに当たり法令上許認可等を必要とする場合において、それらの許認可等に変更が生じた場合には、認可行政庁に遅滞なくその旨を届け出る必要があります。

(3) 申請時の収支見込の変更（事前届出）

多額の借入れ等や資産運用方針の大幅な変更などを行うことにより申請時の収支の見込みが変更される場合には、事前に行政庁に届け出ることが必要です。

619

第2章　審査基準・会計基準等

　　なお、これらの活動により公益目的支出計画が当初の実施期間内に完了しないこととなる場合には、あらかじめ公益目的支出計画の変更認可を受けなければなりません。（公益認定等ガイドラインⅡ2）

(注1)　実施事業及び特定寄付をいいます。

(注2)　この場合、移行法人はその事業年度の公益目的支出計画実施報告書に当該変更があった旨を明示して提出すれば足ります（整備法施行規則第37条第3項）。

問Ⅺ－2－①（代表者の変更）
　　公益法人の代表理事が複数名いる法人で、そのうちの1名が変更した場合には、どのような対応が必要でしょうか（変更届出は必要ですか）。

答

1　公益法人認定法第7条第1項第1号における法人の「代表者」とは、法人を代表して同法に基づく手続を行う者を意味しています。代表理事が2人以上いる場合には、そのうちの1人のみを「代表者」とすることも可能ですし、複数人を「代表者」とすることも可能です。

2　変更となる代表理事が、公益法人認定法上の「代表者」として公益認定申請書（同法第7条）に記載されている場合には、代表者の氏名の変更の届出（同法第13条第1項第1号）の対象となります。

3　また、理事（代表者を除く。）の変更があったときにも、変更届出（同法第13条第1項第4号及び同法施行規則第11条第2項第1号）が必要であり、変更となる代表理事が公益法人認定法上の「代表者」ではない場合であっても、当該代表理事の変更が理事の変更を伴う場合には、理事の氏名の変更の届出の対象となります。

　(注)　公益法人認定法上の「代表者」ではない代表理事が、他の理事（代表者を除く。）と交代する場合などで、代表者以外の代表理事の変更が行われても、理事会の構成員に変更がないときには、代表者の氏名の変更の届出も理事の氏名の変更の届出も必要ではありません。

(参照条文)　公益法人認定法第7条、第13条、公益法人認定法施行規則第11条

3. 公益法人会計基準について

○公益法人会計基準について

目　次
1　会計基準の認定の経緯等……………………………………………… 624
2　本会計基準の性格……………………………………………………… 625
3　本会計基準の実施時期………………………………………………… 626
別紙　公益法人会計基準………………………………………………… 627
　第1　総則……………………………………………………………… 627
　第2　貸借対照表……………………………………………………… 627
　第3　正味財産増減計算書…………………………………………… 628
　第4　キャッシュ・フロー計算書…………………………………… 629
　第5　財務諸表の注記………………………………………………… 629
　第6　附属明細書……………………………………………………… 630
　第7　財産目録………………………………………………………… 630
公益法人会計基準注解…………………………………………………… 632

第2章　審査基準・会計基準等

公益法人会計基準について

平成 20 年 4 月 11 日
改正平成 21 年 10 月 16 日
内閣府公益認定等委員会

1　会計基準の設定の経緯等

⑴　設定の経緯

「公益法人会計基準」は、昭和52年3月4日に公益法人監督事務連絡協議会の申
合せとして設定され、昭和60年9月17日に公益法人指導監督連絡会議決定による改
正が行われて、公益法人が会計帳簿及び計算書類を作成するための基準として活用
されてきた。

その後、平成16年10月14日に公益法人等の指導監督等に関する関係省庁連絡会議
申合せとして全面的な改正が行われ、新「公益法人会計基準」(以下「平成16年改
正基準」という。)が平成18年4月1日より施行された。

平成18年に公益法人制度改革関連三法が成立し新制度を踏まえた会計基準を整備
する必要が生じたため、今般、内閣府公益認定等委員会において、改めて公益法人
会計基準を別紙のとおり定めることとした。

⑵　設定の方針及び主な変更点

公益法人制度改革関連三法の成立を受け、内閣官房行政改革推進本部事務局に
「新たな公益法人等の会計処理に関する研究会」が設けられ、平成19年3月に、公
益法人会計基準の基本的枠組みを維持しつつ、公益認定制度に対応した表示方法を
反映した基準に修正することが適当である旨の検討結果が取りまとめられている。

このような検討結果を踏まえ、平成16年改正基準を土台に新たな会計基準を設定
することとした。

平成16年改正基準からの主な変更点は、次のとおりである。

　ア．会計基準の体系

　　　平成16年改正基準は会計基準及び注解の部分と別表及び様式の部分とから構
　　成されるが、今後の制度運用上の便宜を考え、両者を切り離し、会計基準及び
　　注解の部分を本会計基準とし、別表及び様式の部分は運用指針として取り扱う
　　こととした。

　イ．財務諸表の定義

3．公益法人会計基準について

　　平成16年改正基準は、財務諸表を会計基準上で取扱う書類と定め、貸借対照表、正味財産増減計算書、財産目録及びキャッシュ・フロー計算書を含めていたところであるが、公益法人制度改革関連三法における会計に関する書類の定めとの整合性につき検討した結果、財産目録は財務諸表の範囲から除くこととした。

ウ．附属明細書

　　附属明細書は、「一般社団法人及び一般財団法人に関する法律」（以下「一般社団・財団法人法」という。）において作成することが定められており、さらに「一般社団法人及び一般財団法人に関する法律に関する施行規則」（以下「一般社団・財団法人法施行規則」という。）及び「一般社団法人及び一般財団法人に関する法律及び公益社団法人及び公益財団法人の認定等に関する法律の施行に伴う関係法律の整備等に関する法律施行規則」（以下「整備規則」という。）において、附属明細書の記載項目が定められている。平成16年改正基準においては、附属明細書に関する規定が設けられていないため、本会計基準においてこれを定めることとした。

エ．基金

　　一般社団・財団法人法において、一般社団法人では基金を設定可能であり、かつ、一般社団・財団法人法施行規則、「公益社団法人及び公益財団法人の認定等に関する法律施行規則」及び整備規則において、基金は純資産の部に記載する旨の定めがある。平成16年改正基準には、基金に関する規定が設けられていないため、本会計基準においてこれを定めることとした。

オ．会計区分

　　平成16年改正基準では、特別会計を設けている場合、会計区分ごとに貸借対照表及び正味財産増減計算書を作成し、総括表により法人全体のものを表示していたが、本会計基準では法人全体の財務諸表及び附属明細書並びに財産目録を基本とし、会計区分ごとの情報は、財務諸表の一部として貸借対照表内訳表及び正味財産増減計算書内訳表において、それぞれに準じた様式で表示するものと整理した。

(3) 一部改正について

　　一般社団・財団法人法施行規則の改正（平成21年8月1日施行）に伴い、本会計基準注解の注17につき、所要の改正を行った（平成21年10月16日）。

2 本会計基準の性格

本会計基準は、公益法人会計に関する一般的、標準的な基準を示したものであり、

625

第2章　審査基準・会計基準等

公益法人会計の理論及び実務の進展に即して、今後、更に改善を図っていこうとするものである。

3　本会計基準の実施時期
本会計基準は、平成20年12月1日以後開始する事業年度から実施するものとする。

3．公益法人会計基準について

| 別　紙 |

公益法人会計基準

第1　総則
1　目的及び適用範囲
　この会計基準は、公益法人の財務諸表及び附属明細書並びに財産目録の作成の基準を定め、公益法人の健全なる運営に資することを目的とする。

2　一般原則
　公益法人は、次に掲げる原則に従って、財務諸表（貸借対照表、正味財産増減計算書及びキャッシュ・フロー計算書をいう。以下同じ。）及び附属明細書並びに財産目録を作成しなければならない。

(1)　財務諸表は、資産、負債及び正味財産の状態並びに正味財産増減の状況に関する真実な内容を明りょうに表示するものでなければならない。

(2)　財務諸表は、正規の簿記の原則に従って正しく記帳された会計帳簿に基づいて作成しなければならない。

(3)　会計処理の原則及び手続並びに財務諸表の表示方法は、毎事業年度これを継続して適用し、みだりに変更してはならない。

(4)　重要性の乏しいものについては、会計処理の原則及び手続並びに財務諸表の表示方法の適用に際して、本来の厳密な方法によらず、他の簡便な方法によることができる。（注1）

3　事業年度
　公益法人の事業年度は、定款で定められた期間によるものとする。

4　会計区分
　公益法人は、法令の要請等により、必要と認めた場合には会計区分を設けなければならない。（注2）

第2　貸借対照表
1　貸借対照表の内容
　貸借対照表は、当該事業年度末現在におけるすべての資産、負債及び正味財産の状態を明りょうに表示するものでなければならない。

627

第2章　審査基準・会計基準等

2　貸借対照表の区分

　　貸借対照表は、資産の部、負債の部及び正味財産の部に分かち、更に資産の部を
流動資産及び固定資産に、負債の部を流動負債及び固定負債に、正味財産の部を指
定正味財産及び一般正味財産に区分しなければならない。なお、正味財産の部には、
指定正味財産及び一般正味財産のそれぞれについて、基本財産への充当額及び特定
資産への充当額を内書きとして記載するものとする。(注3)(注4)(注5)(注6)
(注7)

3　資産の貸借対照表価額

(1)　資産の貸借対照表価額は、原則として、当該資産の取得価額を基礎として計上
しなければならない。交換、受贈等によって取得した資産の取得価額は、その取
得時における公正な評価額とする。(注8)

(2)　受取手形、未収金、貸付金等の債権については、取得価額から貸倒引当金を控
除した額をもって貸借対照表価額とする。

(3)　満期まで所有する意思をもって保有する社債その他の債券（以下「満期保有目
的の債券」という。）並びに子会社株式及び関連会社株式については、取得価額
をもって貸借対照表価額とする。満期保有目的の債券並びに子会社株式及び関連
会社株式以外の有価証券のうち市場価格のあるものについては、時価をもって貸
借対照表価額とする。(注9)(注10)(注11)

(4)　棚卸資産については、取得価額をもって貸借対照表価額とする。ただし、時価
が取得価額よりも下落した場合には、時価をもって貸借対照表価額とする。

(5)　有形固定資産及び無形固定資産については、その取得価額から減価償却累計額
を控除した価額をもって貸借対照表価額とする。

(6)　資産の時価が著しく下落したときは、回復の見込みがあると認められる場合を
除き、時価をもって貸借対照表価額としなければならない。ただし、有形固定資
産及び無形固定資産について使用価値が時価を超える場合、取得価額から減価償
却累計額を控除した価額を超えない限りにおいて使用価値をもって貸借対照表価
額とすることができる。

第3　正味財産増減計算書

1　正味財産増減計算書の内容

　　正味財産増減計算書は、当該事業年度における正味財産のすべての増減内容を明
りょうに表示するものでなければならない。

2　正味財産増減計算書の区分

正味財産増減計算書は、一般正味財産増減の部及び指定正味財産増減の部に分かち、更に一般正味財産増減の部を経常増減の部及び経常外増減の部に区分するものとする。（注6）（注12）（注13）（注14）（注15）

3　正味財産増減計算書の構成

　一般正味財産増減の部は、経常収益及び経常費用を記載して当期経常増減額を表示し、これに経常外増減に属する項目を加減して当期一般正味財産増減額を表示するとともに、更にこれに一般正味財産期首残高を加算して一般正味財産期末残高を表示しなければならない。

　指定正味財産増減の部は、指定正味財産増減額を発生原因別に表示し、これに指定正味財産期首残高を加算して指定正味財産期末残高を表示しなければならない。（注3）（注12）（注15）（注16）

第4　キャッシュ・フロー計算書

1　キャッシュ・フロー計算書の内容

　キャッシュ・フロー計算書は、当該事業年度におけるすべてのキャッシュ・フローの状況を明りょうに表示するものでなければならない。

2　キャッシュ・フロー計算書の区分

　キャッシュ・フロー計算書は、当該事業年度におけるキャッシュ・フローの状況について、事業活動によるキャッシュ・フロー、投資活動によるキャッシュ・フロー及び財務活動によるキャッシュ・フローに区分して記載するものとする。

3　キャッシュ・フロー計算書の資金の範囲

　キャッシュ・フロー計算書には、当該事業年度における現金及び現金同等物に係る収入及び支出を記載しなければならない。

第5　財務諸表の注記

　財務諸表には、次の事項を注記しなければならない。

(1)　継続事業の前提に関する注記

(2)　資産の評価基準及び評価方法、固定資産の減価償却方法、引当金の計上基準等財務諸表の作成に関する重要な会計方針

(3)　重要な会計方針を変更したときは、その旨、変更の理由及び当該変更による影響額

(4)　基本財産及び特定資産の増減額及びその残高

第2章　審査基準・会計基準等

(5)　基本財産及び特定資産の財源等の内訳

(6)　担保に供している資産

(7)　固定資産について減価償却累計額を直接控除した残額のみを記載した場合には、当該資産の取得価額、減価償却累計額及び当期末残高

(8)　債権について貸倒引当金を直接控除した残額のみを記載した場合には、当該債権の債権金額、貸倒引当金の当期末残高及び当該債権の当期末残高

(9)　保証債務（債務の保証を主たる目的事業とする公益法人の場合を除く。）等の偶発債務

(10)　満期保有目的の債券の内訳並びに帳簿価額、時価及び評価損益

(11)　補助金等の内訳並びに交付者、当期の増減額及び残高

(12)　基金及び代替基金の増減額及びその残高

(13)　指定正味財産から一般正味財産への振替額の内訳

(14)　関連当事者との取引の内容（注17）

(15)　キャッシュ・フロー計算書における資金の範囲及び重要な非資金取引

(16)　重要な後発事象

(17)　その他公益法人の資産、負債及び正味財産の状態並びに正味財産増減の状況を明らかにするために必要な事項

第6　附属明細書

1　附属明細書の内容

附属明細書は、当該事業年度における貸借対照表及び正味財産増減計算書に係る事項を表示するものとする。

2　附属明細書の構成

附属明細書は、次に掲げる事項の他、貸借対照表及び正味財産増減計算書の内容を補足する重要な事項を表示しなければならない。

(1)　基本財産及び特定資産の明細

(2)　引当金の明細

なお、財務諸表の注記に記載している場合には、附属明細書においては、その旨の記載をもって内容の記載は省略することができる。

第7　財産目録

1　財産目録の内容

財産目録は、当該事業年度末現在におけるすべての資産及び負債につき、その名称、数量、使用目的、価額等を詳細に表示するものでなければならない。

3．公益法人会計基準について

2 財産目録の区分

　財産目録は、貸借対照表の区分に準じ、資産の部と負債の部に分かち、正味財産の額を示さなければならない。

3 財産目録の価額

　財産目録の価額は、貸借対照表記載の価額と同一とする。

公益法人会計基準注解

（注1）　重要性の原則の適用について

重要性の原則の適用例としては、次のようなものがある。

⑴　消耗品、貯蔵品等のうち、重要性が乏しいものについては、その買入時又は払出時に正味財産の減少原因として処理する方法を採用することができる。

⑵　取得価額と債券金額との差額について重要性が乏しい満期保有目的の債券については、償却原価法を適用しないことができる。

⑶　寄付によって受け入れた金額に重要性が乏しい場合、寄付者等（会員等を含む。以下同じ。）からの制約が課される期間に重要性が乏しい場合、又は寄付者等からの制約に重要性が乏しい場合には、当該寄付によって増加した正味財産を指定正味財産の増加額としないで、一般正味財産の増加額として処理することができる。

⑷　ファイナンス・リース取引について、取得したリース物件の価額に重要性が乏しい場合、通常の賃貸借取引に係る方法に準じて会計処理を行うことができる。

⑸　法人税法上の収益事業に係る課税所得の額に重要性が乏しい場合、税効果会計を適用しないで、繰延税金資産又は繰延税金負債を計上しないことができる。なお、財産目録の作成及び表示にあたっても重要性の原則が適用される。

（注2）　内訳表における内部取引高等の相殺消去について

当該公益法人が有する会計区分間において生ずる内部取引高は、正味財産増減計算書内訳表において相殺消去するものとする。また、公益法人が会計区分を有する場合には、会計区分間における内部貸借取引の残高は、貸借対照表内訳表において相殺消去するものとする。

（注3）　総額主義について

貸借対照表における資産、負債及び正味財産は、総額をもって記載することを原則とし、資産の項目と負債又は正味財産の項目とを相殺することによって、その全部又は一部を貸借対照表から除去してはならない。

総額主義の原則は、正味財産増減計算書においても適用する。

（注4）　基本財産及び特定資産の表示について

1　当該公益法人が基本財産又は特定資産を有する場合には、固定資産を基本財産、特定資産及びその他固定資産に区分するものとする。

2　寄付によって受け入れた資産で、その額が指定正味財産に計上されるものについては、基本財産又は特定資産の区分に記載するものとする。

3　当該公益法人が特定の目的のために預金、有価証券等を有する場合には、当該資産の保有目的を示す独立の科目をもって、貸借対照表上、特定資産の区分に記載するものとする。

（注5）　基金について

基金を設定した場合には、貸借対照表の正味財産の部を基金、指定正味財産及び一般正味財産に区分し、当該基金の額を記載しなければならない。

（注6）　指定正味財産の区分について

寄付によって受け入れた資産で、寄付者等の意思により当該資産の使途について制約が課されている場合には、当該受け入れた資産の額を、貸借対照表上、指定正味財産の区分に記載するものとする。また、当期中に当該寄付によって受け入れた資産の額は、正味財産増減計算書における指定正味財産増減の部に記載するものとする。

（注7）　一般正味財産の区分について

基金の返還により代替基金が計上されている場合には、一般正味財産を代替基金及びその他一般正味財産に区分するものとする。

（注8）　外貨建の資産及び負債の決算時における換算について

外国通貨、外貨建金銭債権債務（外貨預金を含む。）及び外貨建有価証券等については、子会社株式及び関連会社株式を除き、決算時の為替相場による円換算額を付すものとする。

決算時における換算によって生じた換算差額は、原則として、当期の為替差損益として処理する。

（注9）　満期保有目的の債券の評価について

満期保有目的の債券を債券金額より低い価額又は高い価額で取得した場合において、取得価額と債券金額との差額の性格が金利の調整と認められるときは、償却原価法に基づいて算定された価額をもって貸借対照表価額としなければならない。

（注10）　満期保有目的の債券並びに子会社株式及び関連会社株式以外の有価証券について

満期保有目的の債券並びに子会社株式及び関連会社株式以外の有価証券のうち市場価格のあるものについては、時価評価に伴って生じる評価差額は、当期の正味財産増減額として処理するものとする。

（注11）　指定正味財産に区分される寄付によって受け入れた有価証券の会計処理について

指定正味財産に区分される寄付によって受け入れた有価証券を時価又は償却原価で評価する場合には、従前の帳簿価額との差額は、正味財産増減計算書上、指定正味財産増減の部に記載するものとする。

（注12）　基金増減の部について

基金を設定した場合には、正味財産増減計算書は、一般正味財産増減の部、指定正味財産増減の部及び基金増減の部に分けるものとする。

基金増減の部は、基金増減額を発生原因別に表示し、これに基金期首残高を加算して

基金期末残高を表示しなければならない。

(注13) 補助金等について

　　法人が国又は地方公共団体等から補助金等を受け入れた場合、原則として、その受入額を受取補助金等として指定正味財産増減の部に記載し、補助金等の目的たる支出が行われるのに応じて当該金額を指定正味財産から一般正味財産に振り替えるものとする。なお、当該事業年度末までに目的たる支出を行うことが予定されている補助金等を受け入れた場合には、その受入額を受取補助金等として一般正味財産増減の部に記載することができる。

　　ただし、当該補助金等が国又は地方公共団体等の補助金等交付業務を実質的に代行する目的で当該法人に一時的に支払われたものである場合等、当該補助金等を第三者へ交付する義務を負担する場合には、当該補助金等は預り補助金等として処理し、事業年度末における残高を負債の部に記載するものとする。

(注14) 一般正味財産増減の部における経常外増減に属する項目について

　　一般正味財産増減の部における経常外増減に属する項目には、臨時的項目及び過年度修正項目がある。

　　なお、経常外増減に属する項目であっても、金額の僅少なもの又は毎期経常的に発生するものは、経常増減の区分に記載することができる。

(注15) 指定正味財産の部から一般正味財産の部への振替について

　　次に掲げる金額は、指定正味財産の部から一般正味財産の部に振り替え、当期の振替額を正味財産増減計算書における指定正味財産増減の部及び一般正味財産増減の部に記載しなければならない。

(1) 指定正味財産に区分される寄付によって受け入れた資産について、制約が解除された場合には、当該資産の帳簿価額

(2) 指定正味財産に区分される寄付によって受け入れた資産について、減価償却を行った場合には、当該減価償却費の額

(3) 指定正味財産に区分される寄付によって受け入れた資産が災害等により消滅した場合には、当該資産の帳簿価額

　　なお、一般正味財産増減の部において、指定正味財産からの振替額は、その性格に従って、経常収益又は経常外収益として記載するものとする。

(注16) 投資有価証券評価損益等の表示方法について

　　経常収益又は経常費用に含まれる投資有価証券（基本財産又は特定資産の区分に記載されるものを含む。）に係る評価損益及び売却損益については、その他の経常収益及び経常費用と区別して記載するものとする。この場合、その他の経常収益からその他の経常費用を控除して評価損益等調整前当期経常増減額を表示し、さらに投資有価証券評価損益等を調整することによって当期経常増減額を表示する。

（注17）　関連当事者との取引の内容について

1　関連当事者とは、次に掲げる者をいう。

　(1)　当該公益法人を支配する法人

　(2)　当該公益法人によって支配される法人

　(3)　当該公益法人と同一の支配法人をもつ法人

　(4)　当該公益法人の役員及びそれらの近親者

2　関連当事者との取引については、次に掲げる事項を原則として関連当事者ごとに注記しなければならない。

　(1)　当該関連当事者が法人の場合には、その名称、所在地、直近の事業年度末における資産総額及び事業の内容。なお、当該関連当事者が会社の場合には、当該関連当事者の議決権に対する当該公益法人の所有割合

　(2)　当該関連当事者が個人の場合には、その氏名及び職業

　(3)　当該公益法人と関連当事者との関係

　(4)　取引の内容

　(5)　取引の種類別の取引金額

　(6)　取引条件及び取引条件の決定方針

　(7)　取引により発生した債権債務に係る主な科目別の期末残高

　(8)　取引条件の変更があった場合には、その旨、変更の内容及び当該変更が財務諸表に与えている影響の内容

3　関連当事者との間の取引のうち次に定める取引については、2に規定する注記を要しない。

　(1)　一般競争入札による取引並びに預金利息及び配当金の受取りその他取引の性格からみて取引条件が一般の取引と同様であることが明白な取引

　(2)　役員に対する報酬、賞与及び退職慰労金の支払い

4.「公益法人会計基準」の運用指針

○ 「公益法人会計基準」の運用指針

目　次

1．設定及び改正の経緯等について……………………………………… 641
2．公益法人会計基準における公益法人について……………………… 642
3．キャッシュ・フロー計算書の作成について………………………… 642
　⑴　作成しないことができる法人……………………………………… 642
　⑵　キャッシュ・フロー計算書の表示方法…………………………… 642
4．財産目録の作成について……………………………………………… 642
5．退職給付会計における退職給付債務の期末要支給額による算定について… 642
6．関連当事者との取引の内容について………………………………… 643
　⑴　関連当事者の範囲…………………………………………………… 643
　⑵　重要性の基準………………………………………………………… 646
7．指定正味財産として計上される額について………………………… 647
8．子会社株式・関連会社株式について………………………………… 647
9．基金について…………………………………………………………… 647
10．補助金等の取扱いについて…………………………………………… 647
11．資産の時価が著しく下落した場合について………………………… 647
　⑴　時価が著しく下落したとき………………………………………… 647
　⑵　使用価値……………………………………………………………… 647
12．財務諸表の科目………………………………………………………… 648
　⑴　貸借対照表に係る科目及び取扱要領……………………………… 648
　⑵　正味財産増減計算書に係る科目及び取扱要領…………………… 650
　⑶　キャッシュ・フロー計算書に係る科目及び取扱要領…………… 654
13．様式について…………………………………………………………… 656
　⑴　貸借対照表…………………………………………………………… 657
　⑵　正味財産増減計算書………………………………………………… 662
　⑶　キャッシュ・フロー計算書………………………………………… 668
　⑷　財務諸表に対する注記……………………………………………… 672
　⑸　附属明細書…………………………………………………………… 677
　⑹　財産目録……………………………………………………………… 678

639

第2章　審査基準・会計基準等

附則　公益法人会計基準を適用する際の経過措置……………………………… 681

1. 適用初年度における前事業年度の財務諸表の記載について…………… 681

2. 公益法人会計基準の適用と認定・認可の関係について………………… 681

(1) 特例民法法人が公益法人又は一般社団・財団法人へ移行申請する場合…… 681

(2) 一般社団・財団法人を設立して公益認定を申請する場合……………… 681

3. 退職給付会計の導入に伴う会計基準変更時差異の取扱について……… 681

4. 過年度分の減価償却費の取扱いについて………………………………… 681

5. 適用初年度における有価証券の取扱いについて………………………… 682

(1) 一般正味財産を充当した資産として所有している有価証券……………… 682

(2) 指定正味財産を充当した資産として所有している有価証券……………… 682

6. 移行時における過年度分の収益又は費用の取扱いについて…………… 683

7. 特定資産、指定正味財産及び一般正味財産の適用初年度の
   期首残高について…………………………………………………………… 683

8. 関連当事者との取引内容について………………………………………… 683

4.「公益法人会計基準」の運用指針

公益法人会計基準の運用指針

平成20年4月11日
(改正平成21年10月16日)
内閣府公益認定等委員会

1. 設定及び改正の経緯等について

(1) 設定について

　公益法人会計基準の運用指針(以下、「運用指針」という。)は、公益法人制度改革関連三法の成立に伴い、公益法人等の指導監督等に関する関係省庁連絡会議申合せとして平成16年に改正された公益法人会計基準(以下、「平成16年改正基準」という。)の見直しを行った結果、平成16年改正基準のうち表示に関する項目、別表及び様式については、平成16年改正基準から切り離し、公益法人制度改革関連三法、関係する施行令及び施行規則に従うべく内容を改め、ここに運用指針として定めたものである。加えて、公益法人等の指導監督等に関する関係省庁連絡会議幹事会申合せとして平成17年に公表された平成16年改正基準の運用指針のうち、公益法人会計基準の適用にあたって引き続き必要となる事項につき、本運用指針において定めるものとした。

　本運用指針を定めた目的は、「公益社団法人及び公益財団法人の認定等に関する法律」(以下、「認定法」という。)第2条第3号に定めのある公益法人、及び「一般社団法人及び一般財団法人に関する法律及び公益社団法人及び公益財団法人の認定等に関する法律の施行に伴う関係法律の整備等に関する法律」(以下「整備法」という。)第123条第1項に定めのある移行法人が、公益法人制度のもとで、法人運営の適切な状況を広く法人の関係者に伝えるため、別途定めのある公益法人会計基準と合わせて法人の情報開示を行うための方法を定めることにある。

　なお、本運用指針の適用の前提としては、公益法人制度改革関連三法、関係する施行令及び施行規則並びに公益法人会計基準がある。法人が会計に関する書類を作成する際に、公益法人会計基準に定めのない事項については、本運用指針によるものとする。

(2) 一部改正について

　一般社団法人及び一般財団法人に関する法律施行規則の改正(平成21年8月1日施行)に伴う所要の改正を行ったものである(平成21年10月16日)。

　主な改正内容は、運用指針6(1)において、当該公益法人を支配する法人(支配法

641

第2章　審査基準・会計基準等

人）及び支配される法人（被支配法人）を、議決権の保有割合のほか、法人が公益
財団法人又は一般財団法人である場合には評議員に占める割合に応じて判断するこ
と等の改正を行い、支配法人及び被支配法人に公益財団法人又は一般財団法人が含
まれることを文理上明確化するものである。

2．公益法人会計基準における公益法人について

公益法人会計基準における公益法人は、以下に定めた法人とする。

① 認定法第2条第3号に定めのある公益法人（以下「公益社団・財団法人」とい
う。）

② 整備法第123条第1項に定めのある移行法人（以下「移行法人」という。）

③ 整備法第60条に定めのある特例民法法人（以下「申請法人」という。）（整備法
第44条、第45条の申請をする際の計算書類を作成する場合。）

④ 認定法第7条の申請をする一般社団法人又は一般財団法人（以下「一般社団・
財団法人」という。）

3．キャッシュ・フロー計算書の作成について

公益法人会計基準に定めのあるキャッシュ・フロー計算書の作成に当たっては、以
下によるものとする。

(1) 作成しないことができる法人

公益法人会計基準に定めのあるキャッシュ・フロー計算書については、認定法第
5条第12号の規定により会計監査人を設置する公益社団・財団法人以外の公益法人
は、これを作成しないことができる。

(2) キャッシュ・フロー計算書の表示方法

事業活動によるキャッシュ・フローの区分においては、直接法又は間接法のいず
れかを用いてキャッシュ・フローの状況を記載しなければならない。

4．財産目録の作成について

公益法人会計基準に定めのある財産目録については、移行法人及び一般社団・財団
法人は、これを作成しないことができる。

5．退職給付会計における退職給付債務の期末要支給額による算定について

退職給付会計の適用に当たり、退職給付の対象となる職員数が300人未満の公益法
人のほか、職員数が300人以上であっても、年齢や勤務期間に偏りがあるなどにより
数理計算結果に一定の高い水準の信頼性が得られない公益法人や原則的な方法により

642

算定した場合の額と期末要支給額との差異に重要性が乏しいと考えられる公益法人においては、退職一時金に係る債務について期末要支給額により算定することができるものとする。

6．関連当事者との取引の内容について

　　公益法人会計基準注解の注17における関連当事者との取引の内容について財務諸表に注記を付す場合の関連当事者の範囲及び重要性の基準は、以下のとおりである。

(1)　関連当事者の範囲

① 　当該公益法人を支配する法人

　　　当該公益法人を支配する法人（以下「支配法人」という。）とは、当該公益法人の財務及び事業の方針を決定する機関を支配している法人をいい、次の場合には当該法人は、支配法人に該当するものとする。なお、当該法人にはその被支配法人を含むものとする。

ア　当該法人が当該公益法人の議決権の過半数を自己の計算において所有していること

イ　当該法人が当該公益法人の議決権の100分の40以上、100分の50以下を自己の計算において所有している場合で、以下のいずれかの要件に該当すること

　　ａ．自己の計算において所有している議決権と、自己と出資、人事、資金、技術、取引等において緊密な関係があることにより自己の意思と同一の内容の議決権を行使すると認められる者及び自己の意思と同一の内容の議決権を行使することに同意している者が所有している議決権とを合わせて、当該公益法人の議決権の過半数を占めていること

　　ｂ．当該法人の役員（理事、監事、取締役、会計参与、監査役、執行役その他これらに準ずる者をいう。以下同じ。）、評議員若しくは職員である者又はこれらであった者で自己が当該公益法人の財務及び事業の方針の決定に関して影響を与えることができる者が、当該公益法人の理事会の構成員の過半数を占めていること

　　ｃ．当該公益法人の重要な財務及び事業の方針の決定を支配する契約等が存在すること

　　ｄ．当該公益法人の資金調達額（貸借対照表の負債の部に計上されているものに限る。）の総額の過半についての融資を行っていること

　　ｅ．その他、当該公益法人の意思決定機関を支配していることが推測される事実が存在すること

ウ　当該法人が自己の計算において所有している議決権と、自己と出資、人事、資金、技術、取引等において緊密な関係があることにより自己の意思と同一の

内容の議決権を行使すると認められる者及び自己の意思と同一の内容の議決権を行使することに同意している者が所有している議決権とを合わせた場合（自己の計算において議決権を所有していない場合を含み、上記ア、イに該当する場合を除く。）に当該公益法人の議決権の過半数を占めている場合で、上記イのbからeに掲げるいずれかの要件に該当すること

ただし、財務上又は事実上の関係から当該公益法人の意思決定機関を支配していないことが明らかな場合には、対象外とすることができるものとする。

また、当該公益法人が公益財団法人又は一般財団法人である場合には、上記ア〜ウにおける自己の計算において所有している議決権については、以下に掲げる者が当該公益法人の評議員会の構成員を占めていることとする。

a．当該法人の役員、評議員若しくは職員である者又は就任日前5年以内にこれらであった者

b．当該法人によって選任された者又は就任日前5年以内に当該公益法人の評議員に選任されたことがある者

なお、国及び地方公共団体については、公益法人の監督等を実施していることをもって、ただちに支配法人とはしないが、上記ア〜ウに該当しない場合であっても、国又は地方公共団体が当該公益法人の財務又は事業の方針を決定する機関を支配している一定の事実が認められる場合には、当該公益法人は、国又は地方公共団体を支配法人とみなして公益法人会計基準注解の注17に定める注記をすることが望ましいものとする。

② 当該公益法人によって支配される法人

当該公益法人によって支配される法人（以下「被支配法人」という。）とは、当該公益法人が他の法人の財務及び事業の方針を決定する機関を支配している場合の他の法人をいい、次の場合には当該他の法人は、被支配法人に該当するものとする。なお、当該公益法人にはその被支配法人を含むものとする。

ア 当該公益法人が他の法人の議決権の過半数を自己の計算において所有していること

イ 当該公益法人が他の法人の議決権の100分の40以上、100分の50以下を自己の計算において所有している場合で、以下のいずれかの要件に該当すること

a．自己の計算において所有している議決権と、自己と出資、人事、資金、技術、取引等において緊密な関係があることにより自己の意思と同一の内容の議決権を行使すると認められる者及び自己の意思と同一の内容の議決権を行使することに同意している者が所有している議決権とを合わせて、他の法人の議決権の過半数を占めていること

b．当該公益法人の役員、評議員若しくは職員である者又はこれらであった者

644

で自己が他の法人の財務及び事業の方針の決定に関して影響を与えることができる者が、他の法人の理事会その他これに準ずる機関の構成員の過半数を占めていること

c．他の法人の重要な財務及び事業の方針の決定を支配する契約等が存在すること

d．他他の法人の資金調達額（貸借対照表の負債の部に計上されているものに限る。）の総額の過半についての融資を行っていること

e．その他、他の法人の意思決定機関を支配していることが推測される事実が存在すること

ウ　当該公益法人が自己の計算において所有している議決権と、自己と出資、人事、資金、技術、取引等において緊密な関係があることにより自己の意思と同一の内容の議決権を行使すると認められる者及び自己の意思と同一の内容の議決権を行使することに同意している者が所有している議決権とを合わせた場合（自己の計算において議決権を所有していない場合を含み、上記ア、イに該当する場合を除く。）に他の法人の議決権の過半数を占めている場合で、上記イのbからeに掲げるいずれかの要件に該当すること

ただし、当該公益法人が他の法人の財務上又は事実上の関係から他の法人の意思決定機関を支配していないことが明らかな場合には、対象外とすることができるものとする。

なお、他の法人が公益財団法人又は一般財団法人である場合には、上記ア～ウにおける自己の計算において所有している議決権については、以下に掲げる者が当該他の法人の評議員会の構成員を占めていることとする。

a．当該公益法人の役員、評議員若しくは職員である者又は就任日前5年以内にこれらであった者

b．当該公益法人によって選任された者又は就任日前5年以内に他の法人の評議員に選任されたことがある者

③　当該公益法人と同一の支配法人をもつ法人

当該公益法人と同一の支配法人をもつ法人とは、支配法人が当該公益法人以外に支配している法人のこととする。

④　当該公益法人の役員又は評議員及びそれらの近親者

当該公益法人の役員又は評議員及びそれらの近親者とは、以下に該当するものとする。

ア　役員又は評議員及びそれらの近親者（3親等内の親族及びこの者と特別の関係にある者）

イ　役員又は評議員及びそれらの近親者が議決権の過半数を有している法人

第2章　審査基準・会計基準等

　　　ただし、公益法人の役員又は評議員のうち、対象とする者は有給常勤者に限定
　　するものとする。

(2)　重要性の基準

①　支配法人、被支配法人又は同一の支配法人を持つ法人との取引

　ア　正味財産増減計算書項目に係る関連当事者との取引

　　　経常収益又は経常費用の各項目に係る関連当事者との取引については、各項
　　目に属する科目ごとに、経常収益又は経常費用の合計額の100分の10を超える
　　取引を開示する。

　　　経常外収益又は経常外費用の各項目に係る関連当事者との取引については、
　　各項目に属する科目ごとに100万円を超える増減額について、その取引総額を
　　開示し、取引総額と損益が相違する場合には損益を併せて開示する。

　　　なお、指定正味財産から経常収益や経常外収益に振替られたものについて
　　は、関連当事者との取引の開示においては含めないものとする。

　　　指定正味財産増減の部の各項目に係る関連当事者との取引については、各項
　　目に属する科目ごとに100万円を超える増加額について、その取引総額を開示
　　する。

　　　ただし、経常外収益又は経常外費用の各項目及び指定正味財産の部に係る関
　　連当事者との取引については、上記基準により開示対象となる場合であって
　　も、各項目に属する科目の取引に係る損益の合計額が、当期一般正味財産増減
　　額の100分の10以下となる場合には、開示を要しないものとする。

　イ　貸借対照表項目等に係る関連当事者との取引

　　　貸借対照表項目に属する科目の残高及びその注記事項に係る関連当事者との
　　取引、被保証債務並びに関連当事者による当該法人の債務に対する担保提供資
　　産に係る取引については、その金額が資産の合計額の100分の1を超える取引
　　について開示する。

　　　ただし、資金貸借取引、有形固定資産や有価証券の購入・売却取引等につい
　　ては、それぞれの残高が100分の1以下であっても、取引の発生総額が資産の
　　合計額の100分の1を超える場合には開示を要するものとする。

②　役員又は評議員及びそれらの近親者との取引

　　役員又は評議員及びそれらの近親者との取引については、正味財産増減計算書
　項目及び貸借対照表項目のいずれに係る取引についても、100万円を超える取引
　については全て開示対象とするものとする。

4.「公益法人会計基準」の運用指針

7．指定正味財産として計上される額について

指定正味財産として計上される額は、例えば、以下のような寄付によって受け入れた資産で、寄付者等の意思により当該資産の使途、処分又は保有形態について制約が課せられている場合の当該資産の価額をいうものとする。

① 寄付者等から公益法人の基本財産として保有することを指定された土地

② 寄付者等から奨学金給付事業のための積立資産として、当該法人が元本を維持することを指定された金銭

8．子会社株式・関連会社株式について

子会社株式とは、公益法人が営利企業の議決権の過半数を保有している場合の当該営利企業の株式をいう。また、関連会社株式とは、公益法人が営利企業の議決権の20％以上50％以下を保有している場合の当該営利企業の株式をいう。

9．基金について

公益法人会計基準注解の注5、注7及び注12における基金とは、「一般社団法人及び一般財団法人に関する法律」（以下「一般社団・財団法人法」という。）第131条により設置されたものとする。

10．補助金等の取扱いについて

公益法人会計基準注解の注13における補助金等とは、補助金、負担金、利子補給金及びその他相当の反対給付を受けない給付金等をいう。なお、補助金等には役務の対価としての委託費等については含まないものとする。

11．資産の時価が著しく下落した場合について

(1) 時価が著しく下落したとき

資産の時価が著しく下落したときとは、時価が帳簿価額から概ね50％を超えて下落している場合をいうものとする。

(2) 使用価値

資産の時価が著しく下落したときは、回復する見込みがあると認められる場合を除き、時価をもって貸借対照表価額としなければならないが、有形固定資産及び無形固定資産について使用価値が時価を超える場合には、取得価額から減価償却累計額を控除した価額を超えない限りにおいて、使用価値をもって貸借対照表価額とすることができるものとされている。この時価と比較する使用価値の見積りに当たっては、資産又は資産グループを単位として行うことができるものとする。

647

第2章　審査基準・会計基準等

12. 財務諸表の科目

　　ここに示した財務諸表を作成する際の科目は、一般的、標準的なものであり、事業の種類、規模等に応じて科目を追加することができる。また、科目及び金額の重要性が乏しい場合には省略することができる。なお、必要に応じて小科目を設定することが望ましい。

(1)　貸借対照表に係る科目及び取扱要領

（資産の部）

科目		取扱要領
大科目	中科目	
流動資産		
	現金預金	現金、当座預金、普通預金、定期預金等
	受取手形	
	未収会費	
	未収金	
	前払金	
	有価証券	売買目的で保有する有価証券及び貸借対照表日後1年以内に満期の到来する債券等（ただし、基本財産又は特定資産に含まれるものを除く）
	貯蔵品	
固定資産		
基本財産		定款において基本財産と定められた資産
	土地	
	投資有価証券	満期保有目的の債券等、流動資産の区分に記載されない有価証券（貸付信託受益証券等を含む）で基本財産と定めたもの
特定資産		特定の目的のために使途等に制約を課した資産
	退職給付引当資産	退職給付を支払うための特定預金等
	○○積立資産	特定の目的のために積み立てられた資産（特定費用準備資金、資産取得資金等を含む）
その他固定資産		
	建物	
	構築物	
	車両運搬具	
	什器備品	
	土地	
	建設仮勘定	建設中又は制作中の有形固定資産（工事前払金、手付金等を含む）
	借地権	
	電話加入権	

648

4.「公益法人会計基準」の運用指針

敷金
保証金
投資有価証券
子会社株式
関連会社株式

（負債の部）

科　　　　目		取　扱　要　領
大　科　目	中　科　目	
流動負債		
	支払手形	
	未払金	事業費等の未払額
	前受金	受取会費等の前受額
	預り金	源泉所得税、社会保険料等の預り金
	短期借入金	返済期限が貸借対照表日後1年以内の借入金
	1年内返済予定長期借入金	返済期限が貸借対照表日後1年以内となった長期借入金
	賞与引当金	
固定負債		
	長期借入金	返済期限が貸借対照表日後1年超の借入金
	退職給付引当金	退職給付に係る見積債務額から年金資産額等を控除したもの
	役員退職慰労引当金	
	受入保証金	

（正味財産の部）

科　　　　目		取　扱　要　領
大　科　目	中　科　目	
基金		一般社団・財団法人法第131条に規定する基金
	基金	
	(うち基本財産への充当額)	基金のうち基本財産への充当額
	(うち特定資産への充当額)	基金のうち特定資産への充当額
指定正味財産		寄付者等（会員等を含む）によりその使途に制約が課されている資産の受入額
	国庫補助金	
	地方公共団体補助金	
	民間補助金	
	寄付金	

649

第2章　審査基準・会計基準等

	(うち基本財産への充当額)	指定正味財産合計のうち基本財産への充当額
	(うち特定資産への充当額)	指定正味財産合計のうち特定資産への充当額
一般正味財産	代替基金	一般社団・財団法人法第144条により計上された額
	一般正味財産	正味財産から指定正味財産及び代替基金を控除した額
	(うち基本財産への充当額)	一般正味財産合計のうち基本財産への充当額
	(うち特定資産への充当額)	一般正味財産合計のうち特定資産への充当額

(2)　正味財産増減計算書に係る科目及び取扱要領

（一般正味財産増減の部）

科　　目		取　扱　要　領
大　科　目	中　科　目	
経常収益		
基本財産運用益		基本財産の運用益
	基本財産受取利息	
	基本財産受取配当金	
	基本財産受取賃貸料	
特定資産運用益		
	特定資産受取利息	
	特定資産受取配当金	
	特定資産受取賃貸料	
受取入会金		
	受取入会金	
受取会費		
	正会員受取会費	
	特別会員受取会費	
	賛助会員受取会費	
事業収益		
	○○事業収益	
受取補助金等		事業費等に充当する目的で毎年度経常的に受取るもの
	受取国庫補助金	
	受取地方公共団体補助金	
	受取民間補助金	
	受取国庫助成金	
	受取地方公共団体助成金	
	受取民間助成金	
	受取補助金等振替額	指定正味財産から一般正味財産への振替額
受取負担金		
	受取負担金	
	受取負担金振替額	指定正味財産から一般正味財産への振替額

650

受取寄付金		
雑収益	受取寄付金 募金収益 受取寄付金振替額	指定正味財産から一般正味財産への振替額
	受取利息 有価証券運用益	売買目的で保有する有価証券に係る評価益及び売却益
	雑収益	
経常費用 事業費		事業の目的のために要する費用 必要に応じて、事業の種類ごとに区分して記載する
	給料手当 臨時雇賃金 退職給付費用 福利厚生費 旅費交通費 通信運搬費 減価償却費 消耗什器備品費 消耗品費 修繕費 印刷製本費 燃料費 光熱水料費 賃借料 保険料 諸謝金 租税公課 支払負担金 支払助成金 支払寄付金 委託費	
	有価証券運用損	売買目的で保有する有価証券に係る評価損及び売却損
	雑費	
管理費		各種の事業を管理するため、毎年度経常的に要する費用

第2章　審査基準・会計基準等

		役員報酬	
		給料手当	
		退職給付費用	
		福利厚生費	
		会議費	
		旅費交通費	
		通信運搬費	
		減価償却費	
		消耗什器備品費	
		消耗品費	
		修繕費	
		印刷製本費	
		燃料費	
		光熱水料費	
		賃借料	
		保険料	
		諸謝金	
		租税公課	
		支払負担金	
		支払寄付金	
		支払利息	
		雑費	
基本財産評価損益等			
		基本財産評価損益等	一般正味財産を充当した基本財産に含められている投資有価証券に時価法を適用した場合における評価損益及び売却損益
特定資産評価損益等			
		特定資産評価損益等	一般正味財産を充当した特定資産に含められている投資有価証券に時価法を適用した場合における評価損益及び売却損益
投資有価証券評価損益等			
		投資有価証券評価損益等	投資有価証券に時価法を適用した場合における評価損益及び売却損益
経常外収益			
固定資産売却益			固定資産の売却による売却差益
		建物売却益	
		車両運搬具売却益	
		什器備品売却益	
		土地売却益	

652

4．「公益法人会計基準」の運用指針

科目		取扱要領
	借地権売却益	
	電話加入権売却益	
固定資産受贈益		指定正味財産から一般正味財産への振替額を含む
	土地受贈益	
	投資有価証券受贈益	
経常外費用		
固定資産売却損		固定資産の売却による売却差損
	建物売却損	
	車両運搬具売却損	
	什器備品売却損	
	土地売却損	
	借地権売却損	
	電話加入権売却損	
固定資産減損損失		
	土地減損損失	
	投資有価証券減損損失	
災害損失		
	災害損失	
他会計振替額		内訳表に表示した収益事業等からの振替額

（指定正味財産増減の部）

科目		取扱要領
大科目	中科目	
受取補助金等		使途が制約されている補助金等の受入額
	受取国庫補助金	
	受取地方公共団体補助金	
	受取民間補助金	
	受取国庫助成金	
	受取地方公共団体助成金	
	受取民間助成金	
受取負担金		
	受取負担金	
受取寄付金		
	受取寄付金	
固定資産受贈益		
	土地受贈益	
	投資有価証券受贈益	
基本財産評価益		指定正味財産を充当した基本財産の評価益
	基本財産評価益	

653

第2章　審査基準・会計基準等

特定資産評価益		指定正味財産を充当した特定資産の評価益
	特定資産評価益	
基本財産評価損		指定正味財産を充当した基本財産の評価損
	基本財産評価損	
特定資産評価損		指定正味財産を充当した特定資産の評価損
	特定資産評価損	
一般正味財産への振替額		指定正味財産から一般正味財産への振替額
	一般正味財産への振替額	

(基金増減の部)

科　　　目		取　扱　要　領
大　科　目	中　科　目	
基金受入額		
	基金受入額	
基金返還額		
	基金返還額	

(3)　キャッシュ・フロー計算書に係る科目及び取扱要領

①　事業活動によるキャッシュ・フローを直接法により表示する場合

(事業活動によるキャッシュ・フロー)

科　　　目		取　扱　要　領
大　科　目	中　科　目	
事業活動収入		
基本財産運用収入		
	基本財産運用収入	
入会金収入		
	入会金収入	
会費収入		
	会費収入	
事業収入		
	事業収入	
補助金等収入		
	国庫補助金収入	
負担金収入		
	負担金収入	
事業活動支出		
事業費支出		
	事業費支出	

654

科	目	取　扱　要　領
管理費支出		
	管理費支出	

（投資活動によるキャッシュ・フロー）

科	目	取　扱　要　領
大　科　目	中　科　目	
投資活動収入 　固定資産売却収入		
	固定資産売却収入	
投資有価証券売 　却収入		
	投資有価証券売却収入	
投資活動支出 　固定資産取得支出		
	固定資産取得支出	
投資有価証券取得 　支出		
	投資有価証券取得支出	

（財務活動によるキャッシュ・フロー）

科	目	取　扱　要　領
大　科　目	中　科　目	
財務活動収入 　借入金収入		
	借入金収入	
基金受入収入		
	基金受入収入	
財務活動支出 　借入金返済支出		
	借入金返済支出	
基金返還支出		
	基金返還支出	

第2章 審査基準・会計基準等

② 事業活動によるキャッシュ・フローを間接法により表示する場合
（事業活動によるキャッシュ・フロー）

科　　　目		取　扱　要　領
大　科　目	中　科　目	
当期一般正味財産増減額		
	当期一般正味財産増減額	
キャッシュ・フローへの調整額		
減価償却費		
	減価償却費	
基本財産の増減額		
	基本財産の増減額	償却原価法による利息計上額で基本財産に加算されたものを含む
退職給付引当金の増減額		
	退職給付引当金の増減額	
未収金の増減額		
	未収金の増減額	
貯蔵品の増減額		
	貯蔵品の増減額	
未払金の増減額		
	未払金の増減額	
指定正味財産からの振替額		
	指定正味財産からの振替額	
指定正味財産増加収入		
補助金等収入		
	国庫補助金収入	

投資活動によるキャッシュ・フロー及び財務活動によるキャッシュ・フローについては、①と同様。

13. 様式について

財務諸表、附属明細書及び財産目録を作成する場合には、概ね以下の様式によるものとする。

（1） **貸借対照表**

（様式1－1）

貸　借　対　照　表

平成　　年　　月　　日現在

（単位：円）

科　　　　　目	当　年　度	前　年　度	増　　減
Ⅰ　資産の部			
1．流動資産			
現金預金			
…………………			
流動資産合計			
2．固定資産			
（1）基本財産			
土　地			
…………………			
基本財産合計			
（2）特定資産			
退職給付引当資産			
○○積立資産			
…………………			
特定資産合計			
（3）その他固定資産			
…………………			
その他固定資産合計			
固定資産合計			
資産合計			
Ⅱ　負債の部			
1．流動負債			
未払金			
…………………			
流動負債合計			
2．固定負債			
退職給付引当金			
…………………			
固定負債合計			

657

第2章　審査基準・会計基準等

科　　目	当　年　度		前　年　度		増　　減	
負債合計						
Ⅲ　正味財産の部						
1．指定正味財産						
国庫補助金						
………………						
指定正味財産合計						
(うち基本財産への充当額)	(	)	(	)	(	)
(うち特定資産への充当額)	(	)	(	)	(	)
2．一般正味財産						
(うち基本財産への充当額)	(	)	(	)	(	)
(うち特定資産への充当額)	(	)	(	)	(	)
正味財産合計						
負債及び正味財産合計						

（様式1－2）

　一般社団・財団法人法第131条により基金を設けた場合には、正味財産の部は、以下の様式による。

科　　　　目	当　年　度		前　年　度		増　　減	
Ⅲ　正味財産の部						
1．基金						
基金						
(うち基本財産への充当額)	(	)	(	)	(	)
(うち特定資産への充当額)	(	)	(	)	(	)
2．指定正味財産						
国庫補助金						
………………						
指定正味財産合計						
(うち基本財産への充当額)	(	)	(	)	(	)
(うち特定資産への充当額)	(	)	(	)	(	)
3．一般正味財産						
(1)　代替基金						
(2)　その他一般正味財産						
一般正味財産合計						
(うち基本財産への充当額)	(	)	(	)	(	)
(うち特定資産への充当額)	(	)	(	)	(	)

658

4.「公益法人会計基準」の運用指針

正味財産合計		
負債及び正味財産合計		

（様式1-3）

　公益社団・財団法人が会計区分を有する場合には、貸借対照表の内訳表として以下のように表示する。

貸 借 対 照 表 内 訳 表

平成　　年　　月　　日現在

（単位：円）

科　　　　目	公益目的事業会計	収益事業等会計	法人会計	内部取引消去	合計
Ⅰ　資産の部					
1．流動資産					
中科目別記載					
流動資産合計					
2．固定資産					
(1)　基本財産					
中科目別記載					
基本財産合計					
(2)　特定資産					
中科目別記載					
特定資産合計					
(3)　その他固定資産					
中科目別記載					
その他固定資産合計					
固定資産合計					
資産合計					
Ⅱ　負債の部					
1．流動負債					
中科目別記載					
流動負債合計					
2．固定負債					
中科目別記載					
固定負債合計					
負債合計					
Ⅲ　正味財産の部					

659

第2章　審査基準・会計基準等

科目					
1．指定正味財産					
中科目別記載					
指定正味財産合計					
（うち基本財産への充当額）					
（うち特定資産への充当額）					
2．一般正味財産					
（うち基本財産への充当額）					
（うち特定資産への充当額）					
正味財産合計					
負債及び正味財産合計					

（作成上の留意事項）

・法人会計区分は、管理業務に関するものやその他の法人全般に係る（公益目的事業会計・収益事業等会計に区分できないもの）ものを表示するものとする。

（様式1－4）

　移行法人が会計区分を有する場合には、貸借対照表の内訳表として以下のように表示する。

貸 借 対 照 表 内 訳 表
平成　　年　　月　　日現在

（単位：円）

科　　　目	実施事業等会計	その他会計	法人会計	内部取引消去	合計
Ⅰ　資産の部					
1．流動資産					
中科目別記載					
流動資産合計					
2．固定資産					
(1)　基本財産					
中科目別記載					
基本財産合計					
(2)　特定資産					
中科目別記載					
特定資産合計					
(3)　その他固定資産					
中科目別記載					

4.「公益法人会計基準」の運用指針

その他固定資産合計					
固定資産合計					
資産合計					
Ⅱ　負債の部					
1．流動負債					
中科目別記載					
流動負債合計					
2．固定負債					
中科目別記載					
固定負債合計					
負債合計					
Ⅲ　正味財産の部					
1．指定正味財産					
中科目別記載					
指定正味財産合計					
（うち基本財産への充当額）					
（うち特定資産への充当額）					
2．一般正味財産					
（うち基本財産への充当額）					
（うち特定資産への充当額）					
正味財産合計					
負債及び正味財産合計					

（作成上の留意事項）

・法人会計区分は、管理業務に関するものやその他の法人全般に係る（実施事業等会
計、その他会計に区分できないもの）ものを表示するものとする。

661

第2章　審査基準・会計基準等

⑵　**正味財産増減計算書**

（様式2−1）

正味財産増減計算書

平成　年　月　日から平成　年　月　日まで

（単位：円）

科　　　　　目	当　年　度	前　年　度	増　　減
Ⅰ　一般正味財産増減の部			
1．経常増減の部			
⑴　経常収益			
基本財産運用益			
………………			
特定資産運用益			
………………			
受取会費			
………………			
事業収益			
………………			
受取補助金等			
………………			
受取負担金			
………………			
受取寄付金			
………………			
経常収益計			
⑵　経常費用			
事業費			
給与手当			
臨時雇賃金			
退職給付費用			
………………			
管理費			
役員報酬			
給与手当			
退職給付費用			
………………			
経常費用計			

662

4.「公益法人会計基準」の運用指針

評価損益等調整前当期経常増減額			
基本財産評価損益等			
特定資産評価損益等			
投資有価証券評価損益等			
評価損益等計			
当期経常増減額			
2．経常外増減の部			
(1) 経常外収益			
固定資産売却益			
…………………			
経常外収益計			
(2) 経常外費用			
固定資産売却損			
…………………			
経常外費用計			
当期経常外増減額			
当期一般正味財産増減額			
一般正味財産期首残高			
一般正味財産期末残高			
Ⅱ　指定正味財産増減の部			
受取補助金等			
…………………			
一般正味財産への振替額			
…………………			
当期指定正味財産増減額			
指定正味財産期首残高			
指定正味財産期末残高			
Ⅲ　正味財産期末残高			

663

第2章　審査基準・会計基準等

（様式2－2）

　一般社団・財団法人法第131条により基金を設けた場合には、正味財産増減計算書の基金増減の部は、以下の様式による。

正味財産増減計算書

平成　年　月　日から平成　年　月　日まで

科　　　　目	当　年　度	前　年　度	増　　減
Ⅲ　基金増減の部			
基金受入額			
基金返還額			
当期基金増減額			
基金期首残高			
基金期末残高			
Ⅳ　正味財産期末残高			

（様式2－3）

　公益社団・財団法人の会計区分については、正味財産増減計算書の内訳表として以下のように表示する。なお、会計区分のうち公益目的事業内の区分については、法人が事業の内容に即して集計単位を定めることができる。

正味財産増減計算書内訳表

平成　年　月　日から平成　年　月　日まで

（単位：円）

科　　　　目	公益目的事業会計				収益事業等会計				法人会計	内部取引消去	合計
	A事業	B事業	共通	小計	a事業	b事業	共通	小計			
Ⅰ　一般正味財産増減の部											
1．経常増減の部											
(1)　経常収益											
基本財産運用益											
中科目別記載											
特定資産運用益											
中科目別記載											
受取会費											
中科目別記載											
事業収益											

664

科目								
中科目別記載								
受取補助金等								
中科目別記載								
受取負担金								
中科目別記載								
受取寄付金								
中科目別記載								
………………								
経常収益計								
(2) 経常費用								
事業費								
中科目別記載								
………………								
管理費								
中科目別記載								
………………								
経常費用計								
評価損益等調整前当期経常増減額								
基本財産評価損益等								
特定資産評価損益等								
投資有価証券評価損益等								
評価損益等計								
当期経常増減額								
2．経常外増減の部								
(1) 経常外収益								
中科目別記載								
経常外収益計								
(2) 経常外費用								
中科目別記載								
経常外費用計								
当期経常外増減額								
他会計振替額								
当期一般正味財産増減額								
一般正味財産期首残高								
一般正味財産期末残高								
Ⅱ　指定正味財産増減の部								
受取補助金等								
………………								
一般正味財産への振替額								

第2章　審査基準・会計基準等

……………									
当期指定正味財産増減額									
指定正味財産期首残高									
指定正味財産期末残高									
Ⅲ　正味財産期末残高									

（作成上の留意事項）

・支部を有する法人においては、支部の活動等を勘案して内訳表を作成するものとする。

・法人会計区分は、管理業務に関する収益・費用やその他の法人全般に係る（公益目的事業会計・収益事業等会計に区分できないもの）収益・費用を表示するものとする。

（様式2－4）

　移行法人の会計区分は、正味財産増減計算書の内訳表として以下のように表示する。

正味財産増減計算書内訳表

平成　年　月　日から平成　年　月　日まで

（単位：円）

科　　　目	実施事業会計				その他会計				法人会計	内部取引消去	合計
	A事業	B事業	共通	小計	a事業	b事業	共通	小計			
Ⅰ　一般正味財産増減の部											
1．経常増減の部											
（1）経常収益											
基本財産運用益											
中科目別記載											
特定資産運用益											
中科目別記載											
受取会費											
中科目別記載											
事業収益											
中科目別記載											
受取補助金等											
中科目別記載											
受取負担金											
中科目別記載											
受取寄付金											
中科目別記載											
…………											
経常収益計											
（2）経常費用											

事業費									
中科目別記載									
…………………									
管理費									
中科目別記載									
…………………									
経常費用計									
評価損益等調整前当期経常増減額									
基本財産評価損益等									
特定資産評価損益等									
投資有価証券評価損益等									
評価損益等計									
当期経常増減額									
2．経常外増減の部									
(1) 経常外収益									
中科目別記載									
経常外収益計									
(2) 経常外費用									
中科目別記載									
経常外費用計									
当期経常外増減額									
他会計振替額									
当期一般正味財産増減額									
一般正味財産期首残高									
一般正味財産期末残高									
Ⅱ　指定正味財産増減の部									
受取補助金等									
…………………									
一般正味財産への振替額									
…………………									
当期指定正味財産増減額									
指定正味財産期首残高									
指定正味財産期末残高									
Ⅲ　正味財産期末残高									

（作成上の留意事項）

・支部を有する法人においては、支部の活動等を勘案して内訳表を作成するものとする。

・法人会計区分は、管理業務に関する収益・費用やその他の法人全般に係る（実施事業等会計・その他会計に区分できないもの）収益・費用を表示するものとする。

第2章　審査基準・会計基準等

⑶　**キャッシュ・フロー計算書**
（様式3－1）
　事業活動によるキャッシュ・フローを直接法による場合には、以下の方法に従い表示する。

キャッシュ・フロー計算書
平成　年　月　日から平成　年　月　日まで

（単位：円）

科　　　　目	当　年　度	前　年　度	増　　減
Ⅰ　事業活動によるキャッシュ・フロー			
1．事業活動収入			
基本財産運用収入			
………………			
入会金収入			
………………			
会費収入			
………………			
事業収入			
………………			
補助金等収入			
………………			
事業活動収入計			
2．事業活動支出			
事業費支出			
………………			
管理費支出			
………………			
事業活動支出計			
事業活動によるキャッシュ・フロー			
Ⅱ　投資活動によるキャッシュ・フロー			
1．投資活動収入			
固定資産売却収入			
………………			
投資活動収入計			
2．投資活動支出			
固定資産取得支出			

668

4．「公益法人会計基準」の運用指針

・・・・・・・・・・・・・・・・・			
投資活動支出計			
投資活動によるキャッシュ・フロー			
Ⅲ　財務活動によるキャッシュ・フロー			
1．財務活動収入			
借入金収入			
・・・・・・・・・・・・・・・・・			
財務活動収入計			
2．財務活動支出			
借入金返済支出			
・・・・・・・・・・・・・・・・・			
財務活動支出計			
財務活動によるキャッシュ・フロー			
Ⅳ　現金及び現金同等物に係る換算差額			
Ⅴ　現金及び現金同等物の増減額			
Ⅵ　現金及び現金同等物の期首残高			
Ⅶ　現金及び現金同等物の期末残高			

（様式3－2）

　事業活動によるキャッシュ・フローを間接法による場合には、以下の方法に従い表示する。

キャッシュ・フロー計算書
平成　年　月　日から平成　年　月　日まで

（単位：円）

科　　　　　目	当　年　度	前　年　度	増　減
Ⅰ　事業活動によるキャッシュ・フロー			
1．当期一般正味財産増減額			
2．キャッシュ・フローへの調整額			
減価償却費			
基本財産の増減額			
退職給付引当金の増減額			
未収金の増減額			
貯蔵品の増減額			
未払金の増減額			
指定正味財産からの振替額			

669

………………			
小　計			
3．指定正味財産増加収入			
補助金等収入			
………………			
指定正味財産増加収入計			
事業活動によるキャッシュ・フロー			
Ⅱ　投資活動によるキャッシュ・フロー			
1．投資活動収入			
固定資産売却収入			
………………			
投資活動収入計			
2．投資活動支出			
固定資産取得支出			
………………			
投資活動支出計			
投資活動によるキャッシュ・フロー			
Ⅲ　財務活動によるキャッシュ・フロー			
1．財務活動収入			
借入金収入			
………………			
財務活動収入計			
2．財務活動支出			
借入金返済支出			
………………			
財務活動支出計			
財務活動によるキャッシュ・フロー			
Ⅳ　現金及び現金同等物に係る換算差額			
Ⅴ　現金及び現金同等物の増減額			
Ⅵ　現金及び現金同等物の期首残高			
Ⅶ　現金及び現金同等物の期末残高			

4.「公益法人会計基準」の運用指針

（様式3－3）

　一般社団・財団法人法第131条により基金を設けた場合には、キャッシュ・フロー計算書の財務活動によるキャッシュ・フローは、以下の様式による。
　（事業活動によるキャッシュ・フローを直接法により表示する場合）

キャッシュ・フロー計算書
平成　年　月　日から平成　年　月　日まで

科　　　　目	当　年　度	前　年　度	増　減
Ⅲ　財務活動によるキャッシュ・フロー			
1．財務活動収入			
借入金収入			
………………			
基金受入収入			
財務活動収入計			
2．財務活動支出			
借入金返済支出			
………………			
基金返還支出			
財務活動支出計			
財務活動によるキャッシュ・フロー			
Ⅳ　現金及び現金同等物に係る換算差額			
Ⅴ　現金及び現金同等物の増減額			
Ⅵ　現金及び現金同等物の期首残高			
Ⅶ　現金及び現金同等物の期末残高			

671

(4) **財務諸表に対する注記**

財務諸表に対する注記については以下の表示による。

財務諸表に対する注記

1．継続事業の前提に関する注記

　　…………………………

2．重要な会計方針

　(1)　有価証券の評価基準及び評価方法

　　　…………………………

　(2)　棚卸資産の評価基準及び評価方法

　　　…………………………

　(3)　固定資産の減価償却の方法

　　　…………………………

　(4)　引当金の計上基準

　　　…………………………

　(5)　キャッシュ・フロー計算書における資金の範囲

　　　…………………………

　(6)　消費税等の会計処理

　　　…………………………

　　　…………………………

3．会計方針の変更

　　…………………………

4．基本財産及び特定資産の増減額及びその残高

基本財産及び特定資産の増減額及びその残高は、次のとおりである。

(単位：円)

科　　目	前期末残高	当期増加額	当期減少額	当期末残高
基本財産				
土　　地 ………………				
小　　計				
特定資産 退職給付引当資産 ………………				

小　　計				
合　　計				

5．基本財産及び特定資産の財源等の内訳

基本財産及び特定資産の財源等の内訳は、次のとおりである。

（単位：円）

科　　　目	当期末残高	(うち指定正味財産からの充当額)	(うち一般正味財産からの充当額)	(うち負債に対応する額)
基本財産				
土　　　地		（　　　　）	（　　　　）	－
………………		（　　　　）	（　　　　）	－
小　　計		（　　　　）	（　　　　）	－
特定資産				
退職給付引当資産		－	－	（　　　　）
○○積立資産		（　　　　）	（　　　　）	－
………………		（　　　　）	（　　　　）	（　　　　）
小　　計		（　　　　）	（　　　　）	（　　　　）
合　　計		（　　　　）	（　　　　）	（　　　　）

（記載上の留意事項）

　基金からの充当額がある場合には、財源の内訳として記載するものとする。

6．担保に供している資産

　……（資産）×××円（帳簿価額）は、長期借入金×××円の担保に供している。

7．固定資産の取得価額、減価償却累計額及び当期末残高

（直接法により減価償却を行っている場合）

　固定資産の取得価額、減価償却累計額及び当期末残高は、次のとおりである。

（単位：円）

科　　　目	取得価額	減価償却累計額	当期末残高
建　　　物			
………………			
………………			
合　　計			

第2章 審査基準・会計基準等

8．債権の債権金額、貸倒引当金の当期末残高及び当該債権の当期末残高
　（貸倒引当金を直接控除した残額のみを記載した場合）
　　債権の債権金額、貸倒引当金の当期末残高及び当該債権の当期末残高は、次のとおり
である。

（単位：円）

科　　　　目	債権金額	貸倒引当金の当期末残高	債権の当期末残高
未収金 ………… …………			
合　　　計			

9．保証債務（債務保証を主たる目的事業としている場合を除く。）等の偶発債務
　　○○○に対する保証債務は、×××円である。

10．満期保有目的の債券の内訳並びに帳簿価額、時価及び評価損益
　　満期保有目的の債券の内訳並びに帳簿価額、時価及び評価損益は、次のとおりである。

（単位：円）

種類及び銘柄	帳簿価額	時　　価	評価損益
国　　　債 ○○株式会社社債 ……………… ………………			
合　　　計			

11．補助金等の内訳並びに交付者、当期の増減額及び残高
　　補助金等の内訳並びに交付者、当期の増減額及び残高は、次のとおりである。

（単位：円）

補助金等の名称	交付者	前期末残高	当期増加額	当期減少額	当期末残高	貸借対照表上の記載区分
補助金 　○○補助金 　…………… 助成金 　○○助成金 　……………	 ○○○ ○○○ ○○○ ○○○					指定正味財産 流動負債 ○○○ ○○○

674

科　目						
○○○ ……………… ○○○						○○○
合　　計						

12. 基金及び代替基金の増減額及びその残高

基金及び代替基金の増減額及びその残高は、次のとおりである。

(単位：円)

科　　目	前期末残高	当期増加額	当期減少額	当期末残高
基金　　○○基金　　………………				
基　金　計				
代替基金　　○○基金　　………………			－ －	
代替基金計			－	
合　　計				

13. 指定正味財産から一般正味財産への振替額の内訳

指定正味財産から一般正味財産への振替額の内訳は、次のとおりである。

(単位：円)

内　　　　容	金　　額
経常収益への振替額　　減価償却費計上による振替額　　………………	
経常外収益への振替額　　目的達成による指定解除額　　………………	
合　　　　計	

14. 関連当事者との取引の内容

関連当事者との取引の内容は、次のとおりである。

種類	法人等の名称	住所	資産総額（単位：円）	事業の内容又は職業	議決権の所有割合	関係内容		取引の内容	取引金額（単位：円）	科目	期末残高（単位：円）
						役員の兼務等	事業上の関係				
										(注)	

（取引条件及び取引条件の決定方針等）
（注）
・　関連当事者に対する債権については、債権の期末残高に対する貸倒引当金残高、当期の貸倒引当金繰入額等、当期の貸倒損失等の項目を開示する。ただし、債権の期末残高に対する貸倒引当金残高及び当期の貸倒引当金繰入額等については、当該者の経営状態等に重大な問題が生じていない場合には、開示の対象とはしないこととする。
・　関連当事者との取引に関して、貸倒引当金以外の引当金が設定されている場合において、注記することが適当と認められるものについては、上記取り扱いに準じて開示する。
　　なお、開示にあたっては、関連当事者の種類ごとに合算して記載することができる。

15. キャッシュ・フロー計算書の資金の範囲及び重要な非資金取引
　(1)　現金及び現金同等物の期末残高と貸借対照表に掲記されている金額との関係は以下のとおりである。

前期末		当期末	
現金預金勘定	×××円	現金預金勘定	×××円
預入期間が3ヶ月を超える定期預金	−××円	預入期間が3ヶ月を超える定期預金	−××円
現金及び現金同等物	×××円	現金及び現金同等物	×××円

　(2)　重要な非資金取引は、以下のとおりである。

前期末	当期末
現物により寄付を受けた固定資産が×××円ある。	現物により寄付を受けた固定資産が×××円ある。

16. 重要な後発事象
　　………………………………

17. その他
　　………………………………

(5) 附属明細書

1. 基本財産及び特定資産の明細

(単位：円)

区分	資産の種類	期首帳簿価額	当期増加額	当期減少額	期末帳簿価額
基本財産	土地 建物 … …				
	基本財産計				
特定資産	退職給付引当資産 ○○積立資産 … …				
	特定資産計				

(記載上の留意事項)

・基本財産及び特定資産について、財務諸表の注記に記載をしている場合には、その旨を記載し、内容の記載を省略することができる。

・重要な増減がある場合には、その理由、資産の種類の具体的な内容及び金額の脚注をするものとする。

2. 引当金の明細

(単位：円)

科　　目	期首残高	当期増加額	当期減少額		期末残高
			目的使用	その他	
賞与引当金 …					

(記載上の留意事項)

・期首又は期末のいずれかに残高がある場合にのみ作成する。

・当期増加額と当期減少額は相殺せずに、それぞれ総額で記載する。

・「当期減少額」欄のうち、「その他」の欄には、目的使用以外の理由による減少額を記載し、その理由を脚注する。

・引当金について、財務諸表の注記において記載している場合には、その旨を記載し、内容の記載を省略することができる。

(6) 財産目録

財　産　目　録
平成　年　月　日現在

（単位：円）

貸借対照表科目		場所・物量等	使用目的等	金額
（流動資産）				
	現金	手元保管	運転資金として	×××
	預金	普通預金 ○○銀行○○支店	運転資金として	×××
流動資産合計				×××
（固定資産） 基本財産	土地	○○㎡ ××市▽▽町3－5－1	公益目的保有財産であり、○○事業の施設に使用している。	×××
	建物	○○㎡ ××市▽▽町3－5－1 4階建	3～4階部分：公益目的保有財産であり、○○事業の施設に使用している。 1～2階部分：△△事業に使用している。	××× ×××
	美術品	絵画　○点 ○年○月以前取得	公益目的保有財産であり、○○事業に供している不可欠特定財産である。	×××
	投資有価証券	第○回利付国債他	公益目的保有財産であり、運用益を○○事業の財源として使用している	×××
特定資産	○○積立資産	定期預金 ○○銀行○○支店	○○事業の積立資産であり、資産取得資金として管理されている預金	×××
	○○積立資産	××社債	満期保有目的で保有し、運用益を○○事業の財源として使用している。	×××
		○○株式	寄付により受け入れた株式であり、長期間保有することにより、運用益を○○事業の財源として使用している。	×××
	建物	○○㎡ 東京都△△区▲▲4－6－2	公益目的保有財産であり、○○事業に使用している。	×××

4.「公益法人会計基準」の運用指針

その他固定資産	……	……	……	×××
固定資産合計				×××
資産合計				×××
（流動負債）	未払金	○○に対する未払額	○○事業に供する備品購入の未払い分	×××
	短期借入金	○○銀行○○支店	運転資金	×××
流動負債合計				×××
（固定負債）	退職給付引当金	従業員に対するもの	従業員○○名に対する退職金の支払いに備えたもの	×××
	長期借入金	○○銀行○○支店	△△事業に供する建物を取得するための借入れ	×××
固定負債合計				×××
負債合計				×××
正味財産				×××

（記載上の留意事項）

・支部を有する法人は、支部単位での明細を作成するものとする。

・資産を他の事業等と共用している場合には、法人において、区分、分離可能な範囲で財産を確定し、表示する。ただし、物理的な特定が困難な場合には、一つの事業の資産として確定し、共用財産である旨を記載するものとする。

・特定費用準備資金や資産取得資金を有する場合には、使用目的等の欄に明示するものとする。

・不可欠特定財産を有する場合には、使用目的等の欄に明示するものとする。

・「公益社団法人及び公益財団法人の認定等に関する法律施行規則第25条に基づき、財産目録により公益目的保有財産を区分表示する場合には、上記ひな型例に従い、貸借対照表科目、資産の種類、場所、数量、取得時期、使用目的の事業等を詳細に記載するものとする。なお、上記ひな型では詳細な記載を表示できない場合には、下記に従い明細を作成する。

公益目的保有財産の明細

財産種別	公益認定前取得不可欠特定財産	公益認定後取得不可欠特定財産	その他の公益目的保有財産	使用事業
土地			○○m² ××市▽▽町3－5－1 ×××円	○○事業 （△△事業と共有）

679

建物			○○㎡ ××市▽▽町３－５－１ ４階建の３～４階部分 ×××円	○○事業
美術品	○○像 ×××円 ○○図 ×××円 ……			○○事業
…				
合計	×××円		×××円	

附則　公益法人会計基準を適用する際の経過措置

公益法人会計基準を適用するに当たっては下記のとおり、経過措置を設けるものとする。

1．適用初年度における前事業年度の財務諸表の記載について

貸借対照表、正味財産増減計算書及びキャッシュ・フロー計算書の前事業年度の数値については、記載しないことができる。

2．公益法人会計基準の適用と認定・認可の関係について

⑴　特例民法法人が公益法人又は一般社団・財団法人へ移行申請する場合

特例民法法人が移行認定・認可の申請をする場合には、平成20年12月1日以後開始する最初の事業年度に係る財務諸表は、公益法人会計基準前文3の本会計基準の実施時期にかかわらず、平成16年改正基準を適用して作成することができる。

⑵　一般社団・財団法人を設立して公益認定を申請する場合

公益法人会計基準及び本運用指針によるものとする。

3．退職給付会計の導入に伴う会計基準変更時差異の取扱について

退職給付会計の導入に伴う会計基準変更時差異については、平成20年12月1日以後開始する最初の事業年度から12年以内の一定の年数にわたり定額法により費用処理するものとする。なお、既に退職給付会計の導入が行われている公益法人においては、従前の費用処理方法により引き続き行うものとする。

4．過年度分の減価償却費の取扱いについて

減価償却を行っていない資産を有する公益法人においては、原則として適用初年度に過年度分の減価償却費を計上するものとする。この場合、過年度の減価償却費については、正味財産増減計算書の経常外費用に計上するものとする。

ただし、過年度分の減価償却費を一括して計上せず、適用初年度の期首の帳簿価額を取得価額とみなし、当該適用初年度を減価償却の初年度として、以後継続的に減価償却することも認める。なお、この場合に適用する耐用年数は、新規に取得した場合の耐用年数から経過年数を控除した年数とするものとし、その旨を重要な会計方針として注記するものとする。

第2章　審査基準・会計基準等

5．適用初年度における有価証券の取扱いについて

(1)　一般正味財産を充当した資産として所有している有価証券

①　時価評価が適用される有価証券

適用初年度の期首において一般正味財産を充当した資産として所有している有価証券のうち、時価評価が適用されるものについては、当該適用の前事業年度末の帳簿価額と前事業年度末の時価の差額は、適用初年度において正味財産増減計算書の経常外収益又は経常外費用とするものとする。ただし、重要性が乏しい場合には経常収益又は経常費用とすることができるものとする。

②　償却原価法が適用される有価証券

適用初年度の期首において一般正味財産を充当した資産として所有している有価証券のうち、償却原価法が適用されるものについては、次のいずれかの方法によるものとする。

ア　取得時まで遡って償却原価法を適用する方法

なお、この方法をとる場合は、過年度分については経常外収益又は経常外費用とするものとする。ただし、重要性が乏しい場合には経常収益又は経常費用とすることができるものとする。

イ　適用初年度の期首の帳簿価額を取得価額とみなして、当該適用初年度の期首から満期日までの期間にわたって償却する方法

ウ　平成20年12月1日以後開始する最初の事業年度の期首において既に適用している場合には引き続き従前の方法

(2)　指定正味財産を充当した資産として所有している有価証券

①　時価評価が適用される有価証券

適用初年度の期首において指定正味財産を充当した資産として所有している有価証券のうち、時価評価が適用されるものについては、当該適用の前事業年度末の帳簿価額と前事業年度末の時価の差額は、原則として過年度分として当事業年度分と区分して表示するものとする。ただし、重要性が乏しい場合には一括して表示することができるものとする。

②　償却原価法が適用される有価証券

適用初年度の期首において指定正味財産を充当した資産として所有している有価証券のうち、償却原価法が適用されるものについては、次のいずれかの方法によるものとする。

ア　取得時まで遡って償却原価法を適用する方法

なお、この方法による場合は、原則として過年度分については当事業年度分と区分して表示するものとする。ただし、重要性が乏しい場合には一括して表

示することができるものとする。

　イ　適用初年度の期首の帳簿価額を取得価額とみなして、当該適用初年度の期首から満期日までの期間にわたって償却する方法

　ウ　平成20年12月１日以後開始する最初の事業年度の期首において既に適用している場合には引き続き従前の方法

６．移行時における過年度分の収益又は費用の取扱いについて

　移行時における過年度分の収益又は費用の取扱いについては、適用初年度において、原則として、正味財産増減計算書の経常外収益又は経常外費用に計上するものとする。ただし、重要性が乏しい場合には経常収益又は経常費用とすることができるものとする。なお、経常外収益又は経常外費用に計上する科目が複数になる場合には、経常外収益又は経常外費用においてそれぞれの科目として計上する方法のほか、経常外収益又は経常外費用毎にそれぞれ「会計基準適用に伴う過年度修正額」等の科目として計上する方法によることもできるが、後者による場合はその内訳科目を設け、又は内訳を注記することとする。

７．特定資産、指定正味財産及び一般正味財産の適用初年度の期首残高について

　特定資産、指定正味財産及び一般正味財産の適用初年度の期首残高については、当該適用の前事業年度末の貸借対照表を組み替えて算定するものとする。このうち、正味財産について過年度に受け入れたものは、適用時に寄付者等の意思により制約されていることが明らかなものについて、指定正味財産の期首残高とする。

８．関連当事者との取引内容について

　６．関連当事者との取引の内容について(1)関連当事者の範囲は、特例民法法人（移行前に一般社団・財団法人法上の機関を設定している場合を除く。）の場合、「評議員会」とあるのは「理事会その他これに準ずる機関」と、「就任日前５年以内にこれらであった者」とあるのは「これらであった者」と読み替えるものとする。

5. 関係資料

- 公益認定のための定款について〔移行認定又は移行認可の申請に当たって定款の変更の案を作成するに際し特に留意すべき事項について〕
  （平成20年10月10日　内閣府公益認定等委員会）
- 監督の基本的考え方（平成20年11月21日　内閣府）
- 立入検査の考え方（平成21年12月24日　内閣府）
- 公益認定等に関する標準処理期間について
  （平成23年8月1日　内閣府大臣官房公益法人行政担当室）
- 外郭団体等の公益認定等に関する基本的考え方
  （平成23年5月20日　神奈川県公益認定等審議会）
- 公益性と共益性の限界事例についての考え方
  〜公益目的事業としての研修等の考え方〜
  （平成24年5月11日　神奈川県公益認定等審議会）

目　次

・公益認定のための定款について〔移行認定又は移行認可の申請に当たって
　　定款の変更の案を作成するに際し特に留意すべき事項について〕
　　（平成20年10月10日　内閣府公益認定等委員会）……………………………… 689
・監督の基本的考え方（平成20年11月21日　内閣府）…………………………… 714
・立入検査の考え方（平成21年12月24日　内閣府）（平成26年5月14日一部改訂）……… 716
・公益認定等に関する標準処理期間について
　　（平成23年8月1日　内閣府大臣官房公益法人行政担当室）………………… 718
・外郭団体等の公益認定等に関する基本的考え方
　　（平成23年5月20日　神奈川県公益認定等審議会）………………………… 719
・公益性と共益性の限界事例についての考え方～公益目的事業としての
　　研修等の考え方～（平成24年5月11日　神奈川県公益認定等審議会）…………… 724

○公益認定のための定款について〔移行認定又は移行認可の申請に当たって定款の変更の案を作成するに際し特に留意すべき事項について〕

（平成20年10月10日　内閣府公益認定等委員会）

目　次

I　基本的考え方（作成の趣旨）

　1　定款審査の意義……………………………………………………………… 689

　2　「移行認定又は移行認可の申請に当たって定款の変更の案を
　　作成するに際し特に留意すべき事項について」の考え方………………… 689

　3　定款審査における取扱い…………………………………………………… 691

II　各論（定款の変更の案を作成するに際し特に留意すべき事項）

　1　役員等（理事、監事及び評議員）以外の者に一定の名称を付す
　　こととする場合の留意事項………………………………………………… 692

　2　法人の運営上、法律に規定がない任意の機関を設ける場合の取扱い
　　法律上の名称を定款において通称名で規定する場合の留意事項………… 693

　3　代議員制度…………………………………………………………………… 695

　4　社員総会及び評議員会の決議要件（定足数）
　　及び理事の選任議案の決議方法…………………………………………… 700

　5　社員総会及び評議員会の理事の選任権限と第三者が関与できる範囲…… 703

　6　評議員の構成並びに選任及び解任の方法………………………………… 704

　7　代表理事の選定方法………………………………………………………… 709

　8　理事会・評議員会の運営方法……………………………………………… 711

I 基本的考え方（作成の趣旨）

1 定款審査の意義

　特例民法法人が移行認定を受けるためには、その定款の内容（定款の変更の案の内容）が、一般社団法人又は一般財団法人に関する法律（平成18年法律第48号。以下「法」又は「一般社団・財団法人法」ということがある。）及び公益社団法人及び公益財団法人の認定等に関する法律（平成18年法律第49号。以下「公益法人認定法」という。）並びにこれらに基づく命令の規定（以下「一般社団・財団法人法等」ということがある。）に適合するものであることが必要である（整備法第100条第1号）[1]。

　移行認定を受ける特例民法法人の定款の内容が、「一般社団・財団法人法等の規定に適合していること」が移行認定の要件とされた趣旨は、旧民法における公益法人制度から大きく変革した新制度の趣旨を新制度に移行する法人に徹底させるため、移行に際しては、その定款の内容を行政庁が審査することにより、移行に伴う定款変更等の手続の確実性及びその内容の明確性を確保するとともに、移行に伴う紛争及び不正行為を防止することを図ったものと解される。

　そのため、新制度の施行後、定款の内容が一般社団・財団法人法等の規定に適合するか否かについての審査（以下「定款審査」という。）を行政庁が行うに際しては、一般社団・財団法人法等の明文の規定に反することとなる定款の定めはもちろん、一般社団・財団法人法等の規定の趣旨に反することとなる定款の定めがある場合についても、定款の内容を新法の趣旨に適合したものにするよう法人に求めていくことが上記の趣旨に適う。

　このような定款審査の意義を踏まえ、行政庁が行う定款審査に際しては、定款の必要的記載事項[2]、相対的記載事項及び任意的記載事項のすべてについて、その内容が一般社団・財団法人法等の規定に適合するものか否かを審査することとなる。

2 「移行認定又は移行認可の申請に当たって定款の変更の案を作成するに際し特に留意すべき事項について」の考え方

　もとより、各法人の組織、運営及び管理はその定款に基づいて行われるところ、「民

1　特例民法法人が移行認可を受けるためには、その定款の内容が、一般社団・財団法人法及びこれに基づく命令の規定に適合するものであることが必要である（整備法第117条第1号）。

2　定款の必要的記載事項のうち、一般社団法人にあっては法第11条第1項第4号に規定する事項（設立時社員の氏名又は名称及び住所）、一般財団法人にあっては法第153条第1項第4号から第7号までに規定する事項（設立者の氏名又は名称及び住所、設立に際して設立者が拠出をする財産及びその価額等）は、審査の対象外となる。

による自発的な公益活動を促進する」という公益法人制度改革の趣旨に照らせば、法人自治の原則の下、定款の内容は各法人において自主的に定められるべきものである[3]。

しかし、他方で、公益法人の定款の内容が法令又は法令に基づく行政機関の処分に違反しているものであるときは、公益認定の欠格事由となり（公益法人認定法第6条第3号）、行政庁は、公益認定を取り消さなければならないこととされている（同法第29条第1項第1号）ことからも明らかなように、法人自治による定款内容の決定及びこれに基づく法人の運営は、それらが一般社団・財団法人法及び公益法人認定法の明文の規定やその趣旨を潜脱・没却しないものであることが前提となる。

そこで、内閣府は、上記のような定款審査の意義[4]を踏まえ、この文書において、新制度の趣旨及び考え方を説明し、新制度の趣旨に沿って定款の変更の案を作成する場合における望ましい一つの在り方を示すとともに、定款審査における、

① 一般社団・財団法人法等の明文の規定に反することとなる定款の定め

② 一般社団・財団法人法等の規定の趣旨に反することとなる定款の定め

についての考え方を示すこととした。

特に、「一般社団・財団法人法等の規定の趣旨に反することとなる定款の定め」については、

① 特別の利益の提供の蓋然性が高まるもの（公益法人認定法第5条第3号、第4号等参照）

② 第三者に不測の損害を与えるおそれがあるなど、公益法人としての高い社会的信用を損なうおそれがあるもの[5]

---

3 従来は、定款の内容の決定に際して、法人の意向よりも主務官庁の意向が優先しているかのような本末転倒の状況があったとの指摘もあるが、今般の制度改革により、主務官庁の広く強大な裁量権に基づく指導監督は廃止され、定款に関しても、一般社団・財団法人法及び公益法人認定法に基づき、法人の自治にゆだねられる度合いが格段に高まることとなる。

4 この文書の作成の趣旨として、行政庁が行う定款審査について、国及び都道府県の統一性、地域間の均衡、迅速性の確保を図るという意義もある。

5 公益法人認定法は、公益法人の高い社会的信用を保つため、①その名称を保護し、公益法人ではない者が公益法人であると誤認される名称等を使用することを禁止し（公益法人認定法第9条第4項）、②公益法人の理事、代理人、従業者等が迷惑を覚えさせるような方法により寄附の勧誘・要求をすること、寄附をする財産の使途について誤認させるおそれのある行為をすること及び寄附者の利益を不当に害するおそれのある行為をすること等を禁止し（同法第17条第2号から第4号）、③公益法人の社会的信用を維持する上でふさわしくない事業等も禁止する（同法第5条第5号）だけでなく、④所定の機関設計を義務付け（同法第5条第12号・第14号ハ）、役員の構成を規制する（同条第10号・第11号）など、公益法人の高い社会的信用を保ちつつ公益目的事業を適正に実施するための体制（同法第1条）を種々の規律により確保しようとしている。

③　社員の権利を制限するおそれが高いもの（公益法人認定法第5条第14号等参照）

④　法が規定した機関相互の権限関係を逸脱し、不適正な法人運営がなされるおそれがあるもの（公益法人認定法第5条第10号、第11号、第14号ハ、第12号、法第35条第4項、第178条第3項、第153条第3項第1号等参照）

などが考えられる[6]。

3　定款審査における取扱い

　以下の「Ⅱ各論」で検討している「定款の変更の案を作成するに際し特に留意すべき事項」においては、新制度下の法人の運営の便宜のために参考として取り上げている事項だけでなく、示されている結論に反する取扱いをした場合には、一般社団・財団法人法等の明文の規定やその趣旨に反することとなり得る事項も取り上げられている。

　そのため、「Ⅱ各論」では、留意事項ごとに、

①　当該事項に違反している場合には不認定とならざるを得ないもの

②　当該事項と異なる定め（記載方法）を選択した理由の説明を求め、不適切であれば不認定の対象となり得るもの

③　あくまでも新制度下の法人の運営の便宜の参考として記載しており、記載どおりの定めが望ましいが、異なる定めであっても不認定の対象とならないもの

に分類し、各事項の末尾の「定款審査における取扱い」の箇所でこれを示すこととした（併せて、不認可の対象ともなるものについては、その旨を併記することとしている。）[7]。

6　公益法人の運営を適正に実施するための体制を確保するという観点から、事業の円滑な推進に支障が及ばない範囲内において、できる限り定款に具体的に規定することが必要な事項もある。

7　定款審査の結果、申請当初の定款の変更の案のままではその内容が一般社団・財団法人法等の規定に適合していないと判断される場合には、その箇所及びその理由を指摘して、関係する規定について申請者に促して自主的な修正を待つこととなる。申請者が修正を行わない場合には、不認定又は不認可の処分を行うことがある。

第2章　審査基準・会計基準等

Ⅱ　各論（定款の変更の案を作成するに際し特に留意すべき事項）

1　役員等（理事、監事及び評議員）以外の者に一定の名称を付すこととする場合の留意事項

（問題の所在）

　役員等（理事、監事及び評議員）以外の者に対して、法律上の権限はないが、権限を有するかのような誤解を生じさせる名称（役職）を付す場合には、定款にその根拠を設けることなく、法人関係者（例えば代表理事、理事会）が、自由に、誰にでも上記のような名称（役職）を付すことが許されるか。

（考え方）

　法は、法人のガバナンスを確保するため、理事、監事、社員、評議員、代表理事、業務執行理事及び会計監査人などの法人のガバナンスを担う機関を法定し、これらのものの地位と役割に関し、選任・解任手続、資格、定数、任期、権限、責任、設置義務の範囲、報酬、欠員が生じた場合の措置等についてそれぞれ規律を設けることにより、ガバナンスを担うこととなるものの位置付けを明確化し、併せて機関相互の権限関係をも規定することにより適正な法人運営がなされるよう図っており、対外的にも、法人のガバナンスを担う立場にあるものの地位や役割を明らかにしている。また、特に、法は、法人が事業活動を行うに際して、その相手方が不測の損害を被るのを防止するため、対外的に法人を代表する権限を有する理事を「代表理事」と規定した上で（法第21条、第162条第1項）、代表理事以外の理事に「理事長」その他法人を代表する権限を有するものと認められる名称を付した場合には、当該理事がした行為について、善意の第三者に対して法人がその責任を負う（法第82条（第197条において準用する場合を含む。以下、一般財団法人について準用する場合の条文の引用は省略する。））ものとしている。さらに、公益法人については、公益法人認定法において、その高い社会的信用を保ちつつ、公益目的事業を適正に実施するための体制を確保するための種々の規律が設けられているところである[5]。

　上記のような関係法令の趣旨を踏まえ、公益法人においては、役員等（理事、監事及び評議員）以外の者に対して、法律上の権限はないが、権限を有するかのような誤解を生じさせる名称（役職）を付す場合には、原則として、定款に、その名称、定数、権限及び名称を付与する機関（社員総会、理事会など）についての定めを設けることが望ましい[8]。

8　公益法人の役員等（理事、監事及び評議員）の地位にある者については、その氏名等が記載

5．関係資料

(定款審査における取扱い)

　上記の考え方と異なる運用をすることにより、公益法人の社会的信用を毀損し又は毀損するおそれが高い場合等には、その理由の説明を求め、不適切であれば不認定の対象となり得るものとする[9]。

　(注)　1　代表権のない者（代表権を有しない理事を含む。）に対し、「理事長」など法人を代表する権限を有するものと認められる名称を付した場合には、法人が表見代表（法第82条）ないし表見代理（民法第110条等）の責任を負う可能性がある。

　　　　2　定款の定めの例

　　　　第○条　この法人に、任意の機関として、1名以上3名以下の相談役を置く。

　　　　2　相談役は、次の職務を行う。

　　　　(1)　代表理事の相談に応じること

　　　　(2)　理事会から諮問された事項について参考意見を述べること

　　　　3　相談役の選任及び解任は、理事会において決議する。

　　　　4　相談役の報酬は、無償とする。

2　法人の運営上、法律に規定がない任意の機関を設ける場合の取扱い

定款において通称名で規定する場合の留意事項

(問題の所在)

①　法人の運営に際し、法律に規定がない任意の（合議）機関（会議体）を定款に設けて運営する場合の留意事項。

②　定款において、社員総会を「総会」、代表理事を「理事長」・「会長」などのように略称や通称名で記載することは許容されるか。

された役員等名簿により広く閲覧等に供され（公益法人認定法第21条第4項・第2項第2号、第22条第3項）、登記上も公示される（法第301条第2項第5号から第7号、第302条第2項第5号・第6号）。また、公益法人の役員等（理事、監事及び評議員）以外の者であって、法人運営に一定の権限を有するような名称（役職）が付された者については、定款にその根拠が設けられることにより、その権限の内容等が公開されることとなる（公益法人認定法第21条第4項、第22条第2項）。

9　公益法人においては、「法律上の権限はないが、権限を有するかのような誤解を生じさせる名称（役職）」を役員等（理事、監事及び評議員）以外の者に付す場合には、原則として、定款にその名称等についての定めを設けることが望ましい。しかし、定款審査においては、「当該名称（役職）等を定款に定めているか否か」が問題となるのではなく、そのような紛らわしい名称（役職）を使用したこと等により、公益法人の社会的信用を毀損し又は毀損するおそれが高いと認められるような例外的な場合に、定款にその根拠を設けることなく紛らわしい名称（役職）を使用していること等が問題となるに過ぎない。

693

第2章　審査基準・会計基準等

(考え方)

　法は、法人のガバナンスを確保するため、法人の重要事項の意思決定、業務執行の決定、職務の執行を行う機関として、社員総会、評議員会、理事会、代表理事、業務執行理事などの機関を法定し、その構成員、招集手続、決議方法、権限、瑕疵ある決議の内容や手続の是正方法等についてそれぞれ詳細な規律を設けるとともに、機関相互の権限関係を規定することにより適正な法人運営がなされるよう図っている。

　上記のような法の趣旨を踏まえ、特例民法法人の移行に当たり、

　①　法人の運営に際し、法律に根拠のない任意の機関（会議体）を定款に設けて運営する場合には、当該機関の名称、構成及び権限を明確にし、法律上の機関である社員総会、評議員会又は理事会等の権限を奪うことのないように留意する必要があり（法第35条第4項、第178条第3項等参照）（問題の所在①）、

　②　法の名称とは異なる通称名や略称を定款に使用する場合（例えば、社員総会を「総会」、代表理事を「理事長」と表記するような場合）には、「法律上の名称」と定款で使用する名称がどのような関係にあるのかを、定款上、明確にする必要がある（問題の所在②）

こととなる。

(定款審査における取扱い)

　上記の考え方と異なる運用を選択する場合には、その理由の説明を求め、不適切であれば不認定又は不認可の対象となり得るものとする。

　(注)　1　任意の（合議）機関（会議体）として、定款の定めにより、例えば、一部の理事と事務局員等で構成する「常任理事会」や「常務会」を設け、当該機関において理事会の審議事項の検討等の準備を行うこととすることは可能であるが、それに加えて、「当該機関の承認がない事項については理事会で決定することができない」旨の定めを設けることは、理事会の権限を制約することとなるため許されない。定款に根拠を設けずに上記のような任意の機関を設けることも可能であるが、当該機関の運用において、法定の機関の権限を制約するような運用をすることは許されない。

　　　2　定款の定めの例（問題の所在①）

　　　第○条　この法人に、企画・コンプライアンス委員会を置く。

　　　2　第1項の委員会は、業務執行理事1名、理事1名、事務局員1名で構成する。

　　　3　第1項の委員会は、次に掲げる事項を行う。

　　　⑴　この法人の業務運営の年間計画案を策定し、理事会に提出すること

　　　⑵　この法人の理事の職務の執行が法令及び定款に適合することを確保する

ための体制その他業務の適正を確保するために必要な体制の運用及び改善について、理事会に参考意見を提出すること

(3) この法人の事業に従事する者からの法令違反行為等に関する通報に対して適切な処理を行うため、公益通報の窓口を設置・運用し、管理すること

4　第1項の委員会の委員は、理事会において選任及び解任する。

5　第1項の委員会の議事の運営の細則は、理事会において定める。

3　定款の定めの例（問題の所在②）

第○条　この法人に以下の会員を置く。

(1) 正会員　　この法人の事業に賛同して入会した個人又は団体

(2) 特別会員　○○○

(3) 賛助会員　○○○

2　前項の会員のうち正会員をもって一般社団・財団法人法上の社員とする。

第○条　この法人に、次の役員を置く。

(1) 理事　○○名以上○○名以内

(2) 監事　○○名以内

2　理事のうち1名を理事長、○名を常務理事とする。

3　前項の理事長をもって一般社団・財団法人法上の代表理事とし、常務理事をもって同法第91条第1項第2号の業務執行理事とする。

3　代議員制度

(問題の所在)

「当該社団法人に会費を納めている会員に選挙権を与え、会員の中から社員を選出するための選挙を行い、当該選挙により選出された者を任期付きの社員とする」旨の定めを設け、いわゆる代議員制を採用する場合の定款の定めの在り方。

(考え方)

社団法人における社員総会は、役員の人事や報酬等を決定するとともに、定款変更、解散などの重要な事項の意思決定をすることができる法人の最高意思決定機関である。そのため、社団法人の実態としては社員となることができる資格のある者が多数いるにも関わらず、社員の範囲を狭く絞って社員総会を運営し、多様な意見を反映する機会を設けることなく、構成員のうちの一部の勢力のみが法律上の「社員」として固定されてしまうような場合には、当該社団法人の実効性のあるガバナンスを確保することができなくなる。

例えば、社員総会で議決権を行使することとなる「代議員」の選定を理事ないし理

第2章　審査基準・会計基準等

事会で行うこととすると、理事や理事会の意向に沿った少数の者のみで社員総会を行って法人の意思決定をすることともなりかねないため（法第35条第4項、公益法人認定法第5条第14号イ参照）、会員の中から社員（代議員）を選定する方法は特に留意する必要がある。また、社員の範囲を狭く絞ることにより、移行に伴い従来から社員の地位にあった者の個別の同意を得ることなくその者の地位（社員たる権利）を奪うこととなるだけでなく、法が社員に保障した各種の権利を行使できる者の範囲が狭まることとなり、社員権の行使により法人のガバナンスを確保しようとした法の趣旨に反することともなりかねない。

　このような問題意識を踏まえ、特例社団法人が、上記の意味の代議員制を採る場合には、定款の定めにより、以下の5要件を満たすことが重要である。

① 「社員」（代議員）を選出するための制度の骨格（定数、任期、選出方法、欠員措置等）が定款で定められていること

→ 定款における「社員の資格の得喪」に関する定め（法第11条第1項第5号）の内容として、少なくとも、定款において、社員の定数、任期、選出方法、欠員措置等が定められている必要がある。

② 各会員について、「社員」を選出するための選挙（代議員選挙）で等しく選挙権及び被選挙権が保障されていること

→ 代議員（社員）の選定方法の細部・細則を理事会において定めることとしても、少なくとも、「社員の資格の得喪」に関する定め（法第11条第1項第5号）の内容として②の内容を定款で定める必要がある（公益法人認定法第5条第14号イ参照）[10]。

③ 「社員」を選出するための選挙（代議員選挙）が理事及び理事会から独立して行われていること

→ ①で、社員（代議員）の選出方法を定款に定めた場合でも、理事又は理事会が社員を選定することとなるような定めは一般社団・財団法人法第35条第4項の趣旨に反する。定款の定めにおいては、②の内容とともに明記するこ

---

10 「社員の資格の得喪」に関する定款の定めにおいて「不当な条件」を付しているかどうか（公益法人認定法第5条第14号イ）については、社会通念に従い判断し、当該法人の目的、事業内容に照らして当該条件に合理的な関連性及び必要性があれば、不当な条件には該当せず、例えば、専門性の高い事業活動を行っている法人において、その専門性の維持、向上を図ることが法人の目的に照らして必要であり、その必要性から合理的な範囲で社員資格を一定の有資格者等に限定したり、理事会の承認等一定の手続的な要件を付したりすることは、不当な条件に該当しないものとされている（公益認定等ガイドライン〔平成20年4月11日〕）。各会員の選挙により「社員」を選出する代議員選挙においてもこの理は妥当し、代議員選挙の運用に際し、会員間の選挙権・被選挙権等に一定の差異を設けることが当該法人の目的、事業内容に照らして合理的な関連性及び必要性があれば許容され得る。

とが考えられる。

④ 選出された「社員」(代議員)が責任追及の訴え、社員総会決議取消しの訴えなど法律上認められた各種訴権を行使中の場合には、その間、当該社員(代議員)の任期が終了しないこととしていること

→ 例えば、社員が責任追及の訴えを提起したものの、訴訟係属中に任期満了により当該社員が社員の地位を失った場合には、代表訴訟の原告適格も失うおそれが高い。そのため、比較的短期間の任期の社員を前提とする代議員制においては、事実上、任期満了間際に社員が訴権を行使できなくなるため、社員に各種の訴権を保障した法の趣旨を踏まえ、④の内容を定款に定める必要がある。

⑤ 会員に「社員」と同等の情報開示請求権等を付与すること

→ 法は、「社員」によるガバナンスの実効性を確保するため社員たる地位を有する者に各種の権利を付与している。かかる法の趣旨を踏まえ、旧民法では「社員」の地位にあった者を新法下で「会員」として取り扱うこととするような特例社団法人等については、社員の法人に対する情報開示請求権等を定款の定めにより「会員」にも認める必要がある。

(定款審査における取扱い)

上記の考え方と異なる運用を選択する場合には、その理由の説明を求め、不適切であれば不認定又は不認可の対象となり得るものとする。

(注) 1 新制度の施行前から既に上記のような代議員制を採っている特例社団法人において、移行後も代議員制を採ることとする場合には、本文の考え方の趣旨を踏まえた方法により代議員(社員)を選挙することが必要となる。仮に、従来の運用において、理事(理事会)が代議員(社員)を選出していると評価できるような方法で代議員(社員)を選挙していた特例社団法人については、理事(理事会)から独立した形で代議員(社員)選挙を行った上で新制度に移行する必要がある。

また、新制度の移行に伴って代議員制を新たに採ることとする特例社団法人においては、旧民法上の社員の地位を有していた者に対して代議員の選挙権等を付与しないものとすることは合理的な理由がない限り許されない。新制度の施行前から既に代議員制を採っている特例社団法人においても、旧民法上の社員(代議員)の選挙権を有していた者(会員)に対して、新制度の移行に伴って代議員の選挙権等を付与しないものとすることは合理的な理由がない限り許されない。

第2章　審査基準・会計基準等

　2　複数の種類の会員資格（例えば、個人会員、法人会員、学生会員、名誉会員、賛助会員など）を設けている特例社団法人にあっては、どの種類の会員が選挙権・被選挙権を有するか（本文②の要件）、情報開示請求権等を付与されるのか（本文⑤の要件）を定款に明示することが必要である[11]。その際には、公益法人認定法第5条第14号ロの趣旨、すなわち、議決権について不当に差別的な取扱いを禁止することにより社員総会における意思決定に偏りが生じることを防止するとともに、資力を有する一部の社員によって社員総会の運営が恣意的になされることを防止しようとした趣旨を踏まえつつ、当該社団法人の事業活動に関心を持ち、その法人の重要事項の意思決定の過程に関与すべき立場にある種類の会員に選挙権・被選挙権等を付与することとなる（会員の種類間で区別を設けることが、当該社団法人の目的、事業内容に照らして、合理的な関連性及び必要性があれば許容される。）[12]。

　3　定款の定めの例

　第○条　この法人に、次の種類の会員を置く。
　　(1)　正会員　○○の資格を有する者
　　(2)　準会員　この法人の活動に協賛する者、○○の資格の取得予定者
　2　この法人の社員（一般社団・財団法人法第11条第1項第5号等に規定する社員をいう。以下同じ。）は、概ね正会員300人の中から1人の割合をもって選出される代議員をもって社員とする（端数の取扱いについては理事会で定める。）。
　3　代議員を選出するため、正会員による代議員選挙を行う。代議員選挙を行うために必要な細則は理事会において定める。
　4　代議員は、正会員の中から選ばれることを要する。正会員は、前項の代議員選挙に立候補することができる。
　5　第3項の代議員選挙において、正会員は他の正会員と等しく代議員を選挙する

11　なお、特例社団法人の社員（代議員）の選挙を他の法人や団体に完全にゆだねることは不相当である。例えば、当該特例社団法人と提携先の法人等（連携法人・連携団体）との間に、法人の目的、社員（構成員）の構成等について密接な共通関係がある場合であっても、当該特例社団法人の社員（代議員）の選出に際しては、本文の考え方が没却されることのないように、当該特例社団法人の責任者による一定の関与の下にその社員（代議員）の選挙が行われることが必要であることに留意すべきである。

12　代議員制を採用する特例社団法人に限らず、複数の種類の会員資格（例えば、個人会員、法人会員、学生会員、名誉会員、賛助会員など）を設けている特例社団法人が、特定の種類の会員のみをもって「社員」とする旨の定款の定めを設ける場合も同様であり、当該社団法人の事業活動に関する重要な事項の意思決定に関心を持ち、これに関与すべき立場にある種類の会員のみを社員とすることが、当該社団法人の目的、事業内容に照らして、合理的な関連性及び必要性があれば許容される。

権利を有する。理事又は理事会は、代議員を選出することはできない。

6　第3項の代議員選挙は、2年に1度、○月に実施することとし、代議員の任期は、選任の2年後に実施される代議員選挙の終了の時までとする。ただし、代議員が社員総会決議取消しの訴え、解散の訴え、責任追及の訴え及び役員の解任の訴え（法第266条第1項、第268条、第278条、第284条）を提起している場合（法第278条第1項に規定する訴えの提起の請求をしている場合を含む。）には、当該訴訟が終結するまでの間、当該代議員は社員たる地位を失わない（当該代議員は、役員の選任及び解任（法第63条及び第70条）並びに定款変更（法第146条）についての議決権を有しないこととする。）。

7　代議員が欠けた場合又は代議員の員数を欠くこととなるときに備えて補欠の代議員を選挙することができる。補欠の代議員の任期は、任期の満了前に退任した代議員の任期の満了する時までとする。

8　補欠の代議員を選挙する場合には、次に掲げる事項も併せて決定しなければならない。

⑴　当該候補者が補欠の代議員である旨

⑵　当該候補者を1人又は2人以上の特定の代議員の補欠の代議員として選任するときは、その旨及び当該特定の代議員の氏名

⑶　同一の代議員（2以上の代議員の補欠として選任した場合にあっては、当該2以上の代議員）につき2人以上の補欠の代議員を選任するときは、当該補欠の代議員相互間の優先順位

9　第7項の補欠の代議員の選任に係る決議が効力を有する期間は、当該決議後2年以内に終了する事業年度のうち最終のものに関する定時社員総会の終結の時までとする。

10　正会員は、一般社団・財団法人法に規定された次に掲げる社員の権利を、社員と同様にこの法人に対して行使することができる。

⑴　法第14条第2項の権利（定款の閲覧等）

⑵　法第32条第2項の権利（社員名簿の閲覧等）

⑶　法第57条第4項の権利（社員総会の議事録の閲覧等）

⑷　法第50条第6項の権利（社員の代理権証明書面等の閲覧等）

⑸　法第52条第5項の権利（電磁的方法による議決権行使記録の閲覧等）

⑹　法第129条第3項の権利（計算書類等の閲覧等）

⑺　法第229条第2項の権利（清算法人の貸借対照表等の閲覧等）

⑻　法第246条第3項、第250条第3項及び第256条第3項の権利（合併契約等の閲覧等）

11　理事、監事又は会計監査人は、その任務を怠ったときは、この法人に対し、こ

第2章　審査基準・会計基準等

れによって生じた損害を賠償する責任を負い、一般社団・財団法人法第112条の
規定にかかわらず、この責任は、すべての正会員の同意がなければ、免除するこ
とができない。

4　社員総会及び評議員会の決議要件（定足数）及び理事の選任議案の決議方法

（問題の所在）

①　公益社団法人における社員総会の普通決議（理事の選任）の決議要件（定足数）
の定款の定めの在り方。

②　理事の選任議案を社員総会（評議員会）で決議する方法について、例えば、4
人の理事の選任議案の決議方法を4人一括で決議する方法は許されるか。例え
ば、4人の理事候補者のうち、1名については反対、3名については賛成の議決
権の行使をしたいと考えている社員（評議員）がいるときに、4人一括で決議す
る方法が採用された場合には、そのような意思を反映した議決権の行使をするこ
とができないこととなるため、社員総会又は評議員会の議事の運営方法について
の定款の定めの在り方が問題となる。

（考え方）

法は、社員総会又は評議員会に理事の選任権を形式的に付与しているだけでなく、
理事の選任過程の適正を確保するため、種々の方策を講じている。

すなわち、法は、社員（評議員）1人に1議決権を付与する（法第48条第1項本文、
第178条第1項、第189条）だけでなく、社員総会（評議員会）を招集するに際しては、
理事の選任議案の内容をすべての社員（評議員）に通知するものとし（法第39条第1
項、第2項第2号、第4項、第38条第1項第5号、第41条、第42条、一般社団法人及
び一般財団法人に関する法律施行規則（平成19年法務省令第28号。以下「施行規則」
という。）第4条第1号イ、第3号イ、第5条第1項第1号、第2項、法第182条、第
181条第1項第3号、施行規則第58条第1号）、理事及び監事に社員（評議員）への説
明義務を課し（法第53条、第190条）、理事を選任（再任）する場合には、社員（評議
員）にその理由を説明しなければならないものとしている。さらに、法は、それに納
得がいかない社員（評議員）が自分自身で議案の提案権を行使し、別の候補者を役員
とする選任議案を提案し、その議案の要領を招集通知に記載することを請求すること
ができることともしている（法第43条から第45条、第184条から第186条）。

また、その決議に際しても、総社員の議決権（議決に加わることができる評議員）
の過半数を有する社員（評議員）の出席を要することとし（法第49条第1項、第189
条第1項）、公益法人においては、所定の理事の合計数が理事の総数の3分の1を超

700

えてはならない（公益法人認定法第5条第10号及び第11号）こととされている。

このように、法及び公益法人認定法は、あらゆる規律を通して、選任手続を可能な限り慎重ならしめ、社員総会（評議員会）における実質的な審議を経て適正に理事が選任されるための種々の方策を講じている[13]。

この点、仮に、公益社団法人における社員総会の普通決議の決議要件（定足数）の定款の定めとして、この要件を大幅に緩和したり、あるいは撤廃する定めを設けた場合には、総社員のうち、ごく一部の社員のみで理事の選任が決定されることとなり、上記の法の趣旨が没却されることとなる。

また、理事の選任議案を社員総会（評議員会）で決議する方法について、例えば、4人の理事の選任議案の決議（採決）を4人一括で決議（採決）することとした場合には、本来、1つ1つの議案（1人1人の理事の選任議案）ごとに賛成又は反対の意思を表明することができるはずの社員[14]（評議員）に対して、全議案についてすべて賛成か又はすべて反対かという投票を強制することとなり、上記の法の趣旨が没却されることとなる。

このような法の趣旨及び考え方を踏まえ、

① 公益社団法人が、定款の定めにより、社員総会の普通決議の決議要件（定足数）を大幅に緩和し、あるいは撤廃することは許されない（問題の所在①）

② 社員総会又は評議員会で理事の選任議案を採決する場合には、各候補者ごとに決議する方法を採ることが望ましく[15]、特例民法法人の移行に際し、その定款（の変更の案）に、社員総会又は評議員会の議事の運営方法に関する定めの一つとして、「理事の選任議案の決議に際し候補者を一括して採決（決議）すること」を一般的に許容する旨の定めを設けることは許されない（問題の所在②）

13　本文以外にも、例えば、公益社団法人にあっては、社員総会における意思決定に偏りが出ることを防止するため、社員資格の得喪に関する事項や議決権の数等について不当に差別的な取扱いをすることを禁止するとともに、資力を有する一部の社員によって社員総会の運営が恣意的になされることを防止するため、法人に提供した財産の価額に応じて議決権の数や行使の条件等に差異を設けることを禁止し（公益法人認定法第5条第14号イ及びロ）、可及的に社員総会における適正な審議の確保を図っている。

14　法は、社員に書面又は電磁的方法（電子メール等）による議決権の行使を認める場合（法第38条第1項第3号・第4号）には、議決権行使書面に「各議案についての賛否」を記載する欄を設けなければならない（施行規則第7条第1号）ものとしている。これは、社員が議案ごとに賛成又は反対の意思を表明する機会を確保しようとしたものである。

15　しかし、議決権行使書面による議決権の行使の結果、社員総会の開催前に、複数の役員の選任議案のすべてについて過半数の賛成がそれぞれ得られているような場合であって、社員総会において、議長が複数の役員の選任議案を候補者全員一括で決議（採決）することを出席している議場の社員に謀り、それに異議が出ない等のときは、役員候補者全員の選任議案を一括で決議（採決）することも許容され得る。

第2章　審査基準・会計基準等

こととなる。

（定款審査における取扱い）

　上記の考え方と異なる運用を選択する場合、すなわち、①定款の定めにより、社員総会の普通決議の決議要件（定足数）を大幅に緩和し、あるいは撤廃する場合には、その理由の説明を求め、不適切であれば不認定の対象となり得るものとし、②定款に、社員総会又は評議員会の議事の運営方法に関する定めの一つとして、「理事の選任議案の決議に際し候補者を一括して採決（決議）すること」を一般的に許容する旨の定めを設けた場合には、不認定又は不認可の対象となるものとする。

　（注）　1　問題の所在①についての本文の考え方の趣旨を踏まえ、公益社団法人が、定款の定めにより、社員総会の普通決議の決議要件（定足数）を緩和することとする場合には、例えば、普通決議の決議要件（定足数）の定めとして、「総社員の議決権の3分の1を有する社員の出席」を要することとする程度の定めを設けることが考えられる（このような定めを設けた場合には、総社員の議決権の6分の1（約16.7パーセント）を超える賛成さえあれば理事を選任又は解任することができることとなる。）。なお、定款に社員総会の普通決議の決議要件（定足数）についての定めを設けない場合には、法第49条第1項の原則どおり、「総社員の議決権の過半数を有する社員の出席」が必要となる。

　　　　　2　社員総会の運営については、理事会及び評議員会とは異なり、代理人により議決権を行使する方法（代理人による社員総会への出席。法第50条第1項）、書面により議決権を行使する方法（法第38条第1項第3号、第51条第1項）、電磁的方法（例えば、電子メール）により議決権を行使する方法（法第38条第1項第4号、第52条第1項）がそれぞれ法の規定により認められており、いずれの方法による場合も、行使された議決権の数が、出席した社員の議決権の数に算入されることとなる（法第51条第2項、第52条第3項）。社員数が多い公益社団法人にあっては、このような方法を併用することにより、円滑に社員総会を運営することができる[16]。

16　これ以外にも、例えば、（定時）社員総会に際し、公益社団法人から社員に提供する必要のある資料である①招集通知、②参考書類、議決権行使書面、③計算書類、事業報告、監査報告及び会計監査報告について、所定の要件を満たす場合には、電磁的方法で社員に提供することが可能とされている（①法第39条第3項、一般社団法人及び一般財団法人に関する法律施行令（平成19年政令第38号。以下「施行令」という。）第1条第1項第1号、②法第42条第2項、③法第125条、施行規則第47条第2項第2号）。また、代理人により議決権を行使する社員は、所定の要件を満たす場合には、公益社団法人に対し委任状をメールで提出すること

702

5．関係資料

　　3　公益財団法人における評議員会の普通決議の決議要件（定足数）について
　　　は、撤廃することはもちろん、緩和すること自体も認められていない（法第
　　　189条第1項）ため、評議員会の普通決議の決議要件（定足数）を緩和する
　　　内容の定款の定めは無効となる。
　　4　問題の所在②についての本文の考え方の趣旨を踏まえ、定款に社員総会又
　　　は評議員会の議事の運営方法に関する定めを設けることとする場合には、下
　　　記の定款の定めの例のように、「理事の選任議案の採決は各候補者ごとに採
　　　決（決議）する方法とする」旨を定めておくことも考えられる[17]。
　　5　定款の定めの例
　　第○条　社員総会の決議は、次項に規定する場合を除き、総社員の議決権の過半数
　　　　　を有する社員が出席し、出席した当該社員の議決権の過半数をもって行う。
　　2　前項の規定にかかわらず、一般社団・財団法人法第49条第2項各号に列挙され
　　　た事項については、総社員の半数以上であって、総社員の議決権の3分の2以上
　　　に当たる多数をもって行う。
　　3　理事又は監事を選任する議案を決議するに際しては、各候補者ごとに第1項の
　　　決議を行わなければならない。理事又は監事の候補者の合計数が第○条に定める
　　　員数を上回る場合には、過半数の賛成を得た候補者の中から得票数の多い順に員
　　　数の枠に達するまでの者を選任することとする。

5　社員総会及び評議員会の理事の選任権限と第三者が関与できる範囲

（問題の所在）

　社員総会又は評議員会で理事を選任する際、定款の定めにより、代表理事、理事会、
設立者等の第三者を関与させることの可否。

（考え方）

　社員総会又は評議員会の理事の選任権限は、定款の定めをもってしても奪うことが
できないため（法第35条第4項、第178条第3項）、特例民法法人の定款の変更の案に
おいて、社員総会又は評議員会以外の機関がその決定をくつがえすこととなるような
定款の定めを設けることはできない。

も認められている（法第50条第3項、施行令第2条第1項第1号）。
17　このような定款の定めは、社員総会の議長の議事の整理権限（法第54条第1項）を適切に
　　コントロールするものとしても有効である。

703

第2章 審査基準・会計基準等

(定款審査における取扱い)

上記の考え方と異なる定款の定めを設けた場合（定款に、社員総会又は評議員会の理事の選任権限を奪うこととなるような定款の定めや注1・2のような定めを設けた場合等）には、不認定又は不認可の対象となるものとする。

(注) 1 「理事の選任は、○○（例えば、代表理事、設立者）が行う」との定めは、社員総会又は評議員会の理事の選任権限を奪っており無効である。

2 「社員総会（評議員会）において理事を選任する場合には、○○（例えば、代表理事、設立者）の同意を得なければならない」旨の定めは、社員総会又は評議員会以外の者（機関）に拒否権（事実上の決定権）を与えることとなり得るため、上記1に準じた取扱いとなる。

3 「社員総会（評議員会）が理事を選任又は解任する場合には、○○（例えば、設立者、定款で指定した者）の意見を参考にすることができる」旨の定めは、社員総会又は評議員会以外の者（機関）に拒否権（事実上の決定権）を与えているとまではいえないため、許容される。

---

6 評議員の構成並びに選任及び解任の方法

(問題の所在)

「評議員の選任及び解任の方法」に関する定款の定めの在り方。

(考え方)

新制度（一般社団・財団法人法）における「評議員」は、一般財団法人の運営がその目的から逸脱していないかを監督する重要な立場にある。すなわち、新制度においては、財団法人の運営の適正を確保するため、「評議員」の資格を有している者に対し評議員会の議決権を与え、理事、監事、会計監査人の選解任権、報酬等の決定権を与えて役員等の人事権を独占させた上、決算の承認、定款の変更など法人運営における重要事項の最終的な意思決定権を付与している。さらに、評議員には、理事の違法行為の差止請求権、役員等の解任の訴えの提訴権など法人の適切な業務運営を確保するための種々の権利も付与されている。加えて、評議員は広範かつ強大な権限を有するだけでなく、4年間の任期が保障されており、自らの意思で辞任しない限りは原則としてその地位を失うことはないなど、その独立性も強く保障されている。

このように、新制度においては、評議員が、人事権等の重要な権利を適切に行使することにより財団法人の適正な運営が確保される仕組みとなっており、税制上の優遇措置を受けることとなる公益財団法人の業務運営が公正に行われるためには、広範で

強い権限を付与されている評議員の人選が非常に重要となる。

そのため、公益財団法人の運営が、特定の団体や勢力の利益に偏るおそれがなく、不特定かつ多数の者の利益のために適正かつ公正に行われるためには、評議員会を構成する評議員が公益法人の一般的な業務運営に一定の知見を有しているだけでなく、当該法人の運営の公正さに疑いを生じさせない立場にある者が評議員会の一定の割合を占めることが法の趣旨に適う。

この点、例えば、評議員の選任及び解任を「評議員会の決議で行う」こととすると、「（最初の）評議員」の人選が特定の団体や勢力の関係者で占められた場合には、以後の評議員の選任も当該特定の団体や勢力の関係者によって占められることとなり、公正かつ適切な法人の業務運営を確保するために設けられた新制度の仕組みが有効に機能しないおそれがあるだけでなく、①当該法人の役員等の人事権等の重要かつ強大な権限を掌握した評議員の人事が評議員で構成される評議員会だけで行われ、いわば最高意思決定機関の人事を最高意思決定機関だけで行うこととなってしまい、②評議員の人事を身内だけで行い、外部の者が関与する余地がなくなるため、当該法人の運営が特定の団体や勢力の利益に偏り、その運営の公正さに疑いを生じさせるおそれがある（公益法人認定法第5条第3号及び第4号等参照）。

このような考え方を踏まえ、公益財団法人に移行する特例財団法人が評議員の選任及び解任方法を定款に定めるに際しては、当該法人と相互に密接な関係にある者ばかりが評議員に選任されることのないようにする必要があり、これを確実に担保することができる方法を採らなければならない。

そのような方法としては、

① 「評議員の構成を公益法人認定法第5条第10号及び第11号に準じたものにする」旨を定める方法

又は

② 評議員の選任及び解任をするための任意の機関として、中立的な立場にある者が参加する機関を設置し、この機関の決定に従って評議員を選任及び解任する方法

が望ましい。

（定款審査における取扱い）

上記の考え方と異なる運用を選択する場合（評議員の構成を公益法人認定法第5条第10号及び第11号に準じたものにする旨を定款に定めておらず、かつ、評議員の選任及び解任方法として「中立的な立場にある者が参加する任意の機関を設置し、この機関の決定に従って評議員を選任及び解任する方法」以外の方法を定めている場合（特に、「評議員会が評議員を選任及び解任する」旨の定めを設けている場合））にはその

第2章　審査基準・会計基準等

理由の説明を求め、不適切であれば不認定の対象となり得るものとする。

(注)　1　評議員の選任及び解任方法として、例えば、「評議員の選任は、評議員会の推薦を得た上で、理事会が行う」旨の定めのように、理事又は理事会が評議員を選任し、又は解任することを内容とする定款の定めは無効である（法第153条第3項第1号）。

　　　2　「評議員の選任及び解任の方法」が特定の団体や勢力の利益に偏った方法でされた場合には、当該公益財団法人の事業が行われるに当たり、当該特定の団体や勢力に対し特別の利益が与えられるおそれが高いものともなることに留意する必要がある（公益法人認定法第5条第3号及び第4号等参照）。本文の考え方のとおり、評議員の構成は、公益財団法人の事業の適正な運営の重要なポイントとなる。そのため、本文記載の①又は②の方法のいずれを選択したとしても、実際に選任された評議員の構成が特定の団体や勢力に対し特別の利益が与えられるおそれが高いものと認められる場合には、監督の対象となり得る[18]。

　　　3　本文の考え方②の方法を採る場合において、評議員を選任及び解任する任意の機関（評議員選定委員会）に参加する中立的な立場にある者に対しては、当該法人の関係者から、評議員候補者の経歴、評議員候補者とした理由、当該候補者と当該法人及び役員等との関係、兼職状況等、候補者が評議員として適任と判断した理由を説明することとなる。そのため、評議員候補者の原案は理事会において用意した上で、評議員を選任する任意の機関の構成員にそれを諮ることとする運用も差し支えない。

　　　　また、評議員を選任する任意の機関の構成員として、「中立的な立場にある者」のほかに法人関係者（評議員、監事、事務局員等）を加えても差し支えないが、理事又は理事会による評議員の選任を禁止した法第153条第3項第1号の趣旨を踏まえ、理事が構成員となることは許されない。また、本文の考え方の趣旨を踏まえ、評議員が構成員の過半数を占めることとする定款の定めも不相当である。なお、評議員の選任及び解任を、一定の知見を有する中立的な立場の法人（事業体）に委ねることは何ら差し支えない。この場合には、評議員を選任等する任意の機関の構成員のすべてが「中立的な立場

18　任期満了等に伴い新たな評議員の選任が行われた場合には、当該公益財団法人の事業の適正な運営を確保するため、その選任手続や選任結果が定款の定めに従って適正に行われたことを証する書面（議事録等）の提出を求めることなどが考えられる（公益法人認定法第27条第1項）。

にある者」となる。

4　なお、評議員設置特例財団法人以外の特例財団法人については、移行の登記をするまでの間は、一般社団・財団法人法第153条第1項第8号が適用除外とされている（整備法第89条第2項及び第3項）上、最初の評議員の選任方法については主務官庁の認可を受けた方法によることとされているため（整備法第92条）、本文の考え方②に記載された「評議員の選任及び解任の方法」の定款の定めが実際に適用されるのは、大半の公益財団法人については、2回目の評議員の選任時からとなる（なお、本文記載の①又は②の方法のいずれを選択したとしても、最初の評議員の選任方法については、最高意思決定機関の人事を最高意思決定機関だけで行うことの弊害や評議員の人事を外部の者が関与する余地を封じて行うことの弊害を防止するため、「任意の機関として、中立的な立場にある者が参加する機関を設置し、この機関の決定に従って評議員を選任及び解任する方法」となる場合が通常であろう。）。

5　定款の定めの例①（本文の考え方①の方法による場合）

第○条　この法人の評議員の数は5名以上8名以内とする。

2　評議員の選任及び解任は、一般社団・財団法人法第179条から第195条の規定に従い、評議員会において行う。

3　評議員を選任する場合には、次の各号の要件をいずれも満たさなければならない。

⑴　各評議員について、次のイからへに該当する評議員の合計数が評議員の総数の三分の一を超えないものであること。

　　イ　当該評議員及びその配偶者又は三親等内の親族

　　ロ　当該評議員と婚姻の届出をしていないが事実上婚姻関係と同様の事情にある者

　　ハ　当該評議員の使用人

　　ニ　ロ又はハに掲げる者以外の者であって、当該評議員から受ける金銭その他の財産によって生計を維持しているもの

　　ホ　ハ又はニに掲げる者の配偶者

　　ヘ　ロからニまでに掲げる者の三親等内の親族であって、これらの者と生計を一にするもの

⑵　他の同一の団体（公益法人を除く。）の次のイからニに該当する評議員の合計数が評議員の総数の三分の一を超えないものであること。

　　イ　理事

　　ロ　使用人

　　ハ　当該他の同一の団体の理事以外の役員（法人でない団体で代表者又は管理人の定めのあるものにあっては、その代表者又は管理人）又は業務を執

第2章　審査基準・会計基準等

　　　　　　行する社員である者

　　　ニ　次に掲げる団体においてその職員（国会議員及び地方公共団体の議会の
　　　　議員を除く。）である者

　　　①　国の機関

　　　②　地方公共団体

　　　③　独立行政法人通則法第2条第1項に規定する独立行政法人

　　　④　国立大学法人法第2条第1項に規定する国立大学法人又は同条第3項
　　　　に規定する大学共同利用機関法人

　　　⑤　地方独立行政法人法第2条第1項に規定する地方独立行政法人

　　　⑥　特殊法人（特別の法律により特別の設立行為をもって設立された法人
　　　　であって、総務省設置法第4条第15号の規定の適用を受けるものをいう。）
　　　　又は認可法人（特別の法律により設立され、かつ、その設立に関し行政
　　　　官庁の認可を要する法人をいう。）

6　定款の定めの例②（本文の考え方②の方法による場合）

　第○条　評議員の選任及び解任は、評議員選定委員会において行う。

2　評議員選定委員会は、評議員1名、監事1名、事務局員1名、次項の定めに基
　づいて選任された外部委員2名の合計5名で構成する。

3　評議員選定委員会の外部委員は、次のいずれにも該当しない者を理事会におい
　て選任する。

　⑴　この法人又は関連団体（主要な取引先及び重要な利害関係を有する団体を含
　　む。）の業務を執行する者又は使用人

　⑵　過去に前号に規定する者となったことがある者

　⑶　第1号又は第2号に該当する者の配偶者、三親等内の親族、使用人（過去に
　　使用人となった者も含む。）

4　評議員選定委員会に提出する評議員候補者は、理事会又は評議員会がそれぞれ
　推薦することができる。評議員選定委員会の運営についての細則は、理事会にお
　いて定める。

5　評議員選定委員会に評議員候補者を推薦する場合には、次に掲げる事項のほ
　か、当該候補者を評議員として適任と判断した理由を委員に説明しなければなら
　ない。

　⑴　当該候補者の経歴

　⑵　当該候補者を候補者とした理由

　⑶　当該候補者と当該法人及び役員等（理事、監事及び評議員）との関係

　⑷　当該候補者の兼職状況

6　評議員選定委員会の決議は、委員の過半数が出席し、その過半数をもって行う。

ただし、外部委員の1名以上が出席し、かつ、外部委員の1名以上が賛成することを要する。

7　評議員選定委員会は、第○条で定める評議員の定数を欠くこととなるときに備えて、補欠の評議員を選任することができる。補欠の評議員の任期は、任期の満了前に退任した評議員の任期の満了する時までとする。

8　前項の場合には、評議員選定委員会は、次に掲げる事項も併せて決定しなければならない。

(1)　当該候補者が補欠の評議員である旨

(2)　当該候補者を1人又は2人以上の特定の評議員の補欠の評議員として選任するときは、その旨及び当該特定の評議員の氏名

(3)　同一の評議員（2以上の評議員の補欠として選任した場合にあっては、当該2以上の評議員）につき2人以上の補欠の評議員を選任するときは、当該補欠の評議員相互間の優先順位

9　第7項の補欠の評議員の選任に係る決議は、当該決議後4年以内に終了する事業年度のうち最終のものに関する定時評議員会の終結の時まで、その効力を有する。

7　代表理事の選定方法

（問題の所在）

代表理事の選定又は解職の過程に社員総会を関与させることとする場合における定款の定めの在り方。

（考え方）

法は、理事会を設置している一般社団法人の代表理事は、理事会で選定及び解職することとしている（法第90条第2項第3号及び第3項）。

代表理事を選定等する権限を理事会に付与した法の趣旨は、理事会による代表理事の職務執行の監督権限の実効性を確保するところにある。すなわち、代表理事から職務の執行の状況の報告を受け、代表理事の職務の執行を監督する責任を負う理事会がその職責を全うするためには、理事会が代表理事の選定及び解職権を有していることが必要であるとの考え方に基づき、法は、一義的に、理事会に代表理事の選定等の権限を付与したものと解される。換言すれば、代表理事が違法又は不当な行為をした場合において、理事会に代表理事を解職する権限が留保されることにより、理事会による代表理事の職務執行の監督権限が機能し、ガバナンスが確保されるということとなる。

特に、税の優遇措置を受ける公益社団法人については、そのガバナンスを適正に確

第2章　審査基準・会計基準等

保する要請が強いことから、公益法人認定法は公益社団法人の機関設計として理事会を必置とし（公益法人認定法第5条第14号ハ）、理事会を通したガバナンスに期待しているところが大きい。

　他方、代表理事の選定の過程に社員総会を関与させることを望む法人も少なくない。

　そのため、代表理事の選定の過程に社員総会を関与させることとする場合には、上記のような法の趣旨を踏まえ、例えば、定款の定めにより、「理事会は、代表理事を選定及び解職する。この場合において、理事会は、社員総会の決議により代表理事候補者を選出し、理事会において当該候補者を選定する方法によることができる」旨の定めや、「理事会は、代表理事を選定及び解職する。この場合において、理事会は、社員総会にこれを付議した上で、その決議の結果を参考にすることができる」旨の定めを置いた場合には、理事会が最終的に責任を持って代表理事の選定及び解職をすることができることとなる。

　このように、公益社団法人において、理事会のみで代表理事の選定等を行うこととせず、代表理事の選定等の過程に社員総会を関与させることとする場合には、理事会によるガバナンスの確保を図ることとした法の趣旨を踏まえ、理事会の法定の権限である代表理事の選定及び解職権限を実効的に担保することができる内容の定款の定めを設けることが望ましい。

（定款審査における取扱い）

　上記の考え方に沿った定めが望ましいが、本文の考え方に示された定款の定めの例以外の定めであっても不認定の対象とはならない。

　（注）代表理事が欠けた場合の取扱い
　　　1　代表理事が欠けた場合又は定款で定めた代表理事の員数が欠けた場合には、任期の満了又は辞任により退任した代表理事は、新たに選定された代表理事が就任するまで、なお代表理事としての権利義務を有することとされている（法第79条第1項）ため、仮に、代表理事が1名のみの法人において、代表理事が任期の満了又は辞任により退任したとしても、当該代表理事は、後任の代表理事が選定されるまでの間、なお代表理事としての権利を有するだけでなく、その義務も負うこととなる。
　　　2　代表理事が在任中に死亡し又は所在不明になった場合には、理事会を開催して新たな代表理事を選定することとなる（法第90条第2項第3号）[19]。また、

19　代表理事が急死したような場合に、新たな代表理事を理事会で選定する際には、新たな代

内紛等何らかの事情があってそのような理事会を開催することができない場合には、理事等の利害関係人は、一時代表理事の職務を行うべき者を選任することを裁判所に申し立てることができる（法第79条第2項）。

3　なお、「代表理事に事故がある場合は、代表理事が予め定める順番で理事が代表理事の職務を代行する」旨の定款の定めは、理事会の代表理事の選定権限を奪い、（将来の）代表理事の選定を代表理事が行うことを許容するものとなるため無効である。

4　代表理事を1人ではなく複数名選定することは可能であり[20]、その場合には各自単独で代表権を行使することができるため、例えば、2名の代表理事のうちの1名が死亡したとしても、他の1名の代表権に影響を及ぼすことはない（なお、2名の代表理事につき権限の分担を定めても、その分担は法人内部の関係に止まり、外部に対しては原則としてその権限分担の効力を主張することはできない（法第77条第5項）。）。

8　理事会・評議員会の運営方法

（問題の所在）

理事会又は評議員会の決議方法について、定款で、書面投票、代理出席を定めることは認められるか。理事会又は評議員会の運営方法に関する定款の定めの在り方。

（考え方）

理事及び評議員は、その個人的な能力、資質、手腕に信頼を受けて法人の運営を委任された者であることから（法第64条、第172条第1項、民法第644条）、理事又は評議員は自ら理事会又は評議員会に出席し、議決権を行使することが求められる。また、理事会（評議員会）は、理事（評議員）が参集して相互に十分な討議を行うことによって意思決定を行う場である。したがって、理事会（評議員会）に代理人が出席して議決権を行使することを定めることは認められないし、理事（評議員）が理事会（評議員会）に出席することなく書面等によって理事会（評議員会）の議決権を行使することも認められない。また、理事（評議員）が一堂に会することなく、議案の賛否につ

表理事の選定議案に理事の全員が同意すれば現実に理事会を開催する必要はなく（法第96条）、理事会の招集手続（法第94条第1項）も不要となる。
20　代表理事として選定された理事は、当該法人の業務に関する一切の裁判上又は裁判外の行為をする権限を有する理事（法第77条第4項）として、その氏名及び住所が登記され（法第301条第2項第6号、第302条第2項第6号）、代表理事を複数名選定したときは、その全員が代表理事として登記される。

いて個々の理事（評議員）の賛否を個別に確認する方法で、過半数の理事（評議員）の賛成を得て決議するようないわゆる持ち回り決議も認められない[21]（仮に、特例民法法人が、理事会又は評議員会の決議方法として、代理人による議決権の行使、書面による議決権の行使又は持ち回り決議を許容する旨の定款の定めを設けたとしても無効な定めとなる。）。

　もっとも、遠方に所在する等の理由により現に理事会（評議員会）の開催場所に赴くことができない理事（評議員）が当該理事会（評議員会）決議に参加するため、例えば、電話会議やテレビ会議のように、各理事（各評議員）の音声が即時に他の出席者に伝わり、出席者が一堂に会するのと同等に適時的確な意見表明が互いにできることにより、相互に十分な議論を行うことができる方法であれば理事会を開く場所が物理的に同一の場所である必要はなく（施行規則第15条第3項第1号かっこ書き、第60条第3項第1号かっこ書き参照）、このような方法による議決権の行使は、有効な議決権の行使となる。

　また、理事会設置一般社団法人及び一般財団法人は、理事が理事会の決議の目的である事項について提案をした場合において、当該提案につき理事（当該事項について議決に加わることができるものに限る。）の「全員」が書面又は電磁的記録により同意の意思表示をしたとき（監事が当該提案について異議を述べたときを除く。）は、当該提案を可決する旨の理事会の決議があったものとみなす旨を定款で定めることができる（法第96条。評議員会については、定款の定めを設けることなく全員同意による決議の省略が可能である（法第194条第1項）。）。このような定款の定めを設けることにより、例えば、電子メールにより理事会（評議員会）決議を行うことが可能となり、一例として、理事（評議員）が電子メールで他の理事（評議員）に対して議題を提案し、理事（評議員）全員から提案理事（評議員）宛に同意の電子メールが返信され、監事に異議がないことを確認した上で（評議員会の場合は監事の異議の有無は問わない。）、理事会（評議員会）決議の議事録を作成する（施行規則第15条第4項第1号、第60条第4項第1号）ことにより理事会（評議員会）決議を行うといった方法も可能となる（注）。このような方法を活用することにより、すべての理事（評議員）の意向に基づく理事会（評議員会）決議を機動的に行うことが可能となる[22]。

21　理事（評議員）の「全員」が同意の意思表示をしたときは、当該提案を可決する旨の理事会（評議員会）の決議があったものとみなすことができる（法第96条、第194条第1項）ため、理事（評議員）の「全員の同意」が得られる議案の場合には、いわゆる持ち回り決議をすることも可能である。

22　法第96条により理事会の決議を省略する場合には、実際に理事会は開催されないため、その招集手続も不要である。

５．関係資料

（定款審査における取扱い）

　上記の考え方と異なる定款の定めを設けた場合（定款に、①理事会（評議員会）に代理人が出席して議決権を行使することを許容する定め、②理事（評議員）が理事会（評議員会）に出席することなく書面等によって理事会（評議員会）の議決権を行使することを許容する定め、又は、③理事（評議員）が議案の賛否について個々の理事（評議員）の賛否を個別に確認する方法で過半数の理事（評議員）の賛成を得て決議するようないわゆる持ち回り決議を許容する定め、のいずれかを設けた場合）には、不認定又は不認可の対象となるものとする。

(注)　1　例えば、電子メールにより議案の内容を理事（評議員）の全員に伝達し、事務方が理事（評議員）全員から議案に同意する旨の電子メールを受け取ったような場合には、コンピューターのハードディスクにそのメールの内容が記録されることにより、電磁的記録により同意の意思表示がされたものとなる（法第96条、第194条第1項、施行規則第89条）。なお、すべての理事（評議員）が同意を表明したことを証明できないと決議に瑕疵が生ずるため、電磁的記録による同意がされる場合は、実務的には、他人のなりすましによる同意メールの送信等を防止することも含め、理事（評議員）本人が同意の意思表示をしたことを証明することができる電磁的記録（例えば電子署名のあるもの）を用いる方法、法人と理事（評議員）間の連絡通信に用いるIDとパスワードを使って送信する方法、同意表明が本人の意思に基づくものか電話などで確認する方法等によることが考えられる。

　　　2　なお、理事（評議員）の議決権の数は1人1個であり、「可否同数のときは、議長（代表理事、評議員会議長）の決するところによる」とするような定款の定めを設けることにより、特定の理事（評議員）のみ2個の議決権を与えることとなるような定款の定めは無効である。

　　　3　定款の定めの例（全員同意による理事会の書面決議）
　　　　第○条　この法人は、一般社団・財団法人法第96条の要件を満たしたときは、理事会の決議があったものとみなす。

713

第2章　審査基準・会計基準等

監督の基本的考え方

平成 20 年 11 月 21 日
内　　閣　　府

　今回の公益法人制度改革により①監督についても主務官庁による裁量的なものから法令で明確に定められた要件に基づくものに改められたこと、②法律により法人のガバナンス（内部統治）及び情報開示について詳細に定められたことを踏まえ、また、③不適切な事案は制度に対する信頼を揺るがしかねないこと、④法人の実態を十分に把握しなければ効果的な監督を行うことができないことを考慮し、国の監督機関（行政庁たる内閣総理大臣及び法律で内閣総理大臣の権限を委任された公益認定等委員会）は、次のような考え方で新公益法人（新制度の公益社団法人及び公益財団法人をいう。以下同じ。）の監督に臨むことを基本とする。

(1)　法令で明確に定められた要件に基づく監督を行うことを原則とする。

(2)　法人自治を大前提としつつ、民による公益の増進のため新公益法人が新制度に適切に対応できるよう支援する視点を持つ。

(3)　制度への信頼確保のため必要がある場合は、問題ある新公益法人に対し迅速かつ厳正に対処する。

(4)　公益認定申請等の審査、定期提出書類等の確認、立入検査などあらゆる機会を活用して法人の実態把握に努める。

　なお、移行法人（公益目的支出計画を実施中の一般社団法人及び一般財団法人をいう。以下同じ。）については公益目的支出計画の履行を確保する観点から監督を行うこととされており、移行法人が公益の目的のための支出（整備法第119条第2項第1号各号の支出をいう。）を行う限りにおいて共通の規律が必要と考えられることから、原則として新公益法人の監督に準じた考え方で監督を行う。

注　監督の具体的措置の範囲

　「監督」は、公益認定（新規、移行）、移行認可の登記終了後、行政庁及び法律で行政庁の権限を委任等された合議制の機関が、新公益法人の事業の適正な運営を確保するために必要な限度において、また、移行法人の公益目的支出計画の履行を確保するために必要な範囲内において、行うものである。

　新公益法人については、公益法人認定法では第2章第3節に「公益法人の監督」が

714

設けられ、報告徴収、立入検査、勧告、命令、認定の取消し等の規定が置かれているほか、他節に規定されている変更の認定、定期的な事業報告等も新公益法人の事業の適正な運営を確保するための措置であり、これら全体を監督の具体的措置として捉えることとする。

　移行法人については、整備法第123条第2項に監督の根拠規定が置かれ、更に公益目的支出計画の変更の認可、公益目的支出計画実施報告書の作成及び提出、報告徴収、立入検査、勧告、命令、認可の取消し等の規定が置かれており、これらを監督の具体的措置として捉えることとする。

第2章　審査基準・会計基準等

立入検査の考え方

平成 21 年 12 月 24 日

(平成 26 年 5 月 14 日一部改訂)

内　　　閣　　　府

　新公益法人^(※1)及び移行法人^(※2)の監督については、法令の規定に加えて基本的考え方を平成20年11月に内閣府として取りまとめたところである。

　監督の具体的措置のうち、立入検査は、新公益法人及び移行法人の実態把握のための重要な手段のひとつである。「監督の基本的考え方」を踏まえ、新公益法人に対しては公益法人認定法、移行法人に対しては整備法に基づき、適正かつ効果的な監督を効率的に行うことができるよう、立入検査についての原則的な考え方を示すこととする。

（※1）新制度の公益社団法人及び公益財団法人をいう（特例民法法人から移行の認定（整備法第44条）を受けた場合と、新規設立の一般社団法人又は一般財団法人が公益法人認定法第4条の認定を受けた場合は同様である。）。

（※2）特例民法法人から移行の認可（整備法第45条）を受けて通常の一般社団法人又は一般財団法人となり、公益目的支出計画を実施中である法人をいう。

1　新公益法人の立入検査

⑴　新公益法人の立入検査は、公益法人認定法第27条第1項で示された、「公益法人の事業の適正な運営を確保するために必要な限度において」、すなわち法令で明確に定められた新公益法人として遵守すべき事項に関する新公益法人の事業の運営実態を確認するという観点から行う。

⑵　概ね3年を目途に全ての法人に対する立入検査が一巡するスケジュールで、実施することとする。

　立入検査を適切なものとするために、年度当初までに立入検査に関する計画を毎年作成する。新公益法人の事業の運営状況に応じて立入検査の頻度を増やすなど、重点的かつ機動的な計画とする。

　立入検査の対象となる新公益法人へは、立入検査実施予定日の概ね1か月前に立入検査の実施日時、場所等を通知する。

⑶　立入検査の中で、法人関係者から要請があった場合又は必要があると判断する場

716

合には、新公益法人制度に関する理解を深め、適切な法人運営の実施を支援する観点から、制度の詳細について説明等を行う。

⑷　公益認定審査等の際の監督担当者への申送り事項等、定期提出書類、変更の届出、報告徴収で得られた情報、外部から提供された情報等を活用し、公益目的事業の実態等立入検査を行わなければ確認が困難な事項を中心に、重点的に検査を実施する。現場における検査の状況等から検査対象事項を拡げる必要があれば、臨機応変に対応する。

法人運営全般については、理事及び監事等法人運営に責任を持つ者から説明を求める。

⑸　公益認定の基準又は欠格事由等に関連する新公益法人の問題点が発覚した場合には、問題点の重大さを勘案して、適時適切に立入検査を実施する。

2　移行法人の立入検査

移行法人の立入検査については、整備法第128条第１項の規定に基づき、移行法人が、次の一から三のいずれかに該当すると疑うに足りる相当な理由があるときは、特例民法法人から一般法人への移行に係る整備法の規定の施行に必要な限度において立入検査を実施することとなる。

すなわち、立入検査を行う前提条件として、公益目的支出計画の履行を確保できないと疑うに足りる相当な理由があることが必要であり、移行法人に対する立入検査は事前に計画して行うものではなく、このような事態の発生に対応して実施する。

一　正当な理由がなく、整備法第119条第２項第１号の支出をしないこと。

二　各事業年度の整備法第119条第２項第１号の支出が、公益目的支出計画に定めた支出に比して著しく少ないこと。

三　公益目的財産残額に比して当該移行法人の貸借対照表上の純資産額が著しく少ないにもかかわらず、整備法第125条第１項の変更の認可を受けず、将来における公益目的支出計画の実施に支障が生ずるおそれがあること。

第2章　審査基準・会計基準等

公益認定等に関する標準処理期間について

平成 23 年 8 月 1 日

内閣府大臣官房公益法人行政担当室

1　標準処理期間

（1）公益社団法人及び公益財団法人の認定等に関する法律（平成 18 年法律第 49 号）第 4 条の認定及び一般社団法人及び一般財団法人に関する法律及び公益社団法人及び公益財団法人の認定等に関する法律の施行に伴う関係法律の整備等に関する法律（平成 18 年法律第 50 号）第 44 条の認定、第 45 条の認可における行政手続法（平成 5 年法律第 88 号）第 6 条に規定する通常要すべき標準的な期間は、4 カ月とする。

（2）公益社団法人及び公益財団法人の認定等に関する法律（平成 18 年法律第 49 号）第 11 条の認定及び一般社団法人及び一般財団法人に関する法律及び公益社団法人及び公益財団法人の認定等に関する法律の施行に伴う関係法律の整備等に関する法律（平成 18 年法律第 50 号）第 125 条 1 項の認可における行政手続法（平成 5 年法律第 88 号）第 6 条に規定する通常要すべき標準的な期間は、40 日とする。

2　標準処理期間の起算日

標準処理期間の起算日は、申請書が提出された日の翌日とする。

行政手続法（平成 5 年 11 月 12 日法律第 88 号）

（標準処理期間）

第 6 条　行政庁は、申請がその事務所に到達してから当該申請に対する処分をするまでに通常要すべき標準的な期間（法令により当該行政庁と異なる機関が当該申請の提出先とされている場合は、併せて、当該申請が当該提出先とされている機関の事務所に到達してから当該行政庁の事務所に到達するまでに通常要すべき標準的な期間）を定めるよう努めるとともに、これを定めたときは、これらの当該申請の提出先とされている機関の事務所における備付けその他の適当な方法により公にしておかなければならない。

外郭団体等の公益認定等に関する基本的考え方

平成23年5月20日
神奈川県公益認定等審議会

1 公表の趣旨

当審議会における公益認定等の審議は、個人情報等を取り扱うほか、申請法人の利益を害するおそれもあることから、原則として非公開としている。

しかしながら、諮問案件の審議の内容は、当該諮問に係る申請法人のみならず、今後、申請を予定している他の法人においても有益な情報であると考えられるほか、公益認定という審議内容の性質も勘案すると、議論となった論点は積極的に公開すべきであると考えており、また、その実践に努めてきたところである。

本件は、今後、申請を予定している同種の法人におかれても有益な情報であると考えられることから、この度、公表することとしたものである。

2 策定の趣旨

旧民法第34条の規定に基づき設立された公益法人（特例民法法人）には、国や地方公共団体が公共の業務を外部の機関に行わせるために、出資・出捐をして設立した、いわゆる外郭団体が存在するが、その多くは行政から補助金や委託料等の財政支出を受けるとともに、職員も行政から派遣されるなど、人的資源及び財政的資源を行政に依存している実情にある。

また、国や地方公共団体が出資・出捐をして設立した法人ではないものの、基幹事業について、行政から補助金や委託料等の財政支出を受けている公益法人も少なからず存在している。

神奈川県においても、当審議会への諮問件数が徐々に増えつつあるなか、こうした外郭団体や、行政からの委託事業等を行う法人（ここでは「外郭団体等」と総称する。）の公益認定等に係る諮問がなされたため、当審議会では様々な観点から議論を行っているが、未だ確固とした結論は出ておらず、今後も継続して検討すべき課題となっている。

しかしながら、これまでの議論の中で、一定の方向性については導き出すことができたため、先ずは基本的考え方を策定することとしたものである。

3 当審議会における議論の論点
（1）公益法人認定法の目的に照らした議論の論点

第2章　審査基準・会計基準等

　公益法人制度改革の趣旨は、適正な規律の下で、民間の担う公益活動の促進と寄附文化の醸成を図ることとされており、こうした趣旨に沿って、税制面においても、公益法人に寄附した法人又は個人に税制上の優遇措置を講じるなど、寄附税制の大幅な拡充がなされている。

　そして、この趣旨は公益認定基準等を定めた公益社団法人及び公益財団法人の認定等に関する法律（以下「公益法人認定法」という。）にも示されている。

　具体的には第1条の目的規定において、「民間の団体が自発的に行う公益を目的とする事業」の重要性を説き、こうした事業を適正に実施し得る公益法人を認定する制度を設けた旨が謳われている。

　しかしながら、公益法人認定法の制定を始めとする公益法人制度改革の制度設計の段階において、外郭団体等の取扱いに関する議論は特になされていないようであるし、また、立法段階での国会審議においても、国からの委託事業を行う法人の公益認定について、行政からの受託という取引形態のみをもって公益性の判断を行うことはできず、不特定多数の者の利益の増進に寄与するか否かは、個別具体的な事実を踏まえてケースバイケースで判断される旨の政府答弁に留まっている。

　このように外郭団体等に係る画一的な考え方や取扱いが確立されていないことから、当審議会では、公益法人認定法第1条に規定する同法の目的に照らして、外郭団体等が行う行政からの受託事業等を「民間の団体が自発的に行う公益を目的とする事業」として観念し得るか否かについては、肯定否定の両面から様々な議論があったところである。

（2）公益認定基準に照らした議論の論点

　公益法人認定法第5条第2号では、公益認定基準の一つとして、公益目的事業を行うのに必要な経理的基礎及び技術的能力の具備を定めている。

　そうした中で、人的資源や財政的資源を行政に依存している外郭団体等は、申請法人自らの技術的基盤や財政基盤が脆弱であると言わざるを得ず、経理的基礎及び技術的能力が欠如しているのではないかとの議論があった。

（3）これまでの議論を経た一定の方向性

　当審議会では、上記のような議論があったものの、外郭団体等のこれまでの公益活動において、市民の行政に対するニーズに対して、行政が直接、事業を行うよりも、より効率的かつ効果的に公共サービスを提供し、公共の福祉の向上のために重要な役割を果たしてきたことは、十分評価しているところであり、また、外郭団体等が行政と連携して事業を行うこと自体は、何ら否定されるものではないと考えている。

　加えて、社会構造や行政を取り巻く環境の変化に伴い、現在、各自治体において、

行政改革や財政改革の一環として、外郭団体等の見直しの取組がなされており、こうした取組の中で、外郭団体等の方向性や経営評価についても、民間有識者の意見等が反映される仕組みが構築されつつあると認識している。

こうしたことを踏まえ、市民感覚からすると、外郭団体等が行う行政からの受託事業等を公益法人認定法の公益目的事業として認定することに若干の違和感があるが、こうした感覚は行政改革等の取組によって解消されていくであろうことを期待することとし、当審議会としては、公益法人認定法の公益認定基準に適合しているか否かという点のみに着目して判断すべきであろうとの方向性となり、以下のとおり、具体的な審査方針を定めたものである。

4 当審議会における具体的な審査方針

（1）総論

申請法人が事業を行うに当たって、事業計画や予算の策定など、本来、法人自らが意思決定すべき事項が行政の方針に拘束され、実施すべき事業の内容についても、仕様書等に詳細に定められているような場合は、行政の利益に資するという点において公共性を有するものの、申請法人自らの公益目的事業としては観念し難いことから、公益目的事業該当性を否定せざるを得ないと考えている。

（2）事業の主体性、独自性及びノウハウの有無に係る審査

公益法人認定法では、公益認定基準の一つとして、安定的かつ継続的な公益目的事業の実施を確保するため、公益法人が公益目的事業を実施するために必要な経理的基礎及び技術的能力の具備を規定していることから、公益法人認定法の公益目的事業として認定し得るためには、申請法人自らが事業の主体性、独自性及びノウハウを有していることが必要であると考えている。

事業の主体性、独自性及びノウハウの有無については、人的設備、物的設備を含めた技術的基盤及び資金状況等を勘案して、総合的に判断することとする。

基本的な考え方として、単純な事務処理、単純作業又は単なる施設の維持管理の受託は、申請法人の公益目的事業として観念し難いものと判断せざるを得ないが、事業の主体性、独自性及びノウハウの有無については、一般的に単純業務として例示されているような職種、業種に捉われることなく、また、契約の名称や契約形態に捉われることなく、申請法人の目的及び事業の内容を精査して判断することとする。

具体的には、委託契約等の内容、仕様書等の内容、受託業務等の性質から申請法人において主体性、独自性、ノウハウ等を発揮できる業務であるか否かを判断することとなるが、一義的には申請法人に説明を求めることとし、申請法人の説明だけでは判断できない場合は、業務マニュアル等を精査するほか、申請法人の協力を得て、審議

第2章　審査基準・会計基準等

会事務局職員をして受託業務等の実態を把握するために現地調査なども行った上で、最終的に判断することとする。

（3）人的資源を始めとする技術的基盤の有無に係る審査

いずれの事業においても少なからず専門性を有するものであるが、申請法人の公益目的事業として認定し得るためには、客観的にみて、事業に一定の独自性や専門性を見出すことができ、かつ、事業実施のための専門的能力、技術的能力を有する人材の具備が必要であると考える。

これは、申請法人が事業を実施するに当たって、必要な人材が確保されているか否かを判断するものである。

このことを踏まえ、先ず、いわゆるプロパー職員、行政からの派遣職員、行政のＯＢ職員等の内訳を始めとする組織構成を把握するとともに、各人が行っている具体的な職務内容を把握することとする。

申請法人の組織が、例えば自治体等からの派遣職員のみで構成され、一定期間ごとに派遣職員が入れ替わるような法人においては、仮にノウハウの継承が可能であったとしても、申請法人自らに人的資源があるとは言えず、技術的能力及び経理的基礎の具備に欠如しているものと判断せざるを得ない。

また、プロパー職員がいたとしても、主要な役職員は行政からの派遣職員やＯＢ職員で占められ、プロパー職員に特別の技術的能力が見出せない場合は、申請法人に十分な人的資源があるとは言えず、技術的な基盤が脆弱であると言わざるを得ないことから、公益法人認定法第5条第2号に規定する経理的基礎及び技術的能力が具備されていないものと判断せざるを得ない。

（4）再委託の有無及び内容に係る審査

行政から受託した事業の大部分を他の法人に委託している場合は、申請法人に事業の主体性があると観念することはできない。

したがって、申請法人の収支予算書等を精査し、委託費、外注費等がある場合は、これらの費目の内容を確認することはもちろんのこと、委託費や外注費がその他の勘定科目に含まれていないかについても確認することとする。

そして、全体の事業費に占めるこれら委託費、外注費等の割合が高く、事業の根幹となる業務を他の法人に委託していると認められる場合は、公益法人認定法第5条第2号に規定する経理的基礎及び技術的能力が具備されていないものと判断せざるを得ない。

（5）時代の変遷に伴う公益目的事業該当性の変化について

公益目的事業として認定したならば、当該事業が未来永劫、公益目的事業に該当するとは限らないと考えている。

すなわち、認定をした時点では、不特定多数の者の利益の増進に寄与する事業であったとしても、時代の変遷により、例えば当該事業の市場が形成され、営利競合するような状況に至った場合は、最早、公益目的事業に該当しなくなったものと判断せざるを得ないこともあり得ると考えている。

5 外郭団体等に対する当審議会のメッセージ

新しい公益法人制度に対する当審議会の考え方は、既に表明したことがあるが、厳格な公益認定基準の下で、公益法人を厳選するという意思はなく、むしろ良質な公益法人が数多く世に輩出されることを願っている。

しかしながら、その一方で、これまでの主務官庁制を廃止し、我々民間人で構成された第三者機関が公益性の判断を行うこととされた新制度の趣旨に鑑みると、その判断には重大な責任も課されていることから、行政とは一線を引き、市民目線で審議を行い、その結果として、正しく不特定多数の市民に理解が得られるような判断をしたいと考えている。

外郭団体等におかれては、これまでの活動において、公益を実現してきたことは十分認識しており、また評価もしているところであるが、公益法人認定法の目指す公益法人とは、民間の自発的な公益活動を推進するものであり、そうした法人への市民の寄附文化を醸成させるということが最大の趣旨であることを踏まえると、今後は、こうした制度の趣旨に適った活動を行っていただき、ぜひとも市民の期待に応えていただくよう強く期待するものである。

また、行政への依存度が高い外郭団体等は、ひとたび行政からの補助金や委託料等が途絶えると、公益目的事業比率や収支相償といった公益認定基準に影響するだけでなく、法人の存続自体に影響することも否定できない。

当審議会としては、その職責を全うするためにも、公益認定基準を充たさない状態に至ったときは、公益法人認定法の規定に従って、厳正な監督措置を講じざるを得ないと考えている。

このため、公益認定等を受けた外郭団体等におかれては、このような事態に至らないよう、引き続き公益認定基準を遵守していただくよう強く望むものである。

第2章　審査基準・会計基準等

公益性と共益性の限界事例についての考え方
～公益目的事業としての研修等の考え方～

平成24年5月11日
神奈川県公益認定等審議会

1　公表の趣旨

　当審議会における公益認定等の審議は、個人情報等を取り扱うほか、申請法人の利益を害するおそれもあることから、原則として非公開としている。

　しかしながら、諮問案件の審議の内容は、当該諮問に係る申請法人のみならず、今後、申請を予定している他の法人においても有益な情報であると考えられるほか、公益認定という審議内容の性質も勘案すると、議論となった論点は積極的に公開すべきであると考えており、また、その実践に努めてきたところである。

　本件は、今後、申請を予定している同種の事業を実施する法人においても有益な情報であると考えられることから、この度、公表することとしたものである。

2　作成の趣旨

　旧民法第34条の規定に基づき設立された公益法人（特例民法法人）には、一定の資格や免許などを有する者を社員とする社団や、そうした者を会員とする財団が存在する。こうした法人においては、社員や会員（以下「社員等」という。）の職能上の知識や技術水準の向上を図るため、研修会、講座、講習会など（以下「研修等」という。）の事業を行い、旧公益法人制度ではこれらの事業の多くが公益事業として位置付けられていたところである。

　こうした法人においては、新公益法人制度における公益法人へ移行するに当たって、研修等の事業を公益認定基準に適合させるため、受講機会の拡大や受講料の適正化を図るなど、積極的な見直しに取り組まれていることが移行認定の申請書からも確認しうる。

　神奈川県においては、当審議会への諮問件数が200件を超え、研修等の事業を行う法人の公益認定等に係る諮問の審査結果が蓄積されつつある。しかしながら、法人の実施する事業は多種多様であり、また、法人を取り巻く環境も千差万別であり、当審議会では諮問案件ごとにそれら多様性を考慮して議論を行っているところである。

　そうした議論の中で、社員等の一定の資格や免許などを有する者に対象を限定する研修等について、直接には特定の者に対してサービスを提供する事業であるもののその直接的受益者を通して不特定多数の者に利益をもたらすことがあり得る場合や、同様に対

724

象を限定する研修等であっても、その研修等に参加する機会が一般に開かれていると考えられる場合について検討課題となっていた。そこでこのような公益的側面と共益的側面を有する事業についての公益性の判断に係る考え方を、これまでの議論を踏まえて整理し、これを「公益性と共益性の限界事例についての考え方 ～公益目的事業としての研修等の考え方～」として作成するものである。

3 当審議会における議論の論点

(1) 公益目的事業の定義に照らした議論の論点

公益法人認定法第2条第4号では、公益目的事業を定義し「学術、技芸、慈善その他の公益に関する別表各号に掲げる種類の事業であって、不特定かつ多数の者の利益の増進に寄与するものをいう。」としている。

そして、「不特定かつ多数の者の利益の増進に寄与するもの」の事実認定に当たっては、当審議会で平成20年11月13日に「公益認定等の審査に関する留意事項について」（以下「留意事項」という。）を決定し、留意事項別紙に公益目的事業のチェックポイントを掲げ、公益目的事業か否かについてはこれに沿っているかを判断することとした。

なお、チェックポイントにおける「(3) 講座、セミナー、育成」は次のとおりである。

| (3) 講座、セミナー、育成 |

ここでいう「講座、セミナー、育成」は、受講者を募り、専門的知識・技能等の普及や人材の育成を行う事業のことである。

法人の事業名としては、講座、講習、セミナー、育成等としている。防災研修など社会的な課題への対処、文化、芸術等の振興を目的とした専門的知識・技能の講座等があげられる。

公益目的事業としての「講座、セミナー、育成」は、専門的知識・技能等の普及や人材の育成を行うことを趣旨としている必要がある。

したがって、その事業内容につき一定の質が確保されているか等に着目して事実認定するのが有効であると考えられる。

このため、公益目的事業のチェックポイントは以下のとおり。

① 当該講座、セミナー、育成（以下「講座等」）が不特定多数の者の利益の増進に寄与することを主たる目的として位置付け、適当な方法で明らかにしているか。

② 当該講座等を受講する機会が、一般に開かれているか。

(注) ただし、高度な専門的知識・技能等を育成するような講座等の場合、質を確保

第2章 審査基準・会計基準等

> するため、レベル・性格等に応じた合理的な参加の要件を定めることは可。
> ③ 当該講座等及び専門的知識・技能等の確認行為（受講者が一定のレベルに達したかについて必要に応じて行う行為）に当たって、専門家が適切に関与しているか。
> 　(注)専門的知識の普及を行うためのセミナー、シンポジウムの場合には、確認行為については問わない。
> ④ 講師等に対して過大な報酬が支払われることになっていないか。

　研修等の事業の審査に当たっては、移行認定申請書の別紙2の「2.個別事業の内容について〔2〕事業の公益性」で、上記のチェックポイントに該当する旨の説明を法人に求め、当審議会では事業計画等によりその事実を確認し、また、法人に追加的な説明を求めるなどして、これらを勘案して審議会で審議の上、判断することとなる。

　そうした中で、一定の資格や免許などを有する者を対象とする研修等は、前述のとおり、直接には特定の者に対するサービスの提供であるものの、その者を通して不特定多数の者に利益をもたらすことがあり得る。言い換えれば、不特定多数の者の利益を期待して、直接には特定の者にサービス提供がなされる場合（間接的公益）である。

　このような研修等の間接的公益については、「不特定かつ多数の者の利益の増進に寄与するもの」の事実認定に当たって、個別の諮問案件ごとにチェックポイントに沿っているかを判断する過程で、特に下記の点を中心に様々な議論があった。

（2）職能を通じた公益性の発揮に関する議論の論点

　当審議会がこれまでに審議した諮問案件には、上記のチェックポイントの①に該当する旨の説明として「職能上の知識や技術に関する研修等の事業を実施した結果として、受講者の職能を通じて安全安心な社会の実現や上質なサービスの提供など不特定の者の利益の増進に寄与する」などの事例がある。

　このような職能を通じた公益について、当審議会では、どのような職業であれ、どのような社会経済活動であれ、適法である限りにおいては、最終的には不特定の者の利益の増進に寄与し、公共の福祉の向上を図るものであり、広義の公益性を有すると認識している。

　また、職能上の知識や技術水準の向上を図ることを目的とする研修等については、社会環境が激しく変化し、市民のニーズが多様化する時代においては、いかなる職業にも須らく要請されているものと考えている。さらには、当審議会の役割として、ある特定の職能をもって公益性を有する、あるいは高い公益性を有するなどの判断をすることはない。

　したがって、単に法人の社員等の職能を通じた（広義の）公益性の発揮をもって、当該法人の研修等の事業を新公益法人制度における公益目的事業と認めるとの考え方

には否定的な結論に至っている。

（3）公益認定基準に照らした議論の論点

公益法人認定法第5条第3号では、公益認定基準の一つとして、社員など当該法人の関係者に特別の利益を与えないものであることが定められている。

そうした中で、社員と社員以外の者とで研修等の受講料に差を設け、その理由として社員等が会費を負担していることに拠っていることを挙げる場合がある。

公益の増進を主たる目的とする法人にあっては、当該法人の目的に賛同して加入した社員等は、公益目的実現のための一定の経費の負担は甘受すべきであり、会費負担は公益目的事業として実施する研修等の受講料に差を設けることの合理的な理由として当たらず、特別の利益に当たるのではないかとの議論があった。

4 公益目的事業としての研修等の考え方

当審議会では、上記のような議論を重ね、社員等の一定の資格や免許を有する者を対象とする職能に関する研修等について、一義的には、直接の受益者は社員等であると認識している。

しかしながら、当審議会では、直接の受益者である社員等を通じて間接的に公益が波及する場合、職能を発揮することによる単なる結果として不特定多数の者に利益がもたらされるのではなく、法人の目的とするところの公益を実現する手段として意図的、明示的になされることが「間接的公益」の前提となるとの方向性となった。

また、研修等への参加者が会員等に限定されているとしても、参加の機会が一般に開かれていると判断されるには、その研修等が広く社会に周知され、かつ参加者間で受講料に差がない、あるいは差があるとしても合理的な理由のある範囲内であることにより、実質的に一般に開かれていることが前提となるとの方向性となった。

そこで社員等の一定の資格や免許などを有する者を対象とする職能に関する研修等については、「講座、セミナー、育成」のチェックポイントに照らして、次のとおり考え方を整理するものである。

① **間接的公益と判断される場合について**
・受講者の知識や技術の向上のみを目的とするのではなく、それを通じて、主として不特定多数の者の利益を意図していることが明らかであること。

② **受講する機会が、一般に開かれていると判断される場合について**
・社員等以外の者にも広く周知されており、受講料に差がある場合も合理的な範囲内であり、受講者が実質的に社員等に限定されることがないこと。

第2章　審査基準・会計基準等

留意事項

　この考え方は、これに適合しなければ直ちに公益目的事業とならないとするものではなく、「1　公表の趣旨」のとおり議論となった論点を積極的に公表すべきであると考え、整理したものである。社員等に参加対象を限定する研修等の事業を公益目的事業と認めるか否かは、その事業を行う地域や分野によって人材やサービスが不足している、あるいは他の公益目的事業を適切に実施するための基盤となる知識・技術として必須であるなどの事情を総合的に勘案して判断することになる。

　また、こうした考え方は、検査検定など他の事業区分にも共通するものである。

第3章

公益法人税務関係法令

1.所得税法関係法令

◎所得税法（抄）
○所得税法施行令（抄）
○所得税法施行規則（抄）

◎所得税法（抄）

昭和40年３月31日法律第33号
最終改正　平成29年３月31日法律第４号

目　次

第５条（納税義務者）734

第６条（源泉徴収義務者）734

第６条の２（法人課税信託の受託者に関する この法律の適用）734

第７条（課税所得の範囲）735

第11条（公共法人等及び公益信託等に係る 非課税）735

第13条（信託財産に属する資産及び負債並 びに信託財産に帰せられる収益及 び費用の帰属）740

第59条（贈与等の場合の譲渡所得等の特例） 740

第78条（寄附金控除）741

第120条（確定所得申告）746

　別表第１（公共法人等の表）750

細目次

○所得税法施行令（抄）

昭和40年３月31日政令第96号
最終改正　平成29年３月31日政令第105号

第51条（貸付信託の受益権の収益の分配の うち公共法人等が引き続き所有し ていた期間の金額）736

第51条の２（公社債等の範囲）736

第51条の３（公社債等に係る有価証券の記 録等）737

第51条の４（公社債等の利子等に係る非課 税申告書の提出）737

第169条（時価による譲渡とみなす低額譲渡 の範囲）741

第215条（法人の設立のための寄附金の要 件）742

第216条（指定寄附金の指定についての審査 事項等）742

第217条（公益の増進に著しく寄与する法人 の範囲）742

第217条の２（特定公益信託の要件等）743

第262条（確定申告書に関する書類の提出又 は提示）746

○所得税法施行規則（抄）

昭和40年３月31日大蔵省令第11号
最終改正　平成29年３月31日財務省令第16号

第16条（公社債等に係る有価証券の記録等） 738

第16条の２（公共法人等及び公益信託等に 係る非課税申告書の記載事項） 739

第40条の９（公益の増進に著しく寄与する 法人の範囲）745

第40条の10（特定公益信託の信託財産の運 用の方法等）745

第47条の２（確定所得申告書に添付すべき 書類等）747

733

第3章　公益法人税務関係法令

（納税義務者）
第5条　居住者は、この法律により、所得税を納める義務がある。

2　非居住者は、次に掲げる場合には、この法律により、所得税を納める義務がある。
　一　第161条（国内源泉所得）に規定する国内源泉所得（次号において「国内源泉所得」という。）を有するとき（同号に掲げる場合を除く。）。
　二　その引受けを行う法人課税信託の信託財産に帰せられる内国法人課税所得（第174条各号（内国法人に係る所得税の課税標準）に掲げる利子等、配当等、給付補塡金、利息、利益、差益、利益の分配又は賞金をいう。以下この条において同じ。）の支払を国内において受けるとき又は当該信託財産に帰せられる外国法人課税所得（国内源泉所得のうち第161条第1項第4号から第11号まで又は第13号から第16号までに掲げるものをいう。以下この条において同じ。）の支払を受けるとき。

3　内国法人は、国内において内国法人課税所得の支払を受けるとき又はその引受けを行う法人課税信託の信託財産に帰せられる外国法人課税所得の支払を受けるときは、この法律により、所得税を納める義務がある。

4　外国法人は、外国法人課税所得の支払を受けるとき又はその引受けを行う法人課税信託の信託財産に帰せられる内国法人課税所得の支払を国内において受けるときは、この法律により、所得税を納める義務がある。

（源泉徴収義務者）
第6条　第28条第1項（給与所得）に規定する給与等の支払をする者その他第4編第1章から第6章まで（源泉徴収）に規定する支払をする者は、この法律により、その支払に係る金額につき源泉徴収をする義務がある。

（法人課税信託の受託者に関するこの法律の適用）
第6条の2　法人課税信託の受託者は、各法人課税信託の信託資産等（信託財産に属する資産及び負債並びに当該信託財産に帰せられる収益及び費用をいう。以下この章において同じ。）及び固有資産等（法人課税信託の信託資産等以外の資産及び負債並びに収益及び費用をいう。次項において同じ。）ごとに、それぞれ別の者とみなして、この法律（前章（納税義務）及び第5章（納税地）並びに第6編（罰則）を除く。次条において同じ。）の規定を適用する。

2　前項の場合において、各法人課税信託の信託資産等及び固有資産等は、同項の規定によりみなされた各別の者にそれぞれ帰属するものとする。

（課税所得の範囲）

第7条 所得税は、次の各号に掲げる者の区分に応じ当該各号に定める所得について課する。

一　非永住者以外の居住者　全ての所得

二　非永住者　第95条第1項（外国税額控除）に規定する国外源泉所得（国外にある有価証券の譲渡により生ずる所得として政令で定めるものを含む。以下この号において「国外源泉所得」という。）以外の所得及び国外源泉所得で国内において支払われ、又は国外から送金されたもの

三　非居住者　第164条第1項各号（非居住者に対する課税の方法）に掲げる非居住者の区分に応じそれぞれ同項各号及び同条第2項各号に掲げる国内源泉所得

四　内国法人　国内において支払われる第174条各号（内国法人に係る所得税の課税標準）に掲げる利子等、配当等、給付補塡金、利息、利益、差益、利益の分配及び賞金

五　外国法人　第161条第1項（国内源泉所得）に規定する国内源泉所得のうち同項第4号から第11号まで及び第13号から第16号までに掲げるもの

2　前項第2号に掲げる所得の範囲に関し必要な事項は、政令で定める。

（公共法人等及び公益信託等に係る非課税）

第11条 別表第一に掲げる内国法人が支払を受ける第174条各号（内国法人に係る所得税の課税標準）に掲げる利子等、配当等、給付補塡金、利息、利益、差益及び利益の分配（貸付信託の受益権の収益の分配にあつては、当該内国法人が当該受益権を引き続き所有していた期間に対応する部分の額として<u>政令で定めるところにより計算した金額</u>に相当する部分に限る。）については、所得税を課さない。

2　公益信託ニ関スル法律（大正11年法律第62号）第1条（公益信託）に規定する公益信託又は社債、株式等の振替に関する法律第2条第11項（定義）に規定する加入者保護信託の信託財産につき生ずる所得（貸付信託の受益権の収益の分配に係るものにあつては、当該受益権が当該公益信託又は当該加入者保護信託の信託財産に引き続き属していた期間に対応する部分の額として<u>政令で定めるところにより計算した金額</u>に相当する部分に限る。）については、所得税を課さない。

3　前2項の規定のうち公社債又は貸付信託、投資信託若しくは特定目的信託の受益権で<u>政令で定めるもの</u>（以下この条において「公社債等」という。）の利子、収益の分配又は第24条第1項（配当所得）に規定する剰余金の配当（以下この条において「利子等」という。）に係る部分は、これらの規定に規定する内国法人又は公益信託若しくは加入者保護信託の受託者が、公社債等につき社債、株式等の振替に関

第3章　公益法人税務関係法令

する法律に規定する振替口座簿への記載又は記録その他の<u>政令で定める方法</u>により管理されており、かつ、<u>政令で定めるところ</u>により、当該公社債等の利子等につきこれらの規定の適用を受けようとする旨その他<u>財務省令で定める事項</u>を記載した申告書を、当該公社債等の利子等の支払をする者を経由して税務署長に提出した場合に限り、適用する。

（貸付信託の受益権の収益の分配のうち公共法人等が引き続き所有していた期間の金額）

㋹**第51条**　<u>法第11条第1項及び第2項</u>（公共法人等及び公益信託等に係る非課税）<u>に規定する政令で定めるところにより計算した金額</u>は、次の各号に掲げる場合の区分に応じ当該各号に定める金額とする。

　一　法第11条第1項に規定する内国法人（以下この条から第51条の4まで（公社債等の利子等に係る非課税申告書の提出）において「公共法人等」という。）又は法第11条第2項に規定する公益信託若しくは加入者保護信託（以下この条から第51条の4までにおいて「公益信託等」という。）の受託者が、その所有し、又はその公益信託等の信託財産に属する貸付信託の受益権の収益の分配の計算期間を通じて第51条の3第1項（公社債等に係る有価証券の記録等）の規定により金融機関の振替口座簿（第32条第1号、第4号及び第5号（金融機関等の範囲）に掲げる者が社債、株式等の振替に関する法律の規定により備え付ける振替口座簿をいう。以下この条及び第51条の3において同じ。）に記載若しくは記録を受け、又は保管の委託をしている場合　当該計算期間に対応する収益の分配の額

　二　公共法人等又は公益信託等の受託者が、その所有し、又はその公益信託等の信託財産に属する貸付信託の受益権につきその収益の分配の計算期間の中途において第51条の3第1項の規定により金融機関の振替口座簿に記載若しくは記録を受け、又は保管の委託をし、かつ、その記載若しくは記録を受け、又は保管の委託をした日から当該計算期間の終了の日までの期間を通じて金融機関の振替口座簿に記載若しくは記録を受け、又は保管の委託をしている場合　当該計算期間に対応する収益の分配の額に当該記載若しくは記録を受け、又は保管の委託をしている期間の日数を乗じこれを当該計算期間の日数で除して計算した金額

（公社債等の範囲）

㋹**第51条の2**　<u>法第11条第3項</u>（公共法人等及び公益信託等に係る非課税）<u>に規定する政令で定める受益権</u>は、次に掲げる受益権とする。

　一　貸付信託の受益権
　二　公社債投資信託の受益権
　三　公社債等運用投資信託の受益権

四　法第６条の３第４号（受託法人等に関するこの法律の適用）に規定する社債的
　受益権

（公社債等に係る有価証券の記録等）

🖪**第51条の３**　　法第11条第３項（公共法人等及び公益信託等に係る非課税）に規定
する政令で定める方法は、公共法人等又は公益信託等の受託者が所有し、又はその
公益信託等の信託財産に属する同項に規定する公社債等（以下この条及び次条にお
いて「公社債等」という。）の利子等（同項に規定する利子等をいう。次条におい
て同じ。）につき法第11条第１項及び第２項の規定の適用を受けようとする次の各
号に掲げる公社債等の区分に応じ当該各号に定める方法とする。

一　公社債及び前条各号に掲げる受益権（次号及び第３号に掲げるものを除く。）
　金融機関の営業所等（第32条第１号、第４号及び第５号（金融機関等の範囲）に
　掲げる者の営業所、事務所その他これらに準ずるものをいう。以下この項及び次
　項において同じ。）に係る金融機関の振替口座簿に記載又は記録を受ける方法

二　公社債及び前条第２号又は第３号に掲げる受益権で投資信託委託会社（投資信
　託及び投資法人に関する法律第２条第11項（定義）に規定する投資信託委託会社
　をいう。次項において同じ。）から取得するもの　振替の取次ぎをした当該投資
　信託委託会社の営業所を通じて金融機関の振替口座簿に記載又は記録を受ける方
　法

三　長期信用銀行法第８条（長期信用銀行債の発行）の規定による長期信用銀行債
　その他財務省令で定める公社債等、記名式の貸付信託及び公募公社債等運用投資
　信託（投資信託及び投資法人に関する法律第２条第２項に規定する委託者非指図
　型投資信託に限る。）の受益証券　金融機関の営業所等に係る金融機関の振替口
　座簿に記載若しくは記録を受ける方法又は金融機関の営業所等に保管される方法

2　前項第１号若しくは第３号の金融機関の営業所等又は同項第２号の投資信託委託
会社の営業所（次条において「金融機関等の営業所等」という。）は、金融機関の
振替口座簿に記載若しくは記録をし、若しくは保管の委託を受けた公社債等又は振
替の取次ぎをした公社債等につき、帳簿を備え、その記載若しくは記録を受け、又
は保管の委託をした者の各人別に口座を設け、財務省令で定める事項を記載し、又
は記録しなければならない。

3　前２項に定めるもののほか、前項の帳簿の保存その他公社債等に係る有価証券の
記載若しくは記録、振替の取次ぎ又は保管の委託に係る手続に関し必要な事項は、
財務省令で定める。

（公社債等の利子等に係る非課税申告書の提出）

🖪**第51条の４**　　公共法人等又は公益信託等の受託者は、その支払を受けるべき公社
債等の利子等につき法第11条第１項及び第２項（公共法人等及び公益信託等に係る

第3章　公益法人税務関係法令

非課税）の規定の適用を受けようとする場合には、当該公社債等の利子等の支払を受けるべき日の前日までに、同条第3項に規定する申告書を金融機関等の営業所等及び当該公社債等の利子等の支払をする者を経由してその支払をする者の当該利子等に係る法第17条（源泉徴収に係る所得税の納税地）の規定による納税地（法第18条第2項（納税地の指定）の規定による指定があつた場合には、その指定をされた納税地）の所轄税務署長に提出しなければならない。

2　前項の金融機関等の営業所等の長は、同項の申告書に記載されている公社債等に係る有価証券の記載若しくは記録、振替の取次ぎ又は保管に関する事項と前条第2項の帳簿に記載されている当該公社債等に係る有価証券の記載若しくは記録、振替の取次ぎ又は保管に関する事項とが異なるときは、当該申告書を受理してはならない。

3　第1項の場合において、同項の申告書が同項の金融機関等の営業所等に受理されたときは、当該申告書は、その受理された日に同項の税務署長に提出されたものとみなす。

（公社債等に係る有価証券の記録等）

則**第16条**　令第51条の3第1項第3号（公社債等に係る有価証券の記録等）に規定する財務省令で定める公社債等は、金融機関の合併及び転換に関する法律第8条第1項（特定社債の発行）（同法第55条第4項（長期信用銀行が普通銀行となる転換）において準用する場合を含む。）の規定による特定社債（令第33条第4項第3号（利子所得等について非課税とされる預貯金等の範囲）に規定する旧法債券を含む。）、信用金庫法第54条の2の4第1項（全国連合会債の発行）の規定による全国連合会債、農林中央金庫法第60条（農林債の発行）の規定による農林債又は株式会社商工組合中央金庫法第33条（商工債の発行）の規定による商工債（旧商工債を含む。）とする。

2　令第51条の3第2項に規定する財務省令で定める事項は、次に掲げる事項とする。

一　金融機関の振替口座簿（令第51条第1号（貸付信託の受益権の収益の分配のうち公共法人等が引き続き所有していた期間の金額）に規定する金融機関の振替口座簿をいう。以下この条及び次条第1項において同じ。）に記載若しくは記録を受け、又は保管の委託をした者の名称及び所在地

二　金融機関の振替口座簿に記載若しくは記録をし、若しくは保管の委託を受け、又は振替の取次ぎをした令第51条の3第1項に規定する公社債等の種別又は名称及び額面金額

三　前号に規定する公社債等につき金融機関の振替口座簿に増額の記載若しくは記録をした日及び金融機関の振替口座簿にその減額の記載若しくは記録をした日又

738

は保管の委託がされた日及び保管の委託の取りやめがあつた日

四　令第51条の３第１項第２号に規定する投資信託委託会社の営業所にあつては、同号の振替の取次ぎをした同項第１号に規定する金融機関の営業所等の名称及び所在地

五　第２号に規定する公社債等の利子等（法第11条第３項（公共法人等及び公益信託等に係る非課税）に規定する利子等をいう。次条において同じ。）で法第11条第１項又は第２項の規定の適用を受けるものの支払年月日及びその適用を受ける金額

六　その他参考となるべき事項

3　令第51条の３第２項の金融機関等の営業所等は、その作成した帳簿をその帳簿の閉鎖の日の属する年の翌年から５年間保存しなければならない。

（公共法人等及び公益信託等に係る非課税申告書の記載事項）

則第16条の２　法第11条第３項（公共法人等及び公益信託等に係る非課税）に規定する申告書に記載すべき財務省令で定める事項は、次に掲げる事項とする。

一　当該申告書を提出する者の名称、本店又は主たる事務所の所在地及び法人番号

二　法第11条第１項又は第２項の規定の適用を受けようとする公社債又は令第51条の２各号（公社債等の範囲）に掲げる受益権の別及び名称

三　法第11条第１項又は第２項の規定の適用を受けようとする同条第３項に規定する公社債等（以下この条において「公社債等」という。）の利子等の支払期及び当該公社債等の利子等の額

四　前号に規定する公社債等に係る有価証券につき令第51条の３第１項（公社債等に係る有価証券の記録等）の規定により金融機関の振替口座簿に増額の記載若しくは記録を受け、又は保管の委託をした年月日及び当該記載若しくは記録をし、又は保管の委託を受けた同項第１号に規定する金融機関の営業所等の名称（同項第２号に規定する投資信託委託会社の営業所を通じて公社債等に係る有価証券につき金融機関の振替口座簿に増額の記載又は記録を受ける場合には、その旨及び当該公社債等に係る有価証券につき金融機関の振替口座簿に増額の記載又は記録をする者の名称）

五　当該申告書の提出の際に経由すべき公社債等の利子等の支払をする者の名称

六　その他参考となるべき事項

2　前項に規定する申告書を受理した公社債等の利子等の支払をする者（法人番号を有しない者を除く。以下この条において同じ。）は、当該申告書に、当該公社債等の利子等の支払をする者の法人番号を付記するものとする。

第3章　公益法人税務関係法令

（信託財産に属する資産及び負債並びに信託財産に帰せられる収益及び費用の帰属）

第13条　信託の受益者（受益者としての権利を現に有するものに限る。）は当該信託の信託財産に属する資産及び負債を有するものとみなし、かつ、当該信託財産に帰せられる収益及び費用は当該受益者の収益及び費用とみなして、この法律の規定を適用する。ただし、集団投資信託、退職年金等信託又は法人課税信託の信託財産に属する資産及び負債並びに当該信託財産に帰せられる収益及び費用については、この限りでない。

2　信託の変更をする権限（軽微な変更をする権限として政令で定めるものを除く。）を現に有し、かつ、当該信託の信託財産の給付を受けることとされている者（受益者を除く。）は、前項に規定する受益者とみなして、同項の規定を適用する。

3　第1項において、次の各号に掲げる用語の意義は、当該各号に定めるところによる。

一　集団投資信託　合同運用信託、投資信託（法人税法第2条第29号ロ（定義）に掲げる信託に限る。）及び特定受益証券発行信託をいう。

二　退職年金等信託　法人税法第84条第1項（退職年金等積立金の額の計算）に規定する確定給付年金資産管理運用契約、確定給付年金基金資産運用契約、確定拠出年金資産管理契約、勤労者財産形成給付契約若しくは勤労者財産形成基金給付契約、国民年金基金若しくは国民年金基金連合会の締結した国民年金法第128条第3項（基金の業務）若しくは第137条の15第4項（連合会の業務）に規定する契約又はこれらに類する退職年金に関する契約で政令で定めるものに係る信託をいう。

4　受益者が2以上ある場合における第1項の規定の適用、第2項に規定する信託財産の給付を受けることとされている者に該当するかどうかの判定その他第1項及び第2項の規定の適用に関し必要な事項は、政令で定める。

（贈与等の場合の譲渡所得等の特例）

第59条　次に掲げる事由により居住者の有する山林（事業所得の基因となるものを除く。）又は譲渡所得の基因となる資産の移転があつた場合には、その者の山林所得の金額、譲渡所得の金額又は雑所得の金額の計算については、その事由が生じた時に、その時における価額に相当する金額により、これらの資産の譲渡があつたものとみなす。

一　贈与（法人に対するものに限る。）又は相続（限定承認に係るものに限る。）若しくは遺贈（法人に対するもの及び個人に対する包括遺贈のうち限定承認に係るものに限る。）

二　著しく低い価額の対価として<u>政令で定める額</u>による譲渡（法人に対するものに

限る。）

〔編者注〕土地、建物等の財産を公益法人等に寄附した場合に、一定の要件を満た
すものについては措置法40条の非課税承認の適用があるので該当条文（959頁〜）
を参照すること。

2 居住者が前項に規定する資産を個人に対し同項第２号に規定する対価の額により
譲渡した場合において、当該対価の額が当該資産の譲渡に係る山林所得の金額、譲
渡所得の金額又は雑所得の金額の計算上控除する必要経費又は取得費及び譲渡に要
した費用の額の合計額に満たないときは、その不足は、その山林所得の金額、譲
渡所得の金額又は雑所得の金額の計算上、なかつたものとみなす。

（時価による譲渡とみなす低額譲渡の範囲）

㋹第169条　法第59条第１項第２号（贈与等の場合の譲渡所得等の特例）に規定する
政令で定める額は、同項に規定する山林又は譲渡所得の基因となる資産の譲渡の時
における価額の２分の１に満たない金額とする。

（寄附金控除）

第78条　居住者が、各年において、特定寄附金を支出した場合において、第１号に
掲げる金額が第２号に掲げる金額を超えるときは、その超える金額を、その者のその
年分の総所得金額、退職所得金額又は山林所得金額から控除する。

一　その年中に支出した特定寄附金の額の合計額（当該合計額がその者のその年分
の総所得金額、退職所得金額及び山林所得金額の合計額の100分の40に相当する
金額を超える場合には、当該100分の40に相当する金額）

二　2,000円

2　前項に規定する特定寄附金とは、次に掲げる寄附金（学校の入学に関してするも
のを除く。）をいう。

一　国又は地方公共団体（港湾法（昭和25年法律第218号）の規定による港務局を
含む。）に対する寄附金（その寄附をした者がその寄附によつて設けられた設備
を専属的に利用することその他特別の利益がその寄附をした者に及ぶと認められ
るものを除く。）

二　公益社団法人、公益財団法人その他公益を目的とする事業を行う法人又は団体
に対する寄附金（当該法人の設立のためにされる寄附金その他の当該法人の設立
前においてされる寄附金で政令で定めるものを含む。）のうち、次に掲げる要件
を満たすと認められるものとして政令で定めるところにより財務大臣が指定した
もの

第3章　公益法人税務関係法令

　　イ　広く一般に募集されること。

　　ロ　教育又は科学の振興、文化の向上、社会福祉への貢献その他公益の増進に寄
　　　与するための支出で緊急を要するものに充てられることが確実であること。

　三　別表第一に掲げる法人その他特別の法律により設立された法人のうち、教育又
　　は科学の振興、文化の向上、社会福祉への貢献その他公益の増進に著しく寄与す
　　るものとして政令で定めるものに対する当該法人の主たる目的である業務に関連
　　する寄附金（前2号に規定する寄附金に該当するものを除く。）

3　居住者が、特定公益信託（公益信託ニ関スル法律第1条（公益信託）に規定する
　公益信託で信託の終了の時における信託財産がその信託財産に係る信託の委託者に
　帰属しないこと及びその信託事務の実施につき政令で定める要件を満たすものであ
　ることについて政令で定めるところにより証明がされたものをいう。）のうち、そ
　の目的が教育又は科学の振興、文化の向上、社会福祉への貢献その他公益の増進に
　著しく寄与するものとして政令で定めるものの信託財産とするために支出した金銭
　は、前項に規定する特定寄附金とみなして第1項の規定を適用する。

4　第1項の規定による控除は、寄附金控除という。

　　　（法人の設立のための寄附金の要件）

㋹**第215条**　法第78条第2項第2号（寄附金控除）に規定する政令で定める寄附金は、
　同号に規定する法人の設立に関する許可又は認可があることが確実であると認めら
　れる場合においてされる寄附金とする。

　　　（指定寄附金の指定についての審査事項等）

㋹**第216条**　法第78条第2項第2号（寄附金控除）の財務大臣の指定は、次に掲げる
　事項を審査して行うものとする。

　一　寄附金を募集しようとする法人又は団体の行う事業の内容及び寄附金の使途

　二　寄附金の募集の目的及び目標額並びにその募集の区域及び対象

　三　寄附金の募集期間

　四　募集した寄附金の管理の方法

　五　寄附金の募集に要する経費

　六　その他当該指定のために必要な事項

2　財務大臣は、前項の指定をしたときは、これを告示する。

　　　（公益の増進に著しく寄与する法人の範囲）

㋹**第217条**　法第78条第2項第3号（公益の増進に著しく寄与する法人に対する寄附
　金）に規定する政令で定める法人は、次に掲げる法人とする。

　一　独立行政法人

　一の二　地方独立行政法人法（平成15年法律第118号）第2条第1項（定義）に規

742

定する地方独立行政法人で同法第21条第1号又は第3号から第5号まで（業務の範囲）に掲げる業務（同条第3号に掲げる業務にあつては同号チに掲げる事業の経営に、同条第5号に掲げる業務にあつては地方独立行政法人法施行令（平成15年政令第486号）第5条第1号又は第3号（公共的な施設の範囲）に掲げる施設の設置及び管理に、それぞれ限るものとする。）を主たる目的とするもの

二　自動車安全運転センター、日本司法支援センター、日本私立学校振興・共済事業団及び日本赤十字社

三　公益社団法人及び公益財団法人

四　私立学校法（昭和24年法律第270号）第3条（定義）に規定する学校法人で学校（学校教育法第1条（定義）に規定する学校及び就学前の子どもに関する教育、保育等の総合的な提供の推進に関する法律（平成18年法律第77号）第2条第7項（定義）に規定する幼保連携型認定こども園をいう。以下この号において同じ。）の設置若しくは学校及び専修学校（学校教育法第124条（専修学校）に規定する**専修学校で財務省令で定めるもの**をいう。以下この号において同じ。）若しくは**各種学校**（学校教育法第134条第1項（各種学校）に規定する**各種学校で財務省令で定めるもの**をいう。以下この号において同じ。）の設置を主たる目的とするもの又は私立学校法第64条第4項（私立専修学校等）の規定により設立された法人で専修学校若しくは各種学校の設置を主たる目的とするもの

五　社会福祉法人

六　更生保護法人

（特定公益信託の要件等）

㊁**第217条の2**　**法第78条第3項**（特定公益信託）**に規定する政令で定める要件**は、次に掲げる事項が信託行為において明らかであり、かつ、受託者が信託会社（金融機関の信託業務の兼営等に関する法律により同法第1条第1項（兼営の認可）に規定する信託業務を営む同項に規定する金融機関を含む。）であることとする。

一　当該公益信託の終了（信託の併合による終了を除く。次号において同じ。）の場合において、その信託財産が国若しくは地方公共団体に帰属し、又は当該公益信託が類似の目的のための公益信託として継続するものであること。

二　当該公益信託は、合意による終了ができないものであること。

三　当該公益信託の受託者がその信託財産として受け入れる資産は、金銭に限られるものであること。

四　当該公益信託の信託財産の運用は、次に掲げる方法に限られるものであること。

イ　預金又は貯金

ロ　国債、地方債、特別の法律により法人の発行する債券又は貸付信託の受益権の取得

第3章　公益法人税務関係法令

　　ハ　イ又はロに準ずるものとして**財務省令で定める方法**

　五　当該公益信託につき信託管理人が指定されるものであること。

　六　当該公益信託の受託者がその信託財産の処分を行う場合には、当該受託者は、
　　当該公益信託の目的に関し学識経験を有する者の意見を聴かなければならないも
　　のであること。

　七　当該公益信託の信託管理人及び前号に規定する学識経験を有する者に対してそ
　　の信託財産から支払われる報酬の額は、その任務の遂行のために通常必要な費用
　　の額を超えないものであること。

　八　当該公益信託の受託者がその信託財産から受ける報酬の額は、当該公益信託の
　　信託事務の処理に要する経費として通常必要な額を超えないものであること。

2　**法第78条第3項に規定する政令で定めるところにより証明がされた公益信託**は、
　同項に定める要件を満たす公益信託であることにつき当該公益信託に係る主務大臣
　（当該公益信託が次項第2号に掲げるものを目的とする公益信託である場合を除き、
　公益信託ニ関スル法律（大正11年法律第62号）第11条（主務官庁の権限に属する事
　務の処理）その他の法令の規定により当該公益信託に係る主務官庁の権限に属する
　事務を行うこととされた都道府県の知事その他の執行機関を含む。以下この条にお
　いて同じ。）の証明を受けたものとする。

3　**法第78条第3項に規定する政令で定める特定公益信託**は、次に掲げるものの1
　又は2以上のものをその目的とする同項に規定する特定公益信託で、その目的に関
　し相当と認められる業績が持続できることにつき当該特定公益信託に係る主務大臣
　の認定を受けたもの（その認定を受けた日の翌日から5年を経過していないものに
　限る。）とする。

　一　科学技術（自然科学に係るものに限る。）に関する試験研究を行う者に対する
　　助成金の支給

　二　人文科学の諸領域について、優れた研究を行う者に対する助成金の支給

　三　学校教育法第1条（定義）に規定する学校における教育に対する助成

　四　学生又は生徒に対する学資の支給又は貸与

　五　芸術の普及向上に関する業務（助成金の支給に限る。）を行うこと。

　六　文化財保護法（昭和25年法律第214号）第2条第1項（定義）に規定する文化
　　財の保存及び活用に関する業務（助成金の支給に限る。）を行うこと。

　七　開発途上にある海外の地域に対する経済協力（技術協力を含む。）に資する資
　　金の贈与

　八　自然環境の保全のため野生動植物の保護繁殖に関する業務を行うことを主たる
　　目的とする法人で当該業務に関し国又は地方公共団体の委託を受けているもの
　　（これに準ずるものとして**財務省令で定めるもの**を含む。）に対する助成金の支給

744

九　すぐれた自然環境の保全のためその自然環境の保存及び活用に関する業務（助成金の支給に限る。）を行うこと。

十　国土の緑化事業の推進（助成金の支給に限る。）

十一　社会福祉を目的とする事業に対する助成

十二　就学前の子どもに関する教育、保育等の総合的な提供の推進に関する法律第2条第7項（定義）に規定する幼保連携型認定こども園における教育及び保育に対する助成

4　当該公益信託に係る主務大臣は、第2項の証明又は前項の認定をしようとするとき（当該証明がされた公益信託の第1項各号に掲げる事項に関する信託の変更を当該公益信託の主務官庁が命じ、又は許可するときを含む。）は、財務大臣に協議しなければならない。

5　第2項又は第3項の規定により都道府県が処理することとされている事務は、地方自治法第2条第9項第1号（法定受託事務）に規定する第1号法定受託事務とする。

（公益の増進に著しく寄与する法人の範囲）

則第40条の9　令第217条第4号（公益の増進に著しく寄与する法人の範囲）に規定する財務省令で定める専修学校は、次のいずれかの課程による教育を行う学校教育法（昭和22年法律第26号）第124条（専修学校）に規定する専修学校とする。

一　学校教育法第125条第1項（専修学校の課程）に規定する高等課程でその修業期間（普通科、専攻科その他これらに準ずる区別された課程があり、1の課程に他の課程が継続する場合には、これらの課程の修業期間を通算した期間をいう。次号において同じ。）を通ずる授業時間数が2,000時間以上であるもの

二　学校教育法第125条第1項に規定する専門課程でその修業期間を通ずる授業時間数が1,700時間以上であるもの

2　令第217条第4号に規定する財務省令で定める各種学校は、初等教育又は中等教育を外国語により施すことを目的として設置された学校教育法第134条第1項（各種学校）に規定する各種学校であつて、文部科学大臣が財務大臣と協議して定める基準に該当するものとする。

（特定公益信託の信託財産の運用の方法等）

則第40条の10　令第217条の2第1項第4号ハ（特定公益信託の要件等）に規定する財務省令で定める方法は、合同運用信託の信託（貸付信託の受益権の取得を除く。）とする。

2　令第217条の2第3項第8号に規定する財務省令で定める法人は、自然環境の保全のため野生動植物の保護繁殖に関する業務を行うことを主たる目的とする法人で次に掲げるものとする。

一　その構成員に国若しくは地方公共団体又は公益社団法人若しくは公益財団法人

第3章　公益法人税務関係法令

　　が含まれているもの
　二　国又は地方公共団体が拠出をしているもの（前号に掲げる法人を除く。）
　三　前2号に掲げる法人に類するものとして環境大臣が認めたもの

（確定所得申告）

第120条　居住者は、その年分の総所得金額、退職所得金額及び山林所得金額の合計額が第2章第4節（所得控除）の規定による雑損控除その他の控除の額の合計額を超える場合において、当該総所得金額、退職所得金額又は山林所得金額からこれらの控除の額を第87条第2項（所得控除の順序）の規定に準じて控除した後の金額をそれぞれ課税総所得金額、課税退職所得金額又は課税山林所得金額とみなして第89条（税率）の規定を適用して計算した場合の所得税の額の合計額が配当控除の額を超えるときは、第123条第1項（確定損失申告）の規定による申告書を提出する場合を除き、第3期（その年の翌年2月16日から3月15日までの期間をいう。以下この節において同じ。）において、税務署長に対し、次に掲げる事項を記載した申告書を提出しなければならない。
　一～十一　省略
2　省略
3　次の各号に掲げる居住者が第一項の規定による申告書を提出する場合には、政令で定めるところにより、当該各号に定める書類を当該申告書に添付し、又は当該申告書の提出の際提示しなければならない。
　一　第1項の規定による申告書に雑損控除、医療費控除、社会保険料控除（第74条第2項第5号（社会保険料控除）に掲げる社会保険料に係るものに限る。）、小規模企業共済等掛金控除、生命保険料控除、地震保険料控除又は寄附金控除に関する事項の記載をする居住者　これらの控除を受ける金額の計算の基礎となる金額その他の事項を証する書類
　二～四　省略
4～6　省略

（確定申告書に関する書類の提出又は提示）

🈞**第262条**　法第120条第3項第1号（確定所得申告）（法第122条第3項（還付等を受けるための申告）、第123条第3項（確定損失申告）、第125条第4項（年の中途で死亡した場合の確定申告）及び第127条第4項（年の中途で出国をする場合の確定申告）において準用する場合を含む。）に掲げる居住者は、次に掲げる書類を確定申告書に添付し、又は当該申告書の提出の際提示しなければならない。ただし、第3号から第6号までに掲げる書類で法第190条第2号（年末調整）の規定により同

号に規定する給与所得控除後の給与等の金額から控除された法第74条第2項第5号
（社会保険料控除）に掲げる社会保険料、法第75条第2項（小規模企業共済等掛金
控除）に規定する小規模企業共済等掛金（第4号において「小規模企業共済等掛金」
という。）、法第76条第1項（生命保険料控除）に規定する新生命保険料（第5号イ
において「新生命保険料」という。）若しくは旧生命保険料（第5号ロにおいて「旧
生命保険料」という。）、同条第2項に規定する介護医療保険料（第5号ハにおいて
「介護医療保険料」という。）、同条第3項に規定する新個人年金保険料（第5号ニ
において「新個人年金保険料」という。）若しくは旧個人年金保険料（第5号ホに
おいて「旧個人年金保険料」という。）又は法第77条第1項（地震保険料控除）に
規定する地震保険料（第6号において「地震保険料」という。）に係るものについ
ては、この限りでない。

一～六　省略

七　確定申告書に寄附金控除に関する事項を記載する場合にあつては、当該申告書
　　に記載したその控除を受ける金額の計算の基礎となる法第78条第2項（寄附金控
　　除）に規定する特定寄附金の明細書その他財務省令で定める書類

2～4　省略

（確定所得申告書に添付すべき書類等）

則**第47条の2**　省略

2　省略

3　令第262条第1項第7号に規定する財務省令で定める書類は、次の各号に掲げる
　　法第78条第2項（寄附金控除）に規定する特定寄附金（以下この項において「特定
　　寄附金」という。）の区分に応じ当該各号に定める書類とする。

一　特定寄附金で次号から第4号までに掲げるもの以外のもの　次に掲げる書類

　　イ　当該特定寄附金を受領した者の受領した旨（当該受領した者が令第217条各
　　　　号（公益の増進に著しく寄与する法人の範囲）に掲げる法人に該当する場合に
　　　　は、当該特定寄附金が当該法人の主たる目的である業務に関連する寄附金であ
　　　　る旨を含む。）、当該特定寄附金の額及びその受領した年月日を証する書類

　　ロ　当該特定寄附金を受領した者が令第217条第1号の2に掲げる法人に該当す
　　　　る場合には、地方独立行政法人法（平成15年法律第118号）第6条第3項（財
　　　　産的基礎）に規定する設立団体のその旨を証する書類（当該特定寄附金を支出
　　　　する日以前5年内に発行されたものに限る。）の写しとして当該法人から交付
　　　　を受けたもの

　　ハ　当該特定寄附金を受領した者が令第217条第4号に掲げる法人に該当する場
　　　　合には、私立学校法（昭和24年法律第270号）第4条（所轄庁）に規定する所

轄庁のその旨を証する書類（当該特定寄附金を支出する日以前5年内に発行された
ものに限る。）の写しとして当該法人から交付を受けたもの

二　法第78条第3項の規定により特定寄附金とみなされるもの　次に掲げる書類

イ　法第78条第3項に規定する特定公益信託（以下この号において「特定公益信
託」という。）の信託財産とするために支出した金銭の受領をした当該特定公
益信託の受託者のその受領をした金銭が当該特定公益信託の信託財産とするた
めのものである旨、当該金銭の額及びその受領した年月日を証する書類

ロ　令第217条の2第3項（特定公益信託の要件等）に規定する主務大臣の認定
に係る書類（当該書類に記載されている当該認定の日が当該特定公益信託の信
託財産とするために支出する日以前5年内であるものに限る。）の写しとして
当該特定公益信託の受託者から交付を受けたもの

三　租税特別措置法第41条の18第1項（政治活動に関する寄附をした場合の寄附金
控除の特例）の規定により特定寄附金とみなされるもの　総務大臣、都道府県の
選挙管理委員会、中央選挙管理委員会又は同項第4号イに規定する指定都市の選挙管
理委員会の当該特定寄附金が政治資金規正法（昭和23年法律第194号）第12条（報
告書の提出）若しくは第17条（解散の届出等）又は公職選挙法（昭和25年法律第
100号）第189条（選挙運動に関する収入及び支出の報告書の提出）の規定による
報告書により報告されたものである旨及びその特定寄附金を受領したものが租税
特別措置法第41条の18第1項各号に掲げる団体又は同項第4号イに規定する公職
の候補者として公職選挙法第86条（衆議院小選挙区選出議員の選挙における候補
者の立候補の届出等）、第86条の3（参議院比例代表選出議員の選挙における名
簿による立候補の届出等）又は第86条の4（衆議院議員又は参議院比例代表選出
議員の選挙以外の選挙における候補者の立候補の届出等）の規定により届出のあ
つた者（以下この号において「届出のあつた公職の候補者」という。）である旨
を証する書類で当該報告書により報告された又は政治資金規正法第6条から第7
条まで（政治団体の届出等）若しくは公職選挙法第86条から第86条の4まで（立
候補の届出等）の規定により届出のあつた次に掲げる事項の記載があるもの

イ　その特定寄附金を支出した者の氏名及び住所

ロ　その特定寄附金の額

ハ　その特定寄附金を受領した団体又は届出のあつた公職の候補者がその受領し
た年月日

ニ　その特定寄附金を受領した団体又は届出のあつた公職の候補者の名称又は氏
名及び主たる事務所の所在地又は住所

ホ　その特定寄附金を受領した団体が租税特別措置法第41条の18第1項第3号に
掲げる団体に該当する場合には、当該団体の主宰者又は主要な構成員である衆

議院議員若しくは参議院議員の氏名

へ　その特定寄附金を受領した団体が租税特別措置法第41条の18第1項第4号に掲げる団体に該当する場合には、当該団体が推薦し、又は支持する者の氏名（当該団体が同号ロに掲げる団体に該当する場合には、当該団体が推薦し、又は支持する者の氏名、その者が同号ロに規定する特定の公職の候補者に該当することとなつた年月日及び当該特定の公職の候補者となつた選挙名）

ト　その特定寄附金を受領した者が届出のあつた公職の候補者に該当する場合には、その者が届出のあつた公職の候補者に該当することとなつた年月日及び当該届出のあつた公職の候補者となつた選挙名

四　租税特別措置法第41条の18の2第1項（認定特定非営利活動法人等に寄附をした場合の寄附金控除の特例）の規定により特定寄附金とみなされるもの　当該特定寄附金を受領した同項に規定する認定特定非営利活動法人等の受領した旨（当該特定寄附金が当該認定特定非営利活動法人等の行う同項に規定する特定非営利活動に係る事業に関連する寄附に係る支出金である旨を含む。）、当該特定寄附金の額及びその受領した年月日を証する書類

4～6　省略

第3章　公益法人税務関係法令

別表第1　公共法人等の表（第4条、第11条関係）

名　　称	名　　称
委託者保護基金	国民健康保険組合
医療法人（医療法（昭和23年法律第205号）第42条の2第1項（社会医療法人）に規定する社会医療法人に限る。）	国民健康保険団体連合会
	国民年金基金
	国民年金基金連合会
沖縄振興開発金融公庫	国立大学法人
外国人技能実習機構	市街地再開発組合
貸金業協会	自動車安全運転センター
学校法人（私立学校法第64条第4項（専修学校及び各種学校）の規定により設立された法人を含む。）	司法書士会
	社会福祉法人
	社会保険診療報酬支払基金
株式会社国際協力銀行	社会保険労務士会
株式会社日本政策金融公庫	宗教法人
企業年金基金	住宅街区整備組合
企業年金連合会	酒造組合
危険物保安技術協会	酒造組合中央会
行政書士会	酒造組合連合会
漁業共済組合	酒販組合
漁業共済組合連合会	酒販組合中央会
漁業信用基金協会	酒販組合連合会
漁船保険組合	商工会
勤労者財産形成基金	商工会議所
軽自動車検査協会	商工会連合会
健康保険組合	商工組合（組合員に出資をさせないものに限る。）
健康保険組合連合会	
原子力損害賠償・廃炉等支援機構	商工組合連合会（会員に出資をさせないものに限る。）
原子力発電環境整備機構	
高圧ガス保安協会	使用済燃料再処理機構
広域的運営推進機関	商品先物取引協会
広域臨海環境整備センター	消防団員等公務災害補償等共済基金
公益財団法人	職員団体等（法人であるものに限る。）
公益社団法人	職業訓練法人
更生保護法人	信用保証協会
港務局	水害予防組合
小型船舶検査機構	水害予防組合連合
国家公務員共済組合	生活衛生同業組合（組合員に出資をさせないものに限る。）
国家公務員共済組合連合会	

750

名　称	名　称
生活衛生同業組合連合会（会員に出資をさせないものに限る。）	都道府県職業能力開発協会
	日本行政書士会連合会
税理士会	日本勤労者住宅協会
石炭鉱業年金基金	日本下水道事業団
船員災害防止協会	日本公認会計士協会
全国健康保険協会	日本司法支援センター
全国市町村職員共済組合連合会	日本司法書士会連合会
全国社会保険労務士会連合会	日本商工会議所
損害保険料率算出団体	日本消防検定協会
大学共同利用機関法人	日本私立学校振興・共済事業団
地方競馬全国協会	日本税理士会連合会
地方公共団体	日本赤十字社
地方公共団体金融機構	日本中央競馬会
地方公共団体情報システム機構	日本電気計器検定所
地方公務員共済組合	日本土地家屋調査士会連合会
地方公務員共済組合連合会	日本年金機構
地方公務員災害補償基金	日本弁護士連合会
地方住宅供給公社	日本弁理士会
地方道路公社	日本放送協会
地方独立行政法人	日本水先人会連合会
中央職業能力開発協会	認可金融商品取引業協会
中央労働災害防止協会	農業共済組合
中小企業団体中央会	農業共済組合連合会
投資者保護基金	農業協同組合中央会
独立行政法人（その資本金の額若しくは出資の金額の全部が国若しくは地方公共団体の所有に属しているもの、国若しくは地方公共団体以外の者に対し利益若しくは剰余金の分配その他これに類する金銭の分配を行わないもの又はこれらに類するものとして、財務大臣が指定したものに限る。）	農業協同組合連合会（医療法第31条（公的医療機関の定義）に規定する公的医療機関に該当する病院又は診療所を設置するもので政令で定める要件を満たすものとして財務大臣が指定をしたものに限る。）
	農業信用基金協会
	農水産業協同組合貯金保険機構
土地開発公社	負債整理組合
土地改良区	弁護士会
土地改良区連合	保険契約者保護機構
土地改良事業団体連合会	水先人会
土地家屋調査士会	輸出組合（組合員に出資をさせないものに限る。）
土地区画整理組合	

第3章　公益法人税務関係法令

名　　称	名　　称
輸入組合（組合員に出資をさせないものに限る。）	労働組合（法人であるものに限る。）
	労働災害防止協会
預金保険機構	〔編者注〕名称のみ記載し、根拠法は省略した。

2. 復興特別措置法関係法令

◎東日本大震災からの復興のための施策を実施するために必要な財源
　の確保に関する特別措置法（抄）

◎東日本大震災からの復興のための施策を実施するために必要な財源の確保に関する特別措置法（抄）

平成23年12月2日法律第117号

最終改正　平成29年3月31日法律第4号

目　次

第8条（納税義務者及び源泉徴収義務者）
　　　756

第9条（課税の対象）　756

第10条（基準所得税額）　756

第12条（個人に係る復興特別所得税の課税
　　　標準）　757

第13条（個人に係る復興特別所得税の税率）
　　　757

第26条（法人に係る復興特別所得税の課税
　　　標準）　757

第27条（法人に係る復興特別所得税の税率）
　　　757

第28条（源泉徴収義務等）　757

第3章　公益法人税務関係法令

（納税義務者及び源泉徴収義務者）

第8条　所得税法第5条の規定その他の所得税に関する法令の規定により所得税を納
　める義務がある居住者、非居住者、内国法人又は外国法人は、基準所得税額につき、
　この法律により、復興特別所得税を納める義務がある。

2　所得税法第6条の規定その他の所得税に関する法令の規定により所得税を徴収し
　て納付する義務がある者は、その徴収して納付する所得税の額につき、この法律に
　より、源泉徴収をする義務がある。

（課税の対象）

第9条　居住者又は非居住者に対して課される平成25年から平成49年までの各年分の
　所得税に係る基準所得税額には、この法律により、復興特別所得税を課する。

2　内国法人又は外国法人に対して課される平成25年1月1日から平成49年12月31日
　までの間に生ずる所得に対する所得税に係る基準所得税額には、この法律により、
　復興特別所得税を課する。

（基準所得税額）

第10条　この章において「基準所得税額」とは、次の各号に掲げる者の区分に応じ
　当該各号に定める所得税の額（附帯税の額を除く。）をいう。

　一　非永住者以外の居住者　所得税法第7条第1項第1号に定める所得につき、同
　　法その他の所得税の税額の計算に関する法令の規定（同法第95条の規定を除く。
　　次号において同じ。）により計算した所得税の額

　二　非永住者　所得税法第7条第1項第2号に定める所得につき、同法その他の所
　　得税の税額の計算に関する法令の規定により計算した所得税の額

　三　非居住者　所得税法第7条第1項第3号に定める所得につき、同法その他の所
　　得税の税額の計算に関する法令の規定（同法第165条の6の規定を除く。）により
　　計算した所得税の額

　四　内国法人　次に掲げる所得につき、所得税法、租税特別措置法その他の所得税
　　の税額の計算に関する法令の規定により計算した所得税の額

　　イ　所得税法第7条第1項第4号に定める所得

　　ロ　租税特別措置法第3条の3第2項に規定する国外公社債等の利子等、同法第
　　　6条第1項に規定する民間国外債の利子、同条第11項に規定する外貨債の利
　　　子、同法第8条の3第2項に規定する国外投資信託等の配当等、同法第9条の
　　　2第1項に規定する国外株式の配当等、同法第41条の9第2項に規定する懸賞
　　　金付預貯金等の懸賞金等、同法第41条の12第2項に規定する償還差益及び同法

第41条の12の２第１項に規定する差益金額

五　外国法人　次に掲げる所得につき、所得税法、租税特別措置法その他の所得税の税額の計算に関する法令の規定により計算した所得税の額

イ　所得税法第７条第１項第５号に定める所得

ロ　租税特別措置法第41条の９第２項に規定する懸賞金付預貯金等の懸賞金等、同法第41条の12第２項に規定する償還差益及び同法第41条の12の２第１項に規定する差益金額

（個人に係る復興特別所得税の課税標準）

第12条　個人に対して課する復興特別所得税の課税標準は、その個人のその年分の基準所得税額とする。

（個人に係る復興特別所得税の税率）

第13条　個人に対して課する復興特別所得税の額は、その個人のその年分の基準所得税額に100分の2.1の税率を乗じて計算した金額とする。

（法人に係る復興特別所得税の課税標準）

第26条　法人に対して課する復興特別所得税の課税標準は、その法人の基準所得税額とする。

（法人に係る復興特別所得税の税率）

第27条　法人に対して課する復興特別所得税の額は、その法人の基準所得税額に100分の2.1の税率を乗じて計算した金額とする。

（源泉徴収義務等）

第28条　所得税法第４編第１章から第６章まで並びに租税特別措置法第３条の３第３項、第６条第２項（同条第11項において準用する場合を含む。）、第８条の３第３項、第９条の２第２項、第９条の３の２第１項、第37条の11の４第１項、第37条の14の２第８項、第41条の９第３項、第41条の12第３項、第41条の12の２第２項から第４項まで及び第41条の22第１項の規定により所得税を徴収して納付すべき者は、その徴収（平成25年１月１日から平成49年12月31日までの間に行うべきものに限る。）の際、復興特別所得税を併せて徴収し、当該所得税の法定納期限（国税通則法第２条第８号に規定する法定納期限をいう。第30条第１項において同じ。）までに、当該復興特別所得税を当該所得税に併せて国に納付しなければならない。

2　前項の規定により徴収すべき復興特別所得税の額は、同項に規定する規定その他の所得税に関する法令の規定により徴収して納付すべき所得税の額に100分の2.1の税率を乗じて計算した金額とする。

3　次の各号に掲げる規定により所得税の還付をすべき者は、その還付（当該各号に掲げる規定の区分に応じ当該各号に定める還付に限る。）の際、当該還付をする所得税の額に100分の2.1を乗じて計算した金額に相当する復興特別所得税を、当該所得税に併せて当該所得税の還付を受ける者に対して還付しなければならない。

一　租税特別措置法第37条の11の4第3項又は第37条の11の6第7項の規定　これらの規定により平成25年1月1日から平成49年12月31日までの間に行うべき還付

二　租税特別措置法第41条の12第5項又は第6項の規定　これらの規定により平成25年1月1日から平成49年12月31日までの間に発行された同条第7項に規定する割引債について行うべき還付

4　所得税法第215条（租税特別措置法第42条の22第2項第1号の規定により読み替えて適用される場合を含む。）の規定により所得税の徴収が行われたものとみなされる場合には、当該所得税の額につき第1項の規定による復興特別所得税の徴収が行われたものとみなす。

5　所得税法第4編第7章の規定は、第1項の規定により徴収して納付すべき復興特別所得税について準用する。

6　前各項の規定により復興特別所得税及び所得税の徴収及び納付又は還付があった場合においては、その徴収及び納付又は還付をすべき金額の102.1分の2.1に相当する額の復興特別所得税及び102.1分の100に相当する額の所得税の徴収及び納付又は還付があったものとする。

7　第3項の規定による還付の手続、前項の規定により徴収及び納付又は還付があったものとされた額に1円未満の端数がある場合のその処理の方法その他前各項の規定の適用に関し必要な事項は、政令で定める。

3. 法人税法関係法令

◎法人税法（抄）
○法人税法施行令（抄）
○法人税法施行規則（抄）

〔編者注〕
　法人税法関係法令の解釈・適用に当たっては、国税庁より法人税基本通達（昭和44年5月1日・直審(法)25(例規)）等の法令解釈通達が発遣されているほか、以下の手引書等が国税庁HPに掲載されているので、参考とされたい。
・　一般社団法人・一般財団法人と法人税（平成26年3月）〔http://www.nta. go.jp/shiraberu/ippanjoho/pamph/hojin/koekihojin/pdf/01.pdf〕
・　新たな公益法人関係税制の手引（平成24年9月）〔http://www.nta.go.jp/ shiraberu/ippanjoho/pamph/hojin/koekihojin.pdf〕
・　平成29年版　法人税申告書・地方法人税申告書の記載の手引〔http://www. nta.go.jp/shiraberu/ippanjoho/pamph/hojin/tebiki2017/01.htm〕
・　各種届出書等〔http://www.nta.go.jp/tetsuzuki/shinsei/annai/hojin/mokuji. htm〕

◎法人税法（抄）

昭和40年3月31日法律第34号
最終改正　平成29年3月31日法律第4号

目　次

第2条（定義）764
第4条〔納税義務者〕789
第5条（内国法人の課税所得の範囲）789
第7条（内国公益法人等の非収益事業所得
　　　　等の非課税）789
第10条の3（課税所得の範囲の変更等の場
　　　　　　合のこの法律の適用）789
第12条（信託財産に属する資産及び負債並びに
　　　　信託財産に帰せられる収益及び費用の
　　　　帰属）791
第13条（事業年度の意義）793
第14条（みなし事業年度）794
第21条（各事業年度の所得に対する法人税
　　　　の課税標準）795
第22条（各事業年度の所得の金額の計算）
　　　　795
第34条（役員給与の損金不算入）796
第36条（過大な使用人給与の損金不算入）
　　　　800
第37条（寄附金の損金不算入）802
第57条（青色申告書を提出した事業年度の
　　　　欠損金の繰越し）816
第62条（合併及び分割による資産等の時価
　　　　による譲渡）819
第62条の2（適格合併及び適格分割型分割
　　　　　　による資産等の帳簿価額によ
　　　　　　る引継ぎ）820
第64条の4　820

第65条（各事業年度の所得の金額の計算の
　　　　細目）827
第66条（各事業年度の所得に対する法人税
　　　　の税率）832
第68条（所得税額の控除）834
第74条（確定申告）834
第75条（確定申告書の提出期限の延長）837
第75条の2（確定申告書の提出期限の延長
　　　　　　の特例）838
第121条（青色申告）840
第122条（青色申告の承認の申請）841
第125条（青色申告の承認があつたものとみ
　　　　　なす場合）842
第126条（青色申告法人の帳簿書類）843
第127条（青色申告の承認の取消し）845
第150条（公益法人等又は人格のない社団等
　　　　　の収益事業の開始等の届出）846
第150条の2（帳簿書類の備付け等）847
　別表第1（公益法人の表）849
　別表第2（公益法人等の表）849

細目次

○法人税法施行令（抄）

昭和40年3月31日政令第97号
最終改正　平成29年3月31日政令第106号

第3条（非営利型法人の範囲）764
第4条の3（適格組織再編成における株式
　　　　　の保有関係等）769
第5条（収益事業の範囲）771
第6条（収益事業を行う法人の経理の区分）
　　　　779
第7条（役員の範囲）787
第14条の11　790

第15条（信託財産に属する資産及び負債並
　　　びに信託財産に帰せられる収益及
　　　び費用の帰属）　792
第69条（定期同額給与の範囲等）　797
第70条（過大な役員給与の額）　799
第72条（特殊関係使用人の範囲）　801
第72条の2（過大な使用人給与の額）　801
第72条の3（使用人賞与の損金算入時期）
　　　801
第73条（一般寄附金の損金算入限度額）　804
第73条の2（公益社団法人又は公益財団法
　　　人の寄附金の損金算入限度額
　　　の特例）　806
第74条（長期給付の事業を行う共済組合等
　　　の寄附金の損金算入限度額）　807
第75条（法人の設立のための寄附金の要件）
　　　807
第76条（指定寄附金の指定についての審査
　　　事項）　807
第77条（公益の増進に著しく寄与する法人
　　　の範囲）　808
第77条の2（特定公益増進法人に対する寄
　　　附金の特別損金算入限度額）
　　　808
第77条の3（公益社団法人又は公益財団法
　　　人の寄附金の額とみなされる
　　　金額に係る事業）　809
第77条の4（特定公益信託の要件等）　809
第78条（支出した寄附金の額）　811
第131条の4（累積所得金額又は累積欠損金
　　　額の計算）　821
第131条の5（累積所得金額から控除する金
　　　額等の計算）　822
第131条の6（収益事業以外の事業に属して
　　　いた資産及び負債の帳簿価

額）　826
第132条（資本的支出）　828
第133条（少額の減価償却資産の取得価額の
　　　損金算入）　828
第133条の2（一括償却資産の損金算入）
　　　828
第134条（繰延資産となる費用のうち少額の
　　　ものの損金算入）　829
第135条（確定給付企業年金等の掛金等の損
　　　金算入）　829
第139条の4（資産に係る控除対象外消費税
　　　額等の損金算入）　830
第139条の5（資産に係る控除対象外消費税
　　　額等の損金算入に関する明細
　　　書の添付）　832

○法人税法施行規則（抄）

昭和40年3月31日大蔵省令第12号
最終改正　平成29年4月14日財務省令第36号

第2条の2（理事と特殊の関係のある者の
　　　範囲等）　767
第4条（住宅用土地の貸付業で収益事業に
　　　該当しないものの要件）　779
第4条の2（小規模事業者に貸し付けられ
　　　る不動産の範囲）　780
第4条の3（事務処理の委託を受ける業で
　　　収益事業に該当しないものの
　　　要件）　780
第4条の4（血液事業の範囲）　780
第4条の5（学術の研究に付随した医療保
　　　健業を行う法人の要件）　781
第5条（医師会法人等が行う医療保健業で
　　　収益事業に該当しないものの要件）
　　　781

第5条の2（農業協同組合連合会が行う医療保健業で収益事業に該当しないものの要件等）782

第6条（公益法人等の行う医療保健業で収益事業に該当しないものの要件）782

第7条（学校において行なう技芸の教授のうち収益事業に該当しないものの範囲）785

第7条の2（学校において行う学力の教授のうち収益事業に該当しないものの範囲）785

第8条（理容師等養成施設において行う技芸の教授のうち収益事業に該当しないものの範囲）786

第8条の2（信用保証業で収益事業に該当しないものの範囲等）786

第8条の2の2（無体財産権の提供等を行う事業で収益事業に該当しないものの範囲等）786

第22条の4（一般寄附金の損金算入限度額の計算上公益法人等から除かれる法人）811

第22条の5（公益社団法人又は公益財団法人の寄附金の損金算入限度額の特例計算）812

第23条（収益事業から長期給付事業への繰入についての限度額）814

第23条の2（公益の増進に著しく寄与する法人の範囲）814

第23条の3（特定公益増進法人に対する寄附金の特別損金算入限度額の計算上公益法人等から除かれる法人）815

第23条の4（特定公益信託の信託財産の運用の方法等）815

第24条（公益の増進に著しく寄与する法人の証明書類等）815

第27条の16の4　826

第34条（確定申告書の記載事項）835

第35条（確定申告書の添付書類）836

第36条（確定申告書の提出期限の延長申請書の記載事項）837

第36条の2（確定申告書の提出期限の延長の特例の申請書の記載事項）840

第52条（青色申告承認申請書の記載事項）842

第53条（青色申告法人の決算）843

第54条（取引に関する帳簿及び記載事項）843

第55条（仕訳帳及び総勘定元帳の記載方法）843

第56条（たな卸表の作成）843

第57条（貸借対照表及び損益計算書）844

第58条（帳簿書類の記載事項等の省略）844

第59条（帳簿書類の整理保存）844

第65条（収益事業の開始等届出書の添付書類）846

第66条（取引に関する帳簿及びその記載事項等）847

第67条（帳簿書類の整理保存等）848

第3章 公益法人税務関係法令

> **（定義）**
> **第2条** この法律において、次の各号に掲げる用語の意義は、当該各号に定めるところによる。
> 一 国内 この法律の施行地をいう。
> 二 国外 この法律の施行地外の地域をいう。
> 三 内国法人 国内に本店又は主たる事務所を有する法人をいう。
> 四 外国法人 内国法人以外の法人をいう。
> 五 公共法人 別表第1に掲げる法人をいう。
> 六 公益法人等 別表第2に掲げる法人をいう。
> 七 協同組合等 別表第3に掲げる法人をいう。
> 八 人格のない社団等 法人でない社団又は財団で代表者又は管理人の定めがあるものをいう。
> 九 普通法人 第5号から第7号までに掲げる法人以外の法人をいい、人格のない社団等を含まない。
> 九の二 非営利型法人 一般社団法人又は一般財団法人（公益社団法人又は公益財団法人を除く。）のうち、次に掲げるものをいう。
> 　イ その行う事業により利益を得ること又はその得た利益を分配することを目的としない法人であつてその事業を運営するための組織が適正であるものとして<u>政令で定めるもの</u>
> 　ロ その会員から受け入れる会費により当該会員に共通する利益を図るための事業を行う法人であつてその事業を運営するための組織が適正であるものとして<u>政令で定めるもの</u>

（非営利型法人の範囲）

㋿**第3条** <u>法第2条第9号の2イ</u>（定義）に規定する<u>政令で定める法人</u>は、次の各号に掲げる要件の全てに該当する一般社団法人又は一般財団法人（清算中に当該各号に掲げる要件の全てに該当することとなつたものを除く。）とする。

一 その定款に剰余金の分配を行わない旨の定めがあること。

二 その定款に解散したときはその残余財産が国若しくは地方公共団体又は次に掲げる法人に帰属する旨の定めがあること。

　イ 公益社団法人又は公益財団法人

　ロ 公益社団法人及び公益財団法人の認定等に関する法律（平成18年法律第49号）第5条第17号イからトまで（公益認定の基準）に掲げる法人

三 前2号の定款の定めに反する行為（前2号及び次号に掲げる要件の全てに該当していた期間において、剰余金の分配又は残余財産の分配若しくは引渡し以外の

方法（合併による資産の移転を含む。）により特定の個人又は団体に特別の利益を与えることを含む。）を行うことを決定し、又は行つたことがないこと。

四　各理事（清算人を含む。以下この号及び次項第７号において同じ。）について、当該理事及び当該理事の配偶者又は３親等以内の親族その他の当該理事と**財務省令で定める特殊の関係のある者**である理事の合計数の理事の総数のうちに占める割合が、３分の１以下であること。

2　**法第２条第９号の２ロに規定する政令で定める法人**は、次の各号に掲げる要件の全てに該当する一般社団法人又は一般財団法人（清算中に当該各号に掲げる要件の全てに該当することとなつたものを除く。）とする。

一　その会員の相互の支援、交流、連絡その他の当該会員に共通する利益を図る活動を行うことをその主たる目的としていること。

二　その定款（定款に基づく約款その他これに準ずるものを含む。）に、その会員が会費として負担すべき金銭の額の定め又は当該金銭の額を社員総会若しくは評議員会の決議により定める旨の定めがあること。

三　その主たる事業として収益事業を行つていないこと。

四　その定款に特定の個人又は団体に剰余金の分配を受ける権利を与える旨の定めがないこと。

五　その定款に解散したときはその残余財産が特定の個人又は団体（国若しくは地方公共団体、前項第２号イ若しくはロに掲げる法人又はその目的と類似の目的を有する他の一般社団法人若しくは一般財団法人を除く。）に帰属する旨の定めがないこと。

六　前各号及び次号に掲げる要件の全てに該当していた期間において、特定の個人又は団体に剰余金の分配その他の方法（合併による資産の移転を含む。）により特別の利益を与えることを決定し、又は与えたことがないこと。

七　各理事について、当該理事及び当該理事の配偶者又は３親等以内の親族その他の当該理事と**財務省令で定める特殊の関係のある者**である理事の合計数の理事の総数のうちに占める割合が、３分の１以下であること。

3　前２項の一般社団法人又は一般財団法人の使用人（職制上使用人としての地位のみを有する者に限る。）以外の者で当該一般社団法人又は一般財団法人の経営に従事しているものは、当該一般社団法人又は一般財団法人の理事とみなして、前２項の規定を適用する。

4　第２項第３号の収益事業は、次の表の上欄に掲げる第５条（収益事業の範囲）の規定中同表の中欄に掲げる字句を同表の下欄に掲げる字句に読み替えた場合における収益事業とする。

第3章　公益法人税務関係法令

第1項第2号イ(1)	公益社団法人又は法別表第2に掲げる一般社団法人	一般社団法人
第1項第2号イ(2)	公益財団法人又は法別表第2に掲げる一般財団法人	一般財団法人
第1項第2号イ(3)	(1)又は(2)に掲げる法人	特定社団法人（その社員総会における議決権の総数の2分の1以上の数が当該地方公共団体により保有されている公益社団法人又は法別表第2に掲げる一般社団法人をいう。(4)において同じ。）又は特定財団法人（その拠出をされた金額の2分の1以上の金額が当該地方公共団体により拠出をされている公益財団法人又は同表に掲げる一般財団法人をいう。(4)において同じ。）
	公益社団法人又は法別表第2に掲げる一般社団法人	一般社団法人
第1項第2号イ(4)	(1)又は(2)に掲げる法人	特定社団法人又は特定財団法人
	公益財団法人又は法別表第2に掲げる一般財団法人	一般財団法人
第1項第29号リ	公益社団法人若しくは公益財団法人又は法別表第2に掲げる一般社団法人若しくは一般財団法人（以下この号において「公益社団法人等」	一般社団法人又は一般財団法人（以下この項及び次項第2号において「一般社団法人等」
第1項第29号ヌ	公益社団法人等	一般社団法人等
第1項第29号ル	法別表第2に掲げる一般社団法人若しくは一般財団法人	一般社団法人等（公益社団法人又は公益財団法人を除く。）
第1項第29号ヲ	公益社団法人又は法別表第2に掲げる一般社団法人	一般社団法人
第1項第29号カ	公益社団法人等	一般社団法人等
第1項第29号ヨ及び第33号ハ並びに第2項第2号	公益法人等	一般社団法人等

5　前各項の規定の適用に関し必要な事項は、財務省令で定める。

（理事と特殊の関係のある者の範囲等）

則**第2条の2**　令第3条第1項第4号及び第2項第7号（非営利型法人の範囲）に規定する理事と財務省令で定める特殊の関係のある者は、次に掲げる者とする。

一　当該理事（清算人を含む。以下この項において同じ。）の配偶者

二　当該理事の三親等以内の親族

三　当該理事と婚姻の届出をしていないが事実上婚姻関係と同様の事情にある者

四　当該理事の使用人

五　前各号に掲げる者以外の者で当該理事から受ける金銭その他の資産によって生計を維持しているもの

六　前3号に掲げる者と生計を一にするこれらの者の配偶者又は三親等以内の親族

2　令第3条第4項の規定により令第5条（収益事業の範囲）の規定を読み替えて適用する場合における第3章（収益事業の範囲）の規定の適用については、次の表の上欄に掲げる同章の規定中同表の中欄に掲げる字句は、それぞれ同表の下欄に掲げる字句に読み替えるものとする。

第5条第1号（医師会法人等が行う医療保健業で収益事業に該当しないものの要件）	公益社団法人又は法別表第2に掲げる一般社団法人	一般社団法人
第6条（公益法人等の行う医療保健業で収益事業に該当しないものの要件）	次に掲げる要件（法別表第2に掲げる一般社団法人及び一般財団法人以外の法人にあつては、第1号から第6号までに掲げる要件）	次に掲げる要件
第6条第1号	公益法人等の	一般社団法人又は一般財団法人の
	公益法人等が	一般社団法人又は一般財団法人が
	公益法人等と	一般社団法人若しくは一般財団法人と
第6条第2号	公益法人等の役員	一般社団法人又は一般財団法人の役員
第6条第2号イ、ロ及びホ	公益法人等	一般社団法人又は一般財団法人
第6条第2号ヘ	公益法人等の	一般社団法人又は一般財団法人の
第6条第2号ト及び第3号から第7号まで	公益法人等	一般社団法人又は一般財団法人

第3章　公益法人税務関係法令

第8条の2の2第2項 （無体財産権の提供等を 行う事業で収益事業に 該当しないものの範囲 等）	公益法人等	一般社団法人又は一般財団 法人

第2条　この法律において、次の各号に掲げる用語の意義は、当該各号に定めるところによる。

一〜九の二（764頁）

十〜十二の七の七　省略

十二の八　適格合併　次のいずれかに該当する合併で被合併法人の株主等に合併法人株式（合併法人の株式又は出資をいう。）又は合併親法人株式（合併法人との間に当該合併法人の発行済株式等の全部を保有する関係として政令で定める関係がある法人の株式又は出資をいう。）のいずれか一方の株式又は出資以外の資産（当該株主等に対する剰余金の配当等（株式又は出資に係る剰余金の配当、利益の配当又は剰余金の分配をいう。）として交付される金銭その他の資産及び合併に反対する当該株主等に対するその買取請求に基づく対価として交付される金銭その他の資産を除く。）が交付されないものをいう。

イ　その合併に係る被合併法人と合併法人（当該合併が法人を設立する合併（以下この号において「新設合併」という。）である場合にあつては、当該被合併法人と他の被合併法人）との間にいずれか一方の法人による完全支配関係その他の政令で定める関係がある場合の当該合併

ロ　その合併に係る被合併法人と合併法人（当該合併が新設合併である場合にあつては、当該被合併法人と他の被合併法人）との間にいずれか一方の法人による支配関係その他の政令で定める関係がある場合の当該合併のうち、次に掲げる要件の全てに該当するもの

(1)　当該合併に係る被合併法人の当該合併の直前の従業者のうち、その総数のおおむね100分の80以上に相当する数の者が当該合併後に当該合併に係る合併法人の業務に従事することが見込まれていること（当該合併後に当該合併法人を被合併法人とする適格合併を行うことが見込まれている場合には、当該相当する数の者が、当該合併後に当該合併法人の業務に従事し、当該適格合併後に当該適格合併に係る合併法人の業務に従事することが見込まれていること。）。

(2)　当該合併に係る被合併法人の当該合併前に営む主要な事業が当該合併後に

当該合併に係る合併法人において引き続き営まれることが見込まれていること（当該合併後に当該合併法人を被合併法人とする適格合併を行うことが見込まれている場合には、当該主要な事業が、当該合併後に当該合併法人において営まれ、当該適格合併後に当該適格合併に係る合併法人において引き続き営まれることが見込まれていること。）。

　ハ　その合併に係る被合併法人と合併法人（当該合併が新設合併である場合にあつては、当該被合併法人と他の被合併法人）とが共同で事業を営むための合併として<u>政令で定めるもの</u>

（適格組織再編成における株式の保有関係等）

🈔**第４条の３**　省略

２・３　省略

４　<u>法第２条第12号の８ハに規定する政令で定めるもの</u>は、同号イ又はロに該当する合併以外の合併（無対価合併にあつては、当該無対価合併に係る被合併法人の全て又は合併法人が資本又は出資を有しない法人であるものに限る。）のうち、次に掲げる要件（当該合併の直前に当該合併に係る被合併法人の全てについて他の者との間に当該他の者による支配関係がない場合又は当該合併に係る合併法人が資本若しくは出資を有しない法人である場合には、第１号から第４号までに掲げる要件）の全てに該当するものとする。

一　合併に係る被合併法人の被合併事業（当該被合併法人の当該合併前に行う主要な事業のうちのいずれかの事業をいう。以下この項において同じ。）と当該合併に係る合併法人の合併事業（当該合併法人の当該合併前に行う事業のうちのいずれかの事業をいい、当該合併が新設合併である場合にあつては、他の被合併法人の被合併事業をいう。次号及び第４号において同じ。）とが相互に関連するものであること。

二　合併に係る被合併法人の被合併事業と当該合併に係る合併法人の合併事業（当該被合併事業と関連する事業に限る。）のそれぞれの売上金額、当該被合併事業と合併事業のそれぞれの従業者の数、当該被合併法人と合併法人（当該合併が新設合併である場合にあつては、当該被合併法人と他の被合併法人）のそれぞれの資本金の額若しくは出資金の額若しくはこれらに準ずるものの規模の割合がおおむね５倍を超えないこと又は当該合併前の当該被合併法人の特定役員（社長、副社長、代表取締役、代表執行役、専務取締役若しくは常務取締役又はこれらに準ずる者で法人の経営に従事している者をいう。以下この条において同じ。）のいずれかと当該合併法人（当該合併が新設合併である場合にあつては、他の被合併法人）の特定役員のいずれかとが当該合併後に当該合併に係る合併法人の特定役

第3章　公益法人税務関係法令

員となることが見込まれていること。

三　合併に係る被合併法人の当該合併の直前の従業者のうち、その総数のおおむね
100分の80以上に相当する数の者が当該合併後に当該合併に係る合併法人の業務
（当該合併後に行われる適格合併により当該被合併法人の被合併事業が当該適格
合併に係る合併法人に移転することが見込まれている場合には、当該適格合併に
係る合併法人の業務を含む。）に従事することが見込まれていること。

四　合併に係る被合併法人の被合併事業（当該合併に係る合併法人の合併事業と関
連する事業に限る。）が当該合併後に当該合併法人（当該合併後に行われる適格
合併により当該被合併事業が当該適格合併に係る合併法人に移転することが見込
まれている場合には、当該適格合併に係る合併法人を含む。）において引き続き
行われることが見込まれていること。

五　合併により交付される当該合併に係る合併法人の株式（出資を含む。以下この
条において同じ。）又は法第2条第12号の8に規定する合併親法人株式のいずれ
か一方の株式（議決権のないものを除く。）のうち支配株主（当該合併の直前に
当該合併に係る被合併法人と他の者との間に当該他の者による支配関係がある場
合における当該他の者及び当該他の者による支配関係があるもの（当該合併法人
を除く。）をいう。以下この号において同じ。）に交付されるもの（以下この号に
おいて「対価株式」という。）の全部が支配株主（当該合併後に行われる適格合
併により当該対価株式が当該適格合併に係る合併法人に移転することが見込まれ
ている場合には、当該適格合併に係る合併法人を含む。以下この号において同
じ。）により継続して保有されることが見込まれていること（当該合併後に当該
合併に係る合併法人（当該被合併法人の株主等が当該合併により同条第12号の8
に規定する合併親法人株式の交付を受ける場合にあつては、同号に規定する全部
を保有する関係として政令で定める関係がある法人）を被合併法人とする適格合
併を行うことが見込まれている場合には、当該合併の時から当該適格合併の直前
の時まで当該対価株式の全部が支配株主により継続して保有されることが見込ま
れていること。）。

5～26　省略

第2条　この法律において、次の各号に掲げる用語の意義は、当該各号に定めるとこ
ろによる。

一～九の二　（764頁）

十～十二の七の七　省略

十二の八　（768頁）

770

十二の九～十二の十九　省略

十三　収益事業　販売業、製造業その他の<u>政令で定める事業</u>で、継続して事業場を
設けて行われるものをいう。

（収益事業の範囲）

🈔**第5条**　<u>法第2条第13号</u>（定義）に規定する政令で定める事業は、次に掲げる事
業（その性質上その事業に付随して行われる行為を含む。）とする。

一　物品販売業（動植物その他通常物品といわないものの販売業を含むものとし、
国立研究開発法人農業・食品産業技術総合研究機構が国立研究開発法人農業・食
品産業技術総合研究機構法（平成11年法律第192号）第14条第1項第4号（業務
の範囲）に掲げる業務として行うものを除く。）

二　不動産販売業のうち次に掲げるもの以外のもの

イ　次に掲げる法人で、その業務が地方公共団体の管理の下に運営されているも
の（以下この項において「特定法人」という。）の行う不動産販売業

(1)　その社員総会における議決権の総数の2分の1以上の数が当該地方公共団
体により保有されている公益社団法人又は法別表第2に掲げる一般社団法人

(2)　その拠出をされた金額の2分の1以上の金額が当該地方公共団体により拠
出をされている公益財団法人又は法別表第2に掲げる一般財団法人

(3)　その社員総会における議決権の全部が(1)又は(2)に掲げる法人により保有さ
れている公益社団法人又は法別表第2に掲げる一般社団法人

(4)　その拠出をされた金額の全額が(1)又は(2)に掲げる法人により拠出をされて
いる公益財団法人又は法別表第2に掲げる一般財団法人

ロ　日本勤労者住宅協会が日本勤労者住宅協会法（昭和41年法律第133号）第23
条第1号及び第2号（業務）に掲げる業務として行う不動産販売業

ハ　独立行政法人農業者年金基金が独立行政法人農業者年金基金法（平成14年法
律第127号）附則第6条第1項第2号（業務の特例）に掲げる業務として行う
不動産販売業

ニ　独立行政法人中小企業基盤整備機構が独立行政法人中小企業基盤整備機構法
（平成14年法律第147号）第15条第1項第8号及び第9号並びに第2項第6号
（業務の範囲）に掲げる業務並びに同法附則第8条の2第1項（旧新事業創出
促進法に係る業務の特例）及び第8条の4第1項（旧特定産業集積活性化法に
係る業務の特例）の規定に基づく業務として行う不動産販売業

ホ　民間都市開発の推進に関する特別措置法（昭和62年法律第62号）第3条第1
項（民間都市開発推進機構の指定）に規定する民間都市開発推進機構（次号ト
及び第5号トにおいて「民間都市開発推進機構」という。）が同法第4条第1

771

第3章　公益法人税務関係法令

項第1号（機構の業務）（都市再生特別措置法（平成14年法律第22号）第30条
（民間都市開発法の特例）又は第104条（民間都市開発法の特例）の規定により
読み替えて適用する場合を含む。第5号トにおいて同じ。）及び民間都市開発
の推進に関する特別措置法附則第14条第2項第1号（機構の業務の特例）に掲
げる業務並びに同条第10項（同条第12項の規定により読み替えて適用する場合
を含む。）の規定に基づく業務として行う不動産販売業

三　金銭貸付業のうち次に掲げるもの以外のもの

　イ　独立行政法人勤労者退職金共済機構が中小企業退職金共済法（昭和34年法律
　　第160号）第70条第2項第1号（業務の範囲）に掲げる業務並びに同法附則第
　　2条第1項（業務の特例）及び中小企業退職金共済法の一部を改正する法律
　　（平成14年法律第164号）附則第5条（業務の特例）の規定に基づく業務として
　　行う金銭貸付業

　ロ　独立行政法人中小企業基盤整備機構が独立行政法人中小企業基盤整備機構法
　　第15条第1項第3号、第4号、第12号及び第14号並びに第2項第9号に掲げる
　　業務として行う金銭貸付業

　ハ　所得税法施行令（昭和40年政令第96号）第74条第5項（特定退職金共済団体
　　の承認）に規定する特定退職金共済団体が行う同令第73条第1項第5号ヘ（特
　　定退職金共済団体の要件）に掲げる貸付金に係る金銭貸付業

　ニ　独立行政法人農業者年金基金が独立行政法人農業者年金基金法附則第6条第
　　1項第2号に掲げる業務として行う金銭貸付業

　ホ　独立行政法人自動車事故対策機構が独立行政法人自動車事故対策機構法（平
　　成14年法律第183号）第13条第5号及び第6号（業務の範囲）に掲げる業務と
　　して行う金銭貸付業

　ヘ　国立研究開発法人新エネルギー・産業技術総合開発機構が国立研究開発法人
　　新エネルギー・産業技術総合開発機構法（平成14年法律第145号）附則第6条
　　第1項（探鉱貸付経過業務）及び第9条第2項（鉱工業承継業務）の規定に基
　　づく業務として行う金銭貸付業

　ト　民間都市開発推進機構が民間都市開発の推進に関する特別措置法第4条第1
　　項第2号に掲げる業務として行う金銭貸付業

　チ　日本私立学校振興・共済事業団が日本私立学校振興・共済事業団法（平成9
　　年法律第48号）第23条第1項第2号（業務）に掲げる業務として行う金銭貸付
　　業

四　物品貸付業（動植物その他通常物品といわないものの貸付業を含む。）のうち
　次に掲げるもの以外のもの

　イ　土地改良事業団体連合会が会員に対し土地改良法（昭和24年法律第195号）

772

第111条の９（事業）に掲げる事業として行う物品貸付業

ロ　特定法人が農業若しくは林業を営む者、地方公共団体又は農業協同組合、森林組合その他農業若しくは林業を営む者の組織する団体（以下この号及び第10号ハにおいて「農業者団体等」という。）に対し農業者団体等の行う農業又は林業の目的に供される土地の造成及び改良並びに耕うん整地その他の農作業のために行う物品貸付業

五　不動産貸付業のうち次に掲げるもの以外のもの

イ　特定法人が行う不動産貸付業

ロ　日本勤労者住宅協会が日本勤労者住宅協会法第23条第１号及び第２号に掲げる業務として行う不動産貸付業

ハ　社会福祉法（昭和26年法律第45号）第22条（定義）に規定する社会福祉法人が同法第２条第３項第８号（定義）に掲げる事業として行う不動産貸付業

ニ　宗教法人法（昭和26年法律第126号）第４条第２項（法人格）に規定する宗教法人又は公益社団法人若しくは公益財団法人が行う墳墓地の貸付業

ホ　国又は地方公共団体に対し直接貸し付けられる不動産の貸付業

ヘ　主として住宅の用に供される土地の貸付業（イからハまで及びホに掲げる不動産貸付業を除く。）で、その貸付けの対価の額が低廉であることその他の**財務省令で定める要件**を満たすもの

ト　民間都市開発推進機構が民間都市開発の推進に関する特別措置法第４条第１項第１号に掲げる業務として行う不動産貸付業

チ　独立行政法人農業者年金基金が独立行政法人農業者年金基金法附則第６条第１項第２号に掲げる業務として行う不動産貸付業

リ　商工会及び商工会議所による小規模事業者の支援に関する法律（平成５年法律第51号）第３条第１項（基本指針）に規定する商工会等が同法第７条第１項（基盤施設計画の認定）に規定する基盤施設事業として行う不動産（同項に規定する施設に該当するもののうち小規模事業者に貸し付けられるものとして**財務省令で定めるもの**に限る。）の貸付業

ヌ　独立行政法人中小企業基盤整備機構が独立行政法人中小企業基盤整備機構法第15条第１項第８号及び第９号に掲げる業務並びに同法附則第８条の２第１項及び第８条の４第１項の規定に基づく業務として行う不動産貸付業

六　製造業（電気又はガスの供給業、熱供給業及び物品の加工修理業を含むものとし、国立研究開発法人農業・食品産業技術総合研究機構が国立研究開発法人農業・食品産業技術総合研究機構法第14条第１項第２号及び第３号に掲げる業務として行うものを除く。）

七　通信業（放送業を含む。）

八　運送業（運送取扱業を含む。）

九　倉庫業（寄託を受けた物品を保管する業を含むものとし、第31号の事業に該当するものを除く。）

十　請負業（事務処理の委託を受ける業を含む。）のうち次に掲げるもの以外のもの

イ　法令の規定に基づき国又は地方公共団体の事務処理を委託された法人の行うその委託に係るもので、その委託の対価がその事務処理のために必要な費用を超えないことが法令の規定により明らかなことその他の**財務省令で定める要件**に該当するもの

ロ　土地改良事業団体連合会が会員又は国若しくは都道府県に対し土地改良法第111条の9に掲げる事業として行う請負業

ハ　特定法人が農業者団体等に対し農業者団体等の行う農業又は林業の目的に供される土地の造成及び改良並びに耕うん整地その他の農作業のために行う請負業

ニ　私立学校法（昭和24年法律第270号）第3条（定義）に規定する学校法人がその設置している大学に対する他の者の委託を受けて行う研究に係るもの（その委託に係る契約又は協定において、当該研究の成果の全部若しくは一部が当該学校法人に帰属する旨又は当該研究の成果について学術研究の発展に資するため適切に公表される旨が定められているものに限る。）

十一　印刷業

十二　出版業（特定の資格を有する者を会員とする法人がその会報その他これに準ずる出版物を主として会員に配布するために行うもの及び学術、慈善その他公益を目的とする法人がその目的を達成するため会報を専らその会員に配布するために行うものを除く。）

十三　写真業

十四　席貸業のうち次に掲げるもの

イ　不特定又は多数の者の娯楽、遊興又は慰安の用に供するための席貸業

ロ　イに掲げる席貸業以外の席貸業（次に掲げるものを除く。）

(1)　国又は地方公共団体の用に供するための席貸業

(2)　社会福祉法第2条第1項に規定する社会福祉事業として行われる席貸業

(3)　私立学校法第3条に規定する学校法人若しくは同法第64条第4項（私立専修学校等）の規定により設立された法人又は職業能力開発促進法（昭和44年法律第64号）第31条（職業訓練法人）に規定する職業訓練法人がその主たる目的とする業務に関連して行う席貸業

(4)　法人がその主たる目的とする業務に関連して行う席貸業で、当該法人の会

員その他これに準ずる者の用に供するためのもののうちその利用の対価の額が実費の範囲を超えないもの

十五　旅館業

十六　料理店業その他の飲食店業

十七　周旋業

十八　代理業

十九　仲立業

二十　問屋業

二十一　鉱業

二十二　土石採取業

二十三　浴場業

二十四　理容業

二十五　美容業

二十六　興行業

二十七　遊技所業

二十八　遊覧所業

二十九　医療保健業（<u>財務省令で定める血液事業</u>を含む。以下この号において同じ。）のうち次に掲げるもの以外のもの

イ　日本赤十字社が行う医療保健業

ロ　社会福祉法第22条に規定する社会福祉法人が行う医療保健業

ハ　私立学校法第3条に規定する学校法人が行う医療保健業

ニ　全国健康保険協会、健康保険組合若しくは健康保険組合連合会又は国民健康保険組合若しくは国民健康保険団体連合会が行う医療保健業

ホ　国家公務員共済組合又は国家公務員共済組合連合会が行う医療保健業

ヘ　地方公務員共済組合又は全国市町村職員共済組合連合会が行う医療保健業

ト　日本私立学校振興・共済事業団が行う医療保健業

チ　医療法（昭和23年法律第205号）第42条の2第1項（社会医療法人）に規定する社会医療法人が行う医療保健業（同法第42条（附帯業務）の規定に基づき同条各号に掲げる業務として行うもの及び同項の規定に基づき同項に規定する収益業務として行うものを除く。）

リ　公益社団法人若しくは公益財団法人又は法別表第2に掲げる一般社団法人若しくは一般財団法人（以下この号において「公益社団法人等」という。）で、結核に係る健康診断（感染症の予防及び感染症の患者に対する医療に関する法律（平成10年法律第114号）第17条第1項（健康診断）並びに第53条の2第1項及び第3項（定期の健康診断）の規定に基づく健康診断に限る。）、予防接種

第3章　公益法人税務関係法令

（予防接種法（昭和23年法律第68号）第5条第1項（市町村長が行う予防接種）
及び第6条第1項（臨時に行う予防接種）の規定に基づく予防接種に限る。）
及び医療を行い、かつ、これらの医学的研究（その研究につき国の補助がある
ものに限る。）を行うもののうち法人格を異にする支部を含めて全国的組織を
有するもの及びその支部であるものが行う当該健康診断及び予防接種に係る医
療保健業

ヌ　公益社団法人等が行うハンセン病患者の医療（その医療費の全額が国の補助
によつているものに限る。）に係る医療保健業

ル　公益社団法人若しくは公益財団法人で専ら学術の研究を行うもの又は法別表
第2に掲げる一般社団法人若しくは一般財団法人で専ら学術の研究を行い、か
つ、当該研究を円滑に行うための体制が整備されているものとして**財務省令で
定めるもの**がこれらの学術の研究に付随して行う医療保健業

ヲ　一定の地域内の医師又は歯科医師を会員とする公益社団法人又は法別表第2
に掲げる一般社団法人で、その残余財産が国又は地方公共団体に帰属するこ
と、当該法人の開設する病院又は診療所が当該地域内の全ての医師又は歯科医
師の利用に供されることとなつており、かつ、その診療報酬の額が低廉である
ことその他の**財務省令で定める要件**に該当するものが行う医療保健業

ワ　一定の医療施設を有していること、診療報酬の額が低廉であることその他の
財務省令で定める要件に該当する法別表第2に掲げる農業協同組合連合会が行
う医療保健業

カ　公益社団法人等で看護師等の人材確保の促進に関する法律（平成4年法律第
86号）第14条第1項（指定等）の規定による指定を受けたものが、介護保険法
（平成9年法律第123号）第8条第4項（定義）に規定する訪問看護、同法第8
条の2第3項（定義）に規定する介護予防訪問看護、高齢者の医療の確保に関
する法律（昭和57年法律第80号）第78条第1項（訪問看護療養費）に規定する
指定訪問看護又は健康保険法（大正11年法律第70号）第88条第1項（訪問看護
療養費）に規定する訪問看護の研修に付随して行う医療保健業

ヨ　イからカまでに掲げるもののほか、残余財産が国又は地方公共団体に帰属す
ること、一定の医療施設を有していること、診療報酬の額が低廉であることそ
の他の**財務省令で定める要件**に該当する公益法人等が行う医療保健業

三十　洋裁、和裁、着物着付け、編物、手芸、料理、理容、美容、茶道、生花、演
劇、演芸、舞踊、舞踏、音楽、絵画、書道、写真、工芸、デザイン（レタリング
を含む。）、自動車操縦若しくは小型船舶（船舶職員及び小型船舶操縦者法（昭和
26年法律第149号）第2条第4項（定義）に規定する小型船舶をいう。）の操縦（以
下この号において「技芸」という。）の教授（通信教育による技芸の教授及び技

776

芸に関する免許の付与その他これに類する行為を含む。以下この号において同じ。）のうちイ及びハからホまでに掲げるもの以外のもの又は学校の入学者を選抜するための学力試験に備えるため若しくは学校教育の補習のための学力の教授（通信教育による当該学力の教授を含む。以下この号において同じ。）のうちロ及びハに掲げるもの以外のもの若しくは公開模擬学力試験（学校の入学者を選抜するための学力試験に備えるため広く一般に参加者を募集し当該学力試験にその内容及び方法を擬して行われる試験をいう。）を行う事業

イ　学校教育法（昭和22年法律第26号）第1条（学校の範囲）に規定する学校、同法第124条（専修学校）に規定する専修学校又は同法第134条第1項（各種学校）に規定する各種学校において行われる技芸の教授で**財務省令で定めるもの**

ロ　イに規定する学校、専修学校又は各種学校において行われる学力の教授で**財務省令で定めるもの**

ハ　社会教育法（昭和24年法律第207号）第51条（通信教育の認定）の規定により文部科学大臣の認定を受けた通信教育として行う技芸の教授又は学力の教授

ニ　理容師法（昭和22年法律第234号）第3条第3項（理容師試験）又は美容師法（昭和32年法律第163号）第4条第3項（美容師試験）の規定により都道府県知事の指定を受けた施設において養成として行う技芸の教授で**財務省令で定めるもの**並びに当該施設に設けられた通信課程に係る通信及び添削による指導を専ら行う法人の当該指導として行う技芸の教授

ホ　技芸に関する国家試験（法令において、国家資格（資格のうち、法令において当該資格を有しない者は当該資格に係る業務若しくは行為を行い、若しくは当該資格に係る名称を使用することができないこととされているもの又は法令において一定の場合には当該資格を有する者を使用し、若しくは当該資格を有する者に当該資格に係る行為を依頼することが義務付けられているものをいう。ホにおいて同じ。）を取得し、若しくは維持し、又は当該国家資格に係る業務若しくは行為を行うにつき、試験、検定その他これらに類するもの（ホにおいて「試験等」という。）を受けることが要件とされている場合における当該試験等をいう。）の実施に関する事務（法令において当該国家資格を取得し、若しくは維持し、又は当該国家資格に係る業務若しくは行為を行うにつき、登録、免許証の交付その他の手続（ホにおいて「登録等」という。）を経ることが要件とされている場合における当該登録等に関する事務を含む。ホにおいて「国家資格付与事務」という。）を行う者として法令において定められ、又は法令に基づき指定された法人が法令に基づき当該国家資格付与事務として行う技芸の教授（国の行政機関の長又は地方公共団体の長が当該国家資格付与事務に関し監督上必要な命令をすることができるものに限る。）で、次のいずれかの

第3章　公益法人税務関係法令

要件に該当するもの

(1)　その対価の額が法令で実費を勘案して定めることとされているものであること又はその対価の額が当該国家資格付与事務の処理のために必要な費用の額を超えないと見込まれるものであること。

(2)　国の行政機関の長又は地方公共団体の長以外の者で当該国家資格付与事務を行う者が、公益法人等又は一般社団法人若しくは一般財団法人に限られていることが法令で定められているものであること。

三十一　駐車場業

三十二　信用保証業のうち次に掲げるもの以外のもの

イ　信用保証協会法（昭和28年法律第196号）その他財務省令で定める法令の規定に基づき行われる信用保証業

ロ　イに掲げる信用保証業以外の信用保証業で、その保証料が低額であることその他の財務省令で定める要件を満たすもの

三十三　その有する工業所有権その他の技術に関する権利又は著作権（出版権及び著作隣接権その他これに準ずるものを含む。）の譲渡又は提供（以下この号において「無体財産権の提供等」という。）のうち次に掲げるもの以外のものを行う事業

イ　国又は地方公共団体（港湾法（昭和25年法律第218号）の規定による港務局を含む。）に対して行われる無体財産権の提供等

ロ　国立研究開発法人宇宙航空研究開発機構、国立研究開発法人海洋研究開発機構その他特別の法令により設立された法人で財務省令で定めるものがその業務として行う無体財産権の提供等

ハ　その主たる目的とする事業に要する経費の相当部分が無体財産権の提供等に係る収益に依存している公益法人等として財務省令で定めるものが行う無体財産権の提供等

三十四　労働者派遣業（自己の雇用する者その他の者を、他の者の指揮命令を受けて、当該他の者のために当該他の者の行う事業に従事させる事業をいう。）

2　次に掲げる事業は、前項に規定する事業に含まれないものとする。

一　公益社団法人又は公益財団法人が行う前項各号に掲げる事業のうち、公益社団法人及び公益財団法人の認定等に関する法律第2条第4号（定義）に規定する公益目的事業に該当するもの

二　公益法人等が行う前項各号に掲げる事業のうち、その事業に従事する次に掲げる者がその事業に従事する者の総数の半数以上を占め、かつ、その事業がこれらの者の生活の保護に寄与しているもの

イ　身体障害者福祉法（昭和24年法律第283号）第4条（身体障害者の意義）に

778

規定する身体障害者

ロ　生活保護法（昭和25年法律第144号）の規定により生活扶助を受ける者

ハ　児童相談所、知的障害者福祉法（昭和35年法律第37号）第9条第6項（更生援護の実施者）に規定する知的障害者更生相談所、精神保健及び精神障害者福祉に関する法律（昭和25年法律第123号）第6条第1項（精神保健福祉センター）に規定する精神保健福祉センター又は精神保健指定医により知的障害者として判定された者

ニ　精神保健及び精神障害者福祉に関する法律第45条第2項（精神障害者保健福祉手帳）の規定により精神障害者保健福祉手帳の交付を受けている者

ホ　年齢65歳以上の者

ヘ　母子及び父子並びに寡婦福祉法（昭和39年法律第129号）第6条第1項（定義）に規定する配偶者のない女子であつて民法第877条（扶養義務者）の規定により現に母子及び父子並びに寡婦福祉法第6条第3項に規定する児童を扶養しているもの又は同条第4項に規定する寡婦（次号ロにおいて「寡婦」という。）

三　母子及び父子並びに寡婦福祉法第6条第6項に規定する母子・父子福祉団体が行う前項各号に掲げる事業のうち母子及び父子並びに寡婦福祉法施行令（昭和39年政令第224号）第6条第1項各号（貸付けの対象となる母子・父子福祉団体の事業）に掲げる事業で、次に掲げるもの

イ　母子及び父子並びに寡婦福祉法第14条（母子・父子福祉団体に対する貸付け）（同法第31条の6第4項（父子福祉資金の貸付け）又は第32条第4項（寡婦福祉資金の貸付け）において準用する場合を含む。）の規定による貸付金の貸付けに係る事業のうち、その貸付けの日から当該貸付金の最終の償還日までの期間内の日の属する各事業年度において行われるもの

ロ　母子及び父子並びに寡婦福祉法第25条第1項（売店等の設置の許可）に規定する公共的施設内において同条第2項の規定に従つて行われている事業（同法第34条第2項（売店等の設置の許可等）の規定により寡婦をその業務に従事させて行われているものを含む。）

四　保険業法（平成7年法律第105号）第259条（目的）の保険契約者保護機構が同法第265条の28第1項第5号（業務）に掲げる業務として行う事業

（収益事業を行う法人の経理の区分）

㋹**第6条**　公益法人等及び人格のない社団等は、収益事業から生ずる所得に関する経理と収益事業以外の事業から生ずる所得に関する経理とを区分して行わなければならない。

（住宅用土地の貸付業で収益事業に該当しないものの要件）

㋿**第4条**　<u>令第5条第1項第5号ヘ</u>（不動産貸付業）に規定する財務省令で定める要

第3章　公益法人税務関係法令

件は、同号へに規定する貸付業の貸付けの対価の額のうち、当該事業年度の貸付期間に係る収入金額の合計額が、当該貸付けに係る土地に課される固定資産税額及び都市計画税額で当該貸付期間に係るものの合計額に3を乗じて計算した金額以下であることとする。

（小規模事業者に貸し付けられる不動産の範囲）

則**第4条の2**　令第5条第1項第5号リ（不動産貸付業）に規定する財務省令で定める不動産は、次に掲げる要件の全てを満たす不動産とする。

一　商工会及び商工会議所による小規模事業者の支援に関する法律（平成5年法律第51号）第2条（定義）に規定する小規模事業者（以下この条において「小規模事業者」という。）のみに対して貸し付けられるものであることが同法第7条第1項（基盤施設計画の認定）に規定する基盤施設計画（同項の認定を受けたものに限る。）において明らかにされているもの（以下この条において「対象基盤施設」という。）であること。

二　その対象基盤施設の全てが小規模事業者（その貸し付けられたときに小規模事業者であつた者がその後において小規模事業者に該当しなくなつた場合のその者（次号において「小規模事業者に該当しなくなつた者」という。）を含む。以下この号において同じ。）に対し直接貸し付けられ、かつ、当該小規模事業者自らが利用するものであること。

三　その対象基盤施設の貸付けに係る収益の額のうち小規模事業者に該当しなくなつた者に対する貸付けに係る収益の額の占める割合が100分の20以下となるものであること。

（事務処理の委託を受ける業で収益事業に該当しないものの要件）

則**第4条の3**　令第5条第1項第10号イ（請負業）に規定する財務省令で定める要件は、次に掲げる要件とする。

一　その委託の対価がその事務処理のために必要な費用をこえないことが法令の規定により明らかなこと。

二　その委託の対価がその事務処理のために必要な費用をこえるに至つた場合には、法令の規定により、そのこえる金額を委託者又はそれに代わるべき者として主務大臣の指定する者に支出することとされていること。

三　その委託が法令の規定に従つて行なわれていること。

（血液事業の範囲）

則**第4条の4**　令第5条第1項第29号（医療保健業）に規定する財務省令で定める血液事業は、献血により血液を採取し、その採取した血液（その血液から生成される安全な血液製剤の安定供給の確保等に関する法律（昭和31年法律第160号）第2条第1項（定義）に規定する血液製剤を含む。）を供給する事業とする。

780

（学術の研究に付随した医療保健業を行う法人の要件）

則第４条の５　令第５条第１項第29号ル（医療保健業）に規定する財務省令で定めるものは、専ら学術の研究を行い、かつ、当該研究を円滑に行うための体制が整備されているものとして文部科学大臣の定める基準に該当することにつき文部科学大臣の証明を受けた法人とする。

（医師会法人等が行う医療保健業で収益事業に該当しないものの要件）

則第５条　令第５条第１項第29号ヲ（収益事業の範囲）に規定する財務省令で定める要件は、次に掲げる要件（公益社団法人にあつては、第１号から第５号までに掲げる要件）とする。

一　１又は２以上の都道府県、郡、市、町、村、特別区（旧東京都制（昭和18年法律第89号）第140条第２項（区の区域等）に規定する従来の東京市の区を含む。）又は地方自治法（昭和22年法律第67号）第252条の19第１項（指定都市の機能）に規定する指定都市の区若しくは総合区の区域を単位とし、当該区域内の医師又は歯科医師を会員とする公益社団法人又は法別表第２に掲げる一般社団法人である医師会又は歯科医師会（以下この条において「医師会法人等」という。）で、当該医師会法人等の当該事業年度終了の日において地域医師等（当該医師会法人等の組織されている区域の医師又は歯科医師をいう。第３号及び第４号において同じ。）の大部分を会員としているものであること。

二　医師会法人等の当該事業年度終了の日における定款に、当該医師会法人等が解散したときはその残余財産が国若しくは地方公共団体又は当該医師会法人等と類似の目的を有する他の公益法人等に帰属する旨の定めがあること。

三　医師会法人等の開設する全ての病院又は診療所（専ら臨床検査をその業務とするものを含む。次号において「病院等」という。）が、当該事業年度を通じて、地域医師等の全ての者の利用に供するために開放され、かつ、当該地域医師等によつて利用されていること。

四　医師会法人等の開設する全ての病院等における診療が、当該事業年度を通じて地域医師等受診患者（当該病院等以外の病院又は診療所において主として診療を行う地域医師等の当該診療を受けた患者でその後引き続き主として当該地域医師等の診療を受けるものをいう。）に対して専ら行われていること。

五　医師会法人等の受ける診療報酬又は利用料の額が、当該事業年度を通じて、健康保険法（大正11年法律第70号）第76条第２項（療養の給付に関する費用）の規定により算定される額、同法第85条第２項（入院時食事療養費）に規定する基準により算定された同項の費用の額、同法第85条の２第２項（入院時生活療養費）に規定する基準により算定された同項の費用の額その他これらに準ずる額以下であること。

第3章　公益法人税務関係法令

六　医師会法人等の行う事業が、公的に運営され、かつ、地域における医療の確保に資するものとして厚生労働大臣の定める基準に該当することにつき、厚生労働大臣の証明を受けていること。

（農業協同組合連合会が行う医療保健業で収益事業に該当しないものの要件等）

則**第５条の２**　令第５条第１項第29号ワ（医療保健業）に規定する財務省令で定める要件は、次に掲げる事項の全てに該当するものであることについて財務大臣の承認を受けた日から５年を経過していないこととする。

一　当該農業協同組合連合会が自費患者から受ける診療報酬の額が健康保険法第76条第２項（療養の給付に関する費用）の規定により算定される額、同法第85条第２項（入院時食事療養費）に規定する基準により算定された同項の費用の額、同法第85条の２第２項（入院時生活療養費）に規定する基準により算定された同項の費用の額その他これらに準ずる額以下であり、かつ、その行う診療の程度が同法第72条（保険医又は保険薬剤師の責務）に規定する診療の程度以上であること。

二　当該農業協同組合連合会が次条第４号イからハまでに規定する施設（同号ハに規定する再教育を行う施設を含む。）のうちいずれかの施設又はこれらの施設以外の施設で公益の増進に著しく寄与する事業を行うに足りる施設を有するものであり、かつ、当該農業協同組合連合会につき医療に関する法令に違反する事実その他公益に反する事実がないこと。

２　前項の承認を受けようとする農業協同組合連合会は、第２条第１項各号（公益法人等に該当する農業協同組合連合会の指定申請書の記載事項等）に掲げる事項を記載した申請書を財務大臣に提出しなければならない。

３　前項の申請書には、次に掲げる書類を添付しなければならない。

一　その定款の写し

二　第１項に規定する要件を満たす旨を説明する書類

三　申請書を提出する日の属する事業年度の直前の事業年度の損益計算書、貸借対照表、剰余金又は損失の処分表及び事業報告書

（公益法人等の行う医療保健業で収益事業に該当しないものの要件）

則**第６条**　令第５条第１項第29号ヨ（医療保健業）に規定する財務省令で定める要件は、次に掲げる要件（法別表第２に掲げる一般社団法人及び一般財団法人以外の法人にあつては、第１号から第６号までに掲げる要件）とする。

一　公益法人等の当該事業年度終了の日における定款又は寄附行為その他これらに準ずるものに、当該公益法人等が解散したときはその残余財産が国若しくは地方公共団体又は当該公益法人等と類似の目的を有する他の公益法人等に帰属する旨の定めがあること。

二　次に掲げる者（以下この条において「特殊関係者」という。）のうち当該公益

782

法人等の役員となつているものの数が、当該事業年度を通じて当該公益法人等の役員の総数の3分の1以下であること。

イ 当該公益法人等に対して、財産を無償で提供した者、財産の譲渡（業として行うものを除く。）をした者又は医療施設を貸与している者

ロ 当該公益法人等の行う医療保健業が個人又は法人（人格のない社団等を含む。以下同じ。）の行つていた医療保健業を継承したと認められる場合には、当該個人又は法人の行つていた医療保健業を主宰していたと認められる者

ハ イ又はロに掲げる者の相続人及び当該相続人の相続人

ニ イ、ロ又はハに掲げる者の親族及び当該親族の配偶者

ホ イ、ロ又はハに掲げる者とまだ婚姻の届出をしないが事実上婚姻関係と同様の事情にある者及びイ、ロ又はハに掲げる者（イに掲げる者にあつては、個人である場合に限る。）の使用人（イ、ロ又はハに掲げる者の使用人であつた者で当該公益法人等の事業に従事するためこれらの者の使用人でなくなつたと認められるものを含む。）

ヘ イに掲げる者が法人（国及び公共法人並びに公益法人等でその役員のうちその公益法人等に対しイからニまで及びトに掲げる者と同様の関係にある者の数がその役員の総数の3分の1以下であるものを除く。）である場合には、その法人の役員又は使用人（その法人の役員又は使用人であつた者で当該公益法人等の事業に従事するためその法人の役員又は使用人でなくなつたと認められるものを含む。）

ト イ、ロ、ハ又はニに掲げる者の関係会社（イ、ロ、ハ及びニに掲げる者の有するその会社の株式又は出資の数又は金額が当該会社の発行済株式又は出資（当該会社が有する自己の株式又は出資を除く。）の総数又は総額の2分の1以上に相当する場合におけるその会社をいう。）の役員又は使用人（その関係会社の役員又は使用人であつた者で当該公益法人等の事業に従事するためその関係会社の役員又は使用人でなくなつたと認められるものを含む。）

三 公益法人等が自費患者から受ける診療報酬の額が、当該事業年度を通じて、健康保険法第76条第2項（療養の給付に関する費用）の規定により算定される額、同法第85条第2項（入院時食事療養費）に規定する基準により算定された同項の費用の額、同法第85条の2第2項（入院時生活療養費）に規定する基準により算定された同項の費用の額その他これらに準ずる額以下であり、かつ、その行う診療の程度が同法第72条（保険医又は保険薬剤師の責務）に規定する診療の程度以上であること。ただし、当該公益法人等が次号のイからニまでに掲げる事項の全てに該当するものであるときは、この限りでない。

四 公益法人等が、当該事業年度を通じて、次のイからハまでに掲げる事項のうち

第3章　公益法人税務関係法令

いずれかの事項及びニに掲げる事項に該当し、又はホに掲げる事項に該当することにつき厚生労働大臣の証明を受けているものであること。

イ　医療法（昭和23年法律第205号）第22条第1号及び第4号から第9号まで（地域医療支援病院の施設の基準）に掲げる施設の全てを有していること。

ロ　医師法（昭和23年法律第201号）第11条第2号（医師国家試験の受験資格）若しくは歯科医師法（昭和23年法律第202号）第11条第2号（歯科医師国家試験の受験資格）に規定する実地修練又は医師法第16条の2第1項（臨床研修）に規定する臨床研修を行うための施設を有していること。

ハ　都道府県知事の指定する保健師、助産師、看護師（准看護師を含む。）、診療放射線技師、歯科衛生士、歯科技工士、臨床検査技師、理学療法士、作業療法士若しくは視能訓練士の養成所を有し、又は医学若しくは歯学に関する学校教育法（昭和22年法律第26号）の規定による大学（旧大学令（大正7年勅令第388号）の規定による大学及び旧専門学校令（明治36年勅令第61号）の規定による専門学校を含む。）の教職の経験若しくは担当診療科に関し5年以上の経験を有する医師若しくは歯科医師を指導医として、常時3人以上の医師若しくは歯科医師の再教育（再教育を受ける医師若しくは歯科医師に対して報酬を支給しないものに限る。）を行つていること。

ニ　生活保護法（昭和25年法律第144号）第15条（医療扶助）若しくは第16条（出産扶助）に規定する扶助に係る診療を受けた者又は無料若しくは健康保険法第76条第2項の規定により算定される額及び同法第85条第2項に規定する基準により算定された同項の費用の額若しくは同法第85条の2第2項に規定する基準により算定された同項の費用の額の合計額の10分の1に相当する金額以上を減額した料金により診療を受けた者の延数が取扱患者の総延数の10分の1以上であること。

ホ　社会福祉法（昭和26年法律第45号）第69条第1項（第2種社会福祉事業開始の届出）の規定により同法第2条第3項第9号（無料又は低額な料金による診療事業）に掲げる事業を行う旨の届出をし、かつ、厚生労働大臣の定める基準に従つて当該事業を行つていること。

五　公益法人等が、当該事業年度を通じて、その特殊関係者に対し、施設の利用、金銭の貸付け、資産の譲渡、給与の支給その他財産の運用及び事業の収入支出に関して特別の利益を与えていないこと。

六　公益法人等が当該事業年度においてその特殊関係者（第2号ホ、ヘ又はトに規定する使用人のうち当該公益法人等の役員でない者を除く。）に支給した給与の合計額が、当該公益法人等の役員及び使用人に支給した給与の合計額の4分の1に相当する金額以下であること。

３．法人税法関係法令

七　公益法人等の行う事業が公的に運営されるものとして厚生労働大臣の定める基準に該当することにつき、厚生労働大臣の証明を受けていること。

（学校において行なう技芸の教授のうち収益事業に該当しないものの範囲）

囲**第７条**　令第５条第１項第30号イ（技芸教授業）に規定する財務省令で定めるものは、次の各号に掲げる事項のすべてに該当する技芸の教授とする。

一　その修業期間（普通科、専攻科その他これらに準ずる区別がある場合には、それぞれの修業期間）が１年以上であること。

二　その１年間の授業時間数（普通科、専攻科その他これらに準ずる区別がある場合には、それぞれの授業時間数）が680時間以上であること（学校教育法第124条（専修学校）に規定する専修学校の同法第125条第１項（専修学校の課程）に規定する高等課程、専門課程又は一般課程にあつてはそれぞれの授業時間数が800時間以上であること（夜間その他特別な時間において授業を行う場合には、その１年の授業時間数が450時間以上であり、かつ、その修業期間を通ずる授業時間数が800時間以上であること。））。

三　その施設（教員数を含む。）が同時に授業を受ける生徒数に比し十分であると認められること。

四　その教授が年２回をこえない一定の時期に開始され、かつ、その終期が明確に定められていること。

五　その生徒について学年又は学期ごとにその成績の評価が行なわれ、その結果が成績考査に関する表簿その他の書類に登載されていること。

六　その生徒について所定の技術を修得したかどうかの成績の評価が行なわれ、その評価に基づいて卒業証書又は修了証書が授与されていること。

（学校において行う学力の教授のうち収益事業に該当しないものの範囲）

囲**第７条の２**　令第５条第１項第30号ロ（学力の教授業）に規定する財務省令で定めるものは、前条各号に掲げる事項のすべてに該当する学力の教授及び次の各号に掲げる事項のいずれかに該当する学力の教授とする。

一　学校教育法の規定による大学の入学者を選抜するための学力試験に直接備えるための学力の教授で、前条各号に掲げる事項のすべてに該当する学力の教授を行う同法第１条（学校の範囲）に規定する学校、同法第124条（専修学校）に規定する専修学校又は同法第134条第１項（各種学校）に規定する各種学校（次号において「学校等」という。）において行われるもののうちその教科又は課程の授業時間数が30時間以上であるもの

二　前号に掲げるもののほか、学校等において行われる学力の教授で、次に掲げる事項のすべてに該当するもの

イ　その教科又は課程の授業時間数が60時間以上であること。

785

第3章　公益法人税務関係法令

ロ　その施設（教員数を含む。）が同時に授業を受ける生徒数に比し十分であると認められること。

ハ　その教授が年3回を超えない一定の時期に開始され、かつ、その終期が明確に定められていること。

（理容師等養成施設において行う技芸の教授のうち収益事業に該当しないものの範囲）

則**第8条**　令第5条第1項第30号ニ（技芸教授業）に規定する財務省令で定めるものは、次の各号に掲げる事項の全てに該当する技芸の教授とする。

一　その修業期間（普通科、専攻科その他これらに準ずる区別がある場合には、それぞれの修業期間）が昼間課程又は夜間課程にあつては2年、通信課程にあつては3年以上であること。

二　その教科課目の単位数が理容師養成施設指定規則（平成10年厚生省令第5号）第4条第1項（養成施設指定の基準）又は美容師養成施設指定規則（平成10年厚生省令第8号）第3条第1項（養成施設指定の基準）に定める単位数であること。

三　その施設（教員数を含む。）が同時に授業を受ける生徒数に比し十分であると認められること。

四　その教授が年2回を超えない一定の時期に開始され、かつ、その終期が明確に定められていること。

五　その生徒について学年又は学期ごとにその成績の評価が行われ、その結果が成績考査に関する表簿その他の書類に登載されていること。

六　その生徒について所定の技術を修得したかどうかの成績の評価が行われ、その評価に基づいて卒業証書又は修了証書が授与されていること。

（信用保証業で収益事業に該当しないものの範囲等）

則**第8条の2**　令第5条第1項第32号イ（信用保証業）に規定する財務省令で定める法令は、清酒製造業等の安定に関する特別措置法（昭和45年法律第77号）、独立行政法人農林漁業信用基金法（平成14年法律第128号）、農業信用保証保険法（昭和36年法律第204号）、中小漁業融資保証法（昭和27年法律第346号）、宅地建物取引業法（昭和27年法律第176号）及び都市再生特別措置法（平成14年法律第22号）とする。

2　令第5条第1項第32号ロに規定する財務省令で定める要件は、信用保証業のうち当該保証契約に係る保証料の額がその保証金額に年2パーセントの割合を乗じて計算した金額以下であることとする。

（無体財産権の提供等を行う事業で収益事業に該当しないものの範囲等）

則**第8条の2の2**　令第5条第1項第33号ロ（無体財産権の提供等を行う事業）に規定する特別の法令により設立された法人で財務省令で定めるものは、国立研究開発法人科学技術振興機構、国立研究開発法人新エネルギー・産業技術総合開発機構、国立研究開発法人日本原子力研究開発機構、国立研究開発法人農業・食品産業技術

総合研究機構、国立研究開発法人理化学研究所、独立行政法人中小企業基盤整備機構、放送大学学園（放送大学学園法（平成14年法律第156号）第3条（目的）に規定する放送大学学園をいう。）及び商工会等（商工会及び商工会議所による小規模事業者の支援に関する法律第8条第2項（基盤施設計画の変更等）に規定する認定基盤施設計画に従つて令第5条第1項第33号に規定する無体財産権の提供等を行う同法第3条第1項（基本指針）に規定する商工会等をいう。）とする。

2　令第5条第1項第33号ハに規定する財務省令で定めるものは、同号に規定する無体財産権の提供等に係る収益の額がその行う事業（収益事業（同号に規定する無体財産権の提供等を行う事業を除く。）に該当する事業を除く。）に要する費用の額の2分の1に相当する額を超える公益法人等とする。

第2条　この法律において、次の各号に掲げる用語の意義は、当該各号に定めるところによる。

一～九の二　（764頁）

十～十二の七の七　省略

十二の八　（768頁）

十二の九～十二の十九　省略

十三　（771頁）

十四　株主等　株主又は合名会社、合資会社若しくは合同会社の社員その他法人の出資者をいう。

十五　役員　法人の取締役、執行役、会計参与、監査役、理事、監事及び清算人並びにこれら以外の者で法人の経営に従事している者のうち政令で定めるものをいう。

（役員の範囲）

㋿**第7条**　法第2条第15号（役員の意義）に規定する政令で定める者は、次に掲げる者とする。

一　法人の使用人（職制上使用人としての地位のみを有する者に限る。次号において同じ。）以外の者でその法人の経営に従事しているもの

二　同族会社の使用人のうち、第71条第1項第5号イからハまで（使用人兼務役員とされない役員）の規定中「役員」とあるのを「使用人」と読み替えた場合に同号イからハまでに掲げる要件のすべてを満たしている者で、その会社の経営に従事しているもの

第3章　公益法人税務関係法令

第2条　この法律において、次の各号に掲げる用語の意義は、当該各号に定めるところによる。

一～九の二　（764頁）

十～十二の七の七　省略

十二の八　（768頁）

十二の九～十二の十九　省略

十三　（771頁）

十四・十五　（787頁）

十六　資本金等の額　法人（各連結事業年度の連結所得に対する法人税を課される連結事業年度の連結法人（以下この条において「連結申告法人」という。）を除く。）が株主等から出資を受けた金額として政令で定める金額をいう。

十七～十七の二　省略

十八　利益積立金額　法人（連結申告法人を除く。）の所得の金額（第81条の18第1項（連結法人税の個別帰属額の計算）に規定する個別所得金額を含む。）で留保している金額として政令で定める金額をいう。

十八の二～十八の四　省略

十九　欠損金額　各事業年度の所得の金額の計算上当該事業年度の損金の額が当該事業年度の益金の額を超える場合におけるその超える部分の金額をいう。

十九の二　省略

二十　棚卸資産　商品、製品、半製品、仕掛品、原材料その他の資産で棚卸しをすべきものとして政令で定めるもの（有価証券及び第61条第1項（短期売買商品の譲渡損益及び時価評価損益の益金又は損金算入）に規定する短期売買商品を除く。）をいう。

二十一　有価証券　金融商品取引法（昭和23年法律第25号）第2条第1項（定義）に規定する有価証券その他これに準ずるもので政令で定めるもの（自己が有する自己の株式又は出資及び第61条の5第1項（デリバティブ取引に係る利益相当額又は損失相当額の益金又は損金算入等）に規定するデリバティブ取引に係るものを除く。）をいう。

二十二　固定資産　土地（土地の上に存する権利を含む。）、減価償却資産、電話加入権その他の資産で政令で定めるものをいう。

二十三　減価償却資産　建物、構築物、機械及び装置、船舶、車両及び運搬具、工具、器具及び備品、鉱業権その他の資産で償却をすべきものとして政令で定めるものをいう。

二十四　繰延資産　法人が支出する費用のうち支出の効果がその支出の日以後1年

788

以上に及ぶもので政令で定めるものをいう。

二十五　損金経理　法人がその確定した決算において費用又は損失として経理することをいう。

二十六～四十四　省略

第4条　内国法人は、この法律により、法人税を納める義務がある。ただし、公益法人等又は人格のない社団等については、収益事業を行う場合、法人課税信託の引受けを行う場合又は第84条第1項（退職年金等積立金の額の計算）に規定する退職年金業務等を行う場合に限る。

2　公共法人は、前項の規定にかかわらず、法人税を納める義務がない。

3　外国法人は、第138条（国内源泉所得）に規定する国内源泉所得を有するとき（人格のない社団等にあつては、当該国内源泉所得で収益事業から生ずるものを有するときに限る。）、法人課税信託の引受けを行うとき又は第145条の3（外国法人に係る退職年金等積立金の額の計算）に規定する退職年金業務等を行うときは、この法律により、法人税を納める義務がある。

4　個人は、法人課税信託の引受けを行うときは、この法律により、法人税を納める義務がある。

（内国法人の課税所得の範囲）

第5条　内国法人に対しては、各事業年度（連結事業年度に該当する期間を除く。）の所得について、各事業年度の所得に対する法人税を課する。

（内国公益法人等の非収益事業所得等の非課税）

第7条　内国法人である公益法人等又は人格のない社団等の各事業年度の所得のうち収益事業から生じた所得以外の所得については、第5条（内国法人の課税所得の範囲）の規定にかかわらず、各事業年度の所得に対する法人税を課さない。

（課税所得の範囲の変更等の場合のこの法律の適用）

第10条の3　特定普通法人等（一般社団法人若しくは一般財団法人、医療法人その他の普通法人又は協同組合等のうち、公益法人等に該当することとなり得るもので政令で定める法人をいう。以下この条において同じ。）が公益法人等に該当することとなる場合には、その該当することとなる日の前日に当該特定普通法人等が解散したものとみなして、次に掲げる規定その他政令で定める規定を適用する。

一　第80条第4項（欠損金の繰戻しによる還付）

二　第81条の31第4項（連結欠損金の繰戻しによる還付）

2　特定普通法人等が公益法人等に該当することとなつた場合には、その該当することとなつた日に当該公益法人等が設立されたものとみなして、次に掲げる規定その他政令で定める規定を適用する。

　　一　第57条第1項（青色申告書を提出した事業年度の欠損金の繰越し）

　　二　第58条第1項（青色申告書を提出しなかつた事業年度の災害による損失金の繰越し）

　　三　第59条（会社更生等による債務免除等があつた場合の欠損金の損金算入）

　　四　第80条

3・4　省略

5　特定普通法人等が当該特定普通法人等を被合併法人とし、公益法人等を合併法人とする適格合併を行つた場合の処理その他前各項の規定の適用に関し必要な事項は、政令で定める。

🏛第14条の11　法第10条の3第1項（課税所得の範囲の変更等）に規定する政令で定める法人は、次に掲げる法人とする。

　　一　一般社団法人又は一般財団法人のうち、普通法人であるもの

　　二　医療法人のうち普通法人であるもの

　　三　生産森林組合

2　法第10条の3第1項に規定する政令で定める規定は、次に掲げる規定とする。

　　一　第81条（国庫補助金等に係る特別勘定の金額の取崩し）

　　二　第90条（保険差益等に係る特別勘定の金額の取崩し）

　　三　法第81条の3第1項（個別益金額又は個別損金額）（前2号に掲げる規定により同項に規定する個別益金額を計算する場合に限る。）

3　法第10条の3第2項に規定する政令で定める規定は、次に掲げる規定とする。

　　一　第22条（株式等に係る負債の利子の額）

　　二　第96条第6項及び第8項（貸倒引当金勘定への繰入限度額）

　　三　第101条第2項（返品調整引当金勘定への繰入限度額）

4　法第10条の3第1項に規定する特定普通法人が、当該特定普通法人を被合併法人とし、公益法人等を合併法人とする合併（適格合併に限る。）を行つた場合には、当該合併は適格合併に該当しないものとみなして、次に掲げる規定を適用する。

　　一　法第52条第1項及び第2項（貸倒引当金）

　　二　法第53条第1項（返品調整引当金）

　　三　法第57条第2項（青色申告書を提出した事業年度の欠損金の繰越し）

　　四　法第58条第2項（青色申告書を提出しなかつた事業年度の災害による損失金の

３．法人税法関係法令

繰越し）

五　法第61条の６第３項（繰延ヘッジ処理による利益額又は損失額の繰延べ）

六　法第80条第４項（欠損金の繰戻しによる還付）

七　法第81条の31第３項（連結欠損金の繰戻しによる還付）

八　法第135条（仮装経理に基づく過大申告の場合の更正に伴う法人税額の還付の特例）

九　第22条第４項

十　第81条

十一　第90条

十二　第96条第６項及び第８項

十三　第101条第２項

十四　第121条の５第１項（繰り延べたデリバティブ取引等の決済損益額の計上時期等）（第121条の３の２第５項（オプション取引を行つた場合の繰延ヘッジ処理における有効性判定方法等）の規定により読み替えて適用する場合を含む。）

十五　第125条第２項（延払基準の方法により経理しなかつた場合等の処理）

十六　第128条（適格組織再編成が行われた場合における延払基準の適用）

十七　第133条の２第４項（一括償却資産の損金算入）

十八　第139条の４第９項（資産に係る控除対象外消費税額等の損金算入）

十九　法第81条の３第１項（第１号、第２号、第５号又は第10号から前号までに掲げる規定により同項に規定する個別益金額又は個別損金額を計算する場合に限る。）

5〜8　省略

（信託財産に属する資産及び負債並びに信託財産に帰せられる収益及び費用の帰属）

第12条　信託の受益者（受益者としての権利を現に有するものに限る。）は当該信託の信託財産に属する資産及び負債を有するものとみなし、かつ、当該信託財産に帰せられる収益及び費用は当該受益者の収益及び費用とみなして、この法律の規定を適用する。ただし、集団投資信託、退職年金等信託、特定公益信託等又は法人課税信託の信託財産に属する資産及び負債並びに当該信託財産に帰せられる収益及び費用については、この限りでない。

2　信託の変更をする権限（軽微な変更をする権限として政令で定めるものを除く。）を現に有し、かつ、当該信託の信託財産の給付を受けることとされている者（受益者を除く。）は、前項に規定する受益者とみなして、同項の規定を適用する。

3　法人が受託者となる集団投資信託、退職年金等信託又は特定公益信託等の信託財

791

第3章　公益法人税務関係法令

産に属する資産及び負債並びに当該信託財産に帰せられる収益及び費用は、当該法
人の各事業年度の所得の金額及び各連結事業年度の連結所得の金額の計算上、当該
法人の資産及び負債並びに収益及び費用でないものとみなして、この法律の規定を
適用する。

4　この条において、次の各号に掲げる用語の意義は、当該各号に定めるところによ
る。

一　退職年金等信託　第84条第1項（退職年金等積立金の額の計算）に規定する確
定給付年金資産管理運用契約、確定給付年金基金資産運用契約、確定拠出年金資
産管理契約、勤労者財産形成給付契約若しくは勤労者財産形成基金給付契約、国
民年金基金若しくは国民年金基金連合会の締結した国民年金法（昭和34年法律第
141号）第128条第3項（基金の業務）若しくは第137条の15第4項（連合会の業務）
に規定する契約又はこれらに類する<u>退職年金に関する契約で政令で定めるもの</u>に
係る信託をいう。

二　特定公益信託等　第37条第6項（寄附金の損金不算入）に規定する特定公益信
託及び社債、株式等の振替に関する法律（平成13年法律第75号）第2条第11項（定
義）に規定する加入者保護信託をいう。

5　受益者が2以上ある場合における第1項の規定の適用、第2項に規定する信託財
産の給付を受けることとされている者に該当するかどうかの判定その他第1項から
第3項までの規定の適用に関し必要な事項は、<u>政令</u>で定める。

（信託財産に属する資産及び負債並びに信託財産に帰せられる収益及び費用の帰属）

🈟**第15条**　法第12条第2項（信託財産に属する資産及び負債並びに信託財産に帰せ
られる収益及び費用の帰属）<u>に規定する政令で定める権限</u>は、信託の目的に反しな
いことが明らかである場合に限り信託の変更をすることができる権限とする。

2　法第12条第2項に規定する信託の変更をする権限には、他の者との合意により信
託の変更をすることができる権限を含むものとする。

3　停止条件が付された信託財産の給付を受ける権利を有する者は、法第12条第2項
に規定する信託財産の給付を受けることとされている者に該当するものとする。

4　法第12条第1項に規定する受益者（同条第2項の規定により同条第1項に規定す
る受益者とみなされる者を含む。以下この項において同じ。）が2以上ある場合に
おける同条第1項の規定の適用については、同項の信託の信託財産に属する資産及
び負債の全部をそれぞれの受益者がその有する権利の内容に応じて有するものと
し、当該信託財産に帰せられる収益及び費用の全部がそれぞれの受益者にその有す
る権利の内容に応じて帰せられるものとする。

5　<u>法第12条第4項第1号に規定する退職年金に関する契約で政令で定めるものは、</u>

次に掲げる契約とする。

一　第156条の２第１項第10号（用語の意義）に規定する厚生年金基金契約

二　国家公務員共済組合法（昭和33年法律第128号）第21条第２項第２号（設立及び業務）に掲げる業務に係る国家公務員共済組合法施行令（昭和33年政令第207号）第９条の４第１号（厚生年金保険給付積立金等及び退職等年金給付積立金等の管理及び運用に関する契約）に掲げる契約

三　地方公務員等共済組合法（昭和37年法律第152号）第３条の２第１項第３号（組合の業務）に規定する退職等年金給付組合積立金の積立ての業務に係る地方公務員等共済組合法施行令（昭和37年政令第352号）第16条の３第１号（資金の運用に関する契約）（同令第20条（準用規定）において準用する場合を含む。）に掲げる契約

四　地方公務員等共済組合法第38条の２第２項第４号（地方公務員共済組合連合会）に規定する退職等年金給付調整積立金の管理及び運用に関する事務に係る業務に係る地方公務員等共済組合法施行令第21条の３（準用規定）において準用する同令第16条の３第１号に掲げる契約

五　日本私立学校振興・共済事業団法第23条第１項第８号（業務）に掲げる業務に係る信託の契約

（事業年度の意義）

第13条　この法律において「事業年度」とは、法人の財産及び損益の計算の単位となる期間（以下この章において「会計期間」という。）で、法令で定めるもの又は法人の定款、寄附行為、規則、規約その他これらに準ずる場合には、次項の規定により納税地の所轄税務署長に届け出た会計期間又は第３項の規定により納税地の所轄税務署長が指定した会計期間若しくは第４項に規定する期間をいう。ただし、これらの期間が１年を超える場合は、当該期間をその開始の日以後１年ごとに区分した各期間（最後に１年未満の期間を生じたときは、その１年未満の期間）をいう。

２　法令及び定款等に会計期間の定めがない法人は、次の各号に掲げる法人の区分に応じ当該各号に定める日以後２月以内に、会計期間を定めてこれを納税地の所轄税務署長に届け出なければならない。

一　内国法人　設立の日（公益法人等又は人格のない社団等については収益事業を開始した日とし、公益法人等（収益事業を行つていないものに限る。）に該当していた普通法人又は協同組合等については当該普通法人又は協同組合等に該当することとなつた日とする。）

第3章　公益法人税務関係法令

二　省略

3　前項の規定による届出をすべき法人（人格のない社団等を除く。）がその届出を
しない場合には、納税地の所轄税務署長は、その会計期間を指定し、当該法人に対
し、書面によりその旨を通知する。

4　第2項の規定による届出をすべき人格のない社団等がその届出をしない場合に
は、その人格のない社団等の会計期間は、その年の1月1日（同項第1号に規定す
る収益事業を開始した日又は同項第2号に規定する国内源泉所得のうち収益事業か
ら生ずるものを有することとなつた日の属する年については、これらの日）から12
月31日までの期間とする。

（みなし事業年度）

第14条　次の各号に規定する法人（第5号から第7号までにあつてはこれらの規定
に規定する他の内国法人とし、第8号、第12号、第13号及び第15号にあつてはこれ
らの規定に規定する連結子法人とし、第11号及び第16号にあつてはこれらの規定に
規定する連結法人とし、第14号にあつては同号に規定する連結親法人とする。）が
当該各号に掲げる場合に該当することとなつたときは、前条第1項の規定にかかわ
らず、当該各号に定める期間をそれぞれ当該法人の事業年度とみなす。

一　内国法人（連結子法人を除く。）が事業年度の中途において解散（合併による
　解散を除く。）をした場合　その事業年度開始の日から解散の日までの期間及び
　解散の日の翌日からその事業年度終了の日までの期間

二　法人が事業年度の中途において合併により解散した場合（第10号に掲げる場合
　を除く。）　その事業年度開始の日から合併の日の前日までの期間

三～十八　省略

十九　内国法人である公益法人等又は人格のない社団等が事業年度の中途において
　新たに収益事業を開始した場合（人格のない社団等にあつては、前条第4項に規
　定する場合に該当する場合を除く。）　その開始した日から同日の属する事業年度
　終了の日までの期間

二十　公益法人等が事業年度の中途において普通法人若しくは協同組合等に該当す
　ることとなつた場合又は普通法人若しくは協同組合等が事業年度の中途において
　公益法人等に該当することとなつた場合　その事業年度開始の日からこれらの場
　合のうちいずれかに該当することとなつた日の前日までの期間及びその該当する
　こととなつた日からその事業年度終了の日までの期間

二十一　清算中の法人の残余財産が事業年度の中途において確定した場合（第10号
　に掲げる場合を除く。）　その事業年度開始の日から残余財産の確定の日までの期間

二十二　清算中の内国法人（連結子法人を除く。）が事業年度の中途において継続
　　した場合　その事業年度開始の日から継続の日の前日までの期間及び継続の日か
　　らその事業年度終了の日までの期間
二十三〜二十五　省略
2　省略

（各事業年度の所得に対する法人税の課税標準）
第21条　内国法人に対して課する各事業年度の所得に対する法人税の課税標準は、
　各事業年度の所得の金額とする。

（各事業年度の所得の金額の計算）
第22条　内国法人の各事業年度の所得の金額は、当該事業年度の益金の額から当該
　事業年度の損金の額を控除した金額とする。
2　内国法人の各事業年度の所得の金額の計算上当該事業年度の益金の額に算入すべ
　き金額は、別段の定めがあるものを除き、資産の販売、有償又は無償による資産の
　譲渡又は役務の提供、無償による資産の譲受けその他の取引で資本等取引以外のも
　のに係る当該事業年度の収益の額とする。
3　内国法人の各事業年度の所得の金額の計算上当該事業年度の損金の額に算入すべ
　き金額は、別段の定めがあるものを除き、次に掲げる額とする。
一　当該事業年度の収益に係る売上原価、完成工事原価その他これらに準ずる原価
　　の額
二　前号に掲げるもののほか、当該事業年度の販売費、一般管理費その他の費用
　　（償却費以外の費用で当該事業年度終了の日までに債務の確定しないものを除
　　く。）の額
三　当該事業年度の損失の額で資本等取引以外の取引に係るもの
4　第2項に規定する当該事業年度の収益の額及び前項各号に掲げる額は、一般に公
　正妥当と認められる会計処理の基準に従つて計算されるものとする。
5　第2項又は第3項に規定する資本等取引とは、法人の資本金等の額の増加又は減
　少を生ずる取引並びに法人が行う利益又は剰余金の分配（資産の流動化に関する法
　律第115条第1項（中間配当）に規定する金銭の分配を含む。）及び残余財産の分配
　又は引渡しをいう。

第3章　公益法人税務関係法令

（役員給与の損金不算入）

第34条　内国法人がその役員に対して支給する給与（退職給与で業績連動給与に該当しないもの、使用人としての職務を有する役員に対して支給する当該職務に対するもの及び第3項の規定の適用があるものを除く。以下この項において同じ。）のうち次に掲げる給与のいずれにも該当しないものの額は、その内国法人の各事業年度の所得の金額の計算上、損金の額に算入しない。

一　その支給時期が1月以下の一定の期間ごとである給与（次号イにおいて「定期給与」という。）で当該事業年度の各支給時期における支給額が同額であるものその他これに準ずるものとして<u>政令で定める給与</u>（同号において「定期同額給与」という。）

二　その役員の職務につき所定の時期に、確定した額の金銭又は確定した数の株式（出資を含む。以下この項及び第5項において同じ。）若しくは新株予約権若しくは確定した額の金銭債権に係る第54条第1項（譲渡制限付株式を対価とする費用の帰属事業年度の特例）に規定する特定譲渡制限付株式若しくは第54条の2第1項（新株予約権を対価とする費用の帰属事業年度の特例等）に規定する特定新株予約権を交付する旨の定めに基づいて支給する給与で、定期同額給与及び業績連動給与のいずれにも該当しないもの（当該株式若しくは当該特定譲渡制限付株式に係る第54条第1項に規定する承継譲渡制限付株式又は当該新株予約権若しくは当該特定新株予約権に係る第54条の2第1項に規定する承継新株予約権による給与を含むものとし、次に掲げる場合に該当する場合にはそれぞれ次に定める要件を満たすものに限る。）

イ　その給与が定期給与を支給しない役員に対して支給する給与（同族会社に該当しない内国法人が支給する給与で金銭によるものに限る。）以外の給与（株式又は新株予約権による給与で、将来の役務の提供に係るものとして政令で定めるものを除く。）である場合　<u>政令で定めるところ</u>により納税地の所轄税務署長にその定めの内容に関する届出をしていること。

ロ　株式を交付する場合　当該株式が市場価格のある株式又は市場価格のある株式と交換される株式（当該内国法人又は関係法人が発行したものに限る。次号において「適格株式」という。）であること。

ハ　新株予約権を交付する場合　当該新株予約権がその行使により市場価格のある株式が交付される新株予約権（当該内国法人又は関係法人が発行したものに限る。次号において「適格新株予約権」という。）であること。

三　省略

2　内国法人がその役員に対して支給する給与（前項又は次項の規定の適用があるも

のを除く。）の額のうち不相当に高額な部分の金額として政令で定める金額は、その内国法人の各事業年度の所得の金額の計算上、損金の額に算入しない。

3　内国法人が、事実を隠蔽し、又は仮装して経理をすることによりその役員に対して支給する給与の額は、その内国法人の各事業年度の所得の金額の計算上、損金の額に算入しない。

4　前3項に規定する給与には、債務の免除による利益その他の経済的な利益を含むものとする。

5　省略

6　第1項に規定する使用人としての職務を有する役員とは、役員（社長、理事長その他政令で定めるものを除く。）のうち、部長、課長その他法人の使用人としての職制上の地位を有し、かつ、常時使用人としての職務に従事するものをいう。

7　省略

8　第4項から前項までに定めるもののほか、第1項から第3項までの規定の適用に関し必要な事項は、政令で定める。

（定期同額給与の範囲等）

[令]**第69条　法第34条第1項第1号**（役員給与の損金不算入）**に規定する政令で定める給与**は、次に掲げる給与とする。

一　法第34条第1項第1号に規定する定期給与（以下第6項までにおいて「定期給与」という。）で、次に掲げる改定（以下この号において「給与改定」という。）がされた場合における当該事業年度開始の日又は給与改定前の最後の支給時期の翌日から給与改定後の最初の支給時期の前日又は当該事業年度終了の日までの間の各支給時期における支給額が同額であるもの

イ　当該事業年度開始の日の属する会計期間（法第13条第1項（事業年度の意義）に規定する会計期間をいう。第4項第1号及び第13項において同じ。）開始の日から3月（法第75条の2第1項各号（確定申告書の提出期限の延長の特例）の指定を受けている内国法人にあつては、その指定に係る月数に2を加えた月数）を経過する日（イにおいて「3月経過日等」という。）まで（定期給与の額の改定（継続して毎年所定の時期にされるものに限る。）が3月経過日等後にされることについて特別の事情があると認められる場合にあつては、当該改定の時期）にされた定期給与の額の改定

ロ　当該事業年度において当該内国法人の役員の職制上の地位の変更、その役員の職務の内容の重大な変更その他これらに類するやむを得ない事情（第4項第2号及び第5項第1号において「臨時改定事由」という。）によりされたこれらの役員に係る定期給与の額の改定（イに掲げる改定を除く。）

第3章　公益法人税務関係法令

ハ　当該事業年度において当該内国法人の経営の状況が著しく悪化したことその他これに類する理由（第5項第2号において「業績悪化改定事由」という。）によりされた定期給与の額の改定（その定期給与の額を減額した改定に限り、イ及びロに掲げる改定を除く。）

二　継続的に供与される経済的な利益のうち、その供与される利益の額が毎月おおむね一定であるもの

2　法第34条第1項第1号及び前項第1号の規定の適用については、定期給与の各支給時期における支給額から源泉税等の額（当該定期給与について所得税法第2条第1項第45号（定義）に規定する源泉徴収をされる所得税の額、当該定期給与について地方税法第1条第1項第9号（用語）に規定する特別徴収をされる同項第4号に規定する地方税の額、健康保険法第167条第1項（保険料の源泉控除）その他の法令の規定により当該定期給与の額から控除される社会保険料（所得税法第74条第2項（社会保険料控除）に規定する社会保険料をいう。）の額その他これらに類するものの額の合計額をいう。）を控除した金額が同額である場合には、当該定期給与の当該各支給時期における支給額は、同額であるものとみなす。

3　省略

4　法第34条第1項第2号イに規定する届出は、第1号に掲げる日（第2号に規定する臨時改定事由が生じた場合における同号の役員の職務についてした同号の定めの内容に関する届出については、次に掲げる日のうちいずれか遅い日。第7項において「届出期限」という。）までに、財務省令で定める事項を記載した書類をもつてしなければならない。

一　株主総会等の決議により法第34条第1項第2号の役員の職務につき同号の定めをした場合における当該決議をした日（同日がその職務の執行の開始の日後である場合にあつては、当該開始の日）から1月を経過する日（同日が当該開始の日の属する会計期間開始の日から4月（法第75条の2第1項各号の指定を受けている内国法人にあつては、その指定に係る月数に3を加えた月数）を経過する日（以下この号において「4月経過日等」という。）後である場合には当該4月経過日等とし、新たに設立した内国法人がその役員のその設立の時に開始する職務につき法第34条第1項第2号の定めをした場合にはその設立の日以後2月を経過する日とする。）

二　臨時改定事由（当該臨時改定事由により当該臨時改定事由に係る役員の職務につき法第34条第1項第2号の定めをした場合（当該役員の当該臨時改定事由が生ずる直前の職務につき同号の定めがあつた場合を除く。）における当該臨時改定事由に限る。）が生じた日から1月を経過する日

5　法第34条第1項第2号に規定する定めに基づいて支給する給与につき既に前項又

798

はこの項の規定による届出（以下この項において「直前届出」という。）をしている内国法人が当該直前届出に係る定めの内容を変更する場合において、その変更が次の各号に掲げる事由に基因するものであるとき（第2号に掲げる事由に基因する変更にあつては、当該定めに基づく給与の支給額を減額し、又は交付する株式（出資を含む。以下この条において同じ。）若しくは新株予約権の数を減少させるものであるときに限る。）は、当該変更後の法第34条第1項第2号イに規定する定めの内容に関する届出は、前項の規定にかかわらず、当該各号に掲げる事由の区分に応じ当該各号に定める日（第7項において「変更届出期限」という。）までに、財務省令で定める事項を記載した書類をもつてしなければならない。

一　臨時改定事由　当該臨時改定事由が生じた日から1月を経過する日

二　業績悪化改定事由　当該業績悪化改定事由によりその定めの内容の変更に関する株主総会等の決議をした日から1月を経過する日（当該変更前の当該直前届出に係る定めに基づく給与の支給の日（当該決議をした日後最初に到来するものに限る。）が当該1月を経過する日前にある場合には、当該支給の日の前日）

6　法第34条第1項第2号イの場合において、内国法人が同族会社に該当するかどうかの判定は、当該内国法人が定期給与を支給しない役員の職務につき同号の定めをした日（第4項第1号の新たに設立した内国法人が同号に規定する設立の時に開始する職務についてした同号の定めにあつては、同号の設立の日）の現況による。

7　税務署長は、届出期限又は変更届出期限までに法第34条第1項第2号イの届出がなかつた場合においても、その届出がなかつたことについてやむを得ない事情があると認めるときは、当該届出期限又は変更届出期限までにその届出があつたものとして同項の規定を適用することができる。

8～19　省略

（過大な役員給与の額）

㋭第70条　法第34条第2項（役員給与の損金不算入）に規定する政令で定める金額は、次に掲げる金額の合計額とする。

一　次に掲げる金額のうちいずれか多い金額

　　イ　内国法人が各事業年度においてその役員に対して支給した給与（法第34条第2項に規定する給与のうち、退職給与以外のものをいう。以下この号において同じ。）の額（第3号に掲げる金額に相当する金額を除く。）が、当該役員の職務の内容、その内国法人の収益及びその使用人に対する給与の支給の状況、その内国法人と同種の事業を営む法人でその事業規模が類似するものの役員に対する給与の支給の状況等に照らし、当該役員の職務に対する対価として相当であると認められる金額を超える場合におけるその超える部分の金額（その役員の数が2以上である場合には、これらの役員に係る当該超える部分の金額の合

第3章　公益法人税務関係法令

　計額）

　　ロ　定款の規定又は株主総会、社員総会若しくはこれらに準ずるものの決議により役員に対する給与として支給することができる金銭の額の限度額若しくは算定方法又は金銭以外の資産（ロにおいて「支給対象資産」という。）の内容（ロにおいて「限度額等」という。）を定めている内国法人が、各事業年度においてその役員（当該限度額等が定められた給与の支給の対象となるものに限る。ロにおいて同じ。）に対して支給した給与の額（法第34条第6項に規定する使用人としての職務を有する役員（第3号において「使用人兼務役員」という。）に対して支給する給与のうちその使用人としての職務に対するものを含めないで当該限度額等を定めている内国法人については、当該事業年度において当該職務に対する給与として支給した金額（同号に掲げる金額に相当する金額を除く。）のうち、その内国法人の他の使用人に対する給与の支給の状況等に照らし、当該職務に対する給与として相当であると認められる金額を除く。）の合計額が当該事業年度に係る当該限度額及び当該算定方法により算定された金額並びに当該支給対象資産（当該事業年度に支給されたものに限る。）の支給の時における価額（第71条の3第1項（確定した数の株式を交付する旨の定めに基づいて支給する給与に係る費用の額等）に規定する確定数給与にあつては、同項に規定する交付決議時価額）に相当する金額の合計額を超える場合におけるその超える部分の金額（同号に掲げる金額がある場合には、当該超える部分の金額から同号に掲げる金額に相当する金額を控除した金額）

　二　内国法人が各事業年度においてその退職した役員に対して支給した退職給与（法第34条第1項又は第3項の規定の適用があるものを除く。以下この号において同じ。）の額が、当該役員のその内国法人の業務に従事した期間、その退職の事情、その内国法人と同種の事業を営む法人でその事業規模が類似するものの役員に対する退職給与の支給の状況等に照らし、その退職した役員に対する退職給与として相当であると認められる金額を超える場合におけるその超える部分の金額

　三　使用人兼務役員の使用人としての職務に対する賞与で、他の使用人に対する賞与の支給時期と異なる時期に支給したものの額

（過大な使用人給与の損金不算入）

第36条　内国法人がその役員と<u>政令で定める特殊の関係のある使用人</u>に対して支給する給与（債務の免除による利益その他の経済的な利益を含む。）の額のうち不相当に高額な部分の金額として<u>政令で定める金額</u>は、その内国法人の各事業年度の所

800

> 得の金額の計算上、損金の額に算入しない。

（特殊関係使用人の範囲）

🄯**第72条**　法第36条（過大な使用人給与の損金不算入）に規定する政令で定める特殊の関係のある使用人は、次に掲げる者とする。

一　役員の親族

二　役員と事実上婚姻関係と同様の関係にある者

三　前2号に掲げる者以外の者で役員から生計の支援を受けているもの

四　前2号に掲げる者と生計を一にするこれらの者の親族

（過大な使用人給与の額）

🄯**第72条の2**　法第36条（過大な使用人給与の損金不算入）に規定する政令で定める金額は、内国法人が各事業年度においてその使用人に対して支給した給与の額が、当該使用人の職務の内容、その内国法人の収益及び他の使用人に対する給与の支給の状況、その内国法人と同種の事業を営む法人でその事業規模が類似するものの使用人に対する給与の支給の状況等に照らし、当該使用人の職務に対する対価として相当であると認められる金額（退職給与にあつては、当該使用人のその内国法人の業務に従事した期間、その退職の事情、その内国法人と同種の事業を営む法人でその事業規模が類似するものの使用人に対する退職給与の支給の状況等に照らし、その退職した使用人に対する退職給与として相当であると認められる金額）を超える場合におけるその超える部分の金額とする。

（使用人賞与の損金算入時期）

🄯**第72条の3**　内国法人がその使用人に対して賞与（給与（債務の免除による利益その他の経済的な利益を含む。）のうち臨時的なもの（退職給与、他に定期の給与を受けていない者に対し継続して毎年所定の時期に定額を支給する旨の定めに基づいて支給されるもの、法第54条第1項（譲渡制限付株式を対価とする費用の帰属事業年度の特例）に規定する特定譲渡制限付株式又は承継譲渡制限付株式によるもの及び法第54条の2第1項（新株予約権を対価とする費用の帰属事業年度の特例等）に規定する特定新株予約権又は承継新株予約権によるものを除く。）をいう。以下この条において同じ。）を支給する場合（法第34条第6項（役員給与の損金不算入）に規定する使用人としての職務を有する役員に対して当該職務に対する賞与を支給する場合を含む。）には、これらの賞与の額について、次の各号に掲げる賞与の区分に応じ当該各号に定める事業年度において支給されたものとして、その内国法人の各事業年度の所得の金額を計算する。

一　労働協約又は就業規則により定められる支給予定日が到来している賞与（使用人にその支給額の通知がされているもので、かつ、当該支給予定日又は当該通知

第3章　公益法人税務関係法令

をした日の属する事業年度においてその支給額につき損金経理をしているものに限る。）　当該支給予定日又は当該通知をした日のいずれか遅い日の属する事業年度

二　次に掲げる要件の全てを満たす賞与　使用人にその支給額の通知をした日の属する事業年度

イ　その支給額を、各人別に、かつ、同時期に支給を受ける全ての使用人に対して通知をしていること。

ロ　イの通知をした金額を当該通知をした全ての使用人に対し当該通知をした日の属する事業年度終了の日の翌日から1月以内に支払つていること。

ハ　その支給額につきイの通知をした日の属する事業年度において損金経理をしていること。

三　前2号に掲げる賞与以外の賞与　当該賞与が支払われた日の属する事業年度

（寄附金の損金不算入）

第37条　内国法人が各事業年度において支出した寄附金の額（次項の規定の適用を受ける寄附金の額を除く。）の合計額のうち、その内国法人の当該事業年度終了の時の資本金等の額又は当該事業年度の所得の金額を基礎として<u>政令で定めるところにより計算した金額</u>を超える部分の金額は、当該内国法人の各事業年度の所得の金額の計算上、損金の額に算入しない。

2　内国法人が各事業年度において当該内国法人との間に完全支配関係（法人による完全支配関係に限る。）がある他の内国法人に対して支出した寄附金の額（第25条の2（受贈益の益金不算入）又は第81条の3第1項（第25条の2に係る部分に限る。）（個別益金額又は個別損金額の益金又は損金算入）の規定を適用しないとした場合に当該他の内国法人の各事業年度の所得の金額又は各連結事業年度の連結所得の金額の計算上益金の額に算入される第25条の2第2項に規定する受贈益の額に対応するものに限る。）は、当該内国法人の各事業年度の所得の金額の計算上、損金の額に算入しない。

3　第1項の場合において、同項に規定する寄附金の額のうちに次の各号に掲げる寄附金の額があるときは、当該各号に掲げる寄附金の額の合計額は、同項に規定する寄附金の額の合計額に算入しない。

一　国又は地方公共団体（港湾法（昭和25年法律第218号）の規定による港務局を含む。）に対する寄附金（その寄附をした者がその寄附によつて設けられた設備を専属的に利用することその他特別の利益がその寄附をした者に及ぶと認められるものを除く。）の額

二 公益社団法人、公益財団法人その他公益を目的とする事業を行う法人又は団体に対する寄附金（当該法人の設立のためにされる寄附金その他の当該法人の設立前においてされる寄附金で政令で定めるものを含む。）のうち、次に掲げる要件を満たすと認められるものとして政令で定めるところにより財務大臣が指定したものの額

イ 広く一般に募集されること。

ロ 教育又は科学の振興、文化の向上、社会福祉への貢献その他公益の増進に寄与するための支出で緊急を要するものに充てられることが確実であること。

4 第1項の場合において、同項に規定する寄附金の額のうちに、公共法人、公益法人等（別表第二に掲げる一般社団法人及び一般財団法人を除く。以下この項及び次項において同じ。）その他特別の法律により設立された法人のうち、教育又は科学の振興、文化の向上、社会福祉への貢献その他公益の増進に著しく寄与するものとして政令で定めるものに対する当該法人の主たる目的である業務に関連する寄附金（前項各号に規定する寄附金に該当するものを除く。）の額があるときは、当該寄附金の額の合計額（当該合計額が当該事業年度終了の時の資本金等の額又は当該事業年度の所得の金額を基礎として政令で定めるところにより計算した金額を超える場合には、当該計算した金額に相当する金額）は、第1項に規定する寄附金の額の合計額に算入しない。ただし、公益法人等が支出した寄附金の額については、この限りでない。

5 公益法人等がその収益事業に属する資産のうちからその収益事業以外の事業のために支出した金額（公益社団法人又は公益財団法人にあつては、その収益事業に属する資産のうちからその収益事業以外の事業で公益に関する事業として政令で定める事業に該当するもののために支出した金額）は、その収益事業に係る寄附金の額とみなして、第1項の規定を適用する。

6 内国法人が特定公益信託（公益信託ニ関スル法律（大正11年法律第62号）第1条（公益信託）に規定する公益信託で信託の終了の時における信託財産がその信託財産に係る信託の委託者に帰属しないこと及びその信託事務の実施につき政令で定める要件を満たすものであることについて政令で定めるところにより証明がされたものをいう。）の信託財産とするために支出した金銭の額は、寄附金の額とみなして第1項、第4項、第9項及び第10項の規定を適用する。この場合において、第4項中「）の額」とあるのは、「）の額（第6項に規定する特定公益信託のうち、その目的が教育又は科学の振興、文化の向上、社会福祉への貢献その他公益の増進に著しく寄与するものとして政令で定めるものの信託財産とするために支出した金銭の額を含む。）」とするほか、この項の規定の適用を受けるための手続に関し必要な事

第3章　公益法人税務関係法令

項は、政令で定める。

7　前各項に規定する寄附金の額は、寄附金、拠出金、見舞金その他いずれの名義を
もつてするかを問わず、内国法人が金銭その他の資産又は経済的な利益の贈与又は
無償の供与（広告宣伝及び見本品の費用その他これらに類する費用並びに交際費、
接待費及び福利厚生費とされるべきものを除く。次項において同じ。）をした場合
における当該金銭の額若しくは金銭以外の資産のその贈与の時における価額又は当
該経済的な利益のその供与の時における価額によるものとする。

8　内国法人が資産の譲渡又は経済的な利益の供与をした場合において、その譲渡又
は供与の対価の額が当該資産のその譲渡の時における価額又は当該経済的な利益の
その供与の時における価額に比して低いときは、当該対価の額と当該価額との差額
のうち実質的に贈与又は無償の供与をしたと認められる金額は、前項の寄附金の額
に含まれるものとする。

9　第3項の規定は、確定申告書、修正申告書又は更正請求書に第1項に規定する寄
附金の額の合計額に算入されない第3項各号に掲げる寄附金の額及び当該寄附金の
明細を記載した書類の添付がある場合に限り、第4項の規定は、確定申告書、修正
申告書又は更正請求書に第1項に規定する寄附金の額の合計額に算入されない第4
項に規定する寄附金の額及び当該寄附金の明細を記載した書類の添付があり、か
つ、当該書類に記載された寄附金が同項に規定する寄附金に該当することを証する
書類として<u>財務省令で定める書類</u>を保存している場合に限り、適用する。この場合
において、第3項又は第4項の規定により第1項に規定する寄附金の額の合計額に
算入されない金額は、当該金額として記載された金額を限度とする。

10　税務署長は、第4項の規定により第1項に規定する寄附金の額の合計額に算入さ
れないこととなる金額の全部又は一部につき前項に規定する財務省令で定める書類
の保存がない場合においても、その書類の保存がなかつたことについてやむを得な
い事情があると認めるときは、その書類の保存がなかつた金額につき第4項の規定
を適用することができる。

11　財務大臣は、第3項第2号の指定をしたときは、これを告示する。

12　第5項から前項までに定めるもののほか、第1項から第4項までの規定の適用に
関し必要な事項は、政令で定める。

（一般寄附金の損金算入限度額）

㋹**第73条**　<u>法第37条第1項</u>（寄附金の損金不算入）<u>に規定する政令で定めるところ</u>
<u>により計算した金額</u>は、次の各号に掲げる内国法人の区分に応じ当該各号に定める
金額とする。

一　普通法人、協同組合等及び人格のない社団等（次号に掲げるものを除く。）　次

804

に掲げる金額の合計額の４分の１に相当する金額

イ　当該事業年度終了の時における資本金等の額（当該資本金等の額が零に満た
ない場合には、零）を12で除し、これに当該事業年度の月数を乗じて計算した
金額の1,000分の2.5に相当する金額

ロ　当該事業年度の所得の金額の100分の2.5に相当する金額

二　普通法人、協同組合等及び人格のない社団等のうち資本又は出資を有しないも
の、法別表第２に掲げる一般社団法人及び一般財団法人並びに<u>財務省令で定める
法人</u>　当該事業年度の所得の金額の100分の1.25に相当する金額

三　公益法人等（法別表第２に掲げる一般社団法人及び一般財団法人並びに<u>財務省
令で定める法人</u>を除く。以下この号において同じ。）　次に掲げる法人の区分に応
じそれぞれ次に定める金額

イ　公益社団法人又は公益財団法人　当該事業年度の所得の金額の100分の50に
相当する金額

ロ　私立学校法第３条（定義）に規定する学校法人（同法第64条第４項（私立専
修学校等）の規定により設立された法人で学校教育法第124条（専修学校）に
規定する専修学校を設置しているものを含む。）、社会福祉法第22条（定義）に
規定する社会福祉法人、更生保護事業法（平成７年法律第86号）第２条第６項
（定義）に規定する更生保護法人又は医療法第42条の２第１項（社会医療法人）
に規定する社会医療法人　当該事業年度の所得の金額の100分の50に相当する
金額（当該金額が年200万円に満たない場合には、年200万円）

ハ　イ又はロに掲げる法人以外の公益法人等　当該事業年度の所得の金額の100
分の20に相当する金額

2　前項各号に規定する所得の金額は、次に掲げる規定を適用しないで計算した場合
における所得の金額とする。

一　法第27条（中間申告における繰戻しによる還付に係る災害損失欠損金額の益金
算入）

二　法第40条（法人税額から控除する所得税額の損金不算入）

三　法第41条（法人税額から控除する外国税額の損金不算入）

四　法第57条第１項（青色申告書を提出した事業年度の欠損金の繰越し）

五　法第58条及び第59条（青色申告書を提出しなかつた事業年度の災害による損失
金の繰越し等）

六　法第61条の13第１項（完全支配関係がある法人の間の取引の損益）（適格合併
に該当しない合併による合併法人への資産の移転に係る部分に限る。）

七　法第62条第２項（合併及び分割による資産等の時価による譲渡）

八　法第62条の５第２項及び第５項（現物分配による資産の譲渡）

第3章　公益法人税務関係法令

　　九　租税特別措置法第57条の7第1項（関西国際空港用地整備準備金）

　　十　租税特別措置法第57条の7の2第1項（中部国際空港整備準備金）

　　十一　租税特別措置法第59条第1項及び第2項（新鉱床探鉱費又は海外新鉱床探鉱
　　　費の特別控除）

　　十二　租税特別措置法第59条の2第1項及び第5項（対外船舶運航事業を営む法人
　　　の日本船舶による収入金額の課税の特例）

　　十三　租税特別措置法第60条第1項及び第2項（沖縄の認定法人の課税の特例）

　　十四　租税特別措置法第61条第1項及び第5項（国家戦略特別区域における指定法
　　　人の課税の特例）

　　十五　租税特別措置法第61条の2第1項（農業経営基盤強化準備金）及び第61条の
　　　3第1項（農用地等を取得した場合の課税の特例）

　　十六　租税特別措置法第66条の7第3項及び第6項（内国法人の外国関係会社に係
　　　る所得の課税の特例）

　　十七　租税特別措置法第66条の9の3第3項及び第6項（特殊関係株主等である内
　　　国法人に係る外国関係法人に係る所得の課税の特例）

　　十八　租税特別措置法第67条の12第1項及び第2項並びに第67条の13第1項及び第
　　　2項（組合事業等による損失がある場合の課税の特例）

　　十九　租税特別措置法第67条の14第1項（特定目的会社に係る課税の特例）

　　二十　租税特別措置法第67条の15第1項（投資法人に係る課税の特例）

　　二十一　租税特別措置法第68条の3の2第1項（特定目的信託に係る受託法人の課
　　　税の特例）

　　二十二　租税特別措置法第68条の3の3第1項（特定投資信託に係る受託法人の課
　　　税の特例）

3　第1項各号に規定する所得の金額は、内国法人が当該事業年度において支出した
　法第37条第7項に規定する寄附金の額の全額は損金の額に算入しないものとして計
　算するものとする。

4　事業年度が1年に満たない法人に対する第1項第3号ロの規定の適用について
　は、同号ロ中「年200万円」とあるのは、「200万円を12で除し、これに当該事業年
　度の月数を乗じて計算した金額」とする。

5　第1項及び前項の月数は、暦に従つて計算し、1月に満たない端数を生じたとき
　は、これを切り捨てる。

6　内国法人が第1項各号に掲げる法人のいずれに該当するかの判定は、各事業年度
　終了の時の現況による。

（公益社団法人又は公益財団法人の寄附金の損金算入限度額の特例）

🈞**第73条の2**　公益社団法人又は公益財団法人の各事業年度において法第37条第5

項（寄附金の損金不算入）の規定によりその収益事業に係る同項に規定する寄附金の額とみなされる金額（以下この項において「みなし寄附金額」という。）がある場合において、当該事業年度のその公益目的事業（公益社団法人及び公益財団法人の認定等に関する法律第2条第4号（定義）に規定する公益目的事業をいう。）の実施のために必要な金額として<u>財務省令で定める金額</u>（当該金額が当該みなし寄附金額を超える場合には、当該みなし寄附金額に相当する金額。以下この項において「公益法人特別限度額」という。）が前条第1項第3号イに定める金額を超えるときは、当該事業年度の同号イに定める金額は、同号イの規定にかかわらず、当該公益法人特別限度額に相当する金額とする。

2 　前項の規定は、確定申告書、修正申告書又は更正請求書に同項に規定する財務省令で定める金額及びその計算に関する明細を記載した書類の添付がある場合に限り、適用する。

3 　第1項の場合において、法人が公益社団法人又は公益財団法人に該当するかどうかの判定は、各事業年度終了の時の現況による。

　　（長期給付の事業を行う共済組合等の寄附金の損金算入限度額）

㋿第74条　次に掲げる内国法人で退職給付その他の長期給付の事業を行うものが、各事業年度において、その長期給付の事業から融通を受けた資金の利子として収益事業から長期給付の事業に繰入れをした場合において、その繰り入れた金額（その金額が<u>財務省令で定める金額</u>を超える場合には、当該財務省令で定める金額）が当該事業年度の第73条第1項第3号ハ（一般寄附金の損金算入限度額）に定める金額を超えるときは、同号ハに定める金額は、同号ハの規定にかかわらず、当該繰り入れた金額に相当する金額とする。

一　国家公務員共済組合及び国家公務員共済組合連合会

二　地方公務員共済組合及び全国市町村職員共済組合連合会

三　日本私立学校振興・共済事業団

　　（法人の設立のための寄附金の要件）

㋿第75条　<u>法第37条第3項第2号</u>（指定寄附金の損金算入）に規定する<u>政令で定める寄附金</u>は、同号に規定する法人の設立に関する許可又は認可があることが確実であると認められる場合においてされる寄附金とする。

　　（指定寄附金の指定についての審査事項）

㋿第76条　<u>法第37条第3項第2号</u>（指定寄附金の損金算入）の<u>財務大臣の指定</u>は、次に掲げる事項を審査して行うものとする。

一　寄附金を募集しようとする法人又は団体の行う事業の内容及び寄附金の使途

二　寄附金の募集の目的及び目標額並びにその募集の区域及び対象

三　寄附金の募集期間

第3章　公益法人税務関係法令

　　四　募集した寄附金の管理の方法

　　五　寄附金の募集に要する経費

　　六　その他当該指定のために必要な事項

　（公益の増進に著しく寄与する法人の範囲）

⦿第77条　<u>法第37条第4項</u>（公益の増進に著しく寄与する法人に対する寄附金）<u>に規定する政令で定める法人</u>は、次に掲げる法人とする。

　　一　独立行政法人通則法（平成11年法律第103号）第2条第1項（定義）に規定する独立行政法人

　　一の二　地方独立行政法人法（平成15年法律第118号）第2条第1項（定義）に規定する地方独立行政法人で同法第21条第1号又は第3号から第5号まで（業務の範囲）に掲げる業務（同条第3号に掲げる業務にあつては同号チに掲げる事業の経営に、同条第5号に掲げる業務にあつては地方独立行政法人法施行令（平成15年政令第486号）第5条第1号又は第3号（公共的な施設の範囲）に掲げる施設の設置及び管理に、それぞれ限るものとする。）を主たる目的とするもの

　　二　自動車安全運転センター、日本司法支援センター、日本私立学校振興・共済事業団及び日本赤十字社

　　三　公益社団法人及び公益財団法人

　　四　私立学校法第3条（定義）に規定する学校法人で学校（学校教育法第1条（定義）に規定する学校及び就学前の子どもに関する教育、保育等の総合的な提供の推進に関する法律（平成18年法律第77号）第2条第7項（定義）に規定する幼保連携型認定こども園をいう。以下この号において同じ。）の設置若しくは学校及び専修学校（学校教育法第124条（専修学校）に規定する<u>専修学校で財務省令で定めるもの</u>をいう。以下この号において同じ。）若しくは各種学校（学校教育法第134条第1項（各種学校）に規定する<u>各種学校で財務省令で定めるもの</u>をいう。以下この号において同じ。）の設置を主たる目的とするもの又は私立学校法第64条第4項（私立専修学校等）の規定により設立された法人で専修学校若しくは各種学校の設置を主たる目的とするもの

　　五　社会福祉法第22条（定義）に規定する社会福祉法人

　　六　更生保護事業法第2条第6項（定義）に規定する更生保護法人

　（特定公益増進法人に対する寄附金の特別損金算入限度額）

⦿第77条の2　<u>法第37条第4項</u>（寄附金の損金不算入）<u>に規定する政令で定めるところにより計算した金額</u>は、次の各号に掲げる内国法人の区分に応じ当該各号に定める金額とする。

　　一　普通法人、協同組合等及び人格のない社団等（次号に掲げるものを除く。）　次に掲げる金額の合計額の2分の1に相当する金額

イ 当該事業年度終了の時における資本金等の額（当該資本金等の額が零に満た
ない場合には、零）を12で除し、これに当該事業年度の月数を乗じて計算した
金額の1,000分の3.75に相当する金額

ロ 当該事業年度の所得の金額の100分の6.25に相当する金額

二 普通法人、協同組合等及び人格のない社団等のうち資本又は出資を有しないも
の、法別表第2に掲げる一般社団法人及び一般財団法人並びに財務省令で定める
法人 当該事業年度の所得の金額の100分の6.25に相当する金額

2 前項各号に規定する所得の金額は、第73条第2項各号（一般寄附金の損金算入限
度額）に掲げる規定を適用しないで計算した場合における所得の金額とする。

3 第1項各号に規定する所得の金額は、内国法人が当該事業年度において支出した
法第37条第7項に規定する寄附金の額の全額は損金の額に算入しないものとして計
算するものとする。

4 第1項の月数は、暦に従つて計算し、1月に満たない端数を生じたときは、これ
を切り捨てる。

5 内国法人が第1項各号に掲げる法人のいずれに該当するかの判定は、各事業年度
終了の時の現況による。

（公益社団法人又は公益財団法人の寄附金の額とみなされる金額に係る事業）

🈞**第77条の3** 法第37条第5項（寄附金の損金不算入）に規定する公益に関する事
業として政令で定める事業は、同項の公益社団法人又は公益財団法人が行う公益目
的事業（公益社団法人及び公益財団法人の認定等に関する法律第2条第4号（定義）
に規定する公益目的事業をいう。）とする。

（特定公益信託の要件等）

🈞**第77条の4** 法第37条第6項（特定公益信託）に規定する政令で定める要件は、
次に掲げる事項が信託行為において明らかであり、かつ、受託者が信託会社（金融
機関の信託業務の兼営等に関する法律により同法第1条第1項（兼営の認可）に規
定する信託業務を営む同項に規定する金融機関を含む。）であることとする。

一 当該公益信託の終了（信託の併合による終了を除く。次号において同じ。）の
場合において、その信託財産が国若しくは地方公共団体に帰属し、又は当該公益
信託が類似の目的のための公益信託として継続するものであること。

二 当該公益信託は、合意による終了ができないものであること。

三 当該公益信託の受託者がその信託財産として受け入れる資産は、金銭に限られ
るものであること。

四 当該公益信託の信託財産の運用は、次に掲げる方法に限られるものであること。

イ 預金又は貯金

ロ 国債、地方債、特別の法律により法人の発行する債券又は貸付信託（所得税

法第2条第1項第12号（定義）に規定する貸付信託をいう。）の受益権の取得

ハ　イ又はロに準ずるものとして**財務省令で定める方法**

五　当該公益信託につき信託管理人が指定されるものであること。

六　当該公益信託の受託者がその信託財産の処分を行う場合には、当該受託者は、当該公益信託の目的に関し学識経験を有する者の意見を聴かなければならないものであること。

七　当該公益信託の信託管理人及び前号に規定する学識経験を有する者に対してその信託財産から支払われる報酬の額は、その任務の遂行のために通常必要な費用の額を超えないものであること。

八　当該公益信託の受託者がその信託財産から受ける報酬の額は、当該公益信託の信託事務の処理に要する経費として通常必要な額を超えないものであること。

2　**法第37条第6項に規定する政令で定めるところにより証明**がされた**公益信託**は、同項に定める要件を満たす公益信託であることにつき当該公益信託に係る主務大臣（当該公益信託が次項第2号に掲げるものを目的とする公益信託である場合を除き、公益信託ニ関スル法律（大正11年法律第62号）第11条（主務官庁の権限に属する事務の処理）その他の法令の規定により当該公益信託に係る主務官庁の権限に属する事務を行うこととされた都道府県の知事その他の執行機関を含む。次項及び第4項において同じ。）の証明を受けたものとする。

3　**法第37条第6項の規定により読み替えられた同条第4項**（公益の増進に著しく寄与する法人に対する寄附金）**に規定する政令で定める特定公益信託**は、次に掲げるものの1又は2以上のものをその目的とする同項に規定する特定公益信託で、その目的に関し相当と認められる業績が持続できることにつき当該特定公益信託に係る主務大臣の認定を受けたもの（その認定を受けた日の翌日から5年を経過していないものに限る。）とする。

一　科学技術（自然科学に係るものに限る。）に関する試験研究を行う者に対する助成金の支給

二　人文科学の諸領域について、優れた研究を行う者に対する助成金の支給

三　学校教育法第1条（定義）に規定する学校における教育に対する助成

四　学生又は生徒に対する学資の支給又は貸与

五　芸術の普及向上に関する業務（助成金の支給に限る。）を行うこと。

六　文化財保護法（昭和25年法律第214号）第2条第1項（定義）に規定する文化財の保存及び活用に関する業務（助成金の支給に限る。）を行うこと。

七　開発途上にある海外の地域に対する経済協力（技術協力を含む。）に資する資金の贈与

八　自然環境の保全のため野生動植物の保護繁殖に関する業務を行うことを主たる目的とする法人で当該業務に関し国又は地方公共団体の委託を受けているもの（これに準ずるものとして**財務省令で定めるもの**を含む。）に対する助成金の支給

九　すぐれた自然環境の保全のためその自然環境の保存及び活用に関する業務（助成金の支給に限る。）を行うこと。

十　国土の緑化事業の推進（助成金の支給に限る。）

十一　社会福祉を目的とする事業に対する助成

十二　就学前の子どもに関する教育、保育等の総合的な提供の推進に関する法律第２条第７項（定義）に規定する幼保連携型認定こども園における教育及び保育に対する助成

4　当該公益信託に係る主務大臣は、第２項の証明又は前項の認定をしようとするとき（当該証明がされた公益信託の第１項各号に掲げる事項に関する信託の変更を当該公益信託の主務官庁が命じ、又は許可するときを含む。）は、財務大臣に協議しなければならない。

5　**法第37条第６項**の規定により同条第１項（寄附金の損金算入限度額）の規定の適用を受けようとする内国法人は、確定申告書に同条第６項に規定する特定公益信託の信託財産とするために支出した金銭の明細書及び当該特定公益信託の第２項の証明に係る書類の写しを添付しなければならない。

6　第２項又は第３項の規定により都道府県が処理することとされている事務は、地方自治法（昭和22年法律第67号）第２条第９項第１号（法定受託事務）に規定する第１号法定受託事務とする。

（支出した寄附金の額）

🈔第78条　法第37条第７項（寄附金の意義）に規定する寄附金の支出は、各事業年度の所得の金額の計算については、その支払がされるまでの間、なかつたものとする。

（一般寄附金の損金算入限度額の計算上公益法人等から除かれる法人）

🈔第22条の４　**令第73条第１項第２号及び第３号**（一般寄附金の損金算入限度額）に規定する**財務省令で定める法人**は、次に掲げる法人とする。

一　地方自治法第260条の２第７項（地縁による団体）に規定する認可地縁団体

二　建物の区分所有等に関する法律（昭和37年法律第69号）第47条第２項（成立等）に規定する管理組合法人及び同法第66条（建物の区分所有に関する規定の準用）の規定により読み替えられた同項に規定する団地管理組合法人

三　政党交付金の交付を受ける政党等に対する法人格の付与に関する法律（平成６年法律第106号）第７条の２第１項（変更の登記）に規定する法人である政党等

四　密集市街地における防災街区の整備の促進に関する法律（平成９年法律第49

第3章　公益法人税務関係法令

号）第133条第1項（法人格）に規定する防災街区整備事業組合

五　特定非営利活動促進法（平成10年法律第7号）第2条第2項（定義）に規定する特定非営利活動法人（同条第3項に規定する認定特定非営利活動法人を除く。）

六　マンションの建替え等の円滑化に関する法律（平成14年法律第78号）第5条第1項（マンション建替事業の施行）に規定するマンション建替組合及び同法第116条（マンション敷地売却事業の実施）に規定するマンション敷地売却組合

（公益社団法人又は公益財団法人の寄附金の損金算入限度額の特例計算）

則**第22条の5**　令第73条の2第1項（公益社団法人又は公益財団法人の寄附金の損金算入限度額の特例）に規定する財務省令で定める金額は、第1号に掲げる金額から第2号に掲げる金額を控除した金額とする。

一　次に掲げる金額の合計額

イ　当該事業年度の公益目的事業（公益社団法人及び公益財団法人の認定等に関する法律（平成18年法律第49号）第2条第4号（定義）に規定する公益目的事業をいう。以下この条において同じ。）に係る経常費用の額から、当該経常費用の額に含まれる公益目的保有財産（公益社団法人及び公益財団法人の認定等に関する法律施行規則（平成19年内閣府令第68号。以下この条において「公益認定法規則」という。）第26条第3号（公益目的事業を行うことにより取得し、又は公益目的事業を行うために保有していると認められる財産）に規定する公益目的保有財産をいう。次号ニにおいて同じ。）の償却費の額を控除した金額

ロ　公益認定法規則第18条第1項（特定費用準備資金）の規定により当該事業年度の公益目的事業比率（公益社団法人及び公益財団法人の認定等に関する法律第15条（公益目的事業比率）に規定する公益目的事業比率をいう。以下この条において同じ。）の計算上公益目的事業に係る費用額（公益認定法規則第13条第2項（費用額の算定）に規定する費用額をいう。以下この条において同じ。）に算入される金額（当該金額が特定費用準備資金当期積立基準額を超える場合には、その超える部分の金額を控除した金額。ロにおいて「算入額」という。）に相当する金額（公益目的事業に係る公益認定法規則第18条第1項に規定する特定費用準備資金（以下この項及び次項において「特定費用準備資金」という。）を2以上有する場合には、特定費用準備資金ごとの算入額に相当する金額の合計額）

ハ　当該事業年度終了の時における資産取得資金（公益認定法規則第22条第3項第3号（遊休財産額）に掲げる資金をいう。以下この項及び第3項において同じ。）の額（同条第3項第1号に掲げる財産に係る部分の額に限る。以下この条において「公益資産取得資金の額」という。）が当該事業年度の前事業年度終了の時における当該公益資産取得資金の額を超える場合におけるその超える

部分の金額（当該金額が公益資産取得資金当期積立基準額を超える場合には、その超える部分の金額を控除した金額。ハにおいて「増加額」という。）に相当する金額（資産取得資金を2以上有する場合には、資産取得資金ごとの増加額に相当する金額の合計額）

　ニ　当該事業年度に取得した公益社団法人及び公益財団法人の認定等に関する法律第18条第5号財産の取得価額並びに当該事業年度に同法第18条第7号に規定する方法により公益目的事業の用に供するものである旨を表示した同号及び公益認定法規則第26条第7号に掲げる財産のその表示した額の合計額

二　次に掲げる金額の合計額に公益目的事業以外の事業（収益事業を除く。）から公益目的事業に繰り入れた金額を加算した金額

　イ　当該事業年度の公益目的事業に係る経常収益の額

　ロ　公益認定法規則第18条第2項の規定により当該事業年度の公益目的事業比率の計算上公益目的事業に係る費用額から控除される金額（ロにおいて「控除額」という。）に相当する金額（公益目的事業に係る特定費用準備資金を2以上有する場合には、特定費用準備資金ごとの控除額に相当する金額の合計額）

　ハ　当該事業年度の前事業年度終了の時における公益資産取得資金の額が当該事業年度終了の時における当該公益資産取得資金の額を超える場合におけるその超える部分の金額（ハにおいて「減少額」という。）に相当する金額（資産取得資金を2以上有する場合には、資産取得資金ごとの減少額に相当する金額の合計額）

　ニ　当該事業年度において公益目的保有財産を処分した場合におけるその処分に係る公益認定法規則第26条第4号の額及び当該事業年度において公益目的保有財産を公益目的保有財産以外の財産とした場合におけるその財産に係る同条第5号の額の合計額

2　前項第1号ロに規定する特定費用準備資金当期積立基準額とは、第1号に掲げる金額から第2号に掲げる金額を控除した金額を当該事業年度開始の日から当該特定費用準備資金を積み立てることとされた期間の末日までの期間の月数で除し、これに当該事業年度の月数（当該事業年度が当該末日の属する事業年度である場合には、当該事業年度開始の日から当該末日までの期間の月数）を乗じて計算した金額をいう。

一　当該事業年度終了の時における当該特定費用準備資金（公益目的事業に係るものに限る。）に係る公益認定法規則第18条第1項第1号に規定する積立限度額

二　当該特定費用準備資金につき、公益認定法規則第18条第1項の規定により当該事業年度前の各事業年度の公益目的事業比率の計算上公益目的事業に係る費用額に算入された金額の合計額（同条第2項の規定により当該事業年度前の各事業年

第3章　公益法人税務関係法令

度の公益目的事業比率の計算上当該公益目的事業に係る費用額から控除された金額がある場合には、当該控除された金額の合計額を控除した金額）

3　第1項第1号ハに規定する公益資産取得資金当期積立基準額とは、第1号に掲げる金額から第2号に掲げる金額を控除した金額を当該事業年度開始の日から当該資産取得資金を積み立てることとされた期間の末日までの期間の月数で除し、これに当該事業年度の月数（当該事業年度が当該末日の属する事業年度である場合には、当該事業年度開始の日から当該末日までの期間の月数）を乗じて計算した金額をいう。

一　当該事業年度終了の時における当該資産取得資金に係る公益認定法規則第22条第3項第3号に規定する最低額のうち、同項第1号に掲げる財産に係る部分の額

二　当該事業年度の前事業年度終了の時における当該公益資産取得資金の額

4　前2項の月数は、暦に従つて計算し、1月に満たない端数を生じたときは、これを1月とする。

5　令第73条の2第1項の公益社団法人又は公益財団法人（以下この項において「適用法人」という。）が当該事業年度において他の公益社団法人又は公益財団法人（以下この項において「他の公益法人」という。）を被合併法人とする合併を行つた場合には、公益認定法規則第18条第1項の規定により当該他の公益法人の当該合併の日の前日の属する事業年度以前の各事業年度の公益目的事業比率の計算上公益目的事業に係る費用額に算入された金額若しくは同条第2項の規定により当該他の公益法人の同日の属する事業年度以前の各事業年度の公益目的事業比率の計算上公益目的事業に係る費用額から控除された金額又は当該他の公益法人の同日の属する事業年度終了の時における公益資産取得資金の額は、それぞれ当該適用法人の当該事業年度前の各事業年度の公益目的事業比率の計算上公益目的事業に係る費用額に算入された金額若しくは当該適用法人の当該事業年度前の各事業年度の公益目的事業比率の計算上公益目的事業に係る費用額から控除された金額又は当該適用法人の当該事業年度の前事業年度終了の時における公益資産取得資金の額とみなして、第1項から第3項までの規定を適用する。

（収益事業から長期給付事業への繰入についての限度額）

則**第23条**　令第74条（長期給付の事業を行なう共済組合の寄付金の損金算入限度額）に規定する財務省令で定める金額は、同条各号に掲げる内国法人の各事業年度において同条に規定する長期給付の事業から融通を受けた期間に応じ、その融通を受けた資金の金額につき当該法人を規制している経理に関する規程で定めている利率（当該利率が年5.5パーセントをこえる場合には、年5.5パーセントとする。）により計算した金額とする。

（公益の増進に著しく寄与する法人の範囲）

則**第23条の2**　令第77条第4号（公益の増進に著しく寄与する法人の範囲）に規定

する財務省令で定める専修学校は、次のいずれかの課程による教育を行う学校教育法第124条（専修学校）に規定する専修学校とする。

一　学校教育法第125条第1項（専修学校の課程）に規定する高等課程でその修業期間（普通科、専攻科その他これらに準ずる区別された課程があり、一の課程に他の課程が継続する場合には、これらの課程の修業期間を通算した期間をいう。次号において同じ。）を通ずる授業時間数が2,000時間以上であるもの

二　学校教育法第125条第1項に規定する専門課程でその修業期間を通ずる授業時間数が1,700時間以上であるもの

2　令第77条第4号に規定する財務省令で定める各種学校は、初等教育又は中等教育を外国語により施すことを目的として設置された学校教育法第134条第1項（各種学校）に規定する各種学校であつて、文部科学大臣が財務大臣と協議して定める基準に該当するものとする。

（特定公益増進法人に対する寄附金の特別損金算入限度額の計算上公益法人等から除かれる法人）

則**第23条の3**　令第77条の2第1項第2号（特定公益増進法人に対する寄附金の特別損金算入限度額）に規定する財務省令で定める法人は、第22条の4各号（一般寄附金の損金算入限度額の計算上公益法人等から除かれる法人）に掲げる法人とする。

（特定公益信託の信託財産の運用の方法等）

則**第23条の4**　令第77条の4第1項第4号ハ（特定公益信託の要件等）に規定する財務省令で定める方法は、合同運用信託の信託（所得税法（昭和40年法律第33号）第2条第1項第12号（定義）に規定する貸付信託の受益権の取得を除く。）とする。

2　令第77条の4第3項第8号に規定する財務省令で定める法人は、自然環境の保全のため野生動植物の保護繁殖に関する業務を行うことを主たる目的とする法人で次に掲げるものとする。

一　その構成員に国若しくは地方公共団体又は公益社団法人若しくは公益財団法人が含まれているもの

二　国又は地方公共団体が拠出をしているもの（前号に掲げる法人を除く。）

三　前2号に掲げる法人に類するものとして環境大臣が認めたもの

（公益の増進に著しく寄与する法人の証明書類等）

則**第24条**　法第37条第9項（指定寄附金等の適用要件）に規定する財務省令で定める書類は、次の各号に掲げる場合の区分に応じ当該各号に定める書類とする。

一　令第77条第1号、第2号、第3号、第5号又は第6号（公益の増進に著しく寄与する法人の範囲）に掲げる法人に対して寄附金を支出した場合　当該寄附金が当該法人の主たる目的である業務に関連する寄附金である旨の当該法人が証する

第3章　公益法人税務関係法令

書類

二　令第77条第1号の2に掲げる法人に対して寄附金を支出した場合　当該寄附金が当該法人の主たる目的である業務に関連する寄附金である旨の当該法人が証する書類及び当該法人が同号に掲げる法人に該当する旨の地方独立行政法人法（平成15年法律第118号）第6条第3項（財産的基礎）に規定する設立団体が証明した書類（当該寄附金を支出する日以前5年内に発行されたものに限る。）の写しとして当該法人から交付を受けたもの

三　令第77条第4号に掲げる法人に対して寄附金を支出した場合　当該寄附金が当該法人の主たる目的である業務に関連する寄附金である旨の当該法人が証する書類及び当該法人が同号に掲げる法人に該当する旨の私立学校法（昭和24年法律第270号）第4条（所轄庁）に規定する所轄庁が証明した書類（当該寄附金を支出する日以前5年内に発行されたものに限る。）の写しとして当該法人から交付を受けたもの

四　令第77条の4第3項（認定特定公益信託）の規定による認定を受けた特定公益信託（法第37条第6項（特定公益信託）に規定する特定公益信託をいう。）の信託財産とするために金銭を支出した場合　令第77条の4第3項に係る書類の写し（当該書類に記載されている同項の認定の日が当該金銭を支出する日以前5年内であるものの写しに限る。）

（青色申告書を提出した事業年度の欠損金の繰越し）

第57条　内国法人の各事業年度開始の日前9年〔編者注：平成30年4月1日以後開始事業年度については10年〕以内に開始した事業年度において生じた欠損金額（この項の規定により当該各事業年度前の事業年度の所得の金額の計算上損金の額に算入されたもの及び第80条（欠損金の繰戻しによる還付）の規定により還付を受けるべき金額の計算の基礎となつたものを除く。）がある場合には、当該欠損金額に相当する金額は、当該各事業年度の所得の金額の計算上、損金の額に算入する。ただし、当該欠損金額に相当する金額が当該欠損金額につき本文の規定を適用せず、かつ、第59条第2項（会社更生等による債務免除等があつた場合の欠損金の損金算入）（同項第3号に掲げる場合に該当する場合を除く。）、同条第3項及び第62条の5第5項（現物分配による資産の譲渡）の規定を適用しないものとして計算した場合における当該各事業年度の所得の金額の100分の50に相当する金額（当該欠損金額の生じた事業年度前の事業年度において生じた欠損金額に相当する金額で本文又は第58条第1項（青色申告書を提出しなかつた事業年度の災害による損失金の繰越し）の規定により当該各事業年度の所得の金額の計算上損金の額に算入されるものがあ

816

る場合には、当該損金の額に算入される金額を控除した金額）を超える場合は、その超える部分の金額については、この限りでない。

2～9 （省略）

10 第1項の規定は、同項の内国法人が欠損金額（第2項又は第6項の規定により当該内国法人の欠損金額とみなされたものを除く。）の生じた事業年度について青色申告書である確定申告書を提出し、かつ、その後において連続して確定申告書を提出している場合（これらの規定により当該内国法人の欠損金額とみなされたものにつき第1項の規定を適用する場合にあつては、第2項の合併等事業年度又は第6項の最終の連結事業年度終了の日の翌日の属する事業年度の確定申告書を提出し、かつ、その後において連続して確定申告書を提出している場合）であつて欠損金額の生じた事業年度に係る帳簿書類を財務省令で定めるところにより保存している場合に限り、適用する。

11 次の各号に掲げる内国法人の当該各号に定める各事業年度の所得に係る第1項ただし書の規定の適用については、同項ただし書中「所得の金額の100分の50に相当する金額」とあるのは、「所得の金額」とする。

　一 第1項の各事業年度終了の時において次に掲げる法人（次号及び第3号において「中小法人等」という。）に該当する内国法人　当該各事業年度

　　イ 普通法人（投資法人、特定目的会社及び第4条の7（受託法人等に関するこの法律の適用）に規定する受託法人を除く。第3号及び第58条第6項第3号において同じ。）のうち、資本金の額若しくは出資金の額が1億円以下であるもの（第66条第6項第2号又は第3号（各事業年度の所得に対する法人税の税率）に掲げる法人に該当するものを除く。）又は資本若しくは出資を有しないもの（保険業法に規定する相互会社を除く。）

　　ロ 公益法人等又は協同組合等

　　ハ 人格のない社団等

　二 第1項の各事業年度が内国法人について生じた次に掲げる事実の区分に応じそれぞれ次に定める事業年度である場合における当該内国法人（当該各事業年度終了の時において中小法人等に該当するものを除く。）　当該各事業年度（当該事実が生じた日以後に当該内国法人の発行する株式が金融商品取引法第2条第16項（定義）に規定する金融商品取引所に上場されたことその他の当該内国法人の事業の再生が図られたと認められる事由として政令で定める事由のいずれかが生じた場合には、その上場された日その他の当該事由が生じた日として政令で定める日のうち最も早い日以後に終了する事業年度を除く。）

　　イ 更生手続開始の決定があつたこと　当該更生手続開始の決定の日から当該更

生手続開始の決定に係る更生計画認可の決定の日以後7年を経過する日までの
　　　期間（同日前において当該更生手続開始の決定を取り消す決定の確定その他の
　　　政令で定める事実が生じた場合には、当該更生手続開始の決定の日から当該事
　　　実が生じた日までの期間）内の日の属する事業年度

　　ロ　再生手続開始の決定があつたこと　当該再生手続開始の決定の日から当該再
　　　生手続開始の決定に係る再生計画認可の決定の日以後7年を経過する日までの
　　　期間（同日前において当該再生手続開始の決定を取り消す決定の確定その他の
　　　政令で定める事実が生じた場合には、当該再生手続開始の決定の日から当該事
　　　実が生じた日までの期間）内の日の属する事業年度

　　ハ　第59条第2項に規定する政令で定める事実（ロに掲げるものを除く。）　当該
　　　事実が生じた日から同日の翌日以後7年を経過する日までの期間内の日の属す
　　　る事業年度

　　ニ　イからハまでに掲げる事実に準ずるものとして政令で定める事実　当該事実
　　　が生じた日から同日の翌日以後7年を経過する日までの期間内の日の属する事
　　　業年度

　三　第1項の各事業年度が内国法人の設立の日として政令で定める日から同日以後
　　7年を経過する日までの期間内の日の属する事業年度である場合における当該内
　　国法人（普通法人に限り、当該各事業年度終了の時において中小法人等又は第66
　　条第6項第2号若しくは第3号に掲げる法人に該当するもの及び株式移転完全親
　　法人を除く。）　当該各事業年度（当該内国法人の発行する株式が金融商品取引法
　　第2条第16項に規定する金融商品取引所に上場されたことその他の政令で定める
　　事由のいずれかが生じた場合には、その上場された日その他の当該事由が生じた
　　日として政令で定める日のうち最も早い日以後に終了する事業年度を除く。）

12　前項（第2号に係る部分に限る。）の規定は、確定申告書、修正申告書又は更正
　　請求書に同号に規定する事実が生じたことを証する書類の添付がある場合に限り、
　　適用する。

13　税務署長は、前項の書類の添付がない確定申告書、修正申告書又は更正請求書の
　　提出があつた場合においても、その添付がなかつたことについてやむを得ない事情
　　があると認めるときは、第11項（第2号に係る部分に限る。）の規定を適用するこ
　　とができる。

14　第2項の合併法人が適格合併により設立された法人である場合における第1項の
　　規定の適用その他同項から第9項まで及び第11項の規定の適用に関し必要な事項
　　は、政令で定める。

3．法人税法関係法令

（注）所得税法等の一部を改正する法律（平成27年３月31日法律第９号）**附則**
　　（青色申告書を提出した事業年度の欠損金の繰越し等に関する経過措置）
　　第27条　新法人税法第57条（第１項ただし書、第５項及び第11項から第14項まで
　　　　を除く。）及び第58条（第１項ただし書、第３項及び第６項から第９項までを除
　　　　く。）の規定は、法人の平成30年４月１日以後に開始する事業年度において生ず
　　　　る欠損金額について適用し、法人の同日前に開始した事業年度において生じた欠
　　　　損金額については、なお従前の例による。
　　２　法人の施行日から平成30年３月31日までの間に開始する事業年度の所得に係る
　　　　新法人税法第57条第１項ただし書及び第11項並びに第58条第１項ただし書及び第
　　　　６項の規定の適用については、これらの規定中「100分の50」とあるのは、当該
　　　　法人の施行日から平成28年３月31日までの間に開始する事業年度については
　　　　「100分の65」と、当該法人の同年４月１日から平成29年３月31日までの間に開始
　　　　する事業年度については「100分の60」と、当該法人の同年４月１日から平成30
　　　　年３月31日までの間に開始する事業年度については「100分の55」とする。

（合併及び分割による資産等の時価による譲渡）
第62条　内国法人が合併又は分割により合併法人又は分割承継法人にその有する資
　　産又は負債の移転をしたときは、当該合併法人又は分割承継法人に当該移転をした
　　資産及び負債の当該合併又は分割の時の価額による譲渡をしたものとして、当該内
　　国法人の各事業年度の所得の金額を計算する。この場合においては、当該合併又は
　　当該分割（第２条第12号の９イ（定義）に規定する分割対価資産（以下この項にお
　　いて「分割対価資産」という。）の全てが分割法人の株主等に直接に交付される分
　　割型分割に限る。以下この項において「特定分割型分割」という。）により当該資
　　産又は負債の移転をした当該内国法人（資本又は出資を有しないものを除く。）は、
　　当該合併法人又は当該特定分割型分割に係る分割承継法人から新株等（当該合併法
　　人が当該合併により交付した当該合併法人の株式（出資を含む。以下この項及び次
　　条において同じ。）その他の資産（第24条第２項（配当等の額とみなす金額）に規
　　定する場合において同項の規定により同項に規定する株式割当等を受けたものとみ
　　なされる当該合併法人の株式その他の資産を含む。）をいう。）又は当該特定分割型
　　分割に係る分割対価資産をその時の価額により取得し、直ちに当該新株等又は当該
　　分割対価資産を当該内国法人の株主等に交付したものとする。
２　合併により合併法人に移転をした資産及び負債の当該移転による譲渡に係る譲渡
　　利益額（当該譲渡に係る対価の額が原価の額を超える場合における当該超える部分

819

第3章　公益法人税務関係法令

の金額をいう。）又は譲渡損失額（当該譲渡に係る原価の額が対価の額を超える場合における当該超える部分の金額をいう。）は、当該合併に係る最後事業年度（被合併法人の合併の日の前日の属する事業年度をいう。次条第1項において同じ。）の所得の金額の計算上、益金の額又は損金の額に算入する。

3　前項に規定する原価の額の計算その他前2項の規定の適用に関し必要な事項は、政令で定める。

（適格合併及び適格分割型分割による資産等の帳簿価額による引継ぎ）

第62条の2　内国法人が適格合併により合併法人にその有する資産及び負債の移転をしたときは、前条第1項及び第2項の規定にかかわらず、当該合併法人に当該移転をした資産及び負債の当該適格合併に係る最後事業年度終了の時の帳簿価額として政令で定める金額による引継ぎをしたものとして、当該内国法人の各事業年度の所得の金額を計算する。

2　内国法人が適格分割型分割により分割承継法人にその有する資産又は負債の移転をしたときは、前条第1項の規定にかかわらず、当該分割承継法人に当該移転をした資産及び負債の当該適格分割型分割の直前の帳簿価額による引継ぎをしたものとして、当該内国法人の各事業年度の所得の金額を計算する。

3　前項の場合においては、同項の内国法人が同項の分割承継法人から交付を受けた当該分割承継法人の株式又は第2条第12号の11（定義）に規定する分割承継親法人株式の当該交付の時の価額は、同項の適格分割型分割により移転をした資産及び負債の帳簿価額を基礎として政令で定める金額とする。

4　合併法人又は分割承継法人が引継ぎを受ける資産及び負債の価額その他前3項の規定の適用に関し必要な事項は、政令で定める。

第64条の4　一般社団法人若しくは一般財団法人又は医療法人（公益法人等に限る。次項において「特定公益法人等」という。）である内国法人が普通法人に該当することとなつた場合には、その内国法人のその該当することとなつた日（以下この項及び第3項において「移行日」という。）前の収益事業以外の事業から生じた所得の金額の累積額として政令で定めるところにより計算した金額（第3項において「累積所得金額」という。）又は当該移行日前の収益事業以外の事業から生じた欠損金額の累積額として政令で定めるところにより計算した金額（第3項において「累積欠損金額」という。）に相当する金額は、当該内国法人の当該移行日の属する事業年度の所得の金額の計算上、益金の額又は損金の額に算入する。

2　特定公益法人等を被合併法人とし、普通法人である内国法人を合併法人とする適

820

格合併が行われた場合には、当該被合併法人の当該適格合併前の収益事業以外の事業から生じた所得の金額の累積額として政令で定めるところにより計算した金額（次項において「合併前累積所得金額」という。）又は当該適格合併前の収益事業以外の事業から生じた欠損金額の累積額として政令で定めるところにより計算した金額（次項において「合併前累積欠損金額」という。）に相当する金額は、当該内国法人の当該適格合併の日の属する事業年度の所得の金額の計算上、益金の額又は損金の額に算入する。

3　第１項の内国法人が公益社団法人及び公益財団法人の認定等に関する法律（平成18年法律第49号）第29条第１項若しくは第２項（公益認定の取消し）の規定によりこれらの規定に規定する公益認定を取り消されたことにより普通法人に該当することとなつた法人又は医療法（昭和23年法律第205号）第42条の３第１項（実施計画）に規定する実施計画に係る同項の認定を受けた医療法人である場合、前項の内国法人が公益社団法人又は公益財団法人を被合併法人とする同項に規定する適格合併に係る合併法人である場合その他の政令で定める場合に該当する場合における前２項の規定の適用については、移行日又は当該適格合併の日以後に公益の目的又は同条第１項に規定する救急医療等確保事業に係る業務の継続的な実施のために支出される金額として政令で定める金額に相当する金額は、政令で定めるところにより、累積所得金額若しくは合併前累積所得金額から控除し、又は累積欠損金額若しくは合併前累積欠損金額に加算する。

4　前項の規定は、確定申告書に同項に規定する政令で定める金額及びその計算に関する明細の記載があり、かつ、財務省令で定める書類の添付がある場合に限り、適用する。

5　税務署長は、前項の記載又は書類の添付がない確定申告書の提出があつた場合においても、その記載又は添付がなかつたことについてやむを得ない事情があると認めるときは、第３項の規定を適用することができる。

6　前２項に定めるもののほか、第３項に規定する政令で定める金額を支出した事業年度における処理その他第１項から第３項までの規定の適用に関し必要な事項は、政令で定める。

（累積所得金額又は累積欠損金額の計算）

㋺第131条の４　法第64条の４第１項（公益法人等が普通法人に移行する場合の所得の金額の計算）に規定する収益事業以外の事業から生じた所得の金額の累積額として政令で定めるところにより計算した金額は、同項の内国法人の同項に規定する移行日（以下この項及び次条第１項において「移行日」という。）における資産の帳簿価額が負債帳簿価額等（負債の帳簿価額及び利益積立金額の合計額をいう。以下

この項並びに次条第1項第3号ロ及び第5号ロにおいて同じ。）を超える場合にお
けるその超える部分の金額（次条第2項において「累積所得金額」という。）とし、
法第64条の4第1項に規定する収益事業以外の事業から生じた欠損金額の累積額
として政令で定めるところにより計算した金額は、同項の内国法人の移行日におけ
る負債帳簿価額等が資産の帳簿価額を超える場合におけるその超える部分の金額
（次条第2項及び第3項において「累積欠損金額」という。）とする。

2　**法第64条の4第2項に規定する収益事業以外の事業から生じた所得の金額の累**
積額として政令で定めるところにより計算した金額は、同項の内国法人の同項に規
定する適格合併に係る移転資産帳簿価額（適格合併により被合併法人から引継ぎを
受けた資産の帳簿価額をいう。以下この項及び次条第1項第4号ロにおいて同じ。）
が移転負債帳簿価額等（適格合併により被合併法人から引継ぎを受けた負債の帳簿
価額及び当該適格合併に係る第9条第1項第2号（利益積立金額）に掲げる金額の
合計額をいう。以下この項及び次条第1項第4号ロにおいて同じ。）を超える場合
におけるその超える部分の金額（次条第2項において「合併前累積所得金額」とい
う。）とし、**法第64条の4第2項**に規定する収益事業以外の事業から生じた欠損金
額の累積額として政令で定めるところにより計算した金額は、同項の内国法人の同
項に規定する適格合併に係る移転負債帳簿価額等が移転資産帳簿価額を超える場合
におけるその超える部分の金額（次条第2項及び第3項において「合併前累積欠損
金額」という。）とする。

（累積所得金額から控除する金額等の計算）

⊕**第131条の5**　**法第64条の4第3項**（公益法人等が普通法人に移行する場合の所得
の金額の計算）**に規定する政令で定める場合**は、次の各号に掲げる場合とし、**同項**
に規定する政令で定める金額は、当該各号に掲げる場合の区分に応じ当該各号に定
める金額とする。

一　法第64条の4第1項の内国法人が公益社団法人及び公益財団法人の認定等に関
する法律第29条第1項又は第2項（公益認定の取消し）の規定によりこれらの規
定に規定する公益認定を取り消されたことにより普通法人に該当することとなつ
た法人である場合　当該内国法人の移行日における公益目的取得財産残額（同法
第30条第2項（公益認定の取消し等に伴う贈与）に規定する公益目的取得財産残
額をいう。次号及び第4項において同じ。）に相当する金額

二　法第64条の4第2項の内国法人が公益社団法人又は公益財団法人を被合併法人
とする同項取得財産残額に相当する金額

三　法第64条の4第1項の内国法人が一般社団法人及び一般財団法人に関する法律
及び公益社団法人及び公益財団法人の認定等に関する法律の施行に伴う関係法律
の整備等に関する法律（平成18年法律第50号。以下この号及び第5項において

3．法人税法関係法令

「整備法」という。）第123条第1項（移行法人の義務等）に規定する移行法人（整備法第126条第3項（合併をした場合の届出等）の規定により整備法第123条第1項に規定する移行法人とみなされるものを含む。次号において「移行法人」という。）である場合　次に掲げる金額のうちいずれか少ない金額

イ　当該内国法人の移行日における修正公益目的財産残額（整備法第119条第2項第2号（公益目的支出計画の作成）に規定する公益目的財産残額を基礎として**財務省令で定めるところ**により計算した金額をいう。次号イにおいて同じ。）

ロ　当該内国法人の移行日における資産の帳簿価額から負債帳簿価額等を控除した金額

四　法第64条の4第2項の内国法人が移行法人を被合併法人とする同項に規定する適格合併に係る合併法人である場合　次に掲げる金額のうちいずれか少ない金額

イ　当該被合併法人の当該適格合併の直前の修正公益目的財産残額

ロ　当該適格合併に係る移転資産帳簿価額から移転負債帳簿価額等を控除した金額

五　法第64条の4第1項の内国法人が医療法第42条の3第1項（実施計画）に規定する実施計画（イにおいて「実施計画」という。）に係る同項の認定（以下この条において「計画の認定」という。）を受けた医療法人である場合　次に掲げる金額のうちいずれか少ない金額

イ　当該内国法人の移行日における当該計画の認定に係る実施計画に記載された医療法施行令（昭和23年政令第326号）第5条の5の2第1項第2号（実施計画の認定の申請）に規定する救急医療等確保事業に係る業務の実施に必要な施設及び設備（第13条第1号から第8号まで（減価償却資産の範囲）に掲げる資産に限る。第10項において「救急医療等確保事業用資産」という。）の取得価額の見積額の合計額

ロ　当該内国法人の移行日における資産の帳簿価額から負債帳簿価額等を控除した金額

2　内国法人が、法第64条の4第1項又は第2項の規定の適用を受ける場合において、前項各号に掲げる場合に該当するとき（累積所得金額又は合併前累積所得金額がある場合に限る。）は、同条第1項に規定する収益事業以外の事業から生じた所得の金額の累積額として政令で定めるところにより計算した金額又は同条第2項に規定する収益事業以外の事業から生じた所得の金額の累積額として政令で定めるところにより計算した金額は、前条の規定にかかわらず、当該累積所得金額又は合併前累積所得金額から当該各号に掲げる場合の区分に応じ当該各号に定める金額を控除した金額とする。この場合において、当該累積所得金額又は合併前累積所得金額から控除しきれない金額があるときは、その控除しきれない金額は、それぞれ累積

823

第3章　公益法人税務関係法令

欠損金額又は合併前累積欠損金額とみなして、同条の規定を適用する。

3　内国法人が、法第64条の4第1項又は第2項の規定の適用を受ける場合において、第1項第1号又は第2号に掲げる場合に該当するとき（累積欠損金額又は合併前累積欠損金額がある場合に限る。）は、同条第1項に規定する収益事業以外の事業から生じた欠損金額の累積額として政令で定めるところにより計算した金額又は同条第2項に規定する収益事業以外の事業から生じた欠損金額の累積額として政令で定めるところにより計算した金額は、前条の規定にかかわらず、当該累積欠損金額又は合併前累積欠損金額に第1項第1号又は第2号に掲げる場合の区分に応じこれらの号に定める金額を加算した金額とする。

4　内国法人が、法第64条の4第3項の規定の適用を受ける場合（第1項第1号又は第2号に掲げる場合に該当する場合に限る。）において、公益社団法人及び公益財団法人の認定等に関する法律第5条第17号（公益認定の基準）の定款の定めに従い成立した公益目的取得財産残額に相当する額の財産の贈与に係る契約（同法第30条第1項の規定により成立したものとみなされるものを含む。）により金銭その他の資産の贈与をしたときは、当該贈与により生じた損失の額は、当該内国法人の各事業年度の所得の金額の計算上、損金の額に算入しない。

5　内国法人が法第64条の4第3項の規定の適用を受ける場合（第1項第3号又は第4号に掲げる場合に該当する場合に限る。次項において同じ。）において、当該内国法人のその適用を受ける事業年度以後の各事業年度（整備法第124条（公益目的支出計画の実施が完了したことの確認）の確認に係る事業年度（次項及び第7項において「確認事業年度」という。）後の事業年度を除く。）の整備法第119条第2項第1号の支出の額（以下この条において「公益目的支出の額」という。）が同項第2号の規定により同号に規定する公益目的財産残額の計算上当該公益目的支出の額から控除される同号の収入の額（次項において「実施事業収入の額」という。）を超えるときは、その超える部分の金額（当該内国法人の有する調整公益目的財産残額が当該超える部分の金額に満たない場合には、当該調整公益目的財産残額に相当する金額。第7項において「支出超過額」という。）は、当該内国法人の各事業年度の所得の金額の計算上、損金の額に算入しない。

6　内国法人が法第64条の4第3項の規定の適用を受ける場合において、当該内国法人のその適用を受ける事業年度以後の各事業年度（確認事業年度後の事業年度を除く。）の実施事業収入の額が公益目的支出の額を超えるとき（当該内国法人が調整公益目的財産残額を有する場合に限る。）は、その超える部分の金額（次項において「収入超過額」という。）は、当該内国法人の各事業年度の所得の金額の計算上、益金の額に算入しない。

7　前2項に規定する調整公益目的財産残額とは、第1項第3号又は第4号に定める

824

金額から前2項の規定の適用を受ける事業年度（以下この項において「適用事業年度」という。）前の各事業年度の支出超過額の合計額を減算し、これに当該適用事業年度前の各事業年度の収入超過額の合計額を加算した金額（確認事業年度後の事業年度にあつては、零）をいう。

8　法第64条の4第3項の規定の適用を受けた内国法人を被合併法人とする合併が行われた場合において、当該被合併法人が当該合併の直前において前項に規定する調整公益目的財産残額を有するときは、当該合併に係る合併法人（当該合併の日において公益社団法人又は公益財団法人に該当するものを除く。）の当該合併の日の属する事業年度以後の各事業年度においては、当該合併法人は同条第3項の規定の適用を受けた内国法人と、当該合併法人の当該合併の日の属する事業年度は当該適用を受けた事業年度と、当該被合併法人が有していた当該調整公益目的財産残額は当該合併法人が当該合併の日の属する事業年度開始の日において有する前項に規定する調整公益目的財産残額と、それぞれみなして、第5項及び第6項の規定を適用する。

9　第4項に規定する贈与により生じた損失の額及び第5項又は第6項の規定の適用を受ける場合におけるこれらの規定に規定する公益目的支出の額は、法第37条第7項（寄附金の損金不算入）に規定する寄附金の額に該当しないものとする。

10　内国法人が、法第64条の4第3項の規定の適用を受ける場合（第1項第5号に掲げる場合に該当する場合に限る。）において、医療法施行令第5条の5の4第1項（実施計画の変更）に規定する認定実施計画（以下この項及び次項において「認定実施計画」という。）に記載された同令第5条の5の2第1項第3号に規定する実施期間（同令第5条の5の6第1項（実施計画の認定の取消し等）の規定により当該認定実施計画に係る計画の認定が取り消された場合又は同条第4項の規定により当該計画の認定の効力が失われた場合にあつては、当該計画の認定が取り消された日又は当該計画の認定の効力が失われた日以後の期間を除く。以下この項において「実施期間」という。）内において救急医療等確保事業用資産の取得（第55条第1項（資本的支出の取得価額の特例）の規定による取得を含む。以下この項において同じ。）をしたときは、当該取得をした救急医療等確保事業用資産の取得価額は、零（当該救急医療等確保事業用資産の取得価額が第1項第5号に定める金額から当該内国法人が実施期間内において既に取得をした各救急医療等確保事業用資産の次の各号に掲げる区分に応じ当該各号に定める金額の合計額を控除した残額（以下この条において「救急医療等確保事業用資産取得未済残額」という。）を超える場合には、その超える部分の金額）とする。

一　この項の規定の適用を受けた救急医療等確保事業用資産　その適用を受ける前の取得価額からこの項の規定により取得価額とされた金額を控除した金額

第3章　公益法人税務関係法令

二　この項の規定の適用を受けるべきこととなる救急医療等確保事業用資産　その取得価額からこの項の規定により取得価額とされる金額を控除した金額

11　法第64条の4第3項の規定の適用を受けた内国法人が認定実施計画に記載された医療法施行令第5条の5の2第1項第3号に規定する実施期間終了の時において救急医療等確保事業用資産取得未済残額を有する場合（同令第5条の5の6第1項の規定により当該認定実施計画に係る計画の認定が取り消され、又は同条第4項の規定により当該計画の認定の効力が失われた場合を除く。）には、当該救急医療等確保事業用資産取得未済残額に相当する金額は、当該実施期間終了の日の属する事業年度の所得の金額の計算上、益金の額に算入する。

12　法第64条の4第3項の規定の適用を受けた内国法人が、医療法施行令第5条の5の6第1項の規定により計画の認定を取り消された場合において、その取り消された日において救急医療等確保事業用資産取得未済残額を有するときは、当該救急医療等確保事業用資産取得未済残額に相当する金額は、その取り消された日の属する事業年度の所得の金額の計算上、益金の額に算入する。

13　法第64条の4第3項の規定の適用を受けた内国法人を被合併法人とする合併が行われた場合において、当該被合併法人が当該合併の直前において救急医療等確保事業用資産取得未済残額を有するときは、当該合併に係る合併法人（当該合併の日において医療法第42条の2第1項（社会医療法人）に規定する社会医療法人に該当するものを除く。）の当該合併の日の属する事業年度以後の各事業年度においては、当該合併法人は法第64条の4第3項の規定の適用を受けた内国法人と、当該被合併法人が有していた当該救急医療等確保事業用資産取得未済残額は当該合併法人が当該合併の日において有する救急医療等確保事業用資産取得未済残額と、それぞれみなして、前3項の規定を適用する。

（収益事業以外の事業に属していた資産及び負債の帳簿価額）

囹**第131条の6**　内国法人である公益法人等若しくは人格のない社団等のその収益事業以外の事業に属していた資産及び負債がその収益事業に属する資産及び負債となつた場合のその資産及び負債（以下この条において「転用資産等」という。）又は公益法人等が普通法人若しくは協同組合等に該当することとなつた場合のその該当することとなつた時において有するその収益事業以外の事業に属していた資産及び負債（以下この条において「移行時資産等」という。）の帳簿価額は、それぞれ当該転用資産等の価額としてその収益事業に関する帳簿に記載された金額又は当該移行時資産等の価額としてその該当することとなつた時においてその帳簿に記載されていた金額とする。

囲**第27条の16の4**　　令第131条の5第1項第3号イ（累積所得金額から控除する金

額等の計算）に規定する財務省令で定めるところにより計算した金額は、公益目的財産残額（一般社団法人及び一般財団法人に関する法律及び公益社団法人及び公益財団法人の認定等に関する法律の施行に伴う関係法律の整備等に関する法律（平成18年法律第50号）第119条第２項第２号（公益目的支出計画の作成）に規定する公益目的財産残額をいう。次項第１号において同じ。）及び公益目的収支差額の収入超過額（一般社団法人及び一般財団法人に関する法律及び公益社団法人及び公益財団法人の認定等に関する法律の施行に伴う関係法律の整備等に関する法律施行規則（平成19年内閣府令第69号。以下この項において「整備府令」という。）第23条第２項（公益目的財産残額）に規定する公益目的収支差額が零に満たない場合のその満たない部分の金額をいう。次項第１号において同じ。）の合計額に整備府令第14条第１項第２号（公益目的財産額）に掲げる金額（既に有していない同項第１号に規定する時価評価資産（以下この条において「時価評価資産」という。）に係る部分の金額を除く。次項第３号において「評価損の額」という。）を加算し、これから整備府令第14条第１項第１号に掲げる金額（既に有していない時価評価資産に係る部分の金額を除く。次項第３号において「評価益の額」という。）を控除した金額とする。

2　法第64条の４第４項（公益法人等が普通法人に移行する場合の所得の金額の計算）に規定する財務省令で定める書類は、令第131条の５第１項第１号又は第２号に掲げる場合に該当する場合にはこれらの号に定める金額を証する書類とし、同項第３号又は第４号に掲げる場合に該当する場合には次に掲げる事項を証する書類とし、同項第５号に掲げる場合に該当する場合には同号に規定する計画の認定を受けた旨を証する書類の写し及び当該計画の認定に係る同号に規定する実施計画の写しとする。

一　移行日（法第64条の４第１項に規定する移行日をいう。次号及び第３号において同じ。）又は適格合併（同条第２項に規定する適格合併をいう。次号及び第３号において同じ。）の直前における公益目的財産残額及び公益目的収支差額の収入超過額

二　移行日に有する時価評価資産又は適格合併により引継ぎを受けた時価評価資産の状況

三　移行日に有する時価評価資産又は適格合併により引継ぎを受けた時価評価資産に係る評価益の額及び評価損の額

（各事業年度の所得の金額の計算の細目）

第65条　第２款から前款まで（所得の金額の計算）に定めるもののほか、各事業年

第3章　公益法人税務関係法令

度の所得の金額の計算に関し必要な事項は、政令で定める。

（資本的支出）

㊞**第132条**　内国法人が、修理、改良その他いずれの名義をもつてするかを問わず、その有する固定資産について支出する金額で次に掲げる金額に該当するもの（そのいずれにも該当する場合には、いずれか多い金額）は、その内国法人のその支出する日の属する事業年度の所得の金額の計算上、損金の額に算入しない。

一　当該支出する金額のうち、その支出により、当該資産の取得の時において当該資産につき通常の管理又は修理をするものとした場合に予測される当該資産の使用可能期間を延長させる部分に対応する金額

二　当該支出する金額のうち、その支出により、当該資産の取得の時において当該資産につき通常の管理又は修理をするものとした場合に予測されるその支出の時における当該資産の価額を増加させる部分に対応する金額

（少額の減価償却資産の取得価額の損金算入）

㊞**第133条**　内国法人がその事業の用に供した減価償却資産（第48条第１項第６号及び第48条の２第１項第６号（減価償却資産の償却の方法）に掲げるものを除く。）で、前条第１号に規定する使用可能期間が１年未満であるもの又は取得価額（第54条第１項各号（減価償却資産の取得価額）の規定により計算した価額をいう。次条第１項において同じ。）が10万円未満であるものを有する場合において、その内国法人が当該資産の当該取得価額に相当する金額につきその事業の用に供した日の属する事業年度において損金経理をしたときは、その損金経理をした金額は、当該事業年度の所得の金額の計算上、損金の額に算入する。

（一括償却資産の損金算入）

㊞**第133条の２**　内国法人が各事業年度において減価償却資産で取得価額が20万円未満であるもの（第48条第１項第６号及び第48条の２第１項第６号（減価償却資産の償却の方法）に掲げるもの並びに前条の規定の適用を受けるものを除く。）を事業の用に供した場合において、その内国法人がその全部又は特定の一部を一括したもの（適格合併、適格分割、適格現物出資又は適格現物分配（以下この条において「適格組織再編成」という。）により被合併法人、分割法人、現物出資法人又は現物分配法人（以下この項において「被合併法人等」という。）から引継ぎを受けた当該被合併法人等の各事業年度において生じた当該一括したものを含むものとし、適格分割、適格現物出資又は適格現物分配（適格現物分配にあつては、残余財産の全部の分配を除く。以下この条において「適格分割等」という。）により分割承継法人、被現物出資法人又は被現物分配法人（以下この条において「分割承継法人等」という。）に引き継いだ当該一括したものを除く。以下この条において「一括償却資産」

という。）の取得価額（適格組織再編成により被合併法人等から引継ぎを受けた一括償却資産にあつては、当該被合併法人等におけるその取得価額）の合計額（以下この項及び第12項において「一括償却対象額」という。）を当該事業年度以後の各事業年度の費用の額又は損失の額とする方法を選定したときは、当該一括償却資産につき当該事業年度以後の各事業年度の所得の金額の計算上損金の額に算入する金額は、その内国法人が当該一括償却資産の全部又は一部につき損金経理をした金額（以下この条において「損金経理額」という。）のうち、当該一括償却資産に係る一括償却対象額を36で除しこれに当該事業年度の月数を乗じて計算した金額（適格組織再編成により被合併法人等から引継ぎを受けた当該被合併法人等の各事業年度において生じた一括償却資産につき当該適格組織再編成の日の属する事業年度において当該金額を計算する場合にあつては、当該一括償却資産に係る一括償却対象額を36で除し、これにその日から当該事業年度終了の日までの期間の月数を乗じて計算した金額。次項において「損金算入限度額」という。）に達するまでの金額とする。

2～5　省略

6　第1項の月数は、暦に従つて計算し、1月に満たない端数を生じたときは、これを1月とする。

7～11　省略

12　第1項の規定は、一括償却資産を事業の用に供した日の属する事業年度の確定申告書に当該一括償却資産に係る一括償却対象額の記載があり、かつ、その計算に関する書類を保存している場合に限り、適用する。

13　内国法人は、各事業年度において一括償却資産につき損金経理をした金額がある場合には、第1項の規定により損金の額に算入される金額の計算に関する明細書を当該事業年度の確定申告書に添付しなければならない。

（繰延資産となる費用のうち少額のものの損金算入）

㋿第134条　内国法人が、第64条第1項第2号（均等償却を行う繰延資産）に掲げる費用を支出する場合において、当該費用のうちその支出する金額が20万円未満であるものにつき、その支出する日の属する事業年度において損金経理をしたときは、その損金経理をした金額は、当該事業年度の所得の金額の計算上、損金の額に算入する。

（確定給付企業年金等の掛金等の損金算入）

㋿第135条　内国法人が、各事業年度において、次に掲げる掛金、保険料、事業主掛金、信託金等又は信託金等若しくは預入金等の払込みに充てるための金銭を支出した場合には、その支出した金額（第2号に掲げる掛金又は保険料の支出を金銭に代えて株式をもつて行つた場合として財務省令で定める場合には、財務省令で定める金額）は、当該事業年度の所得の金額の計算上、損金の額に算入する。

第3章　公益法人税務関係法令

一　独立行政法人勤労者退職金共済機構又は所得税法施行令第74条第5項（特定退職金共済団体の承認）に規定する特定退職金共済団体が行う退職金共済に関する制度に基づいてその被共済者（事業主が退職金共済事業を行う団体に掛金を納付し、その団体がその事業主の雇用する使用人の退職について退職給付金を支給することを約する退職金共済契約に基づき、その退職給付金の支給を受けるべき者をいう。）のために支出した掛金（同令第76条第1項第2号ロからへまで（退職金共済制度等に基づく一時金で退職手当等とみなさないもの）に掲げる掛金を除くものとし、中小企業退職金共済法第53条（従前の積立事業についての取扱い）の規定により独立行政法人勤労者退職金共済機構に納付する金額を含む。）

二　確定給付企業年金法（平成13年法律第50号）第3条第1項（確定給付企業年金の実施）に規定する確定給付企業年金に係る規約に基づいて同法第2条第4項（定義）に規定する加入者のために支出した同法第55条第1項（掛金）の掛金（同法第63条（積立不足に伴う掛金の拠出）、第78条第3項（実施事業所の増減）、第78条の2第3号（確定給付企業年金を実施している事業主が2以上である場合等の実施事業所の減少の特例）及び第87条（終了時の掛金の一括拠出）の掛金を含む。）又はこれに類する掛金若しくは保険料で財務省令で定めるもの

三　確定拠出年金法（平成13年法律第88号）第4条第3項（承認の基準等）に規定する企業型年金規約に基づいて同法第2条第8項（定義）に規定する企業型年金加入者のために支出した同法第3条第3項第7号（規約の承認）に規定する事業主掛金（同法第54条第1項（他の制度の資産の移換）の規定により移換した確定拠出年金法施行令（平成13年政令第248号）第22条第1項第4号（他の制度の資産の移換の基準）に掲げる資産を含む。）

四　勤労者財産形成促進法（昭和46年法律第92号）第6条の2第1項（勤労者財産形成給付金契約等）に規定する勤労者財産形成給付金契約に基づいて同項第2号に規定する信託の受益者等（次号において「信託の受益者等」という。）のために支出した同項第1号に規定する信託金等（次号において「信託金等」という。）

五　勤労者財産形成促進法第6条の3第2項（勤労者財産形成基金契約）に規定する第一種勤労者財産形成基金契約に基づいて信託の受益者等のために支出する信託金等又は同条第3項に規定する第二種勤労者財産形成基金契約に基づいて同項第2号に規定する勤労者について支出する同項第1号に規定する預入金等の払込みに充てるために同法第7条の20第1項（拠出）の規定により支出した金銭

（資産に係る控除対象外消費税額等の損金算入）

⦿**第139条の4**　内国法人の当該事業年度（消費税法（昭和63年法律第108号）第30条第2項（仕入れに係る消費税額の控除）に規定する課税売上割合に準ずる割合として財務省令で定めるところにより計算した割合が100分の80以上である事業年度

に限る。）において資産に係る控除対象外消費税額等が生じた場合において、その生じた資産に係る控除対象外消費税額等の合計額につき、その内国法人が当該事業年度において損金経理をしたときは、当該損金経理をした金額は、当該事業年度の所得の金額の計算上、損金の額に算入する。

2 内国法人の当該事業年度（前項に規定する事業年度を除く。）において生じた資産に係る控除対象外消費税額等が次に掲げる場合に該当する場合において、その該当する資産に係る控除対象外消費税額等の合計額につき、その内国法人が当該事業年度において損金経理をしたときは、当該損金経理をした金額は、当該事業年度の所得の金額の計算上、損金の額に算入する。

一 棚卸資産に係るものである場合

二 消費税法第５条第１項（納税義務者）に規定する特定課税仕入れに係るものである場合

三 20万円未満である場合

3 内国法人の当該事業年度において生じた資産に係る控除対象外消費税額等の合計額（前２項の規定により損金の額に算入される金額を除く。以下この条において「繰延消費税額等」という。）につき当該事業年度の所得の金額の計算上損金の額に算入する金額は、その内国法人が当該繰延消費税額等につき当該事業年度において損金経理をした金額のうち、当該繰延消費税額等を60で除しこれに当該事業年度の月数を乗じて計算した金額の２分の１に相当する金額に達するまでの金額とする。

4 内国法人の当該事業年度前の各事業年度において生じた繰延消費税額等（適格合併、適格分割、適格現物出資又は適格現物分配（以下この条において「適格組織再編成」という。）により被合併法人、分割法人、現物出資法人又は現物分配法人（以下この項において「被合併法人等」という。）から引継ぎを受けた当該被合併法人等の各事業年度において生じた繰延消費税額等（以下この項において「承継繰延消費税額等」という。）を含むものとし、適格分割、適格現物出資又は適格現物分配（適格現物分配にあつては、残余財産の全部の分配を除く。以下この条において「適格分割等」という。）により分割承継法人、被現物出資法人又は被現物分配法人（以下この条において「分割承継法人等」という。）に引き継いだ繰延消費税額等を除く。以下この項において同じ。）につき当該事業年度の所得の金額の計算上損金の額に算入する金額は、その内国法人が当該繰延消費税額等につき当該事業年度において損金経理をした金額（以下この条において「損金経理額」という。）のうち、当該繰延消費税額等を60で除しこれに当該事業年度の月数を乗じて計算した金額（承継繰延消費税額等につき当該適格組織再編成の日の属する事業年度において当該金額を計算する場合にあつては、当該承継繰延消費税額等を60で除しこれにその日から当該事業年度終了の日までの期間の月数を乗じて計算した金額）に達するま

第3章　公益法人税務関係法令

での金額とする。

5　第1項から第3項までに規定する資産に係る控除対象外消費税額等とは、内国法人が消費税法第19条第1項（課税期間）に規定する課税期間につき同法第30条第1項の規定の適用を受ける場合で、当該課税期間中に行つた同法第2条第1項第9号（定義）に規定する課税資産の譲渡等につき課されるべき消費税の額及び当該消費税の額を課税標準として課されるべき地方消費税の額に相当する金額並びに同法第30条第2項に規定する課税仕入れ等の税額及び当該課税仕入れ等の税額に係る地方消費税の額に相当する金額をこれらに係る取引の対価と区分する経理をしたときにおける当該課税仕入れ等の税額及び当該課税仕入れ等の税額に係る地方消費税の額に相当する金額の合計額のうち、同条第1項の規定による控除をすることができない金額及び当該控除をすることができない金額に係る地方消費税の額に相当する金額の合計額でそれぞれの資産に係るものをいう。

6　前項に規定する課税仕入れ等の税額に係る地方消費税の額に相当する金額又は控除をすることができない金額に係る地方消費税の額に相当する金額とは、それぞれ地方消費税を税率が100分の1.7〔編者注：平成31年10月1日〜100分の2.2〕の消費税であると仮定して消費税法の規定の例により計算した場合における同法第30条第2項に規定する課税仕入れ等の税額に相当する金額又は同条第1項の規定による控除をすることができない金額に相当する金額をいう。

7〜10　省略

11　第3項、第4項及び第7項の月数は、暦に従つて計算し、1月に満たない端数を生じたときは、これを1月とする。

12〜17　省略

　　（資産に係る控除対象外消費税額等の損金算入に関する明細書の添付）

㋹第139条の5　内国法人は、各事業年度において前条第1項から第3項までに規定する資産に係る控除対象外消費税額等の合計額又は同条第3項若しくは第4項に規定する繰延消費税額等につき損金経理をした金額がある場合には、同条の規定により損金の額に算入される金額の計算に関する明細書を当該事業年度の確定申告書に添付しなければならない。

　（各事業年度の所得に対する法人税の税率）

第66条　内国法人である普通法人、一般社団法人等（別表第二に掲げる一般社団法人及び一般財団法人並びに公益社団法人及び公益財団法人をいう。次項及び第3項において同じ。）又は人格のない社団等に対して課する各事業年度の所得に対する

法人税の額は、各事業年度の所得の金額に100分の23.2〔編者注：平成28年4月1日〜平成30年3月31日開始事業年度については、100分の23.4〕の税率を乗じて計算した金額とする。

2　前項の場合において、普通法人のうち各事業年度終了の時において資本金の額若しくは出資金の額が1億円以下であるもの若しくは資本若しくは出資を有しないもの、一般社団法人等又は人格のない社団等の各事業年度の所得の金額のうち年800万円以下の金額については、同項の規定にかかわらず、100分の19の税率による。

3　公益法人等（一般社団法人等を除く。）又は協同組合等に対して課する各事業年度の所得に対する法人税の額は、各事業年度の所得の金額に100分の19の税率を乗じて計算した金額とする。

4　事業年度が1年に満たない法人に対する第2項の規定の適用については、同項中「年800万円」とあるのは、「800万円を12で除し、これに当該事業年度の月数を乗じて計算した金額」とする。

5　前項の月数は、暦に従つて計算し、1月に満たない端数を生じたときは、これを1月とする。

6　内国法人である普通法人のうち各事業年度終了の時において次に掲げる法人に該当するものについては、第2項の規定は、適用しない。

一　保険業法に規定する相互会社（次号ロにおいて「相互会社」という。）

二　大法人（次に掲げる法人をいう。以下この号及び次号において同じ。）との間に当該大法人による完全支配関係がある普通法人

　　イ　資本金の額又は出資金の額が5億円以上である法人

　　ロ　相互会社（これに準ずるものとして政令で定めるものを含む。）

　　ハ　第4条の7（受託法人等に関するこの法律の適用）に規定する受託法人（第6号において「受託法人」という。）

三　普通法人との間に完全支配関係がある全ての大法人が有する株式及び出資の全部を当該全ての大法人のうちいずれか一の法人が有するものとみなした場合において当該いずれか一の法人と当該普通法人との間に当該いずれか一の法人による完全支配関係があることとなるときの当該普通法人（前号に掲げる法人を除く。）

四　投資法人

五　特定目的会社

六　受託法人

〔編者注：第1項から第3項までの適用については、措置法42の3の2参照〕

第3章　公益法人税務関係法令

（所得税額の控除）

第68条　内国法人が各事業年度において所得税法第174条各号（内国法人に係る所得税の課税標準）に規定する利子等、配当等、給付補塡金、利息、利益、差益、利益の分配又は賞金（次項において「利子及び配当等」という。）の支払を受ける場合には、これらにつき同法の規定により課される所得税の額は、政令で定めるところにより、当該事業年度の所得に対する法人税の額から控除する。

2　前項の規定は、内国法人である公益法人等又は人格のない社団等が支払を受ける利子及び配当等で収益事業以外の事業又はこれに属する資産から生ずるものにつき課される同項の所得税の額については、適用しない。

3　第1項の事業年度において第72条第1項各号（仮決算をした場合の中間申告書の記載事項等）に掲げる事項を記載した中間申告書の提出により第78条第1項（所得税額等の還付）又は第133条第1項（更正等による所得税額等の還付）の規定による還付金がある場合（当該事業年度が第4条の5第1項又は第2項（第4号又は第5号に係る部分に限る。）（連結納税の承認の取消し等）の規定により第4条の2（連結納税義務者）の承認を取り消された内国法人のその取り消された日の前日の属する事業年度である場合において、当該事業年度開始の日の属する第81条の20第1項（仮決算をした場合の連結中間申告書の記載事項等）に規定する期間につき同項各号に掲げる事項を記載した連結中間申告書の提出により第81条の29第1項（所得税額等の還付）又は第133条第1項の規定による還付金（以下この項において「連結還付金」という。）があるときを含む。）の第1項の所得税の額には、これらの還付金の額（連結還付金にあつては、当該連結還付金の額のうち当該内国法人に帰せられる金額として政令で定める金額に限る。）を含まないものとする。

4　第1項の規定は、確定申告書、修正申告書又は更正請求書に同項の規定による控除を受けるべき金額及びその計算に関する明細を記載した書類の添付がある場合に限り、適用する。この場合において、同項の規定による控除をされるべき金額は、当該金額として記載された金額を限度とする。

（確定申告）

第74条　内国法人は、各事業年度終了の日の翌日から2月以内に、税務署長に対し、確定した決算に基づき次に掲げる事項を記載した申告書を提出しなければならない。

一　当該事業年度の課税標準である所得の金額又は欠損金額

二　前号に掲げる所得の金額につき前節（税額の計算）の規定を適用して計算した法人税の額

3. 法人税法関係法令

　　三　第68条及び第69条（所得税額等の控除）の規定による控除をされるべき金額で前号に掲げる法人税の額の計算上控除しきれなかつたものがある場合には、その控除しきれなかつた金額

　　四　その内国法人が当該事業年度につき中間申告書を提出した法人である場合には、第2号に掲げる法人税の額から当該申告書に係る中間納付額を控除した金額

　　五　前号に規定する中間納付額で同号に掲げる金額の計算上控除しきれなかつたものがある場合には、その控除しきれなかつた金額

　　六　前各号に掲げる金額の計算の基礎その他<u>財務省令で定める事項</u>

2　清算中の内国法人につきその残余財産が確定した場合には、当該内国法人の当該残余財産の確定の日の属する事業年度に係る前項の規定の適用については、同項中「2月以内」とあるのは、「1月以内（当該翌日から1月以内に残余財産の最後の分配又は引渡しが行われる場合には、その行われる日の前日まで）」とする。

3　第1項の規定による申告書には、当該事業年度の貸借対照表、損益計算書その他の<u>財務省令で定める書類</u>を添付しなければならない。

（確定申告書の記載事項）

則第34条　法第74条第1項第6号（確定申告書）に規定する<u>財務省令で定める事項</u>は、次に掲げる事項とする。

　　一　内国法人の名称及び納税地並びにその納税地と本店又は主たる事務所の所在地とが異なる場合には、その本店又は主たる事務所の所在地

　　二　代表者の氏名

　　三　当該事業年度の開始及び終了の日

　　四　当該事業年度が残余財産の確定の日の属する事業年度である場合において、当該事業年度終了の日の翌日から1月以内に残余財産の最後の分配又は引渡しが行われるときは、その分配又は引渡しが行われる日

　　五　法第80条（欠損金の繰戻しによる還付）の規定により還付の請求をする法人税の額

　　六　その他参考となるべき事項

2　確定申告書（当該申告書に係る修正申告書及び更正請求書を含む。）の記載事項及びこれに添付すべき書類の記載事項のうち別表一（一）から別表一（三）まで、別表二から別表三（七）まで、別表四、別表五（一）から別表五（二）まで、別表五の二（一）付表二、別表六（一）から別表六（二十九）まで、別表七（一）から別表七（三）まで、別表八（一）、別表八（二）、別表九（一）から別表十（十）まで、別表十一（一）から別表十四（八）まで、別表十五及び別表十六（一）から別表十七（四）まで（更正請求書にあつては、別表一（一）から別表一（三）までを

835

第3章　公益法人税務関係法令

除く。）に定めるものの記載については、これらの表の書式によらなければならない。ただし、内国法人が令第63条第２項（減価償却に関する明細書の添付）又は第67条第２項（繰延資産の償却に関する明細書の添付）の規定の適用を受ける場合には、これらの規定に規定する明細書については、別表十六（一）から別表十六（六）までに定める書式に代え、当該書式と異なる書式（これらの表の書式に定める項目を記載しているものに限る。）によることができるものとする。

（確定申告書の添付書類）

則**第35条**　法第74条第３項（確定申告書）に規定する財務省令で定める書類は、次の各号に掲げるもの（当該各号に掲げるものが電磁的記録で作成され、又は当該各号に掲げるものの作成に代えて当該各号に掲げるものに記載すべき情報を記録した電磁的記録の作成がされている場合には、これらの電磁的記録に記録された情報の内容を記載した書類）とする。

一　当該事業年度の貸借対照表及び損益計算書

二　当該事業年度の株主資本等変動計算書若しくは社員資本等変動計算書又は損益金の処分表（これらの書類又は前号に掲げる書類に次に掲げる事項の記載がない場合には、その記載をした書類を含む。）

イ　当該事業年度終了の日の翌日から当該事業年度に係る決算の確定の日までの間に行われた剰余金の処分の内容

ロ　過年度事項（当該事業年度前の事業年度又は連結事業年度の貸借対照表、損益計算書又は株主資本等変動計算書若しくは社員資本等変動計算書若しくは損益金の処分表に表示すべき事項をいう。）の修正の内容

三　第１号に掲げるものに係る勘定科目内訳明細書

四　当該内国法人の事業等の概況に関する書類（当該内国法人との間に完全支配関係がある法人との関係を系統的に示した図を含む。）

五　組織再編成（合併、分割、現物出資又は法第２条第12号の５の２（定義）に規定する現物分配（次号において「現物分配」という。）をいう。次号において同じ。）に係る合併契約書、分割契約書、分割計画書その他これらに類するものの写し

六　組織再編成により当該組織再編成に係る合併法人、分割承継法人、被現物出資法人若しくは被現物分配法人その他の株主等に移転した資産若しくは負債その他主要な事項又は当該組織再編成（現物分配にあつては、適格現物分配に限る。）に係る被合併法人、分割法人、現物出資法人若しくは現物分配法人から移転を受けた資産若しくは負債その他主要な事項に関する明細書

3．法人税法関係法令

（確定申告書の提出期限の延長）

第75条 前条第1項の規定による申告書を提出すべき内国法人が、災害その他やむを得ない理由（次条第1項の規定の適用を受けることができる理由を除く。）により決算が確定しないため、当該申告書を前条第1項に規定する提出期限までに提出することができないと認められる場合には、国税通則法第11条（災害等による期限の延長）の規定によりその提出期限が延長された場合を除き、納税地の所轄税務署長は、その内国法人の申請に基づき、期日を指定してその提出期限を延長することができる。

2　前項の申請は、同項に規定する申告書に係る事業年度終了の日の翌日から45日以内に、当該申告書の提出期限までに決算が確定しない理由、その指定を受けようとする期日その他<u>財務省令で定める事項</u>を記載した申請書をもつてしなければならない。

3　税務署長は、前項の申請書の提出があつた場合において、その申請に係る理由が相当でないと認めるときは、その申請を却下することができる。

4　税務署長は、第2項の申請書の提出があつた場合において、第1項の提出期限の延長又は前項の却下の処分をするときは、その申請をした内国法人に対し、書面によりその旨を通知する。

5　第2項の申請書の提出があつた場合において、第1項に規定する申告書に係る事業年度終了の日の翌日から2月以内に同項の提出期限の延長又は第3項の却下の処分がなかつたときは、その申請に係る指定を受けようとする期日を第1項の期日として同項の提出期限の延長がされたものとみなす。

6　第1項の規定の適用を受ける内国法人が同項に規定する申告書を同項の規定により指定された期日前に税務署長に提出した場合には、その提出があつた日をもつて同項の期日とされたものとみなす。

7　第1項の規定の適用を受ける内国法人は、同項に規定する申告書に係る事業年度の所得に対する法人税の額に、当該事業年度終了の日の翌日以後2月を経過した日から同項の規定により指定された期日までの期間の日数に応じ、年7.3パーセントの割合を乗じて計算した金額に相当する利子税をその計算の基礎となる法人税に併せて納付しなければならない。

（確定申告書の提出期限の延長申請書の記載事項）

則第36条 法第75条第2項（確定申告書の提出期限の延長）に規定する<u>財務省令で定める事項</u>は、次に掲げる事項とする。

一　申請をする内国法人の名称及び納税地

二　代表者の氏名

三　当該申告書に係る事業年度終了の日

837

第3章　公益法人税務関係法令

　　四　指定を受けようとする期日まででその提出期限の延長を必要とする理由
　　五　その他参考となるべき事項

（確定申告書の提出期限の延長の特例）

第75条の2　第74条第1項（確定申告）の規定による申告書を提出すべき内国法人
が、定款、寄附行為、規則、規約その他これらに準ずるもの（以下この条において
「定款等」という。）の定めにより、又は当該内国法人に特別の事情があることによ
り、当該事業年度以後の各事業年度終了の日の翌日から2月以内に当該各事業年度
の決算についての定時総会が招集されない常況にあると認められる場合には、納税
地の所轄税務署長は、その内国法人の申請に基づき、当該事業年度以後の各事業年
度（残余財産の確定の日の属する事業年度を除く。以下この項及び次項において同
じ。）の当該申告書の提出期限を1月間（次の各号に掲げる場合に該当する場合に
は、当該各号に定める期間）延長することができる。
　　一　当該内国法人が会計監査人を置いている場合で、かつ、当該定款等の定めによ
　　　り当該事業年度以後の各事業年度終了の日の翌日から3月以内に当該各事業年度
　　　の決算についての定時総会が招集されない常況にあると認められる場合（次号に
　　　掲げる場合を除く。）　当該定めの内容を勘案して4月を超えない範囲内において
　　　税務署長が指定する月数の期間
　　二　当該特別の事情があることにより当該事業年度以後の各事業年度終了の日の翌
　　　日から3月以内に当該各事業年度の決算についての定時総会が招集されない常況
　　　にあることその他やむを得ない事情があると認められる場合　税務署長が指定す
　　　る月数の期間
2　前項の規定の適用を受けている内国法人が、同項各号に掲げる場合に該当するこ
　ととなつたと認められる場合、同項各号に掲げる場合に該当しないこととなつたと
　認められる場合又は定款等の定め若しくは同項の特別の事情若しくは同項第2号の
　やむを得ない事情に変更が生じたと認められる場合には、納税地の所轄税務署長
　は、その内国法人の申請に基づき、当該事業年度以後の各事業年度に係る同項に規
　定する申告書の提出期限について、同項各号の指定をし、同項各号の指定を取り消
　し、又は同項各号の指定に係る月数の変更をすることができる。
3　前2項の申請は、第1項に規定する申告書に係る事業年度終了の日までに、定款
　等の定め又は同項の特別の事情の内容、同項各号の指定を受けようとする場合には
　その指定を受けようとする月数（同項第2号のやむを得ない事情があることにより
　同号の指定を受けようとする場合には、当該事情の内容を含む。）、同項各号の指定
　に係る月数の変更をしようとする場合にはその変更後の月数その他<u>財務省令で定め</u>

838

る事項を記載した申請書をもつてしなければならない。

4　前項の申請書には、第1項又は第2項の申請をする内国法人が定款等の定めにより各事業年度終了の日の翌日から2月以内に当該各事業年度の決算についての定時総会が招集されない常況にあることを当該申請の理由とする場合にあつては、当該定款等の写しを添付しなければならない。

5　税務署長は、第1項の規定の適用を受けている内国法人につき、定款等の定めに変更が生じ、若しくは同項の特別の事情がないこととなつたと認める場合、同項各号に掲げる場合に該当しないこととなつたと認める場合又は同項の特別の事情若しくは同項第2号のやむを得ない事情に変更が生じたと認める場合には、同項の提出期限の延長の処分を取り消し、同項各号の指定を取り消し、又は同項各号の指定に係る月数を変更することができる。この場合において、これらの取消し又は変更の処分があつたときは、その処分のあつた日の属する事業年度以後の各事業年度につき、その処分の効果が生ずるものとする。

6　税務署長は、前項の処分をするときは、その処分に係る内国法人に対し、書面によりその旨を通知する。

7　第1項の規定の適用を受けている内国法人は、当該事業年度以後の各事業年度に係る同項に規定する申告書の提出期限について同項の規定の適用を受けることをやめようとするときは、当該事業年度終了の日までに、当該事業年度開始の日その他財務省令で定める事項を記載した届出書を納税地の所轄税務署長に提出しなければならない。この場合において、その届出書の提出があつたときは、当該事業年度以後の各事業年度については、同項の提出期限の延長の処分は、その効力を失うものとする。

8　前条第3項から第5項までの規定は第3項の申請書の提出があつた場合について、同条第7項の規定は第1項の規定の適用を受ける内国法人の同項に規定する申告書に係る事業年度の所得に対する法人税について、それぞれ準用する。この場合において、同条第4項中「第1項」とあるのは「次条第1項」と、同条第5項中「2月以内に同項」とあるのは「15日以内に次条第1項」と、「その申請に係る指定を受けようとする期日を第1項の期日として同項」とあるのは「1月間（同条第1項各号の指定を受けようとする旨の申請があつた場合にはその申請に係る指定を受けようとする月数の期間とし、同項各号の指定に係る月数の変更をしようとする旨の申請があつた場合にはその申請に係る変更後の月数の期間とする。）、同条第1項」と、同条第7項中「同項の規定により指定された期日」とあるのは「次条第1項の規定により延長された提出期限」と読み替えるものとする。

9　第1項の規定の適用を受けている内国法人について当該事業年度終了の日の翌日

第3章　公益法人税務関係法令

から2月を経過した日前に災害その他やむを得ない理由が生じた場合には、当該事業年度に限り、同項の規定の適用がないものとみなして、前条及び国税通則法第11条（災害等による期限の延長）の規定を適用することができる。

10　前条の規定は、第1項の規定の適用を受けている内国法人が、当該事業年度（前項の規定の適用に係る事業年度を除く。）につき災害その他やむを得ない理由により決算が確定しないため、第1項に規定する申告書を同項の規定により延長された提出期限までに提出することができないと認められる場合について準用する。この場合において、同条第2項中「申告書に係る事業年度終了の日の翌日から45日以内」とあるのは「申告書の提出期限の到来する日の15日前まで」と、同条第5項中「申告書に係る事業年度終了の日の翌日から2月以内」とあるのは「申告書の提出期限まで」と、同条第7項中「内国法人は、同項」とあるのは「内国法人は、次条第8項において準用するこの項の規定による利子税のほか、第1項」と、「当該事業年度終了の日の翌日以後2月を経過した日から同項」とあるのは「同条第1項の規定により延長された当該申告書の提出期限の翌日から第1項」と読み替えるものとする。

　　（確定申告書の提出期限の延長の特例の申請書の記載事項）

則**第36条の2**　**法第75条の2第3項**（確定申告書の提出期限の延長の特例）に規定する財務省令で定める事項は、次に掲げる事項とする。

一　申請をする内国法人の名称及び納税地

二　代表者の氏名

三　当該申告書に係る事業年度終了の日

四　法第75条の2第1項各号に規定する指定を受けようとする場合には、その指定を受けようとする月数の期間その提出期限の延長を必要とする理由

五　法第75条の2第1項各号の指定に係る月数の変更をしようとする場合には、その変更後の月数の期間その提出期限の延長を必要とする理由

六　その他参考となるべき事項

　　（青色申告）

第121条　内国法人は、納税地の所轄税務署長の承認を受けた場合には、次に掲げる申告書及びこれらの申告書に係る修正申告書を青色の申告書により提出することができる。

一　中間申告書

二　確定申告書

2　前項の承認を受けている内国法人又は同項の承認を受けていない連結申告法人
（第2条第16号（定義）に規定する連結申告法人をいう。次条第1項において同じ。）
は、次に掲げる申告書及びこれらの申告書に係る修正申告書について、青色の申告
書により提出することができる。
一　退職年金等積立金中間申告書
二　退職年金等積立金確定申告書

（青色申告の承認の申請）

第122条　当該事業年度以後の各事業年度の前条第1項各号に掲げる申告書を青色の
申告書により提出することについて同項の承認を受けようとする内国法人（連結申
告法人を除く。）は、当該事業年度開始の日の前日までに、当該事業年度開始の日
その他財務省令で定める事項を記載した申請書を納税地の所轄税務署長に提出しな
ければならない。

2　前項の場合において、当該事業年度が次の各号に掲げる事業年度に該当するとき
は、同項の申請書の提出期限は、同項の規定にかかわらず、当該各号に定める日の
前日とする。

一　内国法人である普通法人又は協同組合等の設立の日の属する事業年度　同日以
後3月を経過した日と当該事業年度終了の日とのうちいずれか早い日

二　内国法人である公益法人等又は人格のない社団等の新たに収益事業を開始した
日の属する事業年度　同日以後3月を経過した日と当該事業年度終了の日とのう
ちいずれか早い日

三　公益法人等（収益事業を行つていないものに限る。）に該当していた普通法人
又は協同組合等の当該普通法人又は協同組合等に該当することとなつた日の属す
る事業年度　同日以後3月を経過した日と当該事業年度終了の日とのうちいずれ
か早い日

四　内国法人である普通法人若しくは協同組合等の設立の日、内国法人である公益
法人等若しくは人格のない社団等の新たに収益事業を開始した日又は公益法人等
（収益事業を行つていないものに限る。）に該当していた普通法人若しくは協同組
合等の当該普通法人若しくは協同組合等に該当することとなつた日（以下この号
において「設立等の日」という。）から前3号に規定する事業年度終了の日まで
の期間が3月に満たない場合における当該事業年度の翌事業年度　当該設立等の
日以後3月を経過した日と当該翌事業年度終了の日とのうちいずれか早い日

五～八　省略

第3章　公益法人税務関係法令

（青色申告承認申請書の記載事項）

則第52条　法第122条第1項（青色申告の承認の申請）に規定する財務省令で定める事項は、次に掲げる事項とする。

一　申請をする内国法人の名称及び納税地

二　代表者の氏名

三　申請後最初に提出しようとする青色申告書に係る事業年度終了の日

四　法第127条第1項若しくは第2項（青色申告の承認の取消し）の規定により青色申告書の提出の承認を取り消され、又は法第128条（青色申告の取りやめ）の規定により青色申告書による申告書の提出をやめる旨の届出書を提出した後再び青色申告書の提出の承認の申請をする場合には、その取消しの通知を受けた日又は取りやめの届出書の提出をした日

五　法第4条の5第1項（連結納税の承認の取消し）の規定により法第4条の2（連結納税義務者）の承認を取り消された後に青色申告書の提出の承認の申請をする場合には、その取り消された日

六　第3号の事業年度が法第122条第2項第1号から第4号までに掲げる事業年度に該当する場合には、内国法人である普通法人若しくは協同組合等の設立の日、内国法人である公益法人等若しくは人格のない社団等の新たに収益事業を開始した日又は公益法人等（収益事業を行つていないものに限る。）に該当していた普通法人若しくは協同組合等の当該普通法人若しくは協同組合等に該当することとなつた日

七　第3号の事業年度が法第122条第2項第5号から第8号までに掲げる事業年度に該当する場合には、法第4条の2の承認の取消しの基因となつた事実及びその事実が生じた日又は同号に規定する承認を受けた日

八　その他参考となるべき事項

（青色申告の承認があつたものとみなす場合）

第125条　第122条第1項（青色申告の承認の申請）の申請書の提出があつた場合において、同項に規定する当該事業年度終了の日（当該事業年度について中間申告書を提出すべき法人（当該法人以外の法人で当該事業年度について第72条第1項各号（仮決算をした場合の中間申告書の記載事項等）に掲げる事項を記載した中間申告書を提出できるものを含む。）については当該事業年度開始の日以後6月を経過する日とし、第122条第2項第5号の内国法人については同号に定める日とし、同項第6号又は第7号の内国法人のうちこれらの号に定める日がこれらの号に掲げる事業年度終了の日後となるものについては当該事業年度終了の日の翌日から2月を経

842

過する日とする。）までにその申請につき承認又は却下の処分がなかつたときは、その日においてその承認があつたものとみなす。

（青色申告法人の帳簿書類）
第126条 第121条第1項（青色申告）の承認を受けている内国法人は、財務省令で定めるところにより、帳簿書類を備え付けてこれにその取引を記録し、かつ、当該帳簿書類を保存しなければならない。
2 納税地の所轄税務署長は、必要があると認めるときは、第121条第1項の承認を受けている内国法人に対し、前項に規定する帳簿書類について必要な指示をすることができる。

（青色申告法人の決算）
則第53条 法第121条第1項（青色申告）の承認を受けている法人（以下この章において「青色申告法人」という。）は、その資産、負債及び資本に影響を及ぼす一切の取引につき、複式簿記の原則に従い、整然と、かつ、明りように記録し、その記録に基づいて決算を行なわなければならない。

（取引に関する帳簿及び記載事項）
則第54条 青色申告法人は、全ての取引を借方及び貸方に仕訳する帳簿（次条において「仕訳帳」という。）、全ての取引を勘定科目の種類別に分類して整理計算する帳簿（次条において「総勘定元帳」という。）その他必要な帳簿を備え、別表二十に定めるところにより、取引に関する事項を記載しなければならない。

（仕訳帳及び総勘定元帳の記載方法）
則第55条 青色申告法人は、仕訳帳には、取引の発生順に、取引の年月日、内容、勘定科目及び金額を記載しなければならない。
2 青色申告法人は、総勘定元帳には、その勘定ごとに記載の年月日、相手方勘定科目及び金額を記載しなければならない。

（たな卸表の作成）
則第56条 青色申告法人は、各事業年度終了の日において、商品又は製品（副産物及び作業くずを含む。）、半製品、仕掛品（半成工事を含む。）、主要原材料、補助原材料、消耗品で貯蔵中のものその他これらの資産に準ずる資産のたな卸その他決算のために必要な事項の整理を行ない、その事績を明りように記録しなければならない。
2 前項に規定するたな卸については、たな卸表を作成し、たな卸資産の種類、品質及び型の異なるごとに数量、単価及び金額を記載しなければならない。この場合において、たな卸資産に付すべき単価は、令第28条（たな卸資産の評価の方法）に規定する評価の方法又は令第28条の2（たな卸資産の特別な評価の方法）の規定によ

843

第3章　公益法人税務関係法令

り税務署長の承認を受けた評価の方法のうち当該内国法人が選定した評価の方法
（令第30条（たな卸資産の評価の方法の変更手続）の規定により評価の方法の変更に
つき税務署長の承認を受けた場合にはその承認を受けた方法とし、令第31条第1項
（たな卸資産の法定評価方法）の規定の適用を受ける法人については、そのよるべき
ものとして定められた方法とする。）により計算した価額を記載するものとする。

（貸借対照表及び損益計算書）

則**第57条**　青色申告法人は、各事業年度終了の日現在において、その業種、業態及
び規模等の実情により、おおむね別表二十一に掲げる科目に従い貸借対照表及び損
益計算書を作成しなければならない。

（帳簿書類の記載事項等の省略）

則**第58条**　青色申告法人は、その業種、業態及び規模等により第54条から第56条（青
色申告法人の帳簿書類）までの規定により難いときは、所轄税務署長の承認を受け、
これらに規定する記載事項等の一部を省略し又は変更することができる。

（帳簿書類の整理保存）

則**第59条**　青色申告法人は、次に掲げる帳簿書類を整理し、起算日から7年間、これ
を納税地（第3号に掲げる書類にあつては、当該納税地又は同号の取引に係る国内
の事務所、事業所その他これらに準ずるものの所在地）に保存しなければならない。

一　第54条（取引に関する帳簿及び記載事項）に規定する帳簿並びに当該青色申告
法人（次項に規定するものを除く。）の資産、負債及び資本に影響を及ぼす一切
の取引に関して作成されたその他の帳簿

二　棚卸表、貸借対照表及び損益計算書並びに決算に関して作成されたその他の書類

三　取引に関して、相手方から受け取つた注文書、契約書、送り状、領収書、見積
書その他これらに準ずる書類及び自己の作成したこれらの書類でその写しのある
ものはその写し

2　前項に規定する起算日とは、帳簿についてはその閉鎖の日の属する事業年度終了
の日の翌日から2月（法第75条の2（確定申告書の提出期限の延長の特例）の規定
の適用を受けている場合には2月にその延長に係る月数を加えた月数とし、清算中
の内国法人について残余財産が確定した場合には1月とする。以下この項において
同じ。）を経過した日をいい、書類についてはその作成又は受領の日の属する事業
年度終了の日の翌日から2月を経過した日をいう。

3　第1項各号に掲げる帳簿書類のうち次の表の各号の上欄に掲げるものについての
当該各号の中欄に掲げる期間における同項の規定による保存については、当該各号
の下欄に掲げる方法によることができる。

844

一　第1項第3号に掲げる書類（帳簿代用書類に該当するものを除く。）のうち国税庁長官が定めるもの	前項に規定する起算日以後3年を経過した日から当該起算日以後5年を経過する日までの期間	財務大臣の定める方法
二　第1項各号に掲げる帳簿書類	前項に規定する起算日から5年を経過した日以後の期間	財務大臣の定める方法

4　前項の表の第1号の上欄に規定する帳簿代用書類とは、第1項第3号に掲げる書類のうち、別表二十に定める記載事項の全部又は一部の帳簿への記載に代えて当該記載事項が記載されている書類を整理し、その整理されたものを保存している場合における当該書類をいう。

5　国税庁長官は、第3項の表の第1号の規定により書類を定めたときは、これを告示〔編者注：平成10年6月8日国税庁告示第2号〕する。

6　財務大臣は、第3項の表の各号の規定により方法を定めたときは、これを告示〔編者注：平成24年1月25日財務省告示第26号〕する。

（青色申告の承認の取消し）

第127条　第121条第1項（青色申告）の承認を受けた内国法人につき次の各号のいずれかに該当する事実がある場合には、納税地の所轄税務署長は、当該各号に定める事業年度まで遡つて、その承認を取り消すことができる。この場合において、その取消しがあつたときは、当該事業年度開始の日以後その内国法人が提出したその承認に係る青色申告書（納付すべき義務が同日前に成立した法人税に係るものを除く。）は、青色申告書以外の申告書とみなす。

一　その事業年度に係る帳簿書類の備付け、記録又は保存が前条第1項に規定する財務省令で定めるところに従つて行われていないこと　当該事業年度

二　その事業年度に係る帳簿書類について前条第2項の規定による税務署長の指示に従わなかつたこと　当該事業年度

三　その事業年度に係る帳簿書類に取引の全部又は一部を隠蔽し又は仮装して記載し又は記録し、その他その記載又は記録をした事項の全体についてその真実性を疑うに足りる相当の理由があること　当該事業年度

四　第74条第1項（確定申告）の規定による申告書をその提出期限までに提出しなかつたこと　当該申告書に係る事業年度

2・3　省略

4　税務署長は、第1項又は第2項の規定による取消しの処分をする場合には、第1

845

第3章　公益法人税務関係法令

項又は第2項の内国法人に対し、書面によりその旨を通知する。この場合において、その書面には、その取消しの処分の基因となつた事実が第1項各号又は第2項のいずれに該当するかを付記しなければならない。

（公益法人等又は人格のない社団等の収益事業の開始等の届出）

第150条　内国法人である公益法人等又は人格のない社団等は、新たに収益事業を開始した場合には、その開始した日以後2月以内に、次に掲げる事項を記載した届出書にその開始した時における収益事業に係る貸借対照表その他の<u>財務省令で定める書類</u>を添付し、これを納税地の所轄税務署長に提出しなければならない。

一　その納税地

二　その事業の目的

三　その収益事業の種類

四　その収益事業を開始した日

2　公益法人等（収益事業を行つていないものに限る。）が普通法人又は協同組合等に該当することとなつた場合には、その該当することとなつた日以後2月以内に、次に掲げる事項を記載した届出書にその該当することとなつた時における貸借対照表その他の<u>財務省令で定める書類</u>を添付し、これを納税地の所轄税務署長に提出しなければならない。

一　その納税地

二　その事業の目的

三　その該当することとなつた日

3・4　省略

（収益事業の開始等届出書の添付書類）

則**第65条**　<u>法第150条第1項</u>（公益法人等又は人格のない社団等の収益事業の開始等の届出）に規定する<u>財務省令で定める書類</u>は、次の各号に掲げるもの（当該各号に掲げるものが電磁的記録で作成され、又は当該各号に掲げるものの作成に代えて当該各号に掲げるものに記載すべき情報を記録した電磁的記録の作成がされている場合には、これらの電磁的記録に記録された情報の内容を記載した書類）とする。

一　法第150条第1項に規定するその開始した時における収益事業に係る貸借対照表

二　定款、寄附行為、規則若しくは規約又はこれらに準ずるものの写し

三　収益事業に係る事業場の名称及び所在地並びにその収益事業の経営の責任者の氏名その他その収益事業の概要を記載した書類

四　法第150条第1項に規定する公益法人等が合併により設立されたものであり、かつ、その設立の時に収益事業を開始したときは、当該合併に係る被合併法人の

846

名称及び納税地（その納税地とその本店又は主たる事務所の所在地とが異なる場
合には、その納税地及び本店又は主たる事務所の所在地）を記載した書類

2　法第150条第2項に規定する財務省令で定める書類は、次の各号に掲げるもの
（当該各号に掲げるものが電磁的記録で作成され、又は当該各号に掲げるものの作
成に代えて当該各号に掲げるものに記載すべき情報を記録した電磁的記録の作成が
されている場合には、これらの電磁的記録に記録された情報の内容を記載した書
類）とする。

一　法第150条第2項に規定する該当することとなつた時における貸借対照表

二　定款、寄附行為、規則若しくは規約又はこれらに準ずるものの写し

3・4　省略

（帳簿書類の備付け等）

第150条の2　普通法人、協同組合等並びに収益事業を行う公益法人等及び人格のな
い社団等（青色申告書を提出することにつき税務署長の承認を受けているもの及び
連結法人を除く。次項において「普通法人等」という。）は、<u>財務省令で定めると
ころ</u>により、帳簿を備え付けてこれにその取引（恒久的施設を有する外国法人にあ
つては、第138条第1項第1号（国内源泉所得）に規定する内部取引に該当するも
のを含む。以下この項において同じ。）を<u>財務省令で定める簡易な方法</u>により記録
し、かつ、当該帳簿（当該取引に関して作成し、又は受領した書類及び決算に関し
て作成した書類で<u>財務省令で定めるもの</u>を含む。次項において同じ。）を保存しな
ければならない。

2　国税庁、国税局又は税務署の当該職員は、普通法人等の法人税に関する調査に際
しては、前項の帳簿を検査するものとする。ただし、当該帳簿の検査を困難とする
事情があるときは、この限りでない。

（取引に関する帳簿及びその記載事項等）

則**第66条**　法第150条の2第1項（帳簿書類の備付け等）に規定する普通法人等（次
条第2項において「普通法人等」という。）は、現金出納帳その他必要な帳簿を備え、
その取引（内国法人である公益法人等又は人格のない社団等にあつては、その行う
収益事業に係る取引とし、外国法人にあつては法第141条各号（課税標準）に定め
る国内源泉所得に係る所得（人格のない社団等にあつては、当該各号に定める国内
源泉所得のうち収益事業から生ずるものに限る。）に影響を及ぼす取引（恒久的施
設を有する外国法人にあつては、法第138条第1項第1号（国内源泉所得）に規定
する内部取引に該当するものを含む。）とする。）に関する事項を整然と、かつ、明
瞭に記録し、その記録に基づいて決算を行わなければならない。

第3章　公益法人税務関係法令

2　法第150条の2第1項に規定する財務省令で定める簡易な方法は、別表二十二の区分の欄に掲げる事項の区分に応じ同表の記録方法の欄に定める方法とする。

（帳簿書類の整理保存等）

則第67条　法第150条の2第1項（帳簿書類の備付け等）に規定する財務省令で定める書類は、次に掲げる書類とする。

一　前条第1項に規定する取引に関して、相手方から受け取つた注文書、契約書、送り状、領収書、見積書その他これらに準ずる書類及び自己の作成したこれらの書類でその写しのあるものはその写し

二　棚卸表、貸借対照表及び損益計算書並びに決算に関して作成されたその他の書類

2　普通法人等は、前条第1項に規定する帳簿及び前項各号に掲げる書類を整理し、第59条第2項（帳簿書類の整理保存）に規定する起算日から7年間、これを納税地（前項第1号に掲げる書類にあつては、当該納税地又は同号の取引に係る国内の事務所、事業所その他これらに準ずるものの所在地）に保存しなければならない。

3　第59条第3項から第6項までの規定は、前項に規定する帳簿及び書類の保存について準用する。この場合において、同条第4項中「別表二十に定める記載事項」とあるのは「別表二十二の区分の欄に掲げる事項」と、「当該記載事項」とあるのは「当該事項」と読み替えるものとする。

4　省略

3．法人税法関係法令

別表第1　公共法人の表（第2条関係）

名　称	名　称
沖縄振興開発金融公庫	独立行政法人（その資本金の額若しくは出資の金額の全部が国若しくは地方公共団体の所有に属しているもの又はこれに類するものとして、財務大臣が指定をしたものに限る。）
株式会社国際協力銀行	
株式会社日本政策金融公庫	
港務局	
国立大学法人	
社会保険診療報酬支払基金	土地開発公社
水害予防組合	土地改良区
水害予防組合連合	土地改良区連合
大学共同利用機関法人	土地区画整理組合
地方公共団体	日本下水道事業団
地方公共団体金融機構	日本司法支援センター
地方公共団体情報システム機構	日本中央競馬会
地方住宅供給公社	日本年金機構
地方道路公社	日本放送協会
地方独立行政法人	〔編者注〕名称のみ記載し、根拠法は省略した。

別表第2　公共法人等の表（第2条、第3条、第37条、第66条関係）

名　称	名　称
委託者保護基金	行政書士会
一般財団法人（非営利型法人に該当するものに限る。）	漁業共済組合
	漁業共済組合連合会
一般社団法人（非営利型法人に該当するものに限る。）	漁業信用基金協会
	漁船保険組合
医療法人（医療法第42条の2第1項（社会医療法人）に規定する社会医療法人に限る。）	勤労者財産形成基金
	軽自動車検査協会
	健康保険組合
外国人技能実習機構	健康保険組合連合会
貸金業協会	原子力損害賠償・廃炉等支援機構
学校法人（私立学校法（昭和24年法律第270号）第64条第4項（専修学校及び各種学校）の規定により設立された法人を含む。）	原子力発電環境整備機構
	高圧ガス保安協会
	広域的運営推進機関
	広域臨海環境整備センター
企業年金基金	公益財団法人
企業年金連合会	公益社団法人
危険物保安技術協会	更生保護法人

第3章　公益法人税務関係法令

名　称	名　称
小型船舶検査機構	税理士会
国家公務員共済組合	石炭鉱業年金基金
国家公務員共済組合連合会	船員災害防止協会
国民健康保険組合	全国健康保険協会
国民健康保険団体連合会	全国市町村職員共済組合連合会
国民年金基金	全国社会保険労務士会連合会
国民年金基金連合会	損害保険料率算出団体
市街地再開発組合	地方競馬全国協会
自動車安全運転センター	地方公務員共済組合
司法書士会	地方公務員共済組合連合会
社会福祉法人	地方公務員災害補償基金
社会保険労務士会	中央職業能力開発協会
宗教法人	中央労働災害防止協会
住宅街区整備組合	中小企業団体中央会
酒造組合	投資者保護基金
酒造組合中央会	独立行政法人（別表第一に掲げるもの以
酒造組合連合会	外のもので、国又は地方公共団体以外の
酒販組合	者に対し、利益又は剰余金の分配その他
酒販組合中央会	これに類する金銭の分配を行わないものと
酒販組合連合会	して財務大臣が指定をしたものに限る。）
商工会	土地改良事業団体連合会
商工会議所	土地家屋調査士会
商工会連合会	都道府県職業能力開発協会
商工組合（組合員に出資をさせないもの	日本行政書士会連合会
に限る。）	日本勤労者住宅協会
商工組合連合会（会員に出資をさせない	日本公認会計士協会
ものに限る。）	日本司法書士会連合会
使用済燃料再処理機構	日本商工会議所
商品先物取引協会	日本消防検定協会
消防団員等公務災害補償等共済基金	日本私立学校振興・共済事業団
職員団体等（法人であるものに限る。）	日本税理士会連合会
職業訓練法人	日本赤十字社
信用保証協会	日本電気計器検定所
生活衛生同業組合（組合員に出資をさせ	日本土地家屋調査士会連合会
ないものに限る。）	日本弁護士連合会
生活衛生同業組合連合会（会員に出資を	日本弁理士会
させないものに限る。）	日本水先人会連合会

3．法人税法関係法令

名　　称	名　　称
認可金融商品取引業協会	負債整理組合
農業共済組合	弁護士会
農業共済組合連合会	保険契約者保護機構
農業協同組合中央会	水先人会
農業協同組合連合会（医療法第31条（公的医療機関の定義）に規定する公的医療機関に該当する病院又は診療所を設置するもので政令で定める要件を満たすものとして財務大臣が指定をしたものに限る。）	輸出組合（組合員に出資をさせないものに限る。）
	輸入組合（組合員に出資をさせないものに限る。）
	預金保険機構
農業信用基金協会	労働組合（法人であるものに限る。）
農水産業協同組合貯金保険機構	労働災害防止協会

〔編者注〕名称のみ記載し、根拠法は省略した。

851

４．地方法人税法関係法令

◎地方法人税法（抄）

◎地方法人税法（抄）

平成26年3月31日法律第11号
最終改正：平成29年3月31日法律第4号

目　次

第1条（趣旨）856

第4条（納税義務者）856

第5条（課税の対象）856

第6条（基準法人税額）856

第9条〔課税標準〕856

第10条（税率）856

第16条（中間申告）857

第19条〔確定申告〕857

第20条（中間申告による納付）858

第21条（確定申告による納付）858

第3章　公益法人税務関係法令

（趣旨）

第1条　この法律は、地方交付税の財源を確保するための地方法人税について、納税義務者、課税の対象、税額の計算の方法、申告及び納付の手続並びにその納税義務の適正な履行を確保するため必要な事項を定めるものとする。

（納税義務者）

第4条　法人税を納める義務がある法人（以下「法人」という。）は、この法律により、地方法人税を納める義務がある。

（課税の対象）

第5条　法人の各課税事業年度の基準法人税額には、この法律により、地方法人税を課する。

（基準法人税額）

第6条　この法律において「基準法人税額」とは、次の各号に掲げる法人の区分に応じ当該各号に定める金額をいう。

　一　法人税法第2条第31号に規定する確定申告書を提出すべき内国法人　当該内国法人の法人税の課税標準である各事業年度の所得の金額につき、同法その他の法人税の税額の計算に関する法令の規定（同法第68条から第70条の2までの規定を除く。）により計算した法人税の額（附帯税の額を除く。）

　二・三　省略

　四　法人税法第2条第34号に規定する退職年金等積立金確定申告書を提出すべき法人　当該法人の法人税の課税標準である各事業年度の退職年金等積立金の額につき、同法その他の法人税の税額の計算に関する法令の規定により計算した法人税の額（附帯税の額を除く。）

第9条　地方法人税の課税標準は、各課税事業年度の課税標準法人税額とする。

2　各課税事業年度の課税標準法人税額は、各課税事業年度の基準法人税額とする。

（税率）

第10条　地方法人税の額は、各課税事業年度の課税標準法人税額に100分の4.4〔編者注：平成31年10月1日以後開始事業年度については、100分の10.3〕の税率を乗じて計算した金額とする。

2　前項の場合において、法人の各課税事業年度の基準法人税額に法人税法第67条第

１項又は第81条の13第１項の規定により加算された金額がある場合には、前項の課税標準法人税額は、当該基準法人税額から当該加算された金額を控除した金額とする。

（中間申告）
第16条 法人税法第71条、第81条の19又は第144条の３の規定による申告書を提出すべき法人は、これらの申告書に係る課税事業年度開始の日以後６月を経過した日から２月以内に、税務署長に対し、次に掲げる事項を記載した申告書を提出しなければならない。
一〜二　省略
2〜11　省略

第19条 法人（第６条第１号から第３号までに掲げる法人に限る。）は、各課税事業年度終了の日の翌日から２月以内に、税務署長に対し、次に掲げる事項を記載した申告書を提出しなければならない。
一　当該課税事業年度の課税標準である課税標準法人税額（第６条第１号から第３号までに定める基準法人税額に係るものに限る。）
二　前号に掲げる課税標準法人税額につき前章の規定を適用して計算した地方法人税の額
三　当該法人が当該課税事業年度につき地方法人税中間申告書を提出した法人である場合には、前号に掲げる地方法人税の額から当該申告書に係る中間納付額を控除した金額
四　前号に規定する中間納付額で同号に掲げる金額の計算上控除しきれなかったものがある場合には、その控除しきれなかった金額
五　前各号に掲げる金額の計算の基礎その他財務省令で定める事項
2　清算中の内国法人につきその残余財産が確定した場合には、当該内国法人の当該残余財産の確定の日の属する課税事業年度に係る前項の規定の適用については、同項中「２月以内」とあるのは、「１月以内（当該翌日から１月以内に残余財産の最後の分配又は引渡しが行われる場合には、その行われる日の前日まで）」とする。
3〜5　省略
6　法人（第六条第四号に掲げる法人に限る。）は、各課税事業年度終了の日の翌日から２月以内に、税務署長に対し、次に掲げる事項を記載した申告書を提出しなければならない。
一　当該課税事業年度の課税標準である課税標準法人税額（第６条第４号に定める

第3章　公益法人税務関係法令

基準法人税額に係るものに限る。）

二　前号に掲げる課税標準法人税額につき第10条の規定を適用して計算した地方法人税の額

三　当該法人が当該課税事業年度につき第16条第10項の規定による申告書を提出した法人である場合には、前号に掲げる地方法人税の額から次条第2項の規定により納付すべき地方法人税の額（当該申告書に係る期限後申告書の提出又はこれらの申告書の提出がなかったことによる国税通則法第25条の規定による決定により納付すべき地方法人税の額を含むものとし、これらの額につき修正申告書の提出又は更正があった場合には、その申告又は更正後の地方法人税の額とする。）を控除した金額

四　前3号に掲げる金額の計算の基礎その他財務省令で定める事項

（中間申告による納付）

第20条　地方法人税中間申告書を提出した法人は、当該申告書に記載した第16条第1項第1号に掲げる金額（第17条第1項各号に掲げる事項を記載した地方法人税中間申告書を提出した場合には、同項第2号に掲げる金額）があるときは、当該申告書の提出期限までに、当該金額に相当する地方法人税を国に納付しなければならない。

2　第16条第10項の規定による申告書を提出した法人は、当該申告書に記載した同項第2号に掲げる金額があるときは、当該申告書の提出期限までに、当該金額に相当する地方法人税を国に納付しなければならない。

（確定申告による納付）

第21条　第19条第1項の規定による申告書を提出した法人は、当該申告書に記載した同項第2号に掲げる金額（同項第3号の規定に該当する場合には、同号に掲げる金額）があるときは、当該申告書の提出期限までに、当該金額に相当する地方法人税を国に納付しなければならない。

2　第19条第6項の規定による申告書を提出した法人は、当該申告書に記載した同項第2号に掲げる金額（同項第3号の規定に該当する場合には、同号に掲げる金額）があるときは、当該申告書の提出期限までに、当該金額に相当する地方法人税を国に納付しなければならない。

858

5. 消費税法関係法令

◎消費税法（抄）
○消費税法施行令（抄）
○消費税法施行規則（抄）

〔編者注〕
　消費税関係法令の解釈・適用に当たっては、国税庁より消費税法基本通達（平成 7 年 12 月 25 日・課消 2 - 25（例規））等の法令解釈通達が発遣されているほか、以下の手引書等が国税庁 HP に掲載されているので、参考とされたい。
- 　消費税のあらまし（平成 29 年 6 月）〔http://www.nta.go.jp/shiraberu/ippanjoho/pamph/shohi/aramashi/01.htm〕
- 　国・地方公共団体や公共・公益法人等と消費税〔http://www.nta.go.jp/shiraberu/ippanjoho/pamph/shohi/shohizei.htm〕
- 　消費税及び地方消費税の申告書（一般用）の書き方（平成 29 年 4 月）〔http://www.nta.go.jp/shiraberu/ippanjoho/pamph/shohi/kaisei/yoshiki/pdf/kakikata-ippan.pdf〕
- 　消費税及び地方消費税の申告書（簡易課税用）の書き方（平成 29 年 4 月）〔http://www.nta.go.jp/shiraberu/ippanjoho/pamph/shohi/kaisei/yoshiki/pdf/kakikata-kani.pdf〕
- 　消費税法改正のお知らせ（平成 28 年 4 月）（平成 28 年 11 月改訂）〔http://www.nta.go.jp/shiraberu/ippanjoho/pamph/shohi/h28kaisei.pdf〕
- 　消費税法改正のお知らせ（平成 27 年 4 月）（平成 28 年 12 月改訂）〔http://www.nta.go.jp/shiraberu/ippanjoho/pamph/shohi/h27kaisei.pdf〕
- 　消費税法令の改正等のお知らせ（平成 26 年 4 月）（平成 28 年 11 月改訂）〔http://www.nta.go.jp/shiraberu/ippanjoho/pamph/shohi/h24kaisei.pdf〕
- 　各種届出書等〔http://www.nta.go.jp/tetsuzuki/shinsei/annai/shohi/mokuji.htm〕
- 　消費税の軽減税率制度〔http://www.nta.go.jp/zeimokubetsu/shohi/keigenzeiritsu/index.htm〕

◎消費税法（抄）

昭和63年12月30日法律第108号
最終改正　平成29年3月31日法律第4号
〔編者注：平成35年10月1日から施行される規定は反映されていません。〕

目　次

第2条（定義）863
第4条（課税の対象）866
第5条（納税義務者）870
第6条（非課税）870
第9条（小規模事業者に係る納税義務の免除）870
第9条の2（前年又は前事業年度等における課税売上高による納税義務の免除の特例）873
第11条（合併があつた場合の納税義務の免除の特例）874
第12条の2（新設法人の納税義務の免除の特例）875
第14条（信託財産に係る資産の譲渡等の帰属）876
第19条（課税期間）877
第28条（課税標準）879
第29条（税率）880
第30条（仕入れに係る消費税額の控除）881
第37条（中小事業者の仕入れに係る消費税額の控除の特例）891
第42条（課税資産の譲渡等及び特定課税仕入れについての中間申告）900
第43条（仮決算をした場合の中間申告書の記載事項等）904
第44条（中間申告書の提出がない場合の特例）905

第45条（課税資産の譲渡等及び特定課税仕入れについての確定申告）905
第46条（還付を受けるための申告）906
第47条（引取りに係る課税貨物についての課税標準額及び税額の申告等）907
第48条（課税資産の譲渡等及び特定課税仕入れについての中間申告による納付）907
第49条（課税資産の譲渡等及び特定課税仕入れについての確定申告による納付）907
第50条（引取りに係る課税貨物についての消費税の納付）908
第52条（仕入れに係る消費税額の控除不足額の還付）908
第53条（中間納付額の控除不足額の還付）909
第58条（帳簿の備付け等）910
第60条（国、地方公共団体等に対する特例）913
　別表第1（第6条関係）929
　別表第2（第6条関係）933
　別表第3（第3条、第60条関係）934

細目次

○消費税法施行令（抄）

昭和63年12月30日政令第360号
最終改正　平成29年3月31日政令第109号

第2条（資産の譲渡等の範囲）864
第2条の2（特定役務の提供の範囲）865
第3条（公共法人等の事業年度）865
第6条（資産の譲渡等が国内において行わ

れたかどうかの判定）867

第20条（事業を開始した日の属する課税期
　　　間等の範囲）872

第20条の2（納税義務の免除の規定の適用
　　　を受けない旨の届出等に関す
　　　る特例）872

第45条（課税資産の譲渡等及び特定課税仕
　　　入れに係る消費税の課税標準の額）
　　　879

第47条（課税売上割合に準ずる割合に係る
　　　税務署長の承認等）886

第48条（課税売上割合の計算方法）886

第49条（課税仕入れ等の税額の控除に係る
　　　帳簿等の記載事項等）888

第50条（課税仕入れ等の税額の控除に係る
　　　帳簿等の保存期間等）890

第56条（事業を開始した日の属する課税期
　　　間等の範囲）893

第57条（中小事業者の仕入れに係る消費税
　　　額の控除の特例）893

第57条の2（中小事業者の仕入れに係る消
　　　費税額の控除の特例の適用を
　　　受ける旨の届出等に関する特
　　　例）898

第71条（帳簿の備付け等）910

第74条（国又は地方公共団体に準ずる法人の
　　　資産の譲渡等の時期の特例）914

第75条（国、地方公共団体等の仕入れに係
　　　る消費税額の特例）915

第76条（国、地方公共団体等の申告期限の
　　　特例）919

第77条（国、地方公共団体等の帳簿の記載
　　　事項の特例）927

○消費税法施行規則（抄）

　　　　　　　昭和63年12月30日大蔵省令第53号
最終改正　平成29年3月31日財務省令第21号

第15条（課税売上割合に準ずる割合に係る
　　　承認申請書の記載事項等）890

第15条の3（帳簿等の保存期間の特例）890

第17条（中小事業者の仕入れに係る消費税
　　　額の控除の特例を受ける旨の届出
　　　書の記載事項等）899

第27条（帳簿の記載事項等）911

第28条（国又は地方公共団体に準ずる法人
　　　の資産の譲渡等の時期の特例の承
　　　認申請書の記載事項等）927

第29条（国又は地方公共団体等に係る輸出
　　　取引等の証明書類等の保存期間の
　　　特例）928

第30条（国又は地方公共団体に準ずる法人
　　　の申告期限の特例の承認申請書の
　　　記載事項等）928

第31条（国、地方公共団体等の特定収入等
　　　に関する帳簿の記載事項）929

（定義）

第2条　この法律において、次の各号に掲げる用語の意義は、当該各号に定めるところによる。

一　国内　この法律の施行地をいう。

二　保税地域　関税法（昭和29年法律第61号）第29条（保税地域の種類）に規定する保税地域をいう。

三　個人事業者　事業を行う個人をいう。

四　事業者　個人事業者及び法人をいう。

四の二　国外事業者　所得税法（昭和40年法律第33号）第2条第1項第5号（定義）に規定する非居住者である個人事業者及び法人税法（昭和40年法律第34号）第2条第4号（定義）に規定する外国法人をいう。

五〜七　省略

八　資産の譲渡等　事業として対価を得て行われる資産の譲渡及び貸付け並びに役務の提供（<u>代物弁済による資産の譲渡その他対価を得て行われる資産の譲渡若しくは貸付け又は役務の提供に類する行為として政令で定めるもの</u>を含む。）をいう。

八の二　特定資産の譲渡等　事業者向け電気通信利用役務の提供及び特定役務の提供をいう。

八の三　電気通信利用役務の提供　資産の譲渡等のうち、電気通信回線を介して行われる著作物（著作権法（昭和45年法律第48号）第2条第1項第1号（定義）に規定する著作物をいう。）の提供（当該著作物の利用の許諾に係る取引を含む。）その他の電気通信回線を介して行われる役務の提供（電話、電信その他の通信設備を用いて他人の通信を媒介する役務の提供を除く。）であつて、他の資産の譲渡等の結果の通知その他の他の資産の譲渡等に付随して行われる役務の提供以外のものをいう。

八の四　事業者向け電気通信利用役務の提供　国外事業者が行う電気通信利用役務の提供のうち、当該電気通信利用役務の提供に係る役務の性質又は当該役務の提供に係る取引条件等から当該役務の提供を受ける者が通常事業者に限られるものをいう。

八の五　特定役務の提供　資産の譲渡等のうち、国外事業者が行う演劇その他の<u>政令で定める役務の提供</u>（電気通信利用役務の提供に該当するものを除く。）をいう。

九　課税資産の譲渡等　資産の譲渡等のうち、第6条第1項の規定により消費税を課さないこととされるもの以外のものをいう。

十・十一　省略

第3章 公益法人税務関係法令

十二 課税仕入れ 事業者が、事業として他の者から資産を譲り受け、若しくは借り受け、又は役務の提供（所得税法第28条第1項（給与所得）に規定する給与等を対価とする役務の提供を除く。）を受けること（当該他の者が事業として当該資産を譲り渡し、若しくは貸し付け、又は当該役務の提供をしたとした場合に課税資産の譲渡等に該当することとなるもので、第7条第1項各号に掲げる資産の譲渡等に該当するもの及び第8条第1項その他の法律又は条約の規定により消費税が免除されるもの以外のものに限る。）をいう。

十三 事業年度 法人税法（昭和40年法律第34号）第13条及び第14条（事業年度）に規定する事業年度（国、地方公共団体その他これらの条の規定の適用を受けない法人については、<u>政令で定める一定の期間</u>）をいう。

十四 基準期間 個人事業者についてはその年の前々年をいい、法人についてはその事業年度の前々事業年度（当該前々事業年度が1年未満である法人については、その事業年度開始の日の2年前の日の前日から同日以後1年を経過する日までの間に開始した各事業年度を合わせた期間）をいう。

十五～二十 省略

2 この法律において「資産の貸付け」には、資産に係る権利の設定その他他の者に資産を使用させる一切の行為（当該行為のうち、電気通信利用役務の提供に該当するものを除く。）を含むものとする。

3 この法律において「資産の借受け」には、資産に係る権利の設定その他他の者の資産を使用する一切の行為（当該行為のうち、他の者から受ける電気通信利用役務の提供に該当するものを除く。）を含むものとする。

4 この法律において「相続」には包括遺贈を含むものとし、「相続人」には包括受遺者を含むものとし、「被相続人」には包括遺贈者を含むものとする。

（資産の譲渡等の範囲）

㋑<u>第2条 法第2条第1項第8号に規定する対価を得て行われる資産の譲渡若しくは貸付け又は役務の提供に類する行為として政令で定めるもの</u>は、次に掲げるものとする。

一 負担付き贈与による資産の譲渡

二 金銭以外の資産の出資（特別の法律に基づく承継に係るものを除く。）

三 法人税法（昭和40年法律第34号）第2条第29号ハ（定義）に規定する特定受益証券発行信託又は同条第29号の2に規定する法人課税信託（同号ロに掲げる信託を除く。以下この号において「法人課税信託」という。）の委託者がその有する資産（金銭以外の資産に限る。）の信託をした場合における当該資産の移転及び法第14条第1項の規定により同項に規定する受益者（同条第2項の規定により同

864

条第１項に規定する受益者とみなされる者を含む。）がその信託財産に属する資産を有するものとみなされる信託が法人課税信託に該当することとなつた場合につき法人税法第４条の７第９号（受託法人等に関するこの法律の適用）の規定により出資があつたものとみなされるもの（金銭以外の資産につき出資があつたものとみなされるものに限る。）

四　貸付金その他の金銭債権の譲受けその他の承継（包括承継を除く。）

五　不特定かつ多数の者によつて直接受信されることを目的とする無線通信の送信で、法律により受信者がその締結を行わなければならないこととされている契約に基づき受信料を徴収して行われるもの

2　事業者が、土地収用法（昭和26年法律第219号）その他の法律の規定に基づいてその所有権その他の権利を収用され、かつ、当該権利を取得する者から当該権利の消滅に係る補償金を取得した場合には、対価を得て資産の譲渡を行つたものとする。

3　資産の譲渡等には、その性質上事業に付随して対価を得て行われる資産の譲渡及び貸付け並びに役務の提供を含むものとする。

（特定役務の提供の範囲）

㋲**第２条の２**　法第２条第１項第８号の５に規定する政令で定める役務の提供は、映画若しくは演劇の俳優、音楽家その他の芸能人又は職業運動家の役務の提供を主たる内容とする事業として行う役務の提供のうち、国外事業者が他の事業者に対して行う役務の提供（当該国外事業者が不特定かつ多数の者に対して行う役務の提供を除く。）とする。

（公共法人等の事業年度）

㋲**第３条**　法第２条第１項第13号に規定する政令で定める一定の期間は、公共法人等（国、地方公共団体その他法人税法第13条及び第14条（事業年度）の規定の適用を受けない法人（人格のない社団等を含む。以下同じ。）をいう。以下この条において同じ。）の会計年度その他これに準ずる期間（以下この条において「会計年度等」という。）で、法令で定めるもの又は公共法人等の定款、寄附行為、規則若しくは規約（以下この条において「定款等」という。）に定めるものとし、法令又は定款等に会計年度等の定めがない場合には、次項の規定により納税地を所轄する税務署長に届け出た会計年度等又は第３項の規定により納税地を所轄する税務署長が指定した会計年度等若しくは第４項に規定する期間とする。ただし、これらの期間が１年を超える場合は、当該期間をその開始の日以後１年ごとに区分した各期間（最後に１年未満の期間を生じたときは、その１年未満の期間）とする。

2　法令又は定款等に会計年度等の定めがない公共法人等は、国内において課税資産の譲渡等（特定資産の譲渡等に該当するものを除く。第５項において同じ。）に係る事業を開始した日以後２月以内に、会計年度等を定めてこれを納税地を所轄する

第3章　公益法人税務関係法令

税務署長に届け出なければならない。

3　前項の規定による届出をすべき公共法人等（人格のない社団等を除く。）がその届出をしない場合には、納税地を所轄する税務署長は、その会計年度等を指定し、当該公共法人等に対し、書面によりその旨を通知する。

4　第2項の規定による届出をすべき人格のない社団等がその届出をしない場合には、その人格のない社団等の会計年度等は、その年の1月1日から12月31日までの期間とする。

5　前各項の規定により定められる会計年度等の中途において公共法人等が国内において課税資産の譲渡等に係る事業を開始した場合には、これらの規定にかかわらず、当該事業を開始した日の属する当該会計年度等の初日は当該事業を開始した日とし、これらの規定により定められる会計年度等の中途において公共法人等が当該事業を廃止した場合（合併により消滅した場合を含む。）又は清算中の公共法人等の残余財産が確定した場合には、これらの規定にかかわらず、これらの場合に該当することとなつた日の属する当該会計年度等の末日はその該当することとなつた日とする。

6　公共法人等がその定款等に定める会計年度等を変更し、又はその定款等において新たに会計年度等を定めた場合には、遅滞なく、その変更前の会計年度等及び変更後の会計年度等又はその定めた会計年度等を納税地を所轄する税務署長に届け出なければならない。

（課税の対象）

第4条　国内において事業者が行つた資産の譲渡等（特定資産の譲渡等に該当するものを除く。第3項において同じ。）及び特定仕入れ（事業として他の者から受けた特定資産の譲渡等をいう。以下この章において同じ。）には、この法律により、消費税を課する。

2　保税地域から引き取られる外国貨物には、この法律により、消費税を課する。

3　資産の譲渡等が国内において行われたかどうかの判定は、次の各号に掲げる場合の区分に応じ当該各号に定める場所が国内にあるかどうかにより行うものとする。ただし、第3号に掲げる場合において、同号に定める場所がないときは、当該資産の譲渡等は国内以外の地域で行われたものとする。

一　資産の譲渡又は貸付けである場合　当該譲渡又は貸付けが行われる時において当該資産が所在していた場所（当該資産が船舶、航空機、鉱業権、特許権、著作権、国債証券、株券その他の資産でその所在していた場所が明らかでないものとして政令で定めるものである場合には、政令で定める場所）

866

二　役務の提供である場合（次号に掲げる場合を除く。）　当該役務の提供が行われ
　　た場所（当該役務の提供が国際運輸、国際通信その他の役務の提供で当該役務の
　　提供が行われた場所が明らかでないものとして政令で定めるものである場合に
　　は、政令で定める場所）
　三　電気通信利用役務の提供である場合　当該電気通信利用役務の提供を受ける者
　　の住所若しくは居所（現在まで引き続いて１年以上居住する場所をいう。）又は
　　本店若しくは主たる事務所の所在地
4　特定仕入れが国内において行われたかどうかの判定は、当該特定仕入れを行つた
　事業者が、当該特定仕入れとして他の者から受けた役務の提供につき、前項第２号
　又は第３号に定める場所が国内にあるかどうかにより行うものとする。ただし、国
　外事業者が恒久的施設（所得税法第２条第１項第８号の４（定義）又は法人税法第
　２条第12号の19（定義）に規定する恒久的施設をいう。）で行う特定仕入れ（他の
　者から受けた事業者向け電気通信利用役務の提供に該当するものに限る。以下この
　項において同じ。）のうち、国内において行う資産の譲渡等に要するものは、国内
　で行われたものとし、事業者（国外事業者を除く。）が国外事業所等（所得税法第
　95条第４項第１号（外国税額控除）又は法人税法第69条第４項第１号（外国税額の
　控除）に規定する国外事業所等をいう。）で行う特定仕入れのうち、国内以外の地
　域において行う資産の譲渡等にのみ要するものは、国内以外の地域で行われたもの
　とする。
5　次に掲げる行為は、事業として対価を得て行われた資産の譲渡とみなす。
　一　個人事業者が棚卸資産又は棚卸資産以外の資産で事業の用に供していたものを
　　家事のために消費し、又は使用した場合における当該消費又は使用
　二　法人が資産をその役員（法人税法第２条第15号に規定する役員をいう。）に対
　　して贈与した場合における当該贈与
6　保税地域において外国貨物が消費され、又は使用された場合には、その消費又は
　使用をした者がその消費又は使用の時に当該外国貨物をその保税地域から引き取る
　ものとみなす。ただし、当該外国貨物が課税貨物の原料又は材料として消費され、
　又は使用された場合その他政令で定める場合は、この限りでない。
7　第３項から前項までに定めるもののほか、課税の対象の細目に関し必要な事項
　は、政令で定める。

（資産の譲渡等が国内において行われたかどうかの判定）

🈞**第６条**　法第４条第３項第１号に規定する政令で定める資産は、次の各号に掲げる
　資産とし、同項第１号に規定する政令で定める場所は、当該資産の区分に応じ当該
　資産の譲渡又は貸付けが行われる時における当該各号に定める場所とする。

第3章　公益法人税務関係法令

一　船舶（登録（外国の登録を含む。以下この号において同じ。）を受けたものに
限る。）　船舶の登録をした機関の所在地（同一の船舶について2以上の国におい
て登録をしている場合には、いずれかの機関の所在地）（居住者が行う日本船舶
（国内において登録を受けた船舶をいう。以下この号において同じ。）以外の船舶
の貸付け及び非居住者が行う日本船舶の譲渡又は貸付けにあつては、当該譲渡又
は貸付けを行う者の住所又は本店若しくは主たる事務所の所在地（以下この項に
おいて「住所地」という。））

二　前号に掲げる船舶以外の船舶　その譲渡又は貸付けを行う者の当該譲渡又は貸
付けに係る事務所、事業所その他これらに準ずるもの（以下この条において「事
務所等」という。）の所在地

三　航空機　航空機の登録をした機関の所在地（登録を受けていない航空機にあつ
ては、当該譲渡又は貸付けを行う者の譲渡又は貸付けに係る事務所等の所在地）

四　鉱業権若しくは租鉱権又は採石権その他土石を採掘し、若しくは採取する権利
（以下この号において「採石権等」という。）　鉱業権に係る鉱区若しくは租鉱権
に係る租鉱区又は採石権等に係る採石場の所在地

五　特許権、実用新案権、意匠権、商標権、回路配置利用権又は育成者権（これら
の権利を利用する権利を含む。）　これらの権利の登録をした機関の所在地（同一
の権利について2以上の国において登録をしている場合には、これらの権利の譲
渡又は貸付けを行う者の住所）

六　公共施設等運営権　公共施設等運営権に係る民間資金等の活用による公共施設
等の整備等の促進に関する法律（平成11年法律第117号）第2条第1項（定義）
に規定する公共施設等の所在地

七　著作権（出版権及び著作隣接権その他これに準ずる権利を含む。）又は特別の
技術による生産方式及びこれに準ずるもの（以下この号において「著作権等」と
いう。）　著作権等の譲渡又は貸付けを行う者の住所地

八　営業権又は漁業権若しくは入漁権　これらの権利に係る事業を行う者の住所地

九　次のイからホまでに掲げる資産　それぞれイからホまでに定める場所

イ　法別表第1第2号に規定する有価証券（ホに掲げるゴルフ場利用株式等を除
く。）　当該有価証券が所在していた場所

ロ　登録国債　登録国債の登録をした機関の所在地

ハ　第9条第1項第2号に掲げる持分　当該持分に係る法人の本店又は主たる事
務所の所在地

ニ　第9条第1項第4号に掲げる金銭債権（ホに掲げる金銭債権を除く。）　当該
金銭債権に係る債権者の譲渡に係る事務所等の所在地

ホ　第9条第2項に規定するゴルフ場利用株式等又は金銭債権　同項に規定する

ゴルフ場その他の施設の所在地

　十　前各号に掲げる資産以外の資産でその所在していた場所が明らかでないもの
　　その資産の譲渡又は貸付けを行う者の当該譲渡又は貸付けに係る事務所等の所在
　　地

2　法第4条第3項第2号に規定する政令で定める役務の提供は、次の各号に掲げる
　役務の提供とし、同項第2号に規定する政令で定める場所は、当該役務の提供の区
　分に応じ当該役務の提供が行われる際における当該各号に定める場所とする。

　一　国内及び国内以外の地域にわたつて行われる旅客又は貨物の輸送　当該旅客又
　　は貨物の出発地若しくは発送地又は到着地

　二　国内及び国内以外の地域にわたつて行われる通信　発信地又は受信地

　三　国内及び国内以外の地域にわたつて行われる郵便又は信書便（民間事業者によ
　　る信書の送達に関する法律（平成14年法律第99号）第2条第2項（定義）に規定
　　する信書便をいう。第17条第2項第5号において同じ。）　差出地又は配達地

　四　保険　保険に係る事業を営む者（保険の契約の締結の代理をする者を除く。）
　　の保険の契約の締結に係る事務所等の所在地

　五　専門的な科学技術に関する知識を必要とする調査、企画、立案、助言、監督又
　　は検査に係る役務の提供で次に掲げるもの（以下この号において「生産設備等」
　　という。）の建設又は製造に関するもの　当該生産設備等の建設又は製造に必要
　　な資材の大部分が調達される場所

　　イ　建物（その附属設備を含む。）又は構築物（ロに掲げるものを除く。）

　　ロ　鉱工業生産施設、発電及び送電施設、鉄道、道路、港湾設備その他の運輸施
　　　設又は漁業生産施設

　　ハ　イ又はロに掲げるものに準ずるものとして財務省令で定めるもの

　六　前各号に掲げる役務の提供以外のもので国内及び国内以外の地域にわたつて行
　　われる役務の提供その他の役務の提供が行われた場所が明らかでないもの　役務
　　の提供を行う者の役務の提供に係る事務所等の所在地

3　第10条第1項に規定する金銭の貸付け又は同条第3項第1号から第8号までに掲
　げる行為が国内において行われたかどうかの判定は、当該貸付け又は行為を行う者
　の当該貸付け又は行為に係る事務所等の所在地が国内にあるかどうかにより行うも
　のとする。

第3章　公益法人税務関係法令

（納税義務者）
第5条　事業者は、国内において行つた課税資産の譲渡等（特定資産の譲渡等に該当するものを除く。第30条第2項及び第32条を除き、以下同じ。）及び特定課税仕入れ（課税仕入れのうち特定仕入れに該当するものをいう。以下同じ。）につき、この法律により、消費税を納める義務がある。
2　外国貨物を保税地域から引き取る者は、課税貨物につき、この法律により、消費税を納める義務がある。

（非課税）
第6条　国内において行われる資産の譲渡等のうち、別表第1に掲げるものには、消費税を課さない。
2　保税地域から引き取られる外国貨物のうち、別表第2に掲げるものには、消費税を課さない。

（小規模事業者に係る納税義務の免除）
第9条　事業者のうち、その課税期間に係る基準期間における課税売上高が1,000万円以下である者については、第5条第1項の規定にかかわらず、その課税期間中に国内において行つた課税資産の譲渡等及び特定課税仕入れにつき、消費税を納める義務を免除する。ただし、この法律に別段の定めがある場合は、この限りでない。
2　前項に規定する基準期間における課税売上高とは、次の各号に掲げる事業者の区分に応じ当該各号に定める金額をいう。
一　個人事業者及び基準期間が1年である法人　基準期間中に国内において行つた課税資産の譲渡等の対価の額（第28条第1項に規定する対価の額をいう。以下この項、次条第2項、第11条第4項及び第12条の3第1項において同じ。）の合計額から、イに掲げる金額からロに掲げる金額を控除した金額の合計額（以下この項及び第11条第4項において「売上げに係る税抜対価の返還等の金額の合計額」という。）を控除した残額
　　イ　基準期間中に行つた第38条第1項に規定する売上げに係る対価の返還等の金額
　　ロ　基準期間中に行つた第38条第1項に規定する売上げに係る対価の返還等の金額に係る消費税額に63分の80〔編者注：平成31年10月1日〜、78分の100〕を乗じて算出した金額
二　基準期間が1年でない法人　基準期間中に国内において行つた課税資産の譲渡等の対価の額の合計額から当該基準期間における売上げに係る税抜対価の返還等

870

の金額の合計額を控除した残額を当該法人の当該基準期間に含まれる事業年度の月数の合計数で除し、これに12を乗じて計算した金額

3　前項第2号の月数は、暦に従つて計算し、1月に満たない端数を生じたときは、これを1月とする。

4　第1項本文の規定により消費税を納める義務が免除されることとなる事業者が、その基準期間における課税売上高（同項に規定する基準期間における課税売上高をいう。第11条第4項及び第12条第3項を除き、以下この章において同じ。）が1,000万円以下である課税期間につき、第1項本文の規定の適用を受けない旨を記載した届出書をその納税地を所轄する税務署長に提出した場合には、当該提出をした事業者が当該提出をした日の属する課税期間の翌課税期間（当該提出をした日の属する課税期間が事業を開始した日の属する課税期間その他の政令で定める課税期間である場合には、当該課税期間）以後の課税期間（その基準期間における課税売上高が1,000万円を超える課税期間を除く。）中に国内において行う課税資産の譲渡等及び特定課税仕入れについては、同項本文の規定は、適用しない。

5　前項の規定による届出書を提出した事業者は、同項の規定の適用を受けることをやめようとするとき、又は事業を廃止したときは、その旨を記載した届出書をその納税地を所轄する税務署長に提出しなければならない。

6　前項の場合において、第4項の規定による届出書を提出した事業者は、事業を廃止した場合を除き、同項に規定する翌課税期間の初日から2年を経過する日の属する課税期間の初日以後でなければ、同項の規定の適用を受けることをやめようとする旨を記載した届出書を提出することができない。

7　第5項の場合において、第4項の規定による届出書を提出した事業者は、同項に規定する翌課税期間の初日から同日以後2年を経過する日までの間に開始した各課税期間（第37条第1項の規定の適用を受ける課税期間を除く。）中に国内における調整対象固定資産の課税仕入れ又は調整対象固定資産に該当する課税貨物（他の法律又は条約の規定により消費税が免除されるものを除く。第9項、第12条の2第3項及び第12条の4において同じ。）の保税地域からの引取り（以下この項、第12条の2第2項及び第12条の3第3項において「調整対象固定資産の仕入れ等」という。）を行つた場合（第4項に規定する政令で定める課税期間において当該届出書の提出前に当該調整対象固定資産の仕入れ等を行つた場合を含む。）には、前項の規定にかかわらず、事業を廃止した場合を除き、当該調整対象固定資産の仕入れ等の日（当該調整対象固定資産の仕入れ等に係る第30条第1項各号に掲げる場合の区分に応じ当該各号に定める日をいう。以下この項及び第12条の2第2項において同じ。）の属する課税期間の初日から3年を経過する日の属する課税期間の初日以後

でなければ、第4項の規定の適用を受けることをやめようとする旨を記載した届出書を提出することができない。この場合において、当該調整対象固定資産の仕入れ等の日の属する課税期間の初日から当該調整対象固定資産の仕入れ等の日までの間に同項の規定の適用を受けることをやめようとする旨を記載した届出書をその納税地を所轄する税務署長に提出しているときは、次項の規定の適用については、その届出書の提出は、なかつたものとみなす。

8　第5項の規定による届出書の提出があつたときは、その提出があつた日の属する課税期間の末日の翌日以後は、第4項の規定による届出は、その効力を失う。

9　やむを得ない事情があるため第4項又は第5項の規定による届出書を第4項の規定の適用を受けようとし、又は受けることをやめようとする課税期間の初日の前日までに提出できなかつた場合における同項又は前項の規定の適用の特例及び第7項に規定する調整対象固定資産の仕入れ等が特例申告書の提出に係る課税貨物の保税地域からの引取りである場合その他の場合における同項の規定の適用に関し必要な事項は、政令で定める。

（事業を開始した日の属する課税期間等の範囲）

㋒**第20条**　法第9条第4項に規定する政令で定める課税期間は、次に掲げる課税期間とする。

一　事業者が国内において課税資産の譲渡等に係る事業を開始した日の属する課税期間

二　個人事業者が相続により法第9条第4項の規定の適用を受けていた被相続人の事業を承継した場合における当該相続があつた日の属する課税期間

三　法人が合併（合併により法人を設立する場合を除く。）により法第9条第4項の規定の適用を受けていた被合併法人の事業を承継した場合における当該合併があつた日の属する課税期間

四　法人が吸収分割により法第9条第4項の規定の適用を受けていた分割法人の事業を承継した場合における当該吸収分割があつた日の属する課税期間

（納税義務の免除の規定の適用を受けない旨の届出等に関する特例）

㋒**第20条の2**　法第9条第4項の規定の適用を受けようとする事業者が、やむを得ない事情があるため同項の規定による届出書（以下この条において「課税事業者選択届出書」という。）を同項の規定の適用を受けようとする課税期間の初日の前日（当該課税期間が前条に規定する課税期間である場合には、当該課税期間の末日。以下この項、第3項及び第4項において同じ。）までに提出できなかつた場合において、当該課税期間以後の課税期間につき法第9条第4項の規定の適用を受けることについてその納税地を所轄する税務署長の承認を受けたときは、当該事業者は課

税事業者選択届出書を当該適用を受けようとする課税期間の初日の前日に当該税務署長に提出したものとみなす。

2　法第9条第4項の規定の適用を受けることをやめようとする事業者が、やむを得ない事情があるため同条第5項の規定による届出書（事業を廃止した旨を記載した届出書を除く。以下この条において「課税事業者選択不適用届出書」という。）を法第9条第4項の規定の適用を受けることをやめようとする課税期間の初日の前日までに提出できなかつた場合において、当該課税期間以後の課税期間につき同項の規定の適用を受けることをやめることについてその納税地を所轄する税務署長の承認を受けたときは、当該事業者は課税事業者選択不適用届出書を当該適用を受けることをやめようとする課税期間の初日の前日に当該税務署長に提出したものとみなす。

3　前2項の承認を受けようとする事業者は、法第9条第4項の規定の適用を受けようとし、又は受けることをやめようとする課税期間の初日の年月日、課税事業者選択届出書又は課税事業者選択不適用届出書を当該課税期間の初日の前日までに提出できなかつた事情その他財務省令で定める事項を記載した申請書を、当該事情がやんだ後相当の期間内に、その納税地を所轄する税務署長に提出しなければならない。

4　税務署長は、前項の申請書の提出があつた場合において、その申請をした事業者が課税事業者選択届出書又は課税事業者選択不適用届出書をその申請に係る課税期間の初日の前日までに提出できなかつたことについてやむを得ない事情がないと認めるときは、その申請を却下する。

5　税務署長は、第3項の申請書の提出があつた場合において、その申請につき承認又は却下の処分をするときは、その申請をした事業者に対し、書面によりその旨を通知する。

（前年又は前事業年度等における課税売上高による納税義務の免除の特例）

第9条の2　個人事業者のその年又は法人のその事業年度の基準期間における課税売上高が1,000万円以下である場合において、当該個人事業者又は法人（前条第4項の規定による届出書の提出により消費税を納める義務が免除されないものを除く。）のうち、当該個人事業者のその年又は法人のその事業年度に係る特定期間における課税売上高が1,000万円を超えるときは、当該個人事業者のその年又は法人のその事業年度における課税資産の譲渡等及び特定課税仕入れについては、同条第1項本文の規定は、適用しない。

2　前項に規定する特定期間における課税売上高とは、当該特定期間中に国内において行つた課税資産の譲渡等の対価の額の合計額から、第1号に掲げる金額から第2号に掲げる金額を控除した金額の合計額を控除した残額をいう。

第3章　公益法人税務関係法令

　一　特定期間中に行つた第38条第1項に規定する売上げに係る対価の返還等の金額
　二　特定期間中に行つた第38条第1項に規定する売上げに係る対価の返還等の金額
　　に係る消費税額に63分の80〔編者注：平成31年10月1日〜、78分の100〕を乗じ
　　て算出した金額
3　第1項の規定を適用する場合においては、前項の規定にかかわらず、第1項の個
　人事業者又は法人が同項の特定期間中に支払つた所得税法第231条第1項（給与等、
　退職手当等又は公的年金等の支払明細書）に規定する支払明細書に記載すべき同項
　の給与等の金額に相当するものとして財務省令で定めるものの合計額をもつて、第
　1項の特定期間における課税売上高とすることができる。
4　前3項に規定する特定期間とは、次の各号に掲げる事業者の区分に応じ当該各号
　に定める期間をいう。
　一　個人事業者　その年の前年1月1日から6月30日までの期間
　二　その事業年度の前事業年度（7月以下であるものその他の政令で定めるもの
　　（次号において「短期事業年度」という。）を除く。）がある法人　当該前事業年
　　度開始の日以後6月の期間
　三　その事業年度の前事業年度が短期事業年度である法人　その事業年度の前々事
　　業年度（その事業年度の基準期間に含まれるものその他の政令で定めるものを除
　　く。）開始の日以後6月の期間（当該前々事業年度が6月以下の場合には、当該
　　前々事業年度開始の日からその終了の日までの期間）
5　前項第2号又は第3号に規定する6月の期間の末日がその月の末日でない場合にお
　ける当該期間の特例その他前各項の規定の適用に関し必要な事項は、政令で定める。

（合併があつた場合の納税義務の免除の特例）
第11条　合併（合併により法人を設立する場合を除く。以下この項及び次項におい
　て同じ。）があつた場合において、被合併法人の合併法人の当該合併があつた日の
　属する事業年度の基準期間に対応する期間における課税売上高として政令で定める
　ところにより計算した金額（被合併法人が2以上ある場合には、いずれかの被合併
　法人に係る当該金額）が1,000万円を超えるときは、当該合併法人（第9条第4項
　の規定による届出書の提出により、又は第9条の2第1項の規定により消費税を納
　める義務が免除されないものを除く。）の当該事業年度（その基準期間における課
　税売上高が1,000万円以下である事業年度に限る。）の当該合併があつた日から当該
　合併があつた日の属する事業年度終了の日までの間における課税資産の譲渡等及び
　特定課税仕入れについては、第9条第1項本文の規定は、適用しない。
2　合併法人の当該事業年度の基準期間の初日の翌日から当該事業年度開始の日の前

日までの間に合併があつた場合において、当該合併法人の当該事業年度の基準期間における課税売上高と被合併法人の当該合併法人の当該事業年度の基準期間に対応する期間における課税売上高として政令で定めるところにより計算した金額（被合併法人が２以上ある場合には、各被合併法人に係る当該金額の合計額）との合計額が1,000万円を超えるときは、当該合併法人（第９条第４項の規定による届出書の提出により、又は第９条の２第１項の規定により消費税を納める義務が免除されないものを除く。）の当該事業年度（その基準期間における課税売上高が1,000万円以下である事業年度に限る。）における課税資産の譲渡等及び特定課税仕入れについては、第９条第１項本文の規定は、適用しない。

3　合併（合併により法人を設立する場合に限る。以下この項及び次項において同じ。）があつた場合において、被合併法人の合併法人の当該合併があつた日の属する事業年度の基準期間に対応する期間における課税売上高として政令で定めるところにより計算した金額のいずれかが1,000万円を超えるときは、当該合併法人（第９条第４項の規定による届出書の提出により消費税を納める義務が免除されないものを除く。）の当該合併があつた日の属する事業年度における課税資産の譲渡等及び特定課税仕入れについては、同条第１項本文の規定は、適用しない。

4　合併法人の当該事業年度開始の日の２年前の日から当該事業年度開始の日の前日までの間に合併があつた場合において、当該合併法人の当該事業年度の基準期間における課税売上高（事業年度の基準期間中の国内における課税資産の譲渡等の対価の額の合計額から事業年度の基準期間における売上げに係る税抜対価の返還等の金額の合計額を控除した残額をいう。以下この項において同じ。）と各被合併法人の当該合併法人の当該事業年度の基準期間に対応する期間における課税売上高として政令で定めるところにより計算した金額の合計額との合計額（当該合併法人の当該事業年度の基準期間における課税売上高がない場合その他政令で定める場合には、政令で定める金額）が1,000万円を超えるときは、当該合併法人（第９条第４項の規定による届出書の提出により、又は第９条の２第１項の規定により消費税を納める義務が免除されないものを除く。）の当該事業年度（その第９条第１項に規定する基準期間における課税売上高が1,000万円以下である事業年度に限る。）における課税資産の譲渡等及び特定課税仕入れについては、同条第１項本文の規定は、適用しない。

（新設法人の納税義務の免除の特例）

第12条の２　その事業年度の基準期間がない法人（社会福祉法（昭和26年法律第45号）第22条（定義）に規定する社会福祉法人その他の専ら別表第１に掲げる資産の

第3章　公益法人税務関係法令

　　　譲渡等を行うことを目的として設立された法人で政令で定めるものを除く。）のうち、当該事業年度開始の日における資本金の額又は出資の金額が1,000万円以上である法人（以下この項及び次項において「新設法人」という。）については、当該新設法人の基準期間がない事業年度に含まれる各課税期間（第9条第4項の規定による届出書の提出により、又は第9条の2第1項、第11条第3項若しくは第4項若しくは前条第1項若しくは第2項の規定により消費税を納める義務が免除されないこととなる課税期間を除く。）における課税資産の譲渡等及び特定課税仕入れについては、第9条第1項本文の規定は、適用しない。

2　前項の新設法人が、その基準期間がない事業年度に含まれる各課税期間（第37条第1項の規定の適用を受ける課税期間を除く。）中に調整対象固定資産の仕入れ等を行つた場合には、当該新設法人の当該調整対象固定資産の仕入れ等の日の属する課税期間から当該課税期間の初日以後3年を経過する日の属する課税期間までの各課税期間（その基準期間における課税売上高が1,000万円を超える課税期間及び第9条第4項の規定による届出書の提出により、又は第9条の2第1項、第11条第3項若しくは第4項、前条第1項から第3項まで若しくは前項の規定により消費税を納める義務が免除されないこととなる課税期間を除く。）における課税資産の譲渡等及び特定課税仕入れについては、第9条第1項本文の規定は、適用しない。

3　前項に規定する調整対象固定資産の仕入れ等が特例申告書の提出に係る課税貨物の保税地域からの引取りである場合その他の場合における同項の規定の適用に関し必要な事項は、政令で定める。

（信託財産に係る資産の譲渡等の帰属）

第14条　信託の受益者（受益者としての権利を現に有するものに限る。）は当該信託の信託財産に属する資産を有するものとみなし、かつ、当該信託財産に係る資産等取引（資産の譲渡等、課税仕入れ及び課税貨物の保税地域からの引取りをいう。以下この項及び次条第1項において同じ。）は当該受益者の資産等取引とみなして、この法律の規定を適用する。ただし、法人税法第2条第29号（定義）に規定する集団投資信託、同条第29号の2に規定する法人課税信託又は同法第12条第4項第1号（信託財産に属する資産及び負債並びに信託財産に帰せられる収益及び費用の帰属）に規定する退職年金等信託若しくは同項第2号に規定する特定公益信託等の信託財産に属する資産及び当該信託財産に係る資産等取引については、この限りでない。

2　信託の変更をする権限（軽微な変更をする権限として政令で定めるものを除く。）を現に有し、かつ、当該信託の信託財産の給付を受けることとされている者（受益者を除く。）は、前項に規定する受益者とみなして、同項の規定を適用する。

3 受益者が2以上ある場合における第1項の規定の適用、前項に規定する信託財産の給付を受けることとされている者に該当するかどうかの判定その他前2項の規定の適用に関し必要な事項は、政令で定める。

（課税期間）
第19条 この法律において「課税期間」とは、次の各号に掲げる事業者の区分に応じ当該各号に定める期間とする。
　一　個人事業者（第3号又は第3号の2に掲げる個人事業者を除く。）　1月1日から12月31日までの期間
　二　法人（第4号又は第4号の2に掲げる法人を除く。）　事業年度
　三　第1号に定める期間を3月ごとの期間に短縮すること又は次号に定める各期間を3月ごとの期間に変更することについてその納税地を所轄する税務署長に届出書を提出した個人事業者　1月1日から3月31日まで、4月1日から6月30日まで、7月1日から9月30日まで及び10月1日から12月31日までの各期間
　三の二　第1号に定める期間を1月ごとの期間に短縮すること又は前号に定める各期間を1月ごとの期間に変更することについてその納税地を所轄する税務署長に届出書を提出した個人事業者　1月1日以後1月ごとに区分した各期間
　四　その事業年度が3月を超える法人で第2号に定める期間を3月ごとの期間に短縮すること又は次号に定める各期間を3月ごとの期間に変更することについてその納税地を所轄する税務署長に届出書を提出したもの　その事業年度をその開始の日以後3月ごとに区分した各期間（最後に3月未満の期間を生じたときは、その3月未満の期間）
　四の二　その事業年度が1月を超える法人で第2号に定める期間を1月ごとの期間に短縮すること又は前号に定める各期間を1月ごとの期間に変更することについてその納税地を所轄する税務署長に届出書を提出したもの　その事業年度をその開始の日以後1月ごとに区分した各期間（最後に1月未満の期間を生じたときは、その1月未満の期間）
2　前項第3号から第4号の2までの規定による届出の効力は、これらの規定による届出書の提出があつた日（以下この項において「提出日」という。）の属するこれらの規定に定める期間の翌期間（当該提出日の属する期間が事業を開始した日の属する期間その他の政令で定める期間である場合には、当該期間）の初日以後に生ずるものとする。この場合において、次の各号に掲げる場合の区分に応じ当該各号に定める期間をそれぞれ一の課税期間とみなす。
　一　前項第3号又は第3号の2の規定の適用を受けていない個人事業者が、これら

第3章　公益法人税務関係法令

の規定による届出書を提出した場合　提出日の属する年の1月1日から届出の効力の生じた日の前日までの期間

二　前項第4号又は第4号の2の規定の適用を受けていない法人が、これらの規定による届出書を提出した場合　提出日の属する事業年度開始の日から届出の効力の生じた日の前日までの期間

三　前項第3号の規定の適用を受けている個人事業者が、同項第3号の2の規定による届出書を提出した場合　提出日の属する同項第3号に定める期間開始の日から届出の効力の生じた日の前日までの期間

四　前項第4号の規定の適用を受けている法人が、同項第4号の2の規定による届出書を提出した場合　提出日の属する同項第4号に定める期間開始の日から届出の効力の生じた日の前日までの期間

3　第1項第3号から第4号の2までの規定による届出書を提出した事業者は、これらの規定の適用を受けることをやめようとするとき又は事業を廃止したときは、その旨を記載した届出書をその納税地を所轄する税務署長に提出しなければならない。

4　前項の規定による届出書の提出があつたときは、その提出があつた日の属する課税期間の末日の翌日以後は、第1項第3号から第4号の2までの規定による届出は、その効力を失う。この場合において、次の各号に掲げる場合の区分に応じ当該各号に定める期間をそれぞれ一の課税期間とみなす。

一　第1項第3号の規定による届出書の提出をしている個人事業者がその年の1月1日から9月30日までの間に前項の規定による届出書の提出をした場合又は第1項第3号の2の規定による届出書の提出をしている個人事業者がその年の1月1日から11月30日までの間に前項の規定による届出書の提出をした場合　当該翌日から当該提出があつた日の属する年の12月31日までの期間

二　第1項第4号の規定による届出書の提出をしている法人がその事業年度開始の日からその事業年度の3月ごとに区分された期間のうち最後の期間の直前の期間の末日までの間に前項の規定による届出書の提出をした場合又は第1項第4号の2の規定による届出書の提出をしている法人がその事業年度開始の日からその事業年度の1月ごとに区分された期間のうち最後の期間の直前の期間の末日までの間に前項の規定による届出書の提出をした場合　当該翌日から当該提出があつた日の属する事業年度終了の日までの期間

5　第1項第3号から第4号の2までの規定による届出書を提出した事業者は、事業を廃止した場合を除き、これらの規定による届出の効力が生ずる日から2年を経過する日の属するこれらの規定に定める期間の初日（同項第3号又は第4号の規定による届出書を提出した事業者が同項第3号の2又は第4号の2の規定の適用を受け

ようとする場合その他の政令で定める場合には、政令で定める日）以後でなければ、同項第3号から第4号の2までの規定による届出書（変更に係るものに限る。）又は第3項の届出書を提出することができない。

（課税標準）

第28条 課税資産の譲渡等に係る消費税の課税標準は、課税資産の譲渡等の対価の額（対価として収受し、又は収受すべき一切の金銭又は金銭以外の物若しくは権利その他経済的な利益の額とし、課税資産の譲渡等につき課されるべき消費税額及び当該消費税額を課税標準として課されるべき地方消費税額に相当する額を含まないものとする。以下この項及び第3項において同じ。）とする。ただし、法人が資産を第4条第5項第2号に規定する役員に譲渡した場合において、その対価の額が当該譲渡の時における当該資産の価額に比し著しく低いときは、その価額に相当する金額をその対価の額とみなす。

2　特定課税仕入れに係る消費税の課税標準は、特定課税仕入れに係る支払対価の額（対価として支払い、又は支払うべき一切の金銭又は金銭以外の物若しくは権利その他経済的な利益の額をいう。）とする。

3　第4条第5項各号に掲げる行為に該当するものについては、次の各号に掲げる行為の区分に応じ当該各号に定める金額をその対価の額とみなす。

一　第4条第5項第1号に掲げる消費又は使用　当該消費又は使用の時における当該消費し、又は使用した資産の価額に相当する金額

二　第4条第5項第2号に掲げる贈与　当該贈与の時における当該贈与をした資産の価額に相当する金額

4　保税地域から引き取られる課税貨物に係る消費税の課税標準は、当該課税貨物につき関税定率法（明治43年法律第54号）第4条から第4条の9まで（課税価格の計算方法）の規定に準じて算出した価格に当該課税貨物の保税地域からの引取りに係る消費税以外の消費税等（国税通則法第2条第3号（定義）に規定する消費税等をいう。）の額（附帯税の額に相当する額を除く。）及び関税の額（関税法第2条第1項第4号の2に規定する附帯税の額に相当する額を除く。）に相当する金額を加算した金額とする。

5　第3項に定めるもののほか、第1項、第2項又は前項に規定する課税標準の額の計算の細目に関し必要な事項は、政令で定める。

（課税資産の譲渡等及び特定課税仕入れに係る消費税の課税標準の額）

㋿**第45条**　法第28条第1項及び第2項に規定する金銭以外の物又は権利その他経済的な利益の額は、当該物若しくは権利を取得し、又は当該利益を享受する時におけ

第3章　公益法人税務関係法令

る価額とする。

2　次の各号に掲げる行為に該当するものの対価の額は、当該各号に定める金額とする。

一　代物弁済による資産の譲渡　当該代物弁済により消滅する債務の額（当該代物弁済により譲渡される資産の価額が当該債務の額を超える額に相当する金額につき支払を受ける場合は、当該支払を受ける金額を加算した金額）に相当する金額

二　負担付き贈与による資産の譲渡　当該負担付き贈与に係る負担の価額に相当する金額

三　金銭以外の資産の出資　当該出資により取得する株式（出資を含む。）の取得の時における価額に相当する金額

四　資産の交換　当該交換により取得する資産の取得の時における価額（当該交換により譲渡する資産の価額と当該交換により取得する資産の価額との差額を補うための金銭を取得する場合は当該取得する金銭の額を加算した金額とし、当該差額を補うための金銭を支払う場合は当該支払う金銭の額を控除した金額とする。）に相当する金額

五　第2条第1項第3号に掲げる資産の移転又は出資があつたものとみなされるもの　当該資産の移転の時又は同号に規定する受益者がその信託財産に属する資産を有するものとみなされる信託が同号の法人課税信託に該当することとなつた時における当該資産の価額に相当する金額

3　事業者が課税資産の譲渡等（特定資産の譲渡等に該当するものを除く。以下この項において同じ。）に係る資産（以下この項において「課税資産」という。）と課税資産の譲渡等以外の資産の譲渡等に係る資産（以下この項において「非課税資産」という。）とを同一の者に対して同時に譲渡した場合において、これらの資産の譲渡の対価の額（法第28条第1項に規定する対価の額をいう。以下この項において同じ。）が課税資産の譲渡の対価の額と非課税資産の譲渡の対価の額とに合理的に区分されていないときは、当該課税資産の譲渡等に係る消費税の課税標準は、これらの資産の譲渡の対価の額に、これらの資産の譲渡の時における当該課税資産の価額と当該非課税資産の価額との合計額のうちに当該課税資産の価額の占める割合を乗じて計算した金額とする。

（税率）

第29条　消費税の税率は、100分の6.3〔編者注：平成31年10月1日〜、100分の7.8〕とする。

※　地方消費税率は、消費税額の63分の17〔平成31年10月1日〜、78分の22〕であり、

消費税率と併せた税率は100分の8〔平成31年10月1日〜、100分の10〕となります。

（仕入れに係る消費税額の控除）

第30条 事業者（第9条第1項本文の規定により消費税を納める義務が免除される事業者を除く。）が、国内において行う課税仕入れ（特定課税仕入れに該当するものを除く。以下この条及び第32条から第36条までにおいて同じ。）若しくは特定課税仕入れ又は保税地域から引き取る課税貨物については、次の各号に掲げる場合の区分に応じ当該各号に定める日の属する課税期間の第45条第1項第2号に掲げる課税標準額に対する消費税額（以下この章において「課税標準額に対する消費税額」という。）から、当該課税期間中に国内において行つた課税仕入れに係る消費税額（当該課税仕入れに係る支払対価の額に108分の6.3〔編者注：平成31年10月1日〜、110分の7.8〕を乗じて算出した金額をいう。以下この章において同じ。）、当該課税期間中に国内において行つた特定課税仕入れに係る消費税額（当該特定課税仕入れに係る支払対価の額に100分の6.3〔編者注：平成31年10月1日〜、100分の7.8〕を乗じて算出した金額をいう。以下この章において同じ。）及び当該課税期間における保税地域からの引取りに係る課税貨物（他の法律又は条約の規定により消費税が免除されるものを除く。以下この章において同じ。）につき課された又は課されるべき消費税額（附帯税の額に相当する額を除く。次項において同じ。）の合計額を控除する。

一　国内において課税仕入れを行つた場合　当該課税仕入れを行つた日

二　国内において特定課税仕入れを行つた場合　当該特定課税仕入れを行つた日

三　保税地域から引き取る課税貨物につき第47条第1項の規定による申告書（同条第3項の場合を除く。）又は同条第2項の規定による申告書を提出した場合　当該申告に係る課税貨物（第6項において「一般申告課税貨物」という。）を引き取つた日

四　保税地域から引き取る課税貨物につき特例申告書を提出した場合（当該特例申告書に記載すべき第47条第1項第1号又は第2号に掲げる金額につき決定（国税通則法第25条（決定）の規定による決定をいう。以下この号において同じ。）があつた場合を含む。以下同じ。）　当該特例申告書を提出した日又は当該申告に係る決定（以下「特例申告に関する決定」という。）の通知を受けた日

2　前項の場合において、同項に規定する課税期間における課税売上高が5億円を超えるとき、又は当該課税期間における課税売上割合が100分の95に満たないときは、同項の規定により控除する課税仕入れに係る消費税額、特定課税仕入れに係る消費税額及び同項に規定する保税地域からの引取りに係る課税貨物につき課された又は

課されるべき消費税額（以下この章において「課税仕入れ等の税額」という。）の合計額は、同項の規定にかかわらず、次の各号に掲げる場合の区分に応じ当該各号に定める方法により計算した金額とする。

一　当該課税期間中に国内において行つた課税仕入れ及び特定課税仕入れ並びに当該課税期間における前項に規定する保税地域からの引取りに係る課税貨物につき、課税資産の譲渡等にのみ要するもの、課税資産の譲渡等以外の資産の譲渡等（以下この号において「その他の資産の譲渡等」という。）にのみ要するもの及び課税資産の譲渡等とその他の資産の譲渡等に共通して要するものにその区分が明らかにされている場合　イに掲げる金額にロに掲げる金額を加算する方法

　　イ　課税資産の譲渡等にのみ要する課税仕入れ、特定課税仕入れ及び課税貨物に係る課税仕入れ等の税額の合計額

　　ロ　課税資産の譲渡等とその他の資産の譲渡等に共通して要する課税仕入れ、特定課税仕入れ及び課税貨物に係る課税仕入れ等の税額の合計額に課税売上割合を乗じて計算した金額

二　前号に掲げる場合以外の場合　当該課税期間における課税仕入れ等の税額の合計額に課税売上割合を乗じて計算する方法

3　前項第1号に掲げる場合において、同号ロに掲げる金額の計算の基礎となる同号ロに規定する課税売上割合に準ずる割合（当該割合が当該事業者の営む事業の種類の異なるごと又は当該事業に係る販売費、一般管理費その他の費用の種類の異なるごとに区分して算出したものである場合には、当該区分して算出したそれぞれの割合。以下この項において同じ。）で次に掲げる要件の全てに該当するものがあるときは、当該事業者の第2号に規定する承認を受けた日の属する課税期間以後の課税期間については、前項第1号の規定にかかわらず、同号ロに掲げる金額は、当該課税売上割合に代えて、当該割合を用いて計算した金額とする。ただし、当該割合を用いて計算することをやめようとする旨を記載した届出書を提出した日の属する課税期間以後の課税期間については、この限りでない。

一　当該割合が当該事業者の営む事業の種類又は当該事業に係る販売費、一般管理費その他の費用の種類に応じ合理的に算定されるものであること。

二　当該割合を用いて前項第1号ロに掲げる金額を計算することにつき、その納税地を所轄する税務署長の承認を受けたものであること。

4　第2項第1号に掲げる場合に該当する事業者は、同項の規定にかかわらず、当該課税期間中に国内において行つた課税仕入れ及び特定課税仕入れ並びに当該課税期間における第1項に規定する保税地域からの引取りに係る課税貨物につき、同号に

定める方法に代え、第2項第2号に定める方法により第1項の規定により控除される課税仕入れ等の税額の合計額を計算することができる。

5　第2項又は前項の場合において、第2項第2号に定める方法により計算することとした事業者は、当該方法により計算することとした課税期間の初日から同日以後2年を経過する日までの間に開始する各課税期間において当該方法を継続して適用した後の課税期間でなければ、同項第1号に定める方法により計算することは、できないものとする。

6　第1項に規定する課税仕入れに係る支払対価の額とは、課税仕入れの対価の額（対価として支払い、又は支払うべき一切の金銭又は金銭以外の物若しくは権利その他経済的な利益の額とし、当該課税仕入れに係る資産を譲り渡し、若しくは貸し付け、又は当該課税仕入れに係る役務を提供する事業者に課されるべき消費税額及び当該消費税額を課税標準として課されるべき地方消費税額（これらの税額に係る附帯税の額に相当する額を除く。第9項第1号において同じ。）に相当する額がある場合には、当該相当する額を含む。）をいい、第1項に規定する特定課税仕入れに係る支払対価の額とは、特定課税仕入れの対価の額（対価として支払い、又は支払うべき一切の金銭又は金銭以外の物若しくは権利その他経済的な利益の額をいう。）をいい、同項に規定する保税地域からの引取りに係る課税貨物とは、保税地域から引き取つた一般申告課税貨物又は特例申告書の提出若しくは特例申告に関する決定に係る課税貨物をいい、第2項に規定する課税期間における課税売上高とは、当該事業者が当該課税期間中に国内において行つた課税資産の譲渡等の対価の額（第28条第1項に規定する対価の額をいう。以下この項及び第9項第1号において同じ。）の合計額から当該課税期間における売上げに係る税抜対価の返還等の金額（当該課税期間中に行つた第38条第1項に規定する売上げに係る対価の返還等の金額から同項に規定する売上げに係る対価の返還等の金額に係る消費税額に63分の80〔編者注：平成31年10月1日～、78分の100〕を乗じて算出した金額を控除した金額をいう。）の合計額を控除した残額（当該課税期間が1年に満たない場合には、当該残額を当該課税期間の月数（当該月数は、暦に従つて計算し、1月に満たない端数を生じたときは、これを1月とする。）で除し、これに12を乗じて計算した金額）をいい、第2項に規定する課税売上割合とは、当該事業者が当該課税期間中に国内において行つた資産の譲渡等（特定資産の譲渡等に該当するものを除く。）の対価の額の合計額のうちに当該事業者が当該課税期間中に国内において行つた課税資産の譲渡等の対価の額の合計額の占める割合として<u>政令で定めるところにより計算した割合</u>をいう。

7　第1項の規定は、事業者が当該課税期間の課税仕入れ等の税額の控除に係る帳簿

第3章　公益法人税務関係法令

及び請求書等（同項に規定する課税仕入れに係る支払対価の額の合計額が少額である場合、特定課税仕入れに係るものである場合その他の政令で定める場合における当該課税仕入れ等の税額については、帳簿）を保存しない場合には、当該保存がない課税仕入れ、特定課税仕入れ又は課税貨物に係る課税仕入れ等の税額については、適用しない。ただし、災害その他やむを得ない事情により、当該保存をすることができなかつたことを当該事業者において証明した場合は、この限りでない。

8　前項に規定する帳簿とは、次に掲げる帳簿をいう。

一　課税仕入れ等の税額が課税仕入れに係るものである場合には、次に掲げる事項が記載されているもの

　　イ　課税仕入れの相手方の氏名又は名称

　　ロ　課税仕入れを行つた年月日

　　ハ　課税仕入れに係る資産又は役務の内容

　　ニ　第1項に規定する課税仕入れに係る支払対価の額

二　課税仕入れ等の税額が特定課税仕入れに係るものである場合には、次に掲げる事項が記載されているもの

　　イ　特定課税仕入れの相手方の氏名又は名称

　　ロ　特定課税仕入れを行つた年月日

　　ハ　特定課税仕入れの内容

　　ニ　第1項に規定する特定課税仕入れに係る支払対価の額

　　ホ　特定課税仕入れに係るものである旨

三　課税仕入れ等の税額が第1項に規定する保税地域からの引取りに係る課税貨物に係るものである場合には、次に掲げる事項が記載されているもの

　　イ　課税貨物を保税地域から引き取つた年月日（課税貨物につき特例申告書を提出した場合には、保税地域から引き取つた年月日及び特例申告書を提出した日又は特例申告に関する決定の通知を受けた日）

　　ロ　課税貨物の内容

　　ハ　課税貨物の引取りに係る消費税額及び地方消費税額（これらの税額に係る附帯税の額に相当する額を除く。次項第3号において同じ。）又はその合計額

9　第7項に規定する請求書等とは、次に掲げる書類をいう。

一　事業者に対し課税資産の譲渡等（第7条第1項、第8条第1項その他の法律又は条約の規定により消費税が免除されるものを除く。以下この号において同じ。）を行う他の事業者（当該課税資産の譲渡等が卸売市場においてせり売又は入札の方法により行われるものその他の媒介又は取次ぎに係る業務を行う者を介して行われるものである場合には、当該媒介又は取次ぎに係る業務を行う者）が、当該

884

課税資産の譲渡等につき当該事業者に交付する請求書、納品書その他これらに類する書類で次に掲げる事項（当該課税資産の譲渡等が小売業その他の政令で定める事業に係るものである場合には、イからニまでに掲げる事項）が記載されているもの

イ　書類の作成者の氏名又は名称

ロ　課税資産の譲渡等を行つた年月日（課税期間の範囲内で一定の期間内に行つた課税資産の譲渡等につきまとめて当該書類を作成する場合には、当該一定の期間）

ハ　課税資産の譲渡等に係る資産又は役務の内容

ニ　課税資産の譲渡等の対価の額（当該課税資産の譲渡等に係る消費税額及び地方消費税額に相当する額がある場合には、当該相当する額を含む。）

ホ　書類の交付を受ける当該事業者の氏名又は名称

二　事業者がその行つた課税仕入れにつき作成する仕入明細書、仕入計算書その他これらに類する書類で次に掲げる事項が記載されているもの（当該書類に記載されている事項につき、当該課税仕入れの相手方の確認を受けたものに限る。）

イ　書類の作成者の氏名又は名称

ロ　課税仕入れの相手方の氏名又は名称

ハ　課税仕入れを行つた年月日（課税期間の範囲内で一定の期間内に行つた課税仕入れにつきまとめて当該書類を作成する場合には、当該一定の期間）

ニ　課税仕入れに係る資産又は役務の内容

ホ　第1項に規定する課税仕入れに係る支払対価の額

三　課税貨物を保税地域から引き取る事業者が税関長から交付を受ける当該課税貨物の輸入の許可（関税法第67条（輸出又は輸入の許可）に規定する輸入の許可をいう。）があつたことを証する書類その他の政令で定める書類で次に掲げる事項が記載されているもの

イ　納税地を所轄する税関長

ロ　課税貨物を保税地域から引き取ることができることとなつた年月日（課税貨物につき特例申告書を提出した場合には、保税地域から引き取ることができることとなつた年月日及び特例申告書を提出した日又は特例申告に関する決定の通知を受けた日）

ハ　課税貨物の内容

ニ　課税貨物に係る消費税の課税標準である金額並びに引取りに係る消費税額及び地方消費税額

ホ　書類の交付を受ける事業者の氏名又は名称

第3章　公益法人税務関係法令

10　第7項に規定する帳簿の記載事項の特例、当該帳簿及び同項に規定する請求書等
　　の保存に関する事項その他前各項の規定の適用に関し必要な事項は、政令で定める。

　　　（課税売上割合に準ずる割合に係る税務署長の承認等）
㋿第47条　法第30条第3項第2号に規定する承認を受けようとする事業者は、その
　　用いようとする同項に規定する課税売上割合に準ずる割合（以下この条において
　　「課税売上割合に準ずる割合」という。）の算出方法の内容その他財務省令で定める
　　事項を記載した申請書を納税地を所轄する税務署長に提出しなければならない。
2　税務署長は、前項の申請書の提出があつた場合には、遅滞なく、これを審査し、
　　その申請に係る課税売上割合に準ずる割合を用いて法第30条第2項第1号ロに掲げ
　　る金額（次項及び第5項において「共通仕入控除税額」という。）を計算すること
　　を承認し、又はその申請に係る課税売上割合に準ずる割合が合理的に算出されたも
　　のでないと認めるときは、その申請を却下する。
3　税務署長は、前項の承認をした後、その承認に係る課税売上割合に準ずる割合を
　　用いて共通仕入控除税額を計算することを不適当とする特別の事情が生じたと認め
　　る場合には、その承認を取り消すことができる。
4　税務署長は、前2項の処分をするときは、その処分に係る事業者に対し、書面に
　　よりその旨を通知する。
5　第3項の処分があつた場合には、その処分のあつた日の属する課税期間以後の各
　　課税期間における共通仕入控除税額の計算についてその処分の効果が生ずるものと
　　する。

　　　（課税売上割合の計算方法）
㋿第48条　法第30条第6項に規定する政令で定めるところにより計算した割合は、
　　第1号に掲げる金額のうちに第2号に掲げる金額の占める割合とする。
一　当該事業者が、当該課税期間中に国内において行つた資産の譲渡等（特定資産
　　の譲渡等に該当するものを除く。以下この条及び第53条第3項第1号において同
　　じ。）の対価の額（法第28条第1項に規定する対価の額をいう。以下この項にお
　　いて同じ。）の合計額から、当該課税期間中に国内において行つた資産の譲渡等
　　に係る対価の返還等の金額（資産の譲渡等につき、返品を受け、又は値引き若し
　　くは割戻しをしたことにより、当該資産の譲渡等の対価の額の全部若しくは一部
　　の返還又は当該資産の譲渡等の対価の額に係る売掛金その他の債権の額の全部若
　　しくは一部の減額をした金額をいう。）の合計額を控除した残額
二　当該事業者が当該課税期間中に国内において行つた課税資産の譲渡等（特定資
　　産の譲渡等に該当するものを除く。第53条第3項第2号において同じ。）の対価
　　の額の合計額から、イに掲げる金額からロに掲げる金額を控除した金額の合計額

を控除した残額

イ　課税期間中に行つた法第38条第1項に規定する売上げに係る対価の返還等の金額（当該課税期間中に行つた第19条に規定する輸出取引等に係る対価の返還等の金額を含む。）

ロ　課税期間中に行つた法第38条第1項に規定する売上げに係る対価の返還等の金額に係る消費税額に63分の80〔編者注：平成31年10月1日、78分の100〕を乗じて算出した金額

2　前項第1号に規定する資産の譲渡等には、事業者が行う次に掲げる資産の譲渡は、含まないものとする。

一　法別表第1第2号に規定する支払手段又は第9条第4項に規定する仮想通貨若しくは特別引出権の譲渡

二　第9条第1項第4号に掲げる金銭債権のうち資産の譲渡等を行つた者が当該資産の譲渡等の対価として取得したものの譲渡

三　次に掲げるもの（以下この条において「現先取引債券等」という。）をあらかじめ約定した期日（当該約定の日以後その期日を定めることができることとされているものにあつては、当該定められる期日）にあらかじめ約定した価格又はあらかじめ約定した計算方法により算出される価格で買い戻すことを約して譲渡し、かつ、当該約定に基づき当該現先取引債券等を買い戻す場合における当該現先取引債券等の譲渡

イ　国債等

ロ　第10条第3項第1号に規定する譲渡性預金証書

ハ　第10条第3項第6号に規定する約束手形

ニ　その他財務省令で定める証券又は証書

3　事業者が現先取引債券等をあらかじめ約定した期日（当該約定の日以後その期日を定めることができることとされているものにあつては、当該定められる期日）にあらかじめ約定した価格又はあらかじめ約定した計算方法により算出される価格で売り戻すことを約して購入し、かつ、当該約定に基づき当該現先取引債券等を売り戻した場合には、当該売戻しに係る第1項第1号に規定する資産の譲渡等の対価の額は、当該現先取引債券等の当該売戻しに係る対価の額から当該現先取引債券等の当該購入に係る対価の額を控除した残額とする。この場合において、当該控除して控除しきれない金額があるときは、同号に掲げる金額は、当該金額から当該控除しきれない金額を控除した残額とする。

4　第1項の規定の適用については、第2条第1項第4号に掲げる行為が行われた場合における対価は、利子（償還差益、譲り受けた金銭債権の弁済を受けた金額とその取得価額との差額その他経済的な性質が利子に準ずるものを含む。）とする。

第3章　公益法人税務関係法令

5　事業者が法別表第1第2号に規定する有価証券（第9条第2項に規定するゴルフ場利用株式等を除く。）並びに同条第1項第1号及び第3号に掲げる権利（以下この項において「有価証券等」という。）の譲渡をした場合（当該譲渡が第2項第3号に掲げる現先取引債券等の譲渡又は第3項に規定する現先取引債券等の売戻しに該当する場合を除く。）又は同条第1項第4号に掲げる金銭債権（資産の譲渡等を行つた者が当該資産の譲渡等の対価として取得したものを除く。以下この項において同じ。）の譲渡をした場合には、当該譲渡に係る第1項第1号に規定する資産の譲渡等の対価の額は、当該有価証券等又は金銭債権の譲渡の対価の額の100分の5に相当する金額とする。

6　国債等の第10条第3項第6号に規定する償還金額が同号に規定する取得価額に満たない場合には、第1項第1号に掲げる金額は、当該金額から、当該取得価額から当該償還金額を控除した金額（当該国債等が法人税法施行令第139条の2第1項（償還有価証券の調整差益又は調整差損の益金又は損金算入）に規定する償還有価証券に該当する場合には、同項に規定する調整差損を含む。）を控除した残額とする。

（課税仕入れ等の税額の控除に係る帳簿等の記載事項等）

令**第49条**　法第30条第7項に規定する政令で定める場合は、次に掲げる場合とする。

一　法第30条第1項に規定する課税仕入れに係る支払対価の額の合計額が3万円未満である場合

二　法第30条第1項に規定する課税仕入れに係る支払対価の額の合計額が3万円以上である場合において、同条第7項に規定する請求書等の交付を受けなかつたことにつきやむを得ない理由があるとき（同項に規定する帳簿に当該やむを得ない理由及び当該課税仕入れの相手方の住所又は所在地（国税庁長官が指定する者に係るものを除く。）を記載している場合に限る。）。

三　特定課税仕入れに係るものである場合

2　再生資源卸売業その他不特定かつ多数の者から課税仕入れ（特定課税仕入れに該当するものを除く。以下この条及び第54条第1項第1号において同じ。）を行う事業で再生資源卸売業に準ずるものに係る課税仕入れについては、法第30条第8項第1号の規定により同条第7項の帳簿に記載することとされている事項のうち同号イに掲げる事項は、同号の規定にかかわらず、その記載を省略することができる。

3　卸売市場においてせり売又は入札の方法により行われる課税仕入れその他の媒介又は取次ぎに係る業務を行う者を介して行われる課税仕入れについては、法第30条第8項第1号の規定により同条第7項の帳簿に記載することとされている事項のうち同号イに掲げる事項は、同号の規定にかかわらず、当該事項に代えて当該媒介又は取次ぎに係る業務を行う者の氏名又は名称とすることができる。

4　法第30条第9項第1号に規定する政令で定める事業は、次に掲げる事業とする。

一　小売業、飲食店業、写真業及び旅行業

二　道路運送法（昭和26年法律第183号）第３条第１号ハ（種類）に規定する一般乗用旅客自動車運送事業（当該一般乗用旅客自動車運送事業として行う旅客の運送の引受けが営業所のみにおいて行われるものとして同法第９条の３第１項（一般乗用旅客自動車運送事業の運賃及び料金）の国土交通大臣の認可を受けた運賃及び料金が適用されるものを除く。）

三　駐車場業（不特定かつ多数の者に自動車その他の車両の駐車のための場所を提供するものに限る。）

四　前３号に掲げる事業に準ずる事業で不特定かつ多数の者に資産の譲渡等を行うもの

5　法第30条第９項第３号に規定する政令で定める書類は、次に掲げる書類とする。

一　関税法第67条（輸出又は輸入の許可）に規定する輸入の許可（第３号、第７号、第８号及び第71条第４項において「輸入の許可」という。）があつたことを証する書類

二　特例申告書の提出があつたことを証する書類

三　関税法第73条第１項（輸入の許可前における貨物の引取）の規定により税関長の承認を受けて輸入の許可前に保税地域から課税貨物を引き取つた場合における同項の承認があつたことを証する書類

四　国税通則法第32条第３項（賦課決定）に規定する賦課決定通知書（同条第１項第１号に掲げる場合にあつては、納税告知書）

五　輸入品に対する内国消費税の徴収等に関する法律第７条第７項（郵便物の内国消費税の納付等）の規定により賦課決定通知書とみなされる同条第１項の郵便物に係る同項の書面

六　輸入品に対する内国消費税の徴収等に関する法律第７条第８項において準用する関税法第77条第６項（郵便物の関税の納付等）の規定により税関長の承認を受けて消費税の納付前に郵便物を受け取つた場合における同項の承認があつたことを証する書類

七　国税通則法第19条第３項（修正申告）に規定する修正申告書（輸入の許可後に提出されたものに限る。）の提出があつたことを証する書類

八　国税通則法第28条第１項（更正又は決定の手続）に規定する更正通知書（輸入の許可後に行われた同項の更正に係るものに限る。）又は決定通知書

九　関税法第85条第１項（公売代金等の充当及び供託）の規定による公売又は売却に係る代金が充当されたことを証する書類

6　前項各号に掲げる書類には、関税法第102条第１項（証明書類の交付及び統計の閲覧等）の規定に基づき税関長が交付した同項の証明書類で前項各号に掲げる書類に関するものを含むものとする。

889

第3章　公益法人税務関係法令

（課税仕入れ等の税額の控除に係る帳簿等の保存期間等）

㋒第50条　法第30条第１項の規定の適用を受けようとする事業者は、同条第７項に規定する帳簿及び請求書等を整理し、当該帳簿についてはその閉鎖の日の属する課税期間の末日の翌日、当該請求書等についてはその受領した日の属する課税期間の末日の翌日から２月（清算中の法人について残余財産が確定した場合には１月とする。次項において同じ。）を経過した日から７年間、これを納税地又はその取引に係る事務所、事業所その他これらに準ずるものの所在地に保存しなければならない。ただし、財務省令で定める場合に該当する同条第７項に規定する帳簿又は請求書等については、同日から５年間を超えて保存することを要しない。

２　前項に規定する課税期間の末日の翌日から２月を経過した日から５年を経過した日以後の期間における同項の規定による保存は、財務大臣の定める方法によることができる。

（課税売上割合に準ずる割合に係る承認申請書の記載事項等）

㋕第15条　令第47条第１項に規定する財務省令で定める事項は、次に掲げる事項とする。

一　申請者の氏名又は名称（代表者の氏名を含む。以下この章において同じ。）、納税地及び個人番号又は法人番号（個人番号又は法人番号を有しない者にあつては、氏名又は名称及び納税地）

二　その用いようとする法第30条第３項に規定する課税売上割合に準ずる割合の算出方法が合理的であるとする理由

三　その他参考となるべき事項

２　法第30条第３項ただし書に規定する届出書を提出しようとする事業者は、当該届出書に、次に掲げる事項を記載し、これを納税地を所轄する税務署長に提出しなければならない。

一　届出者の氏名又は名称、納税地及び個人番号又は法人番号（個人番号又は法人番号を有しない者にあつては、氏名又は名称及び納税地）

二　当該承認を受けた課税売上割合に準ずる割合の算出方法の内容

三　当該承認を受けた年月日

四　その他参考となるべき事項

（帳簿等の保存期間の特例）

㋕第15条の３　令第50条第１項に規定する財務省令で定める場合は、法第30条第７項に規定する帳簿（以下この条において「帳簿」という。）にあつては当該帳簿に記載された事項に係る同項に規定する請求書等（以下この条において「請求書等」という。）を令第50条第１項本文の規定に基づいて保存する場合とし、請求書等に

あつては当該請求書等に記載された事項に係る帳簿を同項本文の規定に基づいて保存する場合とする。

（中小事業者の仕入れに係る消費税額の控除の特例）

第37条 事業者（第9条第1項本文の規定により消費税を納める義務が免除される事業者を除く。）が、その納税地を所轄する税務署長にその基準期間における課税売上高（同項に規定する基準期間における課税売上高をいう。以下この項及び次条第1項において同じ。）が5,000万円以下である課税期間（第12条第1項に規定する分割等に係る同項の新設分割親法人又は新設分割子法人の政令で定める課税期間（以下この項及び次条第1項において「分割等に係る課税期間」という。）を除く。）についてこの項の規定の適用を受ける旨を記載した届出書を提出した場合には、当該届出書を提出した日の属する課税期間の翌課税期間（当該届出書を提出した日の属する課税期間が事業を開始した日の属する課税期間その他の政令で定める課税期間である場合には、当該課税期間）以後の課税期間（その基準期間における課税売上高が5,000万円を超える課税期間及び分割等に係る課税期間を除く。）については、第30条から前条までの規定により課税標準額に対する消費税額から控除することができる課税仕入れ等の税額の合計額は、これらの規定にかかわらず、次に掲げる金額の合計額とする。この場合において、当該金額の合計額は、当該課税期間における仕入れに係る消費税額とみなす。

一　当該事業者の当該課税期間の課税資産の譲渡等（第7条第1項、第8条第1項その他の法律又は条約の規定により消費税が免除されるものを除く。）に係る課税標準である金額の合計額に対する消費税額から当該課税期間における第38条第1項に規定する売上げに係る対価の返還等の金額に係る消費税額の合計額を控除した残額の100分の60に相当する金額（卸売業その他の政令で定める事業を営む事業者にあつては、当該残額に、政令で定めるところにより当該事業の種類ごとに当該事業における課税資産の譲渡等に係る消費税額のうちに課税仕入れ等の税額の通常占める割合を勘案して政令で定める率を乗じて計算した金額）

二　当該事業者の当該課税期間の特定課税仕入れに係る課税標準である金額の合計額に対する消費税額から当該課税期間における第38条の2第1項に規定する特定課税仕入れに係る対価の返還等を受けた金額に係る消費税額の合計額を控除した残額

2　前項第2号の規定により、当該課税期間の特定課税仕入れに係る課税標準である金額の合計額に対する消費税額から当該課税期間における第38条の2第1項に規定する特定課税仕入れに係る対価の返還等を受けた金額に係る消費税額の合計額を控

除して控除しきれない金額があり、かつ、当該控除しきれない金額を前項第1号に掲げる金額から控除してなお控除しきれない金額（以下この項において「控除未済金額」という。）があるときは、当該控除未済金額を課税資産の譲渡等に係る消費税額とみなして当該課税期間の課税標準額に対する消費税額に加算する。

3　第1項の規定の適用を受けようとする事業者は、次の各号に掲げる場合に該当するときは、当該各号に定める期間は、同項の規定による届出書を提出することができない。ただし、当該事業者が事業を開始した日の属する課税期間その他の政令で定める課税期間から同項の規定の適用を受けようとする場合に当該届出書を提出するときは、この限りでない。

一　当該事業者が第9条第7項の規定の適用を受ける者である場合　同項に規定する調整対象固定資産の仕入れ等の日の属する課税期間の初日から同日以後3年を経過する日の属する課税期間の初日の前日までの期間

二　当該事業者が第12条の2第2項の新設法人である場合又は第12条の3第3項の特定新規設立法人である場合において第12条の2第2項（第12条の3第3項において準用する場合を含む。以下この号において同じ。）に規定する場合に該当するとき　第12条の2第2項に規定する調整対象固定資産の仕入れ等の日の属する課税期間の初日から同日以後3年を経過する日の属する課税期間の初日の前日までの期間

三　当該事業者が第12条の4第1項に規定する場合に該当するとき（前2号に掲げる場合に該当する場合を除く。）　同項に規定する高額特定資産に係る同項に規定する高額特定資産の仕入れ等の日の属する課税期間の初日から同日（当該高額特定資産が同項に規定する自己建設高額特定資産である場合にあつては、当該自己建設高額特定資産の同項に規定する建設等が完了した日の属する課税期間の初日）以後3年を経過する日の属する課税期間の初日の前日までの期間

4　前項各号に規定する事業者が当該各号に掲げる場合に該当することとなつた場合において、同項第1号若しくは第2号に規定する調整対象固定資産の仕入れ等の日又は同項第3号に規定する高額特定資産の仕入れ等の日の属する課税期間の初日から同項各号に掲げる場合に該当することとなつた日までの間に第1項の規定による届出書をその納税地を所轄する税務署長に提出しているときは、同項の規定の適用については、その届出書の提出は、なかつたものとみなす。

5　第1項の規定による届出書を提出した事業者は、同項の規定の適用を受けることをやめようとするとき、又は事業を廃止したときは、その旨を記載した届出書をその納税地を所轄する税務署長に提出しなければならない。

6　前項の場合において、第1項の規定による届出書を提出した事業者は、事業を廃

止した場合を除き、同項に規定する翌課税期間の初日から２年を経過する日の属する課税期間の初日以後でなければ、同項の規定の適用を受けることをやめようとする旨の届出書を提出することができない。

7　第５項の規定による届出書の提出があつたときは、その提出があつた日の属する課税期間の末日の翌日以後は、第１項の規定による届出は、その効力を失う。

8　やむを得ない事情があるため第１項又は第５項の規定による届出書を第１項の規定の適用を受けようとし、又は受けることをやめようとする課税期間の初日の前日までに提出できなかつた場合における同項又は前項の規定の適用の特例については、政令で定める。

（事業を開始した日の属する課税期間等の範囲）

㋿第56条　法第37条第１項に規定する事業を開始した日の属する課税期間その他の政令で定める課税期間は、次に掲げる課税期間とする。

一　事業者が国内において課税資産の譲渡等（特定資産の譲渡等に該当するものを除く。）に係る事業を開始した日の属する課税期間

二　個人事業者が相続により法第37条第１項の規定の適用を受けていた被相続人の事業を承継した場合における当該相続のあつた日の属する課税期間（法第10条第１項の規定により消費税を納める義務が免除されないこととなる課税期間に限る。）

三　法人が合併（合併により法人を設立する場合を除く。）により法第37条第１項の規定の適用を受けていた被合併法人の事業を承継した場合における当該合併があつた日の属する課税期間（法第11条第１項の規定により消費税を納める義務が免除されないこととなる課税期間に限る。）

四　法人が吸収分割により法第37条第１項の規定の適用を受けていた分割法人の事業を承継した場合における当該吸収分割があつた日の属する課税期間（法第12条第５項の規定により消費税を納める義務が免除されないこととなる課税期間に限る。）

2　法第37条第３項ただし書に規定する事業を開始した日の属する課税期間その他の政令で定める課税期間は、前項第１号に掲げる課税期間とする。

（中小事業者の仕入れに係る消費税額の控除の特例）

㋿第57条　次項及び第３項に定めるもののほか、法第37条第１項第１号に規定する政令で定める事業は、次の各号に掲げる事業とし、同項第１号に規定する政令で定める率は、当該事業の区分に応じ当該各号に定める率とする。

一　第１種事業　100分の90

二　第２種事業　100分の80

第3章　公益法人税務関係法令

　　三　第3種事業　100分の70
　　四　第5種事業　100分の50
　　五　第6種事業　100分の40
2　事業者の営む事業が前項各号に掲げる事業又は第4種事業のうち2以上の事業である場合には、法第37条第1項第1号に規定する政令で定める率は、次の各号に規定する残額の合計額（次項において「売上げに係る消費税額」という。）のうちに当該各号に掲げる金額の合計額の占める割合とする。
　　一　当該課税期間中に国内において行つた第1種事業に係る課税資産の譲渡等（特定資産の譲渡等に該当するものを除く。以下この条において同じ。）に係る消費税額の合計額から当該課税期間中に行つた第1種事業に係る法第38条第1項に規定する売上げに係る対価の返還等の金額に係る消費税額（以下この項において「売上げに係る対価の返還等の金額に係る消費税額」という。）の合計額を控除した残額（次項第2号イにおいて「第1種事業に係る消費税額」という。）に100分の90を乗じて計算した金額
　　二　当該課税期間中に国内において行つた第2種事業に係る課税資産の譲渡等に係る消費税額の合計額から当該課税期間中に行つた第2種事業に係る売上げに係る対価の返還等の金額に係る消費税額の合計額を控除した残額（次項第2号ロにおいて「第2種事業に係る消費税額」という。）に100分の80を乗じて計算した金額
　　三　当該課税期間中に国内において行つた第3種事業に係る課税資産の譲渡等に係る消費税額の合計額から当該課税期間中に行つた第3種事業に係る売上げに係る対価の返還等の金額に係る消費税額の合計額を控除した残額（次項第2号ハにおいて「第3種事業に係る消費税額」という。）に100分の70を乗じて計算した金額
　　四　当該課税期間中に国内において行つた第4種事業に係る課税資産の譲渡等に係る消費税額の合計額から当該課税期間中に行つた第4種事業に係る売上げに係る対価の返還等の金額に係る消費税額の合計額を控除した残額（次項第2号ニにおいて「第4種事業に係る消費税額」という。）に100分の60を乗じて計算した金額
　　五　当該課税期間中に国内において行つた第5種事業に係る課税資産の譲渡等に係る消費税額の合計額から当該課税期間中に行つた第5種事業に係る売上げに係る対価の返還等の金額に係る消費税額の合計額を控除した残額（次項第2号ホにおいて「第5種事業に係る消費税額」という。）に100分の50を乗じて計算した金額
　　六　当該課税期間中に国内において行つた第6種事業に係る課税資産の譲渡等に係る消費税額の合計額から当該課税期間中に行つた第6種事業に係る売上げに係る対価の返還等の金額に係る消費税額の合計額を控除した残額に100分の40を乗じて計算した金額
3　前項の場合において、次に掲げる場合に該当するときは、法第37条第1項第1号

に規定する政令で定める率は、前項の規定にかかわらず、次の各号に掲げる場合の区分に応じ当該各号に定める割合とすることができる。

一　当該事業者の当該課税期間における課税売上高（当該課税期間中に国内において行つた課税資産の譲渡等（法第7条第1項、第8条第1項その他の法律又は条約の規定により消費税が免除されるものを除く。以下この条において同じ。）の対価の額の合計額から当該課税期間中に行つた売上げに係る税抜対価の返還等の金額の合計額を控除した残額をいう。次号において同じ。）のうちに当該課税期間中に国内において行つた特定一事業（第1項各号に掲げる事業又は第4種事業のうち一の事業をいう。）に係る課税資産の譲渡等の対価の額の合計額から当該課税期間中に行つた当該特定一事業に係る売上げに係る税抜対価の返還等の金額の合計額を控除した残額の占める割合が100分の75以上である場合　次に掲げる場合の区分に応じそれぞれ次に定める割合

イ　当該特定一事業が第1種事業である場合　100分の90

ロ　当該特定一事業が第2種事業である場合　100分の80

ハ　当該特定一事業が第3種事業である場合　100分の70

ニ　当該特定一事業が第4種事業である場合　100分の60

ホ　当該特定一事業が第5種事業である場合　100分の50

ヘ　当該特定一事業が第6種事業である場合　100分の40

二　当該事業者の当該課税期間における課税売上高のうちに当該課税期間中に国内において行つた特定二事業（第1項各号に掲げる事業又は第4種事業のうち二の事業をいう。）に係る課税資産の譲渡等の対価の額の合計額から当該課税期間中に行つた当該特定二事業に係る売上げに係る税抜対価の返還等の金額の合計額を控除した残額の占める割合が100分の75以上である場合　次に掲げる場合の区分に応じそれぞれ次に定める割合

イ　当該特定二事業が第1種事業と第1種事業以外の事業とである場合　売上げに係る消費税額のうちに次に掲げる金額の合計額の占める割合

（1）　前項第1号に掲げる金額

（2）　当該第1種事業以外の事業が第6種事業である場合　100分の40

（i）　当該第1種事業以外の事業が第2種事業である場合　100分の80

（ii）　当該第1種事業以外の事業が第3種事業である場合　100分の70

（iii）　当該第1種事業以外の事業が第4種事業である場合　100分の60

（iv）　当該第1種事業以外の事業が第5種事業である場合　100分の50

（v）　当該第1種事業以外の事業が第6種事業である場合　100分の40

ロ　当該特定二事業が第2種事業と第2種事業以外の事業（第1種事業を除く。）とである場合　売上げに係る消費税額のうちに次に掲げる金額の占め

第3章　公益法人税務関係法令

る割合

(1)　前項第2号に掲げる金額

(2)　売上げに係る消費税額から第2種事業に係る消費税額を控除した金額に次に掲げる場合の区分に応じそれぞれ次に定める割合を乗じて計算した金額

(i)　当該第2種事業以外の事業が第3種事業である場合　100分の70

(ii)　当該第2種事業以外の事業が第4種事業である場合　100分の60

(iii)　当該第2種事業以外の事業が第5種事業である場合　100分の50

(iv)　当該第2種事業以外の事業が第6種事業である場合　100分の40

ハ　当該特定二事業が第3種事業と第3種事業以外の事業（第1種事業及び第2種事業を除く。）とである場合　売上げに係る消費税額のうちに次に掲げる金額の合計額の占める割合

(1)　前項第3号に掲げる金額

(2)　売上げに係る消費税額から第3種事業に係る消費税額を控除した金額に次に掲げる場合の区分に応じそれぞれ次に定める割合を乗じて計算した金額

(i)　当該第3種事業以外の事業が第4種事業である場合　100分の60

(ii)　当該第3種事業以外の事業が第5種事業である場合　100分の50

(iii)　当該第3種事業以外の事業が第6種事業である場合　100分の40

ニ　当該特定二事業が第4種事業と第4種事業以外の事業（第1種事業、第2種事業及び第3種事業を除く。）とである場合　売上げに係る消費税額のうちに次に掲げる金額の合計額の占める割合

(1)　前項第4号に掲げる金額

(2)　売上げに係る消費税額から第4種事業に係る消費税額を控除した金額に次に掲げる場合の区分に応じそれぞれ次に定める割合を乗じて計算した金額

(i)　当該第4種事業以外の事業が第5種事業である場合　100分の50

(ii)　当該第4種事業以外の事業が第6種事業である場合　100分の40

ホ　当該特定二事業が第5種事業と第6種事業とである場合　売上げに係る消費税額のうちに次に掲げる金額の合計額の占める割合

(1)　前項第5号に掲げる金額

(2)　売上げに係る消費税額から第5種事業に係る消費税額を控除した金額に100分の40を乗じて計算した金額

4　第1項各号に掲げる事業又は第4種事業のうち2以上の事業を営む事業者が当該課税期間中に国内において行つた課税資産の譲渡等で、当該課税資産の譲渡等につきこれらの事業の種類ごとの区分をしていないものがある場合における前2項の規定の適用については、次に定めるところによる。

一　第1種事業と第2種事業とを営む事業者が当該課税期間中に国内において行つ

896

た課税資産の譲渡等で、第1種事業に係るものであるか第2種事業に係るものであるかの区分をしていないものがある場合には、当該区分をしていない課税資産の譲渡等は、第2種事業に係るものとする。

二　第1種事業又は第2種事業と第3種事業とを営む事業者が当該課税期間中に国内において行つた課税資産の譲渡等で、第1種事業又は第2種事業に係るものであるか第3種事業に係るものであるかの区分をしていないものがある場合には、当該区分をしていない課税資産の譲渡等は、第3種事業に係るものとする。

三　第1種事業、第2種事業又は第3種事業と第4種事業とを営む事業者が当該課税期間中に国内において行つた課税資産の譲渡等で、第1種事業、第2種事業又は第3種事業に係るものであるか第4種事業に係るものであるかの区分をしていないものがある場合には、当該区分をしていない課税資産の譲渡等は、第4種事業に係るものとする。

四　第1種事業、第2種事業、第3種事業又は第4種事業と第5種事業とを営む事業者が当該課税期間中に国内において行つた課税資産の譲渡等で、第1種事業、第2種事業、第3種事業又は第4種事業に係るものであるか第5種事業に係るものであるかの区分をしていないものがある場合には、当該区分をしていない課税資産の譲渡等は、第5種事業に係るものとする。

五　第6種事業と第6種事業以外の事業とを営む事業者が当該課税期間中に国内において行つた課税資産の譲渡等で、第6種事業に係るものであるか第6種事業以外の事業に係るものであるかの区分をしていないものがある場合には、当該区分をしていない課税資産の譲渡等は、第6種事業に係るものとする。

5　前各項において、次の各号に掲げる用語の意義は、当該各号に定めるところによる。

一　第1種事業　卸売業をいう。

二　第2種事業　小売業をいう。

三　第3種事業　次に掲げる事業（前2号に掲げる事業に該当するもの及び加工賃その他これに類する料金を対価とする役務の提供を行う事業を除く。）をいう。

　　イ　農業

　　ロ　林業

　　ハ　漁業

　　ニ　鉱業

　　ホ　建設業

　　ヘ　製造業（製造した棚卸資産を小売する事業を含む。）

　　ト　電気業、ガス業、熱供給業及び水道業

四　第5種事業　次に掲げる事業（前3号に掲げる事業に該当するものを除く。）

第3章　公益法人税務関係法令

をいう。

　イ　運輸通信業

　ロ　金融業及び保険業

　ハ　サービス業（飲食店業に該当するものを除く。）

五　第6種事業　不動産業（前各号に掲げる事業に該当するものを除く。）をいう。

六　第4種事業　前各号に掲げる事業以外の事業をいう。

七　売上げに係る税抜対価の返還等の金額　法第38条第1項に規定する売上げに係る対価の返還等の金額から同項に規定する売上げに係る対価の返還等の金額に係る消費税額に63分の80〔編者注：平成31年10月1日〜、78分の100〕を乗じて算出した金額を控除した金額をいう。

6　前項第1号の卸売業とは、他の者から購入した商品をその性質及び形状を変更しないで他の事業者に対して販売する事業をいうものとし、同項第2号の小売業とは、他の者から購入した商品をその性質及び形状を変更しないで販売する事業で同項第1号に掲げる事業以外のものをいうものとする。

　　（中小事業者の仕入れに係る消費税額の控除の特例の適用を受ける旨の届出等に関する特例）

🈞第57条の2　法第37条第1項の規定の適用を受けようとする事業者が、やむを得ない事情があるため同項の規定による届出書（以下この条において「簡易課税制度選択適用届出書」という。）を同項の規定の適用を受けようとする課税期間の初日の前日（当該課税期間が第56条第1項に規定する課税期間である場合には、当該課税期間の末日。以下この項、第3項及び第4項において同じ。）までに提出できなかつた場合において、当該課税期間以後の課税期間につき法第37条第1項の規定の適用を受けることについてその納税地を所轄する税務署長の承認を受けたときは、当該事業者は簡易課税制度選択適用届出書を当該適用を受けようとする課税期間の初日の前日に当該税務署長に提出したものとみなす。

2　法第37条第1項の規定の適用を受けることをやめようとする事業者が、やむを得ない事情があるため同条第5項の規定による届出書（事業を廃止した旨を記載した届出書を除く。以下この条において「簡易課税制度選択不適用届出書」という。）を法第37条第1項の規定の適用を受けることをやめようとする課税期間の初日の前日までに提出できなかつた場合において、当該課税期間以後の課税期間につき同項の規定の適用を受けることをやめることについてその納税地を所轄する税務署長の承認を受けたときは、当該事業者は簡易課税制度選択不適用届出書を当該適用を受けることをやめようとする課税期間の初日の前日に当該税務署長に提出したものとみなす。

3　前2項の承認を受けようとする事業者は、法第37条第1項の規定の適用を受けよ

898

うとし、又は受けることをやめようとする課税期間の初日の年月日、簡易課税制度
選択適用届出書又は簡易課税制度選択不適用届出書を当該課税期間の初日の前日ま
でに提出できなかつた事情その他財務省令で定める事項を記載した申請書を、当該
事情がやんだ後相当の期間内に、その納税地を所轄する税務署長に提出しなければ
ならない。

4　税務署長は、前項の申請書の提出があつた場合において、その申請をした事業者
が簡易課税制度選択適用届出書又は簡易課税制度選択不適用届出書をその申請に係
る課税期間の初日の前日までに提出できなかつたことについてやむを得ない事情が
ないと認めるときは、その申請を却下する。

5　税務署長は、第3項の申請書の提出があつた場合において、その申請につき承認
又は却下の処分をするときは、その申請をした事業者に対し、書面によりその旨を
通知する。

**（中小事業者の仕入れに係る消費税額の控除の特例を受ける旨の届出書の記載事
項等）**

則**第17条**　法第37条第1項に規定する届出書には、次に掲げる事項を記載しなけれ
ばならない。

一　届出者の氏名又は名称及び納税地（法人番号を有する者にあつては、名称、納
税地及び法人番号）

二　届出者の行う事業の内容及び令第57条第5項第1号から第6号までに掲げる事
業の種類

三　法第37条第1項に規定する翌課税期間の初日の年月日

四　前号に規定する翌課税期間の基準期間における課税売上高（法第9条第1項に
規定する基準期間における課税売上高をいう。以下この条及び次条において同
じ。）

五　その他参考となるべき事項

2　法第37条第5項に規定する同条第1項の規定の適用を受けることをやめようとす
る旨の届出書には、次に掲げる事項を記載しなければならない。

一　届出者の氏名又は名称及び納税地（法人番号を有する者にあつては、名称、納
税地及び法人番号）

二　法第37条第1項に規定する翌課税期間の初日の年月日

三　法第37条第7項に規定する課税期間の末日の翌日の年月日

四　その他参考となるべき事項

3　法第37条第5項に規定する事業を廃止した旨の届出書には、次に掲げる事項を記
載しなければならない。

第3章　公益法人税務関係法令

一　届出者の氏名又は名称、納税地及び個人番号又は法人番号（個人番号又は法人番号を有しない者にあつては、氏名又は名称及び納税地）

二　事業を廃止した年月日

三　その他参考となるべき事項

4　令第57条の2第3項に規定する財務省令で定める事項は、次の各号に掲げる区分に応じ当該各号に定める事項とする。

一　令第57条の2第1項の承認を受けようとする事業者　次に掲げる事項

イ　申請者の氏名又は名称及び納税地（法人番号を有する者にあつては、名称、納税地及び法人番号）

ロ　申請者の行う事業の内容及び令第57条第5項第1号から第6号までに掲げる事業の種類

ハ　法第37条第1項の規定の適用を受けようとする課税期間の基準期間における課税売上高

ニ　その他参考となるべき事項

二　令第57条の2第2項の承認を受けようとする事業者　次に掲げる事項

イ　申請者の氏名又は名称及び納税地（法人番号を有する者にあつては、名称、納税地及び法人番号）

ロ　法第37条第1項に規定する翌課税期間の初日の年月日

ハ　法第37条第1項の規定の適用を受けることをやめようとする課税期間の基準期間における課税売上高

ニ　その他参考となるべき事項

5　法第37条第1項の規定の適用を受ける事業者は、法第38条第1項に規定する売上げに係る対価の返還等を行つた場合には、令第58条第1項に規定する帳簿に当該売上げに係る対価の返還等に係る令第57条第5項第1号から第6号までに掲げる事業の種類を付記しなければならない。

（課税資産の譲渡等及び特定課税仕入れについての中間申告）

第42条　事業者（第9条第1項本文の規定により消費税を納める義務が免除される事業者及び第19条第1項第3号から第4号の2までの規定による届出書の提出をしている事業者を除く。第4項、第6項及び第8項において同じ。）は、その課税期間（個人事業者にあつては事業を開始した日の属する課税期間、法人にあつては3月を超えない課税期間及び新たに設立された法人のうち合併により設立されたもの以外のものの設立の日の属する課税期間を除く。第4項において同じ。）開始の日以後1月ごとに区分した各期間（最後に1月未満の期間を生じたときはその1月未

900

満の期間とし、当該1月ごとに区分された各期間のうち最後の期間を除く。以下こ
の項及び次項において「1月中間申告対象期間」という。）につき、当該1月中間
申告対象期間の末日の翌日（当該1月中間申告対象期間が当該課税期間開始の日以
後1月の期間である場合には、当該課税期間開始の日から2月を経過した日）から
2月以内に、それぞれ次に掲げる事項を記載した申告書を税務署長に提出しなけれ
ばならない。ただし、第1号に掲げる金額が400万円以下である場合における当該
1月中間申告対象期間については、この限りでない。

一　当該課税期間の直前の課税期間の確定申告書（第45条第1項の規定による申告
　書をいう。以下この条において同じ。）に記載すべき同項第4号に掲げる消費税
　額で次に掲げる1月中間申告対象期間の区分に応じそれぞれ次に定める日（次項
　第1号において「確定日」という。）までに確定したものを当該直前の課税期間
　の月数で除して計算した金額

　イ　当該課税期間開始の日から同日以後2月を経過した日の前日までの間に終了
　　した1月中間申告対象期間　当該課税期間開始の日から2月を経過した日の前
　　日（当該課税期間の直前の課税期間の確定申告書の提出期限につき国税通則法
　　第10条第2項（期間の計算及び期限の特例）の規定の適用がある場合には、同
　　項の規定により当該確定申告書の提出期限とみなされる日）

　ロ　イ以外の1月中間申告対象期間　当該1月中間申告対象期間の末日

二　前号に掲げる金額の計算の基礎その他財務省令で定める事項

2　前項の場合において、同項の事業者が合併（合併により法人を設立する場合を除
　く。以下この項において同じ。）に係る合併法人で次の各号に掲げる期間内にその
　合併をしたものであるときは、その法人が提出すべき当該課税期間の前項の規定に
　よる申告書については、同項第1号に掲げる金額は、同号の規定にかかわらず、同
　号の規定により計算した金額に相当する金額に当該各号に定める金額を加算した金
　額とする。

一　当該課税期間の直前の課税期間　被合併法人のその合併の日の前日の属する課
　税期間（以下この号において「被合併法人特定課税期間」という。）の確定申告
　書に記載すべき第45条第1項第4号に掲げる金額でその合併法人の当該1月中間
　申告対象期間に係る確定日までに確定したもの（被合併法人特定課税期間の月数
　が3月に満たない場合又は当該確定したものがない場合には被合併法人特定課税
　期間の直前の課税期間（その月数が3月に満たないものを除く。）の確定申告書
　に記載すべき同号に掲げる金額でその合併法人の当該1月中間申告対象期間に係
　る確定日までに確定したもの。以下この項及び次項において「被合併法人の確定
　消費税額」という。）をその計算の基礎となつたその被合併法人の課税期間の月

数で除し、これにその合併法人の直前の課税期間の月数のうちに当該直前の課税
期間開始の日からその合併の日の前日までの期間の月数の占める割合を乗じて計
算した金額

二　当該課税期間開始の日から当該１月中間申告対象期間の末日までの期間　被合
併法人の確定消費税額をその計算の基礎となつたその被合併法人の課税期間の月
数で除して計算した金額

3　第１項の場合において、同項の事業者が合併（合併により法人を設立する場合に
限る。）に係る合併法人であるときは、その法人が提出すべきその設立後最初の課
税期間の同項の規定による申告書については、同項第１号に掲げる金額は、同号の
規定にかかわらず、各被合併法人の確定消費税額をその計算の基礎となつたその被
合併法人の課税期間の月数で除して計算した金額の合計額とする。

4　事業者は、その課税期間開始の日以後３月ごとに区分した各期間（最後に３月未
満の期間を生じたときはその３月未満の期間とし、当該３月ごとに区分された各期
間のうち最後の期間を除く。以下この項において「３月中間申告対象期間」とい
う。）につき、当該３月中間申告対象期間の末日の翌日から２月以内に、それぞれ
次に掲げる事項を記載した申告書を税務署長に提出しなければならない。ただし、
第１号に掲げる金額が100万円以下である場合又は当該３月中間申告対象期間が第
１項の規定による申告書を提出すべき同項に規定する１月中間申告対象期間を含む
期間である場合における当該３月中間申告対象期間については、この限りでない。

一　当該課税期間の直前の課税期間の確定申告書に記載すべき第45条第１項第４号
に掲げる消費税額で当該３月中間申告対象期間の末日までに確定したものを当該
直前の課税期間の月数で除し、これに３を乗じて計算した金額

二　前号に掲げる金額の計算の基礎その他財務省令で定める事項

5　第２項及び第３項の規定は、前項の規定の適用がある場合について準用する。こ
の場合において、第２項中「同項の事業者」とあるのは「第４項の事業者」と、「前
項の規定」とあるのは「第４項の規定」と、同項第１号中「１月中間申告対象期間
に係る確定日」とあるのは「３月中間申告対象期間の末日」と、「割合」とあるの
は「割合に３を乗じた数」と、同項第２号中「１月中間申告対象期間」とあるのは
「３月中間申告対象期間」と、「除して」とあるのは「除し、これにその合併の日か
ら当該３月中間申告対象期間の末日までの期間の月数（当該月数が３を超えるとき
は、３）を乗じて」と、第３項中「同項の事業者」とあるのは「第４項の事業者」と、
「除して」とあるのは「除し、これに３を乗じて」と読み替えるものとする。

6　事業者は、その課税期間（個人事業者にあつては事業を開始した日の属する課税
期間、法人にあつては６月を超えない課税期間及び新たに設立された法人のうち合

併により設立されたもの以外のものの設立の日の属する課税期間を除く。）開始の
日以後6月の期間（以下この項、第8項、第10項及び第11項において「6月中間申
告対象期間」という。）につき、当該6月中間申告対象期間の末日の翌日から2月
以内に、次に掲げる事項を記載した申告書を税務署長に提出しなければならない。
ただし、第1号に掲げる金額が24万円以下である場合又は当該6月中間申告対象期
間が第1項若しくは第4項の規定による申告書を提出すべきこれらの規定に規定す
る1月中間申告対象期間若しくは3月中間申告対象期間を含む期間である場合にお
ける当該6月中間申告対象期間については、この限りでない。

一　当該課税期間の直前の課税期間の確定申告書に記載すべき第45条第1項第4号
　　に掲げる消費税額で当該6月中間申告対象期間の末日までに確定したものを当該
　　直前の課税期間の月数で除し、これに6を乗じて計算した金額

二　前号に掲げる金額の計算の基礎その他財務省令で定める事項

7　第2項及び第3項の規定は、前項の規定の適用がある場合について準用する。こ
　の場合において、第2項中「同項の事業者」とあるのは「第6項の事業者」と、「前
　項の規定」とあるのは「第6項の規定」と、同項第1号中「1月中間申告対象期間
　に係る確定日」とあるのは「6月中間申告対象期間の末日」と、「3月」とあるの
　は「6月」と、「割合」とあるのは「割合に6を乗じた数」と、同項第2号中「1
　月中間申告対象期間」とあるのは「6月中間申告対象期間」と、「除して」とある
　のは「除し、これにその合併の日から当該6月中間申告対象期間の末日までの期間
　の月数を乗じて」と、第3項中「同項の事業者」とあるのは「第6項の事業者」と、
　「除して」とあるのは「除し、これに6を乗じて」と読み替えるものとする。

8　第6項第1号に掲げる金額が24万円以下であることによりその6月中間申告対象
　期間につき、同項の規定による申告書（以下この項及び第11項において「6月中間
　申告書」という。）を提出することを要しない事業者が、当該6月中間申告書を提
　出する旨を記載した届出書をその納税地を所轄する税務署長に提出した場合には、
　当該届出書の提出をした事業者の当該提出をした日以後にその末日が最初に到来す
　る6月中間申告対象期間以後の6月中間申告対象期間（同号に掲げる金額が24万円
　以下であるものに限る。第11項において同じ。）については、第6項ただし書の規
　定は、適用しない。

9　前項の規定による届出書を提出した事業者は、同項の規定の適用を受けることを
　やめようとするとき又は事業を廃止したときは、その旨を記載した届出書をその納
　税地を所轄する税務署長に提出しなければならない。

10　前項の規定による届出書の提出があつたときは、その提出があつた日以後にその
　末日が最初に到来する6月中間申告対象期間以後の6月中間申告対象期間について

第3章　公益法人税務関係法令

は、第8項の規定による届出は、その効力を失う。

11　第8項の規定による届出書の提出をした事業者が、当該提出をした日以後にその末日が最初に到来する6月中間申告対象期間以後の6月中間申告対象期間に係る6月中間申告書をその提出期限までに提出しなかつた場合には、当該事業者は第9項の規定による届出書を当該6月中間申告対象期間の末日にその納税地を所轄する税務署長に提出したものとみなす。

12　第1項から第7項までの月数は、暦に従つて計算し、1月に満たない端数を生じたときは、これを1月とする。

（仮決算をした場合の中間申告書の記載事項等）

第43条　中間申告書を提出すべき事業者が第42条第1項に規定する1月中間申告対象期間、同条第4項に規定する3月中間申告対象期間又は同条第6項に規定する6月中間申告対象期間（以下この項において「中間申告対象期間」という。）を一課税期間とみなして当該中間申告対象期間における課税資産の譲渡等に係る課税標準である金額（当該中間申告対象期間中に国内において行った課税資産の譲渡等（第7条第1項、第8条第1項その他の法律又は条約の規定により消費税が免除されるものを除く。）に係る課税標準である金額をいう。以下この項において同じ。）の合計額、特定課税仕入れに係る課税標準である金額（当該中間申告対象期間中に国内において行った特定課税仕入れに係る課税標準である金額をいう。以下この項において同じ。）の合計額及び第45条第1項第2号から第4号までに掲げる金額を計算した場合には、その事業者は、その提出する中間申告書に、第42条第1項各号、第4項各号又は第6項各号に掲げる事項に代えて、次に掲げる事項を記載することができる。

一　当該課税資産の譲渡等に係る課税標準である金額の合計額及び当該特定課税仕入れに係る課税標準である金額の合計額並びにそれらの合計額（次号において「課税標準額」という。）

二　課税標準額に対する消費税額

三　当該中間申告対象期間を一課税期間とみなした場合に前章の規定により前号に掲げる消費税額から控除をされるべき第45条第1項第3号イからニまでに掲げる消費税額の合計額

四　第2号に掲げる消費税額から前号に掲げる消費税額の合計額を控除した残額に相当する消費税額

五　前各号に掲げる金額の計算の基礎その他財務省令で定める事項

2　前項に規定する中間申告対象期間における課税資産の譲渡等に係る課税標準であ

る金額の合計額及び特定課税仕入れに係る課税標準である金額の合計額並びに同項第2号に掲げる消費税額及び同項第3号に掲げる消費税額の合計額の計算については、第16条第3項中「第45条第1項の規定による申告書（当該申告書に係る国税通則法第18条第2項（期限後申告）に規定する期限後申告書を含む」とあるのは「中間申告書（第42条第1項、第4項又は第6項の規定による申告書で第43条第1項各号に掲げる事項を記載したものをいう」と、第17条第4項及び第18条第2項中「第45条第1項の規定による申告書」とあるのは「中間申告書」とする。

3　第1項各号に掲げる事項を記載した中間申告書には、財務省令で定めるところにより、同項に規定する中間申告対象期間中の資産の譲渡等の対価の額及び課税仕入れ等の税額（第30条第2項に規定する課税仕入れ等の税額をいう。以下この章において同じ。）の明細その他の事項を記載した書類を添付しなければならない。

（中間申告書の提出がない場合の特例）

第44条　中間申告書を提出すべき事業者がその中間申告書をその提出期限までに提出しなかつた場合（第42条第11項の規定の適用を受ける場合を除く。）には、その事業者については、その提出期限において、税務署長に同条第1項各号、第4項各号又は第6項各号に掲げる事項を記載した中間申告書の提出があつたものとみなす。

（課税資産の譲渡等及び特定課税仕入れについての確定申告）

第45条　事業者（第9条第1項本文の規定により消費税を納める義務が免除される事業者を除く。）は、課税期間ごとに、当該課税期間の末日の翌日から2月以内に、次に掲げる事項を記載した申告書を税務署長に提出しなければならない。ただし、国内における課税資産の譲渡等（第7条第1項、第8条第1項その他の法律又は条約の規定により消費税が免除されるものを除く。）及び特定課税仕入れがなく、かつ、第4号に掲げる消費税額がない課税期間については、この限りでない。

一　その課税期間中に国内において行つた課税資産の譲渡等（第7条第1項、第8条第1項その他の法律又は条約の規定により消費税が免除されるものを除く。）に係る課税標準である金額の合計額及びその課税期間中に国内において行つた特定課税仕入れに係る課税標準である金額の合計額並びにそれらの合計額（次号において「課税標準額」という。）

二　課税標準額に対する消費税額

三　前章の規定によりその課税期間において前号に掲げる消費税額から控除をされるべき次に掲げる消費税額の合計額

第3章　公益法人税務関係法令

　　イ　第32条第1項第1号に規定する仕入れに係る消費税額
　　ロ　第38条第1項に規定する売上げに係る対価の返還等の金額に係る消費税額
　　ハ　第38条の2第1項に規定する特定課税仕入れに係る対価の返還等を受けた金
　　　額に係る消費税額
　　ニ　第39条第1項に規定する領収をすることができなくなつた課税資産の譲渡等
　　　の税込価額に係る消費税額
　四　第2号に掲げる消費税額から前号に掲げる消費税額の合計額を控除した残額に
　　相当する消費税額
　五　第2号に掲げる消費税額から第3号に掲げる消費税額の合計額を控除してなお
　　不足額があるときは、当該不足額
　六　その事業者が当該課税期間につき中間申告書を提出した事業者である場合に
　　は、第4号に掲げる消費税額から当該申告書に係る中間納付額を控除した残額に
　　相当する消費税額
　七　第4号に掲げる消費税額から中間納付額を控除してなお不足額があるときは、
　　当該不足額
　八　前各号に掲げる金額の計算の基礎その他財務省令で定める事項
2・3　省略
4　清算中の法人につきその残余財産が確定した場合には、当該法人の当該残余財産
　の確定の日の属する課税期間に係る第1項の規定の適用については、同項中「2月
　以内」とあるのは、「1月以内（当該翌日から1月以内に残余財産の最後の分配又
　は引渡しが行われる場合には、その行われる日の前日まで）」とする。
5　第1項の規定による申告書には、財務省令で定めるところにより、当該課税期間
　中の資産の譲渡等の対価の額及び課税仕入れ等の税額の明細その他の事項を記載し
　た書類を添付しなければならない。

（還付を受けるための申告）

第46条　事業者（第9条第1項本文の規定により消費税を納める義務が免除される
　事業者を除く。）は、その課税期間分の消費税につき前条第1項第5号又は第7号
　に掲げる金額がある場合には、同項ただし書の規定により申告書を提出すべき義務
　がない場合においても、第52条第1項又は第53条第1項の規定による還付を受ける
　ため、前条第1項各号に掲げる事項を記載した申告書を税務署長に提出することが
　できる。
2　省略
3　第1項の規定による申告書には、財務省令で定めるところにより、当該課税期間

906

中の資産の譲渡等の対価の額及び課税仕入れ等の税額の明細その他の事項を記載した書類を添付しなければならない。

（引取りに係る課税貨物についての課税標準額及び税額の申告等）
第47条 関税法第6条の2第1項第1号（税額の確定の方式）に規定する申告納税方式が適用される課税貨物を保税地域から引き取ろうとする者は、他の法律又は条約の規定により当該引取りに係る消費税を免除されるべき場合を除き、次に掲げる事項を記載した申告書を税関長に提出しなければならない。
一　当該引取りに係る課税貨物の品名並びに品名ごとの数量及び課税標準である金額（次号において「課税標準額」という。）
二　課税標準額に対する消費税額及び当該消費税額の合計額
三　前2号に掲げる金額の計算の基礎その他財務省令で定める事項
2　関税法第6条の2第1項第2号に規定する賦課課税方式が適用される課税貨物を保税地域から引き取ろうとする者は、他の法律又は条約の規定により当該引取りに係る消費税を免除されるべき場合を除き、その引き取る課税貨物に係る前項第1号に掲げる事項その他財務省令で定める事項を記載した申告書を税関長に提出しなければならない。
3　第1項に規定する者がその引取りに係る課税貨物につき関税法第7条の2第2項（特例申告）に規定する特例申告を行う場合には、当該課税貨物に係る第1項の申告書の提出期限は、当該課税貨物の引取りの日の属する月の翌月末日とする。

（課税資産の譲渡等及び特定課税仕入れについての中間申告による納付）
第48条 中間申告書を提出した者は、当該申告書に記載した第42条第1項第1号、第4項第1号又は第6項第1号に掲げる金額（第43条第1項各号に掲げる事項を記載した中間申告書を提出した場合には、同項第4号に掲げる金額）があるときは、当該申告書の提出期限までに、当該金額に相当する消費税を国に納付しなければならない。

（課税資産の譲渡等及び特定課税仕入れについての確定申告による納付）
第49条 第45条第1項の規定による申告書を提出した者は、当該申告書に記載した同項第4号に掲げる消費税額（同項第6号の規定に該当する場合には、同号に掲げる消費税額）があるときは、当該申告書の提出期限までに、当該消費税額に相当する消費税を国に納付しなければならない。

第3章　公益法人税務関係法令

（引取りに係る課税貨物についての消費税の納付等）

第50条　第47条第1項の規定による申告書を提出した者は、当該申告に係る課税貨物を保税地域から引き取る時（同条第3項の場合にあつては、当該申告書の提出期限）までに、当該申告書に記載した同条第1項第2号に掲げる消費税額の合計額に相当する消費税を国に納付しなければならない。

2　保税地域から引き取られる第47条第2項に規定する課税貨物に係る消費税は、同項の税関長が当該引取りの際徴収する。

（仕入れに係る消費税額の控除不足額の還付）

第52条　第45条第1項又は第46条第1項の規定による申告書の提出があつた場合において、これらの申告書に第45条第1項第5号に掲げる不足額の記載があるときは、税務署長は、これらの申告書を提出した者に対し、当該不足額に相当する消費税を還付する。

2　前項の規定による還付金について還付加算金（国税通則法第58条第1項（還付加算金）に規定する還付加算金をいう。以下この章において同じ。）を計算する場合には、その計算の基礎となる同項の期間は、当該還付に係る申告書が次の各号に掲げる申告書のいずれに該当するかに応じ、当該各号に定める期限又は日の翌日からその還付のための支払決定をする日又はその還付金につき充当（同法第57条第1項（充当）の規定による充当をいう。以下この章において同じ。）をする日（同日前に充当をするのに適することとなつた日がある場合には、その適することとなつた日）までの期間とする。

一　第45条第1項の規定による申告書（当該申告書の提出期限内に提出されたものに限る。）　当該申告書の提出期限

二　第45条第1項の規定による申告書（当該申告書の提出期限内に提出されたものを除く。）　当該申告書の提出があつた日の属する月の末日

三　第46条第1項の規定による申告書　当該申告書の提出があつた日の属する月の末日（当該申告書が当該申告書に係る課税期間の末日の翌日から2月を経過する日前に提出された場合には、当該2月を経過する日）

3　第1項の規定による還付金を同項に規定する申告書に係る課税期間の消費税で未納のものに充当する場合には、その還付金のうちその充当する金額については、還付加算金を付さないものとし、その充当される部分の消費税については、延滞税を免除するものとする。

4　前2項に定めるもののほか、第1項の還付の手続、同項の規定による還付金（これに係る還付加算金を含む。）につき充当をする場合の方法その他同項の規定の適

908

用に関し必要な事項は、政令で定める。

（中間納付額の控除不足額の還付）

第53条 中間申告書を提出した者からその中間申告書に係る課税期間の第45条第1項又は第46条第1項の規定による申告書の提出があつた場合において、これらの申告書に第45条第1項第7号に掲げる不足額の記載があるときは、税務署長は、これらの申告書を提出した者に対し、当該不足額に相当する中間納付額を還付する。

2　税務署長は、前項の規定による還付金の還付をする場合において、同項の中間申告書に係る中間納付額について納付された延滞税があるときは、その額のうち、同項の規定により還付される中間納付額に対応するものとして政令で定めるところにより計算した金額を併せて還付する。

3　第1項の規定による還付金について還付加算金を計算する場合には、その計算の基礎となる国税通則法第58条第1項（還付加算金）の期間は、第1項の規定により還付すべき中間納付額の納付の日（その中間納付額がその納期限前に納付された場合には、その納期限）の翌日からその還付のための支払決定をする日又はその還付金につき充当をする日（同日前に充当をするのに適することとなつた日がある場合には、その適することとなつた日）までの期間とする。ただし、当該還付に係る申告書が次の各号に掲げる申告書である場合には、当該各号に定める日数は、当該期間に算入しない。

　一　第45条第1項の規定による申告書（当該申告書の提出期限内に提出されたものを除く。）　当該申告書の提出期限の翌日からその提出された日までの日数

　二　第46条第1項の規定による申告書で当該申告書に係る課税期間の末日の翌日から2月を経過する日の翌日以後に提出されたもの　当該翌日からその提出された日までの日数

4　第1項の規定による還付金をその額の計算の基礎とされた中間納付額に係る課税期間の消費税で未納のものに充当する場合には、その還付金の額のうちその充当する金額については、還付加算金を付さないものとし、その充当される部分の消費税については、延滞税を免除するものとする。

5　第2項の規定による還付金については、還付加算金は、付さない。

6　前3項に定めるもののほか、第1項又は第2項の還付の手続、第1項の規定による還付金（これに係る還付加算金を含む。）につき充当をする場合の方法その他同項又は第2項の規定の適用に関し必要な事項は、政令で定める。

第3章　公益法人税務関係法令

（帳簿の備付け等）

第58条　事業者（第9条第1項本文の規定により消費税を納める義務が免除される事業者を除く。）又は特例輸入者は、政令で定めるところにより、帳簿を備え付けてこれにその行つた資産の譲渡等又は課税仕入れ若しくは課税貨物（他の法律又は条約の規定により消費税が免除されるものを除く。第60条において同じ。）の保税地域からの引取りに関する事項を記録し、かつ、当該帳簿を保存しなければならない。

（帳簿の備付け等）

㋛第71条　事業者（法第9条第1項本文の規定により消費税を納める義務が免除される事業者を除く。）は、帳簿を備え付けてこれにその行つた資産の譲渡等又は課税仕入れ若しくは課税貨物（法律又は条約の規定により消費税が免除されるものを除く。以下この章において同じ。）の保税地域からの引取りに関する<u>財務省令で定める事項</u>を整然と、かつ、明瞭に記録しなければならない。

2　前項に規定する事業者は、同項の規定により記録した帳簿を整理し、これをその帳簿の閉鎖の日の属する課税期間の末日の翌日から2月（清算中の法人について残余財産が確定した場合には1月とする。第5項において同じ。）を経過した日から7年間、当該事業者の納税地又はその事業に係る事務所、事業所その他これらに準ずるものの所在地に保存しなければならない。

3　法第58条に規定する特例輸入者（第1項に規定する事業者で法第37条第1項の規定の適用を受けない者を除く。次項において「特例輸入者」という。）は、帳簿を備え付けてこれに課税貨物（関税法第7条の2第2項（特例申告）に規定する特例申告に係る課税貨物（次項において「特例申告貨物」という。）に限る。）の保税地域からの引取りに関する<u>財務省令で定める事項</u>を整然と、かつ、明瞭に記録しなければならない。

4　特例輸入者は、前項の規定により記録した帳簿を整理し、これをその特例申告貨物の輸入の許可の日の属する月の翌月末日の翌日から7年間、当該特例輸入者の本店若しくは主たる事務所若しくは当該特例申告貨物の輸入取引に係る事務所、事業所その他これらに準ずるものの所在地又は当該特例輸入者の住所地に保存しなければならない。

5　第2項の規定による帳簿の保存は同項に規定する課税期間の末日の翌日から2月を経過した日から、前項の規定による帳簿の保存は同項に規定する輸入の許可の日の属する月の翌月末日の翌日から、それぞれ五年を経過した日以後の期間においては、財務大臣の定める方法によることができる。

5．消費税法関係法令

（帳簿の記載事項等）

則**第27条**　令第71条第１項に規定する財務省令で定める事項は、次に掲げる事項とする。

一　国内において行つた資産の譲渡等（特定資産の譲渡等に該当するものを除く。以下この項及び第３項において同じ。）に係る事項のうち次に掲げるもの

イ　資産の譲渡等の相手方の氏名又は名称

ロ　資産の譲渡等を行つた年月日

ハ　資産の譲渡等に係る資産又は役務の内容（法第37条第１項の規定の適用を受ける事業者にあつては、当該資産の譲渡等が課税資産の譲渡等（法第７条第１項、第８条第１項その他の法律又は条約により消費税が免除されるものを除く。）である場合は、令第57条第５項第１号から第６号までに掲げる事業の種類を含む。）

ニ　資産の譲渡等の対価の額（対価として収受し、又は収受すべき一切の金銭又は金銭以外の物若しくは権利その他経済的な利益の額とし、当該資産の譲渡等が課税資産の譲渡等に該当する場合には、当該課税資産の譲渡等に係る消費税額及び地方消費税額（これらの税に係る附帯税の額に相当する額を除く。）に相当する額を含むものとする。）

二　国内において行つた資産の譲渡等に係る対価の返還等（資産の譲渡等につき、返品を受け、又は値引き若しくは割戻しをしたことにより、当該資産の譲渡等の対価の額の全部若しくは一部の返還又は当該資産の譲渡等の対価の額に係る売掛金その他の債権の額の全部若しくは一部の減額をすることをいい、法第38条第１項に規定する売上げに係る対価の返還等を除く。以下この号において同じ。）に係る事項のうち次に掲げるもの

イ　資産の譲渡等に係る対価の返還等を受けた者の氏名又は名称

ロ　資産の譲渡等に係る対価の返還等をした年月日

ハ　資産の譲渡等に係る対価の返還等の内容

ニ　資産の譲渡等に係る対価の返還等をした金額

三　仕入れに係る対価の返還等（法第32条第１項に規定する仕入れに係る対価の返還等をいい、法第38条の２第１項に規定する特定課税仕入れに係る対価の返還等を除く。以下この号において同じ。）に係る事項のうち次に掲げるもの

イ　仕入れに係る対価の返還等をした者の氏名又は名称

ロ　仕入れに係る対価の返還等を受けた年月日

ハ　仕入れに係る対価の返還等の内容

ニ　仕入れに係る対価の返還等を受けた金額

四　保税地域からの引取りに係る課税貨物に係る消費税額（附帯税の額に相当する

額を除く。）の全部又は一部につき、法律の規定により還付を受ける場合における当該課税貨物に係る事項のうち次に掲げるもの

　イ　保税地域の所在地を所轄する税関の名称

　ロ　当該還付を受けた年月日

　ハ　課税貨物の内容

　ニ　当該還付を受けた消費税額

五　法第39条第1項に規定する事実（以下この号において「貸倒れ」という。）に係る事項のうち次に掲げるもの

　イ　貸倒れの相手方の氏名又は名称

　ロ　貸倒れがあつた年月日

　ハ　貸倒れに係る課税資産の譲渡等に係る資産又は役務の内容

　ニ　貸倒れにより領収をすることができなくなつた金額

2　法第30条第9項第1号に規定する事業を営む者は、当該事業に係る前項第1号イ及び第2号イに掲げる事項については、同項第1号及び第2号の規定にかかわらず、これらの事項の記録を省略することができる。

3　小売業その他これに準ずる事業で不特定かつ多数の者に資産の譲渡等を行う事業者の現金売上げに係る資産の譲渡等については、第1項第1号の規定にかかわらず、同号イからニまでに掲げる事項に代え、課税資産の譲渡等（法第37条第1項の規定の適用を受ける事業者にあつては、令第57条第5項第1号から第6号までに掲げる事業の種類ごとの課税資産の譲渡等）と課税資産の譲渡等以外の資産の譲渡等に区分した日々の現金売上げのそれぞれの総額によることができる。

4　**法第37条第1項**の規定の適用を受ける事業者は、同項の規定の適用を受ける課税期間においては、第1項第3号及び第4号に掲げる事項については、同項第3号及び第4号の規定にかかわらず、これらの事項の記録を省略することができる。

5　**令第71条第3項に規定する財務省令で定める事項**は、次に掲げる事項とする。

一　課税貨物に係る輸入の許可（関税法第67条（輸出又は輸入の許可）の規定による輸入の許可をいう。次項において同じ。）の年月日及びその許可書の番号

二　課税貨物の内容

三　課税貨物に係る消費税の課税標準である金額

6　前項各号に掲げる事項の全部又は一部が関税法施行令（昭和29年政令150号）第4条の12第2項（保存すべき書類）の書類又は輸入の許可があつたことを証する書類に記載されている場合であつて、令第71条第3項に規定する特例輸入者が、これらの書類を整理して保存するときは、前項の規定にかかわらず、当該全部又は一部の事項の帳簿への記録を省略することができる。

5．消費税法関係法令

（国、地方公共団体等に対する特例）

第60条　国若しくは地方公共団体が一般会計に係る業務として行う事業又は国若しくは地方公共団体が特別会計を設けて行う事業については、当該一般会計又は特別会計ごとに一の法人が行う事業とみなして、この法律の規定を適用する。ただし、国又は地方公共団体が特別会計を設けて行う事業のうち政令で定める特別会計を設けて行う事業については、一般会計に係る業務として行う事業とみなす。

2　国又は地方公共団体が行つた資産の譲渡等、課税仕入れ及び課税貨物の保税地域からの引取りは、政令で定めるところにより、その資産の譲渡等の対価を収納すべき会計年度並びにその課税仕入れ及び課税貨物の保税地域からの引取りの費用の支払をすべき会計年度の末日に行われたものとすることができる。

3　別表第3に掲げる法人のうち国又は地方公共団体に準ずる法人として<u>政令で定めるもの</u>の資産の譲渡等、課税仕入れ及び課税貨物の保税地域からの引取りを行つた時期については、前項の規定に準じて、政令で定める。

4　国若しくは地方公共団体（特別会計を設けて事業を行う場合に限る。）、別表第3に掲げる法人又は人格のない社団等（第9条第1項本文の規定により消費税を納める義務が免除される者を除く。）が課税仕入れを行い、又は課税貨物を保税地域から引き取る場合において、当該課税仕入れの日又は課税貨物の保税地域からの引取りの日（当該課税貨物につき特例申告書を提出した場合には、当該特例申告書を提出した日又は特例申告に関する決定の通知を受けた日）の属する課税期間において資産の譲渡等の対価以外の収入（<u>政令で定める収入を除く</u>。以下この項において「特定収入」という。）があり、かつ、当該特定収入の合計額が当該課税期間における資産の譲渡等の対価の額（第28条第1項に規定する対価の額をいう。）の合計額に当該特定収入の合計額を加算した金額に比し僅少でない場合として<u>政令で定める場合</u>に該当するときは、第37条の規定の適用を受ける場合を除き、当該課税期間の課税標準額に対する消費税額（第45条第1項第2号に掲げる課税標準額に対する消費税額をいう。次項及び第6項において同じ。）から控除することができる課税仕入れ等の税額（第30条第2項に規定する課税仕入れ等の税額をいう。以下この項及び次項において同じ。）の合計額は、第30条から第36条までの規定にかかわらず、これらの規定により計算した場合における当該課税仕入れ等の税額の合計額から特定収入に係る課税仕入れ等の税額として<u>政令で定めるところにより計算した金額</u>を控除した残額に相当する金額とする。この場合において、当該金額は、当該課税期間における第32条第1項第1号に規定する仕入れに係る消費税額とみなす。

5　前項の場合において、同項に規定する課税仕入れ等の税額から同項に規定する政令で定めるところにより計算した金額を控除して控除しきれない金額があるとき

913

第3章　公益法人税務関係法令

は、当該控除しきれない金額を課税資産の譲渡等に係る消費税額とみなして同項の
課税期間の課税標準額に対する消費税額に加算する。

6　第1項の規定により一の法人が行う事業とみなされる国又は地方公共団体の一般
会計に係る業務として行う事業については、第30条から第39条までの規定によりそ
の課税期間の課税標準額に対する消費税額から控除することができる消費税額の合
計額は、これらの規定にかかわらず、当該課税標準額に対する消費税額と同額とみ
なす。

7　国又は地方公共団体が一般会計に係る業務として事業を行う場合には、第9条、
第42条、第45条、第57条及び第58条の規定は、適用しない。

8　前各項に定めるもののほか、国若しくは地方公共団体（特別会計を設けて行う事
業に限る。）又は別表第3に掲げる法人のうち政令で定めるものの第42条第1項、
第4項若しくは第6項又は第45条第1項の規定による申告書の提出期限の特例、そ
の他国若しくは地方公共団体、別表第3に掲げる法人又は人格のない社団等に対す
るこの法律の適用に関し必要な事項は、政令で定める。

（国又は地方公共団体に準ずる法人の資産の譲渡等の時期の特例）

㋹**第74条**　法第60条第3項に規定する国又は地方公共団体に準ずる法人として政令で
定めるものは、法別表第3に掲げる法人のうち法令又はその法人の定款、寄附行為、
規則若しくは規約（以下この条において「定款等」という。）に定める会計の処理の
方法が国又は地方公共団体の会計の処理の方法に準ずるもので同項の規定の適用を
受けることにつきその納税地を所轄する税務署長の承認を受けたものとする。

2　前項の承認を受けた法人が行つた資産の譲渡等、課税仕入れ及び課税貨物の保税
地域からの引取りについては、当該法人の会計の処理の方法に関する法令又は定款
等の定めるところによりその資産の譲渡等の対価を収納すべき課税期間並びにその
課税仕入れ及び課税貨物の保税地域からの引取りの費用の支払をすべき課税期間の
末日に行われたものとすることができる。

3　第1項の承認を受けようとする法人は、その法令又は定款等に定める会計の処理
の方法その他財務省令で定める事項を記載した申請書に当該定款等の写しを添付
し、これをその納税地を所轄する税務署長に提出しなければならない。

4　税務署長は、前項の申請書の提出があつた場合には、遅滞なく、これを審査し、
第2項の規定の適用を受けることを承認し、又はその申請に係る法令又は定款等に
定める会計の処理の方法が国又は地方公共団体の会計の処理の方法に準ずるもので
ないと認めるときは、その申請を却下する。

5　税務署長は、第1項の承認をした後、その承認に係る法令又は定款等に定める会
計の処理の方法によることを不適当とする特別の事情が生じたと認める場合には、

914

その承認を取り消すことができる。

6　税務署長は、前2項の処分をするときは、その処分に係る法人に対し、書面により
　その旨を通知する。

7　第1項の承認又は第5項の承認の取消しがあつた場合には、これらの処分のあつ
　た日の属する課税期間以後の各課税期間についてその処分の効果が生ずるものとす
　る。

8　第1項の承認を受けている法人が第2項の規定の適用を受けることをやめようと
　する場合には、その旨その他財務省令で定める事項を記載した届出書をその納税地
　を所轄する税務署長に提出しなければならない。

9　前項の届出書の提出があつた場合には、その提出があつた日の属する課税期間以
　後の各課税期間については、第1項の承認は、その効力を失う。

　　　（国、地方公共団体等の仕入れに係る消費税額の特例）

㋑**第75条**　法第60条第4項に規定する政令で定める収入は、次に掲げる収入とする。

一　借入金及び債券の発行に係る収入で、法令においてその返済又は償還のため補
　助金、負担金その他これらに類するものの交付を受けることが規定されているも
　の以外のもの（第6号及び次項において「借入金等」という。）

二　出資金

三　預金、貯金及び預り金

四　貸付回収金

五　返還金及び還付金

六　次に掲げる収入（前各号に掲げるものを除く。）

　イ　法令又は交付要綱等（国、地方公共団体又は特別の法律により設立された法
　　人から資産の譲渡等の対価以外の収入を受ける際にこれらの者が作成した当該
　　収入の使途を定めた文書をいう。）において、次に掲げる支出以外の支出（ロ
　　及びハにおいて「特定支出」という。）のためにのみ使用することとされてい
　　る収入

　　⑴　課税仕入れに係る支払対価の額（法第30条第1項に規定する課税仕入れに
　　　係る支払対価の額をいう。第4項において同じ。）に係る支出

　　⑵　法第30条第1項に規定する特定課税仕入れに係る支払対価の額並びに同項
　　　に規定する特定課税仕入れに係る消費税額及び当該消費税額を課税標準とし
　　　て課されるべき地方消費税額に相当する額（これらの税額に係る附帯税の額
　　　に相当する額を除く。）の合計額（第4項において「特定課税仕入れに係る
　　　支払対価等の額」という。）に係る支出

　　⑶　課税貨物の引取価額（課税貨物に係る第54条第1項第2号イに掲げる金額
　　　をいう。第4項において同じ。）に係る支出

915

第3章　公益法人税務関係法令

　　　(4)　借入金等の返済金又は償還金に係る支出
　　ロ　国又は地方公共団体が合理的な方法により資産の譲渡等の対価以外の収入の
　　　使途を明らかにした文書において、特定支出のためにのみ使用することとされ
　　　ている収入
　　ハ　公益社団法人又は公益財団法人が作成した寄附金の募集に係る文書におい
　　　て、特定支出のためにのみ使用することとされている当該寄附金の収入（当該
　　　寄附金が次に掲げる要件の全てを満たすことについて当該寄附金の募集に係る
　　　文書において明らかにされていることにつき、公益社団法人及び公益財団法人
　　　の認定等に関する法律（平成18年法律第49号）第3条（行政庁）に規定する行
　　　政庁の確認を受けているものに限る。）
　　　(1)　特定の活動に係る特定支出のためにのみ使用されること。
　　　(2)　期間を限定して募集されること。
　　　(3)　他の資金と明確に区分して管理されること。
2　借入金等に係る債務の全部又は一部の免除があつた場合における法第60条第4項
　の規定の適用については、当該免除に係る債務の額に相当する額は、当該債務の免
　除があつた日の属する課税期間における資産の譲渡等の対価以外の収入とする。
3　**法第60条第4項に規定する政令で定める場合**は、当該課税期間における資産の
　譲渡等の対価の額（法第28条第1項に規定する対価の額をいう。次項及び第6項に
　おいて同じ。）の合計額に当該課税期間における法第60条第4項に規定する特定収
　入（以下この条において「特定収入」という。）の合計額を加算した金額のうちに
　当該特定収入の合計額の占める割合が100分の5を超える場合とする。
4　**法第60条第4項に規定する政令で定めるところにより計算した金額**は、次の各
　号に掲げる場合の区分に応じ当該各号に定める金額とする。
　一　当該課税期間における仕入れに係る消費税額（法第32条第1項第1号に規定す
　　る仕入れに係る消費税額をいう。以下この条において同じ。）の計算につき法第
　　30条第2項の規定の適用がない場合　イに掲げる金額とロに掲げる金額との合計
　　額（ロに規定する課税仕入れ等の税額の合計額からイに掲げる金額を控除して控
　　除しきれない金額があるときは、イに掲げる金額から、当該控除しきれない金額
　　にロに規定する調整割合を乗じて計算した金額を控除した金額）
　　イ　当該課税期間における特定収入のうち法令等（法令、第1項第6号イに規定
　　　する交付要綱等又は同号ロに規定する文書をいう。以下この項において同じ。）
　　　において課税仕入れに係る支払対価の額、特定課税仕入れに係る支払対価等の
　　　額又は課税貨物の引取価額に係る支出のためにのみ使用することとされている
　　　部分（以下この条において「課税仕入れ等に係る特定収入」という。）の合計
　　　額に108分の6.3〔編者注：平成31年10月1日～、110分の7.8〕を乗じて計算し

916

た金額

　ロ　当該課税期間における課税仕入れ等の税額（当該課税期間において法第30条
　　から第36条までの規定により計算した場合における法第30条第２項に規定する
　　課税仕入れ等の税額をいう。以下この条において同じ。）の合計額からイに掲
　　げる金額を控除した残額に、当該課税期間における調整割合（当該課税期間に
　　おける資産の譲渡等の対価の額の合計額に当該課税期間における課税仕入れ等
　　に係る特定収入以外の特定収入の合計額を加算した金額のうちに当該課税仕入
　　れ等に係る特定収入以外の特定収入の合計額の占める割合をいう。以下この条
　　において同じ。）を乗じて計算した金額

二　当該課税期間における仕入れに係る消費税額を法第30条第２項第１号に定める
　方法により計算する場合　イからハまでに掲げる金額の合計額（当該課税期間に
　おける課税仕入れ等の税額の合計額からイに掲げる金額とロに掲げる金額との合
　計額を控除して控除しきれない金額があるときは、イに掲げる金額とロに掲げる
　金額との合計額から、当該控除しきれない金額にハに規定する調整割合を乗じて
　計算した金額を控除した金額）

　イ　当該課税期間における特定収入のうち法令等において課税資産の譲渡等にの
　　み要する課税仕入れに係る支払対価の額、課税資産の譲渡等にのみ要する特定
　　課税仕入れに係る支払対価等の額又は課税資産の譲渡等にのみ要する課税貨物
　　の引取価額に係る支出のためにのみ使用することとされている部分の合計額に
　　108分の6.3〔編者注：平成31年10月１日〜、110分の7.8〕を乗じて計算した金額

　ロ　当該課税期間における特定収入のうち法令等において課税資産の譲渡等とそ
　　の他の資産の譲渡等（法第30条第２項第１号に規定するその他の資産の譲渡等
　　をいう。以下この号において同じ。）に共通して要する課税仕入れに係る支払
　　対価の額、課税資産の譲渡等とその他の資産の譲渡等に共通して要する特定課
　　税仕入れに係る支払対価等の額又は課税資産の譲渡等とその他の資産の譲渡等
　　に共通して要する課税貨物の引取価額に係る支出のためにのみ使用することと
　　されている部分の合計額に108分の6.3〔編者注：平成31年10月１日〜、110分
　　の7.8〕を乗じて計算した金額に、同項第１号ロに規定する課税売上割合を乗
　　じて計算した金額（同条第３項本文の規定の適用がある場合には、同項に規定
　　する承認に係る割合を用いて計算した金額）

　ハ　当該課税期間における課税仕入れ等の税額の合計額からイに掲げる金額とロ
　　に掲げる金額との合計額を控除した残額に、当該課税期間における調整割合を
　　乗じて計算した金額

三　当該課税期間における仕入れに係る消費税額を法第30条第２項第２号に定める
　方法により計算する場合　イに掲げる金額とロに掲げる金額との合計額（当該課

税期間における課税仕入れ等の税額の合計額からイに掲げる金額を控除して控除しきれない金額があるときは、イに掲げる金額から当該控除しきれない金額にロに規定する調整割合を乗じて計算した金額を控除した金額）

イ　当該課税期間における課税仕入れ等に係る特定収入の合計額に108分の6.3〔編者注：平成31年10月１日〜、110分の7.8〕を乗じて計算した金額に、法第30条第２項第２号に規定する課税売上割合を乗じて計算した金額

ロ　当該課税期間における課税仕入れ等の税額の合計額からイに掲げる金額を控除した残額に当該課税期間における調整割合を乗じて計算した金額

5　当該課税期間における調整割合と当該課税期間における通算調整割合との差が100分の20以上である場合（第１号イに掲げる金額と同号ロに掲げる金額とが等しい場合及び同号イに規定する各課税期間においてこの項の規定の適用を受けた場合を除く。）には、当該課税期間の法第60条第４項に規定する政令で定めるところにより計算した金額は、前項の規定にかかわらず、次の各号に掲げる場合の区分に応じ当該各号に定める金額とする。

一　イに掲げる金額がロに掲げる金額を超える場合　前項の規定に基づいて計算した場合における法第60条第４項に規定する政令で定めるところにより計算した金額（以下この条において「特定収入に係る課税仕入れ等の税額」という。）から、イに掲げる金額からロに掲げる金額を控除した残額（第７項において「調整差額」という。）を控除した残額

イ　当該課税期間につき前項の規定に基づいて計算した場合における特定収入に係る課税仕入れ等の税額に当該課税期間の初日の２年前の日の前日の属する課税期間から当該課税期間の直前の課税期間までの各課税期間における特定収入に係る課税仕入れ等の税額の合計額を加算した金額

ロ　当該課税期間の初日の２年前の日の前日の属する課税期間から当該課税期間までの各課税期間（以下この号及び次項において「通算課税期間」という。）につき、当該通算課税期間の調整割合に代えて当該課税期間における通算調整割合を用いて前項の規定に基づいて計算した場合における当該通算課税期間における特定収入に係る課税仕入れ等の税額の合計額

二　前号イに掲げる金額が同号ロに掲げる金額に満たない場合　前項の規定に基づいて計算した場合における当該課税期間における特定収入に係る課税仕入れ等の税額に、同号ロに掲げる金額から同号イに掲げる金額を控除した残額を加算した金額

6　前項に規定する通算調整割合とは、第１号に掲げる金額のうちに第２号に掲げる金額の占める割合をいう。

一　当該課税期間の通算課税期間における資産の譲渡等の対価の額の合計額に当

該通算課税期間における課税仕入れ等に係る特定収入以外の特定収入の合計額を加算した金額

二　当該課税期間の通算課税期間における課税仕入れ等に係る特定収入以外の特定収入の合計額

7　第5項の規定の適用がある場合において、同項第1号に掲げる場合に該当し、かつ、同号に規定する当該課税期間における特定収入に係る課税仕入れ等の税額から調整差額を控除して控除しきれない金額があるときは、当該控除しきれない金額を当該課税期間における課税仕入れ等の税額の合計額に加算する。この場合において、当該加算した後の金額は、当該課税期間における仕入れに係る消費税額とみなす。

（国、地方公共団体等の申告期限の特例）

㋹**第76条**　法第60条第8項に規定する政令で定める法人は、法別表第3に掲げる法人のうち法令によりその決算を完結する日が会計年度の末日の翌日以後2月以上経過した日と定められていることその他特別な事情があるもので同項に規定する申告書の提出期限の特例の適用を受けることにつきその納税地を所轄する税務署長の承認を受けたものとする。

2　国若しくは地方公共団体（特別会計を設けて行う事業に限る。以下この項において同じ。）又は前項に規定する法人に係る法第45条第1項の規定の適用については、次に定めるところによる。

一　国については、法第45条第1項中「2月以内」とあるのは、「5月以内」とする。

二　地方公共団体（地方公営企業法第30条第1項（決算）の規定の適用を受ける地方公共団体の経営する企業を除く。）については、法第45条第1項中「2月以内」とあるのは、「6月以内」とする。

三　前号に規定する地方公共団体の経営する企業については、法第45条第1項中「2月以内」とあるのは、「3月以内」とする。

四　前項に規定する法人については、法第45条第1項中「2月以内」とあるのは、「6月以内でその納税地を所轄する税務署長が承認する期間内」とする。

3　前項の規定の適用を受ける事業者に係る法第37条の2及び第42条の規定の適用については、次に定めるところによる。

一　法第45条第1項の規定による申告書の提出期限が当該課税期間の末日の翌日から3月を経過する日である事業者の法第37条の2及び第42条の規定の適用については、次の表の上欄に掲げる規定中同表の中欄に掲げる字句は、同表の下欄に掲げる字句にそれぞれ読み替えるものとする。

| 法第37条の2第2項 | 翌日 | 翌日から1月を経過した日 |

法第37条の２第５項	２月	３月
	以後	から１月を経過した日以後
法第42条第１項	以後１月の期間	から同日以後２月を経過した日の前日までの間に終了した１月中間申告対象期間
	２月	３月
法第42条第４項	２月	３月
	末日まで	末日（当該３月中間申告対象期間が当該課税期間開始の日以後３月ごとに区分された最初の３月中間申告対象期間であり、かつ、当該課税期間の直前の課税期間の確定申告書の提出期限につき国税通則法第10条第２項の規定の適用がある場合には、同項の規定により当該確定申告書の提出期限とみなされる日）まで
法第42条第５項	確定日」とあるのは「３月中間申告対象期間の末日	確定日までに確定したもの（」とあるのは「３月中間申告対象期間の末日（当該３月中間申告対象期間が当該課税期間開始の日以後３月ごとに区分された最初の３月中間申告対象期間であり、かつ、当該課税期間の直前の課税期間の確定申告書の提出期限につき国税通則法第10条第２項の規定の適用がある場合には、同項の規定により当該確定申告書の提出期限とみなされる日。以下この号において同じ。）までに確定したもの（」と、「１月中間申告対象期間に係る確定日までに確定したもの。」とあるのは「３月中間申告対象期間の末日までに確定したもの。
法第42条第６項	２月	３月

　二　法第45条第１項の規定による申告書の提出期限が当該課税期間の末日の翌日から４月を経過する日である事業者の法第37条の２及び第42条の規定の適用につい

ては、次の表の上欄に掲げる規定中同表の中欄に掲げる字句は、同表の下欄に掲げる字句にそれぞれ読み替えるものとする。

法第37条の２第２項	翌日	翌日から２月を経過した日
法第37条の２第５項	２月	４月
	以後	から２月を経過した日以後
法第42条第１項	（当該１月中間申告対象期間が当該課税期間開始の日以後１月の期間である場合には、当該課税期間開始の日から２月を経過した日）から２月以内	から４月以内（当該１月中間申告対象期間が当該課税期間開始の日から同日以後３月を経過した日の前日までの間に終了した一月中間申告対象期間である場合には、当該課税期間開始の日以後４月を経過した日から３月以内）
法第42条第１項第１号	２月	４月
法第42条第４項	２月以内	４月以内（当該３月中間申告対象期間が当該課税期間開始の日以後３月ごとに区分された最初の３月中間申告対象期間（以下この項において「当初３月中間申告対象期間」という。）である場合には、当該課税期間開始の日以後四月を経過した日から３月以内）
	末日まで	末日（当該３月中間申告対象期間が当初３月中間申告対象期間である場合には、当該課税期間開始の日から４月を経過した日の前日（当該課税期間の直前の課税期間の確定申告書の提出期限につき国税通則法第10条第２項の規定の適用がある場合には、同項の規定により当該確定申告書の提出期限とみなされる日）とする。）まで
法第42条第５項	確定日」とあるのは「３月中間申告対象期間の末日	確定日までに確定したもの（」とあるのは「３月中間申告対象期間の末日（当該３月中間申告対象期間が当該課税期間開始の日以後３月

| | | ごとに区分された最初の３月中間申告対象期間である場合には、当該課税期間開始の日から４月を経過した日の前日（当該課税期間の直前の課税期間の確定申告書の提出期限につき国税通則法第10条第２項の規定の適用がある場合には、同項の規定により当該確定申告書の提出期限とみなされる日）とする。以下この号において同じ。）までに確定したもの（」と、「１月中間申告対象期間に係る確定日までに確定したもの。」とあるのは「３月中間申告対象期間の末日までに確定したもの。 |
| 法第42条第６項 | ２月 | ４月 |

三　法第45条第１項の規定による申告書の提出期限が当該課税期間の末日の翌日から５月を経過する日である事業者の法第37条の２及び第42条の規定の適用については、次の表の上欄に掲げる規定中同表の中欄に掲げる字句は、同表の下欄に掲げる字句にそれぞれ読み替えるものとする。

法第37条の２第２項	翌日	翌日から３月を経過した日
法第37条の２第５項	２月	５月
	以後	から３月を経過した日以後
法第42条第１項	（当該１月中間申告対象期間が当該課税期間開始の日以後１月の期間である場合には、当該課税期間開始の日から２月を経過した日）から２月以内	から５月以内（当該１月中間申告対象期間が当該課税期間開始の日から同日以後３月を経過した日の前日までの間に終了した１月中間申告対象期間である場合には当該課税期間開始の日以後５月を経過した日から３月以内とし、当該１月中間申告対象期間が当該課税期間開始の日から３月を経過した日以後１月の期間である場合には当該課税期間開始の日以後５月を経過した日から４月以内とする。）

法第42条第1項第1号	2月	5月
法第42条第4項	2月以内	5月以内（当該3月中間申告対象期間が当該課税期間開始の日以後3月ごとに区分された最初の3月中間申告対象期間（以下この項において「当初3月中間申告対象期間」という。）である場合には、当該課税期間開始の日以後5月を経過した日から3月以内）
	末日まで	末日（当該3月中間申告対象期間が当初3月中間申告対象期間である場合には、当該課税期間開始の日から5月を経過した日の前日（当該課税期間の直前の課税期間の確定申告書の提出期限につき国税通則法第10条第2項の規定の適用がある場合には、同項の規定により当該確定申告書の提出期限とみなされる日）とする。）まで
法第42条第5項	確定日」とあるのは「3月中間申告対象期間の末日	確定日までに確定したもの（」とあるのは「3月中間申告対象期間の末日（当該3月中間申告対象期間が当該課税期間開始の日以後3月ごとに区分された最初の3月中間申告対象期間である場合には、当該課税期間開始の日から5月を経過した日の前日（当該課税期間の直前の課税期間の確定申告書の提出期限につき国税通則法第10条第2項の規定の適用がある場合には、同項の規定により当該確定申告書の提出期限とみなされる日）とする。以下この号において同じ。）までに確定したもの（」と、「1月中間申

第3章　公益法人税務関係法令

		告対象期間に係る確定日までに確定したもの。」とあるのは「3月中間申告対象期間の末日までに確定したもの。
法第42条第6項	2月	5月

四　法第45条第1項の規定による申告書の提出期限が当該課税期間の末日の翌日から6月を経過する日である事業者の法第37条の2及び第42条の規定の適用については、次の表の上欄に掲げる規定中同表の中欄に掲げる字句は、同表の下欄に掲げる字句にそれぞれ読み替えるものとする。

法第37条の2第2項	翌日	翌日から4月を経過した日
法第37条の2第5項	2月	6月
	以後	から4月を経過した日以後
法第42条第1項	（当該1月中間申告対象期間が当該課税期間開始の日以後1月の期間である場合には、当該課税期間開始の日から2月を経過した日）から2月以内	から6月以内（当該1月中間申告対象期間が当該課税期間開始の日から同日以後3月を経過した日の前日までの間に終了した1月中間申告対象期間である場合には当該課税期間開始の日以後6月を経過した日から3月以内とし、当該1月中間申告対象期間が当該課税期間開始の日から3月を経過した日以後1月の期間である場合には当該課税期間開始の日以後6月を経過した日から4月以内とし、当該1月中間申告対象期間が当該課税期間開始の日から4月を経過した日以後1月の期間である場合には当該課税期間開始の日以後6月を経過した日から5月以内とする。）
法第42条第1項第1号	2月	6月
法第42条第4項	2月以内	6月以内（当該3月中間申告対象期間が当該課税期間開始の日以後3月ごとに区分された最初の3月中間申

924

		告対象期間である場合には、当該課税期間開始の日以後6月を経過した日から3月以内)
	末日まで	末日（当該3月中間申告対象期間が当該課税期間開始の日から同日以後6月を経過した日の前日までの間に終了した3月中間申告対象期間である場合には、当該課税期間開始の日から6月を経過した日の前日（当該課税期間の直前の課税期間の確定申告書の提出期限につき国税通則法第10条第2項の規定の適用がある場合には、同項の規定により当該確定申告書の提出期限とみなされる日）とする。）まで
法第42条第5項	確定日」とあるのは「3月中間申告対象期間の末日	確定日までに確定したもの（」とあるのは「3月中間申告対象期間の末日（当該3月中間申告対象期間が当該課税期間開始の日から同日以後6月を経過した日の前日までの間に終了した3月中間申告対象期間である場合には、当該課税期間開始の日から6月を経過した日の前日（当該課税期間の直前の課税期間の確定申告書の提出期限につき国税通則法第10条第2項の規定の適用がある場合には、同項の規定により当該確定申告書の提出期限とみなされる日）とする。以下この号において同じ。）までに確定したもの（」と、「1月中間申告対象期間に係る確定日までに確定したもの。」とあるのは「3月中間申告対象期間の末日までに確定したもの。
法第42条第6項	2月	6月

	末日まで	末日（当該課税期間の直前の課税期間の確定申告書の提出期限につき国税通則法第10条第2項の規定の適用がある場合には、同項の規定により当該確定申告書の提出期限とみなされる日）まで
法第42条第7項	確定日」とあるのは「6月中間申告対象期間の末日	確定日までに確定したもの（」とあるのは「6月中間申告対象期間の末日（当該課税期間の直前の課税期間の確定申告書の提出期限につき国税通則法第10条第2項の規定の適用がある場合には、同項の規定により当該確定申告書の提出期限とみなされる日。以下この号において同じ。）までに確定したもの（
	6月」	6月」と、「1月中間申告対象期間に係る確定日までに確定したもの。」とあるのは「6月中間申告対象期間の末日までに確定したもの。」

4　第2項の規定の適用を受ける事業者に係る第50条、第54条第3項及び第5項、第58条第2項及び第3項、第58条の2第2項及び第3項並びに第71条第2項及び第5項の規定の適用については、第50条第1項中「経過した日」とあるのは「経過した日（第76条第2項の規定の適用がある場合には、当該課税期間に係る同項各号の規定による申告書（法第45条第1項の規定による申告書をいう。）の提出期限の翌日。次項において同じ。）」と、第54条第3項中「経過した日」とあるのは「経過した日（第76条第2項の規定の適用がある場合には、当該課税期間に係る同項各号の規定による申告書（法第45条第1項の規定による申告書をいう。）の提出期限の翌日。第5項において同じ。）」と、第58条第2項及び第58条の2第2項中「経過した日」とあるのは「経過した日（第76条第2項の規定の適用がある場合には、当該課税期間に係る同項各号の規定による申告書（法第45条第1項の規定による申告書をいう。）の提出期限の翌日。次項において同じ。）」と、第71条第2項中「経過した日」とあるのは「経過した日（第76条第2項の規定の適用がある場合には、当該課税期間に係る同項各号の規定による申告書（法第45条第1項の規定による申告書をいう。）の提出期限の翌日。第5項において同じ。）」とする。

5　第1項及び第2項第4号の承認を受けようとする法人は、その決算の完結に関する法令の規定又は第1項の特別な事情、第2項第4号の承認を受けようとする期間その他財務省令で定める事項を記載した申請書をその納税地を所轄する税務署長に提出しなければならない。

6　税務署長は、前項の申請書の提出があつた場合には、遅滞なく、これを審査し、第1項の申告書の提出期限の特例の適用を受けることを承認し、又は法第45条第1項の規定による申告書をその提出期限までに提出することができない特別の事情がないと認めるときは、その申請を却下する。

7　税務署長は、第1項及び第2項第4号の承認をした後、その承認に係る期間によることを不適当とする特別の事情が生じたと認める場合には、その承認を取り消すことができる。

8　税務署長は、前2項の処分をするときは、その処分に係る法人に対し、書面によりその旨を通知する。

9　第1項及び第2項第4号の承認又は第7項の承認の取消しがあつた場合には、これらの処分のあつた日の属する課税期間以後の各課税期間に係る法第45条第1項の規定による申告書及び同日の属する課税期間の末日の翌日の属する課税期間以後の各課税期間に係る法第42条第1項、第4項又は第6項の規定による申告書の提出についてその処分の効果が生ずるものとする。

10　第1項及び第2項第4号の承認を受けている法人が同項の規定の適用を受けることをやめようとする場合には、その旨その他財務省令で定める事項を記載した届出書をその納税地を所轄する税務署長に提出しなければならない。

11　前項の届出書の提出があつた場合には、その提出があつた日の属する課税期間以後の各課税期間に係る法第45条第1項の規定による申告書及び同日の属する課税期間の末日の翌日の属する課税期間以後の各課税期間に係る法第42条第1項、第4項又は第6項の規定による申告書の提出については、第1項及び第2項第4号の承認は、その効力を失う。

(国、地方公共団体等の帳簿の記載事項の特例)

㋹**第77条**　法第60条第4項に規定する国若しくは地方公共団体、法別表第3に掲げる法人又は人格のない社団等の法第58条の規定の適用については、同条の帳簿には、同条に規定する事項のほか、同項に規定する特定収入及び第75条第1項各号に掲げる収入に関する財務省令で定める事項を併せて記録しなければならない。

(国又は地方公共団体に準ずる法人の資産の譲渡等の時期の特例の承認申請書の記載事項等)

㋸**第28条**　令第74条第3項に規定する財務省令で定める事項は、次に掲げる事項と

第3章　公益法人税務関係法令

する。

一　申請者の名称（代表者の氏名を含む。以下この条及び第30条において同じ。）、
　納税地（納税地と本店又は主たる事務所の所在地とが異なる場合には、納税地及
　び本店又は主たる事務所の所在地。以下この条及び第30条において同じ。）及び
　法人番号（法人番号を有しない者にあつては、名称及び納税地）

二　課税期間の初日及び末日

三　申請者の行う事業の内容

四　その他参考となるべき事項

2　令第74条第8項に規定する財務省令で定める事項は、次に掲げる事項とする。

一　届出者の名称、納税地及び法人番号（法人番号を有しない者にあつては、名称
　及び納税地）

二　令第74条第1項の承認に係る同項に規定する法令又は定款等に定める会計の処
　理の方法

三　当該承認を受けた年月日

四　その他参考となるべき事項

（国又は地方公共団体等に係る輸出取引等の証明書類等の保存期間の特例）

則**第29条**　令第76条第2項の規定の適用がある場合における第5条第1項及び第3
　項、第7条第1項、第7条の2第2項、第10条の4、第16条並びに第19条の規定の
　適用については、第5条第1項中「経過した日」とあるのは「経過した日（令第76
　条第2項の規定の適用がある場合には、当該課税期間に係る同項各号の規定による
　申告書（法第45条第1項の規定による申告書をいう。）の提出期限の翌日。第3項に
　おいて同じ。）」と、第7条第1項及び第10条の4中「経過した日」とあるのは「経
　過した日（令第76条第2項の規定の適用がある場合には、当該課税期間に係る同項
　各号の規定による申告書（法第45条第1項の規定による申告書をいう。）の提出期
　限の翌日）」と、第16条第1項中「経過した日」とあるのは「経過した日（令第76条
　第2項の規定の適用がある場合には、当該課税期間に係る同項各号の規定による申
　告書（法第45条第1項の規定による申告書をいう。）の提出期限の翌日。以下この
　条において同じ。）」と、第19条中「経過した日」とあるのは「経過した日（令第76
　条第2項の規定の適用がある場合には、当該課税期間に係る同項各号の規定による
　申告書（法第45条第1項の規定による申告書をいう。）の提出期限の翌日）」とする。

（国又は地方公共団体に準ずる法人の申告期限の特例の承認申請書の記載事項等）

則**第30条**　令第76条第5項に規定する財務省令で定める事項は、次に掲げる事項と
　する。

一　申請者の名称、納税地及び法人番号（法人番号を有しない者にあつては、名称

及び納税地）

二　課税期間の初日及び末日

三　申請者の行う事業の内容

四　申請日の属する課税期間の基準期間における課税売上高又は当該課税期間の特
定期間における課税売上高

五　その他参考となるべき事項

2　令第76条第10項に規定する財務省令で定める事項は、次に掲げる事項とする。

一　届出者の名称、納税地及び法人番号（法人番号を有しない者にあつては、名称
及び納税地）

二　令第76条第2項第4号の承認を受けた期間

三　令第76条第1項及び第2項第4号の承認を受けた年月日

四　その他参考となるべき事項

（国、地方公共団体等の特定収入等に関する帳簿の記載事項）

則**第31条**　令第77条に規定する財務省令で定める事項は、次に掲げる事項とする。

一　法第60条第4項に規定する特定収入又は令第75条第1項各号に掲げる収入（以
下この条において「特定収入等」という。）に係る相手方の氏名又は名称

二　特定収入等を受けた年月日

三　特定収入等の内容

四　特定収入等の金額

五　特定収入等の使途

2　法第60条第4項に規定する国若しくは地方公共団体、法別表第3に掲げる法人又
は人格のない社団等が特定収入等を受けた場合において、当該特定収入等に係る相
手方が不特定かつ多数であるときは、前項第1号に掲げる事項については、同項の
規定にかかわらず、その記録を省略することができる。

別表第1　（第6条関係）

一　土地（土地の上に存する権利を含む。）の譲渡及び貸付け（一時的に使用させ
る場合その他の政令で定める場合を除く。）

二　金融商品取引法（昭和23年法律第25号）第2条第1項（定義）に規定する有価
証券その他これに類するものとして政令で定めるもの（ゴルフ場その他の施設の
利用に関する権利に係るものとして政令で定めるものを除く。）及び外国為替及
び外国貿易法第6条第1項第7号（定義）に規定する支払手段（収集品その他の
政令で定めるものを除く。）その他これに類するものとして政令で定めるもの（別
表第2において「有価証券等」という。）の譲渡

三　利子を対価とする貸付金その他の政令で定める資産の貸付け、信用の保証とし

第3章　公益法人税務関係法令

ての役務の提供、所得税法第2条第1項第11号（定義）に規定する合同運用信託、同項第15号に規定する公社債投資信託又は同項第15号の2に規定する公社債等運用投資信託に係る信託報酬を対価とする役務の提供及び保険料を対価とする役務の提供（当該保険料が当該役務の提供に係る事務に要する費用の額とその他の部分とに区分して支払われることとされている契約で政令で定めるものに係る保険料（当該費用の額に相当する部分の金額に限る。）を対価とする役務の提供を除く。）その他これらに類するものとして政令で定めるもの

四　次に掲げる資産の譲渡

イ　日本郵便株式会社が行う郵便切手類販売所等に関する法律（昭和24年法律第91号）第1条（定義）に規定する郵便切手その他郵便に関する料金を表す証票（以下この号及び別表第2において「郵便切手類」という。）の譲渡及び簡易郵便局法（昭和24年法律第213号）第7条第1項（簡易郵便局の設置及び受託者の呼称）に規定する委託業務を行う施設若しくは郵便切手類販売所等に関する法律第3条（郵便切手類販売所等の設置）に規定する郵便切手類販売所（同法第4条第3項（郵便切手類の販売等）の規定による承認に係る場所（以下この号において「承認販売所」という。）を含む。）における郵便切手類又は印紙をもつてする歳入金納付に関する法律（昭和23年法律第142号）第3条第1項各号（印紙の売渡し場所）に定める所（承認販売所を含む。）若しくは同法第4条第1項（自動車検査登録印紙の売渡し場所）に規定する所における同法第3条第1項各号に掲げる印紙若しくは同法第4条第1項に規定する自動車検査登録印紙（別表第2において「印紙」と総称する。）の譲渡

ロ　地方公共団体又は売りさばき人（地方自治法（昭和22年法律第67号）第231条の2第1項（証紙による収入の方法等）（同法第292条（都道府県及び市町村に関する規定の準用）において準用する場合を含む。以下この号において同じ。）並びに地方税法（昭和25年法律第226号）第124条第4項（自動車取得税の納付の方法）、第151条第6項（自動車税の徴収の方法）、同法第290条第3項（道府県法定外普通税の証紙徴収の手続）、第446条第6項（軽自動車税の徴収の方法）、第698条第3項（市町村法定外普通税の証紙徴収の手続）、第700条の69第3項（狩猟税の証紙徴収の手続）及び第733条の27第3項（法定外目的税の証紙徴収の手続）（これらの規定を同法第1条第2項（用語）において準用する場合を含む。）に規定する条例に基づき指定された者をいう。）が行う証紙（地方自治法第231条の2第1項に規定する使用料又は手数料の徴収に係る証紙並びに地方税法第1条第1項第13号に規定する証紙徴収に係る証紙及び同法第124条第1項（同法第1条第2項において準用する場合を含む。）に規定する証紙をいう。別表第2において同じ。）の譲渡

930

ハ　物品切手（商品券その他名称のいかんを問わず、物品の給付請求権を表彰する証書をいい、郵便切手類に該当するものを除く。）その他これに類するものとして政令で定めるもの（別表第2において「物品切手等」という。）の譲渡
五　次に掲げる役務の提供
　イ　国、地方公共団体、別表第3に掲げる法人その他法令に基づき国若しくは地方公共団体の委託若しくは指定を受けた者が、法令に基づき行う次に掲げる事務に係る役務の提供で、その手数料、特許料、申立料その他の料金の徴収が法令に基づくもの（政令で定めるものを除く。）
　(1)　登記、登録、特許、免許、許可、認可、承認、認定、確認及び指定
　(2)　検査、検定、試験、審査、証明及び講習
　(3)　公文書の交付（再交付及び書換交付を含む。）、更新、訂正、閲覧及び謄写
　(4)　裁判その他の紛争の処理
　ロ　イに掲げる役務の提供に類するものとして政令で定めるもの
　ハ　裁判所法（昭和22年法律第59号）第62条第4項（執行官）又は公証人法（明治41年法律第53号）第7条第1項（手数料等）の手数料を対価とする役務の提供
　ニ　外国為替及び外国貿易法第55条の7（外国為替業務に関する事項の報告）に規定する外国為替業務（銀行法（昭和56年法律第59号）第10条第2項第5号（業務の範囲）に規定する譲渡性預金証書の非居住者からの取得に係る媒介、取次ぎ又は代理に係る業務その他の政令で定める業務を除く。）に係る役務の提供
六　次に掲げる療養若しくは医療又はこれらに類するものとしての資産の譲渡等（これらのうち特別の病室の提供その他の財務大臣の定めるものにあつては、財務大臣の定める金額に相当する部分に限る。）
　イ　健康保険法（大正11年法律第70号）、国民健康保険法（昭和33年法律第192号）、船員保険法（昭和14年法律第73号）、国家公務員共済組合法（昭和33年法律第128号）（防衛省の職員の給与等に関する法律（昭和27年法律第266号）第22条第1項（療養等）においてその例によるものとされる場合を含む。）、地方公務員等共済組合法（昭和37年法律第152号）又は私立学校教職員共済法（昭和28年法律第245号）の規定に基づく療養の給付及び入院時食事療養費、入院時生活療養費、保険外併用療養費、療養費、家族療養費又は特別療養費の支給に係る療養並びに訪問看護療養費又は家族訪問看護療養費の支給に係る指定訪問看護
　ロ　高齢者の医療の確保に関する法律（昭和57年法律第80号）の規定に基づく療養の給付及び入院時食事療養費、入院時生活療養費、保険外併用療養費、療養費又は特別療養費の支給に係る療養並びに訪問看護療養費の支給に係る指定訪

第3章　公益法人税務関係法令

問看護

ハ　精神保健及び精神障害者福祉に関する法律（昭和25年法律第123号）の規定
に基づく医療、生活保護法（昭和25年法律第144号）の規定に基づく医療扶助
のための医療の給付及び医療扶助のための金銭給付に係る医療、原子爆弾被爆
者に対する援護に関する法律（平成6年法律第117号）の規定に基づく医療の
給付及び医療費又は一般疾病医療費の支給に係る医療並びに障害者の日常生活
及び社会生活を総合的に支援するための法律（平成17年法律第123号）の規定
に基づく自立支援医療費、療養介護医療費又は基準該当療養介護医療費の支給
に係る医療

ニ　公害健康被害の補償等に関する法律（昭和48年法律第111号）の規定に基づ
く療養の給付及び療養費の支給に係る療養

ホ　労働者災害補償保険法（昭和22年法律第50号）の規定に基づく療養の給付及
び療養の費用の支給に係る療養並びに同法の規定による社会復帰促進等事業と
して行われる医療の措置及び医療に要する費用の支給に係る医療

ヘ　自動車損害賠償保障法（昭和30年法律第97号）の規定による損害賠償額の支
払（同法第72条第1項（定義）の規定による損害をてん補するための支払を含
む。）を受けるべき被害者に対する当該支払に係る療養

ト　イからヘまでに掲げる療養又は医療に類するものとして政令で定めるもの

七　次に掲げる資産の譲渡等（前号の規定に該当するものを除く。）

イ　介護保険法（平成9年法律第123号）の規定に基づく居宅介護サービス費の
支給に係る居宅サービス（訪問介護、訪問入浴介護その他の政令で定めるもの
に限る。）、施設介護サービス費の支給に係る施設サービス（政令で定めるもの
を除く。）その他これらに類するものとして政令で定めるもの

ロ　社会福祉法第2条（定義）に規定する社会福祉事業及び更生保護事業法（平
成7年法律第86号）第2条第1項（定義）に規定する更生保護事業として行わ
れる資産の譲渡等（社会福祉法第2条第2項第4号若しくは第7号に規定する
障害者支援施設若しくは授産施設を経営する事業、同条第3項第1号の2に規
定する認定生活困窮者就労訓練事業、同項第4号の2に規定する地域活動支援
センターを経営する事業又は同号に規定する障害福祉サービス事業（障害者の
日常生活及び社会生活を総合的に支援するための法律第5条第7項、第13項又
は第14項（定義）に規定する生活介護、就労移行支援又は就労継続支援を行う
事業に限る。）において生産活動としての作業に基づき行われるもの及び政令
で定めるものを除く。）

ハ　ロに掲げる資産の譲渡等に類するものとして政令で定めるもの

八　医師、助産師その他医療に関する施設の開設者による助産に係る資産の譲渡等

（第6号並びに前号イ及びロの規定に該当するものを除く。）

九　墓地、埋葬等に関する法律（昭和23年法律第48号）第2条第1項（定義）に規定する埋葬に係る埋葬料又は同条第2項に規定する火葬に係る火葬料を対価とする役務の提供

十　身体障害者の使用に供するための特殊な性状、構造又は機能を有する物品として政令で定めるもの（別表第2において「身体障害者用物品」という。）の譲渡、貸付けその他の政令で定める資産の譲渡等

十一　次に掲げる教育に関する役務の提供（授業料、入学金、施設設備費その他の政令で定める料金を対価として行われる部分に限る。）

　　イ　学校教育法（昭和22年法律第26号）第1条（学校の範囲）に規定する学校を設置する者が当該学校における教育として行う役務の提供

　　ロ　学校教育法第124条（専修学校）に規定する専修学校を設置する者が当該専修学校の同法第125条第1項（課程）に規定する高等課程、専門課程又は一般課程における教育として行う役務の提供

　　ハ　学校教育法第134条第1項（各種学校）に規定する各種学校を設置する者が当該各種学校における教育（修業期間が1年以上であることその他政令で定める要件に該当するものに限る。）として行う役務の提供

　　ニ　イからハまでに掲げる教育に関する役務の提供に類するものとして政令で定めるもの

十二　学校教育法第34条第1項（小学校の教科用図書）（同法第49条（中学校）、第49条の8（義務教育学校）、第62条（高等学校）、第70条第1項（中等教育学校）及び第82条（特別支援学校）において準用する場合を含む。）に規定する教科用図書（別表第2において「教科用図書」という。）の譲渡

十三　住宅（人の居住の用に供する家屋又は家屋のうち人の居住の用に供する部分をいう。）の貸付け（当該貸付けに係る契約において人の居住の用に供することが明らかにされているものに限るものとし、一時的に使用させる場合その他の政令で定める場合を除く。）

別表第2　（第6条関係）

一　有価証券等（外国為替及び外国貿易法第6条第1項第7号に規定する支払手段のうち同号ハに掲げるものが入力されている財務省令で定める媒体を含む。）

二　郵便切手類

三　印紙

四　証紙

五　物品切手等

第3章　公益法人税務関係法令

六　身体障害者用物品

七　教科用図書

別表第3　（第3条、第60条関係）

一　次の表に掲げる法人

名　　称	名　　称
委託者保護基金	公益財団法人
一般財団法人	公益社団法人
一般社団法人	更生保護法人
医療法人（医療法（昭和23年法律第205号）第42条の2第1項（社会医療法人）に規定する社会医療法人に限る。）	港務局
	小型船舶検査機構
	国家公務員共済組合
沖縄振興開発金融公庫	国家公務員共済組合連合会
外国人技能実習機構	国民健康保険組合
貸金業協会	国民健康保険団体連合会
学校法人（私立学校法（昭和24年法律第270号）第64条第4項（専修学校及び各種学校）の規定により設立された法人を含む。）	国民年金基金
	国民年金基金連合会
	国立大学法人
	市街地再開発組合
株式会社国際協力銀行	自動車安全運転センター
株式会社日本政策金融公庫	司法書士会
企業年金基金	社会福祉法人
企業年金連合会	社会保険診療報酬支払基金
危険物保安技術協会	社会保険労務士会
行政書士会	宗教法人
漁業共済組合	住宅街区整備組合
漁業共済組合連合会	酒造組合
漁業信用基金協会	酒造組合中央会
漁船保険組合	酒造組合連合会
勤労者財産形成基金	酒販組合
軽自動車検査協会	酒販組合中央会
健康保険組合	酒販組合連合会
健康保険組合連合会	商工会
原子力損害賠償・廃炉等支援機構	商工会議所
原子力発電環境整備機構	商工会連合会
高圧ガス保安協会	商工組合（組合員に出資をさせないものに限る。）
広域的運営推進機関	
広域臨海環境整備センター	商工組合連合会（会員に出資をさせないものに限る。）

5．消費税法関係法令

名　　　称	名　　　称
使用済燃料再処理機構	土地改良区連合
商品先物取引協会	土地改良事業団体連合会
消防団員等公務災害補償等共済基金	土地家屋調査士会
職員団体等（法人であるものに限る。）	土地区画整理組合
職業訓練法人	都道府県職業能力開発協会
信用保証協会	日本行政書士会連合会
水害予防組合	日本勤労者住宅協会
水害予防組合連合	日本下水道事業団
生活衛生同業組合（組合員に出資をさせないものに限る。）	日本公認会計士協会
	日本司法支援センター
生活衛生同業組合連合会（会員に出資をさせないものに限る。）	日本司法書士会連合会
	日本商工会議所
税理士会	日本消防検定協会
石炭鉱業年金基金	日本私立学校振興・共済事業団
船員災害防止協会	日本税理士会連合会
全国健康保険協会	日本赤十字社
全国市町村職員共済組合連合会	日本中央競馬会
全国社会保険労務士会連合会	日本電気計器検定所
損害保険料率算出団体	日本土地家屋調査士会連合会
大学共同利用機関法人	日本年金機構
地方競馬全国協会	日本弁護士連合会
地方公共団体金融機構	日本弁理士会
地方公共団体情報システム機構	日本放送協会
地方公務員共済組合	日本水先人会連合会
地方公務員共済組合連合会	認可金融商品取引業協会
地方公務員災害補償基金	農業共済組合
地方住宅供給公社	農業共済組合連合会
地方道路公社	農業協同組合連合会（所得税法別表第1の農業協同組合連合会の項に規定するものに限る。）
地方独立行政法人	
中央職業能力開発協会	
中央労働災害防止協会	農業信用基金協会
中小企業団体中央会	農水産業協同組合貯金保険機構
投資者保護基金	負債整理組合
独立行政法人（所得税法別表第1の独立行政法人の項に規定するものに限る。）	弁護士会
	保険契約者保護機構
土地開発公社	水先人会
土地改良区	輸出組合（組合員に出資をさせないも

935

第3章 公益法人税務関係法令

名　称	名　称
のに限る。)	労働組合（法人であるものに限る。)
輸入組合（組合員に出資をさせないものに限る。)	労働災害防止協会
預金保険機構	〔編者注〕名称のみ記載し、根拠法は省略した。

二　省略

6. 相続税法関係法令

◎相続税法（抄）
○相続税法施行令（抄）

◎相続税法（抄）

昭和25年3月31日法律第73号

最終改正　平成29年3月31日法律第4号

目　次

第12条（相続税の非課税財産）　940

第21条の3（贈与税の非課税財産）　941

第65条（特別の法人から受ける利益に対す
　　　　る課税）　942

第66条（人格のない社団又は財団等に対す
　　　　る課税）　942

細目次

○相続税法施行令（抄）

昭和25年3月31日政令第71号

最終改正　平成29年3月31日政令第108号

第2条（相続又は遺贈に係る財産につき相
　　　　続税を課されない公益事業を行う
　　　　者の範囲）　940

第4条の5（贈与財産につき贈与税を課さ
　　　　れない公益事業を行う者の範
　　　　囲）　941

第32条（法人から受ける特別の利益の内容
　　　　等）　942

第33条（人格のない社団又は財団等に課さ
　　　　れる贈与税等の額の計算の方法等）
　　　　943

第3章　公益法人税務関係法令

（相続税の非課税財産）

第12条　次に掲げる財産の価額は、相続税の課税価格に算入しない。

一・二　省略

三　宗教、慈善、学術その他公益を目的とする事業を行う者で政令で定めるものが相続又は遺贈により取得した財産で当該公益を目的とする事業の用に供することが確実なもの

四～六　省略

2　前項第3号に掲げる財産を取得した者がその財産を取得した日から2年を経過した日において、なお当該財産を当該公益を目的とする事業の用に供していない場合においては、当該財産の価額は、課税価格に算入する。

（相続又は遺贈に係る財産につき相続税を課されない公益事業を行う者の範囲）

㋹**第2条**　法第12条第1項第3号に規定する宗教、慈善、学術その他公益を目的とする事業を行う者は、専ら社会福祉法（昭和26年法律第45号）第2条（定義）に規定する社会福祉事業、更生保護事業法（平成7年法律第86号）第2条第1項（定義）に規定する更生保護事業、児童福祉法（昭和22年法律第164号）第6条の3第9項（定義）に規定する家庭的保育事業、同条第10項に規定する小規模保育事業又は同条第12項に規定する事業所内保育事業、学校教育法（昭和22年法律第26号）第1条（学校の範囲）に規定する学校又は就学前の子どもに関する教育、保育等の総合的な提供の推進に関する法律（平成18年法律第77号）第2条第6項（定義）に規定する認定こども園を設置し、運営する事業その他の宗教、慈善、学術その他公益を目的とする事業で、その事業活動により文化の向上、社会福祉への貢献その他公益の増進に寄与するところが著しいと認められるものを行う者とする。ただし、その者が個人である場合には第1号に掲げる事実、その者が法第66条第1項に規定する人格のない社団又は財団（以下この条において「社団等」という。）である場合には第2号及び第3号に掲げる事実がない場合に限る。

一　その者若しくはその親族その他その者と法第64条第1項に規定する特別の関係（以下この条において「特別関係」という。）がある者又は当該財産の相続に係る被相続人若しくは当該財産の遺贈をした者若しくはこれらの者の親族その他これらの者と特別関係がある者に対してその事業に係る施設の利用、余裕金の運用、金銭の貸付け、資産の譲渡、給与の支給その他財産の運用及び事業の運営に関し特別の利益を与えること。

二　当該社団等の役員その他の機関の構成、その選任方法その他当該社団等の事業の運営の基礎となる重要事項について、その事業の運営が特定の者又はその親族その他その特定の者と特別関係がある者の意思に従つてなされていると認められ

る事実があること。

三　当該社団等の機関の地位にある者、当該財産の遺贈をした者又はこれらの者の親族その他これらの者と特別関係がある者に対して当該社団等の事業に係る施設の利用、余裕金の運用、解散した場合における財産の帰属、金銭の貸付け、資産の譲渡、給与の支給、当該社団等の機関の地位にある者への選任その他財産の運用及び事業の運営に関し特別の利益を与えること。

（贈与税の非課税財産）

第21条の3　次に掲げる財産の価額は、贈与税の課税価格に算入しない。

一・二　省略

三　宗教、慈善、学術その他公益を目的とする事業を行う者で政令で定めるものが贈与により取得した財産で当該公益を目的とする事業の用に供することが確実なもの

四　所得税法（昭和40年法律第33号）第78条第3項（寄附金控除）に規定する特定公益信託（以下この号において「特定公益信託」という。）で学術に関する顕著な貢献を表彰するものとして、若しくは顕著な価値がある学術に関する研究を奨励するものとして財務大臣の指定するものから交付される金品で財務大臣の指定するもの又は学生若しくは生徒に対する学資の支給を行うことを目的とする特定公益信託から交付される金品

五・六　省略

2　第12条第2項の規定は、前項第3号に掲げる財産について準用する。

（贈与財産につき贈与税を課されない公益事業を行う者の範囲）

🈠**第4条の5**　第2条の規定は、法第21条の3第1項第3号に規定する宗教、慈善、学術その他公益を目的とする事業を行う者について準用する。この場合において、第2条第1号中「その者若しくはその親族その他その者と法第64条第1項に規定する特別の関係（以下この条において「特別関係」という。）がある者又は当該財産の相続に係る被相続人若しくは当該財産の遺贈をした者若しくは」とあるのは「その者に当該財産の贈与をした者、その者又は」と、同条第3号中「遺贈をした者」とあるのは「贈与をした者」と読み替えるものとする。

〔編者注〕相続税法第21条の3第1項第3号の適用に当たっては、国税庁より次の取扱通達が発遣されている。

・　「贈与税の非課税財産（公益を目的とする事業の用に供する財産に関する部分）及び持分の定めのない法人に対して財産の贈与等があった場合の取扱いについて」（昭和39年6月9日付　直審（資）24、直資77）（「第1公益事業用財産の非課税に関する取扱い」）

第3章　公益法人税務関係法令

（特別の法人から受ける利益に対する課税）

第65条　持分の定めのない法人（持分の定めのある法人で持分を有する者がないものを含む。次条において同じ。）で、その施設の利用、余裕金の運用、解散した場合における財産の帰属等について設立者、社員、理事、監事若しくは評議員、当該法人に対し贈与若しくは遺贈をした者又はこれらの者の親族その他これらの者と前条第１項に規定する特別の関係がある者に対し特別の利益を与えるものに対して財産の贈与又は遺贈があつた場合においては、次条第４項の規定の適用がある場合を除くほか、当該財産の贈与又は遺贈があつた時において、当該法人から特別の利益を受ける者が、当該財産（第12条第１項第３号又は第21条の３第１項第３号に掲げる財産を除く。）の贈与又は遺贈により受ける利益の価額に相当する金額を当該財産の贈与又は遺贈をした者から贈与又は遺贈により取得したものとみなす。

2　第12条第２項の規定は、前項に規定する持分の定めのない法人が取得した同条第１項第３号又は第21条の３第１項第３号に掲げる財産について第12条第２項に規定する事由がある場合について準用する。

3　前２項の規定は、第１項に規定する持分の定めのない法人の設立があつた場合において、同項の法人から特別の利益を受ける者が当該法人の設立により受ける利益について準用する。

4　第１項の法人から特別の利益を受ける者の範囲、法人から受ける特別の利益の内容その他同項の規定の適用に関し必要な事項は、政令で定める。

（法人から受ける特別の利益の内容等）

㋈**第32条**　法第65条第１項の法人から受ける特別の利益は、施設の利用、余裕金の運用、解散した場合における財産の帰属、金銭の貸付け、資産の譲渡、給与の支給、役員等（理事、監事、評議員その他これらの者に準ずるものをいう。次条第３項において同じ。）の選任その他財産の運用及び事業の運営に関して当該法人から受ける特別の利益（以下この条において「特別利益」という。）とし、法第65条第１項の法人から特別の利益を受ける者は、同項の贈与又は遺贈をした者からの当該法人に対する当該財産の贈与又は遺贈に関して当該法人から特別利益を受けたと認められる者とする。

（人格のない社団又は財団等に対する課税）

第66条　代表者又は管理者の定めのある人格のない社団又は財団に対し財産の贈与又は遺贈があつた場合においては、当該社団又は財団を個人とみなして、これに贈与税又は相続税を課す。この場合においては、贈与により取得した財産について、

当該贈与をした者の異なるごとに、当該贈与をした者の各一人のみから財産を取得したものとみなして算出した場合の贈与税額の合計額をもつて当該社団又は財団の納付すべき贈与税額とする。

2　前項の規定は、同項に規定する社団又は財団を設立するために財産の提供があつた場合について準用する。

3　前2項の場合において、第1条の3又は第1条の4の規定の適用については、第1項に規定する社団又は財団の住所は、その主たる営業所又は事務所の所在地にあるものとみなす。

4　前3項の規定は、持分の定めのない法人に対し財産の贈与又は遺贈があつた場合において、当該贈与又は遺贈により当該贈与又は遺贈をした者の親族その他これらの者と第64条第1項に規定する特別の関係がある者の相続税又は贈与税の負担が不当に減少する結果となると認められるときについて準用する。この場合において、第1項中「代表者又は管理者の定めのある人格のない社団又は財団」とあるのは「持分の定めのない法人」と、「当該社団又は財団」とあるのは「当該法人」と、第2項及び第3項中「社団又は財団」とあるのは「持分の定めのない法人」と読み替えるものとする。

5　第1項（第2項において準用する場合を含む。）又は前項の規定の適用がある場合において、これらの規定により第1項若しくは第2項の社団若しくは財団又は前項の持分の定めのない法人に課される贈与税又は相続税の額については、政令で定めるところにより、これらの社団若しくは財団又は持分の定めのない法人に課されるべき法人税その他の税の額に相当する額を控除する。

6　第4項の相続税又は贈与税の負担が不当に減少する結果となると認められるか否かの判定その他同項の規定の適用に関し必要な事項は、政令で定める。

（人格のない社団又は財団等に課される贈与税等の額の計算の方法等）

🈔**第33条**　法第66条第1項（同条第2項において準用する場合を含む。）又は第4項の規定により同条第1項若しくは第2項の社団若しくは財団又は同条第4項の持分の定めのない法人（以下この項、次項及び第4項において「社団等」という。）に課される贈与税又は相続税の額については、次に掲げる税額の合計額（当該税額の合計額が当該贈与税又は相続税の額を超えるときには、当該贈与税又は相続税の額に相当する額）を控除するものとする。

一　社団等が贈与又は遺贈により取得した財産の価額から翌期控除事業税相当額（当該価額を当該社団等の事業年度の所得とみなして地方税法の規定を適用して計算した事業税（同法第72条第3号（事業税に関する用語の意義）に規定する所得割に係るものに限る。以下この号において同じ。）の額をいう。）を控除した価

額を当該社団等の事業年度の所得とみなして法人税法の規定を適用して計算した法人税の額及び地方税法の規定を適用して計算した事業税の額

二　前号の規定により計算した当該社団等の法人税の額を基に地方法人税法の規定を適用して計算した地方法人税の額並びに地方税法の規定を適用して計算した同法第23条第１項第３号（道府県民税に関する用語の意義）に規定する法人税割に係る道府県民税の額及び同法第292条第１項第３号（市町村民税に関する用語の意義）に規定する法人税割に係る市町村民税の額

2　前項の規定を適用する場合において、社団等に財産の贈与をした者が２以上あるときは、当該社団等が当該贈与により取得した財産について、当該贈与をした者の異なるごとに、当該贈与をした者の各１人のみから取得したものとみなす。

3　贈与又は遺贈により財産を取得した法第65条第１項に規定する持分の定めのない法人が、次に掲げる要件を満たすときは、法第66条第４項の相続税又は贈与税の負担が不当に減少する結果となると認められないものとする。

一　その運営組織が適正であるとともに、その寄附行為、定款又は規則において、その役員等のうち親族関係を有する者及びこれらと次に掲げる特殊の関係がある者（次号において「親族等」という。）の数がそれぞれの役員等の数のうちに占める割合は、いずれも３分の１以下とする旨の定めがあること。

イ　当該親族関係を有する役員等と婚姻の届出をしていないが事実上婚姻関係と同様の事情にある者

ロ　当該親族関係を有する役員等の使用人及び使用人以外の者で当該役員等から受ける金銭その他の財産によつて生計を維持しているもの

ハ　イ又はロに掲げる者の親族でこれらの者と生計を一にしているもの

ニ　当該親族関係を有する役員等及びイからハまでに掲げる者のほか、次に掲げる法人の法人税法第２条第15号（定義）に規定する役員（(1)において「会社役員」という。）又は使用人である者

(1)　当該親族関係を有する役員等が会社役員となつている他の法人

(2)　当該親族関係を有する役員等及びイからハまでに掲げる者並びにこれらの者と法人税法第２条第10号に規定する政令で定める特殊の関係のある法人を判定の基礎にした場合に同号に規定する同族会社に該当する他の法人

二　当該法人に財産の贈与若しくは遺贈をした者、当該法人の設立者、社員若しくは役員等又はこれらの者の親族等に対し、施設の利用、余裕金の運用、解散した場合における財産の帰属、金銭の貸付け、資産の譲渡、給与の支給、役員等の選任その他財産の運用及び事業の運営に関して特別の利益を与えないこと。

三　その寄附行為、定款又は規則において、当該法人が解散した場合にその残余財産が国若しくは地方公共団体又は公益社団法人若しくは公益財団法人その他の公

益を目的とする事業を行う法人(持分の定めのないものに限る。)に帰属する旨の定めがあること。

四　当該法人につき法令に違反する事実、その帳簿書類に取引の全部又は一部を隠蔽し、又は仮装して記録又は記載をしている事実その他公益に反する事実がないこと。

4　社団等について法第66条第1項(同条第2項において準用する場合を含む。)又は第4項の規定を適用する場合における法第1条の3第1項第1号若しくは第2号又は第1条の4第1項第1号若しくは第2号の規定の適用については、当該社団等は、日本国籍を有するものとみなす。

〔編者注〕相続税法第66条第4項の適用に当たっては、国税庁より次の取扱通達が発遣されている。

・　「贈与税の非課税財産(公益を目的とする事業の用に供する財産に関する部分)及び持分の定めのない法人に対して財産の贈与等があった場合の取扱いについて」(昭和39年6月9日付　直審(資)24、直資77)(「第2　持分の定めのない法人に対する贈与税の取扱い」)

945

7. 租税特別措置法関係法令

◎租税特別措置法（抄）
○租税特別措置法施行令（抄）
○租税特別措置法施行規則（抄）

◎租税特別措置法（抄）

昭和32年3月31日法律第26号
最終改正　平成29年3月31日法律第4号

目　次

第4条の5（特定寄附信託の利子所得の非
　　　　課税）　951
第40条（国等に対して財産を寄附した場合
　　　の譲渡所得等の非課税）　959
第41条の18の2（認定特定非営利活動法人
　　　　　　等に寄附をした場合の寄
　　　　　　附金控除の特例又は所得
　　　　　　税額の特別控除）　986
第41条の18の3（公益社団法人等に寄附を
　　　　　　した場合の所得税額の特
　　　　　　別控除）　989
第42条の3の2〔中小企業者等の法人税等
　　　　　　の特例〕　1000
第61条の4（交際費等の損金不算入）　1001
第66条の11の2（認定特定非営利活動法人
　　　　　　に対する寄附金の損金算
　　　　　　入等の特例）　1004
第67条の5（中小企業者等の少額減価償却
　　　　　資産の取得価額の損金算入の
　　　　　特例）　1006
第68条の6（公益法人等の損益計算書等の
　　　　　提出）　1008
第70条（国等に対して相続財産を贈与した
　　　場合等の相続税の非課税等）　1009
第91条の3（都道府県が行う高等学校の生
　　　　　徒に対する学資としての資金
　　　　　の貸付けに係る消費貸借契約
　　　　　書等の印紙税の非課税）　1015

細目次

◎租税特別措置法施行令（抄）

昭和32年3月31日政令第43号
最終改正　平成29年3月31日政令第127号

第2条の35（特定寄附信託の利子所得の非
　　　　　課税）　952
第25条の17（公益法人等に対して財産を寄
　　　　　附した場合の譲渡所得等の非
　　　　　課税）　965
第26条の28（認定特定非営利活動法人等に
　　　　　寄附をした場合の所得税額の
　　　　　特別控除）　988
第26条の28の2（公益社団法人等に寄附を
　　　　　　した場合の所得税額の特
　　　　　　別控除）　990
第27条の3の2〔中小企業等の法人税等の
　　　　　　特例〕　1001
第37条の4（資本金の額又は出資金の額に
　　　　　準ずるものの範囲等）　1003
第37条の5（交際費等の範囲）　1003
第39条の23（認定特定非営利活動法人に対
　　　　　する寄附金の損金算入等の特
　　　　　例）　1006
第39条の28（中小企業者等の少額減価償却
　　　　　資産の取得価額の損金算入の
　　　　　特例）　1007
第39条の37（損益計算書等の提出を要しな
　　　　　い公益法人等の範囲等）　1008
第40条の3（科学又は教育の振興に寄与す
　　　　　るところが著しい公益法人等
　　　　　の範囲）　1011
第40条の4（特定公益信託の要件等）　1012
第52条の2（都道府県が行う高等学校の生

949

徒に対する学資としての資金
の貸付けに係る消費貸借契約
書等の印紙税の非課税）1015

付けを行う法人に対してする資金
の提供の範囲）1016
第42条（消費貸借契約書への表示）1016

○租税特別措置法施行規則（抄）

昭和32年３月31日大蔵省令第15号
最終改正　平成29年３月29日財務省令第24号

第３条の17（特定寄附信託の利子所得の非
課税）957
第18条の19（公益法人等に対して財産を寄
附した場合の譲渡所得等の非
課税）976
第19条の10の４（認定特定非営利活動法人
等に寄附をした場合の所
得税額の特別控除）988
第19条の10の５（公益社団法人等に寄附を
した場合の所得税額の特
別控除）996
第21条の18の４（交際費等の損金不算入）
1004
第22条の12（認定特定非営利活動法人に対
する寄附金の損金算入等の特
例）1006
第22条の22（公益法人等の損益計算書等の
記載事項等）1008
第23条の３（相続税が非課税とされる専修
学校の範囲等）1013
第23条の４（特定公益信託の信託財産の運
用の方法等）1014
第23条の５（認定特定非営利活動法人に対
して相続財産を贈与した場合
の相続税の非課税の特例を受
けるための添付書類）1014
第41条（都道府県が学資としての資金の貸

（特定寄附信託の利子所得の非課税）

第４条の５　特定寄附信託契約に基づき設定された信託（以下この条において「特定寄附信託」という。）の信託財産につき生ずる公社債若しくは預貯金の利子又は合同運用信託の収益の分配（公社債の利子又は貸付信託の収益の分配にあつては、当該公社債又は貸付信託の受益権が社債、株式等の振替に関する法律に規定する振替口座簿への記載又は記録その他の政令で定める方法により管理されており、かつ、当該公社債又は貸付信託の受益権が当該信託財産に引き続き属していた期間に対応する部分の額として政令で定めるところにより計算した金額に相当する部分に限る。第３項及び第５項において「利子等」という。）については、所得税を課さない。

2　前項に規定する特定寄附信託契約とは、居住者が、信託会社（信託業法（平成16年法律第154号）第３条又は第53条第１項の免許を受けたものに限るものとし、金融機関の信託業務の兼営等に関する法律（昭和18年法律第43号）により同法第１条第１項に規定する信託業務を営む同項に規定する金融機関を含む。）との間で締結した当該居住者を受益者とする信託契約で、当該信託財産を所得税法第78条第２項に規定する特定寄附金（同条第３項の規定又は第41条の18の２第１項の規定により特定寄附金とみなされたものを含む。）のうち民間の団体が行う公益を目的とする事業に資するものとして政令で定めるもの（第５項において「対象特定寄附金」という。）として支出することを主たる目的とすることその他計画的な寄附が適正に実施されるための要件として政令で定める要件が定められているものをいう。

3　第１項の規定は、前項の居住者が、特定寄附信託契約の締結の後、最初に第１項の規定の適用を受けようとする利子等の支払を受ける日の前日までに、その者の氏名、住所及び個人番号（行政手続における特定の個人を識別するための番号の利用等に関する法律（平成25年法律第27号）第２条第５項に規定する個人番号をいう。以下この章において同じ。）その他の財務省令で定める事項を記載した申告書（次項及び第７項において「特定寄附信託申告書」という。）に、当該特定寄附信託契約の契約書の写しを添付して、これを当該特定寄附信託に係る受託者を経由し、その居住者の住所地の所轄税務署長に提出した場合に限り、適用する。

4　前項の場合において、特定寄附信託申告書が同項に規定する税務署長に提出されたときは、同項の受託者においてその受理がされた日にその提出があつたものとみなす。

5　特定寄附信託契約又はその履行につき、その信託財産を対象特定寄附金として支出することを主たる目的としなくなつたことその他の計画的な寄附が適正に実施されていないと認められる事実として政令で定める事実が生じた場合には、当該特定寄附信託契約の締結の時から当該事実が生じた日までの間に支払われた利子等につ

第3章　公益法人税務関係法令

いては、第1項の規定の適用がなかつたものとし、かつ、当該事実が生じた日において当該利子等の支払があつたものと、当該特定寄附信託の受託者が当該利子等を支払つたものとそれぞれみなして、この法律及び所得税法の規定を適用する。

6　第1項の規定の適用がある場合における所得税法第78条の規定並びに第41条の18の2及び第41条の18の3の規定の適用については、同法第78条第2項中「学校の入学に関してするものを除く」とあるのは「租税特別措置法（昭和32年法律第26号）第4条の5第1項（特定寄附信託の利子所得の非課税）の規定の適用を受けた同項に規定する利子等の金額に相当する部分及び学校の入学に関してするものを除く」と、同条第3項中「支出した金銭」とあるのは「支出した金銭（租税特別措置法第4条の5第1項の規定の適用を受けた同項に規定する利子等の金額に相当する部分を除く。）」と、第41条の18の2第1項中「その寄附をした者」とあるのは「第4条の5第1項の規定の適用を受けた同項に規定する利子等の金額に相当する部分及びその寄附をした者」とする。

7　第3項から前項までに定めるもののほか、特定寄附信託の信託財産につき備え付けるべき帳簿に関する事項、特定寄附信託申告書を提出した者がその提出後当該特定寄附信託申告書に記載した事項を変更した又は変更する場合における届出に関する事項その他第1項の規定の適用に関し必要な事項は、政令で定める。

（特定寄附信託の利子所得の非課税）

㊂**第2条の35**　法第4条の5第1項に規定する政令で定める方法は、同項に規定する特定寄附信託（以下この条において「特定寄附信託」という。）の信託財産に属する公社債又は貸付信託の受益権の利子又は収益の分配につき同項の規定の適用を受けようとする次の各号に掲げる公社債又は貸付信託の受益権の区分に応じ当該各号に定める方法とする。

　一　公社債又は貸付信託の受益権（次号に掲げるものを除く。）　金融機関（所得税法施行令第32条第1号、第4号及び第5号に掲げる者をいう。以下この条において同じ。）の営業所、事務所その他これらに準ずるもの（以下この項及び次項において「営業所等」という。）に係る金融機関の振替口座簿（当該金融機関が社債、株式等の振替に関する法律の規定により備え付ける振替口座簿をいう。以下この条において同じ。）に記載又は記録を受ける方法

　二　長期信用銀行法第8条の規定による長期信用銀行債、金融機関の合併及び転換に関する法律第8条第1項（同法第55条第4項において準用する場合を含む。）の規定による特定社債（旧法債券を含む。）、信用金庫法第54条の2の4第1項の規定による全国連合会債、農林中央金庫法第60条の規定による農林債若しくは株式会社商工組合中央金庫法第33条の規定による商工債（旧商工債を含む。）又は

952

記名式の貸付信託の受益証券　金融機関の営業所等に係る金融機関の振替口座簿に記載若しくは記録を受ける方法又は当該金融機関の営業所等に保管される方法

2　特定寄附信託の受託者（公社債若しくは預貯金の利子又は合同運用信託の収益の分配（以下この項において「利子等」という。）の次の各号に掲げる区分に応じ当該各号に定める者でないものに限る。）は、当該利子等が法第４条の５第１項の規定の適用を受けるものである場合には、次の各号に掲げる利子等の区分に応じ当該各号に定める者に対し（当該利子等が第１号に掲げる利子等であり、かつ、その利子等に係る支払事務の取扱いをする者（以下この条において「支払事務取扱者」という。）が前項第１号の金融機関の営業所等でない場合には、当該金融機関の営業所等を経由して当該支払事務取扱者に対し）、その利子等の支払期ごとに、当該公社債、預貯金又は合同運用信託（以下この条において「公社債等」という。）が法第４条の５第１項の規定の適用に係るものである旨を通知しなければならない。

一　前項第１号に掲げる公社債等の利子等　当該利子等の支払事務取扱者

二　前項第２号に掲げる公社債等の利子等又は預貯金若しくは合同運用信託（貸付信託を除く。）の利子等　これらの利子等の支払をする者（次項及び第４項において「支払者」という。）

3　前項の通知を受けた支払事務取扱者又は支払者は、公社債等の振替に関する帳簿又は公社債等の管理に関する帳簿に、その公社債等が法第４条の５第１項の規定の適用に係るものである旨を記載し、又は記録しなければならない。

4　第２項の通知を受けた支払事務取扱者又は支払者は、その通知の内容を記載した書類を、財務省令で定めるところにより保存しなければならない。

5　法第４条の５第１項に規定する政令で定めるところにより計算した金額は、次の各号に掲げる場合の区分に応じ当該各号に定める金額とする。

一　特定寄附信託の受託者が、その特定寄附信託の信託財産に属する公社債又は貸付信託の受益権につきその利子又は収益の分配の計算期間を通じて第１項の規定により金融機関の振替口座簿に記載若しくは記録を受け、又は保管の委託をしている場合　当該計算期間に対応する利子又は収益の分配の額

二　特定寄附信託の受託者が、その特定寄附信託の信託財産に属する公社債又は貸付信託の受益権につきその利子又は収益の分配の計算期間の中途において第１項の規定により金融機関の振替口座簿に記載若しくは記録を受け、又は保管の委託をし、かつ、その記載若しくは記録を受け、又は保管の委託をした日から当該計算期間の終了の日までの期間を通じて金融機関の振替口座簿に記載若しくは記録を受け、又は保管の委託をしている場合　当該計算期間に対応する利子又は収益の分配の額に当該記載若しくは記録を受け、又は保管の委託をしている期間の日数を乗じこれを当該計算期間の日数で除して計算した金額

第3章　公益法人税務関係法令

6　法第4条の5第2項に規定する民間の団体が行う公益を目的とする事業に資する特定寄附金として政令で定めるものは、所得税法第78条第2項に規定する特定寄附金のうち法第41条の18の3第1項第1号イからニまでに掲げる法人に対するもの及び所得税法第78条第3項又は法第41条の18の2第1項の規定により所得税法第78条第2項に規定する特定寄附金とみなされたものとする。

7　法第4条の5第2項に規定する計画的な寄附が適正に実施されるための要件として政令で定める要件は、次に掲げる要件とする。

一　当該信託の信託契約の期間が、5年以上10年以下の範囲内で、かつ、1年の整数倍の期間であること。

二　当該信託の受託者がその信託財産として受け入れる資産は、金銭に限られること。

三　当該信託の信託財産からの寄附金は、信託契約締結時の信託の元本の額（当該信託契約における第8号の定めにより当該信託の委託者に交付される金額の合計額（第9号において「交付元本額」という。）を除く。第9号において「寄附元本額」という。）を当該信託契約の期間の年数で除した金額と当該信託契約の期間の開始の日から当該寄附をする日までの間に支払われた利子等（法第4条の5第1項に規定する利子等をいう。以下この号及び第12項において同じ。）の合計額（同日前に既に寄附された利子等の金額を除く。）を、当該信託契約の期間の開始の日以後1年ごとに区分した各期間に支出すること。

四　当該信託の信託財産からの寄附金は、その全てを法第4条の5第2項に規定する対象特定寄附金（以下この項及び次項において「対象特定寄附金」という。）として支出すること。

五　当該信託の信託財産から最初に寄附金を支出する日の前日までに、当該信託の受託者がその対象特定寄附金に係る法人又は所得税法第78条第3項に規定する特定公益信託の受託者との間で寄附に関する契約（寄附金を支出する日、寄附金額の算定方法その他の財務省令で定める事項の定めがあるものに限る。）を締結すること。

六　当該信託の信託財産の運用は、次に掲げる方法に限られること。

　イ　預貯金

　ロ　国債、地方債、特別の法律により法人の発行する債券又は貸付信託の受益権の取得

　ハ　合同運用信託の信託（貸付信託の受益権の取得を除く。）

七　当該信託の受益権については、その譲渡に係る契約を締結し、又はこれを担保に供することができないこと。

八　当該信託の信託契約の期間中に当該信託財産から当該信託の委託者に金銭の交

付をする場合には、当該金銭の交付は当該信託契約の期間の開始の日以後1年ごとに区分した各期間に均等額を交付するものであり、かつ、当該信託契約の期間中に交付される金銭の合計額は信託契約締結時の当該信託の元本の額の100分の30に相当する金額を超えないこと。

九　当該信託契約の期間中に当該信託財産につき損失が生じた場合には、次に定めるところによること。

イ　当該損失の金額に寄附元本額の当該信託契約締結時の信託の元本の額に占める割合を乗じた金額を、当該損失が生じた日以後に支出すべき寄附金の額から均等に控除すること。

ロ　当該損失の金額に交付元本額の当該信託契約締結時の信託の元本の額に占める割合を乗じた金額を、当該損失が生じた日以後に委託者に交付すべき金額から均等に控除すること。

十　当該信託の信託契約の期間中の最後に行われる第8号の金銭の交付は、当該信託の信託財産から最後に寄附金を支出する日以前に行うこと。

十一　当該信託の信託財産の計算期間は、1月1日（信託契約の期間の開始の日の属する年にあつては、その開始の日）から12月31日（信託契約の期間の終了の日の属する年にあつては、その終了の日）までであること。

十二　当該信託は、合意による終了ができないこと。

十三　当該信託の委託者が死亡した場合には、当該信託は終了し、その信託財産の全てを対象特定寄附金として支出すること。

十四　当該信託の受託者である法第4条の5第2項に規定する信託会社（第14項において「信託会社」という。）の業務方法書に特定寄附信託に関する業務を行う旨の記載があり、かつ、当該受託者は当該業務方法書に従つて適正に信託業務を遂行すること。

8　法第4条の5第5項に規定する計画的な寄附が適正に実施されていないと認められる事実として政令で定める事実は、次に掲げる事実とする。

一　法第4条の5第2項に規定する特定寄附信託契約（以下この条において「特定寄附信託契約」という。）の変更により、その信託財産を対象特定寄附金として支出することを主たる目的としなくなつたこと。

二　特定寄附信託契約又はその履行につき、前項各号に掲げる要件に該当しないこととなつたこと。

9　特定寄附信託の受託者は、居住者の提出する法第4条の5第3項に規定する特定寄附信託申告書（以下この条において「特定寄附信託申告書」という。）に記載された事項のうちに当該居住者と締結した特定寄附信託契約において定められた事項と異なるものがある場合には、当該申告書を受理してはならない。

第3章　公益法人税務関係法令

10　特定寄附信託申告書を提出した居住者が、その提出後、当該特定寄附信託申告書に記載した当該居住者の氏名、住所若しくは居所又は個人番号を変更した場合には、その者は、遅滞なく、その旨その他財務省令で定める事項を記載した申告書（以下この条において「特定寄附信託異動申告書」という。）を、当該特定寄附信託の受託者を経由し、その居住者の住所地（国内に住所を有しない者にあつては居所地とし、住所又は居所の変更の場合には、その変更前の住所地又は居所地とする。次項において同じ。）の所轄税務署長に提出しなければならない。この場合において、当該居住者は、当該特定寄附信託の受託者にその者の行政手続における特定の個人を識別するための番号の利用等に関する法律第2条第7項に規定する個人番号カードその他の財務省令で定める書類を提示し、又は署名用電子証明書等（法第37条の11の3第4項に規定する署名用電子証明書等をいう。以下この項において同じ。）を送信しなければならないものとし、当該特定寄附信託の受託者は、当該特定寄附信託異動申告書に記載されている変更後の氏名、住所若しくは居所又は個人番号が当該書類又は署名用電子証明書等に記載又は記録がされた氏名、住所若しくは居所又は個人番号と同一であることを確認し、かつ、当該特定寄附信託異動申告書に当該確認した事実及び当該書類の名称又は署名用電子証明書等の送信を受けた旨を記載しなければならない。

11　特定寄附信託の受託者は、居住者の提出する特定寄附信託申告書又は特定寄附信託異動申告書を受理した場合には、その受理した日の属する月の翌月10日までに、これらの申告書を当該居住者の住所地の所轄税務署長に送付しなければならない。

12　特定寄附信託の受託者は、当該特定寄附信託の信託財産につき帳簿を備え、財務省令で定めるところにより、当該特定寄附信託の委託者別に、当該信託財産につき生ずる利子等の金額、当該信託財産から支出される寄附金の額及び委託者に交付される金額その他の事項を明らかにし、かつ、当該帳簿を保存しなければならない。

13　特定寄附信託の受託者は、居住者の提出する特定寄附信託申告書又は特定寄附信託異動申告書を受理した場合には、財務省令で定めるところにより、これらの申告書の写しを作成し、当該写しを保存しなければならない。

14　その年において特定寄附信託契約を締結していた信託会社に係る所得税法第227条の規定の適用については、同条中「）については」とあるのは「）が受託者である信託（租税特別措置法（昭和32年法律第26号）第4条の5第1項（特定寄附信託の利子所得の非課税）に規定する特定寄附信託（以下この条において「特定寄附信託」という。）を除く。）にあつては当該信託会社の」と、「受託者については」とあるのは「者が受託者である信託又は特定寄附信託にあつては」とする。

15　法第4条の5第6項の規定により所得税法第78条の規定が適用される場合における同法第120条第3項（同法第122条第3項、第123条第3項、第125条第4項及び第

956

127条第4項において準用する場合を含む。）の規定により確定申告書に添付し、若しくは当該申告書の提出の際に提示すべき書類又は法第4条の5第6項の規定により法第41条の18の2若しくは第41条の18の3の規定が適用される場合における法第41条の18の2第3項若しくは第41条の18の3第2項の規定により確定申告書に添付すべき書類に関し必要な事項は、財務省令で定める。

（特定寄附信託の利子所得の非課税）

則**第3条の17** 施行令第2条の36第2項の規定による通知を受けた同項の支払事務取扱者又は支払者は、その受けた通知の内容を記載した書類をその通知を受けた日の属する年の翌年から5年間保存しなければならない。

2 施行令第2条の36第7項第5号に規定する財務省令で定める事項は、次に掲げる事項とする。

一 当該信託の受託者から施行令第2条の36第7項第5号に規定する対象特定寄附金に係る法人又は特定公益信託の受託者（以下この項において「受領法人等」という。）に対して寄附金を支出する日及び当該信託の委託者から指図があつた金額を当該信託の信託財産から寄附金として支出すること。

二 当該信託の信託財産からの受領法人等への寄附金の交付は、当該信託の受託者が行うこと。

三 前号の交付をする際に、当該受託者から当該受領法人等に対して次に掲げる事項を通知すること。

イ 前号の寄附金の額のうち、当該信託の信託財産から支出するものの金額及び当該信託財産につき生じた法第4条の5第1項に規定する利子等（以下この条において「利子等」という。）の金額に相当する部分の金額

ロ 当該信託の信託契約を締結した居住者の氏名及び住所（国内に住所を有しない者にあつては、居所。次項において同じ。）

3 法第4条の5第3項に規定する財務省令で定める事項は、次に掲げる事項とする。

一 当該特定寄附信託申告書（法第4条の5第3項に規定する特定寄附信託申告書をいう。第5項及び第8項において同じ。）を提出する者の氏名、生年月日、住所及び個人番号

二 当該特定寄附信託（法第4条の5第1項に規定する特定寄附信託をいう。以下この条において同じ。）の信託財産から生ずる利子等につき同項の規定の適用を受けようとする旨

三 当該特定寄附信託の受託者の営業所又は事務所で当該特定寄附信託に関する事務を取り扱うものの名称及び所在地

四 当該特定寄附信託契約（法第4条の5第2項に規定する特定寄附信託契約をい

第3章　公益法人税務関係法令

　　う。以下この項及び第7項において同じ。）の締結年月日及び期間

　五　当該特定寄附信託契約締結時の信託の元本の額

　六　前号の信託の元本の額のうち寄附金として支出する金銭の額の合計額及び当該
　　　特定寄附信託契約の期間の開始の日以後1年ごとに区分した各期間に寄附金とし
　　　て支出する金銭の額

　七　第5号の信託の元本の額のうち委託者に交付する金銭の額の合計額及び当該特
　　　定寄附信託契約の期間の開始の日以後1年ごとに区分した各期間に委託者に交付
　　　する金銭の額

4　施行令第2条の36第10項に規定する財務省令で定める事項は、次に掲げる事項
　とする。

　一　特定寄附信託異動申告書（施行令第2条の36第10項に規定する特定寄附信託異
　　　動申告書をいう。以下この条において同じ。）を提出する者の氏名、生年月日、
　　　住所又は居所及び個人番号

　二　変更前の氏名、住所若しくは居所又は個人番号

　三　当該特定寄附信託異動申告書を提出する特定寄附信託に係る前項第3号及び第
　　　4号に掲げる事項

5　特定寄附信託申告書又は特定寄附信託異動申告書を受理した特定寄附信託の受託
　者は、これらの申告書に当該特定寄附信託の受託者の法人番号を付記するものとす
　る。

6　所得税法施行規則第81条の6第1項（第1号及び第2号に係る部分に限る。）及
　び第2項の規定は、施行令第2条の36第10項に規定する財務省令で定める書類に
　ついて準用する。

7　特定寄附信託の受託者は、当該特定寄附信託の信託財産につき帳簿を備え、当該
　特定寄附信託の委託者別に、当該信託財産に係る特定寄附信託契約の締結年月日及
　び期間、その特定寄附信託契約締結時の信託の元本の額、当該信託財産につき生じ
　た利子等の金額、当該信託財産から支出される寄附金の額及び委託者に交付される
　金銭並びにその支出又は交付をした年月日、その寄附金を受領した法人又は所得税
　法第78条第3項に規定する特定公益信託の受託者の名称及び所在地並びに当該特定
　公益信託の名称その他の事項を明らかにしなければならない。

8　特定寄附信託の受託者は、委託者から提出された特定寄附信託申告書又は特定寄
　附信託異動申告書を受理した場合には、これらの申告書の写しを作成しなければな
　らない。ただし、これらの申告書に記載された事項を前項の帳簿に記載する場合に
　は、この限りでない。

9　特定寄附信託の受託者は、その作成した第7項の帳簿並びに前項の特定寄附信託
　申告書及び特定寄附信託異動申告書の写しを、当該特定寄附信託に係る委託者別に

958

整理し、当該帳簿及びこれらの申告書に係る特定寄附信託が終了した日の属する年の翌年から5年間保存しなければならない。

10　法第4条の5第6項の規定により所得税法第78条の規定が適用される場合における所得税法施行規則第47条の2の規定の適用については、同条第3項中「書類と」とあるのは、「書類（租税特別措置法（昭和32年法律第26号）第4条の5第1項（特定寄附信託の利子所得の非課税）に規定する特定寄附信託（以下この項において「特定寄附信託」という。）の信託財産から支出した寄附金にあつては、当該寄附金が特定寄附信託の信託財産から支出されたものである旨及び当該寄附金と併せて寄附した同条第1項の規定の適用を受けた同項に規定する利子等の金額に相当する部分の金額の記載があるものに限る。）と」とする。

11　法第4条の5第6項の規定により法第41条の18の2又は第41条の18の3の規定が適用される場合における第19条の10の4及び第19条の10の5の規定の適用については、第19条の10の4及び第19条の10の5第11項第1号イ中「住所」とあるのは、「住所並びに法第4条の5第1項に規定する特定寄附信託（以下この条において「特定寄附信託」という。）の信託財産から支出した寄附金にあつては、当該寄附金が特定寄附信託の信託財産から支出されたものである旨及び当該寄附金と併せて寄附した同項の規定の適用を受けた同項に規定する利子等の金額に相当する部分の金額」とする。

（国等に対して財産を寄附した場合の譲渡所得等の非課税）

第40条　国又は地方公共団体に対し財産の贈与又は遺贈があつた場合には、所得税法第59条第1項第1号の規定の適用については、当該財産の贈与又は遺贈がなかつたものとみなす。公益社団法人、公益財団法人、特定一般法人（法人税法別表第二に掲げる一般社団法人及び一般財団法人で、同法第2条第9号の2イに掲げるものをいう。）その他の公益を目的とする事業（以下この項から第3項まで及び第5項において「公益目的事業」という。）を行う法人（外国法人に該当するものを除く。以下この条において「公益法人等」という。）に対する財産（国外にある土地その他の<u>政令で定めるもの</u>を除く。以下この条において同じ。）の贈与又は遺贈（当該公益法人等を設立するためにする財産の提供を含む。以下この条において同じ。）で、当該贈与又は遺贈が教育又は科学の振興、文化の向上、社会福祉への貢献その他公益の増進に著しく寄与すること、当該贈与又は遺贈に係る財産（当該財産につき第33条第1項に規定する収用等があつたことその他の<u>政令で定める理由</u>により当該財産の譲渡をした場合において、当該譲渡による収入金額の全部に相当する金額をもつて取得した当該財産に代わるべき資産として<u>政令で定めるもの</u>を取得したと

きは、当該資産（次項、第3項及び第16項において「代替資産」という。））が、当該贈与又は遺贈があつた日から2年を経過する日までの期間（当該期間内に当該公益法人等の当該公益目的事業の用に直接供することが困難である場合として政令で定める事情があるときは、政令で定める期間。次項において同じ。）内に、当該公益法人等の当該公益目的事業の用に直接供され、又は供される見込みであることその他の政令で定める要件を満たすものとして国税庁長官の承認を受けたものについても、また同様とする。

2 国税庁長官は、前項後段の規定の適用を受けて贈与又は遺贈があつた場合において、当該贈与又は遺贈に係る財産又は代替資産（以下この項において「財産等」という。）が当該贈与又は遺贈があつた日から2年を経過する日までの期間内に当該公益法人等の当該公益目的事業の用に直接供されなかつたときその他の当該財産等が当該公益法人等の当該公益目的事業の用に直接供される前に政令で定める事実が生じたとき（当該公益法人等が当該財産等（当該財産等の譲渡をした場合には、当該譲渡による収入金額の全部に相当する額の金銭）を国又は地方公共団体に贈与した場合その他政令で定める場合を除く。）は、前項後段の承認を取り消すことができる。この場合には、その承認が取り消された時において、政令で定めるところにより、同項に規定する贈与又は遺贈があつたものとみなす。

3 国税庁長官は、第1項後段の規定の適用を受けて行われた贈与又は遺贈を受けた公益法人等が、当該贈与又は遺贈のあつた後、当該贈与又は遺贈に係る財産又は代替資産（以下この項において「財産等」という。）をその公益目的事業の用に直接供しなくなつた場合その他当該贈与又は遺贈につき政令で定める事実（前項に規定する事実を除く。）が生じた場合（当該公益法人等が当該財産等（当該財産等の譲渡をした場合には、当該譲渡による収入金額の全部に相当する額の金銭）を国又は地方公共団体に贈与した場合その他政令で定める場合を除く。）には、第1項後段の承認を取り消すことができる。この場合には、当該公益法人等を当該贈与又は遺贈を行つた個人とみなして、政令で定めるところにより、これに当該財産に係る山林所得の金額、譲渡所得の金額又は雑所得の金額に係る所得税を課する。

4 前項後段の規定の適用を受けた公益法人等に対する法人税法の規定の適用については、同法第38条第2項を寄附した場合の譲渡所得等の非課税）の規定による所得税（当該所得税に係る同項の財産の価額が当該財産の同条第1項に規定する贈与又は遺贈を受けた同項に規定する公益法人等の各事業年度の所得の金額又は各連結事業年度の連結所得の金額の計算上益金の額に算入された場合における当該所得税を除く。）」とする。

5 第3項の代替資産には、同項の公益法人等が、同項の贈与又は遺贈を受けた財産

（当該公益法人等の公益目的事業の用に２年以上直接供しているものに限る。）の譲渡をし、その譲渡による収入金額の全部に相当する金額をもつて資産（当該財産に係る公益目的事業の用に直接供することができる当該財産と同種の資産（財務省令で定めるものを含む。）、土地及び土地の上に存する権利に限る。以下この項及び第16項において「買換資産」という。）を取得した場合において、その譲渡の日の前日までに、当該譲渡の日その他の財務省令で定める事項を記載した書類を、納税地の所轄税務署長を経由して国税庁長官に提出したときにおける当該買換資産を含むものとする。この場合において、当該公益法人等は、当該買換資産を、当該譲渡の日の翌日から１年を経過する日までの期間（当該期間内に当該公益目的事業の用に直接供することが困難である場合として政令で定める事情があるときは、政令で定める期間）内に、当該公益目的事業の用に直接供しなければならない。

6　第１項後段の規定の適用を受けて行われた贈与又は遺贈（以下この条において「特定贈与等」という。）を受けた公益法人等が、合併により当該公益法人等に係る第３項に規定する財産等を合併後存続する法人又は合併により設立する法人（公益法人等に該当するものに限る。以下この項において「公益合併法人」という。）に移転しようとする場合において、当該合併の日の前日までに、政令で定めるところにより、当該合併の日その他の財務省令で定める事項を記載した書類を、納税地の所轄税務署長を経由して国税庁長官に提出したときは、当該合併の日以後は、当該公益合併法人は当該特定贈与等に係る公益法人等と、当該公益合併法人がその移転を受けた資産は当該特定贈与等に係る財産と、それぞれみなして、この条の規定を適用する。

7　特定贈与等を受けた公益法人等が、解散（合併による解散を除く。）による残余財産の分配又は引渡しにより当該公益法人等に係る第３項に規定する財産等を他の公益法人等（以下この項において「解散引継法人」という。）に移転しようとする場合において、当該解散の日の前日までに、政令で定めるところにより、当該解散の日その他の財務省令で定める事項を記載した書類を、納税地の所轄税務署長を経由して国税庁長官に提出したときは、当該解散の日以後は、当該解散引継法人は当該特定贈与等に係る公益法人等と、当該解散引継法人がその移転を受けた資産は当該特定贈与等に係る財産と、それぞれみなして、この条の規定を適用する。

8　特定贈与等を受けた公益法人等で公益社団法人及び公益財団法人の認定等に関する法律（平成18年法律第49号。以下この項及び第14項において「公益認定法」という。）第29条第１項又は第２項の規定による公益認定法第５条に規定する公益認定の取消しの処分（当該取消しの処分に係る事由により第１項後段の承認を取り消すことができる場合の当該処分を除く。以下この項において「特定処分」という。）

第3章　公益法人税務関係法令

を受けたもの（当該特定処分後において、第1項に規定する特定一般法人に該当するものに限る。以下この項において「当初法人」という。）が、同条第17号に規定する定款の定めに従い、その有する公益認定法第30条第2項に規定する公益目的取得財産残額に相当する額の財産（以下この項において「引継財産」という。）を他の公益法人等（以下この項において「引継法人」という。）に贈与しようとする場合において、当該贈与の日の前日までに、**政令で定めるところ**により、当該贈与の日その他の**財務省令で定める事項**を記載した書類を、納税地の所轄税務署長を経由して国税庁長官に提出したときは、当該贈与の日以後は、当該引継法人は当該特定贈与等に係る公益法人等と、当該引継法人が当該贈与を受けた公益引継資産（当該引継財産のうち、当該特定処分を受けた公益法人等に係る第3項に規定する財産等に相当するものとして**政令で定める部分**をいう。）は当該特定贈与等に係る財産と、それぞれみなして、この条の規定を適用する。この場合において、当該贈与の日以後は、当該当初法人については、第3項の規定は、適用しない。

9　特定贈与等を受けた第1項に規定する特定一般法人が、第3項に規定する財産等を他の公益法人等（以下この項において「受贈公益法人等」という。）に贈与しようとする場合（一般社団法人及び一般財団法人に関する法律及び公益社団法人及び公益財団法人の認定等に関する法律の施行に伴う関係法律の整備等に関する法律（平成18年法律第50号）第119条第2項第1号ロに掲げる寄附に該当する場合に限る。）において、当該贈与の日の前日までに、**政令で定めるところ**により、当該贈与の日その他の**財務省令で定める事項**を記載した書類を、納税地の所轄税務署長を経由して国税庁長官に提出したときは、当該贈与の日以後は、当該受贈公益法人等は当該特定贈与等に係る公益法人等と、当該受贈公益法人等が当該贈与を受けた資産は当該特定贈与等に係る財産と、それぞれみなして、この条の規定を適用する。

10　特定贈与等を受けた公益法人等（幼稚園（就学前の子どもに関する教育、保育等の総合的な提供の推進に関する法律（平成18年法律第77号）第2条第2項に規定する幼稚園をいう。以下この項において同じ。）又は保育所等（同条第5項に規定する保育所等をいう。以下この項において同じ。）を設置する者で**政令で定める要件**を満たすものに限る。以下この項において「譲渡法人」という。）が、当該譲渡法人に係る第3項に規定する財産等（当該幼稚園又は保育所等に係る事業の用に直接供されているものに限る。）を他の公益法人等（同条第7項に規定する幼保連携型認定こども園、幼稚園又は保育所等を設置しようとする者で**政令で定める要件**を満たすものに限る。以下この項において「譲受法人」という。）に贈与をしようとする場合において、当該贈与の日の前日までに、**政令で定めるところ**により、当該贈与の日その他の**財務省令で定める事項**を記載した書類を、納税地の所轄税務署長を

経由して国税庁長官に提出したときは、当該贈与の日以後は、当該譲受法人は当該特定贈与等に係る公益法人等と、当該譲受法人がその贈与を受けた資産は当該特定贈与等に係る財産と、それぞれみなして、この条の規定を適用する。

11　第6項に規定する公益合併法人が、特定贈与等を受けた公益法人等から合併により資産の移転を受けた場合（当該公益法人等が当該移転につき同項に規定する書類を当該合併の日の前日までに提出しなかつた場合に限る。）において、当該公益合併法人が、政令で定めるところにより、当該資産が当該特定贈与等に係る第3項に規定する財産等であることを知つた日の翌日から2月を経過した日の前日までに、当該合併の日その他の財務省令で定める事項を記載した書類を、納税地の所轄税務署長を経由して国税庁長官に提出したときは、第6項の規定にかかわらず、当該合併の日以後は、当該公益合併法人は当該特定贈与等に係る公益法人等と、当該公益合併法人がその移転を受けた資産は当該特定贈与等に係る財産と、それぞれみなして、この条の規定を適用する。

12　前項の規定は、第8項に規定する引継法人が同項に規定する当初法人から同項に規定する引継財産の贈与を受けた場合（当該当初法人が当該贈与につき同項に規定する書類を当該贈与の日の前日までに提出しなかつた場合に限る。）、第9項に規定する受贈公益法人等が同項に規定する特定一般法人から同項に規定する財産等の贈与を受けた場合（当該特定一般法人が当該贈与につき同項に規定する書類を当該贈与の日の前日までに提出しなかつた場合に限る。）及び第10項に規定する譲受法人が同項に規定する譲渡法人から同項に規定する財産等の贈与を受けた場合（当該譲渡法人が当該贈与につき同項に規定する書類を当該贈与の日の前日までに提出しなかつた場合に限る。）について準用する。この場合において、当該引継法人が当該当初法人から当該引継財産の贈与を受けた場合について準用するときは、前項中「資産は」とあるのは、「第8項に規定する公益引継資産は」と読み替えるものとする。

13　第5項後段の規定は第6項から第11項（前項において準用する場合を含む。以下この項において同じ。）までの規定を適用する場合について、第8項後段の規定は第9項の特定一般法人、第10項の譲渡法人並びに前項の規定を適用する場合における同項の当初法人、特定一般法人及び譲渡法人について、それぞれ準用する。この場合において、第10項の譲受法人又は前項の譲受法人について第10項又は第11項の規定を適用する場合について準用する第5項後段中「当該公益目的事業の用」とあるのは、「当該公益目的事業の用（政令で定める事業の用に限る。）」と読み替えるものとする。

14　第9項に規定する特定一般法人が、公益認定法第4条の認定を受けた場合には、当該認定を受けた日から1月以内に、政令で定めるところにより、当該特定一般法

人の名称、所在地及び行政手続における特定の個人を識別するための番号の利用等に関する法律第2条第15項に規定する法人番号その他の**財務省令で定める事項**を記載した書類を、納税地の所轄税務署長を経由して国税庁長官に提出しなければならない。

15　国税庁長官は、第1項後段の承認をしたときは、その旨を当該承認を申請した者及び当該申請に係る公益法人等に対し、当該承認をしないことを決定したとき又は当該承認を第2項の規定により取り消したときは、その旨を当該承認を申請した者又は当該承認を受けていた者に対し、当該承認を第3項の規定により取り消したときは、その旨を当該承認に係る公益法人等に対し、それぞれ通知しなければならない。

16　個人から贈与又は遺贈を受けた資産（当該資産に係る代替資産又は買換資産に該当するものを含む。以下この項において「受贈資産」という。）を有する公益法人等が当該受贈資産の移転につき第5項から第10項までの規定の適用を受けようとする場合には、当該公益法人等は、政令で定めるところにより、国税庁長官に対し、当該受贈資産が当該公益法人等に係る特定贈与等に係る第3項に規定する財産等であることの確認を求めることができる。この場合において、当該公益法人等が当該受贈資産のうち平成20年12月1日以後の贈与又は遺贈に係るものについてその確認を求めることができるのは、その確認を求めることにつき災害その他やむを得ない理由がある場合に限るものとする。

17　国税庁長官は、前項の規定により確認を求められたときは、当該確認に係る公益法人等に対し、速やかに回答しなければならない。

18　第1項後段の承認につき、その承認をしないことの決定若しくは第2項の取消しがあつた場合（当該取消しがあつた場合には、**政令で定める場合**に限る。）における当該承認を申請した者若しくは当該承認を受けていた者の納付すべき所得税の額で当該処分に係る財産の贈与若しくは遺贈に係るものとして政令で定めるところにより計算した金額又は第3項の取消しがあつた場合（政令で定める場合に限る。）における当該承認に係る公益法人等の納付すべき所得税の額についての国税通則法第60条第2項の規定の適用については、同項本文に規定する期間は、同項の規定にかかわらず、当該決定又は取消しの通知をした日の翌日から当該金額を完納する日までの期間とする。

19　第1項の規定の適用を受ける財産の贈与又は遺贈について所得税法第78条第1項の規定又は第41条の18の2若しくは第41条の18の3の規定の適用がある場合におけるこれらの規定の適用については、同法第78条第2項中「寄附金（学校の入学に関してするものを除く。）」とあるのは「寄附金（租税特別措置法第40条第1項（国等

に対して財産を寄附した場合の譲渡所得等の非課税）の規定の適用を受けるものの
うち同項に規定する財産の贈与又は遺贈に係る山林所得の金額若しくは譲渡所得の
金額で第32条第３項に規定する山林所得の特別控除額若しくは第33条第３項に規定
する譲渡所得の特別控除額を控除しないで計算した金額又は雑所得の金額に相当す
る部分及び学校の入学に関してするものを除く。）」と、第41条の18の２第１項中
「その寄附をした者」とあるのは「第40条第１項の規定の適用を受けるもののうち
同項に規定する財産の贈与又は遺贈に係る山林所得の金額若しくは譲渡所得の金額
で所得税法第32条第３項に規定する山林所得の特別控除額若しくは同法第33条第３
項に規定する譲渡所得の特別控除額を控除しないで計算した金額又は雑所得の金額
に相当する部分及びその寄附をした者」と、「所得税法」とあるのは「同法」とする。
20　第18項に定めるもののほか、第１項後段の承認の手続、第２項後段の規定により
あつたものとみなされる贈与又は遺贈に係る所得税法第78条の規定の特例、第３項
後段の規定により贈与又は遺贈を行つた個人とみなされる公益法人等に対する所得
税に関する法令の規定の適用に関する特例、当該公益法人等（合併又は解散（合併
による解散を除く。）をするものに限る。）に対する所得税の納税義務の成立時期に
関する特例その他第１項から第17項までの規定の適用に関し必要な事項は、政令で
定める。

〔編者注〕措置法第40条第１項の非課税承認の申請に当たっては、国税庁より「租
　税特別措置法第40条第１項後段の規定による譲渡所得等の非課税の取扱いにつ
　いて」（昭和55年４月23日・資２-181（例規））等の法令解釈通達が発遣されてい
　るほか、以下の手引書等が国税庁 HP に掲載されているので、参考とされたい。
・　「租税特別措置法第40条の規定による承認申請書」の記載のしかた（平成26年
　９月）〔http://www.nta.go.jp/shiraberu/ippanjoho/pamph/joto-sanrin/7402/01.
　htm〕
・　公益法人等に財産を寄附（贈与又は遺贈等）した場合の譲渡所得等の非課税
　の特例について（平成29年６月）〔http://www.nta.go.jp/shiraberu/ippanjoho/
　pamph/pdf/h29kouekihoujin_02.pdf〕
・　公益法人等に財産を寄附した場合の譲渡所得等の非課税の特例の「承認特例」
　の対象が拡充されました！（平成29年４月）〔http://www.nta.go.jp/shiraberu/
　ippanjoho/pamph/pdf/h29kouekihoujin_01.pdf〕

（公益法人等に対して財産を寄附した場合の譲渡所得等の非課税）
㋿**第25条の17**　法第40条第１項後段の規定の適用を受けようとする者は、贈与又は
　遺贈（同項後段に規定する公益法人等（以下この条において「公益法人等」という。）

第3章　公益法人税務関係法令

を設立するためにする同項後段に規定する財産（以下この条において「財産」という。）の提供を含む。以下この条において同じ。）により財産を取得する公益法人等の事業の目的、当該贈与又は遺贈に係る財産の内容その他の**財務省令で定める事項**を記載した申請書に、当該公益法人等が当該申請書に記載された事項を確認したことを証する書類を添付して、当該贈与又は遺贈のあつた日から4月以内（当該期間の経過する日前に当該贈与があつた日の属する年分の所得税の確定申告書の提出期限が到来する場合には、当該提出期限まで）に、納税地の所轄税務署長を経由して、国税庁長官に提出しなければならない。この場合において、当該期間内に当該申請書の提出がなかつたこと又は当該書類の添付がなかつたことにつき国税庁長官においてやむを得ないと認める事情があり、かつ、当該贈与又は遺贈に係る山林所得、譲渡所得又は雑所得につき国税通則法第24条から第26条までの規定による更正又は決定を受ける日の前日までに当該申請書又は書類の提出があつたときは、当該期間内に当該申請書の提出又は当該書類の添付があつたものとする。

2　**法第40条第1項後段に規定する政令で定める財産**は、国外にある土地若しくは土地の上に存する権利又は建物及びその附属設備若しくは構築物とする。

3　**法第40条第1項後段に規定する政令で定める理由**により贈与又は遺贈に係る財産の譲渡をした場合は、次の各号に掲げる場合とし、**同項後段に規定する当該財産に代わるべき資産として政令で定めるもの**は、当該各号に掲げる場合の区分に応じ当該各号に定める資産とする。

一　当該財産につき法第64条第1項に規定する収用等又は法第65条第1項に規定する換地処分等による譲渡があつた場合（法第64条第2項若しくは第68条の70第2項又は第65条第7項から第9項まで若しくは第68条の72第7項から第9項までの規定によりこれらの譲渡があつたものとみなされる場合を含む。）　当該財産に係る法第64条第1項若しくは第68条の70第1項に規定する代替資産又は法第65条第1項若しくは第68条の72第1項に規定する交換取得資産

二　当該贈与又は遺贈に係る公益法人等の公益を目的とする事業（以下この条において「公益目的事業」という。）の用に直接供する施設につき、所得税法第2条第1項第27号に規定する災害があつた場合において、その復旧を図るために当該財産を譲渡したとき　その災害を受けた施設（災害により滅失した場合には、当該施設に代わるべき当該施設と同種の施設）の用に供する減価償却資産、土地及び土地の上に存する権利

三　当該贈与又は遺贈に係る公益法人等の公益目的事業の用に直接供する施設（当該財産をその施設の用に供しているものに限る。）における当該公益目的事業の遂行が、環境基本法（平成5年法律第91号）第2条第3項に規定する公害により、若しくは当該施設の所在場所の周辺において風俗営業等の規制及び業務の適正化

966

等に関する法律第2条第1項第1号から第4号までに掲げる営業が営まれること
となつたことにより著しく困難となつた場合又は当該施設の規模を拡張する場合
において、当該施設の移転をするため当該財産を譲渡したとき 当該移転後の施
設の用に供する減価償却資産、土地及び土地の上に存する権利

四 当該財産につき所得税法第57条の4第1項に規定する株式交換又は同条第2項
に規定する株式移転による譲渡があつた場合 当該株式交換により取得する同条
第1項に規定する株式交換完全親法人の同項に規定する株式若しくは親法人（当
該株式交換完全親法人との間に同項に規定する政令で定める関係がある法人をい
う。）の同項に規定する株式又は当該株式移転により取得する同条第2項に規定
する株式移転完全親法人の株式

五 国又は地方公共団体に贈与する目的で資産の取得、製作又は建設（以下この号
において「取得等」という。）をする場合において、その資産の取得等の費用に
充てるために当該財産を譲渡したとき 当該国又は地方公共団体に贈与する目的
で取得等をする資産で、その取得等の後直ちに当該国又は地方公共団体に贈与さ
れるもの

六 当該財産のうち第7項の規定の適用を受けて行われた贈与又は遺贈に係るもの
で同項第3号ロ又はハに規定する方法により管理されていたものを譲渡したとき
当該譲渡をした財産に代わるべき資産として<u>財務省令で定めるもの</u>で引き続き
当該方法により管理されるもの

七 前各号に掲げる場合に準ずる場合として<u>財務省令で定める場合</u> その譲渡によ
る収入金額の全部に相当する金額をもつて取得した資産で<u>財務省令で定めるもの</u>

4 <u>法第40条第1項後段に規定する政令で定める事情</u>は、公益法人等が同項後段の
贈与又は遺贈を受けた土地の上に建設をする当該贈与又は遺贈に係る公益目的事業
の用に直接供する建物のその建設に要する期間が通常2年を超えることその他同項
の財産又は代替資産を当該贈与又は遺贈があつた日から2年を経過する日までの期
間内に当該公益目的事業の用に直接供することが困難であるやむを得ない事情と
し、<u>同項後段に規定する政令で定める期間</u>は、当該贈与又は遺贈があつた日から国
税庁長官が認める日までの期間とする。

5 <u>法第40条第1項後段に規定する政令で定める要件</u>は、次に掲げる要件（同項後
段の贈与又は遺贈が法人税法別表第一に掲げる独立行政法人、国立大学法人、大学
共同利用機関法人、地方独立行政法人（地方独立行政法人法第21条第1号に掲げる
業務、同条第3号チに掲げる事業に係る同号に掲げる業務、同条第4号に掲げる業
務若しくは地方独立行政法人法施行令第5条第1号に掲げる介護老人保健施設若し
くは同条第3号に掲げる博物館、美術館、植物園、動物園若しくは水族館に係る同
法第21条第5号に掲げる業務を主たる目的とするもの又は同法第68条第1項に規定

第3章　公益法人税務関係法令

する公立大学法人に限る。）及び日本司法支援センターに対するものである場合には、第2号に掲げる要件）とする。

一　当該贈与又は遺贈が、教育又は科学の振興、文化の向上、社会福祉への貢献その他公益の増進に著しく寄与すること。

二　当該贈与又は遺贈に係る財産又は法第40条第1項に規定する代替資産が、当該贈与又は遺贈があつた日から2年を経過する日までの期間（同項に規定する期間をいう。）内に、当該公益法人等の当該贈与又は遺贈に係る公益目的事業の用に直接供され、又は供される見込みであること。

三　公益法人等に対して財産の贈与又は遺贈をすることにより、当該贈与若しくは遺贈をした者の所得に係る所得税の負担を不当に減少させ、又は当該贈与若しくは遺贈をした者の親族その他これらの者と相続税法第64条第1項に規定する特別の関係がある者の相続税若しくは贈与税の負担を不当に減少させる結果とならないと認められること。

6　贈与又は遺贈により財産を取得した公益法人等が、次に掲げる要件を満たすときは、前項第3号の所得税又は贈与税若しくは相続税の負担を不当に減少させる結果とならないと認められるものとする。

一　その運営組織が適正であるとともに、その寄附行為、定款又は規則において、その理事、監事、評議員その他これらの者に準ずるもの（以下この項及び次項において「役員等」という。）のうち親族関係を有する者及びこれらと次に掲げる特殊の関係がある者（次号及び次項において「親族等」という。）の数がそれぞれの役員等の数のうちに占める割合は、いずれも3分の1以下とする旨の定めがあること。

イ　当該親族関係を有する役員等と婚姻の届出をしていないが事実上婚姻関係と同様の事情にある者

ロ　当該親族関係を有する役員等の使用人及び使用人以外の者で当該役員等から受ける金銭その他の財産によつて生計を維持しているもの

ハ　イ又はロに掲げる者の親族でこれらの者と生計を一にしているもの

ニ　当該親族関係を有する役員等及びイからハまでに掲げる者のほか、次に掲げる法人の法人税法第2条第15号に規定する役員（(1)において「会社役員」という。）又は使用人である者

(1)　当該親族関係を有する役員等が会社役員となつている他の法人

(2)　当該親族関係を有する役員等及びイからハまでに掲げる者並びにこれらの者と法人税法第2条第10号に規定する政令で定める特殊の関係のある法人を判定の基礎にした場合に同号に規定する同族会社に該当する他の法人

二　その公益法人等に財産の贈与若しくは遺贈をする者、その公益法人等の役員等

若しくは社員又はこれらの者の親族等に対し、施設の利用、金銭の貸付け、資産の譲渡、給与の支給、役員等の選任その他財産の運用及び事業の運営に関して特別の利益を与えないこと。

三　その寄附行為、定款又は規則において、その公益法人等が解散した場合にその残余財産が国若しくは地方公共団体又は他の公益法人等に帰属する旨の定めがあること。

四　その公益法人等につき公益に反する事実がないこと。

五　その公益法人等が当該贈与又は遺贈により株式の取得をした場合には、当該取得により当該公益法人等の有することとなる当該株式の発行法人の株式がその発行済株式の総数の2分の1を超えることとならないこと。

7　法第40条第1項後段の贈与又は遺贈が、公益法人等（公益社団法人、公益財団法人、学校法人（私立学校振興助成法（昭和50年法律第61号）第14条第1項に規定する学校法人で同項に規定する文部科学大臣の定める基準に従い会計処理を行うものに限る。第3号ロにおいて同じ。）又は社会福祉法人に限る。以下この項において同じ。）に対するものである場合において、次に掲げる要件を満たすものであることを証する書類として**財務省令で定める書類**を添付した第1項の規定による申請書（当該公益法人等が当該贈与又は遺贈に係る財産について、同号イに規定する不可欠特定財産として同号イに規定する定款の定めを設けることとする旨又は同号ロ若しくはハに規定する方法により管理することとする旨の記載のあるものに限る。）の提出があつたときは、法第40条第1項後段に規定する要件は、次に掲げる要件とする。

一　当該贈与又は遺贈をした者が当該公益法人等の役員等及び社員並びにこれらの者の親族等に該当しないこと。

二　当該贈与又は遺贈を受けた財産が、法第37条の10第2項に規定する株式等（同項第1号から第3号まで、第5号及び第6号に掲げるものに限る。）、新株予約権付社債（資産の流動化に関する法律第131条第1項に規定する転換特定社債及び同法第139条第1項に規定する新優先出資引受権付特定社債を含む。）又は所得税法第174条第9号に規定する匿名組合契約の出資の持分でないこと。

三　次に掲げる当該贈与又は遺贈を受けた公益法人等の区分に応じ、次に定める要件

イ　公益社団法人又は公益財団法人　当該贈与又は遺贈を受けた財産が当該公益社団法人又は当該公益財団法人の不可欠特定財産（公益社団法人及び公益財団法人の認定等に関する法律（平成18年法律第49号）第5条第16号に規定する財産をいう。第9項において同じ。）であるものとして、その旨並びにその維持及び処分の制限について、必要な事項が定款で定められていること。

第3章　公益法人税務関係法令

　　ロ　学校法人　当該贈与又は遺贈を受けた財産（当該財産につき譲渡があつた場
　　　合には、当該譲渡による収入金額の全部に相当する金額をもつて取得した財産
　　　（<u>財務省令で定めるもの</u>に限る。）を含む。）が当該学校法人の財政基盤の強化
　　　を図るために<u>財務省令で定める方法</u>により管理されていること。
　　ハ　社会福祉法人　当該贈与又は遺贈を受けた財産（当該財産につき譲渡があつ
　　　た場合には、当該譲渡による収入金額の全部に相当する金額をもつて取得した
　　　財産（<u>財務省令で定めるもの</u>に限る。）を含む。）が当該社会福祉法人の経営基
　　　盤の強化を図るために<u>財務省令で定める方法</u>により管理されていること。
　四　その他<u>財務省令で定める要件</u>

8　前項の贈与又は遺贈につき同項の申請書（同項の書類の添付があるものに限る。）
　の提出があつた場合において、第1項の税務署長に当該申請書の提出があつた日か
　ら1月以内に、当該申請の承認がなかつたとき、又は当該承認をしないことの決定
　がなかつたときは、当該申請の承認があつたものとみなす。

9　第7項の申請書（同項の書類の添付があるものに限る。）を提出した者で当該申
　請の承認があつたものは、同項の公益法人等の当該贈与又は遺贈をした日の属する
　事業年度（法第2条第2項第18号に規定する事業年度をいう。）において、当該贈
　与又は遺贈に係る不可欠特定財産について第7項第3号イに規定する定款の定めが
　設けられたこと又は同号ロ若しくはハに規定する財産がそれぞれ同号ロ若しくはハ
　に規定する方法により管理されたことが確認できる書類として<u>財務省令で定めるも
　の</u>を、当該事業年度終了の日から3月以内（当該期間の経過する日後に当該申請書
　に係る第1項の規定による提出期限が到来する場合には、当該提出期限まで）に、
　第1項の税務署長を経由して、国税庁長官に提出しなければならない。

10　<u>法第40条第2項に規定する政令で定める事実</u>は、第5項第2号に規定する期間
　内に同号に規定する財産若しくは代替資産が同号の公益目的事業の用に直接供され
　なかつたこと、当該財産若しくは代替資産が当該公益目的事業の用に直接供される
　前に同項第3号に掲げる要件に該当しないこととなつたこと又は前項の定めるとこ
　ろにより同項に規定する財務省令で定める書類の提出がなかつたこととする。

11　<u>法第40条第2項に規定する政令で定める場合</u>は、同条第8項に規定する特定処
　分を受けた同項に規定する当初法人が、同項に規定する公益引継資産を国又は地方
　公共団体に贈与した場合（当該公益引継資産として同条第2項に規定する財産又は
　代替資産（当該財産又は代替資産の譲渡をした場合には、当該譲渡による収入金額
　の全部に相当する額の金銭）を贈与した場合を除く。）とする。

12　法第40条第1項後段の規定の適用を受けて行われた贈与又は遺贈に係る同項後段
　の承認につき<u>同条第2項</u>の規定による取消しがあつた場合には、当該贈与又は遺贈
　があつた時に、その時における価額に相当する金額により、当該贈与又は遺贈に係

970

る財産の譲渡があつたものとして、同項後段に規定する贈与又は遺贈に係る山林所得の金額、譲渡所得の金額又は雑所得の金額を計算し、当該贈与をした者の当該承認が取り消された日の属する年分（その日までに当該贈与をした者が死亡していた場合には、死亡の日の属する年分。第15項及び第32項において同じ。）又は当該遺贈をした者の当該遺贈があつた日の属する年分の所得として、所得税を課する。

13　法第40条第3項に規定する政令で定める事実は、第5項第3号に掲げる要件に該当しないこととなつたことその他財務省令で定める事実とする。

14　第11項の規定は、法第40条第3項に規定する政令で定める場合について準用する。

15　法第40条第1項後段の規定の適用を受けて行われた贈与又は遺贈に係る同項後段の承認につき同条第3項の規定による取消しがあつた場合には、当該贈与又は遺贈があつた時に、その時における価額に相当する金額により、当該贈与又は遺贈に係る財産の譲渡があつたものとして、同項後段に規定する財産に係る山林所得の金額、譲渡所得の金額又は雑所得の金額を計算し、当該承認に係る公益法人等の当該承認が取り消された日の属する年分（遺贈の場合には当該遺贈があつた日の属する年分とし、当該公益法人等が当該承認が取り消された日の属する年以前に解散をした場合には当該解散の日（当該解散が合併による解散である場合には、当該合併の日の前日）の属する年分とする。）の所得として、所得税を課する。この場合において、当該公益法人等の住所は、その主たる事務所の所在地にあるものとする。

16　法第40条第3項後段の規定により公益法人等（前項に規定する承認が取り消された日の属する年以前に解散をしたものに限る。）に課される所得税に係る国税通則法第15条の規定の適用については、同条第2項第1号中「暦年の終了の時」とあるのは、「解散の日（合併による解散の場合には、当該合併の日の前日）を経過する時」とする。

17　法第40条第3項後段の規定により公益法人等（第15項に規定する承認が取り消された日の属する年以前に解散をしたものに限る。）に課される所得税に係る所得税法第2編第5章第2節の規定の適用については、同法第120条第1項中「第3期（その年の翌年2月16日から3月15日までの期間をいう。以下この節において同じ。）において」とあるのは「解散の日（合併による解散の場合には、当該合併の日の前日）の翌日から2月以内（当該翌日から2月以内に残余財産の最後の分配又は引渡しが行われる場合には、その行われる日の前日まで）に」と、同法第128条中「第3期において」とあるのは「解散の日（合併による解散の場合には、当該合併の日の前日）の翌日から2月以内（当該翌日から2月以内に残余財産の最後の分配又は引渡しが行われる場合には、その行われる日の前日まで）に」とする。

18　法第40条第5項に規定する政令で定める事情は、同項の公益法人等が同項に規

第3章　公益法人税務関係法令

定する買換資産として取得した土地の上に建設をする同項に規定する財産に係る公益目的事業の用に直接供する建物のその建設に要する期間が通常1年を超えることその他当該買換資産を同項の譲渡の日の翌日から1年を経過する日までの期間内に当該公益目的事業の用に直接供することが困難であるやむを得ない事情とし、<u>同項に規定する政令で定める期間</u>は、当該譲渡の日の翌日から国税庁長官が認める日までの期間とする。

19　<u>法第40条第6項</u>に規定する特定贈与等（次項及び第24項において「特定贈与等」という。）を受けた公益法人等が、合併により同条第6項に規定する財産等を同項に規定する公益合併法人に移転しようとする場合において、同項の規定の適用を受けようとするときは、当該合併の日の前日までに、同項に規定する書類に、当該公益合併法人が同項の規定の適用を受けることを確認したことを証する書類を添付して、これを当該公益法人等の主たる事務所の所在地の所轄税務署長を経由して、国税庁長官に提出しなければならない。

20　前項の規定は、特定贈与等を受けた公益法人等が<u>法第40条第7項</u>に規定する解散による残余財産の分配若しくは引渡しにより同項に規定する財産等を同項に規定する解散引継法人に移転しようとする場合、<u>同条第8項</u>に規定する当初法人が同項の規定により同項に規定する引継財産（次項において「引継財産」という。）を同条第8項に規定する引継法人に贈与しようとする場合、特定贈与等を受けた<u>同条第9項</u>に規定する特定一般法人が同項の規定により同項に規定する財産等を同項に規定する受贈公益法人等に贈与しようとする場合又は<u>同条第10項</u>に規定する譲渡法人が同項の規定により同項に規定する財産等を同項に規定する譲受法人に贈与をしようとする場合について準用する。

21　<u>法第40条第8項に規定する政令で定める部分</u>は、引継財産の次の各号に掲げる区分に応じ当該各号に定めるものとする。

一　法第40条第8項に規定する財産等　当該財産等

二　前号に掲げる引継財産以外の引継財産　法第40条第8項に規定する公益目的取得財産残額を基礎として<u>財務省令で定めるところ</u>により計算した金額に相当する額の資産

22　<u>法第40条第10項に規定する幼稚園又は保育所等を設置する者に係る政令で定める要件</u>は、同項に規定する特定贈与等を受けた公益法人等の次の各号に掲げる者の区分に応じ当該各号に定める要件とする。

一　法第40条第10項に規定する幼稚園（以下この号及び次項において「幼稚園」という。）を設置する者　当該幼稚園の廃止若しくは設置者の変更（当該設置する者が当該幼稚園の設置者たることをやめようとするものに限る。）の認可（学校教育法第4条第1項に規定する認可をいい、当該設置する者の解散（当該解散に

よる残余財産の分配又は引渡しにより法第40条第10項に規定する財産等を同項に規定する譲受法人に移転する場合に限る。次号において同じ。）に伴うものを除く。以下この号において同じ。）を受け、又は当該認可の申請をしていること。
二 法第40条第10項に規定する保育所等（以下この号及び次項において「保育所等」という。）を設置する者 当該保育所等の次に掲げる区分に応じそれぞれ次に定める要件
　イ 保育所（就学前の子どもに関する教育、保育等の総合的な提供の推進に関する法律（平成18年法律第77号。ロ及び次項において「認定こども園法」という。）第2条第3項に規定する保育所をいう。以下この号及び次項において同じ。）当該保育所の廃止の承認（児童福祉法（昭和22年法律第164号）第35条第12項に規定する承認をいい、当該保育所を設置する者の解散に伴うものを除く。イにおいて同じ。）を受け、又は当該承認の申請をしていること。
　ロ 保育機能施設（認定こども園法第2条第4項に規定する保育機能施設をいう。ロ及び次項第3号ロにおいて同じ。）当該保育機能施設の設置者変更の届出（当該保育機能施設の設置者の変更を事由とする児童福祉法第59条の2第2項の規定による届出（当該設置する者が当該保育機能施設の設置者たることをやめようとするものに限る。）をいい、当該設置する者の解散に伴うものを除く。）を行つていること。
23 法第40条第10項に規定する幼保連携型認定こども園、幼稚園又は保育所等を設置しようとする者に係る政令で定める要件は、同項に規定する他の公益法人等の次の各号に掲げる者の区分に応じ当該各号に定める要件とする。
一 法第40条第10項に規定する幼保連携型認定こども園（以下この項及び第26項において「幼保連携型認定こども園」という。）を設置しようとする者 幼保連携型認定こども園（財務省令で定めるものに限る。）の設置の認可（認定こども園法第17条第1項に規定する認可をいう。以下この号において同じ。）を受け、又は当該設置の認可の認定こども園法第17条第2項の申請をしていること。
二 幼稚園を設置しようとする者 幼稚園（財務省令で定めるものに限る。）の設置若しくは設置者の変更（当該設置しようとする者が新たに当該幼稚園の設置者となるものに限る。）の認可（学校教育法第4条第1項に規定する認可をいい、幼保連携型認定こども園（財務省令で定めるものに限る。）を設置することを目的として受けるものに限る。以下この号において同じ。）を受け、又は当該認可の申請をしていること。
三 保育所等を設置しようとする者 保育所等の次に掲げる区分に応じそれぞれ次に定める要件
　イ 保育所 保育所（財務省令で定めるものに限る。）の設置の認可（児童福祉

法第35条第4項に規定する認可をいい、幼保連携型認定こども園（**財務省令で定めるもの**に限る。）を設置することを目的として受けるものに限る。イにおいて同じ。）を受け、又は当該認可の申請をしていること。

ロ　保育機能施設　法第40条第10項に規定する譲渡法人が設置していた保育機能施設につき、その設置者の変更（当該設置しようとする者が新たに当該保育機能施設の設置者となるものに限る。）を事由とする児童福祉法第59条の2第2項の規定による届出（当該設置しようとする者が幼保連携型認定こども園（**財務省令で定めるもの**に限る。）を設置することを目的として行われたものに限る。）が行われていること。

24　法第40条第11項に規定する公益合併法人が、特定贈与等を受けた公益法人等から合併により資産の移転を受けた場合において、同項の規定の適用を受けようとするときは、当該資産が当該特定贈与等に係る同項に規定する財産等であることを知つた日の翌日から2月を経過した日の前日までに、同項に規定する書類に、当該資産が当該特定贈与等を受けた公益法人等から合併により移転を受けたものであることを明らかにする書類を添付して、これを当該公益合併法人の主たる事務所の所在地の所轄税務署長を経由して、国税庁長官に提出しなければならない。

25　前項の規定は、法第40条第8項に規定する引継法人が同項に規定する当初法人から同項に規定する引継財産の贈与を受けた場合、同条第9項に規定する受贈公益法人等が同項に規定する特定一般法人から同項に規定する財産等の贈与を受けた場合及び同条第10項に規定する譲受法人が同項に規定する譲渡法人から同項に規定する財産等の贈与を受けた場合について準用する。

26　<u>法第40条第13項の規定により読み替えて適用される同条第5項後段に規定する政令で定める事業</u>は、同条第10項に規定する譲受法人又は同条第12項に規定する譲受法人の第23項各号に規定する認可又は届出に係る幼保連携型認定こども園を設置し、運営する事業とする。

27　法第40条第14項に規定する特定一般法人は、同項に規定する認定を受けた日から1月以内に、同項に規定する書類に、当該認定を受けたことを証する書類を添付して、これを当該特定一般法人の主たる事務所の所在地の所轄税務署長を経由して、国税庁長官に提出しなければならない。

28　法第40条第1項後段の規定の適用を受けて行われた贈与又は遺贈を受けた公益法人等が、公益社団法人及び公益財団法人の認定等に関する法律第29条第1項又は第2項の規定による同法第5条に規定する公益認定の取消しの処分を受けた場合には、当該処分を受けた日から1月以内に、当該公益法人等の名称、所在地及び法人番号その他の<u>財務省令で定める事項</u>を記載した書類に、当該処分を受けたことを証する書類及び定款の写しを添付して、これを当該公益法人等の主たる事務所の所在

地の所轄税務署長を経由して、国税庁長官に提出しなければならない。

29　法第40条第16項に規定する公益法人等が同項の規定による確認を求める場合には、同項に規定する受贈資産の内容その他の<u>財務省令で定める事項</u>を記載した書類に、同項に規定する確認を求める資産が当該受贈資産であることを明らかにする書類を添付して、これを当該公益法人等の主たる事務所の所在地の所轄税務署長を経由して、国税庁長官に提出しなければならない。

30　<u>法第40条第18項に規定する同条第２項の取消しに係る政令で定める場合</u>は、第12項の規定により同項の贈与又は遺贈をした者に課される所得税のその納付の期限後において当該取消しが行われた場合とし、同条第18項に規定する同条第３項に係る政令で定める場合は、第15項の規定により公益法人等に課される所得税のその納付の期限（当該公益法人等が同項に規定する承認が取り消された日の属する年以前に解散をしたものである場合には、第17項の規定により読み替えられた所得税法第128条の規定による納付の期限）後において当該取消しが行われた場合とする。

31　<u>法第40条第18項</u>に規定する政令で定めるところにより計算した所得税の額は、その者の納付すべき所得税の額から同条第１項後段の承認があつたものとした場合において計算されるその者の納付すべき所得税の額を控除した金額に相当する金額とする。

32　法第40条第１項後段の承認につき同条第２項の規定による取消しがあつた場合において、当該承認に係る贈与について所得税法第78条第１項の規定又は法第41条の18の２若しくは第41条の18の３の規定の適用があるときは、これらの規定は、当該承認が取り消された日の属する年分において適用を受けることができる。この場合において、同項中「支出した場合」とあるのは「支出した場合（租税特別措置法第40条第１項後段（国等に対して財産を寄附した場合の譲渡所得等の非課税）の承認につき同条第２項の規定による取消しがあつた場合を含む。）」と、所得税法第78条第２項中「寄附金（学校の入学に関してするものを除く。）」とあるのは「寄附金（租税特別措置法第40条第１項の規定の適用を受けたもの（当該取消しに係るものに限る。）のうち同項に規定する財産の贈与に係る山林所得の金額若しくは譲渡所得の金額で第32条第３項（山林所得）に規定する山林所得の特別控除額若しくは第33条第３項（譲渡所得）に規定する譲渡所得の特別控除額を控除しないで計算した金額又は雑所得の金額に相当する部分に限るものとし、学校の入学に関してするものを除く。）」と、法第41条の18の２第１項中「その寄附をした者」とあるのは「その年において第40条第１項後段の承認につき同条第２項の規定による取消しがあつた場合には、同条第１項の規定の適用を受けたもの（当該取消しに係るものに限る。）のうち同項に規定する財産の贈与に係る山林所得の金額若しくは譲渡所得の金額で所得税法第32条第３項に規定する山林所得の特別控除額若しくは同法第33条第３項

第3章　公益法人税務関係法令

に規定する譲渡所得の特別控除額を控除しないで計算した金額又は雑所得の金額に相当する部分を含むものとし、その寄附をした者」と、「所得税法」とあるのは「同法」とする。

（公益法人等に対して財産を寄附した場合の譲渡所得等の非課税）

則**第18条の19**　施行令第25条の17第1項に規定する財務省令で定める事項は、次に掲げる事項とする。

一　贈与又は遺贈（法第40条第1項後段に規定する贈与又は遺贈をいう。以下この条において同じ。）をした者（以下この号において「贈与者等」という。）の氏名、住所又は居所及び当該贈与をした者の個人番号（個人番号を有しない者にあつては、氏名及び住所又は居所。以下この号において同じ。）（当該贈与をした者が死亡している場合又は遺贈の場合には、当該贈与者等の相続人（包括受遺者を含む。）の氏名、住所又は居所及び個人番号並びに当該贈与者等との続柄を含む。）並びに当該贈与又は遺贈をした年月日

二　当該贈与又は遺贈に係る法第40条第1項後段に規定する財産（以下この条において「財産」という。）の種類、所在地、数量、取得年月日、取得価額及び当該贈与又は遺贈の時における価額並びに当該財産の同項後段に規定する公益法人等（以下この条において「公益法人等」という。）における使用目的及び使用開始年月日又は使用開始予定年月日（同項後段に規定する政令で定める事情がある場合には、その事情の詳細を含む。）

三　当該贈与又は遺贈により財産を取得する公益法人等の名称及び主たる事務所の所在地並びに事業の目的並びに設立年月日又は設立予定年月日

四　当該贈与又は遺贈をした者及びこれらの者の親族の当該公益法人等における地位その他当該公益法人等との関係

五　当該公益法人等の事業運営に関する明細

六　当該公益法人等の施行令第25条の17第6項第1号に規定する役員等の氏名及び住所並びに当該役員等に係る同号に規定する親族等に関する事項

七　その他参考となるべき事項

2　施行令第25条の17第3項第6号に規定する財産に代わるべき資産として財務省令で定めるものは、同号の贈与又は遺贈に係る財産の譲渡による収入金額の全部に相当する金額をもつて取得する資産で、当該資産につき第7項各号に定める方法により同項各号に規定する基本金に組み入れることが同項各号に掲げる公益法人等の理事会において決定されたもの（その決定をした旨及びその決定をした事項が当該決定に係る議事録その他これに相当する書類に記載されているものに限る。）とする。

3　施行令第25条の17第3項第7号に規定する財務省令で定める場合は、同項第1

976

号から第6号までに規定する理由に準ずるやむを得ない理由として国税庁長官が認める理由により当該贈与又は遺贈に係る財産の譲渡をする場合とし、同項第7号に規定する財務省令で定める資産は、当該財産の譲渡による収入金額の全部に相当する金額をもつて取得した減価償却資産、土地、土地の上に存する権利及び株式（出資を含む。以下この項及び第11項において同じ。）で国税庁長官が認めたもの（株式にあつては、同条第3項第4号に規定する理由に準ずるやむを得ない理由として国税庁長官が認める理由による譲渡により取得したものに限る。）とする。

4　施行令第25条の17第7項に規定する財務省令で定める書類は、同項に規定する公益法人等から交付を受けた次に掲げる書類とする。

一　施行令第25条の17第7項に規定する公益法人等に対し同項の申請書を提出した者が当該贈与又は遺贈をした者について同項第1号に規定する役員等及び社員並びにこれら者の親族等に該当しないことを誓約する旨並びに当該公益法人等において当該該当しないことを確認した旨を記載した書類

二　施行令第25条の17第7項に規定する公益法人等の第8項各号に掲げる区分に応じ、同項各号に規定する決定（次項又は第6項の決定があつた場合には、これらの規定に規定する財産を譲渡することについての当該決定を含む。）をした旨及びその決定をした事項の記載のある議事録その他これに相当する書類の写し並びに当該決定に係る財産の種類、所在地、数量、価額その他の事項を記載した書類

5　施行令第25条の17第7項第3号ロに規定する財務省令で定める資産は、同号ロに掲げる公益法人等が当該贈与又は遺贈を受けた財産を譲渡し、かつ、その譲渡による収入金額の全部に相当する金額をもつて取得した資産で、当該財産を譲渡すること及び当該資産につき当該公益法人等の第7項第1号に定める方法により同号に規定する基本金に組み入れることが当該公益法人等の理事会において決定されたものとする。

6　施行令第25条の17第7項第3号ハに規定する財務省令で定める資産は、同号ハに掲げる公益法人等が当該贈与又は遺贈を受けた財産を譲渡し、かつ、その譲渡による収入金額の全部に相当する金額をもつて取得した資産で、当該財産を譲渡すること及び当該資産につき当該公益法人等の次項第2号に定める方法により同号に規定する基本金に組み入れることが当該公益法人等の理事会において決定されたものとする。

7　施行令第25条の17第7項第3号ロ及びハに規定する財務省令で定める方法は、次の各号に掲げる公益法人等の区分に応じ当該各号に定める方法とする。

一　施行令第25条の17第7項第3号ロに掲げる公益法人等　同号ロに規定する財産につき、学校法人会計基準（昭和46年文部省令第18号）第30条第1項第1号から第3号までに掲げる金額に相当する金額を同項に規定する基本金に組み入れる方

第3章　公益法人税務関係法令

　　　　法

　二　施行令第25条の17第7項第3号ハに掲げる公益法人等　同号ハに規定する財産
　　につき、社会福祉法人会計基準（平成28年厚生労働省令第79号）第6条第1項に
　　規定する金額を同項に規定する基本金に組み入れる方法

8　施行令第25条の17第7項第4号に規定する財務省令で定める要件は、次の各号
　に掲げる公益法人等の区分に応じ当該各号に定める要件とする。

　一　施行令第25条の17第7項第3号イに掲げる公益法人等　当該公益法人等の理事
　　会において、当該公益法人等が贈与又は遺贈の申出を受け入れること及び当該贈
　　与又は遺贈を受ける財産につき同号イに規定する不可欠特定財産とすることが決
　　定されていること。

　二　施行令第25条の17第7項第3号ロに掲げる公益法人等　当該公益法人等の理事
　　会において、当該公益法人等が贈与又は遺贈の申出を受け入れること及び同号ロ
　　に規定する財産につき前項第1号に定める方法により同号に規定する基本金に組
　　み入れることが決定されていること。

　三　施行令第25条の17第7項第3号ハに掲げる公益法人等　当該公益法人等の理事
　　会において、当該公益法人等が贈与又は遺贈の申出を受け入れること及び同号ハ
　　に規定する財産につき前項第2号に定める方法により同号に規定する基本金に組
　　み入れることが決定されていること。

9　施行令第25条の17第9項に規定する財務省令で定める書類は、同項の公益法人
　等の当該贈与又は遺贈をした日の属する事業年度において次の各号に掲げる公益法
　人等の区分に応じ当該各号に定める書類とする。

　一　前項第1号に掲げる公益法人等　同号に規定する財産につき同号に規定する不
　　可欠特定財産とされたことを確認できる定款及び公益社団法人及び公益財団法人
　　の認定等に関する法律（平成18年法律第49号）第21条第2項第1号に規定する財
　　産目録の写し

　二　前項第2号に掲げる公益法人等　同号に規定する財産につき同号に規定する基
　　本金への組み入れがあつたことを確認できる学校法人会計基準第36条に規定する
　　基本金明細表その他これに類する書類の写し

　三　前項第3号に掲げる公益法人等　同号に規定する財産につき同号に規定する基
　　本金への組み入れがあつたことを確認できる社会福祉法人会計基準第30条第2項
　　第6号に規定する基本金明細書その他これに類する書類の写し

10　施行令第25条の17第13項に規定する財務省令で定める事実は、同条第7項の申
　請書の提出の時において同項第1号又は第2号に掲げる要件に該当していなかつた
　こと及び当該提出の時において同項第1号に掲げる要件に該当しないこととなるこ
　とが明らかであると認められ、かつ、当該提出の後に同号に掲げる要件に該当しな

978

7．租税特別措置法関係法令

いこととなつたこととする。

11　法第40条第5項に規定する財務省令で定めるものは、同条第3項に規定する公益法人等が同項の贈与又は遺贈を受けた同条第5項に規定する財産（次項において「譲渡財産」という。）が株式である場合における公社債及び投資信託の受益権とする。

12　法第40条第5項に規定する財務省令で定める事項は、次に掲げる事項とする。

一　法第40条第5項に規定する書類を提出する公益法人等の名称、主たる事務所の所在地及び法人番号

二　当該公益法人等が譲渡をしようとする譲渡財産の種類、所在地及び数量並びに当該公益法人等が当該譲渡財産を法第40条第1項後段に規定する公益目的事業の用に直接供した年月日並びに当該譲渡財産の譲渡予定価額及び譲渡予定年月日

三　当該譲渡財産を当該公益法人等に贈与又は遺贈をした者の氏名及び住所又は居所、当該贈与又は遺贈をした年月日並びに当該贈与又は遺贈に係る法第40条第1項後段の承認を受けた年月日（以下この条において「承認年月日」という。）

四　当該公益法人等が取得する法第40条第5項に規定する買換資産の種類、所在地、数量、取得予定価額、取得予定年月日、使用開始予定年月日（同項に規定する政令で定める事情がある場合には、その事情の詳細を含む。）及び使用目的

五　その他参考となるべき事項

13　法第40条第6項に規定する財務省令で定める事項は、次に掲げる事項とする。

一　法第40条第6項に規定する特定贈与等（以下この条において「特定贈与等」という。）を受けた公益法人等の名称、主たる事務所の所在地及び法人番号並びに合併予定年月日

二　当該公益法人等が法第40条第6項に規定する公益合併法人に移転をしようとする同項に規定する財産等の種類、所在地及び数量

三　当該公益合併法人の名称、主たる事務所の所在地及び法人番号（法人番号を有しない法人にあつては、名称及び主たる事務所の所在地）並びに当該公益合併法人が当該移転を受ける資産の使用開始予定年月日（法第40条第13項において準用する同条第5項後段に規定する政令で定める事情がある場合には、その事情の詳細を含む。）及び使用目的

四　第2号に規定する財産等（当該財産等が、当該公益法人等が当該特定贈与等を受けた財産以外のものである場合には、当該財産）を当該公益法人等に当該特定贈与等をした者の氏名及び住所又は居所並びに当該特定贈与等に係る贈与又は遺贈をした年月日及び承認年月日並びに当該財産の種類、所在地及び数量

五　その他参考となるべき事項

14　前項の規定は、法第40条第7項に規定する財務省令で定める事項について準用

979

第3章　公益法人税務関係法令

する。この場合において、前項第1号中「合併予定年月日」とあるのは「解散予定年月日」と、同項第2号及び第3号中「公益合併法人」とあるのは「解散引継法人」と読み替えるものとする。

15　法第40条第8項に規定する財務省令で定める事項は、次に掲げる事項とする。

一　法第40条第8項に規定する当初法人（以下この項から第17項までにおいて「当初法人」という。）の名称、主たる事務所の所在地及び法人番号、同条第8項に規定する特定処分（第27項において「特定処分」という。）を受けた年月日並びに当該特定処分後において同条第8項に規定する特定一般法人に該当することとなつた事情の詳細

二　当該当初法人が法第40条第8項に規定する引継法人に贈与をしようとする同項に規定する公益引継資産の種類、所在地、数量及び当該特定処分を受けた日の前日における価額並びに当該贈与予定年月日

三　当該引継法人が当該贈与を受ける当該公益引継資産をもつて資産を取得しようとする場合には、その取得しようとする資産（次号において「代替公益引継資産」という。）の種類、所在地、数量、取得予定価額及び取得予定年月日

四　当該引継法人の名称、主たる事務所の所在地及び法人番号並びに当該引継法人が当該贈与を受ける当該公益引継資産（代替公益引継資産を含む。）の使用開始予定年月日（法第40条第13項において準用する同条第5項後段に規定する政令で定める事情がある場合には、その事情の詳細を含む。）及び使用目的

五　当該公益引継資産（当該公益引継資産が、当該当初法人が特定贈与等を受けた財産以外のものである場合には、当該財産）を当該当初法人に当該特定贈与等をした者の氏名及び住所又は居所並びに当該特定贈与等に係る贈与又は遺贈をした年月日及び承認年月日並びに当該財産の種類、所在地及び数量

六　当該公益引継資産が施行令第25条の17第21項第2号に掲げる引継財産である場合には、次項又は第17項の規定により計算した金額及び当該金額の計算に関する明細

七　その他参考となるべき事項

16　施行令第25条の17第21項第2号に規定する財務省令で定めるところにより計算した金額は、当初法人の法第40条第8項に規定する公益目的取得財産残額に、第1号に掲げる金額のうちに第2号に掲げる金額の占める割合を乗じて計算した金額とする。

一　公益社団法人及び公益財団法人の認定等に関する法律施行規則（平成19年内閣府令第68号。次項において「公益認定法施行規則」という。）第49条第1号に掲げる額（その額が零を下回る場合にあつては、零）と同条第2号に掲げる額との合計額

二　法第40条第8項に規定する財産等の同項に規定する特定処分を受けた日の前日
における価額

17　公益認定法施行規則第50条第1項の規定の適用がある場合における施行令第25
条の17第21項第2号に規定する財務省令で定めるところにより計算した金額は、
前項の規定にかかわらず、当初法人の法第40条第8項に規定する公益目的取得財産
残額に、第1号に掲げる金額のうちに第2号に掲げる金額の占める割合を乗じて計
算した金額とする。

一　公益認定法施行規則第50条第3項第1号に掲げる額（その額が零を下回る場合
にあつては、零）と同項第2号に掲げる額との合計額

二　前項第2号に掲げる金額

18　法第40条第9項に規定する財務省令で定める事項は、次に掲げる事項とする。

一　法第40条第9項に規定する特定一般法人の名称、主たる事務所の所在地及び法
人番号

二　当該特定一般法人の法第40条第9項に規定する受贈公益法人等への贈与が一般
社団法人及び一般財団法人に関する法律及び公益社団法人及び公益財団法人の認
定等に関する法律の施行に伴う関係法律の整備等に関する法律（平成18年法律第
50号）第119条第2項第1号ロに掲げる寄附に該当する旨

三　当該特定一般法人が当該受贈公益法人等に贈与をしようとする法第40条第9項
に規定する財産等の種類、所在地及び数量並びに当該贈与予定年月日

四　当該受贈公益法人等の名称、主たる事務所の所在地及び法人番号並びに当該受
贈公益法人等が当該贈与を受ける資産の使用開始予定年月日（法第40条第13項に
おいて準用する同条第5項後段に規定する政令で定める事情がある場合には、そ
の事情の詳細を含む。）及び使用目的

五　第3号に規定する財産等（当該財産等が、当該特定一般法人が特定贈与等を受
けた財産以外のものである場合には、当該財産）を当該特定一般法人に当該特定
贈与等をした者の氏名及び住所又は居所並びに当該特定贈与等に係る贈与又は遺
贈をした年月日及び承認年月日並びに当該財産の種類、所在地及び数量

六　その他参考となるべき事項

19　法第40条第10項に規定する財務省令で定める事項は、次に掲げる事項とする。

一　法第40条第10項に規定する譲渡法人（以下この条において「譲渡法人」とい
う。）の名称、主たる事務所の所在地及び法人番号並びに当該譲渡法人の次に掲
げる者の区分に応じそれぞれ次に定める日

イ　法第40条第10項に規定する幼稚園（以下この条において「幼稚園」という。）
を設置する者　当該幼稚園の廃止若しくは設置者の変更（施行令第25条の17第
22項第1号に規定する設置者の変更をいう。第21項において同じ。）の認可（同

号に規定する認可をいう。イ、次項第2号イ及び第21項において同じ。）を受けた日又は当該認可の申請をした日

ロ　施行令第25条の17第22項第2号イに規定する保育所（以下この条において「保育所」という。）を設置する者　当該保育所の廃止の承認（同号イに規定する承認をいう。ロ及び次項第2号ロにおいて同じ。）を受けた日又は当該承認の申請をした日

ハ　施行令第25条の17第22項第2号ロに規定する保育機能施設（以下この条において「保育機能施設」という。）を設置する者　当該保育機能施設の設置者変更の届出（同号ロに規定する設置者変更の届出をいう。）を行つた日

二　当該譲渡法人が法第40条第10項に規定する譲受法人に贈与をしようとする同項に規定する財産等の種類、所在地及び数量並びに当該贈与予定年月日

三　当該譲受法人の名称、主たる事務所の所在地及び法人番号、当該譲受法人が当該贈与を受ける資産の使用開始予定年月日（法第40条第13項において準用する同条第5項後段に規定する政令で定める事情がある場合には、その事情の詳細を含む。）及び使用目的（施行令第25条の17第26項に規定する事業に係るものに限る。）並びに当該譲受法人の次に掲げる者の区分に応じそれぞれ次に定める日

イ　法第40条第10項に規定する幼保連携型認定こども園（以下この条において「幼保連携型認定こども園」という。）を設置しようとする者　幼保連携型認定こども園（次項に規定する幼保連携型認定こども園に限る。）の設置の認可（施行令第25条の17第23項第1号に規定する認可をいう。イにおいて同じ。）を受けた日又は当該設置の認可の同号に規定する申請をした日

ロ　幼稚園を設置しようとする者　幼稚園（第21項に規定する幼稚園に限る。）の設置若しくは設置者の変更（施行令第25条の17第23項第2号に規定する設置者の変更をいう。）の認可（同号に規定する認可をいう。ロにおいて同じ。）を受けた日又は当該認可の申請をした日

ハ　保育所を設置しようとする者　保育所（第23項に規定する保育所に限る。）の設置の認可（施行令第25条の17第23項第3号イに規定する認可をいう。ハにおいて同じ。）を受けた日又は当該認可の申請をした日

ニ　保育機能施設を設置しようとする者　譲渡法人が設置していた保育機能施設につき、その設置者の変更（施行令第25条の17第23項第3号ロに規定する変更をいう。）を事由とする届出（同号ロに規定する届出をいう。）が行われた日

四　第2号に規定する財産等（当該財産等が、当該譲渡法人が特定贈与等を受けた財産以外のものである場合には、当該財産）を当該譲渡法人に当該特定贈与等をした者の氏名及び住所又は居所並びに当該特定贈与等に係る贈与又は遺贈をした年月日及び承認年月日並びに当該財産の種類、所在地及び数量

五　その他参考となるべき事項

20　施行令第25条の17第23項第１号に規定する財務省令で定める幼保連携型認定こ
ども園は、第１号に掲げる施設及び第２号に掲げる施設の職員組織等を基にする幼
保連携型認定こども園とする。

一　施行令第25条の17第23項第１号に掲げる幼保連携型認定こども園を設置しよう
とする者が設置する次に掲げるいずれかの施設

イ　幼稚園（その廃止の認可（学校教育法（昭和22年法律第26号）第４条第１項
に規定する認可をいう。イにおいて同じ。）を受け、又は当該認可の申請をし
ているものに限る。）

ロ　保育所（その廃止の承認（児童福祉法第35条第12項に規定する承認をいう。
ロにおいて同じ。）を受け、又は当該承認の申請をしているものに限る。）

ハ　保育機能施設（その廃止の届出（児童福祉法第59条の２第２項の規定による
届出をいう。）を行つているものに限る。）

二　譲渡法人が設置する次に掲げるいずれかの施設

イ　幼稚園（その廃止の認可を受け、又は当該認可の申請をしているものに限
る。）

ロ　保育所（その廃止の承認を受け、又は当該承認の申請をしているものに限
る。）

21　施行令第25条の17第23項第２号に規定する財務省令で定める幼稚園は、譲渡法
人が設置する前項第２号イに掲げる幼稚園の職員組織等を基にする幼稚園又は譲渡
法人が設置する幼稚園で設置者の変更の認可を受け、若しくは当該認可の申請をし
ているものとする。

22　施行令第25条の17第23項第２号に規定する財務省令で定める幼保連携型認定こ
ども園は、同号に掲げる幼稚園を設置しようとする者のその設置しようとする幼稚
園及びその者が設置する保育所又は保育機能施設を廃止し、これらの職員組織等を
基に設置される幼保連携型認定こども園とする。

23　施行令第25条の17第23項第３号イに規定する財務省令で定める保育所は、譲渡
法人が設置する第20項第２号ロに掲げる保育所の職員組織等を基にする保育所とす
る。

24　施行令第25条の17第23項第３号イに規定する財務省令で定める幼保連携型認定
こども園は、同号イに掲げる保育所を設置しようとする者のその設置しようとする
保育所及びその者が設置する幼稚園を廃止し、これらの職員組織等を基に設置され
る幼保連携型認定こども園とする。

25　施行令第25条の17第23項第３号ロに規定する財務省令で定める幼保連携型認定
こども園は、同号を廃止し、その職員組織等を基に保育所を設置することとなる場

第3章　公益法人税務関係法令

合には、当該保育所）及びその者が設置する幼稚園を廃止し、これらの職員組織等を基に設置される幼保連携型認定こども園とする。

26　法第40条第11項に規定する財務省令で定める事項は、次に掲げる事項とする。

一　特定贈与等を受けた公益法人等から合併により資産の移転を受けた法第40条第11項に規定する公益合併法人の名称、主たる事務所の所在地及び法人番号並びに当該合併をした年月日

二　当該公益合併法人が当該合併により移転を受けた資産が法第40条第11項に規定する財産等であることを知つた日並びに当該資産の種類、所在地、数量、使用開始年月日（同条第13項において準用する同条第5項後段に規定する政令で定める事情がある場合には、その事情の詳細を含む。）及び使用目的

三　第1号の特定贈与等を受けた公益法人等の名称、主たる事務所の所在地及び法人番号

四　その他参考となるべき事項

27　法第40条第12項に規定する引継法人が同項に規定する当初法人から同項に規定する引継財産の贈与を受けた場合における同項において準用する同条第11項に規定する財務省令で定める事項は、次に掲げる事項とする。

一　当該引継法人の名称、主たる事務所の所在地及び法人番号並びに当該贈与を受けた年月日

二　当該引継法人が当該当初法人から当該贈与を受けた資産が法第40条第12項に規定する引継財産であることを知つた日並びに当該贈与を受けた同条第8項に規定する公益引継資産の種類、所在地、数量及び特定処分を受けた日の前日における価額

三　当該引継法人が当該贈与を受けた当該公益引継資産をもつて資産を取得した場合には、その取得をした資産（次号において「代替公益引継資産」という。）の種類、所在地、数量、取得価額及び取得年月日

四　当該引継法人の当該公益引継資産（代替公益引継資産を含む。）の使用開始年月日（法第40条第13項において準用する同条第5項後段に規定する政令で定める事情がある場合には、その事情の詳細を含む。）及び使用目的

五　当該当初法人の名称、主たる事務所の所在地及び法人番号並びに特定処分を受けた年月日並びに当該特定処分後において法第40条第8項に規定する特定一般法人に該当することとなつた事情の詳細

六　当該公益引継資産が施行令第25条の17第21項第2号に掲げる引継財産である場合には、第16項又は第17項の規定により計算した金額及び当該金額の計算に関する明細

七　その他参考となるべき事項

28 **法第40条第12項**に規定する受贈公益法人等が同項に規定する特定一般法人から同項に規定する財産等の贈与を受けた場合における**同項において準用する同条第11項に規定する財務省令で定める事項**は、次に掲げる事項とする。

一　当該受贈公益法人等の名称、主たる事務所の所在地及び法人番号並びに当該贈与を受けた年月日

二　当該受贈公益法人等が当該特定一般法人から受けた贈与が一般社団法人及び一般財団法人に関する法律及び公益社団法人及び公益財団法人の認定等に関する法律の施行に伴う関係法律の整備等に関する法律第119条第2項第1号ロに掲げる寄附に該当する旨

三　当該受贈公益法人等が当該特定一般法人から贈与を受けた資産が法第40条第9項に規定する財産等であることを知つた日並びに当該財産等の種類、所在地、数量、使用開始年月日（同条第13項において準用する同条第5項後段に規定する政令で定める事情がある場合には、その事情の詳細を含む。）及び使用目的

四　当該特定一般法人の名称、主たる事務所の所在地及び法人番号

五　その他参考となるべき事項

29 **法第40条第12項**に規定する譲受法人が同項に規定する譲渡法人から同項に規定する財産等の贈与を受けた場合における**同項において準用する同条第11項に規定する財務省令で定める事項**は、次に掲げる事項とする。

一　当該譲受法人の名称、主たる事務所の所在地及び法人番号並びに当該贈与を受けた年月日並びに当該譲受法人の第19項第3号イからニまでに掲げる者の区分に応じそれぞれ同号イからニまでに定める日

二　当該譲受法人が当該譲渡法人から贈与を受けた資産が法第40条第10項に規定する財産等であることを知つた日並びに当該財産等の種類、所在地、数量、使用開始年月日（同条第13項において準用する同条第5項後段に規定する政令で定める事情がある場合には、その事情の詳細を含む。）及び使用目的（施行令第25条の17第26項に規定する事業に係るものに限る。）

三　当該譲渡法人の名称、主たる事務所の所在地及び法人番号並びに当該譲渡法人の第19項第1号イからハまでに掲げる者の区分に応じそれぞれ同号イからハまでに定める日

四　その他参考となるべき事項

30 **法第40条第14項**に規定する**財務省令で定める事項**は、次に掲げる事項とする。

一　法第40条第14項に規定する特定一般法人の同項に規定する認定前の名称及び主たる事務所の所在地並びに当該認定後の名称及び主たる事務所の所在地並びに当該特定一般法人の法人番号並びに当該認定を受けた年月日

二　当該特定一般法人が特定贈与等を受けた財産の種類、所在地及び数量

第3章　公益法人税務関係法令

三　当該財産を当該特定一般法人に当該特定贈与等をした者の氏名及び住所又は居所並びに当該特定贈与等に係る贈与又は遺贈をした年月日及び承認年月日

四　その他参考となるべき事項

31　施行令第25条の17第28項に規定する財務省令で定める事項は、次に掲げる事項とする。

一　施行令第25条の17第28項に規定する公益法人等の同項に規定する処分前の名称及び主たる事務所の所在地並びに当該処分後の名称及び主たる事務所の所在地並びに当該公益法人等の法人番号

二　当該公益法人等が当該処分を受けた事由（2以上の事由がある場合には、その全ての事由）及び当該処分を受けた年月日

三　当該公益法人等が特定贈与等を受けた財産の種類、所在地及び数量

四　当該財産を当該公益法人等に当該特定贈与等をした者の氏名及び住所又は居所並びに当該特定贈与等に係る贈与又は遺贈をした年月日及び承認年月日

五　当該公益法人等が定款の変更をしようとする場合には、その旨及び当該変更予定年月日

六　その他参考となるべき事項

32　施行令第25条の17第29項に規定する財務省令で定める事項は、次に掲げる事項とする。

一　法第40条第16項に規定する公益法人等の名称、主たる事務所の所在地及び法人番号

二　法第40条第16項に規定する受贈資産の種類、所在地及び数量

三　当該受贈資産を当該公益法人等に贈与又は遺贈をした者の氏名及び住所又は居所並びに当該贈与又は遺贈をした年月日

四　当該受贈資産につき法第40条第16項の規定による確認を求める理由（当該受贈資産が平成20年12月1日以後の贈与又は遺贈に係るものである場合には、当該確認を求めるやむを得ない理由を含む。）

五　その他参考となるべき事項

（認定特定非営利活動法人等に寄附をした場合の寄附金控除の特例又は所得税額の特別控除）

第41条の18の2　個人が、認定特定非営利活動法人等（特定非営利活動促進法（平成10年法律第7号）第2条第3項に規定する認定特定非営利活動法人及び同条第4項に規定する特例認定特定非営利活動法人をいう。以下この条において同じ。）に対し、当該認定特定非営利活動法人等の行う同法第2条第1項に規定する特定非営

986

利活動（次項において「特定非営利活動」という。）に係る事業に関連する寄附（その寄附をした者に特別の利益が及ぶと認められるものを除く。以下この項及び次項において同じ。）をした場合（当該寄附に係る支出金を支出した年分の所得税につき次項の規定の適用を受ける場合を除く。）には、当該寄附に係る支出金は、所得税法第78条第2項に規定する特定寄附金とみなして、同法の規定を適用する。

2　個人が認定特定非営利活動法人等に対して支出した当該認定特定非営利活動法人等の行う特定非営利活動に係る事業に関連する寄附に係る支出金（以下この項において「特定非営利活動に関する寄附金」という。）については、その年中に支出した当該特定非営利活動に関する寄附金の額の合計額（当該合計額にその年中に支出した特定寄附金等の金額（所得税法第78条第2項に規定する特定寄附金の額及び同条第3項の規定又は前条第1項の規定により当該特定寄附金とみなされたものの額並びに第41条の19第1項に規定する控除対象特定新規株式の取得に要した金額として同項に規定する政令で定める金額の合計額をいう。以下この項において同じ。）を加算した金額が、当該個人のその年分の総所得金額、退職所得金額及び山林所得金額の合計額の100分の40に相当する金額を超える場合には、当該100分の40に相当する金額から当該特定寄附金等の金額を控除した残額）が2,000円（その年中に支出した当該特定寄附金等の金額がある場合には、2,000円から当該特定寄附金等の金額を控除した残額）を超える場合には、その年分の所得税の額から、その超える金額の100分の40に相当する金額（当該金額に100円未満の端数があるときは、これを切り捨てる。）を控除する。この場合において、当該控除する金額が、当該個人のその年分の所得税の額の100分の25に相当する金額（次条第1項の規定の適用がある場合には、当該100分の25に相当する金額から同項の規定により控除する金額を控除した残額。以下この項において同じ。）を超えるときは、当該控除する金額は、当該100分の25に相当する金額（当該金額に100円未満の端数があるときは、これを切り捨てる。）を限度とする。

3　前項の規定は、確定申告書に、同項の規定による控除を受ける金額についてのその控除に関する記載があり、かつ、財務省令で定めるところにより、当該金額の計算に関する明細書、当該計算の基礎となる金額その他の事項を証する書類の添付がある場合に限り、適用する。

4　所得税法第92条第2項の規定は、第2項の規定による控除をすべき金額について準用する。この場合において、同条第2項中「前項の規定による控除」とあるのは「前項及び租税特別措置法第41条の18の2第2項（認定特定非営利活動法人等に寄附をした場合の所得税額の特別控除）の規定による控除」と、「当該控除をすべき金額」とあるのは「これらの控除をすべき金額の合計額」と読み替えるものとする。

5　その年分の所得税について第2項の規定の適用を受ける場合における所得税法第120条第1項第3号に掲げる所得税の額の計算については、同号中「第3章（税額の計算）」とあるのは、「第3章（税額の計算）及び租税特別措置法第41条の18の2第2項（認定特定非営利活動法人等に寄附をした場合の所得税額の特別控除）」とする。

6　前3項に定めるもののほか、第2項の規定の適用に関し必要な事項は、政令で定める。

（認定特定非営利活動法人等に寄附をした場合の所得税額の特別控除）

㊒**第26条の28**　法第41条の18の2第2項に規定する総所得金額、退職所得金額及び山林所得金額の合計額の100分の40に相当する金額は、法第8条の4第3項第3号、第28条の4第5項第2号、第31条第3項第3号（法第32条第4項において準用する場合を含む。）、第37条の10第6項第5号（法第37条の12第4項において準用する場合を含む。）又は第41条の14第2項第4号の規定の適用がある場合には、これらの規定により読み替えられた所得税法第78条第1項第1号に規定する100分の40に相当する金額とする。

2　法第41条の18の2第2項の規定による控除をすべき金額は、同項に規定するその年分の所得税法第92条第1項に規定する所得税額から控除する。

（認定特定非営利活動法人等に寄附をした場合の所得税額の特別控除）

㊨**第19条の10の4**　法第41条の18の2第2項の規定による控除を受けようとする者は、確定申告書に同項の規定による控除を受ける金額の計算に関する明細書及びその寄附金を受領した同条第1項に規定する認定特定非営利活動法人等の次に掲げる事項を証する書類（その寄附金を支出した者の氏名及び住所の記載があるものに限る。）又は当該書類に記載すべき事項を記録した電子証明書等に係る電磁的記録印刷書面を添付しなければならない。

一　その寄附金の額

二　その寄附金を受領した旨及びその受領した年月日

三　その寄附金が当該認定特定非営利活動法人等の法第41条の18の2第1項に規定する特定非営利活動に係る事業に関連する寄附に係る支出金に該当するものである旨

四　その寄附金を受領した当該認定特定非営利活動法人等の名称

7．租税特別措置法関係法令

（公益社団法人等に寄附をした場合の所得税額の特別控除）

第41条の18の3　個人が支出した所得税法第78条第2項に規定する特定寄附金のうち、次に掲げるもの（同条第1項の規定の適用を受けるものを除く。以下この項において「税額控除対象寄附金」という。）については、その年中に支出した税額控除対象寄附金の額の合計額（その年中に支出した特定寄附金等の金額（同条第2項に規定する特定寄附金の額及び同条第3項の規定又は第41条の18第1項若しくは前条第1項の規定により当該特定寄附金とみなされたものの額並びに次条第1項に規定する控除対象特定新規株式の取得に要した金額として同項に規定する政令で定める金額の合計額をいう。以下この項において同じ。）が、当該個人のその年分の総所得金額、退職所得金額及び山林所得金額の合計額の100分の40に相当する金額を超える場合には、当該100分の40に相当する金額から所得控除対象寄附金の額（当該特定寄附金等の金額から税額控除対象寄附金の額の合計額を控除した残額をいう。以下この項において同じ。）を控除した残額）が2,000円（その年中に支出した当該所得控除対象寄附金の額がある場合には、2,000円から当該所得控除対象寄附金の額を控除した残額）を超える場合には、その年分の所得税の額から、その超える金額の100分の40に相当する金額（当該金額に100円未満の端数があるときは、これを切り捨てる。）を控除する。この場合において、当該控除する金額が、当該個人のその年分の所得税の額の100分の25に相当する金額を超えるときは、当該控除する金額は、当該100分の25に相当する金額（当該金額に100円未満の端数があるときは、これを切り捨てる。）を限度とする。

一　次に掲げる法人（その運営組織及び事業活動が適正であること並びに市民から支援を受けていることにつき政令で定める要件を満たすものに限る。）に対する寄附金
　　イ　公益社団法人及び公益財団法人
　　ロ　私立学校法（昭和24年法律第270号）第3条に規定する学校法人及び同法第64条第4項の規定により設立された法人
　　ハ　社会福祉法人
　　ニ　更生保護法人

二　次に掲げる法人（その運営組織及び事業活動が適正であること並びに市民から支援を受けていることにつき政令で定める要件を満たすものに限る。）に対する寄附金のうち、学生等に対する修学の支援のための事業に充てられることが確実であるものとして政令で定めるもの
　　イ　国立大学法人
　　ロ　公立大学法人

第3章　公益法人税務関係法令

　　ハ　独立行政法人国立高等専門学校機構及び独立行政法人日本学生支援機構
2　前項の規定は、確定申告書に、同項の規定による控除を受ける金額についてのその控除に関する記載があり、かつ、**財務省令で定めるところ**により、当該金額の計算に関する明細書、当該計算の基礎となる金額その他の事項を証する書類の添付がある場合に限り、適用する。
3　所得税法第92条第2項の規定は、第1項の規定による控除をすべき金額について準用する。この場合において、同条第2項中「前項の規定による控除」とあるのは「前項及び租税特別措置法第41条の18の3第1項（公益社団法人等に寄附をした場合の所得税額の特別控除）の規定による控除」と、「当該控除をすべき金額」とあるのは「これらの控除をすべき金額の合計額」と読み替えるものとする。
4　その年分の所得税について第1項の規定の適用を受ける場合における所得税法第120条第1項第3号に掲げる所得税の額の計算については、同号中「第3章（税額の計算）」とあるのは、「第3章（税額の計算）及び租税特別措置法第41条の18の3第1項（公益社団法人等に寄附をした場合の所得税額の特別控除）」とする。
5　前3項に定めるもののほか、第1項の規定の適用に関し必要な事項は、政令で定める。

　　　　（公益社団法人等に寄附をした場合の所得税額の特別控除）
　㋹**第26条の28の2　法第41条の18の3第1項第1号に規定する政令で定める要件**は、次の各号に掲げる法人の区分に応じ当該各号に定める要件とする。
　一　法第41条の18の3第1項第1号イに掲げる法人　次に掲げる要件
　　イ　次に掲げる要件のいずれかを満たすこと。
　　　⑴　実績判定期間における経常収入金額のうちに寄附金収入金額の占める割合が5分の1以上であること（**財務省令で定める要件**を満たす法人にあつては、実績判定期間における経常収入金額のうちに寄附金収入金額及び実績判定期間内の日を含む各事業年度における社員から受け入れた会費の額に当該法人の当該各事業年度の公益目的事業比率（公益社団法人及び公益財団法人の認定等に関する法律第15条に規定する公益目的事業比率をいう。）を乗じて計算した金額の合計額のうち寄附金収入金額に達するまでの金額の合計額の占める割合が5分の1以上であること。）。
　　　⑵　実績判定期間内の日を含む各事業年度における判定基準寄附者の数（当該各事業年度において個人である判定基準寄附者と生計を一にする他の判定基準寄附者がいる場合には、当該判定基準寄附者と当該他の判定基準寄附者とを1人とみなした数。以下この項及び次項において同じ。）（当該各事業年度のうち当該法人の公益目的事業費用等の額の合計額が1億円に満たない事業

990

年度（当該公益目的事業費用等の額の合計額が零である場合の当該事業年度を除く。(2)において「特定事業年度」という。）にあつては、当該特定事業年度における当該判定基準寄附者の数に１億を乗じてこれを当該公益目的事業費用等の額の合計額（当該合計額が1,000万円に満たない場合には、1,000万）で除して得た数とする。第４号イ(2)において同じ。）の合計数に12を乗じてこれを当該実績判定期間の月数で除して得た数が100以上であり、かつ、当該各事業年度における当該判定基準寄附者からの第５項第５号に規定する寄附金の同号に規定する額（次号イ(2)、第３号イ(2)及び第４号イ(2)並びに次項第１号イ(2)及び第２号イ(2)において「判定基準寄附金額」という。）の総額に12を乗じてこれを当該実績判定期間の月数で除して得た金額が30万円以上であること。

ロ　次に掲げる書類について閲覧の請求があつた場合には、正当な理由がある場合を除き、<u>財務省令で定めるところにより</u>、これを<u>閲覧させること。</u>

(1)　公益社団法人及び公益財団法人の認定等に関する法律第21条第４項に規定する財産目録等

(2)　役員報酬又は従業員給与の支給に関する規程

(3)　寄附金に関する事項その他の財務省令で定める事項を記載した書類

(4)　寄附金を充当する予定の具体的な事業の内容を記載した書類

ハ　<u>財務省令で定めるところにより</u>、実績判定期間内の日を含む各事業年度の寄附者名簿（各事業年度に当該法人が受け入れた寄附金の支払者ごとに当該支払者の氏名又は名称及びその住所又は事務所の所在地並びにその寄附金の額及び受け入れた年月日を記載した書類をいう。）を<u>作成し、これを保存していること。</u>

二　法第41条の18の３第１項第１号ロに掲げる法人　次に掲げる要件

イ　次に掲げる要件のいずれかを満たすこと。

(1)　実績判定期間における経常収入金額のうちに寄附金収入金額（学校の入学に関する寄附金の額を除く。）の占める割合が５分の１以上であること。

(2)　実績判定期間内の日を含む各事業年度における判定基準寄附者の数（当該各事業年度のうち次に掲げる事業年度にあつては、それぞれ次に定める数（次に掲げる事業年度のいずれにも該当する場合には、次に定める数のうちいずれか多い数）とする。次号イ(2)において同じ。）の合計数に12を乗じてこれを当該実績判定期間の月数で除して得た数が100以上であり、かつ、当該各事業年度における当該判定基準寄附者からの判定基準寄附金額の総額に12を乗じてこれを当該実績判定期間の月数で除して得た金額が30万円以上であること。

第3章　公益法人税務関係法令

　　　　　(i)　当該法人が設置する特定学校等の定員等の総数が5,000に満たない事業
　　　　　年度（当該定員等の総数が零である場合の当該事業年度を除く。(i)におい
　　　　　て「特定事業年度」という。）　当該特定事業年度における当該判定基準寄
　　　　　附者の数に5,000を乗じてこれを当該定員等の総数（当該定員等の総数が
　　　　　500に満たない場合には、500）で除して得た数
　　　　　(ii)　当該法人の公益目的事業費用等の額の合計額が1億円に満たない事業年
　　　　　度（当該合計額が零である場合の当該事業年度を除く。(ii)において「特定
　　　　　事業年度」という。）　当該特定事業年度における当該判定基準寄附者の数
　　　　　に1億を乗じてこれを当該公益目的事業費用等の額の合計額（当該合計額
　　　　　が1,000万円に満たない場合には、1,000万）で除して得た数
　　ロ　次に掲げる書類について閲覧の請求があつた場合には、正当な理由がある場
　　　合を除き、<u>財務省令で定めるところにより</u>、これを<u>閲覧させること。</u>
　　　(1)　私立学校法（昭和24年法律第270号）第30条第1項に規定する寄附行為、
　　　　同法第35条第1項に規定する役員の氏名及び役職を記載した名簿並びに同法
　　　　第47条第2項に規定する財産目録等
　　　(2)　前号ロ(2)から(4)までに掲げる書類
　　ハ　前号ハに掲げる要件
　三　法第41条の18の3第1項第1号ハに掲げる法人　次に掲げる要件
　　イ　次に掲げる要件のいずれかを満たすこと。
　　　(1)　実績判定期間における経常収入金額のうちに寄附金収入金額の占める割合
　　　　が5分の1以上であること。
　　　(2)　実績判定期間内の日を含む各事業年度における判定基準寄附者の数の合計
　　　　数に12を乗じてこれを当該実績判定期間の月数で除して得た数が100以上で
　　　　あり、かつ、当該各事業年度における当該判定基準寄附者からの判定基準寄
　　　　附金額の総額に12を乗じてこれを当該実績判定期間の月数で除して得た金額
　　　　が30万円以上であること。
　　ロ　次に掲げる書類について閲覧の請求があつた場合には、正当な理由がある場
　　　合を除き、<u>財務省令で定めるところにより</u>、これを<u>閲覧させること。</u>
　　　(1)　社会福祉法（昭和26年法律第45号）第34条の2第1項に規定する定款、同
　　　　法第45条の32第1項に規定する計算書類等及び同法45条の34第1項各号に掲
　　　　げる書類
　　　(2)　第1号ロ(2)から(4)までに掲げる書類
　　ハ　第1号ハに掲げる要件
　四　法第41条の18の3第1項第1号ニに掲げる法人　次に掲げる要件
　　イ　次に掲げる要件のいずれかを満たすこと。

(1) 実績判定期間における経常収入金額のうちに寄附金収入金額の占める割合が5分の1以上であること。

(2) 実績判定期間内の日を含む各事業年度における判定基準寄附者の数の合計数に12を乗じてこれを当該実績判定期間の月数で除して得た数が100以上であり、かつ、当該各事業年度における当該判定基準寄附者からの判定基準寄附金額の総額に12を乗じてこれを当該実績判定期間の月数で除して得た金額が30万円以上であること。

ロ 次に掲げる書類について閲覧の請求があつた場合には、正当な理由がある場合を除き、財務省令で定めるところにより、これを閲覧させること。

(1) 更生保護事業法（平成7年法律第86号）第11条第1項に規定する定款、同法第16条第1項に規定する役員の氏名及び役職を記載した名簿並びに同法第29条第1項の書類

(2) 第1号ロ(2)から(4)までに掲げる書類

ハ 第1号ハに掲げる要件

2 <u>法第41条の18の3第1項第2号に規定する政令で定める要件</u>は、次の各号に掲げる法人の区分に応じ当該各号に定める要件とする。

一 法第41条の18の3第1項第2号イに掲げる法人 次に掲げる要件

イ 次に掲げる要件のいずれかを満たすこと。

(1) 前項第2号イ(1)に掲げる要件

(2) 実績判定期間内の日を含む各事業年度における判定基準寄附者の数（当該各事業年度のうち当該法人が設置する特定学校等の定員等の総数が5,000に満たない事業年度（当該定員等の総数が零である場合の当該事業年度を除く。(2)において「特定事業年度」という。）にあつては、当該特定事業年度における当該判定基準寄附者の数に5,000を乗じてこれを当該定員等の総数（当該定員等の総数が500に満たない場合には、500）で除して得た数とする。次号イ(2)において同じ。）の合計数に12を乗じてこれを当該実績判定期間の月数で除して得た数が100以上であり、かつ、当該各事業年度における当該判定基準寄附者からの判定基準寄附金額の総額に12を乗じてこれを当該実績判定期間の月数で除して得た金額が30万円以上であること。

ロ 次に掲げる書類について閲覧の請求があつた場合には、正当な理由がある場合を除き、<u>財務省令で定めるところにより</u>、これを<u>閲覧させること</u>。

(1) 国立大学法人法第35条において読み替えて準用する独立行政法人通則法（平成11年法律第103号）第38条第1項に規定する財務諸表並びに同条第2項に規定する事業報告書、決算報告書、監査報告及び会計監査報告

(2) 前項第1号ロ(2)から(4)までに掲げる書類

第3章　公益法人税務関係法令

　　ハ　前項第1号ハに掲げる要件
　二　法第41条の18の3第1項第2号ロに掲げる法人　次に掲げる要件
　　イ　次に掲げる要件のいずれかを満たすこと。
　　　(1)　前項第2号イ(1)に掲げる要件
　　　(2)　実績判定期間内の日を含む各事業年度における判定基準寄附者の数の合計
　　　　数に12を乗じてこれを当該実績判定期間の月数で除して得た数が100以上で
　　　　あり、かつ、当該各事業年度における当該判定基準寄附者からの判定基準寄
　　　　附金額の総額に12を乗じてこれを当該実績判定期間の月数で除して得た金額
　　　　が30万円以上であること。
　　ロ　次に掲げる書類について閲覧の請求があつた場合には、正当な理由がある場
　　　合を除き、**財務省令で定めるところにより**、これを<u>閲覧させること</u>。
　　　(1)　地方独立行政法人法第8条第1項に規定する定款、同法第12条に規定する
　　　　役員の氏名及び役職を記載した名簿並びに同法第34条第1項に規定する財務
　　　　諸表、同条第2項に規定する事業報告書及び決算報告書並びに同条第4項に
　　　　規定する監事の意見を記載した書面
　　　(2)　前項第1号ロ(2)から(4)までに掲げる書類
　　ハ　前項第1号ハに掲げる要件
　三　法第41条の18の3第1項第2号ハに掲げる法人　次に掲げる要件
　　イ　次に掲げる要件のいずれかを満たすこと。
　　　(1)　前項第2号イ(1)に掲げる要件
　　　(2)　実績判定期間内の日を含む各事業年度における判定基準寄附者の数の合計
　　　　数に12を乗じてこれを当該実績判定期間の月数で除して得た数が100以上で
　　　　あること。
　　ロ　次に掲げる書類について閲覧の請求があつた場合には、正当な理由がある場
　　　合を除き、**財務省令で定めるところにより**、これを<u>閲覧させること</u>。
　　　(1)　独立行政法人通則法第38条第1項に規定する財務諸表並びに同条第2項に
　　　　規定する事業報告書、決算報告書及び監査報告
　　　(2)　前項第1号ロ(2)から(4)までに掲げる書類
　　ハ　前項第1号ハに掲げる要件
3　法第41条の18の3第1項第2号に規定する政令で定める寄附金は、その寄附金が
　学生等に対する修学の支援のための事業に充てられることが確実であり、かつ、そ
　の事業活動が適正なものとして同号イ又はハに掲げる法人に対する寄附金にあつて
　は文部科学大臣が、同号ロに掲げる法人に対する寄附金にあつては文部科学大臣及
　び総務大臣が、財務大臣とそれぞれ協議して定める要件を満たすことにつき、文部
　科学大臣及び総務大臣が財務大臣とそれぞれ協議して定める方法により確認された

994

7．租税特別措置法関係法令

ものとする。

4　当該法人の実績判定期間に国の補助金等がある場合における第1項第1号イ(1)、第2号イ(1)、第3号イ(1)又は第4号イ(1)に規定する割合の計算については、当該国の補助金等の金額のうち寄附金収入金額（同項第2号又は第2項第1号、第2号若しくは第3号に掲げる法人にあつては、学校の入学に関する寄附金の額を除く。以下この項において同じ。）に達するまでの金額は、当該寄附金収入金額に加算することができるものとする。この場合において、当該国の補助金等の金額は、経常収入金額に含めるものとする。

5　この条において、次の各号に掲げる用語の意義は、当該各号に定めるところによる。

一　実績判定期間　当該法人の直前に終了した事業年度終了の日以前5年内に終了した各事業年度のうち最も古い事業年度開始の日から当該終了の日までの期間をいう。

二　経常収入金額　総収入金額から国の補助金等、臨時的な収入その他の<u>財務省令で定めるものの額</u>を控除した金額をいう。

三　寄附金収入金額　受け入れた寄附金の額の総額から一者当たり基準限度超過額（同一の者からの寄附金の額のうち<u>財務省令で定める金額</u>を超える部分の金額をいう。）その他の<u>財務省令で定める寄附金の額</u>の合計額を控除した金額をいう。

四　事業年度　法第2条第2項第18号に規定する事業年度をいう。

五　判定基準寄附者　当該法人の実績判定期間内の日を含む各事業年度における同一の者からの寄附金（寄附者の氏名又は名称その他の<u>財務省令で定める事項</u>が明らかな寄附金に限るものとし、学校の入学に関するものを除く。以下この号において同じ。）の額（当該同一の者が個人である場合には、当該各事業年度におけるその者と生計を一にする者からの寄附金の額を加算した金額）が3,000円以上である場合の当該同一の者（当該法人の法人税法第2条第15号に規定する役員である者及び当該役員と生計を一にする者を除く。）をいう。

六　公益目的事業費用等　公益社団法人及び公益財団法人の認定等に関する法律第2条第4号に規定する公益目的事業に係る費用、私立学校法第26条第3項（同法第64条第5項において読み替えて準用する場合を含む。）に規定する私立学校の経営に関する会計に係る業務として行う事業に係る費用、社会福祉法第2条第1項に規定する社会福祉事業に係る費用又は更生保護事業法第2条第1項に規定する更生保護事業に係る費用をいう。

七　特定学校等　次に掲げる施設をいう。

　　イ　所得税法施行令第217条第4号に規定する学校、専修学校及び各種学校

　　ロ　児童福祉法第6条の2の2第1項に規定する障害児通所支援事業（同条第2

995

第3章　公益法人税務関係法令

項に規定する児童発達支援、同条第3項に規定する医療型児童発達支援又は同条第4項に規定する放課後等デイサービスを行う事業に限る。)、同法第6条の3第1項に規定する児童自立生活援助事業、同条第2項に規定する放課後児童健全育成事業、同条第8項に規定する小規模住居型児童養育事業又は同条第10項に規定する小規模保育事業が行われる施設

ハ　児童福祉法第37条に規定する乳児院、同法第38条に規定する母子生活支援施設、同法第39条第1項に規定する保育所、同法第41条に規定する児童養護施設、同法第42条第1号に規定する福祉型障害児入所施設、同条第2号に規定する医療型障害児入所施設、同法第43条の2に規定する情緒障害児短期治療施設及び同法第44条に規定する児童自立支援施設

八　定員等　収容定員、利用定員、入所定員その他これらに類するものとして**財務省令で定めるもの**をいう。

九　国の補助金等　国等(国、地方公共団体、法人税法別表第1に掲げる独立行政法人、地方独立行政法人、国立大学法人、大学共同利用機関法人及び我が国が加盟している国際機関をいう。以下この号において同じ。)からの補助金その他国等が反対給付を受けないで交付するものをいう。

6　第1項第1号イ(2)、第2号イ(2)、第3号イ(2)及び第4号イ(2)並びに第2項第1号イ(2)、第2号イ(2)及び第3号イ(2)の月数は、暦に従つて計算し、1月に満たない端数を生じたときは、これを1月とする。

7　法第41条の18の3第1項に規定する総所得金額、退職所得金額及び山林所得金額の合計額の100分の40に相当する金額は、法第8条の4第3項第3号、第28条の4第5項第2号、第31条第3項第3号(法第32条第4項において準用する場合を含む。)、第37条の10第6項第5号(法第37条の11第6項及び第37条の12第7項において準用する場合を含む。)又は第41条の14第2項第4号の規定の適用がある場合には、これらの規定により読み替えられた所得税法第78条第1項第1号に規定する100分の40に相当する金額とする。

8　法第41条の18の3第1項の規定による控除をすべき金額は、同項に規定するその年分の所得税法第92条第1項に規定する所得税額から控除する。

9　文部科学大臣及び総務大臣は、第3項の要件及び方法を定めたときは、これを告示する。

(公益社団法人等に寄附をした場合の所得税額の特別控除)

則**第19条の10の5**　施行令第26条の28の2第1項第1号イ(1)に規定する財務省令で定める要件は、次に掲げる要件とする。

一　社員の会費の額が合理的と認められる基準により定められていること。

996

二　社員の議決権が平等であること。

　三　社員（役員（法人税法第2条第15号に規定する役員をいう。以下この号、第3
　　　項第1号及び第8項において同じ。）及び役員と親族関係を有する者（当該役員
　　　の配偶者及び3親等以内の親族をいう。ハ、第3項第1号及び第8項において同
　　　じ。）並びに役員と特殊の関係のある者（次に掲げる者をいう。第3項第1号及
　　　び第8項において同じ。）を除く。）の数が20人以上であること。

　　イ　当該役員と婚姻の届出をしていないが事実上婚姻関係と同様の事情にある者
　　ロ　当該役員の使用人及び使用人以外の者で当該役員から受ける金銭その他の財
　　　産によつて生計を維持しているもの
　　ハ　イ又はロに掲げる者と親族関係を有する者でこれらの者と生計を一にしてい
　　　るもの

2　施行令第26条の28の2第1項第1号ロ、第2号ロ、第3号ロ若しくは第4号ロ又
　は第2項第1号ロ、第2号ロ若しくは第3号ロの規定による閲覧に係る事務は、こ
　れらの規定に規定する書類を公益社団法人及び公益財団法人の認定等に関する法律
　（平成18年法律第49号）第21条第1項、私立学校法第47条第2項（同法第64条第5
　項において準用する場合を含む。）、社会福祉法第59条の2第1項、更生保護事業法
　（平成7年法律第86号）第29条第1項、国立大学法人法（平成15年法律第112号）第
　35条において読み替えて準用する独立行政法人通則法第38条第3項、地方独立行政
　法人法（平成15年法律第118号）第34条第4項又は独立行政法人通則法第38条第3
　項の規定に準じて当該法人の主たる事務所に備え置き、これを行うものとする。

3　施行令第26条の28の2第1項第1号ロ(3)に規定する財務省令で定める事項は、次
　に掲げる事項とする。

一　当該法人の役員若しくは役員と親族関係を有する者又は役員と特殊の関係のある
　者で、当該事業年度（法第2条第2項第18号に規定する事業年度をいう。次項にお
　いて同じ。）における当該法人に対する寄附金の額の合計額が20万円以上であるも
　のの氏名並びにその寄附金の額及び受領年月日

二　支出した寄附金の額並びにその相手先及び支出年月日

4　施行令第26条の28の2第1項第1号ハに規定する寄附者名簿は、当該法人が寄附
　金の受入れをした事業年度ごとに作成するものとし、当該事業年度終了の日の翌日
　以後3月を経過する日から5年間、当該法人の主たる事務所の所在地に保存しなけ
　ればならない。

5　施行令第26条の28の2第5項第2号に規定する財務省令で定めるものは、次に
　掲げるものとする。

一　施行令第26条の28の2第5項第9号に規定する国の補助金等

二　委託の対価としての収入で施行令第26条の28の2第5項第9号に規定する国等か

ら支払われるもの

三　法律又は政令の規定に基づき行われる事業でその対価の全部又は一部につき、その対価を支払うべき者に代わり国又は地方公共団体が負担することとされている場合のその負担部分

四　資産の売却による収入で臨時的なもの

五　遺贈（贈与者の死亡により効力を生ずる贈与を含む。）により受け入れた寄附金、法第70条第1項に規定する贈与により受け入れた寄附金その他贈与者の被相続人に係る相続の開始のあつたことを知つた日の翌日から10月以内に当該相続により当該贈与者が取得した財産の全部又は一部を当該贈与者からの贈与（贈与者の死亡により効力を生ずる贈与を除く。）により受け入れた寄附金のうち、一者当たり基準限度超過額（施行令第26条の28の2第5項第3号に規定する一者当たり基準限度超過額をいう。第7項第1号において同じ。）に相当する部分

六　実績判定期間（施行令第26条の28の2第5項第1号に規定する実績判定期間をいう。第7項第2号において同じ。）における同一の者から受け入れた寄附金の額の合計額が1,000円に満たないもの

七　寄附者（当該法人に寄附をした者をいう。以下この条において同じ。）の氏名又は名称及びその住所又は主たる事務所の所在地が明らかな寄附金以外の寄附金

6　<u>施行令第26条の28の2第5項第3号に規定する財務省令で定める金額</u>は、受け入れた寄附金の額の総額（以下この項において「受入寄附金総額」という。）の100分の10（寄附者が所得税法施行令第217条各号に掲げる法人又は法第41条の18の2第1項に規定する認定特定非営利活動法人である場合にあつては、受入寄附金総額の100分の50）に相当する金額とする。

7　<u>施行令第26条の28の2第5項第3号に規定する財務省令で定める寄附金の額</u>は、次に掲げる金額とする。

一　受け入れた寄附金の額のうち一者当たり基準限度超過額に相当する部分

二　実績判定期間における同一の者から受け入れた寄附金の額の合計額が1,000円に満たない場合の当該合計額

三　寄附者の氏名又は名称及びその住所又は主たる事務所の所在地が明らかな寄附金以外の寄附金の額

8　施行令第26条の28の2第5項第2号に規定する経常収入金額及び同項第3号に規定する寄附金収入金額を算出する場合において、役員が寄附者であつて、他の寄附者のうちに当該役員と親族関係を有する者又は当該役員と特殊の関係のある者があるときは、これらの者は当該役員と同一の者とみなす。

9　<u>施行令第26条の28の2第5項第5号に規定する財務省令で定める事項</u>は、寄附者の氏名又は名称及びその住所又は主たる事務所の所在地とする。

10 施行令第26条の28の2第5項第8号に規定する財務省令で定めるものは、児童福祉法施行規則（昭和23年厚生省令第11号）第1条の17第3号に掲げる委託児童の定員及び同令第36条の12第3号に掲げる入居定員とする。

11 法第41条の18の3第1項の規定による控除を受けようとする者は、確定申告書に同項の規定による控除を受ける金額の計算に関する明細書及び次の各号に掲げる法人の区分に応じ、当該各号に定める書類又はこれらの書類に記載すべき事項を記録した電子証明書等に係る電磁的記録印刷書面を添付しなければならない。

一 法第41条の18の3第1項第1号イからニまでに掲げる法人

イ その寄附金を受領した法人の次に掲げる事項を証する書類（寄附者の氏名及び住所の記載があるものに限る。）

(1) その寄附金の額

(2) その寄附金を受領した旨及びその受領した年月日

(3) その寄附金が当該法人の主たる目的である業務に関連する寄附金である旨

(4) その寄附金を受領した法人の名称

ロ 公益社団法人及び公益財団法人の認定等に関する法律第3条に規定する行政庁、私立学校法第4条若しくは社会福祉法第30条に規定する所轄庁又は法務大臣若しくは更生保護事業法第62条に規定する地方更生保護委員会の当該法人が施行令第26条の28の2第1項に規定する要件を満たすものであることを証する書類（当該寄附金を支出する日以前5年内に発行されたものに限る。）の写しとして当該法人から交付を受けたもの

二 法第41条の18の3第1項第2号イからハまでに掲げる法人

イ その寄附金を受領した法人の次に掲げる事項を証する書類（寄附者の氏名及び住所の記載があるものに限る。）

(1) 前号イ(1)、(2)及び(4)に掲げる事項

(2) その寄附金が当該法人の行う施行令第26条の28の2第3項に規定する学生等に対する修学の支援のための事業に充てられる寄附金である旨

ロ 文部科学大臣（公立大学法人にあつては、文部科学大臣及び総務大臣（地方独立行政法人法第7条の規定により都道府県知事の認可を受けた公立大学法人にあつては、当該認可をした都道府県知事））の次に掲げる書類の写しとして当該法人から交付を受けたもの

(1) 当該法人が施行令第26条の28の2第2項に規定する要件を満たすものであることを証する書類（当該寄附金を支出する日以前5年内に発行されたものに限る。）

(2) 当該寄附金が施行令第26条の28の2第3項の要件を満たすことにつき同項の確認をしたことを証する書類（当該寄附金を支出する日の属する年の1月

第3章　公益法人税務関係法令

1日に発行されたものに限る。）

第42条の3の2　次の表の第1欄に掲げる法人又は人格のない社団等（法人税法第2条第9号に規定する普通法人（以下この項において「普通法人」という。）のうち各事業年度終了の時において同法第66条第6項各号及び第143条第5項各号に掲げる法人に該当するものを除く。）の平成24年4月1日から平成31年3月31日までの間に開始する各事業年度の所得に係る同法その他法人税に関する法令の規定の適用については、同欄に掲げる法人又は人格のない社団等の区分に応じ同表の第2欄に掲げる規定中同表の第3欄に掲げる税率は、同表の第4欄に掲げる税率とする。

第1欄	第2欄	第3欄	第4欄
一　普通法人のうち当該各事業年度終了の時において資本金の額若しくは出資金の額が1億円以下であるもの若しくは資本若しくは出資を有しないもの（第4号に掲げる法人を除く。）又は人格のない社団等	法人税法第66条第2項及び第143条第2項	100分の19	100分の15
二　一般社団法人等（法人税法別表第二に掲げる一般社団法人及び一般財団法人並びに公益社団法人及び公益財団法人をいう。）又は同法以外の法律によつて公益法人等（法人税法第2条第6号に規定する公益法人等をいう。次号において同じ。）とみなされているもので政令で定めるもの	法人税法第66条第2項	100分の19	100分の15
三　公益法人等（前号に掲げる法人を除く。）又は法人税法第2条第7号に規定する協同組合等（第68条第1項に規定する協同組合等を除く。）	同法第66条第3項	100分の19	100分の19（各事業年度の所得の金額のうち年800万円以下の金額については、100分の15）
四　第67条の2第1項の規定による承認を受けている同項に規定する医療法人	同項	100の19	100分の19（各事業年度の所得の金額のうち年800万円以下の金額については、100分の15）

2　第68条第1項に規定する協同組合等の平成24年4月1日から平成31年3月31日ま

での間に開始する各事業年度の所得に係る法人税法その他法人税に関する法令の規定の適用については、同項中「100分の19（各事業年度の所得の金額のうち10億円（事業年度が1年に満たない協同組合等については、10億円に当該事業年度の月数を乗じてこれを12で除して計算した金額とする。）を超える部分の金額については、100分の22）」とあるのは、「100分の19（各事業年度の所得の金額のうち、800万円（事業年度が1年に満たない協同組合等については、800万円に当該事業年度の月数を乗じてこれを12で除して計算した金額とする。）以下の部分の金額については100分の15とし、10億円（事業年度が1年に満たない協同組合等については、10億円に当該事業年度の月数を乗じてこれを12で除して計算した金額とする。）を超える部分の金額については100分の22とする。）」とする。

3　事業年度が1年に満たない第1項の表の第3号及び第4号に掲げる法人に対する同項（同表の第3号及び第4号に係る部分に限る。）の規定の適用については、同表の第3号及び第4号中「年800万円」とあるのは、「800万円を12で除し、これに当該事業年度の月数を乗じて計算した金額」とする。

4　前項の月数は、暦に従つて計算し、1月に満たない端数を生じたときは、これを1月とする。

5　前2項に定めるもののほか、第1項又は第2項の規定の適用がある場合における法人税法その他法人税に関する法令の規定に関する技術的読替えその他第1項又は第2項の規定の適用に関し必要な事項は、政令で定める。

🈔**第27条の3の2**　<u>法第42条の3の2第1項の表の第2号に規定する政令で定めるもの</u>は、地方自治法第260条の2第7項に規定する認可地縁団体、建物の区分所有等に関する法律（昭和37年法律第69号）第47条第2項に規定する管理組合法人及び同法第66条の規定により読み替えられた同項に規定する団地管理組合法人、政党交付金の交付を受ける政党等に対する法人格の付与に関する法律（平成6年法律第106号）第7条の2第1項に規定する法人である政党等、密集市街地における防災街区の整備の促進に関する法律第133条第1項に規定する防災街区整備事業組合、特定非営利活動促進法（平成10年法律第7号）第2条第2項に規定する特定非営利活動法人並びにマンションの建替え等の円滑化に関する法律第5条第1項に規定するマンション建替組合及び同法第116条に規定するマンション敷地売却組合とする。

（交際費等の損金不算入）

第61条の4　法人が平成26年4月1日から平成30年3月31日までの間に開始する各事業年度において支出する交際費等の額のうち接待飲食費の額の100分の50に相当

する金額を超える部分の金額は、当該事業年度の所得の金額の計算上、損金の額に算入しない。

2 　前項の場合において、法人（投資信託及び投資法人に関する法律第2条第12項に規定する投資法人及び資産の流動化に関する法律第2条第3項に規定する特定目的会社を除く。）のうち当該事業年度終了の日における資本金の額又は出資金の額（資本又は出資を有しない法人その他政令で定める法人にあつては、政令で定める金額）が1億円以下であるもの（法人税法第2条第9号に規定する普通法人のうち当該事業年度終了の日において同法第66条第6項第2号又は第3号に掲げる法人に該当するものを除く。）については、次の各号に掲げる場合の区分に応じ当該各号に定める金額をもつて、前項に規定する超える部分の金額とすることができる。

一　前項の交際費等の額が800万円に当該事業年度の月数を乗じてこれを12で除して計算した金額（次号において「定額控除限度額」という。）以下である場合　零

二　前項の交際費等の額が定額控除限度額を超える場合　その超える部分の金額

3 　前項の月数は、暦に従つて計算し、1月に満たない端数を生じたときは、これを1月とする。

4 　第1項に規定する交際費等とは、交際費、接待費、機密費その他の費用で、法人が、その得意先、仕入先その他事業に関係のある者等に対する接待、供応、慰安、贈答その他これらに類する行為（以下この項において「接待等」という。）のために支出するもの（次に掲げる費用のいずれかに該当するものを除く。）をいい、第1項に規定する接待飲食費とは、同項の交際費等のうち飲食その他これに類する行為のために要する費用（専ら当該法人の法人税法第2条第15号に規定する役員若しくは従業員又はこれらの親族に対する接待等のために支出するものを除く。第2号において「飲食費」という。）であつて、その旨につき財務省令で定めるところにより明らかにされているものをいう。

一　専ら従業員の慰安のために行われる運動会、演芸会、旅行等のために通常要する費用

二　飲食費であつて、その支出する金額を基礎として政令で定めるところにより計算した金額が政令で定める金額以下の費用

三　前2号に掲げる費用のほか政令で定める費用

5 　第2項の規定は、確定申告書等、修正申告書又は更正請求書に同項第1号に規定する定額控除限度額の計算に関する明細書の添付がある場合に限り、適用する。

6 　第4項第2号の規定は、財務省令で定める書類を保存している場合に限り、適用する。

1002

7. 租税特別措置法関係法令

（資本金の額又は出資金の額に準ずるものの範囲等）

㋕**第37条の４**　法第61条の４第２項に規定する政令で定める法人は、法人税法第２条第６号に規定する公益法人等（以下この条において「公益法人等」という。）、人格のない社団等及び外国法人とし、同項に規定する政令で定める金額は、次の各号に掲げる法人の区分に応じ、当該各号に定める金額とする。

一　資本又は出資を有しない法人（第３号から第５号までに掲げるものを除く。）当該事業年度終了の日における貸借対照表（確定した決算に基づくものに限る。以下この条において同じ。）に計上されている総資産の帳簿価額から当該貸借対照表に計上されている総負債の帳簿価額を控除した金額（当該貸借対照表に、当該事業年度に係る利益の額が計上されているときは、その額を控除した金額とし、当該事業年度に係る欠損金の額が計上されているときは、その額を加算した金額とする。）の100分の60に相当する金額

二　公益法人等又は人格のない社団等（次号から第５号までに掲げるものを除く。）当該事業年度終了の日における資本金の額又は出資金の額に同日における総資産の価額のうちに占めるその行う法人税法第２条第13号に規定する収益事業（以下この条において「収益事業」という。）に係る資産の価額の割合を乗じて計算した金額

三　資本又は出資を有しない公益法人等又は人格のない社団等（第５号に掲げるものを除く。）当該事業年度終了の日における貸借対照表につき第１号の規定に準じて計算した金額に同日における総資産の価額のうちに占めるその行う収益事業に係る資産の価額の割合を乗じて計算した金額

四・五　省略

（交際費等の範囲）

㋕**第37条の５**　法第61条の４第４項第２号に規定する政令で定めるところにより計算した金額は、同項に規定する飲食費として支出する金額を当該飲食費に係る飲食その他これに類する行為に参加した者の数で除して計算した金額とし、同号に規定する政令で定める金額は、5,000円とする。

2　法第61条の４第４項第３号に規定する政令で定める費用は、次に掲げる費用とする。

一　カレンダー、手帳、扇子、うちわ、手拭いその他これらに類する物品を贈与するために通常要する費用

二　会議に関連して、茶菓、弁当その他これらに類する飲食物を供与するために通常要する費用

三　新聞、雑誌等の出版物又は放送番組を編集するために行われる座談会その他記事の収集のために、又は放送のための取材に通常要する費用

第3章　公益法人税務関係法令

（交際費等の損金不算入）

則**第21条の18の4**　法第61条の4第4項に規定する財務省令で定めるところにより明らかにされているものは、同項に規定する飲食費（以下この条において「飲食費」という。）であることにつき法人税法施行規則第8条の3の10、第59条（同令第62条において準用する場合を含む。）又は第67条の規定により保存される同令第8条の3の10第1項に規定する帳簿書類、同令第59条第1項（同令第62条において準用する場合を含む。）に規定する帳簿書類又は同令第67条第2項（同条第4項の規定により読み替えて適用する場合を含む。）に規定する帳簿及び書類に次に掲げる事項（第3号に掲げる事項を除く。）が記載されているものとし、法**第61条の4第6項に規定する財務省令で定める書類**は、同条第4項第2号に掲げる費用に係る飲食費につき次に掲げる事項を記載した書類とする。

一　当該飲食費に係る飲食等（飲食その他これに類する行為をいう。以下この条において同じ。）のあつた年月日

二　当該飲食費に係る飲食等に参加した得意先、仕入先その他事業に関係のある者等の氏名又は名称及びその関係

三　当該飲食費に係る飲食等に参加した者の数

四　当該飲食費の額並びにその飲食店、料理店等の名称（店舗を有しないことその他の理由により当該名称が明らかでないときは、領収書等に記載された支払先の氏名又は名称）及びその所在地（店舗を有しないことその他の理由により当該所在地が明らかでないときは、領収書等に記載された支払先の住所若しくは居所又は本店若しくは主たる事務所の所在地）

五　その他飲食費であることを明らかにするために必要な事項

（認定特定非営利活動法人に対する寄附金の損金算入等の特例）

第66条の11の2　その事業年度終了の日において特定非営利活動促進法第2条第3項に規定する認定特定非営利活動法人（次項において「認定特定非営利活動法人」という。）である法人がその収益事業（法人税法第2条第13号に規定する収益事業をいう。以下この条において同じ。）に属する資産のうちからその収益事業以外の事業で特定非営利活動（特定非営利活動促進法第2条第1項に規定する特定非営利活動をいう。次項及び第3項において同じ。）に係る事業に該当するもののために支出した金額がある場合における同法第70条第1項の規定により読み替えて適用する法人税法第37条の規定の適用については、同条第4項中「公益法人等が」とあるのは「公益法人等又は認定特定非営利活動法人（租税特別措置法第66条の11の2第

1項（認定特定非営利活動法人に対する寄附金の損金算入等の特例）に規定する認定特定非営利活動法人をいう。次項において同じ。）が」と、同条第5項中「公益法人等が」とあるのは「公益法人等又は認定特定非営利活動法人が」と、「にあつては、」とあるのは「にあつては」と、「金額)」とあるのは「金額とし、認定特定非営利活動法人にあつてはその収益事業に属する資産のうちからその収益事業以外の事業で租税特別措置法第66条の11の2第1項に規定する特定非営利活動に係る事業に該当するもののために支出した金額とする。）」とする。

2　法人（前項の規定の適用を受ける法人を除く。）が各事業年度において支出した寄附金の額のうちに認定特定非営利活動法人等（認定特定非営利活動法人及び特定非営利活動促進法第2条第4項に規定する特例認定特定非営利活動法人をいう。以下この項において同じ。）に対する当該認定特定非営利活動法人等の行う特定非営利活動に係る事業に関連する寄附金の額がある場合における法人税法第37条の規定の適用については、同条第4項中「）の額があるときは、当該寄附金」とあるのは、「）及び認定特定非営利活動法人等（租税特別措置法第66条の11の2第2項（認定特定非営利活動法人に対する寄附金の損金算入等の特例）に規定する認定特定非営利活動法人等をいう。）に対する当該認定特定非営利活動法人等の行う同条第2項に規定する特定非営利活動に係る事業に関連する寄附金（前項第2号に規定する寄附金に該当するものを除く。）の額があるときは、これらの寄附金」とする。

3　特定非営利活動促進法第44条第1項の認定を受けた法人がその認定を取り消された場合には、当該法人がその取消しの基因となつた事実が生じた日として政令で定める日を含む事業年度からその取消しの日を含む事業年度の前事業年度までの各事業年度（その取消しの日を含む事業年度終了の日前7年以内に終了した各事業年度に限る。以下この項において同じ。）においてその収益事業に属する資産のうちからその収益事業以外の事業で特定非営利活動に係る事業に該当するもののために支出した金額で当該各事業年度の所得の金額の計算上損金の額に算入された金額に相当する金額の合計額は、当該法人のその取消しの日を含む事業年度において行う収益事業から生じた収益の額とみなす。

4　前項の場合において、同項の法人がその取消しの日に収益事業を行つていないものであるときは、当該法人は、その取消しの日において新たに収益事業を開始したものとみなす。この場合において、その取消しの日を含む事業年度については、法人税法第66条第4項の規定は、適用しない。

5　前項の場合において、同項の法人がその取消しの日から同日を含む事業年度終了の日までの間に新たに収益事業を開始したときは、法人税法第13条及び第14条第1項第19号の規定にかかわらず、その取消しの日からその開始した日の前日までの期

第3章　公益法人税務関係法令

間及びその開始した日から当該事業年度終了の日までの期間をそれぞれ当該法人の
事業年度とみなす。この場合における地方法人税法の規定の適用については、同法
第2条第12号中「第14条」とあるのは、「第14条並びに租税特別措置法第66条の11
の2第5項」とする。
6　前2項に定めるもののほか、第1項に規定する認定特定非営利活動法人が同項の
規定により法人税法第37条第5項の規定を読み替えて同条第1項の規定を適用する
場合の同項に規定する政令で定めるところにより計算した金額その他第1項から第
3項までの規定の適用に関し必要な事項は、政令で定める。

　　（認定特定非営利活動法人に対する寄附金の損金算入等の特例）
㋿第39条の23　法第66条の11の2第1項に規定する認定特定非営利活動法人である
法人の各事業年度において同項の規定により読み替えて適用される法人税法第37条
第5項の規定によりその収益事業（同法第2条第13号に規定する収益事業をいう。）
に係る寄附金の額とみなされる金額がある場合における法人税法施行令第73条第1
項の規定の適用については、同項第3号ロ中「又は医療法」とあるのは「、医療法」
と、「規定する社会医療法人」とあるのは「規定する社会医療法人又は租税特別措
置法第66条の11の2第1項（認定特定非営利活動法人に対する寄附金の損金算入等
の特例）に規定する認定特定非営利活動法人」とする。
2　法第66条の11の2第3項に規定する政令で定める日は、特定非営利活動促進法
第67条第4項において準用する同法第49条第1項の規定による通知において示され
た同法第44条第1項の認定の取消しの原因となつた事実があつた日とする。

　　（認定特定非営利活動法人に対する寄附金の損金算入等の特例）
㋾第22条の12　法第66条の11の2第2項の規定により読み替えて適用される法人税
法第37条第4項の規定の適用がある場合の同条第9項に規定する財務省令で定める
書類は、当該寄附金が法第66条の11の2第2項に規定する認定特定非営利活動法人
等の行う同項に規定する特定非営利活動に係る事業に関連する寄附金である旨の当
該認定特定非営利活動法人等が証する書類とする。

（中小企業者等の少額減価償却資産の取得価額の損金算入の特例）
第67条の5　第42条の4第3項に規定する中小企業者又は農業協同組合等で、青色
申告書を提出するもの（事務負担に配慮する必要があるものとして政令で定めるも
のに限る。以下この項において「中小企業者等」という。）が、平成18年4月1日
から平成30年3月31日までの間に取得し、又は製作し、若しくは建設し、かつ、当

該中小企業者等の事業の用に供した減価償却資産で、その取得価額が30万円未満であるもの（その取得価額が10万円未満であるもの及び第53条第1項各号に掲げる規定その他政令で定める規定の適用を受けるものを除く。以下この条において「少額減価償却資産」という。）を有する場合において、当該少額減価償却資産の取得価額に相当する金額につき当該中小企業者等の事業の用に供した日を含む事業年度において損金経理をしたときは、その損金経理をした金額は、当該事業年度の所得の金額の計算上、損金の額に算入する。この場合において、当該中小企業者等の当該事業年度における少額減価償却資産の取得価額の合計額が300万円（当該事業年度が1年に満たない場合には、300万円を12で除し、これに当該事業年度の月数を乗じて計算した金額。以下この項において同じ。）を超えるときは、その取得価額の合計額のうち300万円に達するまでの少額減価償却資産の取得価額の合計を限度とする。

2　前項の月数は、暦に従つて計算し、1月に満たない端数を生じたときは、これを1月とする。

3　第1項の規定は、確定申告書等に同項の規定の適用を受ける少額減価償却資産の取得価額に関する明細書の添付がある場合に限り、適用する。

4　第1項の規定の適用を受けた少額減価償却資産について法人税に関する法令の規定を適用する場合には、同項の規定により各事業年度の所得の金額の計算上損金の額に算入された金額は、当該少額減価償却資産の取得価額に算入しない。

5　前3項に定めるもののほか、第1項の規定の適用がある場合における同項の規定の適用に関し必要な事項は、政令で定める。

（中小企業者等の少額減価償却資産の取得価額の損金算入の特例）

㋹第39条の28　法第67条の5第1項に規定する政令で定めるものは、常時使用する従業員の数が1,000人以下の法人とする。

2　法第67条の5第1項に規定する政令で定める規定は、次に掲げる規定とする。

一　法人税法施行令第133条又は第133条の2の規定

二　法第61条の3第1項、法第64条第1項（法第64条の2第7項又は第65条第3項において準用する場合を含む。）、法第65条の7第1項（法第65条の8第7項において準用する場合を含む。）又は法第67条の4第2項（同条第9項において準用する場合を含む。）の規定

三　法第64条第8項（法第64条の2第8項又は第65条第3項において準用する場合を含む。）、法第65条の7第9項（法第65条の8第8項において準用する場合を含む。）又は法第67条の4第3項（同条第10項において準用する場合を含む。）の規定

第3章　公益法人税務関係法令

（公益法人等の損益計算書等の提出）

第68条の6　法人税法第2条第6号に規定する公益法人等（同法以外の法律によつて同号に規定する公益法人等とみなされているもので政令で定める法人及び小規模な法人として政令で定める法人を除く。）は、当該事業年度につき法人税法第74条第1項の規定による申告書を提出すべき場合を除き、財務省令で定めるところにより、当該事業年度の損益計算書又は収支計算書を、当該事業年度終了の日の翌日から4月以内（政令で定める法人にあつては、同日から政令で定める期間内）に、当該事業年度終了の日におけるその主たる事務所の所在地の所轄税務署長に提出しなければならない。

（損益計算書等の提出を要しない公益法人等の範囲等）

㋹**第39条の37**　法第68条の6に規定する政令で定める公益法人等とみなされる法人は、地方自治法第260条の2第7項に規定する認可地縁団体、建物の区分所有等に関する法律第47条第2項に規定する管理組合法人及び同法第66条の規定により読み替えられた同項に規定する団地管理組合法人、政党交付金の交付を受ける政党等に対する法人格の付与に関する法律第7条の2第1項に規定する法人である政党等、密集市街地における防災街区の整備の促進に関する法律第133条第1項に規定する防災街区整備事業組合並びにマンションの建替え等の円滑化に関する法律第5条第1項に規定するマンション建替組合及び同法第116条に規定するマンション敷地売却組合とする。

2　法第68条の6に規定する政令で定める小規模な法人は、当該事業年度の収入金額（資産の売却による収入で臨時的なものを除く。）の合計額が8,000万円（当該事業年度が12月に満たない場合には、8,000万円に当該事業年度の月数を乗じてこれを12で除して計算した金額）以下の法人とする。

3　前項の月数は、暦に従つて計算し、1月に満たない端数を生じたときは、これを1月とする。

4　法第68条の6に規定する政令で定める期間内に損益計算書又は収支計算書を提出しなければならないものとされる同条に規定する政令で定める法人は、確定給付企業年金法（平成13年法律第50号）第91条の2第1項に規定する企業年金連合会、国民年金基金及び国民年金基金連合会とし、法第68条の6に規定する政令で定める期間は、6月とする。

（公益法人等の損益計算書等の記載事項等）

㋫**第22条の22**　法第68条の6に規定する公益法人等（以下この条において「公益法人等」という。）が法第68条の6の規定により提出をすべき損益計算書又は収支計算書（以下この条において「損益計算書等」という。）は、当該公益法人等の行う

1008

活動の内容に応じおおむね別表第10に掲げる科目（対価を得て行う事業に係る収益
又は収入（以下この条において「事業収益等」という。）については、事業の種類
ごとにその事業内容を示す適当な名称を付した科目）に従つて作成した損益計算書
等とし、当該損益計算書等には、次に掲げる事項を記載しなければならない。

一　公益法人等の名称、主たる事務所の所在地及び法人番号（法人番号を有しない
　　公益法人等にあつては、名称及び主たる事務所の所在地）

二　代表者の氏名

三　当該事業年度の開始及び終了の日

四　その他参考となるべき事項

2　公益法人等は、他の法令に基づいて作成した損益計算書等（事業収益等が事業の
　種類ごとに区分されているもの又は事業収益等の明細書が添付されているものに限
　る。）をもつて前項の損益計算書等に代えることができる。

（国等に対して相続財産を贈与した場合等の相続税の非課税等）

第70条　相続又は遺贈により財産を取得した者が、当該取得した財産をその取得後
　当該相続又は遺贈に係る相続税法第27条第1項又は第29条第1項の規定による申告
　書（これらの申告書の提出後において同法第4条に規定する事由が生じたことによ
　り取得した財産については、当該取得に係る同法第31条第2項の規定による申告
　書）の提出期限までに国若しくは地方公共団体又は公益社団法人若しくは公益財団
　法人その他の公益を目的とする事業を行う法人のうち、教育若しくは科学の振興、
　文化の向上、社会福祉への貢献その他公益の増進に著しく寄与するものとして<u>政令
　で定めるもの</u>に贈与をした場合には、当該贈与により当該贈与をした者又はその親
　族その他これらの者と同法第64条第1項に規定する特別の関係がある者の相続税又
　は贈与税の負担が不当に減少する結果となると認められる場合を除き、当該贈与を
　した財産の価額は、当該相続又は遺贈に係る相続税の課税価格の計算の基礎に算入
　しない。

2　前項に規定する政令で定める法人で同項の贈与を受けたものが、当該贈与があつ
　た日から2年を経過した日までに同項に規定する政令で定める法人に該当しないこ
　ととなつた場合又は当該贈与により取得した財産を同日においてなおその公益を目
　的とする事業の用に供していない場合には、同項の規定にかかわらず、当該財産の
　価額は、当該相続又は遺贈に係る相続税の課税価格の計算の基礎に算入する。

3　相続又は遺贈により財産を取得した者が、当該取得した財産に属する金銭を第1
　項に規定する申告書の提出期限までに特定公益信託（公益信託ニ関スル法律（大正
　11年法律第62号）第1条に規定する公益信託で信託の終了の時における信託財産が
　その信託財産に係る信託の委託者に帰属しないこと及びその信託事務の実施につき

政令で定める要件を満たすものであることについて政令で定めるところにより証明がされたものをいう。次項において同じ。）のうち、その目的が教育又は科学の振興、文化の向上、社会福祉への貢献その他公益の増進に著しく寄与するものとして政令で定めるものの信託財産とするために支出した場合には、当該支出により当該支出をした者又はその親族その他これらの者と相続税法第64条第1項に規定する特別の関係がある者の相続税又は贈与税の負担が不当に減少する結果となると認められる場合を除き、当該金銭の額は、当該相続又は遺贈に係る相続税の課税価格の計算の基礎に算入しない。

4 前項に規定する政令で定める特定公益信託で同項の金銭を受け入れたものが当該受入れの日から2年を経過した日までに同項に規定する政令で定める特定公益信託に該当しないこととなつた場合には、同項の規定にかかわらず、当該金銭の額は、当該相続又は遺贈に係る相続税の課税価格の計算の基礎に算入する。

5 第1項又は第3項の規定は、これらの規定の適用を受けようとする者の当該相続又は遺贈に係る第1項に規定する申告書に、これらの規定の適用を受けようとする旨を記載し、かつ、同項の贈与又は第3項の支出をした財産の明細書その他財務省令で定める書類を添付しない場合には、適用しない。

6 第1項又は第3項の規定の適用を受けてこれらの規定に規定する相続又は遺贈に係る申告書を提出した者（その者の相続人及び包括受遺者を含む。）は、これらの規定の適用を受けた財産について第2項又は第4項に規定する事由が生じた場合には、これらの規定に規定する2年を経過した日の翌日から4月以内に修正申告書を提出し、かつ、当該期限内に当該修正申告書の提出により納付すべき税額を納付しなければならない。

7 第1項又は第3項の規定の適用を受けた者は、これらの規定の適用を受けた財産について第2項又は第4項に規定する事由が生じたことに伴い当該財産の価額を相続税の課税価格に算入すべきこととなつたことにより、相続税法第27条又は第29条の規定による申告書を提出すべきこととなつた場合には、これらの規定に規定する2年を経過した日の翌日から4月以内に期限後申告書を提出し、かつ、当該期限内に当該期限後申告書の提出により納付すべき税額を納付しなければならない。

8 前2項の規定により申告書を提出すべき者がこれらの申告書を提出しなかつた場合には、税務署長は、これらの申告書に記載すべきであつた課税価格、相続税額その他の事項につき国税通則法第24条若しくは第26条の規定による更正又は同法第25条の規定による決定を行う。

9 第69条の3第4項の規定は、第6項の規定による修正申告書及び前項の更正（当該申告書を提出すべき者に係るものに限る。）について、同条第5項の規定は、第

1010

７項の規定による期限後申告書及び前項の更正（当該申告書を提出すべき者に係る
ものに限る。）又は決定についてそれぞれ準用する。この場合において、同条第４
項第２号中「第69条の３第１項」とあるのは「第70条第６項」と、「第27条」とあ
るのは「第27条又は第29条」と、同条第５項第２号中「第69条の３第２項」とある
のは「第70条第７項」と読み替えるものとする。

10　第１項、第２項及び第５項から前項までの規定は、相続又は遺贈により財産を取
得した者が、当該取得した財産を第１項に規定する申告書の提出期限までに特定非
営利活動促進法第２条第３項に規定する認定特定非営利活動法人に対し、当該認定
特定非営利活動法人の行う同条第１項に規定する特定非営利活動に係る事業に関連
する贈与をした場合について準用する。この場合において、第２項中「同項の規定」
とあるのは「第10項において準用する前項の規定」と、第５項中「第１項又は第３
項」とあるのは「第10項において準用する第１項」と、「同項の贈与又は第３項の
支出」とあるのは「第10項の贈与」と読み替えるものとする。

（科学又は教育の振興に寄与するところが著しい公益法人等の範囲）

㋿**第40条の３**　法第70条第１項に規定する政令で定める法人は、次に掲げる法人と
する。

一　独立行政法人

一の二　国立大学法人及び大学共同利用機関法人

一の三　地方独立行政法人で地方独立行政法人法第21条第１号又は第３号から第５
号までに掲げる業務（同条第３号に掲げる業務にあつては同号チに掲げる事業の
経営に、同条第５号に掲げる業務にあつては地方独立行政法人法施行令第５条第
１号又は第３号に掲げる施設の設置及び管理に、それぞれ限るものとする。）を
主たる目的とするもの

一の四　公立大学法人

二　自動車安全運転センター、日本司法支援センター、日本私立学校振興・共済事
業団及び日本赤十字社

三　公益社団法人及び公益財団法人

四　私立学校法第３条に規定する学校法人で学校（学校教育法第１条に規定する学
校及び就学前の子どもに関する教育、保育等の総合的な提供の推進に関する法律
第２条第７項に規定する幼保連携型認定こども園をいう。以下この号において同
じ。）の設置若しくは学校及び専修学校（学校教育法第124条に規定する専修学校
で財務省令で定めるものをいう。以下この号において同じ。）の設置を主たる目
的とするもの又は私立学校法第64条第４項の規定により設立された法人で専修学
校の設置を主たる目的とするもの

第3章　公益法人税務関係法令

　五　社会福祉法人
　六　更生保護法人
　　（特定公益信託の要件等）
㋳第40条の4　法第70条第3項に規定する政令で定める要件は、次に掲げる事項が
　信託行為において明らかであり、かつ、受託者が信託会社（金融機関の信託業務の
　兼営等に関する法律により同法第1条第1項に規定する信託業務を営む同項に規定
　する金融機関を含む。）であることとする。
　一　当該公益信託の終了（信託の併合による終了を除く。次号において同じ。）の
　　場合において、その信託財産が国若しくは地方公共団体に帰属し、又は当該公益
　　信託が類似の目的のための公益信託として継続するものであること。
　二　当該公益信託は、合意による終了ができないものであること。
　三　当該公益信託の受託者がその信託財産として受け入れる資産は、金銭に限られ
　　るものであること。
　四　当該公益信託の信託財産の運用は、次に掲げる方法に限られるものであるこ
　　と。
　　イ　預金又は貯金
　　ロ　国債、地方債、特別の法律により法人の発行する債券又は貸付信託法（昭和
　　　27年法律第195号）第2条第1項に規定する貸付信託の受益権の取得
　　ハ　イ又はロに準ずるものとして財務省令で定める方法
　五　当該公益信託につき信託管理人が指定されるものであること。
　六　当該公益信託の受託者がその信託財産の処分を行う場合には、当該受託者は、
　　当該公益信託の目的に関し学識経験を有する者の意見を聴かなければならないも
　　のであること。
　七　当該公益信託の信託管理人及び前号に規定する学識経験を有する者に対してそ
　　の信託財産から支払われる報酬の額は、その任務の遂行のために通常必要な費用
　　の額を超えないものであること。
　八　当該公益信託の受託者がその信託財産から受ける報酬の額は、当該公益信託の
　　信託事務の処理に要する経費として通常必要な額を超えないものであること。
2　法第70条第3項に規定する政令で定めるところにより証明がされた公益信託は、
　同項に定める要件を満たす公益信託であることにつき当該公益信託に係る主務大臣
　（当該公益信託が次項第2号に掲げるものを目的とする公益信託である場合を除き、
　公益信託ニ関スル法律（大正11年法律第62号）第11条その他の法令の規定により当
　該公益信託に係る主務官庁の権限に属する事務を行うこととされた都道府県の知事
　その他の執行機関を含む。以下この条において同じ。）の証明を受けたものとする。
3　法第70条第3項に規定する政令で定める特定公益信託は、次に掲げるものの1

1012

又は2以上のものをその目的とする同項に規定する特定公益信託で、その目的に関し相当と認められる業績が持続できることにつき当該特定公益信託に係る主務大臣の認定を受けたもの（その認定を受けた日の翌日から5年を経過していないものに限る。）とする。

一　科学技術（自然科学に係るものに限る。）に関する試験研究を行う者に対する助成金の支給

二　人文科学の諸領域について、優れた研究を行う者に対する助成金の支給

三　学校教育法第1条に規定する学校における教育に対する助成

四　学生又は生徒に対する学資の支給又は貸与

五　芸術の普及向上に関する業務（助成金の支給に限る。）を行うこと。

六　文化財保護法第2条第1項に規定する文化財の保存及び活用に関する業務（助成金の支給に限る。）を行うこと。

七　開発途上にある海外の地域に対する経済協力（技術協力を含む。）に資する資金の贈与

八　自然環境の保全のため野生動植物の保護繁殖に関する業務を行うことを主たる目的とする法人で当該業務に関し国又は地方公共団体の委託を受けているもの（これに準ずるものとして**財務省令で定めるもの**を含む。）に対する助成金の支給

九　すぐれた自然環境の保全のためその自然環境の保存及び活用に関する業務（助成金の支給に限る。）を行うこと。

十　国土の緑化事業の推進（助成金の支給に限る。）

十一　社会福祉を目的とする事業に対する助成

十二　就学前の子どもに関する教育、保育等の総合的な提供の推進に関する法律第2条第7項に規定する幼保連携型認定こども園における教育及び保育に対する助成

4　当該公益信託に係る主務大臣は、第2項の証明又は前項の認定をしようとするとき（当該証明がされた公益信託の第1項各号に掲げる事項に関する信託の変更を当該公益信託の主務官庁が命じ、又は許可するときを含む。）は、財務大臣に協議しなければならない。

　　（相続税が非課税とされる専修学校の範囲等）

則第23条の3　施行令第40条の3第4号に規定する**財務省令で定める専修学校**は、次のいずれかの課程による教育を行う専修学校とする。

一　学校教育法第125条第1項に規定する高等課程でその修業期間（普通科、専攻科その他これらに準ずる区別された課程があり、一の課程に他の課程が継続する場合には、これらの課程の修業期間を通算した期間をいう。次号において同じ。）

第3章 公益法人税務関係法令

を通ずる授業時間数が2,000時間以上であるもの

二 学校教育法第125条第1項に規定する専門課程でその修業期間を通ずる授業時間数が1,700時間以上であるもの

2 法第70条第1項の規定の適用を受けようとする者が同条第5項に規定する申告書に添付する財務省令で定める書類は、国若しくは地方公共団体又は同条第1項に規定する政令で定める法人の同項の贈与を受けた旨、その贈与を受けた年月日及び財産の明細並びに当該法人の当該財産の使用目的を記載した書類並びに当該法人が施行令第40条の3第1号の3又は第4号に掲げる法人である場合には、これらの号に掲げる法人に該当するものであることについて地方独立行政法人法第6条第3項に規定する設立団体又は私立学校法第4条に規定する所轄庁の証明した書類とする。

（特定公益信託の信託財産の運用の方法等）

則第23条の4 施行令第40条の4第1項第4号ハに規定する財務省令で定める方法は、所得税法第2条第1項第11号に規定する合同運用信託の信託（施行令第40条の4第1項第4号ロに規定する貸付信託の受益権の取得を除く。）とする。

2 施行令第40条の4第3項第8号に規定する財務省令で定める法人は、自然環境の保全のため野生動植物の保護繁殖に関する業務を行うことを主たる目的とする法人で次に掲げるものとする。

一 その構成員に国若しくは地方公共団体又は公益社団法人若しくは公益財団法人が含まれているもの

二 国又は地方公共団体が拠出をしているもの（前号に掲げる法人を除く。）

三 前2号に掲げる法人に類するものとして環境大臣が認めたもの

3 法第70条第3項の規定の適用を受けようとする者が同条第5項に規定する申告書に添付する財務省令で定める書類は、同条第3項に規定する特定公益信託（以下この項において「特定公益信託」という。）の信託財産とするために支出した金銭の受領をした当該特定公益信託の受託者のその受領をした金銭が当該特定公益信託の信託財産とするためのものである旨、当該金銭の額及びその受領した年月日を証する書類並びに施行令第40条の4第3項に規定する主務大臣の認定に係る書類（同項の認定をした年月日の記載があるものに限る。）とする。

（認定特定非営利活動法人に対して相続財産を贈与した場合の相続税の非課税の特例を受けるための添付書類）

則第23条の5 法第70条第10項において準用する同条第1項の規定の適用を受けようとする者が同条第10項において準用する同条第5項に規定する申告書に添付する財務省令で定める書類は、同条第10項に規定する認定特定非営利活動法人の同項の贈与を受けた旨、その贈与を受けた年月日及び財産の明細並びに当該認定特定非営利活動法人の当該財産の使用目的を記載した書類とする。

７．租税特別措置法関係法令

（都道府県が行う高等学校の生徒に対する学資としての資金の貸付けに係る消費
　貸借契約書等の印紙税の非課税）
第91条の３　都道府県又は公益社団法人若しくは公益財団法人であつて都道府県に
　代わつて高等学校等（学校教育法第１条に規定する高等学校、中等教育学校（同法
　第66条に規定する後期課程に限る。）及び特別支援学校（同法第76条第２項に規定
　する高等部に限る。）並びに同法第124条に規定する専修学校（同法第125条第１項
　に規定する高等課程に限る。）をいう。以下この条において同じ。）の生徒に学資と
　しての資金の貸付けに係る事業を行うもの（政令で定めるものに限る。）が高等学
　校等の生徒に対して無利息で行う学資としての資金の貸付けに係る印紙税法別表第
　１第１号の物件名の欄３に掲げる消費貸借に関する契約書（次項及び次条において
　「消費貸借契約書」という。）には、印紙税を課さない。
２　高等学校等の生徒又は独立行政法人日本学生支援機構法（平成15年法律第94号）
　第３条に規定する学生等であつて政令で定めるものに対して無利息で行われる学資
　としての資金の貸付け（政令で定めるものに限る。）に係る消費貸借契約書（財務
　省令で定める表示があるものに限り、前項の規定の適用があるものを除く。）のう
　ち、平成28年４月１日から平成31年３月31日までの間に作成されるものには、印紙
　税を課さない。
３　前項の規定の適用に関し必要な事項は、政令で定める。

（都道府県が行う高等学校の生徒に対する学資としての資金の貸付けに係る消費
　貸借契約書等の印紙税の非課税）
㊁第52条の２　法第91条の３第１項に規定する政令で定めるものは、都道府県から
　高等学校等（同項に規定する高等学校等をいう。）の生徒に対して無利息で行う学
　資としての資金の貸付けに係る事業の費用に充てるための資金の提供（当該資金の
　提供に当たり当該資金の貸付けの条件を当該都道府県が定めるもの（これに類する
　資金の提供として財務省令で定めるものを含む。）に限る。）を受けている法人とし
　て文部科学大臣が財務大臣と協議して指定したものとする。
２　法第91条の３第２項に規定する政令で定める生徒又は学生等は、独立行政法人
　日本学生支援機構法（平成15年法律第94号）第14条第３項の認定を受ける者と同程
　度の経済的理由により修学に困難があるもの（次項第１号において「生徒等」とい
　う。）とする。
３　法第91条の３第２項に規定する政令で定める資金の貸付けは、次の各号のいず
　れにも該当するものであることにつき文部科学大臣の確認を受けたものとする。
　一　生徒等に対して無利息で行われる学資としての資金の貸付けであること。
　二　特定の法人等（法人その他の団体又は個人をいう。）の従業者の親族のみを対

1015

第3章　公益法人税務関係法令

　　象とする貸付けその他当該従業者の福利厚生のための貸付けと認められるもので
　　ないこと。
　三　貸主（当該貸主が実施する学資としての資金の貸付けに係る事業を委託した者
　　を含む。）への就職を条件とする貸付けその他卒業後に当該貸主に直接的な利益
　　をもたらす条件を付したものでないこと。
4　文部科学大臣は、前項の確認をする場合には、当該確認に3年以内の期限を付し
　て、その確認を受ける者に書面で通知しなければならない。
5　第3項の確認を受けた者は、当該確認に付された期限の翌日から7年間、前項の
　書面をその主たる事務所の所在地に保存しなければならない。

　　　（都道府県が学資としての資金の貸付けを行う法人に対してする資金の提供の範囲）
則**第41条**　施行令第52条の2第1項に規定する財務省令で定めるものは、都道府県
　が、同項に規定する学資としての資金の貸付けに係る事業の費用に充てるための資
　金の提供を行うに当たり、当該資金の貸付けの条件を当該都道府県が承認するもの
　をいう。
　　　（消費貸借契約書への表示）
則**第42条**　法第91条の3第2項に規定する財務省令で定める表示は、同項の規定の
　適用により印紙税が課されない旨の表示とする。

8. 地方税法関係法令

◎地方税法（抄）
○地方税法施行令（抄）
○地方法人特別税等に関する暫定措置法（抄）

◎地方税法（抄）

昭和25年７月31日法律第226号
最終改正　平成29年３月31日法律第２号

目　次

第２条（地方団体の課税権）　1021
第３条（地方税の賦課徴収に関する規定の
　　　　形式）　1021
第４条（道府県が課することができる税目）
　　　　1021
第５条（市町村が課することができる税目）
　　　　1022
第６条（公益等に因る課税免除及び不均一
　　　　課税）　1022
第７条（受益に因る不均一課税及び一部課
　　　　税）　1022
第24条（道府県民税の納税義務者等）　1023
第25条（個人以外の者の道府県民税の非課
　　　　税の範囲）　1024
第37条の２（寄附金税額控除）　1025
第51条（法人税割の税率）　1028
第52条（法人の均等割の税率）　1029
第53条（法人の道府県民税の申告納付）　1030
第72条の２（事業税の納税義務者等）　1030
第72条の５（法人の事業税の非課税所得等
　　　　　　の範囲）　1031
第72条の12（法人の事業税の課税標準）
　　　　　　1033
第72条の24の７（法人の事業税の標準税率
　　　　　　　　等）　1033
第72条の78（地方消費税の納税義務者等）
　　　　　　1036
第72条の82（地方消費税の課税標準額の端

数計算の特例）　1038
第72条の83（地方消費税の税率）　1038
第73条の４（用途による不動産取得税の非
　　　　　　課税）　1038
第294条（市町村民税の納税義務者等）　1039
第296条（個人以外の者の市町村民税の非課
　　　　　税の範囲）　1041
第312条（法人の均等割の税率）　1041
第314条の４（法人税割の税率）　1043
第314条の７（寄附金税額控除）　1043
第321条の８（法人の市町村民税の申告納付）
　　　　　　1046
第348条（固定資産税の非課税の範囲）　1046
第701条の34（事業所税の非課税の範囲）
　　　　　　1049
第702条の２（都市計画税の非課税の範囲）
　　　　　　1049
　附則（抄）　1049

細目次

○地方税法施行令（抄）

昭和25年７月31日政令第245号
最終改正　平成29年３月31日政令第118号

第７条の４（収益事業の範囲）　1024
第７条の17（寄附金税額控除額の控除の対
　　　　　　象となる共同募金会又は日本
　　　　　　赤十字社に対する寄附金の範
　　　　　　囲）　1028
第７条の18（寄附金税額控除額の控除の対
　　　　　　象となる寄附金の特例）　1028
第15条（収益事業の範囲）　1031
第47条（収益事業の範囲）　1040

1019

○地方法人特別税等に関する暫定措置法（抄）

平成20年4月30日法律第25号
最終改正　平成29年3月31日法律第2号

第2条　1034
第3条（定義）　1035
第5条（納税義務者）　1035
第6条（課税の対象）　1036
第8条　1036
第9条　1036

8．地方税法関係法令

（地方団体の課税権）

第2条 地方団体は、この法律の定めるところによつて、地方税を賦課徴収すること
ができる。

（地方税の賦課徴収に関する規定の形式）

第3条 地方団体は、その地方税の税目、課税客体、課税標準、税率その他賦課徴収
について定をするには、当該地方団体の条例によらなければならない。

2 地方団体の長は、前項の条例の実施のための手続その他その施行について必要な
事項を規則で定めることができる。

（道府県が課することができる税目）

第4条 道府県税は、普通税及び目的税とする。

2 道府県は、普通税として、次に掲げるものを課するものとする。ただし、徴収に
要すべき経費が徴収すべき税額に比して多額であると認められるものその他特別の
事情があるものについては、この限りでない。

一 道府県民税

二 事業税

三 地方消費税

四 不動産取得税

五 道府県たばこ税

六 ゴルフ場利用税

七 自動車取得税

八 軽油引取税

九 自動車税

十 鉱区税

3 道府県は、前項各号に掲げるものを除くほか、別に税目を起こして、普通税を課
することができる。

4 道府県は、目的税として、狩猟税を課するものとする。

5 道府県は、前項に規定するものを除くほか、目的税として、水利地益税を課する
ことができる。

6 道府県は、前2項に規定するものを除くほか、別に税目を起こして、目的税を課
することができる。

第3章　公益法人税務関係法令

（市町村が課することができる税目）

第5条　市町村税は、普通税及び目的税とする。

2　市町村は、普通税として、次に掲げるものを課するものとする。ただし、徴収に要すべき経費が徴収すべき税額に比して多額であると認められるものその他特別の事情があるものについては、この限りでない。

一　市町村民税

二　固定資産税

三　軽自動車税

四　市町村たばこ税

五　鉱産税

六　特別土地保有税

3　市町村は、前項に掲げるものを除く外、別に税目を起して、普通税を課することができる。

4　鉱泉浴場所在の市町村は、目的税として、入湯税を課するものとする。

5　指定都市等（第701条の31第1項第1号の指定都市等をいう。）は、目的税として、事業所税を課するものとする。

6　市町村は、前2項に規定するものを除くほか、目的税として、次に掲げるものを課することができる。

一　都市計画税

二　水利地益税

三　共同施設税

四　宅地開発税

五　国民健康保険税

7　市町村は、第4項及び第5項に規定するもの並びに前項各号に掲げるものを除くほか、別に税目を起こして、目的税を課することができる。

（公益等に因る課税免除及び不均一課税）

第6条　地方団体は、公益上その他の事由に因り課税を不適当とする場合においては、課税をしないことができる。

2　地方団体は、公益上その他の事由に因り必要がある場合においては、不均一の課税をすることができる。

（受益に因る不均一課税及び一部課税）

第7条　地方団体は、その一部に対して特に利益がある事件に関しては、不均一の課

税をし、又はその一部に課税をすることができる。

（道府県民税の納税義務者等）
第24条　道府県民税は、第１号に掲げる者に対しては均等割額及び所得割額の合算額によつて、第３号に掲げる者に対しては均等割額及び法人税割額の合算額によつて、第２号及び第４号に掲げる者に対しては均等割額によつて、第４号の２に掲げる者に対しては法人税割額によつて、第５号に掲げる者に対しては利子割額によつて、第６号に掲げる者に対しては配当割額によつて、第７号に掲げる者に対しては株式等譲渡所得割額によつて課する。

一　道府県内に住所を有する個人

二　道府県内に事務所、事業所又は家屋敷を有する個人で当該事務所、事業所又は家屋敷を有する市町村内に住所を有しない者

三　道府県内に事務所又は事業所を有する法人

四　道府県内に寮、宿泊所、クラブその他これらに類する施設（「寮等」という。以下道府県民税について同じ。）を有する法人で当該道府県内に事務所又は事業所を有しないもの

四の二　法人課税信託（法人税法第２条第29号の２に規定する法人課税信託をいう。以下この節において同じ。）の引受けを行うことにより法人税を課される個人で道府県内に事務所又は事業所を有するもの

五　利子等の支払又はその取扱いをする者の営業所等で道府県内に所在するものを通じて利子等の支払を受ける個人

六　特定配当等の支払を受ける個人で当該特定配当等の支払を受けるべき日現在において道府県内に住所を有するもの

七　特定株式等譲渡対価等の支払を受ける個人で当該特定株式等譲渡対価等の支払を受けるべき日の属する年の１月１日現在において道府県内に住所を有するもの

2・3　省略

4　第25条第１項第２号に掲げる者で収益事業を行うもの又は法人課税信託の引受けを行うものに対する道府県民税は、第１項の規定にかかわらず、当該収益事業又は法人課税信託の信託事務を行う事務所又は事業所所在の道府県において課する。

5　公益法人等（法人税法第２条第６号の公益法人等並びに防災街区整備事業組合、管理組合法人及び団地管理組合法人、マンション建替組合及びマンション敷地売却組合、地方自治法第260条の２第７項に規定する認可地縁団体、政党交付金の交付を受ける政党等に対する法人格の付与に関する法律（平成６年法律第106号）第７条の２第１項に規定する法人である政党等並びに特定非営利活動促進法（平成10年

第3章　公益法人税務関係法令

法律第7号）第2条第2項に規定する特定非営利活動法人をいう。）のうち第25条
第1項第2号に掲げる者以外のもの及び次項の規定によつて法人とみなされるもの
に対する法人税割（法人税法第74条第1項の申告書に係る法人税額を課税標準とす
る法人税割に限る。）は、第1項の規定にかかわらず、これらの者の収益事業又は
法人課税信託の信託事務を行う事務所又は事業所所在の道府県において課する。

6　法人でない社団又は財団で代表者又は管理人の定めがあり、かつ、収益事業を行
うもの（当該社団又は財団で収益事業を廃止したものを含む。以下道府県民税につ
いて「人格のない社団等」という。）又は法人課税信託の引受けを行うものは、法
人とみなして、この節の規定を適用する。

7・8　省略

9　第4項から第6項までの収益事業の範囲は、政令で定める。

（収益事業の範囲）

⑤**第7条の4**　法第24条第4項から第6項まで、第25条第1項ただし書及び第2項た
だし書並びに第52条第1項の表の第1号の収益事業は、法人税法施行令（昭和40年
政令第97号）第5条に規定する事業で、継続して事業場を設けて行われるものとす
る。ただし、当該事業のうち社会福祉法人、更生保護法人、学校法人又は私立学校
法（昭和24年法律第270号）第64条第4項の法人が行う事業でその所得の金額の100
分の90以上の金額を当該法人が行う社会福祉事業、更生保護事業、私立学校、私立
専修学校又は私立各種学校の経営（法人税法施行令第5条に規定する事業を除く。）
に充てているもの（その所得の金額がなく当該経営に充てていないものを含む。）
を含まないものとする。

（個人以外の者の道府県民税の非課税の範囲）

第25条　道府県は、次に掲げる者に対しては、道府県民税の均等割を課することが
できない。ただし、第2号に掲げる者が収益事業を行う場合は、この限りでない。

一　国、非課税独立行政法人（独立行政法人のうちその資本金の額若しくは出資金
の額の全部が国により出資されることが法律において定められているもの又はこ
れに類するものであつて、その実施している業務の全てが国から引き継がれたも
のとして総務大臣が指定したものをいう。以下同じ。）、国立大学法人等（国立大
学法人及び大学共同利用機関法人をいう。以下同じ。）、日本年金機構、都道府県、
市町村、特別区、地方公共団体の組合、財産区、合併特例区、地方独立行政法人、
港湾法（昭和25年法律第218号）の規定による港務局、土地改良区及び土地改良
区連合、水害予防組合及び水害予防組合連合、土地区画整理組合並びに独立行政

1024

法人郵便貯金・簡易生命保険管理機構

二　日本赤十字社、社会福祉法人、更生保護法人、宗教法人、学校法人、私立学校
　　法（昭和24年法律第270号）第64条第４項の法人、労働組合法（昭和24年法律第
　　174号）による労働組合、職員団体等に対する法人格の付与に関する法律（昭和
　　53年法律第80号）第２条第５項に規定する法人である職員団体等、漁船保険組合、
　　漁業信用基金協会、漁業共済組合及び漁業共済組合連合会、信用保証協会、農業
　　共済組合及び農業共済組合連合会、農業協同組合連合会（医療法（昭和23年法律
　　第205号）第31条に規定する公的医療機関に該当する病院又は診療所を設置する
　　もので政令で定めるものに限る。）、中小企業団体中央会、国民健康保険組合及び
　　国民健康保険団体連合会、全国健康保険協会、健康保険組合及び健康保険組合連
　　合会、国家公務員共済組合及び国家公務員共済組合連合会、地方公務員共済組合、
　　全国市町村職員共済組合連合会、地方公務員共済組合連合会、日本私立学校振
　　興・共済事業団、公益社団法人又は公益財団法人で博物館法（昭和26年法律第
　　285号）第２条第１項の博物館を設置することを主たる目的とするもの又は学術
　　の研究を目的とするもの並びに政党交付金の交付を受ける政党等に対する法人格
　　の付与に関する法律第７条の２第１項に規定する法人である政党等

2　道府県は、前項各号に掲げる者に対しては、道府県民税の法人税割を課すること
　ができない。ただし、同項第２号に掲げる者が収益事業又は法人課税信託の引受け
　を行う場合は、この限りでない。

3　前２項の収益事業の範囲は、政令で定める。

🈁第７条の４参照（1024頁）

（寄附金税額控除）

第37条の２　道府県は、所得割の納税義務者が、前年中に次に掲げる寄附金を支出
し、当該寄附金の額の合計額（当該合計額が前年の総所得金額、退職所得金額及び
山林所得金額の合計額の100分の30に相当する金額を超える場合には、当該100分の
30に相当する金額）が2,000円を超える場合には、その超える金額の100分の４〔編
者注：平成30年１月１日～、当該納税義務者が指定都市の区域内に住所を有する場
合には、100分の２〕に相当する金額（当該納税義務者が前年中に第１号に掲げる
寄附金を支出し、当該寄附金の額の合計額が2,000円を超える場合にあつては〔編
者注：平成30年１月１日～、「場合には」〕、当該100分の４〔編者注：平成30年１月
１日～、当該納税義務者が指定都市の区域内に住所を有する場合には、100分の２〕
に相当する金額に特例控除額を加算した金額。以下この項において「控除額」

第3章　公益法人税務関係法令

という。）をその者〔編者注：平成30年1月1日～、「当該納税義務者」〕の第35条及び前条の規定を適用した場合の所得割の額から控除するものとする。この場合において、当該控除額が当該所得割の額を超えるときは、当該控除額は、当該所得割の額に相当する金額とする。

一　都道府県、市町村又は特別区に対する寄附金（当該納税義務者がその寄附によつて設けられた設備を専属的に利用することその他特別の利益が当該納税義務者に及ぶと認められるものを除く。）

二　社会福祉法（昭和26年法律第45号）第113条第2項に規定する共同募金会（その主たる事務所を当該納税義務者に係る賦課期日現在における住所所在の道府県内に有するものに限る。）に対する寄附金又は日本赤十字社に対する寄附金（当該納税義務者に係る賦課期日現在における住所所在の道府県内に事務所を有する日本赤十字社の支部において収納されたものに限る。）で、政令で定めるもの

三　所得税法第78条第2項第2号及び第3号に掲げる寄附金（同条第3項の規定により特定寄附金とみなされるものを含む。）並びに租税特別措置法第41条の18の2第2項に規定する特定非営利活動に関する寄附金（次号に掲げる寄附金を除く。）のうち、住民の福祉の増進に寄与する寄附金として当該道府県の条例で定めるもの

四　特定非営利活動促進法第2条第2項に規定する特定非営利活動法人（以下この号及び第3項において「特定非営利活動法人」という。）に対する当該特定非営利活動法人の行う同条第1項に規定する特定非営利活動に係る事業に関連する寄附金のうち、住民の福祉の増進に寄与する寄附金として当該道府県の条例で定めるもの（特別の利益が当該納税義務者に及ぶと認められるものを除く。）

2　前項の特例控除額は、同項の所得割の納税義務者が前年中に支出した同項第1号に掲げる寄附金の額の合計額のうち2,000円を超える金額に、次の各号に掲げる場合の区分に応じ、当該各号に定める割合を乗じて得た金額の5分の2〔編者注：平成30年1月1日～、当該納税義務者が指定都市の区域内に住所を有する場合には、5分の1〕に相当する金額（当該金額が当該納税義務者の第35条及び前条の規定を適用した場合の所得割の額の100分の20に相当する金額を超えるときは、当該100分の20に相当する金額）とする。

一　当該納税義務者が第35条第2項に規定する課税総所得金額（以下この項において「課税総所得金額」という。）を有する場合において、当該課税総所得金額から当該納税義務者に係る前条第1号イに掲げる金額（以下この項において「人的控除差調整額」という。）を控除した金額が零以上であるとき　当該控除後の金額について、次の表の上欄に掲げる金額の区分に応じ、それぞれ同表の下欄に掲

1026

げる割合

195万円以下の金額	100分の85
195万円を超え330万円以下の金額	100分の80
330万円を超え695万円以下の金額	100分の70
695万円を超え900万円以下の金額	100分の67
900万円を超え1,800万円以下の金額	100分の57
1,800万円を超え、4,000万円以下の金額	100分の50
4,000万円を超える金額	100分の45

二　当該納税義務者が課税総所得金額を有する場合において、当該課税総所得金額から当該納税義務者に係る人的控除差調整額を控除した金額が零を下回るときであつて、当該納税義務者が第35条第2項に規定する課税山林所得金額（次号において「課税山林所得金額」という。）及び同項に規定する課税退職所得金額（同号において「課税退職所得金額」という。）を有しないとき　100分の90

三　当該納税義務者が課税総所得金額を有する場合において当該課税総所得金額から当該納税義務者に係る人的控除差調整額を控除した金額が零を下回るとき又は当該納税義務者が課税総所得金額を有しない場合であつて、当該納税義務者が課税山林所得金額又は課税退職所得金額を有するとき　次のイ又はロに掲げる場合の区分に応じ、それぞれイ又はロに定める割合（イ及びロに掲げる場合のいずれにも該当するときは、当該イ又はロに定める割合のうちいずれか低い割合）

　　イ　課税山林所得金額を有する場合　当該課税山林所得金額の5分の1に相当する金額について、第1号の表の上欄に掲げる金額の区分に応じ、それぞれ同表の下欄に掲げる割合

　　ロ　課税退職所得金額を有する場合　当該課税退職所得金額について、第1号の表の上欄に掲げる金額の区分に応じ、それぞれ同表の下欄に掲げる割合

3　第1項第4号の規定による道府県の条例の定めは、当該寄附金を受け入れる特定非営利活動法人（以下この条において「控除対象特定非営利活動法人」という。）からの申出があつた場合において適切と認められるときに行うものとし、当該条例においては、当該控除対象特定非営利活動法人の名称及び主たる事務所の所在地を明らかにしなければならない。

4　控除対象特定非営利活動法人は、総務省令で定めるところにより、寄附者名簿（各事業年度に当該法人が受け入れた寄附金の支払者ごとに当該支払者の氏名又は名称及びその住所又は事務所の所在地並びにその寄附金の額及び受け入れた年月日を記載した書類をいう。次項において同じ。）を備え、これを保存しなければならない。

第3章　公益法人税務関係法令

5　道府県知事は、第1項（第4号に掲げる寄附金に係る部分に限る。）の規定により控除すべき金額の計算のために必要があると認めるときは、控除対象特定非営利活動法人に対し、同号に掲げる寄附金の受入れに関し報告又は寄附者名簿その他の資料の提出をさせることができる。

（寄附金税額控除額の控除の対象となる共同募金会又は日本赤十字社に対する寄附金の範囲）

㋿**第7条の17**　法第37条の2第1項第2号に規定する政令で定める寄附金は、次に掲げる寄附金とする。

一　社会福祉法第113条第2項に規定する共同募金会（以下この号及び次号において「共同募金会」という。）に対して同法第112条の規定により厚生労働大臣が定める期間内に支出された寄附金で、当該共同募金会がその募集に当たり総務大臣の承認を受けたもの

二　社会福祉法第2条第1項に規定する社会福祉事業又は更生保護事業法（平成7年法律第86号）第2条第1項に規定する更生保護事業に要する経費に充てるために共同募金会に対して支出された寄附金（前号に該当するものを除く。）で総務大臣が定めるもの

三　日本赤十字社に対して支出された寄附金で、日本赤十字社が当該寄附金の募集に当たり総務大臣の承認を受けたもの

（寄附金税額控除額の控除の対象となる寄附金の特例）

㋿**第7条の18**　租税特別措置法第40条第1項の規定の適用を受ける財産の贈与又は遺贈について**法第37条の2の規定**の適用がある場合における同条の規定の適用については、同条中「掲げる寄附金」とあるのは、「掲げる寄附金（租税特別措置法第40条第1項の規定の適用を受けるもののうち、同項に規定する財産の贈与又は遺贈に係る所得税法第32条第3項に規定する山林所得の金額若しくは同法第33条第3項に規定する譲渡所得の金額で同法第32条第3項に規定する山林所得の特別控除額若しくは同法第33条第3項に規定する譲渡所得の特別控除額を控除しないで計算した金額又は同法第35条第2項に規定する雑所得の金額に相当する部分を除く。）」とする。

（法人税割の税率）

第51条　法人税割の標準税率は、100分の3.2〔編者注：平成31年10月1日～、100分の1〕とする。ただし、標準税率を超える税率で課する場合においても、100分の4.2〔編者注：平成31年10月1日～、100分の2〕を超えることができない。

2　法人税割の税率は、第53条第1項の規定によつて申告納付するものにあつては同

項に規定する法人税額の課税標準の算定期間の末日現在、同条第4項の規定によつて申告納付するものにあつては同項に規定する連結法人税額の課税標準の算定期間の末日現在における税率による。

（法人の均等割の税率）

第52条 法人の均等割の標準税率は、次の表の上欄に掲げる法人の区分に応じ、それぞれ当該下欄に定める額とする。

法人の区分	税　　率
一　次に掲げる法人 　イ　法人税法第2条第5号の公共法人及び第24条第5項に規定する公益法人等のうち、第25条第1項の規定により均等割を課することができないもの以外のもの（同法別表第2に規定する独立行政法人で収益事業を行うものを除く。） 　ロ　人格のない社団等 　ハ　一般社団法人（非営利型法人（法人税法第2条第9号の2に規定する非営利型法人をいう。以下この号において同じ。）に該当するものを除く。）及び一般財団法人（非営利型法人に該当するものを除く。） 　ニ　保険業法に規定する相互会社以外の法人で資本金の額又は出資金の額を有しないもの（イからハまでに掲げる法人を除く。） 　ホ　資本金等の額を有する法人（法人税法別表第2に規定する独立行政法人で収益事業を行わないもの及びニに掲げる法人を除く。以下この表において同じ。）で資本金等の額が1,000万円以下であるもの	年額　　2万円
二～五　省略	省略

2　法人の均等割の税率は、次の各号に掲げる法人の区分に応じ、当該各号に定める日現在における税率による。

一　次条第1項の規定によつて申告納付する法人　当該法人の同項に規定する法人税額の課税標準の算定期間の末日

第3章　公益法人税務関係法令

　二・三　省略

　四　公共法人等（法人税法第2条第5号の公共法人及び第24条第5項に規定する公益
　　法人等で均等割のみを課されるものをいう。）　前年4月1日から3月31日までの
　　期間（当該期間中に当該公共法人等が解散（合併による解散を除く。以下次条第
　　26項、第27項、第29項及び第32項を除き、この節において同じ。）又は合併によ
　　り消滅した場合には、前年4月1日から当該消滅した日までの期間）の末日

3　第1項に定める均等割の額は、当該均等割の額に、前項第1号の法人税額の課税
　標準の算定期間、同項第2号の連結事業年度開始の日から6月の期間若しくは同項
　第3号の連結法人税額の課税標準の算定期間又は同項第4号の期間中において事務
　所、事業所又は寮等を有していた月数を乗じて得た額を12で除して算定するものと
　する。この場合における月数は、暦に従つて計算し、1月に満たないときは1月と
　し、1月に満たない端数を生じたときは切り捨てる。

4～6　省略

7　第1項の収益事業の範囲は、政令で定める。

　🈔第7条の4参照（1024頁）

（法人の道府県民税の申告納付）

第53条　省略

2～18　省略

19　前条第2項第4号に掲げる公共法人等は、総務省令で定める様式によつて、毎年
　4月30日までに、同号の期間中の事実に基づいて算定した均等割額を記載した申告
　書を、当該期間中において有する事務所、事業所又は寮等所在地の道府県知事に提
　出し、及びその申告した均等割額を納付しなければならない。

20～44　省略

（事業税の納税義務者等）

第72条の2　法人の行う事業に対する事業税は、法人の行う事業に対し、次の各号
　に掲げる事業の区分に応じ、当該各号に定める額によつて事務所又は事業所所在の
　道府県において、その法人に課する。

　一　次号に掲げる事業以外の事業　次に掲げる法人の区分に応じ、それぞれ次に定
　　める額

　　イ　ロに掲げる法人以外の法人　付加価値割額、資本割額及び所得割額の合算額

　　ロ　第72条の4第1項各号に掲げる法人、第72条の5第1項各号に掲げる法人、

1030

第72条の24の７第５項各号に掲げる法人、第４項に規定する人格のない社団等、第５項に規定するみなし課税法人、投資信託及び投資法人に関する法律（昭和26年法律第198号）第２条第12項に規定する投資法人、資産の流動化に関する法律（平成10年法律第105号）第２条第３項に規定する特定目的会社並びに一般社団法人（非営利型法人（法人税法第２条第９号の２に規定する非営利型法人をいう。以下この号において同じ。）に該当するものを除く。）及び一般財団法人（非営利型法人に該当するものを除く。）並びにこれらの法人以外の法人で資本金の額若しくは出資金の額が１億円以下のもの又は資本若しくは出資を有しないもの　所得割額

二　電気供給業、ガス供給業及び保険業　収入割額

2　前項の規定を適用する場合において、資本金の額又は出資金の額が１億円以下の法人であるかどうか及び資本又は出資を有しない法人であるかどうかの判定は、各事業年度終了の日（第72条の26第１項ただし書の規定により申告納付すべき事業税にあつてはその事業年度開始の日から６月の期間の末日、第72条の29第１項又は第３項の規定により申告納付すべき事業税にあつてはその解散の日）の現況によるものとする。

3　省略

4　法人でない社団又は財団で代表者又は管理人の定めがあり、かつ、収益事業又は法人課税信託（法人税法第２条第29号の２に規定する法人課税信託をいう。以下この節において同じ。）の引受けを行うもの（当該社団又は財団で収益事業を廃止したものを含む。以下事業税について「人格のない社団等」という。）は、法人とみなして、この節の規定を適用する。

5〜10　省略

11　第４項の収益事業の範囲並びに前項第15号の３に掲げる事業及び同項第16号の３に掲げる事業の範囲は、<u>政令</u>で定める。

（収益事業の範囲）

㋿<u>第15条　法第72条の２第４項、第72条の５第１項及び第２項、第72条の13第24項並びに第72条の26第１項の収益事業</u>は、法人税法施行令第５条に規定する事業で、継続して事業場を設けて行われるものとする。

（法人の事業税の非課税所得等の範囲）

第72条の５　道府県は、次に掲げる法人の事業の所得又は収入金額で収益事業に係るもの以外のものに対しては、事業税を課することができない。

第3章　公益法人税務関係法令

一　法人税法別表第2に規定する独立行政法人

二　日本赤十字社、医療法人（医療法第42条の2第1項に規定する社会医療法人に限る。）、商工会議所及び日本商工会議所、商工会及び商工会連合会、中央労働災害防止協会及び労働災害防止協会、船員災害防止協会、公益社団法人及び公益財団法人、一般社団法人（非営利型法人（法人税法第2条第9号の2に規定する非営利型法人をいう。以下この号において同じ。）に該当するものに限る。）及び一般財団法人（非営利型法人に該当するものに限る。）、社会福祉法人、更生保護法人、宗教法人、学校法人及び私立学校法第64条第4項の法人、職業訓練法人並びに中央職業能力開発協会及び都道府県職業能力開発協会

三　弁護士会及び日本弁護士連合会、日本弁理士会、司法書士会及び日本司法書士会連合会、土地家屋調査士会及び日本土地家屋調査士会連合会、行政書士会及び日本行政書士会連合会、日本公認会計士協会、税理士会及び日本税理士会連合会、社会保険労務士会及び全国社会保険労務士会連合会並びに水先法（昭和24年法律第121号）に規定する水先人会及び日本水先人会連合会

四　法人である労働組合及び職員団体等に対する法人格の付与に関する法律に基づく法人である職員団体等

五　漁船保険組合、漁業信用基金協会、信用保証協会、農業信用基金協会、漁業共済組合及び漁業共済組合連合会、農業共済組合及び農業共済組合連合会、土地改良事業団体連合会、農業協同組合連合会（医療法第31条に規定する公的医療機関に該当する病院又は診療所を設置するもので政令で定めるものに限る。第72条の23第2項及び第72条の24の7第5項において「特定農業協同組合連合会」という。）、中小企業団体中央会、酒造組合及び酒造組合連合会、酒造組合中央会、酒販組合及び酒販組合連合会、酒販組合中央会、非出資組合である商工組合及び商工組合連合会、非出資組合である生活衛生同業組合及び生活衛生同業組合連合会、非出資組合である輸出組合及び輸入組合、国民健康保険組合及び国民健康保険団体連合会、全国健康保険協会、健康保険組合及び健康保険組合連合会、国家公務員共済組合及び国家公務員共済組合連合会、地方公務員共済組合、全国市町村職員共済組合連合会、地方公務員共済組合連合会、地方公務員災害補償基金、消防団員等公務災害補償等共済基金、日本私立学校振興・共済事業団、企業年金基金及び確定給付企業年金法に規定する企業年金連合会、石炭鉱業年金基金、国民年金基金及び国民年金基金連合会、預金保険機構、農水産業協同組合貯金保険機構、保険契約者保護機構、投資者保護基金、委託者保護基金、原子力損害賠償・廃炉等支援機構並びに勤労者財産形成基金

六　市街地再開発組合、住宅街区整備組合、負債整理組合及び防災街区整備事業組合

8．地方税法関係法令

七 損害保険料率算出団体、地方競馬全国協会、高圧ガス保安協会、日本電気計器検定所、危険物保安技術協会、日本消防検定協会、軽自動車検査協会、小型船舶検査機構、外国人技能実習機構、日本勤労者住宅協会、広域臨海環境整備センター、原子力発電環境整備機構、広域的運営推進機関、使用済燃料再処理機構、認可金融商品取引業協会、商品先物取引協会、貸金業協会及び自動車安全運転センター

八 管理組合法人及び団地管理組合法人並びにマンション建替組合及びマンション敷地売却組合

九 地方自治法第260条の2第7項に規定する認可地縁団体

十 政党交付金の交付を受ける政党等に対する法人格の付与に関する法律第7条の2第1項に規定する法人である政党等

十一 特定非営利活動促進法第2条第2項に規定する特定非営利活動法人

2 道府県は、人格のない社団等の事業の所得で収益事業に係るもの以外のものに対しては、事業税を課することができない。

3 第1項各号に掲げる法人及び人格のない社団等は、収益事業に係る所得又は収入金額に関する経理を、収益事業以外の事業に係る所得又は収入金額に関する経理と区分して行わなければならない。

4 第1項及び第2項の収益事業の範囲は、政令で定める。

㊂第15条参照（1031頁）

（法人の事業税の課税標準）

第72条の12 法人の行う事業に対する事業税の課税標準は、次の各号に掲げる事業の区分に応じ、当該各号に定めるものによる。

　一 次号に掲げる事業以外の事業 次に掲げる事業税の区分に応じ、それぞれ次に定めるもの

　　イ 付加価値割 各事業年度の付加価値額

　　ロ 資本割 各事業年度の資本金等の額

　　ハ 所得割 各事業年度の所得

　二 電気供給業、ガス供給業及び保険業 各事業年度の収入金額

（法人の事業税の標準税率等）

第72条の24の7 法人の行う事業（電気供給業、ガス供給業及び保険業を除く。第3項において同じ。）に対する事業税の額は、次の各号に掲げる法人の区分に応じ、

1033

それぞれ当該各号に定める金額とする。

一　省略

二　特別法人　次の表の上欄に掲げる金額の区分によつて各事業年度の所得を区分し、当該区分に応ずる同表の下欄に掲げる標準税率によつて定めた率を乗じて計算した金額の合計額

| 各事業年度の所得のうち年400万円以下の金額 | 100分の5 |
| 各事業年度の所得のうち年400万円を超える金額 | 100分の6.6 |

三　その他の法人　次の表の上欄に掲げる金額の区分によつて各事業年度の所得を区分し、当該区分に応ずる同表の下欄に掲げる標準税率によつて定めた率を乗じて計算した金額の合計額

各事業年度の所得のうち年400万円以下の金額	100分の5
各事業年度の所得のうち年400万円を超え年800万円以下の金額	100分の7.3
各事業年度の所得のうち年800万円を超える金額	100分の9.6

2・3　省略

4　事業年度が1年に満たない場合における第1項の規定の適用については、同項中「年400万円」とあるのは「400万円に当該事業年度の月数を乗じて得た額を12で除して計算した金額」と、「年800万円」とあるのは「800万円に当該事業年度の月数を乗じて得た額を12で除して計算した金額」とする。この場合における月数は、暦に従い計算し、1月に満たない端数を生じたときは、1月とする。

5・6　省略

7　道府県は、第1項から第3項までに規定する標準税率を超える税率で事業税を課する場合には、第1項各号に掲げる法人の区分に応ずる当該各号に定める率、第2項に規定する率及び第3項各号に掲げる法人の区分に応ずる当該各号に定める率に、それぞれ1.2を乗じて得た率を超える税率で課することができない。

8　道府県が第72条の24の4の規定によつて事業税を課する場合における税率は、第1項から第3項まで及び前項の税率による場合における負担と著しく均衡を失することのないようにしなければならない。

○地方法人特別税等に関する暫定措置法（平成20年4月30日法律第25号）（抄）

第2条　平成28年4月1日以後に開始する各事業年度（地方税法第72条の13に規定する事業年度をいう。以下同じ。）に係る法人の事業税についての同法第72条の24の7及び附則第9条の2の規定の適用については、同法第72条の24の7第1項第1号ハ

の表中「100分の1.9」とあるのは「100分の0.3」と、「100分の2.7」とあるのは「100分の0.5」と、「100分の3.6」とあるのは「100分の0.7」と、同項第2号の表中「100分の5」とあるのは「100分の3.4」と、「100分の6.6」とあるのは「100分の4.6」と、同項第3号の表中「100分の5」とあるのは「100分の3.4」と、「100分の7.3」とあるのは「100分の5.1」と、「100分の9.6」とあるのは「100分の6.7」と、同条第2項中「100分の1.3」とあるのは「100分の0.9」と、同条第3項第1号ハ中「100分の3.6」とあるのは「100分の0.7」と、同項第2号中「100分の6.6」とあるのは「100分の4.6」と、同項第3号中「100分の9.6」とあるのは「100分の6.7」と、同条第7項中「1.2」とあるのは「1.2（第1項第1号ハ及び第3項第1号ハに定める率については、2)」と、同法附則第9条の2中「100分の6.6」とあるのは「100分の4.6」と、「100分の7.9」とあるのは「100分の5.5」と、「第72条の48第1項」とあるのは「同条第7項中「から第3項まで」とあるのは「（地方法人特別税等に関する暫定措置法（平成20年法律第25号。以下「暫定措置法」という。）第2条第1項の規定により読み替えられた附則第9条の2の規定により読み替えて適用される場合を含む。以下この項及び次項において同じ。）及び第2項並びに第3項（暫定措置法第2条第1項の規定により読み替えられた附則第9条の2の規定により読み替えて適用される場合を含む。以下この項及び次項において同じ。)」と、同条第8項中「前項」とあるのは「前項（暫定措置法第2条第1項の規定により読み替えられた附則第9条の2の規定により読み替えて適用される場合を含む。)」と、第72条の48第1項」と、「第72条の24の7第1項第2号」とあるのは「暫定措置法第2条第1項の規定により読み替えられた附則第9条の2の規定により読み替えられた第72条の24の7第1項第2号」と、「同条第4項」とあるのは「暫定措置法第2条第1項の規定により読み替えられた附則第9条の2の規定により読み替えられた第72条の24の7第4項」とする。

2　省略

（定義）

第3条　この章において、次の各号に掲げる用語の意義は、それぞれ当該各号に定めるところによる。

一～四　省略

五　基準法人所得割額　地方税法の規定（同法第6条、第7条、第72条の24の10、第72条の24の11及び第72条の49の4の規定を除き、税率については、同法第1条第1項第5号に規定する標準税率によるものとする。次号において同じ。）によって計算した所得割額をいう。

六～八　省略

（納税義務者）

第5条　法人は、この法律により、地方法人特別税を納める義務がある。

第3章　公益法人税務関係法令

（課税の対象）

第6条　法人の基準法人所得割額及び基準法人収入割額には、この法律により、国が地方法人特別税を課する。

第8条　地方法人特別税の課税標準は、基準法人所得割額又は基準法人収入割額とする。

第9条　地方法人特別税の額は、次の各号に掲げる法人の区分に応じ、それぞれ当該各号に定める金額とする。

一　省略

二　所得割額によって法人の事業税を課される法人（前号に掲げる法人を除く。）
　　基準法人所得割額に100分の43.2の税率を乗じて得た金額

三　省略

（地方消費税の納税義務者等）

第72条の78　地方消費税は、事業者の行つた課税資産の譲渡等（消費税法第2条第1項第9号に規定する課税資産の譲渡等のうち、特定資産の譲渡等（同項第8号の2に規定する特定資産の譲渡等をいう。第72条の84第1項第2号及び第2項において同じ。）並びに同法その他の法律又は条約の規定により消費税を課さないこととされるもの及び免除されるもの以外のものをいう。以下この節において同じ。）及び特定課税仕入れ（消費税法第5条第1項に規定する特定課税仕入れのうち、同法その他の法律又は条約の規定により消費税を課さないこととされるもの及び免除されるもの以外のものをいう。以下この節において同じ。）については、当該事業者（消費税法第9条第1項本文の規定により消費税を納める義務が免除される事業者（同法第15条第1項に規定する法人課税信託の受託者にあつては、同条第3項に規定する受託事業者及び同条第4項に規定する固有事業者に係る消費税を納める義務が全て免除される事業者に限る。）を除く。）に対し、次項に規定する道府県が譲渡割によつて、同法第2条第1項第11号に規定する課税貨物（輸入品に対する内国消費税の徴収等に関する法律（昭和30年法律第37号）その他の法律又は条約の規定により消費税を課さないこととされるもの及び免除されるものを除く。）については、当該課税貨物を消費税法第2条第1項第2号に規定する保税地域から引き取る者に対し、当該保税地域所在の道府県が貨物割によつて課する。

2　譲渡割を課する道府県は、次の各号に掲げる事業者の区分に応じ、当該各号に定める場所の所在する道府県とする。

一〜四　省略

五　国内に本店又は主たる事務所を有する法人（次号において「内国法人」という。）　その本店又は主たる事務所の所在地

六　内国法人以外の法人で国内に事務所等を有する法人　その事務所等の所在地（その事務所等が2以上ある場合には、主たるものの所在地）

七　前2号に掲げる法人以外の法人　政令で定める場所

3　前項各号（第4号及び第7号を除く。）に定める場所は、それぞれ同項の譲渡割の課税標準である消費税額の算定に係る課税期間（消費税法第19条に規定する課税期間をいう。以下この節において同じ。）の開始の日現在における場所による。

4　法人でない社団又は財団で代表者又は管理人の定めがあるもの（以下地方消費税について「人格のない社団等」という。）は、法人とみなして、この節の規定を適用する。

5　消費税法第60条第1項の規定により一の法人が行う事業とみなされる国若しくは地方公共団体が一般会計に係る業務として行う事業又は国若しくは地方公共団体が特別会計を設けて行う事業は、当該一般会計又は特別会計ごとに一の法人が行う事業とみなして、この節の規定を適用する。

6　輸入品に対する内国消費税の徴収等に関する法律第8条第1項の規定に基づき税関長が消費税を徴収する場合その他消費税に関する法律の規定で政令で定めるものに基づき税務署長又は税関長が消費税を徴収する場合には、当該税務署長の所属する税務署又は当該税関長の所属する税関所在の道府県が、当該消費税を納付すべき者に対し、当該徴収すべき消費税額を課税標準として、地方消費税を課するものとし、税務署長が消費税を徴収する場合に課すべき地方消費税にあつては譲渡割に、税関長が消費税を徴収する場合に課すべき地方消費税にあつては貨物割に含まれるものとして、この節（第1項から第3項まで及びこの項を除く。）の規定を適用する。この場合において、譲渡割に含まれるものとされる地方消費税の徴収については、普通徴収の方法によるものとする。

7　輸入品に対する内国消費税の徴収等に関する法律第5条第1項の規定に基づき外国貨物の保税地域からの引取りとみなす場合その他消費税に関する法律の規定で政令で定めるものに基づき外国貨物の保税地域からの引取りとみなして消費税法の規定を適用する場合には、当該外国貨物の引取りを第1項に規定する課税貨物の引取りとみなして、この節の規定を適用する。この場合において、同項中「当該保税地域所在の道府県」とあるのは、「輸入品に対する内国消費税の徴収等に関する法律第5条第1項の規定その他第7項に規定する政令で定める法律の規定に基づいて適用される消費税法の規定により課される消費税に係る税関長の所属する税関所在の道府県」とする。

8　前2項の規定によるこの節の規定の適用に関し必要な技術的読替えその他必要な事項は、政令で定める。

第3章　公益法人税務関係法令

（地方消費税の課税標準額の端数計算の特例）

第72条の82　地方消費税については、第20条の4の2第1項の規定にかかわらず、
消費税額を課税標準額とする。

（地方消費税の税率）

第72条の83　地方消費税の税率は、63分の17〔編者注：平成31年10月1日〜、78分
の22〕とする。

（用途による不動産取得税の非課税）

第73条の4　道府県は、次の各号に規定する者が不動産をそれぞれ当該各号に掲げ
る不動産として使用するために取得した場合には、当該不動産の取得に対しては、
不動産取得税を課することができない。

一・二　省略

三　学校法人又は私立学校法第64条第4項の法人（以下この号において「学校法人
　等」という。）がその設置する学校において直接保育又は教育の用に供する不動
　産（第4号の4に該当するものを除く。）、学校法人等がその設置する寄宿舎で学
　校教育法（昭和22年法律第26号）第1条の学校又は同法第124条の専修学校に係
　るものにおいて直接その用に供する不動産、公益社団法人若しくは公益財団法
　人、宗教法人又は社会福祉法人がその設置する幼稚園において直接保育の用に供
　する不動産（同号に該当するものを除く。）及び公益社団法人若しくは公益財団
　法人で職業能力開発促進法（昭和44年法律第64号）第24条の規定による認定職業
　訓練を行うことを目的とするもの又は職業訓練法人で政令で定めるもの若しくは
　都道府県職業能力開発協会がその職業訓練施設において直接職業訓練の用に供す
　る不動産並びに公益社団法人又は公益財団法人がその設置する図書館において直
　接その用に供する不動産及び公益社団法人若しくは公益財団法人又は宗教法人が
　その設置する博物館法第2条第1項の博物館において直接その用に供する不動産

三の二　医療法第31条の公的医療機関の開設者、医療法人（政令で定めるものに限
　る。）、公益社団法人及び公益財団法人、一般社団法人（非営利型法人（法人税法
　第2条第9号の2に規定する非営利型法人をいう。以下この号において同じ。）
　に該当するものに限る。）及び一般財団法人（非営利型法人に該当するものに限
　る。）、社会福祉法人、健康保険組合及び健康保険組合連合会並びに国家公務員共
　済組合及び国家公務員共済組合連合会がその設置する看護師、准看護師、歯科衛
　生士その他政令で定める医療関係者の養成所において直接教育の用に供する不動
　産

四　社会福祉法人（日本赤十字社を含む。次号から第4号の7までにおいて同じ。）が生活保護法第38条第1項に規定する保護施設の用に供する不動産で政令で定めるもの

四の二　社会福祉法人その他政令で定める者が児童福祉法第6条の3第10項に規定する小規模保育事業の用に供する不動産

四の三　社会福祉法人その他政令で定める者が児童福祉法第7条第1項に規定する児童福祉施設の用に供する不動産で政令で定めるもの（次号に該当するものを除く。）

四の四　学校法人、社会福祉法人その他政令で定める者が就学前の子どもに関する教育、保育等の総合的な提供の推進に関する法律（平成18年法律第77号）第2条第6項に規定する認定こども園の用に供する不動産

四の五　社会福祉法人その他政令で定める者が老人福祉法第5条の3に規定する老人福祉施設の用に供する不動産で政令で定めるもの

四の六　社会福祉法人が障害者の日常生活及び社会生活を総合的に支援するための法律第5条第11項に規定する障害者支援施設の用に供する不動産

四の七　第4号から前号までに掲げる不動産のほか、社会福祉法人その他政令で定める者が社会福祉法第2条第1項に規定する社会福祉事業（同条第3項第1号の2に掲げる事業を除く。）の用に供する不動産で政令で定めるもの

四の八　更生保護法人が更生保護事業法（平成7年法律第86号）第2条第1項に規定する更生保護事業の用に供する不動産で政令で定めるもの

四の九　介護保険法第115条の47第1項の規定により市町村から同法第115条の46第1項に規定する包括的支援事業の委託を受けた者が当該事業の用に供する不動産

四の十　児童福祉法第34条の15第2項の規定により同法第6条の3第12項に規定する事業所内保育事業の認可を得た者が当該事業（利用定員が6人以上であるものに限る。）の用に供する不動産

五・六　省略

七　公益社団法人又は公益財団法人で学術の研究を目的とするものがその目的のため直接その研究の用に供する不動産

八〜三十九　省略

2・3　省略

（市町村民税の納税義務者等）

第294条　市町村民税は、第1号の者に対しては均等割額及び所得割額の合算額によつて、第3号の者に対しては均等割額及び法人税割額の合算額によつて、第2号及び第4号の者に対しては均等割額によつて、第5号の者に対しては法人税割額によ

つて課する。

一　市町村内に住所を有する個人

二　市町村内に事務所、事業所又は家屋敷を有する個人で当該市町村内に住所を有しない者

三　市町村内に事務所又は事業所を有する法人

四　市町村内に寮、宿泊所、クラブその他これらに類する施設（以下この節において「寮等」という。）を有する法人で当該市町村内に事務所又は事業所を有しないもの

五　法人課税信託（法人税法第2条第29号の2に規定する法人課税信託をいう。以下この節において同じ。）の引受けを行うことにより法人税を課される個人で市町村内に事務所又は事業所を有するもの

2～5　省略

6　第296条第1項第2号に掲げる者で収益事業を行うもの又は法人課税信託の引受けを行うものに対する市町村民税は、第1項の規定にかかわらず、当該収益事業又は法人課税信託の信託事務を行う事務所又は事業所所在の市町村において課する。

7　公益法人等（法人税法第2条第6号の公益法人等並びに防災街区整備事業組合、管理組合法人及び団地管理組合法人、マンション建替組合及びマンション敷地売却組合、地方自治法第260条の2第7項に規定する認可地縁団体、政党交付金の交付を受ける政党等に対する法人格の付与に関する法律第7条の2第1項に規定する法人である政党等並びに特定非営利活動促進法第2条第2項に規定する特定非営利活動法人をいう。）のうち第296条第1項第2号に掲げる者以外のもの及び次項の規定によつて法人とみなされるものに対する法人税割（法人税法第74条第1項の申告書に係る法人税額を課税標準とする法人税割に限る。）は、第1項の規定にかかわらず、これらの者の収益事業又は法人課税信託の信託事務を行う事務所又は事業所所在の市町村において課する。

8　法人でない社団又は財団で代表者又は管理人の定めがあり、かつ、収益事業を行うもの（当該社団又は財団で収益事業を廃止したものを含む。以下市町村民税について「人格のない社団等」という。）又は法人課税信託の引受けを行うものは、法人とみなして、この節の規定中法人の市町村民税に関する規定を適用する。

9　第6項から第8項までの収益事業の範囲は、政令で定める。

（収益事業の範囲）

㋹**第47条**　第7条の4の規定は、法第294条第6項から第8項まで、第296条第1項ただし書及び第2項ただし書並びに第312条第1項の表の第1号の収益事業の範囲について準用する。

（個人以外の者の市町村民税の非課税の範囲）

第296条　市町村は、次に掲げる者に対しては、市町村民税の均等割を課することができない。ただし、第2号に掲げる者が収益事業を行う場合は、この限りでない。

　一　国、非課税独立行政法人、国立大学法人等、日本年金機構、都道府県、市町村、特別区、地方公共団体の組合、財産区、合併特例区、地方独立行政法人、港湾法の規定による港務局、土地改良区及び土地改良区連合、水害予防組合及び水害予防組合連合、土地区画整理組合並びに独立行政法人郵便貯金・簡易生命保険管理機構

　二　日本赤十字社、社会福祉法人、更生保護法人、宗教法人、学校法人、私立学校法第64条第4項の法人、労働組合法による労働組合、職員団体等に対する法人格の付与に関する法律第2条第5項に規定する法人である職員団体等、漁船保険組合、漁業信用基金協会、漁業共済組合及び漁業共済組合連合会、信用保証協会、農業共済組合及び農業共済組合連合会、農業協同組合連合会（医療法第31条に規定する公的医療機関に該当する病院又は診療所を設置するもので政令で定めるものに限る。）、中小企業団体中央会、国民健康保険組合及び国民健康保険団体連合会、全国健康保険協会、健康保険組合及び健康保険組合連合会、国家公務員共済組合及び国家公務員共済組合連合会、地方公務員共済組合、全国市町村職員共済組合連合会、地方公務員共済組合連合会、日本私立学校振興・共済事業団、公益社団法人又は公益財団法人で博物館法第2条第1項の博物館を設置することを主たる目的とするもの又は学術の研究を目的とするもの並びに政党交付金の交付を受ける政党等に対する法人格の付与に関する法律第7条の2第1項に規定する法人である政党等

2　市町村は、前項各号に掲げる者に対しては、市町村民税の法人税割を課することができない。ただし、同項第2号に掲げる者が収益事業又は法人課税信託の引受けを行う場合は、この限りでない。

3　前2項の収益事業の範囲は、政令で定める。

🏛第47条参照（1040頁）

（法人の均等割の税率）

第312条　法人に対して課する均等割の標準税率は、次の表の上欄に掲げる法人の区分に応じ、それぞれ当該下欄に定める額とする。

法人の区分	税　率
一　次に掲げる法人	年額　　5万円

イ　法人税法第2条第5号の公共法人及び第294条第7項に規定する公益法人等のうち、第296条第1項の規定により均等割を課することができないもの以外のもの（同法別表第2に規定する独立行政法人で収益事業を行うものを除く。） ロ　人格のない社団等 ハ　一般社団法人（非営利型法人（法人税法第2条第9号の2に規定する非営利型法人をいう。以下この号において同じ。）に該当するものを除く。）及び一般財団法人（非営利型法人に該当するものを除く。） ニ　保険業法に規定する相互会社以外の法人で資本金の額又は出資金の額を有しないもの（イからハまでに掲げる法人を除く。） ホ　資本金等の額を有する法人（法人税法別表第2に規定する独立行政法人で収益事業を行わないもの及びニに掲げる法人を除く。以下この表において同じ。）で資本金等の額が1,000万円以下であるもののうち、市町村内に有する事務所、事業所又は寮等の従業者（政令で定める役員を含む。）の数の合計数（次号から第9号まで及び第5項において「従業者数の合計数」という。）が50人以下のもの	
二～九　省略	省略

2　市町村は、前項に定める標準税率を超える税率で均等割を課する場合には、同項の表の各号の税率に、それぞれ1.2を乗じて得た率を超える税率で課することができない。

3　法人の均等割の税率は、次の各号に掲げる法人の区分に応じ、当該各号に定める日現在における税率による。

一　第321条の8第1項の規定によつて申告納付する法人　当該法人の同項に規定する法人税額の課税標準の算定期間の末日

二・三　省略

四　公共法人等（法人税法第2条第5号の公共法人及び第294条第7項に規定する公益法人等で均等割のみを課されるものをいう。）　前年4月1日から3月31日ま

での期間（当該期間中に当該公共法人等が解散（合併による解散を除く。以下第321条の8第26項、第27項、第29項及び第32項を除き、この節において同じ。）又は合併により消滅した場合には、前年4月1日から当該消滅した日までの期間）の末日

4　第1項又は第2項に定める均等割の額は、当該均等割の額に、前項第1号の法人税額の課税標準の算定期間、同項第2号の連結事業年度開始の日から6月の期間若しくは同項第3号の連結法人税額の課税標準の算定期間又は同項第4号の期間中において事務所、事業所又は寮等を有していた月数を乗じて得た額を12で除して算定するものとする。この場合における月数は、暦に従つて計算し、1月に満たないときは1月とし、1月に満たない端数を生じたときは切り捨てる。

5〜8　省略

9　第1項の収益事業の範囲は、政令で定める。

🈪第47条参照（1040頁）

（法人税割の税率）

第314条の4　法人税割の標準税率は、100分の9.7〔編者注：平成31年10月1日〜、100分の6〕とする。ただし、標準税率を超えて課する場合においても、100分の12.1〔編者注：平成31年10月1日〜、100分の8.4〕を超えることができない。

2　法人税割の税率は、第321条の8第1項の規定によつて申告納付するものにあつては同項に規定する法人税額の課税標準の算定期間の末日現在、同条第4項の規定によつて申告納付するものにあつては同項に規定する連結法人税額の課税標準の算定期間の末日現在における税率による。

（寄附金税額控除）

第314条の7　市町村は、所得割の納税義務者が、前年中に次に掲げる寄附金を支出し、当該寄附金の額の合計額（当該合計額が前年の総所得金額、退職所得金額及び山林所得金額の合計額の100分の30に相当する金額を超える場合には、当該100分の30に相当する金額）が2,000円を超える場合には、その超える金額の100分の6〔編者注：平成30年1月1日〜、当該納税義務者が指定都市の区域内に住所を有する場合には、100分の8〕に相当する金額（当該納税義務者が前年中に第1号に掲げる寄附金を支出し、当該寄附金の額の合計額が2,000円を超える場合にあつては〔編者注：平成30年1月1日〜、「場合には」〕、当該100分の6〔編者注：平成30年1月1日〜、当該納税義務者が指定都市の区域内に住所を有する場合には、100分の8〕

第3章　公益法人税務関係法令

　に相当する金額に特例控除額を加算した金額。以下この項において「控除額」という。）をその者〔編者注：平成30年1月1日～、「当該納税義務者」〕の第314条の3及び前条の規定を適用した場合の所得割の額から控除するものとする。この場合において、当該控除額が当該所得割の額を超えるときは、当該控除額は、当該所得割の額に相当する金額とする。

一　都道府県、市町村又は特別区に対する寄附金（当該納税義務者がその寄附によつて設けられた設備を専属的に利用することその他特別の利益が当該納税義務者に及ぶと認められるものを除く。）

二　社会福祉法第113条第2項に規定する共同募金会（その主たる事務所を当該納税義務者に係る賦課期日現在における住所所在の道府県内に有するものに限る。）に対する寄附金又は日本赤十字社に対する寄附金（当該納税義務者に係る賦課期日現在における住所所在の道府県内に事務所を有する日本赤十字社の支部において収納されたものに限る。）で、政令で定めるもの

三　所得税法第78条第2項第2号及び第3号に掲げる寄附金（同条第3項の規定により特定寄附金とみなされるものを含む。）並びに租税特別措置法第41条の18の2第2項に規定する特定非営利活動に関する寄附金（次号に掲げる寄附金を除く。）のうち、住民の福祉の増進に寄与する寄附金として当該市町村の条例で定めるもの

四　特定非営利活動促進法第2条第2項に規定する特定非営利活動法人（以下この号及び第3項において「特定非営利活動法人」という。）に対する当該特定非営利活動法人の行う同条第1項に規定する特定非営利活動に係る事業に関連する寄附金のうち、住民の福祉の増進に寄与する寄附金として当該市町村の条例で定めるもの（特別の利益が当該納税義務者に及ぶと認められるものを除く。）

2　前項の特例控除額は、同項の所得割の納税義務者が前年中に支出した同項第1号に掲げる寄附金の額の合計額のうち2,000円を超える金額に、次の各号に掲げる場合の区分に応じ、当該各号に定める割合を乗じて得た金額の5分の3〔編者注：平成30年1月1日～、当該納税義務者が指定都市の区域内に住所を有する場合には、5分の4〕に相当する金額（当該金額が当該納税義務者の第314条の3及び前条の規定を適用した場合の所得割の額の100分の20に相当する金額を超えるときは、当該100分の20に相当する金額）とする。

一　当該納税義務者が第314条の3第2項に規定する課税総所得金額（以下この項において「課税総所得金額」という。）を有する場合において、当該課税総所得金額から当該納税義務者に係る前条第1号イに掲げる金額（以下この項において「人的控除差調整額」という。）を控除した金額が零以上であるとき　当該控除後

1044

の金額について、次の表の上欄に掲げる金額の区分に応じ、それぞれ同表の下欄
に掲げる割合

195万円以下の金額	100分の85
195万円を超え330万円以下の金額	100分の80
330万円を超え695万円以下の金額	100分の70
695万円を超え900万円以下の金額	100分の67
900万円を超え1,800万円以下の金額	100分の57
1,800万円を超え4,000万円以下の金額	100分の50
4,000万円を超える金額	100分の45

二　当該納税義務者が課税総所得金額を有する場合において、当該課税総所得金額
　から当該納税義務者に係る人的控除差調整額を控除した金額が零を下回るときで
　あつて、当該納税義務者が第314条の3第2項に規定する課税山林所得金額（次
　号において「課税山林所得金額」という。）及び同項に規定する課税退職所得金
　額（同号において「課税退職所得金額」という。）を有しないとき　100分の90

三　当該納税義務者が課税総所得金額を有する場合において当該課税総所得金額か
　ら当該納税義務者に係る人的控除差調整額を控除した金額が零を下回るとき又は
　当該納税義務者が課税総所得金額を有しない場合であつて、当該納税義務者が課
　税山林所得金額又は課税退職所得金額を有するとき　次のイ又はロに掲げる場合
　の区分に応じ、それぞれイ又はロに定める割合（イ及びロに掲げる場合のいずれ
　にも該当するときは、当該イ又はロに定める割合のうちいずれか低い割合）

　イ　課税山林所得金額を有する場合　当該課税山林所得金額の5分の1に相当す
　　る金額について、第1号の表の上欄に掲げる金額の区分に応じ、それぞれ同表
　　の下欄に掲げる割合

　ロ　課税退職所得金額を有する場合　当該課税退職所得金額について、第1号の
　　表の上欄に掲げる金額の区分に応じ、それぞれ同表の下欄に掲げる割合

3　第1項第4号の規定による市町村の条例の定めは、当該寄附金を受け入れる特定
　非営利活動法人（以下この条において「控除対象特定非営利活動法人」という。）
　からの申出があつた場合において適切と認められるときに行うものとし、当該条例
　においては、当該控除対象特定非営利活動法人の名称及び主たる事務所の所在地を
　明らかにしなければならない。

4　控除対象特定非営利活動法人は、総務省令で定めるところにより、寄附者名簿（各
　事業年度に当該法人が受け入れた寄附金の支払者ごとに当該支払者の氏名又は名称
　及びその住所又は事務所の所在地並びにその寄附金の額及び受け入れた年月日を記
　載した書類をいう。次項において同じ。）を備え、これを保存しなければならない。

第3章　公益法人税務関係法令

5　市町村長は、第1項（第4号に掲げる寄附金に係る部分に限る。）の規定により
控除すべき金額の計算のために必要があると認めるときは、控除対象特定非営利活
動法人に対し、同号に掲げる寄附金の受入れに関し報告又は寄附者名簿その他の資
料の提出をさせることができる。

（法人の市町村民税の申告納付）

第321条の8　省略

2～18　省略

19　第312条第3項第4号に掲げる公共法人等は、総務省令で定める様式によつて、
毎年4月30日までに、同号の期間中の事実に基づいて算定した均等割額を記載した
申告書を、当該期間中において有する事務所、事業所又は寮等所在地の市町村長に
提出し、及びその申告した均等割額を納付しなければならない。

20～40　省略

（固定資産税の非課税の範囲）

第348条　市町村は、国並びに都道府県、市町村、特別区、これらの組合、財産区及
び合併特例区に対しては、固定資産税を課することができない。

2　固定資産税は、次に掲げる固定資産に対しては課することができない。ただし、
固定資産を有料で借り受けた者がこれを次に掲げる固定資産として使用する場合に
は、当該固定資産の所有者に課することができる。

一　国並びに都道府県、市町村、特別区、これらの組合及び財産区が公用又は公共
の用に供する固定資産

一の二　皇室経済法第7条に規定する皇位とともに伝わるべき由緒ある物である固
定資産

二　独立行政法人水資源機構、土地改良区、土地改良区連合及び土地開発公社が直
接その本来の事業の用に供する固定資産で政令で定めるもの

二の二～二の八　省略

三　宗教法人が専らその本来の用に供する宗教法人法第3条に規定する境内建物及
び境内地（旧宗教法人令の規定による宗教法人のこれに相当する建物、工作物及
び土地を含む。）

四　墓地

五　公共の用に供する道路、運河用地及び水道用地

六　公共の用に供する用悪水路、ため池、堤とう及び井溝

七　保安林に係る土地（森林の保健機能の増進に関する特別措置法第2条第2項第

1046

２号に規定する施設の用に供する土地で政令で定めるものを除く。)

七の二　自然公園法（昭和32年法律第161号）第20条第１項に規定する国立公園又は国定公園の特別地域のうち同法第21条第１項に規定する特別保護地区その他総務省令で定める地域内の土地で総務省令で定めるもの

八　文化財保護法（昭和25年法律第214号）の規定によつて国宝、重要文化財、重要有形民俗文化財、特別史蹟、史蹟、特別名勝、名勝、特別天然記念物若しくは天然記念物として指定され、若しくは旧重要美術品等の保存に関する法律（昭和８年法律第43号）第２条第１項の規定により認定された家屋又はその敷地

八の二　文化財保護法第144条第１項に規定する重要伝統的建造物群保存地区内の家屋で政令で定めるもの

九　学校法人又は私立学校法第64条第４項の法人（以下この号において「学校法人等」という。）がその設置する学校において直接保育又は教育の用に供する固定資産（第10号の４に該当するものを除く。）、学校法人等がその設置する寄宿舎で学校教育法第１条の学校又は同法第124条の専修学校に係るものにおいて直接その用に供する固定資産及び公益社団法人若しくは公益財団法人、宗教法人又は社会福祉法人がその設置する幼稚園において直接保育の用に供する固定資産（同号に該当するものを除く。）並びに公益社団法人又は公益財団法人がその設置する図書館において直接その用に供する固定資産及び公益社団法人若しくは公益財団法人又は宗教法人がその設置する博物館法第２条第１項の博物館において直接その用に供する固定資産

九の二　医療法第31条の公的医療機関の開設者、医療法人（政令で定めるものに限る。）、公益社団法人及び公益財団法人、一般社団法人（非営利型法人（法人税法第２条第９号の２に規定する非営利型法人をいう。以下この号において同じ。）に該当するものに限る。）及び一般財団法人（非営利型法人に該当するものに限る。）、社会福祉法人、健康保険組合及び健康保険組合連合会並びに国家公務員共済組合及び国家公務員共済組合連合会がその設置する看護師、准看護師、歯科衛生士その他政令で定める医療関係者の養成所において直接教育の用に供する固定資産

十　社会福祉法人（日本赤十字社を含む。次号から第10号の７までにおいて同じ。）が生活保護法第38条第１項に規定する保護施設の用に供する固定資産で政令で定めるもの

十の二　社会福祉法人その他政令で定める者が児童福祉法第６条の３第10項に規定する小規模保育事業の用に供する固定資産

十の三　社会福祉法人その他政令で定める者が児童福祉法第７条第１項に規定する

第3章　公益法人税務関係法令

児童福祉施設の用に供する固定資産で政令で定めるもの（次号に該当するものを
除く。）

十の四　学校法人、社会福祉法人その他政令で定める者が就学前の子どもに関する
教育、保育等の総合的な提供の推進に関する法律第2条第6項に規定する認定こ
ども園の用に供する固定資産

十の五　社会福祉法人その他政令で定める者が老人福祉法第5条の3に規定する老
人福祉施設の用に供する固定資産で政令で定めるもの

十の六　社会福祉法人が障害者の日常生活及び社会生活を総合的に支援するための
法律第5条第11項に規定する障害者支援施設の用に供する固定資産

十の七　第10号から前号までに掲げる固定資産のほか、社会福祉法人その他政令で
定める者が社会福祉法第2条第1項に規定する社会福祉事業（同条第3項第1号
の2に掲げる事業を除く。）の用に供する固定資産で政令で定めるもの

十の八　更生保護法人が更生保護事業法第2条第1項に規定する更生保護事業の用
に供する固定資産で政令で定めるもの

十の九　介護保険法第115条の47第1項の規定により市町村から同法第115条の46第1
項に規定する包括的支援事業の委託を受けた者が当該事業の用に供する固定資産

十の十　児童福祉法第34条の15第2項の規定により同法第6条の3第12項に規定す
る事業所内保育事業の認可を得た者が当該事業（利用定員が6人以上であるもの
に限る。）の用に供する固定資産

十一　第9号の2から第10号の7までに掲げる固定資産のほか、日本赤十字社が直
接その本来の事業の用に供する固定資産で政令で定めるもの

十一の二～十一の六　省略

十二　公益社団法人又は公益財団法人で学術の研究を目的とするものがその目的の
ため直接その研究の用に供する固定資産で政令で定めるもの

十三～二十五　省略

二十六　公益社団法人又は公益財団法人で学生又は生徒の修学を援助することを目
的とするものがその目的のため設置する寄宿舎で政令で定めるものにおいて直接
その用に供する家屋

二十七～四十四　省略

3　市町村は、前項各号に掲げる固定資産を当該各号に掲げる目的以外の目的に使用
する場合においては、前項の規定にかかわらず、これらの固定資産に対し、固定資
産税を課する。

4～10　省略

（事業所税の非課税の範囲）

第701条の34　指定都市等は、国及び非課税独立行政法人並びに法人税法第2条第5号の公共法人（非課税独立行政法人であるものを除く。）に対しては、事業所税を課することができない。

2　指定都市等は、法人税法第2条第6号の公益法人等（防災街区整備事業組合、管理組合法人及び団地管理組合法人、マンション建替組合及びマンション敷地売却組合、地方自治法第260条の2第7項に規定する認可地縁団体、政党交付金の交付を受ける政党等に対する法人格の付与に関する法律第7条の2第1項に規定する法人である政党等並びに特定非営利活動促進法第2条第2項に規定する法人を含む。）又は人格のない社団等が事業所等において行う事業のうち収益事業以外の事業に対しては、事業所税を課することができない。

3～6　省略

7　第2項の法人が同一の事業所等において収益事業と収益事業以外の事業とを併せて行う場合における事業所床面積又は従業者給与総額についての同項の規定の適用を受けるものと受けないものとの区分に関し必要な事項、同項の収益事業の範囲その他第1項から第5項までの規定の適用に関し必要な事項は、政令で定める。

（都市計画税の非課税の範囲）

第702条の2　市町村は、国、非課税独立行政法人、国立大学法人等及び日本年金機構並びに都道府県、市町村、特別区、これらの組合、財産区、合併特例区及び地方独立行政法人に対しては、都市計画税を課することができない。

2　前項に規定するもののほか、市町村は、第348条第2項から第5項まで、第7項若しくは第9項又は第351条の規定により固定資産税を課することができない土地又は家屋に対しては、都市計画税を課することができない。

附　則　（抄）

（公益信託に係る道府県民税及び市町村民税の課税の特例）

第3条の2の3　当分の間、公益信託（公益信託ニ関スル法律（大正11年法律第62号）第1条に規定する公益信託（法人税法第37条第6項に規定する特定公益信託を除く。）をいう。以下この条において同じ。）の信託財産について生ずる所得については、公益信託の委託者又はその相続人その他の一般承継人が当該公益信託の信託財産に属する資産及び負債を有するものとみなして、第2章第1節又は第3章第1節の規定を適用する。

2　公益信託は、第24条第1項第4号の2又は第294条第1項第5号に規定する法人

課税信託に該当しないものとする。

（公益法人等に係る道府県民税及び市町村民税の課税の特例）

第3条の2の4　道府県は、当分の間、租税特別措置法第40条第3項後段（同条第6項から第10項まで及び第11項（同条第12項において準用する場合を含む。以下この項において同じ。）の規定によりみなして適用する場合を含む。次項において同じ。）の規定の適用を受けた同条第3項に規定する公益法人等（同条第6項から第11項までの規定により特定贈与等に係る公益法人等とみなされる法人を含む。次項において同じ。）を同条第3項に規定する贈与又は遺贈を行つた個人とみなして、政令で定めるところにより、これに同項に規定する財産（同条第6項から第11項までの規定により特定贈与等に係る財産とみなされる資産を含む。次項において同じ。）に係る山林所得の金額、譲渡所得の金額又は雑所得の金額に係る道府県民税の所得割を課する。

2　市町村は、当分の間、租税特別措置法第40条第3項後段の規定の適用を受けた同項に規定する公益法人等を同項に規定する贈与又は遺贈を行つた個人とみなして、政令で定めるところにより、これに同項に規定する財産に係る山林所得の金額、譲渡所得の金額又は雑所得の金額に係る市町村民税の所得割を課する。

3　前2項の規定の適用を受けたこれらの規定に規定する公益法人等に対する法人税法の規定の適用については、同法第38条第2項第2号中「係るもの」とあるのは、「係るもの及び同法附則第3条の2の4第1項又は第2項の規定によるもの（当該道府県民税又は市町村民税に係るこれらの規定に規定する財産の価額がこれらの規定に規定する当該公益法人等の各事業年度の所得の金額又は各連結事業年度の連結所得の金額の計算上益金の額に算入された場合における当該道府県民税又は市町村民税に限る。）」とする。

（公益信託に係る地方消費税の課税の特例）

第9条の3　当分の間、公益信託（公益信託ニ関スル法律第1条に規定する公益信託（法人税法第37条第6項に規定する特定公益信託を除く。）をいう。次項において同じ。）の委託者又はその相続人その他の一般承継人（以下この項において「委託者等」という。）は当該公益信託の信託財産に属する資産を有するものとみなし、かつ、当該信託財産に属する資産に係る課税資産の譲渡等（第72条の78第1項に規定する課税資産の譲渡等をいう。以下この項において同じ。）は当該委託者等の課税資産の譲渡等とみなして、第2章第3節の規定を適用する。

2　公益信託は、第72条の80第1項ただし書に規定する法人課税信託に該当しないものとする。

（不動産取得税の課税標準の特例）

第11条 省略

2〜10 省略

11 公益社団法人又は公益財団法人が文化財保護法第71条第1項に規定する重要無形文化財の公演のための施設で政令で定めるものの用に供する不動産で政令で定めるものを取得した場合における当該不動産の取得に対して課する不動産取得税の課税標準の算定については、当該取得が平成31年3月31日までに行われたときに限り、当該不動産の価格の2分の1に相当する額を価格から控除するものとする。

12〜14 省略

（固定資産税等の課税標準の特例）

第15条 省略

2〜25 省略

26 公益社団法人又は公益財団法人が所有する文化財保護法第71条第1項に規定する重要無形文化財の公演のための施設で政令で定めるものの用に供する土地及び家屋で政令で定めるものに対して課する固定資産税又は都市計画税の課税標準は、第349条又は第702条第1項の規定にかかわらず、平成23年度から平成30年度までの各年度分の固定資産税又は都市計画税に限り、当該土地及び家屋に係る固定資産税又は都市計画税の課税標準となるべき価格の2分の1の額とする。

27〜45 省略

（旧民法第34条の法人から移行した法人等に係る地方税の特例）

第41条 一般社団法人及び一般財団法人に関する法律及び公益社団法人及び公益財団法人の認定等に関する法律の施行に伴う関係法律の整備等に関する法律（平成18年法律第50号。以下この条において「整備法」という。）第40条第1項の規定により存続する一般社団法人又は一般財団法人であつて整備法第106条第1項（整備法第121条第1項において読み替えて準用する場合を含む。次項から第5項までにおいて同じ。）の登記をしていないもの（整備法第131条第1項の規定により整備法第45条の認可を取り消されたもの（以下この条においてそれぞれ「認可取消社団法人」又は「認可取消財団法人」という。）を除く。）については、公益社団法人又は公益財団法人とみなして、第24条第4項、第25条第1項第2号及び第2項、第294条第6項並びに第296条第1項第2号及び第2項の規定を適用する。

2 整備法第40条第1項の規定により存続する一般社団法人又は一般財団法人であつて整備法第106条第1項の登記をしていないもの（認可取消社団法人又は認可取消財団法人にあつては、法人税法第2条第9号の2に規定する非営利型法人（第4項及び第7項において「非営利型法人」という。）に該当するものに限る。）については、公益社団法人又は公益財団法人とみなして、第72条の2第1項、第72条の5第

第3章　公益法人税務関係法令

　1項第2号、第72条の13第6項、第20項、第21項、第24項、第25項及び第27項、第72条の24の8並びに第72条の26第1項及び第10項の規定を適用する。

3　整備法第40条第1項の規定により存続する一般社団法人であつて整備法第106条第1項の登記をしていないものについては公益社団法人とみなし、整備法第40条第1項の規定により存続する一般財団法人であつて整備法第106条第1項の登記をしていないものについては公益財団法人とみなして、第73条の4第1項第3号、第3号の2及び第7号、第348条第2項第9号、第9号の2、第12号及び第26号並びに第7項並びに附則第15条第22項の規定を適用する。

4　整備法第40条第1項の規定により存続する一般社団法人又は一般財団法人であつて整備法第106条第1項の登記をしていないもの（認可取消社団法人又は認可取消財団法人にあつては、非営利型法人に該当するものに限る。）については、法人税法第2条第6号の公益法人等とみなして、第24条第5項、第52条第1項及び第2項第4号、第53条第19項、第294条第7項、第312条第1項及び第3項第4号、第321条の8第19項並びに第701条の34第2項の規定を適用する。

5　整備法第41条第1項の規定により存続する一般社団法人又は一般財団法人であつて整備法第106条第1項の登記をしていないもの又は認可取消社団法人若しくは認可取消財団法人については、一般社団法人又は一般財団法人とみなして、第52条第1項、第72条の2第1項及び第312条第1項の規定を適用する。

6　整備法第2条第1項に規定する旧有限責任中間法人で整備法第3条第1項本文の規定の適用を受けるもの及び整備法第25条第2項に規定する特例無限責任中間法人については、一般社団法人とみなして、第52条第1項、第72条の2第1項、第72条の5第1項及び第3項並びに第312条第1項の規定を適用する。

7　道府県は、特定移行一般社団法人等（整備法第40条第1項の規定により、存続する一般社団法人又は一般財団法人であつて整備法第121条第1項において読み替えて準用する整備法第106条第1項の登記をしたもののうち、非営利型法人に該当することその他政令で定める要件に該当するものをいう。以下この項及び次項において同じ。）が次に掲げる不動産を取得した場合には、第73条の2第1項の規定にかかわらず、当該不動産の取得に対しては、不動産取得税を課することができない。

一　当該特定移行一般社団法人等が平成20年12月1日前から設置している幼稚園において当該特定移行一般社団法人等が直接保育の用に供する不動産

二　当該特定移行一般社団法人等が平成20年12月1日前から設置している図書館において当該特定移行一般社団法人等が直接その用に供する不動産

三　当該特定移行一般社団法人等が平成20年12月1日前から設置している博物館法第2条第1項の博物館において当該特定移行一般社団法人等が直接その用に供する不動産

8 市町村は、特定移行一般社団法人等に係る次に掲げる固定資産に対しては、第342条又は第702条第1項の規定にかかわらず、固定資産税又は都市計画税を課することができない。ただし、固定資産を有料で借り受けた者がこれを次に掲げる固定資産として使用する場合においては、当該固定資産の所有者に課することができる。

一 特定移行一般社団法人等が平成20年12月1日前から設置している幼稚園において当該特定移行一般社団法人等が直接保育の用に供する固定資産

二 特定移行一般社団法人等が平成20年12月1日前から設置している図書館において当該特定移行一般社団法人等が直接その用に供する固定資産

三 特定移行一般社団法人等が平成20年12月1日前から設置している博物館法第2条第1項の博物館において当該特定移行一般社団法人等が直接その用に供する固定資産

9 前項の規定の適用を受ける土地又は家屋に係る第415条第1項の規定の適用については、同項中「第348条」とあるのは「第348条又は附則第41条第8項」と、「同条の規定」とあるのは「これらの規定」とする。

第4章

参考法令

1. 登記関係法令

◎一般社団法人等登記規則
○商業登記規則（抄）

◎一般社団法人等登記規則

平成20年8月1日法務省令第48号
最終改正　平成28年4月20日法務省令第32号

目　次

第1条（趣旨）　1061
第2条（登記簿の編成）　1061
第3条（商業登記規則の準用）　1061
　附則　1096
　別表第1（一般社団法人登記簿）　1096
　別表第2（一般財団法人登記簿）　1097

○商業登記規則（抄）

昭和39年3月11日法務省令第23号
最終改正　平成28年4月20日法務省令第32号

第1条（登記簿の編成）　1063
第1条の2（会社法人等番号の記録）　1063
第2条（閉鎖登記記録）　1064
第3条（副登記記録）　1064
第4条（受付番号）　1064
第5条（印鑑記録等の備付け）　1064
第6条（副印鑑記録）　1064
第9条（印鑑の提出等）　1064
第9条の2（資格喪失の場合等の印鑑記録
　　　　の処理）　1066
第9条の3（改印等の請求）　1066
第9条の4（印鑑カードの交付の請求等）
　　　　1066
第9条の5（印鑑カードの交付等）　1067
第9条の6（代理人による申請）　1067
第9条の7（電磁的記録に代わる書面の作
　　　　成）　1068
第10条（申請書類つづり込み帳）　1068
第11条（管轄転属の場合の措置）　1068
第13条（非常持出）　1069

第14条（裁判所への書類の送付）　1069
第15条（登記簿の滅失の場合）　1069
第16条（登記簿等の滅失のおそれがある場
　　　　合）　1069
第17条（帳簿等の廃棄）　1069
第18条（登記事項証明書等の請求の通則）
　　　　1069
第19条（登記事項証明書の請求）　1070
第20条（登記事項要約書の請求）　1070
第21条（附属書類の閲覧請求）　1070
第22条（印鑑の証明の請求）　1071
第27条（代理人による請求）　1071
第28条（手数料等の納付）　1071
第29条（申請書の処理等）　1071
第30条（登記事項証明書の種類及び記載事
　　　　項等）　1071
第31条（登記事項要約書の記載事項等）
　　　　1072
第32条（閲覧）　1072
第32条の2（印鑑の証明）　1072
第33条（登記事項証明書等の交付の記録）
　　　　1073
第33条の2（電子証明書に係る証明の期間）
　　　　1073
第33条の3（電子証明書による証明に適し
　　　　ない事項）　1073
第33条の4（電子署名の方法）　1073
第33条の5（証明する登記事項）　1073
第33条の6（電子証明書による証明の請求）
　　　　1073
第33条の7（申請書の処理等）　1074
第33条の8（電子証明書）　1074
第33条の9（電子証明書ファイル）　1075
第33条の10（電子証明書の使用の廃止の届
　　　　出）　1075
第33条の11（証明事項の軽微な変更）　1076
第33条の12（電子認証登記所への通知等）
　　　　1076
第33条の13（電子証明書の使用の休止の届

出等） 1076
第33条の14（識別符号の変更） 1076
第33条の15（電子証明書に係る証明） 1077
第33条の16（証明が相当でない場合の措置）
　　　　1077
第33条の17（電子証明書ファイルの記録の
　　　　閉鎖） 1077
第33条の18（準用規定） 1077
第34条（帳簿等） 1078
第35条（申請書の記載等） 1080
第35条の2（電磁的記録の提供の方法）
　　　　1080
第36条（申請書に添付すべき電磁的記録）
　　　　1081
第36条の2（登記事項証明書等の有効期間）
　　　　1082
第36条の3（添付書面の特例） 1082
第37条（数個の同時申請） 1082
第38条（申請書の調査） 1082
第38条の2（受領証の送付） 1082
第38条の3（登記官による本人確認） 1082
第39条（登記の方法） 1082
第40条（嘱託による登記） 1082
第41条（変更の登記） 1083
第42条（行政区画等の変更） 1083
第43条（登記記録の閉鎖） 1083
第44条（登記事項の閉鎖） 1083
第45条（登記記録の復活） 1083
第48条（記載の文字） 1083
第49条（添付書類の還付） 1083
第50条（商号の登記に用いる符号） 1084
第53条（営業又は事業の譲渡の際の免責の
　　　　登記） 1084
第61条（添付書面） 1084
第62条（支店の所在地における登記） 1086
第63条 1086
第64条 1086
第65条（本店移転の登記） 1086
第66条（株主総会の決議の不存在等の登記）

1087
第67条（代表取締役等の登記） 1087
第68条（仮取締役又は取締役職務代行者等
　　　　の登記） 1087
第71条（電子公告に関する登記） 1087
第72条（解散等の登記） 1088
第73条（継続の登記） 1088
第74条（仮清算人又は清算人職務代行者等
　　　　の登記） 1088
第77条（合併の登記） 1088
第80条（登記記録の閉鎖等） 1088
第81条 1089
第81条の2（役員等の氏の記録に関する申
　　　　出等） 1089
第85条（継続の登記） 1090
第98条（更正の申請書の添附書面） 1090
第99条（登記の更正） 1090
第100条（登記の抹消） 1090
第101条（電子情報処理組織による登記の申
　　　　請等） 1090
第102条（登記申請の方法） 1091
第103条（添付書面の特則） 1092
第104条（申請書類つづり込み帳の特則）
　　　　1092
第106条（電子情報処理組織による登記の申
　　　　請の場合の手数料の納付方法）
　　　　1093
第107条（登記事項証明書等の交付の請求の
　　　　方法） 1093
第108条（氏名等を明らかにする措置） 1094
第109条（法務局長等の命令による登記の方
　　　　法） 1094
第111条（管財人等による登記の添付書面）
　　　　1094
第112条（民事再生に関する登記） 1094
第114条（承認援助手続に関する登記） 1095
第115条（保険管理人に関する登記） 1095
第117条（破産に関する登記） 1095
第118条（過料事件の通知） 1096

1．登記関係法令

　一般社団法人及び一般財団法人に関する法律（平成18年法律第48号）第330条〔185頁〕
において準用する商業登記法（昭和38年法律第125号）第148条の規定に基づき、一般社
団法人等登記規則を次のように定める。

（趣旨）
第1条　一般社団法人及び一般財団法人（以下「一般社団法人等」という。）の登記
　の取扱手続は、この省令の定めるところによる。

（登記簿の編成）
第2条　一般社団法人等の登記簿は、登記簿の種類に従い、別表第一又は第二の上欄
　に掲げる各区に区分した登記記録をもって編成する。
2　前項の区には、その区分に応じ、別表第一又は第二の下欄に掲げる事項を記録す
　る。

（商業登記規則の準用）
第3条　商業登記規則（昭和39年法務省令第23号）第1条の2第1項及び第2項、第
　2条から第6条まで、第9条第1項（第1号から第3号までを除く。）、第3項、第
　4項、第5項（第2号から第5号までを除く。）、第6項、第7項及び第10項、第9
　条の2、第9条の3、第9条の4（第1項後段を除く。）、第9条の5（第4項を除
　く。）、第9条の6から第11条まで、第13条から第18条まで、第19条（第4号を除く。）、
　第20条から第22条まで、第27条から第45条まで、第48条から第50条まで、第53条第
　1項、第61条第1項及び第4項から第8項まで、第62条から第65条まで、第66条第
　1項、第67条第1項及び第2項、第68条、第71条、第72条（第1項第2号、第3号
　及び第5号を除く。）、第73条、第74条、第77条、第80条（第1項第6号を除く。）、
　第81条、第81条の2、第85条第2項、第98条から第104条まで、第106条（第4項を
　除く。）、第107条から第109条まで、第111条、第112条、第114条、第115条、第117条
　並びに第118条の規定は、一般社団法人等の登記について準用する。この場合にお
　いて、同規則第1条の2第1項中「登記所及び次の各号に掲げる区分」とあるのは
　「登記所」と、同条第2項中「法第79条に規定する新設合併」とあるのは「一般社
　団法人及び一般財団法人に関する法律（平成18年法律第48号）第307条に規定する
　新設合併」と、同規則第30条第1項第1号、第31条第2項及び第65条第2項中「取
　締役、監査等委員である取締役、会計参与、監査役、代表取締役、特別取締役、委員、
　執行役、代表執行役及び会計監査人」とあるのは「理事、監事、代表理事、評議員
　及び会計監査人」と、同規則第34条第2項第5号中「会社法（平成17年法律第86号）
　第472条第1項に規定する休眠会社」とあるのは「一般社団法人及び一般財団法人

1061

第4章　参考法令

に関する法律第149条第1項に規定する休眠一般社団法人又は同法第203条第1項に
規定する休眠一般財団法人」と、同条第3項第8号中「会社法第472条第2項」と
あるのは「一般社団法人及び一般財団法人に関する法律第149条第2項又は第203条
第2項」と、同項第9号中「会社法施行規則（平成18年法務省令第12号）第139条
第1項及び第3項」とあるのは「一般社団法人及び一般財団法人に関する法律施行
規則（平成19年法務省令第28号）第57条第1項及び第3項又は第65条第1項及び第
3項」と、同規則第61条第7項中「取締役、監査等委員である取締役、監査役若し
くは執行役」とあるのは「理事、監事若しくは評議員」と、「設立時取締役、設立
時監査役、設立時執行役、取締役、監査役又は執行役」とあるのは「設立時理事、
設立時監事、設立時評議員、理事、監事又は評議員」と、「取締役、監査等委員で
ある取締役等」とあるのは「理事等」と、同規則第64条中「法第48条第2項」とあ
るのは「一般社団法人及び一般財団法人に関する法律第312条第3項又は第313条第
2項」と、同規則第65条第3項中「法第53条」とあるのは「一般社団法人及び一般
財団法人に関する法律第304条第2項」と、同規則第68条第1項中「取締役、監査
等委員である取締役、会計参与、監査役、代表取締役、委員、執行役、代表執行役
又は会計監査人」とあるのは「理事、監事、代表理事、評議員又は会計監査人」と、
同条第2項中「取締役、監査等委員である取締役、会計参与、監査役、代表取締役、
委員、執行役又は代表執行役」とあるのは「理事、監事、代表理事又は評議員」と、
同規則第71条中「電子公告」とあるのは「一般社団法人及び一般財団法人に関する
法律第331条第1項第3号又は第4号に掲げる公告方法」と、「会社法第911条第3
項第26号及び銀行法（昭和56年法律第59号）第57条の4各号（株式会社日本政策投
資銀行法（平成19年法律第85号）第10条第1項において準用する場合を含む。）に
掲げる事項並びに株式会社商工組合中央金庫法（平成19年法律第74号）第64条に規
定する」とあるのは「一般社団法人及び一般財団法人に関する法律第301条第2項
第13号又は第302条第2項第11号に掲げる」と、同規則第72条第1項中「会社法第
471条（第4号及び第5号を除く。）又は第472条第1項本文」とあるのは「一般社
団法人及び一般財団法人に関する法律第148条（第5号及び第6号を除く。）、第149
条第1項本文、第202条第1項（第4号及び第5号を除く。）、第2項若しくは第3
項又は第203条第1項本文」と、同条第2項中「株式移転の無効」とあるのは「取
消し」と、同規則第73条中「会社法第473条」とあるのは「一般社団法人及び一般
財団法人に関する法律第150条又は第204条」と、「、清算人会設置会社である旨の
登記並びに清算人及び代表清算人に関する」とあるのは「、清算人会を置く法人で
ある旨の登記、清算人及び代表清算人に関する登記並びに監事を置く清算法人であ
る旨の」と、同規則第77条第1項中「法第79条」とあるのは「一般社団法人及び一

1062

般財団法人に関する法律第307条第2項」と、同規則第81条の2第1項中「取締役、監査等委員である取締役、監査役、執行役、会計参与」とあるのは「理事、監事、評議員」と、同規則第85条第2項中「会社法第845条」とあるのは「一般社団法人及び一般財団法人に関する法律第276条」と、「並びに清算人及び清算持分会社を代表する清算人に関する」とあるのは「、清算人会を置く法人である旨の登記、清算人及び代表清算人に関する登記並びに監事を置く清算法人である旨の」と読み替えるものとする。

○商業登記規則（昭和39年3月11日法務省令第23号）（抄）

（登記簿の編成）

第1条 商業登記簿（以下「登記簿」という。）は、登記簿の種類に従い、別表第1から第8までの上欄に掲げる各区に区分した登記記録をもつて編成する。ただし、外国会社登記簿は、日本に成立する会社で当該外国会社と同種のもの又は最も類似するものの登記簿の種類に従い、別表第5から第8までの上欄に掲げる各区に区分した登記記録をもつて編成する。

2 前項の区には、その区分に応じ、別表第1から第8までの下欄に掲げる事項を記録する。

（会社法人等番号の記録）

第1条の2 商業登記法（昭和38年法律第125号。以下「法」という。）第7条に規定する会社法人等番号（以下「会社法人等番号」という。）は、12桁の番号とし、次に掲げる者につき新たに登記記録（支店の所在地における登記の登記記録を除く。）を起こすときに、登記所及び次の各号に掲げる区分ごとに、登記記録を起こす順序に従つて付したものを記録する。

一 株式会社

二 合名会社、合資会社、合同会社及び外国会社

三 商号使用者、支配人、未成年者及び後見人

2 前項の規定にかかわらず、同項第1号又は第2号に掲げる会社（外国会社を除く。）につき、新たに登記記録を起こす登記（支店の所在地における登記及び法第79条に規定する新設合併による設立の登記を除く。）と同時に申請された登記により閉鎖される登記記録（新たに登記記録を起こす登記と同時に申請された登記により第65条第5項の規定による記録をする登記記録があるときは、当該登記記録。以下この項において「閉鎖登記記録等」という。）があるときは、新たに起こす登記記録に記録する会社法人等番号は、閉鎖登記記録等に記録されている会社法人等番号と同一のものとする。

第4章　参考法令

３・４　（略）

（閉鎖登記記録）

第２条　閉鎖した登記記録は、他の登記記録と区分して整理しなければならない。

（副登記記録）

第３条　法務大臣は、登記記録に記録されている事項と同一の事項を記録する副登記記録を調製するものとする。

２　登記官は、登記簿に記録した登記記録によつて登記の事務を行うことができないときは、前項の副登記記録によつてこれを行うことができる。この場合において、副登記記録に記録した事項は、登記記録に記録した事項とみなす。

３　登記官は、登記簿に記録した登記記録によつて登記の事務を行うことができるようになつたときは、直ちに、前項の規定により副登記記録に記録した事項を登記記録に記録しなければならない。

（受付番号）

第４条　受付番号は、１年ごとに更新しなければならない。

（印鑑記録等の備付け）

第５条　登記所には、第９条第６項の規定による記録（以下「印鑑記録」という。）及び申請書類つづり込み帳を備える。

（副印鑑記録）

第６条　法務大臣は、印鑑記録に記録されている事項と同一の事項を記録する副印鑑記録を調製するものとする。

２　登記官は、印鑑記録によつて印鑑の事務を行うことができないときは、前項の副印鑑記録によつてこれを行うことができる。この場合において、副印鑑記録に記録した事項は、印鑑記録に記録した事項とみなす。

３　登記官は、印鑑記録によつて印鑑の事務を行うことができるようになつたときは、直ちに、前項の規定により副印鑑記録に記録した事項を印鑑記録に記録しなければならない。

（印鑑の提出等）

第９条　印鑑の提出は、当該印鑑を明らかにした書面をもつてしなければならない。この場合においては、次の各号に掲げる印鑑を提出する者は、その書面にそれぞれ当該各号に定める事項（以下「印鑑届出事項」という。）のほか、氏名、住所、年月日及び登記所の表示を記載し、押印しなければならない。

一〜三　（略）

四　会社の代表者（当該代表者が法人である場合にあつては、その職務を行うべき者）

　　商号、本店、資格、氏名及び出生の年月日（当該代表者が法人である場合に

あつては、氏名に代え、当該法人の商号又は名称及び本店又は主たる事務所並びにその職務を行うべき者の氏名）

五　破産法（平成16年法律第75号）の規定により会社につき選任された破産管財人若しくは保全管理人、民事再生法（平成11年法律第225号）の規定により会社につき選任された管財人若しくは保全管理人、会社更生法（平成14年法律第154号）の規定により選任された管財人若しくは保全管理人、外国倒産処理手続の承認援助に関する法律（平成12年法律第129号）の規定により会社につき選任された承認管財人若しくは保全管理人、保険業法（平成７年法律第105号）第241条第１項の保険管理人又は預金保険法（昭和46年法律第34号）第74条第１項の金融整理管財人若しくは同法第126条の５第１項の預金保険機構（以下「管財人等」という。）（当該管財人等が法人である場合にあつては、その職務を行うべき者として指名された者）

　　　商号、本店、資格、氏名及び出生の年月日（当該管財人等が法人である場合にあつては、氏名に代え、当該法人の商号又は名称及び本店又は主たる事務所並びに当該指名された者の氏名）

2　（略）

3　印鑑の大きさは、辺の長さが１センチメートルの正方形に収まるもの又は辺の長さが３センチメートルの正方形に収まらないものであつてはならない。

4　印鑑は、照合に適するものでなければならない。

5　第１項の書面には、次の各号に掲げる印鑑を提出する者の区分に応じ、それぞれ当該各号に定める書面を添付しなければならない。ただし、同項の書面の提出を受ける登記所において登記がされている法人（当該登記所の管轄区域内に本店又は主たる事務所を有するものに限る。）又は同項の書面に会社法人等番号を記載した法人の代表者の資格を証する書面及び当該登記所に提出された印鑑に係る印鑑の証明書については、この限りでない。

一　商号使用者、未成年者、後見人（法人である場合を除く。）、支配人を選任した商人（会社である場合を除く。）、会社の代表者（法人である場合を除く。）又は管財人等（法人である場合を除く。）

　　　第１項後段の規定により同項の書面に押印した印鑑につき市町村長（特別区の区長を含むものとし、地方自治法（昭和22年法律第67号）第252条の19第１項の指定都市にあつては、市長又は区長若しくは総合区長とする。第61条において同じ。）の作成した証明書で作成後３月以内のもの

二～五　（略）

六　管財人等が法人である場合においてその職務を行うべき者として指名された者（当該法人の代表者に限る。）

第4章　参考法令

　　　　登記所の作成した当該代表者の資格を証する書面及び第1項後段の規定によ
　　　り同項の書面に押印した印鑑につき登記所の作成した証明書でいずれも作成後3
　　　月以内のもの
　七　管財人等が法人である場合においてその職務を行うべき者として指名された者
　　　（前号に掲げる者を除く。）
　　　　当該法人の代表者が当該指名された者の印鑑に相違ないことを保証した書面
　　　及び当該書面の印鑑につき登記所の作成した証明書で作成後3月以内のもの
6　提出のあつた印鑑及び印鑑届出事項は、磁気ディスク（これに準ずる方法により
　一定の事項を確実に記録することのできる物を含む。以下同じ。）に記録する。
7　印鑑の提出をした者は、印鑑届出事項のほか、氏名、住所、年月日及び登記所の
　表示を記載し、当該印鑑を押印した書面で印鑑の廃止の届出をすることができる。
　この場合において、印鑑カードを提示するときは、押印を要しない。
8・9　（略）
10　管財人等の職務を行うべき者として指名された者であつて印鑑の提出をしたもの
　がその資格を喪失したときは、当該管財人等である法人の代表者（当該代表者が法
　人である場合にあつては、その職務を行うべき者。以下この項において同じ。）は、
　登記所に提出した印鑑を押印した書面でその旨の届出をしなければならない。この
　場合には、当該代表者が当該登記所に印鑑を提出している場合を除き、当該書面に
　押印した印鑑につき登記所の作成した証明書で作成後3月以内のものを当該書面に
　添付しなければならない。
　　（資格喪失の場合等の印鑑記録の処理）
第9条の2　印鑑の提出をした者がその資格を喪失し、又は改印若しくは印鑑の廃止
　の届出をしたときは、登記官は、印鑑記録にその旨を記録しなければならない。
2　前条第6項の規定により記録された事項で登記されたものにつき変更の登記又は
　登記の更正をしたときは、登記官は、印鑑記録にその旨を記録しなければならない。
　　（改印等の請求）
第9条の3　登記所に提出された印鑑と照合すべき登記の申請書等の印鑑が照合に適
　さないものであるときは、登記官は、改印その他相当の措置をとることを求めるこ
　とができる。
　　（印鑑カードの交付の請求等）
第9条の4　印鑑の提出をした者は、その印鑑を明らかにした上、印鑑届出事項のほ
　か、氏名、住所、年月日及び登記所の表示を記載した書面を提出して、印鑑カード
　の交付を請求することができる。（以下略）
2　後見人である法人の代表者（当該代表者が法人である場合にあつては、その職務
　を行うべき者）又は管財人等の職務を行うべき者として指名された者が前項の書面

を提出するときは、その書面に当該後見人又は当該管財人等である法人の登記事項証明書で作成後3月以内のものを添付しなければならない。ただし、当該法人の本店若しくは主たる事務所の所在地を管轄する登記所に印鑑カードの交付を請求するとき又はその書面に会社法人等番号を記載したときは、この限りでない。

3　印鑑の提出をした者がその資格を喪失し、又は印鑑の廃止をした場合においては、その者に替わつて新たに印鑑を提出する者は、印鑑の提出と同時に申し出ることにより、資格を喪失し、又は印鑑の廃止をした者の印鑑カードを承継して使用することができる。

4　第1項の規定により印鑑カードの交付を請求する場合において、その送付を求めるときは、送付に要する費用を納付しなければならない。

5　前項の場合においては、送付に要する費用は、郵便切手又は民間事業者による信書の送達に関する法律（平成14年法律第99号）第2条第6項に規定する一般信書便事業者若しくは同条第9項に規定する特定信書便事業者（以下「信書便事業者」と総称する。）による同条第2項に規定する信書便（以下「信書便」という。）の役務に関する料金の支払のために使用することができる証票であつて法務大臣の指定するもので納付しなければならない。

6　前項の指定は、告示してしなければならない。

（印鑑カードの交付等）

第9条の5　前条第1項の請求があつた場合には、登記官は、印鑑カードである旨及び印鑑カード番号を記載した磁気帯付きの印鑑カードを作成して、これを申請人に交付しなければならない。

2　登記官は、印鑑カードを交付するときは、印鑑記録及び前条第1項の書面にその印鑑カード番号及び交付の年月日を記録し、又は記載しなければならない。

3　印鑑カードの交付を受けた者は、印鑑届出事項のほか、氏名、住所、年月日及び登記所の表示を記載し、当該印鑑を押印した書面で印鑑カードの廃止の届出をすることができる。この場合において、印鑑カードを提示するときは、押印を要しない。

4　（略）

5　印鑑カードの交付を受けた者は、その資格を喪失したとき、又は印鑑の廃止若しくは印鑑カードの廃止の届出をするときは、印鑑カードを返納しなければならない。ただし、前条第3項に規定する場合は、この限りでない。

6　印鑑カードの磁気的記録が毀損している等相当な理由があるときは、登記官は、印鑑カードの回収その他の必要な措置をとることができる。

（代理人による申請）

第9条の6　第9条第1項及び第7項、第9条の4第1項並びに第9条の5第3項の規定による印鑑の提出等は、代理人によりすることができる。

第4章　参考法令

2　前項の場合には、同項に掲げる各条項に規定する書面にその権限を証する書面を
添付しなければならない。

（電磁的記録に代わる書面の作成）

第9条の7　登記官は、法第17条第4項に規定する電磁的記録については、これに代
わるものとして保存すべき書面を作成することができる。

2　登記官が前項の書面を作成した場合には、当該書面に係る電磁的記録について
は、この規則中登記簿の附属書類に関する規定は、適用しない。この場合において、
当該書面は、登記簿の附属書類とみなして、この規則の規定を適用する。

（申請書類つづり込み帳）

第10条　申請書、嘱託書、通知書、許可書その他附属書類は、申請書類つづり込み
帳につづり込まなければならない。

2　登記事件の申請書類つづり込み帳とその他の事件の申請書類つづり込み帳とは別
冊とし、その表紙にその種類を示すべき文字を記載しなければならない。

（管轄転属の場合の措置）

第11条　甲登記所の管轄地の一部が乙登記所の管轄に転属したときは、甲登記所は、
その部分に関する登記記録、附属書類及び印鑑記録を乙登記所に移送しなければな
らない。

2　前項に規定する場合において、甲登記所において登記の必要がある会社であつて
転属した地域内に支店を有するもの（当該地域内に本店を有しないものに限る。）
があるときは、甲登記所は、同項の規定にかかわらず、その会社の登記記録中商号、
本店、支店（転属後の乙登記所の管轄区域内にあるものに限る。）及び会社成立の
年月日に係る記録を乙登記所に移送すれば足りる。

3　前2項の場合において、転属後の甲登記所の管轄区域内に支店を有する会社（当
該管轄区域内に本店を有しないものに限る。）があるときは、甲登記所においては、
その商号、本店、支店（当該管轄区域内にあるものに限る。）及び会社成立の年月
日の登記並びに登記記録区にされた登記以外の登記事項に抹消する記号を記録しな
ければならない。

4　第1項の場合において、甲登記所が登記記録を移送したときは、甲登記所におい
て登記の必要がある会社に関するものを除き、その登記記録を閉鎖しなければなら
ない。

5　第1項又は第2項の規定により移送を受けた登記記録が乙登記所において登記が
されている会社（転属前の甲登記所の管轄区域内に本店を有するものに限る。）に
関するものであるときは、乙登記所におけるその会社の登記記録は、閉鎖しなけれ
ばならない。

6　第1項又は第2項の規定により移送を受けた登記記録が乙登記所において登記が

1068

されている会社（転属前の甲登記所の管轄区域内に本店を有しないものに限る。）に関するものであるときは、その登記記録は、閉鎖しなければならない。この場合において、その会社が転属前の乙登記所の管轄区域内に本店を有しない会社であつて、かつ、転属した地域内に支店を有するものであるときは、その支店の登記をしなければならない。

7　甲登記所は、第1項の規定により印鑑記録を移送したときは、印鑑記録にその旨を記録しなければならない。

（非常持出）

第13条　登記官は、事変を避けるために登記簿又はその附属書類を登記所の外に持ち出したときは、速やかに、その旨を当該登記官を監督する法務局又は地方法務局の長に報告しなければならない。

（裁判所への書類の送付）

第14条　登記官は、裁判所から登記簿の附属書類を送付すべき命令又は嘱託があつたときは、その関係がある部分に限り、送付しなければならない。

（登記簿の滅失の場合）

第15条　登記官は、登記簿の全部又は一部が滅失した場合には、第3条第2項前段に規定する場合を除き、速やかに、その状況を調査した上、滅失の事由、年月日及び滅失した登記簿の種類その他法第8条の処分をするのに必要な事項を記載し、かつ、回復登記の期間を予定し、当該登記官を監督する法務局又は地方法務局の長に報告しなければならない。

2　前項の法務局又は地方法務局の長は、同項の報告を受けたときは、相当の調査をし、法務大臣に対し、意見を述べなければならない。

（登記簿等の滅失のおそれがある場合）

第16条　前条の規定は、登記簿又はその附属書類が滅失するおそれがある場合に準用する。

（帳簿等の廃棄）

第17条　登記所において登記に関する帳簿又は書類若しくは書面（法第17条第4項に規定する電磁的記録及び法第19条の2に規定する電磁的記録を含む。以下「帳簿等」という。）を廃棄するときは、法務局又は地方法務局の長の認可を受けなければならない。

（登記事項証明書等の請求の通則）

第18条　登記事項証明書若しくは法第11条の書面（以下「登記事項要約書」という。）の交付、登記簿の附属書類の閲覧又は印鑑の証明を請求するには、申請書を提出しなければならない。

2　前項の申請書には、次に掲げる事項を記載しなければならない。

一　申請人又はその代表者（当該代表者が法人である場合にあつては、その職務を行うべき者。次章第9節を除き、以下同じ。）若しくは代理人の氏名

二　請求の目的

三　登記事項証明書若しくは登記事項要約書の交付又は印鑑の証明を請求するときは、請求に係る書面の通数

四　手数料の額

五　年月日

六　登記所の表示

（登記事項証明書の請求）

第19条　登記事項証明書の交付の申請書には、請求の目的として、次に掲げる事項を記載しなければならない。

一　登記事項証明書の交付を請求する登記記録

二　交付を請求する登記事項証明書の種類

三　会社の登記記録の一部の区について登記事項証明書の交付を請求するときは、その区（商号区及び会社状態区を除く。）

四　（略）

五　一部の代表者について第30条第1項第4号の代表者事項証明書の交付を請求するときは、その代表者の氏名

（登記事項要約書の請求）

第20条　登記事項要約書の交付の申請書には、請求の目的として、次の事項を記載しなければならない。

一　登記事項要約書の交付を請求する登記記録

二　会社についての登記事項要約書の交付を請求するときは、その請求する区（商号区及び会社状態区を除く。）

2　前項第2号の区の数は、3を超えることができない。

（附属書類の閲覧請求）

第21条　登記簿の附属書類の閲覧の申請書には、請求の目的として、閲覧しようとする部分を記載しなければならない。

2　前項の申請書には、第18条第2項各号（第3号を除く。）に掲げる事項のほか、次に掲げる事項を記載し、申請人又はその代表者若しくは代理人が署名し、又は押印しなければならない。

一　申請人の住所

二　代理人によつて請求するときは、代理人の住所

三　前項の閲覧しようとする部分について利害関係を明らかにする事由

3　第1項の申請書には、次に掲げる書面を添付しなければならない。

一 申請人が法人であるときは、当該法人（当該登記所の管轄区域内に本店若しくは主たる事務所を有するもの又は第1項の申請書に会社法人等番号を記載したものを除く。）の代表者の資格を証する書面
二 前項第3号の利害関係を証する書面
（印鑑の証明の請求）
第22条 印鑑の証明の申請書には、請求の目的として、印鑑届出事項を記載し、証明を請求する印鑑を特定しなければならない。この場合においては、第9条第2項及び第9条の4第2項の規定を準用する。
2 前項の申請書を提出する場合には、印鑑カードを提示しなければならない。
（代理人による請求）
第27条 第9条の6第2項の規定は、代理人によつて第18条の請求をする場合に準用する。
（手数料等の納付）
第28条 法第13条第2項本文の規定による法第10条から法第12条までの手数料の納付は、収入印紙を申請書に貼つて、しなければならない。
2 登記事項証明書又は印鑑の証明書の交付を請求する場合において、その送付を求めるときは、送付に要する費用を納付しなければならない。この場合においては、第9条の4第5項及び第6項の規定を準用する。
（申請書の処理等）
第29条 登記官が第18条の申請書を受け取つたときは、申請書に受附の年月日を記載した上、受附の順序に従つて相当の処分をしなければならない。
（登記事項証明書の種類及び記載事項等）
第30条 登記事項証明書の記載事項は、次の各号の区分に応じ、それぞれ当該各号に掲げる事項（第2号及び第3号の場合にあつては、法第133条第2項の規定による登記の更正により抹消する記号を記録された登記事項及びその登記により抹消する記号を記録された登記事項を除く。）とする。
一 現在事項証明書 現に効力を有する登記事項（会社法人等番号を含む。以下この条及び次条において同じ。）、会社成立の年月日、取締役、監査等委員である取締役、会計参与、監査役、代表取締役、特別取締役、委員、執行役、代表執行役及び会計監査人の就任の年月日並びに会社の商号及び本店の登記の変更に係る事項で現に効力を有するものの直前のもの
二 履歴事項証明書 前号の事項、当該証明書の交付の請求があつた日（以下「請求日」という。）の3年前の日の属する年の1月1日（以下「基準日」という。）から請求日までの間に抹消する記号を記録された登記事項及び基準日から請求日までの間に登記された事項で現に効力を有しないもの

第4章 参考法令

　　三　閉鎖事項証明書　閉鎖した登記記録に記録されている事項
　　四　代表者事項証明書　会社の代表者の代表権に関する登記事項で現に効力を有す
　　　るもの
2　会社の登記記録の一部の区について前項第1号から第3号までの登記事項証明書
　の交付の請求があつたときは、その登記事項証明書には、商号区、会社状態区及び
　請求に係る区について当該各号に掲げる事項（請求に係る区が会社支配人区である
　場合において、一部の支配人について証明を求められたときは、当該支配人以外の
　支配人に係る事項を除く。）を記載し、一部の代表者について同項第4号の登記事
　項証明書の交付の請求があつたときは、その証明書には、その請求に係る代表者に
　ついて同号に掲げる事項を記載する。
3　登記官は、登記事項証明書を作成するときは、第1項各号に掲げる事項の全部又
　は一部である旨の認証文を付した上で、作成の年月日及び職氏名を記載し、職印を
　押さなければならない。
4　登記簿に記録されている事項を抹消する記号が記録されている場合において、登
　記事項証明書に抹消する記号を表示するには、抹消に係る事項の下に線を付して記
　載するものとする。
5　前各項の規定により登記簿に記録されている事項を記載するには、区及び事項ご
　とに整理してしなければならない。
　（登記事項要約書の記載事項等）
第31条　登記事項要約書（次項に掲げる登記事項要約書を除く。）は、現に効力を有
　する登記事項を記載して作らなければならない。
2　会社についての登記事項要約書は、商号区、会社状態区及び請求に係る区に記録
　されている事項中現に効力を有する登記事項を記載して作らなければならない。こ
　の場合において、役員区については、取締役、監査等委員である取締役、会計参与、
　監査役、代表取締役、特別取締役、委員、執行役、代表執行役及び会計監査人の就
　任の年月日をも記載しなければならない。
3　前条第5項の規定は、登記事項要約書に準用する。
　（閲覧）
第32条　登記簿の附属書類の閲覧は、登記官の面前でさせなければならない。
2　法第11条の2の法務省令で定める方法は、当該電磁的記録に記録された情報の内
　容を用紙に出力して表示する方法とする。
　（印鑑の証明）
第32条の2　登記官は、印鑑の証明書を作成するときは、請求に係る印鑑及び印鑑
　届出事項を記載した書面に証明文を付した上で、作成の年月日及び職氏名を記載
　し、職印を押さなければならない。

1072

（登記事項証明書等の交付の記録）

第33条　登記事項証明書、登記事項要約書又は印鑑の証明書を交付するときは、申請書にその枚数又は件数及び交付の年月日を記載しなければならない。

（電子証明書に係る証明の期間）

第33条の2　法第12条の2第1項第2号の期間は、3月の整数倍の期間であつて同項の規定による請求をする者が定めるものとする。ただし、2年3月を超えることができない。

（電子証明書による証明に適しない事項）

第33条の3　法第12条の2第1項ただし書の法務省令で定める事項は、次に掲げる事項とする。

　一　代表権又は代理権の範囲又は制限に関する定め

　二　未成年者登記簿、後見人登記簿又は支配人登記簿に登記された者であること。

　三　管財人等の職務を行うべき者として指名された者であること。

（電子署名の方法）

第33条の4　法第12条の2第1項第1号の法務省令で定める措置は、電磁的記録に記録することができる情報に、工業標準化法（昭和24年法律第185号）に基づく日本工業規格（以下「日本工業規格」という。）X573118の附属書Dに適合する方法であつて同附属書に定めるnの長さの値が1024ビット又は2048ビットであるものを講ずる措置とする。

（証明する登記事項）

第33条の5　法第12条の2第3項の法務省令で定める登記事項は、印鑑届出事項（出生の年月日、支配人である旨及び資格を除く。）とする。ただし、商号使用者にあつては、商号、営業所及び氏名とする。

（電子証明書による証明の請求）

第33条の6　法第12条の2第1項及び第3項の規定による証明を請求するには、申請書及び電磁的記録（電子的方式、磁気的方式その他人の知覚によつては認識することができない方式で作られる記録であつて、電子計算機による情報処理の用に供されるものをいう。以下同じ。）を提出し、印鑑カードを提示しなければならない。

2　前項の申請書には、次に掲げる事項を記載し、申請人又はその代理人が記名押印しなければならない。

　一　印鑑届出事項（商号使用者にあつては、商号、営業所、氏名、出生の年月日及び商号使用者である旨）

　二　代理人によつて請求するときは、その氏名及び住所

　三　法第12条の2第1項第2号の期間

　四　手数料の額

五　年月日

　　六　登記所の表示

3　第1項の申請書又は委任による代理人の権限を証する書面には、申請人が登記所に提出している印鑑を押印しなければならない。

4　第1項の電磁的記録は、次の各号のいずれかに該当する構造の電磁的記録媒体（電磁的記録に係る記録媒体をいう。以下同じ。）に記録して提出しなければならない。

　　一　日本工業規格Ｘ0606又はＸ0610に適合する120ミリメートル光ディスク

　　二　法務大臣の指定する構造の不揮発性半導体記憶装置

5　第1項の電磁的記録には、法務大臣の指定する方式に従い、次に掲げる事項を記録しなければならない。

　　一　第2項第1号及び第3号に掲げる事項（出生の年月日を除く。）

　　二　第33条の4の附属書Ｄに定める公開かぎの値

　　三　第33条の4に定める措置を特定する符号として法務大臣の指定するもの

　　四　法務大臣の指定する方式に従つて申請人が定める識別符号（第33条の13第1項の規定による届出をする者を他の者と区別して識別するためのもの）

6　第1項の電磁的記録には、法務大臣の指定する方式に従い、当該電磁的記録に記録する商号、その略称若しくは当該電磁的記録に記録する氏名の表音をローマ字その他の符号で表示したもの又は当該商号の訳語若しくはその略称をローマ字その他の符号で表示したものを記録することができる。

7　前項に規定する略称の表音又は訳語若しくはその略称をローマ字その他の符号で表示したものを記録する場合には、第1項の申請書に、定款その他の当該記録する事項を証する書面（法第19条の2に規定する電磁的記録を含む。）を添付しなければならない。

8　第4項第2号、第5項及び第6項の指定は、告示してしなければならない。

　　（申請書の処理等）

第33条の7　登記官が前条の申請書及び電磁的記録を受け取つたときは、申請書に受付の年月日を記載した上、受付の順序に従つて、電磁的記録に記録された事項その他当該事件の処理に必要な事項を法第12条の2第5項の指定がされた登記所（以下「電子認証登記所」という。）に通知しなければならない。

2　前項の規定による通知を受けた電子認証登記所の登記官は、通知を受けた順序に従つて相当の処分をしなければならない。

　　（電子証明書）

第33条の8　法第12条の2第1項及び第3項の規定による証明をするには、法務大臣の指定する方式に従い、電磁的記録に記録することができる情報に電子認証登記

所の登記官が第33条の4に定める措置を講じたものを申請人に送信する方法によらなければならない。

2　前項の規定により送信する情報（以下この章において「電子証明書」という。）には、法務大臣の指定する方式に従い、次に掲げる事項を表さなければならない。

一　第33条の6第5項第1号から第3号まで及び同条第6項の規定により同条第1項の電磁的記録に記録された事項

二　電子証明書の番号

三　電子証明書の作成年月日時

四　法第12条の2第1項の登記所

五　電子認証登記所及び登記官

六　その他法務大臣の指定する事項

3　前2項の指定は、告示してしなければならない。

4　法務大臣は、電子認証登記所の登記官が第1項の措置を講じたものであることを確認するために必要な事項を告示する。

（電子証明書ファイル）

第33条の9　電子認証登記所の登記官は、前条第1項の規定による送信をしたときは、同条第2項に掲げる事項を磁気ディスクをもつて調製された電子証明書ファイルに記録しなければならない。

（電子証明書の使用の廃止の届出）

第33条の10　法第12条の2第7項の規定による届出をするには、書面を提出し、印鑑カードを提示しなければならない。

2　前項の書面には、次に掲げる事項を記載し、届出人又はその代理人が記名押印しなければならない。

一　第33条の6第2項第1号及び第2号に掲げる事項

二　電子証明書の番号

三　年月日

四　登記所の表示

3　第33条の6第3項の規定は、第1項の書面について準用する。

4　登記官が第1項の書面を受け取つたときは、当該書面に受付の年月日を記載した上、受付の順序に従つて、電子認証登記所にその旨を通知しなければならない。

5　前項の規定による通知を受けた電子認証登記所の登記官は、電子証明書ファイルにその旨及び通知を受けた年月日時を記録しなければならない。ただし、電子証明書ファイルに第33条の12第1項第2号の登記に係る記録がされているときは、この限りでない。

（証明事項の軽微な変更）

第4章　参考法令

第33条の11　法第12条の２第８項第１号の法務省令で定める軽微な変更は、次に掲げる変更とする。

　一　住居表示に関する法律（昭和37年法律第119号）第３条第１項及び第２項又は同法第４条の規定による住居表示の実施又は変更に伴う登記事項の変更

　二　行政区画、郡、区、市町村内の町若しくは字若しくはそれらの名称又は地番の変更に伴う登記事項の変更

　（電子認証登記所への通知等）

第33条の12　登記官は、次の場合には、電子認証登記所にその旨を通知しなければならない。ただし、電子証明書ファイルに第33条の10第５項本文の規定による記録がされているときは、この限りでない。

　一　電子証明書に表された事項に変更（前条に定める軽微な変更を除く。）を生ずべき登記の申請書を受け取つたとき。

　二　前号の登記をしたとき。

　三　第１号の登記の申請を却下したとき。

２　第33条の10第５項本文の規定は、前項の規定による通知を受けた電子認証登記所の登記官に準用する。

　（電子証明書の使用の休止の届出等）

第33条の13　第33条の８第１項の規定による送信を受けた者は、法第12条の２第１項第２号の期間中において、電子証明書の使用を休止したときは、電子認証登記所に対し、その旨を届け出ることができる。

２　前項の規定による届出は、法務大臣の指定する方式に従い、電子証明書の番号及び第33条の６第５項第４号の識別符号を送信してしなければならない。

３　前項の指定は、告示してしなければならない。

４　第33条の10第５項の規定は、第１項の規定による届出を受けた電子認証登記所の登記官に準用する。

５　第１項の規定による届出をした者は、法第12条の２第１項第２号の期間中において、電子証明書の使用を再開したときは、電子認証登記所に対し、同項の登記所を経由して、その旨を届け出ることができる。

６　第33条の10の規定は、前項の場合に準用する。

　（識別符号の変更）

第33条の14　第33条の８第１項の規定による送信を受けた者は、法第12条の２第１項第２号の期間中において、第33条の６第５項第４号の識別符号を変更しようとするときは、電子認証登記所に対し、法第12条の２第１項の登記所を経由して、その旨を届け出ることができる。

２　第33条の６（第２項第３号及び第４号、第５項第１号から第３号まで、第６項並

1076

びに第7項を除く。）及び第33条の7の規定は、前項の場合に準用する。

（電子証明書に係る証明）

第33条の15　法第12条の2第8項第4号の法務省令で定める事項は、次に掲げる事項とする。

一　第33条の12第1項第1号に規定する場合（同項第3号に規定する場合を除く。）には、その旨

二　第33条の13第1項の規定による届出がある場合（同条第5項の規定による届出がある場合を除く。）には、その旨

2　法第12条の2第8項の規定による証明の請求は、法務大臣の指定する方式に従い、電子証明書の番号その他の事項を送信する方法によらなければならない。

3　第33条の8第1項、第3項及び第4項の規定は、法第12条の2第8項の規定による証明に準用する。この場合において、送信する情報には、法務大臣の指定する方式に従い、次に掲げる事項を表さなければならない。

一　電子証明書の番号

二　法第12条の2第8項に掲げる事項

三　年月日

4　前2項の指定は、告示してしなければならない。

（証明が相当でない場合の措置）

第33条の16　登記所の事故その他の事由により法第12条の2第8項の規定による証明をするのが相当でなくなつたときは、電子認証登記所の登記官は、電子証明書ファイルにその旨を記録しなければならない。

2　前項の規定による記録がある場合において、法第12条の2第8項の規定による証明の請求があつたときは、電子認証登記所の登記官は、前条第3項において準用する第33条の8第1項の規定により送信する情報に、当該記録がある旨を表さなければならない。

（電子証明書ファイルの記録の閉鎖）

第33条の17　電子証明書に係る法第12条の2第1項第2号の期間が経過したときは、電子認証登記所の登記官は、当該電子証明書に係る電子証明書ファイルの記録を閉鎖し、これを電子証明書ファイル中に設けた閉鎖電子証明書ファイルに記録しなければならない。

（準用規定）

第33条の18　第9条の6第2項の規定は、代理人によつて、法第12条の2第1項及び第3項の規定による請求又は同条第7項の規定若しくは第33条の13第5項若しくは第33条の14第1項の規定による届出をする場合に準用する。

2　第28条第1項の規定は、法第12条の2の手数料に準用する。

第4章　参考法令

(帳簿等)

第34条　登記所には、法又はこの省令の他の規定に定めるもののほか、次に掲げる
帳簿等を備えるものとする。

一　登記関係帳簿保存簿

二　登記事務日記帳

三　登記事項証明書等用紙管理簿

四　印鑑証明書用紙管理簿

五　決定原本つづり込み帳

六　審査請求書類等つづり込み帳

七　清算未了申出書等つづり込み帳

八　印鑑届書等つづり込み帳

九　再使用証明申出書類つづり込み帳

十　登録免許税関係書類つづり込み帳

十一　不正登記防止申出書類つづり込み帳

十二　整理対象休眠会社等一覧

十三　休眠会社等返戻通知書つづり込み帳

十四　事業を廃止していない旨の届出書つづり込み帳

十五　閉鎖登記記録一覧

十六　諸表つづり込み帳

十七　雑書つづり込み帳

2　次の各号に掲げる帳簿等には、当該各号に定める事項を記載するものとする。

一　登記関係帳簿保存簿　登記簿を除く一切の登記関係帳簿の保存状況

二　登記事務日記帳　受付帳その他の帳簿に記載しない書類の発送及び受領に関す
る事項

三　登記事項証明書等用紙管理簿　登記事項証明書及び動産及び債権の譲渡の対抗
要件に関する民法の特例等に関する法律（平成10年法律第104号）第13条第1項
の概要記録事項証明書の作成に使用する用紙の管理に関する事項

四　印鑑証明書用紙管理簿　印鑑証明書の作成に使用する用紙の管理に関する事項

五　整理対象休眠会社等一覧　会社法（平成17年法律第86号）第472条第1項に規
定する休眠会社の整理作業を実施するために必要な事項

六　閉鎖登記記録一覧　第81条第1項の規定により閉鎖した登記記録に関する事項

3　次の各号に掲げる帳簿には、当該各号に定める書類又は書面をつづり込むものと
する。

一　決定原本つづり込み帳　申請又は申出を却下した決定に係る決定書の原本

二　審査請求書類等つづり込み帳　審査請求書その他の審査請求事件に関する書類

1078

三　清算未了申出書等つづり込み帳　第81条第2項及び第3項に規定する申出に係る書面並びに同条第4項の規定による通知に係る書面

四　印鑑届書等つづり込み帳　第9条第1項、第5項、第7項、第9項及び第10項、第9条の4第1項及び第2項、第9条の5第3項並びに第9条の6第2項の規定により提出された書面

五　再使用証明申出書類つづり込み帳　登録免許税法（昭和42年法律第35号）第31条第3項に規定する登録免許税の領収証書又は印紙の再使用の申出に関する書類

六　登録免許税関係書類つづり込み帳　登録免許税法第28条第1項の通知に関する書類の写し、同法第31条第1項の通知に関する書類の写し、同条第2項及び第6項の請求に関する書類並びに同条第5項に規定する申出に関する書類（添付書類を含む。）

七　不正登記防止申出書類つづり込み帳　不正な登記の防止の申出に関する書類（添付書面を含む。）

八　休眠会社等返戻通知書つづり込み帳　会社法第472条第2項の通知に係る書面を発送した場合において、配達不能等により返戻された当該書面

九　事業を廃止していない旨の届出書つづり込み帳　会社法施行規則（平成18年法務省令第12号）第139条第1項及び第3項に規定する書面

十　諸表つづり込み帳　登記事件及び登記事件以外の事件に関する各種の統計表

十一　雑書つづり込み帳　他の帳簿につづり込まない書類

4　次の各号に掲げる帳簿等の保存期間は、当該各号に定めるとおりとする。

一　登記簿　永久

二　閉鎖した登記記録　閉鎖した日から20年間

三　受付帳　当該年度の翌年から5年間

四　申請書その他の附属書類（次号及び第10号の書類を除く。）　受付の日から5年間

五　登記事件以外の事件の申請書類（第10号の書類を除く。）　受付の日から1年間

六　印鑑記録（次号の印鑑記録を除く。）　永久

七　第9条の2第1項及び第11条第7項の規定による記録をした印鑑記録　当該記録をした日から2年間

八　電子証明書ファイルの記録（次号のファイルの記録を除く。）　永久

九　閉鎖電子証明書ファイルの記録　閉鎖した日から20年間

十　電子証明書に係る申請書類及び電磁的記録　受付の日から13年間

十一　第33条の8第4項に規定する事項に係る記録　同条第1項の措置を講じたものであることを確認することができる期間の満了の日から20年間

十二　登記関係帳簿保存簿　作成の時から30年間

第4章　参考法令

十三　登記事務日記帳　作成した年の翌年から1年間

十四　登記事項証明書等用紙管理簿　作成した年の翌年から1年間

十五　印鑑証明書用紙管理簿　作成した年の翌年から1年間

十六　決定原本つづり込み帳　これにつづり込まれた決定書に係る決定の年の翌年から5年間

十七　審査請求書類等つづり込み帳　これにつづり込まれた審査請求書の受付の年の翌年から5年間

十八　清算未了申出書等つづり込み帳　これにつづり込まれた申出書又は通知書に係る申出又は通知の年の翌年から5年間

十九　印鑑届書等つづり込み帳　これにつづり込まれた書面の受付の年の翌年から3年間

二十　再使用証明申出書類つづり込み帳　作成した年の翌年から5年間

二十一　登録免許税関係書類つづり込み帳　作成した年の翌年から5年間

二十二　不正登記防止申出書類つづり込み帳　作成した年の翌年から3年間

二十三　整理対象休眠会社等一覧　作成した年の翌年から5年間

二十四　休眠会社等返戻通知書つづり込み帳　作成した年の翌年から5年間

二十五　事業を廃止していない旨の届出書つづり込み帳　作成した年の翌年から5年間

二十六　閉鎖登記記録一覧　作成した年の翌年から5年間

二十七　諸表つづり込み帳　作成した年の翌年から3年間

二十八　雑書つづり込み帳　作成した年の翌年から1年間

5　第1項各号に掲げる帳簿等は、不動産登記に関して備えた帳簿等でこれらに相当するものをもつて兼ねることができる。

（申請書の記載等）

第35条　申請書の記載は、横書きとしなければならない。

2　申請書に記載すべき登記事項は、区ごとに整理して記載するものとする。

3　申請人又はその代表者若しくは代理人は、申請書が2枚以上であるときは、各用紙のつづり目に契印をしなければならない。

4　前項の契印は、申請人又はその代表者若しくは代理人が2人以上であるときは、その1人がすれば足りる。

（電磁的記録の提供の方法）

第35条の2　法第17条第4項の法務省令で定める方法は、次のいずれかの方法とする。

一　法務大臣の指定する方式に従い、法第17条第4項に規定する電磁的記録を記録した電磁的記録媒体（第33条の6第4項第1号に該当する構造の電磁的記録媒体に限る。）を申請書とともに提出する方法

二 行政手続等における情報通信の技術の利用に関する法律（平成14年法律第151号。以下「情報通信技術利用法」という。）第3条第1項に規定する電子情報処理組織を使用して、法第17条第4項に規定する電磁的記録をあらかじめ提供する方法（法務大臣が定める条件に適合するものに限る。）

2 前項第1号の指定は、告示してしなければならない。

3 第1項第1号の電磁的記録媒体には、商号を記載した書面を貼り付けなければならない。

4 第1項第2号の方法により電磁的記録を提供した場合にあつては、当該電磁的記録を提供後、速やかに、当該提供に係る登記を申請するものとする。

（申請書に添付すべき電磁的記録）

第36条 法第19条の2の法務省令で定める電磁的記録は、第33条の6第4項第1号に該当する構造の電磁的記録媒体でなければならない。

2 前項の電磁的記録には、法務大臣の指定する方式に従い、法第19条の2に規定する情報を記録しなければならない。

3 前項の情報は、法務大臣の指定する方式に従い、当該情報の作成者（認証を要するものについては、作成者及び認証者。次項において同じ。）が第33条の4に定める措置を講じたものでなければならない。

4 第1項の電磁的記録には、当該電磁的記録に記録された次の各号に掲げる情報の区分に応じ、当該情報の作成者が前項の措置を講じたものであることを確認するために必要な事項を証する情報であつてそれぞれ当該各号に定めるものを、法務大臣の指定する方式に従い、記録しなければならない。

一 委任による代理人の権限を証する情報 次に掲げる電子証明書のいずれか

イ 第33条の8第2項（他の省令において準用する場合を含む。）に規定する電子証明書

ロ 電子署名等に係る地方公共団体情報システム機構の認証業務に関する法律（平成14年法律第153号）第3条第1項の規定により作成された署名用電子証明書

ハ 氏名、住所、出生の年月日その他の事項により当該措置を講じた者を確認することができるものとして法務大臣の指定する電子証明書

二 前号に規定する情報以外の情報 次に掲げる電子証明書のいずれか

イ 前号イ、ロ又はハに掲げる電子証明書

ロ 指定公証人の行う電磁的記録に関する事務に関する省令（平成13年法務省令第24号）第3条第1項に規定する指定公証人電子証明書

ハ その他法務大臣の指定する電子証明書

5 前項の場合において、当該作成者が印鑑の提出をした者であるときは、当該電磁

第4章　参考法令

的記録に記録すべき電子証明書は、同項第1号イに掲げる電子証明書に限るものとする。ただし、第33条の3各号に掲げる事項がある場合は、この限りでない。

6　第2項から第4項までの指定は、告示してしなければならない。

7　前条第3項の規定は、第1項の電磁的記録媒体に準用する。

（登記事項証明書等の有効期間）

第36条の2　申請書に添付すべき登記事項証明書及び登記所が作成した印鑑の証明書は、その作成後3月以内のものに限る。

（添付書面の特例）

第36条の3　法第19条の3の法務省令で定める場合は、申請書に会社法人等番号を記載した場合とする。

（数個の同時申請）

第37条　同一の登記所に対し同時に数個の申請をする場合において、各申請書に添付すべき書類（法第19条の2に規定する電磁的記録を含む。）に内容が同一であるものがあるときは、1個の申請書のみに1通を添付すれば足りる。

2　前項の場合には、他の各申請書にその旨を付記しなければならない。

（申請書の調査）

第38条　登記官が申請書を受け取つたときは、遅滞なく、申請に関するすべての事項を調査しなければならない。

（受領証の送付）

第38条の2　第9条の4第4項から第6項までの規定は、法第22条の規定による受領証の交付の請求に準用する。

（登記官による本人確認）

第38条の3　登記官は、法第23条の2第1項の規定により申請人の申請の権限の有無を調査したときは、その調査の結果を記録した調書を作成しなければならない。同条第2項の嘱託を受けて調査をした場合についても、同様とする。

2　前項後段の場合には、嘱託を受けて調査をした登記所の登記官は、その調査の結果を記録した調書を嘱託をした登記官に送付しなければならない。

（登記の方法）

第39条　登記をするには、この規則に別段の定めがある場合を除き、登記記録中相当区に登記事項及び登記の年月日を記録するほか、登記官の識別番号を記録しなければならない。

（嘱託による登記）

第40条　官庁の嘱託による登記の手続については、法令に別段の定めがある場合を除き、申請による登記に関する規定を準用する。

2　裁判所の嘱託によつて登記をするには、裁判所の名称及びその裁判があつた年月

日又はその裁判の確定した年月日をも記録しなければならない。

(変更の登記)

第41条 変更の登記をする場合には、変更に係る登記事項を抹消する記号を記録しなければならない。

(行政区画等の変更)

第42条 登記簿に記録された行政区画、郡、区、市町村内の町若しくは字又はそれらの名称の変更があつたときは、登記官は、登記簿にその変更があつたことを記録することができる。

2 第39条及び前条の規定は、前項の場合に準用する。

(登記記録の閉鎖)

第43条 登記記録を閉鎖するには、登記記録に閉鎖の事由及びその年月日を記録するほか、登記官の識別番号を記録しなければならない。

(登記事項の閉鎖)

第44条 登記簿に記録された登記事項中、抹消する記号が記録されたもの及び現に効力を有しないものは、履歴事項証明書に記載すべきものを除き、閉鎖しなければならない。

2 前項の規定により閉鎖した登記事項は、これを閉鎖した登記記録とみなす。

(登記記録の復活)

第45条 閉鎖した登記記録に更に登記をする必要がある場合には、その登記記録を復活しなければならない。この場合には、登記記録中登記記録区にその旨及びその年月日を記録して登記官の識別番号を記録し、第43条の規定による記録を抹消する記号を記録しなければならない。

(記載の文字)

第48条 申請書その他の登記に関する書面に記載する文字は、字画を明確にしなければならない。

2 金銭その他の物の数量、年月日及び番号を記載するには、「壱、弐、参、拾」の文字を用いなければならない。ただし、横書きをするときは、アラビヤ数字を用いることができる。

3 第1項の書面につき文字の訂正、加入又は削除をしたときは、その旨及びその字数を欄外に記載し、又は訂正、加入若しくは削除をした文字に括弧その他の記号を付して、その範囲を明らかにし、かつ、当該字数を記載した部分又は当該記号を付した部分に押印しなければならない。この場合において、訂正又は削除をした文字は、なお読むことができるようにしておかなければならない。

(添付書類の還付)

第49条 登記の申請人は、申請書に添付した書類の還付を請求することができる。

第4章　参考法令

2　書類の還付を請求するには、登記の申請書に当該書類と相違がない旨を記載した
謄本をも添付しなければならない。ただし、登記の申請が却下された場合において、
書類の還付を請求するには、還付請求書に当該書類と相違がない旨を記載した謄本
を添付し、これを登記所に提出しなければならない。

3　登記官は、書類を還付したときは、その謄本、登記の申請書又は還付請求書に原
本還付の旨を記載して押印しなければならない。

4　代理人によつて第1項の請求をするには、申請書にその権限を証する書面を添付
しなければならない。

5　第9条の4第4項から第6項までの規定は、第1項の規定による添付書類の還付
の請求に準用する。

（商号の登記に用いる符号）

第50条　商号を登記するには、ローマ字その他の符号で法務大臣の指定するものを
用いることができる。

2　前項の指定は、告示してしなければならない。

（営業又は事業の譲渡の際の免責の登記）

第53条　商法（明治32年法律第48号）第17条第2項前段の登記は、譲受人の商号の
登記記録にしなければならない。

2　（略）

（添付書面）

第61条　定款の定め又は裁判所の許可がなければ登記すべき事項につき無効又は取
消しの原因が存することとなる申請については、申請書に、定款又は裁判所の許可
書を添付しなければならない。

2　登記すべき事項につき次の各号に掲げる者全員の同意を要する場合には、申請書
に、当該各号に定める事項を証する書面を添付しなければならない。

一　株主　株主全員の氏名又は名称及び住所並びに各株主が有する株式の数（種類
株式発行会社にあつては、株式の種類及び種類ごとの数を含む。次項において同
じ。）及び議決権の数

二　種類株主　当該種類株主全員の氏名又は名称及び住所並びに当該種類株主のそ
れぞれが有する当該種類の株式の数及び当該種類の株式に係る議決権の数

3　登記すべき事項につき株主総会又は種類株主総会の決議を要する場合には、申請
書に、総株主（種類株主総会の決議を要する場合にあつては、その種類の株式の総
株主）の議決権（当該決議（会社法第319条第1項（同法第325条において準用する
場合を含む。）の規定により当該決議があつたものとみなされる場合を含む。）にお
いて行使することができるものに限る。以下この項において同じ。）の数に対する
その有する議決権の数の割合が高いことにおいて上位となる株主であつて、次に掲

1084

げる人数のうちいずれか少ない人数の株主の氏名又は名称及び住所、当該株主のそれぞれが有する株式の数（種類株主総会の決議を要する場合にあつては、その種類の株式の数）及び議決権の数並びに当該株主のそれぞれが有する議決権に係る当該割合を証する書面を添付しなければならない。

一　10名

二　その有する議決権の数の割合を当該割合の多い順に順次加算し、その加算した割合が3分の2に達するまでの人数

4　設立（合併及び組織変更による設立を除く。）の登記の申請書には、設立時取締役が就任を承諾したことを証する書面の印鑑につき市町村長の作成した証明書を添付しなければならない。取締役の就任（再任を除く。）による変更の登記の申請書に添付すべき取締役が就任を承諾したことを証する書面の印鑑についても、同様とする。

5　取締役会設置会社における前項の規定の適用については、同項中「設立時取締役」とあるのは「設立時代表取締役又は設立時代表執行役」と、同項後段中「取締役」とあるのは「代表取締役又は代表執行役」とする。

6　代表取締役又は代表執行役の就任による変更の登記の申請書には、次の各号に掲げる場合の区分に応じ、それぞれ当該各号に定める印鑑につき市町村長の作成した証明書を添付しなければならない。ただし、当該印鑑と変更前の代表取締役又は代表執行役（取締役を兼ねる者に限る。）が登記所に提出している印鑑とが同一であるときは、この限りでない。

一　株主総会又は種類株主総会の決議によつて代表取締役を定めた場合　議長及び出席した取締役が株主総会又は種類株主総会の議事録に押印した印鑑

二　取締役の互選によつて代表取締役を定めた場合　取締役がその互選を証する書面に押印した印鑑

三　取締役会の決議によつて代表取締役又は代表執行役を選定した場合　出席した取締役及び監査役が取締役会の議事録に押印した印鑑

7　設立の登記又は取締役、監査役若しくは執行役の就任（再任を除く。）による変更の登記の申請書には、設立時取締役、設立時監査役、設立時執行役、取締役、監査役又は執行役（以下この項において「取締役等」という。）が就任を承諾したことを証する書面に記載した氏名及び住所と同一の氏名及び住所が記載されている市町村長その他の公務員が職務上作成した証明書（当該取締役等が原本と相違がない旨を記載した謄本を含む。）を添付しなければならない。ただし、登記の申請書に第4項（第5項において読み替えて適用される場合を含む。）又は前項の規定により当該取締役等の印鑑につき市町村長の作成した証明書を添付する場合は、この限りでない。

1085

第4章　参考法令

8　代表取締役若しくは代表執行役又は取締役若しくは執行役（登記所に印鑑を提出した者に限る。以下この項において「代表取締役等」という。）の辞任による変更の登記の申請書には、当該代表取締役等が辞任を証する書面に押印した印鑑につき市町村長の作成した証明書を添付しなければならない。ただし、当該印鑑と当該代表取締役等が登記所に提出している印鑑とが同一であるときは、この限りでない。

9〜11　（略）

（支店の所在地における登記）

第62条　本店及び支店の所在地において登記すべき事項について支店の所在地において登記の申請をする場合には、申請書に記載すべき登記すべき事項は、本店の所在地においてした登記を証する書面の記載を引用して記載することができる。

2　前項の規定により本店の所在地においてした登記を証する書面の記載を引用するには、登記すべき事項を明らかにしてしなければならない。

第63条　法第49条第1項の規定による支店の所在地においてする登記の申請と本店の所在地においてする登記の申請とは、同一の書面でしなければならない。

2　前項の場合においては、法第17条第3項の規定による支店の記載は、その所在地を管轄する登記所ごとに整理してしなければならない。

3　法第49条第5項の手数料は、収入印紙を第1項の書面に貼つて、納付しなければならない。

第64条　法第48条第2項の規定により登記すべき事項（会社成立の年月日を除く。）は、登記記録中登記記録区に記録しなければならない。

（本店移転の登記）

第65条　法第52条第2項の規定による申請書及びその添付書面並びに印鑑の送付は、書留郵便又は信書便の役務であつて信書便事業者において引受け及び配達の記録を行うものによつてするものとし、申請人が当該郵便物をこれと同一の種類に属する他の郵便物に優先して送達する取扱いの料金に相当する郵便切手又は第9条の4第5項に規定する証票を提出したときは、当該取扱いとしなければならない。

2　本店を他の登記所の管轄区域内に移転した場合の新所在地における登記においては、取締役、監査等委員である取締役、会計参与、監査役、代表取締役、特別取締役、委員、執行役、代表執行役及び会計監査人の就任の年月日をも登記しなければならない。

3　法第53条の規定により登記すべき事項（会社成立の年月日を除く。）は、登記記録中登記記録区に記録しなければならない。

4　第2項に規定する登記をする場合において、当該登記が新所在地において登記がされている会社に関するものであるときは、新所在地におけるその会社の登記記録は、閉鎖しなければならない。

5 本店を他の登記所の管轄区域内に移転した場合において、旧所在地を管轄する登記所において移転の登記をしたとき（当該登記所の管轄区域内に支店があるときに限る。）は、その商号、本店、支店（当該管轄区域内にあるものに限る。）及び会社成立の年月日の登記並びに登記記録区にされた登記以外の登記事項に抹消する記号を記録しなければならない。

（株主総会の決議の不存在等の登記）

第66条 株主総会又は種類株主総会の決議の不存在、無効又は取消しの登記をする場合には、決議した事項に関する登記を抹消する記号を記録し、その登記により抹消する記号が記録された登記事項があるときは、その登記を回復しなければならない。

2 （略）

（代表取締役等の登記）

第67条 取締役の選任の決議の不存在、無効若しくは取消し又は判決による解任の登記をした場合において、その取締役が代表取締役、特別取締役、委員又は社外取締役であるときは、当該代表取締役、特別取締役、委員又は社外取締役に関する登記を抹消する記号をも記録しなければならない。

2 前項の規定は、監査役の選任の決議の不存在、無効若しくは取消し又は判決による解任の登記をした場合において、その監査役が社外監査役であるときにおける当該社外監査役に関する登記について準用する。

3 （略）

（仮取締役又は取締役職務代行者等の登記）

第68条 一時取締役、監査等委員である取締役、会計参与、監査役、代表取締役、委員、執行役、代表執行役又は会計監査人の職務を行うべき者に関する登記は、取締役、監査等委員である取締役、会計参与、監査役、代表取締役、委員、執行役、代表執行役又は会計監査人の就任の登記をしたときは、抹消する記号を記録しなければならない。

2 取締役、監査等委員である取締役、会計参与、監査役、代表取締役、委員、執行役又は代表執行役の職務の執行停止又は職務代行者に関する登記は、その取締役、監査等委員である取締役、会計参与、監査役、代表取締役、委員、執行役又は代表執行役の選任の決議の不存在、無効若しくは取消し又は解任の登記をしたときは、抹消する記号を記録しなければならない。

（電子公告に関する登記）

第71条 電子公告を公告方法としたことによる変更の登記をしたときは、会社法第911条第3項第26号及び銀行法（昭和56年法律第59号）第57条の4各号（株式会社日本政策投資銀行法（平成19年法律第85号）第10条第1項において準用する場合を含む。）に掲げる事項並びに株式会社商工組合中央金庫法（平成19年法律第74号）

第4章　参考法令

第64条に規定する事項の登記を抹消する記号を記録しなければならない。

（解散等の登記）

第72条　会社法第471条（第4号及び第5号を除く。）又は第472条第1項本文の規定による解散の登記をしたときは、次に掲げる登記を抹消する記号を記録しなければならない。

一　取締役会設置会社である旨の登記並びに取締役、代表取締役及び社外取締役に関する登記

二・三　（略）

四　会計監査人設置会社である旨の登記及び会計監査人に関する登記

五　（略）

六　指名委員会等設置会社である旨の登記並びに委員、執行役及び代表執行役に関する登記

2　前項の規定は、設立の無効又は株式移転の無効の登記をした場合について準用する。

（継続の登記）

第73条　会社法第473条の規定による継続の登記をしたときは、解散の登記、清算人会設置会社である旨の登記並びに清算人及び代表清算人に関する登記を抹消する記号を記録しなければならない。

（仮清算人又は清算人職務代行者等の登記）

第74条　第68条の規定は、清算人又は代表清算人について準用する。

（合併の登記）

第77条　新設合併による設立の登記において法第79条の規定により登記すべき事項は、登記記録中登記記録区に記録しなければならない。

2　第65条第1項の規定は、法第83条第2項の規定による申請書の送付について準用する。

3　合併の無効による回復の登記をしたときは、合併による解散の登記を抹消する記号を記録しなければならない。

（登記記録の閉鎖等）

第80条　次に掲げる登記は、登記記録区にしなければならない。

一　本店又は支店を登記所の管轄区域外に移転した場合において、当該本店又は支店の旧所在地においてする移転の登記（登記所の管轄区域内に本店又は他の支店がある場合を除く。）

二　支店を廃止した場合において、当該支店の旧所在地においてする廃止の登記（登記所の管轄区域内に本店又は他の支店がある場合を除く。）

三　組織変更又は合併による解散の登記

四　組織変更の無効、新設合併の無効又は新設分割の無効による解散の登記

五 清算結了の登記

六 （略）

2 前項各号に掲げる登記をしたときは、その登記記録を閉鎖しなければならない。

第81条 次に掲げる場合には、登記官は、当該登記記録を閉鎖することができる。

一 解散の登記をした後10年を経過したとき。

二 次項又は第3項に規定する申出後5年を経過したとき。

2 前項第1号又は第2号に掲げる期間が経過する2月前から当該登記記録を閉鎖するまでの間に、会社が本店の所在地を管轄する登記所に清算を結了していない旨の申出をしたときは、登記官は、前項の規定にかかわらず、当該登記記録を閉鎖することができない。

3 第1項の規定により登記記録を閉鎖した後、会社が本店の所在地を管轄する登記所に清算を結了していない旨の申出をしたときは、登記官は、当該登記記録を復活しなければならない。

4 第1項又は第3項の規定により登記記録を閉鎖し、又は復活したときは、登記官は、遅滞なく、その旨を支店の所在地の登記所に通知しなければならない。

5 前項の通知を受けたときは、登記官は、遅滞なく、登記記録を閉鎖し、又は復活しなければならない。

6 第45条後段の規定は、第3項又は前項の規定により登記記録を復活する場合について準用する。

（役員等の氏の記録に関する申出等）

第81条の2 設立の登記、清算人の登記、役員（取締役、監査役、執行役、会計参与又は会計監査人をいう。以下この条において同じ。）若しくは清算人の就任による変更の登記又は役員若しくは清算人の氏の変更の登記の申請をする者は、婚姻により氏を改めた役員又は清算人であつて、その申請により登記簿に氏名を記録すべきものにつき、婚姻前の氏（記録すべき氏と同一であるときを除く。）をも記録するよう申し出ることができる。

2 前項の申出をするには、同項の登記の申請書に、次に掲げる事項を記載し、これらを証する書面を添付しなければならない。

一 婚姻前の氏を記録すべき役員又は清算人の氏名

二 前号の役員又は清算人の婚姻前の氏

3 第1項の申出があつた場合には、登記官は、同項の申請に係る登記をするときに、同項の申出に係る前項第2号に掲げる事項を記録するものとする。

4 登記官は、第2項第2号に掲げる事項が記録された役員の再任による変更の登記又は当該事項が記録された役員若しくは清算人の氏の変更の登記の申請があつた場合には、次に掲げるときに限り、その申請により登記簿に氏名を記録すべき役員又

第4章　参考法令

は清算人につき、当該事項を記録しないものとする。

一　申請人から当該事項の記録を希望しない旨の申出があるとき。

二　当該事項と登記簿に記録すべき氏とが同一であるとき。

5　前項第1号の申出をするには、同項の登記の申請書に、第2項第2号に掲げる事項の記録を希望しない役員又は清算人の氏名を記載しなければならない。

（継続の登記）

第85条　（略）

2　会社法第845条の規定による継続の登記をしたときは、設立の無効又は取消しの登記並びに清算人及び清算持分会社を代表する清算人に関する登記を抹消する記号を記録しなければならない。

（更正の申請書の添附書面）

第98条　登記に錯誤又は遺漏があることがその登記の申請書又は添附書類により明らかであるときは、更正の申請書には、錯誤又は遺漏があることを証する書面を添附することを要しない。この場合には、更正の申請書にその旨を記載しなければならない。

（登記の更正）

第99条　登記の更正をする場合には、更正すべき登記事項を抹消する記号を記録し、その登記により抹消する記号が記録された登記事項があるときは、その登記を回復しなければならない。

2　法第133条第2項の規定により登記の更正をする場合には、更正の許可の年月日を記録しなければならない。

（登記の抹消）

第100条　登記の抹消をする場合には、抹消すべき登記事項を抹消する記号を記録し、その登記により抹消する記号が記録された登記事項があるときは、その登記を回復しなければならない。ただし、登記の抹消をすることによつて登記記録を閉鎖すべきときは、この限りでない。

2　法第137条又は法第138条第3項の規定によつて登記の抹消をする場合には、その旨をも記録しなければならない。

3　第98条の規定は、登記の抹消の申請に準用する。

（電子情報処理組織による登記の申請等）

第101条　次に掲げる申請又は請求は、情報通信技術利用法第3条第1項の規定により、同項に規定する電子情報処理組織を使用する方法によつてすることができる。ただし、当該申請又は当該請求は、法務大臣が定める条件に適合するものでなければならない。

一　登記の申請（これと同時にする受領証の交付の請求を含む。以下同じ。）

1090

二　登記事項証明書又は印鑑の証明書の交付の請求

2　前項第2号の規定は、後見人である法人の代表者（当該代表者が法人である場合にあつては、その職務を行うべき者）又は管財人等の職務を行うべき者として指名された者が提出した印鑑の証明書については、適用しない。

（登記申請の方法）

第102条　前条第1項第1号の規定により登記の申請をするには、申請人又はその代表者若しくは代理人（以下この章において「申請人等」という。）は、法務大臣の定めるところに従い、法令の規定により申請書に記載すべき事項に係る情報に第33条の4に定める措置を講じたもの（以下「申請書情報」という。）を送信しなければならない。

2　申請人等は、法令の規定により登記の申請書に添付すべき書面（法第19条の2に規定する電磁的記録を含む。）があるときは、法務大臣の定めるところに従い、当該書面に代わるべき情報にその作成者（認証を要するものについては、作成者及び認証者。第5項において同じ。）が前項に規定する措置を講じたもの（以下「添付書面情報」という。）を送信しなければならない。ただし、添付書面情報の送信に代えて、登記所に当該書面を提出し、又は送付することを妨げない。

3　申請人等（委任による代理人を除く。）が登記の申請をする場合において、申請書情報を送信するときは、当該申請人等が第1項に規定する措置を講じたものであることを確認するために必要な事項を証する情報であつて次のいずれかに該当するものを併せて送信しなければならない。

　　一　第33条の8第2項（他の省令において準用する場合を含む。）に規定する電子証明書

　　二　電子署名等に係る地方公共団体情報システム機構の認証業務に関する法律第3条第1項の規定により作成された署名用電子証明書

　　三　電子署名及び認証業務に関する法律（平成12年法律第102号）第8条に規定する認定認証事業者が作成した電子証明書（電子署名及び認証業務に関する法律施行規則（平成13年総務省・法務省・経済産業省令第2号）第4条第1号に規定する電子証明書をいう。）その他の電子証明書であつて、氏名、住所、出生の年月日その他の事項により当該措置を講じた者を確認することができるものとして法務大臣の定めるもの

　　四　官庁が嘱託する場合にあつては、官庁が作成した電子証明書であつて、登記官が当該措置を講じた者を確認することができるものとして法務大臣の定めるもの

4　委任による代理人によつて登記の申請をする場合において、申請書情報を送信するときは、当該代理人が第1項に規定する措置を講じたものであることを確認するために必要な事項を証する情報であつて次のいずれかに該当するものを併せて送信

第4章　参考法令

しなければならない。

一　前項各号に掲げる電子証明書

二　当該措置を講じた者を確認することができる電子証明書であつて、前号に掲げるものに準ずるものとして法務大臣の定めるもの

5　申請人等が添付書面情報を送信するときは、次の各号に掲げる情報の区分に応じ、それぞれ当該情報の作成者が第1項に規定する措置を講じたものであることを確認するために必要な事項を証する情報であつて当該各号に定めるものを併せて送信しなければならない。

一　委任による代理人の権限を証する情報　第3項各号に掲げる電子証明書

二　前号に規定する情報以外の情報　前項各号に掲げる電子証明書又は指定公証人の行う電磁的記録に関する事務に関する省令第3条第1項に規定する指定公証人電子証明書

6　前3項の場合において、第1項に規定する措置を講じた者が印鑑の提出をした者であるときは、送信すべき電子証明書は、第3項第1号に掲げる電子証明書に限るものとする。ただし、第33条の3各号に掲げる事項がある場合は、この限りでない。

（添付書面の特則）

第103条　第101条第1項第1号の規定により登記の申請をする場合において、申請人等が前条第3項又は第5項第1号の規定により同条第3項第1号に掲げる電子証明書を送信したときは、当該申請については、法第87条第3項及び法第91条第3項の規定は、適用しない。

2　第101条第1項第1号の規定により登記の申請をする場合において、登記事項証明書を添付しなければならないものとされているときは、法務大臣の定めるところに従い、登記事項証明書の提出に代えて、登記官が電気通信回線による登記情報の提供に関する法律（平成11年法律第226号）第2条第1項に規定する登記情報の送信を同法第3条第2項に規定する指定法人から受けるために必要な情報を提供することができる。

3　第101条第1項第1号の規定により登記の申請をする場合において、申請人等が、前条第2項の添付書面情報として、第61条第7項の就任を承諾したことを証する書面に代わるべき情報であつて当該就任を承諾した者が第33条の4に定める措置を講じたものを送信し、併せて、前条第5項第2号の規定により同条第3項第2号又は第3号に掲げる電子証明書を送信したときは、当該申請については、当該就任を承諾した者についての第61条第7項の規定は適用しない。

（申請書類つづり込み帳の特則）

第104条　第101条第1項第1号の規定により登記の申請があつたときは、法第11条の2前段の規定による閲覧に供するため、申請書類つづり込み帳に、申請書情報、

添付書面情報及び前条第2項に規定する登記情報の内容を表示した書面をもつづり込まなければならない。

(電子情報処理組織による登記の申請の場合の手数料の納付方法)

第106条 法第49条第7項において準用する法第13条第2項ただし書の法務省令で定める方法は、第101条第1項に規定する方法とする。

2 法第49条第7項において準用する法第13条第2項ただし書の規定により現金をもつて手数料を納付するときは、登記官から得た納付情報により納付する方法によつてしなければならない。

3 第101条第1項に規定する方法により法第49条第1項の規定による登記の申請をする場合において、収入印紙をもつて手数料を納付するときは、第63条第3項中「第1項の書面」とあるのは、「登記官の定める書類」と読み替えて適用するものとする。

4 (略)

(登記事項証明書等の交付の請求の方法)

第107条 第101条第1項第2号の規定により登記事項証明書又は印鑑の証明書の交付の請求をするには、申請人等は、法務大臣の定めるところに従い、次の各号に掲げる事項に係る情報（印鑑の証明書の交付の請求にあつては、当該情報に第102条第1項に規定する措置を講じたもの）を送信しなければならない。

一 この規則の規定により申請書に記載すべき事項

二 登記事項証明書の交付を求めるとき（第4号に規定するときを除く。）は、登記所で交付を受ける旨

三 印鑑の証明書の交付を求めるとき（第5号に規定するときを除く。）は、登記所で交付を受ける旨及び印鑑カード番号

四 登記事項証明書の送付を求めるときは、その旨及び送付先の住所

五 印鑑の証明書の送付を求めるときは、その旨、印鑑カード番号及び送付先の住所

2 代理人によつて前項の規定による請求をするときは、法務大臣の定めるところに従い、その権限を証する書面に代わるべき情報（印鑑の証明書の交付の請求にあつては、当該情報にその作成者が第102条第1項に規定する措置を講じたもの）を併せて送信しなければならない。

3 第102条第3項、第4項、第5項第1号及び第6項の規定は、第1項の規定により印鑑の証明書の交付の請求をする場合に前2項の情報と併せて送信すべき電子証明書に準用する。

4 第1項の規定による請求については、第22条第2項（印鑑の証明書の交付の請求にあつては、印鑑の証明書の送付を求める場合（以下「印鑑の証明書の送付の請求」という。）に限る。）、第28条第2項及び第33条の規定並びに第29条の規定中申請書への記載に関する部分は、適用しない。

第4章　参考法令

5　第1項の規定により登記事項証明書の交付を受けようとするとき（登記事項証明書の送付を受けようとするときを除く。）は、法務大臣の定める書面を提出しなければならない。

6　第1項の規定による印鑑の証明書の交付の請求（印鑑の証明書の送付の請求を除く。）についての第22条第2項の規定の適用については、同項中「前項の申請書を提出する場合」とあるのは「第107条第1項の規定により印鑑の証明書の交付を受けようとする場合」と、「印鑑カード」とあるのは「法務大臣の定める書面を提出し、及び印鑑カード」とする。

7　法第13条第2項ただし書の法務省令で定める方法は、第101条第1項に規定する方法とする。

8　第101条第1項に規定する方法により登記事項証明書又は印鑑の証明書の交付の請求をする場合において、手数料を納付するときは、登記官から得た納付情報により納付する方法によつてしなければならない。

（氏名等を明らかにする措置）

第108条　情報通信技術利用法第3条第4項に規定する氏名又は名称を明らかにする措置であつて主務省令で定めるものは、次の各号に掲げる区分に応じ、それぞれ当該各号に定めるものとする。

一　第102条第1項の規定による登記の申請又は前条第1項の規定による印鑑の証明書の交付の請求　当該署名等をすべき者による第102条第1項に規定する措置

二　前条第1項の規定による登記事項証明書の交付の請求　申請人等の氏名又は名称に係る情報を入力する措置

（法務局長等の命令による登記の方法）

第109条　登記官が法務局又は地方法務局の長の命令によつて登記をするときは、命令をした法務局又は地方法務局の長、命令の年月日及び命令によつて登記をする旨をも記録しなければならない。

（管財人等による登記の添付書面）

第111条　第9条の4第2項の規定は、管財人等の職務を行うべき者として指名された者が登記の申請をする場合について準用する。

（民事再生に関する登記）

第112条　次に掲げる登記は、社員区又は役員区にしなければならない。

一　民事再生法第54条第1項の規定による処分に関する登記

二　民事再生法第64条第1項の規定による処分に関する登記

三　民事再生法第79条第1項前段（同条第3項において準用する場合を含む。）の規定による処分に関する登記

2　登記官は、次の各号に掲げる場合には、それぞれ当該各号に定める登記を抹消す

る記号を記録しなければならない。

一　再生手続開始の登記をしたとき　前項第３号に掲げる登記

二　再生手続開始決定取消し又は再生計画不認可の登記をしたとき　再生手続開始
の登記並びに前項第１号及び第２号に掲げる登記

三　再生手続の終結、再生手続の廃止又は再生計画取消しの登記をしたとき　再生
手続開始の登記、前項第１号及び第２号に掲げる登記並びに再生計画認可の登記

（承認援助手続に関する登記）

第114条　次に掲げる登記は、社員区又は役員区にしなければならない。

一　外国倒産処理手続の承認援助に関する法律第32条第１項の規定による処分に関
する登記

二　外国倒産処理手続の承認援助に関する法律第51条第１項（同条第３項において
準用する場合を含む。）の規定による処分に関する登記

2　登記官は、次の各号に掲げる場合には、それぞれ当該各号に定める登記を抹消す
る記号を記録しなければならない。

一　外国倒産処理手続の承認援助に関する法律第９条第３項の規定による取消し又
は失効の登記をしたとき　前項各号に掲げる登記

二　外国倒産処理手続の承認援助に関する法律第９条第５項の規定による取消し又
は失効の登記をしたとき　同条第４項に規定する中止の命令の登記

（保険管理人に関する登記）

第115条　保険業法第241条第１項の規定による処分に関する登記は、社員区又は役
員区にしなければならない。

2　前項の登記には、保険業法第241条第１項の保険管理人の氏名、商号又は名称及
び住所、本店又は主たる事務所をも記録しなければならない。

（破産に関する登記）

第117条　次に掲げる登記は、社員区又は役員区にしなければならない。

一　破産管財人に関する登記

二　破産法第91条第１項の規定による処分に関する登記

2　登記官は、次の各号に掲げる場合には、それぞれ当該各号に定める登記を抹消す
る記号を記録しなければならない。

一　破産手続開始の登記をしたとき　前項第２号に掲げる登記

二　破産手続開始決定取消しの登記をしたとき　破産手続開始の登記及び前項第
１号に掲げる登記

三　破産法第218条第１項の規定による破産手続の廃止の登記をしたとき　前項
第１号に掲げる登記

3　登記官は、次に掲げる場合には、登記記録を閉鎖しなければならない。

第4章　参考法令

　　一　破産手続の終結の登記をしたとき。

　　二　破産法第216条第1項又は第217条第1項の規定による破産手続の廃止の登記を
　　　したとき。

（過料事件の通知）

第118条　登記官は、過料に処せられるべき者があることを職務上知つたときは、遅
　滞なくその事件を管轄地方裁判所に通知しなければならない。

　　　附　則

　　この省令は、一般社団法人及び一般財団法人に関する法律の施行の日（平成20年12
月1日）から施行する。

　　　附　則　（平成28年4月20日法務省令第32号）　抄

（施行期日）

第1条　この省令は、平成28年10月1日から施行する。

別表第1　（一般社団法人登記簿）

区の名称	記録すべき事項
名称区	会社法人等番号 名称 名称譲渡人の債務に関する免責 主たる事務所の所在場所 公告方法 貸借対照表に係る情報の提供を受けるために必要な事項 法人成立の年月日
目的区	目的
役員区	理事、仮理事及び理事職務代行者 監事、仮監事及び監事職務代行者 代表理事、仮代表理事及び代表理事職務代行者 会計監査人及び仮会計監査人 清算人、仮清算人及び清算人職務代行者 代表清算人、仮代表清算人及び代表清算人職務代行者 職務の執行停止 その他役員等に関する事項（役員責任区に記録すべきものを除く。）
役員責任区	理事、監事又は会計監査人の法人に対する責任の免除に関する規定 理事（業務執行理事又は当該一般社団法人の使用人でないものに限る。）、監事又は会計監査人の法人に対する責任の制限に関する規定
従たる事務所区	従たる事務所の所在場所

法人履歴区	法人の継続
	合併した旨並びに吸収合併消滅法人の名称及び主たる事務所
法人状態区	存続期間の定め
	解散の事由の定め
	理事会を置く法人である旨
	監事を置く法人である旨
	会計監査人を置く法人である旨
	清算人会を置く法人である旨
	解散（登記記録区に記録すべき事項を除く。）
	設立の無効
	設立の取消し
	民事再生に関する事項（他の区に記録すべきものを除く。）
	承認援助手続に関する事項（役員区に記録すべきものを除く。）
	破産に関する事項（役員区及び登記記録区に記録すべきものを除く。）
	業務及び財産の管理の委託に関する事項
登記記録区	登記記録を起こした事由及び年月日
	登記記録を閉鎖した事由及び年月日
	登記記録を復活した事由及び年月日

別表第2　（一般財団法人登記簿）

区の名称	記録すべき事項
名称区	会社法人等番号
	名称
	名称譲渡人の債務に関する免責
	主たる事務所の所在場所
	公告方法
	貸借対照表に係る情報の提供を受けるために必要な事項
	法人成立の年月日
目的区	目的
役員区	理事、仮理事及び理事職務代行者
	監事、仮監事及び監事職務代行者
	評議員、仮評議員及び評議員職務代行者
	代表理事、仮代表理事及び代表理事職務代行者
	会計監査人及び仮会計監査人
	清算人、仮清算人及び清算人職務代行者
	代表清算人、仮代表清算人及び代表清算人職務代行者
	職務の執行停止
	その他役員等に関する事項（役員責任区に記録すべきものを除く。）

役員責任区	理事、監事又は会計監査人の法人に対する責任の免除に関する規定 理事（業務執行理事又は当該一般財団法人の使用人でないものに限る。）、監事又は計監査人の法人に対する責任の制限に関する規定
従たる事務所区	従たる事務所の所在場所
法人履歴区	法人の継続 合併した旨並びに吸収合併消滅法人の名称及び主たる事務所
法人状態区	存続期間の定め 解散の事由の定め 会計監査人を置く法人である旨 清算人会を置く法人である旨 監事を置く清算法人である旨 解散（登記記録区に記録すべき事項を除く。） 設立の無効 設立の取消し 民事再生に関する事項（他の区に記録すべきものを除く。） 承認援助手続に関する事項（役員区に記録すべきものを除く。） 破産に関する事項（役員区及び登記記録区に記録すべきものを除く。） 業務及び財産の管理の委託に関する事項
登記記録区	登記記録を起こした事由及び年月日 登記記録を閉鎖した事由及び年月日 登記記録を復活した事由及び年月日

2. その他法令

◎特定非営利活動促進法
◎公益信託ニ関スル法律

◎特定非営利活動促進法

平成10年3月25日法律第7号
最終改正　平成28年6月7日法律第70号

目　次

第1条（目的）1103
第2条（定義）1103
第3条（原則）1104
第4条（名称の使用制限）1104
第5条（その他の事業）1104
第6条（住所）1104
第7条（登記）1104
第8条（一般社団法人及び一般財団法人に
　　　関する法律の準用）1104
第9条（所轄庁）1105
第10条（設立の認証）1105
第11条（定款）1106
第12条（認証の基準等）1107
第12条の2（意見聴取等）1107
第13条（成立の時期等）1107
第14条（財産目録の作成及び備置き）1108
第14条の2（通常社員総会）1108
第14条の3（臨時社員総会）1108
第14条の4（社員総会の招集）1108
第14条の5（社員総会の権限）1108
第14条の6（社員総会の決議事項）1108
第14条の7（社員の表決権）1109
第14条の8（表決権のない場合）1109
第14条の9（社員総会の決議の省略）1109
第15条（役員の定数）1109
第16条（理事の代表権）1109
第17条（業務の執行）1110
第17条の2（理事の代理行為の委任）1110
第17条の3（仮理事）1110
第17条の4（利益相反行為）1110
第18条（監事の職務）1110
第19条（監事の兼職禁止）1110
第20条（役員の欠格事由）1110
第21条（役員の親族等の排除）1111

第22条（役員の欠員補充）1111
第23条（役員の変更等の届出）1111
第24条（役員の任期）1112
第25条（定款の変更）1112
第26条　1113
第27条（会計の原則）1113
第28条（事業報告書等の備置き等及び閲覧）1113
第28条の2（貸借対照表の公告）1114
第29条（事業報告書等の提出）1115
第30条（事業報告書等の公開）1115
第31条（解散事由）1115
第31条の2（解散の決議）1116
第31条の3（特定非営利活動法人について
　　　　　の破産手続の開始）1116
第31条の4（清算中の特定非営利活動法人
　　　　　の能力）1116
第31条の5（清算人）1116
第31条の6（裁判所による清算人の選任）
　　　　　1116
第31条の7（清算人の解任）1117
第31条の8（清算人の届出）1117
第31条の9（清算人の職務及び権限）1117
第31条の10（債権の申出の催告等）1117
第31条の11（期間経過後の債権の申出）
　　　　　1117
第31条の12（清算中の特定非営利活動法人
　　　　　についての破産手続の開始）
　　　　　1118
第32条（残余財産の帰属）1118
第32条の2（裁判所による監督）1118
第32条の3（清算結了の届出）1118
第32条の4（解散及び清算の監督等に関す
　　　　　る事件の管轄）1118
第32条の5（不服申立ての制限）1119
第32条の6（裁判所の選任する清算人の報
　　　　　酬）1119
第32条の7　削除　1119
第32条の8（検査役の選任）1119
第33条（合併）1119
第34条（合併手続）1119
第35条　1119

第36条　1120

第37条　1120

第38条（合併の効果）　1120

第39条（合併の時期等）　1120

第40条　削除　1120

第41条（報告及び検査）　1121

第42条（改善命令）　1121

第43条（設立の認証の取消し）　1121

第43条の2（意見聴取）　1122

第43条の3（所轄庁への意見）　1122

第44条（認定）　1122

第45条（認定の基準）　1123

第46条（合併特定非営利活動法人に関する
　　　適用）　1126

第47条（欠格事由）　1127

第48条（認定に関する意見聴取）　1128

第49条（認定の通知等）　1128

第50条（名称等の使用制限）　1129

第51条（認定の有効期間及びその更新）
　　　1129

第52条（役員の変更等の届出、定款の変更
　　　の届出等及び事業報告書等の提出
　　　に係る特例並びにこれらの書類の
　　　閲覧）　1129

第53条（代表者の氏名の変更の届出等並び
　　　に事務所の新設及び廃止に関する
　　　通知等）　1130

第54条（認定申請の添付書類及び役員報酬
　　　規程等の備置き等及び閲覧）　1130

第55条（役員報酬規程等の提出）　1131

第56条（役員報酬規程等の公開）　1131

第57条（認定の失効）　1132

第58条（特例認定）　1132

第59条（特例認定の基準）　1133

第60条（特例認定の有効期間）　1133

第61条（特例認定の失効）　1133

第62条（認定特定非営利活動法人に関する
　　　規定の準用）　1133

第63条　1134

第64条（報告及び検査）　1134

第65条（勧告、命令等）　1136

第66条（その他の事業の停止）　1136

第67条（認定又は特例認定の取消し）　1137

第68条（所轄庁への意見等）　1137

第69条（所轄庁への指示）　1138

第70条　1138

第71条　1139

第72条（情報の提供等）　1139

第73条（協力依頼）　1139

第74条（行政手続等における情報通信の技
　　　術の利用に関する法律の適用）
　　　1139

第75条（民間事業者等が行う書面の保存等
　　　における情報通信の技術の利用に
　　　関する法律の適用）　1140

第76条（実施規定）　1140

第77条　1141

第78条　1141

第79条　1141

第80条　1141

第81条　1142

附則　1143

別表（第2条関係）　1143

第1章　総　則

（目的）

第1条　この法律は、特定非営利活動を行う団体に法人格を付与すること並びに運営組織及び事業活動が適正であって公益の増進に資する特定非営利活動法人の認定に係る制度を設けること等により、ボランティア活動をはじめとする市民が行う自由な社会貢献活動としての特定非営利活動の健全な発展を促進し、もって公益の増進に寄与することを目的とする。

（定義）

第2条　この法律において「特定非営利活動」とは、別表に掲げる活動に該当する活動であって、不特定かつ多数のものの利益の増進に寄与することを目的とするものをいう。

2　この法律において「特定非営利活動法人」とは、特定非営利活動を行うことを主たる目的とし、次の各号のいずれにも該当する団体であって、この法律の定めるところにより設立された法人をいう。

　一　次のいずれにも該当する団体であって、営利を目的としないものであること。

　　イ　社員の資格の得喪に関して、不当な条件を付さないこと。

　　ロ　役員のうち報酬を受ける者の数が、役員総数の3分の1以下であること。

　二　その行う活動が次のいずれにも該当する団体であること。

　　イ　宗教の教義を広め、儀式行事を行い、及び信者を教化育成することを主たる目的とするものでないこと。

　　ロ　政治上の主義を推進し、支持し、又はこれに反対することを主たる目的とするものでないこと。

　　ハ　特定の公職（公職選挙法（昭和25年法律第100号）第3条に規定する公職をいう。以下同じ。）の候補者（当該候補者になろうとする者を含む。以下同じ。）若しくは公職にある者又は政党を推薦し、支持し、又はこれらに反対することを目的とするものでないこと。

3　この法律において「認定特定非営利活動法人」とは、第44条第1項の認定を受けた特定非営利活動法人をいう。

4　この法律において「特例認定特定非営利活動法人」とは、第58条第1項の特例認定を受けた特定非営利活動法人をいう。

第4章　参考法令

第2章　特定非営利活動法人

第1節　通　則

（原則）

第3条　特定非営利活動法人は、特定の個人又は法人その他の団体の利益を目的として、その事業を行ってはならない。

2　特定非営利活動法人は、これを特定の政党のために利用してはならない。

（名称の使用制限）

第4条　特定非営利活動法人以外の者は、その名称中に、「特定非営利活動法人」又はこれに紛らわしい文字を用いてはならない。

（その他の事業）

第5条　特定非営利活動法人は、その行う特定非営利活動に係る事業に支障がない限り、当該特定非営利活動に係る事業以外の事業（以下「その他の事業」という。）を行うことができる。この場合において、利益を生じたときは、これを当該特定非営利活動に係る事業のために使用しなければならない。

2　その他の事業に関する会計は、当該特定非営利活動法人の行う特定非営利活動に係る事業に関する会計から区分し、特別の会計として経理しなければならない。

（住所）

第6条　特定非営利活動法人の住所は、その主たる事務所の所在地にあるものとする。

（登記）

第7条　特定非営利活動法人は、政令で定めるところにより、登記しなければならない。

2　前項の規定により登記しなければならない事項は、登記の後でなければ、これをもって第三者に対抗することができない。

（一般社団法人及び一般財団法人に関する法律の準用）

第8条　一般社団法人及び一般財団法人に関する法律（平成18年法律第48号）第78条の規定は、特定非営利活動法人について準用する。

1104

2．その他法令

（所轄庁）

第9条　特定非営利活動法人の所轄庁は、その主たる事務所が所在する都道府県の知
　　事（その事務所が一の指定都市（地方自治法（昭和22年法律第67号）第252条の19
　　第1項の指定都市をいう。以下同じ。）の区域内のみに所在する特定非営利活動法
　　人にあっては、当該指定都市の長）とする。

第2節　設　立

（設立の認証）

第10条　特定非営利活動法人を設立しようとする者は、都道府県又は指定都市の条
　　例で定めるところにより、次に掲げる書類を添付した申請書を所轄庁に提出して、
　　設立の認証を受けなければならない。

　一　定款

　二　役員に係る次に掲げる書類

　　イ　役員名簿（役員の氏名及び住所又は居所並びに各役員についての報酬の有無
　　　を記載した名簿をいう。以下同じ。）

　　ロ　各役員が第20条各号に該当しないこと及び第21条の規定に違反しないことを
　　　誓約し、並びに就任を承諾する書面の謄本

　　ハ　各役員の住所又は居所を証する書面として都道府県又は指定都市の条例で定
　　　めるもの

　三　社員のうち10人以上の者の氏名（法人にあっては、その名称及び代表者の氏名）
　　及び住所又は居所を記載した書面

　四　第2条第2項第2号及び第12条第1項第3号に該当することを確認したことを
　　示す書面

　五　設立趣旨書

　六　設立についての意思の決定を証する議事録の謄本

　七　設立当初の事業年度及び翌事業年度の事業計画書

　八　設立当初の事業年度及び翌事業年度の活動予算書（その行う活動に係る事業の
　　収益及び費用の見込みを記載した書類をいう。以下同じ。）

　2　所轄庁は、前項の認証の申請があった場合には、遅滞なく、その旨及び次に掲げ
　　る事項を公告し、又はインターネットの利用により公表するとともに、同項第1号、
　　第2号イ、第5号、第7号及び第8号に掲げる書類を、申請書を受理した日から1
　　月間、その指定した場所において公衆の縦覧に供しなければならない。

1105

一　申請のあった年月日

二　申請に係る特定非営利活動法人の名称、代表者の氏名及び主たる事務所の所在地並びにその定款に記載された目的

3　第1項の規定により提出された申請書又は当該申請書に添付された同項各号に掲げる書類に不備があるときは、当該申請をした者は、当該不備が都道府県又は指定都市の条例で定める軽微なものである場合に限り、これを補正することができる。ただし、所轄庁が当該申請書を受理した日から2週間を経過したときは、この限りでない。

（定款）

第11条　特定非営利活動法人の定款には、次に掲げる事項を記載しなければならない。

一　目的

二　名称

三　その行う特定非営利活動の種類及び当該特定非営利活動に係る事業の種類

四　主たる事務所及びその他の事務所の所在地

五　社員の資格の得喪に関する事項

六　役員に関する事項

七　会議に関する事項

八　資産に関する事項

九　会計に関する事項

十　事業年度

十一　その他の事業を行う場合には、その種類その他当該その他の事業に関する事項

十二　解散に関する事項

十三　定款の変更に関する事項

十四　公告の方法

2　設立当初の役員は、定款で定めなければならない。

3　第1項第12号に掲げる事項中に残余財産の帰属すべき者に関する規定を設ける場合には、その者は、特定非営利活動法人その他次に掲げる者のうちから選定されるようにしなければならない。

一　国又は地方公共団体

二　公益社団法人又は公益財団法人

三　私立学校法（昭和24年法律第270号）第3条に規定する学校法人

四　社会福祉法（昭和26年法律第45号）第22条に規定する社会福祉法人

　五　更生保護事業法（平成7年法律第86号）第2条第6項に規定する更生保護法人

（認証の基準等）

第12条　所轄庁は、第10条第1項の認証の申請が次の各号に適合すると認めるときは、その設立を認証しなければならない。

　一　設立の手続並びに申請書及び定款の内容が法令の規定に適合していること。

　二　当該申請に係る特定非営利活動法人が第2条第2項に規定する団体に該当するものであること。

　三　当該申請に係る特定非営利活動法人が次に掲げる団体に該当しないものであること。

　　イ　暴力団（暴力団員による不当な行為の防止等に関する法律（平成3年法律第77号）第2条第2号に規定する暴力団をいう。以下この号及び第47条第6号において同じ。）

　　ロ　暴力団又はその構成員（暴力団の構成団体の構成員を含む。以下この号において同じ。）若しくは暴力団の構成員でなくなった日から5年を経過しない者（以下「暴力団の構成員等」という。）の統制の下にある団体

　四　当該申請に係る特定非営利活動法人が10人以上の社員を有するものであること。

2　前項の規定による認証又は不認証の決定は、正当な理由がない限り、第10条第2項の期間を経過した日から2月（都道府県又は指定都市の条例でこれより短い期間を定めたときは、当該期間）以内に行わなければならない。

3　所轄庁は、第1項の規定により認証の決定をしたときはその旨を、同項の規定により不認証の決定をしたときはその旨及びその理由を、当該申請をした者に対し、速やかに、書面により通知しなければならない。

（意見聴取等）

第12条の2　第43条の2及び第43条の3の規定は、第10条第1項の認証の申請があった場合について準用する。

（成立の時期等）

第13条　特定非営利活動法人は、その主たる事務所の所在地において設立の登記をすることによって成立する。

2　特定非営利活動法人は、前項の登記をしたときは、遅滞なく、当該登記をしたこ

第4章　参考法令

とを証する登記事項証明書及び次条の財産目録を添えて、その旨を所轄庁に届け出なければならない。

3　設立の認証を受けた者が設立の認証があった日から6月を経過しても第1項の登記をしないときは、所轄庁は、設立の認証を取り消すことができる。

（財産目録の作成及び備置き）
第14条　特定非営利活動法人は、成立の時に財産目録を作成し、常にこれをその事務所に備え置かなければならない。

　　　第3節　管　理

（通常社員総会）
第14条の2　理事は、少なくとも毎年1回、通常社員総会を開かなければならない。

（臨時社員総会）
第14条の3　理事は、必要があると認めるときは、いつでも臨時社員総会を招集することができる。

2　総社員の5分の1以上から社員総会の目的である事項を示して請求があったときは、理事は、臨時社員総会を招集しなければならない。ただし、総社員の5分の1の割合については、定款でこれと異なる割合を定めることができる。

（社員総会の招集）
第14条の4　社員総会の招集の通知は、その社員総会の日より少なくとも5日前に、その社員総会の目的である事項を示し、定款で定めた方法に従ってしなければならない。

（社員総会の権限）
第14条の5　特定非営利活動法人の業務は、定款で理事その他の役員に委任したものを除き、すべて社員総会の決議によって行う。

（社員総会の決議事項）
第14条の6　社員総会においては、第14条の4の規定によりあらかじめ通知をした事項についてのみ、決議をすることができる。ただし、定款に別段の定めがあるときは、この限りでない。

2．その他法令

（社員の表決権）

第14条の7　各社員の表決権は、平等とする。

2　社員総会に出席しない社員は、書面で、又は代理人によって表決をすることがで
きる。

3　社員は、定款で定めるところにより、前項の規定に基づく書面による表決に代え
て、電磁的方法（電子情報処理組織を使用する方法その他の情報通信の技術を利用
する方法であって内閣府令で定めるものをいう。第28条の2第1項第3号において
同じ。）により表決をすることができる。

4　前3項の規定は、定款に別段の定めがある場合には、適用しない。

（表決権のない場合）

第14条の8　特定非営利活動法人と特定の社員との関係について議決をする場合に
は、その社員は、表決権を有しない。

（社員総会の決議の省略）

第14条の9　理事又は社員が社員総会の目的である事項について提案をした場合に
おいて、当該提案につき社員の全員が書面又は電磁的記録（電子的方式、磁気的方
式その他人の知覚によっては認識することができない方式で作られる記録であっ
て、電子計算機による情報処理の用に供されるものとして内閣府令で定めるものを
いう。）により同意の意思表示をしたときは、当該提案を可決する旨の社員総会の
決議があったものとみなす。

2　前項の規定により社員総会の目的である事項の全てについての提案を可決する旨
の社員総会の決議があったものとみなされた場合には、その時に当該社員総会が終
結したものとみなす。

（役員の定数）

第15条　特定非営利活動法人には、役員として、理事3人以上及び監事1人以上を
置かなければならない。

（理事の代表権）

第16条　理事は、すべて特定非営利活動法人の業務について、特定非営利活動法人
を代表する。ただし、定款をもって、その代表権を制限することができる。

第4章　参考法令

（業務の執行）
第17条　特定非営利活動法人の業務は、定款に特別の定めのないときは、理事の過半数をもって決する。

（理事の代理行為の委任）
第17条の2　理事は、定款又は社員総会の決議によって禁止されていないときに限り、特定の行為の代理を他人に委任することができる。

（仮理事）
第17条の3　理事が欠けた場合において、業務が遅滞することにより損害を生ずるおそれがあるときは、所轄庁は、利害関係人の請求により又は職権で、仮理事を選任しなければならない。

（利益相反行為）
第17条の4　特定非営利活動法人と理事との利益が相反する事項については、理事は、代表権を有しない。この場合においては、所轄庁は、利害関係人の請求により又は職権で、特別代理人を選任しなければならない。

（監事の職務）
第18条　監事は、次に掲げる職務を行う。
一　理事の業務執行の状況を監査すること。
二　特定非営利活動法人の財産の状況を監査すること。
三　前2号の規定による監査の結果、特定非営利活動法人の業務又は財産に関し不正の行為又は法令若しくは定款に違反する重大な事実があることを発見した場合には、これを社員総会又は所轄庁に報告すること。
四　前号の報告をするために必要がある場合には、社員総会を招集すること。
五　理事の業務執行の状況又は特定非営利活動法人の財産の状況について、理事に意見を述べること。

（監事の兼職禁止）
第19条　監事は、理事又は特定非営利活動法人の職員を兼ねてはならない。

（役員の欠格事由）
第20条　次の各号のいずれかに該当する者は、特定非営利活動法人の役員になるこ

1110

とができない。

一　成年被後見人又は被保佐人

二　破産者で復権を得ないもの

三　禁錮以上の刑に処せられ、その執行を終わった日又はその執行を受けることが
　　なくなった日から２年を経過しない者

四　この法律若しくは暴力団員による不当な行為の防止等に関する法律の規定（同
　　法第32条の３第７項及び第32条の11第１項の規定を除く。第47条第１号ハにおい
　　て同じ。）に違反したことにより、又は刑法（明治40年法律第45号）第204条、第
　　206条、第208条、第208条の２、第222条若しくは第247条の罪若しくは暴力行為
　　等処罰に関する法律（大正15年法律第60号）の罪を犯したことにより、罰金の刑
　　に処せられ、その執行を終わった日又はその執行を受けることがなくなった日か
　　ら２年を経過しない者

五　暴力団の構成員等

六　第43条の規定により設立の認証を取り消された特定非営利活動法人の解散当時
　　の役員で、設立の認証を取り消された日から２年を経過しない者

（役員の親族等の排除）

第21条　役員のうちには、それぞれの役員について、その配偶者若しくは三親等以
　　内の親族が１人を超えて含まれ、又は当該役員並びにその配偶者及び三親等以内の
　　親族が役員の総数の３分の１を超えて含まれることになってはならない。

（役員の欠員補充）

第22条　理事又は監事のうち、その定数の３分の１を超える者が欠けたときは、遅
　　滞なくこれを補充しなければならない。

（役員の変更等の届出）

第23条　特定非営利活動法人は、その役員の氏名又は住所若しくは居所に変更があっ
　　たときは、遅滞なく、変更後の役員名簿を添えて、その旨を所轄庁に届け出なけれ
　　ばならない。

２　特定非営利活動法人は、役員が新たに就任した場合（任期満了と同時に再任され
　　た場合を除く。）において前項の届出をするときは、当該役員に係る第10条第１項
　　第２号ロ及びハに掲げる書類を所轄庁に提出しなければならない。

（役員の任期）

第24条 役員の任期は、2年以内において定款で定める期間とする。ただし、再任を妨げない。

2　前項の規定にかかわらず、定款で役員を社員総会で選任することとしている特定非営利活動法人にあっては、定款により、後任の役員が選任されていない場合に限り、同項の規定により定款で定められた任期の末日後最初の社員総会が終結するまでその任期を伸長することができる。

（定款の変更）

第25条 定款の変更は、定款で定めるところにより、社員総会の議決を経なければならない。

2　前項の議決は、社員総数の2分の1以上が出席し、その出席者の4分の3以上の多数をもってしなければならない。ただし、定款に特別の定めがあるときは、この限りでない。

3　定款の変更（第11条第1項第1号から第3号まで、第4号（所轄庁の変更を伴うものに限る。）、第5号、第6号（役員の定数に係るものを除く。）、第7号、第11号、第12号（残余財産の帰属すべき者に係るものに限る。）又は第13号に掲げる事項に係る変更を含むものに限る。）は、所轄庁の認証を受けなければ、その効力を生じない。

4　特定非営利活動法人は、前項の認証を受けようとするときは、都道府県又は指定都市の条例で定めるところにより、当該定款の変更を議決した社員総会の議事録の謄本及び変更後の定款を添付した申請書を、所轄庁に提出しなければならない。この場合において、当該定款の変更が第11条第1項第3号又は第11号に掲げる事項に係る変更を含むものであるときは、当該定款の変更の日の属する事業年度及び翌事業年度の事業計画書及び活動予算書を併せて添付しなければならない。

5　第10条第2項及び第3項並びに第12条の規定は、第3項の認証について準用する。

6　特定非営利活動法人は、定款の変更（第3項の規定により所轄庁の認証を受けなければならない事項に係るものを除く。）をしたときは、都道府県又は指定都市の条例で定めるところにより、遅滞なく、当該定款の変更を議決した社員総会の議事録の謄本及び変更後の定款を添えて、その旨を所轄庁に届け出なければならない。

7　特定非営利活動法人は、定款の変更に係る登記をしたときは、遅滞なく、当該登記をしたことを証する登記事項証明書を所轄庁に提出しなければならない。

第26条　所轄庁の変更を伴う定款の変更に係る前条第４項の申請書は、変更前の所轄庁を経由して変更後の所轄庁に提出するものとする。

2　前項の場合においては、前条第４項の添付書類のほか、第10条第１項第２号イ及び第４号に掲げる書類並びに直近の第28条第１項に規定する事業報告書等（設立後当該書類が作成されるまでの間は第10条第１項第７号の事業計画書、同項第８号の活動予算書及び第14条の財産目録、合併後当該書類が作成されるまでの間は第34条第５項において準用する第10条第１項第７号の事業計画書、第34条第５項において準用する第10条第１項第８号の活動予算書及び第35条第１項の財産目録）を申請書に添付しなければならない。

3　第１項の場合において、当該定款の変更を認証したときは、所轄庁は、内閣府令で定めるところにより、遅滞なく、変更前の所轄庁から事務の引継ぎを受けなければならない。

（会計の原則）

第27条　特定非営利活動法人の会計は、この法律に定めるもののほか、次に掲げる原則に従って、行わなければならない。

一　削除

二　会計簿は、正規の簿記の原則に従って正しく記帳すること。

三　計算書類（活動計算書及び貸借対照表をいう。次条第１項において同じ。）及び財産目録は、会計簿に基づいて活動に係る事業の実績及び財政状態に関する真実な内容を明瞭に表示したものとすること。

四　採用する会計処理の基準及び手続については、毎事業年度継続して適用し、みだりにこれを変更しないこと。

（事業報告書等の備置き等及び閲覧）

第28条　特定非営利活動法人は、毎事業年度初めの３月以内に、都道府県又は指定都市の条例で定めるところにより、前事業年度の事業報告書、計算書類及び財産目録並びに年間役員名簿（前事業年度において役員であったことがある者全員の氏名及び住所又は居所並びにこれらの者についての前事業年度における報酬の有無を記載した名簿をいう。）並びに前事業年度の末日における社員のうち10人以上の者の氏名（法人にあっては、その名称及び代表者の氏名）及び住所又は居所を記載した書面（以下「事業報告書等」という。）を作成し、これらを、その作成の日から起算して５年が経過した日を含む事業年度の末日までの間、その事務所に備え置かなければならない。

第4章　参考法令

2　特定非営利活動法人は、都道府県又は指定都市の条例で定めるところにより、役員名簿及び定款等（定款並びにその認証及び登記に関する書類の写しをいう。以下同じ。）を、その事務所に備え置かなければならない。

3　特定非営利活動法人は、その社員その他の利害関係人から次に掲げる書類の閲覧の請求があった場合には、正当な理由がある場合を除いて、これを閲覧させなければならない。

一　事業報告書等（設立後当該書類が作成されるまでの間は第10条第1項第7号の事業計画書、同項第8号の活動予算書及び第14条の財産目録、合併後当該書類が作成されるまでの間は第34条第5項において準用する第10条第1項第7号の事業計画書、第34条第5項において準用する第10条第1項第8号の活動予算書及び第35条第1項の財産目録。第30条及び第45条第1項第5号イにおいて同じ。）

二　役員名簿

三　定款等

（貸借対照表の公告）

第28条の2　特定非営利活動法人は、内閣府令で定めるところにより、前条第1項の規定による前事業年度の貸借対照表の作成後遅滞なく、次に掲げる方法のうち定款で定める方法によりこれを公告しなければならない。

一　官報に掲載する方法

二　時事に関する事項を掲載する日刊新聞紙に掲載する方法

三　電子公告（電磁的方法により不特定多数の者が公告すべき内容である情報の提供を受けることができる状態に置く措置であって内閣府令で定めるものをとる公告の方法をいう。以下この条において同じ。）

四　前3号に掲げるもののほか、不特定多数の者が公告すべき内容である情報を認識することができる状態に置く措置として内閣府令で定める方法

2　前項の規定にかかわらず、同項に規定する貸借対照表の公告の方法として同項第1号又は第2号に掲げる方法を定款で定める特定非営利活動法人は、当該貸借対照表の要旨を公告することで足りる。

3　特定非営利活動法人が第1項第3号に掲げる方法を同項に規定する貸借対照表の公告の方法とする旨を定款で定める場合には、事故その他やむを得ない事由によって電子公告による公告をすることができない場合の当該公告の方法として、同項第1号又は第2号に掲げる方法のいずれかを定めることができる。

4　特定非営利活動法人が第1項の規定により電子公告による公告をする場合には、前条第1項の規定による前事業年度の貸借対照表の作成の日から起算して5年が経

過した日を含む事業年度の末日までの間、継続して当該公告をしなければならない。

5　前項の規定にかかわらず、同項の規定により電子公告による公告をしなければならない期間（第2号において「公告期間」という。）中公告の中断（不特定多数の者が提供を受けることができる状態に置かれた情報がその状態に置かれないこととなったこと又はその情報がその状態に置かれた後改変されたことをいう。以下この項において同じ。）が生じた場合において、次のいずれにも該当するときは、その公告の中断は、当該電子公告による公告の効力に影響を及ぼさない。

一　公告の中断が生ずることにつき特定非営利活動法人が善意でかつ重大な過失がないこと又は特定非営利活動法人に正当な事由があること。

二　公告の中断が生じた時間の合計が公告期間の10分の1を超えないこと。

三　特定非営利活動法人が公告の中断が生じたことを知った後速やかにその旨、公告の中断が生じた時間及び公告の中断の内容を当該電子公告による公告に付して公告したこと。

（事業報告書等の提出）

第29条　特定非営利活動法人は、都道府県又は指定都市の条例で定めるところにより、毎事業年度1回、事業報告書等を所轄庁に提出しなければならない。

（事業報告書等の公開）

第30条　所轄庁は、特定非営利活動法人から提出を受けた事業報告書等（過去5年間に提出を受けたものに限る。）、役員名簿又は定款等について閲覧又は謄写の請求があったときは、都道府県又は指定都市の条例で定めるところにより、これを閲覧させ、又は謄写させなければならない。

第4節　解散及び合併

（解散事由）

第31条　特定非営利活動法人は、次に掲げる事由によって解散する。

一　社員総会の決議

二　定款で定めた解散事由の発生

三　目的とする特定非営利活動に係る事業の成功の不能

四　社員の欠亡

第4章　参考法令

　　五　合併

　　六　破産手続開始の決定

　　七　第43条の規定による設立の認証の取消し

2　前項第3号に掲げる事由による解散は、所轄庁の認定がなければ、その効力を生じない。

3　特定非営利活動法人は、前項の認定を受けようとするときは、第1項第3号に掲げる事由を証する書面を、所轄庁に提出しなければならない。

4　清算人は、第1項第1号、第2号、第4号又は第6号に掲げる事由によって解散した場合には、遅滞なくその旨を所轄庁に届け出なければならない。

（解散の決議）

第31条の2　特定非営利活動法人は、総社員の4分の3以上の賛成がなければ、解散の決議をすることができない。ただし、定款に別段の定めがあるときは、この限りでない。

（特定非営利活動法人についての破産手続の開始）

第31条の3　特定非営利活動法人がその債務につきその財産をもって完済することができなくなった場合には、裁判所は、理事若しくは債権者の申立てにより又は職権で、破産手続開始の決定をする。

2　前項に規定する場合には、理事は、直ちに破産手続開始の申立てをしなければならない。

（清算中の特定非営利活動法人の能力）

第31条の4　解散した特定非営利活動法人は、清算の目的の範囲内において、その清算の結了に至るまではなお存続するものとみなす。

（清算人）

第31条の5　特定非営利活動法人が解散したときは、破産手続開始の決定による解散の場合を除き、理事がその清算人となる。ただし、定款に別段の定めがあるとき、又は社員総会において理事以外の者を選任したときは、この限りでない。

（裁判所による清算人の選任）

第31条の6　前条の規定により清算人となる者がないとき、又は清算人が欠けたため損害を生ずるおそれがあるときは、裁判所は、利害関係人若しくは検察官の請求

により又は職権で、清算人を選任することができる。

（清算人の解任）
第31条の7　重要な事由があるときは、裁判所は、利害関係人若しくは検察官の請求により又は職権で、清算人を解任することができる。

（清算人の届出）
第31条の8　清算中に就任した清算人は、その氏名及び住所を所轄庁に届け出なければならない。

（清算人の職務及び権限）
第31条の9　清算人の職務は、次のとおりとする。
一　現務の結了
二　債権の取立て及び債務の弁済
三　残余財産の引渡し
2　清算人は、前項各号に掲げる職務を行うために必要な一切の行為をすることができる。

（債権の申出の催告等）
第31条の10　清算人は、特定非営利活動法人が第31条第1項各号に掲げる事由によって解散した後、遅滞なく、公告をもって、債権者に対し、一定の期間内にその債権の申出をすべき旨の催告をしなければならない。この場合において、その期間は、2月を下ることができない。
2　前項の公告には、債権者がその期間内に申出をしないときは清算から除斥されるべき旨を付記しなければならない。ただし、清算人は、判明している債権者を除斥することができない。
3　清算人は、判明している債権者には、各別にその申出の催告をしなければならない。
4　第1項の公告は、官報に掲載してする。

（期間経過後の債権の申出）
第31条の11　前条第1項の期間の経過後に申出をした債権者は、特定非営利活動法人の債務が完済された後まだ権利の帰属すべき者に引き渡されていない財産に対してのみ、請求をすることができる。

第4章 参考法令

（清算中の特定非営利活動法人についての破産手続の開始）

第31条の12 清算中に特定非営利活動法人の財産がその債務を完済するのに足りないことが明らかになったときは、清算人は、直ちに破産手続開始の申立てをし、その旨を公告しなければならない。

2 清算人は、清算中の特定非営利活動法人が破産手続開始の決定を受けた場合において、破産管財人にその事務を引き継いだときは、その任務を終了したものとする。

3 前項に規定する場合において、清算中の特定非営利活動法人が既に債権者に支払い、又は権利の帰属すべき者に引き渡したものがあるときは、破産管財人は、これを取り戻すことができる。

4 第1項の規定による公告は、官報に掲載してする。

（残余財産の帰属）

第32条 解散した特定非営利活動法人の残余財産は、合併及び破産手続開始の決定による解散の場合を除き、所轄庁に対する清算結了の届出の時において、定款で定めるところにより、その帰属すべき者に帰属する。

2 定款に残余財産の帰属すべき者に関する規定がないときは、清算人は、所轄庁の認証を得て、その財産を国又は地方公共団体に譲渡することができる。

3 前2項の規定により処分されない財産は、国庫に帰属する。

（裁判所による監督）

第32条の2 特定非営利活動法人の解散及び清算は、裁判所の監督に属する。

2 裁判所は、職権で、いつでも前項の監督に必要な検査をすることができる。

3 特定非営利活動法人の解散及び清算を監督する裁判所は、所轄庁に対し、意見を求め、又は調査を嘱託することができる。

4 所轄庁は、前項に規定する裁判所に対し、意見を述べることができる。

（清算結了の届出）

第32条の3 清算が結了したときは、清算人は、その旨を所轄庁に届け出なければならない。

（解散及び清算の監督等に関する事件の管轄）

第32条の4 特定非営利活動法人の解散及び清算の監督並びに清算人に関する事件は、その主たる事務所の所在地を管轄する地方裁判所の管轄に属する。

2．その他法令

（不服申立ての制限）
第32条の5　清算人の選任の裁判に対しては、不服を申し立てることができない。

（裁判所の選任する清算人の報酬）
第32条の6　裁判所は、第31条の6の規定により清算人を選任した場合には、特定
非営利活動法人が当該清算人に対して支払う報酬の額を定めることができる。この
場合においては、裁判所は、当該清算人及び監事の陳述を聴かなければならない。

第32条の7　削除

（検査役の選任）
第32条の8　裁判所は、特定非営利活動法人の解散及び清算の監督に必要な調査を
させるため、検査役を選任することができる。
2　第32条の5及び第32条の6の規定は、前項の規定により裁判所が検査役を選任し
た場合について準用する。この場合において、同条中「清算人及び監事」とあるの
は、「特定非営利活動法人及び検査役」と読み替えるものとする。

（合併）
第33条　特定非営利活動法人は、他の特定非営利活動法人と合併することができる。

（合併手続）
第34条　特定非営利活動法人が合併するには、社員総会の議決を経なければならな
い。
2　前項の議決は、社員総数の4分の3以上の多数をもってしなければならない。た
だし、定款に特別の定めがあるときは、この限りでない。
3　合併は、所轄庁の認証を受けなければ、その効力を生じない。
4　特定非営利活動法人は、前項の認証を受けようとするときは、第1項の議決をし
た社員総会の議事録の謄本を添付した申請書を、所轄庁に提出しなければならな
い。
5　第10条及び第12条の規定は、第3項の認証について準用する。

第35条　特定非営利活動法人は、前条第3項の認証があったときは、その認証の通
知のあった日から2週間以内に、貸借対照表及び財産目録を作成し、次項の規定に
より債権者が異議を述べることができる期間が満了するまでの間、これをその事務

1119

第4章 参考法令

所に備え置かなければならない。

2 特定非営利活動法人は、前条第3項の認証があったときは、その認証の通知の
あった日から2週間以内に、その債権者に対し、合併に異議があれば一定の期間内
に述べるべきことを公告し、かつ、判明している債権者に対しては、各別にこれを
催告しなければならない。この場合において、その期間は、2月を下回ってはなら
ない。

第36条 債権者が前条第2項の期間内に異議を述べなかったときは、合併を承認し
たものとみなす。

2 債権者が異議を述べたときは、特定非営利活動法人は、これに弁済し、若しくは
相当の担保を供し、又はその債権者に弁済を受けさせることを目的として信託会社
若しくは信託業務を営む金融機関に相当の財産を信託しなければならない。ただ
し、合併をしてもその債権者を害するおそれがないときは、この限りでない。

第37条 合併により特定非営利活動法人を設立する場合においては、定款の作成そ
の他特定非営利活動法人の設立に関する事務は、それぞれの特定非営利活動法人に
おいて選任した者が共同して行わなければならない。

（合併の効果）
第38条 合併後存続する特定非営利活動法人又は合併によって設立した特定非営利
活動法人は、合併によって消滅した特定非営利活動法人の一切の権利義務（当該特
定非営利活動法人がその行う事業に関し行政庁の認可その他の処分に基づいて有す
る権利義務を含む。）を承継する。

（合併の時期等）
第39条 特定非営利活動法人の合併は、合併後存続する特定非営利活動法人又は合
併によって設立する特定非営利活動法人の主たる事務所の所在地において登記をす
ることによって、その効力を生ずる。

2 第13条第2項及び第14条の規定は前項の登記をした場合について、第13条第3項
の規定は前項の登記をしない場合について、それぞれ準用する。

第40条 削除

2．その他法令

第5節　監　督

（報告及び検査）

第41条　所轄庁は、特定非営利活動法人（認定特定非営利活動法人及び特例認定特定非営利活動法人を除く。以下この項及び次項において同じ。）が法令、法令に基づいてする行政庁の処分又は定款に違反する疑いがあると認められる相当な理由があるときは、当該特定非営利活動法人に対し、その業務若しくは財産の状況に関し報告をさせ、又はその職員に、当該特定非営利活動法人の事務所その他の施設に立ち入り、その業務若しくは財産の状況若しくは帳簿、書類その他の物件を検査させることができる。

2　所轄庁は、前項の規定による検査をさせる場合においては、当該検査をする職員に、同項の相当の理由を記載した書面を、あらかじめ、当該特定非営利活動法人の役員その他の当該検査の対象となっている事務所その他の施設の管理について権限を有する者（以下この項において「特定非営利活動法人の役員等」という。）に提示させなければならない。この場合において、当該特定非営利活動法人の役員等が当該書面の交付を要求したときは、これを交付させなければならない。

3　第1項の規定による検査をする職員は、その身分を示す証明書を携帯し、関係人にこれを提示しなければならない。

4　第1項の規定による検査の権限は、犯罪捜査のために認められたものと解してはならない。

（改善命令）

第42条　所轄庁は、特定非営利活動法人が第12条第1項第2号、第3号又は第4号に規定する要件を欠くに至ったと認めるときその他法令、法令に基づいてする行政庁の処分若しくは定款に違反し、又はその運営が著しく適正を欠くと認めるときは、当該特定非営利活動法人に対し、期限を定めて、その改善のために必要な措置を採るべきことを命ずることができる。

（設立の認証の取消し）

第43条　所轄庁は、特定非営利活動法人が、前条の規定による命令に違反した場合であって他の方法により監督の目的を達することができないとき又は3年以上にわたって第29条の規定による事業報告書等の提出を行わないときは、当該特定非営利活動法人の設立の認証を取り消すことができる。

1121

第4章　参考法令

2　所轄庁は、特定非営利活動法人が法令に違反した場合において、前条の規定による命令によってはその改善を期待することができないことが明らかであり、かつ、他の方法により監督の目的を達することができないときは、同条の規定による命令を経ないでも、当該特定非営利活動法人の設立の認証を取り消すことができる。

3　前2項の規定による設立の認証の取消しに係る聴聞の期日における審理は、当該特定非営利活動法人から請求があったときは、公開により行うよう努めなければならない。

4　所轄庁は、前項の規定による請求があった場合において、聴聞の期日における審理を公開により行わないときは、当該特定非営利活動法人に対し、当該公開により行わない理由を記載した書面を交付しなければならない。

（意見聴取）

第43条の2　所轄庁は、特定非営利活動法人について第12条第1項第3号に規定する要件を欠いている疑い又はその役員について第20条第5号に該当する疑いがあると認めるときは、その理由を付して、警視総監又は道府県警察本部長の意見を聴くことができる。

（所轄庁への意見）

第43条の3　警視総監又は道府県警察本部長は、特定非営利活動法人について第12条第1項第3号に規定する要件を欠いていると疑うに足りる相当な理由又はその役員について第20条第5号に該当すると疑うに足りる相当な理由があるため、所轄庁が当該特定非営利活動法人に対して適当な措置を採ることが必要であると認めるときは、所轄庁に対し、その旨の意見を述べることができる。

第3章　認定特定非営利活動法人及び特例認定特定非営利活動法人

第1節　認定特定非営利活動法人

（認定）

第44条　特定非営利活動法人のうち、その運営組織及び事業活動が適正であって公益の増進に資するものは、所轄庁の認定を受けることができる。

2　前項の認定を受けようとする特定非営利活動法人は、都道府県又は指定都市の条例で定めるところにより、次に掲げる書類を添付した申請書を所轄庁に提出しなければならない。ただし、次条第1項第1号ハに掲げる基準に適合する特定非営利活

1122

動法人が申請をする場合には、第1号に掲げる書類を添付することを要しない。

一　実績判定期間内の日を含む各事業年度（その期間が1年を超える場合は、当該期間をその初日以後1年ごとに区分した期間（最後に1年未満の期間を生じたときは、その1年未満の期間）。以下同じ。）の寄附者名簿（各事業年度に当該申請に係る特定非営利活動法人が受け入れた寄附金の支払者ごとに当該支払者の氏名（法人にあっては、その名称）及び住所並びにその寄附金の額及び受け入れた年月日を記載した書類をいう。以下同じ。）

二　次条第1項各号に掲げる基準に適合する旨を説明する書類（前号に掲げる書類を除く。）及び第47条各号のいずれにも該当しない旨を説明する書類

三　寄附金を充当する予定の具体的な事業の内容を記載した書類

3　前項第1号の「実績判定期間」とは、第1項の認定を受けようとする特定非営利活動法人の直前に終了した事業年度の末日以前5年（同項の認定を受けたことのない特定非営利活動法人が同項の認定を受けようとする場合にあっては、2年）内に終了した各事業年度のうち最も早い事業年度の初日から当該末日までの期間をいう。

（認定の基準）

第45条　所轄庁は、前条第1項の認定の申請をした特定非営利活動法人が次の各号に掲げる基準に適合すると認めるときは、同項の認定をするものとする。

一　広く市民からの支援を受けているかどうかを判断するための基準として次に掲げる基準のいずれかに適合すること。

　　イ　実績判定期間（前条第3項に規定する実績判定期間をいう。以下同じ。）における経常収入金額（（1）に掲げる金額をいう。）のうちに寄附金等収入金額（（2）に掲げる金額（内閣府令で定める要件を満たす特定非営利活動法人にあっては、（2）及び（3）に掲げる金額の合計額）をいう。）の占める割合が政令で定める割合以上であること。

　　（1）　総収入金額から国等（国、地方公共団体、法人税法（昭和40年法律第34号）別表第1に掲げる独立行政法人、地方独立行政法人、国立大学法人、大学共同利用機関法人及び我が国が加盟している国際機関をいう。以下この（1）において同じ。）からの補助金その他国等が反対給付を受けないで交付するもの（次項において「国の補助金等」という。）、臨時的な収入その他の内閣府令で定めるものの額を控除した金額

　　（2）　受け入れた寄附金の額の総額（第4号ニにおいて「受入寄附金総額」という。）から一者当たり基準限度超過額（同一の者からの寄附金の額のうち

1123

内閣府令で定める金額を超える部分の金額をいう。）その他の内閣府令で定める寄附金の額の合計額を控除した金額

（3）　社員から受け入れた会費の額の合計額から当該合計額に次号に規定する内閣府令で定める割合を乗じて計算した金額を控除した金額のうち（2）に掲げる金額に達するまでの金額

ロ　実績判定期間内の日を含む各事業年度における判定基準寄附者（当該事業年度における同一の者からの寄附金（寄附者の氏名（法人にあっては、その名称）その他の内閣府令で定める事項が明らかな寄附金に限る。以下このロにおいて同じ。）の額の総額（当該同一の者が個人である場合には、当該事業年度におけるその者と生計を一にする者からの寄附金の額を加算した金額）が政令で定める額以上である場合の当該同一の者をいい、当該申請に係る特定非営利活動法人の役員である者及び当該役員と生計を一にする者を除く。以下同じ。）の数（当該事業年度において個人である判定基準寄附者と生計を一にする他の判定基準寄附者がいる場合には、当該判定基準寄附者と当該他の判定基準寄附者を1人とみなした数）の合計数に12を乗じてこれを当該実績判定期間の月数で除して得た数が政令で定める数以上であること。

ハ　前条第2項の申請書を提出した日の前日において、地方税法（昭和25年法律第226号）第37条の2第1項第4号（同法第1条第2項の規定により都について準用する場合を含む。）に掲げる寄附金又は同法第314条の7第1項第4号（同法第1条第2項の規定により特別区について準用する場合を含む。）に掲げる寄附金を受け入れる特定非営利活動法人としてこれらの寄附金を定める条例で定められているもの（その条例を制定した道府県（都を含む。）又は市町村（特別区を含む。）の区域内に事務所を有するものに限る。）であること。

二　実績判定期間における事業活動のうちに次に掲げる活動の占める割合として内閣府令で定める割合が100分の50未満であること。

イ　会員又はこれに類するものとして内閣府令で定める者（当該申請に係る特定非営利活動法人の運営又は業務の執行に関係しない者で内閣府令で定めるものを除く。以下この号において「会員等」という。）に対する資産の譲渡若しくは貸付け又は役務の提供（以下「資産の譲渡等」という。）、会員等相互の交流、連絡又は意見交換その他その対象が会員等である活動（資産の譲渡等のうち対価を得ないで行われるものその他内閣府令で定めるものを除く。）

ロ　その便益の及ぶ者が次に掲げる者その他特定の範囲の者（前号ハに掲げる基準に適合する場合にあっては、（4）に掲げる者を除く。）である活動（会員等を対象とする活動で内閣府令で定めるもの及び会員等に対する資産の譲渡等を

除く。）
　（1）　会員等
　（2）　特定の団体の構成員
　（3）　特定の職域に属する者
　（4）　特定の地域として内閣府令で定める地域に居住し又は事務所その他これ
　　　に準ずるものを有する者
　ハ　特定の著作物又は特定の者に関する普及啓発、広告宣伝、調査研究、情報提
　　供その他の活動
　ニ　特定の者に対し、その者の意に反した作為又は不作為を求める活動
三　その運営組織及び経理に関し、次に掲げる基準に適合していること。
　イ　各役員について、次に掲げる者の数の役員の総数のうちに占める割合が、そ
　　れぞれ3分の1以下であること。
　（1）　当該役員並びに当該役員の配偶者及び三親等以内の親族並びに当該役員
　　　と内閣府令で定める特殊の関係のある者
　（2）　特定の法人（当該法人との間に発行済株式又は出資（その有する自己の
　　　株式又は出資を除く。）の総数又は総額の100分の50以上の株式又は出資の数
　　　又は金額を直接又は間接に保有する関係その他の内閣府令で定める関係のあ
　　　る法人を含む。）の役員又は使用人である者並びにこれらの者の配偶者及び
　　　三親等以内の親族並びにこれらの者と内閣府令で定める特殊の関係のある者
　ロ　各社員の表決権が平等であること。
　ハ　その会計について公認会計士若しくは監査法人の監査を受けていること又は
　　内閣府令で定めるところにより帳簿及び書類を備え付けてこれらにその取引を
　　記録し、かつ、当該帳簿及び書類を保存していること。
　ニ　その支出した金銭でその費途が明らかでないものがあることその他の不適正
　　な経理として内閣府令で定める経理が行われていないこと。
四　その事業活動に関し、次に掲げる基準に適合していること。
　イ　次に掲げる活動を行っていないこと。
　（1）　宗教の教義を広め、儀式行事を行い、及び信者を教化育成すること。
　（2）　政治上の主義を推進し、支持し、又はこれに反対すること。
　（3）　特定の公職の候補者若しくは公職にある者又は政党を推薦し、支持し、
　　　又はこれらに反対すること。
　ロ　その役員、社員、職員若しくは寄附者若しくはこれらの者の配偶者若しくは
　　三親等以内の親族又はこれらの者と内閣府令で定める特殊の関係のある者に対
　　し特別の利益を与えないことその他の特定の者と特別の関係がないものとして

第4章　参考法令

内閣府令で定める基準に適合していること。

ハ　実績判定期間における事業費の総額のうちに特定非営利活動に係る事業費の額の占める割合又はこれに準ずるものとして内閣府令で定める割合が100分の80以上であること。

ニ　実績判定期間における受入寄附金総額の100分の70以上を特定非営利活動に係る事業費に充てていること。

五　次に掲げる書類について閲覧の請求があった場合には、正当な理由がある場合を除いて、これをその事務所において閲覧させること。

イ　事業報告書等、役員名簿及び定款等

ロ　前条第2項第2号及び第3号に掲げる書類並びに第54条第2項第2号から第4号までに掲げる書類及び同条第3項の書類

六　各事業年度において、事業報告書等を第29条の規定により所轄庁に提出していること。

七　法令又は法令に基づいてする行政庁の処分に違反する事実、偽りその他不正の行為により利益を得、又は得ようとした事実その他公益に反する事実がないこと。

八　前条第2項の申請書を提出した日を含む事業年度の初日において、その設立の日以後1年を超える期間が経過していること。

九　実績判定期間において、第3号、第4号イ及びロ並びに第5号から第7号までに掲げる基準（当該実績判定期間中に、前条第1項の認定又は第58条第1項の特例認定を受けていない期間が含まれる場合には、当該期間については第5号ロに掲げる基準を除く。）に適合していること。

2　前項の規定にかかわらず、前条第1項の認定の申請をした特定非営利活動法人の実績判定期間に国の補助金等がある場合及び政令で定める小規模な特定非営利活動法人が同項の認定の申請をした場合における前項第1号イに規定する割合の計算については、政令で定める方法によることができる。

（合併特定非営利活動法人に関する適用）

第46条　前2条に定めるもののほか、第44条第1項の認定を受けようとする特定非営利活動法人が合併後存続した特定非営利活動法人又は合併によって設立した特定非営利活動法人で同条第2項の申請書を提出しようとする事業年度の初日においてその合併又は設立の日以後1年を超える期間が経過していないものである場合における前2条の規定の適用に関し必要な事項は、政令で定める。

1126

（欠格事由）

第47条 第45条の規定にかかわらず、次のいずれかに該当する特定非営利活動法人は、第44条第1項の認定を受けることができない。

一 その役員のうちに、次のいずれかに該当する者があるもの

　イ 認定特定非営利活動法人が第67条第1項若しくは第2項の規定により第44条第1項の認定を取り消された場合又は特例認定特定非営利活動法人が第67条第3項において準用する同条第1項若しくは第2項の規定により第58条第1項の特例認定を取り消された場合において、その取消しの原因となった事実があった日以前1年内に当該認定特定非営利活動法人又は当該特例認定特定非営利活動法人のその業務を行う理事であった者でその取消しの日から5年を経過しないもの

　ロ 禁錮以上の刑に処せられ、その執行を終わった日又はその執行を受けることがなくなった日から5年を経過しない者

　ハ この法律若しくは暴力団員による不当な行為の防止等に関する法律の規定に違反したことにより、若しくは刑法第204条、第206条、第208条、第208条の2、第222条若しくは第247条の罪若しくは暴力行為等処罰に関する法律の罪を犯したことにより、又は国税若しくは地方税に関する法律中偽りその他不正の行為により国税若しくは地方税を免れ、納付せず、若しくはこれらの税の還付を受け、若しくはこれらの違反行為をしようとすることに関する罪を定めた規定に違反したことにより、罰金の刑に処せられ、その執行を終わった日又はその執行を受けることがなくなった日から5年を経過しない者

　ニ 暴力団の構成員等

二 第67条第1項若しくは第2項の規定により第44条第1項の認定を取り消され、又は第67条第3項において準用する同条第1項若しくは第2項の規定により第58条第1項の特例認定を取り消され、その取消しの日から5年を経過しないもの

三 その定款又は事業計画書の内容が法令又は法令に基づいてする行政庁の処分に違反しているもの

四 国税又は地方税の滞納処分の執行がされているもの又は当該滞納処分の終了の日から3年を経過しないもの

五 国税に係る重加算税又は地方税に係る重加算金を課された日から3年を経過しないもの

六 次のいずれかに該当するもの

　イ 暴力団

　ロ 暴力団又は暴力団の構成員等の統制の下にあるもの

第4章　参考法令

（認定に関する意見聴取）

第48条　所轄庁は、第44条第1項の認定をしようとするときは、次の各号に掲げる
事由の区分に応じ、当該事由の有無について、当該各号に定める者の意見を聴くこ
とができる。

一　前条第1号ニ及び第6号に規定する事由　警視総監又は道府県警察本部長

二　前条第4号及び第5号に規定する事由　国税庁長官、関係都道府県知事又は関
係市町村長（以下「国税庁長官等」という。）

（認定の通知等）

第49条　所轄庁は、第44条第1項の認定をしたときはその旨を、同項の認定をしな
いことを決定したときはその旨及びその理由を、当該申請をした特定非営利活動法
人に対し、速やかに、書面により通知しなければならない。

2　所轄庁は、第44条第1項の認定をしたときは、インターネットの利用その他の適
切な方法により、当該認定に係る認定特定非営利活動法人に係る次に掲げる事項を
公示しなければならない。

一　名称

二　代表者の氏名

三　主たる事務所及びその他の事務所の所在地

四　当該認定の有効期間

五　前各号に掲げるもののほか、都道府県又は指定都市の条例で定める事項

3　所轄庁は、特定非営利活動法人で二以上の都道府県の区域内に事務所を設置する
ものについて第44条第1項の認定をしたときは、当該認定に係る認定特定非営利活
動法人の名称その他の内閣府令で定める事項を、その主たる事務所が所在する都道
府県以外の都道府県でその事務所が所在する都道府県の知事（以下「所轄庁以外の
関係知事」という。）に対し通知しなければならない。

4　認定特定非営利活動法人で二以上の都道府県の区域内に事務所を設置するもの
は、第1項の規定による認定の通知を受けたときは、内閣府令で定めるところによ
り、遅滞なく、次に掲げる書類を所轄庁以外の関係知事に提出しなければならない。

一　直近の事業報告書等（合併後当該書類が作成されるまでの間は、第34条第5項
において準用する第10条第1項第7号の事業計画書、第34条第5項において準用
する第10条第1項第8号の活動予算書及び第35条第1項の財産目録。第52条第4
項において同じ。）、役員名簿及び定款等

二　第44条第2項の規定により所轄庁に提出した同項各号に掲げる添付書類の写し

三　認定に関する書類の写し

1128

2．その他法令

（名称等の使用制限）

第50条　認定特定非営利活動法人でない者は、その名称又は商号中に、認定特定非営利活動法人であると誤認されるおそれのある文字を用いてはならない。

2　何人も、不正の目的をもって、他の認定特定非営利活動法人であると誤認されるおそれのある名称又は商号を使用してはならない。

（認定の有効期間及びその更新）

第51条　第44条第1項の認定の有効期間（次項の有効期間の更新がされた場合にあっては、当該更新された有効期間。以下この条及び第57条第1項第1号において同じ。）は、当該認定の日（次項の有効期間の更新がされた場合にあっては、従前の認定の有効期間の満了の日の翌日。第54条第1項において同じ。）から起算して5年とする。

2　前項の有効期間の満了後引き続き認定特定非営利活動法人として特定非営利活動を行おうとする認定特定非営利活動法人は、その有効期間の更新を受けなければならない。

3　前項の有効期間の更新を受けようとする認定特定非営利活動法人は、第1項の有効期間の満了の日の6月前から3月前までの間（以下この項において「更新申請期間」という。）に、所轄庁に有効期間の更新の申請をしなければならない。ただし、災害その他やむを得ない事由により更新申請期間にその申請をすることができないときは、この限りでない。

4　前項の申請があった場合において、第1項の有効期間の満了の日までにその申請に対する処分がされないときは、従前の認定は、同項の有効期間の満了後もその処分がされるまでの間は、なお効力を有する。

5　第44条第2項（第1号に係る部分を除く。）及び第3項、第45条第1項（第3号ロ、第6号、第8号及び第9号に係る部分を除く。）及び第2項、第46条から第48条まで並びに第49条第1項、第2項及び第4項（第1号に係る部分を除く。）の規定は、第2項の有効期間の更新について準用する。ただし、第44条第2項第2号及び第3号に掲げる書類については、既に所轄庁に提出されている当該書類の内容に変更がないときは、その添付を省略することができる。

（役員の変更等の届出、定款の変更の届出等及び事業報告書等の提出に係る特例並びにこれらの書類の閲覧）

第52条　認定特定非営利活動法人についての第23条、第25条第6項及び第7項並びに第29条の規定の適用については、これらの規定中「所轄庁に」とあるのは、「所

1129

第4章　参考法令

轄庁（二以上の都道府県の区域内に事務所を設置する認定特定非営利活動法人に
あっては、所轄庁及び所轄庁以外の関係知事）に」とする。

2　二以上の都道府県の区域内に事務所を設置する認定特定非営利活動法人は、第25
条第3項の定款の変更の認証を受けたときは、都道府県又は指定都市の条例で定め
るところにより、遅滞なく、当該定款の変更を議決した社員総会の議事録の謄本及
び変更後の定款を所轄庁以外の関係知事に提出しなければならない。

3　第26条第1項の場合においては、認定特定非営利活動法人は、同条第2項に掲げ
る添付書類のほか、内閣府令で定めるところにより、寄附者名簿その他の内閣府令
で定める書類を申請書に添付しなければならない。

4　認定特定非営利活動法人は、事業報告書等、役員名簿又は定款等の閲覧の請求が
あった場合には、正当な理由がある場合を除いて、これをその事務所において閲覧
させなければならない。

（代表者の氏名の変更の届出等並びに事務所の新設及び廃止に関する通知等）

第53条　認定特定非営利活動法人は、代表者の氏名に変更があったときは、遅滞な
く、その旨を所轄庁に届け出なければならない。

2　所轄庁は、認定特定非営利活動法人について、第49条第2項各号（第2号及び第
4号を除く。）に掲げる事項に係る定款の変更についての第25条第3項の認証をし
たとき若しくは同条第6項の届出を受けたとき、前項の届出を受けたとき又は第49
条第2項第5号に掲げる事項に変更があったときは、インターネットの利用その他
の適切な方法により、その旨を公示しなければならない。

3　所轄庁は、認定特定非営利活動法人の事務所が所在する都道府県以外の都道府県
の区域内に新たに事務所を設置する旨又はその主たる事務所が所在する都道府県以
外の都道府県の区域内の全ての事務所を廃止する旨の定款の変更についての第25条
第3項の認証をしたとき又は同条第6項の届出を受けたときは、その旨を当該都道
府県の知事に通知しなければならない。

4　認定特定非営利活動法人は、その事務所が所在する都道府県以外の都道府県の区
域内に新たに事務所を設置したときは、内閣府令で定めるところにより、遅滞なく、
第49条第4項各号に掲げる書類を、当該都道府県の知事に提出しなければならな
い。

（認定申請の添付書類及び役員報酬規程等の備置き等及び閲覧）

第54条　認定特定非営利活動法人は、第44条第1項の認定を受けたときは、同条第
2項第2号及び第3号に掲げる書類を、都道府県又は指定都市の条例で定めるとこ

1130

ろにより、同条第1項の認定の日から起算して5年間、その事務所に備え置かなければならない。

2　認定特定非営利活動法人は、毎事業年度初めの3月以内に、都道府県又は指定都市の条例で定めるところにより、次に掲げる書類を作成し、第1号に掲げる書類についてはその作成の日から起算して5年間、第2号から第4号までに掲げる書類についてはその作成の日から起算して5年が経過した日を含む事業年度の末日までの間、その事務所に備え置かなければならない。

一　前事業年度の寄附者名簿

二　前事業年度の役員報酬又は職員給与の支給に関する規程

三　前事業年度の収益の明細その他の資金に関する事項、資産の譲渡等に関する事項、寄附金に関する事項その他の内閣府令で定める事項を記載した書類

四　前3号に掲げるもののほか、内閣府令で定める書類

3　認定特定非営利活動法人は、助成金の支給を行ったときは、都道府県又は指定都市の条例で定めるところにより、遅滞なく、その助成の実績を記載した書類を作成し、その作成の日から起算して5年が経過した日を含む事業年度の末日までの間、これをその事務所に備え置かなければならない。

4　認定特定非営利活動法人は、第44条第2項第2号若しくは第3号に掲げる書類又は第2項第2号から第4号までに掲げる書類若しくは前項の書類の閲覧の請求があった場合には、正当な理由がある場合を除いて、これをその事務所において閲覧させなければならない。

（役員報酬規程等の提出）

第55条　認定特定非営利活動法人は、都道府県又は指定都市の条例で定めるところにより、毎事業年度1回、前条第2項第2号から第4号までに掲げる書類を所轄庁（二以上の都道府県の区域内に事務所を設置する認定特定非営利活動法人にあっては、所轄庁及び所轄庁以外の関係知事。次項において同じ。）に提出しなければならない。

2　認定特定非営利活動法人は、助成金の支給を行ったときは、都道府県又は指定都市の条例で定めるところにより、前条第3項の書類を所轄庁に提出しなければならない。

（役員報酬規程等の公開）

第56条　所轄庁は、認定特定非営利活動法人から提出を受けた第44条第2項第2号若しくは第3号に掲げる書類又は第54条第2項第2号から第4号までに掲げる書

類若しくは同条第3項の書類（過去5年間に提出を受けたものに限る。）について閲覧又は謄写の請求があったときは、都道府県又は指定都市の条例で定めるところにより、これを閲覧させ、又は謄写させなければならない。

（認定の失効）

第57条 認定特定非営利活動法人について、次のいずれかに掲げる事由が生じたときは、第44条第1項の認定は、その効力を失う。

一 第44条第1項の認定の有効期間が経過したとき（第51条第4項に規定する場合にあっては、更新拒否処分がされたとき。）。

二 認定特定非営利活動法人が認定特定非営利活動法人でない特定非営利活動法人と合併をした場合において、その合併が第63条第1項の認定を経ずにその効力を生じたとき（同条第4項に規定する場合にあっては、その合併の不認定処分がされたとき。）。

三 認定特定非営利活動法人が解散したとき。

2 所轄庁は、前項の規定により第44条第1項の認定がその効力を失ったときは、インターネットの利用その他の適切な方法により、その旨を公示しなければならない。

3 所轄庁は、認定特定非営利活動法人で二以上の都道府県の区域内に事務所を設置するものについて第1項の規定により第44条第1項の認定がその効力を失ったときは、その旨を所轄庁以外の関係知事に対し通知しなければならない。

第2節 特例認定特定非営利活動法人

（特例認定）

第58条 特定非営利活動法人であって新たに設立されたもののうち、その運営組織及び事業活動が適正であって特定非営利活動の健全な発展の基盤を有し公益の増進に資すると見込まれるものは、所轄庁の特例認定を受けることができる。

2 第44条第2項（第1号に係る部分を除く。）及び第3項の規定は、前項の特例認定を受けようとする特定非営利活動法人について準用する。この場合において、同条第3項中「5年（同項の認定を受けたことのない特定非営利活動法人が同項の認定を受けようとする場合にあっては、2年）」とあるのは、「2年」と読み替えるものとする。

（特例認定の基準）

第59条 所轄庁は、前条第1項の特例認定の申請をした特定非営利活動法人が次の
各号に掲げる基準に適合すると認めるときは、同項の特例認定をするものとする。

一 第45条第1項第2号から第9号までに掲げる基準に適合すること。

二 前条第2項において準用する第44条第2項の申請書を提出した日の前日におい
て、その設立の日（当該特定非営利活動法人が合併後存続した特定非営利活動法
人である場合にあっては当該特定非営利活動法人又はその合併によって消滅した
各特定非営利活動法人の設立の日のうち最も早い日、当該特定非営利活動法人が
合併によって設立した特定非営利活動法人である場合にあってはその合併によっ
て消滅した各特定非営利活動法人の設立の日のうち最も早い日）から5年を経過
しない特定非営利活動法人であること。

三 第44条第1項の認定又は前条第1項の特例認定を受けたことがないこと。

（特例認定の有効期間）

第60条 第58条第1項の特例認定の有効期間は、当該特例認定の日から起算して3
年とする。

（特例認定の失効）

第61条 特例認定特定非営利活動法人について、次のいずれかに掲げる事由が生じ
たときは、第58条第1項の特例認定は、その効力を失う。

一 第58条第1項の特例認定の有効期間が経過したとき。

二 特例認定特定非営利活動法人が特例認定特定非営利活動法人でない特定非営利
活動法人と合併をした場合において、その合併が第63条第1項又は第2項の認定
を経ずにその効力を生じたとき（同条第4項に規定する場合にあっては、その合
併の不認定処分がされたとき。）。

三 特例認定特定非営利活動法人が解散したとき。

四 特例認定特定非営利活動法人が第44条第1項の認定を受けたとき。

（認定特定非営利活動法人に関する規定の準用）

第62条 第46条から第50条まで、第52条から第56条まで並びに第57条第2項及び第
3項の規定は、特例認定特定非営利活動法人について準用する。この場合において、
第54条第1項中「5年間」とあるのは「3年間」と、同条第2項中「5年間」とあ
るのは「3年間」と、「その作成の日から起算して5年が経過した日を含む事業年
度」とあるのは「翌々事業年度」と、同条第3項中「5年が経過した日を含む事業

第4章　参考法令

年度の末日」とあるのは「第60条の有効期間の満了の日」と、第56条中「5年間」
とあるのは「3年間」と読み替えるものとする。

第3節　認定特定非営利活動法人等の合併

第63条　認定特定非営利活動法人が認定特定非営利活動法人でない特定非営利活動
法人と合併をした場合は、合併後存続する特定非営利活動法人又は合併によって設
立した特定非営利活動法人は、その合併について所轄庁の認定がされたときに限
り、合併によって消滅した特定非営利活動法人のこの法律の規定による認定特定非
営利活動法人としての地位を承継する。

2　特例認定特定非営利活動法人が特例認定特定非営利活動法人でない特定非営利活
動法人（認定特定非営利活動法人であるものを除く。）と合併をした場合は、合併後
存続する特定非営利活動法人又は合併によって設立した特定非営利活動法人は、そ
の合併について所轄庁の認定がされたときに限り、合併によって消滅した特定非営
利活動法人のこの法律の規定による特例認定特定非営利活動法人としての地位を承
継する。

3　第1項の認定を受けようとする認定特定非営利活動法人又は前項の認定を受けよ
うとする特例認定特定非営利活動法人は、第34条第3項の認証の申請に併せて、所
轄庁に第1項の認定又は前項の認定の申請をしなければならない。

4　前項の申請があった場合において、その合併がその効力を生ずる日までにその申
請に対する処分がされないときは、合併後存続する特定非営利活動法人又は合併に
よって設立した特定非営利活動法人は、その処分がされるまでの間は、合併によっ
て消滅した特定非営利活動法人のこの法律の規定による認定特定非営利活動法人又
は特例認定特定非営利活動法人としての地位を承継しているものとみなす。

5　第44条第2項及び第3項、第45条、第47条から第49条まで並びに第54条第1項の
規定は第1項の認定について、第58条第2項において準用する第44条第2項及び第
3項、第59条並びに前条において準用する第47条から第49条まで及び第54条第1項
の規定は第2項の認定について、それぞれ準用する。この場合において、必要な技
術的読替えその他これらの規定の適用に関し必要な事項は、政令で定める。

第4節　認定特定非営利活動法人等の監督

（報告及び検査）

第64条　所轄庁は、認定特定非営利活動法人又は特例認定特定非営利活動法人（以

下「認定特定非営利活動法人等」という。）が法令、法令に基づいてする行政庁の処分若しくは定款に違反し、又はその運営が著しく適正を欠いている疑いがあると認めるときは、当該認定特定非営利活動法人等に対し、その業務若しくは財産の状況に関し報告をさせ、又はその職員に、当該認定特定非営利活動法人等の事務所その他の施設に立ち入り、その業務若しくは財産の状況若しくは帳簿、書類その他の物件を検査させることができる。

2　所轄庁以外の関係知事は、認定特定非営利活動法人等が法令、法令に基づいてする行政庁の処分若しくは定款に違反し、又はその運営が著しく適正を欠いている疑いがあると認めるときは、当該認定特定非営利活動法人等に対し、当該都道府県の区域内における業務若しくは財産の状況に関し報告をさせ、又はその職員に、当該都道府県の区域内に所在する当該認定特定非営利活動法人等の事務所その他の施設に立ち入り、その業務若しくは財産の状況若しくは帳簿、書類その他の物件を検査させることができる。

3　所轄庁又は所轄庁以外の関係知事は、前2項の規定による検査をさせる場合においては、当該検査をする職員に、これらの項の疑いがあると認める理由を記載した書面を、あらかじめ、当該認定特定非営利活動法人等の役員その他の当該検査の対象となっている事務所その他の施設の管理について権限を有する者（第5項において「認定特定非営利活動法人等の役員等」という。）に提示させなければならない。

4　前項の規定にかかわらず、所轄庁又は所轄庁以外の関係知事が第1項又は第2項の規定による検査の適正な遂行に支障を及ぼすおそれがあると認める場合には、前項の規定による書面の提示を要しない。

5　前項の場合において、所轄庁又は所轄庁以外の関係知事は、第1項又は第2項の規定による検査を終了するまでの間に、当該検査をする職員に、これらの項の疑いがあると認める理由を記載した書面を、認定特定非営利活動法人等の役員等に提示させるものとする。

6　第3項又は前項の規定は、第1項又は第2項の規定による検査をする職員が、当該検査により第3項又は前項の規定により理由として提示した事項以外の事項について第1項又は第2項の疑いがあると認められることとなった場合において、当該事項に関し検査を行うことを妨げるものではない。この場合において、第3項又は前項の規定は、当該事項に関する検査については適用しない。

7　第41条第3項及び第4項の規定は、第1項又は第2項の規定による検査について準用する。

第4章　参考法令

（勧告、命令等）

第65条　所轄庁は、認定特定非営利活動法人等について、第67条第2項各号（同条第3項において準用する場合を含む。次項において同じ。）のいずれかに該当すると疑うに足りる相当な理由がある場合には、当該認定特定非営利活動法人等に対し、期限を定めて、その改善のために必要な措置を採るべき旨の勧告をすることができる。

2　所轄庁以外の関係知事は、認定特定非営利活動法人等について、第67条第2項各号（第1号にあっては、第45条第1項第3号に係る部分を除く。）のいずれかに該当すると疑うに足りる相当な理由がある場合には、当該認定特定非営利活動法人等に対し、期限を定めて、当該都道府県の区域内における事業活動について、その改善のために必要な措置を採るべき旨の勧告をすることができる。

3　所轄庁又は所轄庁以外の関係知事は、前2項の規定による勧告をしたときは、インターネットの利用その他の適切な方法により、その勧告の内容を公表しなければならない。

4　所轄庁又は所轄庁以外の関係知事は、第1項又は第2項の規定による勧告を受けた認定特定非営利活動法人等が、正当な理由がなく、その勧告に係る措置を採らなかったときは、当該認定特定非営利活動法人等に対し、その勧告に係る措置を採るべきことを命ずることができる。

5　第1項及び第2項の規定による勧告並びに前項の規定による命令は、書面により行うよう努めなければならない。

6　所轄庁又は所轄庁以外の関係知事は、第4項の規定による命令をしたときは、インターネットの利用その他の適切な方法により、その旨を公示しなければならない。

7　所轄庁又は所轄庁以外の関係知事は、第1項若しくは第2項の規定による勧告又は第4項の規定による命令をしようとするときは、次の各号に掲げる事由の区分に応じ、当該事由の有無について、当該各号に定める者の意見を聴くことができる。

一　第47条第1号ニ又は第6号に規定する事由　警視総監又は道府県警察本部長

二　第47条第4号又は第5号に規定する事由　国税庁長官等

（その他の事業の停止）

第66条　所轄庁は、その他の事業を行う認定特定非営利活動法人につき、第5条第1項の規定に違反してその他の事業から生じた利益が当該認定特定非営利活動法人が行う特定非営利活動に係る事業以外の目的に使用されたと認めるときは、当該認定特定非営利活動法人に対し、その他の事業の停止を命ずることができる。

2．その他法令

2　前条第5項及び第6項の規定は、前項の規定による命令について準用する。

（認定又は特例認定の取消し）

第67条　所轄庁は、認定特定非営利活動法人が次のいずれかに該当するときは、第44条第1項の認定を取り消さなければならない。

一　第47条各号（第2号を除く。）のいずれかに該当するとき。

二　偽りその他不正の手段により第44条第1項の認定、第51条第2項の有効期間の更新又は第63条第1項の認定を受けたとき。

三　正当な理由がなく、第65条第4項又は前条第1項の規定による命令に従わないとき。

四　認定特定非営利活動法人から第44条第1項の認定の取消しの申請があったとき。

2　所轄庁は、認定特定非営利活動法人が次のいずれかに該当するときは、第44条第1項の認定を取り消すことができる。

一　第45条第1項第3号、第4号イ若しくはロ又は第7号に掲げる基準に適合しなくなったとき。

二　第29条、第52条第4項又は第54条第4項の規定を遵守していないとき。

三　前2号に掲げるもののほか、法令又は法令に基づいてする行政庁の処分に違反したとき。

3　前2項の規定は、第58条第1項の特例認定について準用する。この場合において、第1項第2号中「、第51条第2項の有効期間の更新又は第63条第1項の認定」とあるのは、「又は第63条第2項の認定」と読み替えるものとする。

4　第43条第3項及び第4項、第49条第1項から第3項まで並びに第65条第7項の規定は、第1項又は第2項の規定による認定の取消し（第69条において「認定の取消し」という。）及び前項において準用する第1項又は第2項の規定による特例認定の取消し（同条において「特例認定の取消し」という。）について準用する。

（所轄庁への意見等）

第68条　所轄庁以外の関係知事は、認定特定非営利活動法人等が第65条第4項の規定による命令に従わなかった場合その他の場合であって、所轄庁が当該認定特定非営利活動法人等に対して適当な措置を採ることが必要であると認めるときは、所轄庁に対し、その旨の意見を述べることができる。

2　次の各号に掲げる者は、認定特定非営利活動法人等についてそれぞれ当該各号に定める事由があると疑うに足りる相当な理由があるため、所轄庁が当該認定特定非

営利活動法人等に対して適当な措置を採ることが必要であると認める場合には、所轄庁に対し、その旨の意見を述べることができる。

一　警視総監又は道府県警察本部長　第47条第1号ニ又は第6号に該当する事由

二　国税庁長官等　第47条第4号又は第5号に該当する事由

3　所轄庁は、この章に規定する認定特定非営利活動法人等に関する事務の実施に関して特に必要があると認めるときは、所轄庁以外の関係知事に対し、当該所轄庁以外の関係知事が採るべき措置について、必要な要請をすることができる。

（所轄庁への指示）

第69条　内閣総理大臣は、この章に規定する認定特定非営利活動法人等に関する事務の実施に関して地域間の均衡を図るため特に必要があると認めるときは、所轄庁に対し、第65条第1項の規定による勧告、同条第4項の規定による命令、第66条第1項の規定による命令又は認定の取消し若しくは特例認定の取消しその他の措置を採るべきことを指示することができる。

第4章　税法上の特例

第70条　特定非営利活動法人は、法人税法その他法人税に関する法令の規定の適用については、同法第2条第6号に規定する公益法人等とみなす。この場合において、同法第37条の規定を適用する場合には同条第4項中「公益法人等（」とあるのは「公益法人等（特定非営利活動促進法（平成10年法律第7号）第2条第2項に規定する法人（以下「特定非営利活動法人」という。）並びに」と、同法第66条の規定を適用する場合には同条第1項及び第2項中「普通法人」とあるのは「普通法人（特定非営利活動法人を含む。）」と、同条第3項中「公益法人等（」とあるのは「公益法人等（特定非営利活動法人及び」と、租税特別措置法（昭和32年法律第26号）第68条の6の規定を適用する場合には同条中「みなされているもの」とあるのは「みなされているもの（特定非営利活動促進法第2条第2項に規定する法人については、小規模な法人として政令で定めるものに限る。）」とする。

2　特定非営利活動法人は、消費税法（昭和63年法律第108号）その他消費税に関する法令の規定の適用については、同法別表第3に掲げる法人とみなす。

3　特定非営利活動法人は、地価税法（平成3年法律第69号）その他地価税に関する法令の規定（同法第33条の規定を除く。）の適用については、同法第2条第6号に規定する公益法人等とみなす。ただし、同法第6条の規定による地価税の非課税に

関する法令の規定の適用については、同法第2条第7号に規定する人格のない社団等とみなす。

第71条 個人又は法人が、認定特定非営利活動法人等に対し、その行う特定非営利活動に係る事業に関連する寄附又は贈与をしたときは、租税特別措置法で定めるところにより、当該個人又は法人に対する所得税、法人税又は相続税の課税について寄附金控除等の特例の適用があるものとする。

第5章 雑 則

（情報の提供等）
第72条 内閣総理大臣及び所轄庁は、特定非営利活動法人に対する寄附その他の特定非営利活動への市民の参画を促進するため、認定特定非営利活動法人等その他の特定非営利活動法人の事業報告書その他の活動の状況に関するデータベースの整備を図り、国民にインターネットその他の高度情報通信ネットワークの利用を通じて迅速に情報を提供できるよう必要な措置を講ずるものとする。
2　所轄庁及び特定非営利活動法人は、特定非営利活動法人の事業報告書その他の活動の状況に関する情報を前項の規定により内閣総理大臣が整備するデータベースに記録することにより、当該情報の積極的な公表に努めるものとする。

（協力依頼）
第73条 所轄庁は、この法律の施行のため必要があると認めるときは、官庁、公共団体その他の者に照会し、又は協力を求めることができる。

（行政手続等における情報通信の技術の利用に関する法律の適用）
第74条 第10条第1項の規定による申請及び同条第2項（第25条第5項及び第34条第5項において準用する場合を含む。）の規定による縦覧、第12条第3項（第25条第5項及び第34条第5項において準用する場合を含む。）の規定による通知、第13条第2項（第39条第2項において準用する場合を含む。）の規定による届出、第23条第1項の規定による届出、第25条第3項の規定による申請、同条第6項の規定による届出及び同条第7項の規定による提出、第29条の規定による提出、第30条の規定による閲覧、第31条第2項の規定による申請、第34条第3項の規定による申請、第43条第4項（第67条第4項において準用する場合を含む。）の規定による交付、

第4章　参考法令

第44条第1項の規定による申請、第49条第1項（第51条第5項、第62条（第63条第5項において準用する場合を含む。）、第63条第5項及び第67条第4項において準用する場合を含む。）の規定による通知及び第49条第4項（第51条第5項、第62条（第63条第5項において準用する場合を含む。）及び第63条第5項において準用する場合を含む。）の規定による提出、第51条第3項の規定による申請、第52条第2項（第62条において準用する場合を含む。）の規定による提出、第53条第4項（第62条において準用する場合を含む。）の規定による提出、第55条第1項及び第2項（これらの規定を第62条において準用する場合を含む。）の規定による提出、第56条（第62条において準用する場合を含む。）の規定による閲覧、第58条第1項の規定による申請並びに第63条第3項の規定による申請について行政手続等における情報通信の技術の利用に関する法律（平成14年法律第151号）の規定を適用する場合においては、同法中「主務省令」とあるのは、「都道府県又は指定都市の条例」とし、同法第12条の規定は、適用しない。

（民間事業者等が行う書面の保存等における情報通信の技術の利用に関する法律の適用）
第75条　第14条（第39条第2項において準用する場合を含む。）の規定による作成及び備置き、第28条第1項の規定による作成及び備置き、同条第2項の規定による備置き並びに同条第3項の規定による閲覧、第35条第1項の規定による作成及び備置き、第45条第1項第5号（第51条第5項及び第63条第5項において準用する場合を含む。）の規定による閲覧、第52条第4項（第62条において準用する場合を含む。）の規定による閲覧、第54条第1項（第62条（第63条第5項において準用する場合を含む。）及び第63条第5項において準用する場合を含む。）の規定による備置き、第54条第2項及び第3項（これらの規定を第62条において準用する場合を含む。）の規定による作成及び備置き並びに第54条第4項（第62条において準用する場合を含む。）の規定による閲覧について民間事業者等が行う書面の保存等における情報通信の技術の利用に関する法律（平成16年法律第149号）の規定を適用する場合においては、同法中「主務省令」とあるのは、「都道府県又は指定都市の条例」とし、同法第9条の規定は、適用しない。

（実施規定）
第76条　この法律に定めるもののほか、この法律の規定の実施のための手続その他その執行に関し必要な細則は、内閣府令又は都道府県若しくは指定都市の条例で定める。

1140

第6章 罰 則

第77条 偽りその他不正の手段により第44条第1項の認定、第51条第2項の有効期間の更新、第58条第1項の特例認定又は第63条第1項若しくは第2項の認定を受けた者は、6月以下の懲役又は50万円以下の罰金に処する。

第78条 次の各号のいずれかに該当する者は、50万円以下の罰金に処する。
一 正当な理由がないのに、第42条の規定による命令に違反して当該命令に係る措置を採らなかった者
二 第50条第1項の規定に違反して、認定特定非営利活動法人であると誤認されるおそれのある文字をその名称又は商号中に用いた者
三 第50条第2項の規定に違反して、他の認定特定非営利活動法人であると誤認されるおそれのある名称又は商号を使用した者
四 第62条において準用する第50条第1項の規定に違反して、特例認定特定非営利活動法人であると誤認されるおそれのある文字をその名称又は商号中に用いた者
五 第62条において準用する第50条第2項の規定に違反して、他の特例認定特定非営利活動法人であると誤認されるおそれのある名称又は商号を使用した者
六 正当な理由がないのに、第65条第4項の規定による命令に違反して当該命令に係る措置を採らなかった者
七 正当な理由がないのに、第66条第1項の規定による停止命令に違反して引き続きその他の事業を行った者

第79条 法人（法人でない団体で代表者又は管理人の定めのあるものを含む。以下この項において同じ。）の代表者若しくは管理人又は法人若しくは人の代理人、使用人その他の従業者が、その法人又は人の業務に関して前2条の違反行為をしたときは、行為者を罰するほか、その法人又は人に対しても、各本条の罰金刑を科する。
2 法人でない団体について前項の規定の適用がある場合には、その代表者又は管理人が、その訴訟行為につき法人でない団体を代表するほか、法人を被告人又は被疑者とする場合の刑事訴訟に関する法律の規定を準用する。

第80条 次の各号のいずれかに該当する場合においては、特定非営利活動法人の理事、監事又は清算人は、20万円以下の過料に処する。

一　第7条第1項の規定による政令に違反して、登記することを怠ったとき。

二　第14条（第39条第2項において準用する場合を含む。）の規定に違反して、財産目録を備え置かず、又はこれに記載すべき事項を記載せず、若しくは不実の記載をしたとき。

三　第23条第1項若しくは第25条第6項（これらの規定を第52条第1項（第62条において準用する場合を含む。）の規定により読み替えて適用する場合を含む。）又は第53条第1項（第62条において準用する場合を含む。）の規定に違反して、届出をせず、又は虚偽の届出をしたとき。

四　第28条第1項若しくは第2項、第54条第1項（第62条（第63条第5項において準用する場合を含む。）及び第63条第5項において準用する場合を含む。）又は第54条第2項及び第3項（これらの規定を第62条において準用する場合を含む。）の規定に違反して、書類を備え置かず、又はこれに記載すべき事項を記載せず、若しくは不実の記載をしたとき。

五　第25条第7項若しくは第29条（これらの規定を第52条第1項（第62条において準用する場合を含む。）の規定により読み替えて適用する場合を含む。）、第49条第4項（第51条第5項、第62条（第63条第5項において準用する場合を含む。）及び第63条第5項において準用する場合を含む。）又は第52条第2項、第53条第4項若しくは第55条第1項若しくは第2項（これらの規定を第62条において準用する場合を含む。）の規定に違反して、書類の提出を怠ったとき。

六　第31条の3第2項又は第31条の12第1項の規定に違反して、破産手続開始の申立てをしなかったとき。

七　第28条の2第1項、第31条の10第1項又は第31条の12第1項の規定に違反して、公告をせず、又は不正の公告をしたとき。

八　第35条第1項の規定に違反して、書類の作成をせず、又はこれに記載すべき事項を記載せず、若しくは不実の記載をしたとき。

九　第35条第2項又は第36条第2項の規定に違反したとき。

十　第41条第1項又は第64条第1項若しくは第2項の規定による報告をせず、若しくは虚偽の報告をし、又はこれらの項の規定による検査を拒み、妨げ、若しくは忌避したとき。

第81条　第4条の規定に違反した者は、10万円以下の過料に処する。

附　則　抄
（施行期日）
1　この法律は、公布の日から起算して１年を超えない範囲内において政令で定める
　日から施行する。
（検討）
2　特定非営利活動法人制度については、この法律の施行の日から起算して３年以内
　に検討を加え、その結果に基づいて必要な措置が講ぜられるものとする。
（経過措置）
3　この法律の施行の日から６月を経過する日までの間に行われた第10条第１項の認
　証の申請についての第12条第２項の規定の適用については、同項中「２月以内」と
　あるのは、「この法律の施行後10月以内」とする。

　　附　則　（平成25年11月27日法律第86号）　抄
（施行期日）
第１条　この法律は、公布の日から起算して６月を超えない範囲内において政令で定
　める日から施行する。

　　附　則　（平成28年６月７日法律第70号）　抄
（施行期日）
第１条　この法律は、公布の日から起算して１年を超えない範囲内において政令で定
　める日から施行する。ただし、次の各号に掲げる規定は、当該各号に定める日から
　施行する。
　一　第72条の見出しの改正規定及び同条に１項を加える改正規定　公布の日
　二　第14条の７第３項の改正規定、第28条の次に１条を加える改正規定及び第80条
　　第７号の改正規定並びに附則第４条の規定　公布の日から起算して２年６月を超
　　えない範囲内において政令で定める日

別表　（第２条関係）

一　保健、医療又は福祉の増進を図る活動
二　社会教育の推進を図る活動
三　まちづくりの推進を図る活動
四　観光の振興を図る活動

第4章　参考法令

　　五　農山漁村又は中山間地域の振興を図る活動

　　六　学術、文化、芸術又はスポーツの振興を図る活動

　　七　環境の保全を図る活動

　　八　災害救援活動

　　九　地域安全活動

　　十　人権の擁護又は平和の推進を図る活動

　十一　国際協力の活動

　十二　男女共同参画社会の形成の促進を図る活動

　十三　子どもの健全育成を図る活動

　十四　情報化社会の発展を図る活動

　十五　科学技術の振興を図る活動

　十六　経済活動の活性化を図る活動

　十七　職業能力の開発又は雇用機会の拡充を支援する活動

　十八　消費者の保護を図る活動

　十九　前各号に掲げる活動を行う団体の運営又は活動に関する連絡、助言又は援助の
　　　　活動

　二十　前各号に掲げる活動に準ずる活動として都道府県又は指定都市の条例で定める
　　　　活動

1144

◎公益信託ニ関スル法律

大正11年4月21日法律第62号
最終改正　平成18年12月15日法律第109号

目　次

第1条　1146
第2条　1146
第3条　1146
第4条　1146
第5条　1146
第6条　1146
第7条　1146
第8条　1146
第9条　1147
第10条　1147
第11条　1147
第12条　1147
　附則　1147

第4章　参考法令

◎公益信託ニ関スル法律

大正11年4月21日法律第62号
最終改正：平成18年12月15日法律第109号

第1条　信託法（平成18年法律第108号）第258条第1項ニ規定スル受益者ノ定ナキ信託ノ内学術、技芸、慈善、祭祀、宗教其ノ他公益ヲ目的トスルモノニシテ次条ノ許可ヲ受ケタルモノ（以下公益信託ト謂フ）ニ付テハ本法ノ定ムル所ニ依ル

第2条　信託法第258条第1項ニ規定スル受益者ノ定ナキ信託ノ内学術、技芸、慈善、祭祀、宗教其ノ他公益ヲ目的トスルモノニ付テハ受託者ニ於テ主務官庁ノ許可ヲ受クルニ非ザレバ其ノ効力ヲ生ゼズ

2　公益信託ノ存続期間ニ付テハ信託法第259条ノ規定ハ之ヲ適用セズ

第3条　公益信託ハ主務官庁ノ監督ニ属ス

第4条　主務官庁ハ何時ニテモ公益信託事務ノ処理ニ付検査ヲ為シ且財産ノ供託其ノ他必要ナル処分ヲ命スルコトヲ得

2　公益信託ノ受託者ハ毎年1回一定ノ時期ニ於テ信託事務及財産ノ状況ヲ公告スルコトヲ要ス

第5条　公益信託ニ付信託行為ノ当時予見スルコトヲ得サリシ特別ノ事情ヲ生シタルトキハ主務官庁ハ信託ノ本旨ニ反セサル限リ信託ノ変更ヲ命ズルコトヲ得

2　公益信託ニ付テハ信託法第150条ノ規定ハ之ヲ適用セズ

第6条　公益信託ニ付信託ノ変更（前条ノ規定ニ依ルモノヲ除ク）又ハ信託ノ併合若ハ信託ノ分割ヲ為スニハ主務官庁ノ許可ヲ受クルコトヲ要ス

第7条　公益信託ノ受託者ハ已ムコトヲ得サル事由アル場合ニ限リ主務官庁ノ許可ヲ受ケ其ノ任務ヲ辞スルコトヲ得

第8条　公益信託ニ付テハ信託法第258条第1項ニ規定スル受益者ノ定ナキ信託ニ関スル同法ニ規定スル裁判所ノ権限（次ニ掲グル裁判ニ関スルモノヲ除ク）ハ主務官庁ニ属ス但シ同法第58条第4項（同法第70条（同法第74条第6項ニ於テ準用スル場合ヲ含ム）及第128条第2項ニ於テ準用スル場合ヲ含ム）、第62条第4項（同法第129条第1項ニ於テ準用スル場合ヲ含ム）、第63条第1項、第74条第2項及第123条

1146

第4項ニ規定スル権限ニ付テハ職権ヲ以テ之ヲ行フコトヲ得

一　信託法第150条第1項ノ規定ニ依ル信託ノ変更ヲ命ズル裁判

二　信託法第166条第1項ノ規定ニ依ル信託ノ終了ヲ命ズル裁判、同法第169条第1項ノ規定ニ依ル保全処分ヲ命ズル裁判及同法第173条第1項ノ規定ニ依ル新受託者ノ選任ノ裁判

三　信託法第180条第1項ノ規定ニ依ル鑑定人ノ選任ノ裁判

四　信託法第223条ノ規定ニ依ル書類ノ提出ヲ命ズル裁判

五　信託法第230条第2項ノ規定ニ依ル弁済ノ許可ノ裁判

第9条　公益信託ノ終了ノ場合ニ於テ帰属権利者ノ指定ニ関スル定ナキトキ又ハ帰属権利者ガ其ノ権利ヲ放棄シタルトキハ主務官庁ハ其ノ信託ノ本旨ニ従ヒ類似ノ目的ノ為ニ信託ヲ継続セシムルコトヲ得

第10条　本法ニ規定スル主務官庁ノ権限ハ政令ノ定ムル所ニ依リ其ノ全部又ハ一部ヲ国ニ所属スル行政庁ニ委任スルコトヲ得

第11条　本法ニ規定スル主務官庁ノ権限ニ属スル事務ハ政令ノ定ムル所ニ依リ都道府県ノ知事其ノ他ノ執行機関ニ於テ其ノ全部又ハ一部ヲ処理スルコトトスルコトヲ得

2　前項ノ場合ニ於テハ主務官庁ハ都道府県ノ執行機関ガ其ノ事務ヲ処理スルニ当リテ依ルヘキ基準ヲ定ムルコトヲ得

3　主務官庁ガ前項ノ基準ヲ定メタルトキハ之ヲ告示スルコトヲ要ス

第12条　公益信託ノ受託者、信託財産管理者、民事保全法（平成元年法律第91号）第56条ニ規定スル仮処分命令ニ依リ選任セラレタル受託者ノ職務ヲ代行スル者、信託財産法人管理人、信託管理人又ハ検査役ハ次ニ掲グル場合ニ於テハ100万円以下ノ過料ニ処ス

一　第4条第2項ノ規定ニ依ル公告ヲ為スコトヲ怠リ又ハ不正ノ公告ヲ為シタルトキ

二　第6条又ハ第7条ノ規定ニ違反シタルトキ

三　本法ノ規定ニ依ル主務官庁ノ命令又ハ処分ニ違反シタルトキ

附　則

本法施行ノ期日ハ勅令ヲ以テ之ヲ定ム

第4章　参考法令

　　附　則　（平成18年12月15日法律第109号）
　この法律は、新信託法の施行の日から施行する。

公益法人・一般法人関係法令集【第2版】

2016 年 3 月 30 日　初　版第 1 刷
2018 年 1 月 30 日　第 2 版第 1 刷発行

編集・発行　公益財団法人　**公益法人協会**
〒113-0021　東京都文京区本駒込2丁目27番15号
TEL　03-3945-1017（代表）
03-6824-9875（出版）
FAX　03-3945-1267
URL http://www.kohokyo.or.jp

©2018
Printed in Japan

編集協力　法令出版株式会社
印刷・製本　モリモト印刷株式会社

本書のコピー、スキャン、デジタル化等の無断複製は、著作権法上の例外を除き、禁じられています。
営利目的で使用される場合は、当協会へご連絡ください。
乱丁・落丁はお取替えいたします。

ISBN978-4-906173-85-3